Stefan Falz, Karsten Samaschke

Das ASP.NET Codebook

ADDISON-WESLEY

An imprint of Pearson Education

München • Boston • San Francisco • Harlow, England
Don Mills, Ontario • Sydney • Mexico City
Madrid • Amsterdam

Bibliografische Information Der Deutschen Bibliothek

Die Deutsche Bibliothek verzeichnet diese Publikation in der Deutschen Nationalbibliografie;
detaillierte bibliografische Daten sind im Internet über <http://dnb.ddb.de> abrufbar.

10 9 8 7 6 5 4 3 2 1
05 04

ISBN 3-8273-2049-6

Korrektorat: Simone Meißner, Fürstenfeldbruck
Lektorat: Frank Eller, feller@pearson.de
Herstellung: Elisabeth Prümm, epruemm@pearson.de
Satz: reemers publishing services gmbh, Krefeld
Umschlaggestaltung: Marco Lindenbeck, mlindenbeck@webwo.de
Druck und Verarbeitung: Bercker, Kevelaer

Printed in Germany

Inhaltsverzeichnis

Controls **517**

TEIL I
Einführung

Vorwort

Nachdem im Juli 2002 unser erstes Werk, »Das ASP Codebook«, veröffentlicht wurde und es von vielen Seiten sehr gute Kritiken gab, haben wir uns dazu entschlossen, auf der gleichen Basis auch das »ASP.NET Codebook« zu schreiben. Nun, mehr als 12 Monate später, halten Sie das Produkt dieser Idee in den Händen. Wir hoffen, dass Sie mit diesem Buch genauso zufrieden sein werden wie es die Leser des ASP Codebook sind.

Der Schwerpunkt des Buches liegt in der Bereitsstellung von Klassen und Methoden, die Sie meist problemlos in Ihre Applikationen integrieren können. Wir verzichten bewusst auf eine umfassende Einführung in die Syntax und die Regeln von VB.NET. Des weiteren werden Sie in diesem Buch auch keine Referenz zur objektorientierten Programmierung finden, da dieses Thema ganze Bücher füllt und dort sicher auch besser aufgehoben ist. Dieses Buch beinhaltet etliche lauffähige Beispielskripte, die natürlich auch auf der beigelegten CD enthalten sind.

Beachten Sie bitte unbedingt, dass die an dieser Stelle vorgestellten Lösungen das .NET Framework 1.1 (das ist die derzeit aktuelle Version) benötigen, das Sie sich unter *http://www.microsoft.com/net/* herunterladen können. Die meisten Beispiele laufen zwar auch mit dem .NET Framework 1.0, aber sicherlich ist es besser, wenn Sie sich mit der aktuellen Version vertraut machen.

Vielleicht – und das ist unser geheimer Wunsch – gelingt es uns mit diesem Buch sogar, einige Entwickler anderer Sprachen, etwa PHP (auch wenn die Version 5 mit einigen objektorientierten Ansätzen versehen wurde), von der Leistungsfähigkeit dieser oft missverstandenen und unterschätzten Plattform zu überzeugen. Wir denken, dass ASP.NET eine sehr gute Basis darstellt, um anspruchsvolle und komplexe Lösungen bei überschaubarem Zeitaufwand zu implementieren und hoffen, Ihnen mit den hier vorgestellten Ansätzen viel Arbeit und Kopfzerbrechen vermieden zu haben.

1 Inhalte

Wie schon erwähnt, haben wir uns größte Mühe gegeben, so viele Problemstellungen wie möglich zu behandeln ohne dabei die Qualität der Beispiele und Beschreibungen zu vernachlässigen. Alle vorgestellten Beispiele (und noch einige mehr) sind auf der Buch-CD enthalten. Die meisten dieser Anwendungen können Sie mit minimalen Anpassungen direkt in ihren Programmen verwenden. Wir haben auch darauf geachtet, dass wir ihnen auch weniger bekannte Methoden aufzeigen und erklären, da wir dies in anderen Büchern meist vermissen. Aufgrund der sehr vielen Möglichkeiten ist es allerdings unmöglich, Ihnen alles zu zeigen. Hierfür bräuchte man mind. 3 Bücher dieser Art. Daher haben wir die Themen aufgegriffen,die oft benötigt werden oder nach denen z.B. in Foren oder in den Microsoft Newsgroups sehr oft gefragt wird.

Die Beispiele basieren auf verschiedenen Techniken, einmal der sogenannten CodeBehind Technologie, die eine komplette Trennung von Layout und Logik erlaubt sowie so genannten

Inlinecodes, bei denen der eigentliche Quellcode in derselben Seite wie der HTML Content untergebracht ist. Dies war notwendig, um ihnen die vielfältigen Möglichkeiten, die ASP.NET Ihnen bietet, aufzeigen zu können. Viele Beispiele bestehend aus mind. zwei Dateien (**.aspx*, und **.aspx.vb*). Diese Skripte verwenden die CodeBehind-Technologie. Die im Buch vorgestellten und verwendeten Controls sind als **.vb* Dateien hinterlegt. Als Programmiersprache für die Beispiele wurde VB.NET verwendet. Wenn Sie mit Visual Studio entwickeln, können Sie sofort loslegen, da die Beispiele als Visual Studio Projekte auf der CD vorliegen.

Wir haben soweit wie möglich auf die Verwendung von Controls von Drittanbietern verzichtet. Für einige spezielle Anforderungen sollte man aber trotzdem auf solche Komponenten zurückgreifen. Dies aber nicht aus dem Grund, dass die Anforderungen nicht mit ASP.NET selbst realisierbar wären, sondern eher aus Zeit- und somit auch Kostengründen. Aber das betrifft die wenigsten Problemstellungen, z.B. Controls zur dynamischen Erzeugung sehr aufwändiger Charts. Sie finden aber natürlich auch für solche Anforderungen ein oder mehrere Beispiele, die aber aus verständlichen Gründen nicht alle Eventualitäten beinhalten können (sonst würden drei Beispiele das ganze Buch füllen).

Zu den einzelnen Beispielen sollte man anmerken, dass bei einigen Kapiteln wegen der positiven Rückmeldungen des ASP Codebooks ein ähnlicher Grundaufbau wie im ersten Buch gewählt wurde. Die Beispiele sind hierbei ebenfalls aufeinander aufbauend, aber natürlich eigenständig lauffähig. Dies betrifft an erster Stelle die Kategorien *Datenbanken* und *Dateisystem*.

2 Danksagungen

Während der Arbeit an dem Buch sind viele uns liebe Menschen zu kurz gekommen und mussten ein sehr großes Maß an Geduld und Verständnis aufbringen.

Wir möchten uns an dieser Stelle bei allen diesen Menschen bedanken – ohne sie wäre das Buch niemals fertig geworden und ohne ihre Unterstützung hätten wir sicherlich oftmals aufgegeben.

Sowohl Stefan Falz als auch Karsten Samaschke wollen daher einige dieser Personen namentlich erwähnt wissen.

Stefan Falz dankt ...

... meiner Frau Ramona und meiner Tochter Jessica Sarah, ohne deren Verständnis und Unterstützung auch dieses Buch nicht entstanden wäre. Wie auch beim letzten Buch habt ihr beide mich immer wieder ermutigt und unterstützt, obwohl auch hier sehr oft »Nachtschichten« eingelegt werden mussten, um den Abgabetermin einhalten zu können. Dafür ein riesengroßes Dankeschön und zwei ganz dicke Schmatzer. Dieses Buch widme ich euch beiden, da ich euch von ganzem Herzen liebe.

Meinem Bruder Peter, der mich immer wieder mit neuen Ideen zu einzelnen Themen des Buchs versorgt hat.

Karsten Samaschke für die wie immer hervorragende Zusammenarbeit und für seine Ideen. Auch wenn ich letztendlich den letzten Abgabetermin überschritten habe, hoffe ich, dass du es mir nachsehen kannst.

Dem Verlag Addison-Wesley und natürlich meinem Lektor Frank Eller für die Chance, dieses Buch zu schreiben und für die aufgebrachte Geduld, wenn Termine überschritten wurden.

Und last but not least meinen Kunden, die mir trotz der wenigen Zeit, die ich während dieses Projekts für Sie erübrigen konnte, die Treue gehalten haben.

Karsten Samaschke dankt ...

... meiner süßen Freundin Daniela und unserem im November – hoffentlich gesund – zur Welt kommenden Söhnchen. Wie schon beim letzten Mal musstet ihr die Hauptlast tragen und habt mich immer wieder unterstützt, wenn Müdigkeit oder Erschöpfung zu groß geworden sind. Danke für das Ertragen des Stresses und meiner Nachtschichten. Euch beiden widme ich das Buch.

... meinen Eltern dafür, dass sie mich in den schwierigen Jahren so unterstützt haben.

... dem Rest der Familie (inklusive Eingeheirateten ...) – wäre ja langweilig ohne euch, auch wenn ihr manchmal ganz schön anstrengend sein könnt ... :-)

... unserem Lektor Frank Eller und dem Verlag Addison-Wesley für die mir gegebene Möglichkeit, dieses Buch mitzuschreiben und die auch schon beim letzten Buch gezeigte Unterstützung.

... Stefan Falz für seinen Anteil am Buch.

... allen anderen ungenannten Personen (etwa Carsten Rüsing – ich habe es nicht vergessen, dass du im nächsten Buch namentlich erwähnt werden wolltest :-), die mir bei der Erstellung des Buches mit Rat und Tat zur Seite standen oder die ich in den letzten Wochen des Schreibens vernachlässigt habe.

Kontakt zu den Autoren

Die Autoren sind sehr an Ihrer Meinung zu diesem Buch interessiert. Daher freuen wir uns, wenn Sie uns Ihre Meinung, sei sie positiv oder auch negativ, mitteilen. Ihre konstruktive Kritik hilft uns, weitere Projekte besser an die Wünsche und Bedürfnisse der Leser anpassen zu können.

Senden Sie uns Ihre Kritik an die folgende Emailadresse:

- aspnet.vb@codebooks.de

Sie können auch direkt Kontakt zu einem der Autoren aufnehmen. Sie erreichen uns unter den folgenden Emailadressen:

- Stefan Falz – stefan.falz@codebooks.de
- Karsten Samaschke – karsten.samaschke@codebooks.de

Website zum Buch

Weiterführende Informationen zu diesem und anderen Büchern der Codebook-Reihe finden Sie unter der Adresse: *www.codebooks.de*

Allgemeine Einführung

ASP.NET ist keine Sprache, sondern eine Technologie, mit deren Hilfe Sie dynamische Webseiten erstellen können. ASP.NET stellt Ihnen auf Basis des .NET Frameworks zusammen mit dem IIS (Internet Information Services) eine Plattform zur Verfügung, die es Ihnen ermöglicht, leistungsfähige Webanwendungen zu entwickeln. Die Programmierung der Anwendungen erfolgt mittels einer Programmiersprache. Standardmäßig können Sie ihre Anwendungen mit VB.NET, C#, ... erstellen. Es ist jedoch möglich, andere Sprachen zu verwenden, beispielsweise Perl, Python oder sogar Cobol. Da dies aber nicht sehr oft genutzt wird, beschränken wir uns hier auf eine der am häufigsten verwendeten Sprachen, VB.NET.

VB.NET ist von der Syntax her ähnlich wie VB, VBA oder auch VB 6 aufgebaut. Durch die weite Verbreitung dieser Sprachen hat VB.NET unserer Meinung nach einen kleinen Vorteil gegenüber C#, wobei gerade die Umsteiger von VB oder VB.NET wissen sollten, dass wirklich nur die Syntax ähnlich ist. Das gesamte Objektmodell und auch die Art der Programmierung unterscheidet sich immens von den »alten« Sprachen, VB.NET ist ebenso wie C# eine komplett objektorientierte Programmiersprache und das sollte man sich verinnerlichen, bevor es zu bösen Überraschungen à la »Mit VB 6 ging das aber doch!?« kommt.

Dieses Buch kann Ihnen aufgrund der Fülle von Möglichkeiten keinen kompletten Überblick über alle Facetten der ASP.NET-Programmierung geben. Alleine die Referenz würde mehrere Bücher füllen. Wir haben aber versucht, Ihnen ein möglichst breites Spektrum an Möglichkeiten aufzuzeigen.

3 Geschichte von ASP.NET

Die Vorgängertechnologie von ASP.NET, ASP, wurde erstmals 1996, damals noch unter dem Codenamen *Denali*, bekannt, veröffentlicht. ASP.NET selbst erblickte Mitte 1998 unter dem Kürzel XSP (das eigentlich nur der Unterscheidung zwischen ASP und der heute unter ASP.NET bekannten Technologie diente) das Licht der Welt. Im Laufe der Entwicklung wurde dieser »Name« allerdings noch mehrfach geändert. So geisterte ASP.NET lange Zeit als *ASP+* durch die Weiten des Internet, bis schließlich im Zuge der .NET-Strategie der Name auf ASP.NET festgelegt wurde.

4 Einsatzgebiete

Die Einsatzgebiete von ASP.NET reichen von einfachen Websites, die nur etwas Dynamik benötigen, bis hin zu komplexen Systemen, z.B. Onlineshops, CRM-Systeme, ... Da Sie mit ASP.NET fast alle Möglichkeiten haben, die Sie auch von »richtigen« Windowsprogrammen her kennen, sind den Einsatzmöglichkeiten fast keine Grenzen gesetzt. Hierdurch ergibt sich auch der große Vorteil, dass bei entsprechender Programmierung (strikte Trennung von Frontend und Businesslogik) z.B. eine Webanwendung relativ einfach zu einer Windowsanwendung (oder auch umgekehrt) umgeschrieben werden kann. Dies würde aber den Rahmen dieses Buches bei weitem sprengen. Daher beschränken wir uns hier auf Webanwendungen.

5 »Klassische« Programmierung (Inline)

Sie haben mit ASP.NET mehrere Möglichkeiten, Ihre Anwendung zu erstellen. Sie können (wie dies z.B. bei ASP oder auch PHP der Fall ist) die »klassische« Variante nehmen und Ihren Code direkt in den HTML Content schreiben oder eine neue Technologie namens CodeBehind, (die wir Ihnen übrigens sehr empfehlen; viele der weiteren Beispiele im Buch bauen auch auf dieser Technik auf), bei der Sie eine vollständige Trennung von Layout und Quellcode erreichen können. Hier wollen wir Ihnen zuerst einmal zeigen, wie Sie schnell und einfach eine lauffähige **.aspx*-Datei mittels »klassischer« Programmierung erzeugen können.

Eine sehr einfache ASP.NET-Datei sieht dann z.B. folgendermaßen aus:

```
<%@ Page Language="vb" %>
<%
Response.Write( "Hallo Welt mit VB.NET" )
%>
```

Listing 1: Einfaches Beispiel mit VB.NET (Chapter01Example01.aspx)

Das Pendant mit C# würde so aussehen:

```
<%@ Page Language="C#" %>
<%
Response.Write( "Hallo Welt mit C#" );
%>
```

Listing 2: Einfaches Beispiel mit C# (Chapter01Example02.aspx)

Ein Vorteil hierbei ist, dass Sie die Scriptblöcke an fast jeder beliebigen Stelle in der ASP.NET-Datei unterbringen können. So ist es z.B. möglich, innerhalb eines HTML-Dokuments den Inhalt einer Variablen mittels `<%=variable %>` oder auch die Rückgabe einer Funktion mittels `<%=funktionsaufruf( parameter ) %>` auszugeben. <%= ist hierbei eine Abkürzung für <% `Response.Write` und ist sehr hilfreich, wenn Sie Dateien haben, bei denen der HTML-Teil überwiegt und Sie evtl. nur an bestimmten Stellen eine Ausgabe machen möchten. Sie können allerdings innerhalb eines Skriptblocks nicht einfach den Befehl `=variable` schreiben. Dies würde einen Fehler verursachen, da hier eine Wertzuweisung erwartet wird, aber keine Variable angegeben wird, die den Wert entgegennehmen könnte.

Um Ihnen die Vorgehensweise besser erläutern zu können, haben wir Ihnen nachstehend ein kleines Beispiel in VB.NET und in C# zur Verfügung gestellt. Fangen wir mit dem VB.NET-Beispiel an. Dieses gibt lediglich den Inhalt der Variablen `strTest` mit dem Befehl `<%=strTest %>` innerhalb des HTML-Bereichs aus:

```
<%@ Page Language="vb" %>
<%
Dim strTest
```

Listing 3: Ausgabe per <%=variable %> mit VB.NET (Chapter01Example03.aspx)

```
    strTest = "Hallo Welt"
%>
<html>
<head>
    <title>ASP.NET Codebook Skriptbeispiele</title>
    <link rel="stylesheet"
          href="styles/codebook.css"
          type="text/css">
</head>
<body>

<p>
Es folgt nun die Ausgabe des Inhalts.
der Variablen "strTest": <%=strTest %>
</p>

</body>
</html>
```

Listing 3: Ausgabe per <%=variable %> mit VB.NET (Chapter01Example03.aspx) (Forts.)

Dasselbe Beispiel in C# sieht sehr ähnlich aus. Auch hier können Sie den Befehl <%= verwenden. Im Gegensatz zu sonstigen Befehlen in C# dürfen Sie hier allerdings kein Semikolon anhängen. Dies würde einen Fehler verursachen.

```
<%@ Page Language="C#" %>
<%
string strTest = "Hallo Welt";
%>
<html>
<head>
    <title>ASP Codebook Skriptbeispiele</title>
    <link rel="stylesheet"
          href="styles/codebook.css"
          type="text/css">
</head>
<body>

<p>
Es folgt nun die Ausgabe des Inhalts.
der Variablen "strTest": <%=strTest %>
</p>

</body>
</html>
```

Listing 4: Ausgabe per <%=variable %> in C# (Chapter01Example04.aspx)

6 Erweiterte »klassische« Programmierung (Inline)

Auch wenn Sie nicht mit CodeBehind arbeiten möchten, haben Sie natürlich die Möglichkeit, die entsprechenden Events, wie z.B. Page_Load, zu nutzen. Um dies zu tun, müssen Sie allerdings beachten, dass Sie den Scriptblock nicht in <% .. %> eingrenzen dürfen, sondern mittels expliziter Angabe der Skriptsprache arbeiten müssen. Dies wird wie folgt erledigt:

```
<script language="vb" runat="server">
```

Dies gilt auch für den Fall, dass Sie schon auf Seitenebene mittels <%@ Page language="vb" ...%> die zu verwendende Sprache angegeben haben. Ein komplettes Beispiel für eine solche Seite sehen Sie nachfolgend:

```
<%@ Page Language="vb" %>
<script language="vb" runat="server">
    Sub Page_Load(Sender As Object, E As EventArgs)
        lblMain.Text = "Inline Code mit VB.NET"
    End Sub
</script>

<html>
<head>
    <title>ASP.NET Codebook Skriptbeispiele</title>
    <link rel="stylesheet"
          href="styles/codebook.css"
          type="text/css">
</head>
<body>

    <asp:label id="lblMain" runat="server"></asp:label>

</body>
</html>
```

Listing 5: Inline-Code mit VB.NET (Chapter01Example05.aspx)

Das obligatorische Beispiel in C# sieht wie folgt aus:

```
<%@ Page Language="C#" %>
<script language="C#" runat="server">

    void Page_Load(Object Src, EventArgs E)
        {
        lblMain.Text = "Inline Code mit C#";
        }
```

Listing 6: Inline-Code mit C# (Chapter01Example06.aspx)

```
</script>

<html>
<head>
    <title>ASP.NET Codebook Skriptbeispiele</title>
    <link rel="stylesheet"
          href="styles/codebook.css"
          type="text/css">
</head>
<body>

    <asp:label id="lblMain" runat="server"></asp:label>
</body>
</html>
```

Listing 6: Inline-Code mit C# (Chapter01Example06.aspx) (Forts.)

Wie Sie sehen, ist es hiermit relativ einfach, schnell zu einem Ergebnis zu kommen. Trotzdem empfehlen wir Ihnen die Verwendung von CodeBehind, da Sie hiermit die vielen Vorteile, die ASP.NET Ihnen bietet, effektiver nutzen können.

7 Verwendung von CodeBehind (SRC Attribut)

Auch bei der Verwendung von CodeBehind haben Sie zwei Möglichkeiten, Ihren Code zu erstellen. Hauptkriterium hierbei sind zum einen die Performance und zum anderen die Möglichkeit, den dahinter liegenden Code schnell und einfach ändern zu können.

Die erste Möglichkeit ist die Einbindung der CodeBehind-Datei mit dem Attribut `SRC`. Hierbei geben Sie lediglich den Dateinamen der **.aspx.vb*-Datei (bei C# die **.aspx.cs*-Datei) sowie die zu verwendende Klasse an.

Dies sieht dann z.B. folgendermaßen aus:

```
<%@ Page Language="vb" src="example.aspx.vb" Inherits="Example" %>
```

Jegliche Änderung in der entsprechenden Datei macht sich beim nächsten Aufruf der **.aspx*-Datei sofort bemerkbar, da das .NET Framework die Änderungen bemerkt und eine erneute Umwandlung der Quellcodedatei veranlasst. Diese Methode hat allerdings den Nachteil, dass die Umwandlung nur temporär ist. D.h. beim nächsten Neustart des Webservers oder der IIS Anwendung muss der Quellcode erneut umgewandelt werden.

Um eine **.aspx*-Datei laufen lassen zu können, benötigen Sie mindestens eine weitere Datei, die sogenannte CodeBehind-Datei. Diese beinhaltet den eigentlichen Quellcode, der z.B. Datenbankzugriffe steuert, Steuerelemente mit Inhalten füllt usw. Der grundlegende Aufbau einer solchen Datei sieht wie folgt aus:

Zuerst wird der Klassenname (hier `test`) deklariert. Diese Angabe ist notwendig, um z.B. in der **.aspx*-Datei mittels `Inherits=test` diese Klasse zu übernehmen.

```
Public Class test
```

Wenn Sie eine »normale« HTML-Ausgabe erzeugen wollen, müssen Sie zusätzlich noch mittels:

```
Inherits System.Web.UI.Page
```

angeben, dass Ihre Klasse die Eigenschaften, Methoden, Ereignisse, usw. der .NET Framework-Klasse `Page` erbt. Als nächster Schritt folgt die öffentliche Methode `Load` der Klasse `Page`. Diese Standardmethode wird bei jedem Laden der Seite aufgerufen. Sie können daher in dieser Methode die Vorarbeit für die weiteren Aktionen, z.B. Datenbankverbindungen herstellen, Variablen vorbelegen, ... erledigen.

```
Public Sub Page_Load( _
                    ByVal sender As System.Object, _
                    ByVal e As System.EventArgs _
                   ) Handles MyBase.Load

   ' --- Hier wird der Quellcode eingefügt.

End Sub
```

Zu guter Letzt folgt noch die Angabe `End Class`, die anzeigt, dass Ihre Klasse hier endet.

```
End Class
```

Schon haben Sie eine fertige und lauffähige CodeBehind-Datei. Diese ist natürlich nur exemplarisch aufgebaut und soll Ihnen lediglich zeigen, wie einfach man eine solche Datei erzeugen kann.

Unser erstes »richtiges« ASP.NET Skript, das auf einer CodeBehind-Datei basiert, stellen wir Ihnen jetzt vor. An erster Stelle stehen die Informationen über den Seiteninhalt (ähnlich den `@`-Direktiven bei Classic ASP). Dazu werden verschiedene Attribute, wie z.B. `Language` (die zu verwendende Standardsprache für diese Seite) gesetzt. Im konkreten Fall setzen wir zusätzliche die Werte der Attribute `SRC` (Dateiname der Quellcodedatei), `AutoEventWireup` (zuständig für die automatische Zuordnung von Seitenereignissen und `Inherits` (die zu verwendende Klasse).

```
<%@ Page Language="vb"
    AutoEventWireup="false"
    Src="Chapter01Example07.aspx.vb"
    Inherits="Chapter01Example07" %>
```

Danach folgt der eigentliche HTML-Teil der Seite. Dieser kann genauso wie in jeder anderen HTML-Datei auch aussehen.

```
<html>
<head>
    <title>ASP Codebook Skriptbeispiele</title>
    <link rel="stylesheet"
          href="styles/codebook.css"
          type="text/css">
</head>
<body>
```

Damit wir auch ein Element haben, das wir aus der Quellcodedatei mit Text befüllen können, fügen wir an dieser Stelle ein Label ein. Ein Label ist ein serverseitiges Websteuerelement, das für einfache Textausgaben herangezogen werden kann. Das Steuerelement benötigt mind. zwei Werte. `ID` (Hiermit wird das Element später »mit Namen« angesprochen) und zusätzlich `runat="server"`. Letzteres dient dazu, dem Webserver, bzw. dem .NET Framework mitzuteilen, dass dieses Steuerelement serverseitig erzeugt werden muss.

```
    <asp:label id="lblMain" runat="server"></asp:label>
```

Danach folgen ganz normal die abschließenden Tags des HTML-Teils.

```
</body>
</html>
```

Listing 7: VB.NET CodeBehind mit SRC Attribut [1] (Chapter01Example07.aspx)

Mehr ist an dieser Stelle nicht notwendig. Als Nächstes folgt die CodeBehind-Datei, die ähnlich dem obigen Beispiel aufgebaut ist.

An erster Stelle steht hier allerdings noch eine `Imports`-Anweisung, da wir in dieser Klasse ein Serversteuerelement verwenden. Sie können dieses entweder über den kompletten Namen inkl. der Angabe des Namespace oder über eine verkürzte Variante (dann muss der entsprechende Namespace mittels `Imports` eingebunden werden) einbinden. Damit Sie beide Möglichkeiten kennen lernen, hier kurz jeweils ein Beispiel:

```
Dim lblMain As System.Web.UI.WebControls.Label
```

funktioniert genauso wie

```
Imports System.Web.UI.WebControls
...
Dim lblMain As Label
```

Wenn Sie mehrere Elemente des entsprechenden Namespace einbinden möchten (was wohl in den meisten Anwendungen der Fall sein wird), sollten Sie den Weg mit `Imports <namespace>` vorziehen, da Sie hierdurch einiges an Schreibarbeit sparen. Unsere Beispiele nutzen größtenteils ebenfalls die `Imports`-Anweisung um verwendete Namespaces einzubinden.

```
Imports System.Web.UI.WebControls
```

Als Nächstes folgt wieder die Angabe des Klassennamens, hier »Chapter01Example07«.

```
Public Class Chapter01Example07

    Inherits System.Web.UI.Page

    Protected WithEvents lblMain As Label

    Public Sub Page_Load( _
                        ByVal sender As System.Object, _
                        ByVal e As System.EventArgs _
                        ) Handles MyBase.Load
```

Und nun folgt die lange ersehnte Zuweisung des Ausgabetextes an das in der **.aspx*-Datei eingebundene Label mit der ID `lblMain`.

```
        lblMain.Text = """Hallo Welt"" mit VB.NET und SRC"

    End Sub

End Class
```

Listing 8: VB.NET CodeBehind mit SRC Attribut [2] (Chapter01Example07.aspx)

Sie sehen, dass es eigentlich gar nicht schwer ist, das Layout vom Quellcode zu trennen. Ihre Anwendungen werden dadurch aber um einiges übersichtlicher.

Bevor wir zu den komplexeren Beispielen kommen, folgt noch ein Beispiel für ein ASP.NET Skript, das auf einer CodeBehind-Datei basiert und C# als Sprache verwendet. Wie Sie sehen, unterscheidet sich die Datei nur in zwei kleinen Punkten von der VB.NET-Variante. Der Wert des Attributs `Language` lautet nun `C#` und die Angabe der Quellcodedatei endet auf *.cs*, da dies die standardmäßige Dateiendung für C#-Dateien darstellt.

```
<%@ Page Language="C#"
    Src="Chapter01Example08.aspx.cs"
    Inherits="Chapter01Example08" %>
<html>
```

Listing 9: C# CodeBehind mit SRC Attribut [1] (Chapter01Example08.aspx)

```
<head>
    <title>ASP Codebook Skriptbeispiele</title>
    <link rel="stylesheet"
          href="styles/codebook.css"
          type="text/css">
</head>
<body>

    <asp:label id="lblMain" runat="server"></asp:label>

</body>
</html>
```

Listing 9: C# CodeBehind mit SRC Attribut [1] (Chapter01Example08.aspx) (Forts.)

Die CodeBehind-Datei sieht schon etwas anders aus als bei VB.NET. Dies liegt allerdings nur an der zu verwendenden Syntax. Der grundlegende Aufbau ist auch hier gleich. Lediglich die Anweisungen lauten anders, bzw. werden anders formatiert.

Anstelle von `Imports` verwendet man in C# die Anweisung `using`, um einen Namespace (hier `System.Web.UI.WebControls`) einzubinden. Danach folgt die Angabe des Klassennamens sowie die Basisklasse, von der die aktuelle Klasse abgeleitet werden soll (hier `System.Web.UI.Page`). Danach muss auch hier das `Label`-Steuerelement deklariert werden. Und ebenso wie in der VB.NET-Variante wird auch hier innerhalb der Methode `Page_Load` das Label mit dem Ausgabetext gefüllt.

```
using System;
using System.Web.UI.WebControls;

public class Chapter01Example08 : System.Web.UI.Page
    {
    protected Label lblMain;

    private void Page_Load(object sender, System.EventArgs e)
        {
        lblMain.Text = "\"Hallo Welt\" mit C# und SRC";
        }

    override protected void OnInit(EventArgs e)
        {
        InitializeComponent();
        base.OnInit(e);
        }

    private void InitializeComponent()
        {
        this.Load += new System.EventHandler(this.Page_Load);
        }
    }
```

Listing 10: C# CodeBehind mit SRC Attribut [2] (Chapter01Example08.aspx.cs)

8 Verwendung von CodeBehind

Nun kommen wir zu der zweiten Möglichkeit, CodeBehind zu verwenden. Diese Variante ist vor allem für Projekte zu empfehlen, die eine maximale Performance benötigen. Falls Sie mit Visual Studio .NET arbeiten, müssen Sie ebenfalls diese Variante verwenden, da das Visual Studio mit dem `SRC`-Attribut nicht umgehen kann und beim Öffnen der entsprechenden Dateien eine Fehlermeldung erzeugen würde.

Durch die Kompilierung des Quellcodes in eine DLL haben Sie auch den Vorteil, dass Ihre Anwendung, gerade bei stark beanspruchten Websites, deutlich performanter wird und gleichzeitig Ihr Code vor allzu neugierigen Blicken geschützt ist. Leider wird hier nur eine Art Zwischencode (*MSIL*) erzeugt, der sich ohne weiteres wieder dekompilieren lässt. Aber auch hierfür gibt es natürlich Lösungen, so genannte *Obfuscatoren*. Diese »verbergen« den eigentlichen Quellcode, indem Sie diesen vor der Kompilierung derart umschreiben, dass er selbst für geübte Programmierer unleserlich wird. Dies hat aber natürlich keine Auswirkung auf Ihre Entwicklungsdateien, sondern lediglich auf die temporären Dateien, die für die Kompilierung herangezogen werden. Einen 100%igen Schutz gibt es aber auch hier (wie wohl in allen Bereichen des Lebens) nicht. Aber Sie erschweren auch Profis den unerwünschten Zugriff auf Ihre Ideen doch sehr.

Kommen wir jedoch nun zum ersten Beispiel, das auf der eigentlichen CodeBehind-Technologie aufbaut. Dieses macht im Großen und Ganzen nichts anderes als das vorige Beispiel. Es wird ein Text über ein `Label`-Steuerelement ausgegeben. Die hierfür erforderliche **.aspx*-Datei sieht wie folgt aus:

```
<%@ Page Language="vb"
    enableViewState="False"
    AutoEventWireup="false"
    Codebehind="Chapter01Example11.aspx.vb"
    Inherits="codebook.aspnet.vb.Chapter01Example11" %>
```

Wie Sie sehen können, ist der Kopf der Datei fast identisch zu dem Beispiel, das die Quellcodedatei über das `SRC`-Attribut angibt. Die Datei wird lediglich über das Attribut »CodeBehind« referenziert. Der Rest der Datei ist vom Aufbau her genau gleich. Daher können Sie bei Bedarf auch anfänglich mit `SRC` entwickeln und später auf CodeBehind umsteigen. Ob Sie dies benötigen, obliegt allerdings Ihren eigenen Wünschen und Bedürfnissen.

```
<!DOCTYPE HTML PUBLIC "-//W3C//DTD HTML 4.0 TRANSITIONAL//EN">
<HTML>
<HEAD>
    <title>Chapter 01 Example 11</title>
    <link rel="stylesheet"
          href="styles/codebook.css"
          type="text/css">
</HEAD>
```

Listing 11: Erstes CodeBehind-Beispiel (Chapter01Example11.aspx)

```
<body>

    <asp:Label id="lblMain" runat="server">
        Label
    </asp:Label>

</body>
</HTML>
```

Listing 11: Erstes CodeBehind-Beispiel (Chapter01Example11.aspx) (Forts.)

Die zugehörige Quellcodedatei hat ebenfalls den gleichen Aufbau wie das vorige Beispiel. Um die verschiedenen Klassen später besser ansprechen zu können, haben wir uns allerdings entschlossen, diese in einem eigenen Namespace unterzubringen. Dies können Sie sehr einfach mit folgender Angabe machen:

```
Namespace ihrnamespace
...
End Namespace
```

Dies hat im Großen und Ganzen keine Auswirkung auf die Anwendung. Es dient lediglich der besseren Übersichtlichkeit. Wenn Sie zum Beispiel mehrere Projekte haben, die ggfs. miteinander kombiniert werden sollen, wäre z.B. folgende Konstellation denkbar.

```
Namespace firma.projekt1
...
End Namespace
Namespace firma.projekt2
...
End Namespace
```

Wenn Sie nun auf die Klassen innerhalb der Projekte zugreifen möchten, können Sie dies mittels `firma.projektX.klassenname` machen. Somit haben Sie eine bessere Trennung von ggfs. Gleich lautenden Klassen anderer Projekte und können genau zwischen den einzelnen Klassen differenzieren. Es gibt noch eine Menge anderer Vorteile, diese würden aber den Rahmen dieses Buches sprengen. Zu empfehlen wären hier ggfs. die Websites *http://www.asp.net/* und *http://www.aspxforum.de/*. Diese bieten Ihnen eine Menge an Informationen sowie jeweils ein Forum, in dem sich die User austauschen können.

Nun aber zum eigentlichen Beispiel. Auch hier importieren wir den Namespace `System.Web.UI.WebControls`, in dem Steuerelemente, wie z.B. das Label, untergebracht sind.

```
Imports System.Web.UI.WebControls
```

Danach folgt die Angabe unseres eigenen Namespace:

```
Namespace codebook.aspnet.vb
```

gefolgt vom Klassennamen, über den die Klasse letztendlich angesprochen werden kann:

```
Public Class Chapter01Example11

    Inherits System.Web.UI.Page

    Protected WithEvents lblMain As Label

    Private Sub Page_Load( _
                    ByVal sender As System.Object, _
                    ByVal e As System.EventArgs _
                    ) Handles MyBase.Load

        ' Hier Benutzercode zur Seiteninitialisierung einfügen
        lblMain.Text = "Immer noch ""Hallo Welt"", " & _
                    "dafür jetzt mit CodeBehind ;)"

    End Sub

End Class

End Namespace
```

Listing 12: Erstes CodeBehind-Beispiel (Chapter01Example11.aspx.vb)

Sie haben nun die meisten Varianten der Programmierung mit ASP.NET kennen gelernt. Daher begeben wir uns nun zu den weiterführenden Beispielen, die Ihnen Schritt für Schritt zeigen, wie Sie die kennen gelernten Möglichkeiten effektiv einsetzen können.

9 Verwendung eigener Methoden

Da man nicht alle anstehenden Arbeiten in der Methode `Page_Load` erledigen kann (oder zumindest sollte man dies nicht), gibt es natürlich auch in ASP.NET die Möglichkeit, eigene Methoden zu erstellen, in die man die entsprechenden Codeteile auslagert. Wie immer benötigen Sie aber auch hier zuerst einmal eine **.aspx*-Datei, die den Rahmen der Seite und die Basiseigenschaften festlegt. Es bedarf hier wahrscheinlich keiner näheren Erklärung, da wir den grundlegenden Aufbau schon besprochen haben. Daher folgt an dieser Stelle das Listing der Datei.

```
<%@ Page Language="vb"
    enableViewState="False"
    AutoEventWireup="false"
```

Listing 13: Auslagerung von Codeteilen in eigene Methoden (Chapter01Example12.aspx)

```
    Codebehind="Chapter01Example12.aspx.vb"
    Inherits="codebook.aspnet.vb.Chapter01Example12" %>
<!DOCTYPE HTML PUBLIC "-//W3C//DTD HTML 4.0 TRANSITIONAL//EN">
<HTML>
<HEAD>
    <title>Chapter 01 Example 12</title>
    <link rel="stylesheet"
          href="styles/codebook.css"
          type="text/css">
</HEAD>
<body>
    <asp:Label id="lblMain" runat="server">
        Label
    </asp:Label>
</body>
</HTML>
```

Listing 13: Auslagerung von Codeteilen in eigene Methoden (Chapter01Example12.aspx) (Forts.)

Die zum Beispiel gehörenden Quellcodedatei hat eine zusätzliche Methode mit dem Namen `Write`. Diese wird verwendet, um die Steuerelemente auf der Seite mit Inhalt zu füllen. Damit diese Methode abgearbeitet wird, fügen wir in der Methode `Page_Load` (die den Startpunkt [abgesehen von `Page_Init`] eines jeden ASP.NET-Skripts darstellt) einen Aufruf auf diese Methode hinzu. Der Name der Methode ist frei wählbar. Man sollte aber natürlich darauf achten, sprechende Namen und keine Sonderzeichen zu verwenden.

```
Imports System.Web.UI.WebControls

Namespace codebook.aspnet.vb

Public Class Chapter01Example12

    Inherits System.Web.UI.Page

    Protected WithEvents lblMain As Label

    Private Sub Page_Load( _
                          ByVal sender As System.Object, _
                          ByVal e As System.EventArgs _
                          ) Handles MyBase.Load
```

Hier wird die Methode `Write` zusammen mit dem auszugebenden Text aufgerufen.

```
        ' --- Aufruf der Methode Write zur Ausgabe
        ' --- des Textes im Label
        Write("Text für das zweite Beispiel")

    End Sub
```

Die Methode erhält als Übergabeparameter einen String, der dann dem Label zugewiesen wird.

```
    Private Sub Write( ByVal strText As String )

        ' --- Zuweisen des Labelinhalts
        lblMain.Text = strText

    End Sub

End Class

End Namespace
```

Listing 14: Auslagerung von Codeteilen in eigene Methoden (Chapter01Example12.aspx.vb)

10 Dynamische Erzeugung von Steuerelementen

Sie haben natürlich auch die Möglichkeit, die Seiten komplett dynamisch aufzubauen. Ob dies sinnvoll ist oder nicht, hängt von vielen Faktoren wie z.B. den Anforderungen an ein Projekt, des grundsätzlichen Layouts usw. ab. Im Normalfall wird man selten alle Elemente dynamisch erzeugen, sondern eher ein Basisgerüst erstellen, auf dem dann die weitere Anwendung aufsetzt.

Da die dynamisch erzeugten Steuerelemente in der Seite untergebracht werden müssen, benötigt man auf jeden Fall einen Container, der diese aufnehmen kann. Im folgenden Beispiel haben wir hierfür den `<body>`-Tag verwendet, da dieser in HTML den äußersten Container für die sichtbaren Seitenelemente darstellt. Das Einzige, was dafür getan werden muss, ist, den `<body>` Tag mit einer ID und dem Attribut `runat="server"` zu versehen. Dies machen Sie folgendermaßen:

```
<body runat="server" id="pgBody">
```

Damit haben Sie über die ID `pgBody` in der CodeBehind-Datei Zugriff auf das entsprechende Element und können die weiteren Steuerelemente dort einfügen. Das komplette Beispiel sehen Sie nachstehend:

```
<%@ Page Language="vb"
    enableViewState="False"
    AutoEventWireup="false"
    Codebehind="Chapter01Example13.aspx.vb"
    Inherits="codebook.aspnet.vb.Chapter01Example13" %>
<!DOCTYPE HTML PUBLIC "-//W3C//DTD HTML 4.0 TRANSITIONAL//EN">
<HTML>
<HEAD>
```

Listing 15: Dynamische Erzeugung von Steuerelementen (Chapter01Example13.aspx)

```
    <title>Chapter 01 Example 13</title>
    <link rel="stylesheet"
          href="styles/codebook.css"
          type="text/css">
</HEAD>
<body runat="server" id="pgBody">
</body>
</HTML>
```

Listing 15: Dynamische Erzeugung von Steuerelementen (Chapter01Example13.aspx) (Forts.)

Um die Inhalte jetzt in die Seite zu übertragen, ist schon etwas mehr als eine Zeile Quellcode notwendig. Aber viel schwerer wird es dadurch auch nicht. Die Vorteile der dynamischen Erstellung überwiegen größtenteils. Von daher sollte man sich nicht von anfänglichen, vermeintlichen Problemen abschrecken lassen.

```
Imports System.Web.UI.WebControls

Namespace codebook.aspnet.vb

Public Class Chapter01Example13

    Inherits System.Web.UI.Page
```

Hier wird ebenfalls ein Label-Steuerelement erzeugt. Anders als in den vorigen Beispielen benötigen wir aber auch eine Instanz der `Label`-Klasse, da durch das Fehlen der Deklaration in der **.aspx*-Datei diese nicht automatisch erzeugt wird. Dies erledigen wir in der Methode `Page_Load`, da wir das Objekt auch in später aufgerufenen Methoden benötigen. Der Body der Seite wird als `HtmlGenericControl` deklariert.

```
    Protected WithEvents lblChild As Label
    Protected WithEvents pgBody   As HtmlGenericControl

    Private Sub Page_Load( _
                     ByVal sender As System.Object, _
                     ByVal e As System.EventArgs _
                     ) Handles MyBase.Load
```

An dieser Stelle wird das Label erzeugt.

```
        lblChild        = New Label
```

Um das Label jetzt in den `<body>`-Tag der Seite einzufügen, bedienen wir uns der Methode `Add` der `Controls`-Collection. Diese Collection hat jedes von `Control` abgeleitete Objekt und steht somit auch in unserem `<body>`-Tag zur Verfügung.

```
        pgBody.Controls.Add( lblChild )
```

Danach erfolgt wiederum der Aufruf der Methode `Write`, die dem dynamisch erzeugten Label `lblChild` den Ausgabetext zuweist.

```
        ' --- Aufruf der Methode Write zur Ausgabe
        ' --- des Textes im Label
        Write("Text für das dritte Beispiel")

    End Sub

    Private Sub Write(ByVal strText As String)

        ' --- Zuweisen des Labelinhalts
        lblChild.Text = strText

    End Sub

End Class

End Namespace
```

Listing 16: Dynamische Erzeugung von Steuerelementen (Chapter01Example13.aspx.vb)

11 Fehlerbehandlung in VB.NET

Zu den unangenehmen Eigenschaften der Programmierung gehören leider auch Fehler. Hiervon gibt es verschiedene Arten. Syntaxfehler, die zu einer Fehlermeldung des Compilers oder Interpreters führen, Laufzeitfehler, die beispielsweise beim Fehlschlagen einer Datenbankverbindung auftreten, usw. Wir beschäftigen uns hier allerdings lediglich mit Laufzeitfehlern. Fehler im Quellcode selbst sollte Ihre Entwicklungsumgebung anzeigen. in diesem Beispiel wollen wir Ihnen zeigen, dass Fehler gar nicht so schlimm sein müssen wie allgemein angenommen. Es kommt lediglich auf die richtige Behandlung der Fehler an.

Die grundlegende Fehlerbehandlung sieht in etwa so aus:

```
Try
```

Hier steht der Quellcode, der gegebenenfalls Fehler verursachen könnte.

```
Catch ex As Exception
```

Wenn ein Fehler aufgetreten ist, springt die Anwendung in diesen Abschnitt des Blocks. Dort kann dann mittels der Eigenschaften des `Exception`-Objekts (oder eines spezifischeren Fehlerobjekts) z.B. eine eigene Fehlermeldung ausgegeben werden.

```
Finally
```

Der `Finally`-Abschnitt wird immer ausgeführt, ganz gleich ob ein Fehler bei der Verarbeitung aufgetreten ist oder nicht. Hier sollten Sie also generelle Aufräumarbeiten unterbringen, die auch erledigt werden müssen, wenn ein Fehler aufgetreten ist.

```
End Try
```

```
<%@ Page Language="vb"
    enableViewState="False"
    AutoEventWireup="false"
    Codebehind="Chapter01Example15.aspx.vb"
    Inherits="codebook.aspnet.vb.Chapter01Example15" %>

<!DOCTYPE HTML PUBLIC "-//W3C//DTD HTML 4.0 TRANSITIONAL//EN">
<HTML>
<HEAD>
    <title>Chapter 01 Example 15</title>
    <link rel="stylesheet"
          href="styles/codebook.css"
          type="text/css">
</HEAD>
<body runat="server" id="pgBody">

    <asp:Label id="lblMain" runat="server">
        Label
    </asp:Label>

</body>
</HTML>
```

Listing 17: Fehlerbehandlung in VB.NET (Chapter01Example15.aspx)

Um einen Fehler zu provozieren, gibt es verschiedene Möglichkeiten. Wir haben die klassische Variante gewählt und versuchen, eine Division durch 0 durchzuführen.

```
Imports System.Web.UI.WebControls

Namespace codebook.aspnet.vb

Public Class Chapter01Example15

    Inherits System.Web.UI.Page

    Protected WithEvents lblMain As Label
```

```
Private Sub Page_Load( _
                      ByVal sender As System.Object, _
                      ByVal e As System.EventArgs _
                      ) Handles MyBase.Load
```

Dazu deklarieren wir zwei `Integer`-Variablen, von denen letztere den Wert 0 erhält. Danach versuchen wie, `i` durch j zu teilen. Da j den Wert 0 hat, wird dies fehlschlagen und in einer Exception resultieren.

```
Dim i As Integer = 5
Dim j As Integer = 0

    ' --- Erzeugen eines Fehlers mittels Division durch 0
    Try
        i /= j
```

Diese Exception fangen wir hier ab und geben eine eigene Meldung aus.

```
    ' --- Abfangen des Fehlers
    Catch ex As Exception When j = 0
        lblMain.Text = "<b>Catch</b><br>" & ex.ToString
```

Die evtl. notwendigen Abschlussarbeiten werden im `Finally`-Abschnitt ausgeführt. in unserem Fall geben wir lediglich eine Statusmeldung aus, so dass Sie sehen können, dass die Anwendung hier angekommen ist.

```
    Finally
        lblMain.Text &= vbCrLf & "<br><br><b>Finally</b>" & _
                        "Diese Ausgabe kommt im Finally-" & _
                        "Abschnitt der Fehlerbehandlung"

    End Try
```

Danach geht es dann weiter im Programm. D.h. ein Fehler muss nicht unweigerlich zum Abbruch des Programms führen. Diese Entscheidung obliegt dem Entwickler.

```
    lblMain.Text &= vbCrLf & "<br><br><b>Schluss</b><br>" & _
                    "Diese Ausgabe kommt nach der Fehler-" & _
                    "behandlung"

End Sub
```

Listing 18: Fehlerbehandlung in VB.NET (Chapter01Example15.aspx.vb)

```
End Class

End Namespace
```

Listing 18: Fehlerbehandlung in VB.NET (Chapter01Example15.aspx.vb) (Forts.)

12 Tracing in ASP.NET

Tracing heißt so viel wie Verfolgung. ASP.NET stellt Ihnen mit dem Trace ein mächtiges Werkzeug zur Verfügung, mit dem Sie den gesamten Ablauf Ihres Skripts verfolgen können. Sie erhalten eine Menge an Informationen, die Ihnen dabei helfen können, Fehler zu finden, die Anwendung zu optimieren, Performancekiller ausfindig zu machen usw. Da der Trace Ihnen so viele Informationen bietet, ist es natürlich nur recht und billig, dass man einen Handstand mit gleichzeitigem Zeichnen eines gleichschenkligen Dreiecks mit der Maus machen muss, damit man den Trace aktivieren kann. Das war selbstverständlich nur ein Scherz. Es ist natürlich sehr einfach, Tracing zu nutzen. Der einfachste Weg geht über den Header der **.aspx*-Datei. Dort fügt man das Attribut `Trace` ein und vergibt den Wert `True`. Das war so weit eigentlich auch schon alles.

```
<%@ Page Language="vb"
    Codebehind="quellcode.aspx.vb"
    Inherits="klassenname"
    Trace="True" %>
```

Wie die Ausgabe eines solchen Protokolls aussehen kann, sehen Sie am nachfolgenden Screenshot:

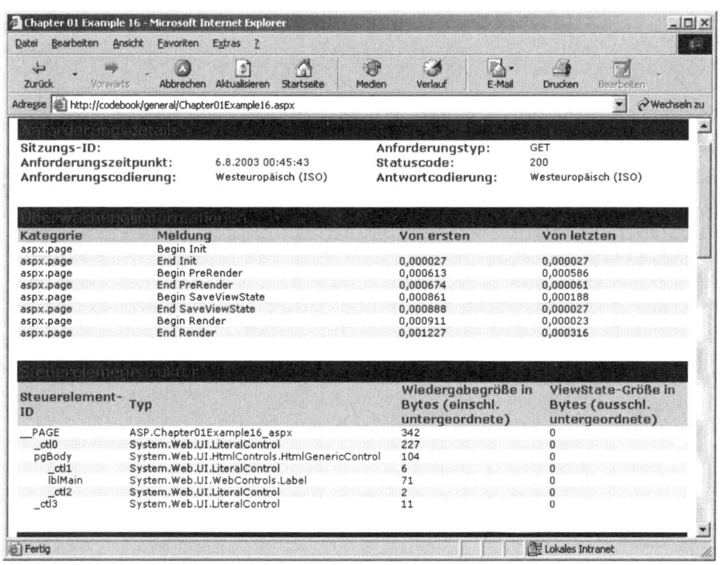

Abbildung 1: Ausgabe eines Traceprotokolls

Da man ohne Steuerelemente aber nicht so viel sieht (besonders wenn es nur um ein Beispiel geht), haben wir hierfür ebenfalls ein normales Skript erstellt, das ein Label `lblMain` enthält. Wie Sie an der Abbildung erkennen können, wird Ihnen nämlich auch die Struktur der Seite bzw. der Steuerelemente angezeigt. Und je mehr Steuerelemente eine Seite enthält, desto komplexer wird die Struktur. Das Traceprotokoll hilft Ihnen dabei, die Struktur genau analysieren zu können.

```
<%@ Page Language="vb"
    enableViewState="False"
    AutoEventWireup="false"
    Codebehind="Chapter01Example16.aspx.vb"
    Inherits="codebook.aspnet.vb.Chapter01Example16"
    Trace="True" %>

<!DOCTYPE HTML PUBLIC "-//W3C//DTD HTML 4.0 TRANSITIONAL//EN">
<HTML>
<HEAD>
    <title>Chapter 01 Example 16</title>
    <link rel="stylesheet"
          href="styles/codebook.css"
          type="text/css">
</HEAD>
<body>

    <asp:Label id="lblMain" runat="server">
        Label
    </asp:Label>

</body>
</HTML>
```

Listing 19: Ausgabe des Traceprotokolls (Chapter01Example16.aspx)

Nachfolgend die zugehörige Quellcodedatei, in der wir innerhalb der Methode `Page_Load` noch eine Statusmeldung ausgeben. Dies hat den Sinn, dass Sie sehen, dass die Seite trotz der Ausgabe des Traceprotokolls korrekt abgearbeitet wird.

```
Imports System.Web.UI.WebControls

Namespace codebook.aspnet.vb

    Public Class Chapter01Example16

    Inherits System.Web.UI.Page

        Protected WithEvents lblMain As Label

        Private Sub Page_Load( _
```

Listing 20: Ausgabe des Traceprotokolls (Chapter01Example16.aspx.vb)

```
                              ByVal sender As System.Object, _
                              ByVal e As System.EventArgs _
                              ) Handles MyBase.Load

            lblMain.Text = "<b>Es folgt die Ausgabe des " & _
                             "Trace</b><br><br>"

        End Sub

    End Class

End Namespace
```

Listing 20: Ausgabe des Traceprotokolls (Chapter01Example16.aspx.vb) (Forts.)

13 Fazit

Wie Sie bestimmt gemerkt haben, gibt es eine Vielzahl von Möglichkeiten, mit ASP.NET effektiv zu arbeiten. Um Ihnen auf dem geringen Platz, den ein Buch bietet, möglichst viele davon zeigen zu können, ist es notwendig, dass wir in manchen Beispielen evtl. auch mal zwei oder drei Sachen miteinander vermischen. Das Problem stellt hierbei die Differenzierung zwischen »MustHave« und »NiceToHave« (also Dingen, die für den Leser unabdingbar sind und auf jeden Fall vorgestellt werden müssen und anderen, die zwar nett sind, aber nicht unbedingt in ein Buch dieser Art hineinmüssen) dar. Was für den einen sehr wichtig ist, interessiert andere Leser vielleicht überhaupt nicht und umgekehrt. Daher möchten wir Sie nochmals daran erinnern, dass wir uns sehr freuen, wenn Sie uns Ihre Meinung zu diesem Buch mitteilen würden. Wenden Sie sich einfach per E-Mail an die Autoren oder besuchen Sie die Website zum Buch. Die Kontaktinformationen finden Sie ganz am Anfang dieses Buches im Vorwort.

TEIL II
Rezepte

Basics

1 Dynamische Zuweisung des Seitentitels

Sicherlich kennen Sie die Problematik, dass gerade bei Seiten, bei denen eine gute Suchmaschinenindizierung wichtig ist, neben den Inhalten der Seite auch der Seitentitel an den Inhalt angepasst werden muss. Standardmäßig bietet Ihnen ASP.NET kein Steuerelement an, mit dem Sie diese Aufgabe direkt lösen können. Aber durch die vielfältigen Möglichkeiten ist auch hier die Lösung natürlich nicht weit.

```
<%@ Page Language="vb"
    enableViewState="False"
    AutoEventWireup="false"
    Codebehind="Chapter01Example14.aspx.vb"
    Inherits="codebook.aspnet.vb.Chapter01Example14" %>

<!DOCTYPE HTML PUBLIC "-//W3C//DTD HTML 4.0 TRANSITIONAL//EN">
<HTML>
<HEAD>
```

Der `<title>`-Tag der Seite wird als `HtmlGenericControl` angelegt. Hierfür erhält das Element eine ID und das bekannte `runat="server"`-Attribut. Ansonsten können Sie alles so belassen, wie Sie es vom HTML her kennen. D.h. auch ein evtl. schon vorhandener Titel sowie der abschließende Tag des `Title`-Elements können beibehalten werden.

```
    <title id="pgTitle"
           runat="server">Chapter 01 Example 14</title>

    <link rel="stylesheet"
          href="styles/codebook.css"
          type="text/css">

</HEAD>

<body>

    <asp:Label id="lblMain" runat="server">
        Label
    </asp:Label>

</body>
</HTML>
```

Listing 1: Dynamische Zuweisung des Seitentitels (Chapter01Example14.aspx)

Basics
Daten-bank
I/O
Validie-rung
Controls
Http-Handler
Netz-werk
Grafik
Tracing
Security

Wie Sie sicher schon langsam merken, können Sie fast jedes Element einer **.aspx*-Seite serverseitig beeinflussen. Abgesehen von der Möglichkeit, alle Elemente auch dynamisch erstellen zu können, ist dies natürlich eine recht einfache und daher auch kostengünstige, weil mit weniger Aufwand verbundene Möglichkeit, eine Seite dynamisch zu gestalten.

Die CodeBehind-Datei des Beispiels fällt etwas umfangreicher aus, da in den Beispielen aufgrund der Knappheit, die angesichts der Fülle an Möglichkeiten besteht, die Qualität der Beispiele natürlich trotzdem nicht leiden soll. Daher haben wir auch hier eigene Methoden für die verschiedenen Aktionen geschrieben. Dies soll Ihnen auch dabei helfen, sich Schritt für Schritt an die Möglichkeiten von ASP.NET heranzutasten.

```
Imports System.Web.UI.WebControls

Namespace codebook.aspnet.vb

Public Class Chapter01Example14

    Inherits System.Web.UI.Page

    Protected WithEvents lblMain As Label
```

Wie im vorigen Beispiel wird auch der Seitentitel als `HtmlGenericControl` deklariert. Über den Namen `pgTitle` können wir später auf das Element zugreifen.

```
    Protected WithEvents pgTitle As HtmlGenericControl

    Private Sub Page_Load( _
                     ByVal sender As System.Object, _
                     ByVal e As System.EventArgs _
                     ) Handles MyBase.Load


        ' ------------------------------------------------
        ' Löschen aller evtl. vorhandenen Ausgaben im Body
        ' ------------------------------------------------
        ClearBody()

 Diese Ausgabe dient lediglich dazu, eine Art Statusmeldung auszugeben.
        WriteLine("Der Titel dieser Seite wurde in der " & _
                  "Methode Page_Load geändert.")
```

Hier lesen wir zuerst den bisherigen Seitentitel aus, damit wir später auch »beweisen« können, dass wir nicht geschummelt haben.

```
        WriteLine("<b>Alter Titel:</b> " & _
                  GetHeader() _
                )
```

Danach wird der neue Seitentitel zugewiesen und ebenfalls eine Ausgabe erzeugt, die der Anwender später sehen kann.

```
        WriteLine("<b>Neuer Titel:</b> " & _
                   SetHeader("Das ist der neue Titel") _
                 )

    End Sub
```

Die weiteren Methoden sind lediglich Hilfsmethoden, die die eigentliche Arbeit (Auslesen des Titels, Zuweisen des neuen Titels, Schreiben der Statusmeldungen, ...) erledigen.

```
    Private Function GetHeader() As String

        ' ------------------------------------------------
        ' Auslesen des alten Seitentitels
        ' ------------------------------------------------
        GetHeader = pgTitle.InnerText

    End Function

    Private Function SetHeader( ByVal strText As String ) As String

        ' ------------------------------------------------
        ' Zuweisen des neuen Seitentitels
        ' ------------------------------------------------
        pgTitle.InnerText = strText
        SetHeader = pgTitle.InnerText

    End Function

    Private Sub ClearBody()

        ' ------------------------------------------------
        ' Zuweisen eines Leerstrings
        ' ------------------------------------------------
        lblMain.Text = ""

    End Sub

    Private Sub Write(ByVal strText As String)

        ' ------------------------------------------------
        ' Zuweisen eines Textes
        ' ------------------------------------------------
        lblMain.Text = strText

    End Sub
```

Listing 2: Dynamische Zuweisung des Seitentitels (Chapter01Example14.aspx.vb)

```
    Private Sub WriteLine(ByVal strText As String)

        ' ----------------------------------------------
        ' Hinzufügen einer Zeile mit folgendem Umbruch
        ' ----------------------------------------------
        lblMain.Text &= strText & "<br>" & Environment.NewLine

    End Sub

End Class

End Namespace
```

Listing 2: Dynamische Zuweisung des Seitentitels (Chapter01Example14.aspx.vb) (Forts.)

2 Ausgabe der Servervariablen in ASP.NET

Eine oft benötigte Funktionalität in allen Webanwendungen ist das Auslesen bestimmter oder aller Servervariablen. Diese beinhalten sowohl Informationen über den Webserver, z.B. die verwendete Version, die IP-Adresse usw. sowie Informationen über den Client, wie zum Beispiel den User-Agent-String, die Client-IP, die Sprachen, die der Client akzeptiert, ... Im folgenden Beispiel stellen wir über das `Repeater`-Objekt, das sich hervorragend für die Erzeugung von Listen eignet, eine Liste aller Servervariablen bereit.

```
<%@ Page Language="vb"
    enableViewState="False"
    AutoEventWireup="false"
    Codebehind="Chapter01Example17.aspx.vb"
    Inherits="codebook.aspnet.vb.Chapter01Example17"%>

<!DOCTYPE HTML PUBLIC "-//W3C//DTD HTML 4.0 TRANSITIONAL//EN">
<HTML>
<HEAD>
    <title>Chapter 01 Example 17</title>
    <link rel="stylesheet"
          href="styles/codebook.css"
          type="text/css">
</HEAD>
<body>
```

Hier wird das `Repeater`-Objekt deklariert und in die Seite eingebunden. Wichtig hierbei ist (wie eigentlich immer), dass das Attribut `runat="server"` angegeben wird, damit der Parser das Steuerelement auch serverseitig erkennt und ansprechen kann.

```
<asp:repeater id="repMain" runat="server">
```

Basics
Daten-bank
I/O
Validie-rung
Controls
Http-Handler
Netz-werk
Grafik
Tracing
Security

Das Header-Template dient zur Ausgabe der Überschriften. Da dies das erste Element ist, das dargestellt wird, fügen wir hier auch den öffnenden `Table`-Tag ein. Die erste Zeile der Tabelle wird auch anders formatiert, damit man die Headline direkt erkennen kann.

```
    <HeaderTemplate>
        <table width="100%"
               cellpadding="3"
               rules="all"
               bordercolor="Black"
               border="1"
               style="background-color:#CCCCFF;
                      border-color:Black;
                      font-family:Verdana;
                      font-size:8pt;
                      border-collapse:collapse;">
            <tr style="background-color:DFA894">
                <th width="25%">
                    Name
                </th>
                <th width="75%">
                    Inhalt
                </th>
            </tr>
    </HeaderTemplate>
```

Das `Item`-Template bildet später den eigentlichen Inhalt ab. Hier arbeiten wir zum ersten Mal mit dem so genannten DataBinding. Sie erkennen dies an der Zeichenfolge `<%# ... %>`. Mit dieser Zeichenfolge sagen wir dem Parser, dass hier ein Element enthalten ist, das mittels DataBinding gefüllt werden soll.

```
    <ItemTemplate>
        <tr>
            <td valign="top" style="background-color:FFECD8">
                <%# Container.DataItem %>
            </td>
            <td valign="top" style="background-color:FFFFFF">
                <%# Request.ServerVariables _
                        ( _
                        Container.DataItem.ToString() _
                        ) %>
            </td>
        </tr>
    </ItemTemplate>
    <FooterTemplate>
        </table>
    </FooterTemplate>
</asp:repeater>
</body>
</HTML>
```

Listing 3: Ausgabe aller Servervariablen über ein Repeater-Objekt (Chapter01Example17.aspx)

Im Gegensatz zu den bisherigen Beispielen ist die folgende CodeBehind-Datei relativ klein im Vergleich zur **.aspx*-Datei. Sie sehen aber daran, dass es sehr einfach ist, solche Listen zu erzeugen. Sie brauchen lediglich eine Collection, die Sie an ein solches Steuerelement binden können. in unserem Fall ist dies die `ServerVariables`-Collection der `Request`-Klasse.

```
Imports System.Web.UI.WebControls

Namespace codebook.aspnet.vb

Public Class Chapter01Example17

    Inherits System.Web.UI.Page

    Protected WithEvents repMain As Repeater

    Private Sub Page_Load( _
                        ByVal sender As System.Object, _
                        ByVal e As System.EventArgs _
                        ) Handles MyBase.Load
```

Wir geben als Quelle des `Repeater`-Objekts die `ServerVariables`-Collection an und stellen über den Aufruf der Methode `DataBind` die Datenbindung zum `Repeater`-Objekt her.

```
        repMain.DataSource = Request.ServerVariables()
        repMain.DataBind()

    End Sub

End Class

End Namespace
```

Listing 4: Ausgabe aller Servervariablen über ein Repeater-Objekt (Chapter01Example17.aspx.vb)

3 Ausgabe aller vom Client gesendeten Header

Was bei Classic ASP schmerzlich vermisst wurde, ist bei ASP.NET standardmäßig enthalten. Eine Collection, die alle vom Browser gesendeten Header beinhaltet. Da nicht alle gesendeten Header in die `ServerVariables`-Collection wandern, hatte man mit Classic ASP keine Möglichkeit, diese Werte auszulesen. Die Vorgehensweise ist analog zu dem vorigen Beispiel. Wir verwenden wieder ein `Repeater`-Objekt, das dieses Mal aber nicht an die `ServerVariables`-Collection, sondern an die `Headers`-Collection des `Request`-Objekts gebunden wird.

```
<%@ Page Language="vb"
    enableViewState="False"
    AutoEventWireup="false"
    Codebehind="Chapter01Example18.aspx.vb"
    Inherits="codebook.aspnet.vb.Chapter01Example18"%>
```

```
<!DOCTYPE HTML PUBLIC "-//W3C//DTD HTML 4.0 TRANSITIONAL//EN">
<HTML>
<HEAD>
    <title>Chapter 01 Example 18</title>
    <link rel="stylesheet"
          href="styles/codebook.css"
          type="text/css">
</HEAD>
<body>

<asp:repeater id="repMain" runat="server">
    <HeaderTemplate>
        <table width="100%"
               cellpadding="3"
               rules="all"
               bordercolor="Black"
               border="1"
               style="background-color:#CCCCFF;
                      border-color:Black;
                      font-family:Verdana;
                      font-size:8pt;
                      border-collapse:collapse;">
            <tr style="background-color:DFA894">
                <th width="25%">
                    Name
                </th>
                <th width="75%">
                    Inhalt
                </th>
            </tr>
    </HeaderTemplate>
    <ItemTemplate>
        <tr>
            <td valign="top" style="background-color:FFECD8">
                <%# Container.DataItem %>
            </td>
```

Hier erfolgt die eigentliche Bindung an den Inhalt der einzelnen Elemente der `Headers`-Collection.

```
            <td valign="top" style="background-color:FFFFFF">
                <%# Request.Headers _
                        ( _
                        Container.DataItem.ToString() _
                        ) %>
            </td>
        </tr>
    </ItemTemplate>
    <FooterTemplate>
```

Listing 5: Ausgabe aller Header über ein Repeater-Objekt (Chapter01Example18.aspx)

```
        </table>
    </FooterTemplate>
</asp:repeater>
</body>
</HTML>
```

Listing 5: Ausgabe aller Header über ein Repeater-Objekt (Chapter01Example18.aspx) (Forts.)

Auch hier stellen wir mittels der `DataSource`-Eigenschaft des `Repeater`-Objekts sowie des Aufrufs der Methode `DataBind` die Datenbindung zur Collection her.

```
Imports System.Web.UI.WebControls

Namespace codebook.aspnet.vb

Public Class Chapter01Example18

    Inherits System.Web.UI.Page

    Protected WithEvents repMain As Repeater

    Private Sub Page_Load( _
                         ByVal sender As System.Object, _
                         ByVal e As System.EventArgs _
                         ) Handles MyBase.Load


        repMain.DataSource = Request.Headers()
        repMain.DataBind()

    End Sub

End Class

End Namespace
```

Listing 6: Ausgabe aller Header über ein Repeater-Objekt (Chapter01Example18.aspx.vb)

Wie Sie sehen, ist das Erstellen von Listen mit den ASP.NET-Steuerelementen eine schnell durchgeführte Sache, die Ihnen eine Menge Arbeit ersparen kann. Natürlich kann es sinnvoll und auch notwendig sein, eigene Listen zu erstellen und nicht mit den Standardobjekten zu arbeiten, aber für die meisten dieser Anforderungen dürften die vorhandenen Steuerelemente ausreichen.

4 Arbeiten mit Formularen

Eine weitere, oft benötigte Funktionalität ist das Senden von Daten vom Client zum Server. Dies wird im Normalfall mittels Formularen, Eingabefeldern, Buttons, ... gemacht. Bei ASP.NET ist dies nicht anders. Mit dem »kleinen« Unterschied, dass Sie die Elemente und ihre Werte serverseitig weiterverwenden können.

Anders als bei Classic ASP müssen Sie nicht mehr über die Form-Collection des Request-Objekts auf alle gesendeten Werte zugreifen, sondern können z.B. über txtName.Text den Übergabewert auslesen. txtName wäre hierbei dann ein Serversteuerelement des Typs TextBox. Die Steuerelemente lösen (bei entsprechender Programmierung) auch Events aus. Sie können so z.B. auf den Klick auf einen Button reagieren, so wie Sie es evtl. schon von der »klassischen« Windowsprogrammierung her kennen.

Im ersten Schritt wollen wir Ihnen zeigen, wie Sie generell mit Formularen arbeiten können. Das Reagieren auf Events, also zum Beispiel den Klick auf einen Button, folgt in einem späteren Beispiel.

```
<%@ Page Language="vb"
    enableViewState="False"
    AutoEventWireup="false"
    Codebehind="Chapter01Example19.aspx.vb"
    Inherits="codebook.aspnet.vb.Chapter01Example19"%>

<!DOCTYPE HTML PUBLIC "-//W3C//DTD HTML 4.0 TRANSITIONAL//EN">
<HTML>
<HEAD>
    <title>Chapter 01 Example 19</title>
    <link rel="stylesheet"
          href="styles/codebook.css"
          type="text/css">
</HEAD>
<body runat="server">
```

Hier folgt nun das wichtigste Element, das Formular. Dieses benötigt (wie alle Elemente, die serverseitig verwendet werden sollen) eine ID und das Attribut runat="server". Die restlichen Angaben wie action, method usw. sind gleich zu den Attributen, die Sie von HTML her kennen.

```
    <form id="frmMain"
          action="Chapter01Example19.aspx"
          runat="server"
          method="post">
```

Wir fügen nun noch eine Textbox in die Seite ein. Diese wird in der HTML-Ausgabe zu einem Eingabefeld (<input type="text" ...>). Der Button wird als <input type="submit" ...> ausgegeben. Mit dem abschließenden Form-Tag ist das Formular auch schon fertig. Wie Sie sehen, ist diese Methode auch nicht viel schwieriger als bei »normalen« HTML-Formularen.

```
        <asp:TextBox id="txtName"
             runat="server"
             size="30"
```

Listing 7: Arbeiten mit Formularen (Chapter01Example19.aspx)

```
            cssclass="clsInput" />
        <asp:Button id="cmdSubmit"
                    runat="server"
                    Text="Absenden"
                    cssclass="clsSubmit" />

    <br><br>

        <asp:Label id="lblName" runat="server" />

    </form>

</body>
</HTML>
```

Listing 7: Arbeiten mit Formularen (Chapter01Example19.aspx) (Forts.)

Kommen wir nun zur Quellcodedatei, die für die Behandlung des Formulars zuständig ist. Das Schlüsselwort hierbei ist `Page.IsPostBack`. `IsPostBack` ist eine Eigenschaft, die uns erkennen lässt, ob eine Seite erstmalig angefordert oder z.B. durch Absenden eines Formulars, erneut aufgerufen wurde.

Stellen Sie sich vor, Sie haben eine Seite, die ein Formular bereitstellt, in das der User bestimmte Daten eingeben soll. Wenn die Seite das erste Mal aufgerufen wird, wollen Sie natürlich noch keine Daten prüfen, da diese noch gar nicht vorhanden sein können. Wenn der User das Formular dann absendet, möchten Sie z.B. eine Eingabe prüfen und bei fehlender oder falscher Eingabe eine Meldung ausgeben, die den User auf diesen Umstand hinweist. Hierfür würden Sie dann Folgendes schreiben:

```
If Page.IsPostBack Then
' --- Einfügen der Prüfungen, Ausgabe der Meldungen, ...
End if
```

Das Ganze zeigen wir Ihnen nun an einem konkreten Beispiel. Hier prüfen wir in der Methode `Page_Load`, ob das Formular abgesendet und in das Eingabefeld etwas eingegeben wurde. Wenn nicht, wird eine Meldung ausgegeben. Wenn eine Eingabe getätigt wurde, wird diese zur Kontrolle noch einmal dargestellt.

```
Imports System.Web.UI.WebControls

Namespace codebook.aspnet.vb

Public Class Chapter01Example19

    Inherits System.Web.UI.Page
```

Hier deklarieren wir die einzelnen Elemente, die wir für die weitere Verarbeitung benötigen.

```
    Protected WithEvents txtName    As TextBox
    Protected WithEvents cmdSubmit  As Button
    Protected WithEvents lblName    As Label

    Private Sub Page_Load( _
                    ByVal sender As System.Object, _
                    ByVal e As System.EventArgs _
                    ) Handles MyBase.Load
```

Nun kommt die Stunde der Wahrheit. Über die Eigenschaft `IsPostBack` wird geprüft, ob das Formular abgesendet wurde. Falls keine Eingabe getätigt wurde, formatieren wir das Label so, dass der Fehlertext rot erscheint, und weisen den User darauf hin, dass er bitte etwas in das Textfeld eingeben soll.

```
        If Page.IsPostBack Then
            If txtName.Text = "" Then
                lblName.ForeColor = System.Drawing.Color.Red
                lblName.Text = "Bitte geben Sie etwas " & _
                               "in das Textfeld ein"
            Else
                lblName.Text = "Sie haben: " & _
                               txtName.Text & " eingegeben"
            End If
        End If

    End Sub

End Class

End Namespace
```

Listing 8: Arbeiten mit Formularen (Chapter01Example19.aspx.vb)

Wenn man sich die grundlegenden Eigenschaften von ASP.NET verinnerlicht hat, merkt man schnell, dass es möglich ist, schnell und effektiv ein Problem zu lösen. Anfänglich wird man von der Vielzahl von Möglichkeiten formlich erschlagen. Durch die bisherigen Beispiele sollten Sie aber sehen, dass ASP.NET seinen Schrecken recht schnell verliert und es doch gar nicht so kompliziert ist, wie man anfangs glauben mag.

5 Arbeiten mit Events

Kommen wir zum zweiten Beispiel der Formularverarbeitung. Das Formular beinhaltet dieses Mal zwei Buttons: einen zum Absenden und einen zum Löschen der eingegebenen Daten. Ansonsten ist die Datei so aufgebaut wie im vorigen Beispiel. Daher zeigen wir Ihnen an dieser Stelle lediglich den Code und gehen dann gleich zum Quellcode der CodeBehind-Datei über.

```
<%@ Page Language="vb"
    enableViewState="False"
    AutoEventWireup="false"
    Codebehind="Chapter01Example19a.aspx.vb"
    Inherits="codebook.aspnet.vb.Chapter01Example19a"%>
<!DOCTYPE HTML PUBLIC "-//W3C//DTD HTML 4.0 TRANSITIONAL//EN">
<HTML>
<HEAD>
    <title>Chapter 01 Example 19a</title>
    <link rel="stylesheet"
          href="styles/codebook.css"
          type="text/css">
</HEAD>
<body runat="server">

    <form id="frmMain"
          action="Chapter01Example19a.aspx"
          runat="server"
          method="post">

        <asp:TextBox id="txtName"
            runat="server"
            size="30"
            cssclass="clsInput" />

        <asp:Button id="cmdSubmit"
                    runat="server"
                    Text="Absenden"
                    cssclass="clsSubmit" />

        <asp:Button id="cmdDelete"
                    runat="server"
                    Text="Löschen"
                    cssclass="clsSubmit" />

    <br><br>

        <asp:Label id="lblName" runat="server" />

    </form>

</body>
</HTML>
```

Listing 9: Arbeiten mit Events (Chapter01Example19a.aspx)

Der interessante Teil in der Quellcodedatei sind die Methoden `cmdSubmit_Click` und `cmdDelete_Click`. Diese werden aufgerufen, wenn der User auf einen der Buttons zum Absenden des Formulars geklickt hat. Allerdings wirklich nur dann. Wenn Sie z.B. auch reagieren müssen, wenn der User in einem Eingabefeld auf `Enter` gedrückt hat, was in den meisten Browsern ebenfalls zum Absenden eines Formulars führt, sollten Sie das erste Beispiel verwenden. in diesem Fall wird das Event `Click` der Buttons nämlich nicht ausgelöst. Sobald Sie mehrere Submit-Buttons haben, z.B. einen um Daten zu aktualisieren und einen um Daten zu löschen, können Sie aber ganz bequem über die einzelnen Events der Objekte auf den entsprechenden Klick reagieren.

in unserem Beispiel machen wir genau dies. Ein Button dient dazu, die entsprechende Eingabe nach Prüfung zu verarbeiten, der andere Button wird genutzt, um die Eingaben zu löschen und den User über diese Aktion zu informieren.

```
Imports System.Web.UI.WebControls

Namespace codebook.aspnet.vb

Public Class Chapter01Example19a

    Inherits System.Web.UI.Page

    Protected WithEvents txtName    As TextBox
    Protected WithEvents cmdSubmit  As Button
    Protected WithEvents cmdDelete  As Button
    Protected WithEvents lblName    As Label

    Private Sub Page_Load( _
                     ByVal sender As System.Object, _
                     ByVal e As System.EventArgs _
                     ) Handles MyBase.Load

    End Sub
```

Dieser Event wird ausgelöst, wenn der User auf den Button `cmdSubmit` (Absenden) geklickt hat. Analog zum vorigen Beispiel wird eine Prüfung der Eingabe vorgenommen und eine entsprechende Meldung ausgegeben.

```
    Private Sub cmdSubmit_Click( _
                     ByVal sender As Object, _
                     ByVal e As System.EventArgs _
                     ) Handles cmdSubmit.Click

        If txtName.Text = "" Then
            lblName.ForeColor = System.Drawing.Color.Red
            lblName.Text = "Bitte geben Sie etwas " & _
                           "in das Textfeld ein"
        Else
            lblName.Text = "Sie haben: " & _
                           txtName.Text & " eingegeben"
        End If

    End Sub
```

Der nachfolgende Event wird beim Klicken auf den zweiten Button (Löschen) ausgelöst. Er dient dazu, die Inhalte des Eingabefelds zu löschen und dem User mitzuteilen, dass dies gemacht wurde.

```
    Private Sub cmdDelete_Click( _
                               ByVal sender As Object, _
                               ByVal e As System.EventArgs _
                               ) Handles cmdDelete.Click

        txtName.Text = ""
        lblName.ForeColor = System.Drawing.Color.Red
        lblName.Text = "Die Daten wurden aus dem Feld entfernt"

    End Sub

End Class

End Namespace
```

Listing 10: Arbeiten mit Events (Chapter01Example19a.aspx.vb)

Es gibt natürlich noch viel mehr Möglichkeiten, auf bestimmte Ereignisse zu reagieren, zum Beispiel auf das Ändern des Inhalts eines Textfelds, aber wie anfangs schon erwähnt, würde es den Rahmen dieses Buches bei weitem sprengen, wenn wir Ihnen alle Möglichkeiten aufzeigen würden. Daher versuchen wir, Ihnen eine möglichst breit gefächerte Unterstützung zu geben, auf der Sie aufbauen können.

6 Formularprüfung mit Validator Controls

Gerade bei Anwendungen, die eine User-Interaktion verlangen, z.B. wenn Daten über Formulare vom Client zum Server gesendet werden sollen, ist es unumgänglich, diese gesendeten Daten verschiedenen Prüfungen zu unterziehen. z.B. dürfen manche Felder nicht einfach leer gelassen werden. Bei anderen Felder ist zum Beispiel die Eingabe einer E-Mail-Adresse erforderlich usw.

Auch hier stellt Ihnen ASP.NET mit den so genannten Validator-Controls ein mächtiges Werkzeug bereit, das viele dieser Aufgaben für Sie übernehmen kann. Es gibt verschiedene dieser Controls. Nachfolgend eine Liste der standardmäßig in ASP.NET verfügbaren Controls:

- `RequiredFieldValidator`
  Dieses Control wird z.B. verwendet, um Textfelder auf eine leere Eingabe hin zu prüfen.
- `CompareValidator`
  Vergleicht zwei Werte miteinander
- `RangeValidator`
  Prüft, ob der Wert in einem definierten Bereich liegt (z.B. zwischen 1 und 10)
- `RegularExpressionValidator`
  Dies ist eines der mächtigsten dieser Controls, zugleich aber auch eines der komplizier-

testen. Durch die Möglichkeit, so genannte reguläre Ausdrücke zu verwenden, können Sie hiermit auch sehr komplexe Abfragen gestalten, z.B. ob die Eingabe eine formal gültige E-Mail-Adresse darstellt.

- `CustomValidator`
  Dieses Control können Sie verwenden, falls keines der anderen Controls Ihren Ansprüchen genügt und Sie eine eigene Überprüfung einbauen möchten.

  Mehr dazu finden Sie in der Kategorie *Formularvalidierung*. Wir gehen hier auf die grundlegenden Eigenschaften ein und zeigen Ihnen anhand einfacher Beispiele, wie Sie diese Controls schnell, aber dennoch effektiv einsetzen können.

Die Validator-Controls besitzen die Möglichkeit, sowohl eine clientseitige als auch eine serverseitige Überprüfung vorzunehmen. Wir empfehlen Ihnen aber grundsätzlich, die Prüfung auf jeden Fall serverseitig durchzuführen, da die clientseitige Variante JavaScript oder VBScript voraussetzt. Somit könnte ein Client, der keine der Sprachen unterstützt, bzw. die Ausführung derselben nicht zulässt, die Prüfungen umgehen und ggfs. schädlichen Code an den Server senden. Eine serverseitige Überprüfung lässt sich von Clientseite aus nicht umgehen.

Wir stellen Ihnen nun das erste Control vor, den `RequiredFieldValidator`. Mit dessen Hilfe prüfen wir, ob eine Eingabe in das Textfeld gemacht wurde. Vom Prinzip her entspricht dieses Skript den beiden vorigen Beispielen, bei denen wir die Prüfung allerdings manuell durchgeführt haben. Diese Aufgabe nimmt uns hier das entsprechende Control ab. Wir erstellen also eine **.aspx*-Datei, die ein Formular, ein Eingabefeld sowie einen Button zum Absenden enthält.

```
<%@ Page Language="vb"
    enableViewState="False"
    AutoEventWireup="false"
    Codebehind="Chapter01Example20.aspx.vb"
    Inherits="codebook.aspnet.vb.Chapter01Example20"%>
```

```
<!DOCTYPE HTML PUBLIC "-//W3C//DTD HTML 4.0 TRANSITIONAL//EN">
<html>
<head>
    <title>Chapter 01 Example 20</title>
    <link rel="stylesheet"
          href="styles/codebook.css"
          type="text/css">
</head>
<body runat="server">
    <form id="frmMain"
          action="Chapter01Example20.aspx"
          runat="server"
          method="post">

            <asp:TextBox id="txtName"
                         runat="server"
                         size="30"
```

```
                    enableviewstate="False"
                    cssclass="clsInput" />

        <asp:Button id="cmdSubmit"
                    causesvalidation="False"
                    runat="server"
                    Text="Absenden"
                    enableviewstate="False"
                    cssclass="clsSubmit" />

    <br><br>

        <asp:Label id="lblName"
                   runat="server"
                   enableviewstate="False" />
        </asp:Label>
```

An dieser Stelle folgt das `RequiredFieldValidator`-Control. Da wir keine clientseitige Validierung benötigen, wir das Attribut `EnableClientScript` auf den Wert `False` gesetzt. Somit erzeugt die ASP.NET-Engine beim Rendern der Seite keine Clientskripte. Das Attribut `ControlToValidate` ist ebenfalls sehr wichtig. Hier geben Sie den Namen des Controls an, das überprüft werden soll. Durch diese Möglichkeit können Sie ohne Probleme das Eingabefeld und die evtl. auszugebende Meldung voneinander trennen. Die Meldung selbst definieren Sie über die Eigenschaft `ErrorMessage`. Die Anwendung gibt diesen Wert dann selbstständig aus, sobald die Überprüfung fehlschlägt.

```
        <asp:RequiredFieldValidator
            id="valName"
            EnableClientScript="False"
            runat="server"
            ControlToValidate="txtName"
            ErrorMessage="Bitte geben Sie etwas
                          in das Textfeld ein"
            enableviewstate="False" />

    </form>
</body>
</html>
```

Listing 11: Prüfen der Eingabe mit dem RequiredFieldValidator-Control (Chapter01Example20.aspx)

```
Imports System.Web.UI.WebControls

Namespace codebook.aspnet.vb

Public Class Chapter01Example20

    Inherits System.Web.UI.Page
```

Innerhalb der CodeBehind-Datei werden zuerst wie üblich die benötigten Steuerelemente erzeugt. Auch der `RequiredFieldValidator` muss natürlich erstellt werden, um ihn dann in den weiteren Methoden verwenden zu können.

```
Protected WithEvents valName   As RequiredFieldValidator
Protected WithEvents txtName   As TextBox
Protected WithEvents cmdSubmit As Button
Protected WithEvents lblName   As Label

Private Sub Page_Load( _
                     ByVal sender As System.Object, _
                     ByVal e As System.EventArgs _
                     ) Handles MyBase.Load
```

Da wir den User natürlich nur dann darüber informieren wollen, dass das Textfeld leer ist und eine Eingabe gewünscht wird, wird die Prüfung nur bei einem PostBack durchgeführt.

```
    If Page.IsPostBack() Then
```

Um die Prüfung durch das Validator-Control durchzuführen, gibt es mehrere Wege. Wir haben uns hier dafür entschieden, die Prüfung manuell zu veranlassen. Dies erledigen wir durch den Aufruf der Methode `Validate` des Controls. Sie haben so eine bessere Kontrolle über das, was Ihr Skript wann macht. Einem Autopiloten in Ihrem Pkw würden Sie wahrscheinlich auch erst vertrauen, wenn Sie 1000%ig sicher sein können, dass absolut nichts schief gehen kann ;-).

```
        valName.Validate()
```

Danach können Sie den Wert der Eigenschaft `IsValid` abfragen. Diese gibt nach erfolgreicher Prüfung den Wert `True` zurück, anderenfalls `False` (falls nicht ein anderer Initialwert für das Validation-Control angegeben wurde).

```
        If valName.IsValid Then
            lblName.Text &= "Sie haben: " & _
                            txtName.Text & _
                           " eingegeben"
        End If

    End If

End Sub
```

Listing 12: Prüfen der Eingabe mit dem RequiredFieldValidator-Control (Chapter01Example20.aspx.vb)

```
End Class

End Namespace
```

Listing 12: Prüfen der Eingabe mit dem RequiredFieldValidator-Control (Chapter01Example20.aspx.vb) (Forts.)

7 Erweiterte Formularprüfung

Kommen wir aber nun zu den »richtigen« Prüfungen. Das nachfolgende Beispiel zeigt Ihnen, wie Sie verschiedene Eingabefelder auf bestimmte Eingabetypen hin prüfen können. Hierfür erzeugen wir in der **.aspx*-Datei vier Eingabefelder zur Eingabe einer Postleitzahl, einer Telefonnummer, einer E-Mail-Aadresse sowie einem URL. Entsprechend werden auch vier `RegularExpressionValidator`-Controls eingefügt, von denen jedes eine Zuordnung zu einem der Eingabefelder erhält. Die einzelnen Werte des `ValidationExpression`-Attributs werden hier nicht näher erläutert, da Sie dies in der Kategorie *Formularvalidierung* finden. Wir wollen Ihnen hier nur einige Beispiele aufzeigen, die in der Praxis oft benötigt werden. Lassen Sie sich aber nicht von den teilweise sehr komplexen Zeichenfolgen abschrecken. Diese sehen im Allgemeinen komplizierter aus, als sie sind.

```
<%@ Page Language="vb"
    enableViewState="False"
    AutoEventWireup="false"
    Codebehind="Chapter01Example21.aspx.vb"
    Inherits="codebook.aspnet.vb.Chapter01Example21"%>

<!DOCTYPE HTML PUBLIC "-//W3C//DTD HTML 4.0 TRANSITIONAL//EN">
<HTML>
<HEAD>
    <title>Chapter 01 Example 21</title>
    <link rel="stylesheet"
          href="styles/codebook.css"
          type="text/css">
</HEAD>
<body runat="server">
<form id="frmMain"
      action="Chapter01Example21.aspx"
      runat="server"
      method="post">

<table cellSpacing="1" cellPadding="1" border="0">
```

Als Erstes fügen wir die Elemente für die Postleitzahl ein. Hierzu gehören das entsprechende Eingabefeld und das `RegularExpressionValidator`-Control. Als Eingabe wird eine 5-stellige Zahl, ggfs. mit dem Präfix D- erwartet. Somit werden »12345« oder auch »01234« als gültige Werte erkannt. »78a90« hingegen führt zum Fehlschlagen der Überprüfung und einer entsprechenden Ausgabe.

```
<tr>
    <td colSpan="2">
        <asp:RegularExpressionValidator
            id="valZipCode"
            runat="server"
            ErrorMessage="Bitte geben Sie eine Postleitzahl ein"
            ControlToValidate="txtZipCode"
            CssClass="clsContent"
            EnableClientScript="False"
            ValidationExpression="(D-)?\d{5}" />
    </td>
</tr>
<tr>
    <td width="150">
        <asp:TextBox id="txtZipCode"
                     cssclass="clsInput"
                     runat="server"
                     size="30" />
    </td>
    <td width="150"><font size="2">Postleitzahl</font></td>
</tr>
```

Als Nächstes folgt ein Eingabefeld für eine Telefonnummer. Auch hier werden nur Zahlen und ggfs. Trennzeichen wie zum Beispiel – oder / zugelassen. Beachten Sie bitte, dass der Wert des Attributs `ValidationExpression` nur im Buch selbst umgebrochen ist. Da hier nur eine begrenzte Anzahl Zeichen zur Verfügung steht, der Ausdruck als solches aber zu lange ist um in eine Zeile zu passen, haben wir aus Gründen der Übersichtlichkeit einen Umbruch eingefügt. Im Beispiel, das Sie auf der Buch-CD finden, ist dies nicht der Fall. Falls Sie dieses Skript also bei sich einsetzen möchten, kopieren Sie bitte den Quellcode von der Buch-CD.

```
<tr>
    <td colSpan="2">
        <asp:RegularExpressionValidator
            id="valTelephone"
            runat="server"
            ErrorMessage="Bitte geben Sie eine Telefonnummer ein"
            ControlToValidate="txtTelephone"
            EnableClientScript="False"
            CssClass="clsContent"
            ValidationExpression="(\d{3,6})(-|/| )?(\d{2,12})
                                  (-|/| )?(\d{1,6})?" />
    </td>
</tr>
<tr>
    <td>
        <asp:TextBox id="txtTelephone"
                     cssclass="clsInput"
                     runat="server"
```

```
                        size="30" />
        </td>
        <td><font size="2">Telefonnummer</font></td>
    </tr>
```

Es folgt ein Beispiel zum Überprüfen einer E-Mail-Adresse. Es wird natürlich nur das Format selbst geprüft, also auf die syntaktische Korrektheit der Eingabe. Die Existenz der E-Mail-Adresse kann so nicht überprüft werden. Auch hier beachten Sie bitte, dass der reguläre Ausdruck zu lang und im Buch umbrochen ist.

```
    <tr>
        <td colSpan="2"></font>
            <asp:RegularExpressionValidator
                id="valEMail"
                runat="server"
                ErrorMessage="Bitte geben Sie eine E-Mail-Adresse ein"
                EnableClientScript="False"
                CssClass="clsContent"
                ControlToValidate="txtEmail"
                ValidationExpression="\w+([-+.]\w+)*@\w+([-.]\w+)
                                      *\.\w+([-.]\w+)*" />
        </td>
    </tr>
    <tr>
        <td>
            <asp:TextBox id="txtEmail"
                         cssclass="clsInput"
                         runat="server"
                         size="30" />
        </td>
        <td><font size="2">E-Mail-Adresse</font></td>
    </tr>
```

Zu guter Letzt folgt ein Ausdruck, um eine Eingabe auf einen korrekten URL (http) hin zu prüfen. Auch hier ist der zu prüfende Ausdruck auf zwei Zeilen aufgeteilt. Verwenden Sie bei Bedarf daher das auf der Buch-CD enthaltene Beispiel.

```
    <tr>
        <td colSpan="2"></font>
            <asp:RegularExpressionValidator
                id="valURL"
                runat="server"
                ErrorMessage="Bitte geben Sie einen URL ein"
                EnableClientScript="False"
                CssClass="clsContent"
```

Listing 13: Prüfen von Eingaben mit Validator-Controls (Chapter01Example21.aspx)

```
                ControlToValidate="txtURL"
                ValidationExpression="http://([\w-]+\.)+[\w-]+
                                     (/[\w- ./?%&amp;=]*)?" />
        </td>
    </tr>
    <tr>
        <td>
            <asp:TextBox id="txtURL"
                cssclass="clsInput"
                runat="server"
                size="30" /></td>
        <td><font size="2">Homepage</font></td>
    </tr>
</table>

<br><br>

<asp:Button id="cmdSubmit"
            cssclass="clsSubmit"
            runat="server"
            Text="Absenden" />

</form>
</body>
</HTML>
```

Listing 13: Prüfen von Eingaben mit Validator-Controls (Chapter01Example21.aspx) (Forts.)

Basics
Daten-bank
I/O
Validie-rung
Controls
Http-Handler
Netz-werk
Grafik
Tracing
Security

Im Gegensatz zu der **.aspx*-Datei sieht die Quellcodedatei recht klein aus. Da die Validation-Controls Ihnen eine Menge Arbeit abnehmen, müssen Sie nicht mehr allzu viel selbst machen. Es bleibt Ihnen zumindest, die in der Seite enthaltenen Steuerelemente zu deklarieren und die Prüfung durch Aufruf der Methode `Validate` der einzelnen Validation-Controls zu veranlassen. Sie haben natürlich auch die Möglichkeit, mittels Aufruf von `Page.Validate` alle Controls gleichzeitig zu validieren (dies wird dann implizit durch ASP.NET selbst erledigt, das dann bei allen Controls, die validiert werden sollen, die Methode `Validate` aufruft), aber da es unter Umständen auch sein kann, dass Sie nur bestimmte Eingaben prüfen wollen, erledigen wir dies pro Control selbst.

```
Imports System.Web.UI.WebControls

Namespace codebook.aspnet.vb

Public Class Chapter01Example21

    Inherits System.Web.UI.Page

    Protected WithEvents valTelephone As RegularExpressionValidator
    Protected WithEvents txtTelephone As TextBox
    Protected WithEvents valEMail     As RegularExpressionValidator
    Protected WithEvents txtEmail     As TextBox
```

```
    Protected WithEvents valURL      As RegularExpressionValidator
    Protected WithEvents txtURL      As TextBox
    Protected WithEvents valZipCode  As RegularExpressionValidator
    Protected WithEvents txtZipCode  As TextBox
    Protected WithEvents cmdSubmit   As Button

    Private Sub Page_Load( _
                          ByVal sender As System.Object, _
                          ByVal e As System.EventArgs _
                          ) Handles MyBase.Load
```

Auch hier findet die Prüfung natürlich nur statt, wenn das Formular zurückgesendet wurde. Daher wird noch eine Prüfung auf `IsPostBack` eingebaut.

```
        If Page.IsPostBack() Then
            valZipCode.Validate()
            valTelephone.Validate()
            valEMail.Validate()
            valURL.Validate()
        End If

    End Sub

End Class

End Namespace
```

Listing 14: Prüfen von Eingaben mit Validator-Controls (Chapter01Example21.aspx.vb)

Das vorstehende Beispiel zeigt im ersten Schritt ein Formular mit den vier enthaltenen Eingabefeldern und dem Submitbutton an. Wie dies aussieht, sehen Sie am folgenden Screenshot (siehe Abbildung 1).

Erst nach Absenden des Formulars werden die übergebenen Werte geprüft. Den Rest der Arbeit nimmt Ihnen die Anwendung ab. So werden zum Beispiel bei fehlerhaften Eingaben die entsprechenden Meldungen automatisch angezeigt (siehe Abbildung 2).

Weitere und vor allem weitaus komplexere Beispiele finden Sie in der Kategorie *Formularvalidierung*.

8 Seiten dynamisch aufbauen

Mit Classic ASP tat man sich beim Aufbau richtiger Templates zur Seitengestaltung meist sehr schwer, da die Unterstützung dieser Technik nur sehr bedingt gegeben war. Bei ASP.NET hingegen haben Sie vielfältige Möglichkeiten, eine Seite dynamisch aufzubauen. Dieses Beispiel ist zwar noch kein richtiges Template (dies finden Sie in der Kategorie *Controls*), aber es zeigt Ihnen, wie einfach Sie Inhalte dynamisch verteilen können.

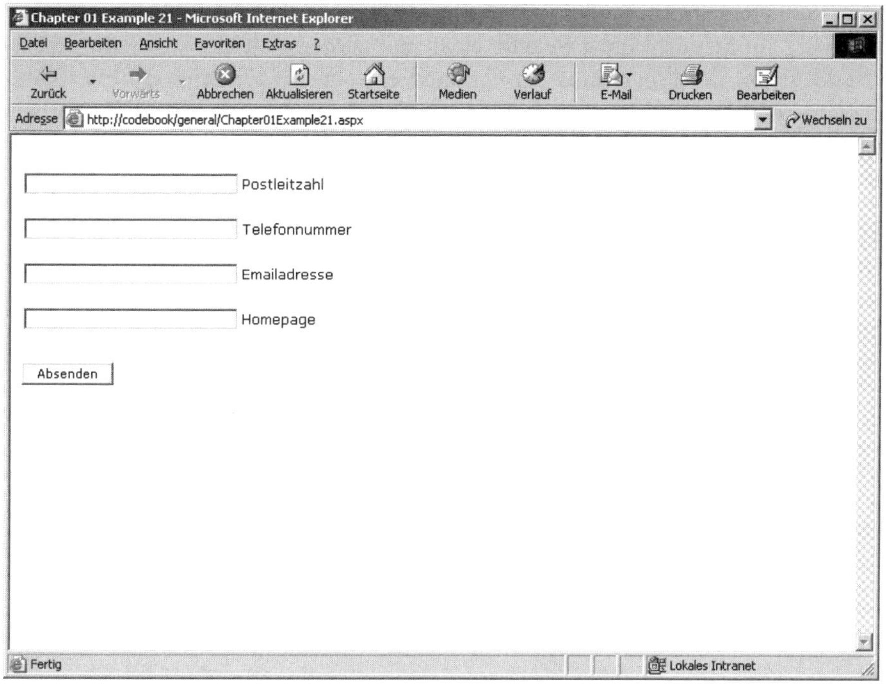

Abbildung 1: Das leere Formular wird angezeigt

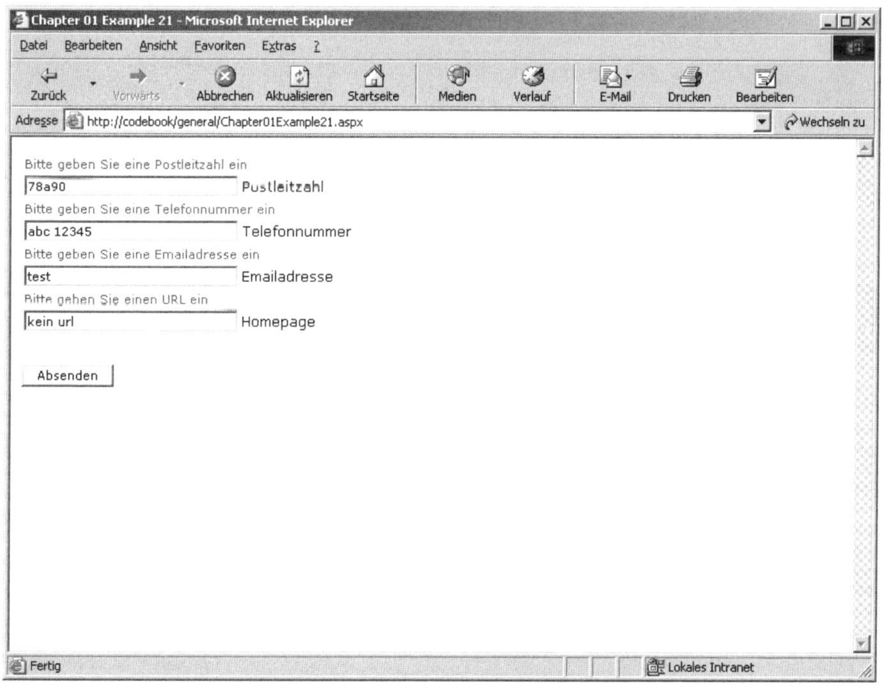

Abbildung 2: Dasselbe Formular nach Absenden fehlerhafter Eingabewerte

Mit Classic ASP hatte man ein großes Problem. Nach `Response.Write` steht der Text im Ausgabepuffer. Man konnte nicht ohne weiteres einen Teil wieder entfernen, weil sich gegebenenfalls beim Ablauf des Programms ein Umstand ergeben hat, der dies erfordert hätte. Durch die serverseitigen Steuerelemente von ASP.NET ist dieses Problem nicht mehr vorhanden. Sie können an jeder Stelle des Programms (an der Sie Zugriff auf die entsprechenden Steuerelemente haben) alle Attribute, also auch die Ausgabe, ändern.

Das folgende Beispiel basiert auf verschiedenen Labels, die an den entsprechenden Positionen eingefügt sind. Die Seite als solches ist ganz normal wie jede andere Seite auch aufgebaut. Sie enthält eine Tabelle, die in drei Spalten unterteilt ist. Die linke Spalte dient z.B. zur Darstellung des Hauptmenüs, die mittlere Spalte beinhaltet den eigentlichen Content und rechts ist ein weiteres Menü untergebracht.

```
<%@ Page Language="vb"
    enableViewState="False"
    AutoEventWireup="false"
    Codebehind="Chapter01Example22.aspx.vb"
    Inherits="codebook.aspnet.vb.Chapter01Example22"%>

<!DOCTYPE HTML PUBLIC "-//W3C//DTD HTML 4.0 TRANSITIONAL//EN">
<html>
  <head>
    <title>Chapter 01 Example 22</title>
    <link rel="stylesheet"
            href="styles/codebook.css"
            type="text/css">
  </head>
<body runat="server">
    <TABLE width="100%"
            height="100%"
            cellSpacing="1"
            cellPadding="1"
            border="1">
        <TR>
            <TD width="150"
                valign="top"
                align="center">
                <asp:Label id="lblMenuLeft"
                           runat="server">
                           Label
                </asp:Label>
                <img src="images/pixel.gif"
                       width="150"
                       height="1">
            </TD>
            <td width="99%"
                valign="top"
                align="center">
                <asp:label id="lblPageContent"
```

Listing 15: Seiten dynamisch aufbauen [1] (Chapter01Example22.aspx)

```
                            runat="server">
                            Label
                   </asp:label>
                </td>
                <TD width="150"
                   valign="top"
                   align="center">
                   <asp:label id="lblMenuRight"
                            runat="server">
                            Label
                   </asp:label>
                   <img src="images/pixel.gif"
                         width="150"
                         height="1">
                </TD>
            </TR>
        </TABLE>
</body>
</html>
```

Listing 15: Seiten dynamisch aufbauen [1] (Chapter01Example22.aspx) (Forts.)

Um Ihnen zu zeigen, wie einfach es ist (die Quellcodedatei muss hierfür nicht im Geringsten geändert werden), stellen wir Ihnen nachstehend noch eine weitere **.aspx*-Datei vor, die auf genau der gleichen CodeBehind-Datei aufsetzt, aber doch völlig unterschiedlich aussieht. Wie schon erwähnt, müssen Sie nur die Basisstruktur der Seite selbst ändern. Am Code ist hier nichts umzustellen. Diese Seite besteht nur aus einer Spalte, aber dafür aus drei Zeilen. Der Aufbau ist hierbei folgendermaßen: An oberster Stelle kommt ein Menü, darunter der Seiteninhalt und dann wieder ein Menü ganz unten.

```
<%@ Page Language="vb"
    enableViewState="False"
    AutoEventWireup="false"
    Codebehind="Chapter01Example22.aspx.vb"
    Inherits="codebook.aspnet.vb.Chapter01Example22"%>

<!DOCTYPE HTML PUBLIC "-//W3C//DTD HTML 4.0 TRANSITIONAL//EN">
<html>
  <head>
    <title>Chapter 01 Example 22a</title>
    <link rel="stylesheet"
            href="styles/codebook.css"
            type="text/css">
  </head>
<body runat="server">
    <table width="100%"
            height="100%"
            cellSpacing="1"
            cellPadding="1"
```

Listing 16: Seiten dynamisch aufbauen [2] (Chapter01Example22a.aspx)

```
            border="1">
        <tr>
            <td width="100%"
                height="50"
                valign="top"
                align="center">
                <asp:Label id="lblMenuLeft"
                           runat="server">
                           Label
                </asp:Label>
            </td>
        </tr>
        <tr>
            <td width="100%"
                height="95%"
                valign="top"
                align="center">
                <asp:label id="lblPageContent"
                           runat="server">
                           Label
                </asp:label>
            </td>
        </tr>
        <tr>
            <td width="100%"
                height="50"
                valign="top"
                align="center">
                <asp:label id="lblMenuRight"
                           runat="server">
                           Label
                </asp:label>
            </td>
        </tr>
    </table>
</body>
</html>
```

Listing 16: Seiten dynamisch aufbauen [2] (Chapter01Example22a.aspx) (Forts.)

Beide Dateien basieren auf der gleichen CodeBehind-Datei. Diese weist, da es nur ein Beispiel darstellt, lediglich verschiedene Texte zu, die dann an den entsprechenden Positionen der Seite erscheinen.

```
Imports System.Web.UI.WebControls

Namespace codebook.aspnet.vb

Public Class Chapter01Example22
```

Listing 17: Seiten dynamisch aufbauen (Chapter01Example22.aspx.vb)

```
    Inherits System.Web.UI.Page

    Protected WithEvents lblMenuLeft    As Label
    Protected WithEvents lblMenuRight   As Label
    Protected WithEvents lblPageContent As Label

    Private Sub Page_Load( _
                      ByVal sender As System.Object, _
                      ByVal e As System.EventArgs _
                      ) Handles MyBase.Load

        lblMenuLeft.Text    = "Linkes Menü"
        lblMenuRight.Text   = "Rechtes Menü"
        lblPageContent.Text = "Seiteninhalt"

    End Sub

End Class

End Namespace
```

Listing 17: Seiten dynamisch aufbauen (Chapter01Example22.aspx.vb) (Forts.)

Da dies nun nicht unbedingt praxisrelevant ist, sondern Ihnen lediglich veranschaulichen sollte, wie einfach eine solche »Layoutänderung« möglich ist, folgt nun ein weiteres Beispiel, das mit so genannten Placeholdern arbeitet.

9 Arbeiten mit PlaceHolder-Controls

PlaceHolder sind ein mächtiges Werkzeug, da diese jede Art von Control aufnehmen können. Sie können einem `PlaceHolder`-Control z.B. ein `DataGrid` oder auch ein eigenes `WebControl` zuweisen. Naturlich sind auch verschachtelte Controls problemlos einsetzbar. Die PlaceHolder machen ihrem Namen alle Ehre, sie halten den Platz frei für die eigentlichen Inhalte.

Sie erstellen Ihr Seitentemplate also wie gewohnt und fügen an den entsprechenden Positionen jeweils einen Platzhalter ein. Im folgenden Beispiel sind dies drei an der Zahl: `phMenuLeft`, `phPageContent` und `phMenuRight`.

```
<%@ Page Language="vb"
    enableViewState="False"
    AutoEventWireup="false"
    Codebehind="Chapter01Example23.aspx.vb"
    Inherits="codebook.aspnet.vb.Chapter01Example23"%>

<!DOCTYPE HTML PUBLIC "-//W3C//DTD HTML 4.0 TRANSITIONAL//EN">
<html>
```

Listing 18: Arbeiten mit PlaceHolder-Controls [1] (Chapter01Example23.aspx)

```
<head>
    <title>Chapter 01 Example 23</title>
    <link rel="stylesheet"
            href="styles/codebook.css"
            type="text/css">
</head>
<body runat="server">
    <table width="100%"
            height="100%"
            cellSpacing="1"
            cellPadding="1"
            border="1">
        <tr>
            <td width="150"
                valign="top"
                align="left">
                <asp:PlaceHolder ID="phMenuLeft"
                                   Runat="server"
                                   Visible="True">
                </asp:PlaceHolder>
                <img src="images/pixel.gif"
                       width="150"
                       height="1">
            </td>
            <td width="95%"
                valign="top">
                <asp:PlaceHolder ID="phPageContent"
                                   Runat="server"
                                   Visible="True">
                </asp:PlaceHolder>
            </td>
            <td width="150"
                valign="top"
                align="right">
                <asp:PlaceHolder ID="phMenuRight"
                                   Runat="server"
                                   Visible="True">
                </asp:PlaceHolder>
                <img src="images/pixel.gif"
                       width="150"
                       height="1">
            </td>
        </tr>
    </table>
</body>
</html>
```

Listing 18: Arbeiten mit PlaceHolder-Controls [1] (Chapter01Example23.aspx) (Forts.)

Auch hier ist es wie im vorigen Beispiel natürlich möglich, durch Umstellen des Aufbaus der **.aspx*-Datei die Ausgabe zu beeinflussen. Wir können Ihnen hier natürlich nicht alle Facetten dieser Möglichkeiten zeigen (mehr dazu finden Sie in der Kategorie *Controls*), aber die Beispiele helfen Ihnen sicherlich dabei, sich mit den Grundlagen vertraut zu machen.

Die folgende **.aspx*-Datei beinhaltet die gleichen `PlaceHolder`-Controls. Lediglich die Positionen wurden vertauscht. So ist z.B. das linke Menü jetzt auf der rechten Seite, das rechte Menü in der Mitte und der Seiteninhalt wird links dargestellt. Auf den ersten Blick mag das vielleicht nicht viel Sinn machen, aber wenn Sie z.B. an ein Web Content Management System (WCMS) denken, das bei vielen verschiedenen Kunden im Einsatz ist, kommt es doch relativ häufig vor, dass das Layout pro Kunde sehr unterschiedlich ist.

Natürlich gehört noch etwas mehr dazu als nur die Positionen der einzelnen Steuerelemente zu vertauschen, zum Beispiel wird ein Menü, das links angezeigt wird, seine Einträge meist vertikal anzeigen, ein Menü, das über oder unter dem Seiteninhalt angezeigt wird, verläuft meist horizontal. Beispiele hierfür finden Sie auch in der Kategorie *Controls*.

```
<%@ Page Language="vb"
    enableViewState="False"
    AutoEventWireup="false"
    Codebehind="Chapter01Example23.aspx.vb"
    Inherits="codebook.aspnet.vb.Chapter01Example23"%>
<!DOCTYPE HTML PUBLIC "-//W3C//DTD HTML 4.0 TRANSITIONAL//EN">
<html>
<head>
    <title>Chapter 01 Example 23</title>
    <link rel="stylesheet"
            href="styles/codebook.css"
            type="text/css">
</head>
<body runat="server">
    <table width="100%"
            height="100%"
            cellSpacing="1"
            cellPadding="1"
            border="1">
        <tr>
            <td width="150"
                valign="top"
                align="left">
                <asp:PlaceHolder ID="phPageContent"
                                 Runat="server"
                                 Visible="True">
                </asp:PlaceHolder>
                <img src="images/pixel.gif"
                        width="150"
                        height="1">
            </td>
            <td width="95%"
                valign="top">
                <asp:PlaceHolder ID="phMenuRight"
                                 Runat="server"
                                 Visible="True">
                </asp:PlaceHolder>
```

Listing 19: Arbeiten mit PlaceHolder-Controls [2] (Chapter01Example23a.aspx)

```
            </td>
            <td width="150"
                valign="top"
                align="right">
                <asp:PlaceHolder ID="phMenuLeft"
                                   Runat="server"
                                   Visible="True">
                </asp:PlaceHolder>
                <img src="images/pixel.gif"
                       width="150"
                       height="1">
            </td>
        </tr>
    </table>
</body>
</html>
```

Listing 19: Arbeiten mit PlaceHolder-Controls [2] (Chapter01Example23a.aspx) (Forts.)

Die Ausgabe dieses Skripts sieht wie folgt aus:

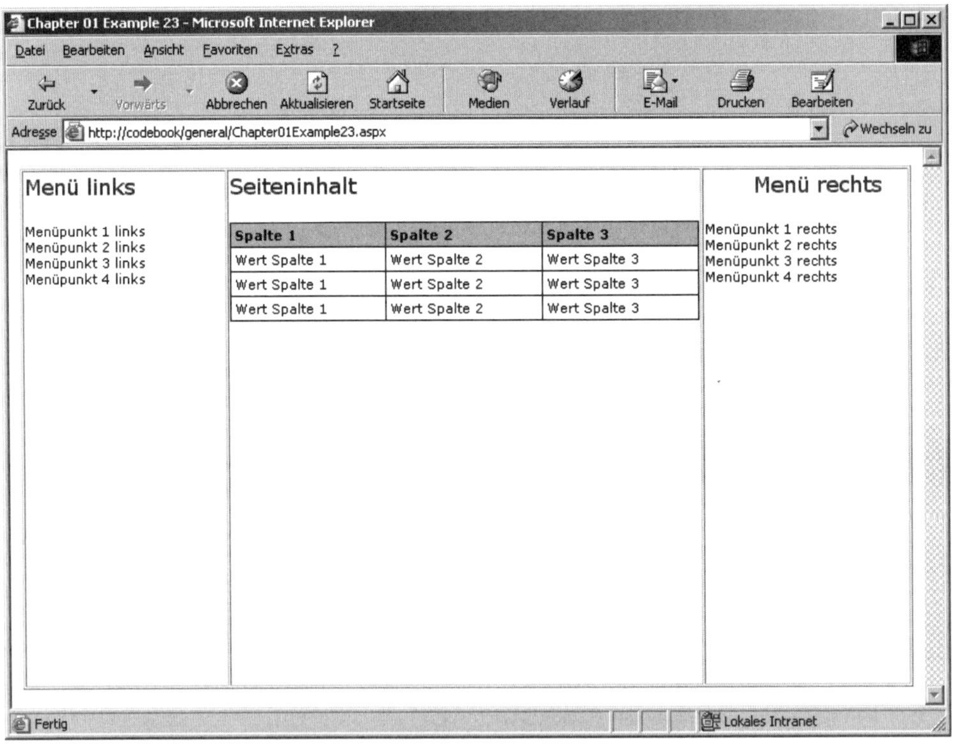

Abbildung 3: Ausgabe des Skripts (Chapter01Example23.aspx)

Das Ganze sieht natürlich nicht sehr spektakulär aus. Aber der Aufbau hat es doch in sich, lässt er sich doch ohne eine einzige Zeile am eigentlichen Quellcode zu ändern komplett anders gestalten.

Es folgt nun die recht einfach aufgebaute CodeBehind-Datei, die die Vorlagen mit dem entsprechenden Inhalt versieht, bzw. den Platzhaltern die entsprechenden Steuerelemente zuweist. Sie werden sich sicherlich fragen, wo denn nun die Inhalte, die Sie beim Aufruf des Beispiels sehen, herkommen, da hiervon in der CodeBehind-Datei zuerst einmal nicht viel zu sehen ist. Das Geheimnis hierzu lüften wir gleich. Vorab der Quellcode der Datei.

```
Imports System.Web.UI.WebControls

Namespace codebook.aspnet.vb

Public Class Chapter01Example23

    Inherits System.Web.UI.Page

    Protected WithEvents phMenuLeft     As PlaceHolder
    Protected WithEvents phMenuRight    As PlaceHolder
    Protected WithEvents phPageContent  As PlaceHolder

    Private Sub Page_Load( _
                         ByVal sender As System.Object, _
                         ByVal e As System.EventArgs _
                         ) Handles MyBase.Load
```

Und hier sehen Sie auch schon, wie Sie dem `PlaceHolder`-Control ein Steuerelement zuweisen können. Über die Methode `Add` der Controls-Collection wird das Steuerelement zugewiesen. Es gibt auch hier verschiedene Möglichkeiten, dies zu erledigen. Als Erstes werden wir die Methode `LoadControl` der `Page`-Klasse verwenden, mit deren Hilfe wir ein benutzerdefiniertes Websteuerelement laden können. Als Parameter müssen Sie lediglich den relativen Pfad und den Dateinamen Ihrer **.ascx*-Datei angeben (Details hierzu finden Sie in der Kategorie *Controls*).

```
        phMenuLeft.Controls.Add _
            ( _
             Page.LoadControl _
                ( _
                 "controls/Chapter01Example23Control01.ascx" _
                ) _
            )
```

Für den Contentbereich haben wir ebenfalls ein eigenen Steuerelement erstellt. Dieses wird in den Placeholder `phPageContent` geladen.

```
        phPageContent.Controls.Add _
            ( _
             Page.LoadControl _
                 ( _
                  "controls/Chapter01Example23Control03.ascx" _
                 ) _
            )
```

Damit Sie sehen, dass man nicht nur mittels `LoadControl` und der Angabe der Dateien ein Control laden kann, haben wir noch ein weiteres Steuerelement erstellt, das wir ganz normal über eine Variablendeklaration erstellen. Das Steuerelement selbst ist vom Typ `WebControl` abgeleitet. Nach der Erzeugung des Steuerelements wird auch dieses mittels der Methode `Add` der `Controls`-Collection des Placeholders hinzugefügt.

```
    Dim menuRight As New menuRight()

        phMenuRight.Controls.Add( menuRight )


    End Sub

End Class

End Namespace
```

Listing 20: Arbeiten mit PlaceHolder-Controls (Chapter01Example23.aspx.vb)

Wenn Sie beide Beispiele nacheinander aufrufen, werden Sie feststellen, dass die Inhalte an den verschiedenen Positionen korrekt angezeigt werden. Sicherlich sollte man die einzelnen Elemente noch dahingehend erweitern, dass z.B. durch Angabe eines Attributs die Ausgabe selbst auch noch beeinflusst werden kann (wie oben erwähnt, sind horizontale und vertikale Menüstrukturen ein gutes Beispiel hierfür). Aber dies sind dann doch sehr spezielle Anforderungen, die Sie aber mit Hilfe dieses Buches sehr leicht selbst erledigen können.

Damit Sie auch sehen, wie ein solches benutzerdefiniertes Steuerelement aufgebaut ist, zeigen wir Ihnen nun auch den Quellcode eines dieser Elemente. Vom grundlegenden Aufbau her ist ein `WebControl` sehr ähnlich zu den WebForms. in unserem Beispiel dienen die Web-Controls nur zur Anzeige bestimmter Bereiche der Seite. Die Struktur der HTML-Seite ist in unserer **.aspx*-Datei hinterlegt. So dürfen die Controls selbst dann auch keine `<html>`, `<head>` oder `<body>`-Tags enthalten, da diese bei der Ausgabe der Inhalte doppelt vorkämen.

Das erste Steuerelement (das linke Menü) beinhaltet lediglich eine Tabelle mit 4 Zeilen. Diese wird hier statisch erstellt. Genauso gut könnte man hier aber z.B. auch ein `DataList`-Control oder ein `DataGrid` einbinden, das mit dynamischen Inhalten gefüllt wird. Für unsere Zwecke ist die statische Tabelle aber völlig ausreichend.

```
<%@ Control Language="vb"
            AutoEventWireup="false"
            Codebehind="Chapter01Example23Control01.ascx.vb"
            Inherits="menuLeft" %>

<h3>Menü links</h3>

<table border="0" cellpadding="0" cellspacing="0">
    <tr>
        <td>Menüpunkt 1 links</td>
    </tr>
    <tr>
        <td>Menüpunkt 2 links</td>
    </tr>
    <tr>
        <td>Menüpunkt 3 links</td>
    </tr>
    <tr>
        <td>Menüpunkt 4 links</td>
    </tr>
</table>
```

Listing 21: Linkes Menü (Chapter01Example23Control01.ascx)

Den Quellcode des Steuerelements können wir uns hier sparen, da dieser nur die Standardfunktionen (`Page_Load`, ...) beinhaltet und durch die statische Ausgabe kein weiterer Code eingefügt wurde.

Das zweite Steuerelement, das den eigentlichen Seiteninhalt bereitstellt, ist hier ebenfalls statisch. Wie Sie diese Controls dynamisch mit Inhalten füllen können, zeigen Ihnen die Kategorien *Controls* und *Datenbanken*.

```
<%@ Control
    Language="vb"
    AutoEventWireup="false"
    Codebehind="Chapter01Example23Control03.ascx.vb"
    Inherits="pageContent" %>

<h3>Seiteninhalt</h3>

<table width="100%"
       cellpadding="3"
       class="clsTable"
       bordercolor="Black"
       border="1"
       rules="all">
    <tr>
        <td class="clsCellHead">Spalte 1</td>
        <td class="clsCellHead">Spalte 2</td>
```

Listing 22: Seiteninhalt (Chapter01Example23Control01.ascx)

```
        <td class="clsCellHead">Spalte 3</td>
    </tr>
    <tr>
        <td class="clsCellBlank">Wert Spalte 1</td>
        <td class="clsCellBlank">Wert Spalte 2</td>
        <td class="clsCellBlank">Wert Spalte 3</td>
    </tr>
    <tr>
        <td class="clsCellBlank">Wert Spalte 1</td>
        <td class="clsCellBlank">Wert Spalte 2</td>
        <td class="clsCellBlank">Wert Spalte 3</td>
    </tr>
    <tr>
        <td class="clsCellBlank">Wert Spalte 1</td>
        <td class="clsCellBlank">Wert Spalte 2</td>
        <td class="clsCellBlank">Wert Spalte 3</td>
    </tr>
</table>
```

Listing 22: Seiteninhalt (Chapter01Example23Control01.ascx) (Forts.)

Das dritte Steuerelement ist schon interessanter, da wir hier ein komplett eigenes Control erzeugen, was natürlich um einiges spannender ist. Wir wollen aber hier nicht auf die Einzelheiten des Aufbaus solcher Controls eingehen, da dies in anderen Kapiteln schon ausführlich behandelt wird.

Zur Vorgehensweise im Beispiel: Wir erzeugen die Ausgabe teilweise dynamisch über einen so genannten `StringBuilder`. Dieser `StringBuilder` ist ein sehr mächtiges Werkzeug zur Verkettung von Stringvariablen. Sie kennen evtl. von Classic ASP Zeilen wie:

```
strTest = strTest & variable1 & "Hallo" & variable2 & "Welt" _
          & variable3
```

Diese Art der Zeichenfolgenverkettung gibt es natürlich auch noch in ASP.NET. Je nachdem wie viele Male dies aufgerufen wird (gerade bei größeren Systemen stehen solche Zeilen oft hundertfach untereinander, da evtl. ganze Tabellen so aufgebaut werden müssen), ist dies allerdings eine sehr zeitraubende Arbeit, die sehr viel Performance kostet. Der `StringBuilder` ist eine in vielen Fällen vorzuziehende Alternative. Gerade bei großen Anwendungen, bzw. bei der Verkettung hunderter oder auch tausender Zeichenfolgen ist der `StringBuilder` um ein Vielfaches schneller als die »klassische« Methode.

```
Imports System.ComponentModel
Imports System.Web.UI
Imports System.Text
Imports System.Web
```

Listing 23: Rechtes Menü (Chapter01Example23Control01.ascx)

```
Namespace codebook.aspnet.vb

<DefaultProperty("Text"), _
 ToolboxData("<{0}:menuRight runat=server></{0}:menuRight>")> _
Public Class menuRight

    Inherits System.Web.UI.WebControls.WebControl

    Dim _text As String

    <Bindable(True), _
     Category("Appearance"), _
     DefaultValue("")> Property [Text]() As String
        Get
            Return _text
        End Get

        Set(ByVal Value As String)
            _text = Value
        End Set
    End Property

    Protected Overrides Sub Render _
          ( _
           ByVal output As System.Web.UI.HtmlTextWriter _
          )

    Dim strOutput As StringBuilder = New StringBuilder
        strOutput.Append("<h3>Menü rechts</h3>" & _
                        Environment.NewLine)
        strOutput.Append("<table width=""100%"" " & _
                               "border=""0"" " & _
                               "cellpadding=""0"" " & _
                               "cellspacing=""0"">" & _
                                       Environment.NewLine)
        strOutput.Append("    <tr>" &  Environment.NewLine)
        strOutput.Append("        <td>Menüpunkt 1 rechts</td>" & _
                                       Environment.NewLine)
        strOutput.Append("    </tr>" & Environment.NewLine)
        strOutput.Append("    <tr>" &  Environment.NewLine)
        strOutput.Append("        <td>Menüpunkt 2 rechts</td>" & _
                                       Environment.NewLine)
        strOutput.Append("    </tr>" & Environment.NewLine)
        strOutput.Append("    <tr>" &  Environment.NewLine)
        strOutput.Append("        <td>Menüpunkt 3 rechts</td>" & _
                                       Environment.NewLine)
        strOutput.Append("    </tr>" & Environment.NewLine)
        strOutput.Append("    <tr>" &  Environment.NewLine)
        strOutput.Append("        <td>Menüpunkt 4 rechts</td>" & _
                                       Environment.NewLine)
        strOutput.Append("    </tr>" & Environment.NewLine)
```

Listing 23: Rechtes Menü (Chapter01Example23Control01.ascx) (Forts.)

```
        strOutput.Append("</table>" &  Environment.NewLine)

        output.Write( strOutput )

    End Sub

End Class

End Namespace
```

Listing 23: Rechtes Menü (Chapter01Example23Control01.ascx) (Forts.)

10 Akzeptierte Sprachen des Clients auslesen

Im globalen Dorf Internet stellt sich für viele Websitebetreiber die Frage: »Wie kann ich dem User mehr Komfort bieten und meine Website möglichst benutzerfreundlich gestalten?« Diese Frage lässt sich nicht so einfach beantworten, da viele Fachleute ihre eigene Meinung hierzu haben. Eine pauschale Aussage ist somit also nicht möglich. Ein erster Schritt kann aber unter Umständen schon einmal sein, die Informationen, die uns über den Benutzer zur Verfügung stehen, auszuwerten und diese auch zu nutzen.

So senden viele Browser zusammen mit dem Request z.B. auch einen Header mit, der uns Aufschluss über die Sprachen gibt, die der Client akzeptiert. Vor allem ist die Reihenfolge für uns hier interessant, da die erste Sprache meist auch die Sprache des Benutzers, bzw. des installierten Systems oder des Browsers ist. Wenn Sie nun auf einen Besucher treffen, dessen Browser als erste Sprachangabe »en« für Englisch sendet, liegt die Idee nahe, die Seiteninhalte auch in Englisch anzuzeigen. Sendet er »de« für Deutsch, werden die Inhalte in Deutsch ausgegeben.

Wie Sie die bevorzugte, bzw. voreingestellte Sprache einfach ermitteln und nutzen können, zeigen wir Ihnen am folgenden Beispiel. Wieder erstellen wir eine recht einfache **.aspx*-Datei, die lediglich ein Label namens `lblMain` enthält. Das Auslesen der Sprache und die Zuweisung des Ausgabetexts wird in der CodeBehind-Datei vorgenommen.

```
<%@ Page Language="vb"
    enableViewState="False"
    AutoEventWireup="false"
    Codebehind="Chapter01Example24.aspx.vb"
    Inherits="codebook.aspnet.vb.Chapter01Example24" %>

<!DOCTYPE HTML PUBLIC "-//W3C//DTD HTML 4.0 TRANSITIONAL//EN">
<HTML>
<HEAD>
    <title>Chapter 01 Example 24</title>
    <link rel="stylesheet"
          href="styles/codebook.css"
          type="text/css">
```

Listing 24: Verwenden der Standardsprache des Browsers (Chapter01Example24.aspx)

```
</HEAD>
<body>
    <asp:Label id="lblMain" runat="server">
        Label
    </asp:Label>
</body>
</HTML>
```

Listing 24: Verwenden der Standardsprache des Browsers (Chapter01Example24.aspx) (Forts.)

Der Aufbau der CodeBehind-Datei unterscheidet sich hier nicht viel von den sonstigen Beispielen, da Sie auch für diese Anforderung keine speziellen Elemente benötigen. ASP.NET stellt Ihnen auch die Werte für die akzeptierten Sprachen zur Verfügung. Nur auslesen und verwerten müssen Sie diese dann noch selbst.

```
Imports System.Web.UI.WebControls

Namespace codebook.aspnet.vb

Public Class Chapter01Example24

    Inherits System.Web.UI.Page

    Protected WithEvents lblMain As Label

    Private Sub Page_Load( _
                          ByVal sender As System.Object, _
                          ByVal e As System.EventArgs _
                          ) Handles MyBase.Load
```

Hier werden die einzelnen Ausgabewerte für den Willkommens-String erstellt. Bei einer größeren Website werden diese Informationen normalerweise in einer Datenbank oder einer Ressourcen-Datei gehalten. Dies benötigen wir hier aber noch nicht.

```
    ' --- Zusammenstellen der Texte
    Dim strTextGerman  As String = "Willkommen"
    Dim strTextEnglish As String = "Welcome"
    Dim strTextOther   As String
        strTextOther = "Nicht unterst&uuml;tzte Sprache.<br>" & _
                       "Aber wir hei&szlig;en Sie nat&uuml;" & _
                       "rlich trotzdem recht herzlich willkommen."
```

Über die Eigenschaft `UserLanguages` des `Request`-Objekts stellt ASP.NET die Sprachen bereit. Wir lesen diese zuerst einmal in ein Array vom Typ `String` ein.

```
    ' --- Auslesen der vom Browser
    ' --- übermittelten Sprachen
    Dim aryLanguages As String() = Request.UserLanguages
```

Hier erfolgt jetzt die Auswertung der ersten eingestellten Sprache und die Ausgabe des entsprechenden Textes. Zuvor wird natürlich geprüft, ob der Browser überhaupt eine Angabe zu den akzeptierten Sprachen gesendet hat. Wenn dies nicht der Fall ist, hat unser Array den Wert 0 bei der Eigenschaft `Length`.

```
        If aryLanguages.Length > 0 Then
            Select Case aryLanguages(0)
                Case "de"
                    lblMain.Text = strTextGerman
                Case "en"
                    lblMain.Text = strTextEnglish
                Case Else
                    lblMain.Text = strTextOther
            End Select
        End If

    End Sub

End Class

End Namespace
```

Listing 25: Verwenden der Standardsprache des Browsers (Chapter01Example24.aspx.vb)

Viel mehr müssen Sie an dieser Stelle nicht tun. Natürlich macht es nicht unbedingt Sinn, den User nur in seiner Sprache zu begrüßen und die restlichen Texte z.B. in Deutsch auszugeben. Aber wie schon gesagt, die Ausgabetexte größerer Websites, die multilingual arbeiten, werden meist in Datenbanken oder Ressourcen-Dateien gehalten. Die Basis für die Unterscheidung haben Sie hier kennen gelernt. Der weitere Ausbau sollte mit den folgenden Kapiteln jedoch kein größeres Problem darstellen.

11 Aufrufen anderer Seiten

Vielfach gibt es die Anforderung, Requests umzuleiten. Classic ASP kannte in älteren Versionen hierfür nur die Methode `Redirect` des `Response`-Objekts. Damit wurde ein spezieller Header an den Client gesendet, der ihn dazu veranlasste, den im Header angegebenen URL aufzurufen. Der Nachteil hierbei war, dass ein zusätzlicher `Request` notwendig war. Zudem kennen einige alte Browser diesen Header nicht, bzw. interpretierten ihn nicht. Folgende Antwort (verkürzt) erhält ein Client, wenn in einem Serverskript `Response.Redirect` verwendet wurde:

```
HTTP/1.1 302 Object moved
Location: andereseite.aspx

<head><title>Objekt verschoben</title></head>
<body><h1>Objekt verschoben</h1>Klicken Sie hierauf, um das Objekt <a
HREF="andereseite.aspx">anzuzeigen</a>.</body>
```

ASP 3.0 führte die Methoden `Transfer` und `Execute` des Server-Objekts ein. Mit Hilfe dieser Methoden konnte man serverseitig die Verarbeitung an ein anderes Skript übertragen.

`Response.Redirect` wirkt genauso, als wenn der Client selbst die neue Ressource angefordert hätte. Allerdings haben Sie hier den Nachteil, dass die gesendeten Parameter nicht automatisch an die neue Seite übermittelt werden. Falls Sie diese benötigen, müssen Sie sie selbst an den URL der Seite anhängen. Per POST gesendete Parameter sind allerdings meist größer (man denke nur an Inhalte, die über eine Textarea gesendet werden). Daher ist diese Methode meist nur praktikabel, wenn Sie gar keine oder nur wenige kleine Parameter benötigen.

`Server.Execute` dient zur temporären Übertragung der Verarbeitung. D.h. das weitere Skript wird abgearbeitet, und sobald diese Verarbeitung abgeschlossen ist, kehrt die Engine zum Ausgangspunkt des aufgerufenen Skripts zurück. Dies stellt eine Alternative zur Include-Direktive von ASP dar, mit der andere Dateien in das eigentliche Skript eingebunden werden konnten. Das so aufgerufene Skript hat Zugriff auf alle gesendeten Parameter der Forms- und der `QueryString`-Collection des `Request`-Objekts.

`Server.Transfer` dient zur vollständigen Übertragung der Verarbeitung. D.h. ein Aufruf dieser Methode beendet im Normalfall die Verarbeitung des ursprünglich angeforderten Skripts. `Server.Transfer` enthält neben dem ersten Parameter, dem Sie den Namen des aufzurufenden Skripts übergeben, noch einen weiteren Parameter vom Typ `Boolean`, der angibt, ob die Form- und die `QueryString`-Collection dem aufgerufenen Skript zur Verfügung stehen sollen. Im Allgemeinen wird dies der Fall sein. Daher sollten Sie diesem Parameter meist den Wert `True` zuweisen.

Das folgende Beispiel stellt über verschiedene Radiobuttons die oben vorgestellten Methoden bereit. D.h. nach Auswahl einer der angebotenen Optionen und Absenden des Formulars wird serverseitig eine der Methoden aufgerufen. Damit Sie auch sicher sein können, dass die Abarbeitung korrekt funktioniert hat, erzeugt das aufgerufene Skript eine Ausgabe, die Ihnen zeigt, wie es aufgerufen wurde.

```
<%@ Page Language="vb"
    enableViewState="False"
    AutoEventWireup="false"
    Codebehind="Chapter01Example25.aspx.vb"
    Inherits="codebook.aspnet.vb.Chapter01Example25" %>

<!DOCTYPE HTML PUBLIC "-//W3C//DTD HTML 4.0 TRANSITIONAL//EN">
<html>
  <head>
    <title>Chapter 01 Example 25</title>
    <link rel="stylesheet"
          href="styles/codebook.css"
          type="text/css">
  </head>
<body>
```

Listing 26: Aufrufen anderer Seiten (Chapter01Example25.aspx)

```
<form id="frmMain"
      action="Chapter01Example25.aspx"
      runat="server"
      method="post">

    <br>
    <asp:Label id="lblMain" runat="server">
        Bitte treffen Sie eine Auswahl
    </asp:Label>

    <br><br>

    <asp:RadioButtonList id="radRedirType"
                         runat="server">

        <asp:listitem selected value="1">
            Response.Redirect
        </asp:listitem>

        <asp:listitem value="2">
            Server.Transfer
        </asp:listitem>

        <asp:listitem value="3">
            Server.Execute
        </asp:listitem>

    </asp:RadioButtonList>

    <br><br>

    <asp:Button id="cmdSubmit"
                runat="server"
                Text="Auswahl senden" />
</form>

</body>
</html>
```

Listing 26: Aufrufen anderer Seiten (Chapter01Example25.aspx) (Forts.)

Wenn Sie eine der ersten beiden Optionen gewählt haben, sehen Sie nur eine Ausgabe des Zielskripts. Bei Auswahl von `Server.Execute` wird die Verarbeitung wieder an das Ursprungsskript zurückübertragen. Daher sehen Sie dann sowohl die Ausgabe des zweiten Skripts als auch das Formular, das wir im obigen Beispiel erstellt haben.

```
Imports System.Web.UI.WebControls

Namespace codebook.aspnet.vb

Public Class Chapter01Example25
```

```
    Inherits System.Web.UI.Page

    Protected WithEvents radRedirType As RadioButtonList
    Protected WithEvents cmdSubmit    As Button
    Protected WithEvents lblMain      As Label

    Private Sub Page_Load( _
                         ByVal sender As System.Object, _
                         ByVal e As System.EventArgs _
                         ) Handles MyBase.Load
```

Hier wird anhand der Eigenschaft `SelectedValue` der `RadioButtonList` überprüft, welche Methode angewandt werden soll. Je nach Auswahl kehrt das Skript danach an den Ausgangspunkt zurück oder nicht. Probieren Sie es einfach aus. Sie werden erstaunt sein, wie einfach es geht.

```
        If Page.IsPostBack Then

            Select Case radRedirType.SelectedValue
                Case "1"
                    Response.Redirect _
                         ( _
                           "Chapter01Example26.aspx?REDIR=1", _
                           True _
                         )
                Case "2"
                    Server.Transfer _
                         ( _
                           "Chapter01Example26.aspx?REDIR=2", _
                           True _
                         )
                Case "3"
                    Server.Execute _
                         ( _
                           "Chapter01Example26.aspx?REDIR=3" _
                         )
            End Select

        End If

    End Sub

End Class

End Namespace
```

Listing 27: Aufrufen anderer Seiten (Chapter01Example25.aspx.vb)

Damit Sie auch sehen, wie das zweite Skript, auf das weitergeleitet wurde, aussieht, zeigen wir Ihnen hier ebenfalls noch kurz den entsprechenden Code.

```
<%@ Page Language="vb"
    enableViewState="False"
    AutoEventWireup="false"
    Codebehind="Chapter01Example26.aspx.vb"
    Inherits="codebook.aspnet.vb.Chapter01Example26" %>

<!DOCTYPE HTML PUBLIC "-//W3C//DTD HTML 4.0 TRANSITIONAL//EN">
<html>
  <head>
    <title>Chapter 01 Example 26</title>
    <link rel="stylesheet"
          href="styles/codebook.css"
          type="text/css">
  </head>
<body>

    <asp:Label id="lblMain" runat="server">
        Label
    </asp:Label>

</body>
</html>
```

Listing 28: Aufrufen anderer Seiten [Zielseite] (Chapter01Example26.aspx)

Der Quellcode an sich ist nichts Besonderes. Er beinhaltet lediglich die Abfrage, welcher Typ der Weiterleitung verwendet wurde, und erzeugt daraufhin eine entsprechende Ausgabe.

```
Imports System.Web.UI.WebControls

Namespace codebook.aspnet.vb

Public Class Chapter01Example26

    Inherits System.Web.UI.Page

    Protected WithEvents lblMain As Label

    Private Sub Page_Load( _
                        ByVal sender As System.Object, _
                        ByVal e As System.EventArgs _
                        ) Handles MyBase.Load
```

Hier wird der Übergabeparameter `REDIR` abgefragt. Je nach Wert wurde entweder `Response.Redirect`, `Server.Execute` oder `Server.Transfer` verwendet. Falls keiner der Werte zutrifft, nimmt das Skript an, dass ein manueller Aufruf erfolgt ist.

```
        Select Case Request.QueryString("REDIR")
            Case "1"
                lblMain.Text = "Response.Redirect von Seite: " & _
                               Request.ServerVariables("HTTP_REFERER")
            Case "2"
                lblMain.Text = "Server.Transfer von Seite: " & _
                               Request.ServerVariables("HTTP_REFERER")
            Case "3"
                lblMain.Text = "Server.Execute von Seite: " & _
                               Request.ServerVariables("HTTP_REFERER")
            Case Else
                lblMain.Text = "Die Seite wurde direkt aufgerufen"
        End Select

        End Sub

    End Class

    End Namespace
```

Listing 29: Aufrufen anderer Seiten [Zielseite] (Chapter01Example26.aspx.vb)

12 Dateiupload per Browser

Was bei Classic ASP noch umständlich über zusätzliche Komponenten (die dann auf dem Server installiert werden mussten) oder komplexe, meist nicht kostenlos erhältliche Skripte, die mehr oder weniger performant, gerade beim Upload größerer Dateien waren, bietet ASP.NET Ihnen standardmäßig die Möglichkeit, Dateien per Browser auf den Server zu laden und diese zu verarbeiten.

Hierfür erstellen wir in unserer **.aspx*-Datei ein Formular. Das Formular selbst hat eine Besonderheit, ohne die der ganze Upload nicht funktionieren wird. Das Attribut `enctype` erhält den Wert »multipart/form-data«. Dies weist den Browser an, den Request anderweitig zu formatieren, so dass die Server diesen entsprechend verarbeiten können.

```
<form id="frmUpload"
      enctype="multipart/form-data"
      action="Chapter01Example27.aspx"
      runat="server"
      method="post">
```

Die vollständige Datei sieht folgendermaßen aus:

```
<%@ Page Language="vb"
    enableViewState="False"
    AutoEventWireup="false"
    Codebehind="Chapter01Example27.aspx.vb"
    Inherits="codebook.aspnet.vb.Chapter01Example27" %>
```

```
<!DOCTYPE HTML PUBLIC "-//W3C//DTD HTML 4.0 TRANSITIONAL//EN">
<html>
  <head>
    <title>Chapter 01 Example 27</title>
    <link rel="stylesheet"
          href="styles/codebook.css"
          type="text/css">
  </head>
<body>

<form id="frmUpload"
      enctype="multipart/form-data"
      action="Chapter01Example27.aspx"
      runat="server"
      method="post">

    <asp:label id="lblMain"
               runat="server"
               visible="False" />

    <asp:label id="lblComment"
               runat="server">
               Bitte w&auml;hlen Sie eine Datei aus
    </asp:label>

    <br><br>
```

Eine Besonderheit sehen Sie bei der Angabe des Attributs `class` des Dateifelds `filUsers`. Da dieses Control keine Eigenschaft `CssClass` zur Zuweisung einer Stylesheetklasse kennt, behelfen wir uns mit dem Feature, dass Attribute, die ASP.NET unbekannt sind, so wie sie geschrieben sind, an den Client weitergegeben werden. Da die Standardangabe in einer HTML-Datei `class="stylesheetklasse"` ist, erreichen wir auf diesem Weg denselben Effekt wie bei anderen Controls über die Eigenschaft `CssClass`.

```
    <input id="filUsers"
           type="file"
           class="clsInput"
           runat="server">

    <br><br>

    <asp:button id="cmdSubmit"
                runat="server"
                cssclass="clsSubmit"
                text="Datei senden" />

</form>

</body>
</html>
```

Listing 30: Dateiupload per HTTP (Chapter01Example27.aspx)

Im Quellcode der CodeBehind-Datei werden wie gewohnt zuerst die benötigten Steuerelemente, darunter auch eines vom Typ `HtmlInputFile`, erzeugt. Dieses Element beinhaltet nach dem Senden des Formulars die eigentliche Datei.

```
Imports System.Web.UI.WebControls

Namespace codebook.aspnet.vb

Public Class Chapter01Example27

    Inherits System.Web.UI.Page

    Protected WithEvents lblMain    As Label
    Protected WithEvents filUsers   As HtmlInputFile
    Protected WithEvents lblComment As Label
    Protected WithEvents cmdSubmit  As Button
```

Da wir die Datei natürlich auch auf dem Server speichern wollen, benötigen wir noch eine Pfadangabe. Um diese nicht ganz statisch vorzugeben, bedienen wir uns einer so genannten *Property* (zu Deutsch: Eigenschaft). Dieser Property weisen wir zuerst den entsprechenden Wert zu und speichern ihn temporär in einer so genannten Membervariable. Damit er später wieder ausgelesen werden kann, greifen wir einfach per `Me.UploadFolder` auf den gespeicherten Wert zu.

```
    Private _UploadFolder           As String

    Public Property UploadFolder()  As String

        Get
            UploadFolder = _UploadFolder
        End Get

        Set(ByVal Value As String)
            _UploadFolder = Value
        End Set

    End Property

    Private Sub Page_Load( _
                    ByVal sender As System.Object, _
                    ByVal e As System.EventArgs _
                    ) Handles MyBase.Load


        Me.UploadFolder = "H:\codebook.NET\systemio\upload\"

        Dim strFileName As String
            strFileName = ""

        If Page.IsPostBack Then
```

Basics
Daten-bank
I/O
Validie-rung
Controls
Http-Handler
Netz-werk
Grafik
Tracing
Security

Damit wir keine leeren Dateien speichern, prüfen wir vorab, ob die Länge der Datei größer 0 ist. Wenn dies der Fall ist, lesen wir den Namen der Datei über die Eigenschaft `FileName` aus und verwenden diesen auch als Dateinamen für die Kopie, die wir anschließend auf dem Server speichern. Der Dateiname enthält aber je nach verwendetem Browser noch den Pfad, in dem die Datei auf dem Client lag. Diesen müssen wir daher noch extrahieren. Dies erledigen wir, indem wir den letzten Backslash (das Zeichen \) suchen und nur die Zeichen verwenden, die diesem Backslash folgen. Falls keine Pfadangabe vorhanden ist, starten wir beim ersten Zeichen.

```
            If filUsers.PostedFile.ContentLength > 0 Then
                strFileName = filUsers.PostedFile.FileName
                strFileName = strFileName.Substring _
                                 ( _
                                 strFileName.LastIndexOf("\") + 1 _
                                 )
```

Über die Methode `SaveAs`, der wir den gewünschten Pfad inkl. Dateinamen als Parameter übergeben, wird die Datei nun endgültig auf dem Server gespeichert. Es folgt dann nur noch eine Ausgabe, die den User auf die erfolgreiche Speicherung hinweist.

```
                filUsers.PostedFile.SaveAs _
                        ( _
                         Me.UploadFolder & strFileName _
                        )

                lblMain.Text   &= "<b>Datei """ & strFileName & _
                                 """ gesendet</b><br><br>"
                lblMain.Visible = True

            End If

        End If

    End Sub

End Class
```

Listing 31: Dateiupload per HTTP (Chapter01Example27.aspx.vb)

Datenbanken

Eine der am häufigsten benötigten Funktionalitäten bei der Erstellung dynamischer Websites ist die Anbindung von Datenbanken. ASP.NET stellt Ihnen mit ADO.NET ein sehr mächtiges Werkzeug zur Verfügung, mit dessen Hilfe Sie auf viele verschiedene Datenbanktypen zugreifen können, die über einen entsprechenden Treiber verfügen. Auf kleineren Websites werden oft Microsoft Access Datenbanken eingesetzt. Bei größeren Projekten bedient man sich meist eines Datenbankservers, wie z. B. Microsoft SQL Server, Oracle oder auch MySQL als Datenquelle. Für alle genannten Systeme sind entsprechende Datenbankprovider verfügbar, so dass man jede dieser Datenbanken über ADO.NET ansprechen kann.

Hinsichtlich der SQL-Statements sind allerdings meist datenbankspezifische Eigenheiten zu berücksichtigen. Wir haben uns allerdings größte Mühe gegeben, die Beispiele so zu schreiben, dass möglichst viele davon mit jedem oben genannten Datenbanksystem funktionieren. Da bei einer Datenbank, wie im richtigen Leben auch, viele Wege nach Rom führen, d. h. dass es mehrere Lösungen für Problemstellungen geben kann, können manche der vorgestellten Beispiele von Ihnen evtl. schon bekannten Lösungen abweichen.

Wie Sie aus der Programmierung wissen, bzw. es noch erfahren werden, sind die Standardlösungen aber nicht immer die besten Lösungen. Manchmal lohnt es sich, etwas unorthodoxe Methoden zu verwenden, wenn hierdurch beispielsweise eine Abfrage um einiges schneller abgearbeitet wird. Wenn Sie dies tun sollten, müssen Sie sich aber im Klaren darüber sein, dass dies zu weiteren Problemen führen kann. Man sollte also wissen, was man tut. Und dies wollen wir Ihnen in den folgenden Rezepten vermitteln.

Eines sei vorweg noch gesagt. ADO.NET hat gegenüber ADO (das bei Classic ASP verwendet wurde) meiner Meinung nach einen immensen Nachteil. Es ist nicht ohne weiteres möglich, die verwendete Datenbank z.B. nur durch Austauschen des Connectionstrings zu ändern. Da ADO.NET für jeden Datenbanktyp (OleDb, SqlServer usw.) eigene Klassen und Methoden mitbringt, deren Methoden, Eigenschaften, ... zu allem Übel auch noch unterschiedlich benannt wurden, steht man hier bei einem notwendigen Datenbankwechsel, z.B. von Access zu Microsoft SQL Server, vor dem großen Problem, dass man die gesamte Anwendung umschreiben müsste. Wir haben daher nach einer Lösung gesucht und auch eine gefunden. Durch die Kapselung aller Datenbankzugriffe in die Klasse `cbDatabaseClient` (die wir Ihnen in einem der folgenden Abschnitte vorstellen) ist es möglich, ohne Codeänderung zwischen verschiedenen Datenbanken zu wechseln, bzw. die hinter der Website liegende Datenbank auszutauschen. Unsere Beispiele basieren alle auf Access, MS SQL und MySQL. Somit ist der Zugriff auf diese drei Datenbanktypen mit der Klasse `cbDatabaseClient` kein Problem mehr.

13 Aufbau einer Datenbank

Um mit einer Datenbank sinnvoll arbeiten zu können, benötigt man im Allgemeinen auch Daten. Diese werden innerhalb einer Datenbank in so genannten Tabellen gehalten. Diese Tabellen sind immer in ein oder mehrere Spalten unterteilt. Die einzelnen Spalten können unterschiedliche Datentypen haben, z.B. gibt es Datentypen zum Speichern von Strings, numerischen Werten, Datum/Uhrzeit oder auch Binärdateien. Letzterer zählt zu den so genannten BLOBs (Binary Large Object), dient also zur Speicherung großer Datenmengen, die im Binärformat vorliegen, wie dies bei vielen Dateiarten der Fall ist. Man sollte diesen Datentyp mit Bedacht wählen, da er zu enormen Performanceeinbußen führen kann. Es gibt auch nur sehr wenige sinnvolle Fälle, in denen die Verwendung eines BLOBs zu empfehlen ist. Aus diesem Grund widmen wir uns hier überwiegend den gängigeren Datentypen.

Erstellen einer Datenbank in Access

Sehr verbreitet und daher gut für unser Vorhaben geeignet sind beispielsweise Adresstabellen. in diesen speichert man z.B. Adressen von Kunden, Interessenten, Bekannten usw. Zu allererst muss die Tabellenstruktur definiert werden. Am komfortabelsten geht dies über den in Access integrierten Tabellendesigner. Hierfür öffnen Sie Access und wählen dann aus dem Menü DATEI den Eintrag NEU. in dem daraufhin erscheinenden Dialog doppelklicken Sie auf den Eintrag DATENBANK. Wählen Sie dann noch den Speicherort und den Dateinamen der neuen Datenbank aus. Wenn Sie die Beispiele ohne Änderung nutzen wollen, sollte die Datenbank den Namen *codebook.mdb* tragen und in ein Verzeichnis *database* unterhalb des Verzeichnisses, in dem Sie Ihre Skripte ablegen gespeichert werden. Alternativ können Sie natürlich auch die Datenbank *codebook.mdb* auf der beigelegten CD verwenden.

Falls Sie sich entschlossen haben, die Datenbank manuell zu erstellen, sollten Sie jetzt in etwa Folgendes auf Ihrem Bildschirm sehen. (siehe Abbildung 4)

Bei Access 97 sieht dies ähnlich aus. Allerdings fehlen die drei Einträge zum Erstellen neuer Tabellen. Daher klicken Sie bitte auf den Button NEU im Datenbankfenster.

Nachdem Sie jetzt in die Entwurfsansicht gewechselt sind, geben Sie bitte die folgenden Werte ein. Damit erzeugen Sie die einzelnen Spalten in der Adresstabelle. Achten Sie bitte auch auf die zugewiesenen Datentypen. Insbesondere der Datentyp `Autowert` (Access-spezifisch) ist wichtig für die weiteren Beispiele (siehe Abbildung 5).

Jetzt fehlen uns eigentlich nur noch einige Testdatensätze, um mit den Beispielen beginnen zu können. Hierfür schließen Sie die Entwurfsansicht. Die Nachfrage, ob Sie die Tabelle speichern wollen, bestätigen Sie mit Ja. Wählen Sie als Tabellennamen bitte `tblCustomers`, da wir diesen Namen auch in den folgenden Beispielen verwenden.

Damit haben wir die Erstellung unserer Testdatenbank vorerst abgeschlossen und können nun damit beginnen, die erstellte Datenbank auch zu verwenden.

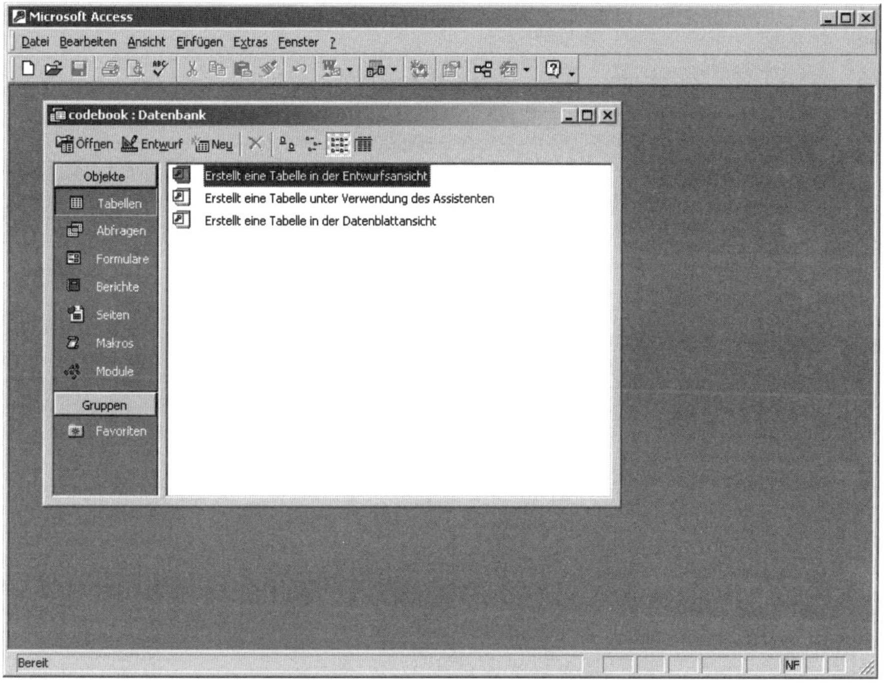

Abbildung 4: Ansicht des noch leeren Datenbankfensters (Access 2000)

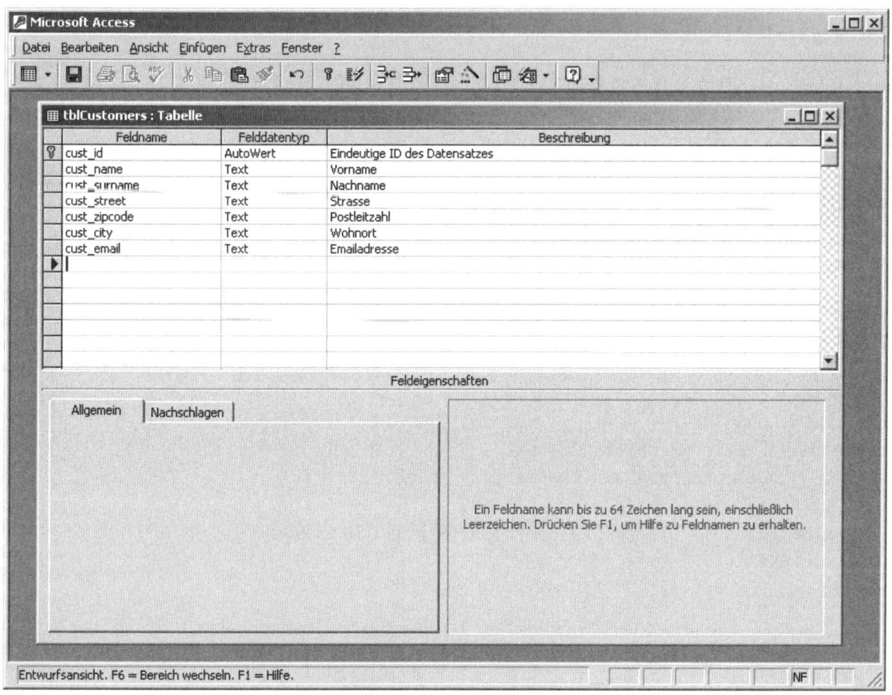

Abbildung 5: Designansicht der Tabelle tblCustomers

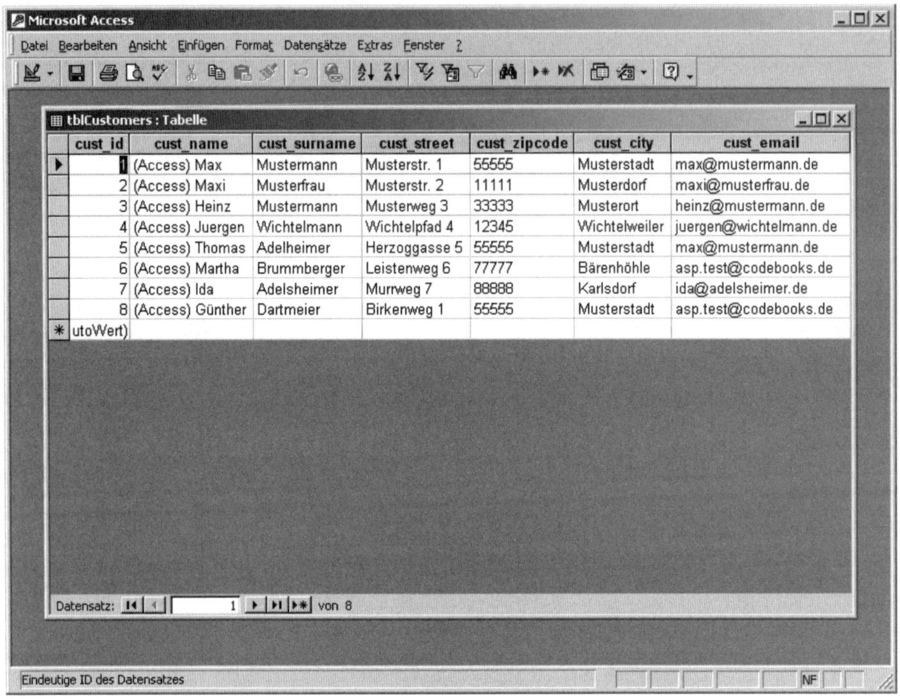

cust_id	cust_name	cust_surname	cust_street	cust_zipcode	cust_city	cust_email
1	(Access) Max	Mustermann	Musterstr. 1	55555	Musterstadt	max@mustermann.de
2	(Access) Maxi	Musterfrau	Musterstr. 2	11111	Musterdorf	maxi@musterfrau.de
3	(Access) Heinz	Mustermann	Musterweg 3	33333	Musterort	heinz@mustermann.de
4	(Access) Juergen	Wichtelmann	Wichtelpfad 4	12345	Wichtelweiler	juergen@wichtelmann.de
5	(Access) Thomas	Adelheimer	Herzoggasse 5	55555	Musterstadt	max@mustermann.de
6	(Access) Martha	Brummberger	Leistenweg 6	77777	Bärenhöhle	asp.test@codebooks.de
7	(Access) Ida	Adelsheimer	Murrweg 7	88888	Karlsdorf	ida@adelsheimer.de
8	(Access) Günther	Dartmeier	Birkenweg 1	55555	Musterstadt	asp.test@codebooks.de
utoWert)						

Abbildung 6: Eingabe von Testdaten in die Datenbanktabelle tblCustomers

14 Zugreifen auf eine Microsoft Access Datenbank

ADO.NET bietet Ihnen verschiedene Klassen zum Zugriff auf die verschiedenen Datenbanktypen an. Für Microsoft Access bieten sich die Klassen des Namespace `System.Data.OleDb` an. Es gibt hier verschiedene Klassen, z.B. `OleDbConnection`, `OleDbCommand`, `OleDbDataAdapter`, ... Für eine Verbindung zur Datenbank ist in erster Linie die jeweilige `Connection`-Klasse zuständig. Innerhalb der **.aspx*-Datei müssen Sie kein `Connection`-Objekt erstellen. Dies erledigen wir in der dazugehörigen CodeBehind-Datei. Die **.aspx*-Datei enthält daher lediglich ein `Label`, über das wir eine Statusmeldung ausgeben.

```
<%@ Page Language="vb"
    enableViewState="False"
    AutoEventWireup="false"
    Codebehind="Chapter02Example01.aspx.vb"
    Inherits="codebook.aspnet.vb.Chapter02Example01" %>

<!DOCTYPE HTML PUBLIC "-//W3C//DTD HTML 4.0 TRANSITIONAL//EN">

<html>
  <head>
    <title>Chapter 02 Example 01</title>
```

Listing 32: Zugreifen auf eine Microsoft Access Datenbank (Chapter02Example01.aspx)

```
    <link rel="stylesheet"
          href="styles/codebook.css"
          type="text/css">
  </head>
<body>

    <asp:label id="lblMain" runat="server">
        Label
    </asp:label>

</body>
</html>
```

Listing 32: Zugreifen auf eine Microsoft Access Datenbank (Chapter02Example01.aspx) (Forts.)

Um uns ein wenig Tipparbeit zu ersparen, binden wir mittels der Anweisung `Imports` den Namespace `System.Data.OleDb` ein. Somit können wir auf die enthaltenen Klassen direkt zugreifen.

```
Imports System.Data.OleDb

Namespace codebook.aspnet.vb

Public Class Chapter02Example01

    Inherits System.Web.UI.Page

    Protected WithEvents lblMain As Label

    Private Sub Page_Load( _
                          ByVal sender As System.Object, _
                          ByVal e As System.EventArgs _
                          ) Handles MyBase.Load
```

Als Erstes benötigen wir natürlich einige Angaben über die Datenbank. Wie Sie evtl. von Classic ASP her kennen, benötigen wir einen Connection-String, der sich aus dem zu verwendenden Provider und dem Pfad zur Datenbank selbst zusammensetzt.

```
    Dim strProvider As String
        strProvider = "PROVIDER=Microsoft.Jet.OLEDB.4.0;"
    Dim strDatabase As String
        strDatabase = "DATA SOURCE=H:\codebook.NET\database\" & _
                                      "database\codebook.mdb;"
    Dim strComplete As String
        strComplete = strProvider & strDatabase
```

Im nächsten Schritt erzeugen wir eine neue Instanz der `OleDbConnection`-Klasse. Diese bildet die Basis für die Zugriffe auf die Access-Datenbank. Der Eigenschaft `ConnectionString` übergeben wir die Angaben, die wir oben zusammengestellt haben. Danach versuchen wir, die Datenbank zu öffnen. Wenn dies fehlschlagen sollte, geben wir die erzeugte Fehlermeldung über das Label aus, ansonsten wird eine Erfolgsmeldung in die Ausgabe geschrieben.

```
        Dim objConn As New OleDbConnection
            objConn.ConnectionString = strComplete

            Try
                objConn.Open()
                lblMain.Text = "Datenbankverbindung zur Access-" & _
                               "Datenbank erfolgreich hergestellt"
            ' --- Abfangen eines evtl. aufgetretenen Fehler
            Catch ex As OleDbException
                lblMain.Text = "<b>Fehler</b><br>" & ex.Message & "<br>"
                lblMain.Text &= "<b>Quelle</b><br>" & ex.Source & "<br>"
            Finally
                ' --- Do nothing
            End Try

            objConn.Close()

        End Sub

    End Class

End Namespace
```

Listing 33: Zugreifen auf eine Microsoft Access Datenbank (Chapter02Example01.aspx.vb)

15 Zugreifen auf eine MySQL Datenbank

Für Zugriffe auf eine MySQL Datenbank ist die Einbindung einer externen Lösung notwendig, da ADO.NET von Haus aus keinen Provider bereitstellt, der diese Aufgabe übernehmen könnte. Ein Lösungsweg wäre die Herstellung der Verbindung über ODBC. Dies wird aber unter anderem aus Performancegründen nicht empfohlen.

Es gibt verschiedene kostenpflichtige, aber auch kostenfreie Tools, die man einbinden kann. Nachdem wir verschiedene Tools ausprobiert hatten, entschlossen wir uns für den Einsatz der unter der LGPL vertriebenen *Data Provider Library*. Dieses Open-Source Projekt des Unternehmens ByteFX Inc. lief, obwohl es sich noch in der Betaphase befindet, bei unseren Tests stabil und erfüllte alle Anforderungen, die wir an das Tool stellten. Sie finden das Tool (Binaries und Sourcecode) sowohl auf der Buch-CD (in der Version 0.70) sowie auf der Website des Herstellers unter: *http://www.bytefx.com*.

Der entsprechende Namespace heißt: `ByteFX.Data.MySQLClient`. Diesen binden wir hier ebenfalls per `Imports`-Anweisung in unsere Anwendung ein. Vom restlichen Aufbau her ist dieses Beispiel ähnlich zum vorigen. Wir müssen lediglich andere Klassen (z.B. `MySqlCommand`, `MySqlConnection` usw.) verwenden. Sie sehen hier schon das am Anfang dieses Kapitels erwähnte Problem hinsichtlich der Klassennamen bei einer evtl. Änderung der zugrunde liegenden Datenbanken.

Da die zum Beispiel dazugehörige **.aspx*-Datei identisch zu der im vorigen Beispiel ist, sparen wir uns an dieser Stellen den Platz und gehen direkt zur CodeBehind-Datei über.

```
Imports ByteFX.Data.MySQLClient

Namespace codebook.aspnet.vb

Public Class Chapter02Example02

    Inherits System.Web.UI.Page

    Protected WithEvents lblMain As Label

    Private Sub Page_Load( _
                          ByVal sender As System.Object, _
                          ByVal e As System.EventArgs _
                          ) Handles MyBase.Load
```

Hier werden wiederum die Verbindungsinformationen zur MySQL Datenbank erstellt und in der Variablen `strComplete` vereint.

```
    Dim strServer   As String = "SERVER=localhost;"
    Dim strUsername As String = "UID=cbuid;"
    Dim strPassword As String = "PWD=cbpwd;"
    Dim strDatabase As String = "DATABASE=codebook;"
    Dim strComplete As String = strServer & _
                                strUsername & _
                                strPassword & _
                                strDatabase
```

Die Vorgehensweise ist analog zum Beispiel mit der Accessdatenbank. Das Objekt wird erzeugt und der `ConnectionString` übergeben. Danach wird versucht, die Datenbank zu öffnen. Bei einem evtl. auftretenden Fehler wird dieses ausgegeben.

```
    Dim objConn As New MySQLConnection
        objConn.ConnectionString = strComplete

        Try
            objConn.Open()
            lblMain.Text  = "Datenbankverbindung zur MySQL-" & _
                            "Datenbank erfolgreich hergestellt"
        ' --- Abfangen eines evtl. aufgetretenen Fehler
        Catch ex As MySQLException
            lblMain.Text  = "<b>Fehler</b><br>" & _
                             ex.Message & _
                            "<br>"
```

Listing 34: Zugreifen auf eine MySQL Datenbank (Chapter02Example02.aspx.vb)

```
            lblMain.Text &= "<b>Quelle</b><br>" & _
                            ex.Source & _
                           "<br>"
        Finally
            ' --- Do nothing
        End Try

        objConn.Close()

    End Sub

End Class

End Namespace
```

Listing 34: Zugreifen auf eine MySQL Datenbank (Chapter02Example02.aspx.vb) (Forts.)

16 Zugriff auf eine MS SQL Server Datenbank

Zu guter Letzt kommt noch der Zugriff auf eine Microsoft SQL Server Datenbank. Auch hier benötigen wir wieder andere Klassen und Namespaces. Diese sind aber im Gegensatz zu den für MySQL benötigten Klassen standardmäßig enthalten, so dass Sie direkt loslegen können.

Der betreffende Namespace heißt: `System.Data.SqlClient`. Wie Sie sich wahrscheinlich schon denken können, haben die einzelnen Klassen ebenfalls anderen Namen, z.B. `SqlCommand`, `SqlConnection` usw. Spätestens hier wird deutlich, welche Probleme sich auftun, wenn Sie Anwendungen erstellen wollen, die auf mehreren Datenbanktypen aufsetzen können. Mehr hierzu erfahren Sie im Rezept 17. Dort stellen wir Ihnen eine Klasse vor, mit der Sie dies problemlos erledigen können.

in diesem Beispiel wollen wir aber noch mit den »normalen« Klassen arbeiten, damit Sie diese Methoden ebenfalls kennen lernen. Auch hier sparen wir den Platz für die **.aspx*-Datei ein, da diese ebenfalls identisch zu der im Access-Beispiel vorgestellten Datei ist.

```
Imports System.Data.SqlClient

Namespace codebook.aspnet.vb

Public Class Chapter02Example03

    Inherits System.Web.UI.Page

    Protected WithEvents lblMain As Label

    Private Sub Page_Load( _
                          ByVal sender As System.Object, _
                          ByVal e As System.EventArgs _
                          ) Handles MyBase.Load
```

Beachten Sie bitte, dass in diesem `ConnectionString` kein Wert für das Attribut `Provider` angegeben wird. Dieses ist für diese Verbindung nicht notwendig und eine Angabe wie z.B. `Provider="sqloledb"` würde zu einem Fehler führen.

```
    Dim strWSID
        strWSID = "WSID=local;"
    Dim strApp
        strApp = "APP=ASP.NET Codebook;"
    Dim strServer
        strServer = "SERVER=codebook;"
    Dim strUsername
        strUsername = "UID=cbuid;"
    Dim strPassword
        strPassword = "PWD=cbpwd;"
    Dim strDatabase
        strDatabase = "DATABASE=codebook;"
    Dim strComplete
        strComplete = strWSID & _
                      strApp & _
                      strServer & _
                      strUsername & _
                      strPassword & _
                      strDatabase
```

An dieser Stelle erzeugen wir das benötigte `SqlConnection`-Objekt und übergeben der Eigenschaft `ConnectionString` die entsprechenden Verbindungsinformationen.

```
    Dim objConn As New SqlConnection
        objConn.ConnectionString = strComplete

        Try
            objConn.Open()
            lblMain.Text = "Datenbankverbindung zur Microsoft " & _
                           "SQL Server-Datenbank erfolgreich " & _
                           "hergestellt"
        ' --- Abfangen eines evtl. aufgetretenen Fehler
        Catch ex As SqlException
            lblMain.Text = "<b>Fehler</b><br>" & ex.Message & "<br>"
            lblMain.Text &= "<b>Quelle</b><br>" & ex.Source & "<br>"
        Finally
            ' --- Do nothing
        End Try

        objConn.Close()

    End Sub

End Class

End Namespace
```

Listing 35: Zugreifen auf eine MS SQL Server Datenbank (Chapter02Example03.aspx.vb)

17 Universeller Datenbankzugriff

Wie angekündigt möchten wir Ihnen in diesem Abschnitt eine Möglichkeit vorstellen, die Datenbankzugriffe derart zu kapseln, dass Sie in Ihren Anwendungen durch Austausch einer einzigen Einstellung den der Anwendung zugrunde liegenden Datenbanktyp ändern können. Wir haben die entsprechende Klasse so geschrieben, dass diese für Access, MySQL und Microsoft SQL Server verwendet werden kann. Es steht Ihnen natürlich frei, die Klasse bei Bedarf entsprechend auf andere Datenbanktypen zu erweitern.

Da die Klasse recht komplex ist, stellen wir Ihnen die einzelnen Methoden schrittweise, also je nach Bedarf in den weiteren Abschnitten vor. in diesem Abschnitt kommen daher lediglich die für den Aufbau einer Datenbankverbindung notwendigen Codefragmente zur Sprache.

Da wir verschiedene Datenbanktypen ansprechen wollen und einige erweiterte Funktionen integriert sind, müssen wir im ersten Schritt einige Namespaces einbinden. Dies erledigen wir natürlich wieder mit der `Imports`-Anweisung.

```
Imports System
Imports System.Data
Imports System.Data.Common
Imports System.Data.OleDb
Imports System.Data.SqlClient
Imports ByteFX.Data.MySQLClient
Imports codebook.aspnet.vb.cbHelper
```

Es folgt die Angabe einer öffentlichen Enumeration, um später z.B. mittels `<Object>.OleDb` die Klasse anzuweisen, dass wir mit Access arbeiten möchten.

```
Public Enum ProviderType
    OleDb     = 1
    SqlServer = 2
    MySQL     = 3
End Enum
```

Danach beginnt die eigentliche Klasse, der wir den Namen `cbDatabaseClient` gegeben haben. Die Klasse selbst enthält sowohl statische als auch »normale« Methoden. Statische Methoden erkennen Sie an dem Schlüsselwort `Shared`. Diese Methoden sind auch ohne die Erzeugung einer Instanz einer Klasse aufrufbar. Natürlich dürfen diese Methoden dann aber auch keinen Code beinhalten, der eine Instanz erwartet.

```
Public Class cbDatabaseClient
```

Zu Beginn deklarieren wir einige Membervariablen, in denen wir die verschiedenen Angaben zur Datenbank zwischenspeichern. Dies ist zum einen der `ProviderType`, also der zu verwendende Datenbanktyp und der dazugehörige `ConnectionString`. Um Ihnen und uns die Arbeit so gut wie möglich zu erleichtern, haben wir für die in diesem Buch verwendeten Datenbanken auch jeweils einen `ConnectionString` vorgegeben.

```
Private m_ptProviderType               As ProviderType = _
                                         ProviderType.OleDb
Private m_strConnectionString          As String = String.Empty
Private m_strDefaultConnectionString As String = String.Empty
```

Es folgen mehrere Versionen des Klassenkonstruktors. Diese sind überladen und können daher sowohl für die Erzeugung einer Instanz der Klasse ohne direkte Angabe des Datenbanktyps als auch mit dessen direkter Angabe aufgerufen werden.

```
Sub New()

End Sub
Sub New(ByVal ptProviderType As ProviderType)

    Me.ProviderType = ptProviderType

End Sub

Sub New( _
        ByVal ptProviderType As ProviderType, _
        ByVal strConnectionString As String _
       )

    Me.ProviderType = ptProviderType
    Me.ConnectionString = strConnectionString

End Sub
```

Eine Instanz der Klasse können Sie in Ihren Anwendungen dann wie folgt erzeugen:

```
Dim objCBDC As cbDatabaseClient = _
         New cbDatabaseClient()
Dim objCBDC As cbDatabaseClient = _
         New cbDatabaseClient( ProviderType.OleDb )
Dim objCBDC As cbDatabaseClient = _
         New cbDatabaseClient( ProviderType.MySql, strConnection )
```

Um die Werte auch manuell zuweisen zu können, benötigen wir natürlich noch einige Eigenschaften, zum Beispiel für den `ProviderType`, den `ConnectionString` usw. Diese werden wie folgt deklariert:

```
Public Property ProviderType() As ProviderType

    Get
        Return m_ptProviderType
    End Get

    Set(ByVal ptValue As ProviderType)
        m_ptProviderType = ptValue
    End Set

End Property
```

Die folgende Eigenschaft hat das Attribut `ReadOnly`, da wir nur lesend hierauf zugreifen wollen. `DefaultProviderType` gibt den standardmäßig verwendeten Datenbanktyp (in unserem Fall OleDb für Zugriffe auf eine Access-Datenbank) zurück.

```
Public ReadOnly Property DefaultProviderType() As ProviderType

    Get
        Return ProviderType.OleDb
    End Get

End Property
```

Es folgt eine Eigenschaft zum Setzen und Auslesen des ConnectionStrings.

```
Public Property ConnectionString() As String

    Get
        Return m_strConnectionString
    End Get

    Set(ByVal strValue As String)
        m_strConnectionString = strValue
    End Set

End Property
```

Anschließend folgt wiederum eine schreibgeschützte Eigenschaft, die die Standardverbindungsinformationen für den entsprechenden `ProviderType` zurückgibt. Diese ConnectionStrings verweisen auf die entsprechenden Datenbanken dieses Buchs. Sie müssen die entsprechenden Angaben vor der Verwendung der Beispiele noch anpassen, da Sie wahrscheinlich eine andere Verzeichnisstruktur, bzw. anere Datenbankserver verwenden.

```
Public ReadOnly Property DefaultConnectionString() As String

    Get
```

```
        Select Case Me.ProviderType
            ' --- Access
            Case ProviderType.OleDb
                m_strDefaultConnectionString = _
                    "PROVIDER=Microsoft.Jet.OLEDB.4.0;" & _
                    "DATA SOURCE=H:\codebook.NET\database\" & _
                                   "database\codebook.mdb;"

            ' --- MySQL
            Case ProviderType.MySQL
                m_strDefaultConnectionString = _
                    "SERVER=localhost;" & _
                    "UID=cbuid;" & _
                    "PWD=cbpwd;" & _
                    "DATABASE=codebook;"

            ' --- MS SQL
            Case ProviderType.SqlServer
                m_strDefaultConnectionString = _
                    "WSID=local;" & _
                    "APP=ASP.NET Codebook;" & _
                    "SERVER=codebook;" & _
                    "UID=cbuid;" & _
                    "PWD=cbpwd;" & _
                    "DATABASE=codebook;"
        End Select

        Return m_strDefaultConnectionString

    End Get

End Property
```


Der nächste unvermeidbare Schritt sind die Funktionen zur Erzeugung einer Datenbankverbindung. Die statische Methode `GetConnection` gibt ein Objekt vom Typ `IDbConnection` zurück. Dies ist eine der Besonderheiten dieser Klasse. Damit Sie verstehen, warum wir diese Schnittstelle verwenden, hier eine kurze Erklärung:

Exkurs

Schnittstelle IDbConnection

Die Schnittstelle `IDbConnection` stellt eine geöffnete Verbindung mit einer Datenquelle dar und wird von allen .NET Framework-Datenprovidern implementiert, die auf relationale Datenbanken zugreifen. Daher stellt diese Schnittstelle die grundlegenden Eigenschaften jeder Connectionklasse bereit, die von `IDbConnection` abgeleitet ist. Für die meisten Anwendungszwecke reicht diese Unterstützung völlig aus. Es ist nur bei wenigen Anforderungen notwendig, das providerspezifische `Connection`-Objekt zu verwenden. in diesem Fall wird innerhalb der Klasse mittels `CType` eine explizite Umwandlung vorgenommen.

Der Funktion selbst übergeben wir einen bzw. zwei Parameter. Zum einen den zu verwendenden Datenbanktyp und zum zweiten den `ConnectionString`. Falls der `ConnectionString` nicht angegeben wurde, werden von den weiteren Funktionen die Standardverbindungsinformationen verwendet.

```
Public Shared Function GetConnection _
                (_
                 ByVal ptProviderType As ProviderType, _
                 ByVal strConnectionString As String _
                ) As IDbConnection
```

Eine weitere Besonderheit sehen Sie nachstehend. Wir erzeugen eine Instanz der eigenen Klasse und verwenden diese Instanz zur Erzeugung einer Datenbankverbindung. So können Sie diese statische Methode auch ohne eigene Instanz dieser Klasse für Zugriffe auf die verschiedenen Datenbanken verwenden. Intern wird dann eine weitere Methode mit dem gleichen Namen aufgerufen, die aber die Verbindungsinformationen und den Datenbanktyp aus den Eigenschaften der Instanz ausliest und ein entsprechendes Objekt erzeugt und zurückgibt.

```
    Dim p_objDBI As cbDatabaseClient = _
                New cbDatabaseClient _
                        (_
                         ptProviderType, _
                         strConnectionString _
                        )

    Dim result As IDbConnection = p_objDBI.GetConnection()
        p_objDBI = Nothing
    Return result

End Function
```

Eine weitere Variante der überladenen, statischen Methode `GetConnection` sehen Sie nachfolgend. Diese enthält nur einen Parameter, den Datenbanktyp. Beim Aufruf der eigentlichen Methode werden dann die Standardverbindungsinformationen für diesen Datenbanktyp ausgelesen und für die Herstellung der Verbindung verwendet.

```
Public Shared Function GetConnection _
                (_
                 ByVal ptProviderType As ProviderType _
                ) As IDbConnection

    Dim p_objDBI As cbDatabaseClient = _
                New cbDatabaseClient(ptProviderType)

    Dim result As IDbConnection = p_objDBI.GetConnection()
```

```
        p_objDBI = Nothing
    Return result

End Function
```

Hier folgt die Methode, die die eigentliche Verbindung herstellt und diese an die aufrufende Methode zurückliefert. Wir lesen über die Eigenschaft `ProviderType` den aktuellen Datenbanktyp aus und liefern je nach Einstellung eine `OleDbConnection`, eine `SqlConnection` oder eine `MySqlConnection` zurück. Dies mag Sie auf den ersten Blick etwas verwirren, hat aber den Grund, dass die Umwandlung in eine `IDbConnection` implizit vom System durchgeführt wird. Wenn wir nur die Schnittstelle verwenden würden, müssten wir sämtliche Methoden, Eigenschaften usw. selbst implementieren. Diese Arbeit können wir uns auf diesem Wege aber sparen.

```
Public Function GetConnection() As IDbConnection

    Select Case ProviderType

        ' ----------------------------------------------
        ' --- OleDb-Connection
        ' ----------------------------------------------
        Case ProviderType.OleDb
            ' ----------------------------------------------
            ' --- Falls gleich noch ein Connection-String
            ' --- dabei ist, dann gleich mitnehmen )
            ' ----------------------------------------------
            If (ConnectionString = String.Empty Or _
                IsNothing(ConnectionString)) Then
                Return New OleDbConnection
            Else
                Return New OleDbConnection(ConnectionString)
            End If

        ' ----------------------------------------------
        ' --- SqlClient
        ' ----------------------------------------------
        Case ProviderType.SqlServer
            If (ConnectionString = String.Empty Or _
                IsNothing(ConnectionString)) Then
                Return New SqlConnection
            Else
                Return New SqlConnection(ConnectionString)
            End If

        ' ----------------------------------------------
        ' --- MySQlClient
        ' ----------------------------------------------
        Case ProviderType.MySQL
            If (ConnectionString = String.Empty Or _
                IsNothing(ConnectionString)) Then
```

Basics
Daten-bank
I/O
Validie-rung
Controls
Http-Handler
Netz-werk
Grafik
Tracing
Security

```
            Return New MySQLConnection
        Else
            Return New MySQLConnection(ConnectionString)
        End If

    End Select

End Function
```

Was natürlich auch nicht fehlen darf, ist eine zentrale Methode zum Schließen einer Datenbankverbindung. Dies erledigt unsere Methode `CloseConnection`, der als Parameter das Verbindungsobjekt (in unseren Beispielen meist `objConn`) übergeben wird.

```
Public Sub CloseConnection( ByRef objConn As IDbConnection )

    If objConn.State = ConnectionState.Open Then
        objConn.Close()
    End If

    objConn.Dispose()

End Sub
```

Listing 36: Vorstellung der Klasse cbDatabaseClient (cbDatabaseClient.vb)

Um das erste Beispiel laufen zu lassen, benötigen wir keine weiteren Methoden unserer `cbDatabaseClient`-Klasse. Daher unterbrechen wir an dieser Stelle die Erklärungen und wenden uns dem erwähnten Beispiel zu.

Hinweis

Ein Hinweis für diejenigen Programmierer unter Ihnen, die diese Art des Datenbankzugriffs nicht benötigen, da ihre Projekte ggfs. nur mit einem bestimmten Datenbanktyp zusammenarbeiten müssen.

Sie haben natürlich auch die Möglichkeit, alle Beispiele oder sogar die vorgestellte Klasse zu verwenden. Sie müssen hierfür lediglich die entsprechenden Deklarationen anpassen. Wenn Sie also zum Beispiel Access verwenden, wird `IDbConnection` zu `OleDbConnection`, aus `IDbDataAdapter` wird `OleDbDataAdapter`, usw. Wir haben uns größte Mühe gegeben, die Beispiele so universell wie möglich zu gestalten. Sollten Sie dennoch auf ein Problem stoßen, zögern Sie nicht, die Autoren zu kontaktieren. Die Kontaktinformationen finden Sie am Anfang dieses Buchs im Vorwort.

18 Herstellung von mehreren Verbindungen

Um Ihnen zu beweisen, dass die eben vorgestellte Klasse ihre Zwecke erfüllt, folgt an dieser Stelle ein Beispiel, in dem wir nacheinander jeweils eine Verbindung zur Access, der MySQL und der MS SQL Server-Datenbank herstellen. Damit wir die Klasse `cbDatabaseClient` nutzen können, importieren wir den entsprechenden Namespace.

```
Imports codebook.aspnet.vb.cbDatabaseClient

Namespace codebook.aspnet.vb

Public Class Chapter02Example04

    Inherits System.Web.UI.Page

    Protected WithEvents lblMain As Label

    Private Sub Page_Load( _
                          ByVal sender As System.Object, _
                          ByVal e As System.EventArgs _
                          ) Handles MyBase.Load
```

An dieser Stelle erzeugen wir zuerst eine Instanz der vorgestellten Klasse und eine Variable des Typs `IDbConnection`. Im Normalfall würden Sie hier eher den Typ `OleDbConnection` oder Ähnliches verwenden. Da wir diese aber nicht für Zugriffe auf andere Datenbanktypen verwenden können (z.B. für MySQL), müssen wir zu diesem Workaround greifen.

Daher merken Sie sich bitte: Wir verwenden in den Beispielen im Normalfall keine providerspezifischen Klassen, sondern die Schnittstellen, die die Basis dieser Klassen darstellen. Die providerspezifischen Klassen werden nur noch in `cbDatabaseClient` verwendet.

```
    Dim objCBDC As New cbDatabaseClient
    Dim objConn As IDbConnection
```

Als Erstes wollen wir eine Verbindung zu unserer Access-Datenbank herstellen. Wir setzen also für die Eigenschaft `ProviderType` den Wert `OleDb`. Als `ConnectionString` werden die Standardverbindungsinformationen verwendet. Wenn der Zugriff erfolgreich war, wird eine entsprechende Meldung ausgegeben.

```
        objCBDC.ProviderType     = ProviderType.OleDb
        objCBDC.ConnectionString = objCBDC.DefaultConnectionString
        objConn = objCBDC.GetConnection()
        lblMain.Text &= "Datenbankverbindung zur Access " & _
                        "Datenbank erfolgreich hergestellt<br><br>"
        objCBDC.CloseConnection(objConn)
```

Dasselbe machen wir danach mit MySQL. Wir stellen die Verbindung her und geben eine entsprechende Meldung aus.

```
        objCBDC.ProviderType     = ProviderType.MySQL
        objCBDC.ConnectionString = objCBDC.DefaultConnectionString
        objConn = objCBDC.GetConnection()
```

```
        lblMain.Text &= "Datenbankverbindung zur MySQL " & _
                        "Datenbank erfolgreich hergestellt<br><br>"
        objCBDC.CloseConnection(objConn)
```

Zu guter Letzt folgt noch eine Verbindung zur MS SQL Server Datenbank. Falls auch diese Verbindung hergestellt werden konnte, wird die dritte und für dieses Beispiel letzte Erfolgsmeldung ausgegeben.

```
        ' --- Testverbindung mit der SQL Server Datenbank herstellen
        objCBDC.ProviderType     = ProviderType.SqlServer
        objCBDC.ConnectionString = objCBDC.DefaultConnectionString
        objConn = objCBDC.GetConnection()
        lblMain.Text &= "Datenbankverbindung zur Microsoft SQL " & _
                        "Server Datenbank erfolgreich " & _
                        "hergestellt <br><br>"

        objCBDC.CloseConnection(objConn)

    End Sub

End Class

End Namespace
```

Listing 37: Herstellung mehrerer Verbindungen (Chapter02Example04.aspx.vb)

19 Grundlagen zum Auslesen von Daten

Um Datensätze aus einer Datenbanktabelle auszulesen, bedienen wir uns der Abfragesprache SQL (Structured Query Language). SQL an sich ist eine sehr mächtige Abfragesprache, die fast keine Wünsche offen lässt. Allerdings gibt es hier und da doch noch einige Funktionen, die in den SQL-Standards nicht definiert wurden. Daher haben die Hersteller der meisten Datenbanksysteme eigene Funktionen entwickelt, die meist sogar sehr sinnvoll sind, aber zu großen Problemen hinsichtlich der Portierbarkeit von Anwendungen, die SQL nutzen, führen. Andererseits lassen sich einige Anwendungen ohne diese Funktionen nicht oder nur mit einem hohen Mehraufwand entwickeln. Wir beschränken uns daher weitestgehend auf die Standardfunktionen, die mit jedem Datenbanksystem, das mind. ANSI SQL unterstützt, laufen sollte. Wenn Funktionen benutzt werden, die evtl. nur in bestimmten Datenbanksystemen vorhanden sind, werden diese entsprechend gekennzeichnet.

Ein `Select`-Statement hat mindestens den folgenden Aufbau:

```
SELECT  <spalte>
FROM    <tabelle>
```

Listing 38: Minimaler Aufbau eines Select-Statements

Die Select-Klausel dient also zur Auswahl, welche Spalten zurückgegeben werden sollen. Wenn Sie mehrere Spalten selektieren möchten, trennen Sie die einzelnen Spaltennamen mit einem Komma. Diese Vorgehensweise ist sinnvoll, da man meist nicht alle, sondern nur bestimmte Spalten benötigt. Es empfiehlt sich aus verschiedenen Gründen, die qualifizierten Spaltennamen immer mit anzugeben. Dies erhöht die Übersichtlichkeit sowie die Performance ihrer Abfragen. Sie können in Ausnahmefällen auch folgende Syntax verwenden, um alle Spalten einer Tabelle auszulesen.

```
SELECT   *
FROM     <tabelle>
```

*Listing 39: Verwendung von Select * zum Auslesen aller Spalten einer Tabelle*

Allerdings ist dies nicht zu empfehlen, da hierbei einige Einschränkungen und Probleme auftreten können. Diese werden an späterer Stelle aufgezeigt.

in der From-Klausel gibt man eine oder mehrere Tabellen an, die die im SQL-Statement verwendeten Spalten enthalten. Wenn Sie mehrere Tabellen angeben, müssen diese ebenfalls mit einem Komma getrennt wurden und, was sehr wichtig ist, Sie müssen die Tabellen miteinander verknüpfen (ein so genannter *JOIN*). Darauf kommen wir in einem späteren Artikel zurück.

in den folgenden Beispielen verwenden wir zwei weitere Methoden der in Rezept 16 vorgestellten Klasse cbDatabaseClient. Diese wollen wir Ihnen daher vorab vorstellen. Zum einen ist dies die statische Funktion GetAdapter. Diese liefert ein Objekt vom Typ IDbDataAdapter zurück.

Exkurs

Schnittstelle IDbDataAdapter

Die Schnittstelle IDbDataAdapter stellt die Methoden und Eigenschaften bereit, die zum Füllen eines DataSet und zum Aktualisieren einer Datenquelle verwendet werden. Die auf dieser Schnittstelle basierenden Klassen beinhalten also auch die grundlegenden Eigenschaften dieser Schnittstelle. Für die meisten Anforderungen reichen die in der Schnittstelle enthaltenen Methoden und Eigenschaften aus. Die providerspezifischen DataAdapter Klassen heißen z.B. OleDbDataAdapter, SqlDataAdapter, usw.

Die Methode erwartet drei Parameter: den zu verwendenden Datenbanktyp, das SQL-Statement sowie das Connection-Objekt, mit dem dieser DataAdapter verbunden werden soll.

```
Public Shared Function GetAdapter _
            ( _
             ByVal ptProviderType As ProviderType, _
             ByVal sqlCommand As String, _
             ByVal objConnection As IDbConnection _
            ) As IDbDataAdapter

    Dim p_objDBI As cbDatabaseClient = _
              New cbDatabaseClient(ptProviderType)
```

Intern wird eine weitere Methode namens GetDataAdapter aufgerufen, die das eigentliche Objekt erstellt. Dieser übergeben wir das SQL-Statement und das Connection-Objekt. Auch diese Methode liefert ein Objekt vom Typ IDbDataAdapter zurück.

```
    Dim result As IDbDataAdapter = p_objDBI.GetDataAdapter _
                                          ( _
                                          sqlCommand, _
                                          objConnection _
                                          )
       p_objDBI = Nothing
    Return result

 End Function
```

Die Methode GetDataAdapter prüft vorab, ob die notwendigen Informationen korrekt sind, d.h. ob das SQL-Statement gefüllt und das Connection-Objekt existent ist. Falls alle Bedingungen erfüllt sind, wird anhand des zu verwendenden Datenbanktyps ein DataAdapter-Objekt erstellt und zurückgegeben. Die Umwandlung in den Typ IDbDataAdapter erfolgt hierbei implizit. Hierum müssen Sie sich also nicht kümmern.

```
 Public Function GetDataAdapter _
        ( _
         ByVal sqlCommand As String, _
         ByVal objConnection As IDbConnection _
        ) As IDbDataAdapter

     If sqlCommand <> String.Empty And _
        Not IsNothing(sqlCommand) And _
        Not IsNothing(objConnection) Then

         ' ------------------------------------------------
         ' --- DataAdapter erstellen
         ' ------------------------------------------------
         Select Case ProviderType

             ' ------------------------------------------------
             ' --- OleDb
             ' ------------------------------------------------
             Case ProviderType.OleDb
                 Return New OleDbDataAdapter _
                            ( _
                            sqlCommand, _
                            objConnection _
                            )

             ' ------------------------------------------------
             ' --- SqlClient
             ' ------------------------------------------------
```

Listing 40: Weitere Methoden der Klasse cbDatabaseClient (cbDatabaseClient.vb)

```
            Case ProviderType.SqlServer
                Return New SqlDataAdapter _
                           ( _
                           sqlCommand, _
                           objConnection _
                           )

            ' ---------------------------------------------
            ' --- SqlClient
            ' ---------------------------------------------
            Case ProviderType.MySQL
                Return New MySQLDataAdapter _
                           ( _
                           sqlCommand, _
                           objConnection _
                           )

        End Select

    End If

End Function
```

Listing 40: Weitere Methoden der Klasse cbDatabaseClient (cbDatabaseClient.vb) (Forts.)

20 Auslesen von Daten aus einer Datenbank

Im Durchschnitt werden bei Webanwendungen ca. 90% der Seiten nur lesend auf eine Datenbank zugreifen und die Inhalte zum Browser senden. Daher beginnen wir auch hiermit und stellen Ihnen eines der bei ASP.NET am häufigsten verwendeten Objekte, das `DataGrid` vor. Das `DataGrid` ist ein mächtiges Werkzeug zur Anzeige strukturierter Daten. Sie können mit seiner Hilfe (wenn notwendig auch nur mit einer einzigen Zeile für die Einbindung desselben in der **.aspx*-Datei) sehr leicht Daten aus verschiedenen Datenquellen anzeigen. Eine Datenquelle muss nicht unbedingt immer eine Datenbank sein, aber da wir uns hier im Datenbankkapitel befinden, nutzen wir dies auch zuerst einmal aus.

Da wir Ihnen aber natürlich auch zeigen wollen, wie einfach der Wechsel der zugrunde liegenden Datenbank vonstatten geht, benötigen wir ein paar Steuerelemente mehr als nur ein `DataGrid`. Diese stellen wir Ihnen nun vor.

```
<%@ Page Language="vb"
    enableViewState="False"
    AutoEventWireup="false"
    Codebehind="Chapter02Example05.aspx.vb"
    Inherits="codebook.aspnet.vb.Chapter02Example05" %>
<!DOCTYPE HTML PUBLIC "-//W3C//DTD HTML 4.0 TRANSITIONAL//EN">
<html>
  <head>
    <title>Chapter 02 Example 05</title>
    <link rel="stylesheet"
```

```
        href="styles/codebook.css"
        type="text/css">
  </head>
<body>
```

Wie schon erwähnt, benötigen wir ein Hilfsmittel, das es dem User erlaubt, die zu verwendende Datenbank schnell und einfach zu ändern. Dies lösen wir in unseren Beispielen mittels so genannter `HyperLink`-Controls. Diese Controls erzeugen einen normalen Link in der HTML-Ausgabe. Über die Eigenschaft `NavigateUrl` geben wir das Ziel des Links an. Dieser zeigt jeweils auf das aktuelle Skript und übergibt zusätzlich einen Parameter `PT`, der der Anwendung sagt, welcher Datenbanktyp verwendet werden soll. Da wir drei Datenbanktypen verwenden, benötigen wir also auch drei verschiedene `HyperLink`-Steuerelemente.

```
    <asp:HyperLink cssclass="clsLink"
                   id="linkAccess"
                   navigateurl="Chapter02Example05.aspx?PT=1"
                   runat="server">
                   Datenbankzugriff auf Access
    </asp:HyperLink>
    <br>
    <asp:HyperLink cssclass="clsLink"
                   id="linkSQLServer"
                   navigateurl="Chapter02Example05.aspx?PT=2"
                   runat="server">
                   Datenbankzugriff auf Microsoft SQL Server
    </asp:hyperlink>
    <br>
    <asp:hyperlink cssclass="clsLink"
                   id="linkMySQL"
                   navigateurl="Chapter02Example05.aspx?PT=3"
                   runat="server">
                   Datenbankzugriff auf MySQL
    </asp:HyperLink>
    <br>
```

Es folgt ein `Literal`-Control, das zur Anzeige von Text verwendet wird. in unserem Fall geben wir hierüber den verwendeten Datenbanktyp zur Kontrolle aus.

```
    <h3>
        <asp:literal id="litDatabase" runat="server">
            Providertyp:
        </asp:literal>
    </h3>
```

Als Nächstes folgt das `DataGrid`. Dieses stellt in der Ausgabe des Skripts unsere Daten dar. Wie bekannt, benötigt das `DataGrid`-Objekt mind. eine ID und das Attribut `runat="server"`. Wir haben allerdings aus optischen Gründen noch ein paar weitere Attribute besetzt. Unter anderem `AutoGenerateColumns` mit dem Wert `False`, damit wir selbst die Kontrolle über die anzuzeigenden Spalten haben. Wenn `AutoGenerateColumns` den Wert `True` hat, erzeugt das `DataGrid` selbstständig Tabellenspalten für alle Datenspalten, die in der Datenquelle vorkommen. Dies ist unter Umständen aber nicht erwünscht.

```
    <asp:datagrid cellpadding="3"
                  id="theGrid"
                  runat="server"
                  autogeneratecolumns="False"
                  cssclass="clsTable"
                  bordercolor="#000000">
        <columns>
```

Die einzelnen Spalten werden als Nächstes angegeben. Die Eigenschaft `datafield` wird jeweils auf den Namen der Spalte gesetzt, die im SQL-Statement auch verwandt wird. Wenn also z.B.

```
SELECT cust_id, cust_name, ... FROM tblCustomers
```

verwendet wird, wird die Eigenschaft `datafield` entsprechend auf die Werte `cust_id`, `cust_name` usw. gesetzt. Wenn Aliasnamen für die Spaltenbezeichnungen verwendet werden:

```
SELECT cust_id AS erste, cust_name AS zweite, ... FROM tblCustomers
```

werden die Werte der Eigenschaft entsprechend auf »erste«, »zweite«, ... gesetzt. in unserem Beispiel verwenden wir allerdings die Spaltennamen so, wie sie in der Datenbanktabelle vorkommen. Über die Eigenschaft `headertext` wird die Spaltenüberschrift festgelegt, die dann in der ersten Zeile erscheint. Die Eigenschaften `headerstyle-cssclass` und `itemstyle-cssclass` dienen der Formatierung der entsprechenden Zellen.

```
            <asp:boundcolumn datafield="cust_id"
                             headertext="ID"
                             headerstyle-cssclass="clsCellHead"
                             itemstyle-cssclass="clsCell" />
            <asp:boundcolumn datafield="cust_name"
                             headertext="Vorname"
                             headerstyle-cssclass="clsCellHead"
                             itemstyle-cssclass="clsCell" />
            <asp:boundcolumn datafield="cust_surname"
                             headertext="Nachname"
                             headerstyle-cssclass="clsCellHead"
                             itemstyle-cssclass="clsCell" />
            <asp:boundcolumn datafield="cust_zipcode"
                             headertext="PLZ"
```

Listing 41: Auslesen von Daten aus einer Datenbank (Chapter02Example05.aspx)

```
                              headerstyle-cssclass="clsCellHead"
                              itemstyle-cssclass="clsCell" />
            <asp:boundcolumn datafield="cust_city"
                              headertext="Wohnort"
                              headerstyle-cssclass="clsCellHead"
                              itemstyle-cssclass="clsCell" />
        </Columns>
    </asp:datagrid>
</body>
</html>
```

Listing 41: Auslesen von Daten aus einer Datenbank (Chapter02Example05.aspx) (Forts.)

Das war eigentlich auch schon alles. Mehr benötigen Sie im ersten Schritt nicht. Daher wenden wir uns nun dem eigentlichen Quellcode zu. Um die im Rezept 16 vorgestellte Klasse nutzen zu können, binden wir wieder den entsprechenden Namespace ein.

```
Imports codebook.aspnet.vb.cbDatabaseClient

Namespace codebook.aspnet.vb

Public Class Chapter02Example05

    Inherits System.Web.UI.Page
```

Zunächst deklarieren wir die verwendeten Steuerelemente, in unserem Beispiel ein Literal-Control, drei `HyperLink`-Controls und ein `DataGrid`. Diese werden dann in den weiteren Methoden angesprochen und verwendet.

```
    Protected WithEvents litDatabase   As Literal
    Protected WithEvents linkAccess    As HyperLink
    Protected WithEvents linkMySQL     As HyperLink
    Protected WithEvents linkSQLServer As HyperLink
    Protected WithEvents theGrid       As DataGrid
```

Um den zu verwendenden Datenbanktyp zwischenzuspeichern, deklarieren wir noch eine Variable vom Typ `ProviderType`. Diesen Typ haben wir Ihnen im Rezept 16 vorgestellt. Es ist eine Enumeration, die uns den schnellen und einfachen Zugriff auf die verschiedenen Datenbanktypen erlaubt.

```
    Private ProviderType                As ProviderType

    Private Sub Page_Load( _
                         ByVal sender As System.Object, _
                         ByVal e As System.EventArgs _
                         ) Handles MyBase.Load
```

Nun lesen wir den übergebenen Wert des Parameters `PT` aus und weisen unserem Skript den entsprechenden Datenbanktyp zu.

```
1 = OleDb (Default)
2 = SqlServer
3 = MySql
        Select Case Request("PT")
            Case "3" : ProviderType = ProviderType.MySQL
            Case "2" : ProviderType = ProviderType.SqlServer
            Case Else: ProviderType = ProviderType.OleDb
        End Select

        LoadData()

    End Sub
```

Innerhalb der Methode `LoadData` wird zunächst eine Instanz der Klasse `cbDatabaseClient` erzeugt. Nach Zuweisung der benötigten Eigenschaften (`ProviderType` und `ConnectionString`) wird ein `Connection`-Objekt erstellt (achten Sie wie schon erwähnt darauf, dass in den Beispielen `IDbConnection` verwendet wird).

```
    Private Sub LoadData()

    ' ---------------------------------------------------
    ' --- Verbindung zur Datenbank herstellen
    ' ---------------------------------------------------
    Dim objCBDC As New cbDatabaseClient
        objCBDC.ProviderType     = ProviderType
        objCBDC.ConnectionString = objCBDC.DefaultConnectionString

    Dim objConn As IDbConnection
        objConn = objCBDC.GetConnection()

        If objConn.State <> ConnectionState.Open Then
            objConn.Open()
        End If
```

Sidebar: Basics · Datenbank · I/O · Validierung · Controls · Http-Handler · Netzwerk · Grafik · Tracing · Security

An dieser Stelle geben wir zur Kontrolle den verwendeten Datenbanktyp aus. Damit wir dies dynamisch machen können, also nicht den jeweiligen Namen hartkodiert angeben müssen, bedienen wir uns der Methode `GetName`, die jeder Enumerationstyp beinhaltet.

```
        litDatabase.Text &= ProviderType.GetName _
                            ( _
                                objCBDC.ProviderType.GetType, _
                                objCBDC.ProviderType _
                            )
```

Im nächsten Schritt erstellen wir das SQL-Statement, das wir zum Auslesen der Daten aus der Datenbank verwenden. Wie Sie vielleicht bemerken, geben wir die Spaltennamen direkt an und verwenden nicht den * zum Auslesen aller Spalten. Dies sollten Sie, wenn möglich, immer so handhaben, da Sie ansonsten sehr schnell die Kontrolle verlieren, wenn die Datenbankstruktur einmal geändert wird. Des Weiteren führt `SELECT * FROM tabelle` zu einer schlechteren Performance und Ressourcennutzung, da die Datenbank in diesem Fall zuerst einmal ermitteln muss, welche Spalten die angegebene Tabelle überhaupt beinhaltet.

```
' ---------------------------------------------------
' SQL Statement zum Auslesen der Daten erstellen
' ---------------------------------------------------
Dim sqlCommand As String
    sqlCommand = "SELECT    cust_id, " & _
                           "cust_name, " & _
                           "cust_surname, " & _
                           "cust_zipcode, " & _
                           "cust_city " & _
                 "FROM     tblCustomers"
```

Um die Daten auch wirklich aus der Datenbank auslesen zu können, benötigen wir zwei Objekte: einen `DataAdapter` und ein `DataSet`. Der `DataAdapter` (wir verwenden hier wieder eine Schnittstelle, nämlich `IDbDataAdapter`) stellt die notwendigen Methoden für das Abrufen (oder auch das Schreiben) von Daten bereit. Das `DataSet` enthält nach Aufruf der entsprechenden Methoden eine `DataTable`, die die Daten enthält, die das SQL-Statement zurückliefert.

```
Dim dataAdapter As IDbDataAdapter = objCBDC.GetAdapter _
                                     ( _
                                       ProviderType, _
                                       sqlCommand, _
                                       objConn _
                                     )
```

Den `DataAdapter` erzeugen wir mit den in Rezept 19 vorgestellten Methoden. Über die Methode `Fill` des DataAdapters wird das `DataSet` mit den Datensätzen gefüllt, die vom `DataAdapter` nach Ausführung des übergebenen SQL-Statements zurückgeliefert werden.

```
Dim dataSet As New dataSet
    dataAdapter.Fill(dataSet)
```

Das `DataSet` wird nun einfach noch der Eigenschaft `DataSource` (zu Deutsch: Datenquelle) zugeordnet und über den Aufruf der Methode `DataBind()` werden die Daten vom `DataSet` an das `DataGrid` gebunden. Das `DataGrid` bildet dann intern die entsprechende Ausgabe und erzeugt eine HTML-Tabelle, die nach unseren Vorgaben formatiert wird.

```
        theGrid.DataSource = dataSet
        theGrid.DataBind()
```

Es bleibt uns nur noch, die Verbindung wieder zu schließen. Alles andere erledigen die Objekte eigenständig. Im Gegensatz zu Classic ASP müssen Sie nicht einmal die Datensätze per Schleife aus einem Recordset oder Ähnlichem auslesen. Dies erledigt das `DataGrid`.

```
        objCBDC.CloseConnection(objConn)

    End Sub

End Class

End Namespace
```

Listing 42: Auslesen von Daten aus einer Datenbank (Chapter02Example05.aspx.vb)

Die Beispiele in den nächsten Kapiteln unterscheiden sich lediglich durch das verwendete SQL-Statement. Aus diesem Grund fügen wir hier keine kompletten Listings mehr ein, sondern zeigen und erläutern lediglich noch das verwendete SQL-Statement. Dieses müssen Sie dann in Ihrem Testskript nur noch austauschen. Als Beispiele sind die kompletten Skripte aber natürlich auf der mitgelieferten CD enthalten.

21 Einschränken der Abfrageergebnisse

Die Where-Klausel dient zur Einschränkung der Datensätze, die zurückgegeben werden sollen. Wenn Sie z.B. aus unserer Beispieltabelle die Spalten `cust_id`, `cust_name`, `cust_surname`, `cust_zipcode` und `cust_city` für jeden Datensatz erhalten möchten, bei dem in der Spalte `cust_zipcode` der Wert 33333 steht, müssten Sie folgendes SQL-Statement erstellen.

```
SELECT   cust_id, cust_name, cust_surname, cust_zipcode, cust_city FROM
tblCustomers
WHERE    cust_zipcode = '33333'
```

Listing 43: Filtern anhand einer alphanumerischen Spalte (Chapter02Example06.aspx.vb)

Beachten Sie bitte, dass `cust_zipcode` ein alphanumerisches Feld ist, da in einer Postleitzahl auch führende Nullen vorkommen können, wie z.B. *04574 Deutzen*. Daher muss der Suchwert in einfache Hochkommata eingeschlossen werden. Wenn `cust_zipcode` eine numerische Spalte wäre, würde diese führende `NULL` beim Speichern von der Datenbank automatisch entfernt. Wenn Sie innerhalb einer numerischen Spalte nach einem Wert suchen möchten, müssen Sie die Hochkommas '...' um den Suchbegriff weglassen. Die Spalte `cust_id` hat den Datentyp `Autowert`, der in Access dem eigentlichen Datentyp `Long Integer` entspricht. Eine gültige SQL-Abfrage wäre daher:

```
SELECT   cust_id, cust_name, cust_surname, cust_zipcode, cust_city FROM
tblCustomers
WHERE    cust_id = 1
```

Listing 44: Filtern anhand einer numerischen Spalte (Chapter02Example07.aspx.vb)

Sie können natürlich auch mehrere Einschränkungen in der `Where`-Klausel angeben. Verbinden Sie hierzu die einzelnen Vergleiche mit den Schlüsselwörtern `AND` oder `OR`. `AND` bewirkt, dass jede Bedingung erfüllt sein muss. `OR` hingegen bewirkt, dass lediglich eine der so verknüpften Bedingungen erfüllt sein muss.

```
SELECT   cust_id, cust_name, cust_surname, cust_zipcode, cust_city
FROM     tblCustomers
WHERE    cust_zipcode = '33333' AND cust_surname = 'Mustermann'
```

Listing 45: Filtern anhand zweier mit AND verknüpfter Kriterien (Chapter02Example08.aspx.vb)

Hiermit werden nur solche Datensätze zurückgegeben, bei denen im Feld `cust_zipcode` der Wert 33333 und im Feld `cust_surname` der Wert Mustermann vorkommt. in unserer Beispieltabelle existiert lediglich ein Datensatz (`cust_id: 3`), der beide Kriterien erfüllt.

```
SELECT   cust_id, cust_name, cust_surname, cust_zipcode, cust_city
FROM     tblCustomers
WHERE    cust_zipcode = '33333' OR cust_surname = 'Mustermann'
```

Listing 46: Filtern anhand zweier mit OR verknüpfter Kriterien (Chapter02Example09.aspx.vb)

Hier werden diejenigen Datensätze ausgelesen, bei denen im Feld `cust_zipcode` der Wert 33333 oder im Feld `cust_surname` der Wert Mustermann vorkommt. Unsere Beispieltabelle enthält zwei Datensätze, die diese Kriterien erfüllen. (cust_id: 1 und 3)

22 Erweiterte Suchfunktionen

SQL bietet Ihnen weitaus mehr als die vorstehend genannten Möglichkeiten zur Einschränkung der Suchergebnisse. Bisher haben Sie lediglich den Vergleichsoperator (=) kennen gelernt. Des Weiteren gibt es noch folgende Operatoren:

1. `LIKE` – Suche nach Teilstrings
2. `IN` – Suche nach mehreren absoluten Werten
3. `BETWEEN` – Suche nach einem Wertebereich
4. Vergleichsoperatoren (=, >, <, <>, >=, <=)
5. `IS NULL` – Suche nach Nullwerten
6. `NOT` – negiert die Abfragebedingung

23 Der Like-Operator

LIKE wird verwendet, wenn Sie eine Volltextsuche innerhalb einer Spalte durchführen wollen. Es gibt allerdings auch einen Nachteil. Der LIKE-Operator ist unter Umständen sehr performancehungrig. Aus diesem Grund vorab noch eine kurze Erklärung und einige Tipps zur Verwendung dieses Operators.

Benutzen Sie LIKE nur, wenn Sie sich wirklich sicher sind, dass Sie eine Volltextsuche durchführen wollen. Wenn Sie nicht nach Teilstrings, sondern nach kompletten Spalteninhalten suchen wollen, verwenden Sie entweder den Gleichheitsoperator = oder den In-Operator in.

Es gibt mehrere Platzhalterzeichen, die Sie in den Suchstring einfügen können. Die am häufigsten verwendeten Zeichen sind das Prozentzeichen % und der Unterstrich _. Diese Zeichen können Sie überall im Suchbegriff einsetzen. Es werden dann jeweils an dieser Position ein oder mehrere beliebige Zeichen gesucht.

```
SELECT   cust_id, cust_name, cust_surname, cust_zipcode, cust_city
FROM     tblCustomers
WHERE    cust_surname LIKE 'Muster%'
```

Listing 47: Suche nach allen Datensätzen, bei denen der Nachname mit dem Wert Muster beginnt (Chapter02Example10.aspx.vb)

```
SELECT   cust_id, cust_name, cust_surname, cust_zipcode, cust_city
FROM     tblCustomers
WHERE    cust_surname LIKE '%mann'
```

Listing 48: Suche nach allen Datensätzen, bei denen der Nachname mit dem Wert mann endet (Chapter02Example11.aspx.vb)

```
SELECT   cust_id, cust_name, cust_surname, cust_zipcode, cust_city
FROM     tblCustomers
WHERE    cust_surname LIKE '%er%'
```

Listing 49: Suche nach allen Datensätzen, bei denen im Nachnamen der Wert er enthalten ist (Chapter02Example12.aspx.vb)

Wenn Sie das Prozentzeichen % verwenden müssen, achten Sie auch darauf, ob Sie dieses wirklich vor oder mitten im eigentlichen Suchbegriff benötigen. Wenn Sie den Platzhalter lediglich am Ende des Suchbegriffs einsetzen, kann das Datenbanksystem unter Umständen vorhandene Indizes benutzen, was die Abfrage wiederum etwas beschleunigen kann. Wenn Sie den Platzhalter am Anfang oder innerhalb des Suchbegriffs einsetzen, wird ein so genannter *Fulltable Scan* durchgeführt, der alle Datensätze der Tabelle sequentiell durchläuft und somit sehr zeitaufwändig ist.

```
SELECT   cust_id, cust_name, cust_surname, cust_zipcode, cust_city
FROM     tblCustomers
WHERE    cust_surname LIKE 'Musterman_'
```

Listing 50: Suche nach allen Datensätzen, bei denen der Nachname mit dem Wert Musterman beginnt und noch ein beliebiges weiteres Zeichen am Ende des Strings enthält (Chapter02Example13.aspx.vb)

```
SELECT   cust_id, cust_name, cust_surname, cust_zipcode, cust_city
FROM     tblCustomers
WHERE    cust_surname LIKE '_ustermann'
```

Listing 51: Suche nach allen Datensätzen, bei denen der Nachname mit dem Wert ustermann endet und noch ein beliebiges weiteres Zeichen am Anfang des Strings enthält (Chapter02Example14.aspx.vb)

```
SELECT   cust_id, cust_name, cust_surname, cust_zipcode, cust_city
FROM     tblCustomers
WHERE    cust_surname LIKE 'Muster_ann'
```

Listing 52: Suche nach allen Datensätzen, bei denen der Nachname mit dem Wert Muster beginnt und mit dem Wert ann endet. Dazwischen muss noch ein beliebiges weiteres Zeichen vorkommen. (Chapter02Example15.aspx.vb)

Besonderheiten bei Microsoft Access

Noch ein Hinweis, der Ihnen eine lang dauernde Fehlersuche ersparen kann. Wenn Sie in Microsoft Access eine Abfrage erstellen, wird anstatt des Prozentzeichens `%` ein Stern `*` und anstatt des Unterstrichs `_` das Fragezeichen `?` für die Teilstringsuche verwendet. Dies ist aber lediglich eine Eigenart des Abfragedesigners. Wenn Sie über ADO.NET ein SQL-Statement an eine Access-Datenbank schicken, müssen Sie die SQL Zeichen `%` und `_` verwenden.

24 Der in-Operator

Der `IN`-Operator wird verwendet, wenn Sie nach mehreren Werten suchen wollen, die in exakt der angegebenen Schreibweise als Spaltenwert vorkommen. Der grundlegende Aufbau eines `Select`-Befehls unter Verwendung des `IN`-Operators sieht bei der Suche nach numerischen Werten folgendermaßen aus:

```
SELECT spaltenname FROM tabelle WHERE suchspalte IN (1,5)
```

Wenn Sie nach alphanumerischen Werten suchen wollen, müssen Sie die Suchbegriffe in einfache Hochkommata einschließen.

```
SELECT spaltenname FROM tabelle WHERE suchspalte IN ('wert1','wert5')
```

Wenn Sie z.B. alle Datensätze aus der Tabelle tblCustomers benötigen, bei denen in der Spalte cust_zipcode die Werte 11111, 55555 oder 77777 gespeichert sind, erstellen Sie folgendes SQL-Statement:

```
SELECT   cust_id, cust_name, cust_surname, cust_zipcode, cust_city
FROM     tblCustomers
WHERE    cust_zipcode IN ('11111','55555','77777')
```

Listing 53: Suche nach Datensätzen über den In-Operator (Chapter02Example16.aspx.vb)

25 Der Between-Operator

Wenn Sie nach Wertebereichen (von ... bis ...) suchen wollen, ist der BETWEEN-Operator Ihr Freund. Sie können diesen Operator mit Strings, Zahlen und Datumsangaben verwenden. Die Suche erfolgt immer einschließlich der angegebenen Suchwerte. Als Suchwerte geben Sie einen Startwert und einen Endwert ein. Die beiden Suchbegriffe werden immer mit dem Operator AND verbunden. Der grundlegende Aufbau eines SELECT-Befehls unter Verwendung des BETWEEN-Operators sieht bei der Suche nach numerischen Werten folgendermaßen aus:

```
SELECT spaltenname FROM tabelle WHERE suchspalte BETWEEN 1 AND 5
```

Wenn Sie nach alphanumerischen Werten suchen wollen, müssen Sie die Suchbegriffe wie immer in einfache Hochkommata einschließen.

```
SELECT spaltenname FROM tabelle WHERE suchspalte BETWEEN 'A' AND 'E'
```

Wenn Sie z.B. alle Datensätze aus der Tabelle tblCustomers benötigen, deren Wert in der Spalte cust_zipcode zwischen 11111 und 55555 liegt, benötigen Sie folgendes SQL-Statement:

```
SELECT   cust_id, cust_name, cust_surname, cust_zipcode, cust_city
FROM     tblCustomers
WHERE    cust_zipcode BETWEEN '11111' AND '55555'
```

Listing 54: Suche nach Datensätzen über den Between-Operator (Chapter02Example17.aspx.vb)

26 Die Vergleichsoperatoren

Wie beim »normalen« Programmieren bietet Ihnen auch SQL verschiedene Vergleichsoperatoren, mit deren Hilfe Sie Werte vergleichen können. Wenn Sie beispielsweise alle Datensätze aus tblCustomers benötigen, bei denen in der Spalte cust_id der Wert 5 entspricht, muss die Where-Klausel folgendermaßen lauten:

```
SELECT   cust_id, cust_name, cust_surname, cust_zipcode, cust_city
FROM     tblCustomers
WHERE    cust_id = 5
```

Listing 55: Suche nach Datensätzen mit dem Vergleichsoperator = (Chapter02Example18.aspx.vb)

```
SELECT   cust_id, cust_name, cust_surname, cust_zipcode, cust_city
FROM     tblCustomers
WHERE    cust_id > 5
```

Listing 56: Suche nach Datensätzen mit dem Vergleichsoperator > (Chapter02Example19.aspx.vb)

```
SELECT   cust_id, cust_name, cust_surname, cust_zipcode, cust_city
FROM     tblCustomers
WHERE    cust_id < 5
```

Listing 57: Suche nach Datensätzen mit dem Vergleichsoperator < (Chapter02Example20.aspx.vb)

```
SELECT   cust_id, cust_name, cust_surname, cust_zipcode, cust_city
FROM     tblCustomers
WHERE    cust_id >= 5
```

Listing 58: Suche nach Datensätzen mit dem Vergleichsoperator >= (Chapter02Example21.aspx.vb)

```
SELECT   cust_id, cust_name, cust_surname, cust_zipcode, cust_city
FROM     tblCustomers
WHERE    cust_id <= 5
```

Listing 59: Suche nach Datensätzen mit dem Vergleichsoperator <= (Chapter02Example22.aspx.vb)

```
SELECT   cust_id, cust_name, cust_surname, cust_zipcode, cust_city
FROM     tblCustomers
WHERE    cust_id <> 5
```

Listing 60: Suche nach Datensätzen mit dem Vergleichsoperator <> (Chapter02Example23.aspx.vb)

27 Abfragen auf NULL-Werte mit IS (NOT) NULL

Sie werden häufig auf das Problem stoßen, dass in einer Tabellenzelle kein Wert enthalten ist. Es gibt nun verschiedene Möglichkeiten, was in dieser Zelle gespeichert wird. Bei Text- oder Memofeldern wird dies meist eine leere Zeichenfolge sein, die Sie mit dem Vergleich `WHERE suchspalte = ''` abfragen können. in numerischen Feldern können Sie aber keine leere Zeichenfolge einstellen. Hierfür gibt es dann einen speziellen Wert namens `NULL` (der eigentlich gar kein Wert, sondern ein Zustand ist). Der Wert dieser Zelle ist dann ungültig, unbekannt oder wurde nicht initialisiert. Beachten Sie, dass `NULL` nicht der Zahl 0 entspricht.

Basics
Datenbank
I/O
Validierung
Controls
Http-Handler
Netzwerk
Grafik
Tracing
Security

`NULL` ist ein Schlüsselwort in SQL, das Sie bei DML-Statements explizit verwenden können. Wenn Sie auf `NULL`-Werte abfragen möchten, müssen Sie in der `Where`-Klausel Ihres `Select`-Befehls den Operator `IS NULL`, bzw. `IS NOT NULL` verwenden. Da `NULL` keinen Wert darstellt, können Sie nicht mit den üblichen Vergleichsoperatoren (z.B.: `WHERE spaltenname = NULL`) arbeiten. Die Ergebnisse einer solchen Abfrage werden auf jeden Fall verfälscht sein.

Stattdessen verwenden Sie `IS NULL` folgendermaßen:

```
SELECT spaltenname FROM tabelle WHERE IS NULL suchspalte
```

bzw. bei Abfrage von Zellen, die nicht den Wert `NULL` enthalten.

```
SELECT spaltenname FROM tabelle WHERE IS NOT NULL suchspalte
```

28 Sortieren von Suchergebnissen

Häufig sollen die aus einer SQL-Abfrage resultierenden Ergebnisse nach gewissen Spalten sortiert werden. Hierfür gibt es die so genannte `ORDER BY`-Klausel. Diese Klausel ist optional. Das bedeutet, sie muss nicht angegeben werden. Wenn sie allerdings angegeben wird, muss sie natürlich syntaktisch und inhaltlich korrekt sein. Die `ORDER BY`-Klausel hat folgenden Aufbau:

```
ORDER BY spaltenname ASC|DESC
```

Man gibt also einen Spaltennamen, nach dem sortiert werden soll, an. Die Schlüsselwörter `ASC` und `DESC` dienen zur Angabe der Sortierrichtung. `ASC` sortiert aufsteigend, `DESC` sortiert absteigend. Wenn keine Angabe erfolgt, wird immer aufsteigend sortiert.

```
SELECT   cust_id, cust_name, cust_surname, cust_zipcode, cust_city
FROM     tblCustomers
ORDER BY cust_zipcode
```

Listing 61: Sortieren der Ausgabe aufsteigend nach der Postleitzahl (Chapter02Example24.aspx.vb)

Natürlich können Sie auch hier mehrere Spalten sortieren. Hierfür trennen Sie die einzelnen Spaltennamen wiederum mit einem Komma. Man sollte allerdings beachten, dass die Sortierung verschachtelt wird. Die Ergebnisse werden also zuerst nach der ersten Spalte sortiert. Innerhalb dieser Sortierung wird dann nach der zweiten Spalte sortiert usw.

```
SELECT   cust_id, cust_name, cust_surname, cust_zipcode, cust_city
FROM     tblCustomers
ORDER BY cust_zipcod, cust_surname
```

Listing 62: Sortieren der Ausgabe aufsteigend nach der Postleitzahl und dem Nachnamen (Chapter02Example25.aspx.vb)

Wenn Sie also z.B. nach der Postleitzahl sortieren und dann nach dem Nachnamen, erhalten Sie folgende Ausgabe:

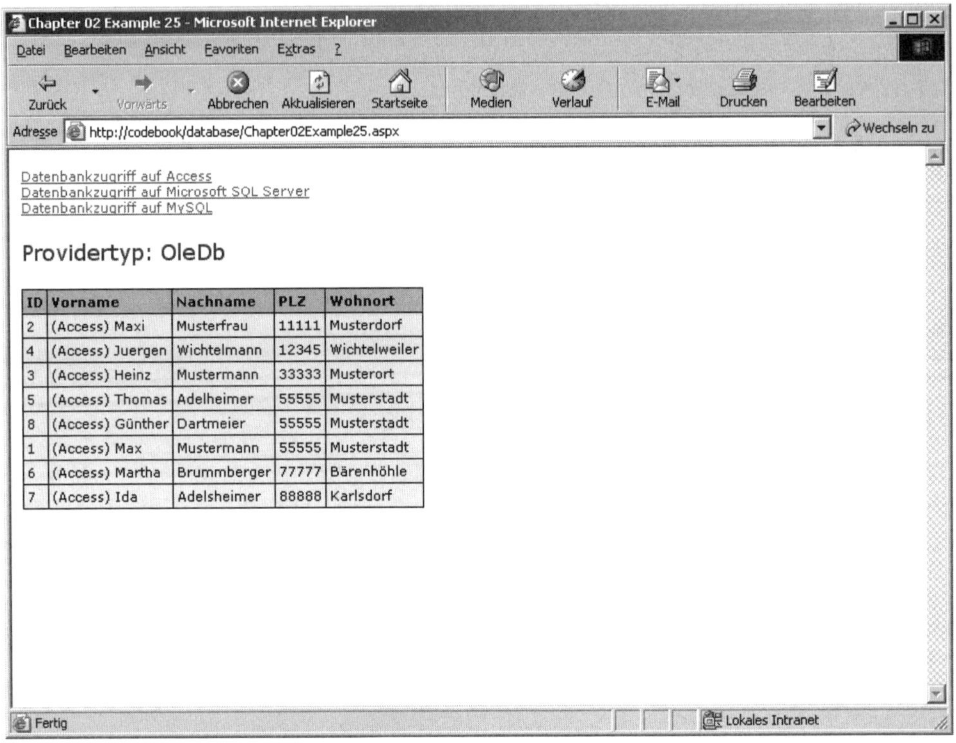

Abbildung 7: Ausgabe bei Sortierung aufsteigend nach Postleitzahl und Nachname

Die Datensätze werden also zuerst aufsteigend nach der Postleitzahl und innerhalb der Postleitzahl wiederum aufsteigend nach dem Nachnamen sortiert.

Man kann die Sortierrichtungen nach Belieben mischen. Allerdings sollte man spätestens jetzt die Sortierrichtung immer explizit angeben (`ASC` oder `DESC`) um spätere Probleme zu vermeiden.

```
SELECT   cust_id, cust_name, cust_surname, cust_zipcode, cust_city
FROM     tblCustomers
ORDER BY cust_zipcode DESC, cust_surname ASC
```

Listing 63: Sortieren der Ausgabe absteigend nach der Postleitzahl und dann aufsteigend nach dem Nachnamen (example26.asp)

Erwähnenswert ist noch, dass Sie anstelle des qualifizierten Spaltennamens auch die Position der Spalte als Sortierkriterium angeben können.

```
SELECT   cust_id, cust_name, cust_surname, cust_zipcode, cust_city
FROM     tblCustomers
ORDER BY 4 DESC, 3 ASC
```

würde somit die gleiche Ausgabe wie das vorige Beispiel erzeugen. Da diese Methode allerdings sehr fehlerbehaftet sein kann, sollten Sie diese nur verwenden, wenn die Angabe der jeweiligen Spaltennamen nicht möglich ist. Eine kleine Umstellung der selektierten Spalten im `Select`-Abschnitt reicht aus, um die Ergebnisse vollkommen zu verfälschen.

```
SELECT   cust_id, cust_zipcode, cust_city, cust_name, cust_surname
FROM     tblCustomers
ORDER BY 4 DESC, 3 ASC
```

liefert die Datensätze in einer ganz anderen Reihenfolge als das letzte Beispiel. Wenn Sie die qualifizierten Spaltennamen verwenden, sind Sie auf der sicheren Seite.

29 Dynamische Sortierung (automatisch)

Das `DataGrid` bietet Ihnen unter anderem auch eine Möglichkeit, die ausgegebenen Daten zu sortieren. Hierfür müssen Sie das zugrunde liegende SQL-Statement nicht einmal ändern. Durch Angabe verschiedener Attribute und Nutzen eines Events des DataGrids sortiert das `DataGrid` unter Zuhilfenahme der Datenquelle (in unserem Fall ein `DataSet`) die Daten automatisch nach der gewünschten Spalte. Nachstehend wollen wir Ihnen zeigen, wie dies funktioniert. Zunächst erstellen Sie eine ganz normale **.aspx*-Seite. Diese beinhaltet auf den ersten Blick nichts Ungewöhnliches. Lediglich das Attribut `enableViewState` besitzt den Wert `True`. Unsere vorangegangenen Beispiele hatten hier meist den Wert `False`.

> Exkurs
>
> **Viewstate**
>
> Jedes Websteuerelement in einer WebForms-Seite, einschließlich der Seite selbst, besitzt eine `ViewState`-Eigenschaft. Der Viewstate wird von ASP.NET verwendet, um die Werte der Seite und der einzelnen Steuerelemente zu speichern, bevor sie an die Seite übergeben werden. Wenn die Seite an den Client gesendet wird, besteht eine der ersten Aufgaben der Engine darin, den Viewstate wiederherzustellen.
>
> Mit der `ViewState`-Eigenschaft können Sie die Werte unabhängig vom Steuerelementstatus speichern. Die `ViewState`-Eigenschaft wird in der HTML-Ausgabe in einem versteckten Formularfeld gespeichert.

Jedes Websteuerelement in einer WebForms-Seite, einschließlich der Seite selbst, besitzt eine `View`. Den Viewstate benötigen wir, um die Daten, die das `DataGrid` enthält, in einer Art Cache zwischenzuspeichern. Bei den Aufrufen, die wir über einen Klick auf die vom `DataGrid` erzeugten Links in der Kopfspalte der Tabelle generieren, kann das `DataGrid`, bzw. das `DataSet` diese Daten entsprechend unserer Anforderung aufbereiten. In unserem Beispiel hier werden die Daten vor der Ausgabe sortiert.

Basics
Daten-
bank
I/O
Validie-
rung
Controls
Http-
Handler
Netz-
werk
Grafik
Tracing
Security

```
<%@ Page Language="vb"
    enableViewState="True"
    AutoEventWireup="false"
    Codebehind="Chapter02Example27a.aspx.vb"
    Inherits="codebook.aspnet.vb.Chapter02Example27a" %>

<!DOCTYPE HTML PUBLIC "-//W3C//DTD HTML 4.0 TRANSITIONAL//EN">
<html>
  <head>
    <title>Chapter 02 Example 27a</title>
    <link rel="stylesheet"
          href="styles/codebook.css"
          type="text/css">
  </head>
<body>
    <asp:HyperLink cssclass="clsLink"
                   id="linkAccess"
                   navigateurl="Chapter02Example27a.aspx?PT=1"
                   runat="server">
                   Datenbankzugriff auf Access
    </asp:HyperLink>
    <br>
    <asp:HyperLink cssclass="clsLink"
                   id="linkSQLServer"
                   navigateurl="Chapter02Example27a.aspx?PT=2"
                   runat="server">
                   Datenbankzugriff auf Microsoft SQL Server
    </asp:hyperlink>
    <br>
    <asp:hyperlink cssclass="clsLink"
                   id="linkMySQL"
                   navigateurl="Chapter02Example27a.aspx?PT=3"
                   runat="server">
                   Datenbankzugriff auf MySQL
    </asp:HyperLink>
    <br>
    <h3>
        <asp:literal id="litDatabase"
                     runat="server"
                     enableviewstate="False">
                     Providertyp:
        </asp:literal>
    </h3>
```

Um die automatische Sortierung nutzen zu können, benötigen wir noch ein Formular, das das Attribut `runat="server"` innehat.

```
    <form id="frmMain"
          action='Chapter02Example27a.aspx"'
          runat="server"
          method="post">
```

Basics
Datenbank
I/O
Validierung
Controls
Http-Handler
Netzwerk
Grafik
Tracing
Security

Jetzt beginnt der interessante Teil. Wie Sie sehen, haben wir dem `DataGrid`-Steuerelement noch einige weitere Attribute hinzugefügt. Im Einzelnen sind dies allowsorting, um die automatische Sortierung überhaupt erst zu ermöglichen, und des Weiteren `onsortcommand`. Das Attribut `onsortcommand` erhält als Wert den Namen des Eventhandlers, der bei Eintreten des `SortCommand`-Events aufgerufen werden soll. In unserem Fall haben wir in der CodeBehind-Datei eine Methode namens `theGrid_Sort` hierfür erstellt. Also tragen wir deren Namen hier ein.

```
<asp:datagrid cellpadding="3"
              id="theGrid"
              runat="server"
              autogeneratecolumns="False"
              cssclass="clsTable"
              bordercolor="#000000"
              allowsorting="True"
              onsortcommand="theGrid_Sort">
    <columns>
```

Die Anwendung muss natürlich auch noch wissen, nach welcher Spalte Sie sortieren möchten. Da es unter Umständen auch gewünscht sein kann, dass bei einem Klick auf die Kopfzeile der Spalte `Name` nicht unbedingt nach der gebundenen Spalte sortiert werden soll, wird in diesem Attribut der Name der Spalte angegeben, nach der bei einem Klick sortiert wird. In unserem Beispiel entspricht der Wert von `sortexpression` auch dem Wert von `datafield`, da wir immer nach der aktuellen Spalte sortieren möchten.

```
        <asp:boundcolumn datafield="cust_id"
                         headertext="ID"
                         headerstyle-cssclass="clsCellHead"
                         itemstyle-cssclass="clsCell"
                         sortexpression="cust_id" />
        <asp:boundcolumn datafield="cust_name"
                         headertext="Vorname"
                         headerstyle-cssclass="clsCellHead"
                         itemstyle-cssclass="clsCell"
                         sortexpression="cust_name" />
        <asp:boundcolumn datafield="cust_surname"
                         headertext="Nachname"
                         headerstyle-cssclass="clsCellHead"
                         itemstyle-cssclass="clsCell"
                         sortexpression="cust_id" />
        <asp:boundcolumn datafield="cust_zipcode"
                         headertext="PLZ"
                         headerstyle-cssclass="clsCellHead"
                         itemstyle-cssclass="clsCell"
                         sortexpression="cust_zipcode" />
        <asp:boundcolumn datafield="cust_city"
                         headertext="Wohnort"
                         headerstyle-cssclass="clsCellHead"
```

Listing 64: Dynamische Sortierung [automatisch] (Chapter02Example27a.aspx)

```
                                  itemstyle-cssclass="clsCell"
                                  sortexpression="cust_city" />
        </Columns>
    </asp:datagrid>

    </form>

</body>
</html>
```

Listing 64: Dynamische Sortierung [automatisch] (Chapter02Example27a.aspx) (Forts.)

Mehr ist in der **.aspx*-Datei nicht zu tun. Ok, das war ja auch schon genug :-). Wenden wir uns also nun der CodeBehind-Datei zu. Die Vorgehensweise ist in den meisten Zügen analog zu den vorangegangenen Beispielen. Wir erstellen die Datenbankverbindung, lesen die Daten aus und binden diese an das `DataGrid`. Mit dem kleinen, aber feinen Unterschied, dass dies nur direkt gemacht wird, wenn die Seite nicht durch einen Postback erneut angefordert wurde. Ein Postback wird bei dieser Art der dynamischen Sortierung beim Klick auf einen der Links in der Kopfzeile der Tabelle erzeugt.

```
Imports codebook.aspnet.vb.cbDatabaseClient

Namespace codebook.aspnet.vb

Public Class Chapter02Example27a

    Inherits System.Web.UI.Page

    Protected WithEvents litDatabase   As Literal
    Protected WithEvents linkAccess    As HyperLink
    Protected WithEvents linkMySQL     As HyperLink
    Protected WithEvents linkSQLServer As HyperLink
    Protected WithEvents theGrid       As DataGrid

    Private ProviderType               As ProviderType

    Private Sub Page_Load( _
                        ByVal sender As System.Object, _
                        ByVal e As System.EventArgs _
                        ) Handles MyBase.Load

        Select Case Request("PT")
            Case "3" : ProviderType = ProviderType.MySQL
            Case "2" : ProviderType = ProviderType.SqlServer
            Case Else: ProviderType = ProviderType.OleDb
        End Select
```

Wir müssen hier also zuerst einmal prüfen, ob ein Postback durchgeführt wurde. Dazu fragen wir die Eigenschaft `IsPostBack` der `Page`-Klasse ab. Wenn nicht, wird die Methode `Load-`

Data, die die Daten aus der Datenbank abruft, mit einem leeren String als Parameter aufgerufen. Der Parameter nimmt normalerweise den Namen der Spalte, nach der sortiert werden soll, an.

```
        If Not Page.IsPostBack() Then
            LoadData("")
        End If

    End Sub

    Private Sub LoadData( ByVal strSortColumn As String )

    ' ----------------------------------------------------
    ' --- Verbindung zur Datenbank herstellen
    ' ----------------------------------------------------
    Dim objCBDC As New cbDatabaseClient
        objCBDC.ProviderType     = ProviderType
        objCBDC.ConnectionString = objCBDC.DefaultConnectionString

    Dim objConn As IDbConnection
        objConn = objCBDC.GetConnection()

        litDatabase.Text &= providerType.GetName _
                            ( _
                                objCBDC.ProviderType.GetType, _
                                objCBDC.ProviderType _
                            )

        If objConn.State <> ConnectionState.Open Then
            objConn.Open()
        End If

    ' ----------------------------------------------------
    ' SQL Statement zum Auslesen der Daten erstellen
    ' ----------------------------------------------------
    Dim sqlCommand As String
        sqlCommand = "SELECT    cust_id, " & _
                               "cust_name, " & _
                               "cust_surname, " & _
                               "cust_zipcode, " & _
                               "cust_city " & _
                     "FROM      tblCustomers "
```

Wie Sie sehen, beinhaltet das SQL-Statement keine ORDER BY-Klausel. Diese ist hier auch nicht erwünscht, da wir die Sortierung über die von ASP.NET bereitgestellten Objekte erzeugen wollen.

```
    Dim dataAdapter As IDbDataAdapter = objCBDC.GetAdapter _
                                        ( _
                                          ProviderType, _
```

```
                                        sqlCommand, _
                                        objConn _
                                      )

    Dim dataSet As New dataSet
        dataAdapter.Fill(dataSet)
```

Hier wird nun abgefragt, ob ein Spaltenname für die Sortierung übergeben wurde. Wenn ja, werden die Daten im DataSet nach dieser Spalte sortiert.

```
        If strSortColumn <> String.Empty Then
            dataSet.Tables(0).DefaultView.Sort = strSortColumn
        End if
```

Danach wird dem DataGrid wieder die Datenquelle angegeben und durch Aufruf von DataBind werden die Daten an das DataGrid gebunden.

```
        theGrid.DataSource = dataSet.Tables(0).DefaultView
        theGrid.DataBind()

        objCBDC.CloseConnection(objConn)

    End Sub
```

Die Methode theGrid_Sort ist in diesem Beispiel die wichtigste Methode. Diese wird beim Auslösen des SortCommand-Events aufgerufen und sorgt dafür, dass wir die notwendigen Informationen für die Sortierung erhalten.

```
    Public Sub theGrid_Sort _
              ( _
               ByVal source As Object, _
               ByVal e As DataGridSortCommandEventArgs _
              ) Handles theGrid.SortCommand
```

Die Eigenschaft SortExpression beinhaltet den Wert des Attributs sortexpression der angeklickten DataGrid-Spalte. Wir rufen hier nur die Methode LoadData mit dem übergebenen Wert auf und sehen sogleich, dass die Daten nun nach der entsprechenden Spalte aufsteigend sortiert dargestellt werden.

```
        LoadData( e.SortExpression )

    End Sub
```

Listing 65: Dynamische Sortierung [automatisch] (Chapter02Example27a.aspx.vb)

```
End Class

End Namespace
```

Listing 65: Dynamische Sortierung [automatisch] (Chapter02Example27a.aspx.vb) (Forts.)

Auch wenn es etwas Schreibarbeit ist (von der Ihnen die meisten Entwicklungsumgebungen viel abnehmen können, wenn Sie es wollen), lohnt sich dennoch der Einblick in diese Technik. Aber auch hier gibt es Nachteile, die beachtet werden sollten. So erfordert die Sortierung mit dieser Technik einen JavaScript-fähigen Browser. Die Skriptunterstützung darf auch nicht deaktiviert sein, da ansonsten bei einem Klick auf die entsprechenden Links gar nichts passiert. Aus diesem Grund zeigen wir Ihnen als Nächstes eine Methode, mit der Sie browserunabhängig arbeiten können.

30 Dynamische Sortierung (manuell)

Eine manuelle Sortierung der ausgelesenen Daten erreichen Sie auf einem ähnlichen Weg wie im vorigen Beispiel, über die Generierung von Links mit den erforderlichen Übergabeparametern. Allerdings werden hierfür keine JavaScript-Aufrufe, sondern manuell erzeugte Links mit Angabe verschiedener Parameter verwendet. Nachfolgend zuerst einmal die erforderliche **.aspx*-Datei.

```
<%@ Page Language="vb"
    enableViewState="False"
    AutoEventWireup="false"
    Codebehind="Chapter02Example27m.aspx.vb"
    Inherits="codebook.aspnet.vb.Chapter02Example27m" %>

<!DOCTYPE HTML PUBLIC "-//W3C//DTD HTML 4.0 TRANSITIONAL//EN">
<html>
  <head>
    <title>Chapter 02 Example 27m</title>
    <link rel="stylesheet"
          href="styles/codebook.css"
          type="text/css">
  </head>
<body>
    <asp:HyperLink cssclass="clsLink"
                   id="linkAccess"
                   navigateurl="Chapter02Example27m.aspx?PT=1"
                   runat="server">
                   Datenbankzugriff auf Access
    </asp:HyperLink>
    <br>
    <asp:HyperLink cssclass="clsLink"
                   id="linkSQLServer"
                   navigateurl="Chapter02Example27m.aspx?PT=2"
                   runat="server">
                   Datenbankzugriff auf Microsoft SQL Server
```

```
</asp:hyperlink>
<br>
<asp:hyperlink cssclass="clsLink"
               id="linkMySQL"
               navigateurl="Chapter02Example27m.aspx?PT=3"
               runat="server">
               Datenbankzugriff auf MySQL
</asp:HyperLink>
<br>
<h3>
    <asp:literal id="litDatabase"
                 runat="server"
                 enableviewstate="False">
                 Providertyp:
    </asp:literal>
</h3>
```

Wie Sie sehen, wird die interne Sortierung des `DataGrid` hier mittels der Angabe `allowsorting="False"` deaktiviert, damit das `DataGrid` uns nicht in die Quere kommen kann. Ansonsten sieht die Datei ähnlich der im vorigen Beispiel aus, da wie die benötigten Angaben erst in der Code-Behind-Datei erstellen und einfügen.

```
<asp:datagrid cellpadding="3"
              id="theGrid"
              runat="server"
              autogeneratecolumns="False"
              cssclass="clsTable"
              bordercolor="#000000"
              allowsorting="False">
    <columns>
        <asp:boundcolumn datafield="cust_id"
                         headertext="ID"
                         headerstyle-cssclass="clsCellHead"
                         itemstyle-cssclass="clsCell" />
        <asp:boundcolumn datafield="cust_name"
                         headertext="Vorname"
                         headerstyle-cssclass="clsCellHead"
                         itemstyle-cssclass="clsCell" />
        <asp:boundcolumn datafield="cust_surname"
                         headertext="Nachname"
                         headerstyle-cssclass="clsCellHead"
                         itemstyle-cssclass="clsCell" />
        <asp:boundcolumn datafield="cust_zipcode"
                         headertext="PLZ"
                         headerstyle-cssclass="clsCellHead"
                         itemstyle-cssclass="clsCell" />
        <asp:boundcolumn datafield="cust_city"
                         headertext="Wohnort"
                         headerstyle-cssclass="clsCellHead"
```

Listing 66: Dynamische Sortierung [manuell] (Chapter02Example27m.aspx)

```
                                      itemstyle-cssclass="clsCell" />
        </Columns>
    </asp:datagrid>

</body>
</html>
```

Listing 66: Dynamische Sortierung [manuell] (Chapter02Example27m.aspx) (Forts.)

Als Nächstes folgt die Code-Behind-Datei. In dieser werden die Links, die in der Kopfzeile des `DataGrid` ausgegeben werden sollen, zusammengestellt.

```
Imports codebook.aspnet.vb.cbDatabaseClient

Namespace codebook.aspnet.vb

Public Class Chapter02Example27m

    Inherits System.Web.UI.Page

    Protected WithEvents litDatabase   As Literal
    Protected WithEvents linkAccess    As HyperLink
    Protected WithEvents linkMySQL     As HyperLink
    Protected WithEvents linkSQLServer As HyperLink
    Protected WithEvents theGrid       As DataGrid

    Private ProviderType               As ProviderType
    Private ScriptName                 As String
    Private SortColumn                 As String
```

Damit wir nicht jeden Link eigens zusammenstellen müssen, integrieren wir eine Funktion hierfür. Diese gibt uns den kompletten Link, der anhand der zwei Übergabeparameter `strSortColumn` (die Spalte, nach der sortiert werden soll) und `strLinkText` (die Zeichenfolge, die verlinkt werden soll) erstellt wird, zurück.

```
    Private Function GetLink _
                (  _
                 ByVal strSortColumn, _
                 ByVal strLinkText _
                )

        GetLink = "<a class=""clsLinkBold"" " & _
                     "href=""" & ScriptName & _
                       "?PT=" & ProviderType & _
                       "&SC=" & strSortColumn & """>" & _
                     strLinkText & _
                 "</a>"
    End Function
```

```
Private Sub Page_Load( _
                    ByVal sender As System.Object, _
                    ByVal e As System.EventArgs _
                    ) Handles MyBase.Load

    Select Case Request("PT")
        Case "3" : ProviderType = ProviderType.MySQL
        Case "2" : ProviderType = ProviderType.SqlServer
        Case Else: ProviderType = ProviderType.OleDb
    End Select
```

Hier lesen wir den Übergabeparameter SC aus. Dieser beinhaltet entweder den Namen der Spalte, nach der sortiert werden soll, oder einen Leerstring. Die Abfrage und weitere Verarbeitung erfolgt in der Methode LoadData.

```
    SortColumn = Request("SC")
    ScriptName = Request.CurrentExecutionFilePath.ToString

    LoadData( SortColumn )

End Sub

Private Sub LoadData( ByVal strSortColumn As String )

' -----------------------------------------------------
' --- Verbindung zur Datenbank herstellen
' -----------------------------------------------------
Dim objCBDC As New cbDatabaseClient
    objCBDC.ProviderType     = ProviderType
    objCBDC.ConnectionString = objCBDC.DefaultConnectionString

Dim objConn As IDbConnection
    objConn = objCBDC.GetConnection()

    litDatabase.Text &= providerType.GetName _
                        ( _
                            objCBDC.ProviderType.GetType, _
                            objCBDC.ProviderType _
                        )

    If objConn.State <> ConnectionState.Open Then
        objConn.Open()
    End If

' -----------------------------------------------------
' SQL Statement zum Auslesen der Daten erstellen
' -----------------------------------------------------
Dim sqlCommand As String
    sqlCommand = "SELECT    cust_id, " & _
                           "cust_name, " & _
                           "cust_surname, " & _
```

```
                        "cust_zipcode, " & _
                        "cust_city " & _
                "FROM   tblCustomers "
```

Falls eine Sortierspalte angegeben ist, fügen wir dem SQL-Statement eine `ORDER BY`-Klausel hinzu. Hier ist es natürlich noch möglich, anhand eines weiteren Parameters die Sortierrichtung (auf- oder absteigend) anzugeben. Aber dies sollte für Sie jetzt kein Problem darstellen.

```
    If strSortColumn <> String.Empty Then
        sqlCommand &= "ORDER BY " & strSortColumn
    End If

    Dim dataAdapter As IDbDataAdapter = objCBDC.GetAdapter _
                                  ( _
                                    ProviderType, _
                                    sqlCommand, _
                                    objConn _
                                  )

    Dim dataSet As New dataSet
        dataAdapter.Fill(dataSet)

        theGrid.DataSource = dataSet
```

Nun werden die einzelnen Kopfspalten mit den entsprechenden Links versehen. Dazu wird einfach die Eigenschaft `HeaderText` der einzelnen Spalten neu gesetzt.

```
        theGrid.Columns(0).HeaderText = _
                        GetLink( "cust_id", "ID" )
        theGrid.Columns(1).HeaderText = _
                        GetLink( "cust_name", "Name" )
        theGrid.Columns(2).HeaderText = _
                        GetLink( "cust_surname", "Nachname" )
        theGrid.Columns(3).HeaderText = _
                        GetLink( "cust_zipcode", "PLZ" )
        theGrid.Columns(4).HeaderText = _
                        GetLink( "cust_city", "Wohnort" )
```

Nun bleibt uns nur noch, die Daten per Aufruf der Methode `DataBind` an das `DataGrid` zu binden und die Datenbankverbindung wieder zu schließen.

```
        theGrid.DataBind()

        objCBDC.CloseConnection(objConn)
```

Listing 67: Dynamische Sortierung [manuell] (Chapter02Example27m.aspx.vb)

```
    End Sub

End Class

End Namespace
```

Listing 67: Dynamische Sortierung [manuell] (Chapter02Example27m.aspx.vb) (Forts.)

Wenn Sie dieses Beispiel aufrufen, werden Sie in der Ausgabe selbst keinen großen Unterschied zum vorigen Beispiel sehen. Die Kopfspalten beinhalten entsprechende Links, die dazu führen, dass eine Sortierung der Daten anhand der angegebenen Spalte durchgeführt wird. Allerdings werden in diesem Beispiel normale Links verwendet, die auch mit »nicht JavaScript-fähigen« Browsern funktionieren.

31 Prüfen, ob Ergebnisse zurückgeliefert werden

Wenn ein SQL-Statement keine Daten zurückliefert, z.B. weil die `WHERE`-Klausel Kriterien enthält, die auf keinen Datensatz zutreffen, möchten Sie Ihre User bestimmt auch über diesen Umstand informieren. Nichts leichter als das. Für unser erstes Beispiel benötigen wir drei Dinge. Zuerst einmal ein neues SQL-Statement, das per `SELECT COUNT` die Anzahl der Datensätze liefert. Die `FROM`- und `WHERE`-Klausel bleibt hierbei gleich denen, die im eigentlichen `SELECT`-Statement verwendet werden sollen.

```
Dim sqlCount As String
    sqlCount = "SELECT    COUNT(1)  " & _
               "FROM      tblCustomers " & _
               "WHERE     cust_id < 0"
```

Als Nächstes benötigen wir ein `Command`-Objekt (hier ein `IDbCommand`, da wir ja wie in den vorigen Abschnitten beschrieben, die Schnittstellen wegen der Unabhängigkeit vom verwendeten Datenbanktyp verwenden). Diesem `Command`-Objekt weisen wir die aktuelle Datenbankverbindung (hier `objConn`) zu und legen als Wert der Eigenschaft `CommandText` unser SQL-Statement fest.

```
Dim objCommand As IDbCommand = objCBDC.CreateCommand()
    objCommand.Connection = objConn
    objCommand.CommandText = sqlCount
```

Das eigentlich Interessante kommt nun. Über die Methode `ExecuteScalar` führen wir das SQL-Statement gegen die Datenbank aus. Diese Methode liefert den ersten Wert der ersten Spalte zurück. in unserem Fall also den Wert, den wir mit `SELECT COUNT` ermitteln. Durch die Zuweisung an die Variable `lngRecordCount` können wir den entsprechenden Wert danach gleich weiterverwenden, z.B. für die Ausgabe einer entsprechenden Meldung, falls `lngRecordCount` den Wert 0 hat.

```
Dim lngRecordCount As Long
    lngRecordCount = objCommand.ExecuteScalar()
    objCommand.Dispose()
```

Diese Methode hat den Vorteil, dass die Abarbeitung des SQL-Statements schneller erfolgt, als ggfs. zuerst einmal alle Daten zusammenzustellen, den üblichen Weg über das Füllen eines `DataSets` mit den Inhalten zu wählen und dann mittels den Eigenschaften des `DataSets`, bzw. der dort erzeugten `DataTable` die Anzahl der Datensätze auszulesen. Der Nachteil hierbei ist, dass ein zusätzlicher Roundtrip zur Datenbank notwendig ist.

Kommen wir nun zum vollständigen Beispiel. Dieses soll Ihnen veranschaulichen, wie der oben vorgestellte Code eingebunden werden kann.

```
Imports codebook.aspnet.vb.cbDatabaseClient

Namespace codebook.aspnet.vb

Public Class Chapter02Example28

    Inherits System.Web.UI.Page

    Protected WithEvents litDatabase   As Literal
    Protected WithEvents linkAccess    As HyperLink
    Protected WithEvents linkMySQL     As HyperLink
    Protected WithEvents linkSQLServer As HyperLink
    Protected WithEvents theGrid       As DataGrid

    Private ProviderType               As ProviderType

    Private Sub Page_Load( _
                      ByVal sender As System.Object, _
                      ByVal e As System.EventArgs _
                      ) Handles MyBase.Load

        Select Case Request("PT")
            Case "3" : ProviderType = ProviderType.MySQL
            Case "2" : ProviderType = ProviderType.SqlServer
            Case Else: ProviderType = ProviderType.OleDb
        End Select

        LoadData()

    End Sub

    Private Sub LoadData()

    ' ---------------------------------------------------
    ' --- Verbindung zur Datenbank herstellen
    ' ---------------------------------------------------
    Dim objCBDC As New cbDatabaseClient
```

```
        objCBDC.ProviderType      = ProviderType
        objCBDC.ConnectionString = objCBDC.DefaultConnectionString

    Dim objConn As IDbConnection
        objConn = objCBDC.GetConnection()

    Dim intCounter As Integer = 0

        If objConn.State <> ConnectionState.Open Then
            objConn.Open()
        End If

        litDatabase.Text &= ProviderType.GetName _
                            ( _
                                objCBDC.ProviderType.GetType, _
                                objCBDC.ProviderType _
                            )
```

Wir erstellen im Vorfeld beide SQL-Statements. Eines zum Zählen der Datensätze mittels `SELECT COUNT` und eines, das uns bei Bedarf dazu dient, die Datensätze selbst auszulesen.

```
    ' ---------------------------------------------------
    ' SQL-Statement zum Auslesen der Daten erstellen
    ' ---------------------------------------------------
    Dim sqlCount As String
        sqlCount = "SELECT    COUNT(1)  " & _
                   "FROM      tblCustomers " & _
                   "WHERE     cust_id < 0"

    Dim sqlCommand As String
        sqlCommand = "SELECT    cust_id, " & _
                               "cust_name, " & _
                               "cust_surname, " & _
                               "cust_zipcode, " & _
                               "cust_city " & _
                     "FROM      tblCustomers " & _
                     "WHERE     cust_id < 0"
```

Danach wird zunächst das `SELECT COUNT`-Statement ausgeführt und der Rückgabewert in die Variable `lngRecordCount` geschrieben.

```
    Dim objCommand As IDbCommand = objCBDC.CreateCommand()
        objCommand.Connection = objConn
        objCommand.CommandText = sqlCount

    Dim lngRecordCount As Long
        lngRecordCount = objCommand.ExecuteScalar()
        objCommand.Dispose()
```

Basics
Daten-bank
I/O
Validie-rung
Controls
Http-Handler
Netz-werk
Grafik
Tracing
Security

Nun folgt die Abfrage, ob `lngRecordCount` einen Wert größer 0 besitzt. Falls dies der Fall ist, werden die Daten selbst aus der Datenbank ausgelesen und über den `DataAdapter` und das `DataSet` werden die Daten dann an das `DataGrid` übergeben.

```
        ' ---------------------------------------------
        ' --- Abfragen, ob mind. ein Datensatz vorhanden ist
        ' ---------------------------------------------
        If lngRecordCount > 0 Then

            ' ---------------------------------------------
            ' --- Erstellen des DataAdapters
            ' ---------------------------------------------
            Dim dataAdapter As IDbDataAdapter = objCBDC.GetAdapter _
                                                ( _
                                                    ProviderType, _
                                                    sqlCommand, _
                                                    objConn _
                                                )

            Dim dataSet As New dataSet
                dataAdapter.Fill(dataSet)

                theGrid.DataSource = dataSet
                theGrid.DataBind()

        Else
```

Falls `lngRecordCount` den Wert 0 (oder kleiner, was in unserem Beispiel aber sehr unwahrscheinlich ist) hat, wird eine Meldung ausgeben, dass keine Datensätze gefunden werden konnten.

```
            ' ---------------------------------------------
            ' --- Ausgabe der Meldung
            ' ---------------------------------------------
            Me.litDatabase.Text = providerType.GetName _
                                  ( _
                                    objCBDC.ProviderType.GetType, _
                                    providerType _
                                  ) & _
                                  " (Keine Datensätze vorhanden)"
        End If

        objCBDC.CloseConnection(objConn)

    End Sub

End Class

End Namespace
```

Listing 68: Prüfen, ob Ergebnisse zurückgeliefert werden (Chapter02Example28.aspx.vb)

32 Anzahl der Datensätze ermitteln

Mit dem folgenden Beispiel geben Sie z.B. die Anzahl aller Datensätze in der Tabelle `tblArticles` aus. Auch hier können Sie die Methode `ExecuteScalar` und ein `SELECT COUNT`-Statement verwenden. Es gibt in dem nachstehenden SQL-Statement allerdings eine Besonderheit, die zu beachten ist.

Normalerweise sprechen Sie eine Spalte mit dem Namen an, der auch im `Select`-Abschnitt angegeben wurde. Da dies manchmal zu Problemen führt, gibt es das Schlüsselwort `AS`. Damit können Sie einen Alternativnamen für die Spalte vergeben. Dieser ist nur für das aktuelle Recordset gültig, mit dem dieses SQL-Statement ausgeführt wurde. Wenn Sie also beispielweise folgende Angabe machen:

```
SELECT spaltenname AS alternativername FROM tabelle
```

sprechen Sie die Spalte später nicht mit *spaltenname*, sondern mit *alternativername* an. Den Vorteil dieser Methode bemerken Sie spätestens dann, wenn Sie versuchen, den Wert mittels DataBinding an ein Steuerelement zu binden.

Die **.aspx*-Datei beinhaltet für diesen Zweck kein `DataGrid`-Steuerelement, sondern nur unsere Links für die verschiedenen Datenbanktypen sowie ein Label für die Ausgabe der Anzahl der zurückgelieferten Datensätze.

```
<%@ Page Language="vb"
    enableViewState="False"
    AutoEventWireup="false"
    Codebehind="Chapter02Example29.aspx.vb"
    Inherits="codebook.aspnet.vb.Chapter02Example29" %>

<!DOCTYPE HTML PUBLIC "-//W3C//DTD HTML 4.0 TRANSITIONAL//EN">
<html>
  <head>
    <title>Chapter 02 Example 29</title>
    <link rel="stylesheet"
          href="styles/codebook.css"
          type="text/css">
  </head>
<body>
    <asp:hyperlink cssclass="clsLink"
                   id="linkAccess"
                   navigateurl="Chapter02Example29.aspx?PT=1"
                   runat="server">
                   Datenbankzugriff auf Access
    </asp:hyperlink>
    <br>
    <asp:hyperlink cssclass="clsLink"
                   id="linkSQLServer"
                   navigateurl="Chapter02Example29.aspx?PT=2"
                   runat="server">
```

```
                Datenbankzugriff auf Microsoft SQL Server
    </asp:hyperlink>
    <br>
    <asp:hyperlink cssclass="clsLink"
                id="linkMySQL"
                navigateurl="Chapter02Example29.aspx?PT=3"
                runat="server">
                Datenbankzugriff auf MySQL
    </asp:hyperlink>
    <br>
    <h3>
        <asp:literal id="litDatabase" runat="server">
            Providertyp:
        </asp:literal>
    </h3>
```

An dieser Stelle fügen wir das entsprechende Label ein, um dem User die Anzahl der Datensätze präsentieren zu können.

```
    <asp:Label id="lblMain" runat="server">
        Anzahl Datensätze:
    </asp:Label>
</body>
</html>
```

Listing 69: Anzahl der Datensätze ermitteln (Chapter02Example29.aspx)

Die CodeBehind-Datei ist von der Basis her ähnlich der des vorigen Beispiels. Allerdings benötigen wir keine Steuerelemente oder Objekte zum Auslesen der Daten selbst (`DataGrid`, `DataAdapter`, usw.).

```
Imports codebook.aspnet.vb.cbDatabaseClient

Namespace codebook.aspnet.vb

Public Class Chapter02Example29

    Inherits System.Web.UI.Page

    Protected WithEvents lblMain       As Label
    Protected WithEvents linkSQLServer As HyperLink
    Protected WithEvents linkMySQL     As HyperLink
    Protected WithEvents linkAccess    As HyperLink
    Protected WithEvents lblCount      As Label
    Protected WithEvents litDatabase   As Literal

    Private ProviderType               As ProviderType

    Private Sub Page_Load( _
```

```
                        ByVal sender As System.Object, _
                        ByVal e As System.EventArgs _
                        ) Handles MyBase.Load

        Select Case Request("PT")
            Case "3" : ProviderType = ProviderType.MySQL
            Case "2" : ProviderType = ProviderType.SqlServer
            Case Else: ProviderType = ProviderType.OleDb
        End Select

        LoadData()

    End Sub

    Private Sub LoadData()

    ' ----------------------------------------------------
    ' --- Verbindung zur Datenbank herstellen
    ' ----------------------------------------------------
    Dim objCBDC As New cbDatabaseClient
        objCBDC.ProviderType     = ProviderType
        objCBDC.ConnectionString = objCBDC.DefaultConnectionString

    Dim objConn As IDbConnection
        objConn = objCBDC.GetConnection()

        litDatabase.Text &= providerType.GetName _
                            ( _
                               objCBDC.ProviderType.GetType, _
                               objCBDC.ProviderType _
                            )
```

Es folgt also an dieser Stelle das Erstellen des entsprechenden SQL-Statements sowie das Ausführen desselben per `ExecuteScalar`. Danach wird der ermittelte Wert noch über das Label `lblMain` ausgegeben.

```
    ' ----------------------------------------------------
    ' SQL Statement zum Auslesen der Daten erstellen
    ' ----------------------------------------------------
    Dim sqlCommand As String
        sqlCommand = "SELECT    COUNT(1) AS count_rows " & _
                     "FROM      tblArticles"

        If objConn.State <> ConnectionState.Open Then
            objConn.Open()
        End If

    Dim objCommand As IDbCommand = objCBDC.CreateCommand()
        objCommand.Connection = objConn
```

Listing 70: Anzahl der Datensätze ermitteln (Chapter02Example29.aspx.vb)

```
        objCommand.CommandText = sqlCommand

    Dim lngRecordCount As Long
        lngRecordCount = objCommand.ExecuteScalar()
        objCommand.Dispose()

        ' ------------------------------------------------
        ' --- Zuweisen des Werts
        ' ------------------------------------------------
        lblMain.Text &= lngRecordCount.ToString

        objCBDC.CloseConnection(objConn)

    End Sub

End Class

End Namespace
```

Listing 70: Anzahl der Datensätze ermitteln (Chapter02Example29.aspx.vb) (Forts.)

Und schon ist auch dieses Beispiel abgeschlossen. Wie Sie sehen, gibt es eine Menge Unterstützung seitens ASP.NET, bzw. ADO.NET, die Ihnen einige Arbeit bei der Bewältigung von alltäglichen Problemen hinsichtlich der Programmierung abnehmen können.

Warum SELECT COUNT(1)?

Sie fragen sich bestimmt, weshalb im `Select`-Abschnitt `SELECT COUNT(1)` und nicht `SELECT COUNT(spaltenname)` oder `SELECT COUNT(*)` steht. Dies hat den einfachen Grund, dass man auch bzw. gerade bei Datenbankanwendungen sehr auf die Performance achten sollte.

Da Sie hier lediglich die Anzahl der Datensätze auslesen möchten und nicht mit den Daten selbst gearbeitet wird, benötigen Sie keine Spaltennamen. Die Verwendung einer Zahl gegenüber einem Spaltennamen (Sie können hier auch eine andere Zahl eintragen; die 1 hat sich allerdings eingebürgert) hat folgende Vorteile. Bei der Angabe eines Spaltennamens führt das Datenbanksystem implizit einige Funktionen aus. Z.B. eine Prüfung, ob die angegebene Spalte überhaupt existiert. Bei der Verwendung einer Zahl (die ja keine Spalte darstellt) wird diese Prüfung nicht ausgeführt.

Die Ausführung des SQL-Statements wird somit natürlich auch schneller. Bei kleineren Datenbanken wird sich dies nicht bemerkbar machen, da der Unterschied nur wenige Millisekunden beträgt. Bei größeren Datenbanken hingegen kann dies einen spürbaren Performanceschub bedeuten.

Zählen mit Einschränkungen

Auch beim Zählen von Datensätzen lassen sich Einschränkungen durch eine oder mehrere Where-Bedingungen festlegen. Zum Beispiel ermitteln Sie mit dem folgenden SQL-Statement die Anzahl der Datensätze, die in der Spalte `art_category` den Wert »Bücher« enthalten.

```
SELECT   COUNT(1) AS count_rows
FROM     tblArticles
WHERE    art_category = 'Bücher'
```

Listing 71: Anzahl der Datensätze mit WHERE-Klausel ermitteln (Chapter02Example30.aspx.vb)

33 Summenberechnung von Spaltenwerten

Mit dem folgenden Skript geben Sie z.B. die Summe der Werte einer Tabellenspalte aus. Der Aufbau eines solchen SQL-Statements sieht in etwa wie folgt aus:

```
SELECT    SUM(spaltenname) AS sum_spalte
FROM      tabelle
```

Auch hier verwenden wir das Schlüsselwort `AS`, um einen Spaltenalias zu bilden, da es schwierig ist, mit `SUM(spaltenname)` zu arbeiten. in unserem aktuellen Beispiel ist dies zwar nicht erforderlich, aber um Ihnen ein einheitliches Bild liefern zu können, behalten wir diese Vorgehensweise bei.

Da wir einen Wert ausgeben wollen, der eine Währung enthält (in unserem Fall Euro), benötigen wir noch zwei weitere Namespaces, die wir per `Imports`-Anweisung einbinden. Dies ist zum einen `System.Globalization`.

Exkurs

System.Globalization

Der `System.Globalization`-Namespace enthält Klassen, mit denen kulturbezogene Informationen definiert werden. Dazu zählen neben der Sprache auch Formatierungsmuster für Währungen und Zahlen. Diese Klassen helfen beim Schreiben von Anwendungen, die mehrere Ländereinstellungen unterstützen müssen.

Der andere Namespace `System.Threading` dient dazu, im späteren Verlauf die Möglichkeit zu haben, nur den aktuellen Thread auf die neue Einstellung, die über die Verwendung der im `System.Globalization`-Namespace bereitgestellten Klassen, umzustellen. Damit können Sie evtl. auftretende Probleme mit anderen Skripts von vornherein ausschließen.

```
Imports codebook.aspnet.vb.cbDatabaseClient
Imports System.Globalization
Imports System.Threading

Namespace codebook.aspnet.vb

Public Class Chapter02Example31

    Inherits System.Web.UI.Page

    Protected WithEvents linkSQLServer As HyperLink
```

```
    Protected WithEvents linkMySQL     As HyperLink
    Protected WithEvents linkAccess    As HyperLink
    Protected WithEvents lblMain       As Label
    Protected WithEvents litDatabase   As Literal

    Private ProviderType               As ProviderType

    Private Sub Page_Load( _
                      ByVal sender As System.Object, _
                      ByVal e As System.EventArgs _
                      ) Handles MyBase.Load

        Select Case Request("PT")
            Case "3" : ProviderType = ProviderType.MySQL
            Case "2" : ProviderType = ProviderType.SqlServer
            Case Else: ProviderType = ProviderType.OleDb
        End Select

        LoadData()

    End Sub

    Private Sub LoadData()

    ' -----------------------------------------------------
    ' --- Verbindung zur Datenbank herstellen
    ' -----------------------------------------------------
    Dim objCBDC As New cbDatabaseClient
        objCBDC.ProviderType     = ProviderType
        objCBDC.ConnectionString = objCBDC.DefaultConnectionString

    Dim objConn As IDbConnection
        objConn = objCBDC.GetConnection()

        litDatabase.Text &= providerType.GetName _
                          ( _
                              objCBDC.ProviderType.GetType, _
                              objCBDC.ProviderType _
                          )
    ' -----------------------------------------------------
    ' SQL-Statement zum Auslesen der Daten erstellen
    ' -----------------------------------------------------
    Dim sqlCommand As String
        sqlCommand = "SELECT    SUM(art_price) AS sum_price " & _
                     "FROM      tblArticles"

        If objConn.State <> ConnectionState.Open Then
            objConn.Open()
        End If
```

An dieser Stelle erfolgt nun die Einstellung der so genannten `CultureInfo`. Da wir unabhängig von der Servereinstellung arbeiten wollen (die Anwendung kann ja auch auf einem englischen oder auch japanischen System liegen), erstellen wir ein neues `CultureInfo`-Objekt über die Methode `CreateSpecificCulture`, der wir die Zeichenfolge `"de"` für die deutschen Einstellungen als Parameter übergeben. Anschließend vergeben wir als Währungssymbol den HTML-Tag `€`, damit die Ausgabe auch korrekt dargestellt wird.

```
' ------------------------------------------------
' --- Umstellen der Währungsangaben
' ------------------------------------------------
Dim ciGerman As CultureInfo = _
                CultureInfo.CreateSpecificCulture("de")
    ciGerman.NumberFormat.CurrencySymbol = "&euro;"
    Thread.CurrentThread.CurrentCulture = ciGerman

Dim objCommand As IDbCommand = objCBDC.CreateCommand()
    objCommand.Connection = objConn
    objCommand.CommandText = sqlCommand
```

Das SQL-Statement wird nun nur noch ausgeführt und die Rückgabe (zur Erinnerung: der erste Wert der ersten Spalte) in die Variable `dblArticlePrice` geschrieben. Diese geben wir dann noch über das Label `lblMain` aus und schon erscheint die Summe der Preise aller Artikel im Browser.

```
    Dim dblArticlePrice As Double
        dblArticlePrice = objCommand.ExecuteScalar()
        objCommand.Dispose()

        ' ------------------------------------------------
        ' --- Zuweisen des Werts
        ' ------------------------------------------------
        lblMain.Text &= dblArticlePrice.ToString("c")
        objCBDC.CloseConnection(objConn)

    End Sub

End Class

End Namespace
```

Listing 72: Summenberechnung von Spaltenwerten (Chapter02Example31.aspx.vb)

Einschränkungen bei Summenberechnungen

Auch hier lassen sich Einschränkungen durch eine oder mehrere Where-Bedingungen festlegen. Zum Beispiel ermitteln Sie mit dem folgenden SQL-Statement die Summe der Preise aller Artikel, die der Kategorie »Bücher« angehören.

```
SELECT   SUM(adr_preis) AS sum_preis
FROM     tblArticles
WHERE    art_category = 'Bücher'
```

Listing 73: Ermitteln der Summe aller Bücherpreise (Chapter02Example32.aspx.vb)

34 Währungsangaben und Fußzeilen im DataGrid

Was Sie sicherlich oft benötigen, ist die Ausgabe eines als Währung formatierten Wertes direkt in einer Tabelle (hier ein `DataGrid`). Evtl. wollen Sie unterhalb von ausgegebenen Tabellen auch noch eine eigene Fußzeile einfügen, die Ihnen z.B. Summenwerte oder Ähnliches ausgibt. Das `DataGrid` selbst bietet Ihnen zwar eine einfache Möglichkeit, die Fußzeile anzuzeigen, allerdings gibt es keine `Option`, eine direkte Wertzuweisung vorzunehmen. Dafür ist etwas Handarbeit notwendig, die wir Ihnen im folgenden Beispiel vorstellen möchten. Für die Anzeige des Preises, der natürlich schon als Währung formatiert sein soll, verwenden wir DataBinding.

```
<%@ Page Language="vb"
    enableViewState="False"
    AutoEventWireup="false"
    Codebehind="Chapter02Example33.aspx.vb"
    Inherits="codebook.aspnet.vb.Chapter02Example33" %>

<!DOCTYPE HTML PUBLIC "-//W3C//DTD HTML 4.0 TRANSITIONAL//EN">
<html>
  <head>
    <title>Chapter 02 Example 33</title>
    <link rel="stylesheet"
          href="styles/codebook.css"
          type="text/css">
  </head>
<body>
    <asp:HyperLink cssclass="clsLink"
                   id="linkAccess"
                   navigateurl="Chapter02Example33.aspx?PT=1"
                   runat="server">
                   Datenbankzugriff auf Access
    </asp:HyperLink>
    <br>
    <asp:HyperLink cssclass="clsLink"
                   id="linkSQLServer"
                   navigateurl="Chapter02Example33.aspx?PT=2"
                   runat="server">
                   Datenbankzugriff auf Microsoft SQL Server
    </asp:hyperlink>
    <br>
    <asp:hyperlink cssclass="clsLink"
                   id="linkMySQL"
                   navigateurl="Chapter02Example33.aspx?PT=3"
                   runat="server">
```

```
                Datenbankzugriff auf MySQL
</asp:HyperLink>
<br>
<h3>
    <asp:literal id="litDatabase" runat="server">
        Providertyp:
    </asp:literal>
</h3>
```

Das entsprechende Attribut zur Anzeige einer Fußzeile ist `showfooter`. Dieses wird auf den Wert `True` gesetzt.

```
<asp:datagrid cellpadding="3"
              id="theGrid"
              runat="server"
              autogeneratecolumns="False"
              cssclass="clsTable"
              bordercolor="#000000"
              showfooter="True">
    <columns>
```

Die einzelnen Spalten erhalten noch einen Wert für das Attribut `footerstyle-cssclass` um die Fußzeile entsprechend unseren Wünschen zu formatieren (diese soll sich aus Gründen der Übersichtlichkeit von den anderen Zeilen abheben).

```
        <asp:boundcolumn datafield="art_id"
                         headertext="ID"
                         headerstyle-cssclass="clsCellHead"
                         itemstyle-cssclass="clsCell"
                         footerstyle-cssclass="clsCellFooter" />
        <asp:boundcolumn datafield="art_category"
                         headertext="Kategorie"
                         headerstyle-cssclass="clsCellHead"
                         itemstyle-cssclass="clsCell"
                         footerstyle-cssclass="clsCellFooter" />
        <asp:boundcolumn datafield="art_name"
                         headertext="Nachname"
                         headerstyle-cssclass="clsCellHead"
                         itemstyle-cssclass="clsCell"
                         footerstyle-cssclass="clsCellFooter" />
        <asp:boundcolumn datafield="art_description"
                         headertext="Beschreibung"
                         headerstyle-cssclass="clsCellHead"
                         itemstyle-cssclass="clsCell"
                         footerstyle-cssclass="clsCellFooter"
                         footertext="Gesamtpreis"
                         footerstyle-horizontalalign="Right" />
```

Um eine Anzeige von Werten mittels manuellem DataBinding vorzunehmen (in unserem Beispiel zur Anzeige eines als Währung formatierten Werts) verwenden wir eine `TemplateColumn`. Diese `TemplateColumn` beinhaltet dann ein `ItemTemplate`, das den eigentlichen Inhalt ausgibt. Das `ItemTemplate` wird, wie eine `BoundColumn` für jeden ausgegebenen Datensatz automatisch angezeigt.

```
            <asp:templatecolumn headertext="Preis"
                                headerstyle-cssclass="clsCellHead"
                                itemstyle-cssclass="clsCell"
                                footerstyle-cssclass="clsCellFooter"
                                headerstyle-horizontalalign="Right"
                                itemstyle-horizontalalign="Right"
                                footerstyle-horizontalalign="Right">
```

Um den Wert der Spalte `art_price` entsprechend als Währung zu formatieren, verwenden wir die Methode `Format`. Dieser werden in unserem Beispiel zwei Parameter übergeben. Zum einen der Index des Übergabewerts sowie der Formatstring, der angibt, welches Format angewendet werden soll, und zum anderen den Wert selbst. Ein kleines Beispiel soll dies verdeutlichen:

```
String.Format( "{0:C}", 123 )
```

Hiermit formatieren wir den Wert 123, also den ersten Übergabewert (der den Index 0 hat) als Währung. Bei unseren Einstellungen würde also 123,00 _ ausgegeben.

```
String.Format( "{0:C} {1:dd.MM.yyyy}", 123, DateTime.Now )
```

ergäbe dann am 31.12.2003 folgende Ausgabe: 123,00 _ 31.12.2003

```
            <itemtemplate>
                <%# String.Format _
                    ( _
                    "{0:C}", _
                    DataBinder.Eval(Container.DataItem, _
                                    "art_price") _
                    )
                %>
            </itemtemplate>
            </asp:templatecolumn>
        </Columns>
    </asp:datagrid>
</body>
</html>
```

Listing 74: Währungsangaben und Fußzeilen im DataGrid (Chapter02Example33.aspx)

Kommen wir nun zu der zugehörigen CodeBehind-Datei. Hier werden wir die Anweisungen einfügen, die wir für die Anzeige unserer individuellen Fußzeile benötigen.

```
Imports codebook.aspnet.vb.cbDatabaseClient
Imports System.Globalization
Imports System.Threading

Namespace codebook.aspnet.vb

Public Class Chapter02Example33

    Inherits System.Web.UI.Page

    Protected WithEvents litDatabase   As Literal
    Protected WithEvents linkAccess    As HyperLink
    Protected WithEvents linkMySQL     As HyperLink
    Protected WithEvents linkSQLServer As HyperLink
    Protected WithEvents theGrid       As DataGrid

    Private ProviderType               As ProviderType

    Private Sub Page_Load( _
                     ByVal sender As System.Object, _
                     ByVal e As System.EventArgs _
                     ) Handles MyBase.Load

        Select Case Request("PT")
            Case "3" : ProviderType = ProviderType.MySQL
            Case "2" : ProviderType = ProviderType.SqlServer
            Case Else: ProviderType = ProviderType.OleDb
        End Select

        LoadData()

    End Sub

    Private Sub LoadData()

    ' ------------------------------------------------------
    ' --- Verbindung zur Datenbank herstellen
    ' ------------------------------------------------------
    Dim objCBDC As New cbDatabaseClient
        objCBDC.ProviderType     = ProviderType
        objCBDC.ConnectionString = objCBDC.DefaultConnectionString

    Dim objConn As IDbConnection
        objConn = objCBDC.GetConnection()

    Dim intCounter As Integer = 0

        If objConn.State <> ConnectionState.Open Then
            objConn.Open()
```

```
        End If

    ' ---------------------------------------------------
    ' --- Umstellen der Währungsangaben
    ' ---------------------------------------------------
    Dim ciGerman As CultureInfo = _
                CultureInfo.CreateSpecificCulture("de")
        ciGerman.NumberFormat.CurrencySymbol = "&euro;"
        Thread.CurrentThread.CurrentCulture = ciGerman

        litDatabase.Text &= ProviderType.GetName _
                          ( _
                             objCBDC.ProviderType.GetType, _
                             objCBDC.ProviderType _
                          )

    ' ---------------------------------------------------
    ' SQL-Statement zum Auslesen der Daten erstellen
    ' ---------------------------------------------------
    Dim sqlCommand As String
        sqlCommand = "SELECT    art_id, " & _
                               "art_name, " & _
                               "art_category, " & _
                               "art_description, " & _
                               "art_price " & _
                     "FROM      tblArticles"

    Dim dataAdapter As IDbDataAdapter = objCBDC.GetAdapter _
                                   ( _
                                     ProviderType, _
                                     sqlCommand, _
                                     objConn _
                                   )

    Dim dataSet As New dataSet
        dataAdapter.Fill(dataSet)
    Dim dblTotal As Double = 0
```

Um die Summe der Werte in der Fußzeile anzeigen zu können, müssen wir zuerst einmal manuell alle Werte addieren. Dies geht am einfachsten, indem wir mittels einer Schleife alle Zeilen der im `DataSet` enthaltenen `DataTable` durchlaufen.

```
        ' ------------------------------------------------
        ' --- Summe aller Preise manuell berechnen
        ' ------------------------------------------------
        For Each drArticle As DataRow In dataSet.Tables(0).Rows
            dblTotal += drArticle.Item("art_price")
        Next

        theGrid.DataSource = dataSet
```

Der Fußzeile der fünften Spalte (nochmals der Hinweis, dass fast überall nullbasiert gearbeitet wird, das erste Element hat also den Index 0, das fünfte Element z.B. den Index 4) wird nun der entsprechende Wert, im aktuellen Beispiel die Summe der einzelnen Preise, zugewiesen.

```
        ' -----------------------------------------------
        ' --- Zuweisen des Werts an die Fußzeile
        ' -----------------------------------------------
        theGrid.Columns(4).FooterText = _
                             String.Format("{0:C}", dblTotal)
        theGrid.DataBind()

        objCBDC.CloseConnection(objConn)

    End Sub

End Class

End Namespace
```

Listing 75: Währungsangaben und Fußzeilen im DataGrid (Chapter02Example33.aspx.vb)

Wie Sie sehen, ist es nicht sonderlich schwer, die standardmäßig in ASP.NET enthaltenen Elemente so zu verwenden, dass die meisten der alltäglichen Aufgaben schnell und problemlos erledigt werden können. Falls Sie aber dennoch einmal eine Aufgabenstellung haben, die nicht mit den Standard-Steuerelementen gelöst werden kann, schauen Sie am besten einmal in die Kategorie *Controls.* Dort werden Sie sicherlich eine Menge an Code finden, der Ihnen auch hier weiterhelfen kann.

35 Durchschnittswerte anzeigen

Eine weitere viel benötigte Art der Ausgabe ist die Berechnung von Durchschnittswerten. So können Sie mit dem folgenden Beispiel den Durchschnittspreis aller Artikel ausgeben. Auch hier benötigen wir aufgrund der Preisanzeige wieder die beiden bekannten Namespaces, da wir über die `CultureInfo` die entsprechenden Einstellungen vornehmen wollen.

```
Imports codebook.aspnet.vb.cbDatabaseClient
Imports System.Globalization
Imports System.Threading

Namespace codebook.aspnet.vb

Public Class Chapter02Example34

    Inherits System.Web.UI.Page

    Protected WithEvents lblMain        As Label
    Protected WithEvents linkSQLServer As HyperLink
```

```
    Protected WithEvents linkMySQL     As HyperLink
    Protected WithEvents linkAccess    As HyperLink
    Protected WithEvents litDatabase   As Literal

    Private ProviderType               As ProviderType

    Private Sub Page_Load( _
                          ByVal sender As System.Object, _
                          ByVal e As System.EventArgs _
                          ) Handles MyBase.Load

        Select Case Request("PT")
            Case "3" : ProviderType = ProviderType.MySQL
            Case "2" : ProviderType = ProviderType.SqlServer
            Case Else: ProviderType = ProviderType.OleDb
        End Select

        LoadData()

    End Sub

    Private Sub LoadData()

    ' ----------------------------------------------------
    ' --- Verbindung zur Datenbank herstellen
    ' ----------------------------------------------------
    Dim objCBDC As New cbDatabaseClient
        objCBDC.ProviderType     = ProviderType
        objCBDC.ConnectionString = objCBDC.DefaultConnectionString

    Dim objConn As IDbConnection
        objConn = objCBDC.GetConnection()

        litDatabase.Text &= providerType.GetName _
                            ( _
                                objCBDC.ProviderType.GetType, _
                                objCBDC.ProviderType _
                            )
```

An dieser Stelle folgt das SQL-Statement Ermitteln des Durchschnittspreises aller Artikel. AVG ist hierbei die interne SQL-Funktion zur Ermittlung von Durchschnittswerten. Diese kann bei allen Datenbanktypen, die wir hier verwenden, eingesetzt werden.

```
    ' ----------------------------------------------------
    ' SQL Statement zum Auslesen der Daten erstellen
    ' ----------------------------------------------------
    Dim sqlCommand As String
        sqlCommand = "SELECT   AVG(art_price) AS avg_price " & _
                     "FROM     tblArticles"
```

Listing 76: Durchschnittswerte anzeigen (Chapter02Example34.aspx.vb)

```
        If objConn.State <> ConnectionState.Open Then
            objConn.Open()
        End If

    ' ---------------------------------------------------
    ' --- Umstellen der Währungsangaben
    ' ---------------------------------------------------
    Dim ciGerman As CultureInfo = _
                CultureInfo.CreateSpecificCulture("de")
        ciGerman.NumberFormat.CurrencySymbol = "&euro;"
        Thread.CurrentThread.CurrentCulture = ciGerman

    Dim objCommand As IDbCommand = objCBDC.CreateCommand()
        objCommand.Connection = objConn
        objCommand.CommandText = sqlCommand

    Dim dblAvgPrice As Double
        dblAvgPrice = objCommand.ExecuteScalar()
        objCommand.Dispose()

        ' ----------------------------------------------
        ' --- Zuweisen des Werts
        ' ----------------------------------------------
        lblMain.Text &= dblAvgPrice.ToString("c")
        objCBDC.CloseConnection(objConn)

    End Sub

End Class

End Namespace
```

Listing 76: Durchschnittswerte anzeigen (Chapter02Example34.aspx.vb) (Forts.)

Auch hier lassen sich Einschränkungen durch eine oder mehrere `WHERE`-Bedingungen festlegen. Zum Beispiel ermitteln Sie mit dem folgenden SQL-Statement den Durchschnittspreis aller Artikel, die der Kategorie »Papier« angehören.

```
SELECT   AVG(art_preis) AS avg_preis
FROM     tblArticles
WHERE    art_category = 'Papier'
```

Listing 77: Durchschnittswerte anzeigen [2] (Chapter02Example35.aspx.vb)

36 Verwenden von MIN und MAX

Die Aggregatfunktionen `MIN` und `MAX` liefern den kleinsten bzw. den größten Wert einer Spalte. Die Besonderheit hier ist, dass beide Funktionen sowohl mit numerischen als auch mit alphanumerischen Werten umgehen können. Das folgende Beispiel liefert Ihnen den kleinsten Wert in der Spalte `art_price` zurück. Sie ermitteln also den preiswertesten Artikel.

Ein denkbarer Einsatzzweck ist beispielsweise ein Preisvergleich zwischen Artikeln; die von mehreren Lieferanten angeboten werden. Sie können so auf einfache Weise den Lieferanten ermitteln, der diesen speziellen Artikel am günstigsten anbietet.

```
Imports codebook.aspnet.vb.cbDatabaseClient
Imports System.Globalization
Imports System.Threading

Namespace codebook.aspnet.vb

Public Class Chapter02Example36

    Inherits System.Web.UI.Page

    Protected WithEvents lblMain       As Label
    Protected WithEvents linkSQLServer As HyperLink
    Protected WithEvents linkMySQL     As HyperLink
    Protected WithEvents linkAccess    As HyperLink
    Protected WithEvents litDatabase   As Literal

    Private ProviderType               As ProviderType

    Private Sub Page_Load( _
                     ByVal sender As System.Object, _
                     ByVal e As System.EventArgs _
                     ) Handles MyBase.Load

        Select Case Request("PT")
            Case "3" : ProviderType = ProviderType.MySQL
            Case "2" : ProviderType = ProviderType.SqlServer
            Case Else: ProviderType = ProviderType.OleDb
        End Select

        LoadData()

    End Sub

    Private Sub LoadData()

    ' ---------------------------------------------------
    ' --- Verbindung zur Datenbank herstellen
    ' ---------------------------------------------------
    Dim objCBDC As New cbDatabaseClient
        objCBDC.ProviderType     = ProviderType
        objCBDC.ConnectionString = objCBDC.DefaultConnectionString

    Dim objConn As IDbConnection
        objConn = objCBDC.GetConnection()

        litDatabase.Text &= providerType.GetName _
```

Listing 78: Ermitteln des billigsten Artikels (Chapter02Example36.aspx.vb)

```
                        ( _
                            objCBDC.ProviderType.GetType, _
                            objCBDC.ProviderType
                        )

    ' -----------------------------------------------------
    ' SQLStatement zum Auslesen der Daten erstellen
    ' -----------------------------------------------------
    Dim sqlCommand As String
        sqlCommand = "SELECT    Min(art_price) AS min_price " & _
                     "FROM      tblArticles"

        If objConn.State <> ConnectionState.Open Then
            objConn.Open()
        End If

    ' -----------------------------------------------------
    ' --- Umstellen der Währungsangaben
    ' -----------------------------------------------------
    Dim ciGerman As CultureInfo = _
                 CultureInfo.CreateSpecificCulture("de")
        ciGerman.NumberFormat.CurrencySymbol = "&euro;"
        Thread.CurrentThread.CurrentCulture = ciGerman

    Dim objCommand As IDbCommand = objCBDC.CreateCommand()
        objCommand.Connection = objConn
        objCommand.CommandText = sqlCommand

    Dim dblMinPrice As Double
        dblMinPrice = objCommand.ExecuteScalar()
        objCommand.Dispose()

        ' ---------------------------------------------
        ' --- Zuweisen des Werts
        ' ---------------------------------------------
        lblMain.Text &= dblMinPrice.ToString("c")
        objCBDC.CloseConnection(objConn)

    End Sub

End Class

End Namespace
```

Listing 78: Ermitteln des billigsten Artikels (Chapter02Example36.aspx.vb) (Forts.)

Mit der Funktion MAX ermitteln Sie den teuersten Artikel:

```
SELECT   MAX(art_price) AS max_price
FROM     tblArticles
```

Listing 79: Ermitteln des teuersten Artikels (Chapter02Example37.aspx.vb)

Natürlich lassen sich auch hier Einschränkungen durch eine oder mehrere WHERE-Bedingungen festlegen. Zum Beispiel ermitteln Sie mit dem folgenden SQL-Statement das billigste Buch.

```
SELECT   Min(art_price) AS max_price
FROM     tblArticles
WHERE    art_category = 'Bücher'
```

Listing 80: Ermitteln des billigsten Buches (Chapter02Example38.aspx.vb)

Das teuerste Buch erhalten Sie mit diesem SQL-Statement:

```
SELECT   MAX(art_price) AS max_price
FROM     tblArticles
WHERE    art_category = 'Bücher'
```

Listing 81: Ermitteln des teuersten Buches (Chapter02Example39.aspx.vb)

37 Gruppieren von Datensätzen mittels DISTINCT

Das Gruppieren von Datensätzen dient dazu, Ergebnisse aus einer SQL-Abfrage, bzw. aus allen Werten einer Tabelle zusammenzufassen. Die einfachste Anwendung ist die Erstellung einer Liste, die alle unterschiedlichen Werte einer bestimmten Spalte zusammengefasst ausgibt. Ein Beispiel wäre die Postleitzahl aus der Tabelle tblCustomers. Sie möchten eine Liste aller vorkommenden Postleitzahlen anzeigen. Aber es soll jeder vorkommende Wert nur einmal angezeigt werden. Da es natürlich mehrere Adressen mit der gleichen Postleitzahl geben kann, müssen die Ergebnisse gruppiert werden. Dies kann man mit verschiedenen Methoden erreichen. Wenn es lediglich um eine Liste mit ein oder zwei Spalten ohne weitere spezielle Anforderungen geht, empfiehlt sich die Verwendung von DISTINCT, was so viel wie »eindeutig« heißt.

Der generelle Aufbau eines SELECT-Statements unter Verwendung von DISTINCT sieht folgendermaßen aus:

```
SELECT DISTINCT spaltenname FROM tabelle
```

Dadurch werden die ermittelten Spaltenwerte zusammengefasst, so dass jeder vorkommende Wert nur einmal angezeigt wird. Sie können auch hier mehrere Spaltennamen angeben. Beachten Sie aber, dass dann nach allen angegebenen Spalten gruppiert wird. Eine Gruppierung nach Postleitzahl und Wohnort macht hier noch Sinn. Aber eine Gruppierung nach Postleitzahl und Nachnamen würde nicht die gewünschten Ergebnisse bringen.

Gehen wir erst mal vom einfachsten Einsatzzweck aus. Wir benötigen eine zusammengefasste Liste aller Postleitzahlen, die in Tabelle tblCustomers vorhanden sind.

Da wir die Daten nur als Liste benötigen, fügen wir ein `DataGrid`, das lediglich eine Spalte zur Anzeige der entsprechenden Werte enthält, in unsere ASP-Datei ein.

```
<%@ Page Language="vb"
    enableViewState="False"
    AutoEventWireup="false"
    Codebehind="Chapter02Example40.aspx.vb"
    Inherits="codebook.aspnet.vb.Chapter02Example40" %>

<!DOCTYPE HTML PUBLIC "-//W3C//DTD HTML 4.0 TRANSITIONAL//EN">
<html>
  <head>
    <title>Chapter 02 Example 40</title>
    <link rel="stylesheet"
          href="styles/codebook.css"
          type="text/css">
  </head>
<body>
    <asp:hyperlink cssclass="clsLink"
                   id="linkAccess"
                   navigateurl="Chapter02Example40.aspx?PT=1"
                   runat="server">
                   Datenbankzugriff auf Access
    </asp:hyperlink>
    <br>
    <asp:hyperlink cssclass="clsLink"
                   id="linkSQLServer"
                   navigateurl="Chapter02Example40.aspx?PT=2"
                   runat="server">
                   Datenbankzugriff auf Microsoft SQL Server
    </asp:hyperlink>
    <br>
    <asp:hyperlink cssclass="clsLink"
                   id="linkMySQL"
                   navigateurl="Chapter02Example40.aspx?PT=3"
                   runat="server">
                   Datenbankzugriff auf MySQL
    </asp:hyperlink>
    <br>
    <h3>
        <asp:literal id="litDatabase" runat="server">
            Providertyp:
        </asp:literal>
    </h3>
    <asp:datagrid cellpadding="3"
                  id="theGrid"
                  runat="server"
                  autogeneratecolumns="False"
                  cssclass="clsTable"
                  bordercolor="#000000">
```

Listing 82: Gruppieren mittels DISTINCT (Chapter02Example40.aspx)

```
        <columns>
            <asp:boundcolumn datafield="cust_zipcode"
                             headertext="Alle Postleitzahlen"
                             headerstyle-cssclass="clsCellHead"
                             itemstyle-cssclass="clsCell" />
        </Columns>
    </asp:datagrid>
</body>
</html>
```

Listing 82: Gruppieren mittels DISTINCT (Chapter02Example40.aspx) (Forts.)

```
Imports codebook.aspnet.vb.cbDatabaseClient

Namespace codebook.aspnet.vb

Public Class Chapter02Example40

    Inherits System.Web.UI.Page

    Protected WithEvents theGrid       As DataGrid
    Protected WithEvents linkSQLServer As HyperLink
    Protected WithEvents linkMySQL     As HyperLink
    Protected WithEvents linkAccess    As HyperLink
    Protected WithEvents litDatabase   As Literal

    Private ProviderType               As ProviderType

    Private Sub Page_Load( _
                    ByVal sender As System.Object, _
                    ByVal e As System.EventArgs _
                    ) Handles MyBase.Load

        Select Case Request("PT")
            Case "3" : ProviderType = ProviderType.MySQL
            Case "2" : ProviderType = ProviderType.SqlServer
            Case Else: ProviderType = ProviderType.OleDb
        End Select

        LoadData()

    End Sub

    Private Sub LoadData()

    ' -----------------------------------------------------
    ' --- Verbindung zur Datenbank herstellen
    ' -----------------------------------------------------
    Dim objCBDC As New cbDatabaseClient
        objCBDC.ProviderType     = ProviderType
```

Listing 83: Gruppieren mittels DISTINCT (Chapter02Example40.aspx.vb)

Basics

Daten-
bank

I/O

Validie-
rung

Controls

Http-
Handler

Netz-
werk

Grafik

Tracing

Security

```
        objCBDC.ConnectionString = objCBDC.DefaultConnectionString

    Dim objConn As IDbConnection
        objConn = objCBDC.GetConnection()

        litDatabase.Text &= providerType.GetName _
                            ( _
                                objCBDC.ProviderType.GetType, _
                                objCBDC.ProviderType _
                            )

    ' -----------------------------------------------
    ' SQL-Statement zum Auslesen der Daten erstellen
    ' -----------------------------------------------
    Dim sqlCommand As String
        sqlCommand = "SELECT    DISTinCT cust_zipcode " & _
                     "FROM      tblCustomers"

    Dim dataAdapter As IDbDataAdapter = objCBDC.GetAdapter _
                                        ( _
                                          ProviderType, _
                                          sqlCommand, _
                                          objConn _
                                        )
    Dim dataSet As New dataSet
        dataAdapter.Fill(dataSet)

        theGrid.DataSource = dataSet
        theGrid.DataBind()

        objCBDC.CloseConnection(objConn)

    End Sub

End Class

End Namespace
```

Listing 83: Gruppieren mittels DISTINCT (Chapter02Example40.aspx.vb) (Forts.)

Um beispielsweise auch die den Postleitzahlen zugehörigen Wohnorte auszugeben, benötigen Sie folgendes SQL-Statement:

```
SELECT   DISTinCT cust_zipcode, cust_city
FROM     tblCustomers
```

Listing 84: Liste aller Postleitzahlen und der zugehörigen Wohnorte (Chapter02Example41.aspx.vb)

38 Gruppieren von Datensätzen mittels GROUP BY

Mit der GROUP BY-Klausel steht Ihnen bei SQL ein mächtiges Werkzeug zum Gruppieren von Datensätzen zur Verfügung. Ähnlich wie bei DISTINCT werden hier die einzelnen Werte der angegebenen Spalte(n) zusammengefasst. Allerdings bietet Ihnen GROUP BY im Zusammenspiel mit den oben vorgestellten Aggregatfunktionen die besten Voraussetzungen für die Erstellung von Auswertungen, Statistiken usw. Sie müssen allerdings beachten, dass die Verwendung von GROUP BY voraussetzt, dass alle im SELECT-Abschnitt verwendeten Spalten entweder mit Hilfe der GROUP BY-Klausel zusammengefasst oder innerhalb des SELECT-Abschnitts mit einer Aggregatfunktion verwendet werden. Die folgende Abfrage beispielsweise würde einen Fehler verursachen:

```
SELECT spalte1, spalte2 FROM tabelle GROUP BY spalte1
```

Auf dem Bildschirm sollten Sie dann in etwa folgende Fehlermeldung sehen:

```
System.Data.OleDb.OleDbException: Sie wollten eine Abfrage ausführen, die den
angegebenen Ausdruck 'cust_city' nicht als Teil der Aggregatfunktion einschließt.
```

Sie haben jetzt, je nachdem, was Ihre Anwendung machen soll, zwei Möglichkeiten. Erstere wäre, die zweite Spalte auch in die GROUP BY-Klausel aufzunehmen.

```
SELECT spalte1, spalte2 FROM tabelle GROUP BY spalte1, spalte2
```

Damit würden Sie aber das gleiche Ergebnis erhalten, das auch bei

```
SELECT DISTinCT spalte1, spalte2 FROM tabelle
```

(siehe voriges Rezept) ausgegeben wird. Wenn dies gewünscht ist, sollten Sie konsequenterweise auch DISTINCT anstatt von GROUP BY verwenden.

Die zweite Möglichkeit wäre, dass Sie die zweite Spalte in eine Aggregatfunktion aufnehmen. Beispielsweise könnten Sie so die Anzahl der Datensätze zu den einzelnen Postleitzahlen ermitteln, um eine Statistik zu erstellen, wie viele User jeweils aus welchem Postleitzahlengebiet kommen.

Das entsprechende SQL-Statement sieht dann folgendermaßen aus:

```
SELECT   cust_zipcode, COUNT(1) AS count_rows
FROM     tblCustomers
GROUP BY cust_zipcode
```

Beachten Sie hier, dass wir wegen der Verwendung der Aggregatfunktionen das Schlüsselwort AS zur Benennung eines Aliasnamens für die entsprechende Spalte verwenden.

Aber kommen wir nun zu der **.aspx*-Datei. Diese enthält wieder ein DataGrid, das dieses Mal allerdings zwei Spalten beinhaltet: eine zur Anzeige der entsprechenden Postleitzahlen und eine zur Anzeige der ermittelten Anzahl an Werten.

```
<%@ Page Language="vb"
    enableViewState="False"
    AutoEventWireup="false"
    Codebehind="Chapter02Example42.aspx.vb"
    Inherits="codebook.aspnet.vb.Chapter02Example42" %>

<!DOCTYPE HTML PUBLIC "-//W3C//DTD HTML 4.0 TRANSITIONAL//EN">
<html>
  <head>
    <title>Chapter 02 Example 42</title>
    <link rel="stylesheet"
          href="styles/codebook.css"
          type="text/css">
  </head>
 <body>
    <asp:hyperlink cssclass="clsLink"
                   id="linkAccess"
                   navigateurl="Chapter02Example42.aspx?PT=1"
                   runat="server">
                   Datenbankzugriff auf Access
    </asp:hyperlink>
    <br>
    <asp:hyperlink cssclass="clsLink"
                   id="linkSQLServer"
                   navigateurl="Chapter02Example42.aspx?PT=2"
                   runat="server">
                   Datenbankzugriff auf Microsoft SQL Server
    </asp:hyperlink>
    <br>
    <asp:hyperlink cssclass="clsLink"
                   id="linkMySQL"
                   navigateurl="Chapter02Example42.aspx?PT=3"
                   runat="server">
                   Datenbankzugriff auf MySQL
    </asp:hyperlink>
    <br>
    <h3>
        <asp:literal id="litDatabase" runat="server">
            Providertyp:
        </asp:literal>
    </h3>
    <asp:datagrid cellpadding="3"
                  id="theGrid"
```

Listing 85: Gruppierung per GROUP BY (Chapter02Example42.aspx)

```
                runat="server"
                autogeneratecolumns="False"
                cssclass="clsTable"
                bordercolor="#000000">
        <columns>
            <asp:boundcolumn datafield="cust_zipcode"
                             headertext="Postleitzahl"
                             headerstyle-cssclass="clsCellHead"
                             itemstyle-cssclass="clsCell" />
            <asp:boundcolumn datafield="count_rows"
                             headertext="Anzahl"
                             headerstyle-cssclass="clsCellHead"
                             itemstyle-cssclass="clsCell" />
        </Columns>
    </asp:datagrid>
</body>
</html>
```

Listing 85: Gruppierung per GROUP BY (Chapter02Example42.aspx) (Forts.)

```
Imports codebook.aspnet.vb.cbDatabaseClient

Namespace codebook.aspnet.vb

Public Class Chapter02Example42

    Inherits System.Web.UI.Page

    Protected WithEvents theGrid       As DataGrid
    Protected WithEvents linkSQLServer As HyperLink
    Protected WithEvents linkMySQL     As HyperLink
    Protected WithEvents linkAccess    As HyperLink
    Protected WithEvents litDatabase   As Literal

    Private ProviderType               As ProviderType

    Private Sub Page_Load( _
                    ByVal sender As System.Object, _
                    ByVal e As System.EventArgs _
                    ) Handles MyBase.Load

        Select Case Request("PT")
            Case "3" : ProviderType = ProviderType.MySQL
            Case "2" : ProviderType = ProviderType.SqlServer
            Case Else: ProviderType = ProviderType.OleDb
        End Select

        LoadData()

    End Sub
```

Listing 86: Gruppierung per GROUP BY (Chapter02Example42.aspx.vb)

```
    Private Sub LoadData()

    ' -----------------------------------------------------
    ' --- Verbindung zur Datenbank herstellen
    ' -----------------------------------------------------
    Dim objCBDC As New cbDatabaseClient
        objCBDC.ProviderType     = ProviderType
        objCBDC.ConnectionString = objCBDC.DefaultConnectionString

    Dim objConn As IDbConnection
        objConn = objCBDC.GetConnection()

        litDatabase.Text &= providerType.GetName _
                        ( _
                            objCBDC.ProviderType.GetType, _
                            objCBDC.ProviderType _
                        )

    ' -----------------------------------------------------
    ' SQL Statement zum Auslesen der Daten erstellen
    ' -----------------------------------------------------
    Dim sqlCommand As String
        sqlCommand = "SELECT    cust_zipcode, " & _
                                "COUNT(1) AS count_rows " & _
                     "FROM      tblCustomers " & _
                     "GROUP BY  cust_zipcode"

    Dim dataAdapter As IDbDataAdapter = objCBDC.GetAdapter _
                                        ( _
                                          ProviderType, _
                                          sqlCommand, _
                                          objConn _
                                        )
    Dim dataSet As New dataSet
        dataAdapter.Fill(dataSet)

        theGrid.DataSource = dataSet
        theGrid.DataBind()

        objCBDC.CloseConnection(objConn)

    End Sub

End Class

End Namespace
```

Listing 86: Gruppierung per GROUP BY (Chapter02Example42.aspx.vb) (Forts.)

Um die Summe aller Preise aus `tblArticles` nach Kategorien zusammengefasst zu erhalten, verwenden Sie das folgende SQL-Statement:

```
SELECT   art_category, SUM(art_price) AS sum_price
FROM     tblArticles
GROUP BY art_category
```

Listing 87: Ermitteln der Summe aller Preise, gruppiert nach Kategorien (Chapter02Example43.aspx.vb)

39 Die HAVING-Klausel

Die HAVING-Klausel dient ähnlich der WHERE-Klausel zur Einschränkung der Abfrageergebnisse eines Select-Befehls. Having wird allerdings auf die GROUP BY-Klausel angewendet und ist somit für die Einschränkung der schon zusammengefassten Ergebnisse zuständig. Des Weiteren können in der HAVING-Klausel auch Aggregatfunktionen verwendet werden, was in der WHERE-Klausel nicht möglich ist. Die WHERE-Klausel kann allerdings zusätzlich zur HAVING-Klausel eingesetzt werden.

Eine sinnvolle Anwendung hierfür wäre z.B. folgender Fall. Sie wollen die Anzahl aller Bücher mit jeweils gleichem Preis ermitteln. Hierfür müssen Sie die Ergebnisse zuerst mit Hilfe der WHERE-Klausel so einschränken, dass nur Datensätze berücksichtigt werden, bei denen in der Spalte Kategorie der Wert »Bücher« vorkommt. Diese Ergebnisse werden dann mittels GROUP BY auf den Artikelpreis zusammengefasst. Nun müssen Sie durch die HAVING-Klausel noch die Einschränkung auf solche Datensätze setzen, bei denen die Anzahl > 1 ist.

```
SELECT   COUNT(1) AS count_rows, art_price
FROM     tblArticles
WHERE    art_category = 'Bücher'
GROUP BY art_price
HAVinG   COUNT(1) > 1
```

Listing 88: Ermitteln der Anzahl aller Bücher, die jeweils den gleichen Preis haben (Chapter02Example44.aspx.vb)

Ein Beispiel: Sie wollen alle Orte aus der Tabelle tblCustomers ermitteln, bei denen jeweils mehr als 1 Person aus diesem Ort stammt. Das bedeutet, dass Sie nach der Postleitzahl oder dem Wohnort gruppieren und dann die Anzahl der so gefundenen Datensätze ermitteln müssen. Wenn die Anzahl > 1 ist, entspricht der Datensatz Ihren Kriterien und wird entsprechend im Recordset bereitgestellt.

```
SELECT   cust_city
FROM     tblCustomers
GROUP BY cust_city
HAVinG   COUNT(1) > 1
```

Listing 89: Ausgabe aller Wohnorte, zu denen mehr als 1 Adresse existiert (Chapter02Example45.aspx.vb)

40 Paging mit ASP.NET

Sicherlich kennen Sie alle diese mehr oder weniger schön gestalteten Leisten zu weiteren Seiten, wenn Sie beispielsweise sehr viele Suchergebnisse erhalten haben. Anstatt dann alle Datensätze auf einer Seite auszugeben, werden z. B. lediglich 10 Datensätze pro Seite ausgegeben. Die weiteren Ergebnisse erreicht man jetzt über eine Linkleiste (Seite X von XX). In einem von uns entwickelten Shopsystem sieht diese z. B. so aus.

ASP.NET, bzw. das `DataGrid` bietet Ihnen auch hierfür integrierte Funktionen an, mit denen Sie eine solche Linkleiste erstellen können. Da diese aber leider auch ein paar Nachteile haben (z.B. wird wiederum ein JavaScript-fähiger Browser benötigt), zeigen wir Ihnen neben den integrierten Funktionen auch ein Beispiel, mit dem Sie zum einem browserunabhängig arbeiten und vor allem das Aussehen der Linkleisten komplett selbst gestalten können.

Beginnen wir aber mit der integrierten `Option`.

```
<%@ Page Language="vb"
    enableViewState="True"
    AutoEventWireup="false"
    Codebehind="Chapter02Example46.aspx.vb"
    Inherits="codebook.aspnet.vb.Chapter02Example46" %>
<!doctype html public "-//w3c//dtd html 4.0 transitional//en">
<html>
  <head>
    <title>Chapter 02 Example 46</title>
    <link rel="stylesheet"
          href="styles/codebook.css"
          type="text/css">
  </head>
<body>
    <asp:hyperlink cssclass="clsLink"
                   id="linkAccess"
                   navigateurl="Chapter02Example46.aspx?PT=1"
                   runat="server">
                   Datenbankzugriff auf Access
    </asp:hyperlink>
    <br>
    <asp:hyperlink cssclass="clsLink"
                   id="linkSQLServer"
                   navigateurl="Chapter02Example46.aspx?PT=2"
                   runat="server">
                   Datenbankzugriff auf Microsoft SQL Server
    </asp:hyperlink>
    <br>
    <asp:hyperlink cssclass="clsLink"
                   id="linkMySQL"
                   navigateurl="Chapter02Example46.aspx?PT=3"
                   runat="server">
                   Datenbankzugriff auf MySQL
    </asp:hyperlink>
    <br>
```

```
<h3>
    <asp:literal id="litDatabase"
                 enableviewstate="False"
                 runat="server">Providertyp:
   </asp:literal>
</h3>
```

Um das Paging durchführen zu können, benötigen wir ein Formular, das die Daten an den Server senden kann.

```
<form id="frmMain"
      action="Chapter02Example46.aspx"
      runat="server"
      method="post">
```

Des Weiteren sind Werte für zwei Attribute einzustellen. Zum einen für `allowpaging` der Wert `True` und zweitens die so genannte `PageSize`. Dies gibt an, wie viele Einträge pro Seite angezeigt werden sollen.

```
<asp:datagrid cellpadding="3"
              id="theGrid"
              runat="server"
              autogeneratecolumns="False"
              cssclass="clsTable"
              bordercolor="#000000"
              allowpaging="True"
              pagesize="3">
    <columns>
        <asp:boundcolumn datafield="cust_id"
                         headertext="ID"
                         headerstyle-cssclass="clsCellHead"
                         itemstyle-cssclass="clsCell" />
        <asp:boundcolumn datafield="cust_name"
                         headertext="Vorname"
                         headerstyle-cssclass="clsCellHead"
                         itemstyle-cssclass="clsCell" />
        <asp:boundcolumn datafield="cust_surname"
                         headertext="Nachname"
                         headerstyle-cssclass="clsCellHead"
                         itemstyle-cssclass="clsCell" />
        <asp:boundcolumn datafield="cust_zipcode"
                         headertext="PLZ"
                         headerstyle-cssclass="clsCellHead"
                         itemstyle-cssclass="clsCell" />
        <asp:boundcolumn datafield="cust_city"
                         headertext="Wohnort"
                         headerstyle-cssclass="clsCellHead"
                         itemstyle-cssclass="clsCell" />
    </Columns>
```

Damit wir die Pagelinks grafisch hervorheben können, bedienen wir uns noch eines `PagerStyle`-Elements. Die Ausrichtung erfolgt in diesem Beispiel linksbündig und als Modus haben wir `NumericPages` eingestellt. Dies bewirkt, dass die Seitenzahlen ausgegeben werden, also z.B. 1, 2, 3, ...

```
            <pagerstyle horizontalalign="Left"
                        cssclass="clsCellFooter"
                        forecolor="#000000"
                        mode="NumericPages">
            </pagerstyle>
        </asp:datagrid>
</form>

</body>
</html>
```

Listing 90: Paging mit ASP.NET [1] (Chapter02Example46.aspx)

Die CodeBehind-Datei liest im ersten Schritt ebenfalls die Daten aus der Datenbank aus. Über das Event `PageIndexChanged` des `DataGrid`-Steuerelements wird aber die Steuerung der aktuellen Seite vorgenommen.

```
Imports codebook.aspnet.vb.cbDatabaseClient

Namespace codebook.aspnet.vb

Public Class Chapter02Example46

    Inherits System.Web.UI.Page

    Protected WithEvents theGrid       As DataGrid
    Protected WithEvents linkSQLServer As HyperLink
    Protected WithEvents linkMySQL     As HyperLink
    Protected WithEvents linkAccess    As HyperLink
    Protected WithEvents litDatabase   As Literal

    Private ProviderType               As ProviderType

    Private Sub Page_Load( _
                     ByVal sender As System.Object, _
                     ByVal e As System.EventArgs _
                     ) Handles MyBase.Load

        Select Case Request("PT")
            Case "3" : ProviderType = ProviderType.MySQL
            Case "2" : ProviderType = ProviderType.SqlServer
            Case Else: ProviderType = ProviderType.OleDb
        End Select

        LoadData()
```

```
    End Sub

    Private Sub LoadData()

    ' -----------------------------------------------------
    ' --- Verbindung zur Datenbank herstellen
    ' -----------------------------------------------------
    Dim objCBDC As New cbDatabaseClient
        objCBDC.ProviderType     = ProviderType
        objCBDC.ConnectionString = objCBDC.DefaultConnectionString

    Dim objConn As IDbConnection
        objConn = objCBDC.GetConnection()

        litDatabase.Text &= providerType.GetName _
                            ( _
                                objCBDC.ProviderType.GetType, _
                                objCBDC.ProviderType _
                            )

    ' -----------------------------------------------------
    ' SQL-Statement zum Auslesen der Daten erstellen
    ' -----------------------------------------------------
    Dim sqlCommand As String
        sqlCommand = "SELECT    cust_id, " & _
                               "cust_name, " & _
                               "cust_surname, " & _
                               "cust_zipcode, " & _
                               "cust_city " & _
                     "FROM      tblCustomers"

    Dim dataAdapter As IDbDataAdapter = objCBDC.GetAdapter _
                                        ( _
                                          ProviderType, _
                                          sqlCommand, _
                                          objConn _
                                        )
    Dim dataSet As New dataSet
        dataAdapter.Fill(dataSet)

        theGrid.DataSource = dataSet
```

Da wir die Daten hier nur binden dürfen, wenn kein PostBack durchgeführt wurde, wird hier entsprechend auf die Eigenschaft `IsPostBack` geprüft. Falls diese den Wert `True` hat, wird die Methode `DataBind` hier nicht aufgerufen, da dann der Event `PageIndexChanged` des `DataGrid` gezündet wurde.

```
        If Not IsPostBack() Then
            theGrid.DataBind()
        End If
```

```
        objCBDC.CloseConnection(objConn)

    End Sub
```

An dieser Stellen behandeln wir den Fall, dass der User auf einen der Links auf eine andere Seite geklickt hat. Über die Eigenschaft `NewPageIndex` des Parameters `e` wird der Index der anzuzeigenden Seite ermittelt. Danach erfolgt hier (und nur hier) die Bindung der Daten mittels `DataBind`.

```
    Private Sub theGrid_PageIndexChanged _
                    ( _
                    ByVal source As Object, _
                    ByVal e As DataGridPageChangedEventArgs _
                    ) Handles theGrid.PageIndexChanged

        theGrid.CurrentPageIndex = e.NewPageIndex
        theGrid.DataBind()

    End Sub

End Class

End Namespace
```

Listing 91: Paging mit ASP.NET [1] (Chapter02Example46.aspx.vb)

Da das nächste Beispiel fast identisch zum vorigen Skript ist, zeigen wir Ihnen hier lediglich die Unterschiede, die sich nur auf das `PagerStyle`-Element beziehen. Hier haben wir als Modus `NextPrev` angegeben, was bewirkt, dass anstelle der Zahlen nur Texte zur nächsten und vorigen Seite angezeigt werden. Die Texte selbst stellen Sie über die Attribute `prevpagetext` und `nextpagetext` ein.

```
    <pagerstyle horizontalalign="Right"
                cssclass="clsCellFooter"
                forecolor="#000000"
                mode="NextPrev"
                prevpagetext="Zurück"
                nextpagetext="Weiter">
    </pagerstyle>
```

Listing 92: Paging mit ASP.NET [2] (Chapter02Example47.aspx)

41 Manuelles Paging mit ASP.NET (Vorbereitung)

Da das automatische Paging bei ASP.NET wie schon erwähnt einige Nachteile, z.B. die Voraussetzung eines JavaScript-fähigen Browsers hat, kommen wir nun zu einer eigenen Klasse, mit der wir dieses erledigen können. Da Sie diese Linkleiste sehr wahrscheinlich an mehreren Stellen, bzw. in mehreren Skripten benötigen, sollten Sie die eigentliche Funktionalität in eine Prozedur auslagern, die Sie bei Bedarf einbinden.

Nachfolgend sehen Sie den Aufbau dieser Klasse. Sie mag auf den ersten Blick etwas kompliziert erscheinen, aber wenn Sie sich den Quellcode etwas näher anschauen, werden Sie merken, dass die einzelnen Codefragmente alle benötigt werden.

```
Imports System.Text
Namespace codebook.aspnet.vb
Public Class clsCustomPaging
```

Die Parameter, die die Methode `CreatePageLinks` erwartet, sind eigentlich somit selbsterklärend. `strLinkParam` allerdings bedarf evtl. einer kurzen Erläuterung. `strLinkParam` dient der Übergabe von Parametern, die zusätzlich zur Seitennummer in der URL mit übergeben werden sollen. Wenn Sie beispielsweise eine Suchabfrage gestartet haben, die den Suchparameter mit dem vom User eingegebenen Wert zur dynamischen Erstellung der `WHERE`-Klausel verwendet, müssen Sie diesen Wert natürlich auch an die folgenden Seiten übergeben, da Sie die `WHERE`-Klausel auf der nächsten Seite ja auch noch benötigen.

Die statische Methode `CreatePageLinks` gibt ein `HTMLTable`-Objekt zurück. D.h. dass Sie in den Anwendungen, in denen Sie die PageLinks benötigen, die Rückgabe z.B. einem `PlaceHolder`-Objekt zuordnen können.

```
    Public Shared Function CreatePageLinks _
                (  _
                    ByVal intAbsolutePage As Integer, _
                    ByVal intPageCount    As Integer, _
                    ByVal strLinkURL      As String, _
                    ByVal strLinkParam    As String, _
                    ByVal intColumnCount  As Integer _
                ) As HtmlTable

    ' -----------------------------------------------------------
    ' --- Parametername     Datentyp  Verwendung
    ' -----------------------------------------------------------
    ' --- intAbsolutePage   Integer   Nummer der aktuellen Seite
    ' --- intPageCount      Integer   Anzahl der gesamten Seiten
    ' --- strLinkURL        String    Angabe der Link URL
    ' --- strLinkParam      String    Angabe der Linkparameter
    ' --- intColumnCount    Integer   Anzahl der Spalten
    ' -----------------------------------------------------------
```

Jetzt kommen zuerst ein paar Variablendeklarationen. Diese werden in der Prozedur zur Steuerung des Anlaufs verwendet.

```
    Dim intPageCounter As Integer = 0
    Dim intStartPage   As Integer = 1
    Dim intEndPage     As Integer = 1
    Dim intTableWidth  As Integer = 400
```

Nun folgt ein etwas komplex aussehender Funktionsaufruf. Dieser dient dem Zweck, die erste Seitennummer, die in der Linkleiste erscheinen soll, zu ermitteln. Damit wir dies anschaulich erklären können, zuerst ein paar Eckdaten für ein Beispiel:

Sie haben ein SQL-Statement abgesetzt, das insgesamt 147 Datensätze zurückgibt. Die Anzahl der Datensätze pro Seite haben Sie mit 10 angegeben. Die Anzahl der zu verlinkenden Seiten innerhalb der Linkleiste ist ebenfalls 10. Wenn Sie nun beispielsweise die erste Seite anfordern, sollte die Linkleiste von Seite 1 bis Seite 10 gehen. Wenn Sie aber jetzt die Seite 15 (also die letzte Seite, auf der lediglich noch sieben Datensätze ausgegeben werden) anfordern, sollte die Linkleiste von Seite 6 bis Seite 15 gehen. Sie müssen also zuerst einmal ermitteln, welche Seitennummer als erste in der Linkleiste erscheinen soll.

```
' --- Ermitteln der ersten Seitennummer für diese Linkleiste
intStartPage = ((((intAbsolutePage - 1) / intColumnCount) * _
                  intColumnCount + 1) - 4)

' --- Kleinste Startseite = 1
If intStartPage < 1 Then
    intStartPage = 1
End If
' --- Größte Startseite = Anzahl Seiten - 9
If intStartPage >= intPageCount - 9 Then
    intStartPage = intPageCount - 9
End If

If intStartPage < 1 Then
    intStartPage = 1
End If
```

Nun benötigen Sie noch die letzte Seitennummer, die in der Leiste erscheinen soll. Diese Rechnung ist allerdings einfacher. in unserem Beispiel (10 Seitenlinks innerhalb der Leiste) wäre dies die Nummer der Startseite + 9, da die erste Seite ja schon dazuzählt. Daher rechnen wir den Wert aus `intStartPage` plus die Anzahl der Seiten, die angezeigt werden sollen (intColumnCount), und dann noch 1 abziehen.

```
intEndPage = intStartPage + (intColumnCount - 1)
```

Nun kommt unser Linkparameter erstmals zum Einsatz. Hier wird vorerst nur abgeprüft, ob ein kaufmännisches Und (das Zeichen `&`) am Ende des übergebenen Strings steht. Wenn nicht, wird dieses Zeichen hinzugefügt. Das Zeichen `&` ist das Trennzeichen zwischen den einzelnen Parametern, die in einer URL übergeben werden.

```
If strLinkParam <> "" Then
    If Right(strLinkParam, 1) <> "&" Then
        strLinkParam = strLinkParam & "&"
    End If
End If
```

Zunächst erzeugen wir eine `HtmlTable`, die wir dann dynamisch mit Daten füllen. Da wir die Links in einer Zeile ausgeben, fügen wir auch direkt eine `HtmlTableRow` hinzu. in diese werden dann die eigentlichen Zellen (`HtmlTableCell`) integriert.

```
' --- Erzeugen der Tabelle für die PageLinks
Dim tbPageLinks As HtmlTable = New HtmlTable
Dim trPageLinks As HtmlTableRow
```

Damit unsere Tabelle auch optisch an die Seite angepasst wird, setzen wir noch einige Eigenschaften, die das Aussehen beeinflussen.

```
    tbPageLinks.Attributes().Add("class", "clsTable")
    tbPageLinks.CellPadding = 0
    tbPageLinks.CellSpacing = 0
    tbPageLinks.Width       = "400"
    tbPageLinks.Border      = 0
    tbPageLinks.Height      = "22"
    tbPageLinks.BorderColor = "#000000"

    trPageLinks = New HtmlTableRow
```

Nun beginnen wir mit dem Erzeugen der Links. Sinnvollerweise bieten Sie Ihren Usern immer einen Link auf die erste Seite und evtl. noch auf die vorherige Seite an (wenn Sie beispielsweise auf Seite 10 sind, führt der Link zu Seite 9, bei Anzeige von Seite 9 auf Seite 8 usw.). Der Link auf die vorherige Seite hat eigentlich nur etwas mit der Benutzerführung Ihrer Website zu tun. Wenn der User einmal auf diesen Link geklickt hat, muss er seinen Cursor nicht wieder woanders hin manövrieren um immer weiter zurückzuspringen.

```
' --- Link zur ersten Seite
Dim tdPageLinkFirst As HtmlTableCell
    tdPageLinkFirst          = New HtmlTableCell
    tdPageLinkFirst.Width    = "15"
    tdPageLinkFirst.Height   = "20"
    tdPageLinkFirst.Align    = "center"
    tdPageLinkFirst.Attributes().Add("class", "clsCellHead")
    tdPageLinkFirst.InnerHtml = "<a href=""" & _
                               strLinkURL & "?" & _
                               strLinkParam & _
                               "AP=1"">" & _
                           "<img src=""" & _
                               "images/page_first.gif"" " & _
                               "width=""20"" " & _
                               "height=""13"" " & _
                               "border=""0"" " & _
                               "alt=""Erste Seite"">" & _
                           "</a>"
```

Die erste Zelle ist nun fertig gestellt. Wir fügen diese über die Methode Add der Cells-Collection der Zeile (HtmlTableRow) hinzu.

```
        trPageLinks.Cells.Add(tdPageLinkFirst)

    ' --- Link zur vorigen Seite
    Dim tdPageLinkPrev As HtmlTableCell
        tdPageLinkPrev          = New HtmlTableCell
        tdPageLinkPrev.Width    = "20"
        tdPageLinkPrev.Height   = "22"
        tdPageLinkPrev.Align    = "center"
        tdPageLinkPrev.Attributes().Add("class", "clsCellHead")
        tdPageLinkPrev.InnerHtml = "<a href=""" & _
                                    strLinkURL & "?" & _
                                    strLinkParam & _
                                    "AP=" & ( _
                                            intAbsolutePage - 1 _
                                            ) & """>" & _
                                "<img src=""" & _
                                    "images/page_prev.gif"" " & _
                                    "width=""20"" " & _
                                    "height=""13"" " & _
                                    "border=""0"" " & _
                                    "alt=""Vorige Seite"">" & _
                                "</a>"
        trPageLinks.Cells.Add(tdPageLinkPrev)
    Dim tdPageLink As HtmlTableCell
```

Nun folgt der wichtigste, aber auch gleichzeitig der einfachste Teil der Prozedur. Die Ausgabe der Links zu den Seite x bis y. Die Start- und Endseitennummer haben Sie ja schon ermittelt. Nun wird einfach eine Schleife durchlaufen, um die einzelnen Links auszugeben. Hierfür wird für jede anzuzeigende Seite eine neue Zelle (HtmlTableCell) erstellt. Diese wird dann mit den entsprechenden Werten gefüllt und ebenfalls der Cells-Collection des oben erzeugten HtmlTableRow-Objekts hinzugefügt.

```
    ' --- Ausgeben der eigentlichen PageLinks
    For intPageCounter = intStartPage To intEndPage

        tdPageLink = New HtmlTableCell
        tdPageLink.Width  = "32"
        tdPageLink.Height = "22"
        tdPageLink.Align  = "center"
        tdPageLink.Attributes().Add("class", "clsCellHead")
```

Hier prüfen wir noch, ob die auszugebende Seitenzahl die aktuelle Seitenzahl ist. Wenn ja, soll diese nicht verlinkt werden, da der Sprung auf die aktuell angezeigte Seite eigentlich unnötig ist.

```
        If intPageCounter = intAbsolutePage Then
            ' --- Die aktuelle Seite wird nicht mehr verlinkt
            ' --- dafür aber zu Kennzeichnung farbig hinterlegt
            tdPageLink.InnerHtml = intPageCounter
            tdPageLink.Attributes().Add("class", "clsCellHead")
        Else

            If intPageCounter <= intPageCount Then
                ' --- Erstellen eines PageLinks in der Tabelle
                tdPageLink.InnerHtml = "<a class=""clsPageLink"" " & _
                                        "href=""" & strLinkURL & _
                                        "?" & strLinkParam & _
                                        "AP=" & intPageCounter & _
                                        """>" & _
                                        intPageCounter & _
                                      "</a>"
            Else
```

Wenn die anzuzeigende Seitenzahl größer der max. Seitenzahl ist, wird eine leere Zelle angezeigt, damit die grundlegende Struktur der Ausgabe immer gleich aussieht.

```
                tdPageLink.InnerHtml = " "
            End If
        End If

        trPageLinks.Cells.Add(tdPageLink)

    Next
```

Zum Schluss werden noch die Links auf die nächste und die letzte Seite eingefügt.

```
    ' --- Link zur nächsten Seite
    Dim tdPageLinkNext As HtmlTableCell
        tdPageLinkNext           = New HtmlTableCell
        tdPageLinkNext.Width     = "20"
        tdPageLinkNext.Height    = "22"
        tdPageLinkNext.Align     = "center"
        tdPageLinkNext.Attributes().Add("class", "clsCellHead")
        tdPageLinkNext.InnerHtml = "<a href=""" & _
                                    strLinkURL & "?" & _
                                    strLinkParam & _
                                    "AP=" & intAbsolutePage + 1 & _
                                    """> " & _
                                "<img src=""" & _
                                    "images/page_next.gif"" " & _
                                    "width=""20"" " & _
                                    "height=""13"" " & _
                                    "border=""0"" " & _
                                    "alt=""N&auml;chste Seite"">" & _
```

```
                                "</a>"

            trPageLinks.Cells.Add(tdPageLinkNext)

        ' --- Link zur letzten Seite
        Dim tdPageLinkLast As HtmlTableCell
            tdPageLinkLast              = New HtmlTableCell
            tdPageLinkLast.Width        = "20"
            tdPageLinkLast.Height       = "22"
            tdPageLinkLast.Align        = "center"
            tdPageLinkLast.Attributes().Add("class", "clsCellHead")
            tdPageLinkLast.InnerHtml = "<a href=""" & _
                                    strLinkURL & "?" & _
                                    strLinkParam & _
                                    "AP=" & ( _
                                            intPageCount _
                                            ) & """>" & _
                                "<img src=""" & _
                                    "images/page_last.gif"" " & _
                                    "width=""20"" " & _
                                    "height=""13"" " & _
                                    "border=""0"" " & _
                                    "alt=""Letzte Seite"">" & _
                                "</a>"

            trPageLinks.Cells.Add(tdPageLinkLast)
```

Es bleibt uns nur noch, die Zeile der `Rows`-Collection der `HtmlTable` hinzuzufügen und der aufrufenden Methode die `HtmlTable` als Rückgabe anzubieten. Damit wären wir dann auch schon fertig.

```
        tbPageLinks.Rows.Add(trPageLinks)

        CreatePageLinks = tbPageLinks

        End Function

    End Class

    End Namespace
```

Listing 93: Klasse clsCustomPaging (clsCustomPaging.vb)

Dies ist zwar nur die Klasse, bzw. die Methode, die wir zum Erzeugen der eigentlichen Linkleiste ausgelagert haben, aber Sie sehen schon, dass diese auch eine Menge zu tun hat. Der Aufwand lohnt sich allerdings, denn wenn man sich nur auf die integrierten Funktionen von ASP.NET verlässt, erlebt man ab und an sein blaues Wunder, gerade wenn es um individuelle Anpassungen geht. Evtl. werden Sie sagen, dass man das Ganze noch mit Events, ... versehen könnte, damit man eine automatische Steuerung vornehmen kann. Dies ist korrekt, aber da wir hier nur einen begrenzten Platz zur Verfügung haben, ist es sicherlich einfacher, wenn Sie die Informationen aus den anderen Kapiteln (dort werden auch solche Anforderungen beschrieben) nutzen und das Beispiel genau nach Ihren Bedürfnissen erweitern.

42 Manuelles Paging mit ASP.NET (alle Datenbanken)

Kommen wir daher zum eigentlichen Beispiel. Dieses liest ebenfalls Daten aus einer Datenbanktabelle aus und gibt diese über ein `DataGrid` wieder.

```
<%@ Page Language="vb"
    enableViewState="True"
    AutoEventWireup="false"
    Codebehind="Chapter02Example48.aspx.vb"
    Inherits="codebook.aspnet.vb.Chapter02Example48" %>

<!doctype html public "-//w3c//dtd html 4.0 transitional//en">
<html>
  <head>
    <title>Chapter 02 Example 48</title>
    <link rel="stylesheet"
          href="styles/codebook.css"
          type="text/css">
  </head>
<body>
    <asp:hyperlink cssclass="clsLink"
                   id="linkAccess"
                   navigateurl="Chapter02Example48.aspx?PT=1"
                   runat="server">
                   Datenbankzugriff auf Access
    </asp:hyperlink>
    <br>
    <asp:hyperlink cssclass="clsLink"
                   id="linkSQLServer"
                   navigateurl="Chapter02Example48.aspx?PT=2"
                   runat="server">
                   Datenbankzugriff auf Microsoft SQL Server
    </asp:hyperlink>
    <br>
    <asp:hyperlink cssclass="clsLink"
                   id="linkMySQL"
                   navigateurl="Chapter02Example48.aspx?PT=3"
                   runat="server">
                   Datenbankzugriff auf MySQL
    </asp:hyperlink>
    <br>
    <h3>
        <asp:literal id="litDatabase"
                     enableviewstate="False"
                     runat="server">Providertyp:
       </asp:literal>
    </h3>
```

Da Microsoft wahrscheinlich schon im Vorfeld an die geplagten Webentwickler dachte, die sich mit nicht JavaScript-fähigen Browsern »herumschlagen« müssen, bietet das DataGrid neben dem Attribut allowpaging auch ein weiteres Attribut namens allowcustompaging. Diesem müssen Sie hier den Wert True geben, damit Sie die Möglichkeit haben, ein eigenes Paging-Verfahren einzusetzen. Zusätzlich wird das Attribut pagerstyle-Visible auf den Wert False gesetzt, damit die Standardzeile für das Paging nicht angezeigt wird. Die Seitengröße (PageSize) müssen Sie allerdings trotzdem einstellen, da das DataGrid die Anzeige der einzelnen Datensätze natürlich trotzdem vornimmt.

```
<asp:datagrid cellpadding="3"
              id="theGrid"
              runat="server"
              width="400"
              autogeneratecolumns="False"
              cssclass="clsTable"
              bordercolor="#000000"
              allowpaging="True"
              allowcustompaging="False"
              pagerstyle-visible="False"
              pagesize="3">

    <columns>
        <asp:boundcolumn datafield="cust_id"
                         headertext="ID"
                         headerstyle-cssclass="clsCellHead"
                         itemstyle-cssclass="clsCell" />
        <asp:boundcolumn datafield="cust_name"
                         headertext="Vorname"
                         headerstyle-cssclass="clsCellHead"
                         itemstyle-cssclass="clsCell" />
        <asp:boundcolumn datafield="cust_surname"
                         headertext="Nachname"
                         headerstyle-cssclass="clsCellHead"
                         itemstyle-cssclass="clsCell" />
        <asp:boundcolumn datafield="cust_zipcode"
                         headertext="PLZ"
                         headerstyle-cssclass="clsCellHead"
                         itemstyle-cssclass="clsCell" />
        <asp:boundcolumn datafield="cust_city"
                         headertext="Wohnort"
                         headerstyle-cssclass="clsCellHead"
                         itemstyle-cssclass="clsCell" />
    </Columns>
</asp:datagrid>

<br>
```

Es folgt noch ein PlaceHolder-Steuerelement, das die zu erzeugende HtmlTable aufnehmen soll. An dieser Stelle werden dann die Links auf die weiteren Seiten zu sehen sein.

```
    <asp:PlaceHolder id="phPageLinks"
                    runat="server">
    </asp:PlaceHolder>

</body>
</html>
```

Listing 94: Manuelles Paging mit ASP.NET (alle Datenbanken) (Chapter02Example48.aspx)

Den schwierigeren Part erledigt allerdings die CodeBehind-Datei. in dieser werden die Parameter ausgewertet, die angeben, welche Seite angezeigt werden soll, es wird ermittelt, wie viele Datensätze verfügbar sind, wie viele Seiten es geben wird usw.

```
Imports codebook.aspnet.vb.cbDatabaseClient

Namespace codebook.aspnet.vb

Public Class Chapter02Example48

    Inherits System.Web.UI.Page


    Protected WithEvents theGrid        As DataGrid
    Protected WithEvents linkSQLServer As HyperLink
    Protected WithEvents linkMySQL     As HyperLink
    Protected WithEvents linkAccess    As HyperLink
    Protected WithEvents litDatabase   As Literal
    Protected WithEvents phPageLinks   As PlaceHolder

    Private ProviderType               As ProviderType

    Private Sub Page_Load( _
                     ByVal sender As System.Object, _
                     ByVal e As System.EventArgs _
                     ) Handles MyBase.Load

        Select Case Request("PT")
            Case "3" : ProviderType = ProviderType.MySQL
            Case "2" : ProviderType = ProviderType.SqlServer
            Case Else: ProviderType = ProviderType.OleDb
        End Select

        LoadData()

    End Sub

    Private Sub LoadData()

    ' -----------------------------------------------------
    ' --- Verbindung zur Datenbank herstellen
    ' -----------------------------------------------------
```

```
Dim objCBDC As New cbDatabaseClient
    objCBDC.ProviderType     = ProviderType
    objCBDC.ConnectionString = objCBDC.DefaultConnectionString

Dim objConn As IDbConnection
    objConn = objCBDC.GetConnection()

    litDatabase.Text &= providerType.GetName _
                        ( _
                            objCBDC.ProviderType.GetType, _
                            objCBDC.ProviderType _
                        )

' ------------------------------------------------------
' SQL-Statement zum Auslesen der Daten erstellen
' ------------------------------------------------------
Dim sqlCommand As String
    sqlCommand = "SELECT    cust_id, " & _
                           "cust_name, " & _
                           "cust_surname, " & _
                           "cust_zipcode, " & _
                           "cust_city " & _
                 "FROM     tblCustomers"

Dim dataAdapter As IDbDataAdapter = objCBDC.GetAdapter _
                                    ( _
                                      ProviderType, _
                                      sqlCommand, _
                                      objConn _
                                    )
Dim dataSet As New dataSet
    dataAdapter.Fill(dataSet)

    theGrid.DataSource = dataSet
```

Hier beginnt der interessante Code. Über die Eigenschaft `PageSize` (diese hatten wir in der **.aspx*-Datei auf den Wert 3 gesetzt) ermitteln wir, wie viele Datensätze pro Seite angezeigt werden sollen.

```
Dim intPageSize As Int32 = theGrid.PageSize
```

Als Nächstes prüfen wir, ob der Übergabeparameter `AP` überhaupt einen gültigen Wert beinhaltet. Da wir von einem `Int32`-Wert ausgehen, wird über eine implizite Konvertierung (`intAbsolutePage` wurde als `Int32` deklariert) versucht, den Übergabeparameter in die Variable zu übertragen. Schlägt dies fehl, setzen wir den Wert von `intAbsolutePage` auf den Wert 1. in diesem Fall würde also einfach die erste Seite angezeigt werden.

```
' --- Die aktuelle Seite ermitteln
Dim intAbsolutePage As Int32 = 0
    Try
        intAbsolutePage = Request.Item("AP")
    Catch ex As Exception
        intAbsolutePage = 1
    End Try
```

Nun folgen noch einige Codezeilen für die Ermittlung der Zeilenanzahl, der Anzahl der Datensätze der letzten Seite, der aktuellen Seitenzahl usw. Diese sollten so weit selbsterklärend sein.

```
' --- Die Anzahl der Zeilen ermitteln
Dim intRowCount As Int32
    intRowCount = dataSet.Tables(0).Rows.Count

Dim intLastPageRecords As Int32 = 0
    intLastPageRecords = intRowCount Mod intPageSize

Dim intPageCount As Int32 = 1
    intPageCount = Fix(intRowCount / intPageSize)

    If intLastPageRecords > 0 Then
        intPageCount += 1
    End If

    If intAbsolutePage > 0 And _
       intAbsolutePage <= intPageCount Then
        theGrid.CurrentPageIndex = intAbsolutePage - 1
    Else
        intAbsolutePage = 1
    End If
```

Wir benötigen ja noch die Pagelinks. Daher weisen wir dem hierfür erzeugten `PlaceHolder`-Steuerelement die von der Methode `CreatePageLinks` zurückgegebene `HtmlTable` zu.

```
    phPageLinks.Controls.Add _
            ( _
            clsCustomPaging.CreatePageLinks _
                    ( _
                     intAbsolutePage, _
                     intPageCount, _
                     "Chapter02Example48.aspx", _
                     "PT=" & Request("PT"), _
                     10 _
                    ) _
            )
```

Abschließend werden die Daten noch per `DataBind` an das `DataGrid` gebunden. Eine Abfrage auf `IsPostBack` kann hier unterbleiben, da wir keinen richtigen PostBack auslösen. Die komplette Behandlung der Routinen wurde manuell vorgenommen. Dies widerspricht zwar dem eigentlichen Zweck der Serversteuerelemente, die dann ggfs. auch über eine Eventsteuerung verfügen, ist in manchen Fällen aber unumgänglich, wenn nicht nur der Internet Explorer (5.x oder höher) mit Standardeinstellungen berücksichtigt werden soll.

```
        theGrid.DataBind()

        objCBDC.CloseConnection(objConn)

    End Sub

End Class

End Namespace
```

Listing 95: Manuelles Paging mit ASP.NET (alle Datenbanken) (Chapter02Example48.aspx.vb)

43 Manuelles Paging mit ASP.NET (MySQL)

Wie im vorigen Beispiel schon erwähnt, sehen Sie nachfolgend ein explizit für MySQL geschriebenes Beispiel zum Erstellen einer Linkleiste. Auch hier verwenden wir unsere Klasse `cbCustomPaging`. Die Vorgehensweise bei diesem Skript ist ähnlich dem vorigen Beispiel. Allerdings rufen wir hier immer nur die aktuell benötigten Datensätze ab, was einen enormen Performanceschub, gerade bei der Verwendung von MySQL, bringt.

Der interessante Teil in diesem Beispiel ist dabei das verwendete SQL-Statement. Damit Sie dieses besser verstehen, hier vorab eine kurze Erklärung.

```
SELECT    spalte1, spalte, spalte3
FROM      tabelle
LIMIT     14, 5
```

liefert z.B. fünf Datensätze, beginnend mit dem vierzehnten Datensatz, zurück. `LIMIT 1, 10` liefert zehn Datensätze zurück, beginnend mit dem ersten. Da wir dann aber keine Informationen zu der Gesamtanzahl der Datensätze und somit auch keine Angabe der Seitenzahlen mehr haben, müssen wir diese im Vorfeld selbst errechnen.

```
Imports codebook.aspnet.vb.cbDatabaseClient

Namespace codebook.aspnet.vb

Public Class Chapter02Example49

    Inherits System.Web.UI.Page
```

```
    Protected WithEvents theGrid        As DataGrid
    Protected WithEvents litDatabase    As Literal
    Protected WithEvents phPageLinks    As PlaceHolder

    Private ProviderType                As ProviderType

    Private Sub Page_Load( _
                     ByVal sender As System.Object, _
                     ByVal e As System.EventArgs _
                     ) Handles MyBase.Load

        ProviderType = ProviderType.MySQL

        LoadData()

    End Sub

    Private Sub LoadData()

    ' ----------------------------------------------------
    ' --- Verbindung zur Datenbank herstellen
    ' ----------------------------------------------------
    Dim objCBDC As New cbDatabaseClient
        objCBDC.ProviderType     = ProviderType
        objCBDC.ConnectionString = objCBDC.DefaultConnectionString

    Dim objConn As IDbConnection
        objConn = objCBDC.GetConnection()

        litDatabase.Text &= providerType.GetName _
                        ( _
                            objCBDC.ProviderType.GetType, _
                            objCBDC.ProviderType _
                        )
```

Da wir, wie schon gesagt, nur die erforderlichen Datensätze auslesen und daher keine Informationen über die Gesamtanzahl der Datensätze und daraus resultierend auch zu der Anzahl der Seiten haben, ermitteln wir im Vorfeld die Anzahl der Zeilen, indem wir ein `SELECT COUNT`-Statement auf die Datenbank absetzen.

```
    ' --- Die Anzahl der Zeilen ermitteln
    Dim sqlCommand2 As String
        sqlCommand2 = "SELECT   COUNT(1) AS count_rows " & _
                      "FROM     tblCustomers"

        If objConn.State <> ConnectionState.Open Then
            objConn.Open()
        End If

    Dim objCommand As IDbCommand = objCBDC.CreateCommand()
        objCommand.Connection = objConn
```

```
        objCommand.CommandText = sqlCommand2

    Dim intRowCount As Int32
        intRowCount = objCommand.ExecuteScalar()
        objCommand.Dispose()
```

Die nächsten Zeilen sind gleich denen im vorigen Beispiel. Es werden die Seitengröße, die aktuelle Seite, die Gesamtanzahl der Seiten usw. ermittelt.

```
    Dim intPageSize As Int32 = theGrid.PageSize

    Dim intAbsolutePage As Int32 = 0
        Try
            intAbsolutePage = Request.Item("AP")
        Catch ex As Exception
            intAbsolutePage = 1
        End Try

    Dim intPageCount As Int32 = 1
        intPageCount = Fix(intRowCount / intPageSize)

    Dim intLastPageRecords As Int32 = 0
        intLastPageRecords = intRowCount Mod intPageSize

        If intLastPageRecords > 0 Then
            intPageCount += 1
        End If

        If intAbsolutePage = 0 Or _
           intAbsolutePage > intPageCount Then
            intAbsolutePage = 1
        End If
```

Hier folgt nun das entsprechende SQL-Statement, das wir dynamisch zusammenstellen. Dieses liefert uns dann genau die Datensätze zurück, die wir für die Anzeige im `DataGrid` benötigen.

```
    ' ----------------------------------------------------
    ' SQL Statement zum Auslesen der Daten erstellen
    ' ----------------------------------------------------
    Dim sqlCommand As String
        sqlCommand = "SELECT    cust_id, " & _
                               "cust_name, " & _
                               "cust_surname, " & _
                               "cust_zipcode, " & _
                               "cust_city " & _
                     "FROM      tblCustomers " & _
                     "LIMIT    " & (intAbsolutePage - 1) * _
                                intPageSize & _
```

```
                              ", " & _
                              intPageSize

    Dim dataAdapter As IDbDataAdapter = objCBDC.GetAdapter _
                                   ( _
                                     ProviderType, _
                                     sqlCommand, _
                                     objConn _
                                   )
    Dim dataSet As New dataSet
        dataAdapter.Fill(dataSet)
```

Der Rest des Codes ist wieder gleich dem im vorigen Beispiel. Das `DataSet` (das hier aber nur die wirklich benötigten Datensätze enthält) wird als `DataSource` des `DataGrid` verwendet, die `HtmlTable`, die die `PageLinks` enthält, wird dem `PlaceHolder`-Steuerelement zugeordnet und zu guter Letzt werden die Daten noch per `DataBind` an das `DataGrid` gebunden.

```
        theGrid.DataSource = dataSet

        phPageLinks.Controls.Add _
                 ( _
                 clsCustomPaging.CreatePageLinks _
                            ( _
                              intAbsolutePage, _
                              intPageCount, _
                              "Chapter02Example49.aspx", _
                              "PT=" & Request("PT"), _
                              10 _
                            ) _
                 )

        theGrid.DataBind()

        objCBDC.CloseConnection(objConn)

    End Sub

End Class

End Namespace
```

Listing 96: Manuelles Paging mit ASP.NET (MySQL) (Chapter02Example49.aspx.vb)

44 Einfügen eines Datensatzes (statisch)

Kommen wir nun zum Ändern von Daten. Da wir Sie schrittweise an die Vorgehensweise heranführen wollen, beginnen wir damit, einen Datensatz in eine Tabelle einzufügen. Hierfür benötigen wir im ersten Schritt nur zwei Dinge: ein Formular (natürlich wieder mit dem Attribut `runat="server"`) und einen `HtmlButton`. Da wir im ersten Schritt den Datensatz in der

CodeBehind-Datei statisch vorgeben, benötigen wir im Moment noch keine Eingabefelder für die einzelnen Werte.

```
<%@ Page Language="vb"
    enableViewState="True"
    AutoEventWireup="false"
    Codebehind="Chapter02Example50.aspx.vb"
    Inherits="codebook.aspnet.vb.Chapter02Example50" %>

<!doctype html public "-//w3c//dtd html 4.0 transitional//en">
<html>
  <head>
    <title>Chapter 02 Example 50</title>
    <link rel="stylesheet"
          href="styles/codebook.css"
          type="text/css">
  </head>
<body>
    <asp:hyperlink cssclass="clsLink"
                   id="linkAccess"
                   navigateurl="Chapter02Example50.aspx?PT=1"
                   runat="server">
                   Datenbankzugriff auf Access
    </asp:hyperlink>
    <br>
    <asp:hyperlink cssclass="clsLink"
                   id="linkSQLServer"
                   navigateurl="Chapter02Example50.aspx?PT=2"
                   runat="server">
                   Datenbankzugriff auf Microsoft SQL Server
    </asp:hyperlink>
    <br>
    <asp:hyperlink cssclass="clsLink"
                   id="linkMySQL"
                   navigateurl="Chapter02Example50.aspx?PT=3"
                   runat="server">
                   Datenbankzugriff auf MySQL
    </asp:hyperlink>
    <br><br>
    <h3>
        <asp:literal id="litDatabase"
                     enableviewstate="False"
                     runat="server">Providertyp:
      </asp:literal>
    </h3>
```

Hier fügen wir das Formular sowie den `HtmlButton` ein. Das Label `lblResponse` dient nur zur Anzeige der Statusmeldung, in unserem Beispiel, ob das Einfügen des Datensatzes geklappt hat.

```
<form id="frmMain"
      action="Chapter02Example50.aspx"
      runat="server"
      method="post">

    <asp:button id="cmdInsert"
                runat="server"
                text="Datensatz einfügen"
                cssclass="clsSubmit">
    </asp:button>
    <br><br>
    <asp:label id="lblResponse"
               runat="server">
               Statusanzeige
    </asp:label>

</form>

</body>
</html>
```

Listing 97: Einfügen eines Datensatzes (statisch) (Chapter02Example50.aspx)

```
Imports codebook.aspnet.vb.cbDatabaseClient

Namespace codebook.aspnet.vb

Public Class Chapter02Example50

    Inherits System.Web.UI.Page

    Protected WithEvents linkSQLServer As HyperLink
    Protected WithEvents linkMySQL     As HyperLink
    Protected WithEvents linkAccess    As HyperLink
    Protected WithEvents litDatabase   As Literal
    Protected WithEvents lblResponse   As Label
    Protected WithEvents cmdInsert     As Button

    Private ProviderType               As ProviderType

    Private Sub Page_Load( _
                    ByVal sender As System.Object, _
                    ByVal e As System.EventArgs _
                    ) Handles MyBase.Load

        Select Case Request("PT")
            Case "3" : ProviderType = ProviderType.MySQL
            Case "2" : ProviderType = ProviderType.SqlServer
            Case Else: ProviderType = ProviderType.OleDb
        End Select

        litDatabase.Text &= providerType.GetName _
```

```
                    ( _
                        ProviderType.GetType, _
                        ProviderType _
                    )

    End Sub
```

Diese Methode fügt den entsprechenden Datensatz in die Datenbank ein. Wir geben die Daten hier statisch vor, da Sie dann die grundsätzliche Vorgehensweise besser sehen können. Der Aufruf dieser Methode wird im Eventhandler `cmdInsert_Click` vorgenommen.

```
    Private Sub InsertRecord()

    ' ----------------------------------------------------
    ' --- Verbindung zur Datenbank herstellen
    ' ----------------------------------------------------
    Dim objCBDC As New cbDatabaseClient
        objCBDC.ProviderType     = ProviderType
        objCBDC.ConnectionString = objCBDC.DefaultConnectionString

    Dim objConn As IDbConnection
        objConn = objCBDC.GetConnection()

        If objConn.State <> ConnectionState.Open Then
            objConn.Open()
        End If
```

Die folgende Vorgehensweise mag Ihnen vielleicht etwas unüblich vorkommen, hat aber ihren Sinn. Wir lesen zuerst die Struktur der Tabelle aus (die `WHERE`-Klausel `WHERE 1=0` liefert keinen Datensatz zurück, die Struktur wird aber gelesen), um später mit den entsprechenden Spalten arbeiten zu können. Es ist sicherlich auf Dauer leichter, mit »einfachen« Objekten arbeiten zu können, als alles von Hand zu erstellen. Durch die Verwendung eines `DataAdapters` und des zu füllenden `DataSets` können wir die Spalten später über ihren Namen innerhalb der `DataRow` ansprechen. Da wir Ihnen in einem späteren Beispiel eine weitgehend automatisierte Lösung zeigen, die ebenso agiert, ist es sicherlich hilfreich, wenn Sie die Basisfunktionen vorab kennen lernen.

```
    Dim sqlCommand As String
        sqlCommand = "SELECT   cust_name, " & _
                              "cust_surname, " & _
                              "cust_street, " & _
                              "cust_zipcode, " & _
                              "cust_city, " & _
                              "cust_E-Mail " & _
                     "FROM     tblCustomers " & _
                     "WHERE    1 = 0"
```

```
Dim dataAdapter As IDbDataAdapter = objCBDC.GetAdapter _
                                    ( _
                                      ProviderType, _
                                      sqlCommand, _
                                      objConn _
                                    )

Dim dataSet As New dataSet
    dataAdapter.Fill(dataSet)
```

An dieser Stelle folgt das INSERT INTO-Statement. Dieses beinhaltet die entsprechenden Spaltennamen und für die Wertzuweisung dieselben Werte mit einem vorangestellten @-Zeichen. Sie können auch einen beliebigen anderen Text verwenden, aber diese Vorgehensweise hat sich eingebürgert. Das SQL-Statement könnte hier auch dynamisch aufgebaut werden, aber da es für den Anfang dann zu kompliziert wird, haben wir dieses im Moment statisch hinterlegt.

```
Dim sqlInsertCommand As String
    sqlInsertCommand = "inSERT inTO tblCustomers (" & _
                          "cust_name, " & _
                          "cust_surname, " & _
                          "cust_street, " & _
                          "cust_zipcode, " & _
                          "cust_city, " & _
                          "cust_E-Mail" & _
                       ") VALUES (" & _
                          "@cust_name, " & _
                          "@cust_surname, " & _
                          "@cust_street, " & _
                          "@cust_zipcode, " & _
                          "@cust_city, " & _
                          "@cust_E-Mail" & _
                       ")"

Dim cmdInsert As IDbCommand = objCBDC.CreateCommand()
    cmdInsert.Connection    = objConn
    cmdInsert.CommandText   = sqlInsertCommand
```

Nun kommt unser »Hilfsmittel« zum Tragen. Ähnlich wie Sie es evtl. von Classic ASP her kennen, haben wir über ein DataRow-Objekt die Möglichkeit, die Werte den einzelnen Feldern unter Zuhilfenahme des Spaltennamens zuzuweisen. Man kann die DataRow mit einem Record-Objekt bei Classic ASP vergleichen. Es wird eine neue Zeile mittels der Methode NewRow eingefügt und die Werte werden entsprechend zugewiesen.

```
Dim rowCustomer As DataRow
    rowCustomer = dataSet.Tables(0).NewRow()

    rowCustomer("cust_name")    = "Holger"
```

```
        rowCustomer("cust_surname") = "Meyer"
        rowCustomer("cust_street")  = "Paulsweg 1"
        rowCustomer("cust_zipcode") = "33333"
        rowCustomer("cust_city")    = "Bielefeld"
        rowCustomer("cust_E-Mail")   = "insert.test@codebooks.de"
```

Danach werden die einzelnen Spalten verwendet, um die benötigten Parameter zu erzeugen. Beachten Sie, dass wir aufgrund der verschiedenen Datenbanktypen hier auch wieder `IDbDataParameter` anstelle der datenbankabhängigen Klassen wie z.B. `OleDbDataParameter`, ... verwenden. Wir durchlaufen hier also alle Spalten der `DataTable` (die von der Struktur her genauso aufgebaut ist wie die eben erzeugte `DataRow`) und erzeugen pro Spalte ein `Parameter`-Objekt.

```
        For Each objColumn As DataColumn In _
                          dataSet.Tables(0).Columns

            Dim param As IDbDataParameter = _
                      cmdInsert.CreateParameter()
```

Da wir die Spaltennamen kennen, ist die Zuweisung der entsprechenden Werte kein Problem. `ParameterName` entspricht z.B. `@cust_name`, als `SourceColumn` wird der Spaltenname selbst (zum Beispiel `cust_name`) verwendet und den Wert, der eingefügt werden soll, entnehmen wir unserer oben erzeugten `DataRow`.

```
                param.ParameterName = "@" & objColumn.ColumnName
                param.DbType        = DbType.AnsiString
                param.SourceColumn  = objColumn.ColumnName
                param.Value         = rowCustomer _
                                        ( _
                                        objColumn.ColumnName _
                                        )
```

Mittels Aufruf der Methode `Add` fügen wir den erzeugten Parameter der `Parameters`-Collection hinzu.

```
            cmdInsert.Parameters.Add(param)

        Next
```

Nachdem alle Parameter erstellt wurden, versuchen wir, das SQL-Statement auf die Datenbank abzusetzen, indem wir über die Methode `ExecuteNonQuery` (da wir ja keine Abfrage ausführen, die Daten zurückliefert) des `Command`-Objekts aufrufen.

```
        Try
            cmdInsert.ExecuteNonQuery()
            lblResponse.Text = "<b>Der Datensatz wurde " & _
                               "erfolgreich eingef&uuml;gt</b>"
        Catch ex As Exception
            lblResponse.Text = "<b>Der Datensatz konnte nicht " & _
                               "eingef&uuml;gt werden</b><br>"
            lblResponse.Text &= ex.Message
        End Try

        objCBDC.CloseConnection(objConn)

    End Sub
```

Dieser Eventhandler dient nur dazu, den Klick auf den `HtmlButton` abzufangen und daraufhin den Aufruf der Methode `InsertRecord` durchzuführen.

```
    Private Sub cmdInsert_Click _
                    ( _
                    ByVal sender As Object, _
                    ByVal e As System.EventArgs _
                    ) Handles cmdInsert.Click

        InsertRecord()

    End Sub

End Class

End Namespace
```

Listing 98: Einfügen eines Datensatzes (statisch) (Chapter02Example50.aspx.vb)

45 Einfügen eines Datensatzes (dynamisch)

Da Sie in den meisten Fällen aber nicht unbedingt nur statische Daten in eine Datenbank einfügen wollen, sondern Ihren Usern ein Formular anzeigen werden, in welches die entsprechenden Werte eingetragen werden, haben wir natürlich auch hierfür ein Beispiel parat.

Die **.aspx*-Datei enthält zu diesem Zweck zum einen die notwendigen Formularfelder und darunter ein `DataGrid`, das Ihnen die Daten dann auch anzeigt. So können Sie sich direkt davon überzeugen, dass die Daten auch wirklich eingetragen wurden.

```
<%@ Page Language="vb"
    enableViewState="True"
    AutoEventWireup="false"
    Codebehind="Chapter02Example51.aspx.vb"
    Inherits="codebook.aspnet.vb.Chapter02Example51" %>
```

```
<!doctype html public "-//w3c//dtd html 4.0 transitional//en">
<html>
  <head>
    <title>Chapter 02 Example 51</title>
    <link rel="stylesheet"
          href="styles/codebook.css"
          type="text/css">
  </head>
<body>
    <asp:hyperlink cssclass="clsLink"
                   id="linkAccess"
                   navigateurl="Chapter02Example51.aspx?PT=1"
                   runat="server">
                   Datenbankzugriff auf Access
    </asp:hyperlink>
    <br>
    <asp:hyperlink cssclass="clsLink"
                   id="linkSQLServer"
                   navigateurl="Chapter02Example51.aspx?PT=2"
                   runat="server">
                   Datenbankzugriff auf Microsoft SQL Server
    </asp:hyperlink>
    <br>
    <asp:hyperlink cssclass="clsLink"
                   id="linkMySQL"
                   navigateurl="Chapter02Example51.aspx?PT=3"
                   runat="server">
                   Datenbankzugriff auf MySQL
    </asp:hyperlink>
    <br><br>
    <h3>
        <asp:literal id="litDatabase"
                     enableviewstate="False"
                     runat="server">Providertyp:
      </asp:literal>
    </h3>
```

Um die Daten eintragen zu können, benötigen wir natürlich wieder ein Formular.

```
<form id="frmMain"
      action="Chapter02Example51.aspx"
      runat="server"
      method="post">

    <table class="clsTable"
           width="400"
           cellpadding="0"
           cellspacing="1">
        <tr>
            <td class="clsCellHead" width="100">Name</td>
            <td class="clsCell" width="300">
```

Über die TextBox-Steuerelemente werden in der Ausgabe die Eingabefelder erzeugt. Die Attribute sind ähnlich denen in HTML und sollten so weit selbsterklärend sein.

```
                <asp:textbox id="txtName"
                             runat="server"
                             cssclass="clsInput"
                             width="300"
                             columns="30"
                             maxlength="255">
                </asp:textbox>
            </td>
        </tr>
        <tr>
            <td class="clsCellHead" width="100">Nachname</td>
            <td class="clsCell" width="300">
                <asp:textbox id="txtSurname"
                             runat="server"
                             cssclass="clsInput"
                             width="300"
                             columns="30"
                             maxlength="255">
                </asp:textbox>
            </td>
        </tr>
        <tr>
            <td class="clsCellHead" width="100">Strasse</td>
            <td class="clsCell" width="300">
                <asp:textbox id="txtStreet"
                             runat="server"
                             cssclass="clsInput"
                             width="300"
                             columns="30"
                             maxlength="255">
                </asp:textbox>
            </td>
        </tr>
        <tr>
            <td class="clsCellHead" width="100">PLZ</td>
            <td class="clsCell" width="300">
                <asp:textbox id="txtZipcode"
                             runat="server"
                             cssclass="clsInput"
                             width="50"
                             columns="5"
                             maxlength="5">
                </asp:textbox>
            </td>
        </tr>
        <tr>
            <td class="clsCellHead" width="100">Wohnort</td>
            <td class="clsCell" width="300">
                <asp:textbox id="txtCity"
```

```
                                  runat="server"
                                  cssclass="clsInput"
                                  width="300"
                                  columns="30"
                                  maxlength="255">
                </asp:textbox>
            </td>
        </tr>
        <tr>
            <td class="clsCellHead" width="100">E-Mail</td>
            <td class="clsCell" width="300">
                <asp:textbox id="txtEmail"
                                  runat="server"
                                  cssclass="clsInput"
                                  width="300"
                                  columns="30"
                                  maxlength="255">
                </asp:textbox>
            </td>
        </tr>
    </table>
    <br>
```

Einen Button zum Absenden des Formulars benötigen wir natürlich auch noch.

```
    <asp:button id="cmdInsert"
                runat="server"
                text="Datensatz einfügen"
                cssclass="clsSubmit">
    </asp:button>
    <br>
    <br>
    <asp:label id="lblResponse"
               runat="server">
               Statusanzeige
    </asp:label>
    <br>
    <br>
```

Nun folgt noch das `DataGrid`, das die Daten aus der Tabelle `tblCustomers` anzeigen soll.

```
    <asp:datagrid cellpadding="3"
                  id="theGrid"
                  runat="server"
                  width="400"
                  autogeneratecolumns="False"
                  cssclass="clsTable"
                  bordercolor="#000000"
```

Listing 99: Einfügen eines Datensatzes (dynamisch) (Chapter02Example51.aspx)

```
                allowpaging="True"
                allowcustompaging="False"
                pagerstyle-visible="False"
                pagesize="3">
        <columns>
            <asp:boundcolumn datafield="cust_id"
                             headertext="ID"
                             headerstyle-cssclass="clsCellHead"
                             itemstyle-cssclass="clsCell" />
            <asp:boundcolumn datafield="cust_name"
                             headertext="Vorname"
                             headerstyle-cssclass="clsCellHead"
                             itemstyle-cssclass="clsCell" />
            <asp:boundcolumn datafield="cust_surname"
                             headertext="Nachname"
                             headerstyle-cssclass="clsCellHead"
                             itemstyle-cssclass="clsCell" />
            <asp:boundcolumn datafield="cust_zipcode"
                             headertext="PLZ"
                             headerstyle-cssclass="clsCellHead"
                             itemstyle-cssclass="clsCell" />
            <asp:boundcolumn datafield="cust_city"
                             headertext="Wohnort"
                             headerstyle-cssclass="clsCellHead"
                             itemstyle-cssclass="clsCell" />
        </Columns>
    </asp:datagrid>

    <br>

    <asp:PlaceHolder id="phPageLinks"
                     runat="server">
    </asp:PlaceHolder>

</form>

</body>
</html>
```

Listing 99: Einfügen eines Datensatzes (dynamisch) (Chapter02Example51.aspx) (Forts.)

Wenn Sie das Beispiel aufrufen, sollten Sie in etwa Folgendes auf dem Bildschirm sehen (siehe Abbildung 8).

```
Imports codebook.aspnet.vb.cbDatabaseClient

Namespace codebook.aspnet.vb

Public Class Chapter02Example51

    Inherits System.Web.UI.Page
```

```
Protected WithEvents theGrid        As DataGrid
Protected WithEvents linkSQLServer  As HyperLink
Protected WithEvents linkMySQL      As HyperLink
Protected WithEvents linkAccess     As HyperLink
Protected WithEvents litDatabase    As Literal
Protected WithEvents phPageLinks    As PlaceHolder
```

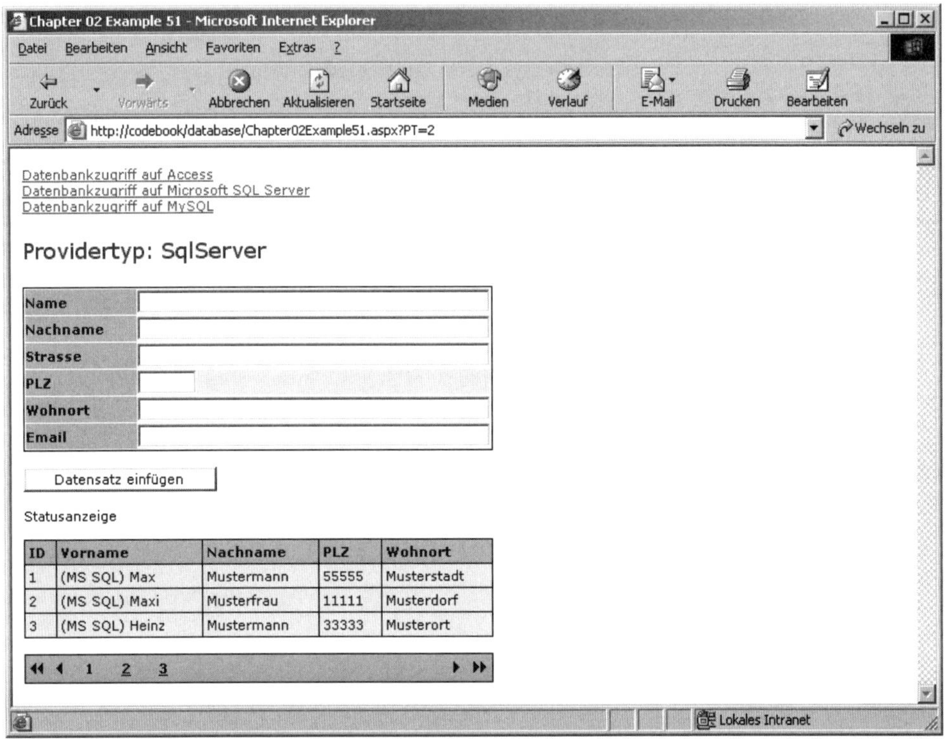

Abbildung 8: Formular zum Einfügen eines Datensatzes in eine Datenbanktabelle

Nachfolgend werden die einzelnen Steuerelemente für das Formular deklariert. Eine `TextBox` wird als `<input type="text" ...>` ausgegeben.

```
' ---------------------------------------------------
' --- Felder für den neuen Datensatz
' ---------------------------------------------------
Protected WithEvents txtName        As TextBox
Protected WithEvents txtSurname     As TextBox
Protected WithEvents txtStreet      As TextBox
Protected WithEvents txtZipcode     As TextBox
Protected WithEvents txtCity        As TextBox
Protected WithEvents txtEmail       As TextBox
Protected WithEvents cmdInsert      As Button
```

```
    Protected WithEvents lblResponse   As Label

    Private ProviderType               As ProviderType

    Private Sub Page_Load( _
                        ByVal sender As System.Object, _
                        ByVal e As System.EventArgs _
                        ) Handles MyBase.Load

        Select Case Request("PT")
            Case "3" : ProviderType = ProviderType.MySQL
            Case "2" : ProviderType = ProviderType.SqlServer
            Case Else: ProviderType = ProviderType.OleDb
        End Select

        If Not Page.IsPostBack Then
            LoadData()
        End if

    End Sub
```

Auch hier haben wir wieder unsere Methode `InsertRecord`, die dieses Mal allerdings nicht mit statisch vorgegebenen Daten arbeitet, sondern die eingegebenen Inhalte aus den einzelnen Textfeldern ausliest.

```
    Private Sub InsertRecord()

    ' ----------------------------------------------------
    ' --- Verbindung zur Datenbank herstellen
    ' ----------------------------------------------------
    Dim objCBDC As New cbDatabaseClient
        objCBDC.ProviderType     = ProviderType
        objCBDC.ConnectionString = objCBDC.DefaultConnectionString

    Dim objConn As IDbConnection
        objConn = objCBDC.GetConnection()

        If objConn.State <> ConnectionState.Open Then
            objConn.Open()
        End If

    Dim sqlCommand As String
        sqlCommand = "SELECT    cust_name, " & _
                               "cust_surname, " & _
                               "cust_street, " & _
                               "cust_zipcode, " & _
                               "cust_city, " & _
                               "cust_E-Mail " & _
                    "FROM      tblCustomers " & _
                    "WHERE     1 = 0"
```

```
Dim dataAdapter As IDbDataAdapter = objCBDC.GetAdapter _
                                    ( _
                                      ProviderType, _
                                      sqlCommand, _
                                      objConn _
                                    )

Dim dataSet As New dataSet
    dataAdapter.Fill(dataSet)

Dim sqlInsertCommand As String
    sqlInsertCommand = "inSERT inTO tblCustomers (" & _
                           "cust_name, " & _
                           "cust_surname, " & _
                           "cust_street, " & _
                           "cust_zipcode, " & _
                           "cust_city, " & _
                           "cust_E-Mail" & _
                       ") VALUES (" & _
                           "@cust_name, " & _
                           "@cust_surname, " & _
                           "@cust_street, " & _
                           "@cust_zipcode, " & _
                           "@cust_city, " & _
                           "@cust_E-Mail" & _
                       ")"

Dim cmdInsert As IDbCommand = objCBDC.CreateCommand()
    cmdInsert.Connection    = objConn
    cmdInsert.CommandText   = sqlInsertCommand

Dim rowCustomer As DataRow
    rowCustomer = dataSet.Tables(0).NewRow()
```

Viel einfacher kann man es eigentlich nicht haben. Sie lesen über die Eigenschaft `Text` der einzelnen `TextBox`-Steuerelement den vom User eingetragenen Wert aus und weisen diesen der entsprechenden Spalte zu.

```
rowCustomer("cust_name")    = txtName.Text
rowCustomer("cust_surname") = txtSurname.Text
rowCustomer("cust_street")  = txtStreet.Text
rowCustomer("cust_zipcode") = txtZipcode.Text
rowCustomer("cust_city")    = txtCity.Text
rowCustomer("cust_E-Mail")  = txtEmail.Text
```

Danach durchlaufen wir wieder alle Spalten der `DataTable`, um die erforderlichen `Parameter`-Objekte zu erzeugen.

```
        For Each objColumn As DataColumn In _
                        dataSet.Tables(0).Columns
            Dim param As IDbDataParameter = _
                    cmdInsert.CreateParameter()
                param.ParameterName = "@" & objColumn.ColumnName
                param.DbType = DbType.AnsiString
                param.SourceColumn = objColumn.ColumnName
                param.Value = rowCustomer(objColumn.ColumnName)
            cmdInsert.Parameters.Add(param)
        Next

        Try
            cmdInsert.ExecuteNonQuery()
            lblResponse.Text = "<b>Der Datensatz wurde " & _
                               "erfolgreich eingef&uuml;gt</b>"
        Catch ex As Exception
            lblResponse.Text = "<b>Der Datensatz konnte " & _
                               "nicht eingef&uuml;gt werden</b><br>"
            lblResponse.Text &= ex.Message
        End Try

        objCBDC.CloseConnection(objConn)

    End Sub
```

Um die Daten wieder anzuzeigen, bedienen wir uns unserer Methode `LoadData` (diese kennen Sie ja sicher aus den früheren Beispielen). Man könnte die Daten auch direkt über das von der vorigen Methode erzeugte `DataSet` auslesen, aber da dies für ein Beispiel etwas unübersichtlich ist, verwenden wir dafür eine eigene Methode, die nur für das Laden und Anzeigen der Daten zuständig ist.

```
    Private Sub LoadData()

    ' -----------------------------------------------------
    ' --- Verbindung zur Datenbank herstellen
    ' -----------------------------------------------------
    Dim objCBDC As New cbDatabaseClient
        objCBDC.ProviderType     = ProviderType
        objCBDC.ConnectionString = objCBDC.DefaultConnectionString

    Dim objConn As IDbConnection
        objConn = objCBDC.GetConnection()

        litDatabase.Text &= providerType.GetName _
                           ( _
                              objCBDC.ProviderType.GetType, _
                              objCBDC.ProviderType _
                           )

    ' -----------------------------------------------------
```

Basics | Datenbank | I/O | Validierung | Controls | Http-Handler | Netzwerk | Grafik | Tracing | Security

```
' SQL-Statement zum Auslesen der Daten erstellen
' --------------------------------------------------
Dim sqlCommand As String
    sqlCommand = "SELECT    cust_id, " & _
                            "cust_name, " & _
                            "cust_surname, " & _
                            "cust_zipcode, " & _
                            "cust_city " & _
                 "FROM      tblCustomers"

Dim dataAdapter As IDbDataAdapter = objCBDC.GetAdapter _
                                    ( _
                                      ProviderType, _
                                      sqlCommand, _
                                      objConn _
                                    )
Dim dataSet As New dataSet
    dataAdapter.Fill(dataSet)

    theGrid.DataSource = dataSet

Dim intPageSize As Int32 = theGrid.PageSize

' --------------------------------------------------
' --- Die aktuelle Seite ermitteln
' --------------------------------------------------
Dim intAbsolutePage As Int32 = 0
    Try
        intAbsolutePage = Request.Item("AP")
    Catch ex As Exception
        intAbsolutePage = 1
    End Try

Dim intRowCount As Int32
    intRowCount = dataSet.Tables(0).Rows.Count

Dim intLastPageRecords As Int32 = 0
    intLastPageRecords = intRowCount Mod intPageSize

Dim intPageCount As Int32 = 1
    intPageCount = Fix(intRowCount / intPageSize)

    If intLastPageRecords > 0 Then
        intPageCount += 1
    End If

    If intAbsolutePage > 0 And _
       intAbsolutePage <= intPageCount Then
         theGrid.CurrentPageIndex = intAbsolutePage - 1
    Else
        intAbsolutePage = 1
    End If
```

```
        phPageLinks.Controls.Add _
                (  _
                clsCustomPaging.CreatePageLinks _
                            ( _
                              intAbsolutePage, _
                              intPageCount, _
                              "Chapter02Example51.aspx", _
                              "PT=" & Request("PT"), _
                              10 _
                            ) _
                )

        If Not IsPostBack() Then
            theGrid.DataBind()
        End If

        objCBDC.CloseConnection(objConn)

    End Sub
```

Hier folgt wieder der Eventhandler, der beim Klick auf den Button die notwendigen Methodenaufrufe durchführt.

```
    Private Sub cmdInsert_Click _
                    ( _
                    ByVal sender As Object, _
                    ByVal e As System.EventArgs _
                    ) Handles cmdInsert.Click

        ' -----------------------------------------------------
        ' --- Datensatz einfügen und Daten neu laden
        ' -----------------------------------------------------
        InsertRecord()
        LoadData()

        ' -----------------------------------------------------
        ' --- zur letzten Seite springen und die Daten anzeigen
        ' -----------------------------------------------------
        theGrid.CurrentPageIndex = theGrid.PageCount - 1
        theGrid.DataBind()

    End Sub

End Class

End Namespace
```

Listing 100: Einfügen eines Datensatzes (dynamisch) (Chapter02Example51.aspx.vb)

46 Aktualisieren eines Datensatzes (einfach)

Um einen Datensatz zu aktualisieren, gibt es mehrere Möglichkeiten. Sie können sich zum einen ganz auf das `DataGrid` verlassen, das die Anzeige der entsprechenden Eingabefelder usw. automatisch vornehmen kann. Ihr Schreibaufwand verringert sich hierdurch etwas. Das hat allerdings den Nachteil, dass Sie keine Kontrolle über das Layout haben.

```
<%@ Page Language="vb"
    enableViewState="True"
    AutoEventWireup="false"
    Codebehind="Chapter02Example52.aspx.vb"
    Inherits="codebook.aspnet.vb.Chapter02Example52" %>
<!doctype html public "-//w3c//dtd html 4.0 transitional//en">
<html>
  <head>
    <title>Chapter 02 Example 52</title>
    <link rel="stylesheet"
          href="styles/codebook.css"
          type="text/css">
  </head>
<body>
    <asp:hyperlink cssclass="clsLink"
                   id="linkAccess"
                   navigateurl="Chapter02Example52.aspx?PT=1"
                   runat="server">
                   Datenbankzugriff auf Access
    </asp:hyperlink>
    <br>
    <asp:hyperlink cssclass="clsLink"
                   id="linkSQLServer"
                   navigateurl="Chapter02Example52.aspx?PT=2"
                   runat="server">
                   Datenbankzugriff auf Microsoft SQL Server
    </asp:hyperlink>
    <br>
    <asp:hyperlink cssclass="clsLink"
                   id="linkMySQL"
                   navigateurl="Chapter02Example52.aspx?PT=3"
                   runat="server">
                   Datenbankzugriff auf MySQL
    </asp:hyperlink>
    <br><br>
    <h3>
        <asp:literal id="litDatabase"
                     enableviewstate="False"
                     runat="server">Providertyp:
      </asp:literal>
    </h3>

 <form id="frmMain"
       action="Chapter02Example52.aspx"
       runat="server"
```

```
method="post">
<br>
<asp:label id="lblResponse"
           runat="server">
           Statusanzeige
</asp:label>
<br>
<br>
```

An dieser Stelle wird das `DataGrid`-Steuerelement eingebunden. Wie Sie sehen, sind jetzt einige Attribute mehr mit entsprechenden Werten belegt. Und dies sind noch lange nicht alle Attribute, die das `DataGrid` kennt (aber dazu später mehr). Die hier wichtigen Attribute sind `OnEditCommand`, `OnCancelCommand` und `OnUpdateCommand`. Diesen werden die Namen der entsprechenden Methoden zugewiesen, die bei der entsprechenden Anforderung aufgerufen werden sollen.

```
<asp:datagrid cellpadding="3"
              id="theGrid"
              runat="server"
              width="400"
              autogeneratecolumns="False"
              cssclass="clsTable"
              bordercolor="#000000"
              allowpaging="True"
              allowcustompaging="False"
              pagerstyle-visible="False"
              pagesize="3"
              oneditcommand="theGrid_Edit"
              oncancelcommand="theGrid_Cancel"
              onupdatecommand="theGrid_Update"
              datakeyfield="cust_id">

   <columns>
```

Die Spalte `cust_id` muss mit dem Attribut `ReadOnly=True` belegt werden, da der `UPDATE` eines PrimaryKeys nicht möglich ist.

```
<asp:boundcolumn datafield="cust_id"
                 headertext="ID"
                 headerstyle-cssclass="clsCellHead"
                 itemstyle-cssclass="clsCell"
                 readonly="True" />
<asp:boundcolumn datafield="cust_name"
                 headertext="Vorname"
                 headerstyle-cssclass="clsCellHead"
                 itemstyle-cssclass="clsCell"  />
<asp:boundcolumn datafield="cust_surname"
                 headertext="Nachname"
```

```
                                    headerstyle-cssclass="clsCellHead"
                                    itemstyle-cssclass="clsCell" />
                <asp:boundcolumn datafield="cust_zipcode"
                                    headertext="PLZ"
                                    headerstyle-cssclass="clsCellHead"
                                    itemstyle-cssclass="clsCell" />
                <asp:boundcolumn datafield="cust_city"
                                    headertext="Wohnort"
                                    headerstyle-cssclass="clsCellHead"
                                    itemstyle-cssclass="clsCell" />
```

Über das `EditCommandColumn` Element wird festgelegt, ob `HtmlButtons` oder Links für die Aufrufe der einzelnen Methoden Bearbeiten, Abbrechen oder Speichern verwendet werden sollen. in unserem Beispiel verwenden wir so genannte `LinkButtons`. in der Ausgabe werden daher normale Links angezeigt. Die einzelnen Beschriftungen können über die unten stehenden Attribute zugewiesen werden.

```
                <asp:editcommandcolumn buttontype="LinkButton"
                                        edittext="Bearbeiten"
                                        canceltext="Abbrechen"
                                        updatetext="Speichern">
                </asp:editcommandcolumn>
            </Columns>
        </asp:datagrid>

        <br>

        <asp:PlaceHolder id="phPageLinks"
                         runat="server">
        </asp:PlaceHolder>

    </form>

    </body>
    </html>
```

Listing 101: Aktualisieren eines Datensatzes (einfach) (Chapter02Example52.aspx)

Da die CodeBehind-Datei größtenteils identisch mit der des vorigen Beispiels ist, zeigen wir Ihnen hier nur die Methoden, die unterschiedlich sind. Auf der Buch-CD ist aber natürlich der vollständige Quellcode vorhanden.

Dieser Eventhandler, der über den Link BEARBEITEN aufgerufen wird, sorgt dafür, dass die Werte der entsprechenden Zeile aktualisiert werden können. Dafür wird lediglich die Eigenschaft `EditItemIndex` auf den Wert gesetzt, der über `e.Item.ItemIndex` ermittelt wird.

```
    Public Sub theGrid_Edit _
                        ( _
                         Sender As Object, _
```

```
                        e As DataGridCommandEventArgs _
                        )

        LoadData()
        theGrid.EditItemIndex = e.Item.ItemIndex
        theGrid.DataBind()

    End Sub
```

Ein Klick auf ABBRECHEN bewirkt den Aufruf dieses Eventhandlers. Damit nun keine Zeile mehr mit Eingabefeldern versehen ist, setzen wir den Wert der Eigenschaft `EditItemIndex` auf -1. Somit weiß das `DataGrid`, dass keine Bearbeitung ansteht.

```
    Public Sub theGrid_Cancel _
                        ( _
                        Sender As Object, _
                        e As DataGridCommandEventArgs _
                        )

        LoadData()
        theGrid.EditItemIndex = -1
        theGrid.DataBind()

    End Sub
```

Nach erfolgter Aktualisierung und einem Klick auf den Link SPEICHERN wird diese Methode implizit aufgerufen. Die übergebenen Daten werden ausgelesen und die Aktualisierung der Daten wird vorgenommen.

```
    Public Sub theGrid_Update _
                        ( _
                        Sender As Object, _
                        e As DataGridCommandEventArgs _
                        )
```

Wie Sie sehen, arbeiten wir hier mit den entsprechenden Zahlen (also dem Index der Objekte) und nicht mit den Namen. Dies hat den Grund, dass die übergebenen Argumente die Namen der Objekte nicht beinhalten. Sie müssen hier also wissen, welche Spalte welchen Wert enthält. Da der Index nullbasiert ist, wäre `Cells(1)` hier die zweite Spalte, also der Vorname des Kunden. `Cells(0)` beinhaltet hier die ID des Datensatzes. Bei der automatischer Erzeugung der Eingabefelder durch das `DataGrid` beinhaltet `Controls(0)` immer die entsprechende `TextBox`. Da hier ggfs. aber auch andere Typen vorkommen, wird über die Methode `CType` eine explizite Konvertierung vorgenommen.

```
Dim txtName     As TextBox = _
                   CType(e.Item.Cells(1).Controls(0), TextBox)
Dim txtSurname As TextBox = _
                   CType(e.Item.Cells(2).Controls(0), TextBox)
Dim txtZipcode As TextBox = _
                   CType(e.Item.Cells(3).Controls(0), TextBox)
Dim txtCity     As TextBox = _
                   CType(e.Item.Cells(4).Controls(0), TextBox)
```

Das UPDATE-Statement beinhaltet auch wieder die mit @ gekennzeichneten Platzhalter, die später vom Command-Objekt mit den Inhalten der entsprechenden Parameter ersetzt werden.

```
Dim sqlCommand As String
    sqlCommand = "UPDATE tblCustomers SET " & _
                 "       cust_name     = @cust_name, " & _
                 "       cust_surname = @cust_surname, " & _
                 "       cust_zipcode = @cust_zipcode, " & _
                 "       cust_city     = @cust_city " & _
                 "WHERE  cust_id       = " & _
                          theGrid.DataKeys(e.Item.ItemIndex)

' ------------------------------------------------------
' --- Verbindung zur Datenbank herstellen
' ------------------------------------------------------
Dim objCBDC As New cbDatabaseClient
    objCBDC.ProviderType      = ProviderType
    objCBDC.ConnectionString = objCBDC.DefaultConnectionString

Dim objConn As IDbConnection
    objConn = objCBDC.GetConnection()

    If objConn.State <> ConnectionState.Open Then
        objConn.Open()
    End If

Dim cmdUpdate As IDbCommand = objCBDC.CreateCommand()
    cmdUpdate.Connection = objConn
    cmdUpdate.CommandText = sqlCommand
```

Da wir verschiedene Parameter-Objekte benötigen, haben wir die Erstellung derselben in eine Methode CreateParameter ausgelagert. Diese erzeugt anhand der Übergabewerte das Parameter-Objekt und gibt es an die aufrufende Methode zurück. Die Methode selbst stellen wir Ihnen einige Zeilen weiter unten vor.

```
' ------------------------------------------------------
' --- Parameter für den Namen hinzufügen
' ------------------------------------------------------
cmdUpdate.Parameters.Add _
```

```
            ( _
            CreateParameter _
                ( _
                cmdUpdate, _
                "cust_name", _
                txtName.Text _
                ) _
            )

      ' -------------------------------------------------
      ' --- Parameter für den Nachnamen hinzufügen
      ' -------------------------------------------------
      cmdUpdate.Parameters.Add _
            ( _
            CreateParameter _
                ( _
                cmdUpdate, _
                "cust_surname", _
                txtSurname.Text _
                ) _
            )

      ' -------------------------------------------------
      ' --- Parameter für die PLZ hinzufügen
      ' -------------------------------------------------
      cmdUpdate.Parameters.Add _
            ( _
            CreateParameter _
                ( _
                cmdUpdate, _
                "cust_zipcode", _
                txtZipcode.Text _
                ) _
            )

      ' -------------------------------------------------
      ' --- Parameter für den Wohnort hinzufügen
      ' -------------------------------------------------
      cmdUpdate.Parameters.Add _
            ( _
            CreateParameter _
                ( _
                cmdUpdate, _
                "cust_city", _
                txtCity.Text _
                ) _
            )
```

Nachdem alle Parameter erzeugt wurden, setzen wir das `UPDATE`-Statement auf die Datenbank ab. Wenn die Aktualisierung erfolgreich war, geben wir noch eine diesbezügliche Meldung aus.

```
        Try
            cmdUpdate.ExecuteNonQuery
            lblResponse.Text = "<b>Der Datensatz wurde " & _
                               "erfolgreich aktualisiert</b>"
        Catch ex As Exception
            lblResponse.Text = "<b>Der Datensatz konnte " & _
                               "nicht aktualisiert werden</b><br>"
            lblResponse.Text &= ex.Message
        End Try

        objCBDC.CloseConnection(objConn)

        LoadData()
```

Wir setzen den Wert von `EditItemIndex` noch auf den Wert –1, da nach der Bearbeitung nur der Datensatz selbst ohne Eingabefelder dargestellt werden soll.

```
        theGrid.EditItemIndex = -1
        theGrid.DataBind()

    End Sub
    Private Function CreateParameter _
                    ( _
                    ByVal objCommand AS IDbCommand, _
                    ByVal strColumnName As String, _
                    ByVal strValue As String _
                    ) _
                    AS IDataParameter

    Dim param As IDbDataParameter = objCommand.CreateParameter()
        param.ParameterName = "@" & strColumnName
        param.SourceColumn = strColumnName
        param.Value = strValue

        CreateParameter = param

    End Function

    End Class

End Namespace
```

Listing 102: Aktualisieren eines Datensatzes (einfach) (Chapter02Example52.aspx.vb)

47 Aktualisieren eines Datensatzes (erweitert)

Wenn Sie das vorige Beispiel aufrufen, sehen Sie, dass die Eingabefelder leider alle eine Standardgröße haben und Sie zunächst keine Möglichkeit haben, das Aussehen zu beeinflussen. So wird es evtl. erforderlich sein, den Eingabefeldern eine Stylesheetklasse zuzuweisen oder auch die Länge zu begrenzen. Dies ist aber mit den Bordmitteln nur schwer machbar.

Daher stellen wir Ihnen hier noch eine weitere Variante vor, bei der wir mittels `TemplateColumns` die Formatierung genau nach unseren Wünschen durchführen können. Da die Code-Behind-Datei identisch zu der im vorigen Beispiel ist, zeigen wir Ihnen an dieser Stelle nur die **.aspx*-Datei.

```
<%@ Page Language="vb"
    enableViewState="True"
    AutoEventWireup="false"
    Codebehind="Chapter02Example53.aspx.vb"
    Inherits="codebook.aspnet.vb.Chapter02Example53" %>

<!doctype html public "-//w3c//dtd html 4.0 transitional//en">
<html>
  <head>
    <title>Chapter 02 Example 53</title>
    <link rel="stylesheet"
          href="styles/codebook.css"
          type="text/css">
  </head>
<body>
    <asp:hyperlink cssclass="clsLink"
                   id="linkAccess"
                   navigateurl="Chapter02Example53.aspx?PT=1"
                   runat="server">
                   Datenbankzugriff auf Access
    </asp:hyperlink>
    <br>
    <asp:hyperlink cssclass="clsLink"
                   id="linkSQLServer"
                   navigateurl="Chapter02Example53.aspx?PT=2"
                   runat="server">
                   Datenbankzugriff auf Microsoft SQL Server
    </asp:hyperlink>
    <br>
    <asp:hyperlink cssclass="clsLink"
                   id="linkMySQL"
                   navigateurl="Chapter02Example53.aspx?PT=3"
                   runat="server">
                   Datenbankzugriff auf MySQL
    </asp:hyperlink>
    <br><br>
    <h3>
        <asp:literal id="litDatabase"
                     enableviewstate="False"
                     runat="server">Providertyp:
      </asp:literal>
    </h3>

<form id="frmMain"
      action="Chapter02Example53.aspx"
      runat="server"
      method="post">
```

```
<br>
<asp:label id="lblResponse"
           runat="server">
           Statusanzeige
</asp:label>
<br>
<br>
<asp:datagrid cellpadding="3"
              id="theGrid"
              runat="server"
              width="400"
              autogeneratecolumns="False"
              cssclass="clsTable"
              bordercolor="#000000"
              allowpaging="True"
              allowcustompaging="False"
              pagerstyle-visible="False"
              pagesize="3"
              oneditcommand="theGrid_Edit"
              oncancelcommand="theGrid_Cancel"
              onupdatecommand="theGrid_Update"
              datakeyfield="cust_id">
<columns>

    <asp:boundcolumn datafield="cust_id"
                     headertext="ID"
                     headerstyle-cssclass="clsCellHead"
                     itemstyle-cssclass="clsCell"
                     readonly="True" />
```

Der interessante Teil beginnt an dieser Stelle. Wir erzeugen zunächst ein `TemplateColumn` Element. Dieses beinhaltet zum einen ein `ItemTemplate`, das zur normalen Anzeige der Daten dient, und zum anderen ein `EditItemTemplate`, das automatisch verwendet wird, wenn ein Datensatz bearbeitet werden soll. Sie werden merken, dass Sie etwas mehr Schreibaufwand haben, da Sie hier eigentlich alles von Hand machen müssen, aber der Aufwand lohnt sich, da Sie dann völlig frei in der Gestaltung sind.

```
    <asp:templatecolumn headertext="Vorname"
                        headerstyle-cssclass="clsCellHead"
                        itemstyle-cssclass="clsCell">
```

Das `ItemTemplate` soll die Daten nur anzeigen. Also verwenden wir hier ein `Label`-Steuerelement, dass lediglich den Inhalt der entsprechenden Spalte ausgibt.

```
        <itemtemplate>
            <asp:label id="lblName"
                       text='<%# DataBinder.Eval _
                                 ( _
```

```
                                  Container.DataItem, _
                                  "cust_name" _
                                  ) %>'
                          runat="server"/>
          </itemtemplate>
```

In das `EditItemTemplate` fügen wir ein `TextBox`-Steuerelement ein, das wir mittels der benötigten Attribute formatieren.

```
          <edititemtemplate>
              <asp:textbox id="cust_name"
                          cssclass="clsInput"
                          size="100"
                          width="100"
                          columns="10"
                          maxlength="255"
                          text='<%# DataBinder.Eval _
                                  ( _
                                  Container.DataItem, _
                                  "cust_name" _
                                  ) %>'
                          runat="server"/>
          </edititemtemplate>
      </asp:templatecolumn>
```

Die `TemplateColumns` definieren wir für jede Spalte, die editiert werden darf. Für die ID des Datensatzes, die wir nur ausgeben wollen, benötigen wir lediglich eine `BoundColumn`, die das Attribut `ReadOnly="True"` besitzt.

```
      <asp:templatecolumn headertext="Name"
                          headerstyle-cssclass="clsCellHead"
                          itemstyle-cssclass="clsCell">
          <itemtemplate>
              <asp:label id="lblSurname"
                          text='<%# DataBinder.Eval _
                                  ( _
                                  Container.DataItem, _
                                  "cust_surname" _
                                  ) %>'
                          runat="server"/>
          </itemtemplate>
          <edititemtemplate>
              <asp:textbox id="txtSurname"
                          cssclass="clsInput"
                          size="100"
                          width="100"
                          columns="10"
                          maxlength="255"
                          text='<%# DataBinder.Eval _
```

```
                                     ( _
                                     Container.DataItem, _
                                     "cust_surname" _
                                     ) %>'
                             runat="server"/>
                </edititemtemplate>
        </asp:templatecolumn>

        <asp:templatecolumn headertext="PLZ"
                             headerstyle-cssclass="clsCellHead"
                             itemstyle-cssclass="clsCell">
            <itemtemplate>
                <asp:label id="lblZipcode"
                             text='<%# DataBinder.Eval _
                                     ( _
                                     Container.DataItem, _
                                     "cust_zipcode" _
                                     ) %>'
                             runat="server"/>
            </itemtemplate>
            <edititemtemplate>
                <asp:textbox id="txtZipcode"
                               cssclass="clsInput"
                               size="50"
                               width="50"
                               columns="5"
                               maxlength="5"
                               text='<%# DataBinder.Eval _
                                       ( _
                                       Container.DataItem, _
                                       "cust_zipcode" _
                                       ) %>'
                               runat="server"/>
                </edititemtemplate>
        </asp:templatecolumn>

        <asp:templatecolumn headertext="Wohnort"
                             headerstyle-cssclass="clsCellHead"
                             itemstyle-cssclass="clsCell">
            <itemtemplate>
                <asp:label id="lblCity"
                             text='<%# DataBinder.Eval _
                                     ( _
                                     Container.DataItem, _
                                     "cust_city" _
                                     ) %>'
                             runat="server"/>
            </itemtemplate>
            <edititemtemplate>
                <asp:textbox id="txtCity"
                               cssclass="clsInput"
                               size="100"
                               width="100"
```

```
                        columns="10"
                        maxlength="255"
                        text='<%# DataBinder.Eval _
                                ( _
                                Container.DataItem, _
                                "cust_city" _
                                ) %>'
                        runat="server"/>
            </edititemtemplate>
        </asp:templatecolumn>
```

Es folgt noch die `EditCommandColumn`, die für die einzelnen Links BEARBEITEN, SPEICHERN und ABBRECHEN benötigt wird.

```
        <asp:editcommandcolumn buttontype="LinkButton"
                               edittext="Bearbeiten"
                               canceltext="Abbrechen"
                               updatetext="Speichern">
        </asp:editcommandcolumn>
    </columns>
    </asp:datagrid>

    <br>

    <asp:PlaceHolder id="phPageLinks"
                     runat="server">
    </asp:PlaceHolder>

</form>

</body>
</html>
```

Listing 103: Aktualisieren eines Datensatzes (erweitert) (Chapter02Example53.aspx.vb)

Wie schon erwähnt, folgt an dieser Stelle nicht die CodeBehind-Datei, da diese identisch zum vorigen Beispiel ist. Von daher sparen wir an dieser Stelle lieber den Platz hierfür auf.

48 Löschen eines Datensatzes

Nach dem Einfügen und dem Bearbeiten eines Datensatzes kommt nun auch unweigerlich das Löschen. Dieser »unangenehme« Part (wer möchte schon gerne die mit großem Aufwand hinzugefügten Datensätze wieder löschen ;-)) geht aber ähnlich einfach von Statten wie die restlichen Aufgaben. Es gibt mehrere Optionen, wie Sie das Löschen anstoßen können. Zum einen über die eine `ButtonColumn`, der Sie den Wert `Delete` als `CommandName` geben (der Name muss hierbei genauso lauten) und den entsprechenden EventHandler, den Sie über das Attribut `OnDeleteCommand` angeben, oder, wie im folgenden Beispiel, über eine ButtonColumn, der Sie einen beliebigen Wert für `CommandName` vergeben können und den EventHandler `ItemCommand` des `DataGrid`-Steuerelements.

Wir haben den zweiten Weg gewählt, da wir Ihnen hiermit auch gleichzeitig zeigen können, wie Sie ganz einfach auch individuelle Aktionen einfügen können (z.B. können Sie mit einem Klick ein bestimmtes Flag setzen, das den Status des Datensatz zum Beispiel auf Inactive setzt, usw.)

```
<%@ Page Language="vb"
    enableViewState="True"
    AutoEventWireup="false"
    Codebehind="Chapter02Example54.aspx.vb"
    Inherits="codebook.aspnet.vb.Chapter02Example54" %>
<!doctype html public "-//w3c//dtd html 4.0 transitional//en">
<html>
  <head>
    <title>Chapter 02 Example 54</title>
    <link rel="stylesheet"
          href="styles/codebook.css"
          type="text/css">
  </head>
<body>
    <asp:hyperlink cssclass="clsLink"
                   id="linkAccess"
                   navigateurl="Chapter02Example54.aspx?PT=1"
                   runat="server">
                   Datenbankzugriff auf Access
    </asp:hyperlink>
    <br>
    <asp:hyperlink cssclass="clsLink"
                   id="linkSQLServer"
                   navigateurl="Chapter02Example54.aspx?PT=2"
                   runat="server">
                   Datenbankzugriff auf Microsoft SQL Server
    </asp:hyperlink>
    <br>
    <asp:hyperlink cssclass="clsLink"
                   id="linkMySQL"
                   navigateurl="Chapter02Example54.aspx?PT=3"
                   runat="server">
                   Datenbankzugriff auf MySQL
    </asp:hyperlink>
    <br><br>
    <h3>
        <asp:literal id="litDatabase"
                     enableviewstate="False"
                     runat="server">Providertyp:
      </asp:literal>
    </h3>

 <form id="frmMain"
      action="Chapter02Example54.aspx"
      runat="server"
      method="post">
    <br>
```

```
<asp:label id="lblResponse"
           runat="server">
           Statusanzeige
</asp:label>
<br>
<br>
```

Das DataGrid benötigt hier keine besonderen Einstellungen. Auch die einzelnen Spalten müssen nicht über TemplateColumn definiert werden, da wir ja keine Eingabefelder für die Bearbeitung benötigen.

```
<asp:datagrid cellpadding="3"
              id="theGrid"
              runat="server"
              width="400"
              autogeneratecolumns="False"
              cssclass="clsTable"
              bordercolor="#000000"
              allowpaging="True"
              allowcustompaging="False"
              pagerstyle-visible="False"
              pagesize="3"
              datakeyfield="cust_id">
<columns>
    <asp:boundcolumn datafield="cust_id"
                     headertext="ID"
                     headerstyle-cssclass="clsCellHead"
                     itemstyle-cssclass="clsCell" />
    <asp:boundcolumn datafield="cust_name"
                     headertext="Vorname"
                     headerstyle-cssclass="clsCellHead"
                     itemstyle-cssclass="clsCell" />
    <asp:boundcolumn datafield="cust_surname"
                     headertext="Nachname"
                     headerstyle-cssclass="clsCellHead"
                     itemstyle-cssclass="clsCell" />
    <asp:boundcolumn datafield="cust_zipcode"
                     headertext="PLZ"
                     headerstyle-cssclass="clsCellHead"
                     itemstyle-cssclass="clsCell" />
    <asp:boundcolumn datafield="cust_city"
                     headertext="Wohnort"
                     headerstyle-cssclass="clsCellHead"
                     itemstyle-cssclass="clsCell" />
```

Interessant ist das ButtonColumn-Element. Diesem vergeben wir in unserem Beispiel den Wert cmdDelete für das Attribut CommandName. Mit diesem Namen wird der EventHandler dann bei einem Klick auf den LinkButton angesteuert.

```
        <asp:buttoncolumn buttontype="LinkButton"
                          commandname="cmdDelete"
                          text="Löschen" />
    </columns>
    </asp:datagrid>

    <br>

    <asp:PlaceHolder id="phPageLinks"
                     runat="server">
    </asp:PlaceHolder>

</form>

</body>
</html>
```

Listing 104: Löschen eines Datensatzes (Chapter02Example54.aspx)

Die Methode `LoadData`, die zur Anzeige der Daten aus der Datenbank dient, haben wir aus der nachfolgenden CodeBehind-Datei ausgelassen (nur im Buch, auf der CD ist der Quellcode natürlich vollständig, da diese identisch zu den vorigen Beispielen ist).

```
Imports codebook.aspnet.vb.cbDatabaseClient

Namespace codebook.aspnet.vb

Public Class Chapter02Example54

    Inherits System.Web.UI.Page

    Protected WithEvents theGrid       As DataGrid
    Protected WithEvents linkSQLServer As HyperLink
    Protected WithEvents linkMySQL     As HyperLink
    Protected WithEvents linkAccess    As HyperLink
    Protected WithEvents litDatabase   As Literal
    Protected WithEvents lblResponse   As Label
    Protected WithEvents phPageLinks   As PlaceHolder

    Private ProviderType               As ProviderType

    Private Sub Page_Load( _
                      ByVal sender As System.Object, _
                      ByVal e As System.EventArgs _
                      ) Handles MyBase.Load

        Select Case Request("PT")
            Case "3" : ProviderType = ProviderType.MySQL
            Case "2" : ProviderType = ProviderType.SqlServer
            Case Else: ProviderType = ProviderType.OleDb
        End Select
```

```
        If Not Page.IsPostBack Then
            LoadData()
        End if

    End Sub

    Private Sub LoadData()

    ... (Code auf Buch CD vorhanden)

    End Sub
```

Diese Methode wird vom EventHandler aufgerufen. Wenn Sie dem Button zum Löschen als `CommandName` den Wert `Delete` und dem Attribut `OnDeleteCommand` des `DataGrid` den Wert `theGrid_Delete` vergeben hätten, würde diese Methode automatisch aufgerufen werden. Da wir aber die zweite Variante gewählt haben, erfolgt der Aufruf im EventHandler `theGrid_ItemCommand` weiter unten.

in dieser Methode löschen wir den angeforderten Datensatz. Damit wir auch den Datensatz mit der richtigen ID löschen, lesen wir diese aus der `DataKeys`-Collection des `DataGrid`-Steuerelements aus. Der Index hierfür wird über die `DataGridCommandEventArgs` übergeben.

```
    Public Sub theGrid_Delete _
                    ( _
                    Sender As Object, _
                    e As DataGridCommandEventArgs _
                    )

    Dim sqlCommand As String
        sqlCommand = "DELETE FROM tblCustomers " & _
                     "WHERE  cust_id = " & _
                             theGrid.DataKeys(e.Item.ItemIndex)

    ' ------------------------------------------------
    ' --- Verbindung zur Datenbank herstellen
    ' ------------------------------------------------
    Dim objCBDC As New cbDatabaseClient
        objCBDC.ProviderType     = ProviderType
        objCBDC.ConnectionString = objCBDC.DefaultConnectionString

    Dim objConn As IDbConnection
        objConn = objCBDC.GetConnection()

        If objConn.State <> ConnectionState.Open Then
            objConn.Open()
        End If
```

An dieser Stelle erzeugen wir wieder ein Command-Objekt, das das DELETE-Statement gegen die Datenbank ausführen soll. Da wir die ID direkt angegeben haben, benötigen wir hier keine zusätzlichen Parameter-Objekte mehr, sondern können direkt über den Aufruf der Methode ExecuteNonQuery weitermachen.

```
    Dim cmdUpdate As IDbCommand = objCBDC.CreateCommand()
        cmdUpdate.Connection    = objConn
        cmdUpdate.CommandText   = sqlCommand

        Try
            cmdUpdate.ExecuteNonQuery
            lblResponse.Text = "<b>Der Datensatz wurde " & _
                               "erfolgreich gel&ouml;scht</b>"
        Catch ex As Exception
            lblResponse.Text  = "<b>Der Datensatz konnte " & _
                               "nicht gel&ouml;scht werden</b><br>"
            lblResponse.Text &= ex.Message
        End Try

        objCBDC.CloseConnection(objConn)

        LoadData()

    End Sub
```

Nachfolgend sehen Sie den EventHandler, der beim Klick auf den LinkButton einer Zeile von der Engine aufgerufen wird. Wir prüfen, ob der übergebene CommandName den Wert cmdDelete hat (so haben wir diesen im Beispiel spezifiziert), und wenn ja, wird die Methode theGrid_Delete aufgerufen. Wie schon erwähnt, könnten Sie sich, wenn Sie nur löschen wollen und keine sonstigen Aktionen aufgerufen werden können, diesen Zwischenschritt sparen.

```
    Private Sub theGrid_ItemCommand _
                    ( _
                    ByVal source As Object, _
                    ByVal e As DataGridCommandEventArgs _
                    ) Handles theGrid.ItemCommand

        If e.CommandName = "cmdDelete" Then
            theGrid_Delete(source, e)
        End If

        ' -----------------------------------------------------
        ' --- Fehler wegen evtl. fehlerhafter Zuweisung
        ' --- der aktuellen Seite vermeiden
        ' -----------------------------------------------------
        If theGrid.PageCount - theGrid.CurrentPageIndex = 1 And _
           theGrid.Items.Count = 1 Then
```

Listing 105: Löschen eines Datensatzes (Chapter02Example54.aspx.vb)

```
            If theGrid.PageCount > 1 Then
                theGrid.CurrentPageIndex -= 1
            Else
                theGrid.CurrentPageIndex = 0
            End if
        End if

        theGrid.EditItemIndex = -1
        theGrid.DataBind()

    End Sub

End Class

End Namespace
```

Listing 105: Löschen eines Datensatzes (Chapter02Example54.aspx.vb) (Forts.)

49 Hilfsklasse cbDataAdapter

Bevor wir mit den nächsten Beispielen weitermachen können, sollten Sie die folgende Klasse kennen lernen. Diese stellt Ihnen Methoden bereit, mit deren Hilfe Sie auf einfache Weise einen `DataAdapter` inklusive aller benötigten `Command`-Objekte sowie aller zugehörigen `Parameter`-Objekte automatisch erzeugen lassen. Wir haben die Klasse bewusst möglichst einfach gehalten um Ihnen die Möglichkeit zu geben, diese ohne Probleme auf Ihre Bedürfnisse anzupassen. Ihnen bleibt bei der Verwendung der Basisklasse eigentlich nur, die entsprechenden Spalten zu definieren, noch einige benötigte Werte zuzuweisen und als Rückgabe ein `IDbDataAdapter`-Objekt zu erwarten. Dieses beinhaltet dann z.B. alle `Command`-Objekte (`Select`-Command, `UPDATE`-Command usw.)

```
Imports System.Data.OleDb
Imports System.Text

Namespace codebook.aspnet.vb

Public Class cbDataAdapter

    ' ------------------------------------------------------------
    ' --- Membervariablen
    ' ------------------------------------------------------------
    Private mTableName      As String
    Private mConnection     As IDbConnection
    Private mDatabaseClient As cbDatabaseClient
    Private mDataColumns    As DataColumnCollection
    Private mKeyColumn      As String
    Private mKeyValue       As String
```

Die folgenden Methoden sind Konstruktoren. Damit Sie eine möglichst breit gefächerte Auswahl an Möglichkeiten der Zuweisung haben, beinhaltet das Beispiel mehrere dieser Methoden mit verschiedenen Parametern.

```
    ' ------------------------------------------------------
    ' --- Konstruktoren
    ' ------------------------------------------------------
    Public Sub New()

    End Sub

    Public Sub New( ByRef cbDatabaseClient As cbDatabaseClient )

    End Sub

    Public Sub New( ByRef cbDatabaseClient As cbDatabaseClient, _
                    ByRef objConn As IDbConnection, _
                    ByRef strTableName As String )

    End Sub

    Public Sub New( ByRef cbDatabaseClient As cbDatabaseClient, _
                    ByRef objConn As IDbConnection, _
                    ByVal dcc As DataColumnCollection)

    End Sub
```

Da wir verschiedene Angaben benötigen (z.B. den Tabellennamen, die ID-Spalte, das `Connection`-Objekt zur Datenbank, ...), um die Objekte erzeugen zu können, haben wir verschiedene Eigenschaften zur Verfügung gestellt, die vom Aufrufer zu besetzen sind.

`TableName` ist der Name der Datenbanktabelle, die wir ansprechen wollen.

```
    Public Property TableName() As String
        Get
            TableName = mTableName
        End Get
        Set
            mTableName= Value
        End Set
    End Property
```

`Connection` ist das `IDbConnection`-Objekt, das die Verbindung zur Datenbank beinhaltet.

```
    Public Property Connection() As IDbConnection
        Get
            Connection = mConnection
        End Get
```

```
        Set
            mConnection = Value
        End Set
    End Property
```

DatabaseClient ist eine Instanz der cbDatabaseClient-Klasse, da wir einige Methoden dieser Klasse benötigen.

```
    Public Property DatabaseClient() As cbDatabaseClient
        Get
            DatabaseClient = mDatabaseClient
        End Get
        Set
            mDatabaseClient = Value
        End Set
    End Property
```

Für DataColumns übergeben wir eine DataColumnCollection. Diese beinhaltet alle Spalten, die wir ansprechen wollen.

```
    Public Property DataColumns() As DataColumnCollection
        Get
            DataColumns = mDataColumns
        End Get
        Set
            mDataColumns = Value
        End Set
    End Property
```

KeyColumn beinhaltet den Namen der ID-Spalte der Tabelle. Da wir diese für die Selektion bzw. Aktualisierungen oder Löschungen von Datensätzen benötigen, muss diese Eigenschaft ebenfalls besetzt werden.

```
    Public Property KeyColumn() As String
        Get
            KeyColumn = mKeyColumn
        End Get
        Set
            mKeyColumn = Value
        End Set
    End Property
```

KeyValue ist der Wert, der für die ID-Spalte verwendet werden soll.

```
    Public Property KeyValue() As String
        Get
            If IsNothing( mKeyValue ) Then
                KeyValue = String.Empty
            Else
                KeyValue = mKeyValue
            End if
        End Get
        Set
            mKeyValue = Value
        End Set
    End Property
```

Nun folgt die Hauptmethode der Klasse. Diese erzeugt ein `IDbDataAdapter`-Objekt, das mit den entsprechenden `Command`-Objekten bestückt wird.

```
    Public Function CreateAdapter() As IdbDataAdapter
```

Um Fehler zu vermeiden, prüfen wir vorab, ob verschiedene Kriterien erfüllt sind. Z.B. benötigen wir eine `DataColumnCollection`, denn ohne Spalten brauchen wir nicht weiterzumachen.

```
    If DatabaseClient Is Nothing Then
        Exit Function
    End If

    If DataColumns Is Nothing Then
        Exit Function
    End If
```

Vorab beginnen wir damit, die verschiedenen SQL-Statements vorzubereiten. Diese sind so gehalten, dass sie mit jedem Datenbanktyp, den wir hier verwenden, laufen.

```
    Dim strSeparator     As String = String.Empty
    Dim sqlSelect        As String = "SELECT "
    Dim sqlInsert        As String = "inSERT inTO " & TableName & " "
    Dim strInsertFields AS String = String.Empty
    Dim strInsertValues AS String = String.Empty
    Dim sqlUpdate        As String = "UPDATE " & TableName & " SET "
    Dim sqlDelete        As String = "DELETE FROM " & TableName & " "
```

Im nächsten Schritt werden die einzelnen `Command`-Objekte erzeugt und die `Connection` wird zugewiesen. Die einzelnen `Parameter`-Objekte werden ebenfalls erzeugt, aber erst im späteren Verlauf verwendet.

```
' -----------------------------------------------------
' --- Command-Objekte erzeugen
' -----------------------------------------------------
Dim cmdSelect As IDbCommand      = DatabaseClient.CreateCommand()
    cmdSelect.Connection         = Connection
Dim dbpSelect As IDataParameter
Dim cmdInsert As IDbCommand      = DatabaseClient.CreateCommand()
    cmdInsert.Connection         = Connection
Dim dbpInsert As IDataParameter
Dim cmdUpdate As IDbCommand      = DatabaseClient.CreateCommand()
    cmdUpdate.Connection         = Connection
Dim dbpUpdate As IDataParameter
Dim cmdDelete As IDbCommand      = DatabaseClient.CreateCommand()
    cmdDelete.Connection         = Connection
Dim dbpDelete As IDataParameter
Dim daTemp    As IDbDataAdapter = DatabaseClient.GetAdapter _
                                  ( _
                                    DatabaseClient.ProviderType, _
                                    sqlSelect, _
                                    Connection _
                                  )
```

Durch eine Schleife, mit deren Hilfe wir alle Spalten unserer `DataColumnCollection` durchlaufen, erzeugen wir die entsprechenden SQL-Statements. Die einzige Ausnahme bildet die ID-Spalte (`KeyColumn`). Diese wird etwas weiter unten nur für das Erzeugen der `WHERE`-Klausel herangezogen.

```
    ' -----------------------------------------------------
    ' --- Alle Spalten ermitteln und durchlaufen
    ' -----------------------------------------------------
    For Each objColumn As DataColumn In DataColumns

        If objColumn.ColumnName <> KeyColumn Then
```

Hinter der letzten Spalte benötigen wir kein Komma mehr, daher wird geprüft, ob wir den letzten Schleifendurchlauf machen oder nicht (wenn die aktuelle Spalte die letzte Spalte ist).

```
            If objColumn.Ordinal < DataColumns.Count - 1 Then
                strSeparator = ", "
            Else
                strSeparator = " "
            End If
```

Jetzt stellen wir die einzelnen Feld-Wert-Paare-zusammen. Für ein `UPDATE`-Statement sehen diese natürlich anders aus als z.B. für ein `INSERT`-Statement.

```
                strInsertFields &= objColumn.ColumnName & _
                                   strSeparator

                strInsertValues &= "@" & objColumn.ColumnName & _
                                   strSeparator

                sqlUpdate       &= objColumn.ColumnName & _
                                   " = " & _
                                   "@" & _
                                   objColumn.ColumnName & _
                                   strSeparator

                sqlSelect       &= objColumn.ColumnName & _
                                   strSeparator
```

Im gleichen Zug erzeugen wir die benötigten `Parameter`-Objekte, die später mit den eigentlichen Werten ersetzt werden. Um Probleme zu vermeiden, wird der Name eines Parameters immer auf den Wert `@spaltennname` festgelegt. Wenn eine Spalte also z.B. `test` heißt, wird der Parameter den Namen `@test` erhalten.

```
                    dbpInsert = cmdInsert.CreateParameter()
                    dbpInsert.ParameterName = "@" & _
                                              objColumn.ColumnName
                    dbpInsert.SourceColumn  = objColumn.ColumnName
                    cmdInsert.Parameters.Add(dbpInsert)

                    dbpUpdate = cmdUpdate.CreateParameter()
                    dbpUpdate.ParameterName = "@" & _
                                              objColumn.ColumnName
                    dbpUpdate.SourceColumn  = objColumn.ColumnName
                    cmdUpdate.Parameters.Add(dbpUpdate)

            End if
        Next
```

Nun müssen noch die `WHERE`-Klauseln festgelegt werden. Diese werden ebenfalls mit Parametern versehen.

```
        sqlSelect &= " WHERE " & KeyColumn & " = @" & KeyColumn
        sqlInsert &= "(" & strInsertFields & ") VALUES (" & _
                           strInsertValues & ")"
        sqlDelete &= " WHERE " & KeyColumn & " = @" & KeyColumn
        sqlUpdate &= " WHERE " & KeyColumn & " = @" & KeyColumn

            dbpSelect = cmdSelect.CreateParameter()
            dbpSelect.ParameterName = "@" & KeyColumn
            dbpSelect.SourceColumn  = KeyColumn
            dbpSelect.Value         = KeyValue
```

```
            cmdSelect.Parameters.Add(dbpSelect)

            dbpUpdate = cmdUpdate.CreateParameter()
            dbpUpdate.ParameterName = "@" & KeyColumn
            dbpUpdate.SourceColumn  = KeyColumn
            dbpUpdate.Value         = KeyValue
            cmdUpdate.Parameters.Add(dbpUpdate)

            dbpDelete = cmdDelete.CreateParameter()
            dbpDelete.ParameterName = "@" & KeyColumn
            dbpDelete.SourceColumn  = KeyColumn
            dbpDelete.Value         = KeyValue
            cmdDelete.Parameters.Add(dbpDelete)
```

Zu guter Letzt weisen wir den einzelnen `Command`-Objekten noch den zugehörigen SQL-String und dem `DataAdapter` die entsprechenden `Command`-Objekte zu. Und schon haben Sie einen automatisch gefüllten `DataAdapter`, mit dem Sie alle Aktionen (Auslesen, Einfügen, Aktualisieren und Löschen) durchführen können ohne sich Gedanken über die einzelnen `Command`-Objekte und die SQL-Statements hierzu machen zu müssen.

```
            cmdSelect.CommandText = sqlSelect
            daTemp.SelectCommand  = cmdSelect

            cmdInsert.CommandText = sqlInsert
            daTemp.InsertCommand  = cmdInsert

            cmdUpdate.CommandText = sqlUpdate
            daTemp.UpdateCommand  = cmdUpdate

            cmdDelete.CommandText = sqlDelete
            daTemp.DeleteCommand  = cmdDelete

            Return daTemp

        End Function

    End Class

End Namespace
```

Listing 106: Hilfsklasse cbDataAdapter (cbDataAdapter.vb)

50 Arbeiten mit unserer Hilfsklasse

Damit Sie unsere Hilfsklasse `cbDataAdapter` auch in Aktion sehen können, folgt nun ein kleines Beispiel. Wir löschen hier ebenfalls einen Datensatz, verwenden aber eine Instanz der oben vorgestellten Klasse. Die Methode `LoadData` haben wir wieder weggelassen, da diese ebenfalls identisch zu den vorigen Beispielen ist.

```
Imports codebook.aspnet.vb.cbDatabaseClient

Namespace codebook.aspnet.vb

Public Class Chapter02Example55

    Inherits System.Web.UI.Page

    Protected WithEvents theGrid       As DataGrid
    Protected WithEvents linkSQLServer As HyperLink
    Protected WithEvents linkMySQL     As HyperLink
    Protected WithEvents linkAccess    As HyperLink
    Protected WithEvents litDatabase   As Literal
    Protected WithEvents lblResponse   As Label
    Protected WithEvents cmdInsert     As Button
    Protected WithEvents phPageLinks   As PlaceHolder

    Private ProviderType               As ProviderType
    Private dsCustomer                 As DataSet

    Private Sub Page_Load( _
                     ByVal sender As System.Object, _
                     ByVal e As System.EventArgs _
                     ) Handles MyBase.Load

        Select Case Request("PT")
            Case "3" : ProviderType = ProviderType.MySQL
            Case "2" : ProviderType = ProviderType.SqlServer
            Case Else: ProviderType = ProviderType.OleDb
        End Select

        If Not Page.IsPostBack Then
            LoadData()
        End if

    End Sub

    Private Sub LoadData()

    ...

    End Sub

    Public Sub theGrid_Delete _
                   ( _
                    Sender As Object, _
                     e As DataGridCommandEventArgs _
                   )

    ' ---------------------------------------------------
    ' --- Verbindung zur Datenbank herstellen
    ' ---------------------------------------------------
    Dim objCBDC As New cbDatabaseClient
```

```
        objCBDC.ProviderType      = ProviderType
        objCBDC.ConnectionString = objCBDC.DefaultConnectionString

    Dim objConn As IDbConnection
        objConn = objCBDC.GetConnection()

        If objConn.State <> ConnectionState.Open Then
            objConn.Open()
        End If
```

Um die Spalten zu definieren, erzeugen wir der Einfachheit halber einer `DataTable`, der wir die benötigten Spalten einfach hinzufügen. Die so entstehende `DataColumnCollection` weisen wir dann der Eigenschaft `DataColumns` unserer Hilfsklasse zu.

```
    Dim dtTemp As DataTable = New DataTable( "tblCustomers" )
        dtTemp.Columns.Add("cust_id")
```

An dieser Stelle erzeugen wir eine neue Instanz der Hilfsklasse. Die entsprechenden Eigenschaften werden gesetzt (wir wollen ja auf die Tabelle `tblCustomers` zugreifen, deren ID-Spalte `cust_id` ist) und der `DataAdapter` wird dann mittels Aufruf der Methode `CreateAdapter` erzeugt.

```
    Dim cbCommand As cbDataAdapter
        cbCommand = New cbDataAdapter()
        cbCommand.DatabaseClient = objCBDC
        cbCommand.Connection     = objConn
        cbCommand.TableName      = "tblCustomers"
        cbCommand.DataColumns    = dtTemp.Columns
        cbCommand.KeyColumn      = "cust_id"
        cbCommand.KeyValue       = theGrid.DataKeys _
                                       (e.Item.ItemIndex)

    Dim daCustomer As IDbDataAdapter = cbCommand.CreateAdapter()
```

Das war hier auch schon alles, was Sie im Vorfeld machen müssen. Sie sehen, dass Sie weder ein `Command`-Objekt noch irgendwelche Parameter selbst erzeugen müssen. Das passiert alles automatisch. Ihnen bleibt nur noch, das `DeleteCommand` (da wir hier ja einen Datensatz löschen wollen) auszuführen.

```
        Try
            daCustomer.DeleteCommand.ExecuteNonQuery
            lblResponse.Text = "<b>Der Datensatz wurde " & _
                               "erfolgreich gel&ouml;scht</b>"
        Catch ex As Exception
```

Listing 107: Arbeiten mit der Hilfsklasse cbDataAdapter (Chapter02Example55.aspx.vb)

```
            lblResponse.Text = "<b>Der Datensatz konnte " & _
                               "nicht gel&ouml;scht werden</b><br>"
            lblResponse.Text &= ex.Message
        End Try

        objCBDC.CloseConnection(objConn)

        LoadData()

        ' ---------------------------------------------------
        ' --- Fehler wegen evtl. fehlerhafter Zuweisung
        ' --- der aktuellen Seite vermeiden
        ' ---------------------------------------------------
        If theGrid.PageCount - theGrid.CurrentPageIndex = 1 And _
          theGrid.Items.Count = 1 Then
           If theGrid.PageCount > 1 Then
              theGrid.CurrentPageIndex -= 1
           Else
              theGrid.CurrentPageIndex = 0
           End if
        End if

        theGrid.EditItemIndex = -1
        theGrid.DataBind()

    End Sub

End Class

End Namespace
```

Listing 107: Arbeiten mit der Hilfsklasse cbDataAdapter (Chapter02Example55.aspx.vb) (Forts.)

51 Ein Loginformular erstellen

Gewisse Inhalte sollen nur einem bestimmten Nutzerkreis zur Verfügung stehen oder Preislisten werden z.B. individuell pro Kunde erzeugt. Dazu benötigt man eine Anmeldung, die zum Beispiel über eine Datenbank Benutzername und Passwort prüft. Genau dies machen wir im nächsten Beispiel.

```
<%@ Page Language="vb"
    EnableViewState="False"
    AutoEventWireup="False"
    Codebehind="Chapter02Example60.aspx.vb"
    Inherits="codebook.aspnet.vb.Chapter02Example60"%>

<!DOCTYPE HTML PUBLIC "-//W3C//DTD HTML 4.0 TRANSITIONAL//EN">
<html>
  <head>
    <title>Chapter 02 Example 60</title>
    <link rel="stylesheet"
```

```
        href="styles/codebook.css"
        type="text/css">
  </head>
<body>
    <asp:hyperlink cssclass="clsLink"
                   id="linkAccess"
                   navigateurl="Chapter02Example60.aspx?PT=1"
                   runat="server">
                   Datenbankzugriff auf Access
    </asp:hyperlink>
    <br>
    <asp:hyperlink cssclass="clsLink"
                   id="linkSQLServer"
                   navigateurl="Chapter02Example60.aspx?PT=2"
                   runat="server">
                   Datenbankzugriff auf Microsoft SQL Server
    </asp:hyperlink>
    <br>
    <asp:hyperlink cssclass="clsLink"
                   id="linkMySQL"
                   navigateurl="Chapter02Example60.aspx?PT=3"
                   runat="server">
                   Datenbankzugriff auf MySQL
    </asp:hyperlink>
    <br>
    <h3>
        <asp:literal id="litDatabase"
                     enableviewstate="False"
                     runat="server">Providertyp:
      </asp:literal>
    </h3>

    <h3>
        <asp:label id="lblTopic"
                   runat="server">
                   Kundenlogin
        </asp:label>
    </h3>
```

Das Label dient nur dazu, das Formular komplett ausblenden zu können. Das Formular selbst kennt keine `Visible`-Eigenschaft, daher der Umweg über das `Label`-Steuerelement.

```
    <asp:label id="lblForm"
            enableviewstate="False"
            runat="server">

    <form id="frmMain"
        action='Chapter02Example60.aspx"'
        runat="server"
        method="post">
```

```
<table border="0"
       width="400"
       cellpadding="0"
       cellspacing="0">
```

Um die ASP.NET-Elemente auch zu nutzen, fügen wir neben den Eingabefeldern für Username und Passwort noch zwei Validator-Controls ein, die eine entsprechende Fehlermeldung ausgeben, wenn die eingegebenen Informationen nicht korrekt sind. in unserem Fall beschränken wir uns hier zuerst einmal darauf, zu prüfen, ob überhaupt etwas eingegeben wurde. Die Prüfung gegen die Datenbank wird in der CodeBehind-Datei vorgenommen.

```
<tr>
    <td colspan="2">
        <asp:requiredfieldvalidator
             id="valUsername"
             runat="server"
             errormessage=""
             display="Static"
             controltovalidate="txtName"
             enableclientscript="False">
        </asp:requiredfieldvalidator>
    </td>
</tr>
<tr>
    <td width="100">Username:</td>
    <td width="300">
        <asp:textbox cssclass="clsInput"
                     id="txtName"
                     runat="server"
                     size="10"
                     maxlength="10" />
    </td>
</tr>
<tr>
    <td colspan="2">
        <asp:requiredfieldvalidator
             id="valPassword"
             runat="server"
             errormessage=""
             display="Static"
             controltovalidate="txtPassword"
             enableclientscript="False">
        </asp:requiredfieldvalidator>
    </td>
</tr>
<tr>
    <td>Passwort:</td>
    <td>
        <asp:textbox cssclass="clsInput"
                     id="txtPassword"
```

```
                                    runat="server"
                                    size="30"
                                    textmode="Password"
                                    maxlength="20" />
                </td>
            </tr>
        </table>
        <br>
        <asp:button cssclass="clsSubmit"
                    id="cmdSubmit"
                    runat="server"
                    text="Anmeldevorgang durchführen" />
    </form>

    </asp:label>
```

Wenn der User sich korrekt anmelden konnte, wird noch ein Link ausgegeben, der ihn auf die eigentliche Seite (angepasste Preisliste) weiterleitet. Dieser wird per Default auf `Visible="False"` gesetzt, damit er nicht angezeigt wird. (Die entsprechende Seite prüft aber natürlich auch selbst, ob der User die Seite anzeigen darf oder nicht.)

```
    <asp:label id="lblLink"
               cssclass="clsError"
               runat="server"
               visible="False">
               <br>Die Artikelliste können Sie
               <a class="clsLinkBold"
                  href="Chapter02Example61.aspx">
               hier</a> einsehen.
    </asp:label>

</body>
</html>
```

Listing 108: Loginformular erstellen (Chapter02Example60.aspx)

```
Imports System.Web.UI.WebControls

Namespace codebook.aspnet.vb

Public Class Chapter02Example60
    Inherits System.Web.UI.Page

    Protected WithEvents lblTopic      As Label
    Protected WithEvents txtName       As TextBox
    Protected WithEvents txtPassword   As TextBox
    Protected WithEvents cmdSubmit     As Button
    Protected WithEvents lblLink       As Label
    Protected WithEvents lblForm       As Label
```

```
    Protected WithEvents valUsername   As RequiredFieldValidator
    Protected WithEvents valPassword   As RequiredFieldValidator

    Protected WithEvents linkSQLServer As HyperLink
    Protected WithEvents linkMySQL     As HyperLink
    Protected WithEvents linkAccess    As HyperLink
    Protected WithEvents litDatabase   As Literal
    Protected WithEvents lblStatus     As Label

    Private ProviderType               As ProviderType

    Private Sub Page_Load( _
                      ByVal sender As System.Object, _
                      ByVal e As System.EventArgs _
                      ) Handles MyBase.Load

    Dim blnLoginDataOK As Boolean = True

        Select Case Request("PT")
            Case "3" : ProviderType = ProviderType.MySQL
            Case "2" : ProviderType = ProviderType.SqlServer
            Case Else: ProviderType = ProviderType.OleDb
        End Select
```

Die Prüfung soll natürlich nur vorgenommen werden, wenn ein PostBack vorliegt. Daher wird im Vorfeld hierauf geprüft.

```
        If Page.IsPostBack Then
            Page.Validate()
```

Falls einer der Werte (Benutzername und Passwort) fehlt, wird eine entsprechende Meldung ausgegeben.

```
            If Not valUsername.IsValid Then
                blnLoginDataOK = False
                valUsername.Text = "Bitte geben Sie " & _
                                   "die Kundennummer ein"
            End If

            If Not valPassword.IsValid Then
                blnLoginDataOK = False
                valPassword.Text = "Bitte geben Sie " & :
                                   "Ihr Passwort ein"
            End If
```

Falls beide Werte gefüllt waren, wird über die Methode `CheckLogin` geprüft, ob der angegebene User mit diesem Passwort in der Datenbank vorkommt. Wenn ja, wird das Formular, bzw. das Label, das um das Formular herum steht, ausgeblendet und der Link auf die nächste Seite wird eingeblendet.

```
            If blnLoginDataOK Then
                If CheckLogin() Then
                    lblForm.Visible = False
                    lblLink.Visible = True
                End If
            End if
        Else
            litDatabase.Visible = False
        End If

    End Sub

    Private Function CheckLogin() As Boolean

    ' ------------------------------------------------------
    ' --- Verbindung zur Datenbank herstellen
    ' ------------------------------------------------------
    Dim objCBDC As New cbDatabaseClient
        objCBDC.ProviderType     = ProviderType
        objCBDC.ConnectionString = objCBDC.DefaultConnectionString

    Dim objConn As IDbConnection
        objConn = objCBDC.GetConnection()

        litDatabase.Text &= providerType.GetName _
                            ( _
                                objCBDC.ProviderType.GetType, _
                                objCBDC.ProviderType _
                            )

        If objConn.State <> ConnectionState.Open Then
            objConn.Open()
        End If
```

Die Loginprüfung ist hier recht einfach aufgebaut. Wir geben den Wert 1 zurück, falls es einen Datensatz gibt, bei dem Username und Passwort genau den eingegebenen Werten entspricht.

```
    ' ------------------------------------------------------
    ' SQL-Statement zum Auslesen der Daten erstellen
    ' ------------------------------------------------------
    Dim sqlCommand As String
        sqlCommand = "SELECT 1 " & _
                     "FROM   tblUsers " & _
                     "WHERE  user_name     = @user_name " & _
                     "AND    user_password = @user_password "

    Dim intLogin As Integer = 0

    Dim cmdLogin AS IDbCommand = objConn.CreateCommand()
```

```
cmdLogin.Parameters.Add _
        ( _
        objCBDC.CreateParameter _
              ( _
              cmdLogin, _
              "user_name", _
              txtName.Text _
              ) _
        )

cmdLogin.Parameters.Add _
        ( _
        objCBDC.CreateParameter _
              ( _
              cmdLogin, _
              "user_password", _
              txtPassword.Text _
              ) _
        )


cmdLogin.CommandText    = sqlCommand
```

Über die Methode `ExecuteScalar`, die den ersten Wert der ersten Spalte zurückgibt, wird das oben erzeugte SQL-Statement abgesetzt. Da wir nur den ersten Wert (in unserem Fall den Wert 1) benötigen, ist diese Methode die einfachste Lösung.

```
intLogin = cmdLogin.ExecuteScalar
```

Wenn die Prüfung erfolgreich war, bzw. ein Datensatz mit den im Formular gemachten Angaben existiert, wird eine Session-Variable gesetzt und noch eine Meldung ausgegeben.

```
If intLogin = 1 Then
    Session("userLogin") = True
    lblTopic.Text = "Login erfolgreich"
Else
    Session("userLogin") = False
    lblTopic.Text = "<font color=""red"">Login " & _
                   "fehlgeschlagen</font>"
End If

objCBDC.CloseConnection(objConn)

If intLogin = 1 Then
    Return True
Else
    Return False
```

Listing 109: Loginformular erstellen (Chapter02Example60.aspx)

```
        End If

    End Function

End Class

End Namespace
```

Listing 109: Loginformular erstellen (Chapter02Example60.aspx) (Forts.)

52 Prüfen, ob ein Benutzer angemeldet ist

Das beste Login nützt Ihnen wenig, wenn Sie nicht irgendwo hierauf eine Prüfung einbauen. Dies machen wir, neben der Anzeige einer kundenspezifischen Preisliste, im folgenden Beispiel. Die **.aspx*-Datei benötigt hierfür außer einem Link auf die Anmeldeseite keine besonderen Elemente.

```
<%@ Page Language="vb"
    enableViewState="False"
    AutoEventWireup="false"
    Codebehind="Chapter02Example61.aspx.vb"
    Inherits="codebook.aspnet.vb.Chapter02Example61" %>
<!DOCTYPE HTML PUBLIC "-//W3C//DTD HTML 4.0 TRANSITIONAL//EN">
<html>
  <head>
    <title>Chapter 02 Example 61</title>
    <link rel="stylesheet"
          href="styles/codebook.css"
          type="text/css">
  </head>
<body>
    <asp:HyperLink cssclass="clsLink"
                   id="linkAccess"
                   navigateurl="Chapter02Example61.aspx?PT=1"
                   runat="server">
                   Datenbankzugriff auf Access
    </asp:HyperLink>
    <br>
    <asp:HyperLink cssclass="clsLink"
                   id="linkSQLServer"
                   navigateurl="Chapter02Example61.aspx?PT=2"
                   runat="server">
                   Datenbankzugriff auf Microsoft SQL Server
    </asp:hyperlink>
    <br>
    <asp:hyperlink cssclass="clsLink"
                   id="linkMySQL"
                   navigateurl="Chapter02Example61.aspx?PT=3"
                   runat="server">
```

Listing 110: Loginprüfung und Anzeige einer individuellen Preisliste (Chapter02Example61.aspx)

```
                Datenbankzugriff auf MySQL
    </asp:HyperLink>
    <br>
    <h3>
        <asp:literal id="litDatabase"
                     enableviewstate="False"
                     runat="server">Providertyp:
       </asp:literal>
    </h3>

    <asp:label id="lblError"
               cssclass="clsError"
               runat="server"
               visible="False">
               Fehler. Bitte <a class="clsLinkBold"
                                 href="Chapter02Example60.aspx">
               hier</a> anmelden.
    </asp:label>

    <asp:datagrid cellpadding="3"
                  id="theGrid"
                  runat="server"
                  autogeneratecolumns="False"
                  cssclass="clsTable"
                  bordercolor="#000000"
                  visible="False">
        <columns>
            <asp:boundcolumn datafield="art_id"
                             headertext="ID"
                             headerstyle-cssclass="clsCellHead"
                             itemstyle-cssclass="clsCell" />
            <asp:boundcolumn datafield="art_name"
                             headertext="Name"
                             headerstyle-cssclass="clsCellHead"
                             itemstyle-cssclass="clsCell" />
            <asp:boundcolumn datafield="art_category"
                             headertext="Kategorie"
                             headerstyle-cssclass="clsCellHead"
                             itemstyle-cssclass="clsCell" />
            <asp:templatecolumn headertext="Ihr Preis"
                                headerstyle-cssclass="clsCellHead"
                                itemstyle-cssclass="clsCell"
                                footerstyle-cssclass="clsCellFooter"
                                headerstyle-horizontalalign="Right"
                                itemstyle-horizontalalign="Right">
            <itemtemplate>
            <itemtemplate>
                <%# String.Format _
                    ( _
                    "{0:C}", _
```

Listing 110: Loginprüfung und Anzeige einer individuellen Preisliste (Chapter02Example61.aspx) (Forts.)

```
                    DataBinder.Eval(Container.DataItem, _
                                    "cust_price") _
                    )
                %>
            </itemtemplate>
            </itemtemplate>
            </asp:templatecolumn>
        </Columns>
    </asp:datagrid>
</body>
</html>
```

Listing 110: Loginprüfung und Anzeige einer individuellen Preisliste (Chapter02Example61.aspx) (Forts.)

```
Imports codebook.aspnet.vb.cbDatabaseClient
Imports System.Globalization
Imports System.Threading

Namespace codebook.aspnet.vb

Public Class Chapter02Example61

    Inherits System.Web.UI.Page

    Protected WithEvents litDatabase   As Literal
    Protected WithEvents linkAccess    As HyperLink
    Protected WithEvents linkMySQL     As HyperLink
    Protected WithEvents linkSQLServer As HyperLink
    Protected WithEvents theGrid       As DataGrid
    Protected WithEvents lblError      As Label

    Private ProviderType               As ProviderType

    Private Sub Page_Load( _
                     ByVal sender As System.Object, _
                     ByVal e As System.EventArgs _
                     ) Handles MyBase.Load

        Select Case Request("PT")
            Case "3" : ProviderType = ProviderType.MySQL
            Case "2" : ProviderType = ProviderType.SqlServer
            Case Else: ProviderType = ProviderType.OleDb
        End Select
```

Hier erfolgt die Prüfung auf die im vorigen Beispiel gesetzte Session-Variable. Wenn diesen den Wert `True` hat, werden die Daten geladen und angezeigt, ansonsten wird nur eine Meldung ausgegeben, die besagt, dass der User sich bitte anmelden soll.

```
        If Session("userLogin") = True Then
            LoadData()
            theGrid.Visible     = True
        Else
            litDatabase.Visible = False
            lblError.Visible    = True
        End If

    End Sub

    Private Sub LoadData()

    ' -----------------------------------------------------
    ' --- Verbindung zur Datenbank herstellen
    ' -----------------------------------------------------
    Dim objCBDC As New cbDatabaseClient
        objCBDC.ProviderType     = ProviderType
        objCBDC.ConnectionString = objCBDC.DefaultConnectionString

    Dim objConn As IDbConnection
        objConn = objCBDC.GetConnection()

    ' -----------------------------------------------------
    ' --- Umstellen der Währungsangaben
    ' -----------------------------------------------------
    Dim ciGerman As CultureInfo = _
                CultureInfo.CreateSpecificCulture("de")
        ciGerman.NumberFormat.CurrencySymbol = "&euro;"
        Thread.CurrentThread.CurrentCulture = ciGerman

        litDatabase.Text &= ProviderType.GetName _
                         ( _
                            objCBDC.ProviderType.GetType, _
                            objCBDC.ProviderType _
                         )
```

In unserem Beispiel weisen wir dem angemeldeten User einen statischen »Rabattsatz« zu Dieser wird direkt im SQL-Statement integriert, so dass wir direkt die Endkundenpreise ausgeben können. Hier wäre es natürlich auch möglich, einen evtl. dem Kunden zugewiesenen Rabattsatz aus der Datenbank auszulesen und diesen zu verwenden. Aber das können Sie jetzt sicherlich anhand der bisher vorgestellten Beispiele innerhalb weniger Minuten selbst einbauen.

```
    ' -----------------------------------------------------
    ' SQL-Statement zum Auslesen der Daten erstellen
    ' -----------------------------------------------------
    Dim sqlCommand As String
```

Listing 111: Loginprüfung und Anzeige einer individuellen Preisliste (Chapter02Example61.aspx.vb)

```
        sqlCommand = "SELECT    art_id, " & _
                               "art_category, " & _
                               "art_name, " & _
                               "art_price * 1.1 AS cust_price " & _
                     "FROM      tblArticles"

    Dim dataAdapter As IDbDataAdapter = objCBDC.GetAdapter _
                                         ( _
                                           ProviderType, _
                                           sqlCommand, _
                                           objConn _
                                         )
    Dim dataSet As New dataSet
        dataAdapter.Fill(dataSet)

        theGrid.DataSource = dataSet
        theGrid.DataBind()

        objCBDC.CloseConnection(objConn)

    End Sub

End Class

End Namespace
```

Listing 111: Loginprüfung und Anzeige einer individuellen Preisliste (Chapter02Example61.aspx.vb) (Forts.)

53 Master-Detail-Anzeige über eine DataRelation

Was ebenfalls oft benötigt wird, ist eine Master-Detail-Beziehung, z.B. zwischen Lieferanten und den zugehörigen Artikeln. So benötigt man zum Beispiel eine Übersicht, welcher Lieferant welche Artikel anbietet. Es gibt hier mehrere Möglichkeiten, dies zu realisieren. ASP.NET stellt Ihnen hierfür die so genannten `Relation`-Objekte zur Verfügung, mit denen Sie eine solche Beziehung datenbankunabhängig erstellen können. Die **.aspx*-Datei ist hier uninteressant, da diese neben den bekannten Controls (z.B. die Links, um die verschiedenen Datenbanktypen ansprechen zu können) nur noch ein `PlaceHolder`-Steuerelement enthält, das später die eigentlichen Inhalte anzeigt.

Exkurs

DataRelation

Mittels einer `DataRelation` werden zwei `DataTables` über ihre `DataColumn`-Objekte miteinander verknüpft. In einer Lieferanten/Artikel-Beziehung ist z. B. die Tabelle `tblSuppliers` die Mastertabelle und die Tabelle `tblArticles` die Detailtabelle der Beziehung. Die Beziehung wird zwischen zwei Spalten in der Master- und der Detailtabelle erstellt. Die Datentypen müssen daher für beide Spalten identisch sein.

```
Imports codebook.aspnet.vb.cbDatabaseClient

Namespace codebook.aspnet.vb

Public Class Chapter02Example62

    Inherits System.Web.UI.Page

    Protected WithEvents litDatabase   As Literal
    Protected WithEvents linkAccess    As HyperLink
    Protected WithEvents linkMySQL     As HyperLink
    Protected WithEvents linkSQLServer As HyperLink
    Protected WithEvents phSuppliers   As PlaceHolder

    Private ProviderType               As ProviderType

    Private Sub Page_Load( _
                     ByVal sender As System.Object, _
                     ByVal e As System.EventArgs _
                     ) Handles MyBase.Load

        Select Case Request("PT")
            Case "3" : ProviderType = ProviderType.MySQL
            Case "2" : ProviderType = ProviderType.SqlServer
            Case Else: ProviderType = ProviderType.OleDb
        End Select

        LoadData()

    End Sub

    Private Sub LoadData()

    ' -----------------------------------------------------
    ' --- Verbindung zur Datenbank herstellen
    ' -----------------------------------------------------
    Dim objCBDC As New cbDatabaseClient
        objCBDC.ProviderType     = ProviderType
        objCBDC.ConnectionString = objCBDC.DefaultConnectionString

    Dim objConn As IDbConnection
        objConn = objCBDC.GetConnection()

        litDatabase.Text &= ProviderType.GetName _
                         ( _
                             objCBDC.ProviderType.GetType, _
                             objCBDC.ProviderType _
                         )
```

Um die Beziehung mittels einer `DataRelation` herstellen zu können, werden zunächst die Daten aus `tblCustomers` und `tblArticles` ausgelesen und jeweils in eine `DataTable` geschrieben. Dies erledigen wir entsprechend über die Methode `Fill` eines DataAdapters.

```
' ----------------------------------------------------
' SQL-Statement zum Auslesen der Lieferanten erstellen
' ----------------------------------------------------
Dim sqlSuppliers As String
    sqlSuppliers = "SELECT   sup_id, " & _
                            "sup_name " & _
                   "FROM     tblSuppliers"

Dim daSuppliers As IDbDataAdapter = objCBDC.GetAdapter _
                                    ( _
                                      ProviderType, _
                                      sqlSuppliers, _
                                      objConn _
                                    )

Dim dsSupplierArticles As New dataSet
    daSuppliers.Fill(dsSupplierArticles)
    dsSupplierArticles.Tables(0).TableName = "tblSuppliers"

' ----------------------------------------------------
' SQL-Statement zum Auslesen der Artikel erstellen
' ----------------------------------------------------
Dim sqlArticles As String
    sqlArticles = "SELECT    art_id, " & _
                            "art_sup_id, " & _
                            "art_name " & _
                  "FROM      tblArticles"

Dim daArticles As IDbDataAdapter = objCBDC.GetAdapter _
                                   ( _
                                     ProviderType, _
                                     sqlArticles, _
                                     objConn _
                                   )

    daArticles.Fill(dsSupplierArticles)
    dsSupplierArticles.Tables(1).TableName = "tblArticles"
```

Da ein `IDbDataAdapter` keine Möglichkeit kennt, die einzelnen DataTables direkt mit einem bestimmten Namen zu erzeugen (`OleDbDataAdapter` und Co. können dies, sind aber leider auf einen bestimmten Datenbanktyp beschränkt) weisen wir die entsprechenden Namen nach dem Aufruf der Methode `Fill` eigenständig zu.

Als Nächstes erstellen wir zwei `DataColumn`-Objekte und danach die `DataRelation` anhand dieser beiden Spalten.

```
' ----------------------------------------------------
' Relation herstellen
' ----------------------------------------------------
Dim dcSupId As DataColumn = dsSupplierArticles.Tables _
                            ( _
```

```
                                  "tblSuppliers" _
                                ).Columns("sup_id")

Dim dcArtId As DataColumn = dsSupplierArticles.Tables _
                                ( _
                                  "tblArticles" _
                                ).Columns("art_sup_id")

Dim drSupplierArticles As DataRelation
    drSupplierArticles = New DataRelation _
                                ( _
                                  "drMain", _
                                  dcSupId, _
                                  dcArtId _
                                )
```

Damit das DataSet auch Kenntnis von der eben erzeugten DataRelation hat, fügen wir diesem die Relations-Collection (man kann auch mehrere Relationen gleichzeitig erzeugen) hinzu.

```
    dsSupplierArticles.Relations.Add(drSupplierArticles)

    ' ----------------------------------------------------
    ' Verbindung zur Datenbank schließen
    ' ----------------------------------------------------
    objCBDC.CloseConnection(objConn)
```

Um Ihnen nicht immer nur die Verwendung eines DataGrid zu zeigen, erzeugen wir im nächsten Schritt eine HtmlTable, die die Lieferanten und die dazugehörigen Artikel anzeigt. Pro Lieferant wird hierbei eine eigene HtmlTable erzeugt.

```
' ----------------------------------------------------
' Durchlaufen jeder Zeile und Ausgabe der Lieferanten
' ----------------------------------------------------
For Each Row As DataRow In dsSupplierArticles.Tables(0).Rows

Dim tbSupplier As HtmlTable
    tbSupplier = New HtmlTable

    tbSupplier.Attributes().Add("class", "clsTable")
    tbSupplier.CellPadding = 2
    tbSupplier.CellSpacing = 1
    tbSupplier.Width       = "600"
    tbSupplier.Border      = 0
    tbSupplier.Height      = "22"
    tbSupplier.BorderColor = "#000000"
    tbSupplier.BgColor     = "#000000"

Dim trHeadline As HtmlTableRow
    trHeadline = New HtmlTableRow
```

```
' ----------------------------------------------------
' Neue Spalte für den Namen einfügen
' ----------------------------------------------------
Dim tdSupplierName As HtmlTableCell
    tdSupplierName = New HtmlTableCell
    tdSupplierName.ColSpan   = 2
    tdSupplierName.Height    = "20"
    tdSupplierName.Align     = "left"
    tdSupplierName.Attributes().Add("class", "clsCellBold")
    tdSupplierName.InnerHtml = "Artikel des Lieferanten: " & _
                               Row.Item("sup_name")
    trHeadline.Cells.Add(tdSupplierName)

    tbSupplier.Rows.Add(trHeadline)

    trHeadline = New HtmlTableRow

' ----------------------------------------------------
' Überschriften für die Artikelliste
' ----------------------------------------------------
Dim tdHeadID As HtmlTableCell
    tdHeadID = New HtmlTableCell
    tdHeadID.Width     = "10%"
    tdHeadID.Height    = "20"
    tdHeadID.Align     = "center"
    tdHeadID.Attributes().Add("class", "clsCellHead")
    tdHeadID.InnerHtml = "ID"
    trHeadline.Cells.Add(tdHeadID)

Dim tdHeadName As HtmlTableCell
    tdHeadName = New HtmlTableCell
    tdHeadName.Width     = "90%"
    tdHeadName.Height    = "20"
    tdHeadName.Align     = "left"
    tdHeadName.Attributes().Add("class", "clsCellHead")
    tdHeadName.InnerHtml = "Artikelname"
    trHeadline.Cells.Add(tdHeadName)

    tbSupplier.Rows.Add(trHeadline)
```

Nun kommen wir zu dem Punkt, an dem wir die Artikel des Lieferanten benötigen. Die entsprechenden Zeilen liefert uns das `DataSet`, bzw. die enthaltene `DataTable` über die Methode `GetChildRows`, der wir als Parameter die oben erzeugte `DataRelation` übergeben. Wenn wir also z.B. den Lieferant mit der ID 4 anzeigen, gibt diese Methode alle Artikel zurück, in denen in der Spalte `art_sup_id` der Wert 4 steht.

```
    ' ----------------------------------------------
    ' Ermitteln der Artikel zu diesem Lieferanten
    ' ----------------------------------------------
    For Each crArticle As DataRow _
        In Row.GetChildRows(drSupplierArticles)
```

Basics
Daten-bank
I/O
Validie-rung
Controls
Http-Handler
Netz-werk
Grafik
Tracing
Security

```
    Dim trArticle       As HtmlTableRow
    Dim tdArticleID     As HtmlTableCell
    Dim tdArticleName   As HtmlTableCell

        ' -----------------------------------------------
        ' Neue Zeile erzeugen
        ' -----------------------------------------------
        trArticle               = New HtmlTableRow

        ' -----------------------------------------------
        ' Neue Spalte für die ID einfügen
        ' -----------------------------------------------
        tdArticleID             = New HtmlTableCell
        tdArticleID.Height      = "20"
        tdArticleID.Align       = "center"
        tdArticleID.Attributes().Add("class", "clsCell")
```

Die Konvertierung mittels `Convert.ToString` ist bei Access und SQL Server nicht notwendig. Da die implizite Konvertierung aber mit den von MySQL zurückgelieferten Datentypen nicht umgehen kann, nehmen wir die Konvertierung hier manuell vor.

```
        tdArticleID.InnerHtml   = Convert.ToString _
                                  ( _
                                  crArticle.Item("art_id") _
                                  )
        trArticle.Cells.Add(tdArticleID)

        ' ---------------------------------------------
        ' Neue Spalte für den Namen einfügen
        ' ---------------------------------------------
        tdArticleName           = New HtmlTableCell
        tdArticleName.Height    = "20"
        tdArticleName.Align     = "left"
        tdArticleName.Attributes().Add("class", "clsCell")
        tdArticleName.InnerHtml = crArticle.Item("art_name")
        trArticle.Cells.Add(tdArticleName)

        ' ---------------------------------------------
        ' Die Zeile zur Tabelle hinzufügen
        ' ---------------------------------------------
        tbSupplier.Rows.Add(trArticle)

    Next

    phSuppliers.Controls.Add(tbSupplier)
    phSuppliers.Controls.Add(New HtmlGenericControl("br"))

Next
```

Listing 112: Master-Detail-Anzeige über eine DataRelation (Chapter02Example62.aspx.vb)

```
    End Sub

End Class

End Namespace
```

Listing 112: Master-Detail-Anzeige über eine DataRelation (Chapter02Example62.aspx.vb) (Forts.)

Wenn Sie das vorstehende Beispiel aufrufen, sollten Sie in etwa die folgende Ausgabe auf dem Bildschirm sehen.

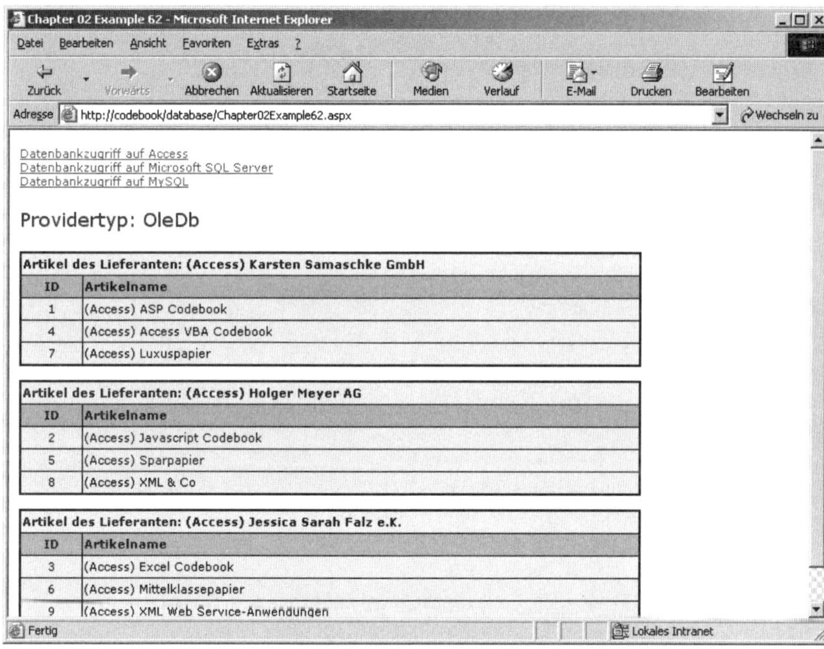

Abbildung 9: Master-Detail-Anzeige mit einer DataRelation

54 Manuelle Master-Detail-Anzeige

Evtl. möchten Sie nicht mit dem eben vorgestellten `DataRelation`-Objekt arbeiten. z.B. könnte dies bei großen Tabellen (500 Lieferanten, 5.000.000 Artikel oder Ähnliches) Probleme bereiten. Daher stellen wir Ihnen nachfolgend noch eine Möglichkeit vor, bei der nur die Daten geladen werden, die Sie auch wirklich benötigen. Das Ganze kommt dabei ohne ein `DataRelation`-Objekt aus.

```
Imports codebook.aspnet.vb.cbDatabaseClient

Namespace codebook.aspnet.vb

Public Class Chapter02Example63
```

```
    Inherits System.Web.UI.Page

    Protected WithEvents litDatabase   As Literal
    Protected WithEvents linkAccess    As HyperLink
    Protected WithEvents linkMySQL     As HyperLink
    Protected WithEvents linkSQLServer As HyperLink
    Protected WithEvents phSuppliers   As PlaceHolder

    Private ProviderType               As ProviderType

    Private Sub Page_Load( _
                     ByVal sender As System.Object, _
                     ByVal e As System.EventArgs _
                     ) Handles MyBase.Load

        Select Case Request("PT")
            Case "3" : ProviderType = ProviderType.MySQL
            Case "2" : ProviderType = ProviderType.SqlServer
            Case Else: ProviderType = ProviderType.OleDb
        End Select

        LoadData()

    End Sub

    Private Sub LoadData()

    ' -----------------------------------------------------
    ' --- Verbindung zur Datenbank herstellen
    ' -----------------------------------------------------
    Dim objCBDC As New cbDatabaseClient
        objCBDC.ProviderType     = ProviderType
        objCBDC.ConnectionString = objCBDC.DefaultConnectionString

    Dim objConn As IDbConnection
        objConn = objCBDC.GetConnection()

        litDatabase.Text &= ProviderType.GetName _
                            ( _
                                objCBDC.ProviderType.GetType, _
                                objCBDC.ProviderType _
                            )
```

Die Lieferanten müssen wir auch hier zuerst einmal komplett auslesen, da wir ja eine vollständige Liste ausgeben möchten. Die Vorgehensweise sollte mittlerweile bekannt sein und kein Problem darstellen.

```
    ' -----------------------------------------------------
    ' SQL-Statement zum Auslesen der Lieferanten erstellen
    ' -----------------------------------------------------
```

```
Dim sqlSuppliers As String
    sqlSuppliers = "SELECT sup_id, " & _
                         "sup_name " & _
                  "FROM    tblSuppliers"

Dim daSuppliers As IDbDataAdapter = objCBDC.GetAdapter _
                                   ( _
                                     ProviderType, _
                                     sqlSuppliers, _
                                     objConn _
                                   )

Dim dsSuppliers As New dataSet
    daSuppliers.Fill(dsSuppliers)

    ' ------------------------------------------------
    ' Verbindung zur Datenbank schließen
    ' ------------------------------------------------
    objCBDC.CloseConnection(objConn)
```

Analog zum vorigen Beispiel erzeugen wir auch hier eine `HtmlTable`, um die Lieferanten und deren Artikel auszugeben.

```
' ------------------------------------------------
' Durchlaufen jeder Zeile und Ausgabe der Lieferanten
' ------------------------------------------------
For Each Row As DataRow In dsSuppliers.Tables(0).Rows

    Dim tbSupplier As HtmlTable
        tbSupplier = New HtmlTable

        tbSupplier.Attributes().Add("class", "clsTable")
        tbSupplier.CellPadding = 2
        tbSupplier.CellSpacing = 1
        tbSupplier.Width       = "600"
        tbSupplier.Border      = 0
        tbSupplier.Height      = "22"
        tbSupplier.BorderColor = "#000000"
        tbSupplier.BgColor     = "#000000"

    Dim trHeadline As HtmlTableRow
        trHeadline = New HtmlTableRow

        ' ----------------------------------------------
        ' Neue Spalte für den Namen einfügen
        ' ----------------------------------------------
    Dim tdSupplierName As HtmlTableCell
        tdSupplierName = New HtmlTableCell
        tdSupplierName.ColSpan   = 2
        tdSupplierName.Height    = "20"
        tdSupplierName.Align     = "left"
```

```
            tdSupplierName.Attributes().Add("class", "clsCellBold")
            tdSupplierName.InnerHtml = "Artikel des Lieferanten:" & _
                                       " " & Row.Item("sup_name")
            trHeadline.Cells.Add(tdSupplierName)

        tbSupplier.Rows.Add(trHeadline)
```

Anstatt nun mittels GetChildRows die entsprechenden Artikel zu laden und anzuzeigen, rufen wir die weiter unten stehende Methode LoadArticles auf. Wir übergeben hier die Lieferanten-ID sowie das HtmlTable-Objekt mit, damit wir in der entsprechenden Methode die erzeugten Zeilen direkt in die HtmlTable einfügen können.

```
        ' ---------------------------------------------
        ' Laden der Artikelliste
        ' ---------------------------------------------
        LoadArticles( _
                    Convert.ToInt64( Row.Item("sup_id") ), _
                    tbSupplier, _
                    objCBDC, _
                    objConn _
                    )

        phSuppliers.Controls.Add( tbSupplier )
        phSuppliers.Controls.Add( New HtmlBreak() )

    Next

    End Sub

    Public Sub LoadArticles _
                (  _
                 ByVal lngSupplierId As Long, _
                 ByRef tbSupplier    As HtmlTable, _
                 ByRef objDBClient   As cbDatabaseClient, _
                 ByRef objConnection As IDbConnection _
                )
```

Das SQL-Statement zum Auslesen der Artikel wird so erstellt, dass nur die Artikel des angeforderten Lieferanten ausgelesen werden. Dies resultiert in einem geringeren Speicherverbrauch, als wenn alle Artikel »auf Halde« (also im Speicher) gelagert werden. Der Nachteil ist, dass mehrere Datenbankzugriffe erfolgen. Die Entscheidung, welche Vorgehensweise sinnvoller ist, werden Sie meist anhand der vorliegenden Anforderungen selbst treffen müssen.

```
    ' ---------------------------------------------------
    ' SQL Statement zum Auslesen der Artikel erstellen
    ' ---------------------------------------------------
    Dim sqlArticles As String
```

```
        sqlArticles = "SELECT art_id, " & _
                              "art_name " & _
                      "FROM   tblArticles " & _
                      "WHERE  art_sup_id = " & lngSupplierId

    Dim daArticles As IDbDataAdapter = objDBClient.GetAdapter _
                                     ( _
                                       ProviderType, _
                                       sqlArticles, _
                                       objConnection _
                                     )

    Dim dsArticles As New dataSet
        daArticles.Fill(dsArticles)
    ' ---------------------------------------------------
    ' Überschriften für die Artikelliste erstellen
    ' ---------------------------------------------------
    Dim trHeadline As HtmlTableRow
        trHeadline = New HtmlTableRow

    Dim tdHeadID As HtmlTableCell
        tdHeadID = New HtmlTableCell
        tdHeadID.Width     = "10%"
        tdHeadID.Height    = "20"
        tdHeadID.Align     = "center"
        tdHeadID.Attributes().Add("class", "clsCellHead")
        tdHeadID.InnerHtml = "ID"
        trHeadline.Cells.Add(tdHeadID)

    Dim tdHeadName As HtmlTableCell
        tdHeadName = New HtmlTableCell
        tdHeadName.Width     = "90%"
        tdHeadName.Height    = "20"
        tdHeadName.Align     = "left"
        tdHeadName.Attributes().Add("class", "clsCellHead")
        tdHeadName.InnerHtml = "Artikelname"
        trHeadline.Cells.Add(tdHeadName)

    tbSupplier.Rows.Add(trHeadline)

    Dim trArticle       As HtmlTableRow
    Dim tdArticleID     As HtmlTableCell
    Dim tdArticleName   As HtmlTableCell
```

Ansonsten ist das Beispiel wieder ähnlich dem vorigen. Wir erzeugen die weiteren Zeilen und fügen diese dem `HtmlTable`-Objekt hinzu.

```
    ' ---------------------------------------------------
    ' Alle Artikel durchlaufen und ausgeben
    ' ---------------------------------------------------
```

Listing 113: Manuelle Master-Detail Anzeige (Chapter02Example63.aspx.vb)

```
    For Each Row As DataRow In dsArticles.Tables(0).Rows

        ' ------------------------------------------------
        ' Neue Zeile erzeugen
        ' ------------------------------------------------
        trArticle                = New HtmlTableRow

        ' ------------------------------------------------
        ' Neue Spalte für die ID einfügen
        ' ------------------------------------------------
        tdArticleID              = New HtmlTableCell
        tdArticleID.Height       = "20"
        tdArticleID.Align        = "center"
        tdArticleID.Attributes().Add("class", "clsCell")
        tdArticleID.InnerHtml    = Convert.ToString _
                                    ( _
                                    crArticle.Item("art_id") _
                                    )
        trArticle.Cells.Add(tdArticleID)

        ' ------------------------------------------------
        ' Neue Spalte für den Namen einfügen
        ' ------------------------------------------------
        tdArticleName            = New HtmlTableCell
        tdArticleName.Height     = "20"
        tdArticleName.Align      = "left"
        tdArticleName.Attributes().Add("class", "clsCell")
        tdArticleName.InnerHtml = Row.Item("art_name")
        trArticle.Cells.Add( tdArticleName )

        ' ------------------------------------------------
        ' Die Zeile zur Tabelle hinzufügen
        ' ------------------------------------------------
        tbSupplier.Rows.Add( trArticle )

    Next

    End Sub

End Class

End Namespace
```

Listing 113: Manuelle Master-Detail Anzeige (Chapter02Example63.aspx.vb) (Forts.)

55 Listboxen aus einer Datenbank füllen

Anstelle einer Html-Tabelle benötigt man des Öfteren auch eine Listbox, die verschiedene Werte wiedergibt. Auch hierbei wird oft einer Master-Detail-Beziehung verwendet, um zu einem Masterdatensatz die entsprechenden Detaildatensätze anzuzeigen. Wir bleiben hier deshalb auch gerade bei dem Beispiel Lieferanten/Artikel.

```
Imports codebook.aspnet.vb.cbDatabaseClient

Namespace codebook.aspnet.vb

Public Class Chapter02Example64

    Inherits System.Web.UI.Page

    Protected WithEvents litDatabase   As Literal
    Protected WithEvents linkAccess    As HyperLink
    Protected WithEvents linkMySQL     As HyperLink
    Protected WithEvents linkSQLServer As HyperLink
    Protected WithEvents phSuppliers   As PlaceHolder

    Private ProviderType               As ProviderType

    Private Sub Page_Load( _
                     ByVal sender As System.Object, _
                     ByVal e As System.EventArgs _
                     ) Handles MyBase.Load

        Select Case Request("PT")
            Case "3" : ProviderType = ProviderType.MySQL
            Case "2" : ProviderType = ProviderType.SqlServer
            Case Else: ProviderType = ProviderType.OleDb
        End Select

        LoadData()

    End Sub

    Private Sub LoadData()

    ' -----------------------------------------------------
    ' --- Verbindung zur Datenbank herstellen
    ' -----------------------------------------------------
    Dim objCBDC As New cbDatabaseClient
        objCBDC.ProviderType     = ProviderType
        objCBDC.ConnectionString = objCBDC.DefaultConnectionString

    Dim objConn As IDbConnection
        objConn = objCBDC.GetConnection()

        litDatabase.Text &= ProviderType.GetName _
                          ( _
                              objCBDC.ProviderType.GetType, _
                              objCBDC.ProviderType _
                          )
```

Zuerst müssen wir natürlich wieder die vorhandenen Lieferanten aus der Datenbank auslesen. Zu den einzelnen Lieferanten werden dann im späteren Verlauf die zugehörigen Artikel in einer Listbox ausgegeben.

```
' -------------------------------------------------
' SQL-Statement zum Auslesen der Lieferanten erstellen
' -------------------------------------------------
Dim sqlSuppliers As String
    sqlSuppliers = "SELECT sup_id, " & _
                          "sup_name " & _
                   "FROM   tblSuppliers"

Dim daSuppliers As IDbDataAdapter = objCBDC.GetAdapter _
                                    ( _
                                      ProviderType, _
                                      sqlSuppliers, _
                                      objConn _
                                    )

Dim dsSuppliers As New dataSet
    daSuppliers.Fill(dsSuppliers)

    ' -------------------------------------------------
    ' Verbindung zur Datenbank schließen
    ' -------------------------------------------------
    objCBDC.CloseConnection(objConn)


Dim tbSupplier As HtmlTable
    tbSupplier = New HtmlTable

    tbSupplier.Attributes().Add("class", "clsTable")
    tbSupplier.CellPadding = 2
    tbSupplier.CellSpacing = 1
    tbSupplier.Width       = "600"
    tbSupplier.Border      = 0
    tbSupplier.Height      = "22"
    tbSupplier.BorderColor = "#000000"
    tbSupplier.BgColor     = "#000000"

Dim trHeadline As HtmlTableRow
    trHeadline = New HtmlTableRow

' ---------------------------------------------
' Neue Spalte für die ID einfügen
' ---------------------------------------------
Dim tdHeadId As HtmlTableCell
    tdHeadId = New HtmlTableCell
    tdHeadId.ColSpan   = 2
    tdHeadId.Height    = "20"
    tdHeadId.Align     = "left"
    tdHeadId.InnerHtml = "ID"
    tdHeadId.Attributes().Add("class", "clsCellHead")
    trHeadline.Cells.Add(tdHeadId)

' ---------------------------------------------
' Neue Spalte für den Namen einfügen
```

```
' -------------------------------------------
Dim tdHeadName As HtmlTableCell
    tdHeadName = New HtmlTableCell
    tdHeadName.ColSpan   = 2
    tdHeadName.Height    = "20"
    tdHeadName.Align     = "left"
    tdHeadName.InnerHtml = "Lieferantenname"
    tdHeadName.Attributes().Add("class", "clsCellHead")
    trHeadline.Cells.Add(tdHeadName)

tbSupplier.Rows.Add(trHeadline)

' -------------------------------------------
' Neue Spalte für die Artikel einfügen
' -------------------------------------------
Dim tdHeadArticles As HtmlTableCell
    tdHeadArticles = New HtmlTableCell
    tdHeadArticles.ColSpan   = 2
    tdHeadArticles.Height    = "20"
    tdHeadArticles.Align     = "left"
    tdHeadArticles.InnerHtml = "Artikelliste"
    tdHeadArticles.Attributes().Add("class", "clsCellHead")
    trHeadline.Cells.Add(tdHeadArticles)

tbSupplier.Rows.Add(trHeadline)

' ---------------------------------------------------
' Durchlaufen jeder Zeile und Ausgabe der Lieferanten
' ---------------------------------------------------
For Each Row As DataRow In dsSuppliers.Tables(0).Rows

    Dim trSupplier As HtmlTableRow
        trSupplier = New HtmlTableRow

    ' -------------------------------------------
    ' Neue Spalte für die ID einfügen
    ' -------------------------------------------
    Dim tdSupplierId As HtmlTableCell
        tdSupplierId = New HtmlTableCell
        tdSupplierId.ColSpan   = 2
        tdSupplierId.Height    = "20"
        tdSupplierId.Align     = "left"
        tdSupplierId.InnerHtml = Row.Item("sup_id").ToString
        tdSupplierId.Attributes().Add("class", "clsCellBold")
        trSupplier.Cells.Add(tdSupplierId)

    ' -------------------------------------------
    ' Neue Spalte für den Namen einfügen
    ' -------------------------------------------
    Dim tdSupplierName As HtmlTableCell
        tdSupplierName = New HtmlTableCell
        tdSupplierName.ColSpan   = 2
        tdSupplierName.Height    = "20"
```

Basics
Daten-bank
I/O
Validie-rung
Controls
Http-Handler
Netz-werk
Grafik
Tracing
Security

```
        tdSupplierName.Align     = "left"
        tdSupplierName.InnerHtml = Row.Item("sup_name")
        tdSupplierName.Attributes().Add("class", "clsCellBold")
        trSupplier.Cells.Add(tdSupplierName)

    ' -----------------------------------------------
    ' Laden der Artikelliste
    ' -----------------------------------------------

    ' -------------------------------------------
    ' Neue Spalte für den Namen einfügen
    ' -------------------------------------------
    Dim tdSupplierArticles As HtmlTableCell
        tdSupplierArticles = New HtmlTableCell
        tdSupplierArticles.ColSpan   = 2
        tdSupplierArticles.Height    = "20"
        tdSupplierArticles.Align     = "left"
        tdSupplierArticles.Attributes().Add("class", _
                                    "clsCellBold")
```

Die Konvertierung mittels `Convert.ToInt64` ist bei Access und SQL Server nicht notwendig. Da die implizite Konvertierung aber mit den von MySQL zurückgelieferten Datentypen nicht umgehen kann, nehmen wir die Konvertierung hier manuell vor.

```
        LoadArticles( _
                Convert.ToInt64( Row.Item("sup_id") ), _
                tdSupplierArticles, _
                objCBDC, _
                objConn _
                )
        trSupplier.Cells.Add(tdSupplierArticles)

    tbSupplier.Rows.Add(trSupplier)

    phSuppliers.Controls.Add(tbSupplier)

Next

End Sub

Public Sub LoadArticles _
            ( _
             ByVal lngSupplierId As Int64, _
             ByRef tdArticles    As HtmlTableCell, _
             ByRef objDBClient   As cbDatabaseClient, _
             ByRef objConnection As IDbConnection _
            )

Dim strTemp As String = String.Empty

' ---------------------------------------------------
```

```
' SQL-Statement zum Auslesen der Artikel erstellen
' ---------------------------------------------------
Dim sqlArticles As String
    sqlArticles = "SELECT art_id, " & _
                          "art_name " & _
                  "FROM   tblArticles " & _
                  "WHERE  art_sup_id = " & lngSupplierId

Dim daArticles As IDbDataAdapter = objDBClient.GetAdapter _
                                   ( _
                                     ProviderType, _
                                     sqlArticles, _
                                     objConnection _
                                   )

Dim dsArticles As New dataSet
    daArticles.Fill(dsArticles)
```

Im Gegensatz zu den einzelnen Zeilen, die wir im vorigen Beispiel erzeugt haben, müssen wir die einzelnen Listeneinträge hier nicht manuell einfügen. Da das `HtmlSelect`-Steuerelement über die Eigenschaft `DataSource` das erzeugte `DataSet` annimmt, werden die Listeneinträge anhand der weiteren Einstellungen automatisch erzeugt.

```
    ' ---------------------------------------------------
    ' Selectbox erstellen und mit den Artikeldaten füllen
    ' ---------------------------------------------------
    Dim selArticles As HtmlSelect  = New HtmlSelect
        selArticles.DataSource     = dsArticles
        selArticles.DataValueField = "art_id"
        selArticles.DataTextField  = "art_name"
        selArticles.Size           = 1
        selArticles.Style("width") = "250px"
        selArticles.Attributes.Add( "class", "clsSelect" )
        selArticles.DataBind()

    tdArticles.Controls.Add(selArticles)

    End Sub

End Class

End Namespace
```

Listing 114: Listboxen aus einer Datenbank füllen (Chapter02Example64.aspx.vb)

56 Alle Tabellen aus einer Datenbank auslesen

Neben der Möglichkeit, Daten aus einer Datenbank auszulesen, gibt es auch noch die Möglichkeit, die vorhandenen Objekte (Tabellen, Spalten usw.) zu ermitteln. Da die Vorgehensweise pro Datenbank unterschiedlich ist und nicht alle Datenbankprovider eine entsprechende

Unterstützung bei der Erledigung dieser Aufgaben bieten, bedienen wir uns hier wieder einer Hilfsmethode, die wir in unserer `cbDatabaseClient`-Klasse definiert haben.

Hilfsmethode GetTables

Die Methode GetTables ermittelt je nach Datenbanktyp die in der Datenbank vorhandenen Tabellen und gibt die Namen der Tabellen in einem `DataTable`-Objekt zurück. Dazu verwendet sie beim Zugriff auf Access oder SQL Server die Methode `GetOleDbSchemaTable` der `OleDb-Connection`-Klasse.

Exkurs

GetOleDbSchemaTable

Die Methode `GetOleDbSchemaTable` gibt Schemainformationen aus einer Datenquelle zurück. Dies können z.B. die in der Datenbank enthaltenen Tabellen, die in einer Tabelle enthaltenen Spalten, usw. sein.

Weitere Informationen hierzu finden Sie in der MSDN. Entweder lokal, falls Sie diese installiert haben oder online unter: *http://msdn.microsoft.com/library/en-us/cpref/html/frlrfsystemdataoledboledbconnectionclassgetoledbschematabletopic.asp*

Beim Zugriff auf MySQL gibt es hier allerdings ein kleines Problem. Da der MySQL-Datenprovider keine solche Methode kennt (wie übrigens auch der SqlClient für SQL Server) müssen wir hier zu einem Workaround greifen. Wir ermitteln die entsprechenden Daten manuell und erzeugen dann intern eine `DataTable`, die den gleichen Aufbau wie die Rückgabe der Methode `GetOleDbSchemaTable` hat.

```
Public Function GetTables _
      ( _
       ByRef objConnection As IDbConnection _
      ) As DataTable
```

Zuerst prüfen wir, ob überhaupt eine Datenbankverbindung übergeben wurde. Ohne diese können wir auch keine Informationen aus einer Datenbank auslesen. Danach wird je nach verwendetem Datenbanktyp eine bestimmte Vorgehensweise bestimmt.

```
    If Not IsNothing(objConnection) Then
```

Eine Besonderheit müssen wir allerdings beachten. Da wir mit der `IDbConnection`-Schnittstelle arbeiten, die keine Methode zum Auslesen der Datenbankstruktur kennt, konvertieren wir unser übergebenes `Connection`-Objekt mittels `CType` in ein `OleDbConnection`-Objekt. Mancher Entwickler wird sich wahrscheinlich fragen, ob der Autor (in dem Fall Stefan Falz ;-)) noch alle Tassen im Schrank hat. Da aber Microsoft es bei ADO.NET leider nicht für notwendig gehalten hat, eine Möglichkeit ähnlich wie bei ADO zu schaffen, die Zugriffe auf verschiedene Datenbanktypen zu vereinheitlichen, so dass ein Datenbankwechsel ohne Codeänderung (von evtl. Anpassungen der SQL-Statements einmal abgesehen) vonstatten gehen kann, ist dieser »Hack« leider notwendig.

```
            Select Case ProviderType
                ' ---------------------------------------
                ' --- OleDb
                ' ---------------------------------------
```

Sobald wir die Konvertierung vorgenommen haben, lesen wir die benötigten Daten über die Methode `GetOleDbSchemaTable` aus der Datenbank aus. Die verwendeten Parameter zu erklären würde wahrscheinlich zu lange dauern. Daher bitten wir Sie, sich diese Informationen, falls Sie diese benötigen, unter dem oben angegebenen URL nachzulesen.

```
                Case ProviderType.OleDb
                    Return CType( objConnection, _
                                OleDbConnection ). _
                           GetOleDbSchemaTable _
                             ( _
                               OleDbSchemaGuid.Tables, _
                               New Object() _
                               { _
                               Nothing, _
                               Nothing, _
                               Nothing, _
                               "TABLE" _
                               } _
                             )
```

Da die `SqlConnection`-Klasse leider auch keine direkte Methode bereitstellt, um die Struktur einer Datenbank auszulesen (hierfür müsste man die entsprechenden SQL-Statements ausführen), erzeugen wir einfach ein neues `OleDbConnection`-Objekt und verbinden uns mit diesem auf die SQL Server Datenbank. Im Normalfall sollte man dies nicht machen, da der SQL Server Datenprovider um einiges schneller ist, wenn es um große Datenmengen geht, aber für diese Zweck stellt das kein Problem dar. Die weitere Vorgehensweise ist analog zu der obigen Version: Auslesen und `DataTable` an die aufrufende Methode zurückgeben.

```
                ' ---------------------------------------
                ' --- SqlClient
                ' ---------------------------------------
                Case ProviderType.SqlServer
                    Dim cnTemp As OleDbConnection = _
                           New OleDbConnection _
                                ( _
                                  "Provider=SQLOLEDB;" & _
                                  DefaultConnectionString _
                                )
                        cnTemp.Open
                    Return cnTemp.GetOleDbSchemaTable _
                              ( _
                              OleDbSchemaGuid.Tables, _
```

```
New Object() _
{ _
  Nothing, _
  Nothing, _
  Nothing, _
  "TABLE" _
} _
)
```

Für MySQL müssen wir, wie schon erwähnt, einen kleinen Umweg machen. Da der MySQL Datenprovider (bisher zumindest) keine Möglichkeit kennt, diese Informationen über integrierte Methoden bereitzustellen, behelfen wir uns damit, dass wir über ein SQL-Statement (in diesem Fall: `SHOW TABLES FROM <database>`) die Informationen auslesen.

```
' ------------------------------------------
' --- MySqlClient
' ------------------------------------------
Case ProviderType.MySQL
Dim strTemp    As String     = _
                  "SHOW TABLES FROM codebook"

Dim cmdTemp    As IDbCommand = _
                  objConnection.CreateCommand()

Dim drTemp     As IDataReader
Dim dtTemp     As DataTable
```

Um die Daten aus der Datenbank auszulesen, führen wir das SQL-Statement per `ExecuteReader` aus und erhalten so einen `DataReader` zurück.

```
cmdTemp.CommandText = strTemp
drTemp = cmdTemp.ExecuteReader()
```

Hier gibt es aber noch das Problem, dass die beiden anderen Methoden eine `DataTable` zurückgeben. Daher sollten wir dies hier auch tun. Es gibt hierfür aber leider keine eingebaute Funktion, also müssen wir uns diese selbst schreiben (die Methode `ConvertReaderToTable` folgt ein paar Zeilen weiter).

```
' --- Konvertieren des DataReaders
dtTemp = ConvertReaderToTable( drTemp )
```

Da die beiden anderen `DataTables` jeweils eine Spalte `TABLE_NAME` beinhalten, die Rückgabe von MySQL aber eine Spalte `Tables_in_database` erzeugt, müssen wir diese Spalte noch umbenennen, damit wir in der aufrufenden Methode nicht auch noch zwischen den Datenbanktypen unterscheiden müssen.

```
                    ' --- Umbenennen der Spalte in TABLE_NAME,
                    ' --- damit das DataGrid diese Spalte findet
                    dtTemp.Columns _
                        ( _
                          "Tables_in_codebook" _
                        ).ColumnName = "TABLE_NAME"
                    dtTemp.AcceptChanges

                    Return dtTemp

            End Select

        End If

    End Function
```

Listing 115: Hilfsmethode GetTables (cbDatabaseClient.vb)

Hilfsmethode ConvertReaderToTable

Die eben verwendete Hilfsfunktion `ConvertReaderToTable` dient nur einem Zweck: einen `DataReader` in eine `DataTable` zu konvertieren. Dazu wird der `DataReader` ausgelesen, die Struktur (also die Spalten, ...) in die `DataTable` übertragen und danach werden die Werte Zeile für Zeile kopiert.

```
    Public Shared Function ConvertReaderToTable _
              ( _
              ByVal objReader As IDataReader _
              ) As DataTable

    Dim dtTemp     As DataTable   = New DataTable
    Dim dsTemp     As DataTable
    Dim dcTemp     As DataColumn
    Dim intCounter As Integer = 0

        dsTemp = objReader.GetSchemaTable()

        ' ----------------------------------------------
        ' Spalteninformationen auslesen
        ' ----------------------------------------------
        If Not dsTemp Is Nothing Then
            For Each Row As DataRow In dsTemp.Rows
                dtTemp.Columns.Add( Row("ColumnName"), _
                                    Row("DataType") )
            Next
        End If

        ' ----------------------------------------------
        ' Daten auslesen
```

Listing 116: Hilfsmethode »ConvertReaderToTable« (cbHelper.vb)

```
        ' -----------------------------------------------
        Do While objReader.Read()
            Dim Row As DataRow = dtTemp.NewRow()

            For intCounter = 0 To objReader.FieldCount - 1
                Row(intCounter) = objReader.GetValue( intCounter )
            Next
            dtTemp.Rows.Add( Row )
        Loop

        Return dtTemp

    End Function
```

Listing 116: Hilfsmethode »ConvertReaderToTable« (cbHelper.vb) (Forts.)

Anzeigen aller Tabellen in einer Datenbank

Kommen wir aber nun zum eigentlichen Beispiel. Dieses beinhaltet insofern keine Besonderheit, außer dass hierüber die Aufrufe der nächsten drei Beispiele gesteuert werden. Um beispielsweise alle Spalten einer Tabelle anzeigen zu lassen, muss das Skript natürlich wissen, welche Tabelle ausgelesen werden soll. Daher haben wir die entsprechenden Werte immer so verlinkt, dass sie auf das nächste Beispiel verweisen. Wenn Sie also dieses Beispiel aufrufen und auf einen der Tabellennamen klicken, gelangen Sie zur Anzeige der Spalten dieser Tabelle.

```
<%@ Page Language="vb"
    enableViewState="False"
    AutoEventWireup="false"
    Codebehind="Chapter02Example65.aspx.vb"
    Inherits="codebook.aspnet.vb.Chapter02Example65" %>

<!DOCTYPE HTML PUBLIC "-//W3C//DTD HTML 4.0 TRANSITIONAL//EN">
<html>
  <head>
    <title>Chapter 02 Example 65</title>
    <link rel="stylesheet"
          href="styles/codebook.css"
          type="text/css">
  </head>
<body>
    <asp:hyperlink cssclass="clsLink"
                   id="linkAccess"
                   navigateurl="Chapter02Example65.aspx?PT=1"
                   runat="server">
                   Datenbankzugriff auf Access
    </asp:hyperlink>
    <br>
    <asp:hyperlink cssclass="clsLink"
                   id="linkSQLServer"
```

Listing 117: Anzeigen aller Tabellen (Chapter02Example65.aspx)

```
                  navigateurl="Chapter02Example65.aspx?PT=2"
                  runat="server">
                  Datenbankzugriff auf Microsoft SQL Server
    </asp:hyperlink>
    <br>
    <asp:hyperlink cssclass="clsLink"
                  id="linkMySQL"
                  navigateurl="Chapter02Example65.aspx?PT=3"
                  runat="server">
                  Datenbankzugriff auf MySQL
    </asp:hyperlink>
    <br>
    <h3>
        <asp:literal id="litDatabase" runat="server">
            Providertyp:
        </asp:literal>
    </h3>
    <asp:datagrid cellpadding="3"
                  id="theGrid"
                  runat="server"
                  autogeneratecolumns="False"
                  cssclass="clsTable"
                  bordercolor="#000000">
        <columns>
        <asp:templatecolumn headerstyle-cssclass="clsCellHead"
                            itemstyle-cssclass="clsCell"
                            headertext="Tabellenname">
            <itemtemplate>
                <a href="Chapter02Example66.aspx?PT=<%#
                        ProviderType %>&TN=<%#
                        Server.URLEncode _
                                (  _
                                DataBinder.Eval _
                                            ( _
                                            Container.DataItem, _
                                            "TABLE_NAME" _
                                            ) _
                                ) %>"
                  class="clsLink">
                  <%# DataBinder.Eval _
                                  ( _
                                  Container.DataItem, _
                                  "TABLE_NAME" _
                                 )  %>
                </a>
            </itemtemplate>
        </asp:templatecolumn>
        </Columns>
    </asp:datagrid>
</body>
</html>
```

Listing 117: Anzeigen aller Tabellen (Chapter02Example65.aspx) (Forts.)

Da wir die benötigten Methoden zum Auslesen der Tabellen ausgelagert haben, ist dieses Beispiel vergleichsweise klein. Uns bleibt nur, die Methode GetTables aufzurufen und die Rückgabe (DataTable) mittels DataBind an das DataGrid zu binden.

```
Imports codebook.aspnet.vb.cbDatabaseClient

Namespace codebook.aspnet.vb

Public Class Chapter02Example65

    Inherits System.Web.UI.Page

    Protected WithEvents theGrid       As DataGrid
    Protected WithEvents linkSQLServer As HyperLink
    Protected WithEvents linkMySQL     As HyperLink
    Protected WithEvents linkAccess    As HyperLink
    Protected WithEvents litDatabase   As Literal

    Public ProviderType                As ProviderType

    Private Sub Page_Load( _
                    ByVal sender As System.Object, _
                    ByVal e As System.EventArgs _
                    ) Handles MyBase.Load

        Select Case Request("PT")
            Case "3" : ProviderType = ProviderType.MySQL
            Case "2" : ProviderType = ProviderType.SqlServer
            Case Else: ProviderType = ProviderType.OleDb
        End Select

        LoadData()

    End Sub

    Private Sub LoadData()

    ' -----------------------------------------------------
    ' --- Verbindung zur Datenbank herstellen
    ' -----------------------------------------------------
    Dim objCBDC As New cbDatabaseClient
        objCBDC.ProviderType     = ProviderType
        objCBDC.ConnectionString = objCBDC.DefaultConnectionString

    Dim objConn As IDbConnection
        objConn = objCBDC.GetConnection()

        if objConn.State <> ConnectionState.Open Then
            objConn.Open()
        End If
```

Listing 118: Anzeigen aller Tabellen (Chapter02Example65.aspx.vb)

```
        litDatabase.Text &= providerType.GetName _
                            ( _
                               objCBDC.ProviderType.GetType, _
                               objCBDC.ProviderType _
                            )

        theGrid.DataSource = objCBDC.GetTables(objConn)
        theGrid.DataBind()

        objCBDC.CloseConnection(objConn)

    End Sub

End Class

End Namespace
```

Listing 118: Anzeigen aller Tabellen (Chapter02Example65.aspx.vb) (Forts.)

57 Anzeigen aller Spalten einer Datenbanktabelle

Die nächste Anforderung nach dem Anzeigen aller Tabellen wäre die Ausgabe aller Spalten einer bestimmten Datenbanktabelle. Dies erledigen wir im folgenden Beispiel. Wie schon beim vorigen Beispiel verwenden wir dafür eine Hilfsfunktion, die wir ebenfalls in der `cbDatabaseClient`-Klasse definiert haben.

Hilfsfunktion GetColumns

Die Methode `GetColumns` ermittelt je nach Datenbanktyp die in der angegebenen Tabelle vorhandenen Spalten und gibt die Namen derselben in einem `DataTable`-Objekt zurück. Der Aufbau ist ähnlich `GetTables`, nur dass wir hier die Spalten auslesen werden.

```
    Public Function GetColumns _
          ( _
           ByRef objConnection As IDbConnection, _
           ByVal strTableName As String _
          ) As DataTable

        If strTableName <> String.Empty And _
          Not IsNothing(objConnection) Then

           Select Case ProviderType

              ' -----------------------------------------
              ' --- OleDb
              ' -----------------------------------------
              Case ProviderType.OleDb
                  Return CType( objConnection, _
                               OleDbConnection ). _
                         GetOleDbSchemaTable _
```

```
                    ( _
                     OleDbSchemaGuid.Columns, _
                     New Object() _
                         { _
                         Nothing, Nothing, _
                         strTableName, Nothing _
                         } _
                    )

' ----------------------------------------
' --- SqlClient
' ----------------------------------------
Case ProviderType.SqlServer
    Dim cnTemp As OleDbConnection = _
             New OleDbConnection _
                     ( _
                       "Provider=SQLOLEDB;" & _
                       DefaultConnectionString _
                     )
        cnTemp.Open
    Return cnTemp.GetOleDbSchemaTable _
                 ( _
                 OleDbSchemaGuid.Columns, _
                 New Object() _
                     { _
                       Nothing, Nothing, _
                       strTableName, Nothing _
                     } _
                 )
```

Wie auch bei `GetTables` müssen wir bei Verwendung von MySQL einen Workaround finden, der es uns erlaubt, die Informationen aus der Datenbank auszulesen und als `DataTable` zurückzugeben. MySQL liefert die Informationen zu einem Datenbankobjekt mittels des SQL-Statements `DESCRIBE objectname`. in unserem Fall wird der übergebene Tabellenname für `objectname` eingesetzt.

```
' ----------------------------------------
' --- MySqlClient
' ----------------------------------------
Case ProviderType.MySQL
Dim strTemp    As String       = _
                 "DESCRIBE " & strTableName
Dim cmdTemp    As IDbCommand   = _
                 objConnection.CreateCommand()
Dim drTemp     As IDataReader
Dim dtTemp     As DataTable

    cmdTemp.CommandText = strTemp
    drTemp = cmdTemp.ExecuteReader()
```

Den Aufruf unserer Hilfsmethode `ConvertReaderToTable` kennen Sie ja noch aus dem vorigen Beispiel.

```
                ' --- Konvertieren des DataReaders
                dtTemp = ConvertReaderToTable( drTemp )
```

Da MySQL die von uns benötigte Spalte mit den Namen `Field` belegt, benennen wir diese wiederum um, damit wir eine einheitliche Vorgehensweise in der aufrufenden Methode haben.

```
                ' --- Umbenennen der Spalte in COLUMN_NAME,
                ' --- damit das DataGrid diese Spalte findet
                dtTemp.Columns("Field").ColumnName = _
                                        "COLUMN_NAME"
                dtTemp.AcceptChanges

                Return dtTemp

            End Select

        End If

    End Function
```

Listing 119: Hilfsmethode GetColumns (cbDatabaseClient.vb)

Anzeigen aller Spalten

Das folgende Beispiel enthält wieder ein `DataGrid`, das uns die Spaltennamen der angeforderten Tabelle ausgibt. Da es zu den einzelnen Spalten aber auch noch weitere interessante Informationen außer dem Spaltennamen selbst gibt, erzeugen wir entsprechend einen Link auf das nächste Beispiel, das uns die Detailinformationen zu einer Tabellenspalte anzeigt.

```
<%@ Page Language="vb"
    enableViewState="False"
    AutoEventWireup="false"
    Codebehind="Chapter02Example66.aspx.vb"
    Inherits="codebook.aspnet.vb.Chapter02Example66" %>

<!DOCTYPE HTML PUBLIC "-//W3C//DTD HTML 4.0 TRANSITIONAL//EN">
<html>
  <head>
    <title>Chapter 02 Example 66</title>
    <link rel="stylesheet"
          href="styles/codebook.css"
          type="text/css">
  </head>
<body>
```

```
<asp:hyperlink cssclass="clsLink"
               id="linkAccess"
               runat="server">
               Datenbankzugriff auf Access
</asp:hyperlink>
<br>
<asp:hyperlink cssclass="clsLink"
               id="linkSQLServer"
               runat="server">
               Datenbankzugriff auf Microsoft SQL Server
</asp:hyperlink>
<br>
<asp:hyperlink cssclass="clsLink"
               id="linkMySQL"
               runat="server">
               Datenbankzugriff auf MySQL
</asp:hyperlink>
<br>
<h3>
    <asp:literal id="litDatabase" runat="server">
        Providertyp:
    </asp:literal>
</h3>
<asp:datagrid cellpadding="3"
               id="theGrid"
               runat="server"
               autogeneratecolumns="False"
               cssclass="clsTable"
               bordercolor="#000000">
    <Columns>
    <asp:templatecolumn headerstyle-cssclass="clsCellHead"
                        itemstyle-cssclass="clsCell"
                        headertext="Spaltenname">
```

Da wir im nächsten Beispiel wissen müssen, welche Spalte welcher Tabelle wir angefordert haben, übergeben wir beide Informationen in einem Link.

```
        <itemtemplate>
            <a href="Chapter02Example67.aspx?PT=<%#
                    ProviderType %>&TN=<%#
                    Server.URLEncode _
                          ( _
                          TableName _
                          ) %>&CN=<%#
                    Server.URLEncode _
                          ( _
                          DataBinder.Eval _
                                    ( _
                                    Container.DataItem, _
```

Listing 120: Anzeigen aller Spalten (Chapter02Example66.aspx)

```
                                            "COLUMN_NAME" _
                                            ) _
                                  ) %>"
                      class="clsLink">
                      <%# DataBinder.Eval _
                                    ( _
                                    Container.DataItem, _
                                    "COLUMN_NAME" _
                                   ) %>
                    </a>
                </itemtemplate>
            </asp:templatecolumn>
            </Columns>
        </asp:datagrid>
    </body>
    </html>
```

Listing 120: Anzeigen aller Spalten (Chapter02Example66.aspx) (Forts.)

Die CodeBehind-Datei selbst hat auch wiederum nicht so viel zu tun, da die aufwändigste Arbeit in der Hilfsmethode `GetColumns` erledigt wird.

```
Imports codebook.aspnet.vb.cbDatabaseClient

Namespace codebook.aspnet.vb

Public Class Chapter02Example66

    Inherits System.Web.UI.Page

    Protected WithEvents theGrid       As DataGrid
    Protected WithEvents linkSQLServer As HyperLink
    Protected WithEvents linkMySQL     As HyperLink
    Protected WithEvents linkAccess    As HyperLink
    Protected WithEvents litDatabase   As Literal

    Private mTableName                 As String
    Private mScriptName                As String
    Public  ProviderType               As ProviderType

    Private Sub Page_Load( _
                     ByVal sender As System.Object, _
                     ByVal e As System.EventArgs _
                     ) Handles MyBase.Load

        Select Case Request("PT")
            Case "3" : ProviderType = ProviderType.MySQL
            Case "2" : ProviderType = ProviderType.SqlServer
            Case Else: ProviderType = ProviderType.OleDb
        End Select
```

Wie Sie evtl. bemerkt haben, werden die Verweise in der **.aspx*-Datei, die es uns ermöglichen, das jeweils aktuelle Beispiel mit einem anderen Datenbanktyp aufzurufen, nicht mehr statisch in der **.aspx*-Datei vorbelegt, sondern erhalten den aufzurufenden URL ab jetzt im Quellcode selbst. Dies hat zwei Gründe. Einmal wollen wir Ihnen natürlich auch einmal zeigen, dass dies auch möglich ist und wie es funktioniert, und zweitens empfiehlt sich diese Vorgehensweise gerade dann, wenn Sie mehrere Parameter übergeben wollen, die unter Umständen erst im Skript selbst bekannt werden. Dann spart man sich das DataBinding und erzeugt den Link manuell.

```
        TableName  = Request.QueryString("TN")
        ScriptName = Request.CurrentExecutionFilePath.ToString

        linkAccess.NavigateUrl    = ScriptName & _
                                     "?PT=" & ProviderType.OleDb & _
                                     "&TN=" & TableName
        linkSqlServer.NavigateUrl = ScriptName & _
                                     "?PT=" & ProviderType. _
                                              SqlServer & _
                                     "&TN=" & TableName
        linkMySQL.NavigateUrl     = ScriptName & _
                                     "?PT=" & ProviderType.MySQL & _
                                     "&TN=" & TableName

        LoadData()

    End Sub

    Public Property TableName() As String
        Get
            TableName = mTableName
        End Get
        Set( ByVal Value As String )
            mTableName = Value
        End Set
    End Property

    Public Property ScriptName() As String
        Get
            ScriptName = mScriptName
        End Get
        Set( ByVal Value As String )
            mScriptName = Value
        End Set
    End Property

    Private Sub LoadData()

    ' ----------------------------------------------------
    ' --- Verbindung zur Datenbank herstellen
    ' ----------------------------------------------------
    Dim objCBDC As New cbDatabaseClient
```

```
        objCBDC.ProviderType     = ProviderType
        objCBDC.ConnectionString = objCBDC.DefaultConnectionString

    Dim objConn As IDbConnection
        objConn = objCBDC.GetConnection()

        If objConn.State <> ConnectionState.Open Then
            objConn.Open()
        End If

        litDatabase.Text &= providerType.GetName _
                            ( _
                                objCBDC.ProviderType.GetType, _
                                objCBDC.ProviderType _
                            )
```

Wir geben hier auch wieder die Rückgabe von `GetColumns` (`DataTable`) direkt als `DataSource` des DataGrids an und binden die Daten dann per Aufruf von `DataBind` an das Steuerelement.

```
        theGrid.DataSource = objCBDC.GetColumns _
                             ( _
                             objConn, _
                             TableName _
                             )

        theGrid.DataBind()

        objCBDC.CloseConnection(objConn)

    End Sub

End Class

End Namespace
```

Listing 121: Anzeigen aller Spalten (Chapter02Example66.aspx.vb)

58 Anzeigen von Detailinformationen zu einer Spalte

Wenn Sie z.B. dynamische Formulare erstellen wollen, die auf der Basis einer Tabelle erzeugt werden, benötigen Sie noch einige Informationen über die einzelnen Spalten. So sind z.B. der Datentyp der Spalte, die maximale Länge usw. sehr hilfreich. Genau dies wollen wir Ihnen mit dem folgenden Beispiel zeigen.

Hilfsmethode GetColumnDetails

Und wieder verwenden wir eine Hilfsmethode, die wir in der Klasse `cbDatabaseClient` definiert haben. Ähnlich wie bei den beiden vorigen Beispielen verwenden wir für Access und SQL Server die Methode `GetOleDbSchemaTable` um die Informationen auszulesen. Für MySQL verwenden wir das SQL-Statement `DESCRIBE tablename columnname`. Dieses SQL-

Statement liefert uns dann die verfügbaren Informationen zu der Spalte `columnname` in der Tabelle `tablename`. Der Tabellenname muss angegeben werden, da eine Spalte mit dem gleichen Namen natürlich auch in mehreren Tabellen vorkommen kann.

```
Public Function GetColumnDetails _
      ( _
       ByRef objConnection As IDbConnection, _
       ByVal strTableName As String, _
       ByVal strColumnName As String _
      ) As DataTable

    If strTableName <> String.Empty And _
      strColumnName <> String.Empty And _
      Not IsNothing(objConnection) Then

       Select Case ProviderType

          ' ----------------------------------------
          ' --- OleDb
          ' ----------------------------------------
          Case ProviderType.OleDb
```

Wie Sie sehen, geben wir hier nicht direkt die zurückgegebene `DataTable` an die aufrufende Methode zurück, sondern konvertieren diese zuerst noch mittels einer weiteren Hilfsmethode `FlipDataTable`. Dies hat den Grund, dass die `DataTable`, die hier zurückgegeben wird, die einzelnen Eigenschaften jeweils als eigene Spalte darstellt. Sie würden also z.B. folgende Ausgabe erhalten:

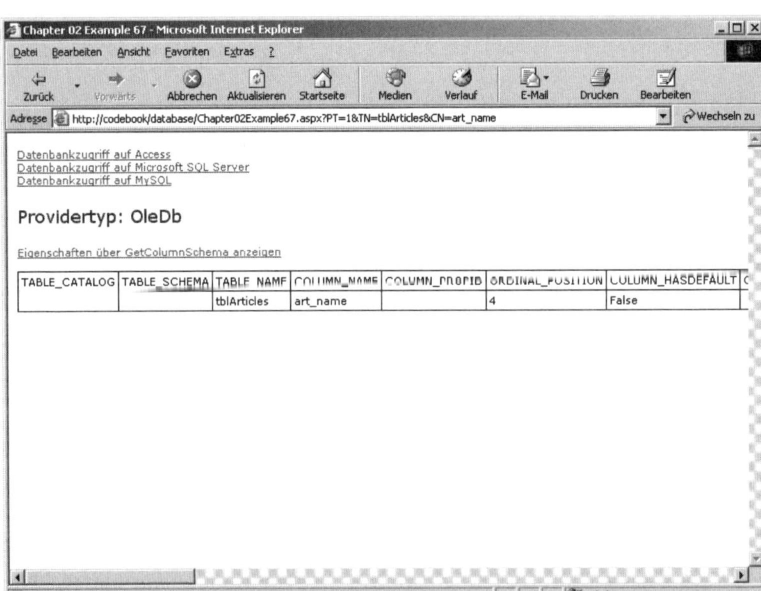

Abbildung 10: Standardausgabe beim Anzeigen von Spalteninformationen

Basics
Daten-bank
I/O
Validie-rung
Controls
Http-Handler
Netz-werk
Grafik
Tracing
Security

Wir finden die »normale« Ausgabe allerdings nicht so prickelnd. Daher haben wir eine Funktion `FlipDataTable` geschrieben, die uns die Ausgabe umdreht, also die Spalten und Zeilen vertauscht. Mit Hilfe dieser Methode erhalten wir dann folgende Ausgabe:

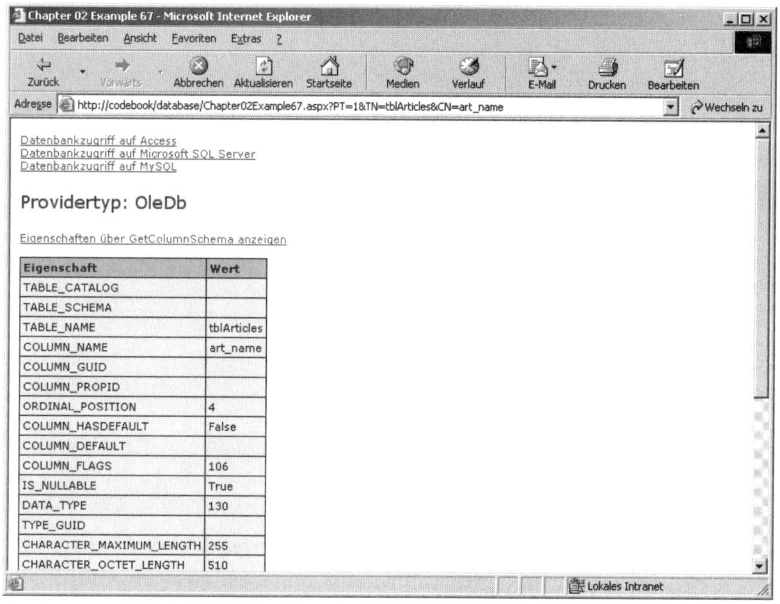

Abbildung 11: Ausgabe der Spalteninformationen nach Aufruf von FlipDataTable

Die Methode selbst stellen wir Ihnen ein paar Zeilen weiter vor.

```
            Return FlipDataTable _
                (  _
                CType( _
                    objConnection, _
                    OleDbConnection _
                    ).GetOleDbSchemaTable _
                        ( _
                        OleDbSchemaGuid.Columns, _
                        New Object() _
                            { _
                              Nothing, _
                              Nothing, _
                              strTableName, _
                              strColumnName _
                            } _
                        ) _
                )

        ' -----------------------------------------
        ' --- SqlClient
        ' -----------------------------------------
```

```
            Case ProviderType.SqlServer
                Dim cnTemp As OleDbConnection = _
                         New OleDbConnection _
                                 ( _
                                   "Provider=SQLOLEDB;" & _
                                   DefaultConnectionString _
                                 )
                   cnTemp.Open
                Return FlipDataTable _
                       ( _
                       cnTemp.GetOleDbSchemaTable _
                             ( _
                               OleDbSchemaGuid.Columns, _
                               New Object() _
                                   { _
                                   Nothing, _
                                   Nothing, _
                                   strTableName, _
                                   strColumnName _
                                   } _
                             ) _
                       )
```

Wie schon erwähnt verwenden wir für MySQL wieder ein integriertes SQL-Statement, hier `DESCRIBE tablename columnname`. Da auch hier die Informationen in der falschen Anordnung kommen, wird auch diese `DataTable` umgedreht.

```
            ' ---------------------------------------
            ' --- MySqlClient
            ' ---------------------------------------
            Case ProviderType.MySQL
            Dim strTemp     As String       = _
                              "DESCRIBE " & strTableName & _
                                            " " & _
                                            strColumnName

            Dim cmdTemp     As IDbCommand  = _
                              objConnection.CreateCommand()

            Dim drTemp      As IDataReader
            Dim dtTemp      As DataTable

                cmdTemp.CommandText = strTemp
                drTemp = cmdTemp.ExecuteReader()

                ' --- Konvertieren des DataReaders
                dtTemp = FlipDataTable _
                         ( _
                         ConvertReaderToTable( drTemp ) _
```

Listing 122: Hilfsmethode GetColumnDetails (cbDatabaseClient.vb)

```
                        )

                Return dtTemp

            End Select

        End If

    End Function
```

Listing 122: Hilfsmethode GetColumnDetails (cbDatabaseClient.vb) (Forts.)

Hilfsmethode FlipDataTable

Hier kommt nun unsere Hilfsmethode `FlipDataTable`. Diese steht in der Datei *cbHelper.vb*. Die Vorgehensweise ist schnell erklärt. Wir erzeugen eine neue `DataTable`, die nur zwei Spalten hat: einmal `Property` (Eigenschaft) und einmal `Value` (Wert). Danach lesen wir für jede Spalte in der übergebenen `DataTable` den Namen der Spalte und den dazugehörigen Wert aus. Der Spaltenname stellt dann in unserer neuen `DataTable` den Namen der Eigenschaft dar und der Wert wird der Eigenschaft wieder zugeordnet.

```
    Public Shared Function FlipDataTable _
              ( _
               ByVal objTable As DataTable _
              ) As DataTable

    Dim dtTemp As DataTable = New DataTable
        dtTemp.Columns.Add("Property", GetType(String))
        dtTemp.Columns.Add("Value", GetType(String))

        ' ------------------------------------------------
        ' Spalteninformationen auslesen
        ' ------------------------------------------------
        If Not objTable Is Nothing Then
            For Each Column As DataColumn In objTable.Columns

            Dim drTemp As DataRow       = dtTemp.NewRow
                drTemp.Item("Property") = Column.ColumnName
                drTemp.Item("Value")    = objTable.Rows(0). _
                                              Item(Column)

                dtTemp.Rows.Add( drTemp )

            Next
        End If

        Return dtTemp

    End Function
```

Listing 123: Hilfsmethode FlipDataTable (cbHelper.vb)

Anzeigen der Detailinformationen

Kommen wir nun zum Beispiel selbst. Dieses beinhaltet einen Link auf das nächste Beispiel, das ebenfalls weitere Informationen zu einer Spalte ausgibt. Im Gegensatz zum aktuellen Beispiel wird dort allerdings das so genannte »Schema« angezeigt. Die Informationen sind teilweise unterschiedlich. Das liegt unserer Meinung nach an vorhandenen Bugs in ADO.NET. Es bleibt daher abzuwarten, ob Microsoft ein Update oder Bugfix für ADO.NET herausbringt.

```
<%@ Page Language="vb"
    enableViewState="False"
    AutoEventWireup="false"
    Codebehind="Chapter02Example67.aspx.vb"
    Inherits="codebook.aspnet.vb.Chapter02Example67" %>

<!DOCTYPE HTML PUBLIC "-//W3C//DTD HTML 4.0 TRANSITIONAL//EN">
<html>
  <head>
    <title>Chapter 02 Example 67</title>
    <link rel="stylesheet"
          href="styles/codebook.css"
          type="text/css">
  </head>
<body>
    <asp:hyperlink cssclass="clsLink"
                   id="linkAccess"
                   runat="server">
                   Datenbankzugriff auf Access
    </asp:hyperlink>
    <br>
    <asp:hyperlink cssclass="clsLink"
                   id="linkSQLServer"
                   runat="server">
                   Datenbankzugriff auf Microsoft SQL Server
    </asp:hyperlink>
    <br>
    <asp:hyperlink cssclass="clsLink"
                   id="linkMySQL"
                   runat="server">
                   Datenbankzugriff auf MySQL
    </asp:hyperlink>
    <br>
    <h3>
        <asp:literal id="litDatabase" runat="server">
            Providertyp:
        </asp:literal>
    </h3>
```

Hier haben wir den Link, der uns zum nächsten Beispiel führt.

```
    <asp:hyperlink cssclass="clsLink"
                   id="linkExtendedProperties"
                   runat="server">
                   Eigenschaften über GetColumnSchema anzeigen
    </asp:hyperlink>
    <br>
    <br>
    <asp:datagrid cellpadding="3"
                  id="theGrid"
                  runat="server"
                  autogeneratecolumns="False"
                  cssclass="clsTable"
                  bordercolor="#000000">
        <columns>
            <asp:boundcolumn datafield="Property"
                             headertext="Eigenschaft"
                             headerstyle-cssclass="clsCellHead"
                             itemstyle-cssclass="clsCell"
                             readonly="True" />
            <asp:boundcolumn datafield="Value"
                             headertext="Wert"
                             headerstyle-cssclass="clsCellHead"
                             itemstyle-cssclass="clsCell"  />
        </columns>
    </asp:datagrid>
</body>
</html>
```

Listing 124: Anzeigen der Detailinformationen (Chapter02Example67.aspx)

```
Imports codebook.aspnet.vb.cbDatabaseClient

Namespace codebook.aspnet.vb

Public Class Chapter02Example67

    Inherits System.Web.UI.Page

    Protected WithEvents theGrid               As DataGrid
    Protected WithEvents linkSQLServer         As HyperLink
    Protected WithEvents linkMySQL             As HyperLink
    Protected WithEvents linkAccess            As HyperLink
    Protected WithEvents litDatabase           As Literal

    Private mTableName                         As String
    Private mColumnName                        As String
    Private mScriptName                        As String
    Public  ProviderType                       As ProviderType

    Protected WithEvents linkExtendedProperties As HyperLink

    Private Sub Page_Load( _
```

```
                         ByVal sender As System.Object, _
                         ByVal e As System.EventArgs _
                         ) Handles MyBase.Load

        Select Case Request("PT")
            Case "3" : ProviderType = ProviderType.MySQL
            Case "2" : ProviderType = ProviderType.SqlServer
            Case Else: ProviderType = ProviderType.OleDb
        End Select

        TableName  = Request.QueryString("TN")
        ColumnName = Request.QueryString("CN")
        ScriptName = Request.CurrentExecutionFilePath.ToString

        linkAccess.NavigateUrl     = ScriptName & _
                                     "?PT=" & ProviderType.OleDb & _
                                     "&TN=" & TableName & _
                                     "&CN=" & ColumnName
        linkSqlServer.NavigateUrl = ScriptName & _
                                     "?PT=" & ProviderType. _
                                              SqlServer & _
                                     "&TN=" & TableName & _
                                     "&CN=" & ColumnName
        linkMySQL.NavigateUrl      = ScriptName & _
                                     "?PT=" & ProviderType.MySQL & _
                                     "&TN=" & TableName & _
                                     "&CN=" & ColumnName

        linkExtendedProperties.NavigateUrl = _
                                     "Chapter02Example68.aspx" & _
                                     "?PT=" & ProviderType & _
                                     "&TN=" & TableName & _
                                     "&CN=" & ColumnName

        LoadData()

    End Sub

    Public Property TableName() As String
        Get
            TableName = mTableName
        End Get
        Set( ByVal Value As String )
            mTableName = Value
        End Set
    End Property

    Public Property ColumnName() As String
        Get
            ColumnName = mColumnName
        End Get
        Set( ByVal Value As String )
            mColumnName = Value
```

```
        End Set
    End Property

    Public Property ScriptName() As String
        Get
            ScriptName = mScriptName
        End Get
        Set( ByVal Value As String )
            mScriptName = Value
        End Set
    End Property

    Private Sub LoadData()

    ' -------------------------------------------------------
    ' --- Verbindung zur Datenbank herstellen
    ' -------------------------------------------------------
    Dim objCBDC As New cbDatabaseClient
        objCBDC.ProviderType      = ProviderType
        objCBDC.ConnectionString = objCBDC.DefaultConnectionString

    Dim objConn As IDbConnection
        objConn = objCBDC.GetConnection()

        If objConn.State <> ConnectionState.Open Then
            objConn.Open()
        End If

        litDatabase.Text &= providerType.GetName _
                            ( _
                                objCBDC.ProviderType.GetType, _
                                objCBDC.ProviderType _
                            )
```

Auch hier wird die Rückgabe der Methode `GetColumnDetails` direkt als `DataSource` des `DataGrid`-Steuerelements angegeben und die Daten werden dann per `DataBind` an das `DataGrid` gebunden.

```
        theGrid.DataSource = objCBDC.GetColumnDetails _
                             ( _
                             objConn, _
                             TableName, _
                             ColumnName _
                             )

        theGrid.DataBind()

        objCBDC.CloseConnection(objConn)
```

Listing 125: Anzeigen der Detailinformationen (Chapter02Example67.aspx.vb)

```
    End Sub

End Class

End Namespace
```

Listing 125: Anzeigen der Detailinformationen (Chapter02Example67.aspx.vb) (Forts.)

59 Anzeige des Spaltenschemas

Es gibt neben der oben vorgestellten Variante noch eine weitere, integrierte Methode zum Auslesen von Detailinformationen, die über ADO.NET bereitgestellt wird. Die Methode `GetSchemaTable` ist Bestandteil der `DataReader`-Klasse und gibt die Informationen zu einer Datenspalte zurück.

Um diese Methode aufzurufen, erzeugt man einfach ein SQL-Statement, das lediglich die gewünschte Spalte aus der Tabelle ausliest. Da wir keine Datensätze benötigen, wird über die `WHERE`-Klausel `WHERE 1 = 0` sichergestellt, dass kein Datensatz diesen Kriterien entspricht.

Ein beispielhaftes, aber vollständiges SQL-Statement würde dann so aussehen:

```
SELECT  spaltenname
FROM    tabelle
WHERE   1 = 0
```

Danach wird das `DataReader`-Objekt über die Methode `ExecuteReader` des Command-Objekts erzeugt und die benötigte `DataTable` mittels `DataReader.GetSchemaTable` ermittelt.

Hilfsmethode GetColumnSchema

```
    Public Function GetColumnSchema _
           ( _
            ByRef objConnection As IDbConnection, _
            ByVal strTableName As String, _
            ByVal strColumnName As String _
           ) As DataTable

        If strTableName <> String.Empty And _
           strColumnName <> String.Empty And _
           Not IsNothing(objConnection) Then

            Dim strTemp     As String       = "SELECT " & _
                                                strColumnName & _
                                              " FROM " & _
                                                strTableName & _
                                              " WHERE 1 = 0"
```

Listing 126: Hilfsmethode GetColumnSchema (cbDatabaseClient.vb)

```
            Dim cmdTemp     As IDbCommand  = _
                              objConnection.CreateCommand()
            Dim drTemp      As IDataReader
            Dim dtTemp      As DataTable

                cmdTemp.CommandText = strTemp
                drTemp = cmdTemp.ExecuteReader()
                dtTemp = FlipDataTable( drTemp.GetSchemaTable() )

                Return dtTemp

        End If

    End Function
```

Listing 126: Hilfsmethode GetColumnSchema (cbDatabaseClient.vb) (Forts.)

Anzeige des Spaltenschemas

Die Vorgehensweise im eigentlichen Beispiel ist bis auf den Methodenaufruf identisch zum vorigen Beispiel. Daher verzichten wir hier auf Vorstellung des restlichen Codes (auf der Buch-CD ist dieser aber natürlich enthalten) und zeigen Ihnen nur den Aufruf der Methode `GetColumnSchema`.

```
    theGrid.DataSource = objCBDC.GetColumnSchema _
                          ( _
                          objConn, _
                          TableName, _
                          ColumnName _
                          )
```

Listing 127: Anzeige des Spaltenschemas (Chapter02Example68.aspx.vb)

60 Eine Tabelle in einer Datenbank erzeugen

Wenn Sie in Ihren Onlineprojekten mit Datenbanken arbeiten, werden Sie ab und an auf das Problem stoßen, dass die vorhandene Struktur einer Datenbank geändert werden muss. Es kommt evtl. eine Spalte oder sogar eine ganze Tabelle hinzu. Vielleicht müssen Sie Beziehungen zwischen mehreren Tabellen anlegen, eine Spalte löschen usw. Normalerweise sollten Sie diese Arbeiten mit dem Tool erledigen, mit dem Sie die Datenbank verwalten. Es ergibt sich allerdings gerade im Onlinebereich oft die Notwendigkeit, solche Strukturänderungen on the fly durchzuführen. Daher möchten wir Ihnen auch dies mit den folgenden Beispielen zeigen.

Wir fangen am besten mit dem Erstellen einer Tabelle an. Die SQL-Statements unterscheiden sich hauptsächlich in den Angaben der einzelnen Datentypen. Es sind aber doch einige weitere Unterschiede erkennbar, so dass wir im folgenden Beispiel wieder einmal davon profitieren, dass wir den verwendeten Datenbanktyp der Variable `dbType` gespeichert haben.

Der grundlegende Aufbau eines CREATE TABLE-Statements zum Erstellen von Tabellen lässt sich allerdings noch gut erklären, ohne auf die Eigenarten der verschiedenen Datenbanksysteme einzugehen:

```
CREATE TABLE tabelle
(
t_spalte1 DATENTYP [(feldgröße)] [INCREMENT] [NOT NULL],
t_spalte1 DATENTYP [(feldgröße)] [NULL],
)
```

Ungefähr so sieht ein CREATE TABLE-Statement aus. Allerdings ist diese Darstellung sehr vereinfacht. Die in eckige Klammern [...] gesetzten Werte sind optional, d.h. sie sind nicht immer zwingend notwendig. Sie geben also den Befehl CREATE TABLE gefolgt vom Tabellennamen an. Die Spaltenangaben werden komplett mit runden Klammern umschlossen. Eine Spalte definieren Sie dann, indem Sie zuerst den Namen der Spalte gefolgt vom Datentyp und der evtl. gewünschten Größe des Datenfelds eingeben. INCREMENT ist die Angabe, ob die Spalte einen Autowert darstellt. Der anzugebende String für diesen Spaltentyp variiert aber, daher haben wir uns dafür entschieden, einen Platzhalter zu verwenden, damit Sie den grundlegenden Aufbau sehen können. NOT NULL gibt an, dass das Feld nicht leer sein darf. Wenn Sie jetzt beispielsweise einen Datensatz in die Tabelle einfügen, muss dieses Feld gefüllt werden. Standardmäßig (also wenn nichts angegeben wurde) wird NULL verwendet. D.h. diese Spalte darf leer bleiben.

Die Zeilenumbrüche in obigem Beispiel dienen nur der besseren Darstellung. Sie können also auch alles in eine Zeile schreiben. Dies ist aber aus Gründen der Lesbarkeit nicht zu empfehlen.

Nun kommen wir zu unserem Praxisbeispiel. Wie schon erwähnt, unterscheiden sich die SQL-Statements zwischen den einzelnen Datenbanksystemen. Wir beginnen mit unserer Access-Datenbank. Das SQL-Statement sieht dann folgendermaßen aus:

```
CREATE TABLE tblTest
(
t_id    AUTOinCREMENT(1,1) PRIMARY KEY NOT NULL,
t_name  TEXT(255),
t_count INT
)
```

Durch die Angaben AUTOINCREMENT (1,1) weisen wir Access an, dass die Spalte t_id ein Autowert sein soll. Beginnend mit der 1 soll der Wert der folgenden Datensätze immer um 1 erhöht werden. PRIMARY KEY bedeutet, dass dieses Feld zusätzlich den Primärschlüssel der Tabelle tblTest darstellt. Die anderen Feldern werden alle vom Datentyp Text sein und bis auf die Postleitzahl mit einer Größe von 255 Zeichen definiert. Dies gilt entsprechend für die anderen Datenbanksysteme auch.

Für MySQL sieht das SQL-Statement zum Erstellen der Testtabelle so aus:

```
CREATE TABLE tblTest
(
t_id    int(10) unsigned auto_increment NOT NULL,
t_name  varchar(255),
t_count int(10) unsigned ,
PRIMARY KEY (t_id)
)
```

Und schließlich noch das SQL-Statement zur Erstellung der Tabelle in einem Microsoft SQL Server. Auch hier ist der Aufbau der Tabelle gleich. Lediglich die Definition unterscheidet sich etwas. Vergleichen Sie die drei Statements einfach miteinander.

```
CREATE TABLE tblTest
(
t_id    int IDENTITY(1,1) PRIMARY KEY NOT NULL,
t_name  nvarchar(255),
t_count int
)
```

Damit hätten wir die SQL-Statements für die verschiedenen Datenbanken erstellt.

Jetzt ist es aber ziemlich mühselig, solche SQL-Statements immer manuell zu erstellen und dann ggf. auch noch den verwendeten Datenbanktyp unterscheiden zu müssen. Daher haben wir natürlich auch hierfür wieder Hilfsmethoden entwickelt, die uns hierbei unterstützen.

Hilfsmethode CreateTable

Die statische Methode `CreateTable` gibt ein SQL-Statement zurück, das je nach Datenbanktyp für die Erstellung einer Tabelle verwendet werden kann. Die benötigten Informationen über den Tabellennamen, die Spalten und deren Datentypen usw. bezieht die Methode aus einer zu übergebenden `DataTable`. Diese müssen Sie also in Ihrer Anwendung erstellen und mit den notwendigen Informationen versehen. Die Erklärung hierzu folgt in einem späteren Abschnitt. Zunächst zeigen wir Ihnen die Methode `CreateTable`.

```
    Public Shared Function CreateTable _
                  ( _
                  ByVal ptCurrent As ProviderType, _
                  ByRef objTable As DataTable _
                  ) As String

    Dim sqlCommand As String = String.Empty
```

Da wir an mehreren Stellen die Möglichkeit haben müssen, SQL-Statements zu erzeugen, die eine Tabellenspalte definieren, haben wir die eigentliche Erzeugung dieser Fragmente wiederum in eine eigene Methode ausgegliedert. `AddColumns` stellen wir Ihnen direkt nach der aktuellen Methode vor.

Die Basis eines DDL-Statements zum Erzeugen einer Tabelle ist immer gleich. `CREATE TABLE` tabellenname (...) Daher stellen wir diese Informationen auch hier zusammen und fügen die Rückgabe des Aufrufs von `AddColumns` entsprechend ein.

```
        ' ----------------------------------------------
        ' CREATE TABLE Statement erstellen
        ' ----------------------------------------------
        sqlCommand = "CREATE TABLE " & objTable.TableName & _
                     vbCrLf & _
                     "(" & _
                     vbCrLf & _
                       AddColumns( ptCurrent, objTable ) & _
                     vbCrLf & _
                     ")"

        Return sqlCommand

    End Function
```

Listing 128: Hilfsmethode CreateTable (cbDatabaseClient.vb)

Hilfsmethode AddColumns

Die Methode `AddColumns` erzeugt anhand des zu verwendenden Datenbanktyps und der Spalteninformationen aus der übergebenen `DataTable` einen String, der zum Erstellen der entsprechenden Spalten in einer Datenbanktabelle benutzt werden kann.

```
    Private Shared Function AddColumns _
                  ( _
                    ByVal ptCurrent As ProviderType, _
                    ByRef objTable As DataTable _
                  ) As String

    Dim strHelp    As String = String.Empty
    Dim sqlCommand As String = String.Empty
    Dim dcTemp     As DataColumn

        Select Case ptCurrent
```

Die Vorgehensweise ist bei allen drei Datenbanktypen ähnlich. Wir durchlaufen eine Schleife zum Auslesen aller Spalten der `DataTable` und erzeugen anhand der vorliegenden Informationen die entsprechenden SQL-Anweisungen.

```
            ' ----------------------------------------
            ' --- OleDb
            ' ----------------------------------------
```

```
            Case ptCurrent.OleDb

                For Each dcTemp In objTable.Columns
```

Als Erstes fügen wir den Namen der Spalte ein. Dieser muss, wie oben beschrieben, an erster Stelle jeder Spaltendefinition stehen.

```
                    sqlCommand &= dcTemp.ColumnName
```

Da nach der letzten Spaltendefinition kein Komma stehen darf, prüfen wir, ob wir gerade die letzte Spalte auswerten. Wenn nicht, wird eine Hilfsvariable mit dem String »,« belegt.

```
                    If dcTemp.Table.Columns.IndexOf(dcTemp) < _
                        dcTemp.Table.Columns.Count -1 Then
                        strHelp = "," & vbCrLf
                    Else
                        strHelp = ""
                    End If
```

Falls die Eigenschaft `Autoinkrement` den Wert `True` hat, wird dies in der SQL-Anweisung berücksichtigt.

```
                    If dcTemp.AutoIncrement Then
                        sqlCommand &= " AUTOinCREMENT(1,1) "
                    Else
```

Hier wird abgefragt, ob die Spalte den Datentyp `String` hat, und falls ja, ob die angegebene Länge der Spalte einen Wert kleiner 1 hat. Falls ja, wird der Wert automatisch auf 255 gesetzt, da Sie in eine Spalte mit der maximalen Länge nichts eintragen könnten, und somit können wir mit einer solchen Spalte auch nichts anfangen.

```
                        If dcTemp.MaxLength < 1 And _
                           dcTemp.DataType Is GetType(String) Then
                           dcTemp.MaxLength = 255
                        End if
```

Nun unterscheiden wir den Datentyp. Da der Platz in diesem Buch begrenzt ist, beschränken wir uns hier auf zwei verschiedene Datentypen: String und `Int32`. Normalerweise verwendet man aber einige weitere Datentypen, aber dies einzubauen sollte kein Problem für Sie darstellen. Falls die Spalte den Datentyp `String` hat, wird dieser für Access in `TEXT` umgesetzt, da dies die erwartete Angabe in einer Access-Datenbank ist. `Int32` wird in `int` umgesetzt.

Basics
Daten-bank
I/O
Validie-rung
Controls
Http-Handler
Netz-werk
Grafik
Tracing
Security

```
                Select Case dcTemp.DataType.Name

                    Case "String"
                        sqlCommand &= " TEXT(" & _
                                      dcTemp.MaxLength & _
                                      ")"

                    Case "Int32"
                        sqlCommand &= " inT"

                    Case Else
                        sqlCommand &= " TEXT(255)"

                End Select

            End if
```

Nun prüfen wir noch, ob die Spalte den Primärschlüssel der Tabelle darstellt, und falls ja, wird die entsprechende SQL-Anweisung hinzugefügt.

```
            If dcTemp.ExtendedProperties("PrimaryKey") Then
                sqlCommand &= " PRIMARY KEY"
            End if
```

Dasselbe machen wir mit `AllowDbNull`, das angibt, ob eine Tabellenspalte Nullwerte zulässt oder nicht.

```
            If Not dcTemp.AllowDBNull Then
                sqlCommand &= " NOT NULL"
            End If

            sqlCommand &= strHelp

        Next

    ' ---------------------------------------------
    ' --- SqlClient
    ' ---------------------------------------------
    Case ptCurrent.SqlServer

        For Each dcTemp In objTable.Columns
            sqlCommand &= dcTemp.ColumnName

            If dcTemp.Table.Columns.IndexOf(dcTemp) < _
              dcTemp.Table.Columns.Count -1 Then
                strHelp = "," & vbCrLf
            Else
                strHelp = ""
            End If
```

Das SQL-Statement für eine MS SQL Server Datenbanktabelle ist ähnlich dem von Access. Bei der Angabe der Datentypen und der Identitätsspalte gibt es allerdings Unterschiede. Diese sehen Sie nachfolgend.

```
                If dcTemp.AutoIncrement Then
                    sqlCommand &= " int IDENTITY(1,1) "
                Else

                    If dcTemp.MaxLength < 1 And _
                       dcTemp.DataType Is GetType(String) Then
                       dcTemp.MaxLength = 255
                    End if

                    Select Case dcTemp.DataType.Name

                       Case "String"
                           sqlCommand &= " nvarchar(" & _
                                         dcTemp.MaxLength & _
                                         ")"

                       Case "Int32"
                           sqlCommand &= " int"

                       Case Else
                           sqlCommand &= " nvarchar(255)"

                    End Select
                End if

                If dcTemp.ExtendedProperties("PrimaryKey") Then
                    sqlCommand &= " PRIMARY KEY"
                End if

                If Not dcTemp.AllowDBNull Then
                    sqlCommand &= " NOT NULL"
                End If

                sqlCommand &= strHelp

            Next

        ' --------------------------------------------
        ' --- MySQL
        ' --------------------------------------------
        Case ptCurrent.MySQL

            For Each dcTemp In objTable.Columns
                sqlCommand &= dcTemp.ColumnName

                If dcTemp.Table.Columns.IndexOf(dcTemp) < _
                  dcTemp.Table.Columns.Count -1 Then
                    strHelp = "," & vbCrLf
```

```
        Else
            strHelp = ""
        End If
```

Auch bei MySQL sieht die grundlegende Vorgehensweise ähnlich aus. Die Datentypen und bestimmte Angaben unterscheiden sich aber auch hier.

```
        If dcTemp.AutoIncrement Then
            sqlCommand &= " int(10) unsigned" & _
                          " auto_increment "
        Else

            If dcTemp.MaxLength < 1 And _
                dcTemp.DataType Is GetType(String) Then
                dcTemp.MaxLength = 255
            End if

            Select Case dcTemp.DataType.Name

                Case "String"
                    sqlCommand &= " varchar(" & _
                                  dcTemp.MaxLength & _
                                  ")"

                Case "Int32"
                    sqlCommand &= " int(10) unsigned "

                Case Else
                    sqlCommand &= " varchar(255)"

            End Select
        End if

        If Not dcTemp.AllowDBNull Then
            sqlCommand &= " NOT NULL"
        End If

        sqlCommand &= strHelp

    Next

    strHelp = "," & vbCrLf & "PRIMARY KEY ("
    For Each dcTemp In objTable.Columns
        If dcTemp.ExtendedProperties("PrimaryKey") Then
            sqlCommand &= strHelp & dcTemp.ColumnName
            strHelp = ","
        End if
    Next
```

Listing 129: Hilfsmethode AddColumns (cbDatabaseClient.vb)

```
                If strHelp = "," Then
                    strHelp = ")" & vbCrLf
                Else
                    strHelp = ""
                End If

                sqlCommand &= strHelp

        End Select

        Return sqlCommand

    End Function
```

Listing 129: Hilfsmethode AddColumns (cbDatabaseClient.vb) (Forts.)

Erstellen einer Datenbanktabelle

Mit den oben vorgestellten Methoden können wir nun zum eigentlichen Beispiel übergehen. Damit die Tabelle aber nicht bei jedem Aufruf des Skripts erzeugt wird, fügen wir einen Button ein, der dann über den entsprechenden Eventhandler die Methode zum Erzeugen der Tabelle aufruft.

```
<%@ Page Language="vb"
    enableViewState="False"
    AutoEventWireup="false"
    Codebehind="Chapter02Example70.aspx.vb"
    Inherits="codebook.aspnet.vb.Chapter02Example70" %>

<!DOCTYPE HTML PUBLIC "-//W3C//DTD HTML 4.0 TRANSITIONAL//EN">
<html>
  <head>
    <title>Chapter 02 Example 70</title>
    <link rel="stylesheet"
          href="styles/codebook.css"
          type="text/css">
  </head>
<body>
    <asp:hyperlink cssclass="clsLink"
                   id="linkAccess"
                   runat="server">
                   Datenbankzugriff auf Access
    </asp:hyperlink>
    <br>
    <asp:hyperlink cssclass="clsLink"
                   id="linkSQLServer"
                   runat="server">
                   Datenbankzugriff auf Microsoft SQL Server
    </asp:hyperlink>
    <br>
```

Listing 130: Erzeugen einer Datenbanktabelle (Chapter02Example70.aspx)

```
    <asp:hyperlink cssclass="clsLink"
                   id="linkMySQL"
                   runat="server">
                   Datenbankzugriff auf MySQL
    </asp:hyperlink>
    <br>
    <h3>
        <asp:literal id="litDatabase"
                     runat="server">
               Providertyp:
        </asp:literal>
    </h3>

    <form id="frmCreateTable"
          runat="server"
          action="Chapter02Example70.asp"
          method="post">
        <asp:button id="btnCreateTable"
                    runat="server"
                    cssclass="clsSubmit"
                    text="Tabelle &quot;tblTest&quot; erstellen" />
    </form>
    <asp:label id="lblSQLStatement" runat="server"></asp:label>
    <br><br>
    <asp:label id="lblStatus" runat="server"></asp:label>
    <br><br>
    <asp:hyperlink cssclass="clsLink"
                   id="linkNext"
                   runat="server">
                   Weiter zum nächsten Beispiel
    </asp:hyperlink>
</body>
</html>
```

Listing 130: Erzeugen einer Datenbanktabelle (Chapter02Example70.aspx) (Forts.)

Der wesentliche Part dieses Beispiels befindet sich in der CodeBehind-Datei, die wir Ihnen nachfolgend vorstellen.

```
Imports codebook.aspnet.vb.cbDatabaseClient

Namespace codebook.aspnet.vb

Public Class Chapter02Example70

    Inherits System.Web.UI.Page

    Protected WithEvents theGrid          As DataGrid
    Protected WithEvents linkSQLServer    As HyperLink
    Protected WithEvents linkMySQL        As HyperLink
    Protected WithEvents linkAccess       As HyperLink
```

```
    Protected WithEvents litDatabase      As Literal
    Protected WithEvents lblSQLStatement As Label
    Protected WithEvents lblStatus        As Label
    Protected WithEvents btnCreateTable  As Button
    Protected WithEvents linkNext         As HyperLink

    Private mScriptName                   As String
    Public  ProviderType                  As ProviderType

    Private Sub Page_Load( _
                      ByVal sender As System.Object, _
                      ByVal e As System.EventArgs _
                      ) Handles MyBase.Load

        Select Case Request("PT")
            Case "3" : ProviderType = ProviderType.MySQL
            Case "2" : ProviderType = ProviderType.SqlServer
            Case Else: ProviderType = ProviderType.OleDb
        End Select

        ScriptName = Request.CurrentExecutionFilePath.ToString

        linkAccess.NavigateUrl    = ScriptName & _
                                   "?PT=" & ProviderType.OleDb
        linkSqlServer.NavigateUrl = ScriptName & _
                                   "?PT=" & ProviderType.SqlServer
        linkMySQL.NavigateUrl     = ScriptName & _
                                   "?PT=" & ProviderType.MySQL
        linkNext.NavigateUrl      = "Chapter02Example71.aspx" & _
                                   "?PT=" & ProviderType

        lblSQLStatement.Visible = False
        lblStatus.Visible       = False
        linkNext.Visible        = False

        If Not Page.IsPostBack Then
            litDatabase.Text &= ProviderType.GetName _
                    ( _
                        ProviderType.GetType, _
                        ProviderType _
                    )
        End If

    End Sub

    Public Property ScriptName() As String
        Get
            ScriptName = mScriptName
        End Get
        Set( ByVal Value As String )
            mScriptName = Value
        End Set
    End Property
```

Der EventHandler btnCreateTable_Click beinhaltet den Code, den wir zum Erzeugen der Datenbanktabelle benötigen. Hierfür erstellen wir wie gewohnt zuerst eine Datenbankverbindung und rufen dann die Methode CreateTable mit den entsprechenden Informationen auf.

```
Private Sub btnCreateTable_Click _
                        ( _
                          ByVal sender As Object, _
                          ByVal e As System.EventArgs _
                        ) Handles btnCreateTable.Click

' ---------------------------------------------------
' --- Verbindung zur Datenbank herstellen
' ---------------------------------------------------
Dim objCBDC As New cbDatabaseClient
    objCBDC.ProviderType     = ProviderType
    objCBDC.ConnectionString = objCBDC.DefaultConnectionString

Dim objConn As IDbConnection
    objConn = objCBDC.GetConnection()

    If objConn.State <> ConnectionState.Open Then
        objConn.Open()
    End If

    litDatabase.Text &= providerType.GetName _
                        ( _
                          objCBDC.ProviderType.GetType, _
                          objCBDC.ProviderType _
                        )
```

Die Methode CreateTable erwartet als zweiten Übergabeparameter ein DataTable-Objekt. Dieses erstellen wir an dieser Stelle und fügen die gewünschten Spalten inklusive der erweiterten Eigenschaften ein.

```
' ---------------------------------------------------
' Neue DataTable erstellen
' ---------------------------------------------------
Dim dtTemp As DataTable = New DataTable
    dtTemp.TableName = "tblTest"

' ---------------------------------------------------
' Spalten hinzufügen
' ---------------------------------------------------
```

Die erste Spalte t_id wird als Int32 deklariert und erhält den Wert True für die Eigenschaft Autoinkrement. Nullwerte sind für diese Spalte nicht erlaubt. Daher wird AllowDbNull auf den Wert False gesetzt. Da es keine Eigenschaft gibt, die eine DataColumn als Primärschlüssel ausweist, gehen wir den Weg über eine eigene so genannte *Extended Property*, also eine erweiterte Eigenschaft.

```
dtTemp.Columns.Add( "t_id", GetType(Int32) )
dtTemp.Columns("t_id").AutoIncrement = True
dtTemp.Columns("t_id").AllowDBNull   = False
dtTemp.Columns("t_id").Unique        = True
dtTemp.Columns("t_id").ExtendedProperties.Add _
                                  ( _
                                  "PrimaryKey", _
                                  True _
                                  )
```

Dasselbe machen wir dann noch für die beiden anderen Spalten, die wir in unserer Testtabelle erstellen wollen.

```
dtTemp.Columns.Add( "t_name", GetType(String) )
dtTemp.Columns("t_name").MaxLength = 255

dtTemp.Columns.Add( "t_count", GetType(Int32) )
```

Anschließend können wir das SQL-Statement mittels Aufruf der Methode `CreateTable` ermitteln und weiterverwenden.

```
' -----------------------------------------------------
' Erstellen des CREATE TABLE-Statements auf Basis
' der DataTable dtTemp
' -----------------------------------------------------
Dim sqlCommand As String
    sqlCommand = objCBDC.CreateTable _
                 ( _
                   ProviderType, _
                   dtTemp _
                 )
```

Da wir auch sehen wollen, welches SQL-Statement ausgeführt wird, geben wir dieses noch über das entsprechende Label aus.

```
lblSQLStatement.Text = "<b>Erzeugtes SQL Statement:</b>" & _
                       "<br><br>" & _
                       sqlCommand.Replace(vbCrLf, "<br>")
```

Zu guter Letzt führen wir das SQL-Statement aus und prüfen, ob ein Fehler aufgetreten ist. Wenn ja, kann es z.B. sein, dass die Tabelle schon existiert.

```
    Dim cmdCreateTable As IDbCommand = objConn.CreateCommand()
        cmdCreateTable.CommandText = sqlCommand

    ' --------------------------------------------------
    ' CREATE TABLE-Statement ausführen
    ' --------------------------------------------------
    Try
        cmdCreateTable.ExecuteNonQuery
        lblStatus.Text = "<b>Tabelle ""tblTest"" wurde erstellt</b>"
        lblSQLStatement.Visible = True
        lblStatus.Visible       = True
        linkNext.Visible        = True
    Catch ex As Exception
        lblStatus.Text = "<b>" & ex.Message & "<br>"
        lblSQLStatement.Visible = True
        lblStatus.Visible       = True
    Finally
        objCBDC.CloseConnection(objConn)
        btnCreateTable.Visible  = False
    End Try

    End Sub

End Class

End Namespace
```

Listing 131: Erzeugen einer Datenbanktabelle (Chapter02Example70.aspx.vb)

61 Hinzufügen von Spalten zu einer Tabelle

Jetzt haben wir eine Testtabelle, aber wir haben »leider« eine »wichtige« Spalte vergessen. Diese müssen wir nun nachträglich einfügen. Das SQL-Statement zum Einfügen der Spalte hierfür unterscheidet sich wieder bei den hier verwendeten Datenbanksystemen. Daher splitten wir diese Statements wieder auf. Das Statement zum Hinzufügen der Tabellenspalte sieht in Access folgendermaßen aus:

```
ALTER TABLE  tblTest
ADD COLUMN   t_new_column TEXT(255)
```

Das Beispiel für MySQL sieht wie folgt aus:

```
ALTER TABLE  tblTest
ADD COLUMN   t_new_column varchar(255)
```

Und nun noch der SQL-Befehl für Microsoft SQL Server:

```
ALTER TABLE  tblTest
ADD          t_new_column nvarchar(255)
```

Eine kurze Erklärung: ALTER TABLE ist der Befehl, mit dem man Tabellen bearbeitet. ADD COLUMN (das Schlüsselwort COLUMN können Sie im Microsoft SQL Server nicht verwenden) fügt eine Spalte namens t_new_column mit dem Datentyp TEXT hinzu.

Hilfsmethode AlterTable

Damit wir die SQL-Statements nicht immer von Hand erstellen müssen, bedienen wir uns natürlich wieder einer Hilfsmethode. Da ALTER TABLE nicht nur zum Hinzufügen von Spalten, sondern z.B. auch zum Löschen derselben verwendet werden kann, brauchen wir einen weiteren Parameter, der uns sagt, was zu tun ist. Hierfür haben wir in der Klasse cbDatabaseClient eine Enumeration mit dem Namen Action eingefügt.

```
Public Enum Action
    CreateTable = 1
    AddColumns  = 2
    DropColumns = 3
    DropTable   = 4
End Enum
```

Listing 132: Enumeration Action (cbDatabaseClient.vb)

Aus unserem Beispiel heraus übergeben wir dann für den zweiten Parameter der Methode AlterTable den Wert Action.AddColumns.

```
    Public Shared Function AlterTable _
                ( _
                ByVal ptCurrent As ProviderType, _
                ByVal actCurrent As Action, _
                ByRef objTable As DataTable _
                ) As String

    Dim sqlCommand As String = String.Empty

    ' ---------------------------------------------
    ' Welche Aktion soll durchgeführt werden?
    ' ---------------------------------------------
    Select Case actCurrent
        Case Action.AddColumns
```

Bei MySQL und Access ist die grundlegende SQL-Anweisung identisch. Bei SQL Server unterscheidet sich diese etwas, so dass wir hier noch eine Prüfung auf den zu verwendenden Datenbanktyp vornehmen. Danach erstellen wir die entsprechende ALTER TABLE-Anweisung unter Zuhilfenahme der weiter vorne vorgestellten Methode AddColumns.

```
    Select Case ptCurrent

        ' ----------------------------------------
        ' --- SqlClient
        ' ----------------------------------------
        Case ptCurrent.SqlServer
            sqlCommand = "ALTER TABLE " & _
                         objTable.TableName & _
                         " ADD " & vbCrLf & _
                         AddColumns( ptCurrent, objTable ) & _
                         vbCrLf

        ' ----------------------------------------
        ' --- Sonstige
        ' ----------------------------------------
        Case Else
            sqlCommand = "ALTER TABLE " & _
                         objTable.TableName & _
                         " ADD COLUMN " & vbCrLf & _
                         AddColumns( ptCurrent, objTable ) & _
                         vbCrLf

    End Select
```

Der folgende Teil der Methode wird nicht im aktuellen Beispiel verwendet, sondern erst im nächsten Skript, mit dem wir die eben erzeugte Spalte wieder löschen. Die Erklärung folgt daher im nächsten Abschnitt.

```
    Case Action.DropColumns
        sqlCommand = "ALTER TABLE " & _
                     objTable.TableName & _
                     " DROP COLUMN " & vbCrLf & _
                     DropColumns( objTable ) & _
                     vbCrLf

    End Select

    Return sqlCommand

    End Function
```

Listing 133: Hilfsmethode AlterTable (cbDatabaseClient.vb)

Hinzufügen von Spalten

Da die **.aspx*-Datei und die CodeBehind-Datei dieses Beispiels nahezu identisch zu der des vorigen Beispiels ist, zeigen wir Ihnen hier nur den EventHandler `btnInsertColumn_Click`, in dem wir die notwendigen Operationen durchführen.

```
Private Sub btnInsertColumn_Click _
            ( _
             ByVal sender As Object, _
             ByVal e As System.EventArgs _
            ) Handles btnInsertColumn.Click
```


Eine Datenbankverbindung ist auch hier Pflicht. Daher wird diese vor dem Ausführen des weiteren Codes erstellt.

```
' ---------------------------------------------------
' --- Verbindung zur Datenbank herstellen
' ---------------------------------------------------
Dim objCBDC As New cbDatabaseClient
    objCBDC.ProviderType     = ProviderType
    objCBDC.ConnectionString = objCBDC.DefaultConnectionString

Dim objConn As IDbConnection
    objConn = objCBDC.GetConnection()

    If objConn.State <> ConnectionState.Open Then
        objConn.Open()
    End If

    litDatabase.Text &= providerType.GetName _
                        ( _
                            objCBDC.ProviderType.GetType, _
                            objCBDC.ProviderType _
                        )
```

Ähnlich wie beim Erzeugen einer neuen Datenbanktabelle wird auch hier eine `DataTable` erstellt, der wir die hinzuzufügenden Spalten inklusive der notwendigen Informationen (Datentyp, ...) übergeben.

```
Dim dtTemp As DataTable = New DataTable
    dtTemp.TableName = "tblTest"
    dtTemp.Columns.Add( "t_new_column", GetType(String) )
    dtTemp.Columns("t_new_column").MaxLength = 255
```

Danach lassen wir uns von der Methode `AddColumns` die SQL-Anweisung zum Ändern der Tabelle zurückgeben. Als zweiten Parameter übergeben wir `Action.AddColumns`, damit die Methode auch weiß, dass die Spalten hinzugefügt und nicht etwa gelöscht werden wollen.

```
Dim sqlCommand As String
    sqlCommand = objCBDC.AlterTable _
                 ( _
                   ProviderType, _
```

```
                        Action.AddColumns, _
                        dtTemp _
                       )
```

Wir geben an dieser Stelle das erzeugte SQL-Statement noch über ein `Label`-Steuerelement aus und führen es anschließend über `ExecuteNonQuery` aus. Bei einem evtl. auftretenden Fehler wird der Benutzer mittels einer Fehlermeldung darüber benachrichtigt.

```
' -------------------------------------------------------
' Erzeugtes SQL-Statement ausgeben
' -------------------------------------------------------
    lblSQLStatement.Text = "<b>Erzeugtes SQL Statement:</b>" & _
                           "<br><br>" & _
                           sqlCommand.Replace(vbCrLf, "<br>")

Dim cmdInsertColumns As IDbCommand = objConn.CreateCommand()
    cmdInsertColumns.CommandText = sqlCommand

' -------------------------------------------------------
' ALTER TABLE ADD COLUMN Statement ausführen
' -------------------------------------------------------
Try
    cmdInsertColumns.ExecuteNonQuery
    lblStatus.Text = "<b>Spalte ""t_new_column"" wurde in " & _
                     "Tabelle ""tblTest"" eingef&uuml;gt</b>"
    lblSQLStatement.Visible = True
    lblStatus.Visible       = True
    linkNext.Visible        = True
Catch ex As Exception
    lblStatus.Text = "<b>" & ex.Message & "<br>"
    lblSQLStatement.Visible = True
    lblStatus.Visible       = True
Finally
    objCBDC.CloseConnection(objConn)
    btnInsertColumn.Visible = False
End Try

End Sub
```

Listing 134: Hinzufügen einer Spalte (Chapter02Example71.aspx.vb)

62 Löschen einer Spalte

Das Löschen einer Tabellenspalte ist der nächste logische Schritt. Wie fast überall ist auch hier das Löschen leichter als das Hinzufügen. Der grundlegende Aufbau einer solchen SQL-Anweisung sieht folgendermaßen aus:

```
ALTER TABLE  tabellenname
DROP  COLUMN spaltenname
```

Löschen einer Spalte

Da wir keine weiteren Hilfsfunktionen benötigen, um das Beispiel ausführen zu können, begeben wir uns gleich zum EventHandler des Buttons, der zum Löschen der Spalte `t_new_column` führt.

```
Private Sub btnDeleteColumn_Click _
              ( _
               ByVal sender As Object, _
               ByVal e As System.EventArgs _
              ) Handles btnDeleteColumn.Click

' ----------------------------------------------------
' --- Verbindung zur Datenbank herstellen
' ----------------------------------------------------
Dim objCBDC As New cbDatabaseClient
    objCBDC.ProviderType      = ProviderType
    objCBDC.ConnectionString = objCBDC.DefaultConnectionString

Dim objConn As IDbConnection
    objConn = objCBDC.GetConnection()

    If objConn.State <> ConnectionState.Open Then
        objConn.Open()
    End If

    litDatabase.Text &= providerType.GetName _
                        ( _
                            objCBDC.ProviderType.GetType, _
                            objCBDC.ProviderType _
                        )
```

Damit wir nicht immer mit unterschiedlichen Elementen arbeiten müssen, behalten wir auch hier die Vorgehensweise bei, dass wir eine `DataTable` erzeugen und dieser die entsprechenden Spalten hinzufügen. Da es beim Löschen einer Spalte egal ist, welchen Datentyp diese hat, benötigen wir diese Information hier auch nicht.

```
Dim dtTemp As DataTable = New DataTable
    dtTemp.TableName = "tblTest"
    dtTemp.Columns.Add( "t_new_column" )
```

Die SQL-Anweisung wird von derselben Methode `AlterTable` erstellt. Als Parameter übergeben wir dieses Mal allerdings `Action.DropColumns` um der Methode zu sagen, dass wir die Spalten der übergebenen `DataTable` löschen wollen.

```
Dim sqlCommand As String
    sqlCommand = objCBDC.AlterTable _
                 ( _
```

```
                  ProviderType, _
                  Action.DropColumns, _
                  dtTemp _
                 )

    ' --------------------------------------------------
    ' Erzeugtes SQL-Statement ausgeben
    ' --------------------------------------------------
        lblSQLStatement.Text = "<b>Erzeugtes SQL-Statement:</b>" & _
                               "<br><br>" & _
                               sqlCommand.Replace(vbCrLf, "<br>")

    Dim cmdInsertColumns As IDbCommand = objConn.CreateCommand()
        cmdInsertColumns.CommandText = sqlCommand
```

Nachdem das SQL-Statement ausgeführt wurde, sollte eine Meldung erscheinen, die besagt, dass die Spalte gelöscht wurde. Falls ein Fehler aufgetreten ist, wird die vom Datenprovider zurückgegebene Fehlermeldung ausgegeben.

```
    Try
        cmdInsertColumns.ExecuteNonQuery
        lblStatus.Text = "<b>Spalte ""t_new_column"" wurde aus " & _
                         "Tabelle ""tblTest"" gel&ouml;scht</b>"
        lblSQLStatement.Visible = True
        lblStatus.Visible       = True
        linkNext.Visible        = True
    Catch ex As Exception
        lblStatus.Text = "<b>" & ex.Message & "<br>"
        lblSQLStatement.Visible = True
        lblStatus.Visible       = True
    Finally
        objCBDC.CloseConnection(objConn)
        btnDeleteColumn.Visible = False
    End Try

    End Sub
```

Listing 135: Löschen einer Spalte (Chapter02Example72.aspx.vb)

63 Löschen einer Tabelle aus einer Datenbank

Das Löschen einer Tabelle ist ebenso schnell erledigt wie das Löschen einer Spalte. Da wir hierfür nicht einmal ein dynamisches SQL-Statement benötigen, stellen wir Ihnen hier nur den Aufbau desselben vor. Der Aufbau der Skripte ist fast identisch zu den vorigen. Daher sparen wir an dieser Stelle den Platz hierfür ein.

```
    Dim sqlCommand As String
        sqlCommand = "DROP TABLE tblTest"
```

Listing 136: Löschen einer Tabelle (Chapter02Example73.aspx.vb)

Dieses SQL-Statement können Sie dann ganz bequem über die Methode `ExecuteNonQuery` des Command-Objekts ausführen lassen.

64 Eine CSV-Datei in eine Datenbank importieren

Flatfiles sind sehr beliebt (wenn auch mittlerweile schon etwas in die Jahre gekommen) um Daten zwischen verschiedenen Systemen, die nicht miteinander kompatibel sind, auszutauschen. Daher widmen wir uns auch in diesem Buch dieser Anforderung und stellen Ihnen die Methoden vor, mit denen Sie eine CSV-Datei in Ihre Datenbank importieren können.

Access

Mit Access können Sie Dateien im CSV-Format sehr schnell importieren. in unseren Tests (eine Adresstabelle mit sechs Spalten) haben wir z.B.: 50.000 Datensätze in 1,15 Sekunden in eine Access 2000 Datenbank importiert. Diese Zeit hängt aber stark von dem verwendeten Rechner, dem Aufbau der Tabellen (Indizes, ...) sowie von der Art der zu importierenden Daten ab. Unser Testrechner war ein P IV 2,2 GHz, Windows 2000 Server SP 4 mit 1 GB RAM. Der Testrechner kommt einem Webserver also schon ziemlich nahe.

Der Aufbau der CSV-Datei ist nachfolgend aufgeführt. Die erste Zeile enthält die Spaltennamen. Diese verwendet Access auch beim Import und benennt die Spalten dann ebenso. Die einzelnen Feldinhalte sind durch ein Semikolon getrennt. Diese Datei unterscheidet sich also nicht sehr von anderen CSV-Dateien (evtl. durch den Inhalt :-)).

```
imp_id;imp_name;imp_street;imp_zipcode;imp_city;imp_E-Mail
1;Test Tester 1;Teststrasse 1;12345;Teststadt;1@teststadt.de
2;Test Tester 2;Teststrasse 2;12345;Teststadt;2@teststadt.de
3;Test Tester 3;Teststrasse 3;12345;Teststadt;3@teststadt.de
4;Test Tester 4;Teststrasse 4;12345;Teststadt;4@teststadt.de
5;Test Tester 5;Teststrasse 5;12345;Teststadt;5@teststadt.de
6;Test Tester 6;Teststrasse 6;12345;Teststadt;6@teststadt.de
...
```

Listing 137: Aufbau der Importdatei tblImport.csv

```
SELECT *
INTO   tblImport
FROM   [tblImport.csv]
IN     "X:\verzeichnis\" "TEXT;"
```

Das SQL-Statement sieht eigentlich nicht viel anders aus als ein normales `SELECT INTO`-Statement. Lediglich der Tabellenname in der From-Klausel und die Pfadangabe sind neu. Da wir eine Datei als Datenquelle für den Import angeben (*tblImport.csv*), sollten Sie den Dateinamen in eckige Klammern schreiben. Ansonsten kann es zu Fehlern kommen. in der in-Klausel steht der Verzeichnisname, in dem sich die Importdatei befindet. Diese Angabe muss in doppelten Anführungszeichen stehen. Nun fehlt nur noch eine Angaben `TEXT;`, die angibt, dass es sich hierbei um eine Textdatenbank handelt. Das war auch schon alles, was Sie machen müssen.

Hinweis:

Sollten Sie andere Dateitypen als *txt, tab, csv, txt, htm* oder *html* importieren wollen und auf die Fehlermeldung »Aktualisieren nicht möglich; Datenbank oder Objekt ist schreibgeschützt.« bzw. »Aktualisieren nicht möglich; Datenbank oder Objekt ist schreibgeschützt.« treffen, empfiehlt sich die Lektüre des folgenden Microsoft KnowledgeBase-Artikels: *http://support.microsoft.com/default.aspx?scid=kb;EN-US;q245407*. Grund für die Fehlermeldung ist, dass aus Sicherheitsgründen standardmäßig keine anderen als die o.a. Dateiendungen für den Import zugelassen werden. Eine Lösung ist, die Datei vor dem Import in *<dateiname>.txt* oder *<dateiname>.csv* umzubenennen und nach dem Import wieder den Originaldateinamen herzustellen. Ein Beispiel, wie man eine Datei umbenennen kann, finden Sie in diesem Buch in der Kategorie *System.IO*.

MySQL

Wenn Sie MySQL verwenden, steht Ihnen für den Import von Massendaten über Flatfiles das `LOAD DATA`- bzw. `LOAD DATA LOCAL`-Kommando zur Verfügung. Mit diesem können Sie Dateien in eine Datenbank laden. Da diese Befehle die Zieltabelle nicht automatisch erstellen, müssen Sie diese vorab manuell erzeugen. Wir erledigen dies direkt in unserem Skript, indem wir die in den vorigen Abschnitten vorgestellten Methoden verwenden.

```
LOAD DATA
INFILE 'X:\\verzeichnis\\dateiname.csv'
INTO   TABLE tabellenname
FIELDS TERMinATED BY ';'
LINES  TERMinATED BY '\r\n'
(
    imp_id,
    imp_name,
    imp_street,
    imp_zipcode,
    imp_city,
    imp_E-Mail
)
```

Dieses Statement dürfte evtl. etwas erklärungsbedürftig sein, daher gehen wir den Befehl nun Zeile für Zeile durch. Die Kommentare stehen wie immer unter dem Befehl

```
LOAD DATA
```

Dies ist der eigentliche Importbefehl.

```
inFILE 'X:\\verzeichnis\\dateiname.csv'
```

Der Parameter `INFILE` gibt den vollständigen Pfad zur Importdatei an. Sie können keine Datei angeben, die nur per HTTP oder FTP erreichbar ist.

```
inTO   TABLE tabellenname
```

Was dies bedeutet, werden Sie wahrscheinlich schon erkannt haben. Sie geben lediglich hinter `INTO TABLE` den Namen der Tabelle an, in die die Daten importiert werden sollen.

```
FIELDS TERMinATED BY ';'
```

Da eine Importdatei nicht immer die gleiche Struktur hat, können Sie hier angeben, mit welchem Zeichen die einzelnen Spalten voneinander getrennt werden. Standardmäßig ist dies `\t`, also ein Tabulator. Da unsere Datei aber das Semikolon als Spaltentrenner verwendet, müssen Sie dies explizit angeben.

```
LinES  TERMinATED BY '\r\n'
```

Dasselbe gilt für das oder die Zeichen, die eine neue Zeile signalisieren. `\r\n` entspricht `vbCrLf` in VBScript.

```
IGNORE 1 LINES
```

`IGNORE 1 LINES` bedeutet, dass die Datenbank beim Import der Datei eine Zeile überspringt. Für unser Beispiel soll Sie das auch, da in der ersten Zeile lediglich die Spaltennamen stehen. Diese sollen aber natürlich nicht importiert werden.

Die nachfolgende Angabe der Spalten ist optional und eigentlich nur notwendig, wenn die Struktur der Importdatei von der Struktur der Tabelle abweicht. Beispielsweise fehlen in der Importtabelle einige Spalten. Dann ist es nützlich, wenn man angeben kann, welche Spalten hier verwendet werden sollen.

```
(
    imp_id,
    imp_name,
    imp_street,
    imp_zipcode,
    imp_city,
    imp_E-Mail
)
```

Eine Besonderheit wird Ihnen vielleicht im Listing der Methode `GetImportCommand` auffallen. Wir ändern die Pfadangabe mit dem Befehl: `strFilePath = strFilePath.Replace( "\", "\\" )`. Dies hat den Hintergrund, dass der Backslash in MySQL ein Escapezeichen darstellt. D.h. mit diesem Zeichen können Sie Sonderzeichen deklarieren. Beispielsweise ist `\t` ein Tabulator. `\\` ist dann wiederum ein einfacher Backslash. Alternativ können Sie bei der Pfadangabe auch einen normalen Slash »`/`« verwenden.

SQL Server

Um Massendaten in eine Datenbank einzufügen, stellt der Microsoft SQL Server den SQL-Befehl BULK INSERT zur Verfügung. Allerdings erstellt dieser Befehl, anders als die Jet Engine in Verbindung mit Access, die Tabellenstruktur nicht automatisch. Daher müssen Sie im Vorfeld die Tabelle mit einem CREATE TABLE-Statement selbst anlegen. Auch hier erledigen wir das aber in unserem Beispiel. Sie müssen ebenfalls beachten, dass eine evtl. vorhandene Zeile mit den Feldnamen (in einer CSV-Datei ist üblicherweise die erste Zeile den Feldnamen vorbehalten) übersprungen werden muss. Nachfolgend sehen Sie den grundlegenden Aufbau eines BULK INSERT-Statements:

```
BULK INSERT tabellenname
FROM 'X:\verzeichnis\dateiname.csv'
WITH
(
FIELDTERMinATOR = ';',
ROWTERMinATOR   = '\n',
FIRSTROW        = 2
)
```

Das SQL-Statement sieht schon einmal ganz anders aus als alles, was wir bisher kennen gelernt haben. Aber es ist eigentlich ganz einfach zu verstehen, wenn man weiß, was man damit machen kann.

Analysieren wir das Statement einmal Zeile für Zeile:

```
BULK INSERT tabellenname
```

BULK INSERT ist also der Befehl zum Einfügen, und zwar in die Tabelle, die hinter diesem Befehl angegeben wurde. in unserem Beispiel ist dies tabellenname.

```
FROM 'X:\verzeichnis\dateiname.csv'
```

FROM gibt die Quelle der Daten an. Die Pfadangabe der Quelle muss für den SQL Server erreichbar sein. Sie können hier sowohl einen vollständigen Pfad (*X:\verzeichnis\dateiname.ext*) oder einen UNC-Pfad (*\\servername\freigabe\verzeichnis\dateiname.ext*) angeben. Es ist allerdings mit diesem Befehl nicht möglich, auf eine Quelle per HTTP oder FTP zuzugreifen.

```
WITH
```

besagt lediglich, dass nachstehend einige Parameter verwendet werden, die beim Ausführen des Befehls beachtet werden müssen.

```
FIELDTERMINATOR = ';',
```

Im Parameter FIELDTERMINATOR geben Sie das Trennzeichen ein, das für die Trennung der einzelnen Spaltenwerte verwendet wird. Meist ist dies das Semikolon. Wenn nicht, ändern Sie die Angabe entsprechend. Wenn Sie zum Beispiel einen Tabulator als Spaltentrenner verwenden, geben Sie Folgendes an: FIELDTERMINATOR = '\t'

```
ROWTERMINATOR   = '\n',
```

Der Rowterminator gibt an, welches Zeichen verwendet wird, um die einzelnen Datenzeilen zu trennen. \n entspricht einem Zeilenumbruch.

```
FIRSTROW        = 2
```

Firstrow ist nur dann wichtig, wenn Sie die Daten nicht komplett ab der ersten Zeile einlesen wollen. in unserem Beispiel ist dies der Fall, da die erste Zeile die Spaltennamen enthält, wir diese aber nicht importieren wollen.

Hilfsmethode GetImportCommand

Wir bedienen uns wie schon erwähnt mal wieder einer Hilfsmethode, die es uns ermöglicht, im Beispiel selbst weitgehend vom Datenbanktyp unabhängig zu arbeiten. Hierfür übergeben wir der Methode den zu verwendenden Datenbanktyp sowie den Dateinamen und den Pfad zur Importdatei.

```
    Public Shared Function GetImportCommand _
                 ( _
                  ByVal ptCurrent As ProviderType, _
                  ByVal strFileName As String, _
                  ByVal strFilepath As String _
                  ) As String

    Dim sqlCommand As String = String.Empty
```

Je nach zu verwendendem Datenbanktyp erzeugen wir das entsprechende SQL-Statement, das die Daten in die Datenbank importieren wird. Die aufrufende Methode erhält lediglich das SQL-Statement zurück. D.h. die SQL-Anweisung wird nicht direkt ausgeführt.

```
        Select Case ptCurrent

            ' ----------------------------------------
            ' --- OleDb-Connection
            ' ----------------------------------------
            Case ptCurrent.OleDb
                sqlCommand = "SELECT * " & _
                             vbCrLf & _
```

Listing 138: Hilfsmethode »GetImportCommand« (cbHelper.vb)

```
                    "inTO tblImport " & _
                    vbCrLf & _
                    "FROM [" & strFileName & "] " & _
                    vbCrLf & _
                    "in   """ & strFilePath & """ " & _
                    vbCrLf & _
                    """TEXT;"""

' ----------------------------------------
' --- SqlClient
' ----------------------------------------
Case ptCurrent.SqlServer
    sqlCommand = "BULK inSERT tblImport " & _
                 vbCrLf & _
                 "FROM '" & strFilePath & _
                           strFileName & _
                     "' " & vbCrLf & _
                 "WITH " & vbCrLf & _
                 "( " & vbCrLf & _
                 "FIELDTERMinATOR = ';', " & _
                 vbCrLf & _
                 "ROWTERMinATOR   = '\n', " & _
                 vbCrLf & _
                 "FIRSTROW        = 2 " & _
                 vbCrLf & _
                 ") "

' ----------------------------------------
' --- MySql
' ----------------------------------------
Case ptCurrent.MySQL
    strFilePath = strFilePath.Replace( "\", "\\" )
    sqlCommand = "LOAD DATA " & vbCrLf & _
                 "inFILE '" & strFilePath & _
                             strFileName & _
                       "' " & vbCrLf & _
                 "inTO TABLE tblImport " & _
                 vbCrLf & _
                 "FIELDS TERMinATED BY ';' " & _
                 vbCrLf & _
                 "LinES  TERMinATED BY '\r\n' " & _
                 vbCrLf & _
                 "IGNORE 1 LinES " & vbCrLf & _
                 "(" & vbCrLf & _
                "    imp_id, " & vbCrLf & _
                "    imp_name, " & vbCrLf & _
                "    imp_street, " & vbCrLf & _
                "    imp_zipcode, " & vbCrLf & _
                "    imp_city, " & vbCrLf & _
                "    imp_E-Mail" & vbCrLf & _
                 ")"
```

Listing 138: Hilfsmethode »GetImportCommand« (cbHelper.vb) (Forts.)

```
        End Select

        Return sqlCommand
```

Listing 138: Hilfsmethode »GetImportCommand« (cbHelper.vb) (Forts.)

Den Import durchführen

Kommen wir nun zum eigentlichen Beispiel. Die **.aspx*-Datei ist hierbei uninteressant (wenn auch auf der Buch-CD natürlich enthalten).

```
Imports codebook.aspnet.vb.cbDatabaseClient

Namespace codebook.aspnet.vb

Public Class Chapter02Example74

    Inherits System.Web.UI.Page

    Protected WithEvents theGrid          As DataGrid
    Protected WithEvents linkSQLServer    As HyperLink
    Protected WithEvents linkMySQL        As HyperLink
    Protected WithEvents linkAccess       As HyperLink
    Protected WithEvents litDatabase      As Literal
    Protected WithEvents lblSQLStatement  As Label
    Protected WithEvents lblStatus        As Label
    Protected WithEvents btnImportFile    As Button

    Private mScriptName                   As String
    Public  ProviderType                  As ProviderType

    Private Sub Page_Load( _
                      ByVal sender As System.Object, _
                      ByVal e As System.EventArgs _
                      ) Handles MyBase.Load

        Select Case Request("PT")
            Case "3" : ProviderType = ProviderType.MySQL
            Case "2" : ProviderType = ProviderType.SqlServer
            Case Else: ProviderType = ProviderType.OleDb
        End Select

        ScriptName = Request.CurrentExecutionFilePath.ToString

        linkAccess.NavigateUrl    = ScriptName & _
                                    "?PT=" & ProviderType.OleDb
        linkSqlServer.NavigateUrl = ScriptName & _
                                    "?PT=" & ProviderType.SqlServer
        linkMySQL.NavigateUrl     = ScriptName & _
                                    "?PT=" & ProviderType.MySQL

        lblSQLStatement.Visible = False
```

```
    lblStatus.Visible       = False

    If Not Page.IsPostBack Then
        litDatabase.Text &= ProviderType.GetName _
                (  _
                    ProviderType.GetType, _
                    ProviderType _
                )
    End If

End Sub

Public Property ScriptName() As String
    Get
        ScriptName = mScriptName
    End Get
    Set( ByVal Value As String )
        mScriptName = Value
    End Set
End Property
```

Im EventHandler `btnImportFile_Click` werden die notwendigen Informationen gesammelt und die verschiedenen Aktionen ausgeführt.

```
Private Sub btnImportFile_Click _
                (  _
                 ByVal sender As Object, _
                 ByVal e As System.EventArgs _
                ) Handles btnImportFile.Click

' ---------------------------------------------------
' --- Verbindung zur Datenbank herstellen
' ---------------------------------------------------
Dim objCBDC As New cbDatabaseClient
    objCBDC.ProviderType      = ProviderType
    objCBDC.ConnectionString = objCBDC.DefaultConnectionString

Dim objConn As IDbConnection
    objConn = objCBDC.GetConnection()

    If objConn.State <> ConnectionState.Open Then
        objConn.Open()
    End If

    litDatabase.Text &= ProviderType.GetName _
                        (  _
                            objCBDC.ProviderType.GetType, _
                            objCBDC.ProviderType _
                        )

Dim sqlCommand As String
```

Da MySQL und Microsoft SQL Server die Importtabelle im Gegensatz zu Access nicht autom. erzeugen, erzeugen wir diese bei Verwendung von einem dieser Datenbanktypen eigenständig. Hierzu nutzen wir natürlich die in Rezept 60 vorgestellte Methode `CreateTable`. Dazu benötigen wir wieder eine `DataTable`, die die entsprechenden Informationen enthält.

```
' --------------------------------------------------
' MySQL und MS SQL erzeugen die Tabelle im Gegensatz zu
' OleDb nicht autom. Daher wird vorab die Struktur manuell
' erzeugt.
' --------------------------------------------------
If ProviderType = ProviderType.MySQL Or _
   ProviderType = ProviderType.SqlServer Then

' --------------------------------------------------
' Neue DataTable erstellen
' --------------------------------------------------
Dim dtTemp As DataTable = New DataTable
    dtTemp.TableName = "tblImport"

' --------------------------------------------------
' Spalten hinzufügen
' --------------------------------------------------
    dtTemp.Columns.Add( "imp_id", GetType(Int32) )
    dtTemp.Columns("imp_id").AutoIncrement    = True
    dtTemp.Columns("imp_id").AllowDBNull      = False
    dtTemp.Columns("imp_id").Unique           = True
    dtTemp.Columns("imp_id").ExtendedProperties.Add _
                                   ( _
                                   "PrimaryKey", _
                                   True _
                                   )

    dtTemp.Columns.Add( "imp_name", GetType(String) )
    dtTemp.Columns("imp_name").MaxLength      = 255
    dtTemp.Columns("imp_name").AllowDBNull    = False

    dtTemp.Columns.Add( "imp_street", GetType(String) )
    dtTemp.Columns("imp_street").MaxLength    = 255
    dtTemp.Columns("imp_street").AllowDBNull  = False

    dtTemp.Columns.Add( "imp_zipcode", GetType(String) )
    dtTemp.Columns("imp_zipcode").MaxLength   = 5
    dtTemp.Columns("imp_zipcode").AllowDBNull = False

    dtTemp.Columns.Add( "imp_city", GetType(String) )
    dtTemp.Columns("imp_city").MaxLength      = 255
    dtTemp.Columns("imp_city").AllowDBNull    = False

    dtTemp.Columns.Add( "imp_E-Mail", GetType(String) )
    dtTemp.Columns("imp_E-Mail").MaxLength     = 255
```

```
        dtTemp.Columns("imp_E-Mail").AllowDBNull    = False

        sqlCommand = objCBDC.CreateTable _
                    ( _
                     ProviderType, _
                     dtTemp _
                    )
```

Da es unter Umständen auch vorkommen kann, dass die Tabelle schon existiert, wird der restliche Code auch bei einem evtl. auftretenden Fehler ausgeführt (also der Import selbst). in der Praxis sollten Sie natürlich eine differenziertere Fehlerbehandlung einbauen, aber für unser Beispiel sollte dies ausreichen.

```
    ' -------------------------------------------------------
    ' CREATE TABLE Statement ausführen
    ' -------------------------------------------------------
    Dim cmdInsertColumns As IDbCommand = objConn.CreateCommand()
        cmdInsertColumns.CommandText = sqlCommand
        Try
            cmdInsertColumns.ExecuteNonQuery
        Catch ex As Exception
            lblStatus.Text = "<b>" & ex.Message & "<br>"
            lblSQLStatement.Visible = True
            lblStatus.Visible       = True
            'objCBDC.CloseConnection(objConn)
        End Try

    End if
```

An dieser Stelle rufen wir das SQL-Statement für den Import mittels Aufruf unserer eben vorgestellten Hilfsmethode `GetImportCommand` ab. Dieser übergeben wir den zu verwendenden Datenbanktyp, den Dateinamen und den Pfad, in dem die Datei liegt.

```
    ' -------------------------------------------------------
    ' Erstellen des SQL Statements für den Import
    ' -------------------------------------------------------
        sqlCommand = cbHelper.GetImportCommand _
                             ( _
                             ProviderType, _
                             "tblImport.csv", _
                             Server.MapPath("./database/") _
                             )
```

Zur Kontrolle geben wir die erzeugte SQL-Anweisung noch einmal aus. Somit sehen Sie auch direkt, wie sich evtl. Änderungen am Code oder an den Parametern ihrerseits auswirken.

```
    ' ---------------------------------------------------
    ' Erzeugtes SQL Statement ausgeben
    ' ---------------------------------------------------
        lblSQLStatement.Text = "<b>Erzeugtes SQL Statement:</b>" & _
                               "<br><br>" & _
                               sqlCommand.Replace(vbCrLf, "<br>")

    Dim cmdImportFile As IDbCommand = objConn.CreateCommand()
        cmdImportFile.CommandText = sqlCommand
```

Es bleibt uns hier nur noch, die Anweisung auszuführen und die Meldung auf dem Bildschirm anzusehen. Wenn alles glatt gelaufen ist, sollten Sie eine Erfolgsmeldung sehen, ansonsten eine Fehlermeldung.

```
    ' ---------------------------------------------------
    ' Datei tblImport.csv importieren
    ' ---------------------------------------------------
    Try
        cmdImportFile.ExecuteNonQuery
        lblStatus.Text = "<b>Datei ""tblImport.csv"" " & _
                         "wurde importiert</b>"
        lblSQLStatement.Visible = True
        lblStatus.Visible       = True
    Catch ex As Exception
        lblStatus.Text = "<b>" & ex.Message & "<br>"
        lblSQLStatement.Visible = True
        lblStatus.Visible       = True
    Finally
        objCBDC.CloseConnection(objConn)
        btnImportFile.Visible   = False
    End Try

    End Sub

End Class

End Namespace
```

Listing 139: Eine CSV-Datei importieren (Chapter02Example74.aspx.vb)

65 Eine XML-Datei importieren

Das .NET Framework bietet Ihnen an vielen Stellen Unterstützung bei der Verwendung und Verarbeitung von XML-Daten an. Dies machen wir uns im folgenden Beispiel zunutze und importieren eine XML-Datei in unsere Datenbank.

```
Imports codebook.aspnet.vb.cbDatabaseClient
Imports codebook.aspnet.vb.cbDataAdapter
```

```
Namespace codebook.aspnet.vb

Public Class Chapter02Example75

    Inherits System.Web.UI.Page

    Protected WithEvents theGrid         As DataGrid
    Protected WithEvents linkSQLServer   As HyperLink
    Protected WithEvents linkMySQL       As HyperLink
    Protected WithEvents linkAccess      As HyperLink
    Protected WithEvents litDatabase     As Literal
    Protected WithEvents lblStatus       As Label
    Protected WithEvents btnImportXML    As Button

    Private mScriptName                  As String
    Public  ProviderType                 As ProviderType

    Private Sub Page_Load( _
                        ByVal sender As System.Object, _
                        ByVal e As System.EventArgs _
                        ) Handles MyBase.Load

        Select Case Request("PT")
            Case "3" : ProviderType = ProviderType.MySQL
            Case "2" : ProviderType = ProviderType.SqlServer
            Case Else: ProviderType = ProviderType.OleDb
        End Select

        ScriptName = Request.CurrentExecutionFilePath.ToString

        linkAccess.NavigateUrl    = ScriptName & _
                                    "?PT=" & ProviderType.OleDb
        linkSqlServer.NavigateUrl = ScriptName & _
                                    "?PT=" & ProviderType.SqlServer
        linkMySQL.NavigateUrl     = ScriptName & _
                                    "?PT=" & ProviderType.MySQL

        lblStatus.Visible       = False

        If Not Page.IsPostBack Then
            litDatabase.Text &= ProviderType.GetName _
                    ( _
                        ProviderType.GetType, _
                        ProviderType _
                    )
        End If

    End Sub

    Public Property ScriptName() As String
        Get
            ScriptName = mScriptName
        End Get
```

```
        Set( ByVal Value As String )
            mScriptName = Value
        End Set
    End Property
```

Auch hier werden die notwendigen Aktionen im EventHandler `Click` unseres Buttons ausgeführt.

```
    Private Sub btnImportXML_Click _
                        ( _
                         ByVal sender As Object, _
                         ByVal e As System.EventArgs _
                        ) Handles btnImportXML.Click

    ' -----------------------------------------------------
    ' --- Verbindung zur Datenbank herstellen
    ' -----------------------------------------------------
    Dim objCBDC As New cbDatabaseClient
        objCBDC.ProviderType     = ProviderType
        objCBDC.ConnectionString = objCBDC.DefaultConnectionString

    Dim objConn As IDbConnection
        objConn = objCBDC.GetConnection()

        If objConn.State <> ConnectionState.Open Then
            objConn.Open()
        End If

        litDatabase.Text &= ProviderType.GetName _
                        ( _
                            objCBDC.ProviderType.GetType, _
                            objCBDC.ProviderType _
                        )

    ' -----------------------------------------------------
    ' Den Dateinamen inkl. Pfad für den Export ermitteln
    ' -----------------------------------------------------
    Dim strFileName As String
        strFileName = Server.MapPath("./database/tblImportXML.xml")
```

Die `DataSet`-Klasse beinhaltet mehrere Methoden, die zum Auslesen einer XML-Datenquelle dienen. Um die Struktur zu ermitteln, verwenden wir die Methode `ReadXmlSchema`, der wir den Pfad inkl. Dateinamen zu unserer XML-Datei übergeben. Diese Informationen benötigen wir, um die Tabelle in der Datenbank erzeugen zu können. Dies wird nicht autom. erledigt.

Hinweis

Bei sehr großen Dateien ist mit den integrierten Methoden allerdings ein starker Performanceverlust zu verzeichnen.

```
' ---------------------------------------------------
' Die Struktur der XML Datei auslesen
' ---------------------------------------------------
Dim dsImportXML As DataSet = New DataSet()
    dsImportXML.ReadXmlSchema( strFileName )
```

Damit Sie sehen, dass die in den vorherigen Abschnitten vorgestellten Klassen und Methoden von großem Nutzen sein können, verwenden wir hier wieder unsere Hilfsklasse `cbDataAdapter`. Diese dient dazu, die Datensätze später über die entsprechenden Methoden in die Datenbank importieren zu können.

```
' ---------------------------------------------------
' cbDataAdapter Objekt zur Erstellung der einzelnen
' Command-Objekte für den später erzeugten DataAdapter
' erstellen
' ---------------------------------------------------
Dim objCommand As cbDataAdapter = New cbDataAdapter()
    objCommand.Connection      = objConn
    objCommand.DataColumns     = dsImportXML.Tables(0).Columns
    objCommand.KeyColumn       = "imp_id"
    objCommand.TableName       = "tblImportXML"
    objCommand.DatabaseClient  = objCBDC

' ---------------------------------------------------
' Erstellen des DataAdapters, um die Datensätze aus der
' Importdatei in die Datenbank übertragen zu können
' ---------------------------------------------------
Dim daImportXML As IDbDataAdapter
    daImportXML = objCommand.CreateAdapter()
```

Der `DataAdapter` enthält nun bereits alle benötigten `Command`-Objekte, also auch das hier erwartete `InsertCommand` zum Einfügen neuer Datensätze. Daher setzen wir nun noch einige Eigenschaften (Primärschlüssel und AutoIncrement), die beim Erzeugen der Tabelle berücksichtigt werden sollen.

```
' ---------------------------------------------------
' Einige Eigenschaften der DataTable müssen noch
' gesetzt werden. (Primärschlüssel sollte erstellt
' werden, da es ansonsten Probleme bei evtl. Updates
' geben kann.
' ---------------------------------------------------
Dim dtTemp As DataTable = dsImportXML.Tables(0)
    dtTemp.Columns( "imp_id" ). _
            AutoIncrement = True
    dtTemp.Columns( "imp_id" ). _
            ExtendedProperties("PrimaryKey") = True
```

Basics
Daten-bank
I/O
Validie-rung
Controls
Http-Handler
Netz-werk
Grafik
Tracing
Security

Nun erst werden die Daten selbst aus der XML-Datei ausgelesen. Dies kann erst jetzt stattfinden, da die `DataTable`-Eigenschaften nicht mehr geändert werden können, wenn schon Daten vorhanden sind.

```
        dsImportXML.ReadXml( strFileName )
```

Der Name der Importtabelle muss noch geändert werden, da ansonsten eine Tabelle `Table` erstellt werden würde. Dies resultiert wieder daraus, dass wir die Schnittstellen (z.B. `IDbDataAdapter`) anstelle der nativen Klassen verwenden.

```
    Dim strOldTableName As String = dtTemp.TableName
        dtTemp.TableName = "tblImportXML"

    Dim sqlCommand As String
        sqlCommand = objCBDC.CreateTable _
                     ( _
                       ProviderType, _
                       dtTemp _
                     )

        dtTemp.TableName = strOldTableName

    ' -----------------------------------------------------
    ' CREATE TABLE Statement ausführen
    ' -----------------------------------------------------
    Dim cmdCreateTable As IDbCommand = objConn.CreateCommand()
        cmdCreateTable.CommandText = sqlCommand
        Try
            cmdCreateTable.ExecuteNonQuery
        Catch ex As Exception
            lblStatus.Text = "<b>" & ex.Message & "<br>"
            lblStatus.Visible       = True
        Finally
            cmdCreateTable.Dispose()
        End Try
```

An dieser Stelle müssen wir nun nur noch die `UPDATE`-Methode des `DataAdapters` aufrufen. Den Import übernimmt dieser dann vollkommen eigenständig.

```
    ' -----------------------------------------------------
    ' Datei tblImportXML.xml importieren
    ' -----------------------------------------------------
    Try
        daImportXMl.Update( dsImportXML )
        lblStatus.Text = "<b>Datei ""tblImportXML.xml"" " & _
                         "wurde importiert</b>"
```

Listing 140: Eine XML-Datei importieren (Chapter02Example75.aspx.vb)

```
        lblStatus.Visible    = True
    Catch ex As Exception
        lblStatus.Text = "<b>" & ex.Message & "<br>"
        lblStatus.Visible    = True
    Finally
        objCBDC.CloseConnection( objConn )
        btnImportXML.Visible = False
    End Try

    End Sub

End Class

End Namespace
```

Listing 140: Eine XML-Datei importieren (Chapter02Example75.aspx.vb) (Forts.)

66 Daten zwischen verschiedenen Datenbanktypen kopieren

Gerade im Hinblick auf moderne Entwicklung ist es oft notwendig, Daten auf einfache Weise von einem Datenbanksystem in ein anderes zu übertragen. Man kann hier den Weg über Export/Import (also den Austausch über ein Flatfile, eine XML-Datei usw.) gehen. Unter bestimmten Umständen (Datenbanken liegen auf verschiedenen Servern, die Dateien müssten also erst umständlich kopiert werden, ...) ist das aber nicht möglich oder nicht gewünscht. Mittels der in ADO.NET integrierten Objekte ist der Austausch aber auch so problemlos möglich. Die grundlegende Vorgehensweise ist hierbei, die Daten über zwei DataSets auszutauschen. Um die benötigten `Command`-Objekte zu erzeugen, sind allerdings noch einige Vorarbeiten notwendig.

Hilfsmethode BuildCommands

Mittels der Methode `BuildCommands` aus unserer Klasse `cbDatabaseClient` haben wir eine schnelle und effiziente Möglichkeit, die verschiedenen `Command`-Objekte eines `DataAdapters` anhand des `SelectCommands`, bzw. ein SQL-Statements zu erstellen. Wir übergeben einen `DataAdapter`, der in unserem Fall schon ein `SelectCommand` enthält. Über den so genannten `CommandBuilder`, den alle drei in diesem Buch verwendeten Datenprovider implementiert haben, werden anhand dieser Informationen die restlichen `Command` Objekte (`InsertCommand`, `UpdateCommand` und `DeleteCommand`) automatisch erstellt.

Hier allerdings noch ein wichtiger Hinweis: Falls das SQL-Statement, das im `SelectCommand` verwendet wird, keine eindeutige Spalte (also z.B. den Primärschlüssel oder zumindest einen Unique Key) zurückgibt, ist der `CommandBuilder` nicht in der Lage, die `UPDATE`- und `DeleteCommands` zu erzeugen. Es wird dann ein Fehler erzeugt.

Da die `Command`-Objekte pro Datenbank unterschiedlich sind, prüfen wir den zu verwendenden Datenbanktyp und erzeugen den zugehörigen `CommandBuilder`.

```
    Public Sub BuildCommands( ByRef daCurrent As IDbDataAdapter )

        ' ------------------------------------------------
        ' --- Command-Objekt erstellen
        ' ------------------------------------------------
        Select Case ProviderType

            ' ------------------------------------------------
            ' --- OleDb-Connection
            ' ------------------------------------------------
            Case ProviderType.OleDb
                Dim odaTemp as OleDbDataAdapter = _
                           New OleDbDataAdapter _
                               ( _
                               daCurrent.SelectCommand.CommandText, _
                               Me.ConnectionString _
                               )

                Dim cbTemp As OleDbCommandBuilder = _
                         New OleDbCommandBuilder( odaTemp )
                    daCurrent.InsertCommand = cbTemp.GetInsertCommand
                    daCurrent.UpdateCommand = cbTemp.GetUpdateCommand
                    daCurrent.DeleteCommand = cbTemp.GetDeleteCommand

            ' ------------------------------------------------
            ' --- SqlClient
            ' ------------------------------------------------
            Case ProviderType.SqlServer
                Dim odaTemp as SqlDataAdapter = _
                           New SqlDataAdapter _
                               ( _
                               daCurrent.SelectCommand.CommandText, _
                               Me.ConnectionString _
                               )

                    odaTemp.SelectCommand.CommandText = _
                  daCurrent.SelectCommand.CommandText

                Dim cbTemp As SqlCommandBuilder = _
                         New SqlCommandBuilder( odaTemp )
                    daCurrent.InsertCommand = cbTemp.GetInsertCommand
                    daCurrent.UpdateCommand = cbTemp.GetUpdateCommand
                    daCurrent.DeleteCommand = cbTemp.GetDeleteCommand

            ' ------------------------------------------------
            ' --- MySQlClient
            ' ------------------------------------------------
            Case ProviderType.MySQL
                Dim odaTemp as MySqlDataAdapter = _
                           New MySqlDataAdapter _
                               ( _
```

Listing 141: Hilfsmethode BuildCommands (cbDatabaseClient.vb)

```
                        daCurrent.SelectCommand.CommandText, _
                        Me.ConnectionString _
                        )
                odaTemp.SelectCommand.CommandText = _
               daCurrent.SelectCommand.CommandText

                odaTemp.SelectCommand.Connection.Open()
            Dim cbTemp As MySqlCommandBuilder = _
                    New MySqlCommandBuilder( odaTemp )
                daCurrent.InsertCommand = cbTemp.GetInsertCommand
                daCurrent.UpdateCommand = cbTemp.GetUpdateCommand
                daCurrent.DeleteCommand = cbTemp.GetDeleteCommand

        End Select

    End Sub
```

Listing 141: Hilfsmethode BuildCommands (cbDatabaseClient.vb) (Forts.)

Daten kopieren

```
<%@ Page Language="vb"
    enableViewState="False"
    AutoEventWireup="false"
    Codebehind="Chapter02Example76.aspx.vb"
    Inherits="codebook.aspnet.vb.Chapter02Example76" %>

<!DOCTYPE HTML PUBLIC "-//W3C//DTD HTML 4.0 TRANSITIONAL//EN">
<html>
  <head>
    <title>Chapter 02 Example 76</title>
    <link rel="stylesheet"
          href="styles/codebook.css"
          type="text/css">
  </head>
<body>
    <asp:hyperlink cssclass="clsLink"
                   id="linkAccess"
                   runat="server">
                   Datenbankzugriff auf Access
    </asp:hyperlink>
    <br>
    <asp:hyperlink cssclass="clsLink"
                   id="linkSQLServer"
                   runat="server">
                   Datenbankzugriff auf Microsoft SQL Server
    </asp:hyperlink>
    <br>
    <asp:hyperlink cssclass="clsLink"
                   id="linkMySQL"
                   runat="server">
```

```
                Datenbankzugriff auf MySQL
    </asp:hyperlink>
    <br>
    <h3>
        <asp:literal id="litDatabase"
                    runat="server">
              Providertyp:
        </asp:literal>
    </h3>
```

Um Ihnen die Möglichkeit zu geben, die Daten von einem Datenbanktyp in einen anderen zu kopieren, haben wir eine `RadioButtonList` eingefügt, die Ihnen die Auswahl der Zieldatenbank erleichtert. Sie können so mit einem Klick auswählen, in welchen Datenbanktyp die Daten kopiert werden sollen.

```
    <form id="frmCreateTable"
        runat="server"
        action="Chapter02Example76.asp"
        method="post">
        <b>Auswahl der Zieldatenbank</b>
        <br>
        <asp:radiobuttonlist id="rblTargetDB"
                             runat= "server"
                             cssclass="clsInput">
            <asp:listitem value="OleDb" />
            <asp:listitem value="SqlServer" />
            <asp:listitem value="MySQL" />
        </asp:radiobuttonlist>
        <br>
        <asp:button id="btnCopyTable"
                    runat="server"
                    cssclass="clsSubmit"
                    text='Tabelle "tblImport" kopieren' />
    </form>
    <asp:label id="lblStatus" runat="server"></asp:label>
</body>
</html>
```

Listing 142: Eine Tabelle kopieren (Chapter02Example76.aspx)

Der wichtigste Part steht aber (wie fast immer) in der CodeBehind-Datei.

```
Imports codebook.aspnet.vb.cbDatabaseClient

Namespace codebook.aspnet.vb

Public Class Chapter02Example76

    Inherits System.Web.UI.Page
```

```
Protected WithEvents linkSQLServer   As HyperLink
Protected WithEvents linkMySQL       As HyperLink
Protected WithEvents linkAccess      As HyperLink
Protected WithEvents litDatabase     As Literal
Protected WithEvents lblSQLStatement As Label
Protected WithEvents lblStatus       As Label
Protected WithEvents rblTargetDB     As RadioButtonList
Protected WithEvents btnCopyTable    As Button

Private mScriptName                  As String
Public  ProviderType                 As ProviderType
Public  TargetProviderType           As ProviderType

Private Sub Page_Load( _
                    ByVal sender As System.Object, _
                    ByVal e As System.EventArgs _
                    ) Handles MyBase.Load

    Select Case Request("PT")
        Case "3" : ProviderType = ProviderType.MySQL
        Case "2" : ProviderType = ProviderType.SqlServer
        Case Else: ProviderType = ProviderType.OleDb
    End Select

    ScriptName = Request.CurrentExecutionFilePath.ToString

    linkAccess.NavigateUrl    = ScriptName & _
                                "?PT=" & ProviderType.OleDb
    linkSqlServer.NavigateUrl = ScriptName & _
                                "?PT=" & ProviderType.SqlServer
    linkMySQL.NavigateUrl     = ScriptName & _
                                "?PT=" & ProviderType.MySQL

    lblSQLStatement.Visible   = False
    lblStatus.Visible         = False
```

Nun wird noch der Zieldatenbanktyp ermittelt. Falls keiner angegeben wurde, wird OleDb als Standard definiert. Da wir als Rückgabe den in der **.aspx*-Datei eingetragenen String, z.B. `SqlServer` erhalten, müssen wir noch den dazugehörigen Wert mittels Aufruf der Methode Parse unserer Enumeration ermitteln.

```
    If rblTargetDB.SelectedValue <> String.Empty Then
        TargetProviderType = ProviderType.Parse _
                                  ( _
                                    GetType( ProviderType ), _
                                    rblTargetDB.SelectedValue _
                                  )
    Else
        TargetProviderType = ProviderType.OleDb
    End if
```

```
        If Not Page.IsPostBack Then
            litDatabase.Text &= ProviderType.GetName _
                    ( _
                        ProviderType.GetType, _
                        ProviderType _
                    )
        End If

    End Sub

    Public Property ScriptName() As String
        Get
            ScriptName = mScriptName
        End Get
        Set( ByVal Value As String )
            mScriptName = Value
        End Set
    End Property

    Private Sub btnCopyTable_Click _
                            ( _
                              ByVal sender As Object, _
                              ByVal e As System.EventArgs _
                            ) Handles btnCopyTable.Click
```

Wir öffnen zunächst die Verbindungen zur Quell- und Zieldatenbank. Danach erstellen wir anhand des SQL-Statements, das die Daten aus der Quelldatenbank ausliest, zwei Objekte vom Typ `DataAdapter`.

```
    ' -----------------------------------------------------
    ' --- Verbindungen zu den Datenbanken herstellen
    ' -----------------------------------------------------
    Dim objCBDC As New cbDatabaseClient
        objCBDC.ProviderType     = ProviderType
        objCBDC.ConnectionString = objCBDC.DefaultConnectionString

    Dim objCBDC2 As New cbDatabaseClient
        objCBDC2.ProviderType     = TargetProviderType
        objCBDC2.ConnectionString = objCBDC2.DefaultConnectionString

    Dim objConn As IDbConnection
        objConn = objCBDC.GetConnection()

    Dim objConn2 As IDbConnection
        objConn2 = objCBDC2.GetConnection()

        If objConn.State <> ConnectionState.Open Then
            objConn.Open()
        End If
        If objConn2.State <> ConnectionState.Open Then
```

```
        objConn2.Open()
    End If

    litDatabase.Text &= ProviderType.GetName _
                        ( _
                            objCBDC.ProviderType.GetType, _
                            objCBDC.ProviderType _
                        )

' -------------------------------------------------
' SQL-Statement zum Auslesen der Daten erstellen
' -------------------------------------------------
Dim sqlCommand As String
    sqlCommand = "SELECT imp_id, " & _
                        "imp_name, " & _
                        "imp_street, " & _
                        "imp_zipcode, " & _
                        "imp_city, " & _
                        "imp_E-Mail " & _
                 "FROM  tblImport"

Dim daSource As IDbDataAdapter = objCBDC.GetAdapter _
                                  ( _
                                  ProviderType, _
                                  sqlCommand, _
                                  objConn _
                                  )

Dim daTarget As IDbDataAdapter = objCBDC2.GetAdapter _
                                  ( _
                                  TargetProviderType, _
                                  sqlCommand, _
                                  objConn2 _
                                  )
```

Nachdem beide `DataAdapter` erzeugt wurden, erzeugen wir die Command-Objekte des zweiten `DataAdapters` (das ist derjenige, der zum Schreiben der Daten in die Zieldatenbank verwendet werden soll) mittels Aufruf der oben vorgestellten Hilfsmethode `BuildCommands`.

```
    objCBDC2.BuildCommands( daTarget )
```

Anschließend werden die Daten aus der Quelldatenbank in ein `DataSet` eingelesen. Über die Methode `Clone` der so erzeugten `DataTable` wird deren Struktur in ein weiteres `DataSet` übertragen.

```
' -------------------------------------------------
' Auslesen der Daten aus der Quelldatenbank
' -------------------------------------------------
Dim dsSource As DataSet = New DataSet
```

```
        daSource.Fill( dsSource )

    ' ------------------------------------------------------
    ' Einfügen der Tabelle in das Ziel DataSet
    ' ------------------------------------------------------
    Dim dsTarget As DataSet = New DataSet
        dsTarget.Tables.Add( dsSource.Tables(0).Clone )

    Dim intCounter As Int32 = 0
```

Damit der `DataAdapter` die neuen Zeilen erkennt und entsprechend in die Zieldatenbank einfügt, müssen wir diese manuell einfügen. Dazu durchlaufen wir eine Schleife, in der wir jede einzelne Zeile aus der Quelle auslesen und mittels der Methode `Add` der `Rows`-Collection der neuen Tabelle hinzufügen.

```
    ' ------------------------------------------------------
    ' Einfügen der Datensätze in die Zieltabelle
    ' ------------------------------------------------------
        For intCounter = 0 To dsSource.Tables(0).Rows.Count - 1
            dsTarget.Tables(0).Rows.Add _
                  ( _
                   dsSource.Tables(0).Rows _
                            ( _
                              intCounter _
                            ).ItemArray() _
                  )
        Next
```

Letztendlich müssen Sie nur noch die Methode `UPDATE` des `DataAdapters` (natürlich der Instanz, die für die Zieldatenbank zuständig ist) aufrufen. Um den Rest kümmert sich der `DataAdapter` dann selbst.

```
        ' ------------------------------------------------------
        ' Schreiben der Daten in die Zieldatenbank
        ' ------------------------------------------------------
        daTarget.Update( dsTarget )

        lblStatus.Text    = "Tabelle wurde kopiert"
        lblStatus.Visible = True

        objCBDC.CloseConnection(objConn2)
        objCBDC.CloseConnection(objConn)

    End Sub

End Class

End Namespace
```

Listing 143: Eine Tabelle kopieren (Chapter02Example76.aspx.vb)

67 Export von Daten aus einer Datenbank

Der Export ist bei den meisten Datenbanktypen genauso einfach wie der Import. Nachfolgend zeigen Ihnen, wie Sie Daten aus einer Datenbank in verschiedene Exportdateien exportieren können.

Hilfsmethode GetExportCommand

Damit wir die einzelnen Exportkommandos nicht jedes Mal selbst erstellen müssen, bedienen wir uns wieder einen Hilfsmethode, die dies für uns erledigt. Das Exportformat geben wir über den Enumerationswert `ExportType` an, den wir in der Datei *cbHelper.vb* deklariert haben.

```
Public Enum ExportType
    CSV   = 1
    Excel = 2
    DBAse = 3
End Enum
```

Die Methode `GetExportCommand` erwartet den zu verwendenden Datenbanktyp, den Namen der Tabelle, die exportiert werden soll, sowie den Pfad und den Dateinamen der Exportdatei ohne Dateiendung (diese wird anhand des ebenfalls anzugebenden Exporttyps ermittelt).

```
Public Shared Function GetExportCommand _
                       ( _
                       ByVal ptCurrent As ProviderType, _
                       ByVal strTableName As String, _
                       ByVal strFileName As String, _
                       ByVal strFilepath As String, _
                       ByVal etCurrent As ExportType _
                       ) As String

Dim sqlCommand  As String = String.Empty
Dim strFormat   As String = String.Empty

    Select Case ptCurrent
```

Da der Export aus Access mehrere Exportformate direkt unterstützt, prüfen wir hier, in welches Format exportiert werden soll, und stellen so die benötigten Informationen für die SQL-Anweisung zusammen.

```
        ' ----------------------------------------
        ' --- OleDb-Connection
        ' ----------------------------------------
        Case ptCurrent.OleDb

            Select Case etCurrent
```

```
            Case ExportType.CSV
                strFileName = strFileName & ".csv"
                strFormat   = "TEXT"
            Case ExportType.DBase
                strFormat   = "dBase 5.0"
            Case ExportType.Excel
                strFormat   = "Excel 8.0"
                strFilePath = strFilePath & _
                              strFileName & ".xls"
            Case Else
                Err.Raise _
                 ( _
                   10901, _
                   "cbDatabaseClient.GetExportCommand", _
                   "Ungültiger Exporttyp" _
                 )
                Exit Function
        End Select

        sqlCommand = "SELECT * " & vbCrLf & _
                     "inTO [" & strFileName & "] " & _
                     vbCrLf & _
                     "in   """ & strFilePath & """ " & _
                     vbCrLf & _
                     """" & strFormat & ";""" & _
                     vbCrLf & _
                     "FROM " & strTableName
```


Bei Verwendung von MySQL ist nur CSV als Exportformat zulässig. Daher werden hier die entsprechenden Werte fest vorgegeben.

```
    ' ----------------------------------------
    ' --- MySQL-Connection
    ' ----------------------------------------
    Case ptCurrent.MySQL

        strFileName = strFilePath & _
                      strFileName & ".csv"
        strFileName = strFileName.Replace( "\", "\\" )

        sqlCommand= "SELECT * " & _
                     vbCrLf & _
                    "inTO   OUTFILE '" & _
                            strFileName & "' " & _
                     vbCrLf & _
                    "FIELDS TERMinATED BY ',' " & _
                     vbCrLf & _
                    "LinES  TERMinATED BY '\n' " & _
                     vbCrLf & _
```

Listing 144: Hilfsmethode GetExportCommand (cbHelper.vb)

```
                        "FROM    " & strTableName

        End Select

        Return sqlCommand

    End Function
```

Listing 144: Hilfsmethode GetExportCommand (cbHelper.vb) (Forts.)

Export aus Access

Sie sehen gleich noch einige Beispiele, wie Sie von Access direkt in andere Desktop-Datenbanksysteme exportieren können. Hier unterscheidet sich allerdings nur das SQL-Statement und evtl. die Pfadangabe (jeweils mit oder ohne den Dateinamen). Daher zeigen wir Ihnen auch nur das Statement. Die Erzeugung dieser Angaben erfolgt ja schon in unserer Hilfsmethode `GetExportCommand`.

Exkurs

Weitere Exportmöglichkeiten aus Access

Nachstehend sehen Sie eine Tabelle, in der einige weitere verwendbare Datenbanktypen aufgelistet sind. Für unsere Exportbeispiele reicht es aus, den unten angegebenen String (in der angegebenen Schreibweise mit dem Semikolon als Abschluss) in das SQL-Statement einzufügen. Sie müssen allerdings die Eigenarten der einzelnen Datenbanktypen beachten. So gilt beispielsweise bei dBase und Paradox ein Verzeichnis als Datenbank und die einzelnen Datendateien werden als Tabellen betrachtet. Aus diesem Grund ist in manchen Beispielen der Dateiname nicht in der Pfadangabe enthalten.

Datenbank	String
dBase III	dBASE III;
dBase IV	dBASE IV;
dBASE 5	dBASE 5.0;
Paradox 3.x	Paradox 3.x;
Paradox 4.x	Paradox 4.x;
Paradox 5.x	Paradox 5.x;
Excel 95	Excel 5.0;
Excel 2000	Excel 8.0;

Export in eine CSV-Datei

```
SELECT *
inTO   [tblExport.csv]
in     "X:\verzeichnis\export\" "TEXT;"
FROM   tblImport
```

Export nach Excel

```
SELECT *
inTO   [tblExport]
in     "X:\verzeichnis\export\tblExport.xls" "Excel 8.0;"
FROM   tblImport
```

Hier unterscheiden sich sowohl die Pfadangabe (Sie müssen den Dateinamen im Pfad mit angeben) als auch der SQL String. Die Angabe Excel 8.0 gibt an, dass Sie eine Excel-2000-Datei erstellen wollen. Sollten Sie eine Datei für eine frühere Version benötigen, tauschen Sie einfach die Formatangabe gemäß der oben stehenden Tabelle aus. Beachten Sie dann allerdings, dass es unter früheren Versionen Einschränkungen hinsichtlich der Zeilenanzahl gibt. Wenn Sie beispielsweise Excel 5.0 verwenden, ist die max. Zeilenanzahl auf 16.383 begrenzt. Wenn Sie mehr Zeilen exportieren wollen, erhalten Sie folgende Fehlermeldung:

Export nach Dbase

```
SELECT *
INTO   [tblExport]
IN     "X:\verzeichnis\export\" "dBase 5.0;"
FROM   tblImport
```

Das Beispiel für dBase ist ebenfalls gleich dem für den Export in eine CSV-Datei. Lediglich die Angabe des Datenbankformats weicht hier ab. Sie dürfen bei der Pfadangabe keinen Dateinamen angeben, da dBase das Verzeichnis als Datenbank ansieht. Die zu erstellende Datei stellt für dBase die eigentliche Tabelle dar. Daher darf die Datei auch nicht schon existieren.

Export aus MySQL

Auch MySQL bietet Ihnen Befehle zum Exportieren von Daten in Flatfiles. Beachten Sie hierbei allerdings, dass der User, der diesen SQL-Befehl ausführen will, das Privileg `File` innehaben muss. Da dies standardmäßig nicht der Fall ist, können Sie es dem hier verwendeten User `cbuid` über ein MySQL Administrationstool (beispielsweise MySQL-Front) mit folgendem Befehl erteilen.

```
UPDATE mysql.user
SET    File_priv = 'Y'
WHERE  User = 'cbuid'
```

Danach sollte dieses Beispiel funktionieren. Wenn es dies nicht sofort tut, warten Sie ein paar Minuten, da es sein kann, dass die Rechte zwar gesetzt sind, der Server diese Information aber nicht sofort aktualisiert, sondern im Cache noch die alten Rechte vorhält.

```
SELECT *
inTO   OUTFILE 'X:\\verzeichnis\\export\\tblExport.csv'
FIELDS TERMinATED BY ','
LinES  TERMinATED BY '\n'
FROM   tblImport
```

Export durchführen

Kommen wir nun zum eigentlichen Beispiel. Dieses beinhaltet neben einem Button zum Durchführen des Exports auch eine `RadioButtonList`, mit der das Exportformat angegeben werden kann.

```
<%@ Page Language="vb"
    enableViewState="True"
    AutoEventWireup="False"
    Codebehind="Chapter02Example77.aspx.vb"
    Inherits="codebook.aspnet.vb.Chapter02Example77"
    Trace="False" %>
<!doctype html public "-//w3c//dtd html 4.0 transitional//en">
<html>
  <head>
    <title>Chapter 02 Example 77</title>
    <link rel="stylesheet"
          href="styles/codebook.css"
          type="text/css">
  </head>
<body>
    <asp:hyperlink cssclass="clsLink"
                   id="linkAccess"
                   runat="server">
                   Datenbankzugriff auf Access
    </asp:hyperlink>
    <br>
    <asp:hyperlink cssclass="clsLink"
                   id="linkMySQL"
                   runat="server">
                   Datenbankzugriff auf MySQL
    </asp:hyperlink>
    <br>
    <h3>
        <asp:literal id="litDatabase"
                     runat="server">
              Providertyp:
        </asp:literal>
    </h3>

    <form id="frmExportTable"
          runat="server"
          action="Chapter02Example77.asp"
```

Listing 145: Export aus einer Datenbank (Chapter02Example77.aspx)

```
        method="post">
      <b>Auswahl des Exportformats</b>
      <br>
      <asp:radiobuttonlist id="rblExportType"
                           runat= "server"
                           cssclass="clsInput">
      </asp:radiobuttonlist>
      <br>
      <asp:button id="btnExportTable"
                  runat="server"
                  cssclass="clsSubmit"
                  text='Tabelle "tblImport" exportieren' />
   </form>
   <asp:label id="lblSQLStatement" runat="server"></asp:label>
   <br><br>
   <asp:label id="lblStatus" runat="server"></asp:label>
</body>
</html>
```

Listing 145: Export aus einer Datenbank (Chapter02Example77.aspx) (Forts.)

```
Imports codebook.aspnet.vb.cbDatabaseClient

Namespace codebook.aspnet.vb

Public Class Chapter02Example77

    Inherits System.Web.UI.Page

    Protected WithEvents linkMySQL       As HyperLink
    Protected WithEvents linkAccess      As HyperLink
    Protected WithEvents litDatabase     As Literal
    Protected WithEvents lblSQLStatement As Label
    Protected WithEvents lblStatus       As Label
    Protected WithEvents rblExportType   As RadioButtonList
    Protected WithEvents btnExportTable  As Button

    Private mScriptName                  As String
    Public  ProviderType                 As ProviderType
    Public  ExportType                   As ExportType
    Public  TargetExportType             As ExportType

    Private Sub Page_Load( _
                       ByVal sender As System.Object, _
                       ByVal e As System.EventArgs _
                       ) Handles MyBase.Load

        Select Case Request("PT")
            Case "3" : ProviderType = ProviderType.MySQL
            Case Else: ProviderType = ProviderType.OleDb
        End Select
```

```
ScriptName = Request.CurrentExecutionFilePath.ToString

linkAccess.NavigateUrl     = ScriptName & _
                             "?PT=" & ProviderType.OleDb
linkMySQL.NavigateUrl      = ScriptName & _
                             "?PT=" & ProviderType.MySQL
```

Die Listeneinträge für das Exportformat werden dynamisch erzeugt, da es hier nur bei Access Sinn macht, mehrere Einträge anzuzeigen. Bei Verwendung von MySQL hingegen wird nur CSV als Exportformat angeboten. Die Einträge für Access ermitteln wir aus unserer Enumeration `ExportType`.

```
' ---------------------------------------------
' RadioButtons für Export erzeugen
' ---------------------------------------------
If Not Page.IsPostBack Then
    Dim aryExportTypes As Array
        aryExportTypes = ExportType.GetValues _
                                       ( _
                                       GetType(ExportType) _
                                       )

Dim intCounter As Integer

    If ProviderType = ProviderType.OleDb Then
        For intCounter = 0 To aryExportTypes.Length - 1
            Dim liFormat As New ListItem
                liFormat.Text  = ExportType.GetName _
                                       ( _
                                       GetType( ExportType ), _
                                       aryExportTypes _
                                           ( _
                                           intCounter _
                                           ) _
                                       )
                liFormat.Value = aryExportTypes( intCounter )
            rblExportType.Items.Add( liFormat )
        Next
    Else
        Dim liFormat As New ListItem
            liFormat.Text  = ExportType.GetName _
                                  ( _
                                  GetType( ExportType ), _
                                  ExportType.CSV _
                                  )
            liFormat.Value = aryExportTypes( intCounter )
        rblExportType.Items.Add( liFormat )
    End if
End if

' ---------------------------------------------
```

```
        ' Den aktuell ausgewählten RadioButton vorbelegen
        ' ---------------------------------------------
        If rblExportType.SelectedValue <> String.Empty Then
            TargetExportType = CType( _
                                     rblExportType.SelectedValue, _
                                     ExportType _
                                   )
        Else
            TargetExportType = ExportType.CSV
        End if

        lblSQLStatement.Visible = False
        lblStatus.Visible       = False

        If Not Page.IsPostBack Then
            litDatabase.Text &= ProviderType.GetName _
                    ( _
                        ProviderType.GetType, _
                        ProviderType _
                    )
        End If

    End Sub

    Public Property ScriptName() As String
        Get
            ScriptName = mScriptName
        End Get
        Set( ByVal Value As String )
            mScriptName = Value
        End Set
    End Property

    Private Sub btnExportTable_Click _
                          ( _
                            ByVal sender As Object, _
                            ByVal e As System.EventArgs _
                          ) Handles btnExportTable.Click

    ' -----------------------------------------------------
    ' --- Verbindung zur Datenbank herstellen
    ' -----------------------------------------------------
    Dim objCBDC As New cbDatabaseClient
        objCBDC.ProviderType     = ProviderType
        objCBDC.ConnectionString = objCBDC.DefaultConnectionString

    Dim objConn As IDbConnection
        objConn = objCBDC.GetConnection()

        If objConn.State <> ConnectionState.Open Then
            objConn.Open()
        End If
```

```
        litDatabase.Text &= ProviderType.GetName _
                            ( _
                                objCBDC.ProviderType.GetType, _
                                objCBDC.ProviderType _
                            )
```

Hier ermitteln wir das SQL-Statement, das für den Export benötigt wird. Dieses wird anschließend über den Aufruf der Methode `ExecuteNonQuery` des `Command`-Objekts ausgeführt.

```
    ' ---------------------------------------------------
    ' Erstellen des SQL Statements für den Export
    ' ---------------------------------------------------
    Dim sqlCommand As String
        sqlCommand = cbHelper.GetExportCommand _
                              ( _
                              ProviderType, _
                              "tblImport", _
                              "tblExport", _
                              Server.MapPath("./database/"), _
                              TargetExportType _
                              )

    ' ---------------------------------------------------
    ' Erzeugtes SQL-Statement ausgeben
    ' ---------------------------------------------------
        lblSQLStatement.Text = "<b>Erzeugtes SQL Statement:</b>" & _
                               "<br><br>" & _
                               sqlCommand.Replace(vbCrLf, "<br>")

    Dim cmdExportTable As IDbCommand = objConn.CreateCommand()
        cmdExportTable.CommandText = sqlCommand

    ' ---------------------------------------------------
    ' Datei tblImport.csv importieren
    ' ---------------------------------------------------
    Try
        cmdExportTable.ExecuteNonQuery
        lblStatus.Text = "<b>Die Daten aus Tabelle " & _
                         """tblImport"" wurden exportiert</b>"
        lblSQLStatement.Visible = True
        lblStatus.Visible       = True
        rblExportType.Visible   = False
    Catch ex As Exception
        lblStatus.Text = "<b>" & ex.Message & "<br>"
        lblSQLStatement.Visible = True
        lblStatus.Visible       = True
        rblExportType.Visible   = True
    Finally
        objCBDC.CloseConnection(objConn)
```

Listing 146: Export aus einer Datenbank (Chapter02Example77.aspx.vb)

```
        btnExportTable.Visible  = False
    End Try

    End Sub

End Class

End Namespace
```

Listing 146: Export aus einer Datenbank (Chapter02Example77.aspx.vb) (Forts.)

68 Manueller Export in XML oder HTML

Neben den integrierten Methoden der einzelnen Datenbanken ist es oft auch erforderlich, mit eigenen Mitteln einen Export durchzuführen, etwa weil die Datenbankmethoden nicht das gewünschte Ergebnis liefern können oder weil man ganz einfach andere Anforderungen hat, die einen manuellen Export erfordern. Im folgenden Beispiel exportieren wir Daten aus den verschiedenen Datenbanktypen einmal im XML- und einmal im HTML-Format.

Hilfsmethode ConvertReaderToHtml

Dazu bedienen wir uns wieder einer Hilfsmethode. Diese steht in der Datei *cbHelper.vb* und ist nur für die Konvertierung eines `DataReaders` in eine HTML-Tabelle (Achtung: keine `HtmlTable`) zuständig. Hierfür liest die Methode alle Zeilen und Spalten des übergebenen `DataReader`-Objekts aus und liefert einen über einen `StringBuilder` erzeugten String zurück.

```
    Public Shared Function ConvertReaderToHtml _
                  ( _
                   ByVal objReader As IDataReader _
                  ) As String

    Dim sbTemp      As System.Text.StringBuilder = _
                  New System.Text.StringBuilder()

    Dim dtTemp      As DataTable
    Dim dcTemp      As DataColumn
    Dim intCounter As Integer = 0

        dtTemp = objReader.GetSchemaTable()

        sbTemp.Append( "<table border=""1"">" & vbCrLf )
        ' ---------------------------------------------
        ' Spalteninformationen auslesen
        ' ---------------------------------------------
        If Not dtTemp Is Nothing Then
            sbTemp.Append( "<tr>" & vbCrLf )
            For Each Row As DataRow In dtTemp.Rows
                sbTemp.Append( "<th>" )
                sbTemp.Append( Row("ColumnName") )
```

Listing 147: Hilfsmethode ConvertReaderToHtml (cbHelper.vb)

```
            sbTemp.Append( "</th>" & vbCrLf )
        Next
        sbTemp.Append( "</tr>" & vbCrLf )
    End If

    ' ---------------------------------------------
    ' Daten auslesen
    ' ---------------------------------------------
    Do While objReader.Read()
        sbTemp.Append( "<tr>" & vbCrLf )
        For intCounter = 0 To objReader.FieldCount - 1
            sbTemp.Append( "<td>" )
            sbTemp.Append( objReader( intCounter ) )
            sbTemp.Append( "</td>" & vbCrLf )
        Next
        sbTemp.Append( "</tr>" & vbCrLf )
    Loop

    sbTemp.Append( "</table>" & vbCrLf )

    Return sbTemp.ToString()

End Function
```

Listing 147: Hilfsmethode ConvertReaderToHtml (cbHelper.vb) (Forts.)

Export in HTML oder XML durchführen

Der Export selbst erfordert hier etwas mehr Vorarbeit als bei dem vorigen Beispiel. Zunächst benötigen wir erneut die Möglichkeit, das Exportformat anzugeben. Dies erledigen wir wieder über eine `RadioButtonList`. Die Werte für diese Liste kommen aus der Enumeration `ExportTypeFile`, die ebenfalls in der Datei *cbHelper.vb* deklariert wurde.

```
Public Enum ExportTypeFile
    HTML  = 1
    XML   = 2
End Enum
```

Ansonsten ist das Beispiel bis zur Methode `Page_Load` ähnlich den vorigen aufgebaut.

```
Imports codebook.aspnet.vb.cbDatabaseClient

Namespace codebook.aspnet.vb

Public Class Chapter02Example78

    Inherits System.Web.UI.Page

    Protected WithEvents linkSQLServer      As HyperLink
    Protected WithEvents linkMySQL          As HyperLink
```

```
    Protected WithEvents linkAccess        As HyperLink
    Protected WithEvents litDatabase       As Literal
    Protected WithEvents lblStatus         As Label
    Protected WithEvents rblExportTypeFile As RadioButtonList
    Protected WithEvents btnExportTable    As Button

    Private mScriptName                    As String
    Public  ProviderType                   As ProviderType
    Public  ExportTypeFile                 As ExportTypeFile
    Public  TargetExportTypeFile           As ExportTypeFile

    Private Sub Page_Load( _
                      ByVal sender As System.Object, _
                      ByVal e As System.EventArgs _
                      ) Handles MyBase.Load

        Select Case Request("PT")
            Case "3" : ProviderType = ProviderType.MySQL
            Case "2" : ProviderType = ProviderType.SqlServer
            Case Else: ProviderType = ProviderType.OleDb
        End Select

        ScriptName = Request.CurrentExecutionFilePath.ToString

        linkAccess.NavigateUrl    = ScriptName & _
                                    "?PT=" & ProviderType.OleDb
        linkSqlServer.NavigateUrl = ScriptName & _
                                    "?PT=" & ProviderType.SqlServer
        linkMySQL.NavigateUrl     = ScriptName & _
                                    "?PT=" & ProviderType.MySQL
```

Hier werden die einzelnen Werte für die `RadioButtonList` ermittelt und in die Liste eingebunden.

```
        ' -------------------------------------------------
        ' Radiobuttons für Export erzeugen
        ' -------------------------------------------------
        If Not Page.IsPostBack Then

            Dim intCounter As Integer
            Dim aryExportTypeFiles As Array
                aryExportTypeFiles = ExportTypeFile.GetValues _
                                     ( _
                                       GetType(ExportTypeFile) _
                                     )
                For intCounter = 0 To aryExportTypeFiles.Length - 1

                Dim liFormat As New ListItem
                    liFormat.Text  = ExportTypeFile.GetName _
                                     ( _
                                     GetType( ExportTypeFile ), _
```

```
                                      aryExportTypeFiles _
                                          ( _
                                          intCounter _
                                          ) _
                                      )

                    liFormat.Value = aryExportTypeFiles _
                                        ( _
                                        intCounter _
                                        )

                    rblExportTypeFile.Items.Add( liFormat )
                Next
        End if

        ' ---------------------------------------------------
        ' Den aktuell ausgewählten RadioButton vorbelegen
        ' ---------------------------------------------------
        If rblExportTypeFile.SelectedValue <> String.Empty Then
            TargetExportTypeFile = CType _
                                    ( _
                                    rblExportTypeFile.SelectedValue, _
                                    ExportTypeFile _
                                    )
        Else
            TargetExportTypeFile = ExportTypeFile.HTML
        End if

        lblStatus.Visible       = False

        If Not Page.IsPostBack Then
            litDatabase.Text &= ProviderType.GetName _
                    ( _
                        ProviderType.GetType, _
                        ProviderType _
                    )
        End If

    End Sub

    Public Property ScriptName() As String
        Get
            ScriptName = mScriptName
        End Get
        Set( ByVal Value As String )
            mScriptName = Value
        End Set
    End Property

    Private Sub btnExportTable_Click _
                            ( _
                              ByVal sender As Object, _
                              ByVal e As System.EventArgs _
```

```
                          ) Handles btnExportTable.Click

    ' -----------------------------------------------------
    ' --- Verbindung zur Datenbank herstellen
    ' -----------------------------------------------------
    Dim objCBDC As New cbDatabaseClient
        objCBDC.ProviderType     = ProviderType
        objCBDC.ConnectionString = objCBDC.DefaultConnectionString

    Dim objConn As IDbConnection
        objConn = objCBDC.GetConnection()

        If objConn.State <> ConnectionState.Open Then
            objConn.Open()
        End If

        litDatabase.Text &= ProviderType.GetName _
                           ( _
                               objCBDC.ProviderType.GetType, _
                               objCBDC.ProviderType _
                           )

    ' -----------------------------------------------------
    ' Erstellen des SQL-Statements für den Export
    ' -----------------------------------------------------
    Dim sqlCommand As String
        sqlCommand = "SELECT    imp_id, " & _
                               "imp_name, " & _
                               "imp_street, " & _
                               "imp_zipcode, " & _
                               "imp_city, " & _
                               "imp_E-Mail " & _
                     "FROM     tblImport"

    Select Case TargetExportTypeFile
```

Um die Daten in die XML-Datei zu exportieren, lesen wir diese zuerst mittels der normalen Vorgehensweise (über einen `DataAdapter` in ein `DataSet`) aus.

```
        ' ---------------------------------------------------
        ' Export als XML Datei
        ' ---------------------------------------------------
        Case ExportTypeFile.XML
            Try
            Dim dataAdapter As IDbDataAdapter = objCBDC.GetAdapter _
                                     ( _
                                         ProviderType, _
                                         sqlCommand, _
                                         objConn _
                                     )
```

Basics
Daten-
bank
I/O
Validie-
rung
Controls
Http-
Handler
Netz-
werk
Grafik
Tracing
Security

Es folgt das Auslesen der Daten in ein DataSet und unter Verwendung der Methode WriteXml wird der Inhalt in eine XML-Datei geschrieben.

```
Dim dataSet As New dataSet
    dataAdapter.Fill(dataSet)
    dataset.DataSetName = "tblExport"
    dataset.WriteXml _
           ( _
           Server.MapPath _
                  ( _
                   "./database/tblExport.xml" _
                  ) _
          )

    lblStatus.Text = "<b>Die Daten wurde in die " & _
                     "Datei """ & _
                     Server.MapPath _
                           ( _
                           "./database/tblExport.xml" _
                           ) & """ exportiert</b>"
    lblStatus.Visible         = True
    rblExportTypeFile.Visible = False
Catch ex As Exception
    lblStatus.Text = "<b>" & ex.Message & "<br>"
    lblStatus.Visible         = True
    rblExportTypeFile.Visible = True
Finally
    objCBDC.CloseConnection(objConn)
    btnExportTable.Visible    = False
End Try

' ----------------------------------------------
' Export als HTML Datei
' ----------------------------------------------
```

Der Export in die HTML-Datei wird auf einem anderen Weg durchgeführt. Wir lesen die Daten zunächst über die Methode ExecuteReader eines Command-Objekts in einen DataReader.

```
Case ExportTypeFile.HTML
    Try
    ' ------------------------------------------
    ' Auslesen der Daten in einen DataReader und
    ' Konvertieren des Readers in eine Html-Tabelle
    ' Diese Tabelle wird dann mittels StreamWriter
    ' in eine Datei geschrieben.
    ' ------------------------------------------
    Dim objCommand As IDbCommand = objCBDC.CreateCommand()
        objCommand.Connection  = objConn
        objCommand.CommandText = sqlCommand
```

Danach wird der Inhalt des `DataReaders` über die oben vorgestellte Methode `ConvertReaderToHtml` als String zurückgegeben. Diesen schreiben wir dann mittels eines so genannten `StreamWriters` (nähere Infos hierzu finden Sie in der Kategorie *System.I/O* in die gewünschte Datei.


```
            Dim swExport   As System.IO.StreamWriter
                swExport = New System.IO.StreamWriter _
                  ( _
                  Server.MapPath _
                         ( _
                         "./database/tblExport.html" _
                         ) _
                  )

                ' ----------------------------------------
                ' Schreiben des Dateinhalts
                ' ----------------------------------------
                swExport.Write _
                  ( _
                  cbHelper.ConvertReaderToHtml _
                           ( _
                             objCommand.ExecuteReader() _
                           ) _
                  )
                swExport.Close()
                objCommand.Dispose()

                lblStatus.Text = "<b>Die Daten wurde in die " & _
                                 "Datei """ & _
                                 Server.MapPath _
                                       ( _
                                       "./database/tblExport.html" _
                                       ) & """ exportiert</b>"
                lblStatus.Visible          = True
                rblExportTypeFile.Visible = False
            Catch ex As Exception
                lblStatus.Text = "<b>" & ex.Message & "<br>"
                lblStatus.Visible          = True
                rblExportTypeFile.Visible = True
            Finally
                objCBDC.CloseConnection(objConn)
                btnExportTable.Visible     = False
            End Try

        End Select

        End Sub

    End Class

    End Namespace
```

Listing 148: Manueller Export in eine XML- oder HTML-Datei (Chapter02Example78.aspx.vb)

Fazit

Nachdem Sie dieses Kapitel gelesen haben, sollten Sie erkannt haben, dass es mit ASP.NET sehr einfach möglich ist, fast alle Anforderungen einer datenbankbasierenden Inter- oder Intranetanwendung umzusetzen. Sicherlich müssen Sie für den ein oder anderen Zweck die datenbankeigenen Funktionen verwenden. Aber Sie sollen eigentlich auch alle Möglichkeiten ausschöpfen um auf das bestmögliche und vor allem performanteste Ergebnis zu kommen.

ADO.NET bietet Ihnen eine Vielzahl an Methoden, Eigenschaften usw. Nutzen Sie dies und Sie werden innerhalb kürzester Zeit erstaunliche Ergebnisse bei der Umsetzung Ihrer Anwendungen erlangen.

Da man in einem Buch natürlich nicht alle Themen behandeln kann, möchten wir Ihnen noch einige URLs an die Hand geben, mit deren Hilfe Sie evtl. auftretende Fragen oder Probleme bei der Umsetzung Ihrer Datenbankanwendungen meist recht schnell und unkompliziert lösen können.

http://www.aspxfaq.de/
http://www.aspextra.de/
http://www.aspxforum.de/
http://www.aspheute.com/
http://www.mysql.com/
http://www.access-hilfe.de/
http://www.microsoft.com/sql/default.asp
http://www.bytefx.com/

System.IO

Der Namespace `System.IO` beinhaltet viele der Klassen und Methoden, die u.a. für Dateioperationen zuständig sind. Wenn Sie bisher mit dem FSO (`FileSystemObject`) unter Classic ASP gearbeitet haben, werden Sie leider feststellen müssen, dass das .NET Framework Ihnen nicht ganz so viel Unterstützung wie das FSO bietet. Viele Methoden sucht man vergebens oder diese sind, wenn sie denn vorhanden sind, nur schwer einzubinden, da es eine Menge zusätzlichen Aufwand erfordert. Wir haben daher einige der häufigsten Methoden nachgebaut, bzw. neu implementiert.

Die ersten Beispiele bauen thematisch aufeinander auf. So finden Sie im ersten Beispiel eine Liste aller Laufwerke des Webservers (sofern die Berechtigungen zum Auslesen dieser Informationen vorhanden sind). Dieses Beispiel beinhaltet dann unter anderem einen Link zum Anzeigen der Verzeichnisse dieses Laufwerks. Das nächste Beispiel listet alle Ordner dieses Laufwerks aus und bietet Ihnen neben einem Link zur Anzeige der Unterordner auch einen weiteren Verweis an, mit dem Sie eine Liste aller Dateien dieses Ordners erhalten usw.

Notwendige Vorarbeiten

Um die notwendigen Arbeiten durchführen zu können, benötigen wir ein paar eigene Klassen, die uns die entsprechenden Hilfsmethoden und Eigenschaften zur Verfügung stellen. Eine dieser Klassen ist `cbFileSystemInfo`, die in der Datei *cbFileSystemInfo.vb* im *Controls*-Ordner dieses Projekts untergebracht ist. Viele der verwendeten Methoden sind in den Namespaces `System.IO` und `System.Management` untergebracht. Daher werden diese neben den anderen verwendeten Namespaces mittels einer `Imports`-Anweisung eingebunden.

```
Imports System
Imports System.Management
Imports System.IO
Imports System.Web.HttpContext

Namespace codebook.aspnet.vb

Public Class cbFileSystemInfo
```

Um Ihnen auch grafisch etwas bieten zu können ;-) deklarieren wir an dieser Stelle noch einige Konstanten, die wir später zur Anzeige verschiedener Icons verwenden.

```
    ' --- Iconkonstanten
    Public Const icoUNKNOWN   As String = "ico_unknown.gif"
    Public Const icoFLOPPY    As String = "ico_floppy.gif"
    Public Const icoHARDDRIVE As String = "ico_harddrive.gif"
    Public Const icoNETWORK   As String = "ico_netdrive.gif"
```

```
Public Const icoCDROM      As String = "ico_cdrom.gif"
Public Const icoCDR        As String = "ico_cdr.gif"
Public Const icoCDRW       As String = "ico_cdrw.gif"
Public Const icoCDDRIVE    As String = "ico_cddrive.gif"
Public Const icoRAMDRIVE   As String = "ico_ramdrive.gif"
Public Const icoDESKTOP    As String = "ico_desktop.gif"
Public Const icoFOLDEROPEN As String = "ico_folder_o.gif"
Public Const icoFOLDER     As String = "ico_folder.gif"
```

Auch die Größenangaben sollen nicht zu kurz kommen, denn eine Ausgabe wie z.B. »1495348554 Bytes« ist sicherlich nicht sehr ansehnlich. Daher verwenden wir eine Enumeration, über die wir später die Anzeige beeinflussen können.

```
' --- Formatkonstanten für Grössenangaben
Public Enum fmtSize As Short
    Bytes = 1
    KiloByte = 2
    MegaByte = 3
    GigaByte = 4
    TeraByte = 5
    Automatic = 6
End Enum
```

Listing 149: Hilfsklasse cbFileSystemInfo (cbFileSystemInfo.vb)

Die Klasse selbst ist natürlich um einiges größer. Wir stellen Ihnen die verwendeten Methoden und Eigenschaften aber *on Demand*, also je nach Bedarf vor.

69 Anzeigen einer Laufwerksliste

Somit kommen wir dann auch direkt zum ersten Beispiel, dem Anzeigen einer Liste aller Laufwerke, die auf dem ausführenden System verfügbar sind. Die Darstellung der Liste erfolgt in einem `DataGrid`, das die benötigten Informationen ausgibt.

Methode cbGetDrives

Hier verwenden wir auch schon gleich die erste Methode, die in unserer Klasse `cbFileSystemInfo` enthalten ist. Die statische Methode `cbGetDrives` gibt eine `DataTable` zurück, die alle Laufwerke des ausführenden Systems enthält. Diese `DataTable` dient dann als Datenquelle für die Ausgabe im `DataGrid`.

```
Public Shared Function cbGetDrives _
                      ( _
                        ByVal strDriveName As String _
                      ) As DataTable
```

Die Laufwerke selbst würde über die Methode GetLogicalDrives ermittelt. Im späteren Verlauf lesen wir dann zu den einzelnen Laufwerken detaillierte Informationen über ein so genanntes ManagementObject aus.

```
Dim aryLogicalDrives As String()

    If strDriveName <> "" Then
        ReDim aryLogicalDrives(0)
        aryLogicalDrives(0) = strDriveName
    Else
        aryLogicalDrives = Directory.GetLogicalDrives
    End If

Dim strDrive As String

Dim aryFolders As String()
Dim strFolder As String
```

Über die Laufwerke gibt es einiges zu erfahren. So werden neben dem Laufwerkstyp z.B. auch der Name des Laufwerks, die Gesamtgröße, der freie Speicherplatz usw. ermittelt. Daher definieren wir die entsprechenden Spalten in unserer DataTable, um diese Informationen speichern zu können.

```
Dim dcKey(0) As DataColumn
Dim drDriveInfo As DataRow
Dim dtDrives As New DataTable
    dtDrives.Columns.Add("driveID", _
                         GetType(String))
    dtDrives.Columns.Add("driveType", _
                         GetType(String))
    dtDrives.Columns.Add("driveName", _
                         GetType(String))
    dtDrives.Columns.Add("driveSystemName", _
                         GetType(String))
    dtDrives.Columns.Add("driveVolumeName", _
                         GetType(String))
    dtDrives.Columns.Add("driveIcon", _
                         GetType(WebControls.Image))
    dtDrives.Columns.Add("driveDirectories", _
                         GetType(Long))
    dtDrives.Columns.Add("driveCompressed", _
                         GetType(Boolean))
    dtDrives.Columns.Add("driveFiles", _
                         GetType(Long))
    dtDrives.Columns.Add("driveBlockSize", _
                         GetType(String))
    dtDrives.Columns.Add("driveSize", _
                         GetType(String))
    dtDrives.Columns.Add("driveFreeSpace", _
```

```
                        GetType(String))
        dtDrives.Columns.Add("driveFileSystem", _
                        GetType(String))
        dtDrives.Columns.Add("driveSerialNumber", _
                        GetType(String))

        dcKey(0) = dtDrives.Columns("driveID")
        dtDrives.PrimaryKey = dcKey
```

Über ein `ManagementObject` des Namespace `System.Management` ermitteln wir nun zu jedem Laufwerk die weiteren, verfügbaren Informationen.

```
    Dim objDrive As ManagementObject


        For Each strDrive In aryLogicalDrives
            strDrive = Replace(strDrive, "\", "")

            objDrive = New ManagementObject _
                        ("win32_logicaldisk.deviceid=""" _
                        & strDrive _
                        & """")
            objDrive.Get()

            drDriveInfo = dtDrives.NewRow
            drDriveInfo("driveID") = strDrive

            drDriveInfo("driveType") = _
            cbGetDriveDescription(objDrive("DriveType").ToString)
```

Da einige Informationen nicht immer verfügbar sind, bzw. der Versuch, diese Daten auszulesen, zu einem Fehler führt, werden die einzelnen Eigenschaften mittels »Trial and Error« ermittelt.

```
            Try
              drDriveInfo("driveName") _
                = objDrive("Name").ToString
            Catch
              drDriveInfo("driveName") _
                = "Unbekannt"
            End Try

            Try
              drDriveInfo("driveSystemName") _
                = objDrive("SystemName").ToString
            Catch
              drDriveInfo("driveSystemName") _
                = "Unbekannt"
            End Try
```

```
Try
  drDriveInfo("driveVolumeName") _
    = objDrive("VolumeName").ToString
Catch
  drDriveInfo("driveVolumeName") _
    = "Unbekannt"
End Try

drDriveInfo("driveIcon") _
  = cbGetDriveIcon(objDrive("DriveType").ToString)

Try
  drDriveInfo("driveCompressed") _
    = objDrive("Compressed")
Catch
  drDriveInfo("driveCompressed") _
    = False
End Try

Try
  drDriveInfo("driveDirectories") _
    = Directory.GetDirectories(strDrive).GetLength(0)
Catch
  drDriveInfo("driveDirectories") = 0
End Try

Try
  drDriveInfo("driveFiles") _
    = Directory.GetFiles(strDrive).GetLength(0)
Catch
  drDriveInfo("driveFiles") = 0
End Try
```

Die Größenangaben werden automatisch in die richtige Form (KB, MB, GB usw.) gebracht.

```
drDriveInfo("driveBlockSize") _
  = cbGetSize(0, fmtSize.Bytes)
If Not IsDBNull(objDrive("BlockSize")) Then
    drDriveInfo("driveBlockSize") _
      = cbGetSize( _
                 objDrive("BlockSize"), _
                 fmtSize.Automatic _
                 )
End If

drDriveInfo("driveSize") _
  = cbGetSize(0, fmtSize.Automatic)
If Not IsDBNull(objDrive("Size")) Then
    drDriveInfo("driveSize") _
      = cbGetSize _
```

```
                    ( _
                    Convert.ToDouble(objDrive("Size")), _
                    fmtSize.Automatic _
                    )
            End If

            drDriveInfo("driveFreeSpace") _
              = cbGetSize(0, fmtSize.Automatic)
            If Not IsDBNull(objDrive("FreeSpace")) Then
                drDriveInfo("driveFreeSpace") _
                  = cbGetSize _
                    ( _
                    Convert.ToDouble(objDrive("FreeSpace")), _
                    fmtSize.Automatic _
                    )
            End If
```

Das Dateisystem ist natürlich auch sehr interessant, da Sie z.B. bei Verwendung von NTFS mehr Möglichkeiten haben als bei Fat32 oder Ähnlichem.

```
            Try
              drDriveInfo("driveFileSystem") _
                = objDrive("FileSystem").ToString
            Catch
              drDriveInfo("driveFileSystem") _
                = "Unbekannt"
            End Try
```

Die Seriennummer des Laufwerks ist auch bei einigen Anforderungen sehr hilfreich. So kann diese z.B. dazu dienen, eine Prüfung einzubauen, die es einer Anwendung nur erlaubt, auf einem einzigen Rechner zu laufen. Aber auch dies würde Probleme, z.B. beim Austausch der Festplatte, mit sich bringen.

```
            Try
              drDriveInfo("driveSerialNumber") _
                = objDrive("VolumeSerialNumber").ToString
            Catch
              drDriveInfo("driveSerialNumber") _
                = "Unbekannt"
            End Try

            dtDrives.Rows.Add(drDriveInfo)
        Next strDrive

        cbGetDrives = dtDrives
    End Function
```

Listing 150: Hilfsmethode cbGetDrives (cbFileSystemInfo.vb)

Hilfsmethode cbGetDriveDescription

Da wir eigene Texte für die einzelnen Laufwerkstypen ausgeben wollen, benötigen wir natürlich auch hierfür eine eigene Methode, die uns den entsprechenden Text zum angegebenen Laufwerkstyp zurückgibt.

```
Public Shared Function cbGetDriveDescription _
                        ( _
                          ByVal strDriveType As String _
                        ) As String

Dim strDriveDescription As String

    Select Case strDriveType
        Case "0" : strDriveDescription = "Unbekannt"
        Case "1" : strDriveDescription = "No Root Directory"
        Case "2" : strDriveDescription = "Floppy"
        Case "3" : strDriveDescription = "Festplatte"
        Case "4" : strDriveDescription = "Netzlaufwerk"
        Case "5" : strDriveDescription = "CD-ROM"
        Case "6" : strDriveDescription = "RAM-Drive"
        Case Else
            strDriveDescription = "Unbekannt"
    End Select

    cbGetDriveDescription = strDriveDescription

End Function
```

Listing 151: Hilfsmethode cbGetDriveDescription (cbFileSystemInfo.vb)

Hilfsmethode cbGetDriveIcon

Um das Icon des entsprechenden Laufwerkstyps zu ermitteln, haben wir ebenfalls eine Hilfsmethode erstellt, die uns ein `Image`-Control zurückliefert. Dieses können wir dann später entsprechend in unsere Beispiele einbinden.

```
Public Shared Function cbGetDriveIcon _
                        ( _
                          ByVal strDriveType As String _
                        ) As WebControls.Image

Dim imgDriveIcon As New WebControls.Image
    imgDriveIcon.Width = New Unit(16)
    imgDriveIcon.Height = New Unit(16)
    imgDriveIcon.BorderWidth = New Unit(0)

    imgDriveIcon.AlternateText _
                = cbGetDriveDescription(strDriveType)
```

Listing 152: Hilfsmethode cbGetDriveIcon (cbFileSystemInfo.vb)

```
        Select Case strDriveType
            Case "0"
                imgDriveIcon.ImageUrl = "images/" & icoUNKNOWN
            Case "1"
                imgDriveIcon.ImageUrl = "images/" & icoUNKNOWN
            Case "2"
                imgDriveIcon.ImageUrl = "images/" & icoFLOPPY
            Case "3"
                imgDriveIcon.ImageUrl = "images/" & icoHARDDRIVE
            Case "4"
                imgDriveIcon.ImageUrl = "images/" & icoNETWORK
            Case "5"
                imgDriveIcon.ImageUrl = "images/" & icoCDROM
            Case "6"
                imgDriveIcon.ImageUrl = "images/" & icoRAMDRIVE
            Case Else
                imgDriveIcon.ImageUrl = "images/" & icoUNKNOWN
        End Select

        cbGetDriveIcon = imgDriveIcon

    End Function
```

Listing 152: Hilfsmethode cbGetDriveIcon (cbFileSystemInfo.vb) (Forts.)

Hilfsmethode cbGetSize

Die Methode cbGetSize unserer Klasse dient lediglich dazu, eine Größenangabe für die Ausgabe umzustellen. So wird aus 1024 z.B. die Angabe »1 KB«. Es wird anhand des zu verwendenden Formats unterschieden, welche Größenangabe gewünscht wird. Eine automatische Umwandlung ist auch möglich. Diese sollte gewählt werden, wenn es sehr große Unterschiede in den einzelnen Werten einer Liste geben kann.

```
    Public Shared Function cbGetSize _
                        ( _
                          ByVal lngSize As Double, _
                          ByVal fmtFormat As fmtSize _
                        ) As String

    Dim strDriveDescription As String

        Select Case fmtFormat
            Case fmtFormat.Bytes
                cbGetSize = FormatNumber( _
                                    (lngSize), 0 _
                                  ).ToString & " Byte"
            Case fmtFormat.KiloByte
                cbGetSize = FormatNumber( _
                                    (lngSize / 1024), 2 _
```

Listing 153: Hilfsmethode cbGetSize (cbFileSystemInfo.vb)

```
                                    ).ToString & " KB"
        Case fmtFormat.MegaByte
            cbGetSize = FormatNumber( _
                                      (lngSize / 1024 ^ 2), 2 _
                                    ).ToString & " MB"
        Case fmtFormat.GigaByte
            cbGetSize = FormatNumber( _
                                      (lngSize / 1024 ^ 3), 2 _
                                    ).ToString & " GB"
        Case fmtFormat.TeraByte
            cbGetSize = FormatNumber( _
                                      (lngSize / 1024 ^ 4), 2 _
                                    ).ToString & " TB"
        Case fmtFormat.Automatic
            If (lngSize / 1024 ^ 4) > 1 Then
                cbGetSize = cbGetSize(lngSize, fmtSize.TeraByte)
            ElseIf (lngSize / 1024 ^ 3) > 1 Then
                cbGetSize = cbGetSize(lngSize, fmtSize.GigaByte)
            ElseIf (lngSize / 1024 ^ 2) > 1 Then
                cbGetSize = cbGetSize(lngSize, fmtSize.MegaByte)
            ElseIf (lngSize / 1024) > 1 Then
                cbGetSize = cbGetSize(lngSize, fmtSize.KiloByte)
            Else
                cbGetSize = cbGetSize(lngSize, fmtSize.Bytes)
            End If

    End Select

End Function
```

Listing 153: Hilfsmethode cbGetSize (cbFileSystemInfo.vb) (Forts.)

Laufwerksliste anzeigen

Kommen wir nun aber endlich zum »richtigen« Beispiel. Die **.aspx*-Datei enthält ein `DataGrid`, das zur Anzeige der Laufwerksliste dient. Da wir unter anderem ein Icon anzeigen, aber auch einzelne Spaltenwerte mit einem Link auf die weiteren Beispiele versehen wollen, verwenden wir meist keine `BoundColumns`, sondern so genannte `TemplateColumns`. Diese können individuell gestaltet werden, so dass wir unsere Anforderungen hiermit besser umsetzen können.

```
<%@ Page Language="vb"
    enableViewState="False"
    AutoEventWireup="false"
    Codebehind="Chapter03Example01.aspx.vb"
    Inherits="codebook.aspnet.vb.Chapter03Example01" %>

<!DOCTYPE HTML PUBLIC "-//W3C//DTD HTML 4.0 TRANSITIONAL//EN">
<HTML>
<HEAD>
    <title>Chapter 03 Example 01</title>
    <link rel="stylesheet"
```

```
        href="styles/codebook.css"
        type="text/css">
</HEAD>
<body>

<h3>
    <asp:literal id="litDrives"
                 runat="server"
                 Text="Liste aller Laufwerke: ">
    </asp:literal>
</h3>

<asp:datagrid cellpadding="2"
              cellspacing="0"
              id="theGrid"
              runat="server"
              autogeneratecolumns="False"
              cssclass="clsTable"
              bordercolor="#000000">
    <columns>
        <asp:TemplateColumn headertext="Laufwerk"
                            headerstyle-cssclass="clsCellHead"
                            headerstyle-height="20"
                            itemstyle-cssclass="clsCell">
            <Itemtemplate>
```

Im ersten Schritt definieren wir die einzelnen Spalten, die wir anzeigen wollen. Dazu gehören neben dem Laufwerksicon auch der Laufwerksbuchstabe sowie z.B. der Gesamtspeicherplatz, der freie Speicherplatz usw.

```
            <table border="0" cellpadding="1" cellspacing="1">
                <tr>
                    <td align="center" valign="middle">
                        <asp:image
                              Height='<%#
                                      CType _
                                      ( _
                                        DataBinder.Eval _
                                          ( _
                                            Container.DataItem, _
                                            "driveIcon" _
                                          ), _
                                        Webcontrols.Image _
                                      ).Height
                                      %>'
                              Width='<%#
                                      CType _
                                      ( _
                                      DataBinder.Eval _
                                          ( _
                                          Container.DataItem, _
```

```
                                    "driveIcon" _
                                    ), _
                               Webcontrols.Image _
                               ).Width
                             %>'
                     Borderwidth='<%#
                                   CType _
                                   ( _
                                   DataBinder.Eval _
                                     ( _
                                       Container.DataItem, _
                                       "driveIcon" _
                                     ), _
                                   Webcontrols.Image _
                                 ).Borderwidth
                                 %>'
                     ImageUrl='<%#
                                CType _
                                ( _
                                  DataBinder.Eval _
                                    ( _
                                      Container.DataItem, _
                                      "driveIcon" _
                                    ), _
                                  Webcontrols.Image _
                                ).ImageUrl
                                %>'
                          runat="server" ID="Image1"/>
               </td>
               <td align="left" valign="middle" nowrap>
                   <asp:HyperLink
                        NavigateUrl='<%#
                          "Chapter03Example04.aspx?DRIVE=" & _
                          DataBinder.Eval _
                          ( _
                          Container.DataItem, _
                          "driveID" _
                          )
                          %>'
                        CssClass ="clsLink"
                        Text='<%#
                              DataBinder.Eval _
                              ( _
                              Container.DataItem, _
                              "driveID" _
                              )
                              %>'
                        Runat=server ID="Hyperlink3"/>
               </td>
           </tr>
       </table>
       </Itemtemplate>
   </asp:TemplateColumn>
```

Basics
Daten-bank
I/O
Validie-rung
Controls
Http-Handler
Netz-werk
Grafik
Tracing
Security

Um direkt auf die weiteren Beispiele, z.B. zum Anzeigen der Verzeichnisse eines Laufwerks, verweisen zu können, fügen wir die entsprechenden Spalten ebenfalls direkt in das `DataGrid` ein.

```
<asp:TemplateColumn headertext="Verzeichnisse"
                    headerstyle-cssclass="clsCellHead"
                    itemstyle-cssclass="clsCell">

    <ItemTemplate>
        <asp:HyperLink
            NavigateUrl='<%#
                         "Chapter03Example02.aspx?PATH=" & _
                         DataBinder.Eval _
                         ( _
                         Container.DataItem, _
                         "driveID" _
                         )
                       %>'
            CssClass ="clsLink"
            Text='<%# "Anzeigen"  %>'
            Visible='<%#
                      CType _
                      ( _
                      DataBinder.Eval _
                          ( _
                          Container.DataItem, _
                          "driveDirectories" _
                          ), _
                      Boolean _
                      )
                    %>'
            Runat=server ID="Hyperlink1"/>
        <asp:Literal
            Text='<%# "keine vorhanden"  %>'
            Visible='<%#
                      Not CType _
                      ( _
                      DataBinder.Eval _
                          ( _
                          Container.DataItem, _
                          "driveDirectories" _
                          ), _
                      Boolean _
                      )
                    %>'
            Runat=server ID="Literal1"/>
    </ItemTemplate>
</asp:TemplateColumn>
```

Die folgende Spalte dient später als Verweis, um auf das Beispiel zu springen, das eine Liste der enthaltenen Dateien anzeigt.

```
        <asp:TemplateColumn headertext="Dateien"
                            headerstyle-cssclass="clsCellHead"
                            itemstyle-cssclass="clsCell">
            <ItemTemplate>
                <asp:HyperLink
                    NavigateUrl='<%#
                                "Chapter03Example03.aspx?PATH=" & _
                                DataBinder.Eval _
                                ( _
                                Container.DataItem, _
                                "driveID" _
                                )
                              %>'
                    CssClass ="clsLink"
                    Text='<%# "Anzeigen"  %>'
                    Visible='<%#
                              CType _
                              ( _
                              DataBinder.Eval _
                                  ( _
                                  Container.DataItem, _
                                  "driveFiles" _
                                  ), _
                              Boolean _
                              )
                            %>'
                    Runat=server ID="Hyperlink2"/>
                <asp:Literal
                    Text='<%# "keine vorhanden"  %>'
                    Visible='<%#
                              NOT CType _
                              ( _
                              DataBinder.Eval _
                                  ( _
                                  Container.DataItem, _
                                  "driveFiles" _
                                  ), _
                              Boolean _
                              )
                            %>'
                    Runat=server ID="Literal2"/>
            </ItemTemplate>
        </asp:TemplateColumn>
```

Die letzten drei Spalten werden lediglich mit Texten aus der `DataTable` versehen und sind daher als `BoundColumns` eingebunden.

```
        <asp:boundcolumn datafield="driveType"
                         headertext="Laufwerkstyp"
                         headerstyle-cssclass="clsCellHead"
```

Listing 154: Anzeigen einer Laufwerksliste (Chapter03Example01.aspx)

```
                              itemstyle-cssclass="clsCell" />
          <asp:boundcolumn datafield="driveSize"
                              headertext="Grösse"
                              itemstyle-horizontalalign="Right"
                              headerstyle-cssclass="clsCellHead"
                              itemstyle-cssclass="clsCell" />
          <asp:boundcolumn datafield="driveFreeSpace"
                              headertext="Freier Speicherplatz"
                              itemstyle-horizontalalign="Right"
                              headerstyle-cssclass="clsCellHead"
                              itemstyle-cssclass="clsCell" />
     </columns>
</asp:datagrid>

</body>
</HTML>
```

Listing 154: Anzeigen einer Laufwerksliste (Chapter03Example01.aspx) (Forts.)

Der Quellcode in der CodeBehind-Datei ist nicht sonderlich aufregend. Wir lassen uns über die Methode `cbGetDrives` eine Liste aller Laufwerke zurückgeben und binden die so erzeugte `DataTable` als Datenquelle des in der **.aspx*-Datei deklarierten DataGrids ein.

```
Namespace codebook.aspnet.vb

Public Class Chapter03Example01

    Inherits System.Web.UI.Page

    Protected WithEvents litVerzeichnis As Literal
    Protected WithEvents linkBack       As HyperLink
    Protected WithEvents litLaufwerke   As Literal
    Protected WithEvents litDrives      As Literal
    Protected WithEvents theGrid        As DataGrid

    Private Sub Page_Load( _
                        ByVal sender As System.Object, _
                        ByVal e As System.EventArgs _
                        ) Handles MyBase.Load

        LoadData()

    End Sub

    Private Sub LoadData()

        theGrid.DataSource = cbFileSystemInfo.cbGetDrives("")
        theGrid.DataBind()
```

Listing 155: Anzeigen einer Laufwerksliste (Chapter03Example01.aspx.vb)

```
    End Sub

End Class

End Namespace
```

Listing 155: Anzeigen einer Laufwerksliste (Chapter03Example01.aspx.vb) (Forts.)

Wenn Sie das Beispiel aufrufen, sollten Sie in etwa Folgendes auf dem Bildschirm sehen (ggfs. sind es einige Laufwerke weniger, da unser Entwicklungs- und Testsystem etwas mehr Platz benötigt als ein normales System:

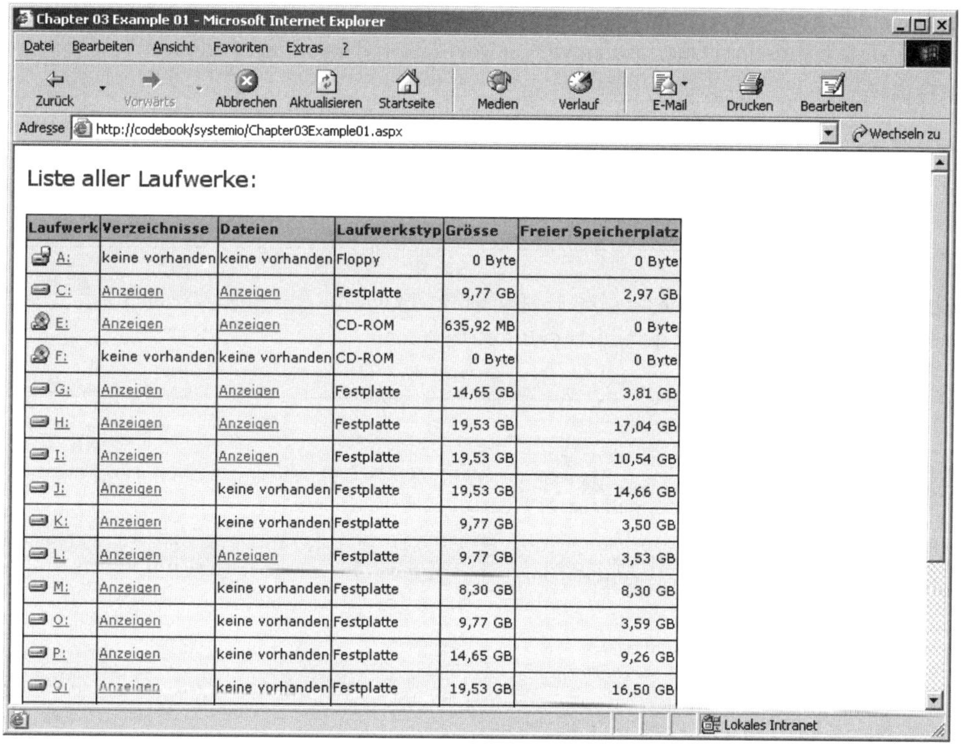

Laufwerk	Verzeichnisse	Dateien	Laufwerkstyp	Grösse	Freier Speicherplatz
A:	keine vorhanden	keine vorhanden	Floppy	0 Byte	0 Byte
C:	Anzeigen	Anzeigen	Festplatte	9,77 GB	2,97 GB
E:	Anzeigen	Anzeigen	CD-ROM	635,92 MB	0 Byte
F:	keine vorhanden	keine vorhanden	CD-ROM	0 Byte	0 Byte
G:	Anzeigen	Anzeigen	Festplatte	14,65 GB	3,81 GB
H:	Anzeigen	Anzeigen	Festplatte	19,53 GB	17,04 GB
I:	Anzeigen	Anzeigen	Festplatte	19,53 GB	10,54 GB
J:	Anzeigen	keine vorhanden	Festplatte	19,53 GB	14,66 GB
K:	Anzeigen	keine vorhanden	Festplatte	9,77 GB	3,50 GB
L:	Anzeigen	Anzeigen	Festplatte	9,77 GB	3,53 GB
M:	Anzeigen	keine vorhanden	Festplatte	8,30 GB	8,30 GB
O:	Anzeigen	keine vorhanden	Festplatte	9,77 GB	3,59 GB
P:	Anzeigen	keine vorhanden	Festplatte	14,65 GB	9,26 GB
Q:	Anzeigen	keine vorhanden	Festplatte	19,53 GB	16,50 GB

Abbildung 12: Liste aller Laufwerke

70 Anzeigen einer Verzeichnisliste

Der nächste Schritt ist das Anzeigen der Verzeichnisse, die in einem Laufwerk enthalten sind. Die Methoden, die wir Ihnen gleich vorstellen, werden aber natürlich auch zur Anzeige der Unterverzeichnisse eines Ordners verwendet. Da auch hier die Unterstützung des .NET Frameworks leider nicht so groß wie z.B. die des `FileSystemObject` in Classic ASP ist, müssen wir zur Ermittlung einiger Informationen wieder etwas in die Trickkiste greifen. Weil es verschiedene Methoden gibt, die benötigten Informationen zu erhalten, haben wir versucht, Ihnen je nach Beispiel die unterschiedlichen Wege aufzuzeigen.

Hilfsmethode cbGetDirectories

Mit Hilfe der Methode `cbGetDirectories` erhalten wir eine `DataTable`, die uns alle Ordner des übergebenen Pfads zurückgibt. Die `DataTable` enthält auch die Detailinformationen zu den einzelnen Ordnern.

```
Public Shared Function cbGetDirectories _
                        ( _
                          ByVal strPath As String, _
                          ByVal blnGetSubDirectories As Boolean _
                        ) As DataTable
```

Falls ein falscher oder gar kein Pfad, z.B. *X:* übergeben wurde, können wir auch keine Verzeichnisliste ermitteln. Daher prüfen wir im Vorfeld, ob die Parameter korrekt besetzt wurden.

```
    If Not Directory.Exists(strPath) Then
        Return Nothing
    End If
```

Über die integrierte Methode `GetDirectories` ermitteln wir die einzelnen Verzeichnisse. Diese beinhalten aber leider keine detaillierten Informationen.

```
Dim aryFolders As String()
    If blnGetSubDirectories Then
        Try
            aryFolders = Directory.GetDirectories(strPath)
        Catch
            Return Nothing
        End Try
    Else
        ReDim aryFolders(0)
        aryFolders(0) = strPath
    End if
    If Not Right(strPath, 1) = "\" Then
        strPath &= "\"
    End If
```

Auch hier erstellen wir eine `DataTable`, die wir mit den entsprechenden Spalten bestücken. Wir benötigen neben dem Verzeichnisnamen auch dessen Attribute sowie die Größe, das Erstellungsdatum usw.

```
Dim strFolder  As String
Dim attrFolder As FileAttributes
Dim dblSize    As Double
```

```
    Dim dcKey(0) As DataColumn
    Dim drFolderInfo As DataRow
    Dim dtFolders As New DataTable
        dtFolders.Columns.Add("folderName", _
                              GetType(String))
        dtFolders.Columns.Add("folderNameAbsolute", _
                              GetType(String))

        dtFolders.Columns.Add("folderIcon", _
                              GetType(WebControls.Image))

        dtFolders.Columns.Add("folderDirectories", _
                              GetType(Long))
        dtFolders.Columns.Add("folderFiles", _
                              GetType(Long))

        dtFolders.Columns.Add("folderAttrNormal", _
                              GetType(Boolean))
        dtFolders.Columns.Add("folderAttrArchive", _
                              GetType(Boolean))
        dtFolders.Columns.Add("folderAttrCompressed", _
                              GetType(Boolean))
        dtFolders.Columns.Add("folderAttrDirectory", _
                              GetType(Boolean))
        dtFolders.Columns.Add("folderAttrEncrypted", _
                              GetType(Boolean))
        dtFolders.Columns.Add("folderAttrHidden", _
                              GetType(Boolean))
        dtFolders.Columns.Add("folderAttrNotContentIndexed", _
                              GetType(Boolean))
        dtFolders.Columns.Add("folderAttrOffline", _
                              GetType(Boolean))
        dtFolders.Columns.Add("folderAttrReadOnly", _
                              GetType(Boolean))
        dtFolders.Columns.Add("folderAttrReparsePoint", _
                              GetType(Boolean))
        dtFolders.Columns.Add("folderAttrSparseFile", _
                              GetType(Boolean))
        dtFolders.Columns.Add("folderAttrSystem", _
                              GetType(Boolean))
        dtFolders.Columns.Add("folderAttrTemporary", _
                              GetType(Boolean))

        dtFolders.Columns.Add("folderCreated", _
                              GetType(Date))
        dtFolders.Columns.Add("folderLastAccess", _
                              GetType(Date))
        dtFolders.Columns.Add("folderLastWrite", _
                              GetType(Date))

        dtFolders.Columns.Add("folderSize", _
                           GetType(String))
        dtFolders.Columns.Add("folderSizeBytes", _
```

```
                         GetType(Double))

        dtFolders.Columns.Add("folderMsDosName", _
                          GetType(String))

        dtFolders.Columns.Add("folderAccessPossible", _
                          GetType(Boolean))
        dtFolders.Columns.Add("folderMyAccess", _
                          GetType(String))

        dcKey(0) = dtFolders.Columns("folderName")
        dtFolders.PrimaryKey = dcKey
```

Einige der benötigten Informationen sind nur über die Klassen und Methoden des `System.Management`-Namespace zugänglich. Daher deklarieren wir vorab noch eine Variable vom Typ `ManagementObject`.

```
    Dim objFolder As ManagementObject
```

Nun ermitteln wir innerhalb einer Schleife zu jedem Verzeichnis die entsprechenden Informationen.

```
        For Each strFolder In aryFolders
            drFolderInfo = dtFolders.NewRow

            drFolderInfo("folderName") _
            = Replace(strFolder, strPath, "")

            drFolderInfo("folderNameAbsolute") _
            = strFolder

            drFolderInfo("folderIcon") _
              = cbGetDirectoryIcon(True)
```

`Directory.GetDirectories` und `Directory.GetFiles` liefern jeweils die Unterverzeichnisse bzw. die Dateien eines Ordners zurück. Durch `GetLength` wird die Anzahl der Elemente, also die Anzahl der Unterordner, bzw. die Anzahl der Dateien ausgelesen, die diese Methoden zurückliefern.

```
            Try
                drFolderInfo("folderDirectories") _
                = Directory.GetDirectories(strFolder).GetLength(0)
                drFolderInfo("folderFiles") _
                = Directory.GetFiles(strFolder).GetLength(0)
                drFolderInfo("folderAccessPossible") _
                = True
```

```
        Catch
            drFolderInfo("folderDirectories") _
            = 0
            drFolderInfo("folderFiles") _
            = 0
            drFolderInfo("folderAccessPossible") _
            = False
        End Try
```

Im nächsten Schritt werden die Attribute ausgelesen. Hierfür verwenden wir `File.GetAttributes`. Dies wird Sie vielleicht wundern, da File ja eigentlich Datei bedeutet. Aber hierfür sollte man wissen, dass die Attribute einer Datei z.B. auch ein Flag enthalten, das eine Datei als Verzeichnis kennzeichnet. Die verfügbaren Attribute im .NET Framework haben wir Ihnen nachstehend aufgelistet.

Attribut / Member	Beschreibung	Wert
ReadOnly	Datei ist schreibgeschützt	1
Hidden	Datei ist versteckt	2
System	Datei ist eine Systemdatei	4
Directory	Datei ist ein Verzeichnis	16
Archive	Archivstatus der Datei	32
Device	Reserviert (derzeit nicht benutzt)	64
Normal	Normale Datei ohne weitere Attribute. Dieses Attribut darf nur alleine festgelegt werden.	128
Temporary	Temporäre Datei	256
SparseFile	Sparse File. Diese Dateien sind normalerweise große Dateien, deren Daten hauptsächlich aus Nullen bestehen. Die aktuellen Logfiles des IIS sind z.B. zeitweise so aufgebaut, da ein Puffer für schnelleres Schreiben eingefügt wird.	512
ReparsePoint	Datei enthält einen Analysepunkt	1024
Compressed	Datei ist komprimiert	2048
Offline	Offline Datei. Dateiinhalt ist nicht sofort verfügbar.	4096
NotContentIndexed	Die Datei wird nicht durch die Inhaltsindizierung des Betriebssystems indiziert.	8192
Encrypted	Datei oder Verzeichnis ist verschlüsselt	16384

```
        Try
            attrFolder = File.GetAttributes(strFolder)
            drFolderInfo("folderAttrNormal") _
            = ((attrFolder And FileAttributes.Normal) _
                = FileAttributes.Normal _
                )
            drFolderInfo("folderAttrArchive") _
```

Basics
Daten-
bank
I/O
Validie-
rung
Controls
Http-
Handler
Netz-
werk
Grafik
Tracing
Security

```
= ((attrFolder And FileAttributes.Archive) _
    = FileAttributes.Archive _
    )
drFolderInfo("folderAttrCompressed") _
= ((attrFolder And FileAttributes.Compressed) _
    = FileAttributes.Compressed _
    )
drFolderInfo("folderAttrDirectory") _
= ((attrFolder And FileAttributes.Directory) _
    = FileAttributes.Directory _
    )
drFolderInfo("folderAttrEncrypted") _
= ((attrFolder And FileAttributes.Encrypted) _
    = FileAttributes.Encrypted _
    )
drFolderInfo("folderAttrHidden") _
= ((attrFolder And FileAttributes.Hidden) _
    = FileAttributes.Hidden _
    )
drFolderInfo("folderAttrNotContentIndexed") _
= ((attrFolder And FileAttributes.NotContentIndexed) _
    = FileAttributes.NotContentIndexed _
    )
drFolderInfo("folderAttrOffline") _
= ((attrFolder And FileAttributes.Offline) _
    = FileAttributes.Offline _
    )
drFolderInfo("folderAttrReadOnly") _
= ((attrFolder And FileAttributes.ReadOnly) _
    = FileAttributes.ReadOnly _
    )
drFolderInfo("folderAttrReparsePoint") _
= ((attrFolder And FileAttributes.ReparsePoint) _
    = FileAttributes.ReparsePoint _
    )
drFolderInfo("folderAttrSparseFile") _
= ((attrFolder And FileAttributes.SparseFile) _
    = FileAttributes.SparseFile _
    )
drFolderInfo("folderAttrSystem") _
= ((attrFolder And FileAttributes.System) _
    = FileAttributes.System _
    )
drFolderInfo("folderAttrTemporary") _
= ((attrFolder And FileAttributes.Temporary) _
    = FileAttributes.Temporary _
    )
```

Neben den Attributen benötigen wir noch den Erstellungszeitpunkt, den Zeitpunkt der letzten Änderung usw. Diese Informationen ermitteln wir nachstehend.

```
                drFolderInfo("folderCreated") _
                = Directory.GetCreationTime(strFolder)

                drFolderInfo("folderLastAccess") _
                = Directory.GetLastAccessTime(strFolder)

                drFolderInfo("folderLastWrite") _
                = Directory.GetLastWriteTime(strFolder)

                dblSize = cbGetDirectorySize(strFolder, 0, True)
                drFolderInfo("folderSize") _
                = cbGetSize(dblSize, fmtSize.Automatic)
                drFolderInfo("folderSizeBytes") _
                = dblSize

                drFolderInfo("folderMyAccess") _
                = "OK"

            Catch e As UnauthorizedAccessException
                drFolderInfo("folderAccessPossible") _
                = False
                drFolderInfo("folderMyAccess") _
                = e.Message
            End Try
```

Einige Informationen wie z.B. den »kurzen Namen« (also den MS-DOS Namen) können wir nicht mittels der normalen Methoden auslesen. Hierfür benötigen wir ein neues `ManagementObject`.

```
            objFolder = New ManagementObject _
                      ("Win32_Directory.Name='" & strFolder & "'")
            objFolder.Get()
            drFolderInfo("folderMsDosName") _
            = Replace(LCase(objFolder("EightDotThreeFileName")), LCase(strPath), "")

            objFolder.Dispose
            objFolder = Nothing

            dtFolders.Rows.Add(drFolderInfo)
        Next strFolder

        cbGetDirectories = dtFolders
    End Function
```

Listing 156: Hilfsmethode cbGetDirectories (cbFileSystemInfo.vb)

Hilfsmethode cbGetDirectorySize

Da die standardmäßig verfügbaren Methoden nur die Größe des aktuellen Ordners ohne die Größe evtl. enthaltener Unterordner zurückgeben, müssen wir diese Information selbst ermitteln. Hierfür durchlaufen wir mittels einer rekursiven Schleife alle Unterordner des aktuellen Verzeichnisses und zählen hierbei die entsprechende Verzeichnisgröße inkl. enthaltener Dateien hinzu.

```
Public Shared Function cbGetDirectorySize _
        ( _
            ByVal strFolder As String, _
            ByVal dblSize   As Double, _
            Optional ByVal blnIncludeSubDirs As Boolean = True _
        ) as Double

' ------------------------------------------------------
' --- Rekursive Funktion
' ------------------------------------------------------
Dim fiFile      As FileInfo
Dim diFolder    As New DirectoryInfo(strFolder)
Dim diSubFolder As DirectoryInfo

    For Each fiFile In diFolder.GetFiles()
        dblSize += Convert.ToDouble(fiFile.Length())
    Next fiFile

    If blnIncludeSubDirs Then
        ' ---------------------------------------------
        ' Da einige Verzeichnisse nicht vom ASPNET-User
        ' ausgelesen werden können, kann es u.U. sein,
        ' dass ein Fehler bei bestimmten Verzeichnissen
        ' auftritt.
        ' ---------------------------------------------
        Try
            For Each diSubFolder In diFolder.GetDirectories()
                dblSize _
                    += cbGetDirectorySize _
                        ( _
                        diSubFolder.FullName, _
                        0, _
                        blnIncludeSubDirs _
                        )
            Next
        Catch ex As Exception
            ' Do Nothing
        End Try
    End If

    Return dblSize
End Function
```

Listing 157: Hilfsmethode cbGetDirectorySize (cbFileSystemInfo.vb)

Hilfsmethode cbGetDirectoryIcon

Die Methode `cbGetDirectoryIcon` dient wie auch schon `cbGetDriveIcon` zur Ermittlung eines Icons, das dem Verzeichnis zugeordnet ist. Da wir diese Information nicht aus dem System auslesen, sondern eigene Icons verwenden wollen, geben wir auch hier ein `Image`-Control zurück, das das angegebene Icon enthält.

```
Public Shared Function cbGetDirectoryIcon _
                        ( _
                         ByVal blnOpen As Boolean _
                        ) As WebControls.Image

Dim imgDirectoryIcon As New WebControls.Image
    imgDirectoryIcon.Width = New Unit(16)
    imgDirectoryIcon.Height = New Unit(16)
    imgDirectoryIcon.BorderWidth = New Unit(0)
    imgDirectoryIcon.AlternateText = "Directory"

    Select Case blnOpen
        Case True
            imgDirectoryIcon.ImageUrl = "images/" & _
                                        icoFOLDEROPEN
        Case False
            imgDirectoryIcon.ImageUrl = "images/" & _
                                        icoFOLDER
    End Select

    cbGetDirectoryIcon = imgDirectoryIcon

End Function
```

Listing 158: Hilfsmethode cbGetDirectoryIcon (cbFileSystemInfo.vb)

Hilfsmethode cbGetParentPath

Da wir in jedem Beispiel einen Link anzeigen wollen, mit dem wir direkt auf das übergeordnete Verzeichnis zurückspringen können, ermitteln wir diesen Pfad mittels Aufruf der Methode `GetParent` der `Directory`-Klasse.

```
Public Shared Function cbGetParentPath _
                        ( _
                         ByVal strFullPath As String _
                        ) As String

Dim dirInfo As DirectoryInfo = Directory.GetParent(strFullPath)

    If IsNothing(dirInfo) Then
        cbGetParentPath = strFullPath
    Else
```

Listing 159: Hilfsmethode cbGetParentPath (cbFileSystemInfo.vb)

```
            cbGetParentPath = dirInfo.FullName
        End If

    End Function
```

Listing 159: Hilfsmethode cbGetParentPath (cbFileSystemInfo.vb) (Forts.)

Anzeigen der Verzeichnisliste

Um die Verzeichnisliste anzuzeigen, verwenden wir wieder ein `DataGrid`, das die jeweiligen Informationen zu jedem Verzeichnis darstellt. Wie auch im vorigen Beispiel leidet die Ansicht leider etwas, da wir nur 70 Zeichen pro Zeile Platz haben, um den Quellcode unterzubringen. Wir hoffen, dass wir dies durch die hoffentlich für Sie sehr nützlichen Beispiele wiedergutmachen können.

```
<%@ Page Language="vb"
    enableViewState="False"
    AutoEventWireup="false"
    Codebehind="Chapter03Example02.aspx.vb"
    Inherits="codebook.aspnet.vb.Chapter03Example02" %>

<!DOCTYPE HTML PUBLIC "-//W3C//DTD HTML 4.0 TRANSITIONAL//EN">
<HTML>
  <HEAD>
    <title>Chapter 03 Example 02</title>
    <link rel="stylesheet"
          href="styles/codebook.css"
          type="text/css">
  </HEAD>
<body>
```

Damit Sie auch direkt wieder auf die Laufwerksliste kommen, folgt ein Link, der Sie zum ersten Beispiel zurückführt. Dies verbessert die Navigation und hilft Ihnen dabei, die Beispiele besser durchgehen zu können.

```
<H3>
    <asp:hyperlink id="linkLaufwerke"
                   runat="server"
                   cssclass="clsLink"
                   navigateurl="Chapter03Example01.aspx">
                   Laufwerksansicht
    </asp:hyperlink>
</H3>
<h3>
    <asp:literal id="litVerzeichnis"
                   runat="server"
                   Text="Verzeichnisliste von: ">
    </asp:literal>
    <asp:HyperLink CssClass="clsLinkH3"
```

```
                  Runat="server"
                  ID="linkBack" />
</h3>

<asp:datagrid cellpadding="2"
              id="theGrid"
              runat="server"
              autogeneratecolumns="False"
              cssclass="clsTable"
              bordercolor="#000000">
    <columns>
        <asp:TemplateColumn headertext="Verzeichnisse"
                            headerstyle-cssclass="clsCellHead"
                            itemstyle-cssclass="clsCell">
            <Itemtemplate>
            <table border="0" cellpadding="1" cellspacing="1">
                <tr>
```

Wie auch bei der Laufwerksliste möchten wir auch hier ein Icon anzeigen. Im Moment beschränkt sich die Anzeige auf zwei Icons (FolderClosed und FolderOpen), aber es steht Ihnen natürlich frei, die entsprechende Methode zu erweitern.

```
                    <td align="center" valign="middle">
                        <asp:image Height='<%#
                                     CType _
                                     ( _
                                     DataBinder.Eval _
                                         ( _
                                         Container.DataItem, _
                                         "folderIcon" _
                                         ), _
                                     Webcontrols.Image _
                                     ).Height
                                   %>'
                                   Width='<%#
                                   CType _
                                   ( _
                                     DataBinder.Eval _
                                       ( _
                                         Container.DataItem, _
                                         "folderIcon" _
                                       ), _
                                     Webcontrols.Image _
                                   ).Width
                                   %>'
                                   Borderwidth='<%#
                                       CType _
                                       ( _
                                       DataBinder.Eval _
                                           ( _
                                           Container.DataItem, _
```

```
                                    "folderIcon" _
                                    ), _
                                Webcontrols.Image _
                                ).Borderwidth
                                %>'
                            ImageUrl='<%#
                                CType _
                                ( _
                                DataBinder.Eval _
                                    ( _
                                    Container.DataItem, _
                                    "folderIcon" _
                                    ), _
                                Webcontrols.Image _
                                ).ImageUrl
                              %>'
                            runat="server"
                            ID="Image1"/>
                </td>
```

Und damit wir direkt zum Rezept 71, »Anzeigen einer Dateiliste« springen können, fügen wir hier noch den entsprechenden Link ein.

```
                <td align="left" valign="middle" nowrap>
                    <asp:Literal Text='<%# " "  %>'
                                Runat="server"
                                ID="Literal3"/>
                    <asp:HyperLink NavigateUrl='<%#
                            "Chapter03Example02.aspx?PATH=" & _
                            DataBinder.Eval _
                            ( _
                              Container.DataItem, _
                              "folderNameAbsolute" _
                            )
                            %>'
                            CssClass ="clsLink"
                            Text='<%#
                                DataBinder.Eval _
                                (
                                Container.DataItem,  _
                                "folderName" _
                                )
                                %>'
                            Visible='<%#
                                  CType _
                                  ( _
                                    DataBinder.Eval _
                                      ( _
                                        Container.DataItem, _
                                        "folderDirectories" _
                                      ), _
```

```
                                      Boolean _
                                    )
                                    %>'
                              Runat="server"
                              ID="Hyperlink1"/>
```

Anschließend folgen noch die »normalen« Ausgaben wie Verzeichnisname, Größe usw.

```
                        <asp:Literal Text='<%#
                                         DataBinder.Eval _
                                         ( _
                                           Container.DataItem, _
                                           "folderName" _
                                         )
                                         %>'
                                    Visible='<%#
                                    Not CType _
                                    ( _
                                      DataBinder.Eval _
                                        ( _
                                          Container.DataItem, _
                                          "folderDirectories" _
                                        ), _
                                      Boolean _
                                    )
                                    %>'
                                    Runat="server"
                                    ID="Literal1"/>
                    </td>
                </tr>
            </table>
            </Itemtemplate>
        </asp:TemplateColumn>

        <asp:TemplateColumn headertext="Dateien"
                            headerstyle-cssclass="clsCellHead"
                            itemstyle-cssclass="clsCell">
            <ItemTemplate>
            <asp:HyperLink NavigateUrl='<%#
                              "Chapter03Example03.aspx?PATH=" & _
                                DataBinder.Eval _
                                ( _
                                Container.DataItem, _
                                "folderNameAbsolute" _
                                )
                                %>'
                            CssClass ="clsLink"
                            Text='<%# "Anzeigen"  %>'
                            Visible='<%#
                                    CType _
```

Listing 160: Anzeigen einer Verzeichnisliste (Chapter03Example02.aspx)

```
                                    ( _
                                    DataBinder.Eval _
                                        ( _
                                        Container.DataItem, _
                                        "folderFiles" _
                                        ), _
                                    Boolean _
                                    )
                                    %>'
                            Runat="server"
                            ID="Hyperlink2"/>
            <asp:Literal Text='<%# "keine vorhanden"  %>'
                          Visible='<%#
                                    Not CType _
                                    ( _
                                    DataBinder.Eval _
                                        ( _
                                        Container.DataItem, _
                                        "folderFiles" _
                                        ), _
                                    Boolean _
                                    )
                                    %>'
                          Runat="server"
                          ID="Literal2"/>
            </ItemTemplate>
        </asp:TemplateColumn>
        <asp:TemplateColumn headertext="Details"
                            headerstyle-cssclass="clsCellHead"
                            itemstyle-cssclass="clsCell">
            <ItemTemplate>
            <asp:HyperLink NavigateUrl='<%#
                              "Chapter03Example05.aspx?PATH=" & _
                                DataBinder.Eval _
                                ( _
                                Container.DataItem, _
                                "folderNameAbsolute" _
                                )
                                %>'
                            CssClass ="clsLink"
                            Text='<%# "Anzeigen"  %>'
                            Runat="server"
                            ID="Hyperlink3"/>
            </ItemTemplate>
        </asp:TemplateColumn>
    </columns>
</asp:datagrid>

</body>
</HTML>
```

Listing 160: Anzeigen einer Verzeichnisliste (Chapter03Example02.aspx) (Forts.)

```
Namespace codebook.aspnet.vb

Public Class Chapter03Example02

    Inherits System.Web.UI.Page

    Protected WithEvents theGrid        As DataGrid
    Protected WithEvents litVerzeichnis As Literal
    Protected WithEvents linkLaufwerke  As HyperLink
    Protected WithEvents linkBack       As HyperLink

    Private Sub Page_Load( _
                      ByVal sender As System.Object, _
                      ByVal e As System.EventArgs _
                      ) Handles MyBase.Load

        LoadData()

    End Sub

    Private Sub LoadData()

    Dim strBackPath As String
    Dim strPath As String = Request.QueryString("PATH")

    Dim dtDirectories As DataTable

        If Not strPath <> "" Then
            Exit Sub
        End If

        strBackPath = cbFileSystemInfo.cbGetParentPath(strPath)

        linkBack.Text = strPath
        If Not strBackPath = strPath Then
            linkBack.NavigateUrl _
                = "Chapter03Example02.aspx?PATH=" & strBackPath
        Else
            linkBack.NavigateUrl = "Chapter03Example01.aspx"
        End If

        If Not Right(strPath, 1) = "\" Then
            strPath &= "\"
        End If

        dtDirectories _
            = cbFileSystemInfo.cbGetDirectories(strPath, True)
        If IsNothing(dtDirectories) Then
            theGrid.Visible = False
        Else
            theGrid.DataSource = dtDirectories
```

Listing 161: Anzeigen einer Verzeichnisliste (Chapter03Example02.aspx.vb)

```
            theGrid.DataBind()
        End If

    End Sub

    Private Sub InitializeComponent()

    End Sub
End Class

End Namespace
```

Listing 161: Anzeigen einer Verzeichnisliste (Chapter03Example02.aspx.vb) (Forts.)

Nach Aufruf dieses Beispiels sehen Sie eine Ausgabe ähnlich der des folgenden Screenshots:

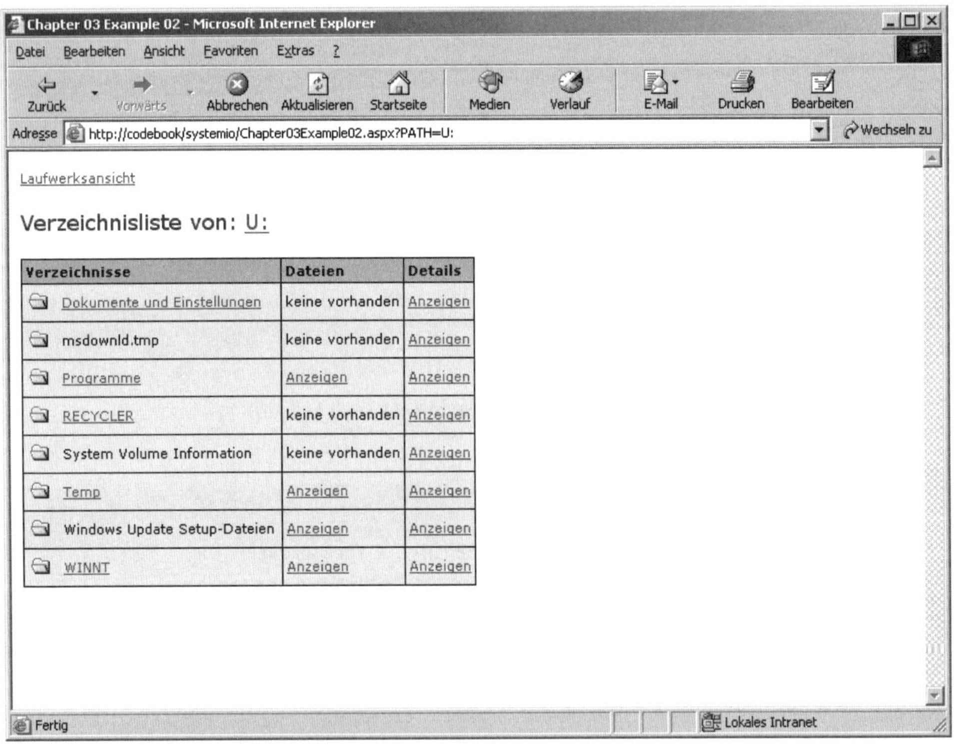

Abbildung 13: Anzeigen einer Verzeichnisliste

71 Anzeigen einer Dateiliste

Im nächsten Schritt zeigen wir Ihnen eine Liste aller Dateien eines bestimmten Ordners an. Diese Liste beinhaltet ebenfalls verschiedene Links auf die weiterführenden Beispiele, wie z.B. die Anzeige von Detailinformationen zu einer Datei.

Hilfsmethode cbGetFiles

Ohne einige Hilfsmethoden kommen wir auch hier nicht aus. So benötigen wir vor allem eine Methode, die uns die in einem Verzeichnis enthaltenen Dateien als `DataTable` zurückliefert. Die Methode `cbGetFiles` übernimmt diese Aufgabe. Wie Sie evtl. am zweiten Parameter erkennen, ist es mit dieser Methode auch möglich, Dateifilter anzuwenden, so dass zum Beispiel nur Dateien à la **.jpg* angezeigt werden. Dies wird aber erst in einem späteren Beispiel verwendet.

```
Public Shared Function cbGetFiles _
                         ( _
                          ByVal strPath As String, _
                          ByVal strFilter As String _
                         ) As DataTable
```

Wenn ein Verzeichnis übergeben wird, wird eine `DataTable` mit allen im Directory befindlichen Dateien erstellt. Es kann aber auch ein Dateiname, bzw. ein Filter übergeben werden. Dann wird eine `DataTable` erstellt, die nur Informationen für diese Datei(en) besitzt.

```
Dim blnPathIsFile As Boolean = False

    If Not Directory.Exists(strPath) Then
        If Not File.Exists(strPath) Then
            Return Nothing
        Else
            blnPathIsFile = True
        End If
    End If

Dim aryFiles As String()
    If Not blnPathIsFile Then
        If strFilter <> "" Then
            strFilter = cbCheckFilter(strFilter)

            aryFiles = Directory.GetFiles(strPath, strFilter)
        Else
            aryFiles = Directory.GetFiles(strPath)
        End If

        If Not Right(strPath, 1) = "\" Then
            strPath &= "\"
        End If
    Else
        ReDim aryFiles(0)
        aryFiles(0) = strPath
    End If

Dim strFile As String
Dim attrFile As FileAttributes
```

Um die `DataTable` mit Inhalten füllen zu können, erstellen wir im Vorfeld die entsprechenden Spalten, die die einzelnen Werte später aufnehmen sollen.

```
Dim dcKey(0) As DataColumn
Dim drFileInfo As DataRow
Dim dtFiles As New DataTable
    dtFiles.Columns.Add("fileName", _
                        GetType(String))
    dtFiles.Columns.Add("fileNameAbsolute", _
                        GetType(String))
    dtFiles.Columns.Add("fileIcon", _
                        GetType(WebControls.Image))
    dtFiles.Columns.Add("fileExtension", _
                        GetType(String))

    dtFiles.Columns.Add("fileAttrNormal", _
                        GetType(Boolean))
    dtFiles.Columns.Add("fileAttrArchive", _
                        GetType(Boolean))
    dtFiles.Columns.Add("fileAttrCompressed", _
                        GetType(Boolean))
    dtFiles.Columns.Add("fileAttrDirectory", _
                        GetType(Boolean))
    dtFiles.Columns.Add("fileAttrEncrypted", _
                        GetType(Boolean))
    dtFiles.Columns.Add("fileAttrHidden", _
                        GetType(Boolean))
    dtFiles.Columns.Add("fileAttrNotContentIndexed", _
                        GetType(Boolean))
    dtFiles.Columns.Add("fileAttrOffline", _
                        GetType(Boolean))
    dtFiles.Columns.Add("fileAttrReadOnly", _
                        GetType(Boolean))
    dtFiles.Columns.Add("fileAttrReparsePoint", _
                        GetType(Boolean))
    dtFiles.Columns.Add("fileAttrSparseFile", _
                        GetType(Boolean))
    dtFiles.Columns.Add("fileAttrSystem", _
                        GetType(Boolean))
    dtFiles.Columns.Add("fileAttrTemporary", _
                        GetType(Boolean))

    dtFiles.Columns.Add("fileCreated", _
                        GetType(Date))
    dtFiles.Columns.Add("fileLastAccess", _
                        GetType(Date))
    dtFiles.Columns.Add("fileLastWrite", _
                        GetType(Date))

    dtFiles.Columns.Add("fileMsDosName", _
                        GetType(String))
    dtFiles.Columns.Add("fileType", _
                        GetType(String))
```

```
        dtFiles.Columns.Add("fileSize", _
                            GetType(String))
        dtFiles.Columns.Add("fileSizeBytes", _
                            GetType(UInt64))

        dtFiles.Columns.Add("fileAccessPossible", _
                              GetType(Boolean))
        dtFiles.Columns.Add("fileMyAccess", _
                              GetType(String))

        dcKey(0) = dtFiles.Columns("fileName")
        dtFiles.PrimaryKey = dcKey

    Dim objFile As ManagementObject

        For Each strFile In aryFiles
            drFileInfo = dtFiles.NewRow

            If Not blnPathIsFile Then
                drFileInfo("fileName") _
                = Replace(strFile, strPath, "")
            Else
                drFileInfo("fileName") _
                = Replace(strFile, cbGetFilePath(strPath) & "\", "")
            End If

            drFileInfo("fileNameAbsolute") _
            = strFile
            drFileInfo("fileIcon") _
            = cbGetFileIcon(strFile)
            drFileInfo("fileExtension") _
            = cbGetFileExtension(strFile)

            Try
                attrFile = File.GetAttributes(strFile)
                drFileInfo("fileAttrNormal") _
                = ((attrFile And FileAttributes.Normal) _
                    = FileAttributes.Normal _
                    )
                drFileInfo("fileAttrArchive") _
                = ((attrFile And FileAttributes.Archive) _
                    = FileAttributes.Archive _
                    )
                drFileInfo("fileAttrCompressed") _
                = ((attrFile And FileAttributes.Compressed) _
                    = FileAttributes.Compressed _
                    )
                drFileInfo("fileAttrDirectory") _
                = ((attrFile And FileAttributes.Directory) _
                    = FileAttributes.Directory _
                    )
                drFileInfo("fileAttrEncrypted") _
                = ((attrFile And FileAttributes.Encrypted) _
```

```
        = FileAttributes.Encrypted _
        )
    drFileInfo("fileAttrHidden") _
    = ((attrFile And FileAttributes.Hidden) _
        = FileAttributes.Hidden _
        )
    drFileInfo("fileAttrNotContentIndexed") _
    = ((attrFile And FileAttributes.NotContentIndexed) _
        = FileAttributes.NotContentIndexed _
        )
    drFileInfo("fileAttrOffline") _
    = ((attrFile And FileAttributes.Offline) _
        = FileAttributes.Offline _
        )
    drFileInfo("fileAttrReadOnly") _
    = ((attrFile And FileAttributes.ReadOnly) _
        = FileAttributes.ReadOnly _
        )
    drFileInfo("fileAttrReparsePoint") _
    = ((attrFile And FileAttributes.ReparsePoint) _
        = FileAttributes.ReparsePoint _
        )
    drFileInfo("fileAttrSparseFile") _
    = ((attrFile And FileAttributes.SparseFile) _
        = FileAttributes.SparseFile _
        )
    drFileInfo("fileAttrSystem") _
    = ((attrFile And FileAttributes.System) _
        = FileAttributes.System _
        )
    drFileInfo("fileAttrTemporary") _
    = ((attrFile And FileAttributes.Temporary) _
        = FileAttributes.Temporary _
        )
```

Die weiteren Informationen wie der Erstellungszeitpunkt oder z.B. auch der »kurze Name« (MS-DOS Name) werden ebenfalls ausgelesen und in die entsprechenden Spalten eingetragen.

```
    drFileInfo("fileCreated")
    = File.GetCreationTime(strFile)
    drFileInfo("fileLastAccess") _
    = File.GetLastAccessTime(strFile)
    drFileInfo("fileLastWrite") _
    = File.GetLastWriteTime(strFile)

    drFileInfo("fileAccessPossible") _
    = True
    drFileInfo("fileMyAccess") _
    = "OK"
```

Listing 162: Hilfsmethode cbGetFiles (cbFileSystemInfo.vb)

```
        Catch e As UnauthorizedAccessException
            drFileInfo("fileAccessPossible") _
            = False
            drFileInfo("fileMyAccess") _
            = e.Message
        End Try

        objFile = New ManagementObject _
                    ("CIM_LogicalFile.Name='" & strFile & "'")
        objFile.Get()

        drFileInfo("fileMsDosName") _
        = Replace _
            ( _
             UCase(objFile("EightDotThreeFileName")), _
             UCase(strPath), _
             "" _
            )
        drFileInfo("fileType") _
        = objFile("FileType")
        drFileInfo("FileSize") _
        = cbGetSize _
            ( _
             Convert.ToDouble(objFile("FileSize")), _
             fmtSize.Automatic _
            )
        drFileInfo("fileSizeBytes") _
        = objFile("FileSize")

        objFile.Dispose
        objFile = Nothing

        dtFiles.Rows.Add(drFileInfo)
    Next strFile

    cbGetFiles = dtFiles
End Function
```

Listing 162: Hilfsmethode cbGetFiles (cbFileSystemInfo.vb) (Forts.)

Hilfsmethode cbGetFilePath

Die Methode `cbGetFilePath` dient zum Ermitteln des Pfads einer Datei. Wenn Sie also z.B. eine vollständige Pfadangabe inklusive Dateinamen haben, ermittelt diese Methode den Ordner, in dem die Datei vorliegt.

```
Public Shared Function cbGetFilePath _
                      ( _
                       ByVal strFullPath As String _
                      ) As String
```

Listing 163: Hilfsmethode cbGetFilePath (cbFileSystemInfo.vb)

```
        cbGetFilePath = Path.GetDirectoryName(strFullPath)
    End Function
```

Listing 163: Hilfsmethode cbGetFilePath (cbFileSystemInfo.vb) (Forts.)

Hilfsmethode cbGetFileName

Die Methode `cbGetFileName` ist das Gegenstück zu `cbGetFilePath`. Diese Methode ermittelt aus einer vollständigen Pfadangabe den kompletten Dateinamen inkl. der Dateierweiterung.

```
    Public Shared Function cbGetFileName _
                           ( _
                            ByVal strFullPath As String _
                           ) As String

        cbGetFileName = Path.GetFileName(strFullPath)
    End Function
```

Listing 164: Hilfsmethode cbGetFileName (cbFileSystemInfo.vb)

Hilfsmethode cbGetFileExtension

Um die Dateierweiterung einer Datei zu ermitteln (z.B. *jpg* bei *beispiel.jpg*) wird die Methode `cbGetFileExtension` verwendet.

```
    Public Shared Function cbGetFileExtension _
                           ( _
                            ByVal strFileName As String _
                           ) As String

        cbGetFileExtension = Path.GetExtension(strFileName)
        If cbGetFileExtension <> "" Then
            cbGetFileExtension = Replace(cbGetFileExtension,".","")
        End If
    End Function
```

Listing 165: Hilfsmethode cbGetFileExtension (cbFileSystemInfo.vb)

Hilfsmethode cbGetFileIcon

Das Icon, das zu einer Datei gehört, ist schon etwas interessanter als bei Verzeichnissen. Auch hier haben wir eigene Grafiken verwendet. Wie prüfen hier gegen die Dateierweiterung und ermitteln anhand dieser das zugehörige Icon. Als Rückgabe gibt diese Methode ein `Image`-Control zurück.

```
    Public Shared Function cbGetFileIcon _
                           ( _
                            ByVal strFileName As String _
```

```
                        ) As WebControls.Image

    Dim imgFileIcon As New WebControls.Image
        imgFileIcon.Width = New Unit(16)
        imgFileIcon.Height = New Unit(16)
        imgFileIcon.BorderWidth = New Unit(0)
        imgFileIcon.AlternateText = "Datei"

    Dim strFile As String

        Select Case cbGetFileExtension(strFileName)
            Case "asp"
                strFile = "icon_asp.gif"
            Case "doc", "rtf"
                strFile = "icon_doc.gif"
            Case "dot"
                strFile = "icon_dot.gif"
            Case "gif"
                strFile = "icon_gif.gif"
            Case "htm", "html"
                strFile = "icon_html.gif"
            Case "jpg", "jpeg"
                strFile = "icon_jpg.gif"
            Case "mdb", "mde"
                strFile = "icon_mdb.gif"
            Case "pdf"
                strFile = "icon_pdf.gif"
            Case "ppt", "pps"
                strFile = "icon_ppt.gif"
            Case "rar"
                strFile = "icon_rar.gif"
            Case "tif", "tiff"
                strFile = "icon_tif.gif"
            Case "xls"
                strFile = "icon_xls.gif"
            Case "xlt"
                strFile = "icon_xlt.gif"
            Case "zip", "gz"
                strFile = "icon_zip.gif"
            Case "js", "vbs"
                strFile = "icon_script.gif"
            Case "wmv", "wma", "asf"
                strFile = "icon_wmv.gif"
            Case "xml"
                strFile = "icon_xml.gif"
            Case "chm"
                strFile = "icon_chm.gif"
            Case "txt"
                strFile = "icon_txt.gif"
            Case "msi"
                strFile = "icon_msi.gif"
            Case "bmp"
                strFile = "icon_bmp.gif"
```

```
            Case "inc"
                strFile = "icon_inc.gif"
            Case Else
                strFile = "icon_unk.gif"
        End Select
```

Die vorstehende Liste ist natürlich nicht vollständig. Sie können dieser aber sehr einfach selbst erweitern.

```
        imgFileIcon.ImageUrl = "images/icons_small/" & strFile

        cbGetFileIcon = imgFileIcon

    End Function
```

Listing 166: Hilfsmethode cbGetFileIcon (cbFileSystemInfo.vb)

Dateien auflisten

Kommen wir aber nun endlich zum lang ersehnten Beispiel. Dieses zeigt die Dateiliste des angeforderten Ordners an. Hierfür enthält die **.aspx*-Datei wiederum ein `DataGrid`, das größtenteils mit `TemplateColumns` bestückt ist. Die weiteren Elemente wie z.B. die verschiedenen `HyperLink`-Steuerelemente dienen zur Navigation auf die vorherigen und nachfolgenden Beispiele.

```
<%@ Page Language="vb"
    enableViewState="False"
    AutoEventWireup="false"
    Codebehind="Chapter03Example03.aspx.vb"
    Inherits="codebook.aspnet.vb.Chapter03Example03" %>

<!DOCTYPE HTML PUBLIC "-//W3C//DTD HTML 4.0 TRANSITIONAL//EN">
<HTML>
  <HEAD>
    <title>Chapter 03 Example 03</title>
    <link rel="stylesheet"
            href="styles/codebook.css"
            type="text/css">
  </HEAD>
<body>
<H3>
    <asp:hyperlink id="linkDrives"
                  runat="server"
                  cssclass="clsLink"
                  navigateurl="Chapter03Example01.aspx">
                  Laufwerksansicht
    </asp:hyperlink>
</H3>
<h3>
```

```
    <asp:HyperLink CssClass="clsLinkH3"
                   Runat="server"
                   ID="linkFilterView" />
</h3>
<h3>
    <asp:literal id="litDirectory"
                  runat="server"
                  Text="Dateiliste von: ">
    </asp:literal>
    <asp:HyperLink CssClass="clsLinkH3"
                   Runat="server"
                   ID="linkBack" />
</h3>
```

Wir verwenden in den Beispiele der Einfachheit halber meistens ein `DataGrid`. Sie können die Daten aber auch auf anderem Weg darstellen, z.B. über ein `RepeaterControl` oder Ähnliches. Nähere Informationen hierzu finden Sie in der Kategorie *Controls*.

```
<asp:datagrid cellpadding="2"
            id="theGrid"
            runat="server"
            autogeneratecolumns="False"
            cssclass="clsTable"
            bordercolor="#000000">
    <columns>
        <asp:TemplateColumn headertext="Dateien"
                            headerstyle-cssclass="clsCellHead"
                            itemstyle-cssclass="clsCell">
            <Itemtemplate>
            <table border="0" cellpadding="1" cellspacing="1">
                <tr>
```

Damit Sie sehen, dass das Icon zu den jeweiligen Dateien die Übersichtlichkeit doch erhöht, wird auch dieses mittels DataBinding in die Listenausgabe integriert.

```
                    <td align="center" valign="middle">
                        <asp:image Height='<%#
                                     CType _
                                     ( _
                                     DataBinder.Eval _
                                         ( _
                                         Container.DataItem, _
                                         "fileIcon" _
                                         ), _
                                     Webcontrols.Image _
                                     ).Height
                                   %>'
                                   Width='<%#
                                   CType _
```

```
                     ( _
                       DataBinder.Eval _
                         ( _
                           Container.DataItem, _
                           "fileIcon" _
                         ), _
                       Webcontrols.Image _
                     ).Width
                     %>'
                     Borderwidth='<%#
                         CType _
                         ( _
                           DataBinder.Eval _
                             ( _
                               Container.DataItem, _
                               "fileIcon" _
                             ), _
                           Webcontrols.Image _
                         ).Borderwidth
                         %>'
                     ImageUrl='<%#
                         CType _
                         ( _
                         DataBinder.Eval _
                             ( _
                             Container.DataItem, _
                             "fileIcon" _
                             ), _
                         Webcontrols.Image _
                         ).ImageUrl
                       %>'
                     runat="server"
                     ID="Image1"/>
         </td>
```

Die Links auf die weiterführenden Beispiele (Download der Datei, Ansicht der Datei usw.) sind ebenfalls integriert. So können Sie sich direkt von einem Beispiel zum nächsten bewegen ohne jedes Mal die Anwendung neu aufrufen zu müssen.

```
          <td align="left" valign="middle" nowrap>
            <asp:Literal Text='<%# " "  %>'
                         Runat="server"
                         ID="Literal3"/>
            <asp:HyperLink NavigateUrl='<%#
                            DataBinder.Eval _
                            ( _
                            Container.DataItem, _
                            "fileNameAbsolute" _
                            )
                          %>'
                         CssClass ="clsLink"
```

```
                                        Text='<%#
                                            DataBinder.Eval _
                                            ( _
                                            Container.DataItem, _
                                            "fileName" _
                                            )
                                            %>'
                                        Runat="server"
                                        ID="Hyperlink1"/>
                    </td>
                </tr>
            </table>
            </Itemtemplate>
        </asp:TemplateColumn>
        <asp:TemplateColumn headertext="Download"
                            headerstyle-cssclass="clsCellHead"
                            itemstyle-cssclass="clsCell">
            <ItemTemplate>
                <asp:HyperLink NavigateUrl='<%#
                                            "sendfile.aspx?FNA=" & _
                                            DataBinder.Eval _
                                            ( _
                                            Container.DataItem, _
                                            "fileNameAbsolute" _
                                            )
                                            %>'
                                CssClass ="clsLink"
                                Text='<%# "Datei downloaden"  %>'
                                Runat="server"
                                ID="Hyperlink2"/>
            </ItemTemplate>
        </asp:TemplateColumn>
```

Zur Anzeige der Details jeder Datei wird ebenfalls ein Link eingefügt. Dieser übergibt den Dateinamen inkl. Pfad. in einer ungeschützten Online-Umgebung sollten Sie sich hier allerdings auch Gedanken um die Sicherheit machen. Daher wäre es sinnvoll, wenn Sie nicht mit absoluten Pfaden, sondern ggfs. mit virtuellen Pfaden arbeiten.

```
        <asp:TemplateColumn headertext="Details"
                            headerstyle-cssclass="clsCellHead"
                            itemstyle-cssclass="clsCell">
            <ItemTemplate>
                <asp:HyperLink NavigateUrl='<%#
                                  "Chapter03Example06.aspx?FILE=" & _
                                    DataBinder.Eval _
                                    ( _
                                    Container.DataItem, _
                                    "fileNameAbsolute" _
                                    )
```

Listing 167: Dateiliste anzeigen (Chapter03Example03.aspx)

```
                                         %>'
                                    CssClass ="clsLink"
                                    Text='<%# "Anzeigen"  %>'
                                    Runat="server"
                                    ID="Hyperlink3"/>
            </ItemTemplate>
        </asp:TemplateColumn>
    </columns>
</asp:datagrid>
</body>
</HTML>
```

Listing 167: Dateiliste anzeigen (Chapter03Example03.aspx) (Forts.)

Die CodeBehind-Datei erledigt die noch anstehenden Arbeiten. Im Einzelnen sind dies das Auslesen der Dateiliste über die Methode `GetFiles`, das Setzen der Links auf weitere Beispiele sowie das Binden der Daten an das `DataGrid`-Steuerelement.

```
Namespace codebook.aspnet.vb

Public Class Chapter03Example03

    Inherits System.Web.UI.Page

    Protected WithEvents theGrid          As DataGrid
    Protected WithEvents litDirectory     As Literal
    Protected WithEvents linkFilterView   As HyperLink
    Protected WithEvents linkDrives       As HyperLink
    Protected WithEvents linkBack         As HyperLink

    Private Sub Page_Load( _
                          ByVal sender As System.Object, _
                          ByVal e As System.EventArgs _
                          ) Handles MyBase.Load

        LoadData()

    End Sub

    Private Sub LoadData()

    Dim strBackPath As String
    Dim strPath As String = Request.QueryString("PATH")

        If Not strPath <> "" Then
            Exit Sub
        End If
```

Um wieder zurück auf das übergeordnete Verzeichnis zu springen, ermitteln wir mit der Methode cbGetParentPath den entsprechenden Ordner und setzen dann den Link über das Element linkBack.

```
        strBackPath = cbFileSystemInfo.cbGetParentPath(strPath)

        linkBack.Text = strPath
        If Not strBackPath = strPath Then
            linkBack.NavigateUrl _
                = "Chapter03Example02.aspx?PATH=" & strBackPath
        Else
            linkBack.NavigateUrl = "Chapter03Example01.aspx"
        End If
```

Wie schon erwähnt, haben wir auch eine Möglichkeit, einen Dateifilter anzuwenden. Dieses Beispiel wird zwar erst später beschrieben, aber den Link zu diesem Beispiel fügen wir an dieser Stelle natürlich trotzdem schon ein.

```
        linkFilterView.Text = "zur Filteransicht wechseln"
        linkFilterView.NavigateUrl _
            = "Chapter03Example07.aspx?PATH=" & strPath

            If Not Right(strPath, 1) = "\" Then
            strPath &= "\"
        End If

        theGrid.DataSource = cbFileSystemInfo.cbGetFiles(strPath,"")
        theGrid.DataBind()

    End Sub

End Class

End Namespace
```

Listing 168: Dateiliste anzeigen (Chapter03Example03.aspx.vb)

Nach Aufruf des Beispiels sollten Sie eine Liste aller Dateien des entsprechenden Ordners sehen. Die folgende Liste wurde nach Aufruf des Unterordners *testdir* erzeugt. in diesem Verzeichnis haben wir verschiedene Testdateien abgelegt, damit Sie sehen können, dass die Methoden zur Ermittlung und Anzeige der Dateiicons wie gewünscht arbeiten.

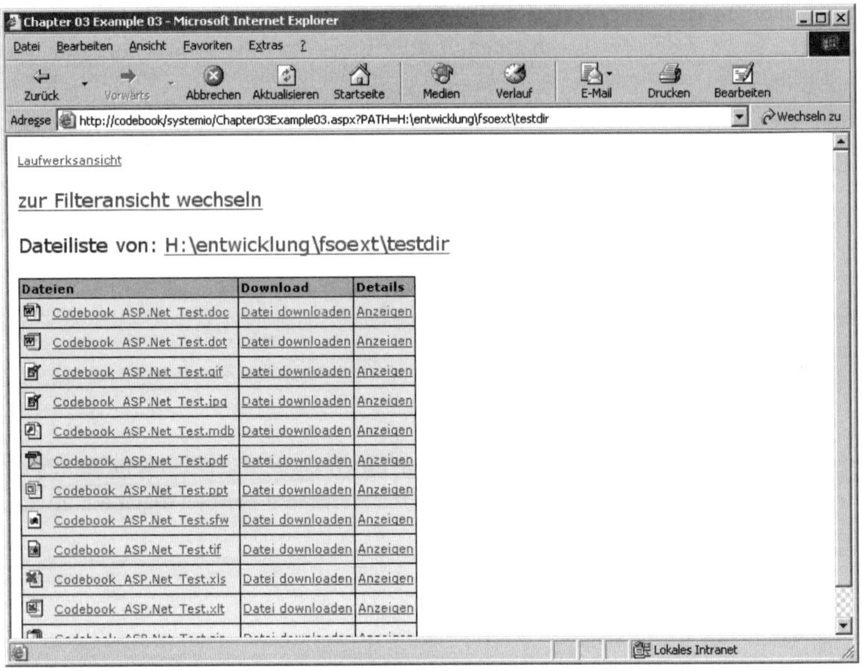

Abbildung 14: Anzeigen einer Dateiliste

72 Detailinformationen eines Laufwerks anzeigen

Nachdem wir Ihnen die Listendarstellung der einzelnen Laufwerke, Verzeichnisse und Dateien gezeigt haben, folgen nun Beispiele zur Anzeige der jeweiligen Detailinformationen. Bei einem Laufwerk sind unter anderem das verwendete Dateisystem, der Name des Laufwerks, der freie Speicherplatz usw. interessant.

```
<%@ Page Language="vb"
    enableViewState="False"
    AutoEventWireup="false"
    Codebehind="Chapter03Example04.aspx.vb"
    Inherits="codebook.aspnet.vb.Chapter03Example04"%>

<!doctype html public "-//w3c//dtd html 4.0 transitional//en">
<HTML>
  <HEAD>
    <title>Chapter 03 Example 04</title>
        <LinK href="styles/codebook.css"
              type=text/css
              rel=stylesheet>
  </HEAD>
<body>
<H3>
    <asp:hyperlink id="linkDrives"
                   runat="server"
```

```
                    cssclass="clsLink"
                    navigateurl="Chapter03Example01.aspx">
                    Laufwerksansicht
    </asp:hyperlink>
</H3>
<h3>
    <asp:literal
         id="litDriveInfo"
         runat="server"
         enableviewstate="False"
         Text="Laufwerkinformationen ">
    </asp:literal>
</h3>

<form id=frmMain
      action=Chapter03Example04.aspx
      method=post
      runat="server">
<table class=clsTable cellSpacing=1 cellPadding=0 width=400>
  <tr>
    <td class=clsCellHead width=200 height=22>
        Laufwerk</td>
    <td class=clsCell width=300 height=22>
      <asp:HyperLink id="linkDrive"
                     runat="server"
                     EnableViewState="False"
                     CssClass="clsLink">
      </asp:HyperLink>
    </td>
  </tr>
```

Die einzelnen Werte werden dieses Mal nicht über ein `DataGrid` angezeigt, sondern über so genannte *LiteralControls*, die wir in einer Html-Tabelle untergebracht haben. Dies macht Sinn, da wir ja keine richtige Listenansicht mit sich wiederholenden Daten haben, sondern lediglich die Werte für ein Objekt (hier ein Laufwerk) anzeigen wollen.

```
  <tr>
    <td class=clsCellHead width=200 height=22>
        Laufwerksicon</td>
    <td class=clsCell width=300 height=22>
      <asp:image id=imgIcon
                 runat="server"
                 EnableViewState="False"
                 >
      </asp:image>
    </td>
  </tr>
  <tr>
    <td class=clsCellHead width=200 height=22>
        Laufwerksname</td>
    <td class=clsCell width=300 height=22>
```

Basics
Daten-bank
I/O
Validie-rung
Controls
Http-Handler
Netz-werk
Grafik
Tracing
Security

```
        <asp:literal
             id=litVolumeName
             runat="server"
             enableviewstate="False">
        </asp:literal>
      </td>
    </tr>
    <tr>
      <td class=clsCellHead width=200 height=22>
          Laufwerkstyp</td>
      <td class=clsCell width=300 height=22>
        <asp:literal
             id=litType
             runat="server"
             enableviewstate="False">
        </asp:literal>
      </td>
    </tr>
    <tr>
      <td class=clsCellHead width=200 height=22>
          Dateisystem</td>
      <td class=clsCell width=300 height=22>
        <asp:literal
             id=litFileSystem
             runat="server"
             enableviewstate="False">
        </asp:literal>
      </td>
    </tr>
    <tr>
      <td class=clsCellHead width=200 height=22>
          Komprimiert</td>
      <td class=clsCell width=300 height=22>
        <asp:literal
             id=litCompressed
             runat="server"
             enableviewstate="False">
        </asp:literal>
      </td>
    </tr>
```

Neben den folgenden Angaben für den Gesamt- und den freien Speicherplatz geben wir auch noch die Seriennummer des Laufwerks aus.

```
    <tr>
      <td class=clsCellHead width=200 height=22>
          Gesamter Speicherplatz</td>
      <td class=clsCell width=300 height=22>
        <asp:literal
```

Listing 169: Detailinformationen eines Laufwerks anzeigen (Chapter03Example04.aspx)

```
          id=litDriveSize
          runat="server"
          enableviewstate="False">
      </asp:literal>
    </td>
  </tr>
  <tr>
    <td class=clsCellHead width=200 height=22>
        Freier Speicherplatz</td>
    <td class=clsCell width=300 height=22>
      <asp:literal
          id=litFreeSpace
          runat="server"
          enableviewstate="False">
      </asp:literal>
    </td>
  </tr>
  <tr>
    <td class=clsCellHead width=200 height=22>
        Seriennummer</td>
    <td class=clsCell width=300 height=22>
      <asp:literal
          id=litSerialNumber
          runat="server"
          enableviewstate="False">
      </asp:literal>
    </td>
  </tr>
</table>
</form>

</body>
</HTML>
```

Listing 169: Detailinformationen eines Laufwerks anzeigen (Chapter03Example04.aspx) (Forts.)

Die CodeBehind-Datei enthält hier auch einige Steuerelemente mehr als bei den vorherigen Beispielen. Da uns das `DataGrid` die Arbeit nicht abnehmen kann, müssen wir die einzelnen Elemente selbst erzeugen und mit den entsprechenden Werten versehen.

```
Namespace codebook.aspnet.vb

Public Class Chapter03Example04

    Inherits System.Web.UI.Page

    Protected WithEvents litSerialNumber As Literal
    Protected WithEvents imgIcon         As WebControls.Image
    Protected WithEvents litFileSystem   As Literal
    Protected WithEvents litDriveSize    As Literal
    Protected WithEvents litFreeSpace    As Literal
```

```
    Protected WithEvents litCompressed    As Literal
    Protected WithEvents linkDrive        As HyperLink
    Protected WithEvents litVolumeName    As Literal
    Protected WithEvents litType          As Literal
    Protected WithEvents litDriveInfo     As Literal
    Protected WithEvents linkDrives       As HyperLink

    Private Sub Page_Load( _
                         ByVal sender As System.Object, _
                         ByVal e As System.EventArgs _
                         ) Handles MyBase.Load

        LoadData()

    End Sub

    Private Sub LoadData()

    Dim strDrive As String = Request.QueryString("DRIVE")

        If Not strDrive <> "" Then
            Exit Sub
        End If
```

Wir ermitteln die Informationen des Laufwerks über unsere Hilfsmethode `cbGetDrives`, der wir hier aber den Laufwerksbuchstaben mit übergeben. Somit erhalten wir auch nur die Informationen zu diesem Laufwerk und schleppen keine unnötigen Daten mit uns herum.

```
    Dim dtDriveInfo As DataTable _
        = cbFileSystemInfo.cbGetDrives(strDrive)

    Dim imgDriveInfo as WebControls.Image _
          = CType(dtDriveInfo.Rows(0)("driveIcon"), WebControls.Image)

        linkDrive.Text      = dtDriveInfo.Rows(0)("driveID")
        linkDrive.NavigateUrl = _
          "Chapter03Example02.aspx?PATH=" & _
          dtDriveInfo.Rows(0)("driveID")
```

Nach der Zuweisung der Eigenschaften des Icons besetzen wir die einzelnen Literal-Controls mit den entsprechenden Werten, die wir über `cbGetDrives` ermittelt haben. Die zurückgegebene `DataTable` beinhaltet dann nur eine einzige Zeile, weshalb wir über `dtDriveInfo.Rows(0)` auf diese Zeile zugreifen können.

```
        imgIcon.BorderWidth    = imgDriveInfo.BorderWidth
        imgIcon.Width          = imgDriveInfo.Width
        imgIcon.Height         = imgDriveInfo.Height
```

Listing 170: Detailinformationen eines Laufwerks anzeigen (Chapter03Example04.aspx.vb)

```
        imgIcon.ImageUrl       = imgDriveInfo.ImageUrl
        imgIcon.AlternateText = imgDriveInfo.AlternateText

        litVolumeName.Text    = dtDriveInfo.Rows(0)("driveVolumeName")
        litType.Text          = dtDriveInfo.Rows(0)("driveType")
        litFileSystem.Text    = dtDriveInfo.Rows(0)("driveFileSystem")

        litCompressed.Text _
          = dtDriveInfo.Rows(0)("driveCompressed").ToString

        litDriveSize.Text     = dtDriveInfo.Rows(0)("driveSize")
        litFreeSpace.Text     = dtDriveInfo.Rows(0)("driveFreeSpace")
        litSerialNumber.Text _
          = dtDriveInfo.Rows(0)("driveSerialNumber")


    End Sub

    Private Sub InitializeComponent()

    End Sub
End Class

End Namespace
```

Listing 170: Detailinformationen eines Laufwerks anzeigen (Chapter03Example04.aspx.vb) (Forts.)

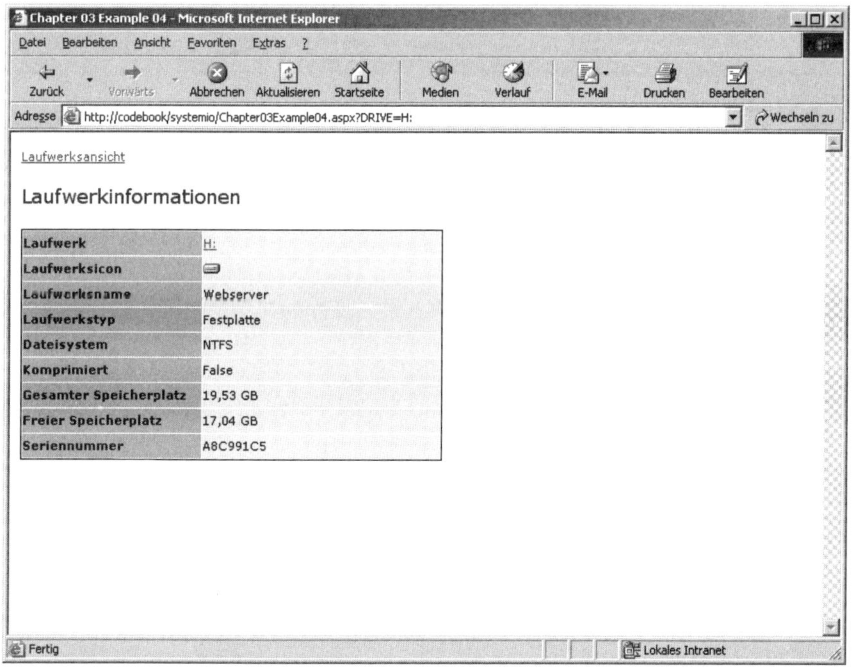

Abbildung 15: Detailinformationen eines Laufwerks anzeigen

73 Detailinformationen eines Ordners anzeigen

Um die weiterführenden Informationen eines Ordners anzuzeigen verfahren wir ähnlich wie im vorigen Beispiel. Über mehrere Literal-Controls, die wir in einer Html-Tabelle untergebracht haben, werden die einzelnen Eigenschaften ausgegeben. Man könnte die Anzeige sicherlich auch vollständig dynamisch erzeugen und so etwas Quellcode sparen, aber da dies weiteren Erklärungsbedarf nach sich ziehen würde, der aber eher in die Kategorie *Controls* passt, haben wir dies hier mit »statischen« (also vordefinierten) Objekten gemacht.

```
<%@ Page Language="vb"
    enableViewState="True"
    AutoEventWireup="false"
    Codebehind="Chapter03Example05.aspx.vb"
    Inherits="codebook.aspnet.vb.Chapter03Example05"%>

<!doctype html public "-//w3c//dtd html 4.0 transitional//en">
<HTML>
  <HEAD>
    <title>Chapter 03 Example 05</title>
        <LinK href="styles/codebook.css"
              type=text/css
              rel=stylesheet>
  </HEAD>
<body>
```

Der Link zurück auf die Laufwerksliste darf auch hier nicht fehlen.

```
<H3>
    <asp:hyperlink id="linkDrives"
                   runat="server"
                   cssclass="clsLink"
                   navigateurl="Chapter03Example01.aspx">
                   Laufwerksansicht
    </asp:hyperlink>
</H3>
<h3>
    <asp:literal
         id="litDriveInfo"
         runat="server"
         enableviewstate="False"
         Text="Verzeichnisinformationen">
    </asp:literal>
</h3>

<form id=frmMain
      action=Chapter03Example04.aspx
      method=post
      runat="server">
<table class=clsTable cellSpacing=1 cellPadding=0 width=400>
```

```
<tr>
  <td class=clsCellHead width=200 height=22>
      Verzeichnisname</td>
  <td class=clsCell width=300 height=22>
    <asp:HyperLink id="linkFolder"
                   runat="server"
                   EnableViewState="False"
                   CssClass="clsLink">
    </asp:HyperLink>
  </td>
</tr>
<tr>
  <td class=clsCellHead width=200 height=22>
      Verzeichnisicon</td>
  <td class=clsCell width=300 height=22>
    <asp:image id=imgIcon
               runat="server"
               EnableViewState="False"
               >
    </asp:image>
  </td>
</tr>
<tr>
  <td class=clsCellHead width=200 height=22>
      Verzeichnispfad</td>
  <td class=clsCell width=300 height=22>
    <asp:literal
        id=litNameAbsolute
        runat="server"
        enableviewstate="False">
    </asp:literal>
  </td>
</tr>
<tr>
  <td class=clsCellHead width=200 height=22>
      MS DOS Name</td>
  <td class=clsCell width=300 height=22>
    <asp:literal
        id=litMsDosName
        runat="server"
        enableviewstate="False">
    </asp:literal>
  </td>
</tr>
```

Wichtig ist in diesem Zusammenhang auch, ob das Verzeichnis weitere Unterverzeichnisse und/oder Dateien enthält. Daher geben wir diese Informationen ebenfalls aus.

```
<tr>
  <td class=clsCellHead width=200 height=22>
      Unterverzeichnisse</td>
```

```
    <td class=clsCell width=300 height=22>
      <asp:literal
           id=litDirectories
           runat="server"
           enableviewstate="False">
      </asp:literal>
    </td>
  </tr>
  <tr>
    <td class=clsCellHead width=200 height=22>
        Dateien</td>
    <td class=clsCell width=300 height=22>
      <asp:literal
           id=litFiles
           runat="server"
           enableviewstate="False">
      </asp:literal>
    </td>
  </tr>
  <tr>
    <td class=clsCellHead width=200 height=22>
        Grösse</td>
    <td class=clsCell width=300 height=22>
      <asp:literal
           id="litSize"
           runat="server"
           enableviewstate="False">
      </asp:literal>
    </td>
  </tr>
</table>
<br><br>
```

Die Attribute des Ordners zeigen wir in einer getrennten Tabelle an, da dies die Übersichtlichkeit erhöht. Die Attribute, die wir ausgeben wollen, sind im Einzelnen: ReadOnly (schreibgeschützt), Archived (Archivflag gesetzt), Compressed (komprimiert) und Hidden (versteckt). Wenn Sie weitere Attribute anzeigen wollen, müssen Sie lediglich die Tabelle erweitern und in der CodeBehind-Datei die entsprechenden Werte zuweisen.

```
<h3>
    <asp:literal id="litFolderAttributes"
                 runat="server"
                 Text="Verzeichnisattribute"
                 enableviewstate="False">
    </asp:literal>
</h3>

<table class=clsTable cellSpacing=1 cellPadding=0 width=400>
  <tr>
```

Listing 171: Detailinformationen eines Ordners anzeigen (Chapter03Example05.aspx)

```
    <td class=clsCellHead width=200 height=22>
        Schreibgeschützt</td>
    <td class=clsCell width=300 height=22>
      <asp:literal
          id=litAttrReadOnly
          runat="server"
          enableviewstate="False">
      </asp:literal>
    </td>
  </tr>
  <tr>
    <td class=clsCellHead width=200 height=22>
        Archivflag</td>
    <td class=clsCell width=300 height=22>
      <asp:literal
          id=litAttrArchiv
          runat="server"
          enableviewstate="False">
      </asp:literal>
    </td>
  </tr>
  <tr>
    <td class=clsCellHead width=200 height=22>
        Komprimiert</td>
    <td class=clsCell width=300 height=22>
      <asp:literal
          id=litAttrCompressed
          runat="server"
          enableviewstate="False">
      </asp:literal>
    </td>
  </tr>
  <tr>
    <td class=clsCellHead width=200 height=22>
        Versteckt</td>
    <td class=clsCell width=300 height=22>
      <asp:literal
          id="litAttrHidden"
          runat="server"
          enableviewstate="False">
      </asp:literal>
    </td>
  </tr>
</table>
</form>

</body>
</HTML>
```

Listing 171: Detailinformationen eines Ordners anzeigen (Chapter03Example05.aspx) (Forts.)

Die CodeBehind-Datei liest die Informationen zum angeforderten Ordner über unsere Hilfsmethode `cbGetDirectories` aus. Durch die Übergabe der kompletten Pfadangabe werden auch nur die Informationen dieses einen Ordners ermittelt.

```
Namespace codebook.aspnet.vb

Public Class Chapter03Example05
    Inherits System.Web.UI.Page

    Protected WithEvents imgIcon              As WebControls.Image
    Protected WithEvents litFolderInfo        As Literal
    Protected WithEvents litNameAbsolute      As Literal
    Protected WithEvents litMsDosName         As Literal
    Protected WithEvents litDirectories       As Literal
    Protected WithEvents litFiles             As Literal
    Protected WithEvents litFolderAttributes As Literal
    Protected WithEvents litAttrReadOnly      As Literal
    Protected WithEvents litAttrArchiv        As Literal
    Protected WithEvents litAttrCompressed    As Literal
    Protected WithEvents linkFolder           As HyperLink
    Protected WithEvents linkDrives           As HyperLink
    Protected WithEvents litSize              As Literal
    Protected WithEvents litAttrHidden        As Literal

    Private Sub Page_Load( _
                          ByVal sender As System.Object, _
                          ByVal e As System.EventArgs _
                          ) Handles MyBase.Load

        LoadData()

    End Sub

    Private Sub LoadData()

    Dim strPath As String = Request.QueryString("PATH")

        If Not strPath <> "" Then
            Exit Sub
        End If
```

An dieser Stelle lesen wir die Informationen des Ordners über die Methode `cbGetDirectories` aus. Die einzelnen Eigenschaften weisen wir den entsprechenden Literal-Controls zu.

```
    Dim dtFolderInfo As DataTable _
        = cbFileSystemInfo.cbGetDirectories(strPath, False)

    Dim imgFolderInfo as WebControls.Image _
        = cbFileSystemInfo.cbGetDirectoryIcon(True)
```

```
        linkFolder.Text _
          = cbFileSystemInfo.cbGetFileName _
              (dtFolderInfo.Rows(0)("folderName"))

        linkFolder.NavigateUrl _
          = "Chapter03Example02.aspx?PATH=" & _
            dtFolderInfo.Rows(0)("folderNameAbsolute")

        imgIcon.BorderWidth   = imgFolderInfo.BorderWidth
        imgIcon.Width         = imgFolderInfo.Width
        imgIcon.Height        = imgFolderInfo.Height
        imgIcon.ImageUrl      = imgFolderInfo.ImageUrl
        imgIcon.AlternateText = imgFolderInfo.AlternateText

        litNameAbsolute.Text _
          = dtFolderInfo.Rows(0)("folderNameAbsolute")

        litMsDosName.Text _
          = Replace _
            ( _
             cbFileSystemInfo.cbGetFileName _
               (dtFolderInfo.Rows(0)("folderMsDosName")), _
             cbFileSystemInfo.cbGetFilePath _
               (dtFolderInfo.Rows(0)("folderMsDosName")), _
             "" _
            )

        litDirectories.Text _
          = dtFolderInfo.Rows(0)("folderDirectories").ToString
        litFiles.Text _
          = dtFolderInfo.Rows(0)("folderFiles").ToString
        litSize.Text _
          = dtFolderInfo.Rows(0)("folderSize").ToString
```

Die einzelnen Attribute werden als String ausgegeben. Sie könnten hier allerdings auch Icons verwenden, z.B. ein Häkchen oder ein `Image`-Control, das den Status des jeweiligen Attributs widerspiegelt.

```
        litAttrReadOnly.Text _
          = dtFolderInfo.Rows(0)("folderAttrReadOnly").ToString
        litAttrArchiv.Text _
          = dtFolderInfo.Rows(0)("folderAttrArchive").ToString
        litAttrCompressed.Text _
          = dtFolderInfo.Rows(0)("folderAttrCompressed").ToString
        litAttrHidden.Text _
          = dtFolderInfo.Rows(0)("folderAttrHidden").ToString

    End Sub
```

Listing 172: Detailinformationen eines Ordners anzeigen (Chapter03Example05.aspx.vb)

```
End Class

End Namespace
```

Listing 172: Detailinformationen eines Ordners anzeigen (Chapter03Example05.aspx.vb) (Forts.)

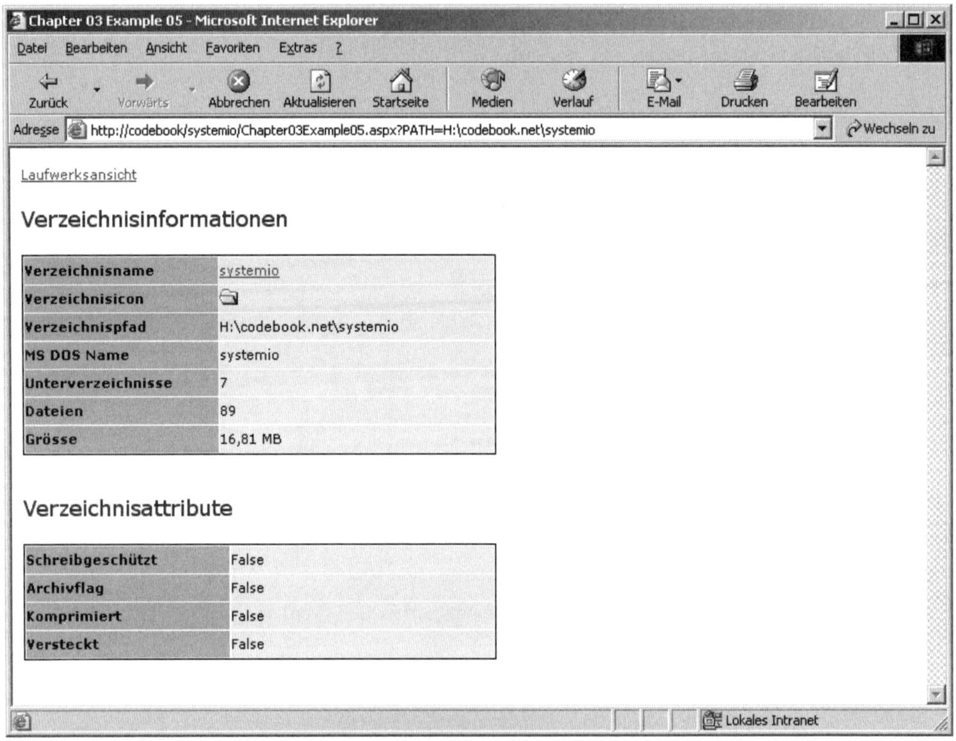

Abbildung 16: Detailinformationen eines Ordners anzeigen

74 Detailinformationen einer Datei anzeigen

Die Anzeige der weiterführenden Informationen einer Datei ist fast identisch mit der detaillierten Anzeige der Ordnereigenschaften des vorigen Beispiels. Daher zeigen wir Ihnen an dieser Stelle nur die CodeBehind Datei, da die *.aspx*-Datei den gleichen Aufbau wie die im letzten Beispiel gezeigte Datei hat.

```
Namespace codebook.aspnet.vb

Public Class Chapter03Example06
    Inherits System.Web.UI.Page

    Protected WithEvents linkFolder         As HyperLink
    Protected WithEvents imgIcon            As WebControls.Image
    Protected WithEvents litNameAbsolute    As Literal
```

```
    Protected WithEvents litMsDosName       As Literal
    Protected WithEvents litAttrReadOnly    As Literal
    Protected WithEvents litAttrArchiv      As Literal
    Protected WithEvents litAttrCompressed  As Literal
    Protected WithEvents litAttrHidden      As Literal
    Protected WithEvents litFileInfo        As Literal
    Protected WithEvents litFileAttributes  As Literal
    Protected WithEvents litType            As Literal
    Protected WithEvents litSize            As Literal
    Protected WithEvents linkDrives         As HyperLink

    Private Sub Page_Load( _
                          ByVal sender As System.Object, _
                          ByVal e As System.EventArgs _
                          ) Handles MyBase.Load

        LoadData()

    End Sub

    Private Sub LoadData()
```

Falls kein Dateiname übergeben wurde, verlassen wir die Methode, da wir dann auch keine Informationen ermitteln können. Sie sollten ggfs. noch eine Prüfung einbauen, ob die Datei existiert (mittels `File.Exists`) oder ob der Pfad als solches überhaupt zulässig ist (falls Sie eine Beschränkung eingebaut haben, damit die User nur auf ganz bestimmte Verzeichnisse zugreifen dürfen).

```
    Dim strFile As String = Request.QueryString("FILE")

        If Not strFile <> "" Then
            Exit Sub
        End If

    Dim dtFileInfo As DataTable _
        = cbFileSystemInfo.cbGetFiles(strFile, "")

    Dim imgFileInfo as WebControls.Image

        linkFolder.Text _
          = dtFileInfo.Rows(0)("fileName")

        linkFolder.NavigateUrl _
          = "Chapter03Example03.aspx?PATH=" & _
            cbFileSystemInfo.cbGetFilePath( _
                                        dtFileInfo.Rows(0) _
                                        ("fileNameAbsolute") _
                                      )
```

Listing 173: Detailinformationen einer Datei anzeigen (Chapter03Example06.aspx.vb)

```
        imgFileInfo = dtFileInfo.Rows(0)("fileIcon")
        imgIcon.BorderWidth   = imgFileInfo.BorderWidth
        imgIcon.Width         = imgFileInfo.Width
        imgIcon.Height        = imgFileInfo.Height
        imgIcon.ImageUrl      = imgFileInfo.ImageUrl
        imgIcon.AlternateText = imgFileInfo.AlternateText

        litNameAbsolute.Text _
          = dtFileInfo.Rows(0)("fileNameAbsolute")

        If dtFileInfo.Rows(0)("fileMsDosName") <> "" Then
            litMsDosName.Text _
            = Replace _
              ( _
              UCase( _
                    cbFileSystemInfo.cbGetFileName _
                    (dtFileInfo.Rows(0)("fileMsDosName")) _
                    ), _
              UCase( _
                    cbFileSystemInfo.cbGetFilePath _
                    (dtFileInfo.Rows(0)("fileMsDosName")) _
                    ), _
              "" _
              )
        Else
            litMsDosName.Text = ""
        End If

        litType.Text _
          = dtFileInfo.Rows(0)("fileType").ToString
        litSize.Text _
          = dtFileInfo.Rows(0)("fileSize").ToString

        litAttrReadOnly.Text _
          = dtFileInfo.Rows(0)("fileAttrReadOnly").ToString
        litAttrArchiv.Text _
          = dtFileInfo.Rows(0)("fileAttrArchive").ToString
        litAttrCompressed.Text _
          = dtFileInfo.Rows(0)("fileAttrCompressed").ToString
        litAttrHidden.Text _
          = dtFileInfo.Rows(0)("fileAttrHidden").ToString

    End Sub

End Class

End Namespace
```

Listing 173: Detailinformationen einer Datei anzeigen (Chapter03Example06.aspx.vb) (Forts.)

75 Dateifilter erstellen/Sortierung/Paging

Da Sie sicher nicht immer alle Dateien auf einmal sehen wollen, brauchen Sie einen Filter, mit dessen Hilfe Sie zum Beispiel alle Dateien anzeigen können, die dem Kriterium **.jpg* entsprechen. Genau dies (und noch einiges mehr) zeigen wir Ihnen im folgenden Beispiel.

Das Beispiel verwendet zum Erstellen der seitenweisen Anzeige die Klasse `clsCustomPaging` aus der Kategorie *Datenbanken*. Dort stellen wir Ihnen die Klasse auch entsprechend vor. Falls Sie also an der Vorgehensweise der Klasse interessiert sind, schauen Sie bitte dort nach.

Hilfsmethode cbCheckFilter

Für die Überprüfung der Filterkriterien verwenden wir eine weitere Hilfsmethode. `cbCheckFilter` prüft die übergebenen Kriterien und gibt den ggfs. geänderten Wert des Filters an die aufrufende Methode.

```
Public Shared Function cbCheckFilter _
                        ( _
                          ByVal strFilter As String _
                        ) As String

Dim charInValid As Char
```

Das .NET Framework stellt Ihnen über »InvalidPathChars« ein Array an Zeichen zur Verfügung, die nicht in einer Pfadangabe verwendet werden dürfen. Hierauf sollte man auf jeden Fall prüfen, wenn man mit Verzeichnissen und Dateien arbeitet. So darf ein Ordnername z.B. kein |- oder <-Zeichen enthalten. Wir prüfen daher die Pfadangabe entsprechend und ersetzen die ungültigen Zeichen.

```
    ' ---------------------------------------------
    ' --- Filter darf kein Zeichen der
    ' --- Path.InvalidPathChars beinhalten
    ' ---------------------------------------------
    For Each charInValid In Path.InvalidPathChars
        strFilter _
            = Replace _
            ( _
                strFilter, _
                charInValid, _
                "", _
                , , _
                CompareMethod.Binary _
            )
    Next charInValid
```

Die Zeichenfolge ../ oder ..\ ist ebenfalls nicht zulässig. Daher prüfen wir den Filter auch hierauf und entfernen diese Zeichenfolge.

```
' ------------------------------------------------
' --- Filter darf keine Zeichenfolge
' --- ".." & Path.DirectorySeparatorChar beinhalten
' ------------------------------------------------
Do While _
    Instr(strFilter, _
          ".." & Path.DirectorySeparatorChar _
        ) > 0

    strFilter _
        = Replace _
        ( _
         strFilter, _
         ".." & Path.DirectorySeparatorChar, _
         "" _
        )
Loop

' ------------------------------------------------
' --- Filter darf keine Zeichenfolge
' --- ".." & Path.AltDirectorySeparatorChar
' --- beinhalten
' ------------------------------------------------
Do While _
    Instr(strFilter, _
          ".." & Path.AltDirectorySeparatorChar _
        ) > 0

    strFilter _
        = Replace _
        ( _
         strFilter, _
         ".." & Path.AltDirectorySeparatorChar, _
         "" _
        )
Loop
' ------------------------------------------------
' --- Filter darf nicht mit ".." enden
' ------------------------------------------------
Do While Right(strFilter, 2) = ".."
    strFilter = Left(strFilter, Len(strFilter) - 2)
Loop 'Right(strFilter, 2) = ".."

    Return strFilter
End Function
```

Listing 174: Hilfsmethode »cbCheckFilter« (cbFileSystemInfo.vb)

Dateifilter/Sortierung/Paging anwenden

Die **.aspx*-Datei enthält einige Elemente mehr als in den vorherigen Beispielen, da wir uns hier nicht nur auf einen Dateifilter beschränken, sondern auch gleichzeitig eine seitenweise Anzeige der Dateien sowie eine auf- und absteigend sortierbare Liste erzeugen.

```
<%@ Page Language="vb"
    enableViewState="True"
    AutoEventWireup="false"
    Codebehind="Chapter03Example07.aspx.vb"
    Inherits="codebook.aspnet.vb.Chapter03Example07" %>
<!doctype html public "-//w3c//dtd html 4.0 transitional//en">
<HTML>
  <HEAD>
    <title>Chapter 03 Example 07</title>
    <link rel="stylesheet"
          href="styles/codebook.css"
          type="text/css">
  </HEAD>
<body>
<H3>
    <asp:hyperlink id="linkDrives"
                  runat="server"
                  cssclass="clsLink"
                  navigateurl="Chapter03Example01.aspx">
                  Laufwerksansicht
    </asp:hyperlink>
</H3>
<h3>
    <asp:HyperLink CssClass="clsLinkH3"
                  Runat="server"
                  ID="linkFolderView" />
</h3>
<H3>
    <asp:literal id="litFilter"
                enableviewstate="False"
                runat="server">Filter anwenden
    </asp:literal></H3>

<form id="frmMain"
      name="frmMain"
      action="Chapter03Example07.aspx"
      runat="server"
      method="post">

    <table class="clsTable"
           width="400"
           cellpadding="0"
           cellspacing="1">
```

Da Sie wahrscheinlich keinen statischen Filter brauchen, haben wir eine Textbox integriert, in die Sie den entsprechenden Filterwert eingeben können. Sie können unter anderem folgende Platzhalter verwenden:

Platzhalter	Beispiel	Beschreibung
*	*.jpg	Steht für 1-n beliebige Zeichen
?	abc?efgh.zip	Steht für 1 beliebiges Zeichen

```
        <tr>
            <td class="clsCellHead" width="100">Filter</td>
            <td class="clsCell" width="300">
                <asp:textbox id="txtFilter"
                             runat="server"
                             cssclass="clsInput"
                             width="300"
                             columns="30"
                             maxlength="255">
                </asp:textbox>
            </td>
        </tr>
    </table>
    <br>
    <asp:button id="cmdFilter"
                runat="server"
                text="Filter anwenden"
                cssclass="clsSubmit">
    </asp:button>
    <br>
    <br>
    <asp:label id="lblResponse"
               runat="server">
               Ergebnis
    </asp:label>
    <br>
    <br>
```

Das DataGrid wird für dieses Beispiel zusätzlich mit den Attributen versehen, die für die Sortierfähigkeit und das Paging zuständig sind.

```
    <asp:datagrid cellpadding="2"
                  id="theGrid"
                  runat="server"
                  width="600"
                  autogeneratecolumns="False"
                  cssclass="clsTable"
                  bordercolor="#000000"
                  allowpaging="True"
                  AllowSorting="True"
                  allowcustompaging="False"
                  pagerstyle-visible="False"
                  pagesize="10">
```

Um nach den einzelnen Spalten sortieren zu können, werden die entsprechenden Attribute wie z.B. SortExpression mit den jeweiligen Werten belegt. Die Sortierung selbst erfolgt aber in der CodeBehind-Datei.

```
        <columns>
            <asp:boundcolumn ItemStyle-Wrap="False"
                             datafield="fileName"
                             SortExpression="fileName"
                             headertext="Dateiname"
                             headerstyle-cssclass="clsCellHead"
                             itemstyle-cssclass="clsCell">
            </asp:boundcolumn>
            <asp:boundcolumn ItemStyle-Wrap="False"
                             datafield="fileSize"
                             SortExpression="fileSizeBytes"
                             headertext="Grösse"
                             headerstyle-cssclass="clsCellHead"
                             itemstyle-cssclass="clsCell">
            </asp:boundcolumn>
            <asp:boundcolumn ItemStyle-Wrap="False"
                             datafield="fileType"
                             SortExpression="fileType"
                             headertext="DateiTyp"
                             headerstyle-cssclass="clsCellHead"
                             itemstyle-cssclass="clsCell">
            </asp:boundcolumn>
            <asp:boundcolumn ItemStyle-Wrap="False"
                             datafield="fileExtension"
                             SortExpression="fileExtension"
                             headertext="Extension"
                             headerstyle-cssclass="clsCellHead"
                             itemstyle-cssclass="clsCell">
            </asp:boundcolumn>
            <asp:boundcolumn ItemStyle-Wrap="False"
                             datafield="fileLastWrite"
                             SortExpression="fileLastWrite"
                             headertext="Letzte Änderung"
                             headerstyle-cssclass="clsCellHead"
                             itemstyle-cssclass="clsCell">
            </asp:boundcolumn>
        </Columns>
    </asp:datagrid>

    <br>
```

Das folgende `PlaceHolder`-Steuerelement dient zur Anzeige der Links auf die weiteren Seiten. Die Ausgabe ist derart gestaltet, dass pro Seite zehn Dateien angezeigt werden. Wenn sich also z.B. 36 Dateien in einem Ordner befinden, sind vier Seiten (dreimal zehn Dateien und einmal die restlichen sechs Dateien) verfügbar.

```
    <asp:PlaceHolder id="phPageLinks"
                     runat="server">
    </asp:PlaceHolder>
```

Listing 175: Dateifilter/Sortierung/Paging anwenden (Chapter03Example07.aspx)

```
    <asp:PlaceHolder id="phHidden"
                     runat="server">
    </asp:PlaceHolder>

</form>

</body>
</HTML>
```

Listing 175: Dateifilter/Sortierung/Paging anwenden (Chapter03Example07.aspx) (Forts.)

```
Namespace codebook.aspnet.vb

Public Class Chapter03Example07
    Inherits System.Web.UI.Page

    Protected WithEvents theGrid          As DataGrid
    Protected WithEvents litDatabase      As Literal
    Protected WithEvents phPageLinks      As PlaceHolder
    Protected WithEvents lblResponse      As Label
    Protected WithEvents litFilter        As Literal
    Protected WithEvents cmdFilter        As Button
    Protected WithEvents txtFilter        As TextBox
    Protected WithEvents phHidden         As PlaceHolder
    Protected WithEvents linkFolderView   As HyperLink
    Protected WithEvents linkDrives       As HyperLink
```

Da wir unterscheiden müssen, wie die Seiten aufgerufen wurde (direkt oder z.B. mittels eines Klick zum Sortieren der Dateiliste), haben wir eine Enumeration integriert, die in den jeweiligen EventHandlern beim Aufruf der eigentlichen Methode übergeben wird.

```
    Private Enum cbEventTypes As Short
        cbPageLoad      = 1
        cbButtonClick   = 2
        cbSortCommand   = 3
    End Enum

    Private m_strPath           As String
    Private m_strFilter         As String
    Private m_strSortExpression As String
    Private m_strSortDirection  As String

    Private Sub Page_Load( _
                      ByVal sender As System.Object, _
                      ByVal e As System.EventArgs _
                      ) Handles MyBase.Load
```

Basics
Datenbank
I/O
Validierung
Controls
Http-Handler
Netzwerk
Grafik
Tracing
Security

Auch wenn dies evtl. nicht ganz der Konvention von ASP.NET entspricht, verwenden wir hier nicht die einzelnen Server-Steuerelemente, sondern greifen direkt auf die übergebenen Werte in der `Request`-Collection zu.

```
        m_strPath          = Request("PATH")
        m_strFilter        = Request("FILTER")
        m_strSortExpression = Request("SORT")
        m_strSortDirection  = Request("SDIR")

        If Not Page.IsPostBack Then
            LoadData(cbEventTypes.cbPageLoad)
        End if

    End Sub

    Private Sub LoadData(ByVal cbEventType As cbEventTypes)

    Dim dtFileInfo as DataTable
    Dim dvFileInfo as DataView

    Dim strBackPath As String

            If Not m_strPath <> "" Then
            Exit Sub
        End If

        linkFolderView.Text _
            = "zur Verzeichnisansicht wechseln"
        linkFolderView.NavigateUrl _
            = "Chapter03Example03.aspx?PATH=" & m_strPath

        If Not Right(m_strPath, 1) = "\" Then
            m_strPath &= "\"
        End If
```

Bei Anforderung einer Sortierung, bzw. einem Klick auf eine Seitenzahl des `Paging`-Controls, also nicht beim Aufruf über einen Buttonklick, wird der Filter aus dem Übergabeparameter gesetzt.

```
        If cbEventType = cbEventTypes.cbPageLoad Then
            txtFilter.Text = m_strFilter
        End If
        txtFilter.Text _
            = cbFileSystemInfo.cbCheckFilter(txtFilter.Text)
```

Um die Sortierung durchführen zu können, bedienen wir uns einer `DataView`, die letztlich ein Abbild der `DataTable` darstellt, allerdings einige weitere, benötigte Eigenschaften besitzt.

```
dtFileInfo _
    = cbFileSystemInfo.cbGetFiles(m_strPath, txtFilter.Text)
dvFileInfo = new DataView(dtFileInfo)
```

Falls eine Sortierung angefordert wurde, setzen wir für die erzeugte DataView noch die entsprechenden Kriterien.

```
If m_strSortExpression <> "" Then
    dvFileInfo.Sort = m_strSortExpression
End if
theGrid.DataSource = dvFileInfo
```

Da wir das Paging selbst vornehmen, ermitteln wir hier noch die benötigten Werte. Dies sind unter anderem die aktuelle Seitenzahl, die Seitengröße (x Einträge pro Seite) sowie die Gesamtanzahl aller Einträge. Eine detaillierte Beschreibung finden Sie in der Kategorie *Datenbanken*.

```
' -------------------------------------------------------
' --- Die aktuelle Seite ermitteln
' -------------------------------------------------------
Dim intPageSize As Int32 = theGrid.PageSize

Dim intAbsolutePage As Int32 = 0
    Try
        intAbsolutePage = Request("AP")
    Catch ex As Exception
        intAbsolutePage = 1
    End Try

Dim intRowCount As Int32
    intRowCount = dvFileInfo.Count

Dim intLastPageRecords As Int32 = 0
    intLastPageRecords = intRowCount Mod intPageSize

Dim intPageCount As Int32 = 1
    intPageCount = Fix(intRowCount / intPageSize)

    If intLastPageRecords > 0 Then
        intPageCount += 1
    End If

    If intAbsolutePage > 0 And _
       intAbsolutePage <= intPageCount Then
        theGrid.CurrentPageIndex = intAbsolutePage - 1
    Else
        intAbsolutePage = 1
    End If
```

An dieser Stelle fügen wir die Links auf die weiteren Seiten ein. Die von der Methode CreatePageLink zurückgegebene HtmlTable wird dem entsprechenden PlaceHolder-Control zugeordnet.

```
        phPageLinks.Controls.Add _
                (
                clsCustomPaging.CreatePageLinks _
                        ( _
                          intAbsolutePage, _
                          intPageCount, _
                          "Chapter03Example07.aspx", _
                          "PATH=" & m_strPath & _
                          "&FILTER=" & txtFilter.Text & _
                          "&SORT=" & m_strSortExpression, _
                          10 _
                        ) _
                )

        Try
            theGrid.DataBind()
        Catch ex As HttpException
            theGrid.CurrentPageIndex = 0
            theGrid.DataBind()
        End Try

    End Sub
```

Der EventHandler PageIndexChanged wird aufgerufen, wenn auf einen Link, der auf die weiteren Seiten verweist, geklickt wurde.

```
    Private Sub theGrid_PageIndexChanged _
                    ( _
                     ByVal source As Object, _
                     ByVal e As DataGridPageChangedEventArgs _
                    ) Handles theGrid.PageIndexChanged
        theGrid.CurrentPageIndex = e.NewPageIndex
        theGrid.DataBind()
    End Sub
```

Da das DataGrid standardmäßig nur aufsteigend nach einer bestimmten Spalte sortieren kann, wir aber gerne die Möglichkeit hätten, auf- und absteigend sortieren zu können, prüfen wir hier, ob bereits eine Sortierung vorgenommen wurde und wenn ja, in welcher Richtung. Falls z.B. aufsteigend nach dem Dateinamen sortiert wurde, bewirkt ein erneuter Klick auf die Kopfspalte des Dateinamens eine absteigende Sortierung nach dieser Spalte.

```
    Private Sub theGrid_SortCommand _
                    ( _
```

```
                    ByVal source As Object, _
                    ByVal e As DataGridSortCommandEventArgs _
                  ) Handles theGrid.SortCommand

        m_strSortExpression = e.SortExpression

        dim i as Integer
        dim strSortExpression As String
        dim strSortExpression2 As String

        For i = 0 To thegrid.Columns.Count - 1
            If Ctype( _
                    theGrid.Columns(i), DataGridColumn _
                    ).SortExpression _
                    = e.SortExpression Then

                strSortExpression = e.SortExpression

                If InStr(strSortExpression, " ASC") = 0 AND _
                  InStr(strSortExpression, " DESC") = 0 Then
                    m_strSortExpression &= " ASC"
                    strSortExpression &= " DESC"

                ElseIf InStr(strSortExpression, " ASC") > 0 Then
                    strSortExpression _
                      = Replace(strSortExpression, " ASC", " DESC")

                ElseIf InStr(strSortExpression, " DESC") > 0 Then
                    strSortExpression _
                      = Replace(strSortExpression, " DESC", " ASC")
                End If

                Ctype( _
                    theGrid.Columns(i), DataGridColumn _
                    ).SortExpression = strSortExpression

            Else
                strSortExpression2 _
                    = Ctype( _
                            theGrid.Columns(i), DataGridColumn _
                            ).SortExpression

                If InStr(strSortExpression2, " ASC") = 0 AND _
                  InStr(strSortExpression2, " DESC") = 0 Then
                    strSortExpression2 &= " ASC"

                ElseIf InStr(strSortExpression2, " DESC") > 0 Then
                    strSortExpression2 _
                      = Replace(strSortExpression2," DESC", " ASC")
                End If

                Ctype( _
                    theGrid.Columns(i), DataGridColumn _
```

```
                ).SortExpression = strSortExpression2

            End If
        Next i
```

Nun wird noch der Filter auf den übergebenen Wert der `TextBox` gesetzt und die Methode `LoadData` mit dem entsprechenden EventType aufgerufen, damit die Methode weiß, dass die Seite über einen der Links zum Sortieren aufgerufen wurde.

```
        m_strFilter = txtFilter.Text

        LoadData(cbEventTypes.cbSortCommand)

        theGrid.DataBind()
    End Sub
```

Nach einem Klick auf den Button, der zum Absenden der Filterkriterien dient, wird nur die Methode `LoadData` mit dem EventType `cbButtonClick` aufgerufen. Die aufgerufene Methode erledigt dann die anstehenden Arbeiten (Filter prüfen, ...) eigenständig.

```
    Private Sub cmdFilter_Click _
                    ( _
                     ByVal sender As Object, _
                     ByVal e As System.EventArgs _
                    ) Handles cmdFilter.Click

        LoadData(cbEventTypes.cbButtonClick)

    End Sub

End Class

End Namespace
```

Listing 176: Dateifilter/Sortierung/Paging anwenden (Chapter03Example07.aspx.vb)

76 Ver- und Entschlüsselung von Dateien

Die Verschlüsselung und ggfs. auch wieder Entschlüsselung von Dateien ist gerade heutzutage eine manchmal nicht zu vernachlässigende Anforderung. Sicherlich stimmen Sie dem Autor zu, dass es beim Umgang mit sensiblen Daten in höchstem Maße auf deren Sicherheit ankommt. Wenn Sie z.B. mit Patientendaten oder Kreditkarteninformationen arbeiten, sollten Sie immer darauf bedacht sein, dass diese Daten nicht von unberechtigten Personen gelesen werden können.

Einen ersten Ansatz hierfür finden Sie im nachfolgenden Beispiel. Dieses verschlüsselt eine Datei anhand eines einzugebenden Keys. Die so verschlüsselte Datei ist zunächst nicht mehr lesbar. Damit die Datei wieder entschlüsselt werden kann, müssen Sie Ihren Key ebenfalls wieder eingeben.

Eine 100%ige Sicherheit gibt es nicht und kann es nicht geben. Auf die ein oder andere Art lässt sich jeder Schutzmechanismus knacken. Aber ein gewisser Schutz sollte schon vorhanden sein. Nachfolgend ein kleines Beispiel. Entscheiden Sie selbst, welche Variante mehr Schutz bietet:

Variante 1 – unverschlüsselt

```
cust_name;cust_cc_number
Heinz Willi;1379546426971563
Lisa Laura;9764642317865166
```

Variante 2 – verschlüsselt

```
ÏòŒ%åf"X:_,¦Óø=_x<Hõ-‘_'~¯Ãnç¾;7/j×Sl<_1ª1Å¬Íwg¥ú|—
¤'_,wn·0__.æÊß_´_f_w}qÊ¨g>ºšMôÏxVkG¦ÙGÈ_ò
```

Ich denke, Sie werden mir zustimmen, dass Variante 2 »etwas« besser geschützt ist als Variante 1.

Damit wir dieses Ziel erreichen können, benötigen wir noch einige Hilfsmittel. Hierfür haben wir eine eigene Klasse `cbFileOperation` erstellt. Die Verschlüsselungsroutinen basieren auf den Klassen und Methoden des Namespace `System.Security.Cryptography`. Wir verwenden eine der Standardklassen, die vom .NET Framework mitgeliefert werden. Weitere Informationen hierzu finden Sie in der lokalen MSDN, falls Sie diese installiert haben, oder ansonsten unter: *http://msdn.microsoft.com/library/en-us/cpguide/html/cpconcryptographicservices.asp* und *http://msdn.microsoft.com/library/en-us/cpguide/html/cpconencryptingdecryptingdata.asp*

Hilfsklasse cbFileOperation

Die Hilfsklasse `cbFileOperation` stellt uns Methoden und Eigenschaften bereit um Schreib- und Lesevorgänge durchführen zu können. Hierzu zählt auch die Verschlüsselung von Dateien.

```
Imports System
Imports System.IO
Imports System.Web.HttpContext
Imports System.Text
Imports System.Security.Cryptography

Namespace codebook.aspnet.vb

Public Class cbFileOperation
```

Für die Dateiverarbeitung benötigen wir noch eine Konstanten und Variablen. Diese deklarieren wir im Vorfeld. `CRYPTING_IV` ist z.B. der Initialisierungsvektor, den wir für die Verschlüsselungsroutinen verwenden. `DEFAULTDELIMITER` dient als Trenner für den Im- und Export von CSV-Dateien.

```
Public Const DEFAULTDELIMITER As String = ";"
Public Const CRYPTinG_IV      As String = "codebook"

Private m_strFileName         As String
Private m_strFileNameAbsolute As String
Private m_blnHeadLine         As Boolean
Private m_strDelimiter        As String
Private m_blnOverWriteFile    As Boolean

Private m_blnOperationOK      As Boolean
Private m_lngCount            As Long

Private m_dtData              As DataTable
Private m_strData             As String
```

Die Konstruktoren sind überladen und dienen lediglich dazu, dass Sie bestimmte Angaben direkt bei der Erstellung einer Instanz der Klasse übergeben können.

```
Public Sub New()
    FileName       = ""
    HeadLine       = False
    Delimiter      = DEFAULTDELIMITER
    OverWriteFile  = False
End Sub

Public Sub New(ByVal strFileNameVirtual  As String)
    FileName       = strFileNameVirtual
    HeadLine       = False
    Delimiter      = DEFAULTDELIMITER
    OverWriteFile  = False
End Sub

Public Sub New(ByVal strFileNameVirtual  As String, _
               ByVal blnHeadLine  As Boolean _
              )
    FileName       = strFileNameVirtual
    HeadLine       = blnHeadLine
    Delimiter      = DEFAULTDELIMITER
    OverWriteFile  = False
End Sub
```

Listing 177: Hilfsklasse cbFileOperation (cbFileOperation.vb)

Hilfsmethode ImportFromText

Die Methode `ImportFromText` dient zum Auslesen einer Textdatei. Die überladene Methode kann sowohl mit dem absoluten Pfad einer Datei als Parameter als auch ohne diese Angabe aufgerufen werden. in letzterem Fall muss die Eigenschaft `FileNameAbsolute` der Klasse allerdings mit einer gültigen Pfadangabe inkl. des Dateinamens versehen sein.

```
    Public Function ImportFromText _
                    ( _
                      ByVal strFileNameAbsolute As String _
                    ) As String

        FileNameAbsolute = strFileNameAbsolute

        Return ImportFromText()
    End Function

    Public Function ImportFromText() As String
        m_lngCount = 0

        If Not File.Exists(m_strFileNameAbsolute) Then
            m_blnOperationOK = False
            Return ""
        End If

        m_strData = ""
```

Über einen so genannten `StreamReader` wird der Inhalt der Datei ausgelesen. Um auch mit Sonderzeichen (Umlaute, ...) keine Probleme zu bekommen, verwenden wir »ISO-8859-1« als Zeichensatz. Dieser beinhaltet u.a. ä, ö, ü, ...

```
    Dim srFile As StreamReader

        Try
            srFile = New StreamReader _
                        ( _
                        m_strFileNameAbsolute, _
                        System.Text.Encoding.GetEncoding _
                                          ( _
                                            "ISO-8859-1" _
                                          ) _
                        )

            m_strData = srFile.ReadToEnd

        Catch ex As Exception
            m_blnOperationOK = False
            Return ""
```

Listing 178: Hilfsmethode ImportFromText (cbFileOperation.vb)

```
        End Try

        srFile.Close()

        m_lngCount = -1
        m_blnOperationOK = True
        Return m_strData

    End Function
```

Listing 178: Hilfsmethode ImportFromText (cbFileOperation.vb) (Forts.)

Hilfsmethode EncryptFile

Die Methode `EncryptFile` ist nun die Methode, mit der Sie eine Datei verschlüsseln können. Sie übergeben den absoluten Pfad inkl. des Dateinamens, den Private Key (das ist die Zeichenfolge, die Sie in das entsprechende Textfeld eingegeben haben) sowie ein Flag, ob eine evtl. schon existierende Datei überschrieben werden soll.

```
    Public Function EncryptFile _
              ( _
               ByVal strFileNameAbsolute As String, _
               ByVal strKey As String, _
               Optional ByVal blnOverWriteFile _
                     As Boolean = False _
              ) As Boolean

        FileNameAbsolute    = strFileNameAbsolute
        OverWriteFile       = blnOverWriteFile

        Return EncryptFile(strKey)
    End Function

    Public Function EncryptFile(ByVal strKey As String) As Boolean
        m_lngCount = 0

    Dim strFileNameEncrypt As String
        strFileNameEncrypt = m_strFileNameAbsolute
```

Im Vorfeld prüfen wir mittels `File.Exists`, ob die Quelldatei existiert. Falls nicht, wird die Verarbeitung abgebrochen.

```
        If Not File.Exists(m_strFileNameAbsolute) Then
            m_blnOperationOK = False
            Return m_blnOperationOK
        End If
```

Der Key (Ihr privater Schlüssel, den nur Sie kennen) und der so genannte Initialisierungsvektor (da ich kein Cryptoexperte bin, kommt mir der Begriff zwar etwas suspekt vor, aber die Entwickler werden schon wissen, warum er so benannt wurde) werden noch einigen Prüfungen unterzogen.

Beide Schlüssel haben standardmäßig eine Blockgröße von 16 Bytes. Daher müssen wir die Schlüssel ggfs. so verlängern, dass die Blockgröße eingehalten wird.

```
Dim i As Long
    i = Len(strKey) \ 16
    If (Len(strKey) MOD 16) > 0 Then
        i += 1
    End If
    i = i * 16 - 1
```

Da die Schlüssel als Bytearrays erwartet werden, konvertieren wir die entsprechenden Zeichenfolgen jeweils in ein Bytearray.

```
Dim bytKey(i) As Byte
    For i = 0 To strKey.Length - 1
        bytKey(i) = Convert.ToByte(strKey.Chars(i))
    Next I
```

Dieselbe Prüfung und Umwandlung führen wir nun noch mit dem Public Key (Initialisierungsvektor) durch.

```
Dim strIV As String = CRYPTinG_IV
    i = Len(strIV) \ 16
    If (Len(strIV) MOD 16) > 0 Then
        i += 1
    End If
    i = i * 16 - 1

Dim bytIV(i) As Byte
    For i = 0 To strIV.Length - 1
        bytIV(i) = Convert.ToByte(strIV.Chars(i))
    Next i

Dim intBufferLength As Integer
Dim bytBuffer() As Byte
Dim blnFileExists As Boolean

Dim streamFile As FileStream
Dim csFile As CryptoStream
```

Über die Methode `Create` erzeugen wir eine neue Instanz der `SymmetricAlgorithm`-Klasse. Diese Klasse stellt die Basisklassen und Methoden bereit, um eine Verschlüsselung auf Basis eines symmetrischen Algorithmus durchzuführen. Als Standard wird eine Instanz der Klasse RijndaelManaged zurückgeliefert.

Weitere Informationen hierzu finden Sie in der lokalen MSDN, falls Sie diese installiert haben, oder ansonsten unter: *http://msdn.microsoft.com/library/en-us/cpguide/html/cpconcryptographicservices.asp* und *http://msdn.microsoft.com/library/en-us/cpguide/html/cpconencryptingdecryptingdata.asp*

```
Dim saEncryptor As SymmetricAlgorithm _
    = SymmetricAlgorithm.Create()

    ' --------------------------------------------------
    ' --- Fill Buffer with Data
    ' --------------------------------------------------
```

Bevor wir den Inhalt verschlüsseln können, müssen wir natürlich den Dateiinhalt zuerst noch auslesen. Dies machen wir über einen FileStream und nicht mit einem StreamReader, da wir für die Übergabe an die Crypto-Methoden ein Byte-Array benötigen und uns somit die manuelle Konvertierung der Rückgabe eines StreamReaders sparen können.

```
Try
    streamFile = New FileStream _
                    ( _
                     m_strFileNameAbsolute, _
                     FileMode.Open, _
                     FileAccess.Read _
                    )

    ReDim bytBuffer(streamFile.Length)
    intBufferLength = _
        streamFile.Read _
              ( _
               bytBuffer, _
               0, _
               bytBuffer.GetLength(0) _
              )

    streamFile.Close()

Catch ex As Exception
    m_blnOperationOK = False
    Return m_blnOperationOK
End Try

blnFileExists = File.Exists(strFileNameEncrypt)
If blnFileExists And Not OverWriteFile then
    m_blnOperationOK = False
    Return m_blnOperationOK
End If
```

Um die Daten schreiben zu können, benötigt der `CryptoStream` eine Instanz der `FileStream`-Klasse. Die Verschlüsselung sowie das Schreiben der Daten in die Datei wird aber über den `CryptoStream` erledigt, dem wir den `FileStream` als Parameter übergeben. Dieser wird dann intern für die eigentliche Schreiboperation verwendet.

```
        Try
            streamFile = New FileStream _
                               ( _
                                 strFileNameEncrypt, _
                                 FileMode.OpenOrCreate,  _
                                 FileAccess.Write  _
                               )

            streamFile.SetLength(0)
```

Der `CryptoStream` erhält als Übergabeparameter den `FileStream`, das Verschlüsselungsobjekt, das über `CreateEncryptor` mit Angabe der beiden Schlüssel erzeugt wird, sowie den Modus, der angibt, ob die Datei gelesen oder geschrieben werden soll.

```
            csFile = New CryptoStream _
                            ( _
                            streamFile, _
                            saEncryptor.CreateEncryptor _
                                ( _
                                bytKey, _
                                bytIV _
                                ), _
                            CryptoStreamMode.Write _
                            )
```

Über den Aufruf der Methode `Write` des `CryptoStream` werden die Daten nun in die Datei geschrieben. Danach werden noch die üblichen »Aufräumarbeiten« (Schließen der Objekte, bzw. Dateien, ...) durchgeführt.

```
            csFile.Write(bytBuffer, 0, intBufferLength)

            csFile.Close()
            streamFile.Close()

        Catch ex As Exception
            m_blnOperationOK = False
            Return m_blnOperationOK
        End Try


        m_lngCount = -1
```

Listing 179: Hilfsmethode EncryptFile (cbFileOperation.vb)

```
        m_blnOperationOK = True
        Return m_blnOperationOK

    End Function
```

Listing 179: Hilfsmethode EncryptFile (cbFileOperation.vb) (Forts.)

Hilfsmethode DecryptFile

Die Methode `DecryptFile` ist das Gegenstück zur eben vorgestellten Methode `EncryptFile`. Sie dient zum Entschlüsseln einer Datei. Sie übergeben hier ebenfalls den absoluten Pfad inkl. des Dateinamens, den Private Key (das ist die Zeichenfolge, die Sie in das entsprechende Textfeld eingegeben haben) sowie ein Flag, ob eine evtl. schon existierende Datei überschrieben werden soll.

```
    Public Function DecryptFile _
              ( _
              ByVal strFileNameAbsolute As String, _
              ByVal strKey As String, _
              Optional ByVal blnOverWriteFile _
                     As Boolean = False _
              ) As Boolean

        FileNameAbsolute     = strFileNameAbsolute
        OverWriteFile        = blnOverWriteFile

        Return DecryptFile(strKey)
    End Function

    Public Function DecryptFile(ByVal strKey As String) As Boolean
        m_lngCount = 0

    Dim strFileNameEncrypt As String _
        = m_strFileNameAbsolute
    Dim strFileNameDecrypt As String _
        = m_strFileNameAbsolute

        If Not File.Exists(strFileNameEncrypt) Then
            m_blnOperationOK = False
            Return m_blnOperationOK
        End If
```

Es gelten dieselben Voraussetzungen wie beim Verschlüsseln. Die beiden Schlüssel müssen bestimmten Kriterien entsprechen. So beträgt die standardmäßige Blockgröße des verwendeten Algorithmus 16 Byte. Die Schlüssel sind daher entsprechend zu prüfen und ggfs. zu verlängern.

```
    Dim i As Long
        i = Len(strKey) \ 16
        If (Len(strKey) MOD 16) > 0 Then
```

```
        i += 1
    End If
    i = i * 16 - 1

Dim bytKey(i) As Byte
    For i = 0 To strKey.Length - 1
        bytKey(i) = Convert.ToByte(strKey.Chars(i))
    Next i

Dim strIV As String = CRYPTinG_IV
    i = Len(strIV) \ 16
    If (Len(strIV) MOD 16) > 0 Then
        i += 1
    End If
    i = i * 16 - 1

Dim bytIV(i) As Byte
    For i = 0 To strIV.Length - 1
        bytIV(i) = Convert.ToByte(strIV.Chars(i))
    Next i


Dim intBufferLength As Integer
Dim bytBuffer() As Byte
Dim blnFileExists As Boolean


Dim streamFile As FileStream
Dim csFile As CryptoStream
Dim saDecryptor As SymmetricAlgorithm _
    = SymmetricAlgorithm.Create()
```

Wir erstellen wieder ein `FileStream`-Objekt und übergeben dieses an die Instanz des `CryptoStreams`. Danach lesen wir den Dateiinhalt über die Methode `Read` des `CryptoStream`-Objekts aus der Datei aus.

```
    Try
        streamFile = New FileStream _
                        ( _
                          strFileNameEncrypt, _
                          FileMode.Open, _
                          FileAccess.Read _
                        )

        csFile = New CryptoStream _
                    ( _
                    streamFile, _
                    saDecryptor.CreateDecryptor _
                        ( _
                        bytKey, _
                        bytIV _
```

```
                              ), _
                          CryptoStreamMode.Read _
                          )

            ReDim bytBuffer(streamFile.Length)
            intBufferLength = _
               csFile.Read(bytBuffer, 0, bytBuffer.GetLength(0))

            csFile.Close()
            streamFile.Close()

        Catch ex As Exception
            m_blnOperationOK = False
            Return m_blnOperationOK
        End Try

        blnFileExists = File.Exists(strFileNameDecrypt)
        If blnFileExists And Not OverWriteFile then
            Return m_blnOperationOK
        End If
```

Den entschlüsselten Text schreiben wir nun wieder in die Originaldatei zurück, so dass die Datei wieder normal lesbar ist.

```
        Try
            streamFile = New FileStream _
                              ( _
                                strFileNameDecrypt, _
                                FileMode.OpenOrCreate,  _
                                FileAccess.Write  _
                              )
            streamFile.SetLength(0)
            streamFile.Write(bytBuffer, 0, intBufferLength)

            streamFile.Close()

        Catch ex As Exception
            m_blnOperationOK = False
            Return m_blnOperationOK
        End Try


        m_lngCount = -1
        m_blnOperationOK = True
        Return m_blnOperationOK

    End Function
```

Listing 180: Hilfsmethode DecryptFile (cbFileOperation.vb)

Hilfsmethode GetEncryptedFileData

Falls Sie eine verschlüsselte Datei nur entschlüsseln wollen, ist diese Methode für Sie genau die richtige. Diese macht im Grunde genommen das Gleiche wie die eben vorgestellte Methode `DecryptFile`. Allerdings wird die Datei nicht wieder mit dem entschlüsselten Inhalt neu geschrieben, sondern die Datei selbst bleibt weiterhin verschlüsselt. Sie erhalten nur den entschlüsselten Inhalt als String von der Methode zurück.

```
Public Function GetEncryptedFileData _
            ( _
            ByVal strFileNameAbsolute As String, _
            ByVal strKey As String _
            ) As String

    FileNameAbsolute    = strFileNameAbsolute

    Return GetEncryptedFileData(strKey)
End Function
```

```
Public Function GetEncryptedFileData _
                ( _
                 ByVal strKey As String _
                ) As String
    m_lngCount = 0

Dim strFileNameEncrypt As String _
    = m_strFileNameAbsolute

    If Not File.Exists(strFileNameEncrypt) Then
        m_blnOperationOK = False
        Return ""
    End If

Dim i As Long
    i = Len(strKey) \ 16
    If (Len(strKey) MOD 16) > 0 Then
        i += 1
    End If
    i = i * 16 - 1

Dim bytKey(i) As Byte
    For i = 0 To strKey.Length - 1
        bytKey(i) = Convert.ToByte(strKey.Chars(i))
    Next i

Dim strIV As String = CRYPTinG_IV
```

Listing 181: Hilfsmethode GetEncryptedFileData (cbFileOperation.vb)

```
        i = Len(strIV) \ 16
        If (Len(strIV) MOD 16) > 0 Then
            i += 1
        End If
        i = i * 16 - 1

    Dim bytIV(i) As Byte
        For i = 0 To strIV.Length - 1
            bytIV(i) = Convert.ToByte(strIV.Chars(i))
        Next i

    Dim intBufferLength As Integer
    Dim bytBuffer() As Byte
    Dim blnFileExists As Boolean

    Dim streamFile As FileStream
    Dim csFile As CryptoStream
    Dim saDecryptor As SymmetricAlgorithm _
        = SymmetricAlgorithm.Create()

        Try
            streamFile = New FileStream _
                                    ( _
                                      strFileNameEncrypt, _
                                      FileMode.Open, _
                                      FileAccess.Read _
                                    )

            csFile = New CryptoStream _
                                ( _
                                streamFile, _
                                saDecryptor.CreateDecryptor _
                                    ( _
                                    bytKey, _
                                    bytIV _
                                    ), _
                                CryptoStreamMode.Read _
                                )

            ReDim bytBuffer(streamFile.Length)
            intBufferLength = _
                csFile.Read(bytBuffer, 0, bytBuffer.GetLength(0))

            csFile.Close()
            streamFile.Close()

        Catch ex As Exception
            m_blnOperationOK = False
            Return ""
        End Try
```

Listing 181: Hilfsmethode GetEncryptedFileData (cbFileOperation.vb) (Forts.)

```
        m_strData = ""
        For i = 0 To bytBuffer.GetLongLength(0) - 1
            m_strData &= Convert.ToChar(bytBuffer(i)).ToString
        Next i

        m_lngCount = -1
        m_blnOperationOK = True
        Return m_strData

    End Function
```

Listing 181: Hilfsmethode GetEncryptedFileData (cbFileOperation.vb) (Forts.)

Dateien ver- und entschlüsseln

Aber kommen wir nun zum eigentlichen Beispiel. Um Ihnen etwas Komfort zu bieten, haben wir hier eine gewisse Interaktion integriert. Die **.aspx*-Datei enthält unter anderem eine Textarea zum Anzeigen des Dateiinhalts (sowohl ver- als auch entschlüsselt).

```
<%@ Page Language="vb"
    enableViewState="False"
    AutoEventWireup="False"
    Codebehind="Chapter03Example08.aspx.vb"
    validateRequest="False"
    Inherits="codebook.aspnet.vb.Chapter03Example08"%>
<!doctype html public "-//w3c//dtd html 4.0 transitional//en">
<HTML>
  <HEAD>
    <title>Chapter 03 Example 08</title>
        <LinK href="styles/codebook.css"
              type=text/css
              rel=stylesheet>
  </HEAD>
<body>
<H3>
    <asp:hyperlink id="linkDrives"
                   runat="server"
                   cssclass="clsLink"
                   navigateurl="Chapter03Example01.aspx">
                   Laufwerksansicht
    </asp:hyperlink>
</H3>
<h3>
    <asp:literal
         id=litEncodingDecoding
         runat="server"
         enableviewstate="False"
         Text="Encoding/Decoding">
    </asp:literal>
</h3>

<form id=frmMain
```

```
      action=Chapter03Example09.aspx
      method=post
      runat="server">
 <table border="0"
       cellSpacing=0
       cellPadding=0
       width=400>
   <tr>
     <td width="100%">
         <table class=clsTable
                cellSpacing=1
                cellPadding=0
                width="100%">
         <tr>
             <td class=clsCellHead width=200 height=22>
                 DateiInhalt
             </td>
         </tr>
         <tr>
             <td>
                 <asp:TextBox ID="txtFileContent"
                              CssClass="clsInput"
                              TextMode="MultiLine"
                              Rows="20"
                              Columns="70"
                              Width="400"
                              ReadOnly="True"
                              enableviewstate="False"
                              Runat="server">
                 </asp:TextBox>
             </td>
         </tr>
         </table>
         <br>
         <table class="clsTable"
             width="100%"
             cellpadding="0"
             cellspacing="1">
```

Des Weiteren ist eine Textbox vorhanden, die zur Anzeige Ihres privaten Schlüssels dient. Dieser Schlüssel ist wie schon gesagt privat und niemand außer Ihnen sollte ihn kennen. Mittels dieses Schlüssels werden die entsprechenden Ver- und Entschlüsselungsroutinen aufgerufen. Wenn Sie z.B. eine Datei mit dem privaten Schlüssel hallowelt verschlüsselt haben und Sie sich einige Zeit später nicht mehr an diese Zeichenfolge erinnern können, sind die Daten »verloren« (siehe Hinweis am Anfang des Abschnitts hinsichtlich 100%ige Sicherheit).

```
             <tr>
                 <td class="clsCellHead" width="20%">Key</td>
                 <td class="clsCell">
                     <asp:textbox id="txtKey"
```

```
                                  runat="server"
                                  cssclass="clsInput"
                                  width="300"
                                  columns="30"
                                  maxlength="255">
                        </asp:textbox>
                    </td>
                </tr>
            </table>
        </td>
    </tr>
    <tr>
        <td>
            <br>
            <table width="100%"
                   border="0"
                   cellpadding="0"
                   cellspacing="1">
```

Um Ihnen die Tests zu erleichtern, enthält die **.aspx*-Datei noch drei Buttons, mit denen Sie die verschiedenen Aktionen durchführen können.

```
                <tr>
                    <td width="20%"> </td>
                    <td >
                        <asp:button id="cmdEncode"
                                    runat="server"
                                    text="Verschlüsseln"
                                    cssclass="clsSubmit">
                        </asp:button>
                         
                        <asp:button id="cmdDecode"
                                    runat="server"
                                    text="Entschlüsseln"
                                    cssclass="clsSubmit">
                        </asp:button>
                        <br>
                        <asp:button id="cmdGetEncodedData"
                                    runat="server"
                                    text="Verschlüsselte Daten anzeigen"
                                    cssclass="clsSubmit">
                        </asp:button>
                    </td>
                </tr>
            </table>
        </td>
    </tr>
</table>
</form>
```

Listing 182: Dateien ver- und entschlüsseln (Chapter03Example08.aspx)

```
</body>
</HTML>
```

Listing 182: Dateien ver- und entschlüsseln (Chapter03Example08.aspx) (Forts.)

Die Datei, die wir ver- bzw. entschlüsseln wollen, befindet sich im Unterverzeichnis *data* des Projektordners und nennt sich *codebook.txt*.

```
Namespace codebook.aspnet.vb

Public Class Chapter03Example08
    Inherits System.Web.UI.Page

    Private m_objFileOp As cbFileOperation

    Protected WithEvents linkDrives          As HyperLink
    Protected WithEvents litEncodingDecoding As Literal
    Protected WithEvents txtKey              As TextBox
    Protected WithEvents txtFileContent      As TextBox
    Protected WithEvents cmdEncode           As Button
    Protected WithEvents cmdGetEncodedData   As Button
    Protected WithEvents cmdDecode           As Button

    Private Sub Page_Load _
                ( _
                ByVal sender As System.Object, _
                ByVal e As System.EventArgs _
                ) Handles MyBase.Load

        If Not Page.IsPostBack Then
            LoadData()
        End if
    End Sub
```

Bei einem normalen Aufruf (also ohne Klick auf einen der Buttons) wird der Inhalt der Datei nur ausgelesen und in der Textbox dargestellt.

```
    Private Sub LoadData()
        m_objFileop = New cbFileOperation()

        txtFileContent.Text _
            = m_objFileOp.ImportFromText _
                            ( _
                             Server.MapPath _
                                   ("./" & "data/codebook.txt") _
                            )

    End Sub
```

Bei einem Klick auf den Button cmdEncode wird der Dateiinhalt verschlüsselt. Dies machen wir über unsere Hilfsmethode EncryptFile. Da eine Verschlüsselung nur Sinn macht, wenn Sie einen Schlüssel im Textfeld txtKey angegeben haben, prüfen wir im Vorfeld, ob hier ein Wert vorhanden ist.

```
Private Sub cmdEncode_Click _
                    ( _
                     ByVal sender As Object, _
                     ByVal e As System.EventArgs _
                    ) Handles cmdEncode.Click

    If txtKey.Text <> "" Then
        m_objFileop = New cbFileOperation()
        m_objFileop.EncryptFile _
                    ( _
                        Server.MapPath _
                            ("./" & "data/codebook.txt"), _
                        txtKey.Text, _
                        True _
                    )
    End If

    LoadData()
End Sub
```

Das Gegenstück hierzu ist der Button cmdDecode. Bei einem Klick wird der Dateiinhalt entschlüsselt und in der TextBox dargestellt. Beachten Sie aber bitte, dass Sie die Datei nicht mehrfach verschlüsseln sollten, da es hier unter Umständen zu Problemen führen kann. Wenn Sie die Datei z.B. zweimal hintereinander mit dem gleichen Key verschlüsselt haben, müssen Sie diese auch wieder zweimal entschlüsseln.

```
Private Sub cmdDecode_Click _
                    ( _
                     ByVal sender As Object, _
                     ByVal e As System.EventArgs _
                    ) Handles cmdDecode.Click

    If txtKey.Text <> "" Then
        m_objFileop = New cbFileOperation()
        m_objFileop.DecryptFile _
                    ( _
                        Server.MapPath _
                            ("./" & "data/codebook.txt"), _
                        txtKey.Text, _
                        True _
                    )
    End If

    LoadData()
End Sub
```

Um nur den verschlüsselten Inhalt aus der Datei auszulesen und diesen dann entschlüsselt in der TextBox darzustellen (hierbei wird die Zieldatei dann nicht geändert) klicken Sie auf den Button cmdGetEncodedData.

```
    Private Sub cmdGetEncodedData_Click _
                    ( _
                     ByVal sender As Object, _
                     ByVal e As System.EventArgs _
                    ) Handles cmdGetEncodedData.Click

        If txtKey.Text <> "" Then
            m_objFileop = New cbFileOperation()
            txtFileContent.Text _
                = m_objFileop.GetEncryptedFileData _
                    ( _
                      Server.MapPath _
                          ("./" & "data/codebook.txt"), _
                      txtKey.Text _
                    )
        End If

    End Sub

End Class

End Namespace
```

Listing 183: Dateien ver- und entschlüsseln (Chapter03Example08.aspx.vb)

77 Eine Datei zeilenweise lesen

Eine ebenfalls oft benötigte Methode ist das zeilenweise Auslesen von Dateien. Dies kann dann sinnvoll sein, wenn Sie evtl. noch Formatierungen einzelner Zeileninhalte oder eine Gruppierung der Ausgabe vornehmen möchten. Für das Lesen einer einzelnen Zeile aus einer Datei stellt Ihnen das .NET Framework die notwendigen Methoden in der StreamReader-Klasse bereit. Der entsprechende Befehl hierfür lautet ReadLine. Nachstehend sehen Sie, wie Sie den Inhalt einer Zeile in eine Variable einlesen können:

```
strLine = srFile.ReadLine
```

Nach Ausführung dieses Befehls können Sie den Zeileninhalt, der nun in der Variablen strLine gespeichert ist, weiterverarbeiten. Um alle Zeilen nacheinander verarbeiten zu können, benötigen Sie noch eine Schleife, die so lange durchlaufen wird, bis Sie am Ende der Datei angekommen sind.

Hilfsmethode ImportLinesFromText

Die Methode `ImportLinesFromText` dient zum Auslesen bestimmter oder aller Zeilen einer Datei. Als Übergabeparameter erwartet die Methode zum einen `lngLinesOffset`, mit dem Sie die Anzahl der Zeilen bestimmen, die übersprungen werden sollen. Wenn Sie z.B. 5 eingeben, beginnt die Methode ab der sechsten Zeile mit dem Lesen. Wenn Sie am Anfang beginnen wollen, übergeben Sie den Wert 0. Des Weiteren wird der Parameter `lngLinesRead` erwartet, mit dem Sie angeben, wie viele Zeilen insgesamt gelesen werden sollen. Wenn alle Zeilen ausgelesen werden sollen, übergeben Sie den Wert -1.

```
Public Function ImportLinesFromText _
                ( _
                 ByVal lngLinesOffset As Long, _
                 ByVal lngLinesRead As Long  _
                ) As String

    m_lngCount = 0

    If Not File.Exists(m_strFileNameAbsolute) Then
        m_blnOperationOK = False
        Return ""
    End If

    m_strData = ""

Dim srFile      As StreamReader
Dim strLine     As String
Dim strDataHelp As String
Dim i           As Integer
```

Über einen `StreamReader` öffnen wir die Datei. Wir verwenden auch hier den Zeichensatz »ISO-8859-1«, um Probleme mit Umlauten usw. zu vermeiden.

```
    Try
        srFile = New StreamReader _
                 ( _
                 m_strFileNameAbsolute, _
                 System.Text.Encoding.GetEncoding _
                                     ( _
                                       "ISO-8859-1" _
                                     ) _
                 )

    Catch ex As Exception
        m_blnOperationOK = False
        Return ""
    End Try
```

Die Zeilen, die übersprungen werden sollen, werden ebenfalls gelesen. Der Inhalt wird aber verworfen.

```
        Try
            If lngLinesOffset > 1 Then
                i = 0
                Do
                    strLine = srFile.ReadLine
                    If Not IsNothing(strLine) Then
                        i += 1
                    End If
                Loop Until IsNothing(strLine) Or i = lngLinesOffset
            End If
```

Falls nur bestimmte Zeilen gelesen werden sollen, wird die Datei zeilenweise angesteuert.

```
            If lngLinesRead > 0 Then
                i = 0
                m_lngCount = 0
                strDataHelp = ""
                Do
                    strLine = srFile.ReadLine
                    If Not IsNothing(strLine) Then
                        m_strData &= strDataHelp & strLine
                        strDataHelp = vbCrLf
                        i += 1
                        m_lngCount += 1
                    End If
                Loop Until IsNothing(strLine) Or i = lngLinesRead
```

Ansonsten lesen wir mittels der Methode `ReadToEnd` die Datei komplett aus und geben den ermittelten Dateiinhalt zurück.

```
            ElseIf lngLinesRead < 0 Then
                m_strData = srFile.ReadToEnd
                m_lngCount = -1
            End If
        Catch
            m_blnOperationOK = False
            Return ""
        End Try

        srFile.Close()

        m_blnOperationOK = True
        Return m_strData

    End Function
```

Listing 184: Hilfsmethode ImportLinesFromText (cbFileOperation.vb)

Zeilenweises Einlesen

Es folgt wieder das obligatorische Beispiel. Die **.aspx*-Datei enthält wieder eine ReadOnly-Textbox zum Anzeigen der jeweiligen Daten sowie einen Button. Der Dateiinhalt wird erst nach einem Klick auf diesen Button ausgelesen. So können Sie den Dateiinhalt z.B. auch verändern und müssen dann lediglich wieder auf den Button klicken um die Veränderungen zu sehen.

```
<%@ Page Language="vb"
    enableViewState="False"
    AutoEventWireup="false"
    Codebehind="Chapter03Example08_2.aspx.vb"
    Inherits="codebook.aspnet.vb.Chapter03Example08_2"%>

<!doctype html public "-//w3c//dtd html 4.0 transitional//en">
<HTML>
  <HEAD>
    <title>Chapter 03 Example 08_2</title>
<LinK href="styles/codebook.css" type=text/css rel=stylesheet >
  </HEAD>
<body>
<H3><asp:hyperlink id=linkDrives
                   runat="server"
                   navigateurl="Chapter03Example01.aspx"
                   cssclass="clsLink">
                   Laufwerksansicht
    </asp:hyperlink>
</H3>
<h3>
    <asp:literal id=litTopic
                 runat="server"
                 Text="Zeilenweises Auslesen von Daten">
    </asp:literal>
</H3>

<form id=frmMain
      action=Chapter03Example08_2.aspx
      method=post
      runat="server">
<table border="0"
       cellSpacing=0
       cellPadding=0
       width=500>
  <tr>
    <td width="100%">
        <table class=clsTable
               cellSpacing=1
               cellPadding=0
               width="100%">
        <tr>
```

Listing 185: Zeilenweises Auslesen einer Datei (Chapter03Example08_2.aspx)

```
            <td class=clsCellHead width="100%" height=22>
                DateiInhalt
            </td>
        </tr>
        <tr>
            <td>
                <asp:TextBox ID="txtFileContent"
                             CssClass="clsInputTextArea"
                             TextMode="MultiLine"
                             Rows="20"
                             Columns="71"
                             Width="500"
                             ReadOnly="True"
                             enableviewstate="False"
                             Runat="server">
                </asp:TextBox>
            </td>
        </tr>
        </table>
        <br>
        <table class="clsTable"
            width="100%"
            cellpadding="0"
            cellspacing="1">
            <tr>
                <td class="clsCellHead" width="20%" height="22">
                    Aktionsinfo</td>
                <td class="clsCell" align="left" valign="center">
                    <asp:Literal id="litActionInfo"
                                 runat="server">
                    </asp:Literal>
                </td>
            </tr>
        </table>
    </td>
  </tr>
  <tr>
    <td>
        <br>
        <table width="100%"
               border="0"
               cellpadding="0"
               cellspacing="1">
            <tr>
                <td width="20%"> </td>
                <td >
                    <asp:button id="cmdGetData"
                                runat="server"
                                text="Daten einlesen"
                                cssclass="clsSubmit">
                    </asp:button>
```

Listing 185: Zeilenweises Auslesen einer Datei (Chapter03Example08_2.aspx) (Forts.)

```
                </td>
            </tr>
        </table>
    </td>
  </tr>
</table>
</form>

</body>
</HTML>
```

Listing 185: Zeilenweises Auslesen einer Datei (Chapter03Example08_2.aspx) (Forts.)

```
Namespace codebook.aspnet.vb

Public Class Chapter03Example08_2
    Inherits System.Web.UI.Page
```

Um die gewünschten Aktionen durchführen zu können, benötigen wir ein `cbFileOperation`-Objekt, das die oben vorgestellte Hilfsmethode enthält.

```
    Private m_objFileOp As cbFileOperation

    Protected WithEvents linkDrives     As HyperLink
    Protected WithEvents txtFileContent As TextBox
    Protected WithEvents litTopic       As Literal
    Protected WithEvents litActionInfo  As Literal
    Protected WithEvents cmdGetData     As Button

    Private Sub Page_Load _
                ( _
                ByVal sender As System.Object, _
                ByVal e As System.EventArgs _
                ) Handles MyBase.Load

        If Not Page.IsPostBack Then
            LoadData()
        End if
    End Sub
```

Wir lesen in diesem Beispiel nur die Zeilen 6 bis einschließlich 10 aus. Daher informieren wir den Benutzer darüber, indem wir den entsprechenden Hinweis über ein `Literal`-Control ausgeben.

```
    Private Sub LoadData()
        litActionInfo.Text _
            = "Auslesen der Zeilen 6 bis 10 aus " & _
              """./data/codebook.txt"""
```

```
    End Sub

    Private Sub cmdGetData_click _
                    ( _
                     ByVal sender As Object, _
                     ByVal e As System.EventArgs _
                    ) Handles cmdGetData.Click

        m_objFileOp = New cbFileOperation _
                    ("./data/codebook.txt")
```

Wie schon erwähnt, wollen wir nur die Zeilen 6 bis einschließlich 10 auslesen. Daher geben wir als Offset 5 an (damit werden die ersten fünf Zeilen übersprungen) und für die Anzahl der Zeilen ebenfalls den Wert 5 (damit wird dann die sechste, die siebte, die achte, die neunte und die zehnte Zeile ausgelesen).

```
        txtFileContent.Text = m_objFileOp.ImportLinesFromText(5, 5)
```

Falls Sie alle Zeilen auslesen wollen, müssen Sie folgenden Aufruf erzeugen:

```
        txtFileContent.Text = m_objFileOp.ImportLinesFromText(0, -1)
        LoadData()
    End Sub

End Class

End Namespace
```

Listing 186: Zeilenweises Auslesen einer Datei (Chapter03Example08_2.aspx.vb)

78 Importieren und Verarbeiten einer CSV-Datei

Eine CSV-Datei muss nicht immer nur im Zusammenhang mit Datenbanken verwendet werden. Diese Dateien können auch hervorragend als eigene Datenquelle dienen. So könnte man z.B. kleinere Preislisten in einer CSV-Datei speichern und für die Ausgabe entsprechend auslesen und die Inhalte aufbereiten.

Hilfsmethode ImportFromCSV

Um eine CSV-Datei in Ihre Anwendung zu importieren, benötigen wir eine weitere Hilfsmethode, die die Datei ausliest, die Struktur der Datei ermittelt und die Inhalte so aufbereitet, dass diese als Datenquelle, z.B. für ein `DataGrid`, dienen können. in unserem Fall gibt die Methode eine `DataTable` zurück, die den Dateiinhalt widerspiegelt.

Als Parameter werden der relative Pfad der Datei, die Angabe, ob die erste Spalte die Spaltennamen beinhaltet, sowie das Trennzeichen (meist ist dies das Semikolon oder ein Tabulator) erwartet.

```
Public Function ImportFromCsv _
           ( _
            ByVal strFileNameVirtual As String, _
            Optional ByVal blnHeadLine As Boolean = True, _
            Optional ByVal strDelimiter _
                     As String = DEFAULTDELIMITER _
           ) As DataTable

    FileName        = strFileNameVirtual
    HeadLine        = blnHeadLine
    Delimiter       = strDelimiter
    OverWriteFile   = False

    Return ImportFromCsv()
End Function

Public Function ImportFromCsv() As DataTable
    m_lngCount = 0

    If Not File.Exists(m_strFileNameAbsolute) Then
        m_blnOperationOK = False
        Return Nothing
    End If

    m_dtData = new DataTable

Dim srFile       As StreamReader
Dim aryColumn() As String
Dim strRow       As String
Dim intCount     As Integer = 0
Dim i            As Integer
Dim drData       As DataRow
```

Wir erzeugen ein `StreamReader`-Objekt, das für den Dateizugriff zuständig ist. Der Zeichensatz »ISO-8859-1« ist auch hier notwendig, um mit Umlauten und anderen Sonderzeichen umgehen zu können.

```
    Try
        srFile = New StreamReader _
                     ( _
                     m_strFileNameAbsolute, _
                     System.Text.Encoding.GetEncoding _
                                         ( _
                                           "ISO-8859-1" _
                                         ) _
                     )

    Catch ex As Exception
        m_blnOperationOK = False
        Return Nothing
    End Try
```

```
        Try
            strRow = srFile.ReadLine
            If IsNothing(strRow) Then
                m_blnOperationOK = False
                Return Nothing
            Else
                aryColumn = Split _
                            ( _
                                strRow, _
                                m_strDelimiter, _
                                -1, _
                                CompareMethod.Binary _
                            )

                If LBound(aryColumn) = -1 Then
                    m_blnOperationOK = False
                    Return Nothing
```

Die erste Zeile wurde ausgelesen. Nun durchlaufen wir jede Spalte dieser Zeile und erzeugen so die Headline, bzw. die Spaltennamen. Wenn Sie über den Parameter `blnHeadLine` angegeben haben, dass die erste Zeile die Spaltennamen beinhaltet, werden die ermittelten Werte dafür verwendet. Anderenfalls werden die Spalten nach dem Schema Spalte_1, Spalte_2 usw. benannt.

```
                Else
                    For i = LBound(aryColumn) To UBound(aryColumn)
                        If m_blnHeadLine Then
                            m_dtData.Columns.Add _
                                            ( _
                                            aryColumn(i), _
                                            GetType(String) _
                                            )
                        Else
                            m_dtData.Columns.Add _
                                    ( _
                                      "Spalte_" & i.ToString, _
                                      GetType(String) _
                                    )
                        End If
                    Next i
```

Falls die erste Zeile nicht die Headline darstellt, werden die ermittelten Werte als erste Zeile unserer `DataTable` verwendet.

```
                    If Not m_blnHeadLine Then
                        drData = m_dtData.NewRow
                        For i = LBound(aryColumn) To _
```

```
                                 UBound(aryColumn)
                             drData(i) = aryColumn(i)
                         Next i
                     End If
                 End If
             End If
             intCount += 1
```

Nun lesen wir noch die weiteren Zeilen aus und übertragen die einzelnen Werte in unsere DataTable.

```
             Do
                 strRow = srFile.ReadLine
                 If Not IsNothing(strRow) Then
                     intCount += 1

                     aryColumn = Split _
                                 ( _
                                     strRow, _
                                     m_strDelimiter, _
                                     -1, _
                                     CompareMethod.Binary _
                                 )

                     drData = m_dtData.NewRow
```

Da es u.U. auch vorkommen kann, dass eine Zeile mehr Felder beinhaltet als ursprünglich angenommen, prüfen wir die Anzahl und fügen ggfs. noch eine Spalte in unsere DataTable hinzu, die die entsprechenden Werte aufnehmen kann.

```
                     For i = LBound(aryColumn) To _
                             UBound(aryColumn)

                         If i > (m_dtData.Columns.Count - 1)
                             m_dtData.Columns.Add _
                                     ( _
                                       "Spalte " & i.ToString, _
                                       GetType(String) _
                                     )
                             drData = m_dtData.NewRow
                             i = LBound(aryColumn)
                         End If

                         drData(i) = aryColumn(i)
                     Next i

                     m_dtData.Rows.Add(drData)
```

Listing 187: Hilfsmethode ImportFromCSV (cbFileOperation.vb)

```
            End If
        Loop Until IsNothing(strRow)
    Catch ex As Exception
        m_blnOperationOK = False
        Return Nothing
    End Try

    srFile.Close()

    m_lngCount = intCount
    m_blnOperationOK = True
    Return m_dtData

End Function
```

Listing 187: Hilfsmethode ImportFromCSV (cbFileOperation.vb) (Forts.)

Basics
Daten-bank
I/O
Validie-rung
Controls
Http-Handler
Netz-werk
Grafik
Tracing
Security

Importieren der CSV-Datei

in unserem Beispiel wollen wir eine Kundenliste aus einer CSV-Datei einlesen und in einem `DataGrid` ausgeben. Hierfür beinhaltet die **.aspx*-Datei eine Textbox, die den Dateiinhalt selbst ausgibt, und einen Button. Nach einem Klick auf den Button werden die Daten über die Methode `ImportFromText` ausgelesen und als Datenquelle des `DataGrid`-Steuerelements verwendet.

```
<%@ Page Language="vb"
    enableViewState="False"
    AutoEventWireup="false"
    Codebehind="Chapter03Example08_3.aspx.vb"
    Inherits="codebook.aspnet.vb.Chapter03Example08_3"%>
<!doctype html public "-//w3c//dtd html 4.0 transitional//en">
<HTMl>
  <HEAD>
    <title>Chapter 03 Example 08_3</title>
<LinK href="styles/codebook.css" type=text/css rel=stylesheet >
  </HEAD>
<body>
<H3><asp:hyperlink id=linkDrives
                runat="server"
                navigateurl="Chapter03Example01.aspx"
                cssclass="clsLink">
                Laufwerksansicht
    </asp:hyperlink>
</H3>
<h3>
    <asp:literal id=litTopic
               runat="server"
               Text="Importieren und Verarbeiten einer CSV-Datei">
    </asp:literal>
</h3>

<form id=frmMain
```

```
      action=Chapter03Example08_3.aspx
      method=post
      runat="server">
<table border="0"
       cellSpacing=0
       cellPadding=0
       width=500>
  <tr>
    <td width="100%">
        <table class=clsTable
               cellSpacing=1
               cellPadding=0
               width="100%">
        <tr>
            <td class=clsCellHead width="100%" height=22>
                DateiInhalt
            </td>
        </tr>
        <tr>
            <td>
                <asp:TextBox ID="txtFileContent"
                             CssClass="clsInputTextArea"
                             TextMode="MultiLine"
                             Rows="20"
                             Columns="71"
                             Width="500"
                             ReadOnly="True"
                             enableviewstate="False"
                             Runat="server">
                </asp:TextBox>
            </td>
        </tr>
        </table>
        <br>
        <table class="clsTable"
            width="100%"
            cellpadding="0"
            cellspacing="1">
            <tr>
                <td class="clsCellHead" width="20%" height="22">
                    Aktionsinfo</td>
                <td class="clsCell" align="left" valign="middle">
                    <asp:Literal id="litActionInfo"
                                 runat="server">
                    </asp:Literal>
                </td>
            </tr>
        </table>
    </td>
  </tr>
  <tr>
    <td>
        <br>
```

```
        <table width="100%"
              border="0"
              cellpadding="0"
              cellspacing="1">
            <tr>
                <td width="20%"> </td>
                <td >
                    <asp:button id="cmdImportData"
                                runat="server"
                                text="Daten importieren"
                                cssclass="clsSubmit">
                    </asp:button>
                </td>
            </tr>
        </table>
    </td>
  </tr>
  <tr>
    <td>
        <br>
```

Das DataGrid wird zunächst nicht sichtbar sein, da wir das Attribut Visible mit dem Wert False belegt haben. Da wir beim ersten Aufruf des Beispiels ja noch keine Daten haben, die wir anzeigen können, macht dies auch Sinn. Im weiteren Verlauf (nach dem Klick auf den Button und dem Import der CSV-Datei) wird der Wert dann auf True gesetzt, damit das DataGrid angezeigt wird.

```
        <asp:datagrid cellpadding="3"
                    id="theGrid"
                    runat="server"
                    width="100%"
                    Visible="False"
                    autogeneratecolumns="True"
                    cssclass="clsTable"
                    bordercolor="#000000"
                    allowpaging="True"
                    AllowSorting="True"
                    allowcustompaging="False"
                    pagerstyle-visible="False"
                    headerstyle-cssclass="clsCellHead"
                    itemstyle-cssclass="clsCell"
                    pagesize="10">
        </asp:datagrid>
    </td>
  </tr>
</table>
</form>

</body>
</HTML>
```

Listing 188: Import einer CSV-Datei (Chapter03Example08_3.aspx)

```
Namespace codebook.aspnet.vb

Public Class Chapter03Example08_3
    Inherits System.Web.UI.Page

    Private m_objFileOp As cbFileOperation

    Protected WithEvents linkDrives     As HyperLink
    Protected WithEvents txtFileContent As TextBox
    Protected WithEvents litTopic       As Literal
    Protected WithEvents litActionInfo  As Literal
    Protected WithEvents cmdImportData  As Button
    Protected WithEvents theGrid        As DataGrid

    Private Sub Page_Load _
                (_
                ByVal sender As System.Object, _
                ByVal e As System.EventArgs _
                ) Handles MyBase.Load

        LoadData()
    End Sub

    Private Sub LoadData()
```

Für die weitere Verarbeitung erzeugen wir hier die Instanz unserer `cbFileOperation`-Klasse, die das Auslesen des Dateiinhalts (zur Anzeige in der Textbox) vornehmen wird.

```
        m_objFileOp = New cbFileOperation("./data/codebook.csv")

        txtFileContent.Text _
            = m_objFileOp.ImportFromText()

        m_objFileOp = Nothing

        litActionInfo.Text _
            = "Importieren der CSV-Datei ""./data/codebook.csv"""
    End Sub

    Private Sub cmdImportData_click _
                    (_
                      ByVal sender As Object, _
                      ByVal e As System.EventArgs _
                    ) Handles cmdImportData.Click
```

Nach einem Klick auf den Button `cmdImportData` wird dieser EventHandler aufgerufen. Wir erzeugen wieder ein `cbFileOperation`-Objekt. Über die Methode `ImportFromCSV` erzeugen wir die `DataTable`, die als Datenquelle des `DataGrid` dienen soll.

```
    Dim dtImportData As DataTable

        m_objFileOp = New cbFileOperation()

        dtImportData = m_objFileOp.ImportFromCsv _
                            ( _
                              "./data/codebook.csv", _
                              True, _
                              ";" _
                            )

        m_objFileOp = Nothing
```

Falls keine Daten vorhanden sind (die `DataTable` also nicht existiert), können keine Daten angezeigt werden. Die Datenbindung erfolgt in diesem Fall nicht und das `DataGrid` wird nicht angezeigt.

```
        If Not IsNothing(dtImportData) Then
            theGrid.DataSource = dtImportData
            theGrid.Visible = True
            theGrid.DataBind()
        Else
            theGrid.Visible = False
        End If

        LoadData()
    End Sub

End Class

End Namespace
```

Listing 189: Import einer CSV-Datei (Chapter03Example08_3.aspx.vb)

79 Export von Daten in eine CSV-Datei

Ein Export von Daten aus einer Webanwendung in eine CSV-Datei ist manchmal ebenso nützlich wie der Import. Wenn Sie z.B. eine Anwendung haben, in der Ihre User verschiedene Daten in Listenform, z.B. über Formulare, eingeben können (ein Warenkorb eines Shopsystems wäre auch eine solche Liste, ist aber aufgrund der Komplexität des Systems wohl in einer Datenbank besser aufgehoben), und Sie einen einfachen Weg suchen, die eingegebenen Daten zu exportieren, können Sie dies mit dem nachfolgenden Beispiel tun.

Hilfsmethode ExportToCSV

Die Methode `ExportToCSV` exportiert die Struktur und die Daten einer `DataTable` in eine CSV-Datei. Als Parameter werden die `DataTable` selbst sowie der Name der Exportdatei erwartet. Auch hier können Sie mit dem Parameter `blnHeadline` angeben, ob die erste Zeile die Spaltennamen beinhalten soll. `strDelimiter` ist das Trennzeichen, das zwischen den einzelnen

Spalten eingefügt werden soll. Über `blnOverWriteFile` können Sie steuern, ob eine evtl. schon existierende Datei überschrieben werden soll.

```
Public Function ExportToCsv _
            ( _
            ByVal dtData As DataTable, _
            ByVal strFileNameVirtual As String, _
            Optional ByVal blnHeadLine As Boolean = True, _
            Optional ByVal strDelimiter _
                  As String = DEFAULTDELIMITER, _
            Optional ByVal blnOverWriteFile _
                  As Boolean = False _
            ) As Boolean


    FileName        = strFileNameVirtual
    HeadLine        = blnHeadLine
    Delimiter       = strDelimiter
    OverWriteFile   = blnOverWriteFile

    Return ExportToCsv(dtData)
End Function

Public Function ExportToCsv _
            ( _
            ByVal dtData As DataTable _
            ) As Boolean

    m_lngCount = 0

    If IsNothing(dtData) Then
        m_blnOperationOK = False
        Return m_blnOperationOK
    End If

Dim blnFileExists As Boolean
    blnFileExists = File.Exists(m_strFileNameAbsolute)

    m_dtData = dtData

Dim swFile      As StreamWriter
Dim aryColumn() As String
Dim strRow      As String
Dim strRowHelp  As String
Dim intCount    As Integer = 0
Dim i           As Integer
Dim j           As Integer
Dim drData      As DataRow
```

Das Lesen einer Datei haben wir bisher primär über so genannte `StreamReader` durchgeführt. Zum Schreiben hingegen verwenden wir einen `StreamWriter`. Der `StreamWriter` stellt die Methoden und Eigenschaften bereit, die zum Schreiben von Daten in einen Stream (hier eine Datei) benötigt werden.

```
        Try
            swFile _
              = New StreamWriter _
                    ( _
                    m_strFileNameAbsolute, _
                    (blnFileExists And Not OverWriteFile), _
                    System.Text.Encoding.GetEncoding _
                                         ( _
                                         "ISO-8859-1" _
                                         ) _
                    )

        Catch ex As Exception
            m_blnOperationOK = False
            Return m_blnOperationOK
        End Try
```

Falls die erste Zeile die Spaltennamen beinhalten soll, durchlaufen wir alle Spalten der übergebenen `DataTable` und lesen die Namen der einzelnen Spalten aus.

```
        Try
            If (Not blnFileExists Or OverWriteFile) _
                AND HeadLine Then
                strRow = ""
                strRowHelp = ""

                For i = 0 To (m_dtData.Columns.Count - 1)
                    strRow &= strRowHelp _
                             & m_dtData.Columns(i).ColumnName
                    strRowHelp = Delimiter
                Next i

                swFile.WriteLine(strRow)
                intCount += 1
            End if
```

Anschließend werden die eigentlichen Daten ausgelesen und in die Exportdatei geschrieben.

```
            For i = 0 To (m_dtData.Rows.Count - 1)
                strRow = ""
                strRowHelp = ""
```

Listing 190: Hilfsmethode ExportToCSV (cbFileOperation.vb)

```
            For j = 0 To (m_dtData.Columns.Count - 1)
                strRow &= strRowHelp _
                         & m_dtData.Rows(i)(j).ToString
                strRowHelp = Delimiter
            Next j

            intCount += 1
            swFile.WriteLine(strRow)
        Next i

    Catch ex As Exception
        m_blnOperationOK = False
        Return m_blnOperationOK
    End Try

    swFile.Close()

    m_lngCount = intCount
    m_blnOperationOK = True
    Return m_blnOperationOK

End Function
```

Listing 190: Hilfsmethode ExportToCSV (cbFileOperation.vb) (Forts.)

Export durchführen

Da die **.aspx*-Datei sehr ähnlich der des vorigen Beispiels ist, lassen wir diese hier weg und kommen gleich zur CodeBehind-Datei. Der Einfachheit halber lesen wir die Daten aus einer anderen Datei aus und erzeugen so die benötigte `DataTable`. Wie schon gesagt, können Sie dies aber natürlich auch über ein Formular erledigen, in das die User die entsprechenden Werte eingeben können.

```
Namespace codebook.aspnet.vb

Public Class Chapter03Example08_4
    Inherits System.Web.UI.Page

    Private m_objFileOp As cbFileOperation

    Protected WithEvents linkDrives     As HyperLink
    Protected WithEvents litTopic       As Literal
    Protected WithEvents theGrid        As DataGrid
    Protected WithEvents cmdExportData  As Button
    Protected WithEvents litActionInfo  As Literal
    Protected WithEvents txtFileContent As TextBox

    Private Sub Page_Load _
                (  _
                ByVal sender As System.Object, _
```

```
                  ByVal e As System.EventArgs _
                  ) Handles MyBase.Load

        LoadData()
    End Sub

    Private Sub LoadData()
```

Wie oben schon erwähnt, lesen wir die Daten für den Export aus einer anderen Datei aus. Dies erledigen wir über unsere Methode `ImportFromCSV`, die wir Ihnen im vorigen Beispiel gezeigt haben.

```
    Dim dtImportData As DataTable

        m_objFileOp = New cbFileOperation()
        dtImportData = m_objFileOp.ImportFromCsv _
                       ( _
                         "./data/codebook.csv", _
                         True, _
                         ";" _
                       )

        m_objFileOp = Nothing
```

Damit Sie die Daten auch sehen können, stellen wir diese noch in einem `DataGrid`-Steuerelement dar.

```
        If Not IsNothing(dtImportData) Then
            theGrid.DataSource = dtImportData
            theGrid.Visible = True
            theGrid.DataBind()
        Else
            theGrid.Visible = False
        End If

        litActionInfo.Text _
            = "Exportieren einer DataTable nach" _
              & " ""./data/codebook_exp.csv"""
    End Sub

    Private Sub cmdExportData_click _
                    ( _
                     ByVal sender As Object, _
                     ByVal e As System.EventArgs _
                    ) Handles cmdExportData.Click
```

Nach einem Klick auf den Button `cmdExportData` erzeugen wir eine neue Instanz der `cbFileOperation`-Klasse. Da wir wie schon gesagt die `DataTable` automatisch durch das Auslesen einer anderen Datei erzeugen, benötigen wir diese Instanz, um den Import durchzuführen.

```
    Dim dtImportData As DataTable
    Dim objFileOp    As cbFileOperation


        m_objFileOp = New cbFileOperation _
                          ( _
                            "./data/codebook.csv", _
                            True _
                          )
        m_objFileOp.Delimiter = ";"
```

Nun erzeugen wir eine weitere Instanz der `cbFileOperation`-Klasse. Diese wird für den Export verwendet. Als Trennzeichen für die einzelnen Spaltenwerte geben wir das Semikolon an. Über `OverWriteFile` wird angegeben, dass eine evtl. schon bestehende Zieldatei überschrieben werden soll.

```
        objFileOp = New cbFileOperation _
                        ( _
                          "./data/codebook_exp.csv", _
                          True _
                        )
        objFileOp.Delimiter     = ";"
        objFileOp.OverWriteFile = True
```

Der Export wird nun mittels Aufruf der Methode `ExportToCSV` durchgeführt. Als Parameter wird die Rückgabe von `ImportFromCSV` übergeben.

```
        objFileOp.ExportToCsv(m_objFileOp.ImportFromCsv())
```

Wenn Sie eine eigene `DataTable` haben, die als Datenquelle dienen soll, müssen Sie die Methode folgendermaßen aufrufen:

```
        objFileOp.ExportToCsv( IhreDataTable )

        m_objFileOp = Nothing
        objFileOp = Nothing
```

Es folgen noch das Auslesen und die Ausgabe des neuen Dateiinhalts, damit Sie sehen, dass die Zieldatei auch wirklich erzeugt wurde.

```
        m_objFileOp = New cbFileOperation("./data/codebook_exp.csv")
        txtFileContent.Text _
            = m_objFileOp.ImportFromText()
```

Listing 191: Export in eine CSV-Datei (Chapter03Example08_4.aspx.vb)

```
        m_objFileOp = Nothing

        LoadData()
    End Sub

End Class

End Namespace
```

Listing 191: Export in eine CSV-Datei (Chapter03Example08_4.aspx.vb) (Forts.)

Basics
Daten-
bank
I/O
Validie-
rung
Controls
Http-
Handler
Netz-
werk
Grafik
Tracing
Security

80 Eine Datei zeichenweise einlesen

Wenn Sie nur bestimmte Bereiche einer Datei auslesen wollen, z.B. 25 Zeichen, beginnend ab Position 76, können Sie sich über die nachstehende Methode freuen, denn diese erledigt genau das. Ein möglicher Einsatzzweck ist z.B. das Auslesen einer Zeichenfolge aus einer Datei, die zufällig erzeugte Zeichen enthält. Dies ist z.B. sinnvoll, wenn Sie einen Schlüssel generieren müssen, der aus einem vorgegebenen Text stammen soll.

Hilfsmethode ImportCharsFromText

Die Methode `ImportCharsFromText` erwartet zwei Parameter: zum einen `lngCharsOffset`, mit dem Sie angeben, wie viele Zeichen am Anfang der Datei übersprungen werden sollen. Wenn Sie also z.B. 79 angeben, wird das erste gelesene Zeichen das 80. Zeichen sein. Wenn Sie kein Zeichen überspringen wollen, übergeben Sie den Wert 0. Der zweite Parameter `lngCharsRead` gibt an, wie viele Zeichen gelesen werden sollen. Wenn Sie alle Zeichen lesen wollen, übergeben Sie hier den Wert -1.

```
    Public Function ImportCharsFromText _
                (  _
                ByVal lngCharsOffset As Long, _
                ByVal lngCharsRead As Long  _
                ) As String
        m_lngCount = 0

        If Not File.Exists(m_strFileNameAbsolute) Then
            m_blnOperationOK = False
            Return ""
        End If

        m_strData = ""

    Dim srFile      As StreamReader
    Dim cRead()     As Char
    Dim i           As Integer
```

Über einen `StreamReader` wird die Datei geöffnet. Der Zeichensatz »ISO-8859-1« wird hier ebenfalls verwendet, da wir ggfs. auch mit Umlauten und anderen Sonderzeichen umgehen müssen.

```
        Try
            srFile = New StreamReader _
                        ( _
                        m_strFileNameAbsolute, _
                        System.Text.Encoding.GetEncoding _
                                                ( _
                                                  "ISO-8859-1" _
                                                ) _
                        )

        Catch ex As Exception
            m_blnOperationOK = False
            Return ""
        End Try
```

Falls nicht ab dem ersten Zeichen gelesen werden soll, wird über die Methode Peek des StreamReaders geprüft, ob überhaupt ein Zeichen gelesen werden kann. Wenn ja, wird die entsprechende Anzahl von Zeichen mittels Read ausgelesen und verworfen, da wir diese ja nicht mehr benötigen. Da Read den Cursor auf das nächstfolgende Zeichen setzt, befinden wir uns dann auch schon an der richtigen Position (falls nicht weniger Zeichen vorhanden sind, dann stehen wir am Dateiende).

```
        Try
            If lngCharsOffset > 1 Then
                If srFile.Peek >= 0 Then
                    ReDim cRead(lngCharsOffset - 1)
                    srFile.Read( _
                               cRead, _
                               0, _
                               Convert.ToInt32(lngCharsOffset) _
                               )
                End If
            End If
```

Nun wird noch einmal geprüft, ob weitere Zeichen zur Verfügung stehen. Wenn ja, lesen wir nun die gewünschte Anzahl an Zeichen aus dem Dateiinhalt aus.

```
            If srFile.Peek >= 0 Then
                If lngCharsRead > 0 Then
                    ReDim cRead(lngCharsRead - 1)
                    srFile.Read( _
                               cRead, _
                               0, _
                               Convert.ToInt32(lngCharsRead) _
                               )
                    m_strData = Convert.ToString(cRead)
```

Listing 192: Hilfsmethode ImportCharsFromText (cbFileOperation.vb)

```
                m_lngCount = cRead.GetLongLength(0)

            ElseIf lngCharsRead < 0 Then
                m_strData = srFile.ReadToEnd
                m_lngCount = -1
            End If
        End If
    Catch
        m_blnOperationOK = False
        Return ""
    End Try

    srFile.Close()

    m_blnOperationOK = True
    Return m_strData

End Function
```

Listing 192: Hilfsmethode ImportCharsFromText (cbFileOperation.vb) (Forts.)

Zeichen einlesen

Auch hier sparen wir uns den Platz für die **.aspx*-Datei ein, da diese ähnlich denen der vorherigen Beispiel ist.

```
Namespace codebook.aspnet.vb

Public Class Chapter03Example08_5
    Inherits System.Web.UI.Page

    Private m_objFileOp As cbFileOperation

    Protected WithEvents linkDrives     As HyperLink
    Protected WithEvents txtFileContent As TextBox
    Protected WithEvents litTopic       As Literal
    Protected WithEvents litActionInfo  As Literal
    Protected WithEvents cmdGetData     As Button

    Private Sub Page_Load _
                ( _
                ByVal sender As System.Object, _
                ByVal e As System.EventArgs _
                ) Handles MyBase.Load

        If Not Page.IsPostBack Then
            LoadData()
        End if
    End Sub
```

Basics
Daten-bank
I/O
Validie-rung
Controls
Http-Handler
Netz-werk
Grafik
Tracing
Security

Um den User darüber zu informieren, welche Zeichen ausgelesen werden, erzeugen wir noch eine entsprechende Ausgabe über das `Literal`-Control.

```
Private Sub LoadData()
    litActionInfo.Text _
        = "Auslesen der Zeichen 81 bis 260" _
          & " aus ""./data/codebook.txt"""
End Sub

Private Sub cmdGetData_click _
                    ( _
                      ByVal sender As Object, _
                      ByVal e As System.EventArgs _
                    ) Handles cmdGetData.Click
```

Nach einem Klick auf den Button `cmdGetData` erzeugen wir eine Instanz der `cbFileOperation`-Klasse und importieren die gewünschten Zeichen aus der Datei *codebook_chars.txt* im Verzeichnis *data* unterhalb des Projektverzeichnisses.

```
        m_objFileOp = New cbFileOperation _
                    ("./data/codebook_chars.txt")
```

Wir weisen den von der Methode `ImportCharsFromText` zurückgegebenen String direkt der Textbox zu. Falls Sie alle Zeichen auslesen wollen, übergeben Sie für den ersten Parameter den Wert 0 und für den zweiten Parameter den Wert -1.

```
        txtFileContent.Text = m_objFileOp.ImportCharsFromText _
                                    ( _
                                      80, _
                                      180 _
                                    )

        LoadData()
    End Sub

End Class

End Namespace
```

Listing 193: Eine Datei zeichenweise auslesen (Chapter03Example08_5.aspx.vb)

81 Schreiben einer Datei

Wenn Sie Inhalte z.B. aus einer Textarea in eine Datei schreiben wollen, können Sie das nachfolgende Beispiel verwenden. Dieses nimmt eine Eingabe aus einer `TextBox` entgegen und schreibt den Inhalt in eine Datei.

Hilfsmethode ExportToText

Die Methode ExportToText dient dazu, den übergebenen String in eine Datei zu schreiben. strData beinhaltet hierbei den Inhalt, der in die im Parameter strFileNameAbsolute angegebene Datei geschrieben werden soll. Über blnOverWriteFile können Sie steuern, ob eine evtl. schon existierende Datei überschrieben werden soll.

```
Public Function ExportToText _
        ( _
         ByVal strData As String, _
         ByVal strFileNameAbsolute As String, _
         Optional ByVal blnOverWriteFile As Boolean = False, _
        ) As Boolean

    FileNameAbsolute = strFileNameAbsolute
    OverWriteFile = blnOverWriteFile

    Return ExportToText(strData)
End Function

Public Function ExportToText(ByVal strData As String) As Boolean
    m_lngCount = 0

Dim blnFileExists As Boolean
    blnFileExists = File.Exists(m_strFileNameAbsolute)

    m_strData = strData

Dim swFile As StreamWriter
```

Auch hier verwenden wir wieder einen StreamWriter, der die Verbindung zwischen unserem Skript und der Datei darstellt.

```
    Try
        swFile _
          = New StreamWriter _
                ( _
                m_strFileNameAbsolute, _
                (blnFileExists And Not OverWriteFile), _
                System.Text.Encoding.GetEncoding _
                                     ( _
                                     "ISO-8859-1" _
                                     ) _
                )
```

Falls die Datei nicht erzeugt werden kann, wird ein Fehler ausgelöst, den wir abfangen müssen da wir dann auch keinen Inhalt in die Datei schreiben können.

```
        Catch ex As Exception
            m_blnOperationOK = False
            Return m_blnOperationOK
        End Try
```

Über die Methode `Write`, der wir den Dateiinhalt übergeben, wird der Inhalt jetzt in die Ausgabedatei geschrieben.

```
        Try
            swFile.Write(m_strData)
        Catch ex As Exception
            m_blnOperationOK = False
            Return m_blnOperationOK
        End Try

        swFile.Close()

        m_lngCount = -1
        m_blnOperationOK = True
        Return m_blnOperationOK

    End Function
```

Listing 194: Hilfsmethode ExportToText (cbFileOperation.vb)

In die Datei schreiben

Die **.aspx*-Datei dieses Beispiels enthält zwei `TextBox`-Steuerelemente und einen Button. Die erste Textbox dient zur Eingabe des Inhalts, der in die Datei geschrieben werden soll. Die zweite Textbox dient zur Kontrollausgabe des Inhalts der erzeugten Datei.

```
<%@ Page Language="vb"
    EnableViewState="True"
    AutoEventWireup="false"
    Codebehind="Chapter03Example09_1.aspx.vb"
    Inherits="codebook.aspnet.vb.Chapter03Example09_1"%>
<!DOCTYPE HTML PUBLIC "-//W3C//DTD HTML 4.0 Transitional//EN">
<HTML>
  <HEAD>
    <title>Chapter 03 Example 09_1</title>
        <LinK href="styles/codebook.css"
              type=text/css
              rel=stylesheet>
  </HEAD>
<body>
<H3>
    <asp:hyperlink id="linkDrives"
                   runat="server"
                   cssclass="clsLink"
```

```
                    navigateurl="Chapter03Example01.aspx">
                    Laufwerksansicht
    </asp:hyperlink>
</H3>
<h3>
    <asp:literal
        id=litTopic
        runat="server"
        enableviewstate="False"
        Text="Neue Textdatei erstellen">
    </asp:literal>
</h3>

<form id=frmMain
      action=Chapter03Example09_1.aspx
      method=post
      runat="server">
<table border="0"
       cellSpacing=0
       cellPadding=0
       width=500>
  <tr>
    <td width="100%">
        <table class=clsTable
               cellSpacing=1
               cellPadding=0
               width="100%">
        <tr>
            <td class=clsCellHead width="100%" height=22>
                Neuer Inhalt
            </td>
        </tr>
```

in die TextBox `txtNewFileContent` geben Sie den Inhalt der zu erzeugenden Textdatei ein.

```
        <tr>
            <td>
                <asp:TextBox ID="txtNewFileContent"
                             CssClass="clsInputTextArea"
                             TextMode="MultiLine"
                             Rows="20"
                             Columns="71"
                             Width="500"
                             ReadOnly="False"
                             enableviewstate="False"
                             Runat="server">
                </asp:TextBox>
            </td>
        </tr>
        </table>
        <br>
```

```
        <table class="clsTable"
            width="100%"
            cellpadding="0"
            cellspacing="1">
            <tr>
                <td class="clsCellHead" width="20%">Dateiname</td>
                <td class="clsCell">
                    <asp:textbox id="txtFileName"
                                 runat="server"
                                 cssclass="clsInput"
                                 ReadOnly="True"
                                 width="300"
                                 columns="30"
                                 maxlength="255">
                    </asp:textbox>
                </td>
            </tr>
        </table>
    </td>
  </tr>
  <tr>
    <td>
        <br>
        <table width="100%"
               border="0"
               cellpadding="0"
               cellspacing="1">
            <tr>
                <td width="20%"> </td>
                <td >
                    <asp:button id="cmdCreateFile"
                                runat="server"
                                text="Datei erstellen"
                                cssclass="clsSubmit">
                    </asp:button>
                </td>
            </tr>
        </table>
    </td>
  </tr>
```

Es folgt die TextBox, die den Inhalt der neu erzeugten Datei noch einmal zur Kontrolle ausgibt. Die Steuerung der Anzeige erfolgt in der CodeBehind-Datei, die wir Ihnen im Anschluss vorstellen wollen.

```
  <tr>
    <td>
        <br>
        <table class=clsTable
```

Listing 195: Schreiben einer Datei (Chapter03Example09_1.aspx)

```
            cellSpacing=1
            cellPadding=0
            width="100%">
        <tr>
            <td class=clsCellHead width="100%" height=22>
                Inhalt der neuen Datei
            </td>
        </tr>
        <tr>
            <td>
                <asp:TextBox ID="txtFileContent"
                             CssClass="clsInputTextArea"
                             TextMode="MultiLine"
                             Rows="20"
                             Columns="71"
                             Width="500"
                             ReadOnly="True"
                             enableviewstate="False"
                             Runat="server">
                </asp:TextBox>
            </td>
        </tr>
        </table>
    </td>
  </tr>
</table>
</form>

</body>
</HTML>
```

Listing 195: Schreiben einer Datei (Chapter03Example09_1.aspx) (Forts.)

```
Namespace codebook.aspnet.vb

Public Class Chapter03Example09_1
    Inherits System.Web.UI.Page

    Private m_objFileOp     As cbFileOperation
    Private m_objFileAct    As cbFileSystemFileAction

    Private m_strNewFile    As String _
        = Server.MapPath("./" & "data/NewFile.txt")

    Protected WithEvents linkDrives         As HyperLink
    Protected WithEvents litTopic           As Literal
    Protected WithEvents txtNewFileContent  As TextBox
    Protected WithEvents txtFileName        As TextBox
    Protected WithEvents cmdCreateFile      As Button
    Protected WithEvents txtFileContent     As TextBox

    Private Sub Page_Load _
```

```
                          ( _
                          ByVal sender As System.Object, _
                          ByVal e As System.EventArgs _
                          ) Handles MyBase.Load
```

Um Probleme zu vermeiden, wird beim Aufruf des Beispiels eine evtl. vorhandene Zieldatei gelöscht. Dies erledigen wir über die Methode `Delete` der `cbFileSystemFileAction`-Klasse. Diese Methode haben wir Ihnen noch nicht vorgestellt, da wir dies in einem eigenen Rezept, »Löschen von Dateien« behandeln.

```
        m_objFileAct = New cbFileSystemFileAction()
        m_objFileAct.Delete(m_strNewFile)
        m_objFileAct = Nothing

        LoadData()
    End Sub

    Private Sub LoadData()
        m_objFileop = New cbFileOperation()

        txtFileName.Text = m_strNewFile

        txtFileContent.Text _
            = m_objFileOp.ImportFromText(m_strNewFile)

    End Sub

    Private Sub cmdCreateFile_click _
                        ( _
                          ByVal sender As Object, _
                          ByVal e As System.EventArgs _
                        ) Handles cmdCreateFile.Click
```

Wenn Sie einen Text in die entsprechende `TextBox` eingegeben haben und auf den Button `cmdCreateFile` geklickt haben, wird der übergebene Inhalt mit der Methode `ExportToText` in die Ausgabedatei geschrieben.

```
        m_objFileOp = New cbFileOperation()
        m_objFileOp.ExportToText _
                        ( _
                        txtNewFileContent.Text, _
                        m_strNewFile, _
                        False _
                        )
```

Wir löschen den Inhalte der `TextBox`, damit Sie das Beispiel direkt noch einmal (mit einem anderen Text) ausprobieren können. Die Kontrollausgabe des Inhalts der erzeugten Datei wird in der folgenden Zeile vorgenommen.

```
        txtNewFileContent.Text = ""

        txtFileContent.Text = m_objFileOp.ImportFromText()

        m_objFileOp = Nothing
        LoadData()
    End Sub

End Class

End Namespace
```

Listing 196: Schreiben einer Datei (Chapter03Example09_1.aspx.vb)

82 Ändern einer Datei

Das Ändern von Dateiinhalten ist ebenfalls oft notwendig. So werden z.B. Logfiles normalerweise zeilenweise geschrieben. Bei jedem Zugriff wird eine neue Zeile in die Datei eingefügt. Aber es gibt zum Beispiel auch Gästebücher, die auf Textdateien basieren. Hier ist es allerdings im Gegensatz zu Logfiles normalerweise notwendig, dass die neuen Inhalte vor dem schon vorhandenen Dateiinhalt eingefügt werden. Dies können Sie mit dem nachfolgenden Beispiel erledigen.

```
<%@ Page Language="vb"
    EnableViewState="True"
    AutoEventWireup="false"
    Codebehind="Chapter03Example09_2.aspx.vb"
    Inherits="codebook.aspnet.vb.Chapter03Example09_2"%>

<!DOCTYPE HTML PUBLIC "-//W3C//DTD HTML 4.0 Transitional//EN">
<HTMl>
  <HEAD>
    <title>Chapter 03 Example 09_2</title>
        <LinK href="styles/codebook.css"
              type=text/css
              rel=stylesheet>
  </HEAD>
<body>
<H3>
    <asp:hyperlink id="linkDrives"
                   runat="server"
                   cssclass="clsLink"
                   navigateurl="Chapter03Example01.aspx">
                   Laufwerksansicht
    </asp:hyperlink>
</H3>
<h3>
    <asp:literal
         id=litTopic
         runat="server"
```

```
        enableviewstate="False"
        Text="Textdatei verändern">
    </asp:literal>
</h3>

<form id=frmMain
      action=Chapter03Example09_1.aspx
      method=post
      runat="server">
<table border="0"
       cellSpacing=0
       cellPadding=0
       width=500>
  <tr>
    <td width="100%">
        <table class=clsTable
               cellSpacing=1
               cellPadding=0
               width="100%">
        <tr>
            <td class=clsCellHead width="100%" height=22>
                Neuer Inhalt
            </td>
        </tr>
```

Der in die Datei einzufügende Text wird in die Textbox `txtContent` eingetragen. Um zu bestimmen, wo der Inhalt eingefügt werden soll, verwenden Sie die weiter unten beschriebenen `RadioButtons`.

```
        <tr>
            <td>
                <asp:TextBox ID="txtContent"
                             CssClass="clsInputTextArea"
                             TextMode="MultiLine"
                             Rows="20"
                             Columns="71"
                             Width="500"
                             ReadOnly="False"
                             enableviewstate="False"
                             Runat="server">
                </asp:TextBox>
            </td>
        </tr>
        </table>
        <br>
        <table class="clsTable"
            width="100%"
            cellpadding="0"
            cellspacing="1">
          <tr>
               <td class="clsCellHead" width="20%">Dateiname</td>
```

```
                <td class="clsCell">
                    <asp:textbox id="txtFileName"
                                 runat="server"
                                 cssclass="clsInput"
                                 ReadOnly="True"
                                 width="300"
                                 columns="30"
                                 maxlength="255">
                    </asp:textbox>
                </td>
            </tr>
        </table>
    </td>
  </tr>
  <tr>
    <td>
        <br>
        <table width="100%"
               border="0"
               cellpadding="0"
               cellspacing="1">
```

Um Ihnen etwas mehr Komfort zu bieten, haben wir eine Liste von `RadioButtons` in die Datei eingefügt, mit der Sie zwischen den folgenden Optionen wählen können:

- Dateiinhalt ersetzen
- Text am Ende der Datei einfügen
- Text am Anfang der Datei einfügen

```
            <tr>
                <td width="20%" align="left" valign="top">
                    Änderungstyp</td>
                <td >
                    <table width="100%"
                           border="0"
                           cellpadding="0"
                           cellspacing="1">
                      <tr>
                           <td align="center"
                               valign="middle"
                               width="22">
                               <asp:RadioButton
                                   ID="radAction1"
                                   GroupName="radAction"
                                   CssClass="clsRadio"
                                   Checked="True"
                                   Runat="server">
                               </asp:RadioButton>
                           </td>
                           <td align="left" valign="middle">
```

```
                        Dateiinhalt ersetzen
                    </td>
                </tr>
                <tr>
                    <td align="center"
                        valign="middle"
                        width="22">
                        <asp:RadioButton
                            ID="radAction2"
                            GroupName="radAction"
                            CssClass="clsRadio"
                            Runat="server">
                        </asp:RadioButton>
                    </td>
                    <td align="left" valign="middle">
                        Text am Ende der Datei einfügen
                    </td>
                </tr>
                <tr>
                    <td align="center"
                        valign="middle"
                        width="22">
                        <asp:RadioButton
                            ID="radAction3"
                            GroupName="radAction"
                            CssClass="clsRadio"
                            Runat="server">
                        </asp:RadioButton>
                    </td>
                    <td align="left" valign="middle">
                        Text am Anfang der Datei einfügen
                    </td>
                </tr>
              </table>
          </td>
      </tr>
  </table>
  <br>
  <table width="100%"
         border="0"
         cellpadding="0"
         cellspacing="1">
      <tr>
          <td width="20%"> </td>
          <td >
              <asp:button id="cmdChangeFile"
                          runat="server"
                          text="Datei ändern"
                          cssclass="clsSubmit">
              </asp:button>
          </td>
      </tr>
  </table>
```

```
    </td>
  </tr>
  <tr>
    <td>
        <br>
        <table class=clsTable
               cellSpacing=1
               cellPadding=0
               width="100%">
        <tr>
            <td class=clsCellHead width="100%" height=22>
               Inhalt der Datei
            </td>
        </tr>
```

Die Textbox zur Kontrollausgabe des neuen Dateiinhalts steht wie immer am Ende der Datei.

```
        <tr>
            <td>
                <asp:TextBox ID="txtFileContent"
                             CssClass="clsInputTextArea"
                             TextMode="MultiLine"
                             Rows="20"
                             Columns="71"
                             Width="500"
                             ReadOnly="True"
                             enableviewstate="False"
                             Runat="server">
                </asp:TextBox>
            </td>
        </tr>
        </table>
    </td>
  </tr>
</table>
</form>

</body>
</HTML>
```

Listing 197: Ändern einer Datei (Chapter03Example09_2.aspx)

```
Namespace codebook.aspnet.vb

Public Class Chapter03Example09_2
    Inherits System.Web.UI.Page

    Private m_objFileOp     As cbFileOperation
    Private m_objFileAct    As cbFileSystemFileAction
```

Als Ein- und Ausgabedatei wird die Datei *codebook_change.txt* verwendet. Diese finden Sie im Ordner *data* unterhalb des Projektverzeichnisses.

```
Private m_strFile    As String _
    = Server.MapPath("./" & "data/codebook_change.txt")

Protected WithEvents linkDrives As HyperLink
Protected WithEvents litTopic As Literal
Protected WithEvents txtContent As TextBox
Protected WithEvents txtFileName As TextBox
Protected WithEvents cmdChangeFile As Button
Protected WithEvents txtFileContent As TextBox
Protected WithEvents radAction1 As RadioButton
Protected WithEvents radAction2 As RadioButton
Protected WithEvents radAction3 As RadioButton

Private Sub Page_Load _
                ( _
                ByVal sender As System.Object, _
                ByVal e As System.EventArgs _
                ) Handles MyBase.Load

    LoadData()
End Sub

Private Sub LoadData()
    m_objFileop = New cbFileOperation()

    txtFileName.Text = m_strFile

    txtFileContent.Text _
        = m_objFileOp.ImportFromText(m_strFile)

End Sub

Private Sub cmdChangeFile_click _
                    ( _
                     ByVal sender As Object, _
                     ByVal e As System.EventArgs _
                    ) Handles cmdChangeFile.Click

Dim strText As String

    m_objFileOp = New cbFileOperation()
```

Je nachdem, welche `Option` gewählt wurde, wird die Methode `ExportToText` mit verschiedenen Parametern aufgerufen. Im ersten Fall (Ersetzen des gesamten Dateiinhalts) wird nur der neue Text in die Datei geschrieben. Hierfür wird als letzter Parameter der Wert `True` übergeben, der die Methode anweist, die Datei zu überschreiben.

```
        If radAction1.Checked Then
            m_objFileOp.ExportToText _
                        ( _
                         txtContent.Text, _
                         m_strFile, _
                         True _
                        )
```

Wenn Sie den Inhalt am Ende der Datei einfügen wollen, muss nur der Wert `False` für den letzten Parameter übergeben werden. Die Methode weiß dann, dass die Inhalte angefügt werden sollen.

```
        ElseIf radAction2.Checked Then
            m_objFileOp.ExportToText _
                        ( _
                         txtContent.Text, _
                         m_strFile, _
                         False _
                        )
```

»Schwieriger« wird es, wenn Sie den neuen Inhalt am Anfang einfügen wollen. Hierfür gibt es keine Standardmethode seitens des .NET Frameworks. Daher lesen wir zuerst den aktuellen Inhalt über die Methode `ImportFromText` aus. Den eingegeben String fügen wir dann vor dem bisherigen Text ein und übergeben den so erzeugten String wieder als Dateiinhalt an die Methode `ExportToText`.

```
        ElseIf radAction3.Checked Then
            m_objFileOp.ExportToText _
                        ( _
                         txtContent.Text & _
                         m_objFileOp.ImportFromText(m_strFile), _
                         m_strFile, _
                         True _
                        )

        End If

        txtFileContent.Text = m_objFileOp.ImportFromText(m_strFile)

        m_objFileOp = Nothing
        LoadData()
    End Sub

End Class

End Namespace
```

Listing 198: Ändern einer Datei (Chapter03Example09_2.aspx.vb)

83 Eine Datei kopieren

Neben dem Lesen und Schreiben von Dateien gibt es noch eine Menge anderer Sachen, die man machen kann. Ein Beispiel hierfür ist das Kopieren von Dateien. Dies erledigen Sie über die statische Methode `Copy` der `File`-Klasse. Da aber ggfs. noch Prüfungen zu erledigen sind (z.B. ob die Quelle und das Zielverzeichnis existieren) oder auch mehrere Dateien auf einmal kopiert werden sollen, haben wir eine weitere Hilfsmethode in unsere Klasse `cbFileSystemFileAction` integriert. Diese stellen wir Ihnen nachfolgend vor.

Hilfsmethode Copy

Die Hilfsmethode `Copy` dient zum Kopieren einer oder mehrerer Dateien. Der erste Parameter erwartet eine vollständige Pfadangabe sowie einen Dateinamen. Die Besonderheit hierbei ist, dass Sie auch Platzhalter verwenden können, um z.B. alle Zip-Dateien zu kopieren. Wenn Sie also zum Beispiel *C:\temp*.zip* übergeben, werden alle Dateien, die mit *.zip* enden, in das Zielverzeichnis kopiert. Der zweite Parameter `strTarget` ist das Zielverzeichnis. Über den dritten Parameter, `blnOverWrite`, können Sie einstellen, ob bestehende Dateien überschrieben werden sollen.

```
Public Function Copy _
              ( _
              ByVal strSource As String, _
              ByVal strTarget As String, _
              Optional ByVal blnOverWrite As Boolean = False _
              ) As Boolean
    Source     = strSource
    Target     = strTarget
    OverWrite  = blnOverWrite

    Return Copy()
End Function

Public Function Copy() As Boolean
    m_blnActionOK = False

Dim strFiles    As String()
Dim strFile     As String
```

Falls das Quellverzeichnis nicht existiert, können wir auch keine Dateien kopieren. Daher prüfen wir im Vorfeld die Existenz des Quellordners. Falls das Verzeichnis existiert, prüfen wir anschließend, ob die Quelldatei existiert. Dies ist z.B. dann der Fall, wenn Sie nicht **.ext*, sondern einen »richtigen« Dateinamen, z.B. *meinedatei.txt* angegeben haben. Falls die Datei nicht existiert, rufen wir über die Methode `GetFiles` der `Directory`-Klasse die Dateiliste ab, da es dann wahrscheinlich ist, dass Sie einen Platzhalter verwendet haben.

```
    If Directory.Exists(m_strSource_Dir) Then
        If Not File.Exists(m_strSource) Then
            strFiles _
```

```
                = Directory.GetFiles _
                    ( _
                     m_strSource_Dir, _
                     m_strSource_File _
                    )
            If strFiles.GetLongLength(0) = 0 Then
                Return m_blnActionOK
            End If
        End if
    Else
        Return m_blnActionOK
    End If
```

Auch das Zielverzeichnis muss natürlich existieren. Über die Methode `Exists` der `Directory`-Klasse ermitteln wir dies und brechen den Vorgang ab, falls die Methode den Wert `False` zurückgibt.

```
    If Not Directory.Exists(m_strTarget_Dir) Then
        Return m_blnActionOK
    End If
```

Intern rufen wir für jede zu kopierende Datei die Methode `Copy` der `File`-Klasse auf und übergeben dieser die entsprechenden Parameter.

```
    If IsNothing(strFiles) Then

        Try
            If Not m_strTarget_File <> "" Then
                m_strTarget = m_strTarget_Dir & m_strSource_File
            End If

            File.Copy(m_strSource, m_strTarget, m_blnOverWrite)

            m_blnActionOK = True
        Catch
            Return m_blnActionOK
        End Try

    Else

        m_blnActionOK = True
```

Falls Sie Platzhalter verwendet haben, müssen wir jede Datei einzeln kopieren. Hierfür durchlaufen wir eine Schleife, in der wir alle Elemente des von `GetFiles` zurückgelieferten Arrays durchlaufen und dann intern die Methode `Copy` der `File`-Klasse aufrufen.

```
            For Each strFile In strFiles
                Try
                    File.Copy(strFile, _
                              m_strTarget_Dir _
                                & cbFileSystemInfo. _
                                    cbGetFileName(strFile), _
                              m_blnOverWrite)
                Catch
                    m_blnActionOK = False
                End Try
            Next strFile
        End If

        Return m_blnActionOK
    End Function
```

Listing 199: Hilfsmethode Copy (cbFileSystemFileAction.vb)

Die Datei kopieren

Damit Sie die oben vorgestellte Methode auch live erleben können, haben wir hier natürlich ebenfalls ein vollständiges Beispiel für Sie vorbereitet.

```
Namespace codebook.aspnet.vb

Public Class Chapter03Example10
    Inherits System.Web.UI.Page

    Private m_objFileAct     As cbFileSystemFileAction
    Private m_objDirAct      As cbFileSystemDirAction
```

Das Quell- und das Zielverzeichnis werden vordefiniert. Aber Sie können natürlich auch diese Angaben dynamisch auslesen, wenn Sie dies benötigen.

```
    Private m_strSourceDir As String _
        = Server.MapPath("./" & "data/Act/Source")
    Private m_strTargetDir As String _
        = Server.MapPath("./" & "data/Act/Target")

    Protected WithEvents linkDrives              As HyperLink
    Protected WithEvents litTopic                As Literal
    Protected WithEvents theGridSourceDirectory As DataGrid
    Protected WithEvents litActionInfo           As Literal
    Protected WithEvents cmdAction               As Button
    Protected WithEvents litSourceDirectory      As Literal
    Protected WithEvents litTargetDirectory      As Literal
    Protected WithEvents theGridTargetDirectory As DataGrid

    Private Sub Page_Load _
```

```
                  ( _
                  ByVal sender As System.Object, _
                  ByVal e As System.EventArgs _
                  ) Handles MyBase.Load
```

Für die Ausführung des Beispiels sind einige Vorarbeiten notwendig. Zum einen prüfen wir, ob das Quell- und das Zielverzeichnis existieren. Falls nicht, werden diese mittels Aufruf der Methode `Create` der Klasse `cbFileSystemDirAction` erzeugt. Diese Methode stellen wir Ihnen in einem anderen Beispiel vor.

```
        If Not Page.IsPostBack Then
            m_objDirAct = New cbFileSystemDirAction
            m_objDirAct.Create(m_strSourceDir)
            m_objDirAct.Create(m_strTargetDir)
            m_objDirAct = Nothing
```

Damit wir auch etwas zu kopieren haben, werden alle Dateien aus dem Verzeichnis *data* in das Quellverzeichnis kopiert. Sie sehen hier auch schon die erste Verwendung der oben vorgestellten Hilfsmethode `Copy`. Durch die Angabe *.* werden alle Dateien vom Quellverzeichnis in das Zielverzeichnis kopiert.

```
            m_objFileAct = New cbFileSystemFileAction
            m_objFileAct.Copy _
                    ( _
                    Server.MapPath("./" & "data") & "\*.*", _
                    m_strSourceDir, _
                    True _
                    )
            m_objFileAct = Nothing

            LoadData()
        End if
    End Sub

    Private Sub LoadData()
        litActionInfo.Text _
            = "Kopieren der Datei ""codebook_copy.txt"""
```

Um Ihnen einen besseren Überblick über die Dateien des Quell- und des Zielverzeichnisses zu verschaffen, zeigen wir die Dateilisten jeweils über ein `DataGrid` an.

```
        litSourceDirectory.Text _
            = "Quellverzeichnis: " & m_strSourceDir
        litTargetDirectory.Text _
            = "Zielverzeichnis: " & m_strTargetDir
```

```
        theGridSourceDirectory.DataSource _
            = cbFileSystemInfo.cbGetFiles(m_strSourceDir, "*")
        theGridSourceDirectory.DataBind()

        theGridTargetDirectory.DataSource _
            = cbFileSystemInfo.cbGetFiles(m_strTargetDir, "*")
        theGridTargetDirectory.DataBind()
    End Sub

    Private Sub cmdAction_click _
                    ( _
                      ByVal sender As Object, _
                      ByVal e As System.EventArgs _
                    ) Handles cmdAction.Click
```

Der eigentliche Kopiervorgang wird erst ausgelöst, wenn Sie auf den Button `cmdAction` geklickt haben. Wir rufen dann unsere Methode `Copy` mit den entsprechenden Parametern (Quelldatei, Zielverzeichnis, existierende Dateien überschreiben) auf. Danach laden wir die Dateilisten (in der Methode `LoadData`) erneut, um dem User die Kontrolle zu ermöglichen, dass der Kopiervorgang erfolgreich war.

```
        m_objFileAct = New cbFileSystemFileAction
        m_objFileAct.Copy _
                (  _
                m_strSourceDir & "\codebook_copy.txt", _
                m_strTargetDir, _
                True _
                )
        m_objFileAct = Nothing

        LoadData()
    End Sub

End Class

End Namespace
```

Listing 200: Kopieren einer Datei (Chapter03Example10.aspx.vb)

84 Mehrere Dateien kopieren

Der nächste Schritt ist das Kopieren mehrerer Dateien. Wir zeigen Ihnen hierfür nur die Methode `cmdAction_Click`, da der Rest des Codes identisch mit dem vorigen Beispiel ist.

```
    Private Sub cmdAction_Click _
                    ( _
                      ByVal sender As Object, _
                      ByVal e As System.EventArgs _
                    ) Handles cmdAction.Click
```

Im Folgenden wollen wir alle Dateien, die mit der Zeichenfolge code beginnen und die Dateiendung *.txt* besitzen, kopieren. Dazu verwenden wir die Zeichenfolge *code*.txt*. Wenn Sie alle Zip-Dateien kopieren wollen, übergeben Sie die Zeichenfolge **.zip*.

```
        m_objFileAct = New cbFileSystemFileAction
        m_objFileAct.Copy _
                ( _
                m_strSourceDir & "\code*.txt", _
                m_strTargetDir, _
                True _
                )
        m_objFileAct = Nothing

        LoadData()
    End Sub
```

Listing 201: Kopieren mehrerer Dateien (Chapter03Example10_2.aspx.vb)

85 Umbenennen einer Datei

Der nächste Schritt ist das Umbenennen einer Datei. Da es keine direkte Methode hierfür gibt, erzeugen wir diese selbst. Es gibt zwei Möglichkeiten, eine Datei umzubenennen. Welche Methode verwendet wird, hängt davon ab, ob die Zieldatei existiert oder nicht. Die weitere Beschreibung sehen Sie nachfolgend.

Hilfsmethode Rename

Die Hilfsmethode `Rename` unserer Klasse `cbFileSystemFileAction` erwartet drei Parameter: zum einen die Quelldatei inkl. der Pfadangabe und des Weiteren den neuen Namen, den die Datei erhalten soll sowie einen Parameter `blnOverWrite`, der angibt, ob die Zieldatei überschrieben werden kann.

```
    Public Function Rename _
                ( _
                ByVal strSource As String, _
                ByVal strTarget As String, _
                Optional ByVal blnOverWrite As Boolean = False _
                ) As Boolean
        Source      = strSource
        Target      = strTarget
        OverWrite   = blnOverWrite

        Return Rename()
    End Function

    Public Function Rename() As Boolean
        m_blnActionOK = False

    Dim strFiles    As String()
    Dim strFile     As String
```

Basics
Daten-bank
I/O
Validie-rung
Controls
Http-Handler
Netz-werk
Grafik
Tracing
Security

Wir prüfen vorab über die Methoden `Directory.Exists` und `File.Exists`, ob das Quellverzeichnis und die Quelldatei existieren. Wenn nicht, brechen wir die Verarbeitung an dieser Stelle ab.

```
        If Directory.Exists(m_strSource_Dir) Then
            If Not File.Exists(m_strSource) Then
                Return m_blnActionOK
            End if
        Else
            Return m_blnActionOK
        End If

        m_strTarget_Dir = m_strSource_Dir
        m_strTarget = m_strTarget_Dir & m_strTarget_File
```

Falls die Zieldatei schon existiert, kopieren wir die alte Datei und geben den neuen Namen als Ziel an. Danach löschen wir die Originaldatei. Dies muss so gemacht werden, da die Methode `Move` nur verwendet werden kann, wenn die Zieldatei noch nicht existiert.

```
        Try
            If File.Exists(m_strTarget) And OverWrite Then
                File.Copy(m_strSource, m_strTarget, True)
                File.Delete(m_strSource)
            Else
                File.Move(m_strSource, m_strTarget)
            End if
        Catch
            Return m_blnActionOK
        End Try

        m_blnActionOK = True
        Return m_blnActionOK

    End Function
```

Listing 202: Hilfsmethode »Rename« (cbFileSystemFileAction.vb)

Umbenennen der Datei

Auch hier stellen wir Ihnen nur den EventHandler des Buttons vor, da der restliche Code weitgehend identisch mit dem der vorigen Beispiele ist.

```
    Private Sub cmdAction_click _
                        ( _
                         ByVal sender As Object, _
                         ByVal e As System.EventArgs _
                        ) Handles cmdAction.Click

        m_objFileAct = New cbFileSystemFileAction
```

Wir rufen die oben vorgestellte Methode Rename für die Datei *codebook_rename.txt* auf. Als neuen Namen der Datei übergeben wir den Wert *codebook_new.txt*. Das war auch schon alles, was zu tun ist. Sie sehen, es ist eigentlich recht einfach.

```
        m_objFileAct.Rename _
                (_
                m_strTargetDir & "\codebook_rename.txt", _
                "codebook_new.txt", _
                True _
                )

        m_objFileAct = Nothing

        LoadData()
    End Sub
```

Listing 203: Umbenennen einer Datei (Chapter03Example10_3.aspx.vb)

86 Verschieben einer Datei

Neben dem Kopieren einer Datei gibt es auch oft die Anforderung, diese in ein anderes Verzeichnis zu verschieben. Hierfür gibt es die Methode Move der File-Klasse. Ähnlich wie beim Kopieren möchten Sie aber ggfs. auch mehrere Dateien gleichzeitig verschieben, z.B. alle Word-Dokumente (**.doc*). Daher haben wir eine eigene Methode Move entwickelt, mit der Sie dies machen können.

Hilfsmethode Move

Die Methode Move erwartet dieselben Parameter wie die Methode Copy. D.h. Sie geben die Quelldatei(en) sowie das Zielverzeichnis an. Wenn bereits existierende Dateien im Zielverzeichnis überschrieben werden sollen, geben Sie für den Parameter blnOverWrite den Wert True an, ansonsten False.

```
    Public Function Move _
                (_
                ByVal strSource As String, _
                ByVal strTarget As String, _
                Optional ByVal blnOverWrite As Boolean = False _
                ) As Boolean
        Source      = strSource
        Target      = strTarget
        OverWrite   = blnOverWrite

        Return Move()
    End Function

    Public Function Move() As Boolean
        m_blnActionOK = False
```

```
    Dim strFiles     As String()
    Dim strFile      As String
```

Wenn Sie Platzhalter (z.B. **.doc*) übergeben haben, liefert `File.Exists` den Wert `False`. in dem Fall rufen wir über die Methode `GetFiles` die Liste der Dateien ab, die dem Filter entsprechen.

```
        If Directory.Exists(m_strSource_Dir) Then
            If Not File.Exists(m_strSource) Then
                strFiles _
                    = Directory.GetFiles _
                        ( _
                          m_strSource_Dir, _
                          m_strSource_File _
                        )
                If strFiles.GetLongLength(0) = 0 Then
                    Return m_blnActionOK
                End If
            End if
        Else
            Return m_blnActionOK
        End If

        If Not Directory.Exists(m_strTarget_Dir) Then
            Return m_blnActionOK
        End If

        If IsNothing(strFiles) Then
```

Wie beim Umbenennen wird auch hier geprüft, ob eine Datei mit dem gleichen Namen wie die zu kopierende Datei evtl. schon im Zielverzeichnis existiert. Falls ja, verwenden wir auch hier `Copy` and `Delete`. Wir kopieren also zuerst die Quelldatei und löschen dann die Originaldatei. Dies muss, wie schon erwähnt, aufgrund der Tatsache erfolgen, dass die integrierte Methode `Move` nicht in der Lage ist, bestehende Dateien zu überschreiben.

```
            Try
                If Not m_strTarget_File <> "" Then
                    m_strTarget = m_strTarget_Dir & m_strSource_File
                End If

                If File.Exists(m_strTarget) And OverWrite Then
                    File.Copy(m_strSource, m_strTarget, True)
                    File.Delete(m_strSource)
                Else
                    File.Move(m_strSource, m_strTarget)
                End if

                m_blnActionOK = True
```

```
            Catch
                Return m_blnActionOK
            End Try

        Else
            m_blnActionOK = True
```

Das Prinzip des Verschiebens ist auch bei mehreren Dateien gleich. Wir durchlaufen lediglich eine Schleife, die alle Dateien der Liste nacheinander durchgeht und die notwendigen Aktionen ausführt.

```
            For Each strFile In strFiles
                Try
                    m_strTarget = m_strTarget_Dir _
                                   & cbFileSystemInfo. _
                                       cbGetFileName(strFile)
                    If File.Exists(m_strTarget) And OverWrite Then
                        File.Copy(strFile, m_strTarget, True)
                        File.Delete(strFile)

                    Else
                        File.Move(strFile, m_strTarget)

                    End if
                Catch
                    m_blnActionOK = False
                End Try
            Next strFile
        End If

        Return m_blnActionOK

    End Function
```

Listing 204: Hilfsmethode Move (cbFileSystemFileAction.vb)

Verschieben der Datei

```
    Private Sub cmdAction_click _
                    ( _
                     ByVal sender As Object, _
                     ByVal e As System.EventArgs _
                    ) Handles cmdAction.Click


        m_objFileAct = New cbFileSystemFileAction
```

Der Aufruf der Methode selbst ist relativ unspektakulär. Wir übergeben den Namen der Quelldatei *codebook_move.txt* und das Zielverzeichnis (hier das Unterverzeichnis *act/target*.

Da wir wollen, dass bestehende Dateien überschrieben werden sollen, wird für den letzten Parameter der Wert `True` übergeben.

```
        m_objFileAct.Move _
                ( _
                m_strSourceDir & "\codebook_move.txt", _
                m_strTargetDir, _
                True _
                )
        m_objFileAct = Nothing

        LoadData()

    End Sub
```

Listing 205: Verschieben einer Datei (Chapter03Example10_4.aspx.vb)

87 Verschieben mehrerer Dateien

Das Verschieben mehrerer Dateien passiert auf dem gleichen Weg wie das Verschieben einer einzelnen Datei. Über die Methode `Move`, der Sie dieses Mal als Quelldatei die Zeichenfolge *move*.txt* übergeben, werden dann alle Textdateien, die mit der Zeichenfolge *move* beginnen, in das Zielverzeichnis verschoben.

```
        m_objFileAct = New cbFileSystemFileAction
        m_objFileAct.Move _
                ( _
                m_strSourceDir & "\move*.txt", _
                m_strTargetDir, _
                True _
                )
        m_objFileAct = Nothing
```

Listing 206: Verschieben mehrerer Dateien (Chapter03Example10_5.aspx.vb)

88 Löschen einer Datei

Das Löschen von Dateien gehört ebenfalls zu den oft benötigten Aufgaben. Ähnlich wie beim Kopieren oder Verschieben von Dateien gibt es auch hier eine integrierte Methode der `File`-Klasse. Aber da Sie unter Umständen auch mehrere Dateien auf einmal löschen wollen, haben wir natürlich wieder eine eigene Methode hierfür erstellt.

Hilfsmethode Delete

Die Hilfsmethode `Delete` erwartet lediglich einen einzigen Parameter, den Namen der zu löschenden Datei. Sie können auch hier mit Platzhaltern, z.B. **.tmp*, arbeiten, um zum Beispiel alle temporären Dateien zu löschen.

```
    Public Function Delete _
              ( _
              ByVal strSource As String _
              ) As Boolean
        Source      = strSource
        Target      = ""
        OverWrite   = false

        Return Delete()
    End Function

    Public Function Delete() As Boolean
        m_blnActionOK = False

    Dim strFiles    As String()
    Dim strFile     As String
```

Die Prüfungen sind identisch mit denen der Methoden `Copy` und `Move`. Falls kein eindeutiger Dateiname angegeben wurde, ermitteln wir die Liste der entsprechenden Dateien.

```
        If Directory.Exists(m_strSource_Dir) Then
            If Not File.Exists(m_strSource) Then
                strFiles _
                    = Directory.GetFiles _
                      ( _
                       m_strSource_Dir, _
                       m_strSource_File _
                       )
                If strFiles.GetLongLength(0) = 0 Then
                    Return m_blnActionOK
                End If
            End if
        Else
            Return m_blnActionOK
        End If

        If IsNothing(strFiles) Then

            Try
```

Das Löschen selbst wird intern ebenfalls über die Methode `Delete` der `File`-Klasse durchgeführt. Als Parameter übergeben wir hier den Dateinamen inkl. des vollständigen Pfads.

```
                File.Delete(m_strSource)

            Catch
                Return m_blnActionOK
            End Try
```

```
        Else

            m_blnActionOK = True
```

Um mehrere Dateien zu löschen, durchlaufen wir mittels einer Schleife wieder alle Elemente der Dateiliste. Für jede Datei wird dann die `Delete`-Methode der `File`-Klasse aufgerufen.

```
            For Each strFile In strFiles
                Try
                    File.Delete(strFile)

                Catch
                    m_blnActionOK = False
                    Return m_blnActionOK
                End Try
            Next strFile
        End If

        Return m_blnActionOK
    End Function
```

Listing 207: Hilfsmethode Delete (cbFileSystemFileAction.vb)

Löschen der Datei

Der Quellcode unterscheidet sich auch hier nur geringfügig von den vorherigen Beispielen. Daher zeigen wir Ihnen hier nur den relevanten Ausschnitt. Dieser befindet sich im Event-Handler `Click` des Buttons `cmdAction`.

```
        m_objFileAct = New cbFileSystemFileAction
```

Wir löschen mit dem nachfolgenden Aufruf die Datei *codebook_delete.txt* im Verzeichnis *act/target* unterhalb des Projektverzeichnisses.

```
        m_objFileAct.Delete _
                ( _
                m_strTargetDir & "\codebook_delete.txt" _
                )
        m_objFileAct = Nothing
```

Listing 208: Löschen einer Datei (Chapter03Example10_6.aspx.vb)

89 Löschen mehrerer Dateien

Um mehrere Dateien zu löschen, müssen Sie lediglich anstelle eines eindeutigen Dateinamens Platzhalter verwenden. So löscht das nachstehende Beispiel alle Textdateien, die mit »delete« beginnen.

```
        m_objFileAct = New cbFileSystemFileAction
        m_objFileAct.Delete _
                ( _
                m_strTargetDir & "\delete*.txt" _
                )
        m_objFileAct = Nothing
```

Listing 209: Löschen einer Datei (Chapter03Example10_7.aspx.vb)

90 Kopieren von Verzeichnissen

Das Kopieren von Verzeichnissen scheint Microsoft nicht allzu wichtig zu sein. Einen anderen Grund kann es meiner Meinung nach für das Fehlen einer `Copy`-Methode der `Directory`-Klasse nicht geben. Bevor Sie sich vergeblich auf die Suche machen: Es gibt im ganzen .NET Framework keine Methode, mit der Sie ein Verzeichnis inkl. aller enthaltenen Dateien und ggfs. vorhandener Unterverzeichnisse kopieren können. Warum diese, meiner Meinung nach sehr wichtige Methode fehlt, kann ich nicht nachvollziehen.

Aber da wir nicht jammern, sondern mit Taten beweisen wollen, dass Ihnen dieses Buch einen echten Mehrwert bietet, stellen wir Ihnen nachfolgend einige Methoden vor, die diese Aufgabe übernehmen.

Sie müssen sich allerdings bewusst sein, dass die nachstehenden Methoden teilweise rekursiv aufgerufen werden (das bedeutet, eine Methode ruft sich selbst wieder auf). Dies ist notwendig, um z.B. eine komplette Verzeichnisstruktur inkl. enthaltener Unterverzeichnisse zu kopieren.

Hilfsmethode Copy

Die Methode `Copy` ist die öffentliche Methode zum Kopieren von Verzeichnissen. Als Parameter werden das Quellverzeichnis und das Zielverzeichnis erwartet. Über den Parameter blnRecursive steuern Sie, ob nur das Hauptverzeichnis inkl. enthaltener Dateien oder die gesamte Verzeichnisstruktur inkl. enthaltener Unterverzeichnisse sowie dort enthaltene Dateien kopiert werden sollen. Der Wert `False` bewirkt, dass nur das Hauptverzeichnis und dessen Dateien kopiert werden. Der letzte Parameter `blnOverWriteFiles` dient zur Angabe, ob evtl. vorhandene Dateien überschrieben werden sollen.

```
    Public Function Copy _
                ( _
                ByVal strSource As String, _
                ByVal strTarget As String, _
                Optional ByVal blnRecursive _
                                As Boolean = False, _
                Optional ByVal blnOverWriteFiles _
                                As Boolean = False _
                ) As Boolean

        Source          = strSource
        Target          = strTarget
```

Basics | Datenbank | I/O | Validierung | Controls | Http-Handler | Netzwerk | Grafik | Tracing | Security

```
        Recursive       = blnRecursive
        OverWriteFiles  = blnOverWriteFiles

        Return Copy()
    End Function

    Public Function Copy() As Boolean
        m_blnActionOK = False

    Dim strFolders      As String()
    Dim strFolder       As String
    Dim strTargetFolder As String
```

Sie können bei Verwendung von Platzhaltern auch mehrere Verzeichnisse gleichzeitig kopieren (z.B. *log**). in dem Fall ermitteln wir die Liste der entsprechenden Verzeichnisse mit der Methode `GetDirectories` der `Directory`-Klasse.

```
        If Directory.Exists(m_strSource_Dir) Then
            If m_strSource_List <> "" Then
                strFolders _
                    = Directory.GetDirectories _
                        ( _
                          m_strSource_Dir, _
                          m_strSource_List _
                        )
                If strFolders.GetLongLength(0) = 0 Then
                    Return m_blnActionOK
                End If
            End if
        Else
            Return m_blnActionOK
        End If

        If Not Directory.Exists(m_strTarget) Then
            If Create = False Then
                Return m_blnActionOK
            End If
            m_strTarget &= "\"
        End If

        m_objFileAct = New cbFileSystemFileAction()

        If IsNothing(strFolders) Then
```

Wenn Sie ein einzelnes Verzeichnis kopieren wollen, wird nur für diesen Ordner die private Methode `RunCopy` aufgerufen. Diese Methode, die wir Ihnen im Anschluss vorstellen, führt den eigentlichen Kopiervorgang aus.

```
            m_blnActionOK = _
                RunCopy _
                    ( _
                     Left(m_strSource, Len(m_strSource) - 1), _
                     Left(m_strTarget, Len(m_strTarget) - 1) _
                    )

        Else
```

Falls Sie einen Platzhalter verwendet haben, werden die einzelnen Verzeichnisse ebenfalls mittels Aufruf von RunCopy kopiert.

```
            m_blnActionOK = True
            For Each strFolder In strFolders
                strTargetFolder _
                    = m_strTarget & Path.GetFileName(strFolder)

                m_blnActionOK = RunCopy(strFolder, strTargetFolder)
            Next strFolder
        End If

        Return m_blnActionOK
    End Function
```


Hilfsmethode RunCopy

Die private Methode RunCopy führt den eigentlichen Kopiervorgang durch. Hier werden lediglich das Quell- und das Zielverzeichnis als Parameter erwartet.

```
    Private Function RunCopy _
                  ( _
                   ByVal strSource As String, _
                   ByVal strTarget As String _
                  ) As Boolean

    ' ------------------------------------------------------
    ' --- Dies ist eine rekursive Funktion.
    ' ------------------------------------------------------

    Dim blnActionOK = False

    Dim strFolders      As String()
    Dim strFolder       As String
    Dim strTargetFolder As String
```

Falls das Zielverzeichnis nicht existiert, wird dieses mittels Aufruf der Methode Directory.CreateDirectory erstellt.

```
        If Not Directory.Exists(strTarget) Then
            Try
                Directory.CreateDirectory(strTarget)
            Catch
                Return blnActionOK
            End Try
        End If
```

Die Dateien des aktuellen Ordners werden mit unserer Hilfsmethode Copy der Klasse cbFileSystemFileAction vom Quellordner in das Zielverzeichnis kopiert.

```
        blnActionOK _
            = m_objFileAct.Copy _
                (strSource & "\*", strTarget, OverWriteFiles)
```

Falls nur das Hauptverzeichnis kopiert werden soll, ist unsere Arbeit hiermit beendet und wir verlassen die Methode.

```
        If Not Recursive Then
            Return blnActionOK
        End If
```

Anderenfalls ermitteln wir nun die Unterverzeichnisse des aktuellen Ordners. Für jeden dieser Ordner rufen wir dann wieder die Methode RunCopy (also die Methode, in der wir uns gerade befinden) auf. Dies passiert so lange, bis ein Ordner keine Unterverzeichnisse mehr enthält.

```
        strFolders = Directory.GetDirectories(strSource)

        m_blnActionOK = True
        For Each strFolder In strFolders
            strTargetFolder _
                = strTarget & "\" & Path.GetFileName(strFolder)

            m_blnActionOK = RunCopy(strFolder, strTargetFolder )
        Next strFolder

        Return m_blnActionOK

    End Function
```

Listing 210: Hilfsmethode RunCopy (cbFileSystemDirAction.vb)

Verzeichnisse kopieren

Das nachstehende Beispiel beinhaltet etwas mehr als nur die Möglichkeit, ein Verzeichnis zu kopieren. Damit sichergestellt ist, dass die für das Beispiel benötigte Verzeichnisstruktur vorhanden ist, wird diese im Vorfeld erzeugt.

```
Namespace codebook.aspnet.vb

Public Class Chapter03Example11
    Inherits System.Web.UI.Page

    Private m_objFileAct    As cbFileSystemFileAction
    Private m_objDirAct     As cbFileSystemDirAction

    Private m_strSourceDir As String _
        = Server.MapPath("./" & "data/DirAct/Source")
    Private m_strTargetDir As String _
        = Server.MapPath("./" & "data/DirAct/Target")
```

Die nachstehend aufgeführten `RadioButtons` dienen zur Auswahl der durchzuführenden Aktion. Sie können ein Verzeichnis oder mehrere Verzeichnisse und auch noch ein Verzeichnis inkl. aller Unterordner kopieren.

```
    Protected WithEvents linkDrives                    As HyperLink
    Protected WithEvents litTopic                      As Literal
    Protected WithEvents cmdAction                     As Button
    Protected WithEvents litSourceDirectory            As Literal
    Protected WithEvents theGridSourceDirectoryDir     As DataGrid
    Protected WithEvents theGridTargetDirectoryFiles   As DataGrid
    Protected WithEvents theGridSourceDirectoryFiles   As DataGrid
    Protected WithEvents theGridTargetDirectoryDir     As DataGrid
    Protected WithEvents radAction1                    As RadioButton
    Protected WithEvents litActionInfo1                As Literal
    Protected WithEvents radAction2                    As RadioButton
    Protected WithEvents litActionInfo2                As Literal
    Protected WithEvents radAction3                    As RadioButton
    Protected WithEvents litTargetDirectory            As Literal

    Private Sub Page_Load _
                ( _
                ByVal sender As System.Object, _
                ByVal e As System.EventArgs _
                ) Handles MyBase.Load

        ' ------------------------------------------------
        ' --- Initialisierung der Verzeichnisse
        ' ------------------------------------------------
        If Not Page.IsPostBack Then
```

Wie schon erwähnt erzeugen wir im Vorfeld die benötigte Verzeichnisstruktur.

```
            m_objDirAct = New cbFileSystemDirAction
            m_objDirAct.Create(m_strSourceDir & "\SubDir")
            m_objDirAct.Create(m_strSourceDir & "\SubDir1")
            m_objDirAct.Create(m_strSourceDir & "\SubDir2")
            m_objDirAct.Create(m_strSourceDir & "\Sub_Dir")
            m_objDirAct.Create(m_strTargetDir)
            m_objDirAct = Nothing

            m_objFileAct = New cbFileSystemFileAction
            m_objFileAct.Copy _
                    ( _
                    Server.MapPath("./" & "data") & "\*.*", _
                    m_strSourceDir, _
                    True _
                    )
            m_objFileAct.Move _
                    ( _
                    m_strSourceDir & "\*File.txt", _
                    m_strTargetDir & "\SubDir", _
                    True _
                    )
            m_objFileAct = Nothing

            LoadData()
        End if
    End Sub

    Private Sub LoadData()
```

Um dem User auch zu zeigen, welche Optionen er hat, geben wir die entsprechenden Texte noch über die `Literal`-Controls aus.

```
        litActionInfo1.Text _
          = "Kopieren von ""\SubDir"" nach ""\Target"""
        litActionInfo2.Text _
          = "Kopieren von ""\Source"" nach ""\Target"""
        litActionInfo3.Text _
          = "Kopieren von ""\SubDir*"" in ""\Target"""

        litSourceDirectory.Text _
           = "Quellverzeichnis: " & m_strSourceDir
        litTargetDirectory.Text _
           = "Zielverzeichnis: " & m_strTargetDir

        theGridSourceDirectoryDir.DataSource _
           = cbFileSystemInfo.cbGetDirectories(m_strSourceDir, True)
        theGridSourceDirectoryDir.DataBind()

        theGridSourceDirectoryFiles.DataSource _
           = cbFileSystemInfo.cbGetFiles(m_strSourceDir, "*")
        theGridSourceDirectoryFiles.DataBind()
```

```
        theGridTargetDirectoryDir.DataSource _
           = cbFileSystemInfo.cbGetDirectories(m_strTargetDir, True)
        theGridTargetDirectoryDir.DataBind()

        theGridTargetDirectoryFiles.DataSource _
           = cbFileSystemInfo.cbGetFiles(m_strTargetDir, "*")
        theGridTargetDirectoryFiles.DataBind()
    End Sub

    Private Sub cmdAction_click _
                   ( _
                    ByVal sender As Object, _
                    ByVal e As System.EventArgs _
                   ) Handles cmdAction.Click


        m_objDirAct = New cbFileSystemDirAction
```

Je nachdem, welcher `RadioButton` aktiviert war, wird die `Copy`-Methode mit den entsprechenden Parametern aufgerufen. Der erste `RadioButton` bewirkt, dass das Verzeichnis `SubDir` inkl. aller enthaltenen Unterverzeichnisse in das Zielverzeichnis kopiert wird.

```
        If radAction1.Checked Then
            m_objDirAct.Copy _
                    ( _
                    m_strSourceDir & "\Subdir", _
                    m_strTargetDir, _
                    True, _
                    True _
                    )
```

Der zweite RadioButton ist dafür zuständig, das gesamte Quellverzeichnis in das Zielverzeichnis zu kopieren.

```
        ElseIf radAction2.Checked Then
            m_objDirAct.Copy _
                    ( _
                    m_strSourceDir, _
                    m_strTargetDir, _
                    True, _
                    True _
                    )
```

Mit dem dritten RadioButton werden alle Ordner, die mit der Zeichenfolge *Subdir* beginnen, in den Zielordner kopiert. Am besten rufen Sie eine `Option` nach der anderen auf und schauen dann nach, welche Ordner erzeugt wurden.

```
        ElseIf radAction3.Checked Then
            m_objDirAct.Copy _
                    ( _
                    m_strSourceDir & "\Subdir*", _
                    m_strTargetDir, _
                    True, _
                    True _
                    )
        End if
        m_objDirAct = Nothing

        LoadData()

    End Sub

End Class

End Namespace
```

Listing 211: Verzeichnisse kopieren (Chapter03Example11.aspx.vb)

91 Löschen von Verzeichnissen

Im Gegensatz zum Kopieren von Verzeichnissen beinhaltet das .NET Framework eine Methode zum Löschen eines Ordners. Die entsprechende Methode in der `Directory`-Klasse nennt sich `Delete` und erwartet als Parameter eine absolute Pfadangabe. Da wir aber auch hier die Möglichkeit haben wollen, mehrere Ordner auf einmal löschen zu können, haben wir unsere eigene Methode `Delete` in der Klasse `cbFileSystemDirAction` erstellt, mit der wir dies erledigen können.

Hilfsmethode Delete

Die Methode erwartet neben dem Pfad des zu löschenden Ordners die Angabe, ob rekursiv gelöscht werden soll. Dies hat den Hintergrund, dass die `Delete`-Methode der `Directory`-Klasse standardmäßig nur leere Verzeichnisse löscht. Nur wenn die `Option` Rekursives Löschen angegeben wurde, werden auch Verzeichnisse gelöscht, die Dateien und/oder Unterverzeichnisse enthalten.

```
    Public Function Delete _
                ( _
                ByVal strSource As String, _
                Optional ByVal blnRecursive As Boolean = False _
                ) As Boolean
        Source      = strSource
        Target      = ""
        Recursive   = blnRecursive

        Return Delete()
    End Function
```

```
    Public Function Delete() As Boolean
        m_blnActionOK = False

    Dim strFolders  As String()
    Dim strFolder   As String
```

Falls Sie mit Platzhaltern gearbeitet haben, ermitteln wir die Liste der entsprechenden Ordner mittels der Methode `GetDirectories` der `Directory`-Klasse.

```
        If Directory.Exists(m_strSource_Dir) Then
            If m_strSource_List <> "" Then
                strFolders _
                    = Directory.GetDirectories _
                       ( _
                        m_strSource_Dir, _
                        m_strSource_List _
                        )
                If strFolders.GetLongLength(0) = 0 Then
                    Return m_blnActionOK
                End If
            End if
        Else
            Return m_blnActionOK
        End If
```

Nun folgt der Aufruf der im .NET Framework integrierten Methode `Delete`. Dies löscht dann das angegebene Verzeichnis.

```
        If IsNothing(strFolders) Then

            Try
                Directory.Delete(m_strSource, m_blnRecursive)
                m_blnActionOK = True

            Catch
                Return m_blnActionOK
            End Try

        Else
```

Wenn Sie einen Platzhalter verwendet haben, durchlaufen wir die Liste der entsprechenden Verzeichnisse und rufen für jedes Verzeichnis die `Delete`-Methode der `Directory`-Klasse auf.

```
            m_blnActionOK = True
            For Each strFolder In strFolders
                Try
                    Directory.Delete(strFolder, m_blnRecursive)
```

```
            Catch
                m_blnActionOK = False
            End Try
        Next strFolder
    End If

    Return m_blnActionOK
End Function
```

Löschen von Verzeichnissen

Nachstehend nun das Beispiel, mit dem Sie die verschiedenen Aktionen durchführen können. Neben dem Löschen eines einzelnen Ordners können Sie dies auch für mehrere Ordner gleichzeitig machen. Hierfür übergeben Sie dann z.B. *deldir**. Somit würden alle Ordner gelöscht, deren Namen mit `deldir` beginnt.

```
Namespace codebook.aspnet.vb

Public Class Chapter03Example12
    Inherits System.Web.UI.Page

    Private m_objFileAct    As cbFileSystemFileAction
    Private m_objDirAct     As cbFileSystemDirAction

    Private m_strSourceDir As String _
        = Server.MapPath("./" & "data/DirAct/Source")
    Private m_strTargetDir As String _
        = Server.MapPath("./" & "data/DirAct/Target")
```

Die Auswahl der durchzuführenden Aktion erfolgt auch hier über RadioButtons.

```
    Protected WithEvents linkDrives                    As HyperLink
    Protected WithEvents litTopic                      As Literal
    Protected WithEvents cmdAction                     As Button
    Protected WithEvents litSourceDirectory            As Literal
    Protected WithEvents theGridSourceDirectoryDir     As DataGrid
    Protected WithEvents theGridTargetDirectoryFiles   As DataGrid
    Protected WithEvents theGridSourceDirectoryFiles   As DataGrid
    Protected WithEvents theGridTargetDirectoryDir     As DataGrid
    Protected WithEvents radAction1                    As RadioButton
    Protected WithEvents litActionInfo1                As Literal
    Protected WithEvents radAction2                    As RadioButton
    Protected WithEvents litActionInfo2                As Literal
    Protected WithEvents radAction3                    As RadioButton
    Protected WithEvents litActionInfo3                As Literal
    Protected WithEvents litTargetDirectory            As Literal

    Private Sub Page_Load _
```

```
                (  _
                ByVal sender As System.Object, _
                ByVal e As System.EventArgs _
                ) Handles MyBase.Load

        ' ------------------------------------------------
        ' --- Initialisierung der Verzeichnisse
        ' ------------------------------------------------
        If Not Page.IsPostBack Then
            m_objDirAct = New cbFileSystemDirAction
            m_objDirAct.Create(m_strSourceDir & "\SubDir")
            m_objDirAct.Create(m_strSourceDir & "\SubDir1")
            m_objDirAct.Create(m_strSourceDir & "\SubDir2")
            m_objDirAct.Create(m_strSourceDir & "\Sub_Dir")
            m_objDirAct.Create(m_strTargetDir)
            m_objDirAct = Nothing

            m_objFileAct = New cbFileSystemFileAction
            m_objFileAct.Copy _
                    ( _
                    Server.MapPath("./" & "data") & "\*.*", _
                    m_strSourceDir, _
                    True _
                    )
            m_objFileAct.Move _
                    ( _
                    m_strSourceDir & "\*File.txt", _
                    m_strTargetDir & "\SubDir", _
                    True _
                    )
            m_objFileAct = Nothing

            LoadData()
        End if
    End Sub
```

Die einzelnen Aktionen sind vordefiniert und werden dem User daher auch als Hinweistexte dargestellt. So weiß der User genau, was nach dem Absenden des Formulars passiert.

```
    Private Sub LoadData()
        litActionInfo1.Text _
          = "Löschen von ""\SubDir1"" in ""\Target"""
        litActionInfo2.Text _
          = "Löschen von ""\SubDir*"" in ""\Target"""
        litActionInfo3.Text _
          = "Löschen aller Verzeichnisse in ""\Target"""

        litSourceDirectory.Text _
          = "Quellverzeichnis: " & m_strSourceDir
        litTargetDirectory.Text _
          = "Zielverzeichnis: " & m_strTargetDir
```

```
        theGridSourceDirectoryDir.DataSource _
          = cbFileSystemInfo.cbGetDirectories(m_strSourceDir, True)
        theGridSourceDirectoryDir.DataBind()

        theGridSourceDirectoryFiles.DataSource _
          = cbFileSystemInfo.cbGetFiles(m_strSourceDir, "*")
        theGridSourceDirectoryFiles.DataBind()

        theGridTargetDirectoryDir.DataSource _
          = cbFileSystemInfo.cbGetDirectories(m_strTargetDir, True)
        theGridTargetDirectoryDir.DataBind()

        theGridTargetDirectoryFiles.DataSource _
          = cbFileSystemInfo.cbGetFiles(m_strTargetDir, "*")
        theGridTargetDirectoryFiles.DataBind()
    End Sub

    Private Sub cmdAction_click _
                        ( _
                          ByVal sender As Object, _
                          ByVal e As System.EventArgs _
                        ) Handles cmdAction.Click


        m_objDirAct = New cbFileSystemDirAction
```

Der erste RadioButton dient zum Löschen eines Ordners, hier *SubDir1*.

```
        If radAction1.Checked Then
            m_objDirAct.Delete _
                    ( _
                    m_strTargetDir & "\SubDir1", _
                    True _
                    )
```

Falls der zweite RadioButton aktiviert wurde, werden alle Verzeichnisse gelöscht, deren Namen mit *SubDir* beginnt.

```
        ElseIf radAction2.Checked Then
            m_objDirAct.Delete _
                    ( _
                    m_strTargetDir & "\SubDir*", _
                    True _
                    )
```

Mit dem dritten RadioButton bewirken Sie, dass alle Verzeichnisse unterhalb von *diract/target* gelöscht werden. D.h. dass danach im Ordner *diract/target* keine Dateien oder Ordner mehr vorhanden sind.

```
        ElseIf radAction3.Checked Then
            m_objDirAct.Delete _
                    ( _
                    m_strTargetDir & "\*", _
                    True _
                    )
        End if
        m_objDirAct = Nothing

        LoadData()

    End Sub

End Class

End Namespace
```

Listing 212: Löschen von Verzeichnissen (Chapter03Example12.aspx.vb)

92 Eine Datei zum Download anbieten

Es gibt mehrere Möglichkeiten, eine Datei zum Download an den Client zu senden. Die einfachste Methode ist die Verwendung der Methode `WriteFile` der `Response`-Klasse. Ein Beispiele hierfür sehen Sie nachfolgend:

```
Response.WriteFile( "C:\temp\test.zip" )
```

Listing 213: Download einer Datei über Response.WriteFile (Chapter03Example13.aspx.vb)

Da diese Methode allerdings auch nicht genau so arbeitet, wie man es evtl. will (z.B. sollen eventuell bestimmte Header automatisch gesetzt werden), haben wir auch hier eine eigene Methode entwickelt, die Sie dann auf Ihre eigenen Bedürfnisse anpassen können.

Hilfsmethode SendFileToBrowser

Die Methode `SendFileToBrowser` sendet eine Datei zum Download an den Client.

```
    Public Function SendFileToBrowser() As Boolean
        m_lngCount = 0

        If Not File.Exists(m_strFileNameAbsolute) Then
            m_blnOperationOK = False
            Return m_blnOperationOK
        End If
```

Hierfür lesen wir den Dateiinhalt über einen `StreamReader` aus der Datei aus. Danach ermitteln wir anhand der Dateiendung den Mimetype der Datei und senden zusätzlich den entsprechenden `ContentType`. Dies ist notwendig, da manche Clients bei fehlender Angabe davon ausgehen, dass der gesendete Inhalt reiner Text, bzw. HTML darstellt und somit evtl. weitere, erforderliche Programme, die den gesendeten Inhalt verarbeiten (z.B. PDF, WMV, ...) nicht aufrufen würden.

```
Dim srFile As StreamReader
    srFile = New StreamReader _
            (File.OpenRead(m_strFileNameAbsolute), True)

    current.Response.ContentType _
        = cbFileSystemInfo.cbGetMimeType _
            ( _
            cbFileSystemInfo.cbGetFileExtension _
                    (m_strFileNameAbsolute) _
            )
```

Dieser Header dient dazu, den Browser dazu zu veranlassen, die Datei zum Download anzubieten. Wenn Sie z.B. eine Textdatei senden und möchten, dass der Inhalt direkt im Browser dargestellt wird, lassen Sie diese Zeile einfach weg.

```
        current.Response.AddHeader _
                ( _
                "Content-Disposition", _
                "attachment;filename=" _
                  & cbFileSystemInfo.cbGetFileName _
                    (m_strFileNameAbsolute) _
                )

        current.Response.Write(srFile.ReadToEnd)

        Try

        Catch ex As Exception
            m_blnOperationOK = False
            Return m_blnOperationOK
        End Try

        srFile.Close()

        m_lngCount = -1
        m_blnOperationOK = True
        Return m_blnOperationOK

    End Function
```

Listing 214: Hilfsmethode SendFileToBrowser (cbFileOperation.vb)

Datei downloaden

Die **.aspx*-Datei darf bei einem Download keinen Inhalt außer den Angaben zum Skript selbst beinhalten, da dieser sonst ebenfalls zum Browser gesendet werden würde.

```
<%@ Page Language="vb"
        AutoEventWireup="false"
        Codebehind="Chapter03Example14.aspx.vb"
        Inherits="codebook.aspnet.vb.Chapter03Example14" %>
```

Die CodeBehind-Datei nimmt als Übergabeparameter den Namen der Datei aus, die an den Client gesendet werden soll, und ruft dann die Methode `SendFileToBrowser` auf, um den Download zu veranlassen.

```
Imports System
Imports System.IO
Imports System.Text
Imports System.NET

Namespace codebook.aspnet.vb

Public Class Chapter03Example14

    Inherits System.Web.UI.Page

    Private Sub Page_Load( _
                          ByVal sender As System.Object, _
                          ByVal e As System.EventArgs _
                          ) Handles MyBase.Load

        ReadFile(Request.QueryString("FNA"), _
                Request.QueryString("FN") _
                )

    End Sub

    Private Sub ReadFile _
                ( _
                ByVal strFileNameAbsolute As String, _
                ByVal strFileName As String _
                )

    Dim objFileOp As cbFileOperation

        If strFileName <> "" Then
            objFileOp = New cbFileOperation(strFileName)
            objFileOp.SendFileToBrowser

        ElseIf strFileNameAbsolute <> "" Then
```

Listing 215: Datei zum Download an den Browser senden (Chapter03Example14.aspx.vb)

```
            objFileOp = New cbFileOperation()
            objFileOp.FileNameAbsolute = strFileNameAbsolute
            objFileOp.SendFileToBrowser

        End If

    End Sub

End Class
End Namespace
```

Listing 215: Datei zum Download an den Browser senden (Chapter03Example14.aspx.vb) (Forts.)

Fazit

Dieses Kapitel hat Ihnen hoffentlich gezeigt, dass die Klassen und Methoden des Namespace `System.IO` nicht nur zum Lesen und Schreiben von Dateien geeignet ist, sondern dass sich in diesem Namespace eine ganze Menge Potenzial verbirgt. Sei es nun ein einfacher Dateibrowser, ein Tool zum Verwalten von Verzeichnisstrukturen oder gar ein komplettes Administrationstool ähnlich dem Windows Explorer. Sie können fast alle Anforderungen mit den enthaltenen Klassen und Methoden problemlos bewältigen.

Auch einen Downloadmanager, der die Zugriffe auf Ihre Dateien verwaltet und genauestens protokolliert, ist ebenso wie ein leistungsfähiges Backuptool hiermit erstellbar. Sie sehen also, dass es noch viele Geheimnisse gibt, die es zu erforschen lohnt.

Formularvalidierung und reguläre Ausdrücke

Die Überprüfung von Formulareingaben ist ein wesentlicher Bestandteil Ihrer Aufgaben als Programmierer. Aufgrund der vielfältigen Anforderungen an Formulare existiert natürlich kein Königsweg, um diese Aufgabe zu bewältigen. Dennoch sollen in diesem Kapitel einige häufige Problemstellungen vorgestellt und besprochen werden.

93 Reihenfolge der Eingaben im Formular festlegen

Mit Hilfe der Eigenschaft `TabIndex` können Sie bei serverseitigen Controls festlegen, in welcher Reihenfolge der Benutzer die Formular-Elemente bei einem Druck auf die [Tab]-Taste anspringt. Dies könnte folgendermaßen implementiert werden:

```
<%@ Page Language="vb" %>
<script language="javascript">
   function didReach(objControl) {
      document.getElementById("txtFollowUp").innerHTML +=
         objControl.name + " was tabbed...<br>";
   }
</script>
<!DOCTYPE HTML PUBLIC "-//W3C//DTD HTML 4.0 Transitional//EN">
<html>
  <head>
    <title>TabIndex</title>
  </head>
  <body>
    <form id="Form1" method="post" runat="server">
      <h3>TabIndex</h3>
      <p>
         Bitte geben Sie in diesen Formular-Elementen
         einige Daten ein. Um die TabIndex-Eigenschaft
         nutzen zu können, dürfen Sie sich nur mit
         Hilfe der Tabulator-Taste weiterbewegen.
      </p>
      <p>
         <asp:TextBox Runat="server" ID="txtOne"
            TabIndex="1" Text="Erstes Element"
            OnFocus="didReach(this);" /> 
         <asp:TextBox Runat="server" ID="txtTwo"
            TabIndex="4" Text="Zweites Element"
            OnFocus="didReach(this);" />
      </p>
      <p>
         <asp:TextBox Runat="server" ID="txtThree"
            TabIndex="2" Text="Drittes Element"
```

Listing 216: Formular mit per TabIndex festgelegter Eingabe-Reihenfolge (TabIndex.aspx)

```
            OnFocus="didReach(this);" /> 
         <asp:TextBox Runat="server" ID="txtFour"
            TabIndex="3" Text="Viertes Element"
            OnFocus="didReach(this);" />
      </p>
      <p id="txtFollowUp"></p>
    </form>
  </body>
</html>
```

Listing 216: Formular mit per TabIndex festgelegter Eingabe-Reihenfolge (TabIndex.aspx) (Forts.)

Sobald der Benutzer sich auf ein Formularfeld bewegt, wird die JavaScript-Methode `didReach` eingebunden, die im Absatz `txtFollowUp` eine kleine Nachricht hinterlässt, welches Control nun angesprungen worden ist.

Wenn Sie keine TabIndizes vergeben, würde der Benutzer per [↹]-Taste die Controls in der Reihenfolge anspringen, in der sie im Browser definiert sind. Bei gesetztem TabIndex sieht dieses Bild schon anders aus:

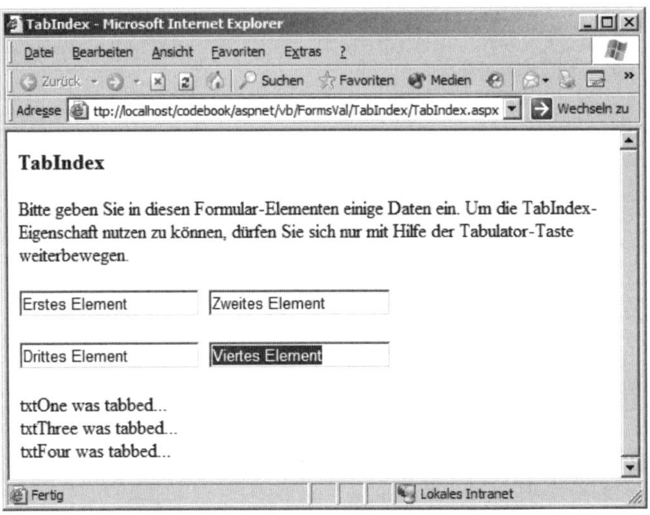

Abbildung 17: Der Benutzer bewegt sich in der per TabIndex angegebenen Reihenfolge

94 Ein Formular-Element beim Seitenaufruf vorselektieren

Per JavaScript können Sie recht einfach Elemente beim Seitenaufruf vorselektieren. Sie haben dafür zwei Möglichkeiten:

- Entweder fügen Sie dem `Body`-Tag ein Attribut `onLoad` hinzu, in dem Sie den Fokus auf das gewünschte Element setzen:

```
<body onLoad="document.<Controlname>.focus();">
```

Ersetzen Sie in dem Fall `<Controlname>` durch den per `name`-Attribut angegebenen Namen des Controls.

Die zweite Möglichkeit greift auf ASP.NET zurück:

```
<%@ Page Language="vb" %>
<script runat="server">
   Sub Page_Load(ByVal sender As Object, ByVal e As EventArgs)
      RegisterStartupScript( _
         "focus", _
            "<" & "script language=""JavaScript"">" & _
               "document.forms[0]." & _
                  txtInput.UniqueId & ".focus();" & _
            "</" & "script>")
   End Sub
</script>
<!DOCTYPE HTML PUBLIC "-//W3C//DTD HTML 4.0 Transitional//EN">
<html>
  <head>
    <title>Focus</title>
  </head>
  <body>
    <form id="Form1" method="post" runat="server">
      <h3>Formular-Elemente vorselektieren</h3>
      <p>
         Die folgende TextBox ist beim Aufruf der Seite
         vorselektiert worden. Sie können nun sofort mit
         dem Eingeben von Text beginnen ...
      </p>
      <asp:TextBox Runat="server" ID="txtInput"
         Text="Ich wurde automatisch ausgewählt ..."/>
    </form>
  </body>
</html>
```

Listing 217: Automatisches Setzen des Fokus (Focus.aspx)

Interessant an diesem Beispiel ist die Methode `Page_Load`: in ihr wird mit Hilfe der von `Page` geerbten Methode `RegisterStartupScript` ein JavaScript generiert, das die `TextBox txtInput` vorauswählt. Als erstes Argument wird der Methode ein identifizierender Name gegeben, das zweite Argument beinhaltet das eigentliche JavaScript-Fragment, das ausgegeben werden soll:

```
RegisterStartupScript( _
   "focus", _
   "<" & "script language=""JavaScript"">" & _
      "document.forms[0]." & _
         txtInput.UniqueId & ".focus();" & _
   "</" & "script>")
```

Wenn Sie die WebForm nun aufrufen, werden Sie bei eingeschaltetem JavaScript feststellen können, dass der Fokus sofort auf die `TextBox` gesetzt worden ist. Das Elegante an dieser Lösung ist, dass Sie serverseitig zuvor überprüfen könnten, ob Sie überhaupt den Fokus auf ein Element setzen wollen – und es dann eben tun oder sein lassen. Bei einer festverdrahteten Lösung wäre dies nur über Umwege möglich.

95 Eingaben erzwingen

Mit Hilfe eines `RequiredFieldValidators` können Sie die Eingabe in bestimmten Formularfeldern erzwingen und dies später auch serverseitig überprüfen.

Sehen wir uns an, wie dies erfolgen könnte:

```
<%@ Page Language="vb" %>
<script runat="server">
   Sub btnSubmit_Click(ByVal sender As Object, _
      ByVal e As EventArgs)

      If valName.IsValid Then
         lblResult.Text = _
            "Eingegebener Name: " & txtName.Text
         If txtEmail.Text.Length > 0 Then
            lblResult.Text &= "<br>" & _
               "Eingegebene E-Mail: " & txtEmail.Text
         End If

         lblResult.Visible = True
         btnSubmit.Visible = False
         objName.Visible = False
         objEmail.Visible = False
      End If
   End Sub
</script>
<!DOCTYPE HTML PUBLIC "-//W3C//DTD HTML 4.0 Transitional//EN">
<html>
  <head>
    <title>Required</title>
  </head>
  <body>
    <form id="Form1" method="post" runat="server">
      <h3>Formular</h3>
      <p>
         Bitte geben Sie hier Ihren Namen und
         Ihre E-Mail-Adresse an. Ihr Name ist dabei
         ein Pflichtfeld, das Sie ausfüllen müssen.
      </p>
      <p runat="server" id="objName">
         Ihr Name
         <asp:RequiredFieldValidator Runat="server"
```

Listing 218: Formular mit einem Pflichtfeld (Required.aspx)

```
            Display="Dynamic" ErrorMessage="* Pflichtfeld"
            ForeColor="#cc0000" ID="valName"
            ControlToValidate="txtName" />
         <br>
         <asp:TextBox Runat="server" ID="txtName" />
      </p>
      <p runat="server" id="objEmail">
         Ihre E-Mail-Adresse<br>
         <asp:TextBox Runat="server" ID="txtEmail" />
      </p>
      <asp:Button Runat="server" ID="btnSubmit"
         OnClick="btnSubmit_Click" Text="Absenden" />
      <p>
         <asp:Label ID="lblResult" Runat="server"
            Visible="False" />
      </p>
   </form>
  </body>
</html>
```

Listing 218: Formular mit einem Pflichtfeld (Required.aspx) (Forts.)

Das Formular besitzt zwei Textboxen, von denen eine ein Pflichtfeld ist. Eine Eingabe in das Feld kann mit Hilfe eines `RequiredFieldValidator`-Controls erzwungen werden – unterbleibt die Eingabe, kann das Formular nicht abgeschickt werden. Dies funktioniert allerdings nur, falls JavaScript aktiviert worden ist. Sollte JavaScript nicht aktiviert sein, erfolgt die Prüfung erst nach einem PostBack.

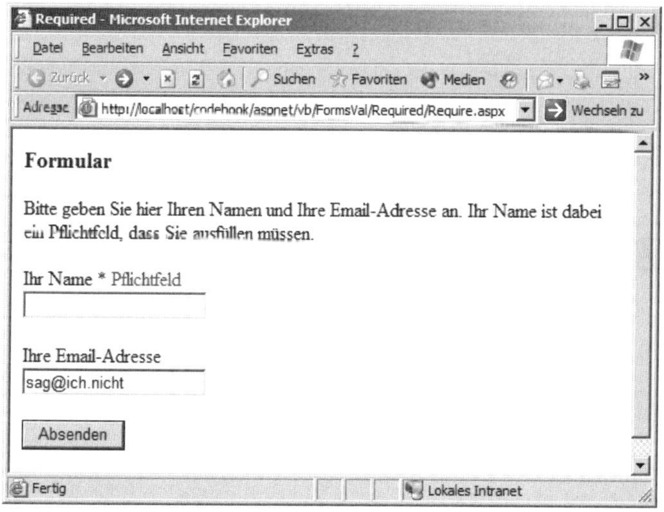

Abbildung 18: Das Pflichtfeld wurde nicht ausgefüllt

Wenn die Schaltfläche Absenden betätigt worden ist, wird die Methode btnSubmit_Click eingebunden. Hier kann mit Hilfe der IsValid-Eigenschaft des RequiredFieldValidator-Controls geprüft werden, ob eine Eingabe im Formularfeld für den Namen erfolgt ist. Sollte dies der Fall sein, werden die eingegebenen Daten angezeigt.

Wenn Sie die WebForm im Browser aufrufen, werden Sie folgende Ausgabe bekommen, wenn Sie keinen Namen eingeben (siehe Abbildung 18).

96 Eingaben einer bestimmten Länge erzwingen

Mit Hilfe eines RegularExpressionValidators können Sie (fast) beliebige reguläre Ausdrücke zur Prüfung der Eingaben hinterlegen. Damit ist es auch möglich, einen regulären Ausdruck anzugeben, der erfordert, dass eine Mindestanzahl an Zeichen eingegeben worden ist.

Sehen wir uns an, wie dies umgesetzt werden könnte:

```
<%@ Page Language="vb" %>
<script runat="server">
   Sub btnSubmit_Click(ByVal sender As Object, _
      ByVal e As EventArgs)

      If valInput.IsValid And valLength.IsValid Then
         objResult.InnerHtml = _
            "<b>Eingegebener Text</b><br>" & _
               txtInput.Text
         txtInput.Text = String.Empty
      End If

   End Sub
</script>
<!DOCTYPE HTML PUBLIC "-//W3C//DTD HTML 4.0 Transitional//EN">
<html>
  <head>
    <title>Mindestlänge</title>
  </head>
  <body>
    <form id="Form1" method="post" runat="server">
      <h3>Mindestlänge</h3>
      <p>
         Bitte geben Sie in dieses Formularfeld einige
         Daten mit einer Mindestlänge von zehn Zeichen
         ein.
      </p>
      <asp:RegularExpressionValidator Runat="server"
         ValidationExpression="^[\w\W]{10,}$"
         ControlToValidate="txtInput"
         ErrorMessage="Das sind wohl nicht zehn Zeichen?!<br>"
         ForeColor="#cc0000"
         ID="valInput" Display="Dynamic"/>
```

Listing 219: Einsatz eines RegularExpressionValidators (MinimumLength.aspx)

```
      <asp:RequiredFieldValidator Runat="server"
         ControlToValidate="txtInput"
         ErrorMessage="Sie müssen einen Text eingeben ...<br>"
         ForeColor="#cc0000"
         ID="valLength" Display="Dynamic"/>
      <asp:TextBox Runat="server" ID="txtInput" />
      <p>
         <asp:Button Runat="server" ID="btnSubmit"
            Text="Absenden!" OnClick="btnSubmit_Click"/>
      </p>
      <p runat="server" id="objResult" />
    </form>
  </body>
</html>
```

Listing 219: Einsatz eines RegularExpressionValidators (MinimumLength.aspx) (Forts.)

In der WebForm sind gleich zwei Validatoren zur Prüfung einer Textbox definiert. Der `RequiredFieldValidator` prüft, ob überhaupt ein Zeichen eingegeben worden ist, während dem `RegularExpressionValidator` ein regulärer Ausdruck zugewiesen worden ist, der nur erfolgreich angewendet werden kann, wenn mindestens zehn Zeichen eingegeben worden sind:

```
<asp:RegularExpressionValidator Runat="server"
   ValidationExpression="^[\w\W]{10,}$"
   ...
/>
```

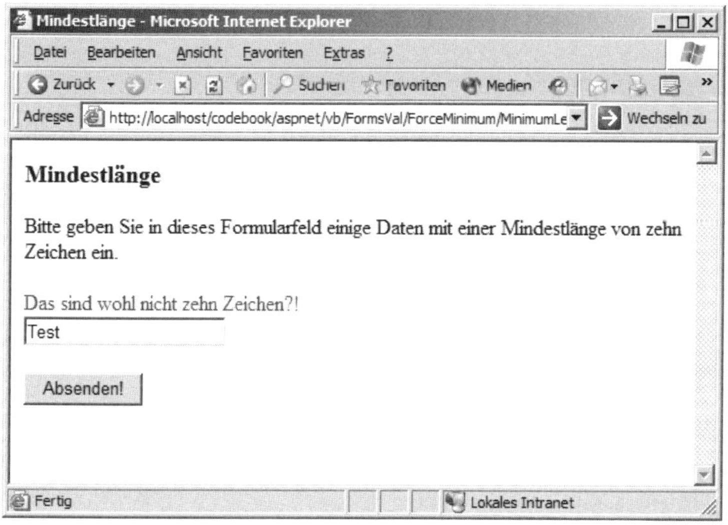

Abbildung 19: Der Benutzer hat zu wenig Zeichen eingegeben

Wenn der Benutzer nun nichts eingibt und auf die Schaltfläche ABSENDEN klickt, wird die im RequiredFieldValidator hinterlegte Fehlermeldung ausgegeben. Gibt er dagegen mindestens ein und weniger als zehn Zeichen ein, wird er die folgende Ausgabe im Browser erhalten (siehe Abbildung 19).

Erst nach Eingabe von mindestens zehn Zeichen kann das Formular bei aktiviertem JavaScript abgesandt werden. Sollte kein JavaScript aktiviert sein, wird eine Prüfung auf dem Server durchgeführt.

Sollte das Formular versandt werden können, wird nach einem Klick auf die Schaltfläche Absenden ein PostBack durchgeführt und die Methode btnSubmit_Click kann eingebunden werden. Erst wenn beide Validatoren per IsValid signalisieren, dass ihre Bedingungen erfolgreich erfüllt worden sind, erfolgt die weitere Verarbeitung der eingegebenen Daten.

97 Nur Zahlen zulassen (I)

Mit Hilfe eines CompareValidators können Sie überprüfen, ob in einem Eingabefeld Daten eines bestimmten Datentyps eingegeben worden sind. Sehen wir uns an, wie dies umgesetzt werden könnte:

```
<%@ Page Language="vb" %>
<script runat="server">
   Sub btnSubmit_Click(ByVal sender As Object, _
      ByVal e As EventArgs)

      If valNumber.IsValid And valNumberInput.IsValid Then
         objResult.InnerHtml = _
            "Eingegebene Zahl: " & txtNumber.Text
      End If
   End Sub
</script>
<!DOCTYPE HTML PUBLIC "-//W3C//DTD HTML 4.0 Transitional//EN">
<html>
  <head>
    <title>Numeric</title>
  </head>
  <body>
    <form id="Form1" method="post" runat="server">
      <h3>Numerischen Wert eingeben</h3>
      <p>
         Bitte geben Sie hier eine Zahl an. Klicken
         Sie anschließend auf "Absenden".
      </p>
      <asp:CompareValidator Runat="server"
         ID="valNumber" ControlToValidate="txtNumber"
         Operator="DataTypeCheck" Type="Integer"
         ErrorMessage="Bitte geben Sie eine Zahl an!<br>"
         ForeColor="#cc0000" Display="Dynamic"/>
      <asp:RequiredFieldValidator Runat="server"
```

Listing 220: In diesem Eingabefeld sind nur Zahlen gültig (Numeric.aspx)

```
         ID="valNumberInput" ControlToValidate="txtNumber"
         ErrorMessage="Bitte geben Sie einen Wert ein!<br>"
         ForeColor="#cc0000" Display="Dynamic" />
      <asp:TextBox Runat="server" ID="txtNumber" />
      <p>
         <asp:Button Runat="server" ID="btnSubmit"
            Text="Absenden" OnClick="btnSubmit_Click" />
      </p>
      <p runat="server" id="objResult" />
    </form>
  </body>
</html>
```

Listing 220: In diesem Eingabefeld sind nur Zahlen gültig (Numeric.aspx) (Forts.)

Dieses Formular weist zwei Validator-Controls auf, die in die Textbox `txtNumber` eingegebene Werte überprüfen: Der `RequiredFieldValidator` wird verwendet, um sicherzustellen, dass überhaupt Daten eingegeben sind. Mit Hilfe des `CompareValidators` kann der Inhalt des Eingabefelds daraufhin überprüft werden, ob er einer Zahl entspricht. Ermöglicht wird dies durch die Angabe von `DataTypeCheck` als `Operator` und von `Integer` als `Type` (Datentyp) des Validators.

Wenn der Benutzer keine Zahl, sondern einen Text eingibt, wird er folgende Ausgabe im Browser erhalten:

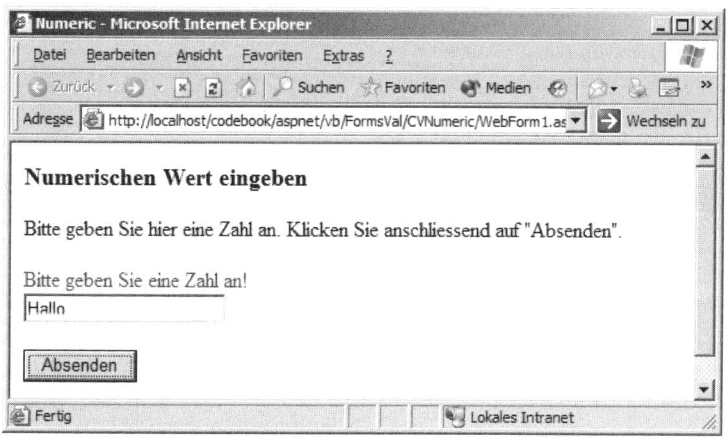

Abbildung 20: Hier muss eine Zahl eingegeben werden

98 Nur Zahlen zulassen (II)

Mit Hilfe eines `RangeValidator`-Controls kann erreicht werden, dass in einer Textbox nur Zahlen aus einem bestimmten Wertebereich akzeptiert werden:

```
<%@ Page Language="vb" %>
<script runat="server">
   Sub btnSubmit_Click(ByVal sender As Object, _
      ByVal e As EventArgs)

      If valNumber.IsValid And valNumberInput.IsValid Then
         objResult.InnerHtml = _
            "Eingegebene Zahl: " & txtNumber.Text
      End If
   End Sub
</script>
<!DOCTYPE HTML PUBLIC "-//W3C//DTD HTML 4.0 Transitional//EN">
<html>
  <head>
    <title>Numeric</title>
  </head>
  <body>
    <form id="Form1" method="post" runat="server">
      <h3>Zahlenbereich</h3>
      <p>
         Bitte geben Sie hier eine Zahl zwischen
         2000 und 6500 ein.
      </p>
      <asp:RangeValidator Runat="server" ID="valNumber"
         MinimumValue="2000" MaximumValue="6500"
         ControlToValidate="txtNumber" Type="Integer"
         ErrorMessage="Eingabe ist nicht im Bereich!<br>"
         Display="Dynamic" ForeColor="#cc0000" />
      <asp:RequiredFieldValidator Runat="server"
         ID="valNumberInput"
         ControlToValidate="txtNumber"
         ErrorMessage="Bitte geben Sie eine Zahl ein!<br>"
         Display="Dynamic" ForeColor="#cc0000" />
      <asp:TextBox Runat="server" ID="txtNumber" />
      <p>
         <asp:Button Runat="server" ID="btnSubmit"
            Text="Absenden" OnClick="btnSubmit_Click" />
      </p>
      <p runat="server" id="objResult" />
    </form>
  </body>
</html>
```

Listing 221: In diesem Formular kann eine Zahl aus einem Zahlbereich eingegeben werden (Numeric.aspx)

Neben einem `RequiredFieldValidator`, der dafür sorgt, dass überhaupt ein Zeichen eingegeben wird, enthält die WebForm zur Überprüfung der Eingabe in der Texbox einen `RangeValidator`. Dieser ist so konfiguriert, dass er ausschließlich ganze Zahlen zwischen 2000 und 6500 akzeptiert. Erreicht wird dies durch die Angabe von `MinimumValue` und `MaximumValue` und der Definition des einzugebenden Datentyps als `Integer`:

```
<asp:RangeValidator Runat="server" ID="valNumber"
   MinimumValue="2000" MaximumValue="6500"
   ControlToValidate="txtNumber" Type="Integer"
   ...
/>
```

Erst wenn beide Validatoren signalisieren, dass die Eingabe ihren Prüfungen standgehalten hat, wird innerhalb der Methode `btnSubmit_Click` die Ausgabe generiert:

```
If valNumber.IsValid And valNumberInput.IsValid Then
   objResult.InnerHtml = _
      "Eingegebene Zahl: " & txtNumber.Text
End If
```

Wenn ein Benutzer eine falsche Eingabe tätigt, erhält er folgende Ausgabe im Browser:

Abbildung 21: Die Eingabe muss im angegebenen Zahlenbereich liegen

99 Nur Zahlen zulassen (III)

Die dritte Möglichkeit, die Eingabe von Zahlen mit einer bestimmten Länge zu testen, besteht darin, einen `RegularExpressionValidator` einzusetzen. Dieser kann allerdings nicht genutzt werden, um Wertebereiche abzufragen:

```
<%@ Page Language="vb" %>
<script runat="server">
   Sub btnSubmit_Click(ByVal sender As Object, _
      ByVal e As EventArgs)
```

Listing 222: Hier können nur vierstellige Zahlen eingegeben werden (Numeric.aspx)

```
      If valNumber.IsValid And valNumberInput.IsValid Then
         objResult.InnerHtml = _
            "Eingegebene Zahl: " & txtNumber.Text
      End If
   End Sub
</script>
<!DOCTYPE HTML PUBLIC "-//W3C//DTD HTML 4.0 Transitional//EN">
<html>
  <head>
    <title>Numeric</title>
  </head>
  <body>
    <form id="Form1" method="post" runat="server">
      <h3>Vierstellige Zahl</h3>
      <p>
         Bitte geben Sie hier eine Zahl zwischen 1000
         und 9999 ein. Klicken Sie anschließend auf
         die Schaltfläche "Absenden".
      </p>
      <asp:RegularExpressionValidator Runat="server"
         ID="valNumber" ForeColor="#cc0000"
         ControlToValidate="txtNumber"
         ErrorMessage="Zahl von 1000 bis 9999 eingeben!<br>"
         ValidationExpression="^[1-9]{1}[\d]{3}$"
         Display="Dynamic" />
      <asp:RequiredFieldValidator Runat="server"
         ID="valNumberInput"
         ControlToValidate="txtNumber"
         ErrorMessage="Bitte geben Sie eine Zahl ein!<br>"
         Display="Dynamic" ForeColor="#cc0000" />
      <asp:TextBox Runat="server" ID="txtNumber" />
      <p>
         <asp:Button Runat="server" ID="btnSubmit"
            Text="Absenden" OnClick="btnSubmit_Click" />
      </p>
      <p runat="server" id="objResult" />
    </form>
  </body>
</html>
```

Listing 222: Hier können nur vierstellige Zahlen eingegeben werden (Numeric.aspx) (Forts.)

in diesem Beispiel wird neben dem RequiredFieldValidator ein RegularExpressionValidator-Control eingesetzt. Dieses prüft die Eingabe, ob sie den per regulärem Ausdruck definierten Kriterien genügt:

```
<asp:RegularExpressionValidator Runat="server"
   ...
   ValidationExpression="^[1-9]{1}[\d]{3}$"
   ...
/>
```

Dieser reguläre Ausdruck besagt, dass die zu prüfende Zeichenkette an erster Stelle eine Zahl zwischen 0 und 9 besitzen darf und daran anschließend drei Ziffern zwischen 0 und 9 folgen müssen. Weitere Eingaben davor oder dahinter sind nicht erlaubt. Sollte der Benutzer sich nicht an diese Regeln halten, wird er folgende Ausgabe im Browser erhalten:

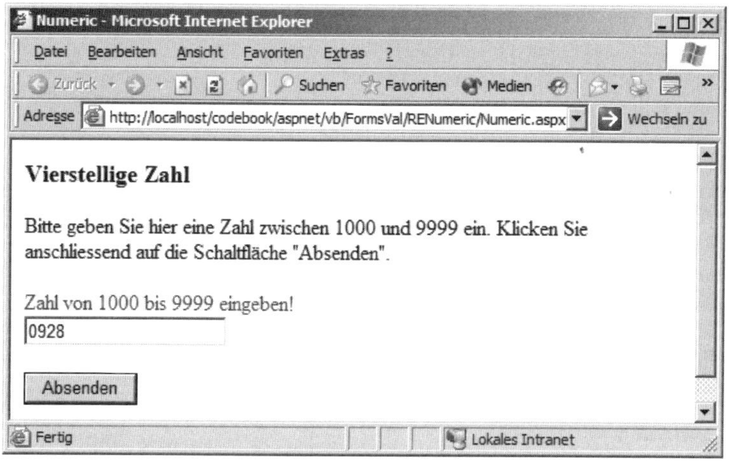

Abbildung 22: Tricksen funktioniert nicht

100 Nur Datumsangaben zulassen

Mit Hilfe des `CompareValidators` haben Sie die Möglichkeit, ein Eingabefeld daraufhin zu überprüfen, ob es einen Datumswert enthält:

```
<%@ Page Language="vb" %>
<script runat="server">
   Sub btnSubmit_Click(ByVal sender As Object, _
      ByVal e As EventArgs)

      If valInput.IsValid And valInputLength.IsValid Then
         objResult.InnerHtml = _
            "Eingegebenes Datum: " & _
               DateTime.Parse(txtInput.Text).ToString( _
                  "dd. MMM yyyy")
      End If
   End Sub
</script>
<!DOCTYPE HTML PUBLIC "-//W3C//DTD HTML 4.0 Transitional//EN">
<html>
  <head>
    <title>Date</title>
  </head>
  <body>
```

Listing 223: Prüfung auf ein eingegebenes Datum (Date.aspx)

Basics
Datenbank
I/O
Validierung
Controls
Http-Handler
Netzwerk
Grafik
Tracing
Security

```
    <form id="Form1" method="post" runat="server">
      <h3>Datumswert</h3>
      <p>
         Bitte geben Sie hier ein Datum ein.
         Klicken Sie anschließend auf
         die Schaltfläche "Absenden".
      </p>
      <asp:CompareValidator Runat="server" ID="valInput"
         ControlToValidate="txtInput" Display="Dynamic"
         Type="Date" Operator="DataTypeCheck"
         ErrorMessage="Bitte geben Sie ein Datum ein!<br>" />
      <asp:RequiredFieldValidator Runat="server"
         ID="valInputLength"
         ControlToValidate="txtInput"
         ErrorMessage="Bitte geben Sie ein Datum ein!<br>"
         Display="Dynamic" ForeColor="#cc0000" />
      <asp:TextBox Runat="server" ID="txtInput" />
      <p>
         <asp:Button Runat="server" ID="btnSubmit"
            Text="Absenden" OnClick="btnSubmit_Click" />
      </p>
      <p runat="server" id="objResult" />
    </form>
  </body>
</html>
```

Listing 223: Prüfung auf ein eingegebenes Datum (Date.aspx) (Forts.)

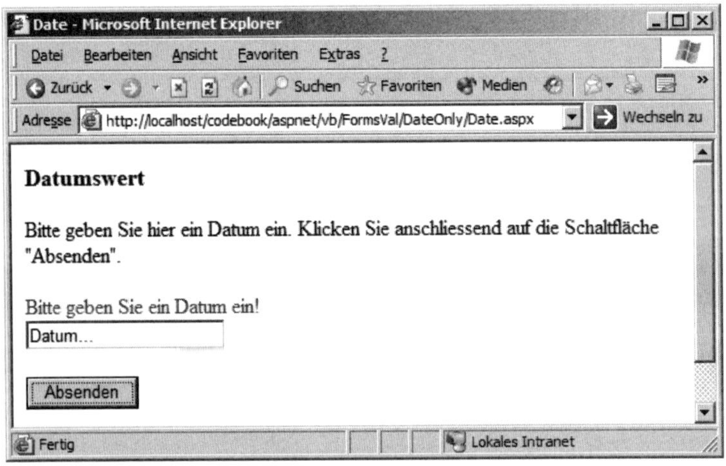

Abbildung 23: Nur nach Eingabe eines Datums geht es weiter

Der eingesetzte `CompareValidator` kontrolliert die in der Textbox `txtInput` enthaltene Eingabe des Benutzers darauf, ob sie einem Datum entspricht. Zu diesem Zweck sind die Angabe des Attributs `Operator` mit dem Wert `DataTypeCheck` und des Attributs `Type` mit dem erwarteten Datentyp nötig:

```
<asp:CompareValidator Runat="server" ID="valInput"
   ...
   Type="Date" Operator="DataTypeCheck"
   ...
/>
```

Sollte der Benutzer versuchen, sich um die Eingabe eines korrekten Datums herumzumogeln, wird er schnell darauf hingewiesen, was von ihm erwartet wird (siehe Abbildung 23).

101 Auf E-Mail-Adresse prüfen

Mit Hilfe des `RegularExpressionValidators` können Sie den Benutzer zwingen, eine syntaktisch korrekte E-Mail-Adresse einzugeben:

```
<%@ Page Language="vb" %>
<script runat="server">
   Sub btnSubmit_Click(ByVal sender As Object, _
      ByVal e As EventArgs)

      If valInput.IsValid And valInputLength.IsValid Then
         objResult.InnerHtml = _
            "Eingegebene E-Mail-Adresse: " & _
               txtInput.Text
      End If
   End Sub
</script>
<!DOCTYPE HTML PUBLIC "-//W3C//DTD HTML 4.0 Transitional//EN">
<html>
  <head>
    <title>E-Mail</title>
  </head>
  <body>
    <form id="Form1" method="post" runat="server">
      <h3>E-Mail-Adresse</h3>
      <p>
         Bitte geben Sie hier ein E-Mail-Adresse ein.
         Klicken Sie anschließend auf die Schaltfläche
         "Absenden".
      </p>
      <asp:RegularExpressionValidator Runat="server"
         ID="valInput" Display="Dynamic"
         ControlToValidate="txtInput"
         ErrorMessage="Die E-Mail-Adresse ist ungültig!<br>"
         ForeColor="#cc0000"
         ValidationExpression="^[\w-]+(?:\.[\w-]+)*@(?:[\w-
            ]+\.)+[a-zA-Z]{2,7}$"
       />
      <asp:RequiredFieldValidator Runat="server"
```

Listing 224: Hier muss eine gültige E-Mail-Adresse angegeben werden (E-Mail.aspx)

```
            ID="valInputLength"
            ControlToValidate="txtInput"
            ErrorMessage="Bitte geben Sie eine E-Mail ein!<br>"
            Display="Dynamic" ForeColor="#cc0000" />
         <asp:TextBox Runat="server" ID="txtInput" />
         <p>
            <asp:Button Runat="server" ID="btnSubmit"
               Text="Absenden" OnClick="btnSubmit_Click" />
         </p>
         <p runat="server" id="objResult" />
      </form>
   </body>
</html>
```

Listing 224: Hier muss eine gültige E-Mail-Adresse angegeben werden (E-Mail.aspx) (Forts.)

Der `RegularExpressionValidator` überprüft, ob die Eingabe des Benutzers dem Muster einer E-Mail-Adresse entspricht. Nicht zulässig sind beispielsweise E-Mail-Adressen ohne Domain-Kürzel:

```
<asp:RegularExpressionValidator Runat="server"
   ...
   ValidationExpression="^[\w-]+(?:\.[\w-]+)*@(?:[\w-]+\.)+[a-zA-Z]{2,7}$"
/>
```

Wenn der Benutzer nun eine syntaktisch nicht korrekte E-Mail-Adresse eingibt, erhält er folgende Ausgabe (siehe Abbildung 24).

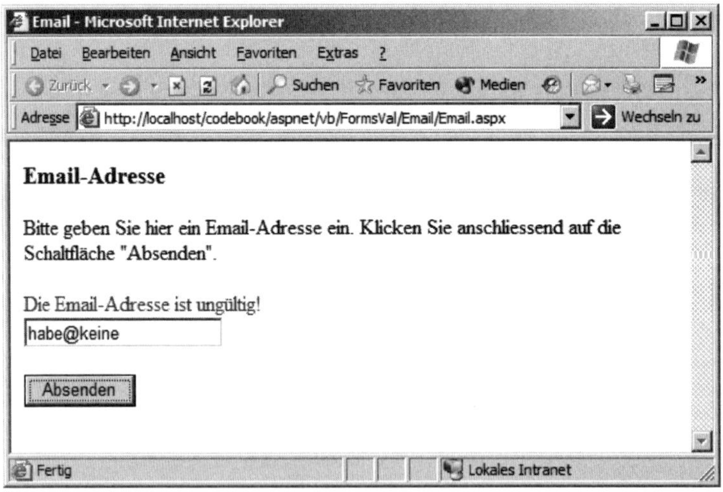

Abbildung 24: Der Validator hat eine ungültige E-Mail-Adresse entdeckt

Beachten Sie bitte, dass an dieser Stelle keine Prüfung darauf erfolgt, ob die E-Mail-Adresse tatsächlich existiert.

102 Auf Web-Adresse prüfen

Mit Hilfe eines `RegularExpressionValidators` ist es auch möglich, auf eine syntaktisch korrekte Web-Adresse zu prüfen:

```
<%@ Page Language="vb" %>
<script runat="server">
   Sub btnSubmit_Click(ByVal sender As Object, _
      ByVal e As EventArgs)

      If valInput.IsValid And valInputLength.IsValid Then
         objResult.InnerHtml = _
            "Eingegebene Web-Adresse: " & _
               txtInput.Text
      End If
   End Sub
</script>
<!DOCTYPE HTML PUBLIC "-//W3C//DTD HTML 4.0 Transitional//EN">
<html>
  <head>
    <title>Web</title>
  </head>
  <body>
    <form id="Form1" method="post" runat="server">
      <h3>Web-Adresse</h3>
      <p>
         Bitte geben Sie hier eine Web-Adresse ein.
         Klicken Sie anschließend auf die Schaltfläche
         "Absenden".
      </p>
      <asp:RegularExpressionValidator Runat="server"
         ID="valInput" Display="Dynamic"
         ControlToValidate="txtInput"
         ErrorMessage="Der URL ist ungültig!<br>"
         ForeColor="#cc0000"
         ValidationExpression="^http[s]?\://[a-zA-Z0-9\-\.]+
            \.[a-zA-Z]{2,3}(/\S*)?$"
       />
      <asp:RequiredFieldValidator Runat="server"
         ID="valInputLength"
         ControlToValidate="txtInput"
         ErrorMessage="Bitte geben Sie einen URL ein!<br>"
         Display="Dynamic" ForeColor="#cc0000" />
      <asp:TextBox Runat="server" ID="txtInput" />
      <p>
         <asp:Button Runat="server" ID="btnSubmit"
            Text="Absenden" OnClick="btnSubmit_Click" />
```

Listing 225: Prüfung auf eine komplette Web-Adresse (Web.aspx)

```
      </p>
      <p runat="server" id="objResult" />
    </form>
  </body>
</html>
```

Listing 225: Prüfung auf eine komplette Web-Adresse (Web.aspx) (Forts.)

Das Pattern, das zur Kontrolle der eingegebenen Informationen verwendet wird, zwingt den Benutzer zur Angabe eines kompletten URL inklusive Protokoll:

```
<asp:RegularExpressionValidator Runat="server"
   ...
   ValidationExpression="^http[s]?\://[a-zA-Z0-9\-\.]+\.[a-zA-Z]{2,3}(/\S*)?$"
/>
```

Hält sich der User nicht an diese Vorgabe, wird er folgende Ausgabe erhalten:

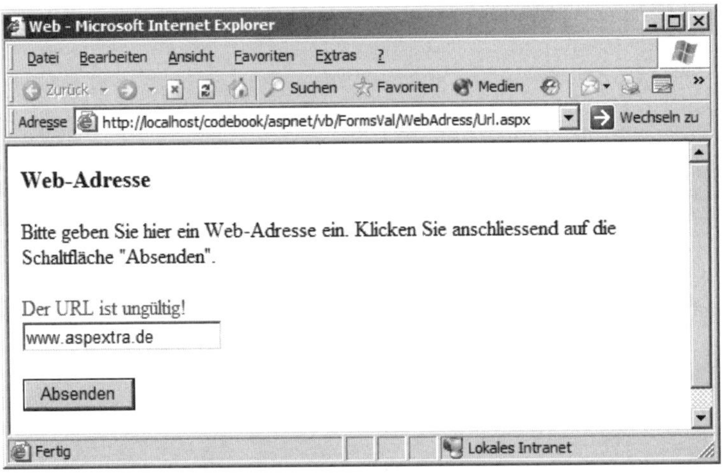

Abbildung 25: Eine Web-Adresse muss inklusive Protokoll angegeben werden

103 Auf deutsche, schweizerische und österreichische Postleitzahl prüfen

Die Prüfung auf eine syntaktisch korrekte Postleitzahl kann so aussehen:

```
<%@ Page Language="vb" %>
<script runat="server">
   Sub btnSubmit_Click(ByVal sender As Object, _
      ByVal e As EventArgs)
```

Listing 226: Prüfung auf korrekte Postleitzahlen (ZIP.aspx)

```
      If valInput.IsValid And valInputLength.IsValid Then
         objResult.InnerHtml = _
            "Eingegebene Postleizahl: " & _
               txtInput.Text
      End If
   End Sub
</script>
<!DOCTYPE HTML PUBLIC "-//W3C//DTD HTML 4.0 Transitional//EN">
<html>
  <head>
    <title>ZIP-Code</title>
  </head>
  <body>
    <form id="Form1" method="post" runat="server">
      <h3>PLZ</h3>
      <p>
         Bitte geben Sie hier eine Postleitzahl ein.
         Klicken Sie anschließend auf die Schaltfläche
         "Absenden".
      </p>
      <asp:RegularExpressionValidator Runat="server"
         ID="valInput" Display="Dynamic"
         ControlToValidate="txtInput"
         ErrorMessage="Die PLZ ist ungültig!<br>"
         ForeColor="#cc0000"
         ValidationExpression="^(?:(D-)?[\d]{5}|
            (?:CH-|A-)[\d]{4})$"
       />
      <asp:RequiredFieldValidator Runat="server"
         ID="valInputLength"
         ControlToValidate="txtInput"
         ErrorMessage="Bitte geben Sie eine PLZ ein!<br>"
         Display="Dynamic" ForeColor="#cc0000" />
      <asp:TextBox Runat="server" ID="txtInput" />
      <p>
         <asp:Button Runat="server" ID="btnSubmit"
            Text="Absenden" OnClick="btnSubmit_Click" />
      </p>
      <p runat="server" id="objResult" />
    </form>
  </body>
</html>
```

Listing 226: Prüfung auf korrekte Postleitzahlen (ZIP.aspx) (Forts.)

Mit Hilfe eines `RegularExpressionValidators` kann recht einfach die Prüfung auf eine korrekte Postleitzahlen-Angabe erfolgen. Interessant ist an dieser Stelle das verwendete Muster – es berücksichtigt sowohl deutsche als auch schweizerische und österreichische Postleitzahlen:

```
<asp:RegularExpressionValidator Runat="server"
   ...
   ValidationExpression="^(?:(D-)?[\d]{5}|(?:CH-|A-)[\d]{4})$"
   ...
/>
```

Bei einer deutschen Postleitzahl ist die Angabe des Länderkürzels optional, allerdings werden dann fünf Stellen verlangt. Geben Sie eine schweizerische oder österreichische Postleitzahl an, so müssen Sie das entsprechende Länderkürzel gefolgt von einem Bindestrich voranstellen. Anschließend werden vier Ziffern erwartet.

Falls ein Benutzer keine korrekte Postleitzahl angibt, wird er entsprechend darauf hingewiesen:

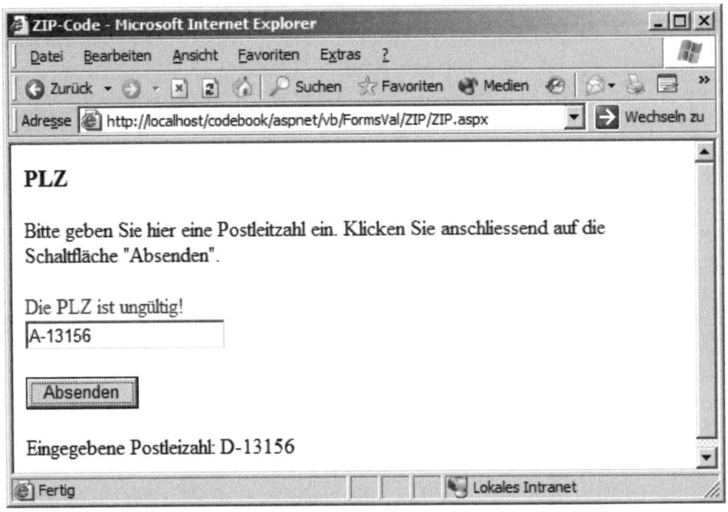

Abbildung 26: Deutsche Postleitzahlen haben fünf Stellen, österreichische nur vier ...

104 Fehlerhafte Eingaben zusammenfassen

Mit Hilfe des weithin unbekannten `ValidationSummary`-Controls können Sie die (negativen) Prüfungsergebnisse der verschiedenen Validation-Controls einer Webform übersichtlich zusammenfassen:

```
<%@ Page Language="vb" %>
<!DOCTYPE HTML PUBLIC "-//W3C//DTD HTML 4.0 Transitional//EN">
<html>
  <head>
    <title>Contact</title>
  </head>
```

Listing 227: Fehler werden per ValidationSummary-Control zusammengefasst (Contact.aspx)

```
<body>
  <form id="Form1" method="post" runat="server">
    <h3>Kontakt-Formular</h3>
    <p>
      Bitte geben Sie hier Ihren Vor- und Nachnamen,
      Ihre E-Mail-Adresse und (falls vorhanden) Ihre
      Web-Adresse an.
    </p>
    <asp:ValidationSummary Runat="server" ID="valSumm"
      DisplayMode="BulletList" ShowSummary="True"
      HeaderText="Bitte korrigieren Sie folgende Fehler"
      ForeColor="#cc0000"
      />
    <p>
      Ihr Name<br>
      <asp:TextBox Runat="server" ID="txtName" />
      <asp:RequiredFieldValidator Runat="server"
         ID="valName" ControlToValidate="txtName"
         ErrorMessage="Bitte geben Sie einen Namen an!"
         Display="None" />
    </p>
    <p>
      Ihr Vorname<br>
      <asp:TextBox Runat="server" ID="txtFirstname" />
      <asp:RequiredFieldValidator Runat="server"
         ID="valFirstname" Display="None"
         ControlToValidate="txtFirstname"
         ErrorMessage="Bitte geben Sie einen Vornamen an!"
         />
    </p>
    <p>
      Ihre E-Mail-Adresse<br>
      <asp:TextBox Runat="server" ID="txtEmail" />
      <asp:RequiredFieldValidator Runat="server"
         ID="valEmail" ControlToValidate="txtEmail"
         ErrorMessage="Bitte geben Sie Ihre E-Mail an!"
         Display="None" />
      <asp:RegularExpressionValidator Runat="server"
         ID="valEmailSyntax" Display="None"
         ErrorMessage="E-Mail-Adresse ist ungültig!"
         ControlToValidate="txtEmail"
         ValidationExpression="^[\w-]+(?:\.[\w-]+)*@(?:[\w-
            ]+\.)+[a-zA-Z]{2,7}$"
         />
    </p>
    <p>
      Ihre Web-Adresse<br>
      <asp:TextBox Runat="server" ID="txtWeb" />
      <asp:RegularExpressionValidator Runat="server"
         ID="valWeb" Display="None"
         ErrorMessage="Web-Adresse ist ungültig!"
```

Listing 227: Fehler werden per ValidationSummary-Control zusammengefasst (Contact.aspx) (Forts.)

```
            ControlToValidate="txtWeb"
            ValidationExpression="^http[s]?\://[a-zA-Z0-9\-
               \.]+\.[a-zA-Z]{2,3}(/\S*)?$"
            />
      </p>
      <p>
         <asp:Button Runat="server" ID="btnSubmit"
            Text="Absenden!" />
      </p>
    </form>
  </body>
</html>
```

Listing 227: Fehler werden per ValidationSummary-Control zusammengefasst (Contact.aspx) (Forts.)

Im Kopf des Formulars befindet sich ein `ValidationSummary`-Control, das die einzelnen Fehlermeldungen der untergeordneten Validation-Controls in Form einer Aufzählung ausgibt:

```
<asp:ValidationSummary Runat="server" ID="valSumm"
   DisplayMode="BulletList" ShowSummary="True"
   HeaderText="Bitte korrigieren Sie folgende Fehler"
   ForeColor="#cc0000"
/>
```

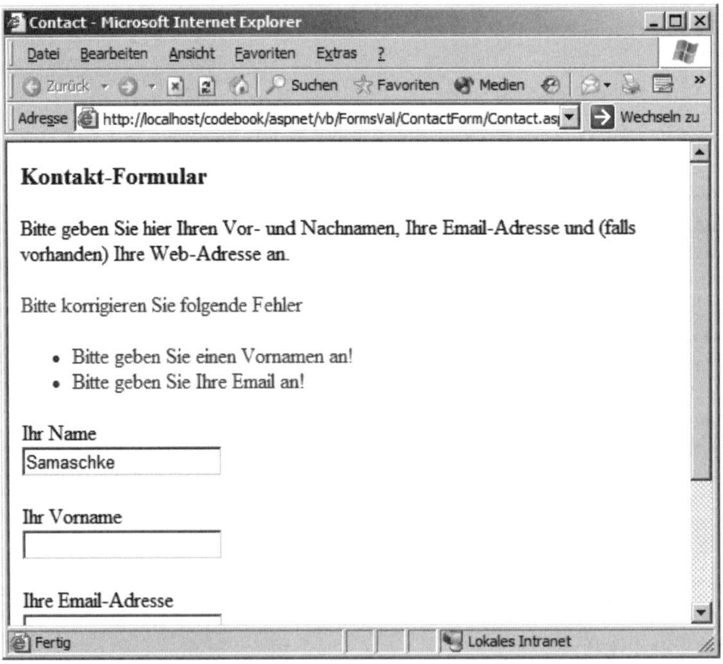

Abbildung 27: Das ValidationSummary-Control gibt die Fehlermeldungen zentral aus

Die einzelnen Validation-Controls innerhalb der WebForm arbeiten dabei wie gewohnt. Der einzige Unterschied zum Einsatz ohne `ValidationSummary`-Control besteht darin, dass die Eigenschaft `Display` immer den Wert `False` zugewiesen bekommt, damit die Ausgaben der Controls zentral im Kopf der Seite angezeigt werden können.

Sollte ein Benutzer nun die WebForm aufrufen und die überprüften Felder nicht oder unvollständig ausfüllen, so erhält er eine entsprechende Fehlermeldung im Kopf der Seite angezeigt (siehe Abbildung 27).

105 Links automatisch darstellen

Mit Hilfe eines regulären Ausdrucks ist es möglich, in einem Text enthaltene Link-Angaben automatisch herauszufiltern und als Hyperlinks darzustellen. Sehen wir uns an, wie dies umgesetzt werden könnte:

```
<%@ Page Language="vb" %>
<%@ Import Namespace="System.Web.RegularExpressions" %>
<script runat="server">
   Sub btnSubmit_Click( _
      ByVal sender As Object, _
      ByVal e As System.EventArgs)

      Dim strInput As String = Me.txtInput.Text
      Dim strPattern As String = _
         "((?:http[s]?|ftp)\://[a-zA-Z0-9\-\.]+" & _
         "\.[a-zA-Z]{2,3}" & _
         "(:[a-zA-Z0-9]*)?/?([a-zA-Z0-9\-\._\?\,\'/\\\+" & _
         "&%\$#\=~])*[^\.\,\)\(\s])"
      Dim strResult As String = Regex.Replace( _
         strInput, strPattern, "<a href=""$1"">$1</a>")

      strResult = "<hr size=""1"" " & _
         "width=""100%"" noshade>" & _
         "<pre>" & strResult & "</pre>" & _
         "<hr size=""1"" width=""100%"" noshade>"
      Me.phResult.Controls.Add( _
         New LiteralControl(strResult))
      Me.phResult.Visible = True
   End Sub
</script>
<!DOCTYPE HTML PUBLIC "-//W3C//DTD HTML 4.0 Transitional//EN">
<HTML>
  <HEAD>
    <title>DisplayLinks</title>
  </HEAD>
  <body>
    <form id="Form1" method="post" runat="server">
      <h3>Links automatisch darstellen</h3>
```

Listing 228: Nach dem Absenden werden Links im Text gefunden und anklickbar dargestellt (DisplayLinks.aspx)

```
        <p>
          Bitte geben Sie hier einen Text ein. Klicken
          Sie anschließend auf die Schaltfläche
          "Absenden".
        </p>
        <asp:PlaceHolder Runat="server" ID="phResult"
          Visible="False" />
        <p>
          <asp:TextBox Runat="server" ID="txtInput"
            TextMode="MultiLine" Rows="5" Columns="60"
            Wrap="True" />
        </p>
        <asp:Button Runat="server" ID="btnSubmit"
          Text="Absenden" OnClick="btnSubmit_Click"/>
      </form>
    </body>
  </HTML>
```

Listing 228: Nach dem Absenden werden Links im Text gefunden und anklickbar dargestellt (DisplayLinks.aspx) (Forts.)

Nachdem ein Benutzer einen Text in die Textbox `txtInput` eingegeben hat, wird die Methode `btnSubmit_Click` eingebunden, in der mit Hilfe eines regulären Ausdrucks alle Links gefunden werden sollen:

```
Dim strPattern As String = _
   "((?:http[s]?|ftp)\://[a-zA-Z0-9\-\.]+" & _
   "\.[a-zA-Z]{2,3}" & _
   "(:[a-zA-Z0-9]*)?/?([a-zA-Z0-9\-\._\?\,\'/\\\+" & _
   "&%\$#\=~])*[^\.\,\)\(\s])"
```

Dieser Ausdruck ist recht komplex. Kurz gesagt sucht er nach allen Textstellen, die mit *http://*, *https://* oder *ftp://* beginnen, und speichert den kompletten Text bis zum Ende der verwertbaren Stelle, die durch allein stehende Punkte, Kommata, Klammern oder Leerzeichen markiert wird.

Mit Hilfe der `Replace`-Methode der `Regex`-Klasse können nun alle Vorkommnisse des Musters durch einen Link, in dem der von dem Muster ermittelte Text als Adresse enthalten ist, ersetzt werden:

```
Dim strResult As String = Regex.Replace( _
   strInput, strPattern, "<a href=""$1"">$1</a>")
```

Der so manipulierte Text kann nun zur Kontrolle ausgegeben werden.

Wenn ein Benutzer nun einen Text eingibt, der einen URL enthält, wird er folgende Ausgabe bekommen:

Abbildung 28: Der Link wurde automatisch dargestellt

106 Alle HTML-Tags aus einem Text entfernen

Mit Hilfe eines regulären Ausdrucks können alle HTML-Tags aus einem Text entfernt werden:

```
<%@ Page Language="vb" ValidateRequest="False" %>
<%@ Import Namespace="codebook.aspnet.vb.Controls" %>
<%@ Import Namespace="System.Text.RegularExpressions" %>
<%@ Register TagPrefix="cb"
   Namespace="codebook.aspnet.vb.Controls"
   Assembly="codebook.aspnet.vb.Controls.DhtmlEditor"
%>
<script runat="server">
   Private Sub btnSubmit_Click( _
      ByVal sender As Object, _
      ByVal e As System.EventArgs)

      Dim strInput As String = txtRTInput.Text
      Dim strPattern As String = "<[^>]+>"
      Dim strResult As String = _
```

Listing 229: Ersetzen aller HTML-Tags per regulärem Ausdruck (StripHTML.aspx)

```
          Regex.Replace(strInput, strPattern, "")

       Dim strHR As String = _
          "<hr width=""100%"" size=""1"" noshade>"
       phResult.Controls.Add(New LiteralControl(strHR))
       phResult.Controls.Add(New LiteralControl( _
          Server.HtmlEncode(strInput)))
       phResult.Controls.Add(New LiteralControl(strHR))
       phResult.Controls.Add(New LiteralControl( _
          "<pre>" & strResult & "</pre>"))
       phResult.Controls.Add(New LiteralControl(strHR))
       phResult.Visible = True
   End Sub
</script>
<!DOCTYPE HTML PUBLIC "-//W3C//DTD HTML 4.0 Transitional//EN">
<HTML>
  <HEAD>
    <title>StripHTML</title>
  </HEAD>
  <body>
    <form id="Form1" method="post" runat="server">
      <h3>Strip-HTML</h3>
      <p>
         Bitte geben Sie hier mit Hilfe des Eingabefeldes
         einen HTML-Text ein. Klicken Sie auf
         "Absenden" und sehen Sie, wie der von
         Ihnen eingegebene Text ohne alle HTML-
         Tags aussieht.
      </p>
      <asp:PlaceHolder Runat="server" ID="phInput"
         Visible="False" />
      <asp:PlaceHolder Runat="server" ID="phResult"
         Visible="False" />
      <p>
         <cb:DhtmlEditor runat="server"
            ID="txtRTInput" border="1"
            Fontnames="Arial,Verdana,Tahoma"
         />
      </p>
      <asp:Button Runat="server" ID="btnSubmit"
         Text="Absenden" OnClick="btnSubmit_Click"/>
    </form>
  </body>
</HTML>
```

Listing 229: Ersetzen aller HTML-Tags per regulärem Ausdruck (StripHTML.aspx) (Forts.)

Der im `DhtmlEditor`-Control eingegebene Text wird mit Hilfe eines regulären Ausdrucks von allen HTML-Tags befreit. Verantwortlich dafür ist der verwendete reguläre Ausdruck:

```
Dim strPattern As String = "<[^>]+>"
```

Alle Zeichenkombinationen, die in dieses Muster passen, werden nun entfernt:

```
Dim strResult As String = _
   Regex.Replace(strInput, strPattern, "")
```

Im Browser ausgeführt, sollten Sie folgende Ausgabe erhalten:

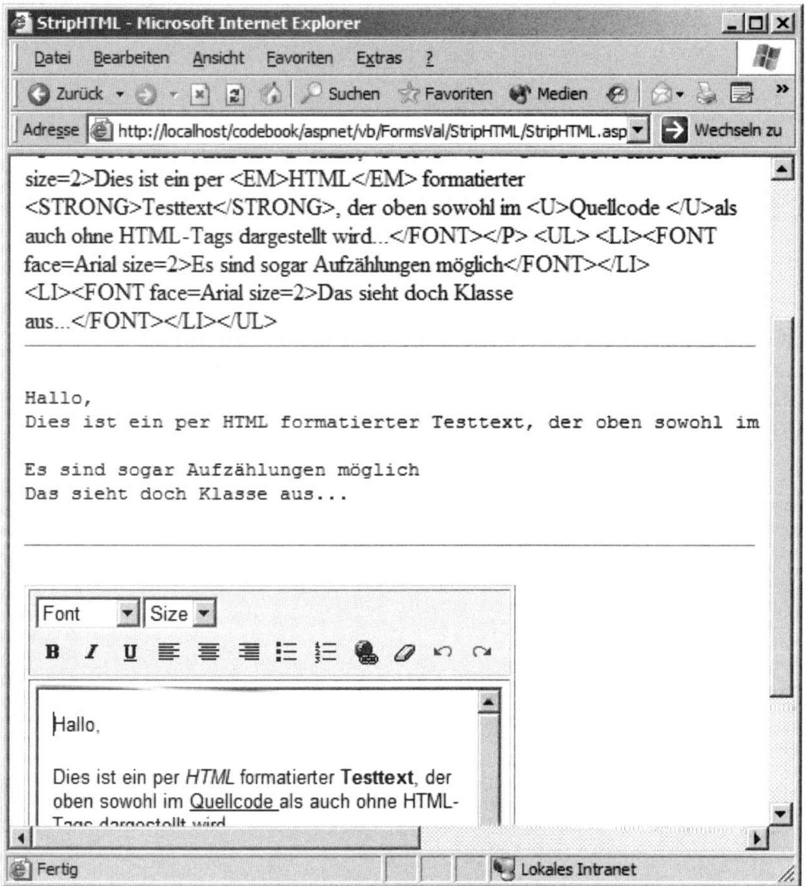

Abbildung 29: HTML-Quelltext und der generierte Text ohne HTML-Formatierungen

107 Reguläre Ausdrücke finden und erstellen

Da die Erstellung regulärer Ausdrücke eine komplexe Angelegenheit sein kann, ist man für jede Hilfestellung dankbar. So gibt es im Internet sowohl Ressourcen, auf denen Sie reguläre Ausdrücke finden können, als auch kleine `Utilities`, die Ihnen bei der Arbeit mit regulären Ausdrücken helfen können:

- RegexLib: Unter der Adresse *http://www.regexlib.com* finden Sie eine kleine Bibliothek von regulären Audrücken, die in der Regel mit der Regex-Implementierung im .NET Framework sehr gut harmonieren. Wenn Sie eigene Ausdrücke erstellt haben, können Sie Ihre Ausdrücke dort einstellen und somit der Öffentlichkeit zugänglich machen.
- RegularExpressionsWorkbench: Das kleine Tool hilft Ihnen beim Erstellen und Testen von regulären Ausdrücken. Sie finden es über die Community-Projekt-Suche auf *http://www.gotdotnet.com*.

Controls

Mit den Controls hat ein Element der »klassischen« Programmierung Einzug in die Entwicklung von Web-Applikationen gehalten. Controls repräsentieren kleine, wiederverwendbare Module, die sich an eigene Bedürfnisse anpassen lassen.

Prinzipiell lassen sich zwei Typen von Controls unterscheiden: *Server Controls* und *HTML Controls*.

Server Controls und HTML Controls unterscheiden sich in wesentlichen Punkten, haben aber zumindest eine Gemeinsamkeit: Im Gegensatz zu HTML-Tags können sie über den Code-Teil der Seite beeinflusst und manipuliert werden.

Zunächst sollen die wesentlichen Unterschiede zwischen den beiden Control-Typen kurz vorgestellt werden.

108 HTML- und Server Controls

Die einfachste Form von Controls sind HTML Controls. Diese entsprechen direkt den gleichnamigen HTML-Tags, sind aber darüber hinaus durch das Attribut `runat="server"` und optional einer eindeutigen ID gekennzeichnet. Dies sorgt dafür, dass die Controls serverseitig verarbeitet und manipuliert werden können. Ein einfaches HTML Control könnte etwa so aussehen:

```
<a href="http://www.aspextra.de" runat="server" id="objLink">ASP.extra</a>
```

Im Code-Teil der Webseite wird das Control zunächst deklariert:

```
Protected WithEvents objLink As _
   System.Web.UI.HtmlControls.HtmlAnchor
```

Nun könnten die Eigenschaften des Links serverseitig manipuliert werden – etwa indem ein neues Ziel definiert werden würde:

```
Me.objLink.HRef = "http://www.asp-solutions.de"
Me.objLink.InnerText = "ASP Solutions"
```

Wenn ein Nutzer die Webseite abruft, lautet das Ziel der Weiterleitung »ASP Solutions«. Der Vorteil dieser serverseitigen Manipulation der Controls liegt in der strikten Trennung zwischen Code und Layout – der Web-Designer erarbeitet die Front-Ends mit dem Tool seiner Wahl und hat als einzige Neuerung zwei zusätzliche Attribute in den manipulierbaren

HTML-Elementen einzufügen. Der Entwickler kann anschließend im CodeBehind-Teil der Seite mit Hilfe der Programmiersprache seiner Wahl die serverseitigen Elemente manipulieren, neue Elemente hinzufügen und somit das generierte Layout und die zur Verfügung stehenden Funktionen direkt beeinflussen.

Vor- und Nachteile von HTML Controls

HTML Controls sind im Namensraum `System.Web.UI.HtmlControls` beheimatet. Sie verfügen über verschiedene Attribute, die entweder im Quellcode der WebForm oder im Code-Teil der Seite gesetzt und manipuliert werden können. Wie bei HTML-Tags behält der Entwickler auch hier die volle Kontrolle über den erzeugten Output. Ein wesentlicher Nachteil bei der Verwendung von HTML Controls liegt darin, dass sie die im Code gesetzten Informationen und Attribute über einen PostBack hinweg nicht behalten – diese Informationen müssen also bei jedem Aufruf der Seite erneut angegeben werden, was im Sinne von Performance und Skalierbarkeit nicht ideal ist.

Ein weiterer Nachteil von HTML-Controls gegenüber Server-Controls ist, dass Erstere zwar ebenfalls Events besitzen können, diese aber entweder clientseitig funktionieren (wie etwa das `onClick`-Event eines Buttons oder eines Links) oder lediglich einen PostBack verursachen können.

Einsatzszenarien für HTML Controls

Trotz der beschriebenen Nachteile besitzen HTML-Controls durchaus sinnvolle Einsatzbereiche. So bietet sich ihr Einsatz beispielsweise bei der schrittweisen Migration von ASP-Projekten nach ASP.NET an, da so lediglich kleine Änderungen nötig sind, um dennoch einen Teil der faszinierenden Möglichkeiten des Frameworks nutzen zu können.

Weiterhin benötigen natürlich nicht alle Controls oder Seitenelemente serverseitige Events oder die Persistenz von Daten über ein PostBack hinweg. Deshalb kann an dieser Stelle leicht auf serverseitige Controls verzichtet werden.

Manchmal ist es ebenfalls unabdingbar, ebenso wie bei reinem HTML volle Kontrolle über den generierten Output zu haben. Dies ist bei Server Controls nicht gegeben, während HTML Controls diese Möglichkeit aufgrund ihrer Nähe zu HTML-Tags quasi von Haus aus mitbringen.

Server Controls

Server Controls können weitaus komplexere Vorgänge und Ansichten repräsentieren. Sie verfügen im Gegensatz zu HTML Controls über mehrere serverseitige Events, auf die zur Laufzeit reagiert werden kann. Server Controls können sich – soweit implementiert – an die Fähigkeiten der verschiedenen Browser anpassen: Netscape- und Opera-Benutzer könnten also eine etwas andere Ausgabe erhalten als Nutzer, die mit dem Internet Explorer surfen. Oder sie erhalten die gleiche Ausgabe, diese ist aber im zum Client gelieferten HTML-Output anders umgesetzt.

Anders als HTML Controls können Server Controls über serverseitige Properties verfügen, die nicht direkt mit den HTML-Attributen korrespondieren, dennoch aber das Aussehen oder die Funktionalität beeinflussen.

Viele im Framework enthaltene Server Controls haben direkte Entsprechungen in HTML Controls, bieten aber deutlich mehr Funktionen. Andere Controls – etwa das `PlaceHolder`-Control – gibt es nicht in Form von korrespondierenden HTML Controls. Ebenso ist es wohl unwahrscheinlich, dass es eine HTML-Entsprechung etwa zum Calendar-Control gibt.

Einsatzszenarien von Server Controls

Nicht immer ist der Einsatz von Server Controls der Weisheit letzter Schluss. Häufig kann man die gestellten Anforderungen auch durch HTML Controls oder nicht serverseitig interpretierbare HTML Tags lösen. Viele der durch Server Controls erschlossenen Funktionen könnten jedoch nicht oder nur schwer mit Hilfe von HTML Controls umgesetzt werden.

Migration

Viele Anwendungen werden aus älteren ASP-Applikationen migriert. Oftmals sind dort Funktionalitäten inline, also direkt im Code umgesetzt worden. Sollen diese Anwendungen migriert werden, empfiehlt sich bei einer »sanften« Migration der Zwischenweg über HTML-Controls. Wenn jedoch gleich von den vielfältigen Möglichkeiten des .NET Frameworks Gebrauch gemacht werden soll, ist der Schritt hin zu Server Controls ratsam.

Kontrolle über den generierten HTML Output

Wenn Sie großen Wert auf die volle Kontrolle des generierten HTML Outputs legen, sollten Sie die Finger von vielen der mitgelieferten Controls lassen – die gewohnte Vorgehensweise, bestimmte Layouts per Attribut (etwa `Style` oder `Class`) zu setzen, wird gerade bei komplexen Controls nicht funktionieren. Zwar könnten Sie bei einigen der Controls bestimmte serverseitige Events behandeln und dort das Layout oder die Darstellung der Daten beeinflussen, dies ist aber nicht bis ins letzte Detail oder oftmals nur mit großem Aufwand möglich.

Kapselung komplexer Funktionen

An dieser Stelle spielen Server-Controls ihre volle Stärke aus. Schon die mit ASP.NET mitgelieferten Controls bieten Ihnen Möglichkeiten, die sonst nur mit großem Aufwand umsetzbar wären – denken Sie an das `Calendar`-Control oder die datengebundenen Controls, etwa `Repeater`, `DataGrid` oder `DataList`. Allerdings setzt der Einsatz dieser Elemente auch ein gehöriges Umdenken bei der Arbeit voraus.

Datenbindung

Wie bereits kurz erwähnt, bieten viele Server Controls die Möglichkeit, sie an Datenquellen unterschiedlichster Art zu binden – seien es Datenbank, Collections oder XML Dateien. Zwar gibt es dabei naturgemäß Einschränkungen im Hinblick auf die Gestaltung des Layouts – sie können eben nicht jedes Attribut beeinflussen –, aber der eingesparte Arbeitsaufwand macht dies in den meisten Fällen mehr als wett. Oftmals lässt sich so das Zeitfenster für die Erstellung von Datenbanken und deren Visualisierungen von Tagen auf Stunden oder Minuten verringern.

Events

Im Gegensatz zu HTML Controls können Server Controls über verschiedenste Events verfügen, auf die Sie zur Laufzeit reagieren können. So gibt es Events bei Datenbindung, bei Generierung des Layouts, beim Initialisieren, beim Ändern von Texten durch den Client oder beim Klick auf das Element. Somit haben Sie die Möglichkeit, zur Laufzeit Manipulationen oder Zuweisungen vorzunehmen, Sie können die Datenquellen je nach Bedarf ändern oder Abhängigkeiten zwischen Controls realisieren.

Aber auch diese Möglichkeiten erfordern ein gewisses Umdenken bei der Arbeit mit diesen Controls – weg von clientseitigen Events, die Sie mit JavaScript behandeln, hin zu serverseitigen Events, auf die Sie mit VB.NET reagieren. Dies entspricht an vielen Stellen der Art von Programmierung, die auch bei Windows-Applikationen stattfindet. Dennoch sollte nicht vergessen werden: Sie bewegen sich nach wie vor in einem Client-Server-Umfeld mit einem statuslosen Protokoll und müssen mit bestimmten Voraussetzungen und Einschränkungen gegenüber der klassischen Rich-Client-Programmierung rechnen.

Lernaufwand

Wie deutlich wird, sind Lernaufwand und Lernkurve beim Umstieg auf ASP.NET beträchtlich, ändern sich doch nicht nur die Bezeichnung der Umgebung und die gewohnte Objekthierarchie, sondern die gesamte Herangehensweise bei der Arbeit mit serverseitigen Applikationen. Wenn Sie diesen Lernaufwand scheuen, empfiehlt sich zunächst die Verwendung von HTML Controls. Dabei kommen Sie früher oder später mit den grundlegenden Features von .NET so weit in Kontakt, dass der Umstieg auf Server Controls mit deutlich weniger Aufwand erfolgen kann.

109 Verwendung von Server Controls

Der Einsatz von Server Controls gestaltet sich prinzipiell nicht schwieriger als die Verwendung von HTML Controls. Der vordergründige Unterschied besteht darin, dass den Controls der Namensraum `asp` zusammen mit einem Doppelpunkt vorangestellt wird.

Sehen wir uns folgendes Beispiel an:

```
<%@ Page Language="vb" AutoEventWireup="false"
Codebehind="SimpleServerControl.aspx.vb"
Inherits="SimpleServerControls.SimpleServerControl"%>
<!DOCTYPE HTML PUBLIC "-//W3C//DTD HTML 4.0 Transitional//EN">
<HTML>
   <HEAD>
      <title>SimpleServerControl</title>
      <style>
         a {
            text-decoration: none;
         }
         a:Hover {
            font-weight: 800;
         }
      </style>
   </HEAD>
   <body>
      <form id="Form1" method="post" runat="server">
```

Listing 230: Server Controls im Einsatz (SimpleServerControl.aspx)

```
      <asp:Calendar id="objCalendar" runat="server"
         Font-Name="Verdana" Font-Size="12"
         SelectedDayStyle-BackColor="#cc0000"
         SelectedDayStyle-ForeColor="#ffffff"
         DayHeaderStyle-Font-Size="10"
         DayHeaderStyle-BackColor="#cccccc"
         TitleStyle-BackColor="#cc0000"
         TitleStyle-ForeColor="#ffffff"
         NextPrevStyle-ForeColor="#ffffff"
         NextPrevStyle-Font-Size="10"
         Width="300"></asp:Calendar><br> <br>
      <asp:Label id="objOutput" runat="server"
         Font-Name="Arial" Font-Size="10"></asp:Label>
    </form>
  </body>
</HTML>
```

Listing 230: Server Controls im Einsatz (SimpleServerControl.aspx) (Forts.)

Innerhalb der Seite sind zwei Server Controls enthalten: ein `Calendar`-Control und ein `Label`. Beachten Sie, dass die Tags, mit denen Server Controls eingebunden werden, im Gegensatz zu HTML Controls immer geschlossen werden müssen – ähnlich wie das bei der Verwendung von XML der Fall ist. In der WebForm selbst sind keine Verarbeitungsanweisungen enthalten, dies geschieht im CodeBehind-Teil:

```
Public Class SimpleServerControl
   Inherits System.Web.UI.Page

   Protected WithEvents objCalendar As _
      System.Web.UI.WebControls.Calendar
   Protected WithEvents objOutput As _
      System.Web.UI.WebControls.Label

   Private Sub Page_Load(ByVal sender As System.Object, _
      ByVal e As System.EventArgs) Handles MyBase.Load
   End Sub

   Private Sub objCalendar_Init(ByVal sender As Object, _
      ByVal e As EventArgs) Handles objCalendar.Init
      Dim objCurrentDate As DateTime = DateTime.Now
      objCalendar.SelectedDate = objCurrentDate.Date
      objCalendar.NextMonthText = _
         objCurrentDate.AddMonths(1).ToString("MMM/yy")
      objCalendar.PrevMonthText = _
         objCurrentDate.AddMonths(-1).ToString("MMM/yy")
   End Sub

   Private Sub objCalendar_SelectionChanged( _
      ByVal sender As Object, _
```

Listing 231: Behandlung von Events serverseitiger Controls (SimpleServerControls.aspx.vb)

```
        ByVal e As EventArgs) Handles objCalendar.SelectionChanged
        Me.objOutput.Text = _
            "Sie haben folgendes Datum ausgewählt: " & _
            Me.objCalendar.SelectedDate.ToString("dd.MM.yyyy")
    End Sub

    Private Sub objCalendar_MonthChanged(ByVal sender As Object, _
        ByVal e As MonthChangedEventArgs) _
        Handles objCalendar.VisibleMonthChanged
        objCalendar.NextMonthText = _
            e.NewDate.AddMonths(1).ToString("MMM/yy")
        objCalendar.PrevMonthText = _
            e.NewDate.AddMonths(-1).ToString("MMM/yy")
    End Sub

End Class
```

Listing 231: Behandlung von Events serverseitiger Controls (SimpleServerControls.aspx.vb) (Forts.)

Mit Hilfe von wenigen Zeilen Code haben Sie es geschafft, auf drei Events des `Calendar`-Controls zu reagieren. Zum einen reagieren Sie auf die Initialisierung des Controls und setzen dort die Texte für die Links zum vorherigen und zum nächsten Monat anhand des aktuellen Datums:

```
    Private Sub objCalendar_Init(ByVal sender As Object, _
        ByVal e As EventArgs) Handles objCalendar.Init
        Dim objCurrentDate As DateTime = DateTime.Now
        objCalendar.SelectedDate = objCurrentDate.Date
        objCalendar.NextMonthText = _
            objCurrentDate.AddMonths(1).ToString("MMM/yy")
        objCalendar.PrevMonthText = _
            objCurrentDate.AddMonths(-1).ToString("MMM/yy")
    End Sub
```

Dieser Event-Handler wird nur einmal aufgerufen, nämlich dann, wenn der Nutzer die Seite erstmalig (also nicht im Rahmen eines PostBacks) aufruft.

Wenn der Benutzer den nächsten oder vorherigen Monat anklickt, wird das Event `VisibleMonthChanged` aktiviert und vom Handler `objCalendar_MonthChanged` behandelt. Dieser setzt die Texte für den vorherigen und nächsten Monat anhand des neuen Monats:

```
    Private Sub objCalendar_MonthChanged(ByVal sender As Object, _
        ByVal e As MonthChangedEventArgs) _
        Handles objCalendar.VisibleMonthChanged
        objCalendar.NextMonthText = _
            e.NewDate.AddMonths(1).ToString("MMM/yy")
        objCalendar.PrevMonthText = _
            e.NewDate.AddMonths(-1).ToString("MMM/yy")
    End Sub
```

Klickt der Benutzer schließlich auf einen bestimmten Tag, wird das dritte Event aktiviert: `SelectionChanged`. Dieser wird durch den Handler `objCalendar_SelectionChanged` behandelt. Innerhalb der Behandlungsroutine wird dem bisher nicht weiter genutzten Label `objOutput` das ausgewählte Datum zugewiesen:

```
Private Sub objCalendar_SelectionChanged( _
   ByVal sender As Object, _
   ByVal e As EventArgs) Handles objCalendar.SelectionChanged
   Me.objOutput.Text = _
      "Sie haben folgendes Datum ausgewählt: " & _
      Me.objCalendar.SelectedDate.ToString("dd.MM.yyyy")
End Sub
```

Wenn Sie die Seite im Browser betrachten, ein wenig im Kalender scrollen und ein Datum auswählen, könnten Sie ein Ergebnis ähnlich diesem erhalten:

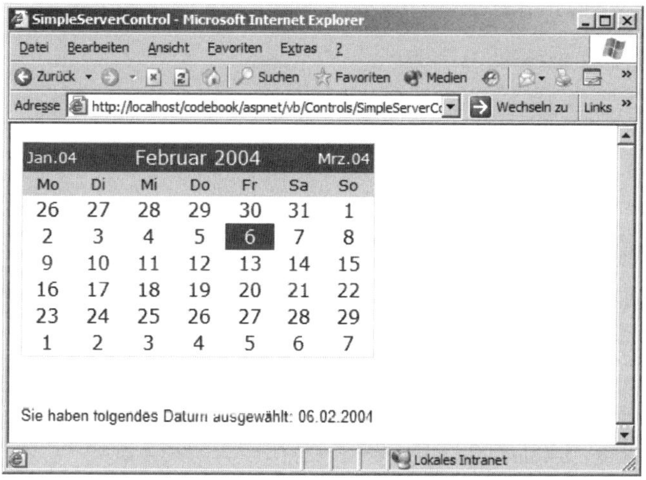

Abbildung 30: Server Controls im Zusammenspiel

Dieselbe Funktionalität hätten Sie mit HTML Controls sicherlich auch erreichen können, allerdings nur mit deutlich höherem Aufwand, mehreren Bedingungen und wesentlich mehr Code.

110 Behandlung von Benutzereingaben

Der häufigste Einsatzbereich von Web-Applikationen besteht sicherlich in der Darstellung von Informationen und dem Verarbeiten von Formulareingaben. An dieser Stelle zeigt sich besonders stark die Leistungsfähigkeit des .NET Frameworks gegenüber ASP oder PHP, denn alle serverseitigen Elemente können problemlos bei einem PostBack abgefragt und behandelt werden.

Folgendes Beispiel demonstriert diese Aussage:

```
<%@ Page Language="vb" AutoEventWireup="false"
Codebehind="SimpleDataHandling.aspx.vb"
Inherits="HtmlControlDataHandlingExample.SimpleDataHandling"%>
<!DOCTYPE HTML PUBLIC "-//W3C//DTD HTML 4.0 Transitional//EN">
<HTML>
   <HEAD>
      <title>SimpleDataHandling</title>
   </HEAD>
   <body>
      <form id="Form1" method="post" runat="server">
         <div id="objForm" runat="server">
            <font face="Verdana" size="2"><b>Bitte geben Sie einen
               Text ein!</b><br> <br>
               <textarea cols="45" rows="10" runat="server"
                  id="objInput">Ihr Text</textarea><br> <br>
               <input type="submit" runat="server" id="objSubmit"
                  value="Abschicken"> </font>
         </div>
         <div id="objSurvey" runat="server">
            <font face="Verdana" size="2"><b>Sie haben folgenden
               Text eingegeben</b><br>
                <br>
               <asp:Literal Runat="server"
                  ID="objSurveyText"></asp:Literal><br> <br>
               <input type="submit" runat="server" id="objBack"
                  value="Zurück zur Eingabe!">
            </font>
         </div>
      </form>
   </body>
</HTML>
```

Listing 232: ASPX-Seite zur Eingabe und Darstellung von Daten (SimpleDataHandling.aspx)

Innerhalb dieser Seite sind einige HTML Controls als serverseitige Controls definiert. Dabei sind zwei Bereiche definiert: ein Eingabeformular und ein Element, das die Ausgabe der eingegebenen Daten übernimmt. Beide Bereiche sind als HTML Controls ausgeführt und werden serverseitig manipuliert – etwa bei Bedarf ein- und ausgeblendet.

Für den Button `objSubmit` wurde ein serverseitiger Event-Handler definiert, der die Steuerung der beiden Ansichten nach dem Abschicken des Formulars übernimmt:

```
Imports System.Web.UI.HtmlControls
Imports System.Web.UI.WebControls

Public Class SimpleDataHandling
```

Listing 233: Verarbeitung der Daten und Steuerung der beiden Seitenbereiche (SimpleDataHandling.aspx.vb)

```
    Inherits System.Web.UI.Page

    Protected WithEvents objSurveyText As Literal
    Protected WithEvents objInput As HtmlTextArea
    Protected WithEvents objSubmit As HtmlInputButton
    Protected WithEvents objForm As HtmlGenericControl
    Protected WithEvents objBack As HtmlInputButton
    Protected WithEvents objSurvey As HtmlGenericControl

    Private Sub Page_Load(ByVal sender As System.Object, _
       ByVal e As System.EventArgs) Handles MyBase.Load

       ' -----------------------------------
       ' Wenn Seite zum ersten Mal aufgerufen
       ' worden ist, dann Standardtext anzeigen
       ' -----------------------------------
       If Not IsPostBack Then
          Me.objInput.InnerText = _
             "Bitte geben Sie hier Ihren Text ein!"
       End If
       ' -----------------------------------
       ' Eingabeformular einblenden,
       ' Ergebnisbereich ausblenden
       ' -----------------------------------
       Me.objSurvey.Visible = False
       Me.objForm.Visible = True
    End Sub

    Private Sub objSubmit_ServerClick(ByVal sender As Object, _
       ByVal e As EventArgs) Handles objSubmit.ServerClick

       ' -----------------------------------
       ' Eingabeformular ausblenden,
       ' Ergebnisbereich einblenden
       ' -----------------------------------
       Me.objForm.Visible = False
       Me.objSurvey.Visible = True

       ' -----------------------------------
       ' Eingegebenen Text ausgeben
       ' -----------------------------------
       Me.objSurveyText.Text = Me.objInput.InnerText.Replace( _
          vbCrLf, "<br>")
    End Sub

End Class
```

Listing 233: Verarbeitung der Daten und Steuerung der beiden Seitenbereiche (SimpleDataHandling.aspx.vb) (Forts.)

Wenn Sie nun die Seite abrufen, werden Sie zunächst den Eingabebereich sehen, in dem Sie einen Text erfassen können:

Abbildung 31: Eingabebereich

Durch Klick auf die Schaltfläche ABSCHICKEN wird die Seite an den Server zurückgesandt und der serverseitige Eventhandler `objSubmit_ServerClick` aufgerufen. Innerhalb dieses Handlers wird der Eingabebereich aus-, der Ausgabebereich eingeblendet und der eingegebene Text dargestellt:

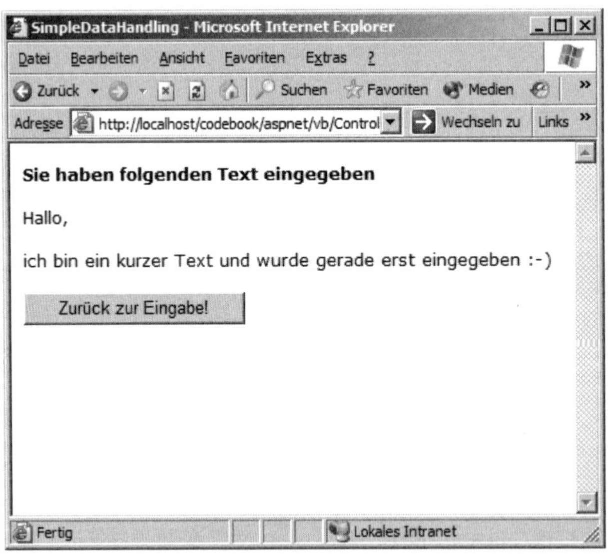

Abbildung 32: Ausgabe des eingegebenen Texts

Ein Klick auf die Schaltfläche ZURÜCK zur Eingabe bringt Sie zur Eingabemaske zurück, in der Sie den eingegebenen Text erneut editieren können.

Sie sehen, dass die Behandlung von Fomularen und ihren Daten mit ASP.NET deutlich einfacher vonstatten geht als mit ASP oder PHP – kein Arbeiten mit den `Request`-Variablen, kein umständliches Ermitteln, ob die Seite zurückgesandt worden ist, und die einfache Reaktion auf den Klick auf eine Schaltfläche mittels eines serverseitigen Event-Handlers erlauben es Ihnen, sich auf das Wesentliche zu konzentrieren: die Verarbeitung der eingegebenen Informationen.

111 User Controls

User Controls bieten Ihnen als Entwickler die Möglichkeit, eigene Controls mit relativ geringem Aufwand zu definieren. in der Regel werden Sie dabei so vorgehen, dass Sie Ihr Control aus verschiedenen anderen Controls – Server- oder HTML-Controls – erstellen und innerhalb einer ASCX-Seite anordnen. Im CodeBehind können Sie auf die Events der untergeordneten Controls reagieren.

Tatsächlich können Sie sich User Controls als eine Art `Page` vorstellen, die Sie innerhalb der eigentlichen `Page` verwenden können. User Controls erben direkt von `System.Web.UI.UserControl`. Wenn Sie ein User Control verwenden wollen, müssen Sie am Anfang der **.aspx*-Datei den Namensraum des Controls mit Hilfe einer `Register`-Direktive bekannt machen.

User Controls eignen sich ideal dafür, häufig benutzte Control-Gruppen mit entsprechenden Funktionalitäten auszulagern und modular zu halten.

Um die Funktionsweise von User Controls besser zu verstehen, bietet sich der Blick auf ein – zugegebenermaßen etwas umfangreicheres – Kontaktformular an.

112 Ein Kontaktformular

Das Kontaktformular ist als User Control, also als eine **.ascx*-Datei mit zugehöriger CodeBehind-Datei ausgeführt worden. Zunächst die **.ascx*-Datei, die das Frontend des Controls definiert:

```
<%@ Control Language="vb" AutoEventWireup="false" Codebehind="ContactForm.ascx.vb"
Inherits="codebook.aspnet.vb.Controls.SimpleContactForm" %>
<table cellspacing="0" cellpadding="2">
   <tr>
      <td colspan="3" runat="server"
         id="objHeadlineCell">Kontaktformular</td>
   </tr>
   <tr>
      <td> </td>
   </tr>
   <tr>
      <td colspan="3" runat="server" id="objTextCell">Bitte geben
         Sie hier Ihren Namen, Ihre E-Mail-Adresse und Ihre
         Nachricht an! Klicken Sie anschließend auf
         &lt;Absenden&gt;</td>
```

Listing 234: Frontend des Kontaktformulars (ContactForm.ascx)

```
    </tr>
    <tr>
       <td> </td>
    </tr>
    <tr>
       <td align="right" runat="server" id="objNameText">Ihr
          Name:</td>
       <td width="10"> </td>
       <td runat="server" id="objNameCell"><input type="text"
          runat="server" id="objName"></td>
    </tr>
    <tr>
       <td align="right" runat="server" id="objEmailText">Ihre
          E-Mail-Adresse:</td>
       <td width="10"> </td>
       <td runat="server" id="objEmailCell"><input type="text"
          runat="server" id="objEmail"></td>
    </tr>
    <tr>
       <td align="right" runat="server" id="objMessageBoxText"
          valign="top">Ihre Nachricht:</td>
       <td width="10"> </td>
       <td runat="server" id="objMessageBoxCell"><textarea
          runat="server" id="objMessageBox" cols="40"
          rows="10"></textarea></td>
    </tr>
    <tr>
       <td> </td>
    </tr>
    <tr>
       <td colspan="3" id="objSubmitCell" runat="server"><asp:Button
          ID="objSubmit" Runat="server"
          Text="Abschicken!"></asp:Button></td>
    </tr>
 </table>
```

Listing 234: Frontend des Kontaktformulars (ContactForm.ascx) (Forts.)

Bisher ist dieses Kontaktformular noch nichts weiter als eine Tabelle mit einigen serverseitigen Elementen. Interessant wird es, wenn wir einen Blick auf die wichtigsten Teile der zugehörigen CodeBehind-Datei (*ContactForm.ascx.vb*) werfen:

```
Namespace codebook.aspnet.vb.Controls

   Public Class SimpleContactForm
      Inherits System.Web.UI.UserControl

      ' ----------------------------------------
      ' Controls
      ' ----------------------------------------
      Protected WithEvents objSubmit As Button
```

```
Protected WithEvents objHeadlineCell As HtmlTableCell
Protected WithEvents objNameText As HtmlTableCell
Protected WithEvents objNameCell As HtmlTableCell
Protected WithEvents objSubmitCell As HtmlTableCell
Protected WithEvents objTextCell As HtmlTableCell
Protected WithEvents objEmailText As HtmlTableCell
Protected WithEvents objEmailCell As HtmlTableCell
Protected WithEvents objMessageBoxText As HtmlTableCell
Protected WithEvents objMessageBoxCell As HtmlTableCell
Protected WithEvents objName As HtmlInputText
Protected WithEvents objEmail As HtmlInputText
Protected WithEvents objMessageBox As HtmlTextArea

' -------------------------------------------
' Variablen
' -------------------------------------------
Private strElementTextClass As String = String.Empty
Private strElementTextStyle As String = String.Empty
Private strHeadlineClass As String = String.Empty
Private strHeadlineStyle As String = String.Empty
Private strDisplayTextClass As String = String.Empty
Private strDisplayTextStyle As String = String.Empty
Private strElementInputClass As String = String.Empty
Private strElementInputStyle As String = String.Empty

' -------------------------------------------
' Event
' -------------------------------------------
Public Event Submitted(ByVal sender As Object, _
  ByVal e As EventArgs)
```

Zunächst definieren wir hier die im Frontend verwendeten Controls, die internen Variablen und das Event, das geworfen werden soll, wenn das Formular ausgefüllt und abgeschickt wurde.

```
Public Property HeadlineText() As String
  Get
    Return Me.objHeadlineCell.InnerText
  End Get
  Set(ByVal Value As String)
    Me.objHeadlineCell.InnerText = Value
  End Set
End Property
```

Die Properties `HeadlineText`, `DisplayText`, `NameDisplayText`, `EmailDisplayText` und `MessageDisplayText` gestatten es, die angezeigten Texte für die Erklärung, die Überschrift, das Namenseingabefeld, das E-Mail-Eingabefeld und das Nachrichteneingabefeld zur Laufzeit und im Quellcode der `Page` zu ändern.

Basics
Daten-bank
I/O
Validie-rung
Controls
Http-Handler
Netz-werk
Grafik
Tracing
Security

```
Public Property HeadlineStyle() As String
   Get
      Return Me.strHeadlineStyle
   End Get
   Set(ByVal Value As String)
      Me.strHeadlineStyle = Value
   End Set
End Property

Public Property HeadlineClass() As String
   Get
      Return Me.strHeadlineClass
   End Get
   Set(ByVal Value As String)
      Me.strHeadlineClass = Value
   End Set
End Property
```

Die `Style`- und `Class`-Properties gestatten es, HTML-Style- und HTML-Class-Attribute der Anzeige-Elemente zu setzen. Sie existieren für die Überschrift (`HeadlineStyle` und `HeadlineClass`), die angezeigte Nachricht (`DisplayTextStyle` und `DisplayTextClass`), die Beschriftungen der Eingabefelder (`ElementTextStyle` und `ElementTextClass`) und die Eingabefelder selbst (`ElementInputStyle` und `ElementInputClass`).

```
Public Property Name() As String
   Get
      Return Me.objName.Value
   End Get
   Set(ByVal Value As String)
      Me.objName.Value = Value
   End Set
End Property

Public Property E-Mail() As String
   Get
      Return Me.objEmail.Value
   End Get
   Set(ByVal Value As String)
      Me.objEmail.Value = Value
   End Set
End Property

Public Property MessageText() As String
   Get
      Return Me.objMessageBox.Value
   End Get
   Set(ByVal Value As String)
      Me.objMessageBox.Value = Value
   End Set
End Property
```

Mit Hilfe der Properties Name, E-Mail und MessageText können die Werte der Eingabefelder gesetzt und ausgelesen werden.

```
Protected Shadows Sub OnPreRender(ByVal sender As Object, _
   ByVal e As EventArgs) Handles MyBase.PreRender
   ' -------------------------------------
   ' Wenn die zugewiesenen Class- oder
   ' Style-Variablen Text enthalten,
   ' dann müssen sie nun zugewiesen werden.
   ' -------------------------------------
   If Me.strDisplayTextClass.Length > 0 Then
      Me.objTextCell.Attributes.Add("class", _
         strDisplayTextClass)
   End If
   If Me.strDisplayTextStyle.Length > 0 Then
      Me.objTextCell.Attributes.Add("style", _
         strDisplayTextStyle)
   End If
   If Me.strElementInputClass.Length > 0 Then
      Me.objEmail.Attributes.Add("class", _
         strElementInputClass)
      Me.objName.Attributes.Add("class", _
         strElementInputClass)
      Me.objMessageBox.Attributes.Add("class", _
         strElementInputClass)
   End If
   If Me.strElementInputStyle.Length > 0 Then
      Me.objEmail.Attributes.Add("style", _
         strElementInputStyle)
      Me.objName.Attributes.Add("style", _
         strElementInputStyle)
      Me.objMessageBox.Attributes.Add("style", _
         strElementInputStyle)
   End If
   If Me.strElementTextClass.Length > 0 Then
      Me.objEmailText.Attributes.Add("class", _
         strElementTextClass)
      Me.objNameText.Attributes.Add("class", _
         strElementTextClass)
      Me.objMessageBoxText.Attributes.Add("class", _
         strElementTextClass)
   End If
   If Me.strElementTextStyle.Length > 0 Then
      Me.objEmailText.Attributes.Add("style", _
         strElementTextStyle)
      Me.objNameText.Attributes.Add("style", _
         strElementTextStyle)
      Me.objMessageBoxText.Attributes.Add("style", _
         strElementTextStyle)
   End If
   If Me.strHeadlineClass.Length > 0 Then
      Me.objHeadlineCell.Attributes.Add("class", _
```

```
            strHeadlineClass)
      End If
      If Me.strHeadlineStyle.Length > 0 Then
         Me.objHeadlineCell.Attributes.Add("style", _
            strHeadlineStyle)
      End If
   End Sub
```

Der Event-Handler `OnPreRender` wird direkt vor dem eigentlichen Rendern des Controls aktiviert. Bei seiner Ausführung werden – soweit gesetzt – die `Class`- und `Style`-Attribute der verschiedenen serverseitigen Controls mit den entsprechenden Werten versehen.

```
   Private Sub objSubmit_Click(ByVal sender As Object, _
      ByVal e As System.EventArgs) Handles objSubmit.Click
      ' ----------------------------------------
      ' Wenn das Formular abgeschickt worden ist,
      ' dann wird das Event Submitted ausgelöst.
      ' ----------------------------------------
      RaiseEvent Submitted(Me, EventArgs.Empty)
   End Sub

End Class

End Namespace
```

Sobald die Schaltfläche zum Absenden betätigt worden ist, wird das Event `Submitted` ausgelöst. Innerhalb der `Page` kann dieses Event behandelt und beispielsweise eine E-Mail generiert werden.

Die Einbindung in die Web-Applikation geschieht wie folgt:

```
<%@ Page Language="vb" AutoEventWireup="false" Codebehind="Contact.aspx.vb"
Inherits="codebook.aspnet.vb.Controls.Contact"%>
<%@ Register TagPrefix="cb" TagName="ContactForm" Src="ContactForm.ascx" %>
<!DOCTYPE HTML PUBLIC "-//W3C//DTD HTML 4.0 Transitional//EN">
<HTML>
   <HEAD>
      <title>WebForm1</title>
   </HEAD>
   <body>
      <form id="Form1" method="post" runat="server">
         <cb:ContactForm id="objContact"
            runat="server"></cb:ContactForm>
      </form>
   </body>
</HTML>
```

Listing 235: Kontaktseite mit eingebundenem Kontakt-Control (Contact.aspx)

Im Unterschied zu HTML- und Server Controls muss über eine `Register`-Direktive das Control zunächst in der Seite mit einem eigenständigen Namensraum bekannt gemacht werden:

```
<%@ Register TagPrefix="cb" TagName="ContactForm" Src="ContactForm.ascx" %>
```

Das `TagPrefix` kann dabei von Ihnen frei gewählt werden. Der Wert des `TagName`-Attributs sollte dem Klassennamen des einzubindenden User Controls entsprechen und das Attribut `Src` verweist auf die **.ascx*-Datei des Controls.

Die eigentliche Einbindung geschieht dann analog zu HTML- und Server Controls:

```
<cb:ContactForm id="objContact" runat="server"></cb:ContactForm>
```

An dieser Stelle könnten Sie ebenfalls auf die Properties des Controls zugreifen – es wäre also beispielsweise möglich, im Quellcode der **.aspx*-Seite eine andere Überschrift anzugeben. Dies könnte dann so aussehen:

```
<cb:ContactForm id="objContact" runat="server" HeadlineText="Andere Überschrift"></
cb:ContactForm>
```

Dennoch sollte dies besser im Code-Teil erfolgen, da dort auch die Verarbeitung der Events stattfindet und somit derartige Manipulationen zentral an einer Stelle erfolgen können

```
Namespace codebook.aspnet.vb.Controls

   Public Class Contact
      Inherits System.Web.UI.Page

      Protected WithEvents objContact As SimpleContactForm

      Private Sub Page_Load(ByVal sender As Object, _
         ByVal e As EventArgs) Handles MyBase.Load
         Me.objContact.DisplayText = _
            "Bitte geben Sie hier Ihre Nachricht ein!"
         Me.objContact.DisplayTextStyle = _
            "font-weight:800;font-family:Verdana;font-size:12px;"
         Me.objContact.ElementInputStyle = _
            "font-family:Verdana;font-size:12px;"
         Me.objContact.ElementTextStyle = _
            "font-family:Verdana;font-size:12px;font-style:italic;"
         Me.objContact.HeadlineStyle = _
            "font-weight:00;font-family:Verdana;font-" & _
            "size:18px;color:#cc0000;"
      End Sub
```

Listing 236: CodeBehind der Kontaktseite (contact.aspx.vb)

```
      Private Sub objContact_Submitted(ByVal sender As Object, _
         ByVal e As EventArgs) Handles objContact.Submitted
         Dim objLiteral As New Literal
         objLiteral.Text = "Eingegebene Daten:" & _
            "<br> <br>" & _
            "Name: " & Me.objContact.Name & "<br>" & _
            "E-Mail: " & Me.objContact.E-Mail & "<br>" & _
            "Nachricht: " & Me.objContact.MessageText
         Me.Controls.Add(objLiteral)
         Me.objContact.Visible = False
      End Sub

   End Class

End Namespace
```

Listing 236: CodeBehind der Kontaktseite (contact.aspx.vb) (Forts.)

Nach der Definition des Controls werden in der Methode `Page_Load` einige Eigenschaften des Controls manipuliert. Der Event-Handler wird erst dann wirksam, wenn das Kontaktformular abgeschickt worden ist. Innerhalb dieser Methode werden die eingegebenen Daten ausgelesen und könnten nun weiterverarbeitet werden.

Wenn Sie die Seite ausführen, sollten Sie etwa folgende Ausgabe erhalten:

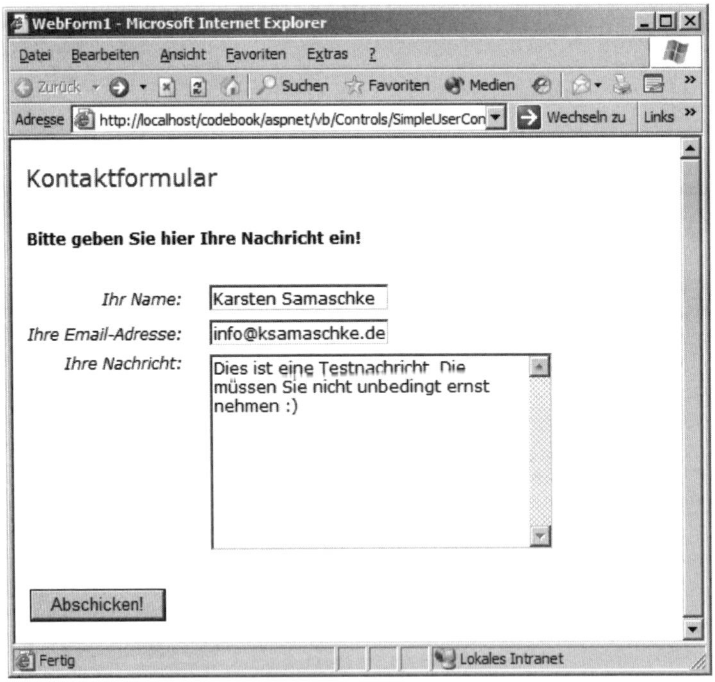

Abbildung 33: Das Kontaktformular im Einsatz

Der Vorteil des als User Control gestalteten Kontakt-Formulars liegt darin, dass dieses Formular problemlos in anderen Projekten wiederverwendet werden kann.

Leider hat man sich mit diesem Vorgehen aber auch mindestens einen großen Nachteil eingehandelt: Sie müssen jedes Mal das Control inklusive CodeBehind-Seite in einem neuen Projekt einbinden und haben somit schnell mehrere Versionen vorliegen. Dieser Nachteil kann bei der Verwendung von Custom Controls vermieden werden.

113 Custom Controls

Custom Controls sind der steinigste, gleichzeitig aber auch der flexibelste Weg, um eigene Controls zu schreiben. Im Gegensatz zu User Controls kapseln sie nicht HTML- oder Server Controls in Form einer **.ascx*-Datei mit zugehörigem CodeBehind, sondern realisieren neue oder erweiterte Steuerelemente rein programmatisch.

Vor- und Nachteile von Custom Controls

Im Gegensatz zu User Controls sind Custom Controls weitaus schwieriger zu entwickeln, da jegliche WYSIWYG-Unterstützung in Form eines Designers, auf den Sie die einzubindenden Controls ziehen und im CodeBehind miteinander verknüpfen, fehlt. Dementsprechend ist der Aufwand, Custom Controls zu entwickeln, deutlich höher und es wird größeres Wissen in Bezug auf die Programmierung derartiger Controls vorausgesetzt.

Im Vergleich zu User Controls gewinnen Sie aber eine Menge an Flexibilität, Leistungsfähigkeit und Designer-Unterstützung, wenn die einmal geschriebenen Custom Controls in Projekten verwendet werden sollen, da Sie eine Designer-Ansicht definieren können. Außerdem sind Sie in der Lage, für jede Property gezielt festzulegen, wo und wie sie im Visual Studio .NET bearbeit- und editierbar ist.

Custom Controls können – im Gegensatz zu User Controls – im Global Assembly Cache eines Servers registriert werden. Dies erlaubt es Ihnen, nur eine Version dieses Controls auf einer Maschine zu hinterlegen und somit deutliche Vorteile in Bezug auf Wartbarkeit und Pflege Ihrer Applikationen zu nutzen.

Einsatzszenarien von Custom Controls

Generell sollten der Einsatz und die Entwicklung von Custom Controls kein reiner Selbstzweck sein – dafür sind der Zeitaufwand und die Entwicklungsarbeit einfach zu hoch. Sollten Sie jedoch komplexe, hochdynamische und wiederverwendbare Controls erstellen wollen, eventuell mit Funktionalitäten, die es so in anderen Controls noch gar nicht gibt, dann führt kein Weg an Custom Controls vorbei.

Erstellungsaufwand

Für den einmaligen Einsatz oder den Einsatz in kleineren Projekten eignen sich Custom Controls zwar auch, aber wie bereits erwähnt sind Arbeits- und Zeitaufwand bei der Entwicklung dieser Controls recht hoch und sprengen somit oftmals den Rahmen des zeitlich und finanziell Zumutbaren.

Know-how

Ebenso ist zu bedenken, dass die Entwicklung von Custom Controls ein fundiertes Know-how im Umgang mit Controls und dem .NET Framework voraussetzt. Insofern ist der erste Lernschritt in der Regel die Entwicklung und der Einsatz von User Controls, die dann in einer späteren Phase der Entwicklung bei höherem Wissenstand in Custom Controls migriert werden könnten.

Layout-Kontrolle

Wenn Ihnen die volle Kontrolle über das generierte Layout wichtig ist, werden Ihnen Custom Controls zusagen – innerhalb der `Render`-Methode können Sie die resultierenden HTML-Codes selber definieren.

Designer-Unterstützung

Ebenso bieten Custom Controls deutliche Vorteile gegenüber User Controls in Hinblick auf Designer- und CodeBehind-Unterstützung – beispielsweise erfolgt beim Einsatz von User Controls keine automatische Deklaration im CodeBehind und Sie können weder Default-Properties noch Default-Events festlegen. Diese Möglichkeiten haben Sie bei der Verwendung von Custom Controls.

Weitergabe und Wiederverwendbarkeit

Auch im Hinblick auf die Weitergabe der Controls sind Custom Controls erste Wahl – sie werden in eine eigene Assembly kompiliert und müssen somit nur als dll-Datei ohne Frontend weitergegeben werden. Diese Datei kann zusätzlich mit Hilfe von Obfuscatoren verschlüsselt werden, so dass die Wahrscheinlichkeit des Diebstahls von Ideen und Implementierungsdetails deutlich verringert wird. Die Einbindung der Custom Controls erfolgt durch simples Kopieren in das */bin*-Verzeichnis einer Applikation oder durch Hinterlegen im *Global Assembly Cache* eines Rechners.

Umstieg von der Windows-Programmierung

Wenn Sie von der Windows-Programmierung auf die Web-Entwicklung mit Hilfe von ASP.NET umsteigen, werden Sie sicherlich mit dem Konzept der Custom Controls schnell vertraut sein, entspricht es doch in vielen Bereichen den von der Programmierung mit Windows Forms bekannten Ansätzen.

Allerdings sollten Sie nicht versucht sein, die Entwicklung und Verwendung von Custom Controls auf die leichte Schulter zu nehmen – bedenken Sie, dass Sie nicht mehr mit einem Fat Client arbeiten, sondern über HTTP- und HTML-Ausgaben mit einem Client kommunizieren und dass somit bei weitem nicht alles auf die Art und Weise möglich ist, wie Sie das von der bisher praktizierten Art der Entwicklung kennen. Beispielsweise ist HTTP ein statusloses Protokoll – Informationen über Eingaben, Events oder dem Benutzer zugeordnete Daten müssen bei jedem Request erneut zum Server transportiert werden und stehen nicht automatisch zur Verfügung.

114 Ein Wizard als Custom Control

Im Folgenden soll ein Custom Control vorgestellt werden, das von vielen der erwähnten Techniken Gebrauch macht und Ihnen die Möglichkeit gibt, mehrseitige Wizards zu erstel-

Basics
Daten-bank
I/O
Validie-rung
Controls
Http-Handler
Netz-werk
Grafik
Tracing
Security

len. Dieses Control besteht genau genommen aus zwei Controls – dem Wizard-Control und einem Container-Control, das je eine Anzeigeseite des Wizards aufnimmt und bei Bedarf anzeigt.

Das Container Control

Dieses Control wird selbst nicht angezeigt, sondern dient nur als äußere Hülle um die anzuzeigenden Elemente:

```
Imports System.ComponentModel
Imports System.Web.UI

Namespace codebook.aspnet.vb.Controls

   <DefaultProperty("Step"), _
      ToolboxData("<{0}:WizardContainer runat=server>" + _
         "</{0}:WizardContainer>"), _
      ParseChildren(False)> _
   Public Class WizardContainer
      Inherits System.Web.UI.WebControls.WebControl

      Dim intStep As Int32 = 1

      <Bindable(True), Category("Data"), DefaultValue("1")> _
      Property [Step]() As Int32
         Get
            Return intStep
         End Get
         Set(ByVal Value As Int32)
            intStep = Value
         End Set
      End Property

      Protected Overrides Sub Render( _
         ByVal output As System.Web.UI.HtmlTextWriter)
         RenderChildren(output)
      End Sub
   End Class

End Namespace
```

Listing 237: Container-Control für einen mehrseitigen Wizard (WizardContainer.vb)

Dieses Control fungiert – wie der Name bereits impliziert – als Container für untergeordnete Controls, vergleichbar einem `PlaceHolder`. Es verfügt über eine wesentliche Eigenschaft: `Step`. Diese Property legt fest, bei welchem Anzeigeschritt der Inhalt des Containers sichtbar werden soll.

Direkt oberhalb des Klassennamens befindet sich die Definition einiger DesignTime-Attribute. Hier werden der zu verwendende Tagname und die Standard-Eigenschaft des Controls festgelegt. Diese Informationen haben Auswirkungen auf die Darstellung und die Handhabbarkeit des Controls im Visual Studio .NET.

Die Methode `Render` wird überschrieben, dadurch wird dafür gesorgt, dass ausschließlich untergeordnete Elemente dieses Controls ausgegeben werden – im Quellcode findet sich letztlich kein Hinweis darauf, dass die angezeigten Elemente innerhalb eines Containers enthalten waren.

Das Wizard Control

Dieses Control stellt die eigentlichen Funktionalitäten bereit und ist deshalb deutlich umfangreicher als das Wizard Container Control:

```
Imports System.ComponentModel
Imports System.Drawing
Imports System.Web.UI.WebControls
Imports System.Web.UI

Namespace codebook.aspnet.vb.Controls

   <DefaultProperty("CurrentStep"), _
      ToolboxData("<{0}:Wizard runat=server></{0}:Wizard>"), _
      ParseChildren(False)> _
   Public Class Wizard
      Inherits System.Web.UI.WebControls.WebControl
      Implements IPostBackEventHandler, inamingContainer

      Private objContainedObjects As New Hashtable
      Private blnIsDesignView = False

      Private WithEvents objOKButton As New Button
      Private WithEvents objNextButton As New Button
      Private WithEvents objPrevButton As New Button
      Private WithEvents objCancelButton As New Button
      Private objWizardPanel As New Panel
      Private objButtonPanel As New Panel

      Public Event ClickedNext( _
         ByVal sender As Object, ByVal e As EventArgs)
      Public Event ClickedPrevious( _
         ByVal sender As Object, ByVal e As EventArgs)
      Public Event Finished( _
         ByVal sender As Object, ByVal e As EventArgs)
      Public Event Cancelled( _
         ByVal sender As Object, ByVal e As EventArgs)
```

In diesem Bereich erfolgt zunächst die Einbindung der verwendeten Namensräume und die Definition des Namensraums des Controls. Als `DefaultProperty` für den Visual Studio .NET Designer ist die Eigenschaft `CurrentStep` definiert. Anschließend erfolgt die Definition des Default-Tags, der automatisch verwendet wird, wenn das Control im Designer von Visual Studio .NET per Drag&Drop eingefügt wird. Innerhalb des Kopfbereichs der Klasse werden wie üblich die eine interne `Hashtable`, die verwendeten Server Controls und die öffentlichen Events definiert – das Control verfügt über vier dieser Events, die bei einer Einbindung in eigenen Projekten behandelt werden können.

```
<Bindable(True), Category("Appearance")> _
Public ReadOnly Property ButtonOk() As Button
   Get
      Return Me.objOKButton
   End Get
End Property

<Bindable(True), Category("Appearance")> _
Public ReadOnly Property ButtonNext() As Button
   Get
      Return Me.objNextButton
   End Get
End Property

<Bindable(True), Category("Appearance")> _
Public ReadOnly Property ButtonPrevious() As Button
   Get
      Return Me.objPrevButton
   End Get
End Property

<Bindable(True), Category("Appearance")> _
Public ReadOnly Property ButtonCancel() As Button
   Get
      Return Me.objCancelButton
   End Get
End Property
```


Über die Properties `ButtonOk`, `ButtonNext`, `ButtonPrevious` und `ButtonCancel` kann auf die verschiedenen Buttons des Controls zugegriffen werden. Damit haben Entwickler die Möglichkeit, deren Beschriftung oder Eigenschaften beliebig zu ändern.

```
<Bindable(True), Category("Appearance")> _
Public ReadOnly Property WizardPanel() As Panel
   Get
      Return Me.objWizardPanel
   End Get
End Property

<Bindable(True), Category("Appearance")> _
Public ReadOnly Property ButtonPanel() As Panel
   Get
      Return Me.objButtonPanel
   End Get
End Property
```

Die beiden Methoden `WizardPanel` und `ButtonPanel` erlauben es, die beiden Bereiche des Wizards – also den Anzeigebereich für den aktuellen Schritt und den Anzeigebereich für die Schaltflächen – programmatisch zu manipulieren und somit beispielsweise die Hintergründe oder Rahmen je nach Bedarf anzupassen.

```
<Bindable(True), Category("Data"), DefaultValue(1)> _
Public Property CurrentStep() As Int32
   Get
      If Not IsNothing(ViewState.Item("currentStep")) Then
         Return CInt(ViewState.Item("currentStep"))
      Else
         Return 0
      End If
   End Get
   Set(ByVal Value As Int32)
      ViewState.Item("currentStep") = Value
   End Set
End Property

<Bindable(True), Category("Appearance"), _
   DefaultValue(True)> _
Public Property ShowButtons() As Boolean
   Get
      If Not IsNothing(ViewState.Item("showButtons")) Then
         Return CBool(ViewState.Item("showButtons"))
      Else
         Return True
      End If
   End Get
   Set(ByVal Value As Boolean)
      ViewState.Item("showButtons") = Value
   End Set
End Property
```

Mit Hilfe der Eigenschaft `CurrentStep` kann der aktuelle Schritt im Wizard gesetzt oder ausgelesen werden. Beachten Sie, dass die Informationen nicht in der Klasse gehalten, sondern im `ViewState` abgelegt werden. Die Eigenschaft `ShowButtons` verwaltet die Information, ob die Schaltflächen überhaupt angezeigt werden sollen.

```
Private Sub objOkButton_Click( _
   ByVal sender As Object, ByVal e As EventArgs) _
   Handles objOKButton.Click
   RaiseEvent Finished(Me, EventArgs.Empty)
End Sub

Private Sub objCancelButton_Click( _
   ByVal sender As Object, ByVal e As EventArgs) _
   Handles objCancelButton.Click
   RaiseEvent Cancelled(Me, EventArgs.Empty)
End Sub

Protected Sub OnClickedNext( _
   ByVal sender As Object, ByVal e As EventArgs) _
   Handles objNextButton.Click
   CurrentStep += 1
```

```
      RaiseEvent ClickedNext(Me, EventArgs.Empty)
   End Sub

   Protected Sub OnClickedPrevious( _
      ByVal sender As Object, ByVal e As EventArgs) _
      Handles objPrevButton.Click
      CurrentStep -= 1
      RaiseEvent ClickedPrevious(Me, EventArgs.Empty)
   End Sub
```

Die EventHandler `objOkButton_Click` und `objCancelButton_Click` behandeln die entsprechenden Events der beiden Buttons `objOkButton` und `objCancelButton`. Sie sind als private Methoden ausgeführt, da in ihnen keine weitere Verarbeitung stattfindet und stattdessen lediglich die korrespondierenden Events des Wizard Controls ausgelöst werden.

Die beiden anderen EventHandler `OnClickedNext` und `OnClickedPrevious` sind dagegen so ausgeführt, dass sie von ableitenden Klassen überschrieben und mit eigenen Aktionen erweitert werden können. Innerhalb der Methoden wird entsprechend der angeklickten Schaltlfäche der aktuelle Schritt festgelegt.

```
   Protected Overridable Sub RaisePostBackEvent( _
      ByVal eventArgument As String) _
      Implements IPostBackEventHandler.RaisePostBackEvent
   End Sub
```

Die für die Schnittstelle `IPostBackEventHandler` benötigte Methode `RaisePostBackEvent` wird zwar implementiert, dies geschieht aber nur in Form einer Dummy-Implementierung. Die Schnittstelle wird unterstützt, damit die Events der untergeordneten Controls zuverlässig erkannt und abgefangen werden können.

```
   Protected Shadows Sub OnInit( _
      ByVal sender As Object, ByVal e As EventArgs) _
      Handles MyBase.Init
      Me.objPrevButton.Text = "<< Zurück"
      Me.objNextButton.Text = "Weiter >>"
      Me.objOKButton.Text = "Speichern"
      Me.objCancelButton.Text = "Abbrechen"

      Me.objButtonPanel.BackColor = _
         ColorTranslator.FromHtml("#cccccc")
      Me.objButtonPanel.BorderWidth = Unit.Pixel(1)
      Me.objButtonPanel.BorderColor = _
         ColorTranslator.FromHtml("#999999")
      Me.objButtonPanel.HorizontalAlign = HorizontalAlign.Center

      Me.objWizardPanel.BackColor = _
         ColorTranslator.FromHtml("#ededed")
      Me.objWizardPanel.BorderWidth = Unit.Pixel(1)
```

```
    Me.objWizardPanel.BorderColor = _
      ColorTranslator.FromHtml("#999999")
  End Sub
```

Innerhalb der Methode `OnInit`, die das `Init`-Event der Basisklasse behandelt, werden grundlegende Einstellungen für das Layout getroffen. Hier erfolgt das Setzen der angezeigten Beschriftungen der Schaltflächen und die Festlegung der initialen Hintergrundfarben der beiden `Panel`-Objekte.

```
  Protected Overrides Sub AddParsedSubObject( _
    ByVal obj As Object)
    If TypeOf (obj) Is WizardContainer Then
      Dim objStep As WizardContainer = _
        CType(obj, WizardContainer)
      Dim strStep As String = objStep.Step.ToString()
      If Not IsNothing( _
        objContainedObjects.Item(strStep)) Then
        objContainedObjects.Remove(strStep)
      End If
      objContainedObjects.Add(strStep, objStep)
      objStep.Visible = False
      Me.objWizardPanel.Controls.Add(objStep)
    End If
  End Sub
```

Die Methode `AddParsedSubObject` wird aufgerufen, wenn dem Wizard ein untergeordnetes Control hinzugefügt wird. Dabei ist es egal, ob dies innerhalb des Quellcodes der **.aspx*-Datei oder im CodeBehind erfolgt. Innerhalb der Methode wird zunächst geprüft, ob das hinzuzufügende Control vom Typ `WizardContainer` ist. Sollte dem so sein, wird der im `WizardContainer` hinterlegte Schritt ausgelesen und das Control zusammen mit der Schrittinformation der internen Collection `objContainedObjects` hinzugefügt. Zuletzt wird die Eigenschaft `Visible` des hinzuzufügenden Controls auf `False` gesetzt und anschließend das Control dem `WizardPanel` hinzugefügt.

```
  Public Sub CreateChilds()
    Me.blnIsDesignView = True
    CreateChildControls()
  End Sub

  Protected Overrides Sub CreateChildControls()
    Me.objButtonPanel.Controls.Add(objPrevButton)
    Me.objButtonPanel.Controls.Add(objCancelButton)
    Me.objButtonPanel.Controls.Add(objOKButton)
    Me.objButtonPanel.Controls.Add(objNextButton)

    If Not ShowButtons Then
      Me.objButtonPanel.Visible = False
```

```
         End If

         Me.Controls.Add(objWizardPanel)
         Me.Controls.Add(objButtonPanel)

         Dim i As Int32 = 0
         For i = 0 To objWizardPanel.Controls.Count - 1
            objWizardPanel.Controls.Item(i).Visible = False
         Next

         If Me.blnIsDesignView Then
            ToggleVisibility()
         End If
      End Sub
```

Hier werden die vier Schaltflächen dem `ButtonPanel` hinzugefügt. Sollte dieses Panel nicht angezeigt werden, wird dessen Sichtbarkeit entsprechend gesetzt. Anschließend werden die beiden Panels der `Controls`-Collection hinzugefügt und alle untergeordneten Objekte unsichtbar gemacht. Sollte das Control im Design-Modus erstellt werden, wird die Methode `ToggleVisibility` aufgerufen. Mehr zum Thema Design-Modus finden Sie im Verlauf dieses Kapitels.

```
      Private Sub ToggleVisibility()
         If Not IsNothing( _
         Me.objContainedObjects.Item(CurrentStep.ToString())) Then
            CType(Me.objContainedObjects.Item( _
               CurrentStep.ToString()), _
               WizardContainer).Visible = True
         End If

         If CurrentStep < Me.objWizardPanel.Controls.Count Then
            Me.objOKButton.Visible = False
            Me.objNextButton.Enabled = True
            Me.objCancelButton.Visible = True
         Else
            Me.objNextButton.Enabled = False
            Me.objCancelButton.Visible = False
            Me.objOKButton.Visible = True
         End If
         Me.objPrevButton.Enabled = CurrentStep > 1
      End Sub

      Protected Shadows Sub OnPreRender( _
         ByVal sender As Object, ByVal e As EventArgs) _
         Handles MyBase.PreRender

         ToggleVisibility()
      End Sub
   End Class

End Namespace
```

In der Methode OnPreRender, die das Event PreRender der Basisklasse behandelt und direkt vor dem eigentlichen Rendern des Controls aufgerufen wird, erfolgt lediglich der Aufruf der Methode ToggleVisibility. Diese regelt die Sichtbarkeit des untergeordneten Controls, das dem aktuellen Schritt zugeordnet ist, und die Sichtbarkeit der Schaltflächen entsprechend dem aktuellen Schritt des Wizards und der Anzahl der untergeordneten Controls (die gleich der Anzahl der Gesamtschritte sein muss).

115 Einbinden des Wizards

Nach der Kompilierung der beiden Custom Controls können diese in Ihren Projekten verwendet werden. Kopieren Sie die Datei *codebook.aspnet.vb.Controls.Wizard.dll* in das */bin*-Verzeichnis Ihrer Applikation oder fügen Sie sie als Referenz Ihrem Visual Studio .NET Projekt hinzu. Anschließend können Sie das Control in Ihren Applikationen einsetzen.

Folgendes Beispiel definiert einen mehrseitigen Wizard, bei dessen Beendigung die Eingaben innerhalb der Webseite ausgegeben werden:

```
<%@ Page Language="vb" AutoEventWireup="false"
    Codebehind="Wizard.aspx.vb"
    Inherits="codebook.aspnet.vb.Controls.WizardPage"%>
<%@ Register TagPrefix="cb"
    Namespace="codebook.aspnet.vb.Controls"
    Assembly="codebook.aspnet.vb.Controls.Wizard" %>
<!DOCTYPE HTML PUBLIC "-//W3C//DTD HTML 4.0 Transitional//EN">
<HTML>
   <HEAD>
      <title>Wizard</title>
   </HEAD>
   <body>
      <form id="Form1" method="post" runat="server">
         <cb:Wizard runat="server" id="objWizard" CurrentStep="1">
            <cb:WizardContainer Step="1"
               runat="server">Bitte klicken Sie
               auf "Weiter"!</cb:WizardContainer>
            <cb:WizardContainer Step="2"
               runat="server">Bitte geben Sie
                  hier einen Text ein!<br>
               <asp:TextBox Runat="server" ID="objInput" />
            </cb:WizardContainer>
            <cb:WizardContainer Step="3"
               runat="server">Bitte klicken Sie
               nun auf "Fertigstellen"!</cb:WizardContainer>
         </cb:Wizard>
         <asp:Label Runat="server" ID="objResult" />
      </form>
   </body>
</HTML>
```

Listing 238: Einbindung des Wizards in eine Webseite (Wizard.aspx)

Die Bekanntmachung der für den Wizard verwendeten Assembly erfolgt mit Hilfe einer Register-Direktive am Anfang der Seite:

```
<%@ Register TagPrefix="cb"
    Namespace="codebook.aspnet.vb.Controls"
    Assembly="codebook.aspnet.vb.Controls.Wizard" %>
```

Als TagPrefix – der dem Wizard-Tag vorangestellte Präfix – wird der Einfachheit halber *cb* verwendet. Der Namensraum des Wizards lautet codebook.aspnet.vb.Controls und das Wizard Control selbst ist in der Assembly *codebook.aspnet.vb.Controls.Wizard* enthalten. Die korrespondierende Datei wird im */bin*-Verzeichnis der Applikation erwartet.

```
<cb:Wizard runat="server" id="objWizard" CurrentStep="1">
```

Hier erfolgt die Einbindung des Wizards. Dabei wird der aktuelle Schritt gesetzt. Die Einbindung der untergeordneten WizardContainer erfolgt analog:

```
<cb:WizardContainer Step="1"
   runat="server">Bitte klicken Sie
   auf "Weiter"!</cb:WizardContainer>
```

Als einziges zusätzliches Argument erwartet der WizardContainer die Angabe des Schrittes, für den er zuständig ist. Innerhalb des Containers können beliebige weitere Controls enthalten sein.

In der zugeordneten CodeBehind-Datei können Sie nun Handler für die Events des Wizards definieren und dessen Elemente manipulieren:

```
Imports codebook.aspnet.vb.Controls

Namespace codebook.aspnet.vb.Controls

   Public Class WizardPage
      Inherits System.Web.UI.Page

      Protected WithEvents objInput As TextBox
      Protected WithEvents objWizard As Wizard
      Protected WithEvents objResult As Label

      Private Sub Page_Load( _
         ByVal sender As Object, ByVal e As EventArgs) _
         Handles MyBase.Load
         objWizard.ButtonOk.Text = "Fertigstellen!"
         Me.objResult.Visible = False
```

Listing 239: CodeBehind der Webseite (Wizard.aspx.vb)

```
        End Sub

        Private Sub OnWizardOk( _
           ByVal sender As Object, ByVal e As EventArgs) _
           Handles objWizard.Finished
           Me.objResult.Text = Me.objInput.Text
           Me.objResult.Visible = True
        End Sub
    End Class

End Namespace
```

Listing 239: CodeBehind der Webseite (Wizard.aspx.vb) (Forts.)

in der `Page_Load`-Methode wird der angezeigte Text des Buttons zum Beenden des Wizards geändert. Wenn diese Schaltfläche betätigt wird – was nur im letzten Schritt des Wizards möglich ist –, erfolgt die Einbindung des EventHandlers `OnWizardOk`. Innerhalb dieser Methode erfolgt das Auslesen und die Ausgabe des Wertes der im zweiten Schritt des Wizards hinterlegten Textbox.

Wenn Sie die Webseite aufrufen, sollten Sie während der Arbeit mit dem Wizard Ausgaben ähnlich den folgenden erhalten:

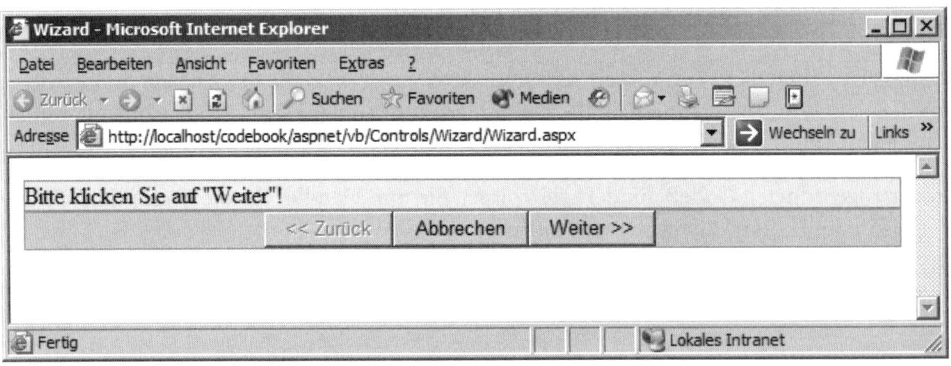

Abbildung 34: Erster Schritt des Wizards

Nach Klick auf die Schaltfläche WEITER wird die zweite Seite des Wizards angezeigt (siehe Abbildung 35).

Wenn ein Text eingegeben und auf die Schaltfläche Weiter geklickt worden ist, wird die dritte Seite des Wizards eingeblendet. Nach Betätigung der Schaltfläche FERTIGSTELLEN wird der im zweiten Schritt eingegebene Text ausgegeben (siehe Abbildung 36).

Sinnvollerweise sollte der Wizard nach Fertigstellung ausgeblendet werden – dies ist hier zu Demonstrationszwecken nicht erfolgt. Ansonsten ist der Wizard ein voll funktionsfähiges Control, das vielseitig einsetz- und erweiterbar ist.

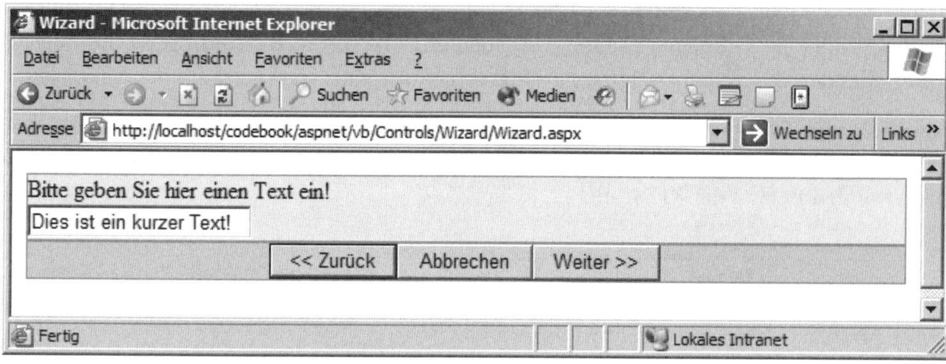

Abbildung 35: Zweiter Schritt des Wizards

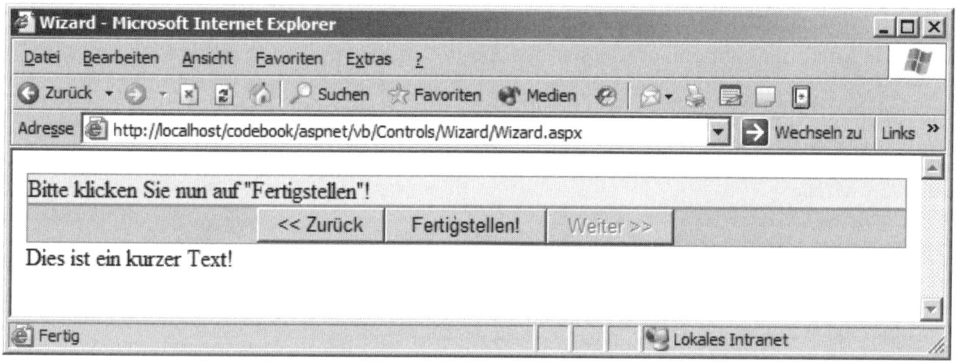

Abbildung 36: Wizard nach der Fertigstellung

Beachten Sie aber bitte, dass Sie untergeordnete Controls, auf die Sie aus der Hauptseite heraus zugreifen wollen – etwa die Textbox aus dem zweiten Schritt des Wizards – im Code-Behind manuell deklarieren müssen. Dies ist allerdings keine Einschränkung des Wizards, sondern vom Visual Studio .NET.

116 Custom Controls und Visual Studio .NET

Visual Studio .NET bietet eine weit reichende Unterstützung bei der Verwendung von Custom Controls. Um diese Unterstützung vollständig nutzen zu können, müssen vom Entwickler allerdings einige Anstrengungen unternommen werden.

DesignTime-Attribute

Mit Hilfe von DesignTime-Attributen sind Entwickler in der Lage, das Verhalten und die Darstellung von Controls in Designern wie etwa Visual Studio .NET zu beeinflussen. Diese Attribute haben ausschließlich auf die Darstellung, nicht auf die Funktionalitäten der Controls Einfluss – Ihre Controls funktionieren auch ohne derartige Attribute.

Für Entwickler, die diese Controls in eigenen Applikationen einsetzen, sind derartige Attribute fast unverzichtbar, erleichtern sie doch die Arbeit mit diesen Controls enorm.

Design-Time-Attribute können auf Klassen-, Property-, Event- oder Assembly-Ebene verwendet werden. Sie definieren Default-Vorgaben und -Werte, Positionierungen im Property-Editor oder den durch den Designer automatisch eingefügten Namensraum des Controls.

Der Einsatz dieser Attribute gestaltet sich relativ einfach. Um beispielsweise die Default-Property einer Klasse für den Designer zu definieren, fügen Sie die Deklaration dieser Property direkt vor den Beginn der Klasse ein:

```
<DefaultProperty("MyProperty")> _
Protected Class MyClass
```

Sämtliche verwendete Attribute werden dabei innerhalb eines durch spitze Klammern (<>) eingegrenzten Bereichs eingefügt. Sollen mehrere Attribute verwendet werden, werden diese durch Kommata getrennt.

Folgende Attribute können auf Klassen-, Property- und Event-Ebene verwendet werden:

- `Bindable` (Property): legt fest, ob die Property zur Design-Zeit Datenbindung unterstützt

```
<Bindable(True)> _
Property MyBindableProperty As Int32
```

- `Browsable` (Property, Event): legt fest, ob die Property oder das Event im Property-Fenster angezeigt wird

```
<Browsable(True)> _
Property MyProperty As Text
```

- `Category` (Property, Event): gibt an, in welchem Bereich des Property-Fensters die Anzeige erfolgt. Der Bereich wird dabei als Text übergeben. Gültige und sinnvolle Werte für Custom Controls sind:
  - `Appearance`
  - `Behaviour`
  - `Data`
  - `Default`
  - `Design`
  - `Layout`

```
<Category("Appearance")> _
Property MyAppearanceProperty As Text
```

- `DefaultProperty` (Klasse): legt die Default-Property der Klasse für den Designer fest. Diese Property wird im Property-Fenster der Entwicklungsumgebung automatisch ausgewählt, wenn ein einfacher Klick auf das Control im Designer erfolgt.

```
<DefaultProperty("MyProperty")> _
Class MyClass
```

- `DefaultEvent` (Klasse): legt das Default-Event fest. Bei Doppelklick auf das Control im Designer wird automatisch ein entsprechender Handler erzeugt.

```
<DefaultEvent("MyEvent")> _
Class MyClass
```

- `DefaultValue` (Property): legt den Default-Wert fest, der bei Auswahl der Property voreingestellt wird

```
<DefaultValue(0)> _
Property MyIntegerProperty As Int32
```

- `Description` (Property, Event): legt eine Beschreibung fest, die bei Auswahl im Property Window angezeigt wird

```
<Description("This is a description")> _
Property MyPropertyWithDescription As String
```

- `ParseChildren` (Klasse): legt fest, wie untergeordnete Elemente im Designer behandelt werden. Bei Controls, die von `WebControl` ableiten – etwa Custom Controls – ist `ParseChildren` auf `True` gesetzt und der Designer versucht, die untergeordneten Elemente der Default-Property zuzuweisen. Diese muss zu diesem Zweck eine Collection sein. Da dies bei Custom Controls oftmals nicht sinnvoll ist, kann das Attribut überschrieben werden. Sinnvolle Werte sind:
  - `ParseChildren(True, MyCollectionProperty)` – dies weist den Designer an, die untergeordneten Controls der Property `MyCollectionProperty` (die beispielsweise eine `ArrayList` sein kann) zuzuweisen
  - `ParseChildren(False)` – der Designer versucht keine Zuweisung. In diesem Fall sollte die Methode `AddParsedSubObject` überschrieben werden und die Zuweisung zu einer Property oder der `Controls`-Collection benutzerdefiniert geregelt werden

```
<ParseChildren(False)> _
Class MyClass
```

117 Definition eines eigenen Control-Designers

Control-Designer ermöglichen es, die Anzeige des Controls im Designer benutzerdefiniert zu gestalten. Dies erlaubt es, das Control in einer Art Vorschau darstellen zu lassen, was deutlich nutzerfreundlicher ist. Control-Designer sind bei nahezu allen Server Controls definiert und gestatten es, den Visual Studio .NET Designer mit einer annähernden WYSIWYG-Anzeige auszustatten.

Im Folgenden soll für das weiter oben vorgestellte Wizard Control ein eigener Designer erstellt werden, damit eine WYSIWYG-Anzeige in der Design-Ansicht des Visual Studio .NET und anderer Entwicklungswerkzeuge, die diese Funktionalität unterstützen, angezeigt werden kann. Den Quellcode des Designers finden Sie im Verzeichnis des Custom Controls.

Die Implementierung erfolgt unter Verwendung der *System.Design.dll*, die Sie Ihrem Projekt als Referenz hinzufügen müssen. Jeder Designer muss eine Ableitung von `ControlDesigner` implementieren. Innerhalb dieser Ableitung sollte in der Regel die Methode `GetDesignTimeHTML` überschrieben werden:

```
Imports System.ComponentModel
Imports System.Web.UI
Imports System.Web.UI.Design

Namespace codebook.aspnet.vb.Controls

   ' ---------------------------------------
   ' Designer für das Wizard Control
   ' ---------------------------------------
   Public Class WizardDesigner
      Inherits ControlDesigner

      Public Overrides Function GetDesignTimeHTML() As String
         Dim objControl As Wizard = CType(Component, Wizard)
         Dim objWriter As New System.IO.StringWriter
         Dim objHtml As New HtmlTextWriter(objWriter)
         objControl.CreateChilds()
         objControl.RenderControl(objHtml)
         Return objWriter.ToString()
      End Function

   End Class

   ' ---------------------------------------
   ' Designer für das WizardContainer Control
   ' ---------------------------------------
   Public Class WizardContainerDesigner
      Inherits ControlDesigner

      Public Overrides Function GetDesignTimeHTML() As String
         Dim objControl As WizardContainer = _
            CType(Component, WizardContainer)
```

Listing 240: Benutzerdefinierte Designer für Wizard und Wizard Container (WizardDesigner.vb)

```
        Dim objWriter As New System.IO.StringWriter
        Dim objHtml As New HtmlTextWriter(objWriter)
        objControl.RenderControl(objHtml)
        Return objWriter.ToString()
    End Function

  End Class

End Namespace
```

Listing 240: Benutzerdefinierte Designer für Wizard und Wizard Container (WizardDesigner.vb) (Forts.)

Hier wurden zwei Designer implementiert: Jeweils ein Designer für das `Wizard`- und für das `WizardContainer` Control. Beide Designer bestehen nur aus der Methode `GetDesignTimeHTML`. Innerhalb dieser Methode wird zunächst die aktuelle Komponente in den Typ des zu rendernden Controls gecastet. Anschließend wird eine Instanz eines `HtmlTextWriters` unter Verwendung eines `StringWriters` erzeugt, der für das eigentliche Rendering des Controls verwendet wird. Nach dem Rendern des Controls wird der resultierende HTML-Quellcode als Ergebnis der Methode zurückgegeben.

Sie müssen an dieser Stelle selbstverständlich nicht die Controls selbst rendern – Sie könnten ebenso gut einen beliebigen HTML-Quellcode zurückgeben lassen und somit komplexe Controls oder nicht direkt darstellbare Funktionalitäten visualisieren.

Um die Designer im *Wizard* Control einzubinden, müssen Sie in dessen Meta-Attributen folgenden Eintrag hinzufügen:

```
Designer(GetType(WizardDesigner), _
   GetType(System.ComponentModel.Design.IDesigner))
```

Das Attribut nimmt dabei zwei Parameter entgegen: Der erste Parameter ermittelt den Typ des Designers, der zweite Parameter gibt den Typ der implementierten Schnittstelle an.

Die kompletten Meta-Attribute des Wizard Controls sehen dann so aus:

```
<DefaultProperty("CurrentStep"), _
   ToolboxData("<{0}:Wizard runat=server></{0}:Wizard>"), _
   ParseChildren(False), _
   Designer(GetType(WizardDesigner), _
      GetType(System.ComponentModel.Design.IDesigner))> _
Public Class Wizard
   Inherits System.Web.UI.WebControls.WebControl
```

Analog sieht die Kopfzeile des `WizardContainer` Controls aus:

```
<DefaultProperty("Step"), _
   ToolboxData("<{0}:WizardContainer " & _
      "runat=server></{0}:WizardContainer>"), _
```

```
   ParseChildren(False), _
   Designer(GetType(WizardContainerDesigner), _
      GetType(System.ComponentModel.Design.IDesigner))> _
Public Class WizardContainer
   Inherits System.Web.UI.WebControls.WebControl
```

Nach dem Erweitern der Controls mit diesen Attributen sollten Sie die Referenz auf das Wizard Control kurz aus dem Projekt entfernen und anschließend neu hinzufügen.

Im Visual Studio .NET sieht die Vorschau des Controls mittlerweile recht realistisch aus:

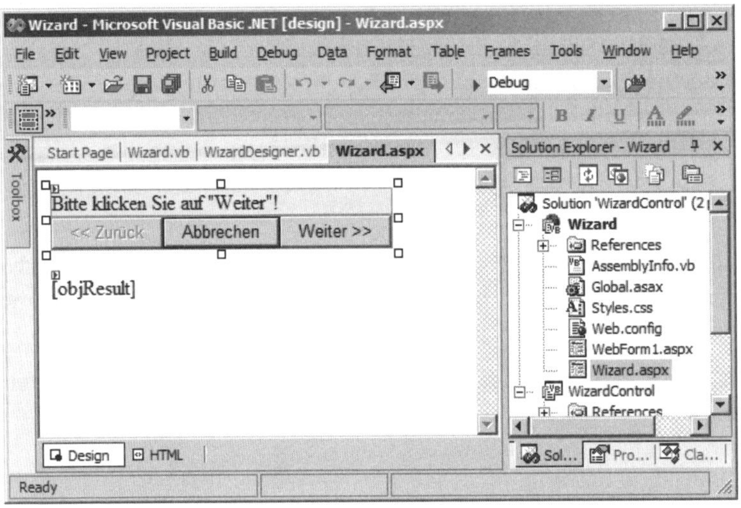

Abbildung 37: Ansicht des Wizard Controls im Designer von Visual Studio .NET

118 Definition des Standard-Namenspräfixes eines Controls bei Drag&Drop

Vorab sei gesagt, dass diese Definition keinen Einfluss auf die manuelle Einbindung eines Controls per `Register`-Direktive oder im CodeBehind hat. Sie wird ausschließlich bei Drag&Drop des Controls auf den Designer wirksam.

Sie geben den *Standard-Namenspräfix* eines Custom Controls direkt oberhalb der Namensraum-Deklaration an:

```
<assembly: TagPrefix("codebook.aspnet.vb.Controls", "cb")> _
Namespace codebook.aspnet.vb.Controls
```

Um das Attribut `TagPrefix` nutzen zu können, müssen Sie den Namensraum `System.Web.UI` explizit per `Imports`-Statement einbinden. in den meisten Fällen wird dies aber aus Bequemlichkeitsgründen ohnehin der Fall sein.

Alternativ können Sie diesen Eintrag auch in der Datei *AssemblyInfo.vb* hinzufügen. An dieser Stelle können Sie außerdem weitere Attribute Ihrer Assembly – etwa Autor oder Version – manipulieren.

119 Hinzufügen von Controls zur Toolbox von Visual Studio .NET

Um ein Control zur Toolbox von Visual Studio .NET hinzuzufügen und es somit per Drag&Drop in eine Seite einzubinden, sind nur wenige Schritte nötig:

- Öffnen Sie Ihr Visual Studio .NET.
- Wechseln Sie in die Design-Ansicht eines Elements.
- Öffnen Sie die Toolbox, wählen Sie den für Sie maßgeblichen Bereich aus und machen Sie einen Rechtsklick auf die Toolbox.
- Klicken Sie auf ADD / REMOVE ITEMS (TOOLBOX ANPASSEN).
- Innerhalb der erscheinenden Auswahlliste klicken Sie auf BROWSE (DURCHSUCHEN).
- Wechseln Sie im Auswahldialog in das Verzeichnis, in dem die dll-Datei des Controls liegt, wählen Sie diese aus und bestätigen Sie den Dialog mit Ok.
- Setzen Sie die Häkchen vor den hinzuzufügenden Controls.
- Bestätigen Sie die Änderung per Ok.

Ab diesem Moment ist das Control über die Toolbox verfügbar und kann einfach per Drag&Drop in einem Projekt verwendet werden.

120 Eigenes Symbol in der Toolbox

Wenn Sie ein Control auf dem oben gezeigten Weg der Toolbox hinzufügen, bekommt es als Symbol immer ein Zahnrad zugewiesen. Um ein eigenes Symbol zu definieren – was beispielsweise bei der Weitergabe des Controls sinnvoll sein kann – führen Sie folgende Schritte aus:

- Fügen Sie Ihrem Projekt ein `Bitmap`-Element mit einem eindeutigen Namen und einer Größe von 16 x 16 Pixeln bei 16 Farben hinzu
- Speichern Sie die Datei innerhalb des Projektordners im Wurzelverzeichnis
- Bearbeiten Sie die Datei im Bitmap-Editor oder einem Grafikprogramm Ihrer Wahl
- Oberhalb der Klassendefinition des Elements, dessen Bitmap Sie benutzerdefiniert gestaltet haben, fügen Sie folgenden Eintrag hinzu:

```
<ToolboxBitmap("Bitmap.bmp")>
```

- Entfernen Sie das Control aus der Toolbox und fügen Sie es erneut hinzu.

121 Hinzufügen von Custom Controls zum Global Assembly Cache mit VS.NET

Custom Controls, die im *Global Assembly Cache* einer Maschine hinterlegt werden, bringen einen nicht zu unterschätzenden Vorteil für Entwickler mit sich – sie können problemlos in verschiedenen Projekten verwendet werden und stehen jedem auf der entsprechenden Maschine laufenden oder zu entwickelnden Projekt zur Verfügung – lediglich die Referenz auf die Assembly muss noch gesetzt werden.

Folgende Schritte müssen Sie unternehmen, um ein Custom Control – oder eine beliebige Assembly – im *Global Assembly Cache* (*GAC*) zu hinterlegen:

- Öffnen Sie die Visual Studio .NET Eingabeaufforderung.
- Erzeugen Sie einen Schlüssel mittels des *sn*-Tools:

```
sn -k "<Laufwerk>:\<Pfad>\<Schlüsselname>.snk"
```

Ersetzen Sie die Platzhalter durch sinnvolle Werte. Dieser Schlüssel sollte sinnvollerweise im Wurzelverzeichnis des entsprechenden Projekts gespeichert werden, damit er später problemlos weitergegeben werden kann.

- Fügen Sie in der Datei *AssemblyInfo.vb* folgenden Eintrag hinzu:

```
<Assembly: AssemblyKeyFile("<Schlüsselname>.snk")>
```

Ersetzen Sie den Platzhalter für den Schlüsselnamen durch einen sinnvollen Wert.

- Erstellen Sie die Assembly.
- Kopieren Sie die Assembly-Datei entweder per Windows-Explorer in den Global Assembly Cache, der sich unter *%WinDIR%\Assembly* befindet – *%WinDIR%* entspricht dem Windows Installationsverzeichnis und ist bei den meisten Nutzern *C:\Windows* oder *C:\Winnt*
- Oder verwenden Sie das *gacutil*-Tool, das Sie ebenfalls über die Visual Studio .NET Eingabe-Aufforderung erreichen können:

```
gacutil -I "<Laufwerk>:\<Pfad>\<Assemblyname>.dll"
```

Ersetzen Sie dabei die einzelnen Platzhalter durch sinnvolle Werte.

122 Hinzufügen von Custom Controls zum Global Assembly Cache ohne VS.NET

Selbstverständlich können Sie auch ohne Visual Studio .NET Ihre Assemblies signieren und im *Global Assembly Cache* installieren:

- Öffnen Sie die Eingabeaufforderung und wechseln Sie in das Verzeichnis, in dem Sie das Framework SDK installiert haben.
- Erzeugen Sie einen Schlüssel mittels des *sn*-Tools im Wurzelverzeichnis Ihres Projekts:

```
sn -k "<Laufwerk>:\<Pfad>\<Schlüsselname>.snk"
```

Ersetzen Sie die Platzhalter durch sinnvolle Werte. Dieser Schlüssel sollte sinnvollerweise im Wurzelverzeichnis des entsprechenden Projekts gespeichert werden, damit er später problemlos weitergegeben werden kann.

- Erstellen Sie eine Datei namens *AssemblyInfo.vb.*
- Fügen Sie in dieser Datei folgenden Eintrag hinzu:

```
<Assembly: AssemblyKeyFile("<Schlüsselname>.snk")>
```

Ersetzen Sie den Platzhalter für den Schlüsselnamen durch den tatsächlichen Namen des Schlüssels.

- Alternativ fügen Sie die obige Anweisung oberhalb der Namensraum-Deklaration in einer der Quellcode-Dateien Ihres Controls hinzu
- Erstellen Sie die Assembly mittels des Kommandozeilen-Tools *vbc.exe*:

```
vbc /out:<AssemblyName>.dll /t:library <Weitere Optionen> /
keyfile:"<Schlüsselname>.snk"
```

Ersetzen Sie die Platzhalter durch sinnvolle Angaben.

- Kopieren Sie die Assembly-Datei entweder per Windows-Explorer in den *Global Assembly Cache*, der sich unter *%WinDIR%\Assembly* befindet – *%WinDIR%* entspricht dem Windows Installationsverzeichnis und ist bei den meisten Nutzern *C:\Windows* oder *C:\Winnt*
- Oder verwenden Sie das *gacutil*-Tool, das Sie ebenfalls über die Visual Studio .NET Eingabe-Aufforderung erreichen können:

```
gacutil -I "<Laufwerk>:\<Pfad>\<Assemblyname>.dll"
```

Ersetzen Sie dabei die einzelnen Platzhalter durch sinnvolle Werte.

123 Einbinden von Assemblies aus dem GAC

Assemblies aus dem *Global Assembly Cache* können ohne großen Aufwand in eigene Web-Applikationen eingebunden werden. Fügen Sie zu diesem Zweck innerhalb der Konfigurationsdatei web.config der Applikation folgenden Eintrag ein:

```
<configuration>
   <compilation>
      <assemblies>
         <add assembly="Assemblyname
            [,Version=Versionsnummer]
            [,Culture=Sprachabhängigkeit]
            [,PublicKeyToken=Token]"/>
      </assemblies>
   </compilation>
</configuration>
```

Der Name der Assembly muss dabei ohne Dateiendung angegeben werden. Die Informationen zu den optionalen Parametern Versionsnummer, Sprachabhängigkeit und Token können Sie den Eigenschaften der Assembly entnehmen, die Sie entweder mit Hilfe des Windows Explorers im Ordner *assembly* des Windows-Installationsverzeichnisses oder durch das *ildasm*-Utility einsehen können. Das *ildasm*-Utility wird sowohl beim Framework SDK als auch beim Visual Studio .NET installiert.

124 Arbeiten mit Templates

Wenn man schon einmal mit dem `DataGrid` oder anderen templatebasierenden Controls gearbeitet hat, lernt man es schnell zu schätzen, das Layout dieser Controls im Frontend zu definieren (oder definieren zu lassen) und sich im CodeBehind lediglich auf das Befüllen mit Daten und das Verarbeiten mit Events konzentrieren zu können.

Um templatebasierende Controls schreiben zu können, müssen Sie eigentlich keinen allzu großen Aufwand treiben – im Gegenteil: Die Gestaltung des Layouts Ihres Controls überlassen Sie den Designern oder den Nutzern, die Ihr Control verwenden. Dies gestattet es, Controls wirklich nahezu universell wiederverwenden zu können.

Im Folgenden soll die Vorgehensweise für ein einfaches templatebasierendes Control anhand eines Artikel Controls demonstriert werden.

Sie benötigen zu diesem Zweck zwei Elemente: Ein Control, das in die Seite eingebunden wird, und einen logischen Container, der die anzuzeigenden Felder enthält. Zunächst wird der Container definiert:

```
Imports System.ComponentModel
Imports System.Web.UI
```

Listing 241: Container mit den benötigten Feld-Definitionen (ArticleItem.vb)

```
Namespace codebook.aspnet.vb.Controls

  Public Class TemplateItem
    Inherits Control
    Implements inamingContainer

    Public Sub New(ByVal strText As String)
      Me.Text = strText
    End Sub

    Public Sub New(ByVal strAnchor As String, _
      ByVal strText As String)
      Me.Text = strText
      Me.Anchor = strAnchor
    End Sub

    Public Sub New(ByVal strHeadline As String, _
      ByVal strAnchor As String, ByVal strText As String)
      Me.Text = strText
      Me.Anchor = strAnchor
      Me.Title = strHeadline
    End Sub

    Property [Text]() As String
      Get
        If IsNothing(ViewState.Item("Text")) Then
          Return String.Empty
        Else
          Return ViewState.Item("Text")
        End If
      End Get
      Set(ByVal Value As String)
        ViewState.Item("Text") = Value
      End Set
    End Property

    Property Title() As String
      Get
        If IsNothing(ViewState.Item("Title")) Then
          Return String.Empty
        Else
          Return ViewState.Item("Title")
        End If
      End Get
      Set(ByVal Value As String)
        ViewState.Item("Title") = Value
      End Set
    End Property

    Property Anchor() As String
      Get
```

Listing 241: Container mit den benötigten Feld-Definitionen (ArticleItem.vb) (Forts.)

```
            If IsNothing(ViewState.Item("Anchor")) Then
               Return String.Empty
            Else
               Return ViewState.Item("Anchor")
            End If
         End Get
         Set(ByVal Value As String)
            ViewState.Item("Anchor") = Value
         End Set
      End Property

   End Class

End Namespace
```

Listing 241: Container mit den benötigten Feld-Definitionen (ArticleItem.vb) (Forts.)

Der Container ist das Element, auf das per DataBinding-Syntax zugegriffen wird. Es ist im Grunde nichts anderes als ein Control, das eventuell über einen oder mehrere Konstruktoren verfügen kann und über die Properties verfügt, auf die per DataBinding-Syntax zugegriffen werden soll. Der Container muss die Schnittstelle `INamingContainer` implementieren.

Das eigentliche Custom Control hat folgenden Aufbau:

```
Imports System.ComponentModel
Imports System.Web.UI
Imports System.Web.UI.WebControls

Namespace codebook.aspnet.vb.Controls

   <DefaultProperty("Text"), _
      ToolboxData("<{0}:ArticleControl runat=server>" & _
         "</{0}:ArticleControl>")> _
   Public Class ArticleControl
      Inherits WebControl
      Implements inamingContainer

      <Bindable(True), Browsable(True), _
         Category("Appearance"), DefaultValue("")> _
      Property [Text]() As String
         Get
            If IsNothing(ViewState.Item("Text")) Then
               Return String.Empty
            Else
               Return ViewState.Item("Text")
            End If
         End Get
         Set(ByVal Value As String)
            ViewState.Item("Text") = Value
```

Listing 242: Templatebasierendes Control (ArticleControl.vb)

```
        End Set
    End Property

    <Bindable(True), Browsable(True), _
        Category("Data"), DefaultValue("")> _
    Property Title() As String
        Get
            If IsNothing(ViewState.Item("Title")) Then
                Return String.Empty
            Else
                Return ViewState.Item("Title")
            End If
        End Get
        Set(ByVal Value As String)
            ViewState.Item("Title") = Value
        End Set
    End Property

    <Bindable(True), Browsable(True), _
        Category("Data"), DefaultValue("")> _
    Property Anchor() As String
        Get
            If IsNothing(ViewState.Item("Anchor")) Then
                Return String.Empty
            Else
                Return ViewState.Item("Anchor")
            End If
        End Get
        Set(ByVal Value As String)
            ViewState.Item("Anchor") = Value
        End Set
    End Property

    <TemplateContainer(GetType(TemplateItem))> _
    Property ArticleLayout() As ITemplate
        Get
            If Not IsNothing(ViewState.Item("Template")) Then
                Return ViewState.Item("Template")
            Else
                Return Nothing
            End If
        End Get
        Set(ByVal Value As ITemplate)
            ViewState.Item("Template") = Value
        End Set
    End Property

    Protected Overrides Sub CreateChildControls()
        If Not IsNothing(Me.ArticleLayout) Then
            Controls.Clear()
            Dim objControl As New TemplateItem( _
```

Listing 242: Templatebasierendes Control (ArticleControl.vb) (Forts.)

```
            Me.Title, Me.Anchor, Me.Text)
         ArticleLayout.InstantiateIn(objControl)
         Me.Controls.Add(objControl)
      Else
         Dim objControl As New LiteralControl( _
            "<h3>" & Me.Title & "</h3>" & _
            "<b>" & Me.Anchor & "</b><br> <br>" & _
            Me.Text)
         Me.Controls.Add(objControl)
      End If
   End Sub

   Protected Overrides Sub OnDataBinding( _
      ByVal e As EventArgs)
      EnsureChildControls()
      MyBase.OnDataBinding(e)
   End Sub

End Class

End Namespace
```

Listing 242: Templatebasierendes Control (ArticleControl.vb) (Forts.)

Das eigentliche templatebasierende Control entspricht bis auf wenige Details ebenfalls einem gewöhnlichen Custom Control: Es verfügt über einige Properties, die manipuliert werden können, speichert übergebene Daten im ViewState und kann auch ohne Zuweisung eines Templates eine Ausgabe rendern.

Interessant ist die Property `ArticleLayout`:

```
<TemplateContainer(GetType(TemplateItem))> _
 Property ArticleLayout() As ITemplate
   Get
      If Not IsNothing(ViewState.Item("Template")) Then
         Return ViewState.Item("Template")
      Else
         Return Nothing
      End If
   End Get
   Set(ByVal Value As ITemplate)
      ViewState.Item("Template") = Value
   End Set
End Property
```

Oberhalb der Property-Definition befindet sich ein für templatebasierende Controls unverzichtbares Attribut: die Angabe des Typs des Containers, in dem sich das darzustellende Template befinden und auf dessen Methoden es zugreifen soll. Dies geschieht unter Verwendung des Attributs `TemplateContainer`, das als Argument den Typ des zu verwendenden Container-Controls erwartet. Die übergebenen Daten werden im ViewState gespeichert.

Ein weiteres wichtiges Element bei der Verwendung von templatebasierenden Controls ist die spezielle Überschreibung der Methode `CreateChildControls`:

```
Protected Overrides Sub CreateChildControls()
   If Not IsNothing(Me.ArticleLayout) Then
      Controls.Clear()
      Dim objControl As New TemplateItem( _
         Me.Title, Me.Anchor, Me.Text)
      ArticleLayout.InstantiateIn(objControl)
      Me.Controls.Add(objControl)
   Else
      Dim objControl As New LiteralControl( _
         "<h3>" & Me.Title & "</h3>" & _
         "<b>" & Me.Anchor & "</b><br> <br>" & _
         Me.Text)
      Me.Controls.Add(objControl)
   End If
End Sub
```

Wenn ein Template zugewiesen worden ist, wird versucht, dieses Template innerhalb des zu verwendenden Containers zu rendern. Dies geschieht durch Definition des Containers, dem hier im Default-Konstruktor die auszugebenden Daten zugewiesen werden. Nur bei der Verwendung von Templates – und dem `ITemplate`-Interface – erfolgt das Instanzieren des Controls im Kontext des Templates:

```
ArticleLayout.InstantiateIn(objControl)
```

Sie müssen an dieser Stelle in der Regel keine weiteren Anpassungsarbeiten vornehmen – die Methode `InstantiateIn` ist vom System so implementiert, dass sie mit beliebigen Template-Vorlagen funktioniert und die Datenbindung korrekt ausführt. Anschließend wird das Container-Control wie gewohnt der Controls-Collection des Custom Controls hinzugefügt.

Sollte kein Template verwendet werden, erfolgt eine Ausgabe in einem Standard-Layout.

Um die Funktionsfähigkeit von Container und Template sicherzustellen, ist es ebenfalls erforderlich, die Datenbindung zu überschreiben:

```
Protected Overrides Sub OnDataBinding( _
   ByVal e As EventArgs)
   EnsureChildControls()
   MyBase.OnDataBinding(e)
End Sub
```

Mit Hilfe von `EnsureChildControls` wird sichergestellt, dass die untergeordneten Controls – eben der Container und das Template – ordnungsgemäß initialisiert und verfügbar sind. Ein Aufruf der Methode `OnDataBinding` der Basisklasse stellt die Funktionalität endgültig sicher.

125 Template: Einbinden des Controls

Nach der Erstellen der Controls kann der Einsatz innerhalb einer Applikation erfolgen. Zunächst soll im Frontend das Artikel-Control verwendet und zur Illustration zunächst ohne Template und anschließend mit Template dargestellt werden:

```
<%@ Page Language="vb" AutoEventWireup="false"
   Codebehind="Template.aspx.vb" Inherits="Template.Template"%>
<%@ Register TagPrefix="cb"
   Namespace="codebook.aspnet.vb.Controls"
   Assembly="codebook.aspnet.vb.Controls.TemplateControl" %>
<!DOCTYPE HTML PUBLIC "-//W3C//DTD HTML 4.0 Transitional//EN">
<html>
  <head>
    <title>Artikel</title>
    <style>
      .headline, .anchor, .text {
         font-family: Verdana, Arial;
      }
      .headline {
         font-size: 18px;
         color: #cc0000;
      }
      .anchor, .text {
         font-size: 12px;
         color: #000000;
      }
      .anchor {
         font-weight: 800;
      }
    </style>
  </head>
  <body>
    <form id="Form1" method="post" runat="server">
      <p><I>Ohne Layout-Definition</I></p>
      <cb:ArticleControl runat="Server" id="objSimpleArticle"/>
      <p> </p>
      <p><I>Mit Layout-Definition</I></p>
      <cb:ArticleControl runat="Server" id="objArticle">
         <ArticleLayout>
            <p>
               <span class="headline">
                  <%#Container.Title%>
               </span>
            </p>
            <p>
               <span class="anchor">
                  <%#Container.Anchor%>
               </span>
            </p>
```

Listing 243: Frontend der Artikel-Darstellung (Template.aspx)

```
            <p>
               <span class="text">
                  <%#Container.Text%>
               </span>
            </p>
         </ArticleLayout>
      </cb:ArticleControl>
    </form>
  </body>
</html>
```

Listing 243: Frontend der Artikel-Darstellung (Template.aspx) (Forts.)

Nach der üblichen Einbindung des Controls per `Register`-Direktive (und dem Hinzufügen der Assembly zu den Referenzen) erfolgt die Einbindung des Artikel-Controls zweimal: Zunächst ohne Verwendung eines Templates um die Standard-Ausgabe zu demonstrieren und anschließend unter Verwendung eines Templates. Die Verwendung des Templates geschieht innerhalb des `ArticleLayout`-Tags. Dieses korrespondiert direkt mit der Property `ArticleLayout` des Artikel-Controls. Die Ausgabe der drei im Container definierten Felder erfolgt per Datenbindungs-Syntax:

```
<%#Container.Title%>
```

Weitere Arbeiten sind im Frontend nicht nötig – das Befüllen der Controls mit Daten geschieht in diesem Beispiel im CodeBehind-Bereich der `Page`:

```
Public Class Template
   Inherits System.Web.UI.Page

   Protected WithEvents objArticle As _
      codebook.aspnet.vb.Controls.ArticleControl

   Protected WithEvents objSimpleArticle As _
      codebook.aspnet.vb.Controls.ArticleControl

   Private Sub Page_Load(ByVal sender As System.Object, _
      ByVal e As System.EventArgs) Handles MyBase.Load
      Me.objSimpleArticle.Text = _
         "Dies ist der Artikeltext. Bitte einfach ignorieren ;)"
      Me.objSimpleArticle.Title = _
         "Überschrift eines Artikels"
      Me.objSimpleArticle.Anchor = _
         "Dies ist die Einleitung des Artikels"
      Me.objSimpleArticle.DataBind()

      Me.objArticle.Text = _
         "Dies ist der Artikeltext. Bitte einfach ignorieren ;)"
```

Listing 244: CodeBehind der Artikel-Darstellung (Template.aspx.vb)

```
        Me.objArticle.Title = _
           "Überschrift eines Artikels"
        Me.objArticle.Anchor = _
           "Dies ist die Einleitung des Artikels"
        Me.objArticle.DataBind()
    End Sub

End Class
```

Listing 244: CodeBehind der Artikel-Darstellung (Template.aspx.vb) (Forts.)

Innerhalb der CodeBehind-Datei werden zunächst die beiden Controls wie gewohnt deklariert. Im `Page_Load`-Event-Handler werden die darzustellenden Texte zugewiesen. Wichtig ist, nach der Zuweisung die Datenbindung zu aktualisieren. Dies geschieht durch Aufruf der Methode `DataBind()` des Artikel-Controls.

Bei Ausführen des Beispiels sollten Sie eine Ausgabe ähnlich dieser erhalten:

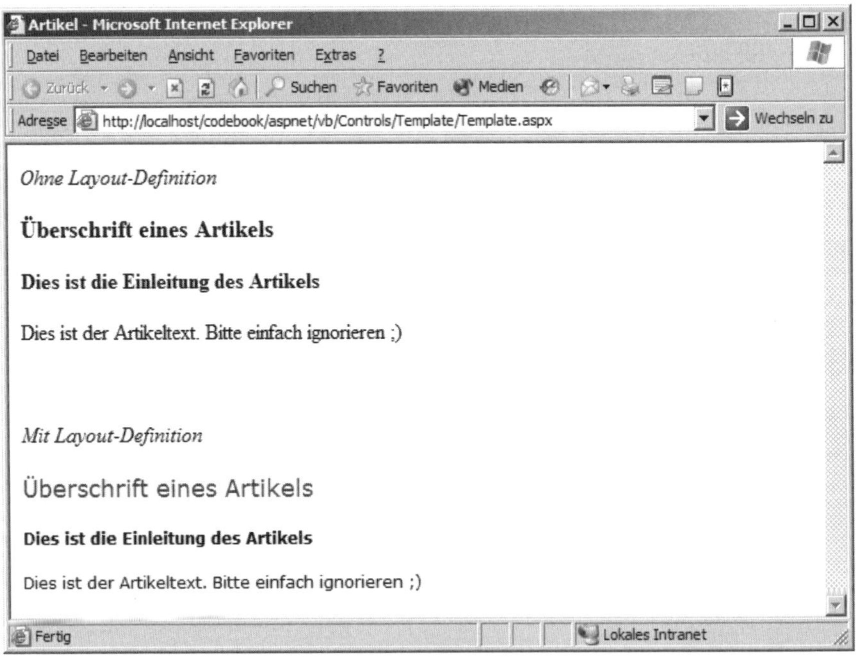

Abbildung 38: Control ohne und mit Layout-Definition

126 Frames

Für Frames gibt es bei ASP.NET im Grunde keine Verwendung mehr, da oftmals benötigte Funktionalitäten in User oder Custom Controls ausgelagert werden können. Dennoch ist der Mensch ein Gewohnheitstier, und als solches möchte man sich von lieb gewonnenen Gewohnheiten ungern trennen.

Zwar besteht die Möglichkeit, Framesets als reine HTML-Tags einzusetzen, aber wenn man schon .NET einsetzt, dann sollte man doch von den vorhandenen Möglichkeiten Gebrauch machen.

Im einfachsten Fall können das Frameset und die untergeordneten Frames innerhalb der **.aspx*-Seite definiert und mit dem benötigten Attribut `runat="server"` versehen werden.

Folgende **.aspx*-Seite realisiert ein serverseitiges Frameset:

```
<%@ Page Language="vb" AutoEventWireup="false" Codebehind="default.aspx.vb"
Inherits="Example1.Example1"%>
<!DOCTYPE HTML PUBLIC "-//W3C//DTD HTML 4.0 Transitional//EN">
<HTML>
   <HEAD>
      <title>Framepage</title>
   </HEAD>
   <frameset runat="server" id="objFrameSet" cols="150,*" >
      <frame name="frmLeft" runat="server" id="objFrameLeft"/>
      <frame name="frmRight" runat="server" id="objFrameRight"/>
   </frameset>
</HTML>
```

Listing 245: Definition eines serverseitig manipulierbaren Framesets (Example1.aspx)

Im CodeBehind oder einem serverseitigen Scriptblock können Sie nun die verschiedenen Attribute der Controls zur Laufzeit zuweisen, überschreiben und löschen:

```
Public Class Example1
   Inherits System.Web.UI.Page

   Protected WithEvents objFrameSet As _
      System.Web.UI.HtmlControls.HtmlGenericControl
   Protected WithEvents objFrameLeft As _
      System.Web.UI.HtmlControls.HtmlGenericControl
   Protected WithEvents objFrameRight As _
      System.Web.UI.HtmlControls.HtmlGenericControl

   Private Sub Page_Load(ByVal sender As System.Object, _
      ByVal e As System.EventArgs) Handles MyBase.Load
      Me.objFrameSet.Attributes.Add("cols", "250, *")
      Me.objFrameRight.Attributes.Add("src", "right.html")
      Me.objFrameLeft.Attributes.Add("src", "left.html")
   End Sub

End Class
```

Listing 246: Manipulation der einzelnen Elemente des Framesets (Example1.aspx.vb)

in diesem Beispiel wird zunächst die Breite der einzelnen Elemente des Framesets angepasst. Anschließend werden den beiden Frameseiten die Quelldateien zugewiesen – die natürlich nicht nur HTML-Dateien sein müssen, sondern durchaus auch **.aspx*-Dateien sein können.

Im Browser betrachtet, wirkt das Ergebnis durchaus vertraut:

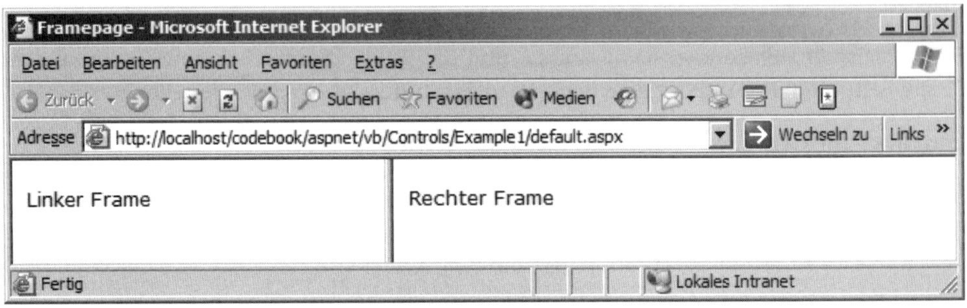

Abbildung 39: Programmatisch manipuliertes Frameset

Auch der HTML-Quellcode lässt keinerlei Rückschlüsse auf eine serverseitige Verarbeitung zu: Was als Ergebnis an den Browser zurückgegeben wird, entspricht tatsächlich dem, was Sie erhalten würden, wenn Sie das Frameset statisch anlegen würden. Nur Sie als Entwickler profitieren direkt von den Möglichkeiten, die Ihnen ASP.NET zur Verfügung stellt.

127 Ein Frameset dynamisch erzeugen

Eine weitere Möglichkeit, mit Framesets zu arbeiten, ist das dynamische Erzeugen eines Framesets. Sicherlich könnte man zu diesem Zweck ein eigenes Control schreiben, das die benötigten Funktionen kapselt, aber im Grunde reichen auch die von den HTML Controls zur Verfügung gestellten Funktionalitäten aus.

Um ein Frameset dynamisch zu erzeugen, ist es nötig, in der **.aspx*-Seite einen Platzhalter statt des Body-Tags zu hinterlegen:

```
<%@ Page Language="vb" AutoEventWireup="false" Codebehind="DynamicFrameset.aspx.vb"
Inherits="Example1.DynamicFrameset"%>
<!DOCTYPE HTML PUBLIC "-//W3C//DTD HTML 4.0 Transitional//EN">
<HTML>
   <HEAD>
      <TITLE>DynamicFrameset</TITLE>
   </HEAD>
   <asp:PlaceHolder runat="server" id="objPlaceHolder" />
</HTML>
```

Listing 247: Vorlage für das dynamische Erstellen von Framesets (DynamicFrameset.aspx)

Nun können Sie im CodeBehind oder einem serverseitigen Scriptblock die eigentlichen Bestandteile des Framesets dynamisch anlegen, modifizieren und dem `PlaceHolder` zuweisen:

```
Imports System.Web.UI.HtmlControls

Public Class DynamicFrameset
   Inherits System.Web.UI.Page

   Protected WithEvents objPlaceHolder As _
      System.Web.UI.WebControls.PlaceHolder

   Private Sub Page_Load(ByVal sender As System.Object, _
      ByVal e As System.EventArgs) Handles MyBase.Load

      Dim objFrameSet As New HtmlGenericControl("frameset")
      objFrameSet.Attributes.Add("cols", "250,*")

      ' ---------------------------------------
      ' Untergeordnete Frames definieren
      ' ---------------------------------------
      Dim objFrame As New HtmlGenericControl("frame")
      objFrame.Attributes.Add("src", "left.html")
      objFrameSet.Controls.Add(objFrame)

      objFrame = New HtmlGenericControl("frame")
      objFrame.Attributes.Add("src", "right.html")
      objFrameSet.Controls.Add(objFrame)

      ' ---------------------------------------
      ' Frameset zum PlaceHolder hinzufügen
      ' ---------------------------------------
      objPlaceHolder.Controls.Add(objFrameSet)
   End Sub

End Class
```

Listing 248: Programmatisches Erstellen von Framesets (DynamicFrameset.aspx.vb)

Wenn Sie sich den zum Client geschickten Quellcode der Seite ansehen, werden Sie keinerlei Unterschiede zum vorherigen Beispiel erkennen – vom `PlaceHolder` keine Spur mehr:

```
<!DOCTYPE HTML PUBLIC "-//W3C//DTD HTML 4.0 Transitional//EN">
<HTML>
   <HEAD>
      <TITLE>DynamicFrameset</TITLE>
   </HEAD>
   <frameset cols="250,*"><frame src="left.html"></frame><frame src="right.html"></
frame></frameset>
</HTML>
```

Listing 249: Generierter HTML-Quellcode des dynamisch erzeugten Framesets

Als Erweiterung des eben beschriebenen Vorgehens böte es sich an, eventuell den Titel des Framesets ebenfalls dynamisch erstellen zu lassen. Ebenso wäre es sicherlich sinnvoll, einen NoScript-Bereich einzufügen, falls ein Browser eines Besuchers der Seite keine Framesets darstellt – was gerade bei älteren Browsern durchaus noch vorkommen kann.

128 Feststellen, ob JavaScript aktiviert ist

Wenn Sie viel mit JavaScript arbeiten, werden Sie sich immer wieder darüber ärgern, dass verschiedene Nutzer kein JavaScript aktiviert haben. Dies kann dazu führen, dass Ihre Applikationen nicht ordnungsgemäß funktionieren, deshalb sollte der Benutzer eine Fehlermeldung angezeigt bekommen, die ihn animiert, JavaScript zu aktivieren, bevor er Ihre Seite betritt.

Sie können auf zwei Arten prüfen, ob JavaScript aktiviert ist. Beide sollen im Folgenden kurz beschrieben werden.

Die aktive Prüfung auf JavaScript

Die eine Möglichkeit der Prüfung auf aktiviertes JavaScript sollte auf eine externe Seite ausgelagert werden. Sie setzt voraus, dass keine geposteten Daten übertragen werden müssen, und eignet sich deshalb nur für eine Einstiegsseite. Sie basiert auf zwei Aktionen: eine Prüfung innerhalb einer `Page`, ob ein bestimmter Parameter gesetzt worden ist und in Abhängigkeit davon ein `Redirect` auf eine Testseite. Innerhalb dieser Testseite findet die zweite Aktion, nämlich das eigentliche Testen und Reagieren auf das Ergebnis statt.

Die Testseite könnte folgenden Aufbau haben:

```
<%@ Page Language="vb" AutoEventWireup="false"
   Codebehind="JavaScriptTest.aspx.vb"
   Inherits="JavaScriptEnabled.WebForm1"%>
<!DOCTYPE HTML PUBLIC "-//W3C//DTD HTML 4.0 Transitional//EN">
<HTML>
  <HEAD>
    <title>JavaScript-Test</title>
</HEAD>
  <body>
    <form id="Form1" method="post" runat="server">
      <script language="javascript">
        document.forms[0].submit();
      </script>
      <noscript>
        <h3>JavaScript aktivieren</h3>
        Bitte schalten Sie zum einwandfreien Aktivieren dieser
        Webseite JavaScript ein!
      </noscript>
    </form>
  </body>
</HTML>
```

Listing 250: Frontend der JavaScript-Testseite (JavaScriptTest.aspx)

Innerhalb des Front-Ends sind zwei Elemente definiert: ein JavaScript, das nichts anderes macht, als die aktuelle Seite zum Server zurückzuposten, und ein `NoScript`-Block, der eine Anzeige ausgibt, falls kein JavaScript aktiviert ist. Diese Anzeige wird von allen aktuellen Browsern unterstützt und erscheint automatisch, wenn JavaScript nicht aktiviert ist.

Im CodeBehind erfolgt nun lediglich eine Überprüfung, ob ein PostBack durchgeführt worden ist – was ausschließlich bei aktiviertem JavaScript der Fall sein kann:

```
Public Class WebForm1
   Inherits System.Web.UI.Page

   Private Sub Page_Load( _
      ByVal sender As Object, ByVal e As EventArgs) _
      Handles MyBase.Load

      If IsPostBack Then
         Dim strUrl As String = _
            Page.Request.UrlReferrer.ToString
         Response.Redirect(strUrl & _
            IIf(strUrl.IndexOf("?") > 0, "&", "?") & _
            "JsEnabled=true", True)
      End If

   End Sub
End Class
```

Listing 251: CodeBehind der JavaScript-Testseite (JavaScriptTest.aspx.vb)

Nach der Prüfung auf einen PostBack wird der URL des Referrers ausgewertet und ein Parameter an den Aufruf angefügt, der die aufrufende Seite darüber informiert, dass der Test erfolgreich absolviert worden ist. Zuletzt wird die aufrufende Seite per `Response.Redirect` wieder eingebunden und kann mit der weiteren Verarbeitung fortfahren.

Die Hauptseite, von der aus der Test angestoßen wird, könnte folgenden Aufbau haben:

```
<%@ Page Language="vb" AutoEventWireup="false"
   Codebehind="Default.aspx.vb"
   Inherits="JavaScriptEnabled._Default"%>
<!DOCTYPE HTML PUBLIC "-//W3C//DTD HTML 4.0 Transitional//EN">
<html>
  <head>
    <title>Main Page</title>
  </head>
  <body>
      <form id="Form1" method="post" runat="server">
         <input id="JsEnabled" type="hidden" runat="server">
         <asp:Label Runat="server" id="Label1">JavaScript ist
            aktiviert!</asp:Label>
```

Listing 252: Frontend der Hauptseite (Default.aspx)

```
            <br> <br>
            <asp:Button Runat="server" ID="objSubmit"
               Text="PostBack testen!" />
        </form>
    </body>
</html>
```

Listing 252: Frontend der Hauptseite (Default.aspx) (Forts.)

Diese Hauptseite wird erst nach einem erfolgreich absolvierten Test sichtbar. Dafür sorgt die im CodeBehind oder einem serverseitigen Script-Block hinterlegte Logik:

```
Public Class _Default
   Inherits System.Web.UI.Page

   Protected WithEvents JsEnabled As HtmlInputHidden
   Protected WithEvents objSubmit As Button
   Protected WithEvents Label1 As Label

   Private Sub Page_Load( _
      ByVal sender As Object, ByVal e As EventArgs) _
      Handles MyBase.Load

      Dim blnJSEnabled As Boolean = _
         Not IsNothing(Me.Request.Item("JsEnabled"))
      If Not blnJSEnabled Then
         If Not IsPostBack Then
            Server.Transfer("JavaScriptTest.aspx")
         End If
      Else
         JsEnabled.Value = "true"
      End If
   End Sub

End Class
```

Listing 253: CodeBehind der Hauptseite (Default.aspx.vb)

Innerhalb der Methode `Page_Load` wird zunächst überprüft, ob schon ein JavaScript-Test ausgeführt worden ist. Sollte dies nicht der Fall sein, kann das am Nichtvorhandensein des Parameters `JsEnabled` festgestellt werden. Sollte die Seite noch nicht zurückgepostet worden sein, wird die Testseite per `Server.Transfer` eingebunden und der Test findet statt.

Wenn der Test erfolgreich absolviert worden ist, wird das in der Hauptseite enthaltene versteckte Formularfeld `JsEnabled` mit dem Wert `True` belegt – demselben Wert, der auch vom JavaScript-Test zurückgegeben wird. Dadurch wird sichergestellt, dass der Test nicht bei jedem folgenden Aufruf der Seite ausgeführt wird.

Wenn Sie nun den Test bei deaktiviertem JavaScript ausführen, sollten Sie folgende Anzeige in Ihrem Browser erhalten:

Abbildung 40: Nicht bestandener JavaScript-Test

Nicht immer ist eine aktive Prüfung auf JavaScript nötig. in manchen Fällen kann man es in Kauf nehmen, lediglich einen Warnhinweis auszugeben und die Seite dennoch anzuzeigen:

129 Passive Prüfung auf JavaScript

Die passive Prüfung darauf, ob JavaScript aktiviert ist, erfolgt analog zur Ausgabe der Meldung, die bei nicht aktiviertem JavaScript angezeigt wird. Fügen Sie zu diesem Zweck einfach innerhalb des Contents Ihrer Webseite ein `NoScript`-Tag ein:

```
<%@ Page Language="vb" AutoEventWireup="false"
   Codebehind="PassiveTest.aspx.vb"
   Inherits="JavaScriptEnabled.PassiveTest"%>
<!DOCTYPE HTML PUBLIC "-//W3C//DTD HTML 4.0 Transitional//EN">
<html>
  <head>
    <title>PassiveTest</title>
  </head>
  <body>
    <form id="Form1" method="post" runat="server">
      <h3>NoScript-Test</h3>
      <p><b>Dies könnte eine Einleitung sein</b></p>
      <noscript>
         <p>
            <font color="red">
               Bitte aktivieren Sie JavaScript in Ihrem Browser,
               da ansonsten die einwandfreie Funktionalität der
               Applikation nicht sichergestellt werden kann.
            </font>
         </p>
      </noscript>
      <p>Hier geht es jetzt mit dem normalen Inhalt weiter.</p>
    </form>
  </body>
</html>
```

Listing 254: Passive Prüfung auf JavaScript mit Hilfe von NoScript-Tags (PassiveTest.aspx)

Eine weitere serverseitige Bearbeitung ist nicht nötig. Wenn Sie die Seite im Browser aufrufen und JavaScript deaktiviert haben, sollten Sie folgende Ausgabe im Browser erhalten:

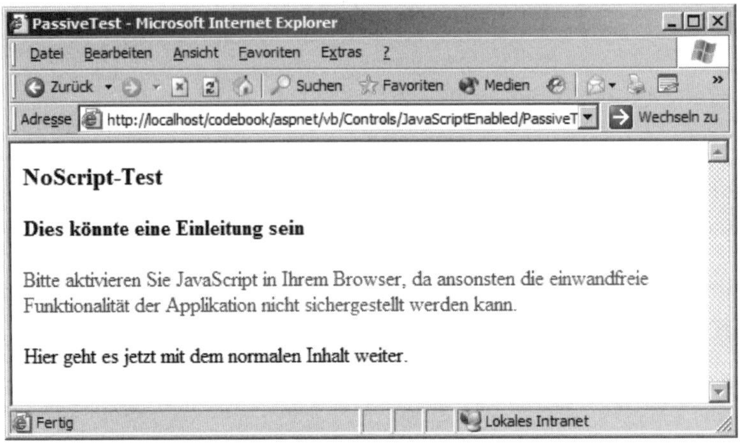

Abbildung 41: JavaScript ist ausgeschaltet

Wenn Sie nun JavaScript wieder einschalten und die Seite erneut aufrufen, werden Sie sehen, dass die Anzeige, die Sie zum Einschalten von JavaScript auffordert, verschwunden ist.

Diese Art von Test auf aktiviertes JavaScript ist einfach umzusetzen. Beachten Sie aber bitte, dass Ihre Applikation keine Rückmeldung erhält, ob JavaScript tatsächlich aktiviert ist.

130 Bequem mit JavaScript arbeiten

Zwar kennt die `Page`-Klasse zwei Methoden, mit denen JavaScript-Code ausgegeben werden kann (`RegisterClientScriptBlock` und `RegisterStartupScript`), diese sind aber alles andere als bequem einzusetzen und bieten auch keine Möglichkeit, den Code per `Visible`-Eigenschaft sichtbar oder unsichtbar zu machen.

Dies ist allerdings ein Zustand, der behoben werden kann. Im Folgenden wird ein JavaScript-Control demonstriert, das wie serverseitige Controls funktioniert und auch entsprechend eingesetzt werden kann.

Das Control selbst ist als Custom Control ausgeführt:

```
Imports System.ComponentModel
Imports System.Web.UI

Namespace codebook.aspnet.vb.Controls

   <DefaultProperty("Text"), _
      ToolboxData("<{0}:HtmlJavaScript runat=server>" & _
      "</{0}:HtmlJavaScript>"), ParseChildren(False)> _
```

Listing 255: JavaScript-Control für den Einsatz in ASP.NET (HtmlJavaScript.vb)

```
Public Class HtmlJavaScript
   Inherits System.Web.UI.WebControls.WebControl

   Dim strLanguage As String = "JavaScript"
   Dim strSource As String = String.Empty
   Dim strText As String = String.Empty

   <Bindable(True), Category("Data"), _
      DefaultValue("JavaScript")> _
   Property Language() As String
      Get
         Return strLanguage
      End Get
      Set(ByVal Value As String)
         strLanguage = Value
      End Set
   End Property

   <Bindable(True), Category("Data"), DefaultValue("")> _
   Property Src() As String
      Get
         Return strSource
      End Get
      Set(ByVal Value As String)
         strSource = Value
      End Set
   End Property

   <Bindable(True), Category("Data"), DefaultValue("")> _
   Property Text() As String
      Get
         Return Me.strText
      End Get
      Set(ByVal Value As String)
         Me.strText = Value
      End Set
   End Property

   Protected Overrides Sub AddParsedSubObject( _
      ByVal objControl As Object)
      If TypeOf (objControl) Is LiteralControl Then
         Me.Controls.Add(objControl)
      End If
   End Sub

   Protected Overrides Sub Render( _
      ByVal output As System.Web.UI.HtmlTextWriter)

      ' ---------------------------------
      ' Öffnendes Tag schreiben
      ' ---------------------------------
      output.Write("<Script language=""" & _
```

Listing 255: JavaScript-Control für den Einsatz in ASP.NET (HtmlJavaScript.vb) (Forts.)

```
            Me.strLanguage & """")

         ' ---------------------------------
         ' Wenn eine Source-Datei angegeben
         ' worden ist, dann wird diese
         ' ausgegeben.
         ' ---------------------------------
         If Me.strSource.Length > 0 Then
            output.Write(" src=""" & Me.strSource & """")
         End If

         output.Write(">")

         ' ---------------------------------
         ' Wenn Content angegeben worden ist,
         ' dann wird dieser ausgegeben.
         ' ---------------------------------
         If Me.strSource.Length = 0 Then
            output.Write(Me.strText)

            ' ------------------------------
            ' Untergeordnete Controls rendern
            ' ------------------------------
            Me.RenderChildren(output)
         End If

         output.Write("</Script>")
      End Sub

   End Class

End Namespace
```

Listing 255: JavaScript-Control für den Einsatz in ASP.NET (HtmlJavaScript.vb) (Forts.)

Nach dem Kompilieren kann das Control bequem in eigenen Applikationen eingesetzt werden.

131 Einsatz des JavaScript-Controls

Im Folgenden soll demonstriert werden, wie Sie das Control verwenden können:

```
<%@ Page Language="vb" AutoEventWireup="false"
   Codebehind="JavaScriptDemo.aspx.vb"
   Inherits="JavaScriptDemo"%>
<%@ Register TagPrefix="cb" NameSpace="codebook.aspnet.vb.Controls"
   Assembly="codebook.aspnet.vb.Controls.HtmlJavaScript" %>
<!DOCTYPE HTML PUBLIC "-//W3C//DTD HTML 4.0 Transitional//EN">
<HTML>
```

Listing 256: Seite mit eingebundenen JavaScript-Controls (JavaScriptDemo.aspx)

```
    <HEAD>
       <title>JavaScript-Test</title>
    </HEAD>
    <body>
       <form id="Form1" method="post" runat="server">
          <cb:HtmlJavaScript runat="server" id="objJSInline">
             function SayHelloInline() {
                alert("SayHelloInline");
             }
             SayHelloInline();
          </cb:HtmlJavaScript>
          <cb:HtmlJavaScript runat="server" id="objJSExtern"
             Src="./SayHelloExtern.js" />
          <asp:Button Runat="server" ID="objButton"
             Text="PostBack!" />
       </form>
    </body>
</HTML>
```

Listing 256: Seite mit eingebundenen JavaScript-Controls (JavaScriptDemo.aspx) (Forts.)

Innerhalb der Seite sind zwei JavaScript-Controls eingebunden – eines beinhaltet eine Inline-Definition eines JavaScripts, das andere Control bindet das Script per SRC-Attribut ein. Der Button dient dazu, ein PostBack auszulösen und die Sichtbarkeit der Controls zu steuern.

Werfen wir einen Blick auf die CodeBehind-Seite:

```
Imports codebook.aspnet.vb.Controls

Public Class JavaScriptDemo
   Inherits System.Web.UI.Page

   Protected WithEvents objButton As Button
   Protected WithEvents objJSExtern As HtmlJavaScript
   Protected WithEvents objJSInline As HtmlJavaScript

   Private Sub Page_Load( _
      ByVal sender As Object, ByVal e As EventArgs) _
      Handles MyBase.Load
      objJSInline.Visible = True
      objJSExtern.Visible = False
   End Sub

   Private Sub objButton_Click( _
      ByVal sender As Object, ByVal e As EventArgs) _
      Handles objButton.Click
      objJSInline.Visible = False
      objJSExtern.Visible = True
   End Sub

End Class
```

Listing 257: CodeBehind der Testseite (JavaScriptDemo.aspx.vb)

Innerhalb der Methode Page_Load wird das JavaScript-Control mit der externen Datei ausgeblendet. Nach einem PostBack wird dagegen das JavaScript-Control mit der Inline-Deklaration des Scripts aus- und das Control mit der externen Quelldatei eingeblendet.

Wenn Sie statt eines JavaScripts ein VBScript ausführen wollten – was allerdings nur im Internet Explorer funktioniert –, dann können Sie über die Eigenschaft Text des Controls den Scriptcode zuweisen (oder alternativ per SRC auf eine externe Quelldatei verweisen) und anschließend per Language angeben, dass als Sprache VBScript eingesetzt wird.

132 Daten zwischen JavaScript und der Web-Applikation austauschen

Manchmal ist es nötig, Daten zwischen JavaScript und der serverseitigen Applikation auszutauschen. Im Folgenden soll demonstriert werden, wie Sie Informationen zur Bildschirmauflösung serverseitig auswerten und weiterverwenden können.

Der grundlegende Ansatz bei diesem Vorhaben besteht darin, die ermittelten Daten per JavaScript in versteckte Formularfelder zu schreiben und das Formular anschließend an den Server zu posten. Nun können die Informationen aus den Formularfeldern ausgelesen werden.

Werfen wir einen Blick auf eine WebForm, die diesen Ansatz implementiert:

```
<%@ Page Language="vb"
   AutoEventWireup="false"
   Codebehind="Exchange.aspx.vb"
   Inherits="codebook.aspnet.vb.Controls.JsDE.Exchange"%>
<!DOCTYPE HTML PUBLIC "-//W3C//DTD HTML 4.0 Transitional//EN">
<HTML>
   <HEAD>
      <title>Exchange</title>
   </HEAD>
   <body>
      <form id="Form1" method="post" runat="server">
         <asp:Panel Runat="server" ID="objResultPanel"
            visible="False">
            Aktuelle Auflösung:
            <asp:Label id="objResult"
               Runat="server"></asp:Label> Pixel
         </asp:Panel>
         <input type="hidden" id="objData"
            name="objData" runat="server">
      </form>
   </body>
</HTML>
```

Listing 258: Datenaustausch zwischen JavaScript und ASP.NET (Exchange.aspx)

Im Frontend-Bereich der WebForm wird das versteckte Formular-Feld objData definiert, das die durch JavaScript ermittelten Daten aufnehmen soll. Die Anzeige der Daten erfolgt nach einem PostBack mit Hilfe des Labels objResult.

```
Namespace codebook.aspnet.vb.Controls.JsDE

   Public Class Exchange
      Inherits System.Web.UI.Page

      Protected WithEvents objResult As Label
      Protected WithEvents objResultPanel As Panel
      Protected WithEvents objData As HtmlInputHidden

      Private Sub Page_Load( _
         ByVal sender As Object, ByVal e As EventArgs) _
         Handles MyBase.Load

         If Not IsPostBack Then
            Page.RegisterStartupScript("GetData", _
               "<script language=""JavaScript"">" & _
                  "document.forms[0].objData.value = " & _
                     "screen.width + "" x "" + " & _
                     "screen.height;" & _
                  "document.forms[0].submit();" & _
               "</script>")
         Else
            Me.objResultPanel.Visible = True
            Me.objResult.Text = Me.objData.Value
         End If
      End Sub

   End Class

End Namespace
```

Listing 259: Datenaustausch zwischen JavaScript und ASP.NET (Exchange.aspx.vb)

Im Code-Bereich der WebForm erfolgt zunächst eine Abfrage, ob die Seite bereits zum Server zurückgepostet worden ist. Sollte dies nicht der Fall sein, wird ein JavaScript erstellt, das die aktuelle Bildschirmgröße ermittelt, dem versteckten Formularfeld `objData` zuweist und das komplette Formular anschließend zum Server zurückpostet.

Wenn dies der Fall war, wird der Ergebnis-Bereich der WebForm eingeblendet. Anschließend erfolgt die Ausgabe der ermittelten Daten. Wollten Sie nun Daten von ASP.NET zu JavaScript weitergeben, könnten Sie dies tun, indem Sie einen neuen JavaScript-Codeblock registrieren.

Wenn Sie das Script kompilieren und ausführen, sollten Sie abhängig von der gewählten Bildschirmauflösung eine Ausgabe ähnlich dieser erhalten (siehe Abbildung 42).

Nicht in jedem Fall ist es wirklich sinnvoll, auf mit Hilfe von JavaScript ermittelte Informationen zu anderen als statistischen Zwecken zuzugreifen. Für eine kleine Entscheidungsgrundlage, welche Informationen und Aktionen mit Hilfe von JavaScript tatsächlich sinnvoll einsetzbar sind, empfiehlt sich die Lektüre der unter *http://www.praast.de/ffq/* einsehbaren »Frequently Forbidden Questions« zu JavaScript.

Abbildung 42: Per JavaScript ermittelte Informationen werden mit Hilfe von ASP.NET ausgegeben

133 Ausgabe aller bekannten HTTP-Header und serverseitiger Variablen

ASP.NET stellt Ihnen Informationen über serverseitige Umgebungsvariablen und vom Client gesendete Daten zur Verfügung. Diese Informationen befinden sich innerhalb mehrerer Auflistungen des `Request`-Objekts. Im Folgenden soll demonstriert werden, wie Sie diese Informationen auslesen und visualisieren können:

```
<%@ Page Language="vb"
   AutoEventWireup="false"
   Codebehind="Info.aspx.vb"
   Inherits="codebook.aspnet.vb.Controls.RI.Info"%>
<!DOCTYPE HTML PUBLIC "-//W3C//DTD HTML 4.0 Transitional//EN">
<HTML>
   <HEAD>
      <title>Info</title>
      <style>
         Body, TD, H3 { font-family: Verdana; font-size: 12px; }
         H3 {font-size: 18px;}
    </style>
   </HEAD>
   <body>
      <form id="Form1" method="post" runat="server">
         <h3>Server-Variablen</h3>
         <asp:DataGrid Runat="server" ID="objServerVariables"
            AutoGenerateColumns="False"
            BackColor="#cfcfcf"
            CellPadding="3">
            <AlternatingItemStyle BackColor="#ffffff" />
            <Columns>
               <asp:BoundColumn HeaderText="Variable"
                  DataField="ItemName"
                  HeaderStyle-BackColor="#cccccc"
                  HeaderStyle-Font-Bold="True"></asp:BoundColumn>
               <asp:BoundColumn HeaderText="Wert"
                  DataField="ItemValue"
                  HeaderStyle-BackColor="#cccccc"
```

Listing 260: Anzeige von ServerVariablen und übergebenen Variablen (Info.aspx)

```
                HeaderStyle-Font-Bold="True"></asp:BoundColumn>
            </Columns>
        </asp:DataGrid>
        <h3>Übermittelte Daten</h3>
        <asp:DataGrid Runat="server" ID="objData"
            AutoGenerateColumns="False"
            BackColor="#efefef"
            CellPadding="3">
            <AlternatingItemStyle BackColor="#ffffff" />
            <Columns>
                <asp:BoundColumn HeaderText="Variable"
                    DataField="ItemName"
                    HeaderStyle-BackColor="#cccccc"
                    HeaderStyle-Font-Bold="True"></asp:BoundColumn>
                <asp:BoundColumn HeaderText="Wert"
                    DataField="ItemValue"
                    HeaderStyle-BackColor="#cccccc"
                    HeaderStyle-Font-Bold="True"></asp:BoundColumn>
            </Columns>
        </asp:DataGrid>
    </form>
  </body>
</HTML>
```

Listing 260: Anzeige von ServerVariablen und übergebenen Variablen (Info.aspx) (Forts.)

Die beiden im Frontend definierten DataGrids werden verwendet, um die Umgebungsvariablen des Servers und die aktuell der Seite übergebenen Parameter anzuzeigen. Zu diesem Zweck müssen diese Informationen aus den `NameValueCollections`, in denen sie abgelegt sind, noch in ein Format überführt werden, das für eine Datenbindung verwendet werden kann. Diese Aufgabe wird im CodeBehind-Bereich erledigt:

```
Imports System.Collections.Specialized
Imports System.Text
Imports System.Web.SessionState

Namespace codebook.aspnet.vb.Controls.RI

   Public Class NameAndValue

      Private strName As String
      Private strValue As String

      Public Property ItemName() As String
         Get
            Return Me.strName
         End Get
         Set(ByVal Value As String)
            Me.strName = Value
```

Listing 261: Bereitstellen der anzuzeigenden Informationen (Info.aspx.vb)

```
      End Set
   End Property

   Public Property ItemValue() As String
      Get
         Return Me.strValue
      End Get
      Set(ByVal Value As String)
         Me.strValue = Value
      End Set
   End Property

End Class

Public Class Info
   Inherits System.Web.UI.Page

   Protected WithEvents objServerVariables As DataGrid
   Protected WithEvents objData As DataGrid

   Private Function GenerateDataSource( _
      ByVal objDataColl As NameValueCollection) _
      As ArrayList
      Return GenerateDataSource(objDataColl, New ArrayList)
   End Function

   Private Function GenerateDataSource( _
      ByVal objDataColl As NameValueCollection, _
      ByVal objList As ArrayList) As ArrayList
      Dim strKey As String

      For Each strKey In objDataColl.Keys
         Dim objData As New NameAndValue
         objData.ItemName = strKey
         objData.ItemValue = objDataColl.Item(strKey)
         objList.Add(objData)
      Next

      Return objList
   End Function

   Private Sub Page_Load( _
      ByVal sender As Object, _
      ByVal e As EventArgs) _
      Handles MyBase.Load
      Me.objServerVariables.DataSource = _
         GenerateDataSource(Request.ServerVariables)

      Dim objData As ArrayList = _
         Me.GenerateDataSource(Request.QueryString)
      Me.objData.DataSource = _
```

Listing 261: Bereitstellen der anzuzeigenden Informationen (Info.aspx.vb) (Forts.)

```
            Me.GenerateDataSource(Request.Form, objData)

          Me.DataBind()
        End Sub

    End Class

End Namespace
```

Listing 261: Bereitstellen der anzuzeigenden Informationen (Info.aspx.vb) (Forts.)

Die Klasse `NameAndValue` wird verwendet, um Name und Wert eines Eintrags in den verwendeten `NameValueCollections` zu halten. Diese Collections werden mit Hilfe der überladenen Methode `GenerateDataSource` in `ArrayLists` aus `NameAndValue`-Objekten umgewandelt, die von einem `DataGrid` problemlos visualisiert werden können. Die benötigten Informationen können mit Hilfe der Properties `ServerVariables` (Umgebungsvariablen), `QueryString` (per URL-Parameter übergebene Werte) und `Form` (per Formular übergebene Werte) erreicht und ausgewertet werden. Die in `QueryString` und `Form` enthaltenen Daten werden dabei in einem `DataGrid` und somit auch in einer Datenquelle zusammengefasst.

Wenn Sie die Seite aufrufen, könnten Sie eine Ausgabe ähnlich dieser erhalten:

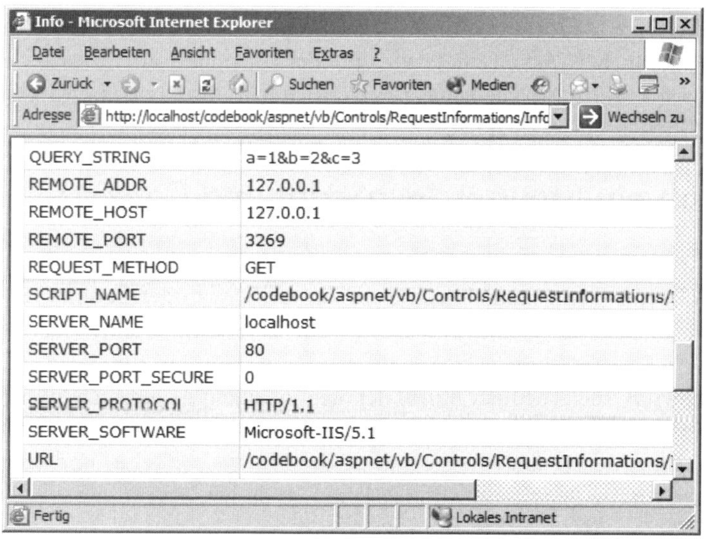

Abbildung 43: Ausgabe von Server-Variablen und Request-Informationen

134 Anmeldenamen des aktuellen Benutzers ermitteln

Wenn Sie Windows-Authentifizierung verwenden, können Sie den Namen des angemeldeten Benutzers anhand der `ServerVariables`-Auflistung ermitteln:

```
Response.Write(Request.ServerVariables.Item("LOGON_USER"))
```

135 URL der letzten Seite ermitteln

Den URL der Seite, von der der Benutzer zur aktuellen Seite gelangt ist, können Sie auf zwei Wegen ermitteln.

Per ServerVariables-Auflistung

Innerhalb der `ServerVariables`-Auflistung befindet sich ein Schlüssel names »HTTP_REFERER«. Mit dessen Hilfe erhalten Sie den URL der Seite, von der aus der Benutzer durch Anklicken eines Links, per JavaScript oder mit Hilfe eines abgesandten Formulars auf die aktuelle Seite gelangt ist:

```
Response.Write(Request.ServerVariables("HTTP_REFERER"))
```

Per Page.Request.UrlReferer

Die Eigenschaft `UrlReferer` des `Request`-Objekts liefert Ihnen ebenfalls die durch den Benutzer zuletzt aufgerufene Seite:

```
Response.Write(Page.Request.UrlReferer)
```

Beachten Sie aber bitte, dass beide Wege nur dann zum Ziel führen, wenn der Benutzer durch eine aktive Aktion – also Klicken, META-Refresh, JavaScript oder Formular – auf die aktuelle Seite gelangt ist. Sie erfahren so nicht, welche Seite er aufgerufen hat, bevor er den URL der aktuellen Seite in seinem Browser eingegeben hat.

136 Ermitteln, ob ein Browser JavaScript und Cookies akzeptiert

Es gibt Anwendungen, bei denen kann man einfach nicht auf JavaScript oder Cookies verzichten. Zwar ist es möglich, clientseitige Script-Elemente auch serverseitig ablaufen zu lassen, aber nur mit Hilfe von Cookies können Informationen beim Benutzer hinterlegt und auch bei Schließen des Browsers und erneutem Aufruf der Seite zu einem späteren Zeitpunkt wieder zuverlässig abgefragt werden. Aus diesem Grund mag es vielen Entwicklern bedauerlich erscheinen, das Cookies in den Default-Eigenschaften der Browser teilweise- und vom Benutzer aus falscher Angst vor Ausspionierung oftmals komplett deaktiviert worden sind.

Wenn Ihre Applikation auf den Einsatz von Cookies angewiesen ist, sollten Sie sicherstellen, dass der Benutzer zumindest einen Warnhinweis erhält, falls er keine Cookies akzeptiert. Zwar können Sie auch so nicht erzwingen, das er seine Cookie-Einstellungen in Ihrem Sinne anpasst, aber Sie haben die zumindest Möglichkeit, ihn daraufhinzuweisen, das Teile Ihrer Applikation ohne die entsprechenden Einstellungen möglicherweise nicht wie gewünscht funktionieren könnten.

Sehen wir uns an, wie eine derartige Prüfung auf Cookies, temporäre Cookies und JavaScript aussehen kann. Die hier vorgestellte Lösung ist etwas aufwändiger als grundsätzlich nötig in

Form eines Custom Controls umgesetzt worden, damit Sie es problemlos in Ihre Applikationen einbinden und wiederverwenden können:

```
Imports System.ComponentModel
Imports System.Web.UI
Imports System.Web

Namespace codebook.aspnet.vb.Controls.CookieCheck

   <DefaultProperty("NoScriptText"), _
      ToolboxData( _
         "<{0}:CookieCheck runat=server>" & _
         "</{0}:CookieCheck>")> _
   Public Class CookieCheck
      Inherits System.Web.UI.WebControls.WebControl

      Private strNoScriptMessage As String = String.Empty
      Private blnJavaScriptEnabled As Boolean = False
      Private blnPermCookiesEnabled As Boolean = False
      Private blnTempCookiesEnabled As Boolean = False
      Private intCurrentStep As Int32 = 1
      Private strMyName As String = String.Empty

      Public ReadOnly Property JavaScriptEnabled() As Boolean
         Get
            InitVariables()
            Return Me.JSEnabled
         End Get
      End Property

      Public ReadOnly Property PermCookiesEnabled() As Boolean
         Get
            InitVariables()
            Return Me.blnPermCookiesEnabled
         End Get
      End Property

      Public ReadOnly Property TempCookiesEnabled() As Boolean
         Get
            InitVariables()
            Return Me.blnTempCookiesEnabled
         End Get
      End Property

      Public ReadOnly Property Finished() As Boolean
         Get
            InitVariables()
            Return Me.intCurrentStep >= 3
         End Get
```

Listing 262: Prüfung auf die Aktivierung von JavaScript und Cookies per CustomControl (CookieCheck.vb)

```
End Property

<Bindable(True), Browsable(True), Category("Appearance")> _
Public Property NoScriptText() As String
   Get
      Return Me.strNoScriptMessage
   End Get
   Set(ByVal Value As String)
      Me.strNoScriptMessage = Value
   End Set
End Property

Public Sub Reset()
   Me.intCurrentStep = 0
   Me.blnJavaScriptEnabled = False
   Me.blnPermCookiesEnabled = False
   Me.blnTempCookiesEnabled = False
End Sub

Private Function JSEnabled() As Boolean
   If Not IsNothing( _
      Page.Request.Item(Me.UniqueID & "_JSEnabled")) Then
      Return Page.Request.Item( _
         strMyName & "_JSEnabled").Equals("True")
   End If
   Return False
End Function

Private Function CookieEnabled( _
   ByVal strCookieName) As Boolean
   Return Not IsNothing( _
      Page.Request.Cookies.Item(strCookieName))
End Function

Private Sub InitVariables()
   Me.strMyName = Me.ID
   If Not IsNothing(Page.Request.Item( _
      Me.strMyName & "_CurrentStep")) Then
      Me.intCurrentStep = Int32.Parse( _
         Page.Request.Item(Me.strMyName & "_CurrentStep"))
   End If

   Me.blnJavaScriptEnabled = JSEnabled()
   Me.blnPermCookiesEnabled = CookieEnabled("permCookie")
   Me.blnTempCookiesEnabled = CookieEnabled("tempCookie")

   If Me.intCurrentStep >= 4 Then
      LoadData()
   End If
End Sub
```

Listing 262: Prüfung auf die Aktivierung von JavaScript und Cookies per CustomControl (CookieCheck.vb) (Forts.)

```
    Private Sub PersistData()
      ViewState.Item("JSEnabled") = Me.JavaScriptEnabled
      ViewState.Item("TCEnabled") = Me.TempCookiesEnabled
      ViewState.Item("PCEnabled") = Me.PermCookiesEnabled
    End Sub

    Private Sub LoadData()
      If Not IsNothing(ViewState.Item("JSEnabled")) Then
        Me.blnJavaScriptEnabled = _
          CType(ViewState.Item("JSEnabled"), Boolean)
      End If
      If Not IsNothing(ViewState.Item("TCEnabled")) Then
        Me.blnTempCookiesEnabled = _
          CType(ViewState.Item("TCEnabled"), Boolean)
      End If
      If Not IsNothing(ViewState.Item("PCEnabled")) Then
        Me.blnPermCookiesEnabled = _
          CType(ViewState.Item("PCEnabled"), Boolean)
      End If
    End Sub

    Protected Overrides Sub OnLoad(ByVal e As EventArgs)
      InitVariables()
    End Sub

    Protected Overrides Sub OnPreRender(ByVal e As EventArgs)

      Page.RegisterHiddenField(Me.strMyName & "_JSEnabled", _
        Me.JavaScriptEnabled)
      Page.RegisterHiddenField(Me.strMyName & "_CurrentStep", _
        IIf(Me.intCurrentStep < 4, _
          Me.intCurrentStep + 1, Me.intCurrentStep))

      Select Case intCurrentStep
        Case 1
          Page.RegisterStartupScript( _
            "JSCheck", _
            "<script language=""JavaScript"">" & _
              "document.forms[0]." & _
              Me.strMyName & "_JSEnabled.value=""True""" & _
              ";" & _
            "</script>")

        Case 2
          Dim objCookie As _
            New HttpCookie("permCookie", "True")
          objCookie.Expires = DateTime.Now.AddMinutes(5)
          Page.Response.SetCookie(objCookie)
          Page.Response.SetCookie( _
```

Listing 262: Prüfung auf die Aktivierung von JavaScript und Cookies per CustomControl (CookieCheck.vb) (Forts.)

Basics
Daten-bank
I/O
Validie-rung
Controls
Http-Handler
Netz-werk
Grafik
Tracing
Security

```
                New HttpCookie("tempCookie", "True"))

            Case 3
               If Not IsNothing( _
                  Page.Response.Cookies.Item("permCookie")) Then
                  Page.Response.Cookies.Item( _
                     "tempCookie").Expires = _
                     DateTime.Now.AddMinutes(-1)
               End If
               If Not IsNothing( _
                  Page.Response.Cookies.Item("tempCookie")) Then
                  Page.Response.Cookies.Item( _
                     "tempCookie").Expires = _
                     DateTime.Now.AddMinutes(-1)
               End If

               PersistData()
         End Select

         If Me.intCurrentStep < 3 Then
            Page.RegisterStartupScript(Me.strMyName & "SUBMIT", _
               "<script language=""JavaScript"">" & _
                  "document.forms[0].submit();" & _
               "</script>")
         End If
      End Sub

      Protected Overrides Sub Render( _
         ByVal output As HtmlTextWriter)

         If Me.strNoScriptMessage.Length > 0 _
            And intCurrentStep < 3 Then
            output.Write("<noscript>" & _
               strNoScriptMessage & "</noscript>")
         End If
      End Sub

   End Class

End Namespace
```

Listing 262: Prüfung auf die Aktivierung von JavaScript und Cookies per CustomControl (CookieCheck.vb) (Forts.)

Die Funktionsweise des Controls ist prinzipiell sehr einfach: Im ersten Schritt wird der Wert eines versteckten Formularfelds, dessen Name aus der ID des Controls und der Zeichenkette `_JSEnabled` zusammengesetzt ist, per JavaScript auf `True` geändert. Anschließend erfolgt das Absenden des Formulars – ebenfalls per JavaScript.

Im zweiten Schritt kann nun ausgewertet werden, ob JavaScript tatsächlich aktiviert ist, denn dann müßte der Wert des manipulierten Formularfelds `True` sein. Sollte JavaScript nicht aktiviert gewesen sein, ist der Wert des Feldes nach wie vor `False`. In diesem zweiten Schritt werden auch zwei Cookies gesetzt – ein temporäres Cookie und ein permanentes Cookie mit einer Ablaufzeit von fünf Minuten.

Nach einem erneuten `Redirect` per JavaScript können nun im dritten Schritt die Werte der Cookies abgerufen werden. Sollten die Cookies vorhanden sein, ist dies Beleg dafür, dass der Nutzer sie aktiviert hat.

Noch ein Wort zur Funktionaliät des Controls: Mit Hilfe der Property `Finished` können Sie feststellen, ob die Prüfungsvorgänge abgeschlossen sind. Die Properties `JavaScriptEnabled`, `TempCookiesEnabled` und `PermCookiesEnabled` geben Aufschluss darüber, ob JavaScript, temporäre- und permanente Cookies aktiviert sind. Mit Hilfe der Methode `Reset` können Sie eine erneute Prüfung veranlassen. Falls ein Nutzer kein JavaScript aktiviert hat, können Sie per `NoScriptText` einen Text übergeben, der in diesem Fall angezeigt wird.

Sehen wir uns an, wie das Control eingebunden werden kann:

```
<%@ Page Language="vb"
   AutoEventWireup="false"
   Codebehind="CookieCheck.aspx.vb"
   Inherits="codebook.aspnet.vb.Controls.CCheck.CCheck"%>
<%@ Register TagPrefix="cb"
   Namespace="codebook.aspnet.vb.Controls.CookieCheck"
   Assembly="codebook.aspnet.vb.Controls.CookieCheck"
%>
<!DOCTYPE HTML PUBLIC "-//W3C//DTD HTML 4.0 Transitional//EN">
<HTML>
  <HEAD>
      <title>CookieCheck</title>
</HEAD>
   <body>
      <form id="Form1" method="post" runat="server">
         <cb:CookieCheck runat="server" ID="objCheck"
            NoScriptText="Bitte aktivieren Sie JavaScript
               und rufen Sie diese Seite erneut auf
               oder klicken Sie auf die Schaltfläche Weiter" />
         <asp:Panel Runat="server" ID="objButtons" Visible="True">
            <asp:Button Runat="server" ID="objRestart"
               Text="Prüfung erneut starten!"/>
            <asp:Button Runat="server" ID="objNext"
               Text="Weiter" />
         </asp:Panel>
         <asp:Panel Runat="server" ID="objResult" Visible="False">
            <h3>CookieCheck</h3>
            <p>
               JavaScript:
               <asp:Label Runat="server"
                  ID="objJavaScript" />
            </p>
            <p>
               Temporäre Cookies:
```

Listing 263: Einbindung des CookieCheck-Controls (CookieCheck.aspx)

```
                <asp:Label Runat="server"
                   ID="objTempCookies" />
             </p>
             <p>
                Permanente Cookie:
                <asp:Label Runat="server"
                   ID="objPermCookies" />
             </p>
             <asp:Button Runat="server" ID="objReload"
                Text="Aktualisieren"/>
             <asp:Button Runat="server" ID="objReset"
                Text="Erneut überprüfen"/>
          </asp:Panel>
       </form>
    </body>
</HTML>
```

Listing 263: Einbindung des CookieCheck-Controls (CookieCheck.aspx) (Forts.)

Die Einbindung des `CookieCheck`-Controls erfolgt nach Registrieren des Tag-Präfixes. Als einziger Parameter neben den obligatorischen `runat="server"` und `ID`-Attributen erfolgt die Angabe des auszugebenden Textes für den Fall, dass JavaScript auf dem Client nicht aktiviert ist.

Innerhalb des Panels `objResult` werden nach einem Testdurchlauf die ermittelten Ergebnisse angezeigt. Das Panel `objButtons` wird nur eingeblendet, solange der Test läuft. Es ermöglicht Benutzern, die JavaScript ausgeschaltet haben, den Test durch Klicken auf den Button WEITER zu durchlaufen.

Sehen wir uns kurz noch den Code-Bereich der Seite an:

```
Imports codebook.aspnet.vb.Controls.CookieCheck

Namespace codebook.aspnet.vb.Controls.CCheck

   Public Class CCheck
      Inherits System.Web.UI.Page

      Protected WithEvents objJavaScript As Label
      Protected WithEvents objTempCookies As Label
      Protected WithEvents objPermCookies As Label
      Protected WithEvents objResult As Panel
      Protected WithEvents objButtons As Panel
      Protected WithEvents objReset As Button
      Protected WithEvents objRestart As Button
      Protected WithEvents objNext As Button
      Protected WithEvents objReload As Button
      Protected WithEvents objCheck As CookieCheck.CookieCheck

      Private Sub Page_Load( _
         ByVal sender As Object, ByVal e As EventArgs) _
```

Listing 264: CodeBehind der Prüfung auf aktiviertes JavaScript und Cookies (CookieCheck.aspx.vb)

```
          Handles MyBase.Load

          If objCheck.Finished Then
             Me.objResult.Visible = True
             Me.objButtons.Visible = False

             Me.objJavaScript.Text = IIf( _
                objCheck.JavaScriptEnabled, _
                "", "nicht ") & "aktiviert"

             Me.objTempCookies.Text = IIf( _
                objCheck.TempCookiesEnabled, _
                "", "nicht ") & "aktiviert"

             Me.objPermCookies.Text = IIf( _
                objCheck.PermCookiesEnabled, _
                "", "nicht ") & "aktiviert"
          Else
             Me.objResult.Visible = False
             Me.objButtons.Visible = True
          End If

       End Sub

       Private Sub objReset_Click( _
          ByVal sender As Object, ByVal e As EventArgs) _
          Handles objReset.Click, objRestart.Click
          objCheck.Reset()
       End Sub
    End Class

 End Namespace
```

Listing 264: CodeBehind der Prüfung auf aktiviertes JavaScript und Cookies (CookieCheck.aspx.vb) (Forts.)

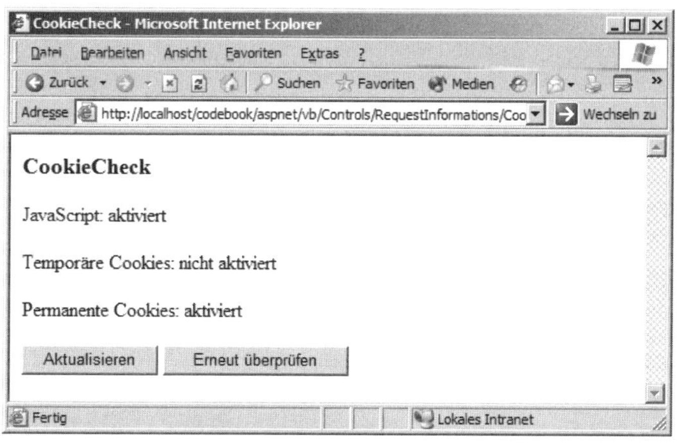

Abbildung 44: Ergebnis der Browser-Überprüfung

Innerhalb der Page_Load-Methode erfolgt eine Prüfung darauf, ob der Testvorgang bereits abgeschlossen ist. Sollte dies der Fall sein, werden die Testergebnisse ausgegeben. Wenn dies nicht der Fall ist, werden die für das manuelle Absolvieren des Tests nötigen Anzeige-Elemente eingeblendet.

Sollte der Benutzer auf die Schaltflächen zum erneuten Durchführen der Prüfung klicken, wird das CookieCheck-Control zurückgesetzt und der Vorgang beginnt von neuem.

Wenn Sie den Test ausführen und sowohl JavaScript als auch Cookies aktiviert haben, sollten Sie eine Ausgabe ähnlich dieser erhalten (siehe Abbildung 44).

137 Calendar-Control

Das Calendar-Control bietet eine Möglichkeit, Nutzer eine Datumsauswahl in einer Form treffen zu lassen, die an Outlook oder andere PIM-Applikationen erinnert. Der Einsatz des Calendar-Controls gestaltet sich dabei prinzipiell sehr einfach. Sehen wir uns ein Beispiel dafür an:

```
<%@ Page Language="vb"
   AutoEventWireup="false"
   Codebehind="SimpleCalendar.aspx.vb"
   Inherits="codebook.aspnet.vb.Controls.Calendar.SimpleCalendar"%>
<!DOCTYPE HTML PUBLIC "-//W3C//DTD HTML 4.0 Transitional//EN">
<HTML>
   <HEAD>
      <title>SimpleCalendar</title>
   </HEAD>
   <body>
      <form id="Form1" method="post" runat="server">
         <asp:Calendar Runat="server" ID="objCalendar" />
         <asp:Panel Runat="server" ID="objResult">
            <p>
               Sie haben das Datum <b>
                  <asp:Label Runat="server"
                     ID="objSelectedDate" /></b>
               ausgewählt.
            </p>
         </asp:Panel>
      </form>
   </body>
</HTML>
```

Listing 265: Einsatz eines Calendar-Controls (SimpleCalendar.aspx)

Im Code-Bereich wird nun auf das Event SelectionChanged des Calendar-Controls abgefangen und anschließend das ausgewählte Datum angezeigt:

```
Namespace codebook.aspnet.vb.Controls.Calendar

   Public Class SimpleCalendar
```

Listing 266: Reaktion auf das Ändern eines Datums (SimpleCalendar.aspx.vb)

```
      Inherits System.Web.UI.Page

      Protected WithEvents objCalendar As WebControls.Calendar
      Protected WithEvents objResult As Panel
      Protected WithEvents objSelectedDate As Label

      Private Sub Page_Load( _
         ByVal sender As Object, _
         ByVal e As EventArgs) _
         Handles MyBase.Load

         If Not IsPostBack Then
            Me.objResult.Visible = False
         End If
      End Sub

      Private Sub objCalendar_SelectionChanged( _
         ByVal sender As Object, _
         ByVal e As EventArgs) _
         Handles objCalendar.SelectionChanged

         Me.objSelectedDate.Text = _
            objCalendar.SelectedDate.ToString("dd.MM.yyyy")
         Me.objResult.Visible = True
      End Sub
   End Class

End Namespace
```

Listing 266: Reaktion auf das Ändern eines Datums (SimpleCalendar.aspx.vb) (Forts.)

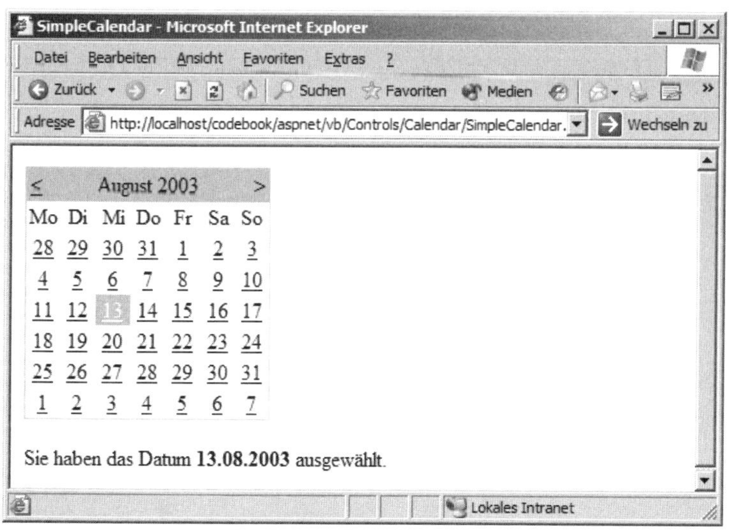

Abbildung 45: Calendar-Control im Einsatz

Wenn das Ereignis `SelectionChanged` ausgelöst worden ist, wird im Label `objSelectedDate` das aktuelle Datum in deutscher Formatierung angezeigt und das Ergebnisfeld eingeblendet.

Wenn Sie die Seite abrufen und ein Datum auswählen, sollten Sie ein Ergebnis ähnlich diesem erhalten (siehe Abbildung 45).

Zwar ist der angezeigte Kalender in der Form nicht wirklich hübsch anzusehen, die grundlegende Funktionalität stimmt aber.

138 Calendar: Wochentage und Wochenende-Tage unterschiedlich darstellen

Das Aussehen des Controls kann mit Hilfe von verschiedenen CSS-Einstellungen beeinflusst werden. Diese Beeinflussung kann vom Frontend- als auch vom Code-Bereich her stattfinden.

Um Wochentage und die Tage, die auf das Wochenende fallen, unterschiedlich grafisch darstellen zu lassen, werden den Properties für `DayStyle` und `WeekEndDayStyle` einfach unterschiedliche Werte zugewiesen:

```
<asp:Calendar Runat="server" ID="objCalendar"
   DayStyle-BackColor="#ffffff"
   DayHeaderStyle-BackColor="#ffffff"
   WeekendDayStyle-BackColor="#ececec" />
```

139 Calendar: Ein Datum auswählen lassen

Mit Hilfe der Eigenschaft `SelectedDate` können Sie dem `Calendar`-Control ein Datum übergeben:

```
objCalendar.SelectedDate = DateTime.Now
```

Dies kann auch im Frontend-Bereich der `Page` erfolgen:

```
<asp:Calendar Runat="server" ID="objCalendar"
   DayStyle-BackColor="#ffffff"
   DayHeaderStyle-BackColor="#ffffff"
   WeekendDayStyle-BackColor="#ececec"
   SelectedDate="2003/05/26"/>
```

140 Calendar: Mehrere Daten auswählen lassen

Im Code-Bereich der Seite können Sie mit Hilfe der Eigenschaft `SelectedDates` einem Calendar-Control mehrere Daten zur Vorselektierung übergeben:

```
objCalendar.SelectedDates.Add(DateTime.Now)
objCalendar.SelectedDates.Add(DateTime.Now.AddDays(-2))
```

in diesem Fall hätten Sie das aktuelle Datum und das von vorgestern vorselektieren lassen. Diese Funktionalität ist leider nicht im Frontend-Bereich vorhanden.

141 Calendar: Einen bestimmten Monat auswählen

Sie können das `Calendar`-Control problemlos dazu bringen, einen Monat in Zukunft oder Vergangenheit anzuzeigen. Verwenden Sie dafür die Eigenschaft `VisibleDate`:

```
objCalendar.VisibleDate = DateTime.Now.AddMonths(2)
```

Diese Eigenschaft ist ebenfalls im Frontend-Bereich vorhanden:

```
<asp:Calendar Runat="server" ID="objCalendar"
   VisibleDate="2003/07/15" />
```

Selbstverständlich können Sie so auch um Jahre in die Zukunft oder Vergangenheit springen.

142 Calendar: Text statt der Pfeile für vorherigen und nächsten Monat anzeigen

Um statt der beiden Pfeile einen Text für die Links zum vorherigen oder letzten Monat anzeigen zu lassen, verwenden Sie die Eigenschaften `NextMonthText` und `PrevMonthText`:

```
objCalendar.NextMonthText = "Weiter"
objCalendar.PrevMonthText = "Zurück"
```

Beide Eigenschaften sind auch aus dem Frontend-Bereich heraus erreichbar:

```
<asp:Calendar Runat="server" ID="objCalendar"
   NextMonthText="Weiter"
   PrevMonthText="Zurück" />
```

143 Calendar: Monatsnamen statt der Pfeile für vorherigen und nächsten Monat anzeigen

Wenn Sie Monatsnamen statt der Pfeile verwenden wollen, ist ein wenig mehr Aufwand als beim simplen Zuweisen von statischen Texten nötig, da sich diese Monatsbezeichnungen in Abhängigkeit des Klicks auf einen der beiden Links ändern.

Sehen wir uns an, wie das gewünschte Verhalten erreicht werden kann:

```
<%@ Page Language="vb"
   AutoEventWireup="false"
   Codebehind="AdvancedCalendar.aspx.vb"
   Inherits="codebook.aspnet.vb.Controls.Calendar.AdvCalendar"%>
<!DOCTYPE HTML PUBLIC "-//W3C//DTD HTML 4.0 Transitional//EN">
<HTML>
   <HEAD>
      <title>AdvancedCalendar</title>
   </HEAD>
   <body>
      <form id="Form1" method="post" runat="server">
         <asp:Calendar Runat="server" ID="objCalendar"
            DayHeaderStyle-BackColor="#efefef"
            DayStyle-BackColor="#ffffff"
            FirstDayOfWeek="Monday"
            Font-Name="Arial"
            Font-Size="12px"
            ForeColor="#000000"
            TitleStyle-BackColor="#cccccc"
            SelectedDayStyle-BackColor="#cc0000"
            SelectedDayStyle-Font-Bold="True"
            SelectedDayStyle-ForeColor="#ffffff"
            Font-Underline="False"
            />
      </form>
   </body>
</HTML>
```

Listing 267: Frontend mit definiertem Calendar-Control (AdvancedCalendar.aspx)

Das `Calendar`-Control hat keine speziellen Eigenheiten – lediglich das Aussehen ist ein wenig aufgehübscht worden. Im Code-Bereich findet die eigentliche Verarbeitung statt:

```
Imports System.Web
Imports System.Web.UI
Imports System.Web.UI.WebControls

Namespace codebook.aspnet.vb.Controls.Calendar

   Public Class AdvCalendar
      Inherits System.Web.UI.Page

      Protected WithEvents objCalendar As WebControls.Calendar

      Private Sub Page_Load( _
         ByVal sender As Object, _
         ByVal e As EventArgs) Handles MyBase.Load
```

Listing 268: Verarbeitung der Monatswechsel (AdvancedCalendar.aspx.vb)

```
        If Not IsPostBack Then
          Dim objCurrentDate As DateTime = DateTime.Now
          objCalendar.NextMonthText = _
            objCurrentDate.AddMonths(1).ToString("MMMM")
          objCalendar.PrevMonthText = _
            objCurrentDate.AddMonths(-1).ToString("MMMM")
        End If
      End Sub

      Private Sub objCalendar_VisibleMonthChanged( _
        ByVal sender As Object, _
        ByVal e As MonthChangedEventArgs) _
        Handles objCalendar.VisibleMonthChanged

        Dim objDate As DateTime = e.NewDate
        objCalendar.NextMonthText = _
          objDate.AddMonths(1).ToString("MMMM")
        objCalendar.PrevMonthText = _
          objDate.AddMonths(-1).ToString("MMMM")
      End Sub
    End Class

  End Namespace
```

Listing 268: Verarbeitung der Monatswechsel (AdvancedCalendar.aspx.vb) (Forts.)

Beim ersten Aufruf der Seite erfolgt das initiale Setzen der beiden für die Monatsnavigation zu verwendenden Monatsnamen. Diese werden anhand des aktuellen Datums ermittelt und als volle Monatsnamen mittels der überladenen `ToString`-Methode der `DateTime`-Struktur zugewiesen.

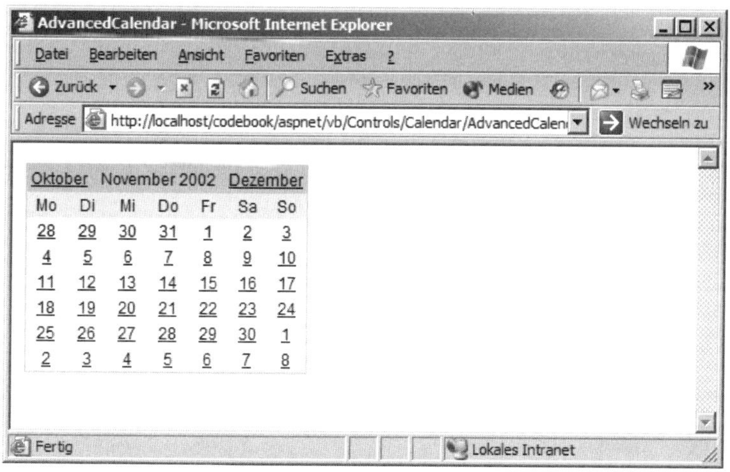

Abbildung 46: Calendar-Control mit Monatsnamen statt Pfeilen

Sollte sich der Monat ändern, wird das `VisibleMonthChangend`-Ereignis ausgelöst und in der Methode `objCalendar_VisibleMonthChanged` behandelt. Dabei wird anhand des Arguments `e` des Ereignisses der derzeit angezeigte Monat ermittelt und die jeweils vorherigen oder folgenden Monatsnamen dem Calendar-Control zugewiesen.

Wenn Sie die Seite aufrufen und ein wenig zwischen den Monaten wechseln, sollten Sie eine Ausgabe analog zu dieser erhalten (siehe Abbildung 46).

Den hier vorgestellten Code finden Sie innerhalb des Beispiels *Calendar*.

144 Calendar: DatePicker

Ein `DatePicker` erlaubt es, ein Calendar-Control in einem extra Fenster anzuzeigen und dort die Datumsauswahl vornehmen zu lassen. Sobald dies geschehen ist, wird das Fenster geschlossen und die Auswahl an eine TextBox im originalen Fenster übergeben.

Der DatePicker, der hier vorgestellt wird, ist als eine Applikation mit zwei WebForms implementiert. Dabei wird von der Haupt-WebForm die WebForm, die das `Calendar`-Control anzeigt, per JavaScript aufgerufen.

Sehen wir uns zunächst die Haupt-WebForm an:

```
<%@ Page Language="vb"
   AutoEventWireup="false"
   Codebehind="DatePicker.aspx.vb"
   Inherits="codebook.aspnet.vb.Controls.Calendar.DatePicker"%>
<!DOCTYPE HTML PUBLIC "-//W3C//DTD HTML 4.0 Transitional//EN">
<HTML>
  <HEAD>
    <title>DatePicker</title>
    <script language="javascript">
      function OpenDatePicker(strFormElement) {
         var strForm = "document.forms[0]." + strFormElement;
         var strDateFormat = document.forms[0].DateFormat[
            document.forms[0].DateFormat.selectedIndex].value;
         var objWin =
            window.open("./PopUpCalendar.aspx?FillElement=" +
            escape(strForm) + "&DateFormat=" +
              escape(strDateFormat),
            "picker",
            "width=256,height=215,resizable=no,titlebar=no" +
            ",scrollbars=no,toolbar=no,location=no," +
            "directories=no,status=no,menubar=no," +
            "top=" +
              (event.screenX + 10) +",left=" +
              (event.screenY + 10));
         objWin.focus();
      }
```

Listing 269: WebForm zum Aufrufen des Calendar-Controls in einem eigenen Fenster (DatePicker.aspx)

```
    </script>
  </HEAD>
  <body>
    <form id="Form1" method="post" runat="server">
      <p>
      <asp:Label Runat="server" ID="objHeadline"
         Font-Name="Arial" Font-Size="18px"
         ForeColor="#cc0000">DatePicker</asp:Label>
      </p>
      <p>
         <font face="Arial" size="2" color="#000000">
            Bitte wählen Sie hier das Sie interessierende
            Datum aus. Beachten Sie bitte, dass Sie JavaScript
            aktiviert haben müssen, damit diese Funktionalität
            zur Verfügung steht.
         </font>
      </p>
      <p>
         <asp:TextBox Runat="server" ID="objDate" Enabled="False"
            Font-Name="Arial" Font-Size="12px" />
         <select name="DateFormat"
            style="font-family: Arial;font-size:12px;">
            <option value="dd.MM.yyyy"
               selected>Standard-Datum</option>
            <option value="dd. MMM yy">Kurzes Datum</option>
            <option value="dd. MMMM yyyy">Langes Datum</option>
         </select>
         <input type="button" onclick="OpenDatePicker('objDate');"
            style="font-family: Arial;font-size:12px;"
            value="Datum wählen">
      </p>
    </form>
  </body>
</HTML>
```

Listing 269: WebForm zum Aufrufen des Calendar-Controls in einem eigenen Fenster (DatePicker.aspx) (Forts.)

Innerhalb der WebForm befindet sich im Kopfbereich ein JavaScript. Dieses ruft das Auswahlfenster nach Klick auf den Button Datum wählen auf und übergibt dabei zwei Parameter: `FillElement` und `DateFormat`. Ersterer Parameter bezeichnet das Formular-Element, in das das ausgewählte Datum übergeben werden soll. Mit Hilfe des Parameters `DateFormat` können Sie ein benutzerdefiniertes Datumsformat übergeben, in dem das zurückzugebende Datum formatiert werden soll.

Werfen wir nun einen Blick auf die im neuen Fenster angezeigte WebForm:

```
<%@ Page Language="vb"
   AutoEventWireup="false"
```

Listing 270: Calendar-Control, das in neuem Fenster geöffnet wird (PopUpCalender.aspx)

```
   Codebehind="PopUpCalendar.aspx.vb"
   Inherits="codebook.aspnet.vb.Controls.Calendar.PopUpCalendar"%>
<!DOCTYPE HTML PUBLIC "-//W3C//DTD HTML 4.0 Transitional//EN">
<HTML>
  <HEAD>
      <title>Bitte wählen Sie ein Datum aus!</title>
</HEAD>
   <body marginheight="0" marginwidth="0" topmargin="0"
      leftmargin="0">
      <form id="objForm" method="post" runat="server">
         <table cellpadding="3" cellspacing="0" width="250">
            <tr>
               <td width="250" align="center">
                  <asp:Calendar Runat="server" ID="objCalendar"
                    Width="250"
                    DayHeaderStyle-BackColor="#efefef"
                    DayStyle-BackColor="#ffffff"
                    FirstDayOfWeek="Monday"
                    Font-Name="Arial"
                    Font-Size="12px"
                    ForeColor="#000000"
                    TitleStyle-BackColor="#cccccc"
                    SelectedDayStyle-BackColor="#cc0000"
                    SelectedDayStyle-Font-Bold="True"
                    SelectedDayStyle-ForeColor="#ffffff"
                    Font-Underline="False"
                    />
               </td>
            </tr>
            <tr>
               <td width="250"> </td>
            </tr>
            <tr>
               <td width="250" align="center">
                  <asp:Button Runat="server" ID="objSubmit"
                    Font-Name="Arial" Font-Size="12px"
                    Text="Eingaben übernehmen"/>
               </td>
            </tr>
         </table>
      </form>
   </body>
</HTML>
```

Listing 270: Calendar-Control, das in neuem Fenster geöffnet wird (PopUpCalender.aspx) (Forts.)

Innerhalb der WebForm befinden sind ein `Calendar`-Control und ein serverseitiger Button. Das `Calendar`-Control ist optisch ein wenig aufgehübscht worden, bietet jedoch ebenso wie der Button keine speziellen Funktionalitäten im Frontend-Bereich.

Werfen wir nun einen Blick auf den Code-Bereich der Seite:

```
Imports System.Web
Imports System.Web.UI
Imports System.Web.UI.WebControls
Imports System.Text

Namespace codebook.aspnet.vb.Controls.Calendar

   Public Class PopUpCalendar
      Inherits System.Web.UI.Page

      Protected WithEvents objSubmit As Button
      Protected WithEvents objCalendar As WebControls.Calendar

      Private Sub Page_Load( _
         ByVal sender As Object, _
         ByVal e As EventArgs) Handles MyBase.Load

         If Not IsPostBack Then
            Dim objCurrentDate As DateTime = DateTime.Now
            objCalendar.NextMonthText = _
               objCurrentDate.AddMonths(1).ToString("MMM")
            objCalendar.PrevMonthText = _
               objCurrentDate.AddMonths(-1).ToString("MMM")
         End If
      End Sub

      Private Sub objCalendar_VisibleMonthChanged( _
         ByVal sender As Object, _
         ByVal e As MonthChangedEventArgs) _
         Handles objCalendar.VisibleMonthChanged

         Dim objDate As DateTime = e.NewDate
         objCalendar.NextMonthText = _
            objDate.AddMonths(1).ToString("MMM")
         objCalendar.PrevMonthText = _
            objDate.AddMonths(-1).ToString("MMM")
      End Sub

      Private Sub objSubmit_Click( _
         ByVal sender As Object, _
         ByVal e As EventArgs) _
         Handles objSubmit.Click

         Dim strDocumentElement As String = _
            Request.QueryString.Item("FillElement")
         Dim objDate As Date = objCalendar.SelectedDate

         Dim strDateFormat As String = _
            Request.QueryString.Item("DateFormat")
```

Listing 271: CodeBehind der in neuem Fenster geöffneten WebForm (PopUpCalendar.aspx.vb)

```
        If IsNothing(strDateFormat) Or _
           strDateFormat.Length = 0 Then
           strDateFormat = "dd.MM.yyyy"
        End If

        If Not IsNothing(strDocumentElement) And _
           strDocumentElement.Length > 0 And _
           objDate.Year > 1 Then
           Dim strDate As String = _
              objDate.ToString(strDateFormat)
           Dim objScript As New StringBuilder

           With objScript
              .Append("<script language=""JavaScript"">")
              .Append("opener." & strDocumentElement & _
                 ".value=""" & strDate & """;")
              .Append("self.close();")
              .Append("</script>")
           End With
           Page.RegisterStartupScript("SetData", _
              objScript.ToString)
        End If
     End Sub

  End Class

End Namespace
```

Listing 271: CodeBehind der in neuem Fenster geöffneten WebForm (PopUpCalendar.aspx.vb) (Forts.)

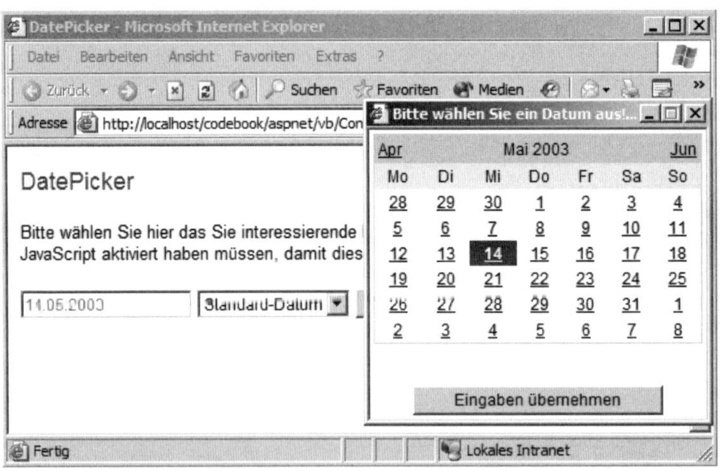

Abbildung 47: Auswahl eines Datums im externen Fenster

Im CodeBehind-Bereich erfolgt einerseits die Realisierung des weiter oben beschriebenen Ansatzes zur Anzeige von Monatsnamen in der Kopfzeile, andererseits innerhalb der Methode `objSubmit_Click` das Auslesen des ausgewählten Datums im `Calendar`-Control und das Generieren eines JavaScripts, das dem öffnenden Fenster das ausgewählte Datum formatiert wieder zurückgibt.

Wenn Sie die Web-Seite aufrufen und auf die Schaltfläche DATUM WÄHLEN klicken, sollten Sie eine Ausgabe ähnlich dieser erhalten (siehe Abbildung 47).

Eine sinnvolle Aufgabe wäre es an dieser Stelle, die gezeigten Funktionalitäten in einem User- oder Custom Control zu kapseln. Damit würde sich die Wiederverwendbarkeit deutlich steigern.

Den Code dieses Beispiels finden Sie innerhalb des Ordners *Calendar*.

145 Datei-Upload

Einen Upload können Sie in ASP.NET sehr einfach durchführen. Werfen wir einen Blick auf folgende WebForm, die diese Funktionalität implementiert.

```
<%@ Page Language="vb"
   AutoEventWireup="false"
   Codebehind="SimpleUpload.aspx.vb"

Inherits="Upload.codebook.aspnet.vb.Controls.Upload.SimpleUpload"%>
<!DOCTYPE HTML PUBLIC "-//W3C//DTD HTML 4.0 Transitional//EN">
<HTML>
   <HEAD>
      <title>SimpleUpload</title>
   </HEAD>
   <body>
      <form id="Form1" method="post" runat="server"
         enctype="multipart/form-data">
         <p><asp:Label Runat="server" ID="objHeadline"
            Font-Name="Arial" Font-Size="18px"
            ForeColor="#cc0000">Datei-Upload</asp:Label>
         </p>
         <p>
            <font face="Arial" color="#000000"
               style="FONT-SIZE:12px">Bitte wählen Sie
               nun eine Datei zum Upload auf den Server
               aus. Klicken Sie anschließend auf
               die Schaltfläche "Hochladen".
            </font>
         </p>
         <p Runat="server" ID="objResult">
            <font face="Arial" color="#000000"
               style="FONT-SIZE:12px">
               <b>Die hochgeladene Datei wurde wie
                  folgt gespeichert:</b><br> <br>
               Dateiname: <asp:Label
                  Runat="server" ID="objFileName" /><br>
               Verzeichnis: /UploadedFiles<br>
```

Listing 272: Upload per ASP.NET (SimpleUpload.aspx)

```
            Dateigröße: <asp:Label
                Runat="server" ID="objFileSize" /><br>
            Content-Type: <asp:Label
                Runat="server" ID="objFileType" />
        </font>
    </p>
    <input type="file" runat="server"
        id="objUpload">
    <asp:Button Runat="server" ID="objLoad"
        Font-Name="Arial" Font-Size="12px"
        Text="Hochladen"/>
  </form>
 </body>
</HTML>
```

Listing 272: Upload per ASP.NET (SimpleUpload.aspx) (Forts.)

Eine WebForm für einen Upload vorzubereiten, erfordert keinen besonders großen Aufwand. Wichtig ist eigentlich nur, dass Sie das `Form`-Tag um das Attribut `enctype` mit dem Wert `multipart/form-data` erweitern:

```
<form id="Form1" method="post" runat="server"
   enctype="multipart/form-data">
```

Weiterhin muss sich innerhalb des Formulars ein HTML-Input-Element vom Typ `file` befinden, das als serverseitig gekennzeichnet ist:

```
<input type="file" runat="server" id="objUpload">
```

Wenn diese beiden Voraussetzungen erfüllt sind, steht einem Upload per Browser nichts mehr im Wege. Sehen wir uns deshalb den Code-Bereich der Seite an:

```
Namespace codebook.aspnet.vb.Controls.Upload

   Public Class SimpleUpload
      Inherits System.Web.UI.Page

      Protected WithEvents objUpload As HtmlInputFile
      Protected WithEvents objHeadline As Label
      Protected WithEvents objLoad As Button
      Protected WithEvents objFileName As Label
      Protected WithEvents objFileSize As Label
      Protected WithEvents objResult As HtmlGenericControl
      Protected WithEvents objFileType As Label
```

Listing 273: Datei-Upload mit ASP.NET – CodeBehind-Bereich (SimpleUpload.aspx.vb)

```
      Private Sub Page_Load( _
         ByVal sender As Object, _
         ByVal e As System.EventArgs) _
         Handles MyBase.Load

         Me.objResult.Visible = False
      End Sub

      Private Sub objLoad_Click( _
         ByVal sender As Object, _
         ByVal e As EventArgs) _
         Handles objLoad.Click

         If Me.objUpload.PostedFile.FileName.Length > 0 Then
            Dim strFilename As String = _
               Me.objUpload.PostedFile.FileName
            strFilename = strFilename.Substring( _
               strFilename.LastIndexOf("\") + 1)

            Dim strPath As String = Server.MapPath( _
               "./UploadedFiles") & "\" & strFilename
            Me.objUpload.PostedFile.SaveAs(strPath)

            Me.objResult.Visible = True
            Me.objFileName.Text = strFilename
            Me.objFileSize.Text = _
               Me.objUpload.PostedFile.ContentLength
            Me.objFileType.Text = _
               Me.objUpload.PostedFile.ContentType
         End If
      End Sub
   End Class

End Namespace
```

Listing 273: Datei-Upload mit ASP.NET – CodeBehind-Bereich (SimpleUpload.aspx.vb) (Forts.)

Die komplette Verarbeitung des Uploads findet in der Methode `objLoad_Click` statt, die das `Click`-Ereignis des Hochladen-Buttons behandelt. Zunächst wird anhand des Dateinamens der hochgeladenen Datei überprüft, ob tatsächlich ein Upload stattgefunden hat. Sollte dies der Fall sein, hat der Dateiname eine Länge von mindestens einem Zeichen.

Nach dieser Prüfung wird der Dateiname ermittelt, unter dem die Datei auf dem Server gespeichert werden soll. Zu diesem Zweck wird der Teil nach dem letzten Backslash als Dateiname angenommen. Der Einfachheit halber erfolgt an dieser Stelle keine Prüfung darauf, ob es sich eventuell um eine Datei von einem Unix-System handelt – diese hätten keine Backslashes, sondern normale Schrägstriche als Verzeichnistrenner.

Nachdem der Dateiname mit dem absoluten Pfad des Unterverzeichnisses */UploadedFiles* verknüpft worden ist, kann die Datei mit Hilfe der Methode `SaveAs` des `PostedFile`-Objekts gespeichert werden.

Anschließend erfolgen die Sichtbarmachung des Ergebnisbereiches und das Ausgeben der ermittelten Informationen zu Name, Größe und `ContentType` der Datei.

Wenn Sie die Seite aufrufen und eine Datei hochladen, sollten Sie eine Ausgabe ähnlich der folgenden erhalten:

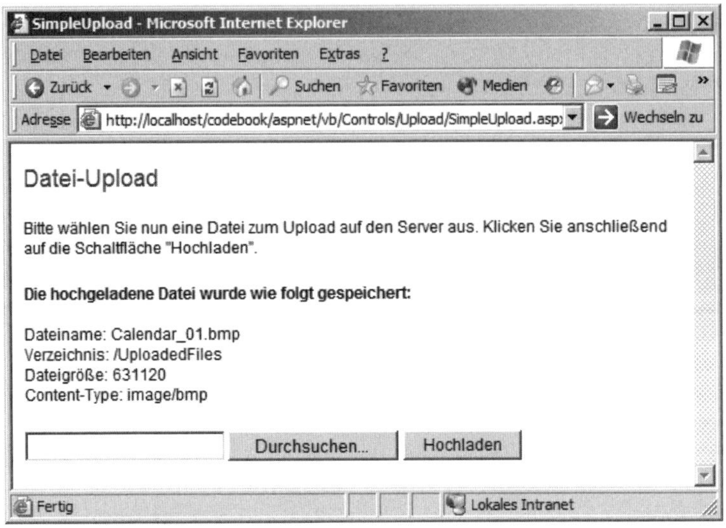

Abbildung 48: Ausgabe der Informationen einer hochgeladenen Datei

Hochgeladene Text-Daten direkt weiterverarbeiten

Manchmal möchte man die hochgeladenen Dateien nicht erst auf der Festplatte speichern, sondern sie einfach nur auslesen oder beispielsweise in einer Datenbank ablegen. Auch dies ist mit Bordmitteln von ASP.NET problemlos möglich. Sehen wir uns dazu folgendes Beispiel an, das die hochgeladenen Daten einer Textdatei sofort wieder ausgibt:

```
<%@ Page Language="vb"
   AutoEventWireup="false"
   Codebehind="TextUpload.aspx.vb"
   Inherits="codebook.aspnet.vb.Controls.Upload.TextUpload"%>
<!DOCTYPE HTML PUBLIC "-//W3C//DTD HTML 4.0 Transitional//EN">
<HTML>
  <HEAD>
    <title>TextUpload</title>
  </HEAD>
  <body>
      <form id="Form1" method="post" runat="server"
         enctype="multipart/form-data">
         <p><asp:Label Runat="server" ID="objHeadline"
            Font-Name="Arial" Font-Size="18px"
            ForeColor="#cc0000">Datei-Upload</asp:Label>
         </p>
```

Listing 274: Frontend für den Upload und die direkte Ausgabe einer Textdatei (Textupload.aspx)

```
      <p>
         <font face="Arial" color="#000000"
            style="FONT-SIZE:12px">Bitte wählen Sie
            nun eine Datei zum Upload auf den Server
            aus. Klicken Sie anschließend auf
            die Schaltfläche "Hochladen".
         </font>
      </p>
      <p Runat="server" ID="objResult">
         <font face="Arial" color="#000000"
            style="FONT-SIZE:12px">
            <b>Die hochgeladene Datei hatte folgende
               Eigenschaften:</b><br> <br>
            Dateiname: <asp:Label
               Runat="server" ID="objFileName" /><br>
            Verzeichnis: /UploadedFiles<br>
            Dateigröße: <asp:Label
               Runat="server" ID="objFileSize" /><br>
            Content-Type: <asp:Label
               Runat="server" ID="objFileType" /><br>
            Inhalt:<br><i><asp:Label Runat="server"
               ID="objContent" /></i>
         </font>
      </p>
      <input type="file" runat="server"
         id="objUpload" NAME="objUpload">
      <asp:Button Runat="server" ID="objLoad"
         Font-Name="Arial" Font-Size="12px"
         Text="Hochladen"/>
   </form>
 </body>
</HTML>
```

Listing 274: Frontend für den Upload und die direkte Ausgabe einer Textdatei (Textupload.aspx)

Im Frontend sind wie beim letzten Beispiel einige Labels definiert, die die Informationen der hochgeladenen Datei ausgeben. Wie bei jedem Upload ist es nötig, den `Enctype` des Formulars auf `multipart/form-data` zu setzen und ein `Input`-Element vom Typ `file` zu erstellen, welches mit dem Attribut `runat="server"` und einer `ID` versehen ist.

Einzig im Code-Bereich gibt es wesentliche Änderungen zum letzten Beispiel:

```
Imports System.Text

Namespace codebook.aspnet.vb.Controls.Upload

   Public Class TextUpload
      Inherits System.Web.UI.Page

      Protected WithEvents objHeadline As Label
      Protected WithEvents objFileName As Label
```

Listing 275: CodeBehind mit Verarbeitung des Uploads und Ausgabe der Datei (TextUpload.aspx.vb)

```
      Protected WithEvents objFileSize As Label
      Protected WithEvents objFileType As Label
      Protected WithEvents objContent As Label
      Protected WithEvents objLoad As Button
      Protected WithEvents objResult As HtmlGenericControl
      Protected WithEvents objUpload As HtmlInputFile

      Private Sub Page_Load( _
         ByVal sender As Object, _
         ByVal e As EventArgs) _
         Handles MyBase.Load

         Me.objResult.Visible = False
      End Sub

      Private Sub objLoad_Click( _
         ByVal sender As Object, _
         ByVal e As EventArgs) _
         Handles objLoad.Click

         If Me.objUpload.PostedFile.FileName.Length > 0 Then

            Dim strFilename As String = _
              Me.objUpload.PostedFile.FileName
            strFilename = strFilename.Substring( _
              strFilename.LastIndexOf("\") + 1)

            Dim intContent( _
              objUpload.PostedFile.ContentLength) As Byte
            objUpload.PostedFile.InputStream.Read( _
              intContent, 0, _
              objUpload.PostedFile.ContentLength)
            Dim strContent As String = _
              Encoding.GetEncoding( _
                 "iso-8859-1").GetString(intContent)

            Me.objResult.Visible = True
            Me.objFileName.Text = strFilename
            Me.objFileSize.Text = _
              Me.objUpload.PostedFile.ContentLength
            Me.objFileType.Text = _
              Me.objUpload.PostedFile.ContentType
            Me.objContent.Text = Server.HtmlEncode(strContent)
         End If

      End Sub
   End Class

End Namespace
```

Listing 275: CodeBehind mit Verarbeitung des Uploads und Ausgabe der Datei (TextUpload.aspx.vb) (Forts.)

Das Auslesen und Umwandeln des binären Contents erfolgt innerhalb folgender Codezeilen:

```
Dim intContent( _
   objUpload.PostedFile.ContentLength) As Byte

objUpload.PostedFile.InputStream.Read( _
   intContent, 0, _
   objUpload.PostedFile.ContentLength)

Dim strContent As String = _
   Encoding.GetEncoding( _
      "iso-8859-1").GetString(intContent)
```

Zunächst wird hier ein Byte-Array mit der in `ContentLength` angegebenen Anzahl an Bytes deklariert. in dieses Byte-Array werden nun mit Hilfe der `Read`-Methode des Input-Streams die geladenen Daten eingelesen. Diese Daten können anschließend mit Hilfe der `GetString`-Methode einer `Encoding`-Instanz in eine Zeichenkette umgewandelt und später dem Label `objContent` zugewiesen werden.

Wenn Sie die WebForm ausführen und eine Textdatei hochladen, sollten Sie eine Ausgabe ähnlich dieser erhalten:

Abbildung 49: Ausgabe des Textes einer hochgeladenen Datei

Hochgeladene Daten binär in Datenbank speichern

Ähnlich wie das direkte Ausgeben von Daten ist das Vorgehen beim direkten Speichern von Daten in eine Datenbank. Im Folgenden soll dies mit einem Bild demonstriert werden, das in einer Access-Datenbank abgelegt wird – wohl wissend, dass dies im Sinne von Performance sicher nicht der ideale Weg ist.

Sehen wir uns zunächst den Aufbau einer möglichen Access-Datenbank an, die die übergebenen Daten speichert:

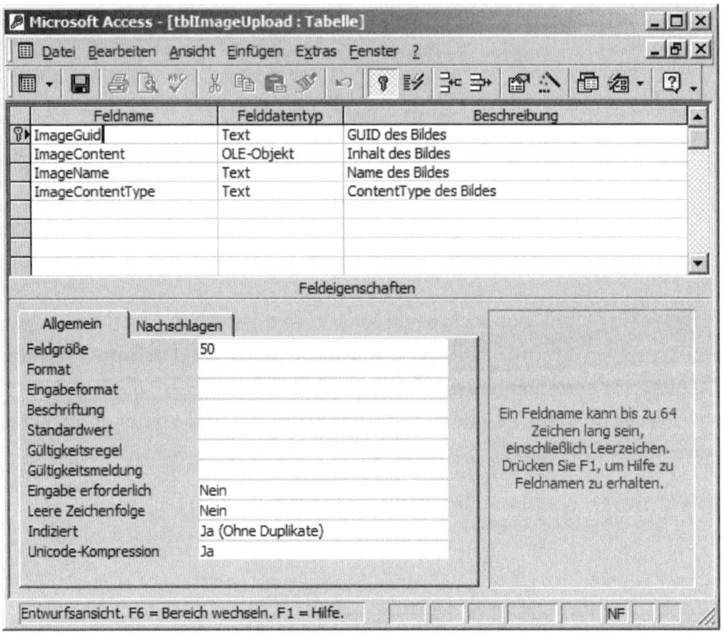

Abbildung 50: Aufbau der verwendeten Access-Datenbank

Die Datenbank-Tabelle besitzt vier Felder – `ImageGuid` (Text), `ImageContent` (OLE-Objekt), `ImageName` (Text) und `ImageContentType` (Text). `ImageGuid` ist der Primärschlüssel und darf demnach nur einmal vorkommen.

Das Einfügen und Auslesen der Daten erledigt eine eigene Klasse mit statischen Methoden. Diese Form des Applikationsaufbaus realisiert eine Kapselung der Schichten – es existieren eine Datenschicht (Datenbank), eine Business-Schicht (die im Folgenden vorgestellte Klasse `UploadUtils`) und eine Layout-Schicht, die sich um die Datenbank oder die Art und Weise, wie Daten gespeichert werden, nicht kümmern muss.

Sehen wir uns die Klasse zum Laden und Speichern von Bildern etwas näher an.

```
Namespace codebook.aspnet.vb.Controls.Upload

   Public Class UploadUtils

      Public Shared Function SaveImage( _
         ByVal objData() As Byte, _
         ByVal strImagename As String, _
```

Listing 276: Hilfsklasse zum Laden und Speichern von Bildern aus und in eine Datenbank (Classes/UploadUtils.vb)

```
        ByVal strContentType As String) As Guid

        Dim objConn As IDbConnection = Utilities.GetConnection

        If Not IsNothing(objConn) Then

           Dim objResult As Guid = Guid.NewGuid

           If objConn.State <> ConnectionState.Open Then
              objConn.Open()
           End If

           Dim objCommand As IDbCommand = objConn.CreateCommand
           objCommand.CommandText = _
              "inSERT inTO tblImageUpload " & _
                 "(ImageGuid, ImageContent, ImageName, " & _
                    "ImageContentType) " & _
              "VALUES " & _
                 "(@Guid, @Content, @Name, @ContentType)"

           Utilities.SetParameter("@Guid", DbType.String, _
              objResult.ToString, objCommand)
           Utilities.SetParameter("@Content", DbType.Binary, _
              objData, objCommand)
           Utilities.SetParameter("@Name", DbType.String, _
              strImagename, objCommand)
           Utilities.SetParameter("@ContentType", _
              DbType.String, strContentType, objCommand)

           objCommand.ExecuteNonQuery()

           If objConn.State <> ConnectionState.Closed Then
              objConn.Close()
           End If

           Return objResult
        End If

        Return Nothing
     End Function

     Public Shared Function GetImage( _
        ByVal objGuid As Guid, _
        ByRef strContentType As String) As Byte()

        Dim objConnection As IDbConnection = _
           Utilities.GetConnection

        If Not IsNothing(objConnection) Then
           Dim objResult As Byte()
```

Listing 276: Hilfsklasse zum Laden und Speichern von Bildern aus und in eine Datenbank (Classes/UploadUtils.vb) (Forts.)

```
            If objConnection.State <> _
              ConnectionState.Open Then
              objConnection.Open()
            End If

            Dim objCommand As IDbCommand = _
              objConnection.CreateCommand
            objCommand.CommandText = "SELECT Count(1) FROM " & _
              "tblImageUpload WHERE ImageGuid = @Guid"
            Utilities.SetParameter("@Guid", DbType.String, _
              objGuid.ToString, objCommand)

            If objCommand.ExecuteScalar = 1 Then

              objCommand = objConnection.CreateCommand
              objCommand.CommandText = "SELECT " & _
                 "ImageContent, ImageContentType " & _
                 "FROM tblImageUpload WHERE " & _
                 "ImageGuid = @Guid"
              Utilities.SetParameter("@Guid", DbType.String, _
                 objGuid.ToString, objCommand)

              Dim objReader As IDataReader = _
                 objCommand.ExecuteReader

              While objReader.Read
                 objResult = objReader.GetValue(0)
                 strContentType = objReader.GetString(1)
              End While
              objReader.Close()
            End If

            If objConnection.State <> _
              ConnectionState.Closed Then
              objConnection.Close()
            End If
            Return objResult
          End If

          Return Nothing
        End Function

    End Class

  End Namespace
```

Listing 276: Hilfsklasse zum Laden und Speichern von Bildern aus und in eine Datenbank (Classes/UploadUtils.vb) (Forts.)

Die Klasse `UploadUtils` verfügt über zwei als `Shared` gekennzeichnete Methoden: `SaveImage` und `GetImage`.

Erstere ist für das Speichern eines Bildes in eine Datenbank zuständig. Sie erwartet als Parameter die Bilddaten als Byte-Array, den Bildnamen als String und den `ContentType` als String. Mit Hilfe der Hilfsklasse `Utilities`, auf die weiter unten eingegangen wird, erfolgt die Bestimmung der zu verwendenden Datenbank-`Connection`.

```
Dim objConnection As IDbConnection = _
   Utilities.GetConnection

If Not IsNothing(objConnection) Then
```

Sollte dies erfolgreich gelungen sein, wird das Bild in die Datenbank gespeichert. Dieses Speichern geschieht mit Hilfe von benannten `IDataParametern`, die über die Methode `SetParameter` der `Utilities`-Hilfsklasse dem `Command`-Objekt zugewiesen werden. Der Datentyp beim Speichern des eigentlichen Bildes ist dabei `Binary`.

```
objCommand.CommandText = _
   "inSERT inTO tblImageUpload " & _
      "(ImageGuid, ImageContent, ImageName, " & _
         "ImageContentType) " & _
   "VALUES " & _
      "(@Guid, @Content, @Name, @ContentType)"

Utilities.SetParameter("@Guid", DbType.String, _
   objResult.ToString, objCommand)
Utilities.SetParameter("@Content", DbType.Binary, _
   objData, objCommand)
Utilities.SetParameter("@Name", DbType.String, _
   strImagename, objCommand)
Utilities.SetParameter("@ContentType", _
   DbType.String, strContentType, objCommand)
```

Nach dem erfolgreichen Speichern wird die Datenbank-Verbindung geschlossen und der `Guid`, der als Primärschlüssel beim Speichern des Bildes verwendet worden ist, wird als Ergebnis der Methode zurückgegeben.

Das Laden eines Bildes gestaltet sich ebenfalls recht einfach: Die Methode `GetImage` erwartet als Parameter den `Guid` des Bildes, das ausgegeben werden soll. Der zweite Parameter – `strContentType` – wird per Referenz übergeben und innerhalb der Methode mit dem in der Datenbank gespeicherten `ContentType` befüllt. Die Methode hat also quasi zwei Rückgaben – ein `Byte`-Array, das die Bilddaten enthält, und die Angabe des `ContentTypes`.

Innerhalb der Methode wird zunächst wieder eine Datenbank-Verbindung erstellt und geöffnen. Nun erfolgt die Überprüfung, ob das durch den `Guid` bezeichnete Bild überhaupt in der Datenbank existiert:

```
objCommand.CommandText = "SELECT Count(1) FROM " & _
   "tblImageUpload WHERE ImageGuid = @Guid"
Utilities.SetParameter("@Guid", DbType.String, _
   objGuid.ToString, objCommand)

If objCommand.ExecuteScalar = 1 Then
```

Sollte das Bild existieren, werden die in der Datenbank hinterlegten Informationen geladen:

```
objCommand.CommandText = "SELECT " & _
   "ImageContent, ImageContentType " & _
   "FROM tblImageUpload WHERE " & _
   "ImageGuid = @Guid"
Utilities.SetParameter("@Guid", DbType.String, _
   objGuid.ToString, objCommand)

Dim objReader As IDataReader = _
   objCommand.ExecuteReader

While objReader.Read
   objResult = objReader.GetValue(0)
   strContentType = objReader.GetString(1)
End While
```

Anschließend werden der `DataReader` und die Datenbank-Verbindung getrennt und die Bildinformationen zurückgegeben.

Werfen wir nun noch einen Blick auf die Hilfsklasse `Utilities`, die uns die Arbeit mit verschiedenen Datenbanken ein wenig erleichtern soll:

```
Imports System.Configuration
Imports codebook.aspnet.vb

Namespace codebook.aspnet.vb.Controls.Upload

   Public Class Utilities

      ' --------------------------------
      ' Erstellt anhand der in einer
      ' web.config-Datei hinterlegten
      ' Informationen eine neue Daten-
      ' Bank-Verbindung
      ' --------------------------------
      Public Shared Function GetConnection() As IDbConnection

         ' ------------------------------
         ' Context-Objekt erstellen
```

Listing 277: Hilfsklasse für den Datenbankzugriff (Classes/Utilities.vb)

```
        ' ------------------------------
        Dim objContext As HttpContext = _
           HttpContext.Current

        If Not IsNothing(objContext) Then

           ' ---------------------------
           ' Provider auslesen
           ' ---------------------------
           Dim strProvider As String = _
              ConfigurationSettings.AppSettings.Item( _
                 "Provider")

           ' ---------------------------
           ' ConnectionString auslesen
           ' ---------------------------
           Dim strConnection As String = _
              ConfigurationSettings.AppSettings.Item( _
                 "ConnectionString")

           ' ---------------------------
           ' Wenn Parameter "DataBase"
           ' existiert, dann wird angenommen,
           ' dass eine Access-Datei
           ' angesprochen werden soll.
           ' ---------------------------
           Dim strDatabase As String = _
              ConfigurationSettings.AppSettings.Item( _
                 "Database")

           If Not IsNothing(strConnection) And _
              Not IsNothing(strDatabase) Then

              ' ------------------------
              ' Falls Access-Datei angegeben
              ' worden ist, dann prüfen, ob
              ' ein absoluter Pfad vorliegt
              ' --> Nein: Erstellen
              ' ------------------------
              If strDatabase.IndexOf(":\") <> 1 Then
                 strDatabase = objContext.Server.MapPath( _
                    strDatabase)
              End If

              ' ------------------------
              ' Datenbank-Datei-Information
              ' zum ConnectionString hin-
              ' zufügen
              ' ------------------------
              strConnection &= strDatabase
           End If
```

Listing 277: Hilfsklasse für den Datenbankzugriff (Classes/Utilities.vb) (Forts.)

```
        ' ---------------------------
        ' Datenbank-Connection erstellen
        ' ---------------------------
        If Not IsNothing(strProvider) Then
          Dim objConnection As IDbConnection = _
            cbDatabaseClient.GetConnection( _
            GetProviderType(strProvider), strConnection)

          If Not IsNothing(objConnection) Then
            Return objConnection
          End If
        End If
      End If

      Return Nothing
    End Function

    ' ----------------------------------
    ' Erstellt einen Parameter anhand der
    ' angegebenen Informationen und fügt
    ' ihn dem Command-Objekt hinzu
    ' ----------------------------------
    Public Shared Sub SetParameter( _
      ByVal strParamName As String, _
      ByVal objParamType As DbType, _
      ByVal objValue As Object, _
      ByRef objCommand As IDbCommand)

      Dim objParam As IDataParameter = _
        objCommand.CreateParameter
      objParam.DbType = objParamType
      objParam.ParameterName = strParamName
      objParam.Value = objValue
      objCommand.Parameters.Add(objParam)
    End Sub

    Public Shared Function GetProviderType( _
      ByVal strProviderType As String) As ProviderType

      Dim objCBConnection As New cbDatabaseClient
      Return objCBConnection.GetProviderType( _
        strProviderType)

    End Function

  End Class

End Namespace
```

Listing 277: Hilfsklasse für den Datenbankzugriff (Classes/Utilities.vb) (Forts.)

Die Hilfsklasse stellt drei Methoden zur Verfügung, die ohne Erzeugen einer neuen Objektinstanz angesprochen werden können, da sie als *Shared* gekennzeichnet sind: `GetConnection`, `SetParameter` und `GetProviderType`.

Die Methode `GetConnection` ermittelt die in der Datei *Web.config* abgelegten Informationen zum verwendeten Provider, zum `ConnectionString` und, falls vorhanden, auch zur Datenbank-Datei, wie sie etwa Access verwendet:

```
Dim strProvider As String = _
   ConfigurationSettings.AppSettings.Item( _
      "Provider")

Dim strConnection As String = _
   ConfigurationSettings.AppSettings.Item( _
      "ConnectionString")

Dim strDatabase As String = _
   ConfigurationSettings.AppSettings.Item( _
      "Database")
```

Die abgefragten Informationen werden in der Datei *Web.config* innerhalb eines `<appSettings>`-Bereichs erwartet. Dieser hat in diesem Fall folgenden Aufbau:

```
<?xml version="1.0" encoding="utf-8" ?>
<configuration>

   <appSettings>
      <add key="Provider" value="OleDb" />
      <add key="ConnectionString"
         value="PROVIDER=Microsoft.Jet.OleDb.4.0;Data Source=" />
      <add key="Database"
         value="/codebook/aspnet/vb/Controls/database/Controls.mdb"
         />
   </appSettings>

   <system.web>
      ...
   </system.web>

</configuration>
```

Der Schlüssel *Database* ist optional – er wird nicht bei jedem Datenbank-System benötigt. Sollte er aber vorhanden und mit einem Wert gefüllt sein, erfolgt das Anhängen an den `ConnectionString`, nicht ohne vorher aus einer relativen eine absolute Pfadangabe zu machen:

```
If Not IsNothing(strConnection) And _
   Not IsNothing(strDatabase) Then
```

```
    If strDatabase.IndexOf(":\") <> 1 Then
       strDatabase = objContext.Server.MapPath( _
          strDatabase)
    End If

    strConnection &= strDatabase
End If
```

Damit die Anwendung unabhängig vom verwendeten Datenbank-System lauffähig ist, werden die in der Web.config hinterlegten Daten an die weiter vorn in diesem Buch beschriebene Klasse `cbDatabaseClient` übergeben, die ein dem angegebenen Provider entsprechendes `IDbConnection`-Objekt zurückgibt.

in diesem Zusammenhang wird auch die Methode `GetProviderType` angesprochen, die eine Instanz der `cbDatabaseClient`-Klasse erzeugt und dieser den den Provider repräsentierenden String übergibt. Deren Ergebnis – ein Element der `ProviderType`-Auflistung – wird an die aufrufende Methode zurückgegeben.

Die Methode `SetParameter` hat ausschließlich die Aufgabe, dem übergebenen `IDbCommand`-Objekt einen `IDataParameter` hinzuzufügen. Dessen Parameter sind ebenfalls Bestandteil des Prozedur-Aufrufs. Der Sinn der Methode liegt in der Schreibersparnis: Statt fünf Befehlszeilen reicht nun in der aufrufenden Klasse eine Anweisung aus.

Nachdem wir nun die Hilfsklassen besprochen haben, können wir uns jetzt der WebForm zuwenden, die das Formular für den Upload bereitstellt:

```
<%@ Page Language="vb"
   AutoEventWireup="false"
   Codebehind="ImageUpload.aspx.vb"
   Inherits="codebook.aspnet.vb.Controls.Upload.ImageUpload"%>
<!DOCTYPE HTML PUBLIC "-//W3C//DTD HTML 4.0 Transitional//EN">
<HTML>
  <HEAD>
    <title>ImageUpload</title>
  </HEAD>
  <body>
      <form id="Form1" method="post" runat="server"
         enctype="multipart/form-data">
         <p><asp:Label Runat="server" ID="objHeadline"
            Font-Name="Arial" Font-Size="18px"
            ForeColor="#cc0000">Bilder-Upload</asp:Label>
         </p>
         <p>
            <font face="Arial" color="#000000"
               style="FONT-SIZE:12px">Bitte wählen Sie
               nun ein Bild zum Upload auf den Server
               aus. Klicken Sie anschließend auf
               die Schaltfläche "Hochladen".
```

Listing 278: WebForm zum Hochladen eines Bildes in eine Datenbank (ImageUpload.aspx)

```
            </font>
         </p>
         <p Runat="server" ID="objResult">
            <font face="Arial" color="#000000"
               style="FONT-SIZE:12px">
               <b>Das Bild wurde erfolgreich hochgeladen.</b>
               <br> <br>
               <asp:Image Runat="server" ID="objImage" />
            </font>
         </p>
         <input type="file" runat="server"
            id="objUpload" NAME="objUpload">
         <asp:Button Runat="server" ID="objLoad"
            Font-Name="Arial" Font-Size="12px"
            Text="Hochladen"/>
      </form>
   </body>
</HTML>
```

Listing 278: WebForm zum Hochladen eines Bildes in eine Datenbank (ImageUpload.aspx) (Forts.)

in der WebForm ist ein Formular mit dem `Enctype multipart/form-data` definiert, mit dessen Hilfe die Bilder zum Server hochgeladen werden können. Es existiert – wie schon bei den letzten Beispielen – ein kleiner Ergebnis-Bereich, der die Ausgabe des hochgeladenen Bildes veranlasst.

Im Code-Bereich findet die Entgegennahme und Weitergabe des Bildes an die Methode `SaveFile` der Klasse `UploadUtils` statt:

```
Namespace codebook.aspnet.vb.Controls.Upload

   Public Class ImageUpload
      Inherits System.Web.UI.Page

      Protected WithEvents objHeadline As Label
      Protected WithEvents objLoad As Button
      Protected WithEvents objResult As HtmlGenericControl
      Protected WithEvents objUpload As HtmlInputFile
      Protected WithEvents objImage As WebControls.Image

      Private Sub Page_Load( _
         ByVal sender As Object, _
         ByVal e As EventArgs) _
         Handles MyBase.Load

         Me.objResult.Visible = False
      End Sub

      Private Sub objLoad_Click( _
```

Listing 279: Verarbeitung des hochgeladenen Bildes (ImageUpload.aspx.vb)

```
        ByVal sender As Object, _
        ByVal e As EventArgs) _
        Handles objLoad.Click

        If Me.objUpload.PostedFile.FileName.Length > 0 Then
           Dim strFilename As String = _
              Me.objUpload.PostedFile.FileName

           strFilename = strFilename.Substring( _
              strFilename.LastIndexOf("\") + 1)

           Dim objData( _
              objUpload.PostedFile.ContentLength) As Byte
           objUpload.PostedFile.InputStream.Read( _
              objData, 0, objUpload.PostedFile.ContentLength - 1)


           Dim objGuid As Guid = _
              UploadUtils.SaveImage(objData, strFilename, _
                 objUpload.PostedFile.ContentType)

           Me.objResult.Visible = True
           Me.objImage.ImageUrl = _
              "./ImageViewer.aspx?ImageGuid="& _
              Server.HtmlEncode(objGuid.ToString)
        End If
     End Sub
  End Class

End Namespace
```

Listing 279: Verarbeitung des hochgeladenen Bildes (ImageUpload.aspx.vb) (Forts.)

Die Verarbeitung erfolgt innerhalb der Methode `objLoad_Click`. Hier wird geprüft, ob tatsächlich ein Dateiupload stattgefunden hat. Sollte dies der Fall sein, werden zunächst der Dateiname der hochgeladenen Datei bestimmt und die Daten der Datei in ein `Byte`-Array umgewandelt:

```
Dim objData( _
   objUpload.PostedFile.ContentLength) As Byte
objUpload.PostedFile.InputStream.Read( _
   objData, 0, objUpload.PostedFile.ContentLength - 1)
```

Nun können die Daten mit Hilfe der Methode `SaveImage` der `UploadUtils`-Klasse verarbeitet werden. Die Rückgabe dieser Methode ist ein `Guid`:

```
Dim objGuid As Guid = _
   UploadUtils.SaveImage(objData, strFilename, _
      objUpload.PostedFile.ContentType)
```

Dieser Guid wird dem serverseitigen Image-Control zusammen mit dem URL einer WebForm, die das Bild aus der Datenbank wieder ausliest und darstellt, zugewiesen:

```
Me.objImage.ImageUrl = _
   "./ImageViewer.aspx?ImageGuid="& _
   Server.HtmlEncode(objGuid.ToString)
```

Anschließend ist die Verarbeitung abgeschlossen.

Werfen wir nun einen Blick auf die angesprochene WebForm, die das binär in der Datenbank liegende Bild wieder ausgibt:

```
<%@ Page Language="vb"
   AutoEventWireup="false"
   Codebehind="ImageViewer.aspx.vb"
   Inherits="codebook.aspnet.vb.Controls.Upload.ImageViewer"%>
```

Listing 280: Frontend der zur Ausgabe des hochgeladenen Bildes verwendeten WebForm (ImageViewer.aspx)

Der Frontend-Bereich der WebForm besteht nur aus der Deklaration der CodeBehind-Klasse. HTML wird hier nicht benötigt und ist sogar kontraproduktiv, da ausschließlich die binären Daten zur Darstellung an den Browser zurückgesandt werden sollen.

Im Code-Bereich erfolgt die eigentliche Arbeit:

```
Namespace codebook.aspnet.vb.Controls.Upload

   Public Class ImageViewer
      Inherits System.Web.UI.Page

      Private Sub Page_Load( _
         ByVal sender As Object, _
         ByVal e As EventArgs) _
         Handles MyBase.Load

         Dim objGuid As New Guid( _
            Request.QueryString.Item("ImageGuid"))

         Dim strContentType As String
         Dim objData As Object = UploadUtils.GetImage( _
            objGuid, strContentType)

         Response.ContentType = strContentType
         Response.BinaryWrite(objData)
         Response.End()
      End Sub
```

Listing 281: Ausgabe eines binär vorliegenden Bildes (ImageViewer.aspx.vb)

```
    End Class

End Namespace
```

Listing 281: Ausgabe eines binär vorliegenden Bildes (ImageViewer.aspx.vb) (Forts.)

Auch der Code-Bereich ist nicht wirklich umfangreich – das Laden des Bildes erfolgt schließlich mit Hilfe der Klasse `GetImage` der weiter oben vorgestellten `UploadUtils`-Klasse.

Zunächst wird anhand des `QueryString`-Parameters `ImageGuid` ein `Guid` ermittelt:

```
Dim objGuid As New Guid( _
   Request.QueryString.Item("ImageGuid"))
```

Dieser `Guid` repräsentiert den Schlüssel, unter dem das Bild in der Datenbank abgelegt sein muss.

Die Variable `strContentType` wird lediglich deklariert – ihren Wert erhält sie ebenso wie die Variable `objData`, die die binären Daten des Bildes aufnimmt, aus der Methode `GetImage` der besagten `UploadUtils`-Klasse:

```
Dim strContentType As String
Dim objData As Object = UploadUtils.GetImage( _
   objGuid, strContentType)
```

Nachdem die Daten so lokalen Variablen zugewiesen worden sind, kann die Ausgabe von `ContentType` und den binären Bildinformationen erfolgen. Der `ContentType` wird im Antwort-Header des Servers bei Auslieferung der Seite gesetzt – dies erledigt die Eigenschaft `ContentType` des `HttpResponse`-Objekts. Die binären Daten werden in der Form, in der sie hier vorliegen (als `Byte`-Array) durch die Methode `BinaryWrite` desselben Objekts zurückgegeben:

```
Response.ContentType = strContentType
Response.BinaryWrite(objData)
```

Nach Ausgabe der Daten sollen keine weiteren Informationen gesendet werden. Aus diesem Grund wird die weitere Verarbeitung der WebForm an dieser Stelle per `Response.End` abgebrochen.

Wenn Sie nun eine Datei hochladen, sollten Sie eine Ausgabe ähnlich dieser erhalten:

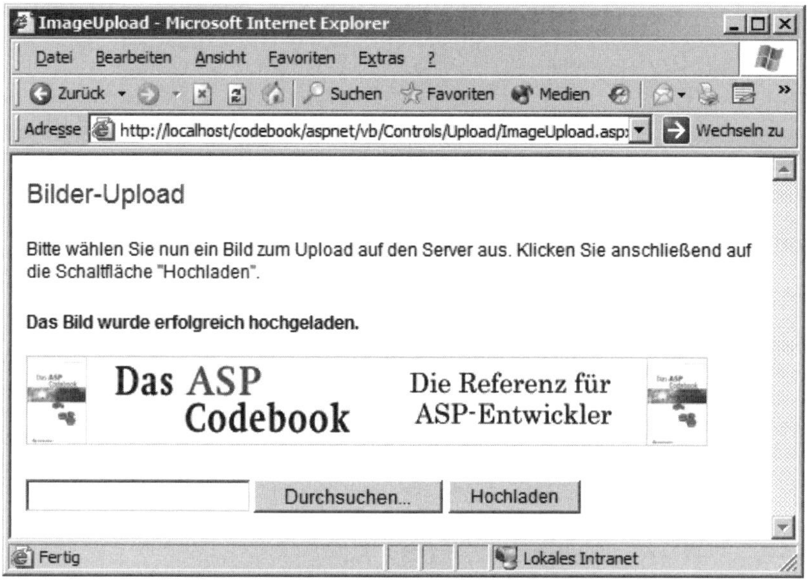

Abbildung 51: Anzeige eines in eine Datenbank hochgeladenen Bildes

Nur bestimmte Datentypen zulassen

Bei nahezu jedem Upload ist es nötig, auf den Datentyp der hochgeladenen Datei zu prüfen. Dies zu unterlassen wäre allein schon aus Sicherheitsgründen mehr als fahrlässig. Bei den vorangegangenen Beispielen ist eine derartige Prüfung unterblieben – wenn Sie sie im produktiven Betrieb einsetzen wollten, müssten Sie dies ergänzen.

Um den Datentyp der hochgeladenen Datei zu erfahren, könnten Sie einerseits die Dateiendung zu Rate ziehen, andererseits würde sich der `ContentType` anbieten.

Da Dateiendungen für einen `ContentType` unterschiedlich sein können (so könnte eine Textdatei sowohl die Endung »txt« als auch beispielsweise »log« tragen), empfiehlt sich eine Prüfung auf den Inhaltstyp der hochgeladenen Datei. Diese Prüfung könnte bei Text-Dateien so aussehen:

```
If objUpload.PostedFile.ContentType = "text/plain" Or _
   objUpload.PostedFile.ContentType = "text/html" Then
   ' Datei verarbeiten
End If
```

Ähnlich könnte überprüft werden, ob ein Bild hochgeladen worden ist:

```
If objUpload.PostedFile.ContentType.StartsWith("images/") Then
   ' Datei verarbeiten
End If
```

Nun stellt sich die Frage, welche ContentTypes es überhaupt gibt und wofür sie stehen. Im Folgenden finden Sie dazu eine kleine Übersicht:

- application/gzip oder application/zip: ZIP-Archive (**.zip*)
- application/msexcel: Microsoft Excel-Dateien (**.xls*, **.xla*)
- application/msword: Microsoft Word-Dateien (**.doc*, **.dot*)
- application/mspowerpoint: Microsoft Powerpoint-Dateien (**.ppt*, **.ppz*, **.pps*, **.pot*)
- application/octet-stream: Ausführbare Dateien (**.bin*, **.exe*, **.com*, **.dll*, ...)
- application/pdf: Adobe PDF-Dateien (**.pdf*)
- application/rtf oder text/rtf: Microsoft RTF-Dateien (**.rtf*)
- application/x-shockwave-flash: Macromedia Flash-Dateien (**.swf*)
- `Image`/gif: GIF-Bild (**.gif*)
- `Image`/jpeg oder `Image`/pjpeg: JPEG-Bilder (**.jpg*)
- `Image`/png: PNG-Bilder (**.png*)
- text/html: HTML-Dateien (**.htm*, **.html*)
- text/plain: Textdateien (**.txt*, **.log*, ...)

Neben den hier erwähnten Content- oder Mime-Typen gibt es noch eine Vielzahl weiterer Formen und Formate. Einen Überblick über diese Formate bekommen Sie unter *http://selfhtml.teamone.de/diverses/mimetypen.htm#uebersicht* oder unter *http://www.iana.org/assignments/media-types/index.html*.

146 Datei-Upload: Probleme

Obwohl der File-Upload unter ASP.NET im Vergleich zum klassischen ASP deutlich einfacher geworden ist, treten immer wieder einige Probleme auf, die aber meist mit einfachen Mitteln gelöst werden können.

Datei kann nicht gespeichert werden

Achten Sie darauf, dass im betreffenden Verzeichnis der ASP.NET-Benutzer (IIS 5.0 / 5.1) beziehungsweise die Mitglieder der Gruppe IIS_WPG (IIS 6.0) Schreibrechte haben.

Dateien ab einer bestimmten Größe können nicht hochgeladen werden

Standardmäßig ist die maximale Größe einer hochladbaren Datei vom .NET Framework auf vier MByte (4096 KByte) begrenzt. Wenn Sie eine größere Datei hochladen wollen, wird dies aufgrund der angegebenen Einschränkung scheitern. Sie können diesen Wert entweder global oder im aktuellen Projekten ändern – beide Wege unterscheiden sich nur anhand der zu editierenden Datei: Bearbeiten Sie für eine globale Änderung, die alle angelegten Web-Applikationen betrifft, die Datei *machine.config* oder für eine lokale Änderung eines Projekts die Datei *Web.config* des entsprechenden Projekts.

Öffnen Sie die entsprechende Datei und gehen Sie in den Bereich:

```
<configuration>
   <configSections>
      <system.web>
         <httpRuntime />
      </system.web>
   </configSections>
</configuration>
```

Im Bereich `httpRuntime` (wenn er in der lokalen *web.config*-Datei nicht existiert, dann legen Sie ihn bitte innerhalb der oben dargestellten Hierarchie an) können Sie nun das Attribut `maxRequestLength` einfügen oder editieren:

```
<httpRuntime
   maxRequestLength="8192"
 />
```

Ändern Sie bitte die anderen Werte des Bereichs nur dann, wenn Sie sicher sind, was Sie tun. Im obigen Beispiel wurde die maximale Gesamtgröße eines Requests auf acht MByte oder 8192 KByte gesetzt. Beachten Sie bitte, dass Sie mit einer derartigen `Request`-Größe sowohl Client (Browser) als auch Server einer sehr hohen Belastung aussetzen.

Speichern scheitert mit einer PathNotFound- oder IO-Exception

Beachten Sie bitte, dass Sie den Speicherpfad der hochgeladenen Datei absolut und nicht relativ zum derzeitigen Verzeichnis oder zur Wurzel des Webservers angeben müssen. Beachten Sie auch, dass Sie – falls zutreffend – zum Speicherpfad, den Sie per `Server.MapPath` absolut machen sollten, nicht den kompletten Pfad- und Dateinamen der hochgeladenen Datei hinzufügen, sondern beide voneinander trennen. Vergeben Sie lieber einen neuen Dateinamen (etwa per `Guid.NewGuid.ToString`), an den Sie die Datei-Endung, die Sie anhand des ContentTypes bestimmen können, anhängen:

```
Dim strSavePath As String = Server.MapPath("./Upload/" & _
   Guid.NewGuid.ToString & ".txt")
```

Dadurch verhindern Sie außerdem, dass Dateien mit Datei-Endungen, die Sie explizit nicht erwünschen, unter diesen Erweiterungen gespeichert- und somit zu potentiellen Sicherheitsrisiken werden.

147 Tools: Controls im Eigenbau

ASP.NET bietet zwar eine Menge an Controls, diese können aber sicherlich nicht alle Anforderungen abdecken. Die im Folgenden vorgestellten Custom Controls helfen Ihnen, häufig wiederkehrende Aufgabenstellungen zu erfüllen, und bieten Ihnen – im Gegensatz zu den in manch anderen Büchern vorgestellten kommerziellen und somit meist nicht im Quellcode vorliegenden Lösungen – die Möglichkeit, sie bei Bedarf an Ihre persönlichen Anforderungen anzupassen.

148 Tools: Globale Seitenvorlage

Um ein einheitliches Erscheinungsbild Ihrer Applikation sicherzustellen, könnten Sie auf jeder Seite Ihrer Applikation sicherlich immer wieder die gleichen Elemente einfügen. Dies kann aber – je nach Umfang der Applikation – lästig bis nicht mehr abwartbar werden. Die Lösung für dieses Dilemma liegt in der Verwendung einer globalen Seitenvorlage, der Sie ein User Control als Vorlage für das Layout Ihrer Webseite übergeben.

Die hier vorgestellte Seitenvorlage ist äußerst flexibel. So erlaubt sie die Zuweisung von Custom- und User Controls ebenso wie die Angabe einer Vorlagendatei mit Platzhaltern, die dann dynamisch geladen wird. Da die Seitenvorlage mit Interfaces und nicht mit fest verdrahteten Schnittstellen arbeitet, ist sie darüber hinaus sehr flexibel in Hinblick auf die in den darzustellenden Vorlagen enthaltenen Felder – diese müssen, soweit es sich um User oder Custom Controls handelt, lediglich ein Interface mit zwei Properties unterstützen um eingebunden zu werden.

Interfaces

Zunächst erfolgt die Definition der von Custom- und UserControls zu implementierenden Interfaces:

```
Imports System.Web
Imports System.Web.UI
Imports System.Web.UI.WebControls
Imports System.Web.UI.HtmlControls

Namespace codebook.aspnet.vb.Controls

   Public Interface IPageTemplate
      Property PageTitle() As String
      Property Content() As PlaceHolder
   End Interface

   Public Interface IPageTemplateNavigation
      Property Navigation() As PlaceHolder
   End Interface

   Public Interface IPageTemplateHead
      Property Head() As PlaceHolder
   End Interface

   Public Interface IPageTemplatePortal
      Inherits IPageTemplate, _
         IPageTemplateNavigation, _
         IPageTemplateHead
```

Listing 282: Interfaces für die globale Seitenvorlage (Interfaces.vb)

```
    End Interface

End Namespace
```

Listing 282: Interfaces für die globale Seitenvorlage (Interfaces.vb) (Forts.)

Das von jeder einzubindenden Seitenvorlage zu implementierende Interface ist `IPageTemplate`. Dieses definiert Schnittstellen für das Setzen des Seitentitels und des eigentlichen Seiteninhalts. `IPageTemplateNavigation` erlaubt es, auf Elemente einer Navigation zuzugreifen und `IPageTemplateHead` gibt Zugriff auf einen PlaceHolder, dem beispielsweise Meta- oder Style-Elemente zugewiesen werden können. Das Interface `IPageTemplatePortal` ist einfach nur die Zusammenfassung der drei anderen Schnittstellen und dient im Grunde lediglich der Verringerung des Schreibaufwandes beim Entwickeln von Controls.

Die Klasse GlobalPageTemplate

Werfen wir nun einen Blick auf die eigentliche Seitenvorlage:

```
Imports System.Web
Imports System.Web.UI
Imports System.Web.UI.WebControls
Imports System.Web.UI.HtmlControls
Imports System.Collections
Imports System.IO
Imports System.Text

Namespace codebook.aspnet.vb.Controls

   Public Structure PageTemplateFields
      Public Title As String
      Public Content As String
      Public Head As String
      Public Navigation As String
   End Structure

   Public Class GlobalPageTemplate
      Inherits Page

      ' ----------------------------------------
      ' Lokale Variablen
      ' ----------------------------------------
      Protected strDefaultTemplate As String
      Private strPageTitle As String
      Private objContent As PlaceHolder
      Private objNavigation As PlaceHolder
      Private objHead As PlaceHolder
      Private objTemplate As Control
```

Nach der Angabe der einzubindenden Namensräume erfolgt zunächst die Definition einer Struktur, die beim Laden von Nicht-Controls als Seitenvorlage verwendet wird. Diese Struktur enthält vier Felder (`Title`, `Content`, `Head` und `Navigation`), denen man beim Laden von HTML-Dateien als Templates die in der Datei verwendeten Platzhalter zuweisen kann.

Die lokalen Variablen sind selbsterklärend – sie werden zum Erfassen des Standard-Templates und für die Behandlung der Properties benötigt. Die Variable `strDefaultTemplate` kann innerhalb von Ableitungen von dieser Klasse innerhalb der Initialisierungsmethoden direkt mit einem neuen Wert überschrieben werden. Auf alle anderen Variablen kann über die entsprechenden Schnittstellen zugegriffen werden.

Interne Verarbeitung innerhalb der Klasse

Die interne Verarbeitung und Bereitstellung von Standardwerten erfolgt innerhalb einiger Methoden, von denen die als `Protected` deklarierten Elemente von eigenen Ableitungen dieser Klasse überschrieben werden können.

```
Protected Overridable Sub InitDefaultValues()
   strDefaultTemplate = _
      "<html>" & _
         "<head>" & _
            "<title>" & _
               "<asp:Literal runat=""server"" " & _
                  "id=""pageTitle""/>" & _
            "</title>" & _
            "<asp:PlaceHolder runat=""server"" " & _
               "id=""pageHead""/>" & _
         "</head>" & _
         "<body bgcolor=""ffffff"">" & _
            "<form id=""Form1"" runat=""server"">" & _
               "<asp:PlaceHolder runat=""server"" " & _
                  "id=""pageContent""/>" & _
            "</form>" & _
         "</body>" & _
      "</html>"
   strPageTitle = "Neue Seite"
End Sub
Private Sub InitControls()
   Me.objHead = New PlaceHolder
   Me.objNavigation = New PlaceHolder
   Me.objContent = New PlaceHolder
End Sub
```

Mit Hilfe der von Ableitungen der Klasse überschreibbaren Methode `InitDefaultValues` werden die Standard-Seitenvorlage und der Standard-Seitentitel definiert. Diese Standardwerte kommen zum Einsatz, wenn kein spezielles Template zugewiesen wird. Die Methode `InitControls` initialisiert die drei Platzhalter für Kopfelemente, Navigation und eigentlichen Seiteninhalt.

```
' ------------------------------------------
' Kopiert die untergeordneten Controls eines
' Platzhalters in einen anderen Platzhalter
```

```
' ------------------------------------------
Private Sub CopyControls( _
   ByVal objOriginalControl As PlaceHolder, _
   ByRef objResult As PlaceHolder)

   Dim objSubControl As Control
   Dim objControls As New ArrayList

   For Each objSubControl In objOriginalControl.Controls
      objControls.Add(objSubControl)
   Next
   If objControls.Count > 0 Then
      objOriginalControl.Controls.Clear()
   End If
   For Each objSubControl In objControls
      objResult.Controls.Add(objSubControl)
   Next
End Sub
```

Die Methode `CopyControls` kopiert die untergeordneten Elemente eines Platzhalters in einen anderen Platzhalter. Zu diesem Zweck wird die `Controls`-Auflistung des originalen Platzhalters durchlaufen und in eine `ArrayList` kopiert. Anschließend werden alle Elemente der `ArrayList` dem neuen Platzhalter hinzugefügt.

```
' ------------------------------------------
' Weist die bereits enthaltenen Daten den
' in einer geladenen Vorlage enthaltenen Controls zu
' ------------------------------------------
Private Sub GetReferences()
   ' ------------------------------------------
   ' Head zuweisen
   ' ------------------------------------------
   If Not IsNothing(Me.FindControl("pageHead")) Then
      Dim objControl As PlaceHolder = _
         CType(Me.FindControl("pageHead"), _
            PlaceHolder)
      CopyControls(Me.objHead, objControl)
      Me.objHead = objControl
   End If

   ' ------------------------------------------
   ' Content zuweisen
   ' ------------------------------------------
   If Not IsNothing(Me.FindControl("pageContent")) Then
      Dim objControl As PlaceHolder = _
         CType(Me.FindControl("pageContent"), _
            PlaceHolder)
      CopyControls(Me.objContent, objControl)
      Me.objContent = objControl
   End If
```

```
    ' ------------------------------------------
    ' Navigation zuweisen
    ' ------------------------------------------
    If Not IsNothing(Me.FindControl("pageNavigation")) Then
       Dim objControl As PlaceHolder = _
          CType(Me.FindControl("pageNavigation"), _
             PlaceHolder)
       CopyControls(Me.objNavigation, objControl)
       Me.objNavigation = objControl
    End If
End Sub
```

Mit Hilfe der Methode `GetReferences` werden die in einem nicht als Custom- oder User Control vorliegenden oder eingefügten Platzhalter mit den bereits der `Page` zugewiesenen Elementen verknüpft. Dabei wird für jedes Element überprüft, ob es sich tatsächlich innerhalb der `Page` befindet. Sollte dies der Fall sein, erfolgt mittels der Methode `CopyControls` das Umkopieren der Elemente in die Controls der Vorlage.

```
' ------------------------------------
' Die Vorgabedaten der Controls werden
' geladen und mit den bereits zugewiesenen
' Informationen verknüpft
' ------------------------------------
Protected Overridable Sub InitLoadedControl()

   CType(objTemplate, IPageTemplate).PageTitle = Me.PageTitle

   CopyControls(Me.objContent, CType(objTemplate, _
      IPageTemplate).Content)
   Me.objContent = CType(objTemplate, IPageTemplate).Content

   If TypeOf (objTemplate) Is IPageTemplateHead Then
      CopyControls(Me.objHead, CType(objTemplate, _
         IPageTemplateHead).Head)
      Me.Head = CType(objTemplate, IPageTemplateHead).Head
   End If

   If TypeOf (objTemplate) Is IPageTemplateNavigation Then
      CopyControls(Me.objNavigation, CType(objTemplate, _
         IPageTemplateNavigation).Navigation)
      Me.Navigation = CType(objTemplate, _
         IPageTemplateNavigation).Navigation
   End If
End Sub
```

Die Methode `InitLoadedControl` wird bei Zuweisung eines User- oder Custom Controls als Seitenvorlage aufgerufen. Sie erledigt die Zuweisung des Seitentitels und – in Abhängigkeit von den durch das Control implementierten Interfaces – die Verknüpfung des Inhalts der lokalen Platzhalter mit den im Control enthaltenen Platzhaltern.

```
' ----------------------------------------
' Ersetzt die Platzhalter im übergebenen
' Control-String durch Server Controls
' ----------------------------------------
Protected Overridable Sub ParseTextControl( _
   ByVal strControl As String, _
   ByVal objFields As PageTemplateFields)

   Me.Controls.Clear()

   Dim objControl As Control
   ' -------------------------------------
   ' Ersetzen der Platzhalter innerhalb des
   ' Controls durch benötigte serverseitige
   ' Controls
   ' -------------------------------------
   If Not IsNothing(objFields.Title) Then
      strControl = strControl.Replace(objFields.Title, _
         "<asp:Literal runat=""server"" id=""pageTitle""/>")
   End If
   If Not IsNothing(objFields.Head) Then
      strControl = strControl.Replace(objFields.Head, _
         "<asp:PlaceHolder runat=""server"" " & _
            "id=""pageHead""/>")
   End If
   If Not IsNothing(objFields.Content) Then
      strControl = strControl.Replace(objFields.Content, _
         "<asp:PlaceHolder runat=""server"" " & _
            "id=""pageContent""/>")
   End If
   If Not IsNothing(objFields.Navigation) Then
      strControl = strControl.Replace(objFields.Navigation, _
         "<asp:PlaceHolder runat=""server"" " & _
            "id=""pageNavigation""/>")
   End If

   objControl = ParseControl(strControl)
   Me.Controls.Add(objControl)
   GetReferences()
End Sub
```

Die Methode `ParseTextControl` erlaubt es, eine beliebige Zeichenkette als Control zu interpretieren und als Seitenvorlage zu verwenden. Zu diesem Zweck werden beim Aufruf sowohl die Zeichenkette als auch die Platzhalter der zu ersetzenden Felder in Form einer `PageTemplateFields`-Struktur übergeben. Anschließend werden diese Platzhalter – soweit vorhanden und angegeben – durch serverseitige Controls ersetzt. Anschließend wird der Text als Control mit Hilfe der Methode `ParseControl` geparst und dieses Control der `Controls`-Collection der `Page` hinzugefügt. Zuletzt werden die im neu zugewiesenen Template enthaltenen Controls mit den bereits vorhandenen Controls verknüpft.

Zuweisung eigener Elemente als Template

Die Klasse GlobalPageTemplate erlaubt es, verschiedene Objekte als Templates zu verwenden. So ist es möglich, Zeichenketten und Textdateien ebenso wie Custom- oder User Controls einzubinden.

```
' -----------------------------------------
' Lädt eine Seitenvorlage aus einer Zeichenkette
' -----------------------------------------
Public Sub LoadTemplateString( _
   ByVal strControl As String, _
   ByVal objFields As PageTemplateFields)
   If Not IsNothing(ParseControl(strControl)) Then
      ParseTextControl(strControl, objFields)
   End If
End Sub
```

Im Gegensatz zur Methode ParseTextControl erlaubt LoadTemplateString eine vorherige Prüfung, ob die übergebene Zeichenkette überhaupt als Control geparst werden kann. Weiterhin ist die Methode LoadTemplateString öffentlich zugänglich und kann somit aus einer einbindenden Seite heraus aufgerufen werden.

```
' -----------------------------------------
' Zuweisung des Controls anhand einer
' Vorlagendatei
' -----------------------------------------
Public Sub LoadTemplateFile( _
   ByVal strFileName As String, _
   ByVal objFields As PageTemplateFields)
   Me.LoadTemplateFile( _
      strFileName, _
      objFields, _
      Encoding.GetEncoding("iso-8859-1"))
End Sub

Public Sub LoadTemplateFile( _
   ByVal strFileName As String, _
   ByVal objFields As PageTemplateFields, _
   ByVal objEncoding As Encoding)

   ' -------------------------------------
   ' Versuchen, die Datei zu laden
   ' -------------------------------------
   Dim strFile As String = strFileName
   If InStr(strFileName, ":\") = 0 Then
      strFile = Server.MapPath(strFile)
   End If

   Try
      Dim objReader As New StreamReader(strFile, objEncoding)
```

```
        Dim strContent As String = objReader.ReadToEnd
        objReader.Close()

        If Not IsNothing(ParseControl(strContent)) Then
          ParseTextControl(strContent, objFields)
        End If

      Catch objFNFException As System.IO.FileNotFoundException
        Err.Raise(10003, Me, "Could not find template: " & _
          strFile)
      Catch objIOException As System.IO.IOException
        Err.Raise(10004, Me, "Could not load template: " & _
          objIOException.Message)
      End Try
    End Sub
```

Die überladene Methode `LoadTemplateFile` erlaubt das Laden eines im Dateisystem abgelegten Templates. Dieses Template kann Platzhalter enthalten; die Informationen zu diesen Platzhaltern werden in der Struktur `objFields` gehalten. Bei erfolgreichem Laden des Templates wird dieses an die Methode `ParseTextControl` übergeben.

```
    ' -----------------------------------------
    ' Zuweisung des Templates anhand eines
    ' User Controls
    ' -----------------------------------------
    Public WriteOnly Property TemplateControl() As String
      Set(ByVal Value As String)
        Try
          ' ---------------------------------------
          ' Control laden
          ' ---------------------------------------
          Dim objNewTemplate As Control = LoadControl(Value)

          ' ---------------------------------------
          ' Überprüfen, ob das Template das gegebene
          ' Interface implementiert
          ' ---------------------------------------
          If TypeOf (objNewTemplate) Is IPageTemplate Then
            Me.Controls.Clear()
            Me.Controls.Add(objNewTemplate)
            Me.objTemplate = objNewTemplate
            InitLoadedControl()
          Else
            ' -------------------------------------
            ' Interface wurde nicht implementiert,
            ' deshalb Exception werfen
            ' -------------------------------------
            Err.Raise(10001, Me.ToString(), _
              "Given object does not implement " & _
              "IPageTemplate!")
          End If
```

Basics | Datenbank | I/O | Validierung | **Controls** | Http-Handler | Netzwerk | Grafik | Tracing | Security

```
            Catch objException As _
               System.IO.FileNotFoundException
               ' ----------------------------------------
               ' Angegebenes Control konnte nicht gefunden
               ' oder geladen werden werfen, deshalb Exception
               ' werfen
               ' ----------------------------------------
               Err.Raise(10000, Me.ToString(), _
                  "Could not find given Control: " & Value)
            End Try
         End Set
      End Property
```

Mit Hilfe der Eigenschaft `TemplateControl` kann der Name eines zu ladenden User Controls angegeben werden. Sollte dieses Control geladen werden können, erfolgt eine Überprüfung, ob es zumindest das `IPageTemplate`-Interface implementiert. Wenn dies der Fall sein sollte, wird es der `Controls`-Collection der `Page` hinzugefügt und mit Hilfe der Methode `InitLoadedControl` weiter bearbeitet.

```
      ' ----------------------------------------
      ' Zuweisung des Templates beispielsweise
      ' anhand eines Custom Controls
      ' ----------------------------------------
      Public WriteOnly Property Template() As Control
         Set(ByVal Value As Control)
            If TypeOf (Value) Is IPageTemplate Then
               Me.Controls.Clear()
               Me.Controls.Add(Value)
               Me.objTemplate = Value
               InitLoadedControl()
            Else
               Err.Raise(10001, Me.ToString(), _
                  "Given object does not implement " & _
                  "IPageTemplate!")
            End If
         End Set
      End Property
```

Die Property `Template` erlaubt die Zuweisung eines Custom Controls als Seitenvorlage. Wenn dieses Control das Interface `IPageTemplate` implementiert, wird es der `Controls`-Collection der Seite hinzugefügt und seine enthaltenen Controls werden mittels der Methode `InitLoadedControl` mit den eventuell bereits übergebenen untergeordneten Controls und Inhalten befüllt. Sollte das Interface `IPageTemplate` nicht implementiert werden, wird ein entsprechender Fehler erzeugt.

Öffentliche Interfaces

Über folgende öffentliche Schnittstellen kann die Zuweisung von untergeordneten Controls ebenso wie das Setzen des Seitentitels erfolgen:

```
' ----------------------------------------
' Enthält die Elemente des Hauptbereichs
' ----------------------------------------
Public Property Content() As PlaceHolder
   Get
      Return Me.objContent
   End Get
   Set(ByVal Value As PlaceHolder)
      Me.objContent = Value
   End Set
End Property

' --------------------------------------
' Erlaubt es, den Seitentitel dynamisch zu setzen
' --------------------------------------
Public Property PageTitle() As String
   Get
      If IsNothing(Me.objTemplate) Then
         Return Me.strPageTitle
      Else
         Return CType(Me.objTemplate, _
            IPageTemplate).PageTitle
      End If
   End Get
   Set(ByVal Value As String)
      If IsNothing(Me.objTemplate) Then
         Me.strPageTitle = Value
      Else
         CType(Me.objTemplate, _
            IPageTemplate).PageTitle = Value
      End If
   End Set
End Property

' --------------------------------------
' Elemente des Navigations-Bereichs der Webseite
' --------------------------------------
Public Property Navigation() As PlaceHolder
   Get
      Return Me.objNavigation
   End Get
   Set(ByVal Value As PlaceHolder)
      Me.objNavigation = Value
   End Set
End Property

' --------------------------------------
' Erlaubt Zuweisung an den Kopfbereich
' --------------------------------------
Public Property Head() As PlaceHolder
   Get
      Return Me.objHead
   End Get
```

```
      Set(ByVal Value As PlaceHolder)
         Me.objHead = Value
      End Set
   End Property
```

Die vier Properties `PageTitle`, `Content`, `Navigation` und `Head` erlauben den Zugriff auf die entsprechenden Elemente des Templates. Zuweisungen an diese Eigenschaften funktionieren in jedem Fall, auch wenn diese innerhalb der geladenen Templates nicht implementiert sein sollten. Im ungünstigsten Fall werden an nicht existente Elemente zugewiesene Controls bei Auslieferung der Seite einfach nicht angezeigt. Weitere Nebeneffekte stehen nicht zu befürchten.

Initialisierung und Verarbeitung

Um ein einwandfreies Funktionieren der Seite und ihrer Elemente sicherzustellen, müssen einige von der Basisklasse geerbte Methoden und Ereignis-Handler überschrieben werden.

```
   Protected Overrides Sub Construct()
      If IsNothing(Me.objTemplate) Then
         InitDefaultValues()
         InitControls()
         Try
            Dim objCtrl As Control = _
               ParseControl(Me.strDefaultTemplate)
            Me.Controls.Add(objCtrl)
            GetReferences()
         Catch ex As Exception
            Err.Raise(10002, Me.ToString(), "Error initing " & _
               "the default template: " & ex.Message)
            Exit Sub
         End Try
      End If
   End Sub
```

Die Methode `Construct` wird verwendet, um ein Standardtemplate zu laden, falls kein benutzerdefiniertes Template zugewiesen worden ist. Zu diesem Zweck wird die in der Klassenvariablen `strDefaultTemplate` enthaltene Zeichenkette als Control geplant und der `Controls`-Collection zugewiesen. Anschließend werden die im Standardtemplate enthaltenen Controls mit den lokalen Platzhaltern verknüpft. Sollte das Template nicht geparst werden können, wird ein entsprechender Fehler generiert und geworfen.

```
   ' -----------------------------------
   ' Wird direkt vor dem Rendern aufgerufen
   ' -----------------------------------
   Protected Overloads Sub OnPreRender( _
      ByVal sender As Object, ByVal e As EventArgs) _
      Handles MyBase.PreRender
      If IsNothing(Me.objTemplate) Then
         EnsureChildControls()
```

```
            ' -----------------------------------------
            ' Seitentitel zuweisen
            ' -----------------------------------------
            If Not IsNothing(Me.FindControl("pageTitle")) Then
               CType(Me.FindControl("pageTitle"), _
                  Literal).Text = Me.PageTitle
            End If
         End If
      End Sub
```

Der Event-Handler `OnPreRender` wird direkt vor dem eigentlichen Rendern der Seite aufgerufen. Er überprüft zunächst, ob ein Custom- oder User Control als Template zugewiesen worden ist. Sollte dies nicht der Fall sein, wird versucht, ein `Literal`-Control mit der ID `pageTitle` zu finden und diesem den aktuellen Seitentitel zuzuweisen.

```
      ' ------------------------------------
      ' Wird bei Zuweisung von untergeordneten
      ' Objekten aufgerufen
      ' ------------------------------------
      Protected Overrides Sub AddParsedSubObject( _
         ByVal obj As Object)
         If TypeOf (obj) Is Control Then
            Me.objContent.Controls.Add(obj)
         End If
      End Sub
   End Class

End Namespace
```

Die Methode `AddParsedSubObject` wird aufgerufen, wenn ein Objekt der Seite – beispielsweise im Visual Studio .NET über die Entwurfsansicht – zugewiesen worden ist. Es überprüft lediglich, ob das Objekt ein Control ist. Sollte dies der Fall sein, erfolgt die Zuweisung zum Hauptbereich der Seite, der durch den PlaceHolder `objContent` repräsentiert wird.

Vorbereitung für den Einsatz

Um die Klasse `GlobalPageTemplate` innerhalb eigener Projekte einsetzen zu können, muss diese lediglich einmal kompiliert und in Form einer Assembly eingebunden werden. Wenn Sie mit Visual Studio .NET arbeiten, setzen Sie eine Referenz auf die Assembly. Wenn Sie mit einem anderen Entwicklungswerkzeug arbeiten, sollten Sie die Assembly in das /bin-Verzeichnis Ihrer Applikation kopieren.

CodeBehind oder Inline-Code?

Um mit der globalen Seitenvorlage arbeiten zu können, sollten Sie auf die CodeBehind-Technik zurückgreifen, da Sie nur in diesem Fall Ihre Anzeige-Seite von der Klasse `GlobalPageTemplate` erben lassen und individuelle Einstellungen vernünftig setzen können. Wie Sie auch ohne die Verwendung von CodeBehind sicherstellen, dass Ihre Klassen von der globalen Seitenvorlage erben, ist weiter unten beschrieben. Hier soll im Folgenden der Einsatz per CodeBehind geschildert werden.

Warum so viel Aufwand?

Sicherlich haben Sie schon die eine oder andere Seitenvorlage gesehen. Diese kamen meist mit deutlich weniger Aufwand aus, so dass Sie sich jetzt zu Recht die Frage stellen, warum solch ein Aufwand getrieben wird. Die Antwort ist recht einfach: Im Gegensatz zu vielen anderen Lösungen soll Ihnen an dieser Stelle keine Quick & Dirty-Lösung, sondern ein universell und flexibel nutzbarer Ansatz präsentiert werden, der viele bekannte Fragen und Probleme ausräumt und wirklich praxisnah einsetzbar ist.

149 Tools: Einsatz der globalen Seitenvorlage

Die globale Seitenvorlage kann komplett ohne Definition eines eigenen Templates eingesetzt werden. Zu diesem Zweck erstellen Sie einfach eine ASPX-Seite, die die im Content anzuzeigenden Controls enthält:

```
<%@ Page Language="vb" AutoEventWireup="false"
   Codebehind="Templateless.aspx.vb"
   Inherits="GlobalPageTemplateExample.Templateless"%>
<table cellspacing="0" cellpadding="3" width="100%">
   <tr>
      <td width="100%">
         <asp:Label runat="server" id="objHeadline"
            CssClass="Headline"></asp:Label>
         <br> 
         <br><asp:Label runat="server" id="objText"
            CssClass="Text"></asp:Label>
      </td>
   </tr>
</table>
```

Listing 283: Einsatz der globalen Seitenvorlage ohne eigenes Template – Frontend (Templateless.aspx)

Sie müssen keines der sonst nötigen Elemente für den Kopfbereich oder den Seitenkörper definieren. Fügen Sie innerhalb dieser Vorlage einfach die Elemente ein, die im Hauptbereich der Seite angezeigt werden sollen.

Die CodeBehind-Datei hat folgenden Aufbau:

```
Imports codebook.aspnet.vb.Controls

Public Class Templateless
   Inherits GlobalPageTemplate

   Protected WithEvents objHeadline As Label
   Protected WithEvents objText As Label

   Private Sub Page_Load( _
      ByVal sender As Object, ByVal e As EventArgs) _
```

Listing 284: Einsatz der globalen Seitenvorlage – CodeBehind (Templateless.aspx.vb)

```
      Handles MyBase.Load

      Me.objHeadline.Text = "Dies ist die Überschrift"
      Dim intCurrent As Int32
      For intCurrent = 0 To 50
         Me.objText.Text += "Templateless "
      Next

      Me.PageTitle = "Templateless"
      Me.Head.Controls.Add( _
         New LiteralControl( _
            "<link rel=""stylesheet"" type=""text/css"" " & _
              "href=""./Styles.css"">"))

   End Sub

End Class
```

Listing 284: Einsatz der globalen Seitenvorlage – CodeBehind (Templateless.aspx.vb) (Forts.)

Die CodeBehind-Datei muss im Gegensatz zur sonst üblichen Vorgehensweise nicht von der Klasse `Page`, sondern von der neuen Klasse `GlobalPageTemplate` erben. Innerhalb des `Page_Load`-Event-Handlers werden die Werte der innerhalb des Contents enthaltenen Controls gesetzt. Anschließend erfolgt die Zuweisung des Seitentitels. Zuletzt wird ein Stylesheet eingebunden, indem dem Platzhalter für den Seitenkopf ein neues `LiteralControl` zugewiesen wird, das die Deklaration eines Stylesheets enthält.

Wenn Sie die Seite aufrufen, sollten Sie folgende Ausgabe in Ihrem Browser sehen:

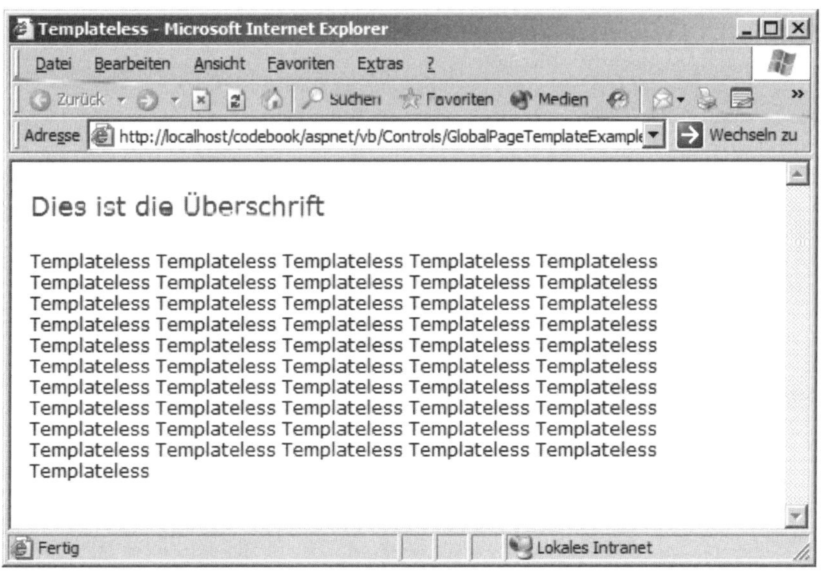

Abbildung 52: Ausgabe der Globalen Seitenvorlage

Wenn Sie ein anderes Layout vorgeben wollen, können Sie entweder in der CodeBehind-Datei die Methode `InitDefaultControl` der Klasse `GlobalPageTemplate` überschreiben, oder Sie schreiben sich für Ihr Projekt eine lokale Ableitung der Klasse, in der Sie diese Methode nach Ihren Bedürfnissen anpassen.

Globale Seitenvorlage mit Textdatei als Template

Neben Custom- und User Controls können Sie wie bereits mehrfach erwähnt auch beliebige Textdateien als Vorlage verwenden lassen. Diese müssen sich in einem für den ASPNET-User zugänglichen Verzeichnis befinden, das aber nicht zwangsläufig unterhalb des Wurzelverzeichnisses Ihrer Applikation sein muss.

Werfen wir zunächst einen Blick auf die HTML-Vorlage, die verwendet werden soll:

```
<!DOCTYPE HTML PUBLIC "-//W3C//DTD HTML 4.0 Transitional//EN">
<html>
   <head>
      <title>HTML-Template: <!-- Titel --></title>
      <meta http-equiv="Author" content="Karsten Samaschke">
      <link rel="Stylesheet" type="text/css"
         href="./Styles.css"></link>
      <!-- Metas -->
   </head>
   <body>
      <form runat="server">
         <table cellspacing="0" cellpadding="5" width="100%"
            border="0">
            <tr>
               <td width="100%" colspan="3" class="Text">
                  <I>Hier könnte Ihr Logo stehen</I></td>
            </tr>
            <tr>
               <td width="100%" colspan="3">
                  <hr width="100%" size="1" noshade="true"></td>
            </tr>
            <tr>
               <td valign="top" width="150"
                  class="Text"><b>Navigation</b>
                  <br> <br><!-- Navigation --></td>
               <td width="10"> </td>
               <td valign="top" width="100%"
                  class="Text"><b>Inhalt</b>
                  <br> <br><!-- Content --></td>
            </tr>
            <tr>
               <td width="100%" colspan="3">
                  <hr width="100%" size="1" noshade="true"></td>
            </tr>
            <tr>
```

Listing 285: HTML-Template für die Verwendung der globalen Seitenvorlage (./Templates/Template.html)

```
                <td width="100%" colspan="3" class="Small"
                    align="center">Hier könnte eine Fußzeile
                        eingefügt werden</td>
            </tr>
        </table>
    </form>
</body>
</html>
```

Listing 285: HTML-Template für die Verwendung der globalen Seitenvorlage (./Templates/Template.html) (Forts.)

Diese Vorlage entspricht bis auf einige wenige Ausnahmen einer normalen HTML-Datei. Eine der benötigten Voraussetzungen für den Einsatz als Template ist das Vorhandensein eines `Form`-Tags, das mit dem Attribut `runat="server"` gekennzeichnet ist. Die Platzhalter für die serverseitigen Elemente sind in diesem Fall als HTML-Kommentare ausgeführt – sie können aber prinzipiell auch beliebige andere Zeichenketten vorgeben.

Innerhalb der **.aspx*-Datei wird nun wie gehabt der Inhalt des Hauptbereichs eingefügt:

```
<%@ Page Language="vb" AutoEventWireup="false"
   Codebehind="HtmlTemplate.aspx.vb"
   Inherits="GlobalPageTemplateExample.HtmlTemplate"%>
<asp:Label runat="server" id="objHeadline"
   CssClass="Headline"></asp:Label>
<br> <br>
<asp:Label runat="server" id="objText"></asp:Label>
<br> <br>
<asp:Button runat="server" id="objButton"
   Text="PostBack testen" CssClass="Text" />
```

Listing 286. Zuweisung des Hauptinhalts (HtmlTemplate.aspx)

Im CodeBehind erbt die Seite wieder von `GlobalPageTemplate` statt von `Page`:

```
Imports codebook.aspnet.vb.Controls

Public Class HtmlTemplate
   Inherits GlobalPageTemplate

   Protected WithEvents objHeadline As Label
   Protected WithEvents objText As Label
   Protected WithEvents objButton As Button

   Private Sub Page_Load( _
      ByVal sender As Object, ByVal e As EventArgs) _
      Handles MyBase.Load
```

Listing 287: CodeBehind bei Verwendung eines HTML-Templates (HtmlTemplate.aspx.vb)

```
      Dim objTemplateFields As PageTemplateFields
      objTemplateFields.Head = "<!-- Metas -->"
      objTemplateFields.Title = "<!-- Titel -->"
      objTemplateFields.Navigation = "<!-- Navigation -->"
      objTemplateFields.Content = "<!-- Content -->"

      Me.LoadTemplateFile("~/Templates/Template.html", _
         objTemplateFields)

      ' -------------------------------------
      ' Navigationselemente hinzufügen
      ' -------------------------------------
      Dim objLabel As New Label
      objLabel.Text = "Punkt 1<br>"
      Me.Navigation.Controls.Add(objLabel)

      objLabel = New Label
      objLabel.Text = "Punkt 2"
      Me.Navigation.Controls.Add(objLabel)

      ' -------------------------------------
      ' Inhalt hinzufügen
      ' -------------------------------------
      Me.objHeadline.Text = "Dies ist die Überschrift"
      Dim intCurrent As Int32
      For intCurrent = 0 To 50
         Me.objText.Text += "HtmlTemplate "
      Next

      Me.PageTitle = "Artikelansicht"
   End Sub

   Private Sub objButton_Click( _
      ByVal sender As Object, ByVal e As EventArgs) _
      Handles objButton.Click

      Dim intCurrent As Int32
      Me.objText.Text = String.Empty
      For intCurrent = 0 To 50
         Me.objText.Text += "PostBack "
      Next
   End Sub
End Class
```

Listing 287: CodeBehind bei Verwendung eines HTML-Templates (HtmlTemplate.aspx.vb) (Forts.)

Nach der Definition der Platzhalter für die einzufügenden Elemente in der Vorlage unter Verwendung der `PageTemplateFields`-Struktur erfolgt die Zuweisung des Templates durch die Methode `LoadTemplateFile`.

Wenn Sie die Seite im Browser aufrufen, sollten Sie folgende Ausgabe erhalten:

Abbildung 53: Verwendung eines HTML-Templates als Seitenvorlage

Wenn Sie auf die Schaltfläche POSTBACK TESTEN klicken, werden Sie feststellen, dass auch bei Verwendung eines HTML-Templates als Seitenvorlage alle Events korrekt funktionieren und umgesetzt werden.

User Control als Vorlage für die globale Seitenvorlage

Der gängigste Weg, eine globale Seitenvorlage einzusetzen, wird sicherlich in der Verwendung von User Controls liegen, erlauben diese doch eine WYSIWYG-Ansicht in der Entwicklung, direktes Erstellen von Ereignishandlern untergeordneter Elemente und bequemes Implementieren der für den Einsatz als Seitenvorlage benötigten Interfaces.

Ein User Control für den Einsatz als globale Seitenvorlage könnte folgenden Aufbau haben:

```
<%@ Control Language="vb" AutoEventWireup="false"
   Codebehind="Template.ascx.vb"
   Inherits="GlobalPageTemplateExample.Template"%>
<!DOCTYPE HTML PUBLIC "-//W3C//DTD HTML 4.0 Transitional//EN">
<html>
   <head>
```

Listing 288: Seitenvorlage als User Control (Templates/Template.ascx)

```
    <title>Meine Seite <asp:Literal runat="server"
      id="objTitle"/></title>
    <meta http-equiv="Author" content="Karsten Samaschke">
    <asp:PlaceHolder runat="server" id="objMeta"/>
    <link rel="stylesheet" type="text/css"
      href="./Styles.css"></link>
  </head>
  <body>
    <form id="Form1" method="post" runat="server">
      <table cellspacing="0" cellpadding="5" width="100%"
        border="0">
        <tr>
          <td width="100%" colspan="3" class="Text">
            <I>Hier könnte Ihr Logo stehen</I></td>
        </tr>
        <tr>
          <td width="100%" colspan="3">
            <hr width="100%" size="1" noshade="true"></td>
        </tr>
        <tr>
          <td valign="top" width="150"
            class="Text"><b>Navigation</b>
            <br> <br><asp:PlaceHolder Runat="server"
              ID="objNavigation"/></td>
          <td width="10"> </td>
          <td valign="top" width="100%"
              class="Text"><b>Inhalt</b>
            <br> <br><asp:PlaceHolder Runat="server"
              ID="objContent"/></td>
        </tr>
        <tr>
          <td width="100%" colspan="3">
            <hr width="100%" size="1" noshade="true"></td>
        </tr>
        <tr>
          <td width="100%" colspan="3" class="Small"
            align="center">Hier könnte eine Fußzeile
            eingefügt werden</td>
        </tr>
      </table>
    </form>
  </body>
</html>
```

Listing 288: Seitenvorlage als User Control (Templates/Template.ascx) (Forts.)

Auch bei der Verwendung eines User Controls als Seitenvorlage müssen Sie sicherstellen, dass ein serverseitiges Formular existiert, in dem alle untergeordneten und bei einem PostBack auszuwertenden Elemente enthalten sind. Das Control selbst enthält außer diesem Formular noch vier weitere serverseitige Elemente, die direkt den Elementen der Klasse `GlobalPageTemplate` entsprechen und von dieser auch genutzt werden sollen. Um dies erreichen zu können, müssen im CodeBehind die entsprechenden Interfaces implementiert werden:

```
Imports codebook.aspnet.vb.Controls

Public Class Template
   Inherits System.Web.UI.UserControl
   Implements IPageTemplatePortal

   Protected objTitle As Literal
   Protected WithEvents objMeta As PlaceHolder
   Protected WithEvents objNavigation As PlaceHolder
   Protected WithEvents objContent As PlaceHolder

   Public Property PageTitle() As String _
      Implements IPageTemplate.PageTitle
      Get
         Return Me.objTitle.Text
      End Get
      Set(ByVal Value As String)
         Me.objTitle.Text = Value
      End Set
   End Property

   Public Property Content() As PlaceHolder _
      Implements IPageTemplate.Content
      Get
         Return Me.objContent
      End Get
      Set(ByVal Value As PlaceHolder)
         Me.objContent = Value
      End Set
   End Property

   Public Property Head() As PlaceHolder _
      Implements IPageTemplateHead.Head
      Get
         Return Me.objMeta
      End Get
      Set(ByVal Value As PlaceHolder)
         Me.objMeta = Value
      End Set
   End Property

   Public Property Navigation() As PlaceHolder _
      Implements IPageTemplateNavigation.Navigation
      Get
         Return Me.objNavigation
      End Get
      Set(ByVal Value As PlaceHolder)
         Me.objNavigation = Value
      End Set
   End Property
```

Listing 289: CodeBehind des als Seitenvorlage verwendeten User Controls (Templates/Template.ascx.vb)

```
   Private Sub Page_Load(ByVal sender As Object, _
      ByVal e As EventArgs) Handles MyBase.Load
      If Me.objTitle.Text = String.Empty Then
         Me.objTitle.Text = "Neue Seite"
      End If
   End Sub

End Class
```

Listing 289: CodeBehind des als Seitenvorlage verwendeten User Controls (Templates/Template.ascx.vb) (Forts.)

in eigenen Templates müssen Sie selbstverständlich nicht alle Interfaces implementieren – ersetzen Sie den Wert des `Implements`-Statements durch das zu verwendende Interface. Die `GlobalPageTemplate`-Klasse erwartet zumindest die Implementierung der Schnittstelle `IPage-Template` – also das Bereitstellen von Properties für Seitentitel und Hauptinhalt.

Im Frontend der abgeleiteten Seite erfassen Sie – wie sonst auch – nur noch die zusätzlichen Elemente, die im Hauptbereich angezeigt werden sollen:

```
<%@ Page Language="vb" AutoEventWireup="false"
   Codebehind="UserControl.aspx.vb"
   Inherits="GlobalPageTemplateExample.UserControl"%>
<asp:Label runat="server" id="objHeadline"
   CssClass="Headline"></asp:Label>
<br> <br>
<asp:Label runat="server"
   id="objText" CssClass="Text"></asp:Label>
<br> <br>
<asp:Button runat="server"
   id="objButton" Text="PostBack testen" CssClass="Text" />
```

Listing 290: Frontend der abgeleiteten Seite (UserControl.aspx)

Um nun die Seitenvorlage verwenden zu können, ist sogar noch etwas weniger Aufwand als bei der Verwendung eines HTML-Templates nötig:

```
Imports codebook.aspnet.vb.Controls

Public Class UserControl
   Inherits GlobalPageTemplate

   Protected WithEvents objHeadline As Label
   Protected WithEvents objText As Label
   Protected WithEvents objButton As Button

   Private Sub Page_Load( _
```

Listing 291: CodeBehind der abgeleiteten Seite (UserControl.aspx.vb)

```
      ByVal sender As Object, ByVal e As EventArgs) _
      Handles MyBase.Load

      ' --------------------------------------
      ' Laden des Templates
      ' --------------------------------------
      Me.TemplateControl = "~/Templates/Template.ascx"

      ' --------------------------------------
      ' Navigationselemente hinzufügen
      ' --------------------------------------
      Dim objLabel As New Label
      objLabel.Text = "Punkt 1<br>"
      Me.Navigation.Controls.Add(objLabel)

      objLabel = New Label
      objLabel.Text = "Punkt 2"
      Me.Navigation.Controls.Add(objLabel)

      ' --------------------------------------
      ' Inhalt hinzufügen
      ' --------------------------------------
      Me.objHeadline.Text = "Dies ist die Überschrift"
      Dim intCurrent As Int32
      For intCurrent = 0 To 50
         Me.objText.Text += "UserControl "
      Next
   End Sub

   Private Sub objButton_Click( _
      ByVal sender As Object, ByVal e As EventArgs) _
      Handles objButton.Click

      Dim intCurrent As Int32
      Me.objText.Text = String.Empty
      For intCurrent = 0 To 50
         Me.objText.Text += "PostBack "
      Next
   End Sub
End Class
```

Listing 291: CodeBehind der abgeleiteten Seite (UserControl.aspx.vb) (Forts.)

Im CodeBehind-Bereich sind nur zwei Dinge wirklich interessant: Wie üblich erbt die Seite nicht von `Page`, sondern von `GlobalPageTemplate`, was nötig ist, da sonst keine der neuen Funktionalitäten zur Verfügung stehen würde. Die Einbindung des User Controls als Seitenvorlage erfolgt über die Property `TemplateControl`:

```
   Me.TemplateControl = "~/Templates/Template.ascx"
```

Basics
Daten-bank
I/O
Validie-rung
Controls
Http-Handler
Netz-werk
Grafik
Tracing
Security

Dieser Property übergeben Sie den Pfad und den Dateinamen des zu verwendenden User Controls. Anschließend wird die Klasse versuchen, die Datei zu laden. Sollte dies fehlschlagen oder das Interface `IPageTemplate` nicht implementiert worden sein, werden entsprechende Exceptions geworfen, die Sie an dieser Stelle durch einen `Try-Catch`-Block abfangen sollten.

Wenn Sie die Seite im Browser aufrufen, sollten Sie diese Ausgabe erhalten:

Abbildung 54: Verwenden eines User Controls als Seitenvorlage

Verwenden eines Custom Controls als Seitenvorlage

Als letztes Beispiel zum Einsatz einer globalen Seitenvorlage soll demonstriert werden, wie Sie ein Custom Control einsetzen können. Custom Controls bieten gegenüber User Controls einige Vor- und Nachteile, auf die bereits weiter oben eingegangen worden ist. An dieser Stelle sollen als Hauptvorteile angeführt werden, dass beim Einsatz von Custom Controls lediglich eine Datei weitergegeben werden muss und Sie die Möglichkeit haben, für diese Custom Controls Design-Ansichten zu definieren, so dass Entwickler beim Erstellen der Seiten im Visual Studio .NET oder anderen designansichtsfähigen Entwicklungsumgebungen eine WYSIWYG-Ansicht im Editor erhalten.

Werfen wir an dieser Stelle einen Blick auf das als Vorlage verwendete Custom Control:

```
Imports System.ComponentModel
Imports System.Web.UI
Imports codebook.aspnet.vb.Controls
```

```
Namespace codebook.aspnet.vb.Controls.GlobalPageTemplate

   Public Class Template
      Inherits System.Web.UI.WebControls.WebControl
      Implements IPageTemplatePortal, _
        IPostBackEventHandler, inamingContainer

      Dim objPageTitle As New Literal
      Dim objMetas As New PlaceHolder
      Dim objNavigation As New PlaceHolder
      Dim objContent As New PlaceHolder
```

Nach der Angabe des Namensraums erfolgt die Deklaration der Klasse. Diese erbt von `WebControl` und implementiert die Interfaces `IPageTemplatePortal`, `IPostBackEventHandler` und `INamingContainer`. Die beiden letzteren Interfaces dienen der Sicherstellung des korrekten Funktionierens des Controls innerhalb der Seite. Das erste Interface sorgt dafür, dass das Control als Seitenvorlage verwendet werden kann.

```
      ' ----------------------------------------
      ' Zugriff auf den Seitentitel
      ' ----------------------------------------
      Public Property PageTitle() As String _
        Implements IPageTemplate.PageTitle
        Get
           Return Me.objPageTitle.Text
        End Get
        Set(ByVal Value As String)
           Me.objPageTitle.Text = Value
        End Set
      End Property

      ' ----------------------------------------
      ' Zugriff auf den Hauptinhalt
      ' ----------------------------------------
      Public Property Content() As PlaceHolder _
        Implements IPageTemplate.Content
        Get
           Return Me.objContent
        End Get
        Set(ByVal Value As PlaceHolder)
           Me.objContent = Value
        End Set
      End Property

      ' ----------------------------------------
      ' Zugriff auf die Navigation
      ' ----------------------------------------
      Public Property Navigation() As PlaceHolder _
        Implements IPageTemplateNavigation.Navigation
```

```
    Get
      Return Me.objNavigation
    End Get
    Set(ByVal Value As PlaceHolder)
      Me.objNavigation = Value
    End Set
  End Property

  ' --------------------------------------
  ' Zugriff auf Kopfelemente
  ' --------------------------------------
  Public Property Head() As PlaceHolder _
    Implements IPageTemplateHead.Head
    Get
      Return Me.objMetas
    End Get
    Set(ByVal Value As PlaceHolder)
      Me.objMetas = Value
    End Set
  End Property
```

Die vier Properties `PageTitle`, `Content`, `Navigation` und `Head` dienen der Bereitstellung der durch das Interface `IPageTemplatePortal` definierten Schnittstellen. Sie erlauben Zugriff auf die einzelnen Elemente des Controls.

```
  ' --------------------------------------
  ' Kopiert die Elemente eines PlaceHolders
  ' in einen anderen PlaceHolder
  ' --------------------------------------
  Private Sub CopyControls( _
    ByVal objOriginalControl As PlaceHolder, _
    ByRef objResult As PlaceHolder)

    Dim objSubControl As Control
    Dim objControls As New ArrayList

    For Each objSubControl In objOriginalControl.Controls
      objControls.Add(objSubControl)
    Next
    If objControls.Count > 0 Then
      objOriginalControl.Controls.Clear()
    End If
    For Each objSubControl In objControls
      objResult.Controls.Add(objSubControl)
    Next
  End Sub
```

Die Methode `CopyControls` kennen Sie bereits von der Klasse `GlobalPageTemplate`. Sie kopiert die untergeordneten Controls eines PlaceHolders in einen anderen PlaceHolder.

```
' --------------------------------------
' Dummy-Implementierung um sicherzustellen,
' dass PostBack-Events auch korrekt funktionieren
' --------------------------------------
Protected Shadows Sub RaisePostBackEvent( _
   ByVal eventArgument As String) _
   Implements IPostBackEventHandler.RaisePostBackEvent

End Sub

' --------------------------------------
' Beim Laden des Controls wird das Template
' initialisiert und die einzelnen Elemente
' werden zugewiesen
' --------------------------------------
Protected Shadows Sub OnLoad( _
   ByVal sender As Object, ByVal e As EventArgs) _
   Handles MyBase.Load
   ' --------------------------------------
   ' Eigentliche Seitenvorlage
   ' --------------------------------------
   Dim strTemplate As String = _
       "<!DOCTYPE HTML PUBLIC ""-//W3C//DTD HTML 4.0 " & _
          "Transitional//EN"">" & _
          "<html><head>" & _
              "<title>Custom Control " & _
                 "<asp:Literal runat=""server"" " & _
                     "id=""objTitle""/>" & _
              "</title>" & _
              "<meta http-equiv=""Author"" " & _
                 "content=""Karsten Samaschke"">" & _
              "<link rel=""stylesheet"" type=""text/css"" " & _
                 "href=""./Styles.css"">" & _
              "<asp:PlaceHolder runat=""server"" " & _
                 "id=""objMetas""/>" & _
          "</head><body><form runat=""server"" " & _
              "id=""Form1"">" & _
              "<table cellspacing=""0"" " & _
                 "cellpadding=""5"" width=""100%"" " & _
                     "border=""0"">" & _
                 "<tr><td width=""100%"" " & _
                     "colspan=""3"" class=""Text"">" & _
                         "<I>Hier könnte Ihr Logo " & _
                            "stehen</I></td>" & _
                 "</tr><tr>" & _
                     "<td width=""100%"" colspan=""3"">" & _
                            "<hr width=""100%"" size=""1"" " & _
                                  "noshade=""true"">" & _
                     "</td>" & _
                 "</tr><tr>" & _
                     "<td valign=""top"" width=""150"" " & _
                         "class=""Text"">" & _
                         "<b>Navigation</b><br> <br>" & _
```

```
                    "<asp:PlaceHolder runat=""server"" " & _
                      "id=""objNavigation""/>" & _
                 "</td><td width=""10""> </td>" & _
                 "<td valign=""top"" width=""100%"" " & _
                    "class=""Text"">" & _
                    "<b>Inhalt</b><br> <br>" & _
                    "<asp:PlaceHolder runat=""server"" " & _
                      "id=""objContent""/>" & _
                 "</td></tr><tr>" & _
                 "<td width=""100%"" colspan=""3"">" & _
                    "<hr width=""100%"" size=""1"" " & _
                      "noshade=""true""></td>" & _
              "</tr><tr>" & _
                 "<td width=""100%"" colspan=""3"" " & _
                    "class=""Small""" & _
                    "align=""center"">" & _
                      "Hier könnte eine Fußzeile " & _
                         "eingefügt werden</td>" & _
              "</tr></table></form></body></html>"

' ----------------------------------------
' Parsen der Zeichenkette als Control und
' Hinzufügen zur Controls-Collection
' ----------------------------------------
Dim objControl As Control = Page.ParseControl(strTemplate)
Me.Controls.Add(objControl)

' ----------------------------------------
' Setzen des Titels
' ----------------------------------------
CType(Me.FindControl("objTitle"), _
   Literal).Text = Me.objPageTitle.Text

' ----------------------------------------
' Setzen der Kopfelemente
' ----------------------------------------
Dim objPlaceHolder As PlaceHolder = _
   CType(objControl.FindControl("objMetas"), PlaceHolder)
CopyControls(Me.objMetas, objPlaceHolder)

' ----------------------------------------
' Setzen der Navigation
' ----------------------------------------
objPlaceHolder = _
   CType(objControl.FindControl("objNavigation"), _
      PlaceHolder)
CopyControls(Me.objNavigation, objPlaceHolder)

' ----------------------------------------
' Setzen des eigentlichen Inhalts
' ----------------------------------------
objPlaceHolder = _
   CType(objControl.FindControl("objContent"), _
```

```
            PlaceHolder)
        CopyControls(Me.objContent, objPlaceHolder)

      End Sub
```

Die Methode `OnLoad` ist der Event-Handler für das `Load`-Ereignis des Controls. in ihr wird die eigentliche Vorlage erstellt – der Einfachheit halber als String, der per `ParseControl` in ein Control umgewandelt wird. Anschließend werden die im Control enthaltenen serverseitigen Controls mit denen der Klasse verknüpft und die untergeordneten Controls der PlaceHolder werden zugewiesen.

```
      Protected Overrides Sub Render( _
        ByVal output As System.Web.UI.HtmlTextWriter)
        RenderChildren(output)
      End Sub

   End Class

End Namespace
```

Beim Rendern des Controls werden alle untergeordneten Controls – also das eigentliche Template – dargestellt. Würde diese Methode nicht überschrieben, würde das Template innerhalb von `SPAN`-Tags dargestellt, was natürlich nicht dem gewünschten Effekt entspräche und je nach verwendetem Browser zu Problemen führen kann.

Nach einem Kompilieren des Controls kann es innerhalb der eigentlichen Applikation eingebunden werden. Zu diesem Zweck erfolgt im Frontend wieder die Deklaration der anzuzeigenden Controls:

```
<%@ Page Language="vb" AutoEventWireup="false"
   Codebehind="CustomControl.aspx.vb"
   Inherits="GlobalPageTemplateExample.CustomControl"%>
<asp:Label runat="server" id="objHeadline"
   CssClass="Headline"></asp:Label>
<br> <br>
<asp:Label runat="server" id="objText"
   CssClass="Text"></asp:Label>
<br> <br>
<asp:Button runat="server" id="objButton"
   Text="PostBack testen" CssClass="Text" />
```

Listing 292: Frontend der abgeleiteten Seite (CustomControl.aspx)

Im CodeBehind-Bereich der Seite erfolgt die Einbindung des Templates und das Setzen der anzuzeigenden Texte:

```
Imports codebook.aspnet.vb.Controls

Public Class CustomControl
   Inherits GlobalPageTemplate

   Protected WithEvents objHeadline As Label
   Protected WithEvents objText As Label
   Protected WithEvents objButton As Button

   Private Sub Page_Init( _
      ByVal sender As Object, ByVal e As EventArgs) _
      Handles MyBase.Init
      Dim objTemplate As New _
         codebook.aspnet.vb.Controls.GlobalPageTemplate.Template
      Me.Template = objTemplate
   End Sub

   Private Sub Page_Load( _
      ByVal sender As Object, ByVal e As EventArgs) _
      Handles MyBase.Load

      ' -------------------------------------
      ' Navigationselemente hinzufügen
      ' -------------------------------------
      Dim objLabel As New Label
      objLabel.Text = "Punkt 1<br>"
      Me.Navigation.Controls.Add(objLabel)

      objLabel = New Label
      objLabel.Text = "Punkt 2"
      Me.Navigation.Controls.Add(objLabel)

      ' -------------------------------------
      ' Inhalt hinzufügen
      ' -------------------------------------
      Me.objHeadline.Text = "Dies ist die Überschrift"
      Dim intCurrent As Int32
      For intCurrent = 0 To 50
         Me.objText.Text += "CustomControl "
      Next

      Me.objButton.Text = "Absenden"
   End Sub

   Private Sub objButton_Click( _
      ByVal sender As Object, _
      ByVal e As EventArgs) Handles objButton.Click

      Dim intCurrent As Int32
      Me.objText.Text = String.Empty
      For intCurrent = 0 To 50
```

Listing 293: CodeBehind der abgeleiteten Seite (CustomControl.aspx.vb)

```
            Me.objText.Text += "PostBack "
        Next
    End Sub
End Class
```

Listing 293: CodeBehind der abgeleiteten Seite (CustomControl.aspx.vb) (Forts.)

Im Event-Handler für das `Init`-Ereignis wird das erstellte Template über die Property `Template` der `GlobalPageTemplate`-Klasse zugewiesen. Dies könnte zwar ebenfalls innerhalb der `Page_Load`-Methode erfolgen, allerdings muss das Template in der Regel nur beim ersten Aufruf der Seite zugewiesen werden, weshalb dies sinnvollerweise bei der Initialisierung der Seite erfolgen sollte.

Beim Aufruf der Datei im Browser sollten Sie folgende Ausgabe erhalten:

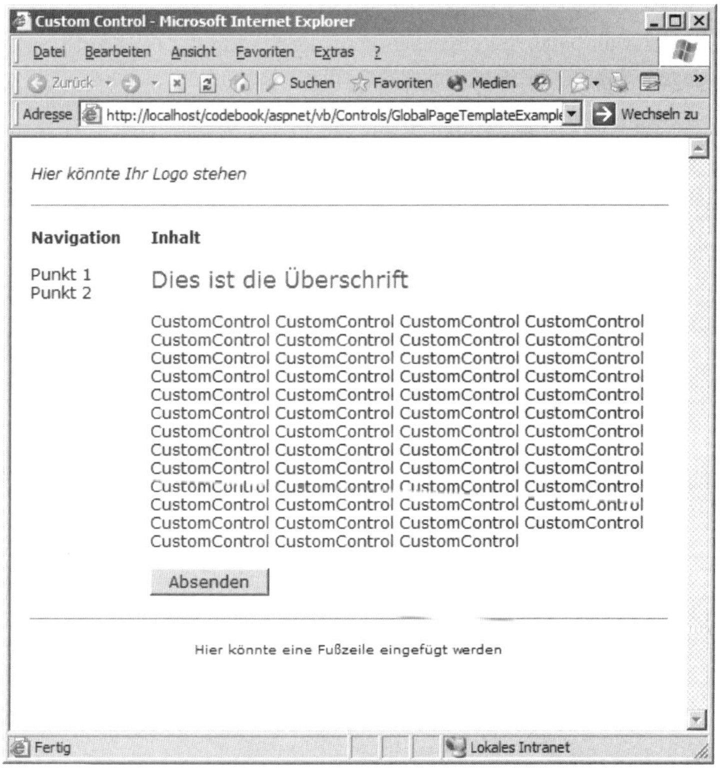

Abbildung 55: Custom Control als Seitenvorlage

150 Mögliche Erweiterungen der Seitenvorlage

Selbstverständlich können Sie schnell und einfach Erweiterungen der Seitenvorlage erstellen. Sinnvoll wäre dies beispielsweise, wenn Sie weitere Properties der Vorlage hinzufügen wollen oder ein bestimmtes Template als feste Vorlage definieren wollten. Der Ansatz wäre in jedem

Fall, eine Ableitung der Seitenvorlage zu schreiben und dort die entsprechenden Eigenschaften hinzuzufügen oder die überschreibbaren `Init`-Methoden zu modifizieren. Das Charmante an diesem Ansatz ist, dass Ihre bereits geschriebenen und eingebundenen Templates in der Regel weiter funktionieren werden. Ebenso ist es denkbar, weitere Interfaces zu definieren, die Ihre Templates unterstützen können. in jedem Fall erhalten Sie sich die Flexibilität, die Sie durch den Einsatz der Seitenvorlage gewonnen haben.

151 Die globale Seitenvorlage ohne CodeBehind einsetzen

Es ist ebenfalls möglich, die Seitenvorlage ohne CodeBehind einzusetzen. Im Folgenden wird geschildert, wie Sie ohne CodeBehind arbeiten und dennoch auf die Möglichkeiten der globalen Seitenvorlage zurückgreifen können.

Globale Seitenvorlage für eine Seite festlegen

Sie können die Verwendung der globalen Seitenvorlage statt der Standard-`Page`-Klasse recht einfach für eine Seite festlegen. Führen Sie dazu folgende Schritte aus:

- Kompilieren Sie die Seitenvorlage und kopieren Sie sie in das */bin*-Verzeichnis Ihrer Applikation.
- Fügen Sie im Kopf der Seite, die von der Seitenvorlage erben soll, das Attribut `Inherits` mit dem Klassennamen der Seitenvorlage ein.

Wenn Sie beispielsweise für eine Seite eine HTML-Vorlage verwenden wollten, könnte dies so aussehen (vorausgesetzt, im Verzeichnis */Templates* befände sich die Vorlage *HTMLTemplate.html*):

```
<%@ Page Language="vb"
   Inherits="codebook.aspnet.vb.Controls.GlobalPageTemplate" %>
<%@ Import Namespace="codebook.aspnet.vb.Controls" %>
<script runat="server">
   Protected Sub Page_Load( _
      ByVal sender As Object, ByVal e As EventArgs) _
      Handles MyBase.Load

      Dim objTemplateFields As PageTemplateFields
      objTemplateFields.Head = "<!-- Metas -->"
      objTemplateFields.Title = "<!-- Titel -->"
      objTemplateFields.Navigation = "<!-- Navigation -->"
      objTemplateFields.Content = "<!-- Content -->"

      Me.LoadTemplateFile("~/Templates/HTMLTemplate.html", _
         objTemplateFields)

      Me.PageTitle = "Hallo Welt!"
   End Sub
```

Listing 294: Verwenden der globalen Seitenvorlage ohne CodeBehind (GlobalPageTemplate.aspx)

```
</script>
<h3>Willkommen auf dieser Webseite!</h3>
<p class="Text"><b>Dies könnte eine Einleitung sein.</b></p>
<p class="Text">Und dies dann der eigentliche Inhalt</p>
```

Listing 294: Verwenden der globalen Seitenvorlage ohne CodeBehind (GlobalPageTemplate.aspx) (Forts.)

Die explizite Einbindung des Namensraums per `Import`-Direktive ist nötig, damit die Struktur `PageTemplateFields` ordnungsgemäß erkannt und verwendet werden kann. Der Rest der Einbindung entspricht der bereits gezeigten Einbindung eines HTML-Templates.

Den Code dieses Beispiels finden Sie im Ordner *GlobalPageTemplateExample*.

Alle Seiten automatisch von der Vorlage erben lassen

Um alle Seiten einer Applikation automatisch von der globalen Seitenvorlage erben zu lassen, müssen Sie folgende Schritte durchführen:

- Kompilieren Sie die Seitenvorlage und kopieren Sie sie in das */bin*-Verzeichnis Ihrer Applikation.
- Fügen Sie der *web.config*-Datei Ihrer Applikation folgenden Eintrag hinzu:

```
<configuration>
   <systwm.web>
      <pages
pageBaseType="codebook.aspnet.vb.Controls.GlobalPageTemplate,codebook.aspnet.vb.Contr
ols.GlobalPageTemplate"/>
   </system.web>
</configuration>
```

Der erste Wert des Attributs `pageBaseType` gibt den Klassennamen der Seitenvorlage inklusive Namensraum an. Der zweite Wert entspricht dem Assembly-Namen der Seitenvorlage, allerdings ohne die Dateiendung.

Nunmehr können Sie alle Pages implizit von `GlobalPageTemplate` erben lassen – die Angabe des Attributs `Inherits` innerhalb der `Page`-Direktive kann entfallen.

Wenn Sie aus verschiedenen Gründen eine bestimmte Seite von einer anderen Vorlage oder der Standard-Klasse erben lassen wollen, fügen Sie innerhalb dieser Seite in die `Page`-Direktive das `Inherits`-Attribut wieder ein und geben dort den voll qualifizierten Namen der entsprechenden Klasse an – für die Standard-`Page`-Klasse wäre das in dem Fall `System.Web.UI.Page`.

152 Tools: JavaScriptTimer-Control

Mit dem .NET Framework erhalten Sie ein Timer-Control, das sich in Windows-Applikationen hervorragend bewährt hat. Leider gilt dies überhaupt nicht für den Einsatz innerhalb von Web-Applikationen, da das Timer-Control selbst zwar funktioniert, aber nach der Auslieferung einer Webseite aufgrund des HTTP-Protokolls keinerlei Verbindung zum Client mehr besteht und somit keinerlei Reaktion auf das `Elapsed`-Ereignis des Controls möglich ist.

Dieses Problem löst das im Folgenden vorgestellte `JavaScriptTimer`-Control.

Das Control

Das `JavaScriptTimer`-Control ist ein spezielles Custom Control, das seine Funktionaliät – wie der Name es bereits ausdrückt – mit Hilfe von JavaScript erhält. Zu diesem Zweck wird das weiter oben vorgestellte JavaScript-Control eingesetzt.

Werfen wir nun einen Blick auf das Custom Control:

```
Imports System.ComponentModel
Imports System.Web.UI
Imports System.Web.UI.WebControls
Imports System.Collections.Specialized

Namespace codebook.aspnet.vb.Controls

   <DefaultProperty("TimeOut"), _
      ToolboxData("<{0}:JavaScriptTimer runat=server>" & _
         "</{0}:JavaScriptTimer>")> _
   Public Class JavaScriptTimer
      Inherits WebControl
      Implements IPostBackDataHandler, IPostBackEventHandler

      Private intTimeout As Int32 = 5000
      Private blnEnabled As Boolean = True
```

Am Anfang des Controls werden zunächst die Default-Eigenschaft und das Tag definiert, das bei Einbinden per Drag&Drop in der Entwicklungsumgebung automatisch verwendet wird. Das Control implementiert die beiden Schnittstellen `IPostBackDataHandler` und `IPostBackEventHandler`. Die privaten Variablen `intTimeout` und `blnEnabled` geben Auskunft darüber, ob der Timer aktiviert und nach welcher Zeitspanne er wirksam wird.

```
      Public Event Elapsed( _
         ByVal sender As Object, ByVal e As EventArgs)
```

Das Event `Elapsed` wird gefeuert, wenn das Control die aktuelle Seite zum Client zurückgeschickt hat, und kann von einbindenden Applikationen abgefangen und behandelt werden.

```
      <Bindable(True), Category("Data"), DefaultValue("5000")> _
      Property TimeOut() As Int32
         Get
            Return intTimeout
         End Get
         Set(ByVal Value As Int32)
```

```
            intTimeout = Value
        End Set
    End Property

    <Bindable(True), Category("Data"), DefaultValue("True")> _
    Shadows Property Enabled() As Boolean
        Get
            Return blnEnabled
        End Get
        Set(ByVal Value As Boolean)
            blnEnabled = Value
        End Set
    End Property
```

Über die Properties `Enabled` und `TimeOut` kann gesteuert werden, ob und falls ja nach wie vielen Millisekunden ein PostBack durch das Control erfolgt.

```
    Public Overridable Overloads Sub RaisePostBackEvent( _
        ByVal eventArgument As String) _
        Implements IPostBackEventHandler.RaisePostBackEvent
        OnElapsed(EventArgs.Empty)
    End Sub

    Public Overridable Overloads Sub _
        RaisePostDataChangedEvent() _
        Implements IPostBackDataHandler.RaisePostDataChangedEvent
    End Sub

    Public Overridable Overloads Function LoadPostData( _
        ByVal postDataKey As String, _
        ByVal postCollection As NameValueCollection) As Boolean _
        Implements IPostBackDataHandler.LoadPostData
        Return True
    End Function

    Protected Overridable Sub OnElapsed(ByVal e As EventArgs)
        RaiseEvent Elapsed(Me, EventArgs.Empty)
    End Sub
```

Wenn das Control einen PostBack ausgelöst hat, wird beim erneuten Laden die Methode `RaisePostBackEvent` eingebunden. Innerhalb dieser Methode wird die Methode `OnElapsed` aufgerufen, die für das Auslösen des `Elapsed`-Events zuständig ist. Die beiden Methoden `RaisePostDataChangedEvent` und `LoadPostData` sind lediglich als Dummies implementiert, damit die Funktionalität der Applikation sichergestellt werden kann.

```
    Protected Overloads Sub OnPreRender( _
        ByVal sender As Object, ByVal e As EventArgs) _
        Handles MyBase.PreRender
```

```
        If Me.blnEnabled And Me.Visible Then
           Dim objJSControl As New HtmlJavaScript
           objJSControl.Text = "<!--" & vbCrLf & _
              "setTimeout(""" & _
              Page.GetPostBackEventReference(Me, "Elapsed") & _
              """, " & Me.intTimeout.ToString() & ");" & _
              vbCrLf & "//-->"
           Me.Controls.Add(objJSControl)
        End If
     End Sub

     Protected Overrides Sub Render( _
        ByVal output As HtmlTextWriter)
        RenderChildren(output)
     End Sub
  End Class

End Namespace
```

Die Methode `OnPreRender`, die direkt vor dem eigentlichen Rendering-Vorgang eingebunden wird, erstellt das JavaScript-Control und weist ihm das TimeOut und eine PostBack-Referenz zu. Diese Referenz sorgt dafür, dass das entsprechende Event bei einem PostBack geworfen werden kann. Anschließend erfolgt lediglich die Zuweisung des Controls zur `Controls`-Collection und innerhalb der Methode `Render` das Rendering des Controls.

153 JavaScriptTimer: Verwendung des Controls

Die Einbindung und Verwendung des `JavaScriptTimer`-Controls gestaltet sich sehr einfach: Kompilieren Sie zunächst die Assembly und kopieren Sie die dll-Datei in das */bin*-Verzeichnis Ihrer Applikation. Bei der Verwendung von VS.NET können Sie dem Projekt auch einfach eine Referenz auf die Assembly hinzufügen.

Die eigentliche Einbindung des Timers in eine Seite könnte dann etwa so erfolgen:

```
<%@ Page Language="vb" AutoEventWireup="false"
   Codebehind="JavaScriptTimerTest.aspx.vb"
   Inherits="JavaScriptTimerTest.WebForm1"%>
<%@ Register TagPrefix="cb"
   Namespace="codebook.aspnet.vb.Controls"
   Assembly="codebook.aspnet.vb.Controls.JavaScriptTimer" %>
<!DOCTYPE HTML PUBLIC "-//W3C//DTD HTML 4.0 Transitional//EN">
<HTML>
   <HEAD>
      <title>JavaScriptTimer-Test</title>
   </HEAD>
   <body>
      <form id="Form1" method="post" runat="server">
         <cb:JavaScriptTimer id="objTimer" runat="server"
```

Listing 295: Einbindung des JavaScriptTimer-Controls in eine Webseite (JavaScriptTimerTest.aspx)

```
            TimeOut="5000"></cb:JavaScriptTimer>
         <asp:Panel Runat="server" ID="objTime"></asp:Panel>
         <br>
         <b>
         <asp:Label Runat="server" ID="objWait">
            Bitte warten Sie einen Moment!</asp:Label>
         <asp:Label Runat="server" ID="objResult" Visible="False">
            Timer wurde ausgelöst!</asp:Label>
         </b>
      </form>
   </body>
</HTML>
```

Listing 295: Einbindung des JavaScriptTimer-Controls in eine Webseite (JavaScriptTimerTest.aspx) (Forts.)

Die Einbindung erfolgt wie üblich unter Verwendung einer `Register`-Direktive, mit deren Hilfe der Namensraum bekannt gemacht wird. Innerhalb der Seite kann nun das `JavaScriptTimer`-Control platziert und mit den nötigen Parametern versehen werden. Dies könnte allerdings auch im CodeBehind oder einem serverseitigen Script-Block erfolgen.

Die anderen drei Controls dienen zur Ausgabe von Meldungen.

Im CodeBehind kann nun auf das `Elapsed`-Event des Timer-Controls reagiert werden, wenn das Control mit dem Schlüsselwort `WithEvents` deklariert worden ist:

```
Imports codebook.aspnet.vb.Controls

Public Class WebForm1
   Inherits System.Web.UI.Page

   Protected WithEvents objWait As Label
   Protected WithEvents objResult As Label
   Protected WithEvents objTime As Panel
   Protected WithEvents objTimer As JavaScriptTimer

   Private Sub OnElapsed( _
      ByVal sender As Object, ByVal e As EventArgs) _
      Handles objTimer.Elapsed

      Me.objResult.Visible = True
      Me.objWait.Visible = False
      Me.objTimer.Enabled = False
   End Sub

   Private Sub Page_Load( _
      ByVal sender As Object, ByVal e As EventArgs) _
      Handles MyBase.Load
      Me.objTime.Controls.Add(New LiteralControl( _
         "Aktuelle Uhrzeit: " & _
```

Listing 296: Reaktion auf das Ereignis Elapsed des Timer-Controls (JavaScriptTimerTest.aspx.vb)

```
        DateTime.Now.ToLongTimeString.ToString()))
    End Sub
End Class
```

Listing 296: Reaktion auf das Ereignis Elapsed des Timer-Controls (JavaScriptTimerTest.aspx.vb) (Forts.)

Nachdem in der Methode `Page_Load` dem Panel `objTime` ein `LiteralControl` mit der aktuellen Uhrzeit zugewiesen worden ist, erfolgt das Rendern der Seite. Danach sollten Sie diese Ausgabe erhalten:

Abbildung 56: Timer vor der Ausführung

Nach fünf Sekunden erfolgt in diesem Fall ein PostBack. Dabei wird der EventHandler `OnElapsed` aufgerufen, der nun das Control `objWait` aus- und dafür `objResult` einblendet. Zuletzt wird der Timer deaktiviert.

Wenn der PostBack ausgeführt worden ist, sollten Sie folgende Ausgabe erhalten:

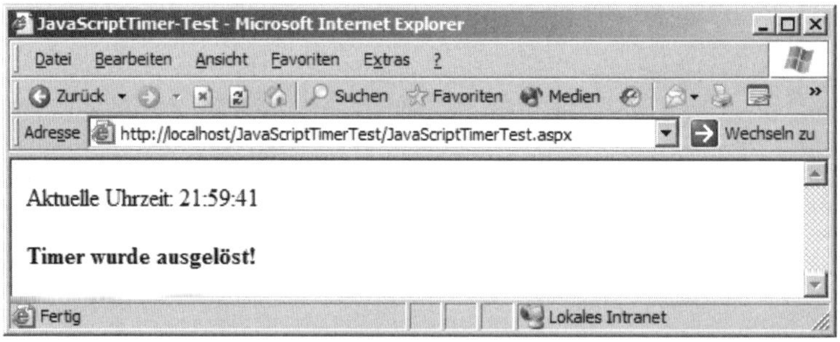

Abbildung 57: Timer nach der Ausführung

Beachten Sie bitte, dass der Timer nur bei eingeschaltetem JavaScript korrekt funktioniert.

154 Tools: MessageBox-Control

Manchmal ist es nötig, eine Sicherheitsabfrage oder eine Meldung auszugeben. Zwar kann dies auch serverseitig durch das Ein- und Ausblenden von Controls erfolgen, aber bei aktiviertem JavaScript ist es durchaus elegant, dies durch `Confirm`- oder `Alert`-Boxen erledigen zu lassen. Noch eleganter wäre es, wenn diese Boxen mit bestimmten Controls oder Aktionen verknüpft werden könnten und somit direkt das PostBack-Verhalten und die Events der Controls beeinflussen könnten.

Das folgende Control beweist, dass dies mit ein wenig Aufwand durchaus möglich ist.

Die Custom Controls

Die angestrebte Funktionalität ist leider nicht ohne weiteres erreichbar. Aus diesem Grund basiert das `MessageBox`-Control auf JavaScript und besteht aus zwei Controls, die hier im Einzelnen vorgestellt werden sollen.

JavaScriptControlInvoker

Dieses Control wird verwendet, um die `MessageBox` an verschiedene andere Controls zu binden. Zu diesem Zweck bietet es zwei Properties, über die festgelegt werden kann, an welches Control und welchen Event des Controls die Bindung erfolgt:

```
Imports System.ComponentModel
Imports System.Web.UI
Imports System.Web.UI.WebControls

Namespace codebook.aspnet.vb.Controls

   Public Enum ControlInvokerEvents
      OnClick
      OnMouseOver
      OnMouseOut
      OnKeyPressed
      OnKeyUp
      OnKeyDown
   End Enum

   <DefaultProperty("Text"), _
      ToolboxData("<{0}:JavaScriptMessageBoxInvoker " & _
         "runat=server></{0}:JavaScriptMessageBoxInvoker>")> _
   Public Class ControlInvoker
      Inherits WebControl

      Dim strControlId As String
      Dim objEvent As ControlInvokerEvents

      <Bindable(True), Category("Appearance"), DefaultValue("")> _
      Property ControlId() As String
         Get
            Return strControlId
         End Get
         Set(ByVal Value As String)
            strControlId = Value
         End Set
      End Property
```

Listing 297: JavaScriptControlInvoker zum Binden an andere Controls (JavaScriptControlInvoker.vb)

```
      <Bindable(True), Category("Appearance"), _
         DefaultValue(ControlInvokerEvents.OnMouseOver)> _
      Property OnEvent() As ControlInvokerEvents
         Get
            Return Me.objEvent
         End Get
         Set(ByVal Value As ControlInvokerEvents)
            Me.objEvent = Value
         End Set
      End Property
   End Class

End Namespace
```

Listing 297: JavaScriptControlInvoker zum Binden an andere Controls (JavaScriptControlInvoker.vb) (Forts.)

Der `JavaScriptControlInvoker` verfügt über zwei Properties: `ControlId` und `OnEvent`. Die Property `ControlId` nimmt eine Zeichenkette entgegen. Diese Zeichenkette entspricht der `ID` des Controls, an die sich die `JavaScriptMessageBox` binden soll. Die Eigenschaft `OnEvent` nimmt ein Element der `ControlInvokerEvents`-Auflistung entgegen. Dieses Element repräsentiert das Event, an das sich die `JavaScriptMessageBox` binden soll. Beachten Sie bitte, dass es sich bei diesen Events um clientseitige Ereignisse handelt.

JavaScriptMessageBox

Das eigentliche `JavaScriptMessageBox`-Control ist um einiges umfangreicher als das `JavaScriptControlInvoker`-Control und implementiert die komplette benötigte Logik des Bindens, des Event-Handlings und des Ausgebens der `MessageBox`:

```
Imports System.ComponentModel
Imports System.Collections
Imports System.Collections.Specialized
Imports System.Web.UI
Imports System.Web.UI.WebControls
Imports System.Web.UI.HtmlControls
Imports codebook.aspnet.vb.Controls

Namespace codebook.aspnet.vb.Controls

   Public Enum MessageBoxTypes
      Message
      Confirm
   End Enum
```

Die Aufzählung `MessageBoxTypes` wird verwendet, um den Typ der `MessageBox` festzulegen: `Message` gibt eine Nachricht aus, auf die nur per Klick auf OK reagiert werden kann, `Confirm` erlaubt eine Ja/Nein-Abfrage.

```
<DefaultProperty("Message"), _
   DefaultEvent("Confirmed"), _
   ToolboxData("<{0}:JavaScriptMessageBox runat=server>" & _
   "</{0}:JavaScriptMessageBox>"), ParseChildren(False)> _
Public Class MessageBox
   Inherits WebControl
   Implements inamingContainer

   Dim strMessage As String
   Dim objMessageType As MessageBoxTypes = _
      MessageBoxTypes.Message
   Dim blnShowOnStartUp As Boolean = False
   Dim blnDoAutoSubmit As Boolean = False
   Dim colInvokedControls As New ArrayList

   Public Event Confirmed(ByVal sender As Object, _
      ByVal e As EventArgs)
   Public Event Cancelled(ByVal sender As Object, _
      ByVal e As EventArgs)
```

Die Standard-Eigenschaft im Designer ist `Message`. Die `MessageBox` verfügt über zwei öffentliche Events, an die sich die Seite oder verwendente Controls binden können: `Displayed` und `Cancelled`.

Das Ereignis `Displayed` tritt ein, wenn die `MessageBox` angezeigt und bestätigt worden ist. Wird auf die Schaltfläche Abbrechen der `MessageBox` geklickt, wird nach dem nächsten PostBack das Ereignis `Cancelled` geworfen.

```
   <Bindable(True), Category("Appearance"), DefaultValue("")> _
   Property Message() As String
      Get
         Return strMessage
      End Get
      Set(ByVal Value As String)
         strMessage = Value
      End Set
   End Property

   <Bindable(True), Category("Settings"), DefaultValue(False)> _
   Public Property AutoSubmit() As Boolean
      Get
         Return Me.blnDoAutoSubmit
      End Get
      Set(ByVal Value As Boolean)
         Me.blnDoAutoSubmit = Value
      End Set
   End Property

   <Bindable(True), Category("Settings"), DefaultValue(False)> _
   Public Property ShowOnStartup() As Boolean
```

```
        Get
            Return Me.blnShowOnStartUp
        End Get
        Set(ByVal Value As Boolean)
            Me.blnShowOnStartUp = Value
        End Set
    End Property

    <Bindable(True), Category("Appearance"), _
        DefaultValue(MessageBoxTypes.Message)> _
    Public Property MessageType() As MessageBoxTypes
        Get
            Return Me.objMessageType
        End Get
        Set(ByVal Value As MessageBoxTypes)
            Me.objMessageType = Value
        End Set
    End Property
```

Die vier Eigenschaften `Message`, `AutoSubmit`, `ShowOnStartUp` und `MessageType` beeinflussen direkt die Erscheinung und die Funktionalität der `MessageBox`. Mit Hilfe von `Message` können Sie die anzuzeigende Meldung festlegen, `AutoSubmit` sorgt dafür, dass nach Anzeige der `MessageBox` ein PostBack erfolgt, `ShowOnStartup` zeigt die `MessageBox` direkt nach dem Laden der Seite an und mit Hilfe von `MessageType` legen Sie den Typ der `MessageBox` fest.

```
    Public WriteOnly Property ActivateOnClick() As Control
        Set(ByVal Value As Control)
            AddToControl(Value, "OnClick")
        End Set
    End Property

    Public WriteOnly Property ActivateOnMouseOver() As Control
        Set(ByVal Value As Control)
            AddToControl(Value, "OnMouseOver")
        End Set
    End Property

    Public Sub ActivateOnCustomEvent( _
        ByVal value As Control, ByVal customEvent As String)
        AddToControl(value, customEvent)
    End Sub
```

Die drei Properties `ActivateOnClick`, `ActivateOnMouseOver` und `ActivateOnCustomEvent` erlauben es, die `MessageBox` an das angegebene Ereignis des übergebenen Controls zu binden – tritt das clientseitige Ereignis ein, wird die `MessageBox` angezeigt. Der Einsatz der Properties ist nur aus dem Code-Teil heraus möglich.

```
Protected Overrides Sub AddParsedSubObject( _
  ByVal objSubObject As Object)
  If TypeOf (objSubObject) Is LiteralControl Then
    ' ----------------------------------
    ' Zugewiesenen Text als anzuzeigende
    ' Nachricht auffassen
    ' ----------------------------------
    Dim objLiteral As LiteralControl = _
      CType(objSubObject, LiteralControl)
    If objLiteral.Text.Replace(vbCrLf, "").Length > 0 Then
      Me.strMessage += objLiteral.Text
    End If
  ElseIf TypeOf (objSubObject) Is ControlInvoker Then
    ' -----------------------------------
    ' Das zugewiesene Control der
    ' Auflistung der Controls, an die
    ' die MessageBox sich hängen soll,
    ' hinzufügen
    ' -----------------------------------
    Dim objInvoker As ControlInvoker = _
      CType(objSubObject, ControlInvoker)
    If Not colInvokedControls.Contains(objInvoker) Then
      colInvokedControls.Add(objInvoker)
    End If
  End If
End Sub
```

Die Methode AddParsedSubObject prüft zunächst, ob es sich beim hinzuzufügenden Control um ein LiteralControl – also reinen Text – handelt. Sollte dies der Fall sein, wird der Text als anzuzeigende Nachricht aufgefasst.

Wenn es sich bei dem Control dagegen um ein Control vom Typ ControlInvoker handelt, erfolgt eine Überprüfung, ob dieses Control schon erfasst worden ist. Falls nicht, wird es der privaten ArrayList colInvokedControls hinzugefügt. Diese wird später innerhalb der überschrieben Methode OnPreRender ausgewertet.

```
Private Sub AddToControl( _
  ByVal objControl As Control, ByVal strEvent As String)

  Dim strCode As String = _
    "ShowMessage" + Me.UniqueID + "();"

  If Not IsNothing(objControl) Then
    If TypeOf (objControl) Is HtmlControl Or _
      TypeOf (objControl) Is WebControl Then
      ' ----------------------------
      ' Attribute-Collection einer lokalen
      ' Variablen zuweisen, damit die Collection
      ' bequemer durchlaufen werden kann
      ' ----------------------------
```

```
            Dim colAttributes As _
               System.Web.UI.AttributeCollection

            If TypeOf (objControl) Is HtmlControl Then
               colAttributes = CType(objControl, _
                 HtmlControl).Attributes
            Else
               colAttributes = CType(objControl, _
                 WebControl).Attributes
            End If

            ' ---------------------------------
            ' Überprüfen, ob das gewünschte
            ' Event schon existiert
            ' ---------------------------------
            Dim blnHasKey As Boolean = False
            Dim colList As New ArrayList(Attributes.Keys)
            Dim strValue As String = String.Empty

            blnHasKey = colList.Contains(strEvent)
            If blnHasKey Then
               ' ------------------------------
               ' Event existiert schon
               ' ------------------------------
               strValue = Attributes.Item(strEvent)
               If strValue.LastIndexOf(";") < _
                 strValue.Length Then
                 strValue += ";"
               End If
            End If
            strValue += strCode
            ' ------------------------------
            ' Falls das Event schon existierte,
            ' wird es durch die neue Definition
            ' ersetzt, ansonsten wird es einfach
            ' den Attributen hinzugefügt
            ' ------------------------------
            If blnHasKey Then
               Attributes.Item(strEvent) = strCode
            Else
               Attributes.Add(strEvent, strCode)
            End If
         End If
      End If
   End Sub
```

Die Methode `AddToControl` wird verwendet, um den für den Aufruf der `MessageBox` benötigten Code an die `AttributeCollection` des Controls anzuhängen. Zu diesem Zweck wird zunächst geprüft, ob das Control schon das clientseitige Event besitzt, an das die `MessageBox` gebunden werden soll. Sollte dies der Fall sein, wird es an das Event angehängt, anderenfalls erfolgt das Erstellen des Events.

```
' ------------------------------------
' Erzeugt den JavaScript-Code für eine
' Alert-Box
' ------------------------------------
Private Function GenerateAlertBoxCode() As String
   Dim strResult As String = _
      "function ShowMessage" & Me.UniqueID & "() {" & _
         "var message = """ & _
            EncodeMessage(strMessage) & _
         """;" & _
         "alert(message);" & _
         "document.forms[0].__" & Me.UniqueID & _
            "_Status.value = 'Confirmed';"

   If Me.AutoSubmit Then
      strResult += "document.forms[0].submit();"
   End If

   strResult += "}"
   Return strResult
End Function

' ------------------------------------
' Erzeugt den Code für eine Confirm-Box
' ------------------------------------
Private Function GenerateConfirmBoxCode() As String
   Dim strResult As String = _
      "function ShowMessage" & Me.UniqueID & "() {" & _
         "var message = """ & _
            EncodeMessage(strMessage) & _
         """;" & _
         "if(confirm(message)) {" & _
            "document.forms[0].__" & Me.UniqueID & _
               "_Status.value = 'Confirmed';"

   If Me.AutoSubmit Then
      strResult += "document.forms[0].submit();"
   End If

   strResult += "} else {" & _
      "document.forms[0].__" & Me.UniqueID & _
         "_Status.value = 'Cancelled';"

   If Me.AutoSubmit Then
      strResult += "document.forms[0].submit();"
   End If

   strResult += "}}"

   Return strResult
End Function
```

Die beiden privaten Methoden GenerateAlertBoxCode und GenerateConfirmBoxCode erstellen den jeweils benötigten JavaScript-Code für eine Alert- oder Confirm-MessageBox.

```
' -----------------------------------
' Entfernt überflüssige Zeilenumbrüche
' und konvertiert bestimmte Zeichen in die
' JavaScript-Notation, damit sie innerhalb
' der MessageBox korrekt angezeigt werden
' -----------------------------------
Private Function EncodeMessage( _
   ByVal strMessage As String) As String
   Dim strResult As String = strMessage

   strResult = strResult.Replace(vbCrLf, "\n")
   strResult = strResult.Replace("""", "'")

   While strResult.StartsWith("\n")
      strResult = strResult.Substring(2)
   End While

   While strResult.EndsWith("\n")
      strResult = strResult.Substring(0, _
         strResult.Length - 2)
   End While

   Return strResult
End Function

' -----------------------------------
' Gibt zurück, ob das angegebene Control
' tatsächlich existiert
' -----------------------------------
Private Function FindSpecifiedControl( _
   ByVal strControlId As String) As Boolean
   Return Not IsNothing(Page.FindControl(strControlId))
End Function
```

Die Methode EncodeMessage wird verwendet, um den anzuzeigenden Text der MessageBox für die Darstellung zu optimieren. So werden Zeilenumbrüche am Anfang oder am Ende des Texts entfernt oder Zeilenumbrüche und Anführungszeichen innerhalb des Textes so umgewandelt, dass sie problemlos anzeigbar sind und korrekt formatiert werden.

```
Protected Overloads Sub OnPreRender( _
   ByVal sender As Object, ByVal e As EventArgs) _
   Handles MyBase.PreRender
   ' ------------------------------
   ' An Controls anhängen
   ' ------------------------------
   Dim intPosition As Int32 = 0
   For intPosition = 0 To colInvokedControls.Count - 1
```

```
        ' ----------------------------------
        ' ControlInvoker erstellen
        ' ----------------------------------
        Dim objInvoker As ControlInvoker = _
          CType(colInvokedControls.Item(intPosition), _
            ControlInvoker)

        ' ----------------------------------
        ' Wenn das Control gefunden werden konnte,
        ' dann an das angegebene Event hängen
        ' ----------------------------------
        If FindSpecifiedControl(objInvoker.ControlId) Then
          Dim objControlToInvoke As Control = _
            Me.Page.FindControl(objInvoker.ControlId)
          Dim strEvent As String = _
            objInvoker.OnEvent.ToString()
          AddToControl(objControlToInvoke, strEvent)
        End If
      Next

      ' ------------------------------
      ' JavaScriptControl erstellen, das die
      ' geforderte Funktion enthält
      ' ------------------------------
      Dim strFunctionText As String
      If Me.MessageType = MessageBoxTypes.Confirm Then
        strFunctionText = GenerateConfirmBoxCode()
      Else
        strFunctionText = GenerateAlertBoxCode()
      End If

      Dim objJSControl As New HtmlJavaScript
      objJSControl.Text = strFunctionText
      Me.Controls.Add(objJSControl)

      ' -----------------------------------
      ' Verstecktes Formularfeld erzeugen,
      ' das den Status transportiert und
      ' bei einem PostBack ausgewertet
      ' werden kann
      ' -----------------------------------
      Me.Page.RegisterHiddenField("__" & Me.UniqueID & _
        "_Status", "none")

      ' -----------------------------------
      ' Wenn die MessageBox schon beim Aufruf
      ' der Page angezeigt werden soll, muss ein
      ' weiteres Control erzeugt werden, das
      ' sie beim Start anzeigt
      ' -----------------------------------
      If Me.blnShowOnStartUp Then
        Dim objJSStart As New HtmlJavaScript
        objJSStart.Text = "ShowMessage" + Me.UniqueID + "();"
```

```
        Me.Controls.Add(objJSStart)
    End If
End Sub

Protected Overrides Sub Render( _
    ByVal output As System.Web.UI.HtmlTextWriter)
    RenderChildren(output)
End Sub
```

Die Methode `OnPreRender`, die direkt vor dem Rendering-Vorgang aufgerufen wird, sorgt dafür, dass die `MessageBox` an die per `ControlInvoker` im Quellcode der einbindenden Seite zugewiesenen Controls gebunden wird. Zu diesem Zweck wird die private `ArrayList colInvokedControls` durchlaufen und für jedes Element der Zuweisungsprozess mittels der Methode `AddToControl` ausgeführt.

Anschließend wird ein – bereits zuvor in diesem Buch besprochenes – `HtmlJavaScript`-Control erstellt, das in Abhängigkeit von dem anzuzeigenden `MessageBox`-Typ den entsprechenden JavaScript-Code für das Anzeigen der `MessageBox` zugewiesen bekommt.

Damit die `MessageBox` funktioniert, muss ein verstecktes Formularfeld erzeugt werden, das den Status der `MessageBox` transportiert und bei einem PostBack ausgewertet werden kann. Dies wird mit Hilfe der Methode `RegisterHiddenField` der übergeordneten `Page`-Klasse erledigt.

Wenn die `MessageBox` direkt beim Laden der Seite angezeigt werden soll, wird auch dafür der entsprechende JavaScript-Code generiert.

Beim eigentlichen Renderprozess werden die angelegten Controls ohne eine Umrahmung durch ein weiteres HTML-Tag gerendert. Dies erledigt der Aufruf von `RenderChildren` in der Methode `Render`.

```
Protected Overloads Sub OnLoad( _
    ByVal sender As Object, ByVal e As EventArgs) _
    Handles MyBase.Load
    ' ------------------------------------
    ' Überprüfen, ob eines der Events aus-
    ' gelöst werden soll
    ' ------------------------------------
    If Page.IsPostBack Then
        CheckForEvent()
    End If
End Sub
```

Die Methode `OnLoad` hat die Aufgabe, zu überprüfen, ob die `MessageBox` angezeigt worden ist. Zu diesem Zweck erfolgt der Aufruf der Methode `CheckForEvent` bei einem PostBack.

```
Private Sub CheckForEvent()
    If Not IsNothing(Page) Then
        If Not IsNothing(Page.Request) Then
```

```
            ' ---------------------------------
            ' Anhand des versteckten Formular-
            ' Feldes kann auf das Auslösen
            ' der MessageBox geschlossen werden
            ' ---------------------------------
            Dim strStatusField As String = _
                "__" & Me.UniqueID & "_Status"

            If Not IsNothing( _
                Page.Request.Item(strStatusField)) Then

                Dim strStatus As String = _
                    Page.Request.Item(strStatusField).ToLower()

                If strStatus.Equals("confirmed") Then
                    ' ---------------------------------
                    ' Das Event Confirmed wird ausgelöst,
                    ' wenn das Statusfeld den Wert "confirmed"
                    ' enthält
                    ' ---------------------------------
                    OnConfirmed(New EventArgs)
                ElseIf strStatus.Equals("cancelled") Then
                    ' ---------------------------------
                    ' Sollte das Statusfeld den Wert
                    ' "cancelled" enthalten, wird das
                    ' Event Cancelled ausgelöst
                    ' ---------------------------------
                    OnCancelled(New EventArgs)
                End If
            End If
        End If
    End If
End Sub
```

Die eigentliche Überprüfung, ob die `MessageBox` angezeigt worden ist und deshalb einer der beiden Events ausgelöst werden muss, erfolgt innerhalb der Methode `CheckForEvent`. Zu diesem Zweck wird der Wert des beim `PreRender`-Prozess angelegten versteckten Formularfelds ausgewertet. Wenn der Wert `confirmed` ist, dann wurde die `MessageBox` angezeigt und bestätigt. Sollte der Wert `Cancelled` sein, ist bei der Anzeige auf Abbrechen geklickt worden.

in beiden Fällen werden die entsprechenden Events mit Hilfe der Methoden `OnConfirmed` und `OnCancelled` ausgelöst. Sollte ein anderer Wert im Statusfeld enthalten sein, erfolgt keine Reaktion, da in diesem Fall davon ausgegangen werden kann, dass die `MessageBox` nicht angezeigt wurde oder – bei ausgeschaltetem JavaScript – nicht angezeigt werden konnte.

```
    ' ---------------------------------
    ' Das Event Confirmed auslösen
    ' ---------------------------------
    Protected Overridable Sub OnConfirmed(ByVal e As EventArgs)
        RaiseEvent Confirmed(Me, e)
```

```
      End Sub

      ' ------------------------------------
      ' Das Event Cancelled auslösen
      ' ------------------------------------
      Protected Overridable Sub OnCancelled(ByVal e As EventArgs)
         RaiseEvent Cancelled(Me, e)
      End Sub

   End Class

End Namespace
```

Die beiden Methoden `OnConfirmed` und `OnCancelled` lösen die beiden Events der `MessageBox` aus. Beide Methoden können in Ableitungen der Klasse überschrieben und somit mit eigener Funktionalität versehen werden.

Nach dem Kompilieren der Assembly steht Ihnen die `MessageBox` für den Einsatz in eigenen Projekten zur Verfügung.

155 MessageBox-Control: Einsatz der MessageBox

Der Einsatz der `MessageBox` ist auf verschiedene Arten denkbar. So kann sie genutzt werden, um einfach eine Meldung auszugeben oder Ja-/Nein-Abfragen anzuzeigen. Ebenso ist es möglich, die `MessageBox` an das Betätigen eines Buttons zu binden.

Ausgabe einer Meldung

Die Ausgabe einer Meldung muss nicht unbedingt ein PostBack zur Folge haben. Mit Hilfe der `AutoSubmit`-Eigenschaft können Sie dieses Verhalten steuern. Im Folgenden soll demonstriert werden, wie Sie beim ersten Aufruf der Seite eine `MessageBox` anzeigen, den Nutzer weiter auf der Seite arbeiten lassen und verhindern können, dass die `MessageBox` bei einem PostBack erneut aufgerufen wird.

Folgender Code ist dazu im FrontEnd-Bereich nötig:

```
<%@ Page Language="vb" AutoEventWireup="false"
   Codebehind="Message.aspx.vb"
   Inherits="JavaScriptMessageBoxTest.Message"%>
<%@ Register TagPrefix="cb"
   Namespace="codebook.aspnet.vb.Controls"
   Assembly="codebook.aspnet.vb.Controls.JavaScriptMessageBox" %>
<!DOCTYPE HTML PUBLIC "-//W3C//DTD HTML 4.0 Transitional//EN">
<HTML>
   <HEAD>
      <title>MessageBox-Test: Message beim Aufrufen</title>
   </HEAD>
   <body>
```

Listing 298: Einbinden der MessageBox im Frontend (Message.aspx)

```
      <form id="Form1" method="post" runat="server">
         <cb:MessageBox runat="server" id="objMessageBox"
            ShowOnStartUp="True">
               Hallo, ich bin eine Nachricht und werde beim
               ersten Aufruf der Seite angezeigt.
         </cb:MessageBox>
         <asp:Label Runat="server" ID="objMessage" />
         <asp:Button Runat="server" ID="objButton"
            Text="Abschicken" />
      </form>
   </body>
</HTML>
```

Listing 298: Einbinden der MessageBox im Frontend (Message.aspx) (Forts.)

Nach der Registrierung des Tag-Präfixes kann die `MessageBox` verwendet werden. Das Attribut `ShowOnStartUp` sorgt dafür, dass sie direkt beim Laden der Seite angezeigt wird.

Damit dies nicht bei jedem Aufruf geschehen muss, sind im CodeBehind einige Anpassungen nötig:

```
Imports codebook.aspnet.vb.Controls

Public Class Message
   Inherits System.Web.UI.Page

   Protected WithEvents objMessageBox As MessageBox
   Protected WithEvents objButton As Button
   Protected WithEvents objMessage As Label

   Protected Sub OnConfirmed( _
      ByVal sender As Object, _
      ByVal e As EventArgs) Handles objMessageBox.Confirmed
      Me.objMessageBox.Visible = False
      Me.objMessage.Text = "Nachricht wurde bestätigt."
      Me.objMessage.Visible = True
   End Sub

   Private Sub Page_Load( _
      ByVal sender As Object, _
      ByVal e As EventArgs) Handles MyBase.Load
      If Not IsPostBack Then
         Me.objMessage.Visible = False
         Me.objMessageBox.MessageType = MessageBoxTypes.Message
         Me.objMessageBox.AutoSubmit = False
      End If
   End Sub
End Class
```

Listing 299: CodeBehind der MessageBox-Einbindung (message.aspx.vb)

In der Methode Page_Load erfolgt zunächst die Prüfung, ob die Seite zurückgepostet worden ist. Diese Prüfung erfolgt mit Hilfe der IsPostBack-Eigenschaft der Page-Klasse. Sollte dies nicht der Fall sein, wird angenommen, dass der Aufruf der Seite zum ersten Mal erfolgt, und das für die Ausgabe der Meldung auf die Bestätigung der MessageBox zuständige Label wird ausgeblendet. Anschließend wird der Typ der darzustellenden MessageBox gesetzt und es erfolgt die Festlegung, dass die MessageBox kein PostBack auslöst.

Sollte die MessageBox angezeigt worden sein, wird der Event-Handler OnConfirmed eingebunden. Er sorgt dafür, dass die MessageBox aus- und das Label objMessage nach der Zuweisung eines Hinweistextes eingeblendet wird.

Erzeugen einer Ja-/Nein-Abfrage

Derartige Abfragen lassen sich ebenso einfach wie die Ausgabe einer Meldung erstellen. Folgender Code wird im Frontend einer Webseite benötigt, um eine MessageBox mit Ja-/Nein-Abfrage zu erstellen:

```
<%@ Page Language="vb"
   AutoEventWireup="false"
   Codebehind="Confirm.aspx.vb"
   Inherits="JavaScriptMessageBoxTest.Confirm"%>
<%@ Register TagPrefix="cb"
   Namespace="codebook.aspnet.vb.Controls"
   Assembly="codebook.aspnet.vb.Controls.JavaScriptMessageBox" %>
<!DOCTYPE HTML PUBLIC "-//W3C//DTD HTML 4.0 Transitional//EN">
<HTML>
   <HEAD>
      <title>Confirm</title>
   </HEAD>
   <body>
      <form id="Form1" method="post" runat="server">
         <cb:MessageBox runat="server" id="objConfirm" />
         <asp:Label Runat="server" ID="objMessage" />
      </form>
   </body>
</HTML>
```

Listing 300: Einbinden einer MessageBox im Frontend (confirm.aspx)

Im CodeBehind ist die komplette Logik der Seite hinterlegt:

```
Imports codebook.aspnet.vb.Controls

Public Class Confirm
   Inherits System.Web.UI.Page

   Protected WithEvents objConfirm As MessageBox
   Protected WithEvents objMessage As Label
```

Listing 301: CodeBehind der Einbindung einer MessageBox als Confirm-Box (confirm.aspx.vb)

```
Private Sub Page_Load( _
   ByVal sender As Object, _
   ByVal e As EventArgs) Handles MyBase.Load

   If Not IsPostBack Then
      Me.objConfirm.Message = "Wollen Sie wirklich fortfahren?"
      Me.objConfirm.AutoSubmit = True
      Me.objConfirm.ShowOnStartup = True
      Me.objConfirm.MessageType = MessageBoxTypes.Confirm
      Me.objMessage.Visible = False
   End If
End Sub

Private Sub objConfirm_Confirmed( _
   ByVal sender As Object, _
   ByVal e As EventArgs) Handles objConfirm.Confirmed
   Me.objConfirm.Visible = False
   Me.objMessage.Text = "Nutzer will fortfahren."
   Me.objMessage.Visible = True
End Sub

Private Sub objConfirm_Cancelled( _
   ByVal sender As Object, _
   ByVal e As EventArgs) Handles objConfirm.Cancelled
   Me.objConfirm.Visible = False
   Me.objMessage.Text = "Nutzer will nicht mehr."
   Me.objMessage.Visible = True
End Sub
End Class
```

Listing 301: CodeBehind der Einbindung einer MessageBox als Confirm-Box (confirm.aspx.vb) (Forts.)

Beim Laden der Seite erfolgt die Prüfung, ob sie per PostBack aufgerufen worden ist. Sollte dies nicht der Fall sein, werden Text, Start- und PostBack-Verhalten der `MessageBox` gesetzt. Anschließend erfolgt die Zuweisung der Information, dass die `MessageBox` diesmal in Form einer JavaScript-Confirm-Box angezeigt werden soll.

Ist diese Anzeige erfolgt, wird die Seite aufgrund des Setzens der Eigenschaft `AutoSubmit` der `MessageBox` auf `True` zurückgepostet und die Auswertung der vom Nutzer angeklickten Schaltfläche kann erfolgen. Anhand dieser Information kann innerhalb des Controls das auszulösende Event bestimmt werden.

Sollte der Nutzer die Schaltfläche ABBRECHEN angeklickt haben, wird das Event `Cancelled` ausgelöst, das in der Methode `objConfirm_Cancelled` behandelt wird. Hier wird die `MessageBox` ausgeschaltet und die Meldung ausgegeben, dass der Nutzer den Vorgang abgebrochen hat. Analog ist das Vorgehen beim Handler für das Event `Confirmed`.

Binden der MessageBox an andere Controls (Code-Bereich)

Das Binden einer `MessageBox` an andere Controls und deren Events erfolgt im Code-Bereich unter Verwendung der Eigenschaften und Methoden `ActivateOnClick`, `ActivateOnMouseOver` oder ActivateOnCustomEvent. Folgender Code könnte im Frontend zu diesem Zweck eingesetzt werden:

```
<%@ Page Language="vb"
   AutoEventWireup="false"
   Codebehind="ActivateCodeBehind.aspx.vb"
   Inherits="JavaScriptMessageBoxTest.ActivateCodeBehind"%>
<%@ Register TagPrefix="cb"
   NameSpace="codebook.aspnet.vb.Controls"
   Assembly="codebook.aspnet.vb.Controls.JavaScriptMessageBox" %>
<!DOCTYPE HTML PUBLIC "-//W3C//DTD HTML 4.0 Transitional//EN">
<HTML>
   <HEAD>
      <title>ActivateCodeBehind</title>
   </HEAD>
   <body>
      <form id="Form1" method="post" runat="server">
         <cb:MessageBox runat="server" id="objMessageBox" />
         <asp:Button Runat="server" ID="objButtonClick"
            Text="OnClick" />
         <asp:Button Runat="server" ID="objButtonMO"
            Text="OnMouseOver"/>
         <asp:Button Runat="server" ID="objButtonCE"
            Text="CustomEvent" />
      </form>
   </body>
</HTML>
```

Listing 302: Binden der MessageBox im Code-Bereich (ActivateCodeBehind.aspx)

Abgesehen von der Deklaration der MessageBox und von drei Buttons ist im Frontend-Bereich keinerlei Logik hinterlegt. Sehen wir uns darum die zugehörige CodeBehind-Datei an:

```
Imports codebook.aspnet.vb.Controls

Public Class ActivateCodeBehind
   Inherits System.Web.UI.Page

   Protected WithEvents objMessageBox As MessageBox
   Protected WithEvents objButtonClick As Button
   Protected WithEvents objButtonMO As Button
   Protected WithEvents objButtonCE As Button

   Private Sub Page_Load( _
      ByVal sender As Object, _
      ByVal e As EventArgs) Handles MyBase.Load
      objMessageBox.Message = "Aktion ausgelöst!"
      objMessageBox.AutoSubmit = False
      objMessageBox.ShowOnStartup = False
```

Listing 303: Binden der MessageBox im Code-Bereich (ActivateCodeBehind.aspx.vb)

```
        ' ---------------------------
        ' Per ActivateOnClick binden
        ' ---------------------------
        objMessageBox.ActivateOnClick = objButtonClick

        ' ---------------------------
        ' Per ActivateOnMouseOver binden
        ' ---------------------------
        objMessageBox.ActivateOnMouseOver = objButtonMO

        ' ---------------------------
        ' Per ActivateOnCustomEvent binden
        ' ---------------------------
        objMessageBox.ActivateOnCustomEvent(Me.objButtonCE, _
           "OnClick")
    End Sub

End Class
```

Listing 303: Binden der MessageBox im Code-Bereich (ActivateCodeBehind.aspx.vb) (Forts.)

Die Bindung der `MessageBox` an die Controls erfolgt durch einfaches Zuweisen der Controls an die entsprechenden Properties. Im Falle der Aktivierung bei einem beliebigen Event werden Control und der Name des clientseitigen Events übergeben. Sicherlich wäre dies in diesem Fall per `ActivateOnClick` mit weniger Schreibaufwand umzusetzen gewesen, dennoch sollte man berücksichtigen, dass die Bindung per `ActivateCustomEvent` den Vorteil der größeren Flexibilität besitzt. Auf eine Ereignisbehandlung wurde in diesem Fall verzichtet.

Binden der MessageBox an andere Controls (Frontend)

Die Bindung der `MessageBox` an andere Controls erfolgt im Frontend-Bereich unter Verwendung eines `ControlInvoker`-Controls. Diesem Control wird die `ID` des zu bindenden Controls und eines der Elemente der `ControlInvokerEvents`-Aufzählung übergeben:

```
<%@ Page Language="vb"
   AutoEventWireup="false"
   Codebehind="ActivateFrontend.aspx.vb"
   Inherits="JavaScriptMessageBoxTest.ActivateFrontend"%>
<%@ Register TagPrefix="cb"
   Namespace="codebook.aspnet.vb.Controls"
   Assembly="codebook.aspnet.vb.Controls.JavaScriptMessageBox" %>
<!DOCTYPE HTML PUBLIC "-//W3C//DTD HTML 4.0 Transitional//EN">
<html>
  <head>
    <title>ActivateFrontend</title>
  </head>
  <body>
    <form id="Form1" method="post" runat="server">
```

Listing 304: Per ControlInvoker gebundene MessageBox (ActivateFrontend.aspx)

```
      <cb:MessageBox runat="server" id="objMessageBox"
        AutoSubmit="False" ShowOnStartUp="False">
        Per ControlInvoker gebundene MessageBox
        <cb:ControlInvoker runat="server" ControlId="objButton"
          OnEvent="OnClick"/>
      </cb:MessageBox>
      <asp:Button Runat="server" ID="objButton"
        Text="ControlInvoker" />
    </form>
  </body>
</html>
```

Listing 304: Per ControlInvoker gebundene MessageBox (ActivateFrontend.aspx) (Forts.)

Innerhalb der Seite sind ein `MessageBox`-Control und ein Button eingebunden. Das `MessageBox`-Control bindet sich per `ControlInvoker` an den Button. Das `ControlInvoker`-Control bekommt über die Eigenschaft `ControlId` die ID des Buttons und über `OnEvent` das zu verwendende clientseitige Event übergeben.

Analog gehen Sie vor, wenn Sie die `MessageBox` an weitere Controls binden wollen – legen Sie einfach ein weiteres `ControlInvoker`-Control innerhalb der `MessageBox` an und übergeben Sie ihm die benötigten Informationen. Wenn Sie verschiedene Nachrichten für verschiedene Controls anzeigen wollen, können Sie dies erreichen, indem Sie mehrere `MessageBox`-Controls anlegen und an die entsprechenden Controls binden.

Im CodeBehind könnte nun die Behandlung des `Confirmed`-Events der `MessageBox` erfolgen.

Mögliche Erweiterungen des MessageBox-Controls

Selbstverständlich bleibt noch genügend Raum für eigene Erweiterungen. So könnten Sie das `MessageBox`-Control so modifizieren, dass der Nutzer per *NoScript*-Tag gebeten wird, JavaScript einzuschalten, damit die `MessageBox` einwandfrei funktioniert. Ebenso ist es denkbar, andere Formen von MessageBoxen anzuzeigen – etwa Eingabeaufforderungen. Weiterhin wäre es sicherlich sinnvoll, das `MessageBox`-Control so zu modifizieren, dass abhängig vom gebundenen Objekt verschiedene Nachrichten angezeigt werden. Oder Sie erweitern die Funktionalität dahingehend, dass innerhalb der `EventArgs` der verschiedenen Ereignisse, die vom Control geworfen werden können, auch das Control zurückgegeben wird, an das die `MessageBox` gebunden war.

156 Tools: Login Control

Bei vielen Applikationen ist eine Login-Möglichkeit sinnvoll. ASP.NET bietet die Möglichkeit, auf Seitenebene eine Authentifizierung durchzuführen. Leider ist dies nicht in jedem Fall der Weisheit letzter Schluss, etwa bei Webseiten, in denen nur einzelne Artikel geschützt sein sollen.

Aus diesem Grund soll im Folgenden ein Login-Control vorgestellt werden, das es erlaubt, innerhalb einer Seite eine Authentifizierung durchzuführen.

Die Custom Controls

Das Login-Control verwendet zwei untergeordnete Custom Controls. Diese repräsentieren die beiden möglichen Zustände – angemeldet oder nicht angemeldet – und enthalten die in diesem Fall anzuzeigenden Elemente.

Das LoggedIn-Control

Dieses Control dient als Container für die Elemente, die angezeigt werden sollen, wenn der Nutzer erfolgreich angemeldet worden ist.

```
Imports System.ComponentModel
Imports System.Web.UI
Imports System.Web.UI.HtmlControls
Imports System.Web.UI.WebControls

Namespace codebook.aspnet.vb.Controls

   ' -----------------------------------------
   ' Container, der bei untergeordneten Elementen
   ' nach einem Button sucht und sich an dessen
   ' Click-Event bindet
   ' -----------------------------------------
   <DefaultProperty("LogoutButton"), _
      ToolboxData("<{0}:LoggedIn runat=server></{0}:LoggedIn>"), _
      ParseChildren(False)> _
   Public Class LoggedIn
      Inherits System.Web.UI.WebControls.WebControl

      Public Event LogoutRequested( _
         ByVal sender As Object, ByVal e As EventArgs)

      Protected WithEvents objLogout As Button

      <Bindable(True), Category("Data"), DefaultValue("")> _
      Property LogoutButton() As String
         Get
            If Not IsNothing( _
               ViewState.Item("LogoutButton")) Then
               Return ViewState.Item("LogoutButton").ToString()
            Else
               Return String.Empty
            End If
         End Get
         Set(ByVal Value As String)
            ViewState.Item("LogoutButton") = Value
         End Set
      End Property

      <Bindable(False)> _
      Property Username() As String
         Get
            If Not IsNothing(ViewState.Item("Username")) Then
```

```
            Return ViewState.Item("Username").ToString()
         Else
            Return String.Empty
         End If
      End Get
      Set(ByVal Value As String)
         ViewState.Item("Username") = Value
      End Set
   End Property
```

Die Property `LogoutButton` erlaubt das Setzen und Abrufen der `ID` des Buttons, der als Abmelde-Schaltfläche dient. Dieser Button muss sich innerhalb des Controls befinden.

Mit Hilfe der Eigenschaft `UserName` kann der Name des angemeldeten Nutzers gesetzt und abgerufen werden.

Das Event `LogoutRequested` wird geworfen, wenn innerhalb des Controls der per `LogoutButton` definierte oder automatisch ermittelte Button angeklickt worden ist.

```
   Protected Sub OnLogoutClicked( _
      ByVal sender As Object, _
      ByVal e As EventArgs) Handles objLogout.Click
      RaiseEvent LogoutRequested(Me, New EventArgs)
   End Sub

   Protected Overrides Sub AddParsedSubObject( _
      ByVal obj As Object)
      If TypeOf (obj) Is Button And _
         Me.LogoutButton = String.Empty Then
         Dim objButton As Button = CType(obj, Button)
         Me.LogoutButton = objButton.ID
         Me.objLogout = objButton
      End If
      Me.Controls.Add(CType(obj, Control))
   End Sub
```

Innerhalb der Methode `AddParsedSubObject` wird jedes zugewiesene Control darauf überprüft, ob es sich um einen Button handelt. Sollte noch keine `ID` für einen bestimmten Button übergeben oder bestimmt worden sein, wird die `ID` des aktuell überprüften Buttons der Property `LogoutButton` übergeben.

```
   Protected Overloads Sub OnInit( _
      ByVal sender As Object, _
      ByVal e As EventArgs) Handles MyBase.Init
      If Me.LogoutButton <> String.Empty And _
         IsNothing(Me.objLogout) Then
         Dim objControl As Control = _
            Me.FindControl(Me.LogoutButton)
         If Not IsNothing(objControl) Then
```

```
            If TypeOf (objControl) Is Button Then
               Me.objLogout = CType(objControl, Button)
               AddHandler objLogout.Click, _
                  AddressOf Me.OnLogoutClicked
            End If
         End If
      End If
   End Sub

   Protected Overrides Sub Render( _
      ByVal output As System.Web.UI.HtmlTextWriter)
      If Me.Visible Then
         RenderChildren(output)
      End If
   End Sub
End Class

End Namespace
```

Sollte eine Schaltfläche mit Hilfe der Methode `LogoutButton` explizit angegeben und nicht automatisch bestimmt worden sein, wird in der Methode `OnInit` überprüft, ob es sich bei diesem Control um einen Button handelt, und bei positivem Ergebnis die Methode `OnLogoutClicked` als Event-Handler für das `Click`-Ereignis des Controls zugewiesen.

Das NotLoggedIn-Control und die NotLoggedInEventArgs-Klasse

Dieses Control dient als Container für die Darstellung einer Login-Maske. Um korrekt funktionieren zu können, benötigt es Informationen über die Schaltflächen für die Eingabe von Benutzername und Kennwort des Nutzers.

```
Imports System.ComponentModel
Imports System.Web.UI
Imports System.Web.UI.HtmlControls
Imports System.Web.UI.WebControls

Namespace codebook.aspnet.vb.Controls

   ' ----------------------------------------
   ' Container, der bei untergeordneten Elementen
   ' nach einer Textbox und einem Passwort-Feld
   ' sucht und sich an deren Events bindet
   ' ----------------------------------------
   <DefaultProperty("UsernameField"), _
      ToolboxData("<{0}:NotLoggedIn runat=server>" & _
      "</{0}:NotLoggedIn>"), ParseChildren(False)> _
   Public Class NotLoggedIn
      Inherits System.Web.UI.WebControls.WebControl

      Public Event LoginRequested( _
         ByVal sender As Object, ByVal e As NotLoggedInEventArgs)
```

```
Protected WithEvents objUsername As TextBox
Protected WithEvents objPassword As TextBox
Protected WithEvents objSubmit As Button

Private blnDataChanged As Boolean = False

<Bindable(True), Category("Data"), DefaultValue("")> _
Property UsernameField() As String
   Get
      If Not IsNothing( _
         ViewState.Item("UsernameField")) Then
         Return ViewState.Item("UsernameField").ToString()
      Else
         Return String.Empty
      End If
   End Get
   Set(ByVal Value As String)
      ViewState.Item("UsernameField") = Value
   End Set
End Property

<Bindable(True), Category("Data"), DefaultValue("")> _
Property PasswordField() As String
   Get
      If Not IsNothing( _
         ViewState.Item("PasswordField")) Then
         Return ViewState.Item("PasswordField").ToString()
      Else
         Return String.Empty
      End If
   End Get
   Set(ByVal Value As String)
      ViewState.Item("PasswordField") = Value
   End Set
End Property

<Bindable(True), Category("Data"), DefaultValue("")> _
Property SubmitField() As String
   Get
      If Not IsNothing( _
         ViewState.Item("SubmitField")) Then
         Return ViewState.Item("SubmitField").ToString()
      Else
         Return String.Empty
      End If
   End Get
   Set(ByVal Value As String)
      ViewState.Item("SubmitField") = Value
   End Set
End Property
```

Das Control verfügt über das Event `LoginRequested`, das ausgelöst wird, wenn Benutzername und Passwort geändert oder ein eventuell vorhandener Button geklickt wird. Zu diesem Zweck werden über die Properties `UsernameField`, `PasswordField` und `SubmitField` die `ID`s der entsprechenden Felder übergeben.

```
Protected Overrides Sub AddParsedSubObject( _
   ByVal obj As Object)
   If TypeOf (obj) Is TextBox And _
      (Me.UsernameField = String.Empty Or _
      Me.PasswordField = String.Empty) Then
      Dim objTextBox As TextBox = CType(obj, TextBox)
      If objTextBox.TextMode = TextBoxMode.Password Then
         Me.PasswordField = objTextBox.ID
         Me.objPassword = CType(obj, TextBox)
      ElseIf objTextBox.TextMode = _
         TextBoxMode.SingleLine Then
         Me.UsernameField = objTextBox.ID
         Me.objUsername = CType(obj, TextBox)
      End If
   ElseIf TypeOf (obj) Is Button Then
      Dim objButton As Button = CType(obj, Button)
      Me.SubmitField = objButton.ID
      Me.objSubmit = objButton
   End If
   Me.Controls.Add(CType(obj, Control))
End Sub
```

Innerhalb der Methode `AddParsedSubObject` erfolgt die Zuweisung der im Frontend definierten Controls zur *Controls*-Collection. Bei dieser Gelegenheit wird überprüft, ob es sich bei dem zugewiesenen Objekt um eine Textbox oder einen Button handelt. Sollte dies der Fall sein und keine Elemente explizit durch Zuweisung an die obigen Properties bestimmt worden sein, wird im Falle der Textbox eine weitere Überprüfung auf deren Typ und abhängig davon die Zuweisung der `ID` und des Controls zu den entsprechenden internen Feldern und Auflistungen vorgenommen. *Password*-Felder sind dabei recht einfach daran zu erkennen, dass ihr `TextMode` in der Regel `Password` ist, während das Feld für die Eingabe des Benutzernamens den Textmodus `SingleLine` haben sollte.

```
Protected Overloads Sub OnInit( _
   ByVal sender As Object, ByVal e As EventArgs) _
   Handles MyBase.Init
   ' --------------------------------------
   ' Zuweisung des Benutzernamen-Feldes
   ' --------------------------------------
   If Me.UsernameField <> String.Empty And _
      IsNothing(Me.objUsername) Then
      Dim objControl As Control = _
         Me.FindControl(Me.UsernameField)
      If Not IsNothing(objControl) Then
```

```
            If TypeOf (objControl) Is TextBox Then
               Me.objUsername = CType(objControl, TextBox)
               AddHandler objUsername.TextChanged, _
                  AddressOf Me.OnDataChanged
            End If
         End If
      End If
      ' ------------------------------------
      ' Zuweisung des Password-Feldes
      ' ------------------------------------
      If Me.PasswordField <> String.Empty And _
         IsNothing(Me.objPassword) Then
         Dim objControl As Control = _
            Me.FindControl(Me.PasswordField)
         If Not IsNothing(objControl) Then
            If TypeOf (objControl) Is TextBox Then
               Me.objPassword = CType(objControl, TextBox)
               AddHandler objPassword.TextChanged, _
                  AddressOf Me.OnDataChanged
            End If
         End If
      End If
      ' ------------------------------------
      ' Zuweisung des Submit-Buttons
      ' ------------------------------------
      If Me.SubmitField <> String.Empty And _
         IsNothing(Me.objSubmit) Then
         Dim objControl As Control = _
            Me.FindControl(Me.SubmitField)
         If Not IsNothing(objControl) Then
            If TypeOf (objControl) Is Button Then
               Me.objSubmit = CType(objControl, Button)
               AddHandler objSubmit.Click, _
                  AddressOf Me.OnDataChanged
            End If
         End If
      End If
   End Sub
```

Beim `Init` des Controls wird – falls keine Controls über die Eigenschaften zugewiesen wurden – versucht, anhand von direkt untergeordneten Controls eine Bindung an den Event-Handler herzustellen um die Eingaben des Nutzers auswerten zu können. Dies geschieht sowohl für Username- und Password-Feld als auch für einen eventuell vorhandenen Submit-Button.

```
   Protected Sub OnDataChanged( _
      ByVal sender As Object, _
      ByVal e As EventArgs) _
      Handles objUsername.TextChanged, _
         objPassword.TextChanged, _
```

```
            objSubmit.Click
        If Not Me.blnDataChanged Then
            Me.blnDataChanged = True
            ' --------------------------------
            ' Anhand der im ViewState enthaltenen
            ' Daten werden jetzt Username und
            ' Passwort ausgelesen und mit Hilfe der
            ' EventArgs weitergegeben
            ' --------------------------------
            Dim strUsername As String = String.Empty
            Dim strPassword As String = String.Empty

            If Not IsNothing(Me.objUsername) Then
               strUsername = Me.objUsername.Text
            End If
            If Not IsNothing(Me.objPassword) Then
               strPassword = Me.objPassword.Text
            End If
            RaiseEvent LoginRequested( _
               Me, _
               New NotLoggedInEventArgs(strUsername, strPassword))
        End If
    End Sub

    Protected Overrides Sub Render( _
        ByVal output As System.Web.UI.HtmlTextWriter)
        If Me.Visible Then
            RenderChildren(output)
        End If
    End Sub

  End Class

End Namespace
```


Der Event-Handler `OnDataChanged` behandelt die `TextChanged`-Events der Eingabefelder und das `Click`-Event eines eventuell vorhandenen Buttons. Er ermittelt die eingegebenen Daten und wirft ein `LoginRequest`-Event mit diesen Daten. Dieses Event wird vom Login-Control abgefangen und verarbeitet.

Um Benutzername und Kennwort übergeben zu können, wird eine selbst definierte `EventArgs`-Ableitung eingesetzt:

```
Namespace codebook.aspnet.vb.Controls

  Public Class NotLoggedInEventArgs
      Inherits EventArgs

      Private strUsername As String
```

Listing 305: Erweiterung der EventArgs-Klasse (NotLoggedInEventArgs.vb)

```
      Private strPassword As String

      Sub New(ByVal username As String, _
         ByVal password As String)
         Me.strUsername = username
         Me.strPassword = password
      End Sub

      Public Property Username() As String
         Get
            Return Me.strUsername
         End Get
         Set(ByVal Value As String)
            Me.strUsername = Value
         End Set
      End Property

      Public Property Password() As String
         Get
            Return Me.strPassword
         End Get
         Set(ByVal Value As String)
            Me.strPassword = Value
         End Set
      End Property
   End Class

End Namespace
```

Listing 305: Erweiterung der EventArgs-Klasse (NotLoggedInEventArgs.vb) (Forts.)

Diese Erweiterung der `EventArgs`-Klasse beinhaltet lediglich zwei neue Eigenschaften für die Zuweisung und das Auslesen von Benutzername und Passwort. Ein überladener Konstruktor erlaubt es, die benötigten Daten direkt beim Erzeugen einer Instanz der Klasse zu übergeben.

Das eigentliche Login-Control

Die oben gezeigten Controls und Klassen sind für sich alleine nicht wirklich sinnvoll einsetzbar. Sie werden aber für den Einsatz mit Hilfe des Login-Controls benötigt, welches durch Auslagerung vieler Funktionalitäten in die beiden untergeordneten Controls nicht ungebührlich umfangreich ausfällt:

```
Imports System.ComponentModel
Imports System.Collections.Specialized
Imports System.Web.UI

Namespace codebook.aspnet.vb.Controls

   Public Enum LoginStatus
      Undefined = 0
      NotLoggedIn = 1
      LoginFailed = 2
```

```
      LoggedIn = 3
   End Enum

   <ToolboxData("<{0}:LoginControl runat=""server"">" & _
      "</{0}:LoginControl>"), ParseChildren(False)> _
   Public Class LoginControl
      Inherits System.Web.UI.WebControls.WebControl

      Protected WithEvents objNotLoggedIn As NotLoggedIn
      Protected WithEvents objLoggedIn As LoggedIn

      Public Event LoginRequested( _
         ByVal sender As LoginControl, ByVal e As _
            NotLoggedInEventArgs)

      Public Event LogoutRequested( _
         ByVal sender As LoginControl, ByVal e As EventArgs)

      Public Event LoginSuccess( _
         ByVal sender As Object, ByVal e As EventArgs)

      Public Event LoginFailed( _
         ByVal sender As Object, ByVal e As EventArgs)

      Public Event LogoutSuccess( _
         ByVal sender As Object, ByVal e As EventArgs)

      Public Event StatusChanged( _
         ByVal sender As Object, ByVal e As EventArgs)
```


Das Control verfügt über einige Events, die von einbindenden Controls oder Seiten behandelt werden können:

- `LoginRequested`: Dieses Event wird nach einem PostBack und einer Änderung der in den Eingabefeldern enthaltenen Daten geworfen
- `LogoutRequested`: Dieses Event wird nach einem Klick auf einen Logout-Button ausgelöst
- `LoginSuccess`: Wird nach erfolgreichem Login ausgelöst
- `LoginFailed`: Wird bei nicht erfolgreichem Login ausgelöst
- `LogoutSuccess`: Wird nach erfolgreichem Logout ausgelöst
- `StatusChanged`: Wird bei jeder Änderung des Login-Status ausgelöst

```
      Public Property Status() As LoginStatus
         Get
            If Not IsNothing(ViewState.Item("Status")) Then
               Return CType( _
                  ViewState.Item("Status"), LoginStatus)
            Else
```

```
            Return LoginStatus.Undefined
         End If
      End Get
      Set(ByVal Value As LoginStatus)
         ' -------------------------------------
         ' Alten Status auslesen
         ' -------------------------------------
         Dim objOldStatus As LoginStatus
         If Not IsNothing(ViewState.Item("Status")) Then
            objOldStatus = CType( _
               ViewState.Item("Status"), LoginStatus)
         Else
            objOldStatus = LoginStatus.Undefined
         End If

         ViewState.Item("Status") = Value
         ' -------------------------------------
         ' Alten Status auswerten, und wenn es eine
         ' Änderung gibt, dann die entsprechenden
         ' Events werfen
         ' -------------------------------------
         If CType( _
            ViewState.Item("Status"), _
               LoginStatus) <> objOldStatus Then
            If Value = LoginStatus.LoggedIn Then
               RaiseEvent LoginSuccess(Me, New EventArgs)
            ElseIf Value = LoginStatus.LoginFailed Then
               RaiseEvent LoginFailed(Me, New EventArgs)
            ElseIf Value = LoginStatus.NotLoggedIn And _
               objOldStatus = LoginStatus.LoggedIn Then
               RaiseEvent LogoutSuccess(Me, New EventArgs)
            End If
         End If
      End Set
   End Property
```

Mit Hilfe der Eigenschaft `Status` ist es möglich, den aktuellen Status des Nutzers abzurufen und zu setzen. Sollte ein neuer Status zugewiesen werden, wird der alte Status ausgelesen, mit dem neu zugewiesenen Status verglichen und das entsprechende Event ausgelöst.

```
   Public ReadOnly Property Username() As String
      Get
         If Not IsNothing(ViewState.Item("Username")) Then
            Return CType(ViewState.Item("Username"), String)
         Else
            Return String.Empty
         End If
      End Get
   End Property

   Public ReadOnly Property Password() As String
```

```
        Get
            If Not IsNothing(ViewState.Item("Password")) Then
                Return CType(ViewState.Item("Password"), String)
            Else
                Return String.Empty
            End If
        End Get
    End Property

    Public Function NotLoggedIn() As NotLoggedIn
        Return Me.objNotLoggedIn
    End Function

    Public Function LoggedIn() As LoggedIn
        Return Me.objLoggedIn
    End Function
```

Die Eigenschaften `Username` und `Password` geben Auskunft über die vom Benutzer eingegebenen Authentifizierungsinformationen. Die beiden Methoden `NotLoggedIn` und `LoggedIn` erlauben den Zugriff auf die beiden gleichnamigen Container.

```
    Protected Sub OnLoginRequested( _
        ByVal sender As Object, _
        ByVal e As NotLoggedInEventArgs) _
        Handles objNotLoggedIn.LoginRequested
        ViewState.Item("Password") = e.Password
        ViewState.Item("Username") = e.Username
        RaiseEvent LoginRequested(Me, e)
    End Sub

    Protected Sub OnLogoutRequested( _
        ByVal sender As Object,
        ByVal e As EventArgs) _
        Handles objLoggedIn.LogoutRequested
        RaiseEvent LogoutRequested(Me, e)
    End Sub
```

Die Reaktion auf die beiden Ereignisse der untergeordneten Container erfolgt innerhalb der Event-Handler `OnLoginRequest` und `OnLogoutRequest`. Erstere Methode speichert vor dem Auslösen des `LoginRequested`-Ereignisses des Login-Controls die übergebenen Werte für Benutzername und Kennwort. Bei der Behandlung des `LogoutRequested`-Events wird dagegen direkt das gleichnamige Ereignis des Controls ausgelöst.

```
    Protected Overrides Sub AddParsedSubObject( _
        ByVal obj As Object)
        If TypeOf (obj) Is NotLoggedIn Then
            Me.Controls.Add(CType(obj, NotLoggedIn))
            Me.objNotLoggedIn = CType(obj, NotLoggedIn)
```

```
        ElseIf TypeOf (obj) Is LoggedIn Then
            Me.Controls.Add(CType(obj, LoggedIn))
            Me.objLoggedIn = CType(obj, LoggedIn)
            Me.objLoggedIn.Username = Me.Username
        End If
    End Sub
```

Bei der Zuweisung von untergeordneten Objekten aus dem Frontend-Bereich werden ausschließlich die beiden Container `LoggedIn` und `NotLoggedIn` akzeptiert. Wird ein `LoggedIn`-Control zugewiesen, erfolgt die Übergabe des eingegebenen Benutzernamens.

```
    Protected Overloads Sub OnPreRender( _
        ByVal sender As Object, _
        ByVal e As EventArgs) Handles MyBase.PreRender
        If (Me.Status = LoginStatus.LoginFailed Or _
            Me.Status = LoginStatus.NotLoggedIn Or _
            Me.Status = LoginStatus.Undefined) And Not _
            IsNothing(Me.objNotLoggedIn) Then
            Me.objNotLoggedIn.Visible = True
            If Not IsNothing(Me.objLoggedIn) Then
                Me.objLoggedIn.Visible = False
            End If
        ElseIf Not IsNothing(Me.objLoggedIn) Then
            Me.objLoggedIn.Visible = True
            If Not IsNothing(Me.objNotLoggedIn) Then
                Me.objNotLoggedIn.Visible = False
            End If
        End If
    End Sub

    Protected Overrides Sub Render( _
        ByVal output As System.Web.UI.HtmlTextWriter)
        RenderChildren(output)
    End Sub

  End Class

End Namespace
```

Vor dem Rendervorgang erfolgt die Überprüfung, welcher der beiden Container angezeigt werden soll. Zu diesem Zweck wird der aktuelle Status der Anmeldung ausgewertet: Ist der Benutzer nicht angemeldet, die Anmeldung gescheitert oder der aktuelle Status der Anmeldung nicht bekannt, wird der `NotLoggedIn`-Container eingeblendet. Sollte der Nutzer angemeldet sein, wird dagegen das `LoggedIn`-Control eingeblendet.

157 Login-Control: Verwendung des Login-Controls

Nach eine Kompilierung der Assembly können Sie diese in Ihren Projekten einbinden. Im Folgenden soll die Vorgehensweise beim Einsatz des `Login`-Controls kurz demonstriert werden. Werfen wir zunächst einen Blick auf die Frontend-Datei:

```
<%@ Page Language="vb"
   AutoEventWireup="false"
   Codebehind="LoginControl.aspx.vb"
   Inherits="LoginControlExample.WebForm1"%>
<%@ Register TagPrefix="cb"
   Namespace="codebook.aspnet.vb.Controls"
   Assembly="codebook.aspnet.vb.Controls.LoginControl" %>
<!DOCTYPE HTML PUBLIC "-//W3C//DTD HTML 4.0 Transitional//EN">
<html>
  <head>
    <title>LoginControl</title>
  </head>
  <body>
    <form id="Form1" method="post" runat="server">
      <cb:LoginControl runat="server" ID="objLogin">
         <cb:NotLoggedIn runat="server" ID="objLoggedOut"
            UsernameField="objUsername" PasswordField="objPassword"
            SubmitField="objSubmit">
            <table cellspacing="0" cellpadding="3" border="0"
               width="300" height="100%" align="center">
               <tr>
                  <td width="300" height="100%" valign="middle">
                     <table cellspacing="0" cellpadding="3"
                        border="0" width="300">
                        <tr>
                           <td>Benutzername</td>
                           <td width="10"> </td>
                           <td>Password</td>
                        </tr>
                        <tr>
                           <td>
                              <asp:TextBox Runat="server"
                                 ID="objUsername"/>
                           </td>
                           <td> </td>
                           <td>
                              <asp:TextBox Runat="server"
                                 ID="objPassword"
                                 TextMode="Password"/>
                           </td>
                        </tr>
                        <tr>
                           <td colspan="3"> 
                              <asp:Literal Runat="server"
```

Listing 306: Verwendung des Login-Controls (LoginControl.aspx)

```
                                    ID="objMessage" Visible="False"/>
                              </td>
                           </tr>
                           <tr>
                              <td colspan="3">
                                 <asp:Button Runat="server"
                                    ID="objSubmit"
                                    Text="Anmelden"/>
                              </td>
                           </tr>
                        </table>
                     </td>
                  </tr>
               </table>
            </cb:NotLoggedIn>
            <cb:LoggedIn runat="server" ID="objLoggedIn">
               <asp:Label Runat="server" ID="objResult"/>
               <asp:Button Runat="server" ID="objLogout"
                  Text="Abmelden"/>
            </cb:LoggedIn>
         </cb:LoginControl>
      </form>
   </body>
</html>
```

Listing 306: Verwendung des Login-Controls (LoginControl.aspx) (Forts.)

Um das Control in der Seite verwenden zu können, wird es per `Register`-Direktive bekannt gemacht. Die Deklaration der beiden Container erfolgt innerhalb des `LoginControl`-Tags. Lassen Sie uns etwas genauer auf die Deklaration des `NotLoggedIn`-Bereichs achten:

```
<cb:NotLoggedIn runat="server" ID="objLoggedOut"
   UsernameField="objUsername" PasswordField="objPassword"
   SubmitField="objSubmit">
```

Da sich innerhalb des `NotLoggedIn`-Bereichs eine Tabellenstruktur befindet, können keine direkt untergeordneten Textbox- und Button-Controls gefunden werden. Zu diesem Zweck werden die `IDs` der zu verwendenden Controls als Attribute des `NotLoggedIn` Controls angegeben, damit deren Bindung erfolgreich hergestellt werden kann.

Beim `LoggedIn`-Bereich – also dem Bereich, der eingeblendet wird, wenn eine erfolgreiche Anmeldung vorgenommen werden konnte – wird auf die explizite Angabe des für das Logout verwendeten Buttons verzichtet:

```
<cb:LoggedIn runat="server" ID="objLoggedIn">
   <asp:Label Runat="server" ID="objResult"/>
   <asp:Button Runat="server" ID="objLogout"
      Text="Abmelden"/>
</cb:LoggedIn>
```

Dies kann geschehen, da sich der Button nicht unterhalb eines weiteren Controls befindet und somit direkt ermittelt werden kann. Wenn Sie in diesem Bereich allerdings weitere Buttons verwenden wollen, sollten Sie eine explizite Angabe mittels `LogoutButton` vornehmen.

Im CodeBehind sollten zumindest drei Events – `LoginRequested`, `LoginSuccess` und `LogoutRequested` – behandelt werden:

```
Imports codebook.aspnet.vb.Controls

Public Class WebForm1
   Inherits System.Web.UI.Page

   Protected WithEvents objLogin As LoginControl
   Protected WithEvents objLoggedIn As LoggedIn
   Protected WithEvents objLoggedOut As NotLoggedIn
   Protected WithEvents objResult As Label
   Protected WithEvents objMessage As Literal

   Private Sub OnLoginRequested( _
      ByVal sender As LoginControl, _
      ByVal e As NotLoggedInEventArgs) _
      Handles objLogin.LoginRequested
      If e.Username = "Test" And e.Password = "Test123" Then
         sender.Status = LoginStatus.LoggedIn
      Else
         sender.Status = LoginStatus.LoginFailed
      End If
   End Sub

   Private Sub OnLoginFailed( _
      ByVal sender As Object, _
      ByVal e As EventArgs) Handles objLogin.LoginFailed
      objMessage.Text = "<br>Ihr Login ist gescheitert - " & _
         "bitte überprüfen Sie den eingegebenen Benutzernamen" & _
         " und das verwendete Passwort.<br> "
      Me.objMessage.Visible = True
   End Sub

   Private Sub OnLoginSuccess( _
      ByVal sender As Object, _
      ByVal e As EventArgs) Handles objLogin.LoginSuccess
      Me.objResult.Text = Me.objLogin.Username & _
         " hat sich erfolgreich angemeldet."
   End Sub

   Private Sub OnLogoutRequested( _
      ByVal sender As LoginControl, _
      ByVal e As EventArgs) Handles objLogin.LogoutRequested
      sender.Status = LoginStatus.NotLoggedIn
   End Sub
```

Listing 307: CodeBehind bei Verwendung des Login-Controls (LoginControl.aspx.vb)

```
    Private Sub Page_Load( _
       ByVal sender As Object, _
       ByVal e As EventArgs) Handles MyBase.Load
       Me.objMessage.Visible = False
    End Sub

End Class
```

Listing 307: CodeBehind bei Verwendung des Login-Controls (LoginControl.aspx.vb) (Forts.)

Diese Events erlauben Ihnen eine detaillierte Reaktion auf die wechselnden Zustände der Anmeldung: Wenn der Benutzer seinen Usernamen und sein Kennwort eingibt oder auf eine eventuell definierte Schaltfläche klickt, wird zunächst das `LoginRequested`-Ereignis geworfen. Innerhalb der `NotLoggedInEventArgs` werden die eingegebenen Daten des Benutzers definiert und können im Event-Handler `OnLoginRequested` behandelt werden. Bei erfolgreichem Login kann der `Status` des Senders – eben des Login-Controls – auf `LoggedIn` gesetzt werden. Wenn die Anmeldung fehlschlägt, wird innerhalb des `OnLoginFailed`-Event-Handlers eine entsprechende Meldung ausgegeben.

Die eigentliche Anmeldeprozedur sollte innerhalb der Methode `OnLoginRequested` stattfinden. Hier verfügen Sie über die eingegebenen Informationen zu Benutzername und Kennwort. Sie könnten nun eine Datenbank-Abfrage durchführen und bei erfolgreichem Login eine Information in der Session hinterlassen.

Wenn der Nutzer auf eine eventuell vorhandene Schaltfläche zum Abmelden klickt, können Sie dies innerhalb des Event-Handlers für das `LogoutRequested`-Ereignis behandeln. Sie hätten hier die Möglichkeit, eine in einer Session hinterlegte Information über den Anmeldezustand zu löschen oder könnten Aufräumarbeiten innerhalb einer Datenbank durchführen.

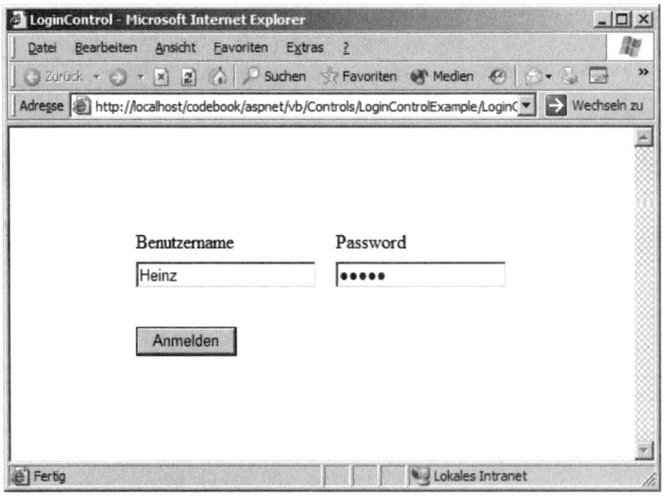

Abbildung 58: Anmeldung mit Hilfe des Login-Controls

Wenn Sie das Beispiel ausführen, sollten Sie vor erfolgreicher Anmeldung folgende Ausgabe erhalten (siehe Abbildung 58).

Wenn die Anmeldung fehlschlägt, wird eine entsprechende Fehlermeldung ausgegeben. Sollte der Benutzer allerdings die korrekten Login-Informationen eingeben, sollte er eine Ausgabe ähnlich dieser erhalten (siehe Abbildung 59).

Abbildung 59: Erfolgreiche Anmeldung mit Hilfe des Login-Controls

Die Verwendung des Login-Controls bietet sich insbesondere in Zusammenhang mit einer globalen Seitenvorlage – wie sie weiter vorne vorgestellt worden ist – an. Sie könnten so eine derartige Anmeldung überall auf Ihren Seiten realisieren und würden den Status des Login-Controls anhand von in der Session enthaltenen Informationen ändern.

158 Tools: XML-Newsfeed-Control

Eine Webseite gewinnt besonders durch die Darstellung von aktuellen Nachrichten. Vielen Betreibern fehlt allerdings die Zeit, ständig für neuen News-Nachschub zu sorgen und vergeben somit eine Möglichkeit, ihren Besuchern einen echten Mehrwert zu bieten.

Dabei muss die Bereitstellung von aktuellem Content nicht aufwändig sein – vorausgesetzt, man ist bereit, auf die von großen Nachrichtenanbietern oder thematisch verwandten Webseiten bereitgestellten Übersichten zurückzugreifen und in Kauf zu nehmen, dass die eigenen Nutzer bei Interesse an einer Meldung auch zur Seite des Anbieters wechseln. Dieses Risiko ist aber durch interessante Seiteninhalte minimierbar – ist die Seite interessant, kommen die Kunden zurück, auch und gerade weil sie hier auch aktuelle Inhalte finden.

Der Newsloader

Die Einbindung eines Newsfeeds ist in der Regel nicht sehr aufwändig: Es genügt, die Datei in ein XML-Dokument zu laden und ein XSLT-Stylesheet auf sie anzuwenden. Die Ausgabe wird anschließend in der Seite angezeigt. Welchen Mehrwert kann also ein eigenes Newsfeed-Control bieten?

Nun, einerseits ist die Wiederverwendbarkeit deutlich höher als bei spezialisierten Controls für unterschiedliche Newsfeeds. Außerdem bietet das Control die Möglichkeit, über ein einheitliches Objektmodell und unter nur geringer Verwendung von XML mit Hilfe von datengebundenen Controls die enthaltenen Informationen zu visualisieren.

Das Control greift dabei intern auf die Klasse `NewsLoader` zum Laden und Parsen der im XML-Format vorliegenden Informationen zurück. Diese Klasse benötigt eine Anzeigeklasse `NewsLoaderArticle` für die geladenen Artikel und eine Struktur `NewsLoaderFields`, die die Informationen zu Überschrift, Einleitung, Beschreibung und URL des Artikels enthält, anhand derer die geladenen Informationen in ein einheitliches Datenmodell konvertiert werden können.

Intern greift die Klasse `NewsLoader` dabei auf ein `XmlDataDocument` zum Laden der XML-Daten zurück, die anhand eines XML Schemas in ein `DataSet` konvertiert werden können. Anschließend können die Daten mit Hilfe der `NewsLoaderFields`-Struktur in `NewsLoaderArticle`-Objekte konvertiert werden.

Werfen wir zunächst einen Blick auf die Struktur `NewsLoaderFields`, die die Mapping-Informationen der Feldnamen der im `DataSet` enthaltenen `DataTable` zu den Elementen der `NewsLoaderArticle`-Anzeigeklasse enthält:

```
Namespace codebook.aspnet.vb.Controls

   <Serializable()> _
   Public Structure NewsLoaderFields
      Public Headline As String
      Public Anchor As String
      Public Description As String
      Public Url As String
   End Structure

End Namespace
```

Listing 308: Struktur für das Mapping der DataTable-Felder (NewsLoaderFields.vb)

Die Struktur enthält vier Variablen, die mit den in der Anzeigeklasse `NewsLoaderArticle` vorhandenen Properties korrespondieren.

Die Anzeigeklasse `NewsLoaderArticle` hat folgenden Aufbau:

```
Namespace codebook.aspnet.vb.Controls

   <Serializable()> _
   Public Class NewsLoaderArticle

      Private strHeadline As String = String.Empty
      Private strAnchor As String = String.Empty
      Private strDescription As String = String.Empty
      Private strUrl As String = String.Empty

      Public Property Headline() As String
         Get
            Return Me.strHeadline
```

Listing 309: Anzeigeklasse für die geladenen Artikel (NewsLoaderArticle.vb)

```
         End Get
         Set(ByVal Value As String)
            Me.strHeadline = Value
         End Set
      End Property

      Public Property Anchor() As String
         Get
            Return Me.strAnchor
         End Get
         Set(ByVal Value As String)
            Me.strAnchor = Value
         End Set
      End Property

      Public Property Description() As String
         Get
            Return Me.strDescription
         End Get
         Set(ByVal Value As String)
            Me.strDescription = Value
         End Set
      End Property

      Public Property Url() As String
         Get
            Return Me.strUrl
         End Get
         Set(ByVal Value As String)
            Me.strUrl = Value
         End Set
      End Property

      Friend Function IsValid() As Boolean
         Return (Not IsNothing(Me.Anchor) _
            Or Not IsNothing(Me.Description)) _
            And (Not IsNothing(Me.Headline) And _
            Not IsNothing(Me.Url))
      End Function

   End Class

End Namespace
```

Listing 309: Anzeigeklasse für die geladenen Artikel (NewsLoaderArticle.vb) (Forts.)

Die Anzeigeklasse stellt vier Properties bereit, die von der `NewsLoader`-Klasse befüllt und durch ein datengebundenes Control ausgelesen werden können. Die Methode `IsValid`, die nur für Klassen derselben Assembly zugänglich ist, gibt Auskunft darüber, ob es sich um einen gültigen Artikel handelt. Gültig ist ein Artikel nur, wenn er mindestens Überschrift und einen URL enthält, auf die verlinkt werden kann.

Der eigentliche Vorgang des Ladens und Umwandelns der Daten erfolgt innerhalb der Klasse NewsLoader:

```
Imports System.Xml

Namespace codebook.aspnet.vb.Controls

   ' ---------------------------------------
   ' Klasse zum Laden
   ' und Abrufen der XML-Daten
   ' ---------------------------------------
   Public Class NewsLoader

      Private strDataUrl As String
      Private strSchemaUrl As String
      Private objFields As NewsLoaderFields
      Private objList As New ArrayList

      Public Property DataUrl() As String
         Get
            Return Me.strDataUrl
         End Get
         Set(ByVal Value As String)
            Me.strDataUrl = Value
         End Set
      End Property

      Public Property SchemaUrl() As String
         Get
            Return Me.strSchemaUrl
         End Get
         Set(ByVal Value As String)
            Me.strSchemaUrl = Value
         End Set
      End Property

      Public Property Fields() As NewsLoaderFields
         Get
            Return Me.objFields
         End Get
         Set(ByVal Value As NewsLoaderFields)
            Me.objFields = Value
         End Set
      End Property

      Public Property Data() As ArrayList
         Get
            Return Me.objList
         End Get
         Set(ByVal Value As ArrayList)
```

Listing 310: Klasse zum Laden und Umwandeln von XML-Newsfeeds (NewsLoader.vb)

```
        Me.objList = Value
      End Set
   End Property

   ' ----------------------------------------
   ' Lädt den Newsfeed und wandelt ihn in eine
   ' ArrayList aus Artikelelementen um
   ' ----------------------------------------
   Public Sub Load()
      Dim blnResult As Boolean = _
         (Me.DataUrl.Length > 0 And Me.SchemaUrl.Length > 0)

      If blnResult Then
         Dim objData As New XmlDataDocument

         ' ------------------------------------
         ' Laden des Schemas
         ' ------------------------------------
         If Me.SchemaUrl.StartsWith("http://") Or _
            Me.SchemaUrl.StartsWith("https://") Then
            Dim objSchemaReader As New _
               XmlTextReader(Me.SchemaUrl)
            objData.DataSet.ReadXmlSchema(objSchemaReader)
         Else
            objData.DataSet.ReadXmlSchema(Me.SchemaUrl)
         End If

         ' ------------------------------------
         ' Laden des Xml-Dokuments
         ' ------------------------------------
         If Me.DataUrl.StartsWith("http://") Or _
            Me.DataUrl.StartsWith("https://") Then
            Dim objDataReader As New XmlTextReader(Me.DataUrl)
            objData.DataSet.ReadXml(objDataReader)
         Else
            objData.DataSet.ReadXml(Me.DataUrl)
         End If

         ' ------------------------------------
         ' Durchlaufen aller Elemente in der
         ' DataTable, Zuweisen zur Artikel-Klasse
         ' ------------------------------------
         Dim objRow As DataRow
         For Each objRow In objData.DataSet.Tables(0).Rows
            Dim objArticle As New NewsLoaderArticle
            If Not IsNothing(Me.Fields.Headline) Then
               objArticle.Headline = _
                  objRow.Item(Me.Fields.Headline)
            End If
            If Not IsNothing(Me.Fields.Anchor) Then
               objArticle.Anchor = objRow.Item(Me.Fields.Anchor)
```

Listing 310: Klasse zum Laden und Umwandeln von XML-Newsfeeds (NewsLoader.vb) (Forts.)

```
                End If
                If Not IsNothing(Me.Fields.Description) Then
                    objArticle.Description = _
                        objRow.Item(Me.Fields.Description)
                End If
                If Not IsNothing(Me.Fields.Url) Then
                    objArticle.Url = objRow.Item(Me.Fields.Url)
                End If

                ' ---------------------------------
                ' Artikel wird nur zugewiesen, wenn
                ' er mindestens Überschrift und URL
                ' hat
                ' ---------------------------------
                If objArticle.IsValid Then
                    Me.Data.Add(objArticle)
                End If
            Next
        End If
    End Sub

End Class

End Namespace
```

Listing 310: Klasse zum Laden und Umwandeln von XML-Newsfeeds (NewsLoader.vb) (Forts.)

Die `NewsLoader`-Klasse verfügt über vier öffentliche Properties: Mit Hilfe von `DataUrl` und `SchemaUrl` erfolgt die Zuweisung der Adressen der einzulesenden XML-Datei und des für die Verarbeitung zu verwendenden XML-Schemas. Über die Property `Fields` kann eine Instanz der `NewsLoaderFields`-Struktur für die Umwandlung des XML-Dokuments in ein `DataSet` zugewiesen werden. Mit Hilfe von `Data` erfolgt der Abruf der `ArrayList` mit den Artikeln.

Die Methode `Load` erledigt die eigentliche Arbeit des Abrufens und Umwandelns der Datenquelle. Zunächst erfolgt eine Prüfung, ob überhaupt Datenquelle und Schema-Datei zugewiesen worden sind. Sollte dies der Fall sein, werden sowohl Schema als auch Datenquelle geladen und dem `XmlDataDocument` zugewiesen. Beide Dateien können sowohl im lokalen Dateisystem liegen als auch über eine Internetadresse eingebunden sein.

Nach dem Laden der Daten wird auf das im `XmlDataDocument` enthaltene `DataSet` zugegriffen und aus dessen erster Tabelle alle Zeilen durchlaufen. Anhand der in der `NewsLoaderFields`-Struktur enthaltenen Mapping-Informationen wird versucht, die Informationen der aktuellen Zeile der `DataTable` in eine Instanz der `NewsLoaderArticle`-Klasse zu überführen. Sollten zumindest Überschrift und URL im Artikel enthalten sein, wird dieser der `ArrayList` `objList` mit Hilfe der Property `Data` zugewiesen.

Diese Daten können anschließend mit Hilfe des `NewsLoaderControl`-Steuerelements visualisiert werden.

Das NewsLoaderControl-Steuerelement

Über das `NewsLoaderControl` erfolgt die Einbindung in eine Webseite. Dieses Control bietet Properties, über die die `NewsLoaderFields`-Struktur befüllt werden kann, und erledigt die Bindung an ein datengebundenes Control:

```
Imports System.ComponentModel
Imports System.Web.UI
Imports System.Web.UI.WebControls
Imports System.IO

Namespace codebook.aspnet.vb.Controls

   <DefaultProperty("DataUrl"), _
      ToolboxData("<{0}:NewsLoaderControl runat=server>" & _
      "</{0}:NewsLoaderControl>")> _
   Public Class NewsLoaderControl
      Inherits System.Web.UI.WebControls.WebControl

      Private objFields As New NewsLoaderFields

      <Bindable(False), Browsable(False)> _
      Public Property Fields() As NewsLoaderFields
         Get
            Return Me.objFields
         End Get
         Set(ByVal Value As NewsLoaderFields)
            Me.objFields = Value
         End Set
      End Property

      <Bindable(True), Browsable(True), Category("Data")> _
      Public Property HeadlineField() As String
         Get
            Return Me.objFields.Headline
         End Get
         Set(ByVal Value As String)
            Me.objFields.Headline = Value
         End Set
      End Property

      <Bindable(True), Browsable(True), Category("Data")> _
      Public Property AnchorField() As String
         Get
            Return Me.objFields.Anchor
         End Get
         Set(ByVal Value As String)
            Me.objFields.Anchor = Value
         End Set
      End Property
```

Listing 311: NewsLoaderControl-Steuerelement zur Einbindung in eine Webseite (NewsLoaderControl.vb)

```
<Bindable(True), Browsable(True), Category("Data")> _
Public Property DescriptionField() As String
   Get
      Return Me.objFields.Description
   End Get
   Set(ByVal Value As String)
      Me.objFields.Description = Value
   End Set
End Property

<Bindable(True), Browsable(True), Category("Data")> _
Public Property UrlField() As String
   Get
      Return Me.objFields.Url
   End Get
   Set(ByVal Value As String)
      Me.objFields.Url = Value
   End Set
End Property

<Bindable(True), Browsable(True), Category("Data"), _
   DefaultValue("./Schema.xsd")> _
Public Property SchemaUrl() As String
   Get
      If IsNothing(ViewState.Item("SchemaUrl")) Then
         ViewState.Item("SchemaUrl") = _
            Page.Server.MapPath("Schema.xsd")
      End If
      Return ViewState.Item("SchemaUrl")
   End Get
   Set(ByVal Value As String)
      ViewState.Item("SchemaUrl") = Value
   End Set
End Property

<Bindable(True), Browsable(True), Category("Data"), _
   DefaultValue("./Data.xml")> _
Public Property DataUrl() As String
   Get
      If IsNothing(ViewState.Item("DataUrl")) Then
         ViewState.Item("DataUrl") = _
            Page.Server.MapPath("Data.xml")
      End If
      Return ViewState.Item("DataUrl")
   End Get
   Set(ByVal Value As String)
      ViewState.Item("DataUrl") = Value
   End Set
End Property
```

Listing 311: NewsLoaderControl-Steuerelement zur Einbindung in eine Webseite (NewsLoaderControl.vb) (Forts.)

```
<Bindable(True), Browsable(True), Category("Data")> _
Public Property BindControl() As String
   Get
      Return ViewState.Item("ControlId")
   End Get
   Set(ByVal Value As String)
      ViewState.Item("ControlId") = Value
   End Set
End Property

<Bindable(False), Browsable(False)> _
Public WriteOnly Property Control() As Control
   Set(ByVal Value As Control)
      Me.BindControl = Value.ID
   End Set
End Property

Private Function MapPath(ByVal strPath As String) As String
   Dim strResult As String = strPath
   If Not strPath.StartsWith("http://") And _
      Not strPath.StartsWith("https://") And _
      Not Path.IsPathRooted(strPath) Then
      strResult = Me.Page.Server.MapPath(strResult)
   End If
   Return strResult
End Function

Protected Shadows Sub OnPreRender( _
   ByVal sender As Object, ByVal e As EventArgs) _
   Handles MyBase.PreRender
   Dim objControl As BaseDataList = _
      CType(Me.Page.FindControl(Me.BindControl), _
         BaseDataList)
   If Not IsNothing(objControl) And Me.SchemaUrl.Length > 0 _
      And Me.DataUrl.Length > 0 Then
      ' ----------------------------------
      ' Wenn die URLs Dateipfade sind,
      ' dann müssen sie noch darauf überprüft
      ' werden, ob sie auch absolut sind.
      ' ----------------------------------
      Me.SchemaUrl = MapPath(Me.SchemaUrl)
      Me.DataUrl = MapPath(Me.DataUrl)

      ' ----------------------------------
      ' Newsloader erstellen und Daten übergeben
      ' ----------------------------------
      Dim objLoader As New NewsLoader
      objLoader.DataUrl = Me.DataUrl
      objLoader.SchemaUrl = Me.SchemaUrl
```

Listing 311: NewsLoaderControl-Steuerelement zur Einbindung in eine Webseite (NewsLoaderControl.vb) (Forts.)

```
            objLoader.Fields = Me.Fields
            objLoader.Load()

            ' ----------------------------------
            ' Übergebenes Control finden und Daten
            ' zuweisen
            ' ----------------------------------
            objControl.DataSource = objLoader.Data
            objControl.DataBind()
         End If
      End Sub

   End Class

End Namespace
```

Listing 311: NewsLoaderControl-Steuerelement zur Einbindung in eine Webseite (NewsLoaderControl.vb) (Forts.)

Um die Arbeit mit dem Control möglichst einfach zu gestalten, verfügt es über einige Properties, die speziell für den Einsatz im Frontendbereich gedacht sind. Es handelt sich dabei um die Eigenschaften `HeadlineField`, `AnchorField`, `DescriptionField`, `UrlField` und `BindControl`. Die ersten vier Properties erlauben den Zugriff auf die Felder der `NewsLoaderFields`-Struktur, während `BindControl` die `ID` des datengebundenen Controls aufnimmt, das für die Anzeige der Artikel zuständig ist.

Die Gegenstücke der beschriebenen Eigenschaften für den CodeBehind-Bereich der Seite heißen `Fields` und `Control` – erstere Property nimmt eine Instanz der `NewsLoaderFields`-Struktur entgegen, während der Eigenschaft `Control` eine Referenz auf das datengebundene Control zugewiesen wird, das die Anzeige der Artikel bewerkstelligen soll.

Mit Hilfe von `DataUrl` und `SchemaUrl` übergeben Sie die Adressen der Daten- und Schema-Dateien. Beide können sowohl auf das lokale Dateisystem als auch auf eine im Internet befindliche Ressource verweisen. Wenn sie auf das lokale Dateisystem verweisen, können sie auch relative Pfadangaben verwenden, da diese mit Hilfe der privaten Methode `MapPath` des Controls vor Übergabe an die `NewsLoader`-Klasse in absolute Pfadangaben umgewandelt werden.

in der Methode `OnPreRender`, die direkt vor dem in diesem Fall nicht stattfindenden Rendering des Controls aufgerufen wird, erfolgt zunächst eine Überprüfung, ob das Control, an das die geladenen Daten gebunden werden sollen, überhaupt eine Datenbindung erlaubt – in diesem Fall muss es sich um eine Ableitung von der Basisklasse `BaseDataList` handeln. Sollte dies der Fall sein, können die Informationen an die Klasse `NewsLoader` übergeben werden, die für das Laden und Umwandeln der Daten zuständig ist. Zuletzt werden die geladenen Informationen an das datengebundene Control übergeben und die Datenbindung durchgeführt.

Wenn Sie die Assembly kompilieren, können Sie sie in eigenen Projekten nach Einbindung des Namensraums einsetzen.

Sehen wir uns nun zwei Beispiele an, die die Handhabung des `NewsLoaderControl`-Steuerelements illustrieren.

159 Tools: Verwendung des XML-Newsfeed-Controls in eigenen Applikationen

Der Anbieter Golem bietet unter *http://www.golem.de* ständig aktuelle IT-News an und hat sich zu einer der großen Nachrichtenseiten in Deutschland entwickelt. Seit Sommer 2002 besteht die Möglichkeit, die aktuellen Meldungen in die eigene Homepage zu integrieren. Zu diesem Zweck wird unter *http://www.golem.de/golem_backend.xml* ein XML-Dokument bereitgestellt, das sich für den Einsatz mit Hilfe des `NewsLoaderControl`-Steuerelements sehr gut eignet.

Werfen wir einen Blick auf den grundsätzlichen Aufbau des XML-Dokuments:

```
<?xml version="1.0" encoding="ISO-8859-1" standalone="yes" ?>
<doc>
   <ARTIKEL>
      <ID></ID>
      <DATUM></DATUM>
      <HEADLinE></HEADLinE>
      <SUBHEADLinE></SUBHEADLinE>
      <ABSTRACT></ABSTRACT>
      <RUBRIK></RUBRIK>
      <URL></URL>
   </ARTIKEL>
</doc>
```

Das Dokument kann mehrere Artikel enthalten. Diese bestehen aus verschiedenen Elementen, von denen uns nur drei interessieren: `HEADLINE`, `SUBHEADLINE` und `URL`. Um das XML-Dokument mit Hilfe eines `XmlDataDocuments` in eine `DataTable` zu transformieren und anschließend die enthaltenen Informationen weiterverarbeiten zu können, benötigen wir ein XML-Schema, das wir uns aus der XML-Datei mit Hilfe des *xsd.exe*-Utilities oder aus dem Visual Studio .NET erzeugen lassen können und im Verzeichnis der Applikation als *golem.xsd* speichern.

Das erzeugte XML-Schema sieht so aus:

```
<?xml version="1.0"?>
<xs:schema id="doc" xmlns:xs="http://www.w3.org/2001/XMLSchema"
   xmlns:msdata="urn:schemas-microsoft-com:xml-msdata"
   attributeFormDefault="qualified" elementFormDefault="qualified">
   <xs:element name="doc" msdata:IsDataSet="true"
      msdata:Locale="de-DE" msdata:EnforceConstraints="False">
      <xs:complexType>
         <xs:choice maxOccurs="unbounded">
            <xs:element name="ARTIKEL">
               <xs:complexType>
                  <xs:sequence>
                     <xs:element name="ID"
                        type="xs:string" minOccurs="0" />
```

```
                        <xs:element name="DATUM"
                           type="xs:string" minOccurs="0" />
                        <xs:element name="HEADLinE"
                           type="xs:string" minOccurs="0" />
                        <xs:element name="SUBHEADLinE"
                           type="xs:string" minOccurs="0" />
                        <xs:element name="ABSTRACT"
                           type="xs:string" minOccurs="0" />
                        <xs:element name="RUBRIK"
                           type="xs:string" minOccurs="0" />
                        <xs:element name="URL"
                           type="xs:string" minOccurs="0" />
                     </xs:sequence>
                  </xs:complexType>
               </xs:element>
            </xs:choice>
         </xs:complexType>
      </xs:element>
</xs:schema>
```

Das Schema definiert noch einmal den strukturellen Aufbau, den die Elemente des zu ladenden XML-Dokuments haben müssen: Sie bestehen aus einem `Artikel`-Knoten, der sieben untergeordnete Elemente besitzen kann, aber nicht muss. Diese Elemente – `ID`, `DATUM`, `HEADLINE`, `SUBHEADLIE`, `ABSTRACT`, `RUBRIK` und `URL` – sind allesamt vom Datentyp `String`, was sich später auch in der `DataTable` des im `XmlDataDocument` befindlichen DataSets widerspiegelt.

Nach diesen notwendigen Vorarbeiten kann die Ein- und Anbindung des `NewsLoaderControls` erfolgen:

```
<%@ Page Language="vb" AutoEventWireup="false"
   Codebehind="Golem.aspx.vb" Inherits="NewsList.Golem"%>
<%@ Register TagPrefix="cb"
   Namespace="codebook.aspnet.vb.Controls"
   Assembly="codebook.aspnet.vb.Controls.NewsLoader" %>
<!DOCTYPE HTML PUBLIC "-//W3C//DTD HTML 4.0 Transitional//EN">
<HTML>
   <HEAD>
      <title>Golem-Nachrichtenüberblick</title>
      <style>
      .Headline, .Text, .Small {
         font-family: Verdana, Arial, Helvetica;
         font-size: 12px;color: #000000;}
      .Headline {font-weight: 800;}
      .Small {font-size: 10px;}
      a {color: #0000ff;text-decoration: underline;}
      a:Hover {font-weight: 800;}
     </style>
   </HEAD>
   <body>
```

Listing 312: Einbindung des NewsLoaderControl-Steuerelements (Golem.aspx)

```
      <form id="Form1" method="post" runat="server">
         <cb:NewsLoaderControl runat="server"
            id="objLoader" HeadlineField="Headline"
            UrlField="Url" AnchorField="Subheadline"
            SchemaUrl="golem.xsd"
            DataUrl="http://www.golem.de/golem_backend.xml"
            BindControl="objList" />
         <asp:DataGrid Runat="server" ShowFooter="True"
            ID="objList" AutoGenerateColumns="False"
            CellPadding="5">
            <AlternatingItemStyle BackColor="#efefef" />
            <Columns>
               <asp:TemplateColumn HeaderStyle-CssClass="Headline"
                  HeaderText="Nachrichtenüberblick"
                  ItemStyle-CssClass="Text">
                  <ItemTemplate>
                     <font class="Headline"><%#
                        DataBinder.Eval( _
                           Container.DataItem, _
                           "Headline") %></font>
                     <br />
                     <%#
                        DataBinder.Eval( _
                           Container.DataItem, "Anchor") %>
                     <br />
                     <a href='<%#
                        DataBinder.Eval( _
                           Container.DataItem, "Url") %>'
                        target="_blank">
                        <%# DataBinder.Eval( _
                        Container.DataItem, "Url") %>
                     </a>
                  </ItemTemplate>
                  <FooterTemplate>
                     <a href="http://www.golem.de"
                        class="Small"
                        target="_blank">(c) Golem.de</a>
                  </FooterTemplate>
               </asp:TemplateColumn>
            </Columns>
         </asp:DataGrid>
      </form>
   </body>
</HTML>
```

Listing 312: Einbindung des NewsLoaderControl-Steuerelements (Golem.aspx) (Forts.)

Nach der Registrierung des Tag-Präfixes in der Seite kann das Control eingebunden werden. Das Übergeben der Parameter an das `NewsLoaderControl`-Steuerelement erfolgt unter Verwendung der Properties `HeadlineField`, `UrlField`, `AnchorField`, `SchemaUrl`, `DataUrl` und `BindControl`. Das `DataGrid`, das zur Anzeige der Artikel genutzt wird, verwendet eine `TemplateColumn` zur

Ausgabe der Daten. in dieser `TemplateColumn` werden die einzelnen Felder mit Hilfe der Datenbindungs-Syntax ausgegeben.

Wenn Sie die Seite aufrufen und eine Internetverbindung existiert, sollten Sie eine Ausgabe ähnlich dieser erhalten:

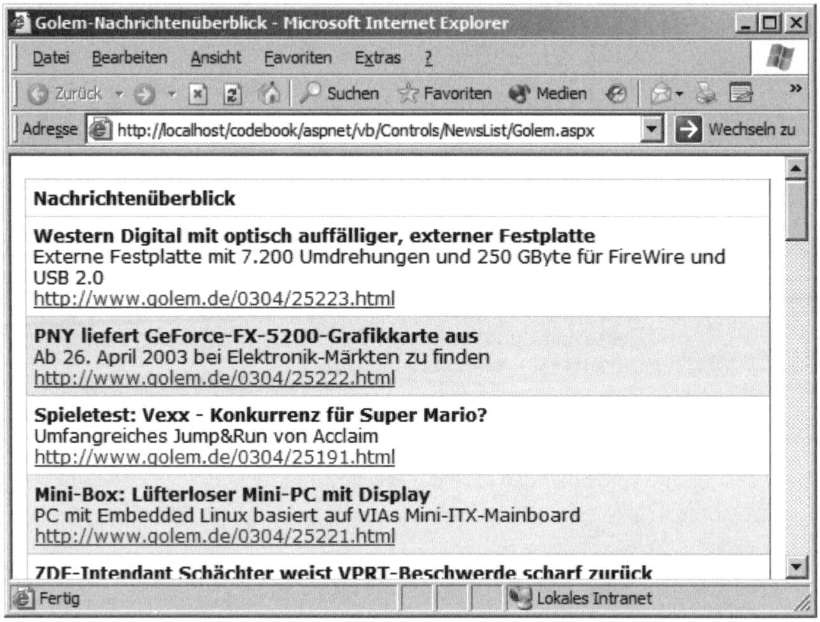

Abbildung 60: Anzeige der mit Hilfe des NewsLoaderControls geladenen Daten

Abrufen von Inhalten im RDF-Format

Das *RDF*-Format ist eine spezielle Art der Formatierung und dient der Bereitstellung von Daten für andere Webseiten und RDF-fähige Tools. Je nach Anbieter kann das Format mit weiteren Namensräumen kombiniert sein, so dass letztendlich ein recht komplexes XML-Dokument erzeugt wird, dass sich ohne weiteres nicht mehr mit dem `NewsLoader`-Tool laden und umwandeln lässt.

Aus diesem Grund werden die Daten auch nicht direkt, sondern von einem zwischengeschalteten Script ausgelesen und umgewandelt. Diese Umwandlung führt zu einer normalisierten Form der Datenrepräsentation und sorgt dafür, dass einfach und schnell ein XML-Schema erzeugt werden kann, das sich mit der `NewsLoader`-Klasse einsetzen lässt.

Für das folgende Beispiel ist als Anbieter die Webseite der Nachrichten-Sendung *Tagesschau* (*http://www.tagesschau.de*) gewählt. Sie finden deren RDF-Dokument unter der Adresse *http://www.tagesschau.de/xml/tagesschau-meldungen/0,,,00.xml*. Der Aufbau dieses speziellen Dokuments ist recht komplex und beinhaltet Informationen zu Content-Syndication mit weiteren Anbietern und Datenaustausch. Diese Informationen sind für den Einsatz im `NewsLoader`-Tool nicht relevant und werden deshalb – ebenso wie die verschiedenen Namensräume des XML-

Dokuments – entfernt. Dies wird durch die WebForm *TagesschauLoader.aspx* und deren Code-Behind-Teil erledigt.

Werfen wir zunächst einen Blick auf den Frontend-Bereich der WebForm:

```
<%@ Page Language="vb"
   AutoEventWireup="false"
   Codebehind="TagesschauLoader.aspx.vb"
   Inherits="NewsList.TagesschauLoader"
   %><asp:Literal runat="server" id="objContent" />
```

Listing 313: Frontend des RDF-Loader-Scripts (TagesschauLoader.aspx)

Da letztendlich ein XML-Dokument ausgegeben werden soll, entfallen sämtliche sonst vorhandenen HTML-Elemente. Lediglich ein serverseitiges `Literal`-Control ist vorhanden – dieses nimmt nach dem Abrufen den bereinigten Content auf.

Im CodeBehind-Bereich der WebForm ist etwas mehr Aufwand nötig:

```
Imports System.IO
Imports System.Web
Imports System.NET
Imports System.Text
Imports System.Xml

Public Class TagesschauLoader
   Inherits System.Web.UI.Page

   Protected WithEvents objContent As Literal

   Private Sub Page_Load( _
      ByVal sender As Object, ByVal e As EventArgs) _
      Handles MyBase.Load

      ' ----------------------------------------
      ' ContentType und Encoding setzen
      ' ----------------------------------------
      Response.ContentType = "text/xml"
      Response.ContentEncoding = Encoding.GetEncoding("iso-8859-1")

      ' ----------------------------------------
      ' Daten per WebClient abrufen
      ' ----------------------------------------
      Dim objClient As New WebClient
      Dim strResult As String = Encoding.GetEncoding( _
         "iso-8859-1").GetString( _
         objClient.DownloadData( _
         "http://www.tagesschau.de/xml/tagesschau-" & _
```

Listing 314: Abruf der RDF-Daten und Umwandeln in ein einfacheres Format (TagesschauLoader.aspx.vb)

```
        "meldungen/0,,,00.xml"))

    ' ---------------------------------------
    ' Alle untergeordneten Namensräume entfernen
    ' ---------------------------------------
    strResult = strResult.Replace("sy:", "")
    strResult = strResult.Replace("dc:", "")
    strResult = strResult.Replace("rdf:", "")

    ' ---------------------------------------
    ' Interessant sind nur <item>-Elemente
    ' ---------------------------------------
    strResult = strResult.Substring( _
      strResult.IndexOf("<item "))
    strResult = strResult.Substring( _
      0, strResult.IndexOf("</RDF>"))
    strResult = "<?xml version=""1.0"" " & _
      "encoding=""iso-8859-1""?><items>" & _
      strResult & "</items>"

    Me.objContent.Text = strResult
  End Sub

End Class
```

Listing 314: Abruf der RDF-Daten und Umwandeln in ein einfacheres Format (TagesschauLoader.aspx.vb) (Forts.)

Zunächst werden `ContentType` und `Encoding` der Ausgabe gesetzt, damit das Ergebnis der Transformation korrekt als XML-Dokument mit einem mitteleuropäischen Zeichensatz erkannt und somit eventuelle Umlaute korrekt ausgegeben werden können. Anschließend erfolgt der Abruf der Daten mittels einer Instanz der `WebClient`-Klasse und die Zuweisung des Inhalts zur Variablen `strResult`. Auch dabei wird die Zeichensatz-Codierung explizit angegeben, damit eventuelle Umlaute korrekt dargestellt und verarbeitet werden können.

Nun werden alle vorhandenen Namensräume entfernt und die eigentlichen Artikel-Elemente, die sich innerhalb von `item`-Knoten im Dokument befinden, ausgelesen. Zuletzt wird eine korrekte XML-Deklaration angegeben, alle `item`-Knoten werden innerhalb eines umschließenden `items`-Tags zusammengefasst und das Ergebnis der Transformation dem `Literal`-Control `objContent` zur Anzeige zugewiesen.

Wenn Sie das Script direkt im Browser aufrufen, wird ein XML-Dokument mit folgender Struktur generiert:

```
<?xml version="1.0" encoding="iso-8859-1" ?>
<items>
  <item about="">
    <date></date>
    <format></format>
    <source></source>
```

```
      <language></language>
      <publisher></publisher>
      <rights></rights>
      <title></title>
      <link></link>
   </item>
</items>
```

Das Dokument besteht also aus einem Wurzelelement `items`. Diesem Element untergeordnet sind die verschiedenen Artikel, die Felder für Datum, Quelle, Format, Sprache, Publisher, Copyright, Titel und URL enthalten. Nach einem direkten Aufruf der *TagesschauLoader*-Datei kann die Ausgabe als XML-Dokument gespeichert und mittels *xsd.exe* oder innerhalb des VS.NET kann ein XML Schema generiert werden. Dieses Schema sollte folgenden Aufbau haben:

```
<?xml version="1.0"?>
<xs:schema id="items"
   xmlns:xs="http://www.w3.org/2001/XMLSchema"
   xmlns:msdata="urn:schemas-microsoft-com:xml-msdata"
   attributeFormDefault="qualified"
   elementFormDefault="qualified">
   <xs:element name="items" msdata:IsDataSet="true"
      msdata:Locale="de-DE" msdata:EnforceConstraints="False">
      <xs:complexType>
         <xs:choice maxOccurs="unbounded">
            <xs:element name="item">
               <xs:complexType>
                  <xs:sequence>
                     <xs:element name="date" type="xs:string"
                        minOccurs="0" msdata:Ordinal="0" />
                     <xs:element name="format" type="xs:string"
                        minOccurs="0" msdata:Ordinal="1" />
                     <xs:element name="source" type="xs:string"
                        minOccurs="0" msdata:Ordinal="2" />
                     <xs:element name="language" type="xs:string"
                        minOccurs="0" msdata:Ordinal="3" />
                     <xs:element name="publisher" type="xs:string"
                        minOccurs="0" msdata:Ordinal="4" />
                     <xs:element name="rights" type="xs:string"
                        minOccurs="0" msdata:Ordinal="5" />
                     <xs:element name="title" type="xs:string"
                        minOccurs="0" msdata:Ordinal="6" />
                     <xs:element name="link" type="xs:string"
                        minOccurs="0" msdata:Ordinal="7" />
                  </xs:sequence>
                  <xs:attribute name="about"
                     form="unqualified" type="xs:string" />
               </xs:complexType>
            </xs:element>
         </xs:choice>
```

```
    </xs:complexType>
  </xs:element>
</xs:schema>
```

in diesem Schema spiegelt sich der Aufbau des umgewandelten XML-Dokuments wider. Sie erkennen die verschiedenen Elemente eines Artikels, alle vom Datentyp `String`. Speichern Sie das Schema innerhalb der Applikation oder legen Sie es an einem per Webzugriff erreichbaren Ort auf einem Server ab, damit die `NewsLoader`-Klasse darauf zugreifen kann.

Die eigentliche Anzeige der News erfolgt durch die WebForm *Tagesschau.aspx*:

```
<%@ Page Language="vb" AutoEventWireup="false"
   Codebehind="Tagesschau.aspx.vb" Inherits="NewsList.WebForm1"%>
<%@ Register TagPrefix="cb"
   Namespace="codebook.aspnet.vb.Controls"
   Assembly="codebook.aspnet.vb.Controls.NewsLoader" %>
<!DOCTYPE HTML PUBLIC "-//W3C//DTD HTML 4.0 Transitional//EN">
<html>
  <head>
    <title>Nachrichtenüberblick</title>
    <style>
      .Headline, .Text, .Small {
         font-family: Verdana, Arial, Helvetica;
         font-size: 12px;color: #000000;}
      .Headline {font-weight: 800;}
      .Small {font-size: 10px;}
      a {color: #000000;text-decoration: none;}
      a:Hover {text-decoration: underline;}
    </style>
  </head>
  <body>

    <form id="Form1" method="post" runat="server">
      <cb:NewsLoaderControl runat="server" id="objLoader"/>
      <asp:DataGrid Runat="server" ShowFooter="True"
         ID="objList" AutoGenerateColumns="False" CellPadding="5">
         <AlternatingItemStyle BackColor="#efefef"/>
         <Columns>
            <asp:TemplateColumn
               HeaderStyle-CssClass="Headline"
               HeaderText="Nachrichtenüberblick"
               ItemStyle-CssClass="Text">
               <ItemTemplate>
                  <a href='<%# DataBinder.Eval( _
                     Container.DataItem, "Url") %>'
                     target="_blank"><%# DataBinder.Eval( _
                        Container.DataItem, "Headline") %></a>
               </ItemTemplate>
               <FooterTemplate>
```

Listing 315: Frontend der Nachrichten-Darstellung (Tagesschau.aspx)

```
                <a href="http://www.tagesschau.de"
                  class="Small" target="_blank"
                  >(c) Tagesschau.de</a>
              </FooterTemplate>
            </asp:TemplateColumn>
          </Columns>
        </asp:DataGrid>
      </form>

    </body>
  </html>
```

Listing 315: Frontend der Nachrichten-Darstellung (Tagesschau.aspx) (Forts.)

Im Frontend-Bereich werden zunächst per `Register`-Direktive der Namensraum des Controls und ein Tag-Präfix definiert. Anschließend kann das `NewsLoaderControl` eingebunden werden. Außerdem wird ein `DataGrid` definiert, das für die Darstellung der geladenen Daten zuständig ist und zu diesem Zweck eine `TemplateColumn` verwendet.

Im CodeBehind-Teil der WebForm erfolgt die Zuweisung der benötigten Informationen zum `NewsLoaderControl`:

```
Imports codebook.aspnet.vb.Controls

Public Class WebForm1
   Inherits System.Web.UI.Page

   Protected WithEvents objLoader As NewsLoaderControl
   Protected WithEvents objList As DataGrid

   Private Sub Page_Load( _
      ByVal sender As Object, _
      ByVal e As EventArgs) _
      Handles MyBase.Load

      Dim strUrl As String = Request.Url.ToString
      strUrl = strUrl.Substring( _
         0, strUrl.LastIndexOf("/")) & "/TagesschauLoader.aspx"

      objLoader.Control = Me.objList
      objLoader.DataUrl = strUrl
      objLoader.SchemaUrl = "tagesschau.xsd"
      objLoader.HeadlineField = "title"
      objLoader.UrlField = "link"
   End Sub

End Class
```

Listing 316: CodeBehind der Nachrichten-Darstellungsseite (Tagesschau.aspx.vb)

Zunächst wird der URL des Lade- und Umwandlungsscripts bestimmt. in diesem Fall liegt es im gleichen Verzeichnis wie die eigentliche Applikation. Aus diesem Grund kann der URL des aktuellen Requests ausgewertet und das letzte Element – der Dateiname des aktuellen Scripts – durch den Dateinamen des Loader-Scripts ersetzt werden. Dieser URL wird dem Control als `DataUrl` übergeben. Nach der Zuweisung von `SchemaUrl` und den für Überschrift und Url im Artikel zu verwendenen Elementen des XML-Dokuments per `HeadlineField` und `UrlField` ist die Abarbeitung im CodeBehind beendet.

Wenn Sie das Script ausführen und über eine aktivierte Internetverbindung verfügen, sollten Sie eine Ausgabe ähnlich der folgenden erhalten:

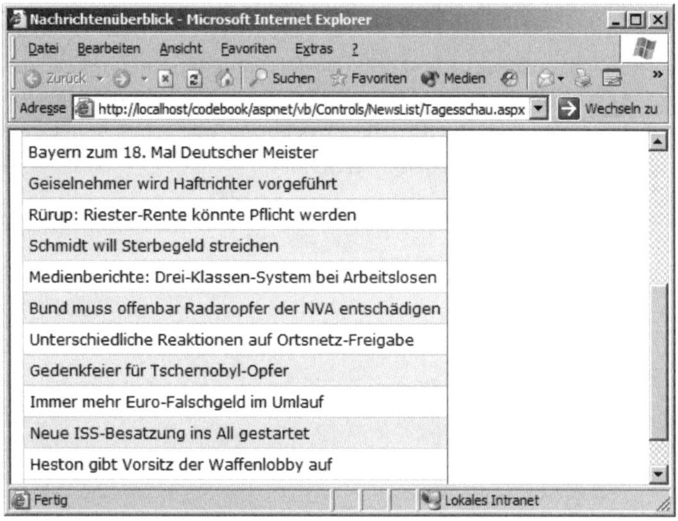

Abbildung 61: Ausgabe der geladenen Nachrichten

Wie in den beiden Beispielen gezeigt, können Sie nun nahezu beliebige Datenquellen an das Control binden. Ebenso ist es denkbar, Scripte zu entwickeln, die Daten von Nicht-XML-Datenquellen abrufen, diese in ein definiertes Format umwandeln und mit Hilfe eines XML-Schemas dem `NewsLoaderControl` zuweisen.

160 WYSIWYG-Editor-Control

Seit Einführung des Internet Explorers 5.5 ist es möglich, Webseiten per JavaScript und DHTML direkt innerhalb der Seite zu editieren. Dieser Editiermodus für Webseiten bietet dabei echtes WYSIWYG – »What You See Is What You Get«.

Umsetzungen dieses Features für ASP.NET gibt es einige, die bekannteste ist die `RichTextBox`, von der Sie eine zeitlich beschränkte Demo-Version unter *http://www.RichTextBox.com* herunterladen können. Da die Vollversion dieses Controls nicht im Quellcode vorliegt und darüber hinaus recht teuer ist, soll an dieser Stelle eine eigene Implementierung der WYSIWYG-Editor-Funktionalitäten des Internet Explorers vorgestellt werden. Diese kann als Basis für eigene Weiterentwicklungen oder als Ersatz für gewöhnliche Eingabefelder in Formularen dienen.

Das eigentliche Control

Die DHTML-Fähigkeiten des Internet Explorers werden durch das `DhtmlEditor`-Control so gekapselt, dass Sie ein Control erhalten, welches mit ASP.NET nahtlos einsetzbar und durch die Benutzer problemlos erweiterbar ist.

Werfen wir nun einen näheren Blick auf die Klasse `DhtmlEditor`:

```
Imports System.ComponentModel
Imports System.Web.UI
Imports System.Web.UI.WebControls
Imports System.Web.UI.HtmlControls

Namespace codebook.aspnet.vb.Controls

   <DefaultProperty("Text"), DefaultEvent("TextChanged"), _
      ToolboxData("<{0}:DhtmlEditor " & _
         "runat=server></{0}:DhtmlEditor>")> _
   Public Class DhtmlEditor
      Inherits System.Web.UI.WebControls.Table
      Implements inamingContainer

      Private objToolboxTable As Table
      Private objEditorTable As Table
      Private blnInited As Boolean = False

      Public Event TextChanged(ByVal sender As Object, _
         ByVal e As EventArgs)
```

Das Control stellt im Gegensatz zu vielen anderen Controls keine Ableitung von `WebControl` dar, sondern basiert auf einer Tabelle. Es besitzt ein Event – `TextChanged`. Die Standard-Eigenschaft des Controls im Designer ist `Text`.

```
      Private Sub InitMe()
         If Not blnInited Then
            Dim objRow As New TableRow
            Dim objCell As New TableCell

            ' ---------------------------------
            ' Toolbox-Tabelle anfügen
            ' ---------------------------------
            objToolboxTable = New Table
            objToolboxTable.BackColor = _
               System.Drawing.Color.FromName("ececec")
            objToolboxTable.Width = Unit.Percentage(100)
            objToolboxTable.CellPadding = Me.CellPadding
            objToolboxTable.CellSpacing = Me.CellSpacing

            objCell.Controls.Add(objToolboxTable)
            objCell.BackColor = objToolboxTable.BackColor
```

```
        objRow.Cells.Add(objCell)
        Me.Rows.Add(objRow)

        ' --------------------------------
        ' Editor-Tabelle anfügen
        ' --------------------------------
        objEditorTable = New Table
        objEditorTable.Width = Unit.Percentage(100)
        objEditorTable.CellSpacing = Me.CellSpacing
        objEditorTable.CellPadding = Me.CellPadding

        objCell = New TableCell'
        objCell.Width = Unit.Percentage(100)
        objRow = New TableRow
        objCell.Controls.Add(objEditorTable)
        objRow.Cells.Add(objCell)
        Me.Rows.Add(objRow)

        blnInited = True
    End If
End Sub
```

Die private Methode InitMe initialisiert die dem Control zugrunde liegende Tabelle und fügt zwei weitere Tabellen an: objToolboxTable und objEditorTable. Erstere enthält die einzelnen Schaltflächen und Pulldown-Menüs für den WYSIWYG-Modus, letztere wird das als Editor verwendete IFrame beinhalten.

```
<Bindable(True), Browsable(True), _
   Category("Data"), DefaultValue("")> _
Property [Text]() As String
   Get
      If IsNothing(ViewState.Item("Content")) Then
         Me.Text = "Text goes here..."
      End If
      Return CType(ViewState.Item("Content"), String)
   End Get
   Set(ByVal Value As String)
      ViewState.Item("Content") = Value
   End Set
End Property

<Bindable(True), Browsable(True), _
   Category("Appearance"), DefaultValue(False)> _
Public Property ShowSubmit() As Boolean
   Get
      If IsNothing(ViewState.Item("ShowSubmit")) Then
         ShowSubmit = False
      End If
      Return CType(ViewState.Item("ShowSubmit"), Boolean)
   End Get
   Set(ByVal Value As Boolean)
```

```
            ViewState.Item("ShowSubmit") = Value
        End Set
    End Property

    <Browsable(True), Bindable(True), Category("Appearance"), _
        DefaultValue(False)> _
    Public Property Focus() As Boolean
        Get
            If IsNothing(ViewState.Item("Focus")) Then
                Me.Focus = True
            End If
            Return CType(ViewState.Item("Focus"), Boolean)
        End Get
        Set(ByVal Value As Boolean)
            ViewState.Item("Focus") = Value
        End Set
    End Property
```


Die Werte der einzelnen Properties des Controls werden im ViewState gespeichert, was eine bequeme Beibehaltung eingegebener Daten über PostBacks hinweg ermöglicht. Sollte noch kein entsprechender Wert im ViewState enthalten sein, wird bei Abruf von Werten ein Standardwert im ViewState hinterlegt.

Mit Hilfe der Eigenschaft `Text` legen Sie den innerhalb des Editors anzuzeigenden Text (der auch HTML-Tags enthalten kann) fest oder rufen die Benutzereingabe ab. `ShowSubmit` legt fest, ob sich unter den Schaltflächen des Controls (im Folgenden als *Toolbox* bezeichnet) eine Schaltfläche zum Absenden des Formulars befindet.

Wenn Sie wünschen, dass sich der Eingabefokus nach dem Laden der Seite, in der sich das Control befindet, innerhalb des Editor-Controls befindet, weisen Sie der Eigenschaft `Focus` den Wert `True` zu. Der Standardwert ist `False`, es wird also kein Fokus auf das Control gesetzt.

```
    <Bindable(True), Browsable(True), Category("Appearance"), _
        DefaultValue("./images/")> _
    Public Property ImagePath() As String
        Get
            If Not IsNothing(ViewState.Item("ImagePath")) Then
                Return ViewState.Item("ImagePath")
            Else
                Return "./images/"
            End If
        End Get
        Set(ByVal Value As String)
            ViewState.Item("ImagePath") = Value
        End Set
    End Property
```

Das Editor-Control verwendet `Images` und `ImageButtons` um Schaltflächen darzustellen. Geben Sie über die Eigenschaft `ImagePath` den per Browser erreichbaren Pfad zu den zu verwendenden Bildern an.

```
' ---------------------------------------------
' Schriftarten-Pulldown-Daten
' ---------------------------------------------
<Bindable(True), Browsable(True), Category("Data")> _
Public Property FontNames() As String
   Get
      If IsNothing(ViewState.Item("FontNames")) Then
         Me.FontNames = String.Empty
      End If
      Return CType(ViewState.Item("FontNames"), String)
   End Get
   Set(ByVal Value As String)
      ViewState.Item("FontNames") = Value
   End Set
End Property

' ---------------------------------------------
' Vordergrundfarben-Pulldown-Daten
' ---------------------------------------------
<Bindable(True), Browsable(True), Category("Data")> _
Public Property ForeColorNames() As String
   Get
      If IsNothing(ViewState.Item("ForeColorNames")) Then
         Me.ForeColorNames = String.Empty
      End If
      Return CType(ViewState.Item("ForeColorNames"), String)
   End Get
   Set(ByVal Value As String)
      ViewState.Item("ForeColorNames") = Value
   End Set
End Property

<Bindable(True), Browsable(True), Category("Data")> _
Public Property ForeColorValues() As String
   Get
      If IsNothing(ViewState.Item("ForecolorValues")) Then
         Me.ForeColorValues = String.Empty
      End If
      Return CType(ViewState.Item("ForecolorValues"), String)
   End Get
   Set(ByVal Value As String)
      ViewState.Item("ForecolorValues") = Value
   End Set
End Property

' ---------------------------------------------
' Schriftgrößen-Pulldown-Daten
' ---------------------------------------------
<Bindable(True), Browsable(True), Category("Data")> _
```

```
Public Property FontSizes() As String
   Get
      If IsNothing(ViewState.Item("FontSizes")) Then
         Me.FontSizes = "1,2,3,4,5,6,7"
      End If
      Return CType(ViewState.Item("FontSizes"), String)
   End Get
   Set(ByVal Value As String)
      ViewState.Item("FontSizes") = Value
   End Set
End Property
```

Den Pulldown-Menüs des Controls können Sie durch Komma getrennte Daten zuweisen um sie zu befüllen. Nutzen Sie zu diesem Zweck die Eigenschaften `FontNames` (setzt die angezeigten Schriftarten), `ForeColorNames` und `ForeColorValues` (Vordergrundfarbe-Anzeigennamen und Vordergrundfarbwerte) sowie `FontSizes` zum Einstellen der zur Verfügung stehenden Schriftgrößen. Letztere Eigenschaft hat als Standardwerte die sieben Standard-HTML-Schriftgrößen voreingestellt – weisen Sie einfach eine leere Zeichenkette zu, damit keine Schriftgrößen festgelegt werden können.

```
<Bindable(True), Browsable(True), Category("Appearance")> _
Public Property [ToolBox]() As Table
   Get
      If Not blnInited Then
         InitMe()
      End If
      Return Me.objToolboxTable
   End Get
   Set(ByVal Value As Table)
      If Not blnInited Then
         InitMe()
      End If
      Me.objToolboxTable = Value
   End Set
End Property

<Bindable(True), Browsable(True), Category("Appearance")> _
Public Property EditorBox() As Table
   Get
      If Not blnInited Then
         InitMe()
      End If
      Return Me.objEditorTable
   End Get
   Set(ByVal Value As Table)
      If Not blnInited Then
         InitMe()
      End If
      Me.objEditorTable = Value
   End Set
End Property
```

Auf die beiden untergeordneten Tabellen-Elemente des Controls erhalten Sie unter Verwendung der Properties ToolBox und EditorBox Zugriff. Bei beiden erfolgt vor jedem Zugriff oder Abruf zunächst eine Prüfung, ob die Tabellen bereits initialisiert worden sind. Sollte dies nicht der Fall sein, wird zunächst die oben beschriebene Initialisierung mit Hilfe der Methode InitMe durchgeführt.

```
' ---------------------------------------------
' Erstellen der anklickbaren Buttons
' ---------------------------------------------
Private Function CreateImageCell(ByVal strImageUrl _
   As String, _
   ByVal strJavaScriptFunction As String) As TableCell
   Return CreateImageCell(strImageUrl, _
      strJavaScriptFunction, False)
End Function

Private Function CreateImageCell(ByVal strImageUrl _
   As String, _
   ByVal strJavaScriptFunction As String, _
   ByVal blnIsSubmit As Boolean) As TableCell

   Dim objResult As New TableCell
   Dim objImage As New System.Web.UI.WebControls.Image
   If blnIsSubmit Then
      objImage = New ImageButton
   End If

   objImage.ImageUrl = Me.ImagePath & "/" & strImageUrl
   objImage.BorderStyle = BorderStyle.None
   objImage.Attributes.Add("onClick", strJavaScriptFunction)
   objResult.Controls.Add(objImage)
   Return objResult
End Function
```

Die überladene Hilfsmethode CreateImageCell erstellt eine der darzustellen Schaltflächen anhand der übergebenen Informationen zu Bild-Adresse (ohne den per ImagePath gesetzten Pfad), JavaScript-Methode und einer booleschen Variable, die anzeigt, ob ein Bild oder ein ImageButton erzeugt werden soll. Da das ImageButton-Control von Image erbt, haben beide die gleichen Properties, die in diesem Fall angesprochen werden um den URL des Bildes zu setzen, die Rahmenbreite festzulegen und das übergebene JavaScript-Fragment dem clientseitigen onClick-Eventhandler hinzuzufügen. Das erzeugte Control wird anschließend einer neuen Tabellenzelle hinzugefügt und diese als Ergebnis zurückgegeben.

```
Protected Overloads Sub OnPreRender( _
   ByVal sender As Object, ByVal e As EventArgs) _
   Handles MyBase.PreRender
   ' ---------------------------------------
   ' Initialisierung
```

```
' -------------------------------------
If Not Me.blnInited Then
   Me.InitMe()
End If

' -------------------------------------
' Editor bauen
' -------------------------------------
Dim objRow As New TableRow
Dim objCell As TableCell = New TableCell
Dim strEditorText As String = "<iframe " & _
   "name=""" & Me.ID & "_editor"" id=""" & _
   Me.ID & "_editor"" " & _
   "width=""100%"" height=""100%"">" & _
     Me.Text & "</iframe>"

Dim objEditor As Control = _
   Me.Page.ParseControl(strEditorText)
objCell.Controls.Add(objEditor)
objRow.Cells.Add(objCell)
Me.objEditorTable.Rows.Add(objRow)
Dim strEditorId As String = Me.ID & "_editor"
```

Innerhalb des EventHandlers für das `PreRender`-Ereignis erfolgt die eigentliche Erstellung der JavaScript-Blöcke und der Elemente des Controls. Zu diesem Zweck wird zunächst überprüft, ob die untergeordneten Tabellen bereits initialisiert worden sind, und falls nicht, wird dies nachgeholt.

Nun kann das Editor-Eingabefeld erstellt werden. Dieses Eingabefeld wird durch ein `IFrame`-Element realisiert, das per `ParseControl` in ein serverseitiges Control konvertiert und der Editor-Tabelle zugewiesen wird. Anschließend wird die `ID` des Editors in der lokalen Variablen `strEditorId` gespeichert.

```
' ----------------------------------
' Verstecktes Feld für Daten erstellen
' ----------------------------------
Me.Page.RegisterHiddenField(Me.UniqueID & "_data", _
   Me.Text.Replace("""", "'"))

' ----------------------------------
' JavaScript-Blöcke erstellen:
' COMMAND: Führt eine DHTML-Aktion aus
' ----------------------------------
Me.Page.RegisterClientScriptBlock("WYSIWYG_COMMAND", _
   "<script language=""JavaScript"">" & _
     "function WYSIWYG_COMMAND(editor, command, " & _
       "param) {" & _
       "editor.focus();" & _
       "editor.document.selection.createRange()" & _
         ".execCommand(command, false, param);" & _
```

```
        "}" &amp; _
      "</script>")

   ' -----------------------------------
   ' EXECUTE: Führt eine DHTML-Aktion
   ' auf dem kompletten Dokument aus
   ' -----------------------------------
   Me.Page.RegisterClientScriptBlock("WYSIWYG_EXECUTE", _
      "<script language=""JavaScript"">" & _
        "function WYSIWYG_EXECUTE(editor, command, " & _
           "param) {" & _
           "editor.focus();" & _
           "editor.document.execCommand(" & _
             "command, false, param);" & _
        "}" & _
      "</script>")

   ' -------------------------------------
   ' LinK: Einfügen von URLs
   ' -------------------------------------
   Me.Page.RegisterClientScriptBlock("WYSIWYG_LinK", _
      "<script language=""JavaScript"">" & _
        "function WYSIWYG_LinK(editor) {" & _
           "editor.focus();" & _
           "editor.document.selection.createRange()" & _
             ".execCommand('createlink');" & _
        "}" & _
      "</script>")
```

Nach der Registrierung eines versteckten Formularfeldes, das den eingegebenen Text aufnimmt, können die drei für die WYSIWYG-Funktionalitäten relevanten JavaScripte erstellt und ebenfalls in der Seite registriert werden: `WYSIWYG_COMMAND` führt eine Aktion auf markiertem Text innerhalb des Editors aus, `WYSIWYG_EXECUTE` führt Aktionen auf dem kompletten HTML-Dokument innerhalb des Editor-IFrames aus und `WYSIWYG_LINK` erstellt einen Hyper-Link auf dem selektierten Text.

```
   ' -------------------------------------
   ' SUBMIT-Methode an das OnSubmit-Ereignis
   ' des Formulars binden
   ' -------------------------------------
   Dim objForm As HtmlForm = Me.GetForm(Me)
   If Not IsNothing(objForm) Then
      Dim strAttributeText As String = _
         objForm.Attributes.Item("onSubmit")
      If IsNothing(strAttributeText) Then
         strAttributeText = String.Empty
         objForm.Attributes.Add("onSubmit", "")
      End If
      If strAttributeText.IndexOf("WYSIWYG_" & _
         Me.UniqueID & "_SUBMIT();") < 0 Then
```

```
            strAttributeText = "WYSIWYG_" & Me.UniqueID & _
               "_SUBMIT();" & _
               strAttributeText
            objForm.Attributes.Item("onSubmit") = _
               strAttributeText
         End If
      End If
```

Das Kopieren des eingegebenen Texts aus dem `IFrame` in das weiter oben registrierte versteckte Formularfeld erfolgt durch eine JavaScript-Methode, die innerhalb des `onSubmit`-EventHandlers des Formulars, in dem sich das Control befindet, aufgerufen wird.

Um diese Funktionalität sicherstellen zu können, wird mit Hilfe der weiter unten beschriebenen privaten Methode `GetForm` das übergeordnete Formular-Element bestimmt. Anschließend kann der clientseitige EventHandler für das `Submit`-Ereignis erstellt werden, falls er noch nicht existiert. Zuletzt wird zu dem in diesem EventHandler enthaltenen JavaScript-Code der Aufruf der JavaScript-Methode hinzugefügt, der das Kopieren der eingegebenen Daten in das versteckte Formularelement bewerkstelligt.

```
      ' -----------------------------------
      ' Init: DesignMode aktivieren, Inhalt setzen
      ' -----------------------------------
      Me.Page.RegisterStartupScript("WYSIWYG_" & _
         strEditorId & "_inIT", _
         "<script language=""JavaScript"">" & _
            strEditorId & ".document.designMode = 'On';" & _
            strEditorId & ".document.open();" & _
            strEditorId & ".document.write(" & _
               "document.forms[""" & _
               objForm.UniqueID & """]." & _
               Me.UniqueID & "_data.value);" & _
            strEditorId & ".document.close();" & _
         "</script>")

      ' ------------------------------------
      ' Focus setzen
      ' ------------------------------------
      If Me.Focus And Not Page.IsStartupScriptRegistered( _
         "WYSIWYG_FOCUS") Then
         Me.Page.RegisterStartupScript("WYSIWYG_FOCUS", _
            "<script language=""JavaScript"">" & _
               strEditorId & ".focus();" & _
            "</script>")
      End If
```

Wenn der Abruf der Seite, in der sich das Control befindet, durch den Browser erfolgt, müssen einige Initialisierungen vorgenommen werden, die nur clientseitig per JavaScript erfolgen können. Zu diesem Zweck wird für jede Instanz des Editor-Controls eine eigene clientseitige Initialisierungs-Methode ausgeführt, die per JavaScript den Design-Modus des

IFrames einschaltet und den im versteckten Formularfeld enthaltenen HTML-Code in den Editor schreibt und somit sichtbar macht. Außerdem wird – falls dies durch die Eigenschaft `Focus` des Controls festgelegt worden ist – der clientseitige Fokus des Dokuments auf den Eingabebereich des Editors gesetzt.

```
' ------------------------------------
' SUBMIT-Funktion
' ------------------------------------
Me.Page.RegisterClientScriptBlock( _
   "WYSIWYG_" & Me.UniqueID & "_SUBMIT", _
   "<script language=""JavaScript"">" & _
     "function WYSIWYG_" & Me.UniqueID & "_SUBMIT()" & _
     "{" & _
        "document.forms[""" & objForm.UniqueID & _
          """]." & Me.UniqueID & "_data.value = " & _
          strEditorId & ".document.body.innerHTML;" & _
     "}" & _
   "</script>")
```

Beim Absenden des Formulars muss sichergestellt werden, dass die eingegebenen Daten tatsächlich auf die erneut aufgerufene Seite gesandt werden. Zu diesem Zweck wird der Inhalt des `Body`-Elements des `IFrames` in das versteckte Formularfeld kopiert und erst anschließend der Inhalt auf die Zielseite gepostet.

```
objRow = New TableRow
objCell = New TableCell

' ----------------------------------------
' Font-Namen
' ----------------------------------------
If Me.FontNames.Length > 0 Then
   Dim strControl As String = "<select " & _
     "onChange=""WYSIWYG_COMMAND(" & strEditorId & _
        ", 'fontname', this[this.selectedIndex]" & _
        ".value);this.selectedIndex=0;""""> " & _
     "<option selected>Font</option>"

   Dim strNames() As String = Me.FontNames.Split(",")
   Dim strEntry As String
   For Each strEntry In strNames
     strControl += "<option value=""" & strEntry & _
        """>" & strEntry & "</option>"
   Next
   strControl += "</select>"
   objCell.Controls.Add(Me.Page.ParseControl(strControl))
End If

' ----------------------------------------
' Font-Größen
```

```
' ----------------------------------------
If Me.FontSizes.Length > 0 Then
   Dim strControl As String = "<select " & _
      "onChange=""WYSIWYG_COMMAND(" & strEditorId & _
      ", 'fontsize', this[this.selectedIndex].value);" & _
         "this.selectedIndex=0;""""> " & _
      "<option selected>Size</option>"
   Dim strSizes() As String = Me.FontSizes.Split(",")
   Dim strEntry As String
   Dim intCount As Int32 = 0
   For Each strEntry In strSizes
      strControl += "<option value=""" & strEntry & _
         """>" & strEntry & "</option>"
   Next
   strControl += "</select>"
   objCell.Controls.Add(Me.Page.ParseControl(strControl))
End If

' ----------------------------------------
' Vordergrund-Farben
' ----------------------------------------
If Me.ForeColorValues.Length > 0 Then
   Dim strColors() As String = _
      Me.ForeColorValues.Split(",")
   If Me.ForeColorNames.Split(",").Length < _
      strColors.Length Then
      Me.ForeColorNames = Me.ForeColorValues
   End If
   Dim strColorNames() As String = _
      Me.ForeColorNames.Split(",")

   Dim strControl As String = _
      "<select onChange=""WYSIWYG_COMMAND(" & _
         strEditorId & ", 'forecolor', " & _
         "this[this.selectedIndex].value);" & _
         "this.selectedIndex = 0;"">" & _
         "<option selected>Forecolor</option>"

   Dim intCount As Int32 = 0
   For intCount = 0 To strColors.Length - 1
      strControl += "<option value=""" & _
         strColors.GetValue(intCount) & _
         """>" & strColorNames.GetValue( _
           intCount) & "</option>"
   Next

   strControl += "</select>"
   Dim objControl As Control = _
     Me.Page.ParseControl(strControl)
   objCell.Controls.Add(objControl)
End If

If objCell.Controls.Count > 0 Then
```

```
        objRow.Cells.Add(objCell)
        objCell.Width = Unit.Percentage(100)
        Me.ToolBox.Rows.Add(objRow)
        objRow = New TableRow
    End If
```

Das `DhtmlEditor`-Control kann über bis zu drei PullDown-Menüs verfügen, die aber nur angezeigt werden, falls den Eigenschaften für Schriftarten, Schriftgrößen und Vordergrundfarben auch entsprechende Werte in kommaseparierter Form zugewiesen worden sind.

Die Erstellung der PullDown-Menüs erfolgt in jedem Fall nahezu identisch: Zunächst wird geprüft, ob überhaupt anzeigbare Daten existieren. Sollte dies der Fall sein, wird eine Zeichenkette mit einem HTML-`Select`-Element und einem clientseitigen EventHandler für das `onChange`-Ereignis erstellt.

Diesem String, der später in ein serverseitiges Control geparst werden wird, können die darzustellenden Einträge als `Option`-Felder zugewiesen werden. Im Anschluss daran erfolgt das Schließen des `Select`-Tags und das Interpretieren als serverseitiges Control unter Verwendung der `ParseControl`-Methode der `Page`-Klasse. Das so generierte Steuerelement kann nun der ersten Spalte der ersten Zeile der Toolbox-Tabelle zugewiesen werden.

```
    ' ----------------------------------------
    ' Submit-Button
    ' ----------------------------------------
    If Me.ShowSubmit Then
        objRow.Cells.Add(Me.CreateImageCell("Submit.gif", _
            "document." & objForm.UniqueID & ".submit();", _
            True))
    End If

    ' ----------------------------------------
    ' Bold-Button
    ' ----------------------------------------
    objRow.Cells.Add(Me.CreateImageCell("Bold.gif", _
        "WYSIWYG_COMMAND(" & strEditorId & ", " & _
            "'bold', null);"))

    ' ----------------------------------------
    ' Italic-Button
    ' ----------------------------------------
    objRow.Cells.Add(Me.CreateImageCell("Italic.gif", _
        "WYSIWYG_COMMAND(" & strEditorId & ", " & _
            "'italic', null);"))

    ' ----------------------------------------
    ' Underline-Button
    ' ----------------------------------------
    objRow.Cells.Add(Me.CreateImageCell("Underline.gif", _
        "WYSIWYG_COMMAND(" & strEditorId & ", " & _
            "'underline', null);"))
```

```
' ----------------------------------------
' Left-Button
' ----------------------------------------
objRow.Cells.Add(Me.CreateImageCell("Left.gif", _
    "WYSIWYG_COMMAND(" & strEditorId & ", " & _
      "'justifyleft', null);"))

' ----------------------------------------
' Center-Button
' ----------------------------------------
objRow.Cells.Add(Me.CreateImageCell("Center.gif", _
    "WYSIWYG_COMMAND(" & strEditorId & ", " & _
      "'justifycenter', null);"))

' ----------------------------------------
' Right-Button
' ----------------------------------------
objRow.Cells.Add(Me.CreateImageCell("Right.gif", _
    "WYSIWYG_COMMAND(" & strEditorId & ", " & _
      "'justifyright', null);"))

' ----------------------------------------
' UnorderedList
' ----------------------------------------
objRow.Cells.Add(Me.CreateImageCell("Ulist.gif", _
    "WYSIWYG_COMMAND(" & strEditorId & ", " & _
      "'insertunorderedlist', null);"))

' ----------------------------------------
' OrderedList
' ----------------------------------------
objRow.Cells.Add(Me.CreateImageCell("Olist.gif", _
    "WYSIWYG_COMMAND(" & strEditorId & ", " & _
      "'insertorderedlist', null);"))

' ----------------------------------------
' Link
' ----------------------------------------
objRow.Cells.Add(Me.CreateImageCell("Link.gif", _
    "WYSIWYG_Link(" & strEditorId & ");"))

' ----------------------------------------
' RemoveFormat
' ----------------------------------------
objRow.Cells.Add(Me.CreateImageCell("Removeformat.gif", _
    "WYSIWYG_COMMAND(" & strEditorId & ", " & _
      "'removeformat', null);"))

' ----------------------------------------
' Undo
' ----------------------------------------
objRow.Cells.Add(Me.CreateImageCell("Undo.gif", _
```

```
        "WYSIWYG_EXECUTE(" & strEditorId & ", " & _
          "'undo', null);"))

    ' --------------------------------------
    ' Redo
    ' --------------------------------------
    objRow.Cells.Add(Me.CreateImageCell("Redo.gif", _
        "WYSIWYG_EXECUTE(" & strEditorId & ", " & _
          "'redo', null);"))
```

Die anklickbaren Elemente des Controls sind mit Ausnahme der zum Absenden verwendeten Schaltfläche allesamt mit einer JavaScript-Aktion verknüpft. Sie werden unter Verwendung der weiter oben beschriebenen Methode `CreateImageCell` erstellt. Diese Methode erwartet als Parameter die Angabe eines Bildes ohne Pfad (also nur des reinen Datei-Namens) und einer JavaScript-Methode die beim clientseitigen `onClick`-Ereignis aufgerufen werden soll. Alle so erstellten Elemente werden der aktuellen Zeile der `ToolboxTable`-Tabelle zugewiesen.

```
    ' --------------------------------------
    ' Leere Tabellenzelle, damit die Elemente
    ' links zentriert sind
    ' --------------------------------------
    objCell = New TableCell
    objCell.Width = Unit.Percentage(100)
    objRow.Cells.Add(objCell)

    objToolboxTable.Rows.Add(objRow)

    ' --------------------------------------
    ' CellSpacing für Pulldown-Spalte setzen
    ' --------------------------------------
    If objToolboxTable.Rows.Count > 1 Then
        Dim intCurrentCellCount As Int32 = _
          objToolboxTable.Rows(1).Cells.Count
        objToolboxTable.Rows(0).Cells(0).ColumnSpan = _
          intCurrentCellCount
    End If

End Sub
```

Zuletzt wird in die aktuelle Tabellenzeile noch eine Tabellenspalte mit einer Breite von 100 Prozent eingefügt. Dies ist nötig, damit sich die Buttons bei einer Vergrößerung des Controls nicht über die komplette Breite der Tabellenzeile verteilen, sondern auf der linken Seite stehen bleiben.

Da die ToolBox-Tabelle aus zwei Zeilen bestehen kann und die Zeile mit den verschiedenen Buttons für jede Schaltfläche eine eigene Tabellenspalte verwendet, muss – falls es Drop-Down-Listen gibt – die Eigenschaft `ColumnSpan` dieser Spalte noch auf die Anzahl der Spalten der zweiten Zeile, in der sich die Schaltflächen befinden, gesetzt werden.

```
      Protected Shadows Sub OnLoad( _
         ByVal sender As Object, ByVal e As EventArgs) _
         Handles MyBase.Load
         Dim strText As String = Me.Text
         If Not IsNothing( _
            Page.Request.Item(Me.UniqueID & "_data")) Then
            Me.Text = Page.Request.Item(Me.UniqueID & "_data")
         End If
         If strText <> Me.Text Then
            RaiseEvent TextChanged(Me, EventArgs.Empty)
         End If
      End Sub

      Private Function GetForm( _
         ByVal objCurrent As Control) As HtmlForm
         If TypeOf (objCurrent) Is HtmlForm Then
            Return CType(objCurrent, HtmlForm)
         End If
         If Not IsNothing(objCurrent.Parent) Then
            Return GetForm(objCurrent.Parent)
         End If
         Return Nothing
      End Function

   End Class

End Namespace
```


Im EventHandler für das `Load`-Ereignis des Controls erfolgt die Abfrage des geposteten Textes. Sollte sich dieser vom schon vorhandenen Text aus dem letzten PostBack oder einer Standard-Zuweisung unterscheiden, wird das Ereignis `TextChanged` ausgelöst, dass im CodeBehind-Bereich der Webseite oder eines anderen Controls abgefangen und behandelt werden kann.

Die bereits angesprochene Methode `GetForm` hat den Zweck, eine Referenz auf das übergeordnete Formular-Element der Seite zu liefern. Zu diesem Zweck wird das aktuell übergebene Control darauf untersucht, ob es vom Typ `HtmlForm` ist. Sollte dies nicht der Fall sein – etwa weil das `DhtmlEditor`-Control innerhalb eines Custom- oder User Controls eingesetzt wird –, erfolgt die Untersuchung des übergeordneten Controls. Sollte das derzeit untersuchte Control keine übergeordneten Controls mehr besitzen, wird der Wert `Nothing` zurückgegeben und somit auf einen eventuellen Fehler im Seitenaufbau hingewiesen.

Wenn Sie das Control kompilieren und in das */bin*-Verzeichnis einer Web-Applikation kopieren, kann es in eigenen Projekten eingesetzt werden.

161 Tools: Verwendung des WYSIWYG-Editor-Controls

Der Einsatz des `DhtmlEditor`-Controls gestaltet sich absolut simpel. Dies soll im Folgenden kurz mit einer Applikation demonstriert werden, die das Control einbindet, Schriftgrößen, -Farben und -Formen zuweist und den eingegebenen Text zur Kontrolle wieder ausgibt.

Werfen wir zunächst einen Blick auf das Frontend der Applikation:

```
<%@ Page Language="vb"
   AutoEventWireup="false"
   Codebehind="Editor.aspx.vb"
   Inherits="DhtmlEditorTest.Editor"
   ValidateRequest="False" %>
<%@ Register TagPrefix="cb"
   Namespace="codebook.aspnet.vb.Controls"
   Assembly="codebook.aspnet.vb.Controls.DhtmlEditor" %>
<!DOCTYPE HTML PUBLIC "-//W3C//DTD HTML 4.0 Transitional//EN">
<HTML>
   <HEAD>
      <title>RichTextEditor</title>
   </HEAD>
   <body>
      <form id="Form1" method="post" runat="server">
         <cb:DhtmlEditor runat="server" ID="objEditor"
            FontNames="Arial,Times New Roman,Verdana,Courier New"
            ForeColorValues="Black,Grey,Yellow,Blue,Red,Green"
            ForeColorNames="Schwarz,Grau,Gelb,Blau,Rot,Grün"
            width="100%" height="200"
            cellpadding="0" cellspacing="0" border="0"/>
         <asp:Label Runat="server" ID="objLabel" />
      </form>
   </body>
</HTML>
```

Listing 317: Einbindung des DhtmlEditor-Controls (Editor.aspx)

Die Einbindung des Controls in die Seite erfolgt unter Verwendung einer `Register`-Direktive, in der der Namensraum, die Assembly und das Namensraum-Präfix angegeben werden. Beachten Sie auch die Erweiterung der `Page`-Direktive, bei der das Attribut `ValidateRequest` mit dem Wert `False` hinzugefügt worden ist. Dies ist bei .NET 1.1 nötig, da ansonsten alle geposteten Daten automatisch auf enthaltene HTML-Tags geprüft werden und bei Vorhandensein dieser Tags eine Exception geworfen werden würde, was natürlich bei einem Editor, der HTML-Code erzeugt, nicht wünschenswert ist. Bei .NET 1.0 kann auf dieses Attribut verzichtet werden.

Dem `DhtmlEditor`-Control werden im Frontend die Werte für die anzubietenden Schriftarten sowie die Vordergrundfarben und deren Bezeichnungen zugewiesen. Jeder einzelne Eintrag ist dabei vom folgenden Element per Komma zu trennen.

Das Label `objLabel` wird zur Ausgabe des eingegebenen HTML-Textes verwendet.

Werfen wir nun einen Blick auf den Code-Teil der Seite:

```
Imports codebook.aspnet.vb.Controls

Public Class Editor
   Inherits System.Web.UI.Page

   Protected WithEvents objEditor As DhtmlEditor
   Protected WithEvents objLabel As Label

   Private Sub Page_Load( _
      ByVal sender As Object, ByVal e As EventArgs) _
      Handles MyBase.Load

      Dim strPath As String = Request.Url.AbsolutePath

      Me.objEditor.ShowSubmit = True
      Me.objEditor.ImagePath = strPath.Substring( _
         0, strPath.LastIndexOf("/")) & "/images"

      Me.objEditor.Focus = True
      Me.objEditor.ToolBox.CellPadding = 1
      Me.objEditor.ToolBox.CellSpacing = 3
   End Sub

   Protected Sub objEditor_TextChanged( _
      ByVal sender As Object, ByVal e As EventArgs) _
      Handles objEditor.TextChanged
      Me.objLabel.Text = Me.objEditor.Text
   End Sub

End Class
```

Listing 318: CodeBehind mit Zuweisung von Bildpfad und Ausgabe des geänderten Texts (Editor.aspx.vb)

Beim Laden der Seite erfolgt die Zuweisung des Pfades zu den anzuzeigenden Bildern. Da diese sich in diesem Fall im Unterverzeichnis */images* der aktuellen Applikation befinden, wird der Pfad anhand des aufgerufenen URL bestimmt. Anschließend wird festgelegt, dass der Eingabebereich nach dem Laden der Seite den Fokus des Browsers bekommt.

Bei Änderung des angezeigten Textes und anschließendem PostBack wird der eingegebene HTML-Text innerhalb des Labels `objLabel` angezeigt. Selbstverständlich könnte er nun auch gespeichert oder weiterverarbeitet werden.

Wenn Sie die Seite aufrufen, sollten Sie folgende Ausgabe erhalten (siehe Abbildung 62).

Selbstverständlich ist das Control noch kein vollwertiger Ersatz für eine Applikation wie etwa Microsoft Word oder die kostenpflichtigen Controls, die doch deutlich mehr Funktionalität bieten. Dennoch können Sie es als Basis für eigene Entwicklungen verwenden und die benötigten Features schnell selbst implementieren. Sinnvoll wäre etwa eine Erweiterung um die Möglichkeit, Bilder einzubinden. Oder das Erstellen eines *DesignTime-Designers*, mit dessen Hilfe Sie das Control beispielsweise im Visual Studio .NET zur Entwurfsansicht korrekt darstellen könnten.

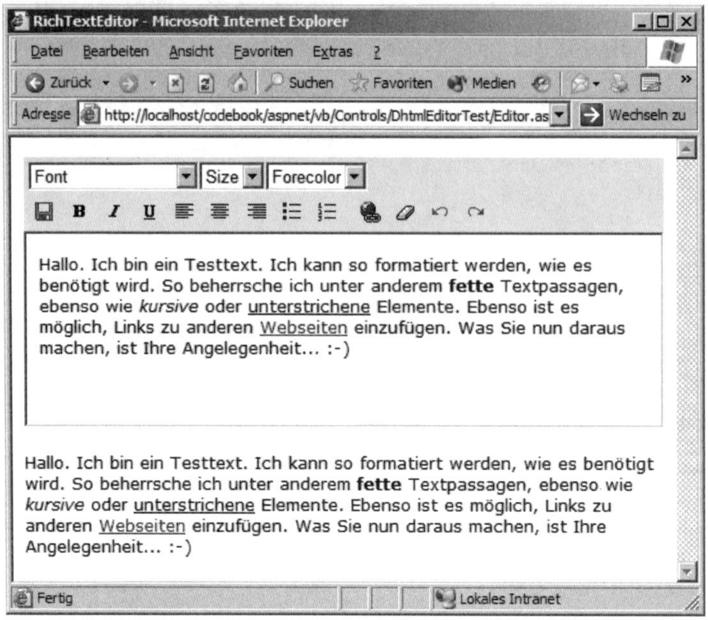

Abbildung 62: Erfassen von Daten mit Hilfe des DhtmlEditor-Controls

Beachten Sie bitte noch einmal, dass das Control beim momentanen Stand der Technik nur mit dem Internet Explorer sinnvoll einsetzbar ist. Zwar existiert mittlerweile ein Plugin für Netscape 7 oder Mozilla, aber die Verwendung des Controls kann nur geschehen, wenn dieses Plugin tatsächlich installiert ist. Davon kann aber derzeit nicht mit Sicherheit ausgegangen werden.

HttpHandler, HttpModule, Global.asax

Mit Hilfe von `HttpHandlern` und HttpModulen können Sie die Leistungsfähigkeit Ihrer Web-Applikation mit relativ geringem Aufwand immens steigern und viele Aufgaben lösen, die früher nicht so ohne weiteres lösbar waren. Die *Global.asax*, die »kleine Schwester« von HttpModulen, erlaubt es Ihnen, auf bestimmte Events innerhalb einer Applikation zu reagieren. in diesem Kapitel werden alle drei Elemente vorgestellt und typische Anwendungsgebiete demonstriert.

HttpHandler

`HttpHandler` erlauben es Ihnen, Requests auf bestimmte Datei-Endungen oder definierte Dateien komplett selbst zu bearbeiten. Sie haben so die Möglichkeit, auf einem niedrigeren Level die Abarbeitung eines Requests vollständig selbst vorzunehmen und den Aufwand für Server, wie er etwa bei Abarbeitung einer WebForm auftritt, komplett zu umgehen. Das Ergebnis sind meist sehr performante Lösungen für spezifische Problemstellungen.

Beispiele für bereits im System vorhandene Handler gibt es mehr, als Sie vielleicht glauben möchten:

- TraceHandler: Reagiert auf die Tracing-Anforderungen (trace.axd)
- PageHandlerFactory: Reagiert auf Anforderungen für WebForms (*.aspx)
- WebServiceHandlerFactory: Reagiert auf Anforderungen für WebServices (*.asmx)
- HttpForbiddenHandler: Verhindert den Zugriff auf »verbotene« Datei-Erweiterungen (**.asax*, **.config*, **.cs*, **.vb*, etc.)

Diese und andere Handler sind in der Regel innerhalb der Konfigurations-Datei *machine.config* im Abschnitt `<HttpHandlers>` definiert. Eigene Handler können Sie ebenfalls dort erfassen, sinnvoller ist es aber meist, die Handler in der *Web.config*-Datei einer Applikation zu hinterlegen.

Mehr zum Aktivieren eines `HttpHandlers` finden Sie im Verlauf dieses Kapitels.

Vergleich mit ISAPI-Applikationen

Innerhalb des .NET Frameworks stellen `HttpHandler` das Gegenstück zu ISAPI-Applikationen dar. Im Gegensatz zu ISAPI-Applikationen, die immer im Speicher und Kontext des Webservers laufen, existieren `HttpHandler` ausschließlich innerhalb des .NET Frameworks. Dies bringt insbesondere beim Debuggen und Fehlerverhalten deutliche Vorteile, war doch Ersteres beim Einsatz von ISAPI-Applikationen nahezu unmöglich und Letzteres führte nicht selten zu einem kompletten Absturz des Servers.

Der wesentlichste Vorteil von `HttpHandlern` gegenüber ISAPI-Anwendungen aber liegt in der Sprachunabhängigkeit: `HttpHandler` können mit jeder Sprache des .NET Frameworks entwickelt werden, während ISAPI-Applikationen in der Regel nur per C++ oder Delphi geschrieben werden können. Die Sprachunabhängigkeit von `HttpHandlern` senkt den Entwicklungsaufwand somit enorm, schließlich müssen Entwickler ihr gewohntes Sprachumfeld nicht mehr verlassen und können alle Vorteile des .NET Frameworks in Bezug auf Klassenhierarchien, Exception-Handling und Debug-Möglichkeiten voll ausnutzen.

162 Ein einfacher HttpHandler

Um die Funktionsweise eines `HttpHandlers` zu demonstrieren, soll im Folgenden eine Möglichkeit geschaffen werden, das aktuelle Datum und die aktuelle Uhrzeit auszugeben. Diese Aufgabenstellung ist sicherlich nicht der Grund, aus dem `HttpHandler` geschaffen wurden, aber es erlaubt uns, einen Blick auf die Implementierung und die Registrierung von `HttpHandlern` zu werfen.

`HttpHandler` implementieren in der Regel die `IHttpHandler`-Schnittstelle, die eine Methode und eine Eigenschaft definiert:

```
Namespace codebook.aspnet.vb.HMGA

   Public Class DateTimeHandler
      Implements IHttpHandler

      Public ReadOnly Property IsReusable() As Boolean _
         Implements IHttpHandler.IsReusable
         Get
            Return True
         End Get
      End Property

      Public Sub ProcessRequest( _
         ByVal context As HttpContext) _
         Implements IHttpHandler.ProcessRequest

         Dim objResponse As HttpResponse = _
            context.Response
         objResponse.Write("<html><head><title>" & _
            "DateTimeHandler</title></head>" & _
            "<body>" & _
               "Aktuelle Uhrzeit: " & _
               DateTime.Now.ToString("dd.MM.yyyy, HH:mm:ss") & _
            "</body></html>")
      End Sub
   End Class

End Namespace
```

Listing 319: HttpHandler zur Ausgabe von Datum und Uhrzeit (DateTimeHandler.vb)

Die Eigenschaft `IsReusable` gibt einen booleschen Wert zurück, der angibt, ob die aktuelle Instanz des Handlers bei einem weiteren `Request` wiederverwendet werden kann. Wenn die

Rückgabe True ist, wird die Instanz wiederverwendet, anderenfalls eine neue Instanz erzeugt. in der Regel sollten Sie True zurückgeben, da dies positive Auswirkungen auf die Performance des HttpHandlers hat.

Die eigentliche Verarbeitung der Anfrage an den Webserver findet innerhalb der Methode ProcessRequest statt. Mit Hilfe des Kontextes des aktuellen Requests kann hier auf dessen HttpResponse-Objekt zugegriffen werden, damit die Rückgabe von Datum und Uhrzeit erfolgen kann. Nach dieser Rückgabe ist die Abarbeitung des Handlers beendet.

Damit der Handler tatsächlich auch funktioniert und korrekt aufgerufen wird, sind noch zwei Schritte nötig: das Registrieren des Handlers innerhalb der *Web.config*- oder *machine.config*-Datei und das Registrieren der für den Handler gedachten Datei-Endung im Internetdienste-Manager.

Registrieren in der Web.config

Um einen HttpHandler zu aktivieren, müssen Sie ihn in der *Web.config*- oder *machine.config*-Datei registrieren:

```
<?xml version="1.0" encoding="utf-8" ?>
<configuration>
   <system.web>
      <httpHandlers>
         <add
            verb="*" path="*.time" validate="false"
            type="codebook.aspnet.vb.HMGA.DateTimeHandler,
               codebook.aspnet.vb.HMGA.SimpleHttpHandler"
         />
      </httpHandlers>
   </system.web>
</configuration>
```

Der eben geschriebene Handler reagiert auf alle HTTP-Methoden und wird bei Dateien mit der Endung *.time* aktiv. Er wird erst beim ersten Request auf die Datei-Endung aktiviert.

Sehen wir uns die Syntax eines derartigen Eintrags etwas näher an:

Unterhalb des <System.Web>-Knotens befindet sich der Eintrag <HttpHandlers>. Sollte er dort nicht vorhanden sein, fügen Sie ihn bitte hinzu. Die Syntax zum Aktivieren eines HttpHandlers lautet:

```
<add
   verb="erlaubte Verben"
   path="Pfad / Wildcard"
   type="Typ, Assembly-Name"
   [validate="true | false"]
/>
```

Basics
Datenbank
I/O
Validierung
Controls
Http-Handler
Netzwerk
Grafik
Tracing
Security

Die einzelnen Attribute haben folgende Bedeutung:

- verb: Dieses Attribut gibt die erlaubten HTTP-Methoden an, für die der Zugriff auf den Handler gestattet ist. Beispiele für gültige *verb*-Angaben wären:
  - verb="*": Alle HTTP-Methoden
  - verb="GET": Zugriff nur per HTTP-GET erlaubt
  - verb="GET,POST": Zugriff per GET und POST erlaubt
- path: Angabe des Pfades, auf den der Handler reagieren soll. Dabei sind auch Wildcards erlaubt. Beispieled für gültige Pfade wären:
  - path="*.time": Alle Zugriffe, die auf ».time« enden
  - path="my.time": Der Handler reagiert nur auf Anforderungen mit der Dateiangabe »my.time«
  - path="time.aspx": Der Handler reagiert nur auf Anforderungen für die Datei »time.aspx«
- type: Angabe des Klassennamens des Handlers inklusive Namensraum und Angabe der Assembly, in der sich der Handler befindet.
- Validate: Optionales Attribut. Mögliche Werte sind True oder False. Wenn True angegeben ist, wird der Handler schon beim Start des Servers geladen, anderenfalls, sobald der erste Request auf den angegebenen Pfad auftritt.

Registrieren im Internetdienste-Manager

Wenn Sie einen HttpHandler geschrieben haben, der auf eine eigene Datei-Erweiterung reagiert, müssen Sie ihn noch im Internetdienste-Manager so registrieren, dass der Aufruf einer Datei mit der entsprechenden Endung auf ASP.NET gemappt und somit an Ihre Applikation durchgereicht wird:

- Öffnen Sie den Internetdienste-Manager.
- Wählen Sie die betreffende Webseite aus und öffnen Sie das Eigenschaftsfenster.
- Sollte die Webseite noch nicht als Applikation konfiguriert sein, sollten Sie dies nun nachholen.
- Klicken Sie auf die Schaltfläche »Konfiguration«. Das Fenster »Anwendungszuordnungen« erscheint (siehe Abbildung 63).
- Fügen Sie in den Anwendungszuordnungen die von Ihnen gewählte Datei-Erweiterung hinzu. Wählen Sie als ausführbare Datei *%WINDIR%\Microsoft.NET\Framework\v1.1.4322\aspnet_isapi.dll*. Sollten Sie eine andere Version des .NET Frameworks verwenden, wählen Sie die *aspnet_isapi.dll* aus deren Verzeichnis aus (siehe Abbildung 64).
- Wenn Sie Windows XP verwenden, klicken Sie bitte noch einmal in das Feld »Ausführbare Datei«.

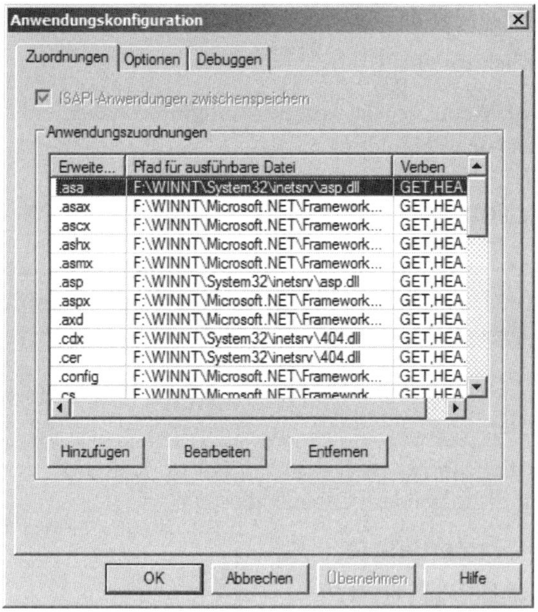

Abbildung 63: Anwendungszuordnungen im Internetdienste-Manager

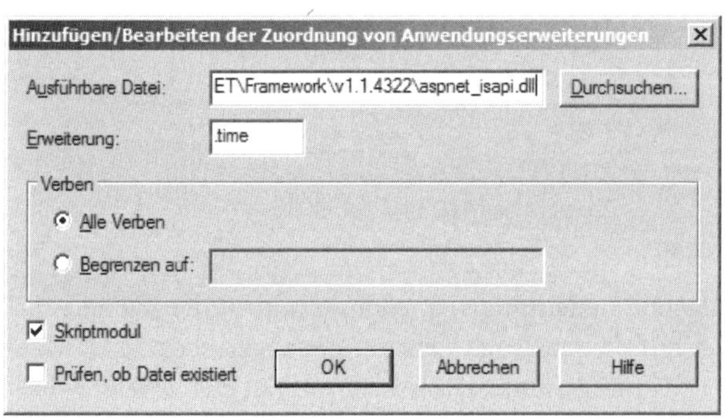

Abbildung 64: Hinzufügen der Dateierweiterung im Internetdienste-Manager

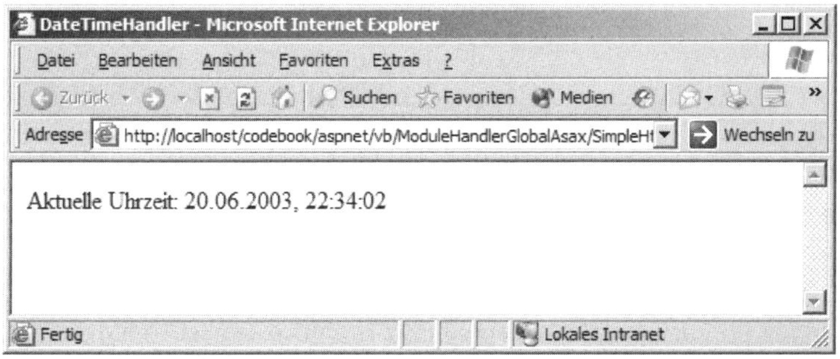

Abbildung 65: Ausgabe von Datum und Uhrzeit durch den HttpHandler

- Entfernen Sie das Häkchen vor PRÜFEN, OB DATEI EXISTIERT.
- Bestätigen Sie die Änderungen durch Klick auf OK.

Nun können Sie Ihren `HttpHandler` aufrufen. Wenn Sie alles korrekt konfiguriert haben, sollten Sie eine Ausgabe ähnlich dieser erhalten (siehe Abbildung 65).

163 Statistik per HttpHandler

Ein möglicher Einsatzbereich eines `HttpHandlers` ist das Führen einer Statistik mit Hilfe einer Datenbank. Zu diesem Zweck soll im Folgenden ein `HttpHandler` vorgestellt werden, der mit jeder Art von Web-Applikation einsatzfähig ist – inklusive statische HTML-Seiten und PHP- oder PERL-Scripts.

Das Datenmodell für die Statistik

Die Statistik wird in diesem Beispiel in einer MS Access-Datenbank erfasst. Innerhalb der Datenbank gibt es eine Tabelle tblStatistics, die folgenden Aufbau hat:

- TimeStamp: Text (SQL Server: `VarChar`), 14 Zeichen, nicht `NULL`
- RequestedPage: Text (`VarChar`), 255 Zeichen, nicht `NULL`
- Parameters: Memo (SQL Server: Text)
- Browser: Text (`VarChar`), 255 Zeichen
- Languages: Text (`VarChar`), 255 Zeichen
- Referrer: Memo (Text)
- IP: Text (`VarChar`), 15 Zeichen
- SessionID: Text (`VarChar`), 50 Zeichen

Die einzelnen Felder haben dabei folgende Bedeutung: TimeStamp nimmt den Zeitstempel des Zugriffs auf den Statistik-Handler auf, RequestPage steht für die abgerufene Seite, Parameters erfasst die übergebenen `QueryString`-Parameter, Browser enthält die Browser-Kennung, Languages speichert die vom Browser bevorzugten Sprachen, Referrer steht für die zuvor abgerufene Seite, IP und SessionID nehmen die Informationen zu IP-Adresse und IP der Session auf dem aktuellen Server auf.

Web.config

Da der `HttpHandler` über ein IMG-Tag eingebunden wird, muss für eine bessere Wartbarkeit und Wiederverwendbarkeit hinterlegt werden, welches Bild als Rückgabe ausgegeben werden soll. Ebenso ist es nötig, die Informationen zum Datenbank-Provider und zum `ConnectionString` in einer zentralen Konfigurationsdatei zu hinterlegen. Eben diese Datei ist die *Web.config*. Die benötigten Informationen befinden sich innerhalb eines `<appSettings>`-Bereichs:

```
<?xml version="1.0" encoding="utf-8" ?>
<configuration>
```

```
      <appSettings>
         <add key="Provider" value="OleDb" />
         <add key="ConnectionString"
            value="PROVIDER=Microsoft.Jet.OleDb.4.0;DATA SOURCE="
         />
         <add key="DbFile"
            value="/codebook/aspnet/vb/ModuleHandlerGlobalAsax/database/db.mdb"
         />
         <add key="ImageName"
            value="Empty.gif" />
      </appSettings>

   <system.web>
      ...
   </system.web>
</configuration>
```

Die verwendeten Schlüssel haben dabei folgende Bedeutung:

- `Provider`: Nimmt den Typ des Providers für die Klasse `cbDatabaseClient` entgegen. Mögliche Werte sind OleDb (MS Access und andere über OLEDB anbindbare Datenbanken), SqlClient (MS SQL-Server, MSDE) und MySQL
- `ConnectionString`: Der für die Datenbank benötigte `ConnectionString`
- `DbFile`: Optionale Angabe einer Datenbank-Datei (nur MS Access). Kann bei anderen Datenbanken weggelassen werden
- `ImageName`: Name des auszugebenden Bildes in relativer Angabe
- Sollten Sie eine andere Datenbank verwenden, sollten Sie die Werte natürlich entsprechend der Gegebenheiten Ihres Systems abändern.

Utilities.vb: Hilfsklasse

Die Klasse `Utilities` stellt einige Funktionalitäten bereit, die aus Gründen der Wiederverwendbarkeit und der Wartbarkeit nicht direkt im `HttpHandler` angesiedelt sind:

```
Imports System.Configuration
Imports System.Collections.Specialized

Namespace codebook.aspnet.vb.HGMA

   Public Class Utilities

      Public Shared Function GetConnection() As IDbConnection

         Dim objServer As HttpServerUtility = _
            HttpContext.Current.Server
```

Listing 320: Hilfsklasse für den Zugriff auf Datenbanken und Konfigurationsdaten (Utilities.vb)

```
      Dim strProvider As String = GetSetting("Provider")
      Dim strConnection As String = _
         GetSetting("ConnectionString")

      If GetSetting("DbFile").Length > 0 Then
         Dim strDbFile As String = GetSetting("DbFile")
         If strDbFile.IndexOf(":\") <> 1 Then
            strDbFile = objServer.MapPath(strDbFile)
         End If
         strConnection &= strDbFile
      End If

      If strProvider.Length > 0 And _
         strConnection.Length > 0 Then

         Dim objFactory As New cbDatabaseClient
         objFactory.ProviderType = _
            objFactory.GetProviderType(strProvider)
         objFactory.ConnectionString = strConnection

         Return objFactory.GetConnection()
      Else
         Return Nothing
      End If
   End Function

   Public Shared Sub SetParameter( _
      ByVal strParamName As String, _
      ByVal objDbType As DbType, _
      ByVal objValue As Object, _
      ByRef objCommand As IDbCommand)

      Dim objParam As IDataParameter = _
         objCommand.CreateParameter
      objParam.ParameterName = strParamName
      objParam.DbType = objDbType
      objParam.Value = objValue

      objCommand.Parameters.Add(objParam)
   End Sub

   Public Shared Function GetSetting( _
      ByVal strKey As String) As String

      Dim objSettings As NameValueCollection = _
         ConfigurationSettings.AppSettings
      If Not IsNothing(objSettings.Item(strKey)) Then
         Return objSettings.Item(strKey)
      Else
         Return String.Empty
      End If
   End Function
```

Listing 320: Hilfsklasse für den Zugriff auf Datenbanken und Konfigurationsdaten (Utilities.vb) (Forts.)

```
   End Class

End Namespace
```

Listing 320: Hilfsklasse für den Zugriff auf Datenbanken und Konfigurationsdaten (Utilities.vb) (Forts.)

Die Klasse `Utilities` besteht aus drei als `Shared` gekennzeichneten Methoden. `GetConnection` übergibt die in der `Web.config` hinterlegten Informationen zu Provider und `ConnectionString` an eine Instanz der `cbDatabaseClient`-Klasse. Sollte ein Schlüssel »`DbFile`« in der *Web.config*-Datei existieren, wird die darin angegebene Datenbank-Datei an den `ConnectionString` angefügt. Die erzeugte `IDbConnection` wird zurückgegeben.

Die Methode `SetParameter` fügt einem `Command`-Objekt einen Parameter mit den übergebenen Informationen zu `ParameterName`, `DbType` und Wert hinzu. Das benötigte `Command`-Objekt wird per Referenz, also nicht in Form einer Kopie, sondern in Form eines Zeigers auf das ursprüngliche Objekt, übergeben. Dadurch kann sichergestellt werden, dass der erzeugte Parameter dem originalen `Command`-Objekt hinzugefügt wird.

Mit Hilfe von `GetSetting` kann der Wert eines innerhalb des `appSettings`-Bereiches in der *Web.config* hinterlegten Schlüssels ermittelt werden. Ist der Schlüssel vorhanden, wird sein Wert zurückgegeben, anderenfalls ein leerer String.

Statistics.vb – der eigentliche HttpHandler

Der eigentliche `HttpHandler` hat die Aufgabe, die vorhandenen Informationen zum `Request` in der Datenbank zu erfassen und ein in der *Web.config* hinterlegtes Bild auszugeben. Dies ermöglicht es, durch Einfügen eines `IMG`-Tags in einer beliebigen statischen oder dynamischen Seite eine Zugriffsstatistik für diese Seite in Echtzeit zu führen:

```
Imports System.Web.SessionState

Namespace codebook.aspnet.vb.HGMA

   Public Class Statistics
      Implements IHttpHandler, IRequiresSessionState

      Public ReadOnly Property IsReusable() As Boolean _
         Implements IHttpHandler.IsReusable
         Get
            Return True
         End Get
      End Property

      Public Sub ProcessRequest( _
         ByVal context As HttpContext) _
         Implements IHttpHandler.ProcessRequest

         Dim objRequest As HttpRequest = context.Request
```

Listing 321: Führen einer Statistik per HttpHandler (Statistics.vb)

```
Dim objResponse As HttpResponse = context.Response
Dim objServer As HttpServerUtility = context.Server

Dim objConn As IDbConnection = Utilities.GetConnection
If Not IsNothing(objConn) Then

   Dim objPage As Uri = objRequest.UrlReferrer
   Dim strPage As String = objPage.AbsolutePath
   Dim strParams As String = objPage.Query
   Dim strLanguages As String = _
     objRequest.ServerVariables.Item( _
     "HTTP_ACCEPT_LANGUAGE")
   Dim strReferrer As String = _
     objRequest.Item("Referrer") & ""
   Dim strBrowser As String = _
     objRequest.UserAgent
   Dim strTime As String = DateTime.Now.ToString( _
     "yyyyMMddHHmmss")

   If objConn.State <> ConnectionState.Open Then
     objConn.Open()
   End If

   Dim objCommand As IDbCommand = objConn.CreateCommand
   objCommand.CommandText = _
     "inSERT inTO tblStatistics " & _
     "([TimeStamp], RequestedPage, [Parameters], " & _
     "Browser, Languages, Referrer, IP, SessionID) " & _
     "VALUES (@Time, @Page, @Params, @Browser, " & _
     "@Lang, @Ref, @IP, @Session)"

   Utilities.SetParameter("@Time", DbType.String, _
     strTime, objCommand)
   Utilities.SetParameter("@Page", DbType.String, _
     strPage, objCommand)
   Utilities.SetParameter("@Params", DbType.String, _
     strParams, objCommand)
   Utilities.SetParameter("@Browser", DbType.String, _
     strBrowser, objCommand)
   Utilities.SetParameter("@Lang", DbType.String, _
     strLanguages, objCommand)
   Utilities.SetParameter("@Ref", DbType.String, _
     strReferrer, objCommand)
   Utilities.SetParameter("@IP", DbType.String, _
     objRequest.UserHostAddress, objCommand)
   Utilities.SetParameter("@Session", DbType.String, _
     context.Session.SessionID, objCommand)

   objCommand.ExecuteNonQuery()
   objCommand.Dispose()

   If objConn.State <> ConnectionState.Closed Then
```

Listing 321: Führen einer Statistik per HttpHandler (Statistics.vb) (Forts.)

```
            objConn.Close()
         End If
         objConn.Dispose()
      End If

      objResponse.WriteFile(objServer.MapPath( _
         Utilities.GetSetting("ImageName")))
   End Sub
End Class

End Namespace
```

Listing 321: Führen einer Statistik per HttpHandler (Statistics.vb) (Forts.)

Innerhalb der Methode `ProcessRequest` erfolgt die Verarbeitung der Anforderung. Zunächst werden Referenzen der `HttpRequest`-, `HttpResponse`- und `HttpServerUtility`-Objekte des Kontextes des aktuellen Requests lokalen Variablen zugewiesen, damit auf diese Objekte mit weniger Schreibaufwand zugegriffen werden kann:

```
Dim objRequest As HttpRequest = context.Request
Dim objResponse As HttpResponse = context.Response
Dim objServer As HttpServerUtility = context.Server
```

Mit Hilfe der Methode `GetConnection` der Klasse `Utilities` wird nun versucht, anhand der in der *Web.config*-Datei hinterlegten Informationen zu Provider und `ConnectionString` eine Datenbank-Verbindung zu erzeugen. Sollte dies erfolgreich sein, erfolgt die eigentliche Verarbeitung der Anfrage.

Zu diesem Zweck wird der `UrlReferrer` der aktuellen Anforderung ausgewertet. Dieser beinhaltet die benötigten Informationen zu der Seite, in der der Handler in Form eines `IMG`-Tags eingebunden worden ist. Mit Hilfe der `AbsolutePath`- und `Query`-Eigenschaften der Anforderungsinformationen können der komplette Pfad zur abrufenden Datei und die dieser Datei übergebenen `QueryString`-Informationen ausgewertet werden:

```
Dim objPage As Uri = objRequest.UrlReferrer
Dim strPage As String = objPage.AbsolutePath
Dim strParams As String = objPage.Query
```

Die Informationen zur bevorzugten Sprache des Benutzers können mit Hilfe des HTTP-Headers `Accept-Language` ausgelesen werden. Innerhalb der `ServerVariables`-Auflistung des aktuellen Requests kann der Header über den Schlüssel `HTTP_ACCEPT_LANGUAGE` erreicht und ausgewertet werden:

```
Dim strLanguages As String = _
   objRequest.ServerVariables.Item( _
      "HTTP_ACCEPT_LANGUAGE")
```

Das Abrufen eines Bildes per IMG-Tag gilt für Browser als neuer Request. Dies ist problematisch, wenn man erfassen möchte, von welcher Seite aus der Benutzer die Seite aufgerufen hat, in der der Statistik-Handler in Form eines Bildes eingebunden ist, da bei einem weiteren Request diese Daten nicht mehr zur Verfügung stehen.

Aus diesem Grund muss die Seite, in der die Statistik aufgerufen wird, sicherstellen, dass Informationen über die vorherige Seite an den Handler übergeben werden. Erreicht wird dies mit Hilfe des QueryString-Parameters Referrer, der von der abrufenden Seite mit den entsprechenden Daten übergeben werden kann:

```
Dim strReferrer As String = _
   objRequest.Item("Referrer") & ""
```

Neben dem Referrer der vorangegangenen Seite interessiert im Rahmen einer Auswertung und Optimierung der Webseite sicherlich auch, welche Browser wie oft darauf zugreifen. Dies kann mit Hilfe der UserAgent-Eigenschaft des aktuellen Requests ermittelt werden:

```
Dim strBrowser As String = _
   objRequest.UserAgent
```

Nachdem nunmehr die wesentlichen Informationen erfasst worden sind, erfolgen das Öffnen der Datenbank-Verbindung und die Erstellung des für das Speichern der Daten verwendeten Command-Objektes. Diesem Command-Objekt werden die einzelnen Informationen mit Hilfe der Methode SetParameter der Utilities-Klasse zugewiesen.

Zusätzlich zu den bereits besprochenen Informationen zu Request, Browser, Referrer und bevorzugten Sprachen werden noch die IP-Adresse des Benutzers und die Session-ID auf dem aktuellen Server gespeichert:

```
Utilities.SetParameter("@IP", DbType.String, _
   objRequest.UserHostAddress, objCommand)
Utilities.SetParameter("@Session", DbType.String, _
   context.Session.SessionID, objCommand)
```

Nach dem Ausführen des Speichervorgangs wird das Command-Objekt zerstört. Anschließend erfolgt das Schließen der Datenbank-Verbindung.

Nun kann das in der *Web.config*-Datei hinterlegte Bild mit Hilfe der Methode WriteFile des HttpResponse-Objekts ausgegeben werden:

```
objResponse.WriteFile(objServer.MapPath( _
   Utilities.GetSetting("ImageName")))
```

Dabei wird davon ausgegangen, dass der Dateiname des auszugebenden Bildes unter dem Schlüssel `ImageName` in nicht absoluter Form – also ohne Angabe eines Laufwerksbuchstabens – hinterlegt worden ist.

Registrieren und Aktivieren des Handlers

Um den Handler testen und schließlich produktiv einsetzen zu können, ist es nötig, ihn in der *Web.config*- oder *machine.config*-Datei zu registrieren:

```
<?xml version="1.0" encoding="utf-8" ?>
<configuration>

   <system.web>
      <httpHandlers>
         <add verb="*" path="do.stats"
            type="codebook.aspnet.vb.HGMA.Statistics,
               codebook.aspnet.vb.HMGA.Statistics" />
      </httpHandlers>
   </system.web>
</configuration>
```

Der Handler wird auf den Dateinamen *do.stats* registriert. Er reagiert auf alle HTTP-Methoden, wobei in der Regel Requests nur per GET erfolgen werden. Nach der Angabe von Klassennamen und Assembly innerhalb des `type`-Attributs ist der Handler nahezu einsatzbereit.

Um ihn wirklich nutzen zu können, fehlt lediglich die Aktivierung der Datei-Endung *.stats* innerhalb des Internetdienste-Managers. Wie Sie dies vornehmen können, ist weiter vorne in diesem Kapitel beschrieben.

WebForm zum Testen des Handlers

Da der Handler in Form eines `IMG`-Tags eingebunden werden muss, benötigen wir an dieser Stelle eine WebForm, in der er verwendet wird:

```
<%@ Page Language="vb"
   AutoEventWireup="false"
   Codebehind="Default.aspx.vb"
   Inherits="codebook.aspnet.vb.HGMA.DefaultPage"%>
<!DOCTYPE HTML PUBLIC "-//W3C//DTD HTML 4.0 Transitional//EN">
<html>
  <head>
    <title>Statistik</title>
  </head>
  <body>
    <form id="Form1" method="post" runat="server">
      <h3>Statistik</h3>
      <h5>Wenn Sie diese Seite aufrufen,
         wird dieser Aufruf in der Datenbank erfasst</h5>
```

Listing 322: WebForm zum Einbinden des Handlers (Default.aspx)

```
      <p>
         Bitte klicken Sie <a runat="server" id="objLink"
            href="Default.aspx">hier</a>, um die Seite erneut
            aufzurufen, damit dem HttpHandler die
            Information über den aktuellen Referrer übergeben
            werden kann.
      </p>
      <img runat="server" ID="objStats" src="Do.stats"/>
    </form>
  </body>
</html>
```

Listing 322: WebForm zum Einbinden des Handlers (Default.aspx) (Forts.)

Die WebForm definiert neben einem Link auch ein mit dem Attribut `runat="server"` versehenes `IMG`-Tag. Mit Hilfe des Links kann die WebForm mit jeweils einem neuen Parameter aufgerufen werden, während das Image `objStats` die Statistik-Funktion einbindet.

Im Code-Bereich erfolgt das Ergänzen des `IMG`-Tags für die Statistik und das Hinzufügen eines neuen Parameters zum Link:

```
Namespace codebook.aspnet.vb.HGMA

   Public Class DefaultPage
      Inherits System.Web.UI.Page

      Protected WithEvents objLink As HtmlAnchor
      Protected WithEvents objStats As HtmlImage

      Private Sub Page_Load( _
         ByVal sender As Object, _
         ByVal e As EventArgs) _
         Handles MyBase.Load

         Dim strReferrer As String = String.Empty
         If Not IsNothing(Request.UrlReferrer) Then
            strReferrer = "?Referrer=" & _
               Server.UrlEncode(Request.UrlReferrer.ToString)
         End If

         Dim strUrl As String = "?Count="
         If Not IsNothing(Request.Item("Count")) Then
            Dim intCount As Int32 = _
               Int32.Parse(Request.Item("Count")) + 1
            strUrl &= intCount
         Else
            strUrl &= "1"
         End If
```

Listing 323: Übergabe des Referrers an den HttpHandler (Default.aspx.vb)

```
        Me.objLink.HRef &= strUrl
        Me.objStats.Src &= strReferrer
    End Sub

  End Class

End Namespace
```

Listing 323: Übergabe des Referrers an den HttpHandler (Default.aspx.vb) (Forts.)

Dem Link im Frontend-Bereich wird nun der `QueryString`-Parameter `Count` hinzugefügt, der die Anzahl der Aufrufe der WebForm zählt. Sollte die WebForm durch Klick auf den Link erneut aufgerufen werden, so wird dem `IMG`-Tag der `QueryString`-Parameter `Referrer` angefügt, der die Informationen über die vorherige Seite und deren Aufruf-Parameter an den Statistik-Handler übergibt.

Wenn Sie die WebForm aufrufen und mehrmals auf den Link klicken, sollten Sie in Ihrer Datenbank Einträge ähnlich diesen vorfinden können:

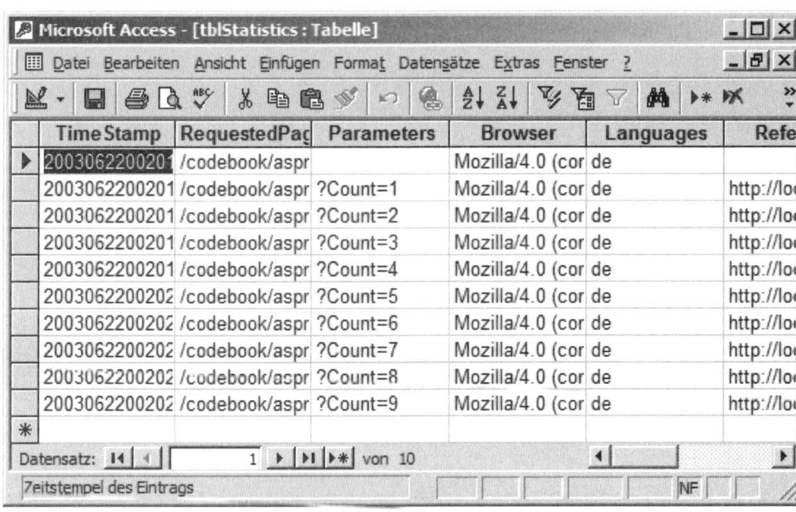

Time Stamp	RequestedPag	Parameters	Browser	Languages	Refe
2003062200201	/codebook/aspr		Mozilla/4.0 (cor	de	
2003062200201	/codebook/aspr	?Count=1	Mozilla/4.0 (cor	de	http://lo
2003062200201	/codebook/aspr	?Count=2	Mozilla/4.0 (cor	de	http://lo
2003062200201	/codebook/aspr	?Count=3	Mozilla/4.0 (cor	de	http://lo
2003062200201	/codebook/aspr	?Count=4	Mozilla/4.0 (cor	de	http://lo
2003062200202	/codebook/aspr	?Count=5	Mozilla/4.0 (cor	de	http://lo
2003062200202	/codebook/aspr	?Count=6	Mozilla/4.0 (cor	de	http://lo
2003062200202	/codebook/aspr	?Count=7	Mozilla/4.0 (cor	de	http://lo
2003062200202	/codebook/aspr	?Count=8	Mozilla/4.0 (cor	de	http://lo
2003062200202	/codebook/aspr	?Count=9	Mozilla/4.0 (cor	de	http://lo

Abbildung 66: Einträge in der Statistik-Tabelle nach mehrfachem Abruf der Testseite

164 Downloads per HttpHandler ausliefern

Eine weitere Möglichkeit, `HttpHandler` sinnvoll einzusetzen, liegt darin, Downloads auszuliefern, die sich aus Sicherheitsgründen in einem Verzeichnis außerhalb der Erreichbarkeit des Webservers befinden. Der im Folgenden vorgestellte `HttpHandler` nimmt als Parameter den Namen einer Datei entgegen, überprüft, ob diese Datei in einem definierten Verzeichnis tatsächlich existiert, und liefert sie zum Download aus:

```
Imports System.Configuration
Imports System.IO

Namespace codebook.aspnet.vb.HMGA

   Public Class Download
      Implements IHttpHandler

      Public ReadOnly Property IsReusable() As Boolean _
         Implements IHttpHandler.IsReusable
         Get
            Return True
         End Get
      End Property

      Public Sub ProcessRequest( _
         ByVal context As HttpContext) _
         Implements IHttpHandler.ProcessRequest

         Dim objRequest As HttpRequest = context.Request
         Dim objResponse As HttpResponse = context.Response
         Dim blnExists As Boolean = False

         Dim strPath As String = _
            ConfigurationSettings.AppSettings.Item("Directory")
         Dim strFile As String = _
            objRequest.QueryString.Item("File") & ""

         If strPath.IndexOf(":\") <> 1 Then
            strPath = context.Server.MapPath(strPath)
         End If

         blnExists = strFile.Length > 0
         If blnExists Then
            blnExists = Directory.Exists(strPath)
         End If

         If blnExists Then
            Dim objDir As DirectoryInfo = _
               New DirectoryInfo(strPath)
            Try
               blnExists = (objDir.GetFiles(strFile).Length > 0)
            Catch ex As ArgumentException
               blnExists = False
            End Try
         End If

         If blnExists Then

            Dim objFile As FileInfo = _
               New FileInfo(strPath & "\" & strFile)
```

Listing 324: HttpHandler für den Download von Dateien (Download.vb)

```
            objResponse.AppendHeader("content-disposition", _
               "attachment;filename=" & strFile)
            objResponse.WriteFile(objFile.FullName)
            objResponse.End()
         Else
            objResponse.Write( _
               "<html>" & _
                  "<head>" & _
                     "<title>Datei nicht gefunden</title>" & _
                  "</head>" & _
                  "<body>" & _
                     "<h3>Datei nicht gefunden</h3>" & _
                     "<p>Die gewünschte Datei konnte nicht " & _
                     "gefunden werden. Bitte klicken Sie " & _
                     "<a href=""JavaScript:history.go(-1);"">" & _
                     "hier</a>, um zur vorherigen Seite zurück" & _
                     "zukommen.</p>" & _
                  "</body>" & _
               "</html>")
            objResponse.End()
         End If
      End Sub
   End Class

End Namespace
```

Listing 324: HttpHandler für den Download von Dateien (Download.vb) (Forts.)

Wie üblich besteht der `HttpHandler` aus der Eigenschaft `IsReusable`, die hier den Wert `True` zurückgibt, und der Methode `ProcessRequest`. Letztere verarbeitet die Anforderung. Zu diesem Zweck werden zunächst Referenzen auf die `Request`- und `Response`-Objekte des aktuellen Kontextes erstellt, um auf deren Methoden ohne größeren Schreibaufwand zugreifen zu können:

```
Dim objRequest As HttpRequest = context.Request
Dim objResponse As HttpResponse = context.Response
```

Die boolesche Variable `blnExists` gibt Auskunft darüber, ob die angeforderte Datei im in der *Web.config*-Datei hinterlegten Verzeichnis existiert. Die Information, in welchem Verzeichnis die gewünschte Datei zu suchen ist, wird mit Hilfe der `AppSettings`-Auflistung der `ConfigurationSettings`-Klasse ermittelt:

```
Dim strPath As String = _
   ConfigurationSettings.AppSettings.Item("Directory")
```

Nach einer Überprüfung, ob eine Datei angefordert worden und das Verzeichnis gültig ist, wird ermittelt, ob die angeforderte Datei im Verzeichnis tatsächlich existiert:

```
If blnExists Then
   Dim objDir As DirectoryInfo = _
      New DirectoryInfo(strPath)
   Try
      blnExists = (objDir.GetFiles(strFile).Length > 0)
   Catch ex As ArgumentException
      blnExists = False
   End Try
End If
```

Die Überprüfung auf das Vorhandensein erfolgt mit Hilfe der Methode `GetFiles` des `DirectoryInfo`-Objekts. Dies stellt sicher, dass keine Dateien aus übergeordneten Verzeichnissen abgerufen werden können – in dem Fall wäre entweder die Anzahl der gefundenen Dateien gleich `NULL` oder es würde eine `ArgumentException` auftreten, wenn ungültige Zeichen im Dateinamen vorhanden wären.

Wenn sichergestellt werden kann, dass die angeforderte Datei im festgelegten Verzeichnis existiert, wird der Download der Datei durchgeführt: Mit Hilfe der Methode `AppendHeader` des Response-Objekts wird ein Antwort-Header ausgegeben, der den Browser zwingt, die anschließend ausgelieferte Datei mit einem Dialog zum Speichern anzuzeigen:

```
objResponse.AppendHeader("content-disposition", _
   "attachment;filename=" & strFile)
objResponse.WriteFile(objFile.FullName)
```

Dies erlaubt es, auch Dateien, die sonst innerhalb des Browser-Fensters angezeigt werden – etwa Word-Dokumente oder PDF-Dateien – speichern zu lassen.

Sollte die Datei nicht im festgelegten Verzeichnis existieren, so wird eine Fehlermeldung ausgegeben, die den Benutzer darüber informiert, dass kein Download stattfinden konnte.

Der Handler muss nun innerhalb der *Web.config*-Datei registriert werden:

```
<?xml version="1.0" encoding="utf-8" ?>
<configuration>
   ...
   <system.web>
      <httpHandlers>
         <add
            verb="*"
            path="cb.download"
            type="codebook.aspnet.vb.HMGA.Download,
               codebook.aspnet.vb.HMGA.Download" />
      </httpHandlers>
      ...
   </system.web>
</configuration>
```

Nach der Aktivierung der Dateiendung *.download* im Internetdienste-Manager ist der Handler nunmehr einsatzbereit. Beachten Sie bitte, dass Sie beim Aktivieren der Dateiendung das Häkchen vor »Prüfen, ob die Datei existiert« entfernen.

Um eine Datei herunterladen zu können, müssen Sie in der *Web.config*-Datei den Knoten `<appSettings>` mit dem Schlüssel »Directory« und dem zu verwendenden Verzeichnis hinterlegen:

```
<?xml version="1.0" encoding="utf-8" ?>
<configuration>
   <appSettings>
      <add key="Directory" value="./downloads" />
   </appSettings>
   <system.web>
      ...
   </system.web>
</configuration>
```

Das Herunterladen von Dateien mit Hilfe des Download-`HttpHandlers` geschieht nunmehr sehr einfach. Sehen wir uns eine WebForm an, die einige Dateien zum Download anbietet:

```
<%@ Page Language="vb"
   AutoEventWireup="false"
   Codebehind="Download.aspx.vb"
   Inherits="codebook.aspnet.vb.HMGA.DownloadPage"%>
<!DOCTYPE HTML PUBLIC "-//W3C//DTD HTML 4.0 Transitional//EN">
<html>
  <head>
    <title>Download</title>
  </head>
  <body>
    <form id="Form1" method="post" runat="server">
      <h3>Downloads</h3>
      <p>
         <b>Bitte wählen Sie hier eine Datei zum Download aus</b>
      </p>
      <p>
         <li><a href="cb.Download?File=Test.doc">Test.doc</a></li>
         <li><a href="cb.Download?File=Test.txt">Test.txt</a></li>
         <li><a href="cb.Download?File=Test.zip">Test.zip</a></li>
         <li><a href="cb.Download?File=Test.pdf">Test.pdf</a></li>
      </p>
    </form>
  </body>
</html>
```

Listing 325: Zum Download angebotene Dateien (Download.aspx)

Wenn Sie die WebForm im Browser aufrufen und eine der zum Download angebotenen Dateien anklicken, sollten Sie eine Ausgabe ähnlich dieser erhalten:

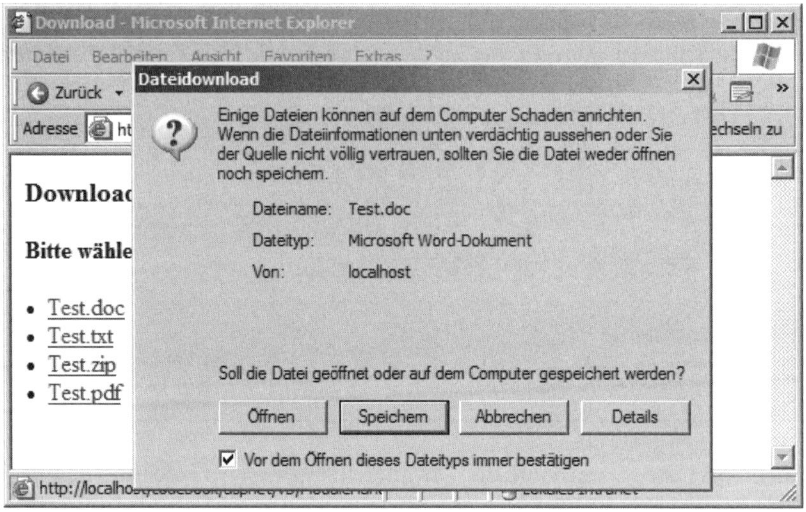

Abbildung 67: Download eines Word-Dokuments mit Hilfe des Handlers

Der `HttpHandler` kann je nach Anforderung noch um einige Features erweitert werden: So könnten Sie den UrlReferrer überprüfen, um sicherzustellen, dass nur von Webseiten, die Sie zulassen, Dateien heruntergeladen werden. Ebenso ist es denkbar, den Download von Dateien in einer Datenbank zu protokollieren oder nur angemeldeten Benutzern den Zugriff auf die Datei zu ermöglichen.

165 Auf nicht vorhandene Bilder reagieren

Je mehr unterschiedliche WebForms und Bilder Sie in Ihrer Web-Applikation einsetzen, desto schwieriger wird es, den Überblick zu behalten, welches Bild welcher WebForm zugeordnet ist. Manchmal schlägt der Fehlerteufel zu und Sie löschen ein Bild versehentlich oder lassen ein nicht existierendes Bild ausgeben. Egal, wie es passiert ist: Wenn ein Benutzer die Webseite aufruft, wird kein Bild ausgegeben, sondern ein hässliches Viereck, das anzeigt, dass kein Bild gefunden werden konnte.

Im Folgenden soll ein `HttpHandler` vorgestellt werden, der auf die Datei-Endungen *.gif* und *.jpg* reagiert. Wenn ein Bild existiert, wird es ausgegeben, sollte es nicht existieren, erfolgt die Ausgabe eines Dummy-Bildes:

```
Imports System.Configuration
Imports System.IO

Namespace codebook.aspnet.vb.HMGA
```

Listing 326: Handler für das Ausliefern von Bildern (ImageHandler.vb)

```
    Public Class Images
       Implements IHttpHandler

       Public ReadOnly Property IsReusable() As Boolean _
          Implements IHttpHandler.IsReusable
          Get
             Return True
          End Get
       End Property

       Public Sub ProcessRequest( _
          ByVal context As HttpContext) _
          Implements IHttpHandler.ProcessRequest

          Dim objRequest As HttpRequest = context.Request
          Dim objResponse As HttpResponse = context.Response
          Dim objServer As HttpServerUtility = _
             context.Server

          Dim strImage As String = objRequest.Url.LocalPath
          If File.Exists(objServer.MapPath(strImage)) Then
             objResponse.WriteFile(objServer.MapPath(strImage))
          Else
             strImage = objRequest.ApplicationPath & "/" & _
                ConfigurationSettings.AppSettings.Item( _
                "NotFoundImage")
             objResponse.WriteFile(objServer.MapPath( _
                strImage))
          End If
       End Sub
    End Class

End Namespace
```

Listing 326: Handler für das Ausliefern von Bildern (ImageHandler.vb) (Forts.)

Die Funktionsweise des Handlers ist simpel: Wenn ein Bild, egal ob GIF- oder JPG-Bild, aufgerufen wird, erfolgt die Aktivierung des Handlers. Die Adresse des Bildes kann anhand der `Url.LocalPath`-Eigenschaft des `HttpRequest`-Objekts ermittelt werden.

Existiert das Bild im angegebenen Pfad, liefert die Methode `Exists` des `File`-Objekts den Wert `True` zurück und das Bild kann mit Hilfe der `WriteFile`-Methode des `HttpResponse`-Objekts ausgegeben werden.

Sollte das Bild nicht existieren, werden anhand des in der *Web.config*-Datei hinterlegten Schlüssels `NotFoundImage` der Pfad und der Dateiname des stattdessen anzuzeigenden Bildes ermittelt. Dieser Pfad wird in einen absoluten Pfad umgewandelt und per `WriteFile`-Methode des `HttpResponse`-Objekts ausgegeben.

Um die Funktionalität des Handlers sicherzustellen, müssen in der *Web.config*-Datei drei Einträge hinzugefügt werden:

```
<?xml version="1.0" encoding="utf-8" ?>
<configuration>

    <appSettings>
      <add key="NotFoundImage" value="./images/NotFound.gif" />
    </appSettings>

   <system.web>
      <httpHandlers>
         <add verb="GET"
            path="*.gif"
            type="codebook.aspnet.vb.HMGA.Images,
               codebook.aspnet.vb.HMGA.Images" />
         <add verb="GET"
            path="*.jpg"
            type="codebook.aspnet.vb.HMGA.Images,
               codebook.aspnet.vb.HMGA.Images" />
      </httpHandlers>
   </system.web>
</configuration>
```

Der erste Eintrag innerhalb des <appSettings>-Bereichs gibt den Pfad zu dem Bild an, das ausgegeben werden soll, wenn das angeforderte Bild nicht existiert.

Mit Hilfe der beiden Einträge innerhalb des <HttpHandlers>-Bereichs erfolgt das Aktivieren des Handlers für die Datei-Endungen *.gif* und *.jpg*.

Nachdem Sie die beiden Datei-Endungen innerhalb des Internetdienste-Managers auf die *aspnet_isapi.dll* gemappt haben, ist der Handler einsatzbereit.

Um die Funktionsweise zu demonstrieren, werden zwei Bilder innerhalb einer WebForm eingebunden – eines der beiden Bilder existiert allerdings nicht. Stattdessen wird das in der *Web.config*-Datei definierte Ersatzbild ausgegeben:

```
<%@ Page Language="vb"
   AutoEventWireup="false"
   Codebehind="Default.aspx.vb"
   Inherits="codebook.aspnet.vb.HMGA.DefaultPage"%>
<!DOCTYPE HTML PUBLIC "-//W3C//DTD HTML 4.0 Transitional//EN">
<html>
  <head>
    <title>Bilder</title>
  </head>
  <body>

    <form id="Form1" method="post" runat="server">
      <h3>Dieses Bild existiert</h3>
      <img src="images/image.gif">
      <h3>Dieses nicht...</h3>
```

Listing 327: WebForm mit Bildern, von denen eines nicht existiert (Default.aspx)

```
      <img src="images/bild.gif">
    </form>

  </body>
</html>
```

Listing 327: WebForm mit Bildern, von denen eines nicht existiert (Default.aspx) (Forts.)

Wenn Sie die WebForm aufrufen, sollten Sie eine Ausgabe ähnlich dieser erhalten:

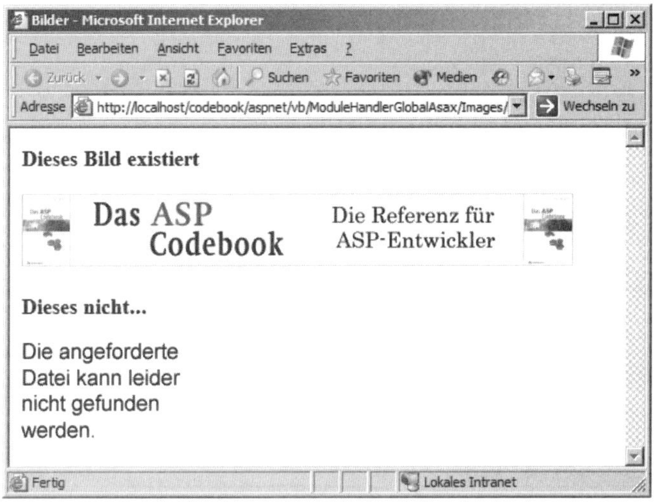

Abbildung 68: Der HttpHandler in Aktion – das zweite Bild existiert nicht

166 HttpModule

HttpModule bieten eine einfache Möglichkeit, in die Verarbeitung eines Requests einzugreifen. HttpModule können den Ein- und Ausgabestrom manipulieren, sind in der Lage eigene Events zu definieren und können auf bestimmte Events der Verarbeitung reagieren. Im Gegensatz zu `HttpHandlern` übernehmen sie nicht die Verarbeitung eines Requests, sondern ergänzen sie in der Regel.

167 Copyright-Informationen ausgeben

Um die Funktionsweise eines HttpModuls zu demonstrieren, soll im Folgenden ein Modul vorgestellt werden, das jeder ausgelieferten WebForm eine sichtbare und eine unsichtbare Copyright-Information hinzufügt:

```
Namespace codebook.aspnet.vb.HMGA

   Public Class Copyright
```

Listing 328: HttpModul zum Ausgeben von Copyright-Informationen (Copyright.vb)

```
      Implements IHttpModule

      Public Sub Dispose() Implements IHttpModule.Dispose
      End Sub

      Public Sub Init(ByVal context As HttpApplication) _
         Implements IHttpModule.Init

         AddHandler context.PostRequestHandlerExecute, _
            AddressOf DoCopyright
      End Sub

      Public Sub DoCopyright( _
         ByVal sender As Object, ByVal e As EventArgs)

         Dim objContext As HttpApplication = DirectCast(sender, _
            HttpApplication)

         objContext.Response.Write( _
            "<hr noshade width=""100%"" size=""1"">" & _
            "<center>(c) 2003 ASP.NET Codebook</center>")
         objContext.Response.Write( _
            "<!-- (c) 2003 ASP.NET Codebook -->")
      End Sub

   End Class

End Namespace
```

Listing 328: HttpModul zum Ausgeben von Copyright-Informationen (Copyright.vb) (Forts.)

Wie vom Interface `IHttpModule` vorgegeben, implementiert das HttpModul die beiden Methoden `Init` und `Dispose`. Letztere dient dem Zweck, beim Entladen des Moduls – etwa beim Beenden des Webservers – Aufräumarbeiten durchzuführen, während `Init` die Möglichkeit bietet, sich an bestimmte Events zu binden. in diesem Fall erfolgt eine Bindung an das Event `PostRequestHandlerExecute`, das direkt nach dem Ausführen des `HttpHandlers`, der die Verarbeitung vornimmt, geworfen wird. Da der Copyright-Vermerk am Ende der Webseite eingefügt werden soll, ist dies ein guter Zeitpunkt für unser Vorhaben.

Mit Hilfe der Methode `AddHandler` erfolgt die Bindung unseres Event-Handlers `DoCopyright` an das Event:

```
AddHandler context.PostRequestHandlerExecute, _
   AddressOf DoCopyright
```

Innerhalb der Methode `DoCopyright` erfolgt zunächst das explizite Casting des als Objekt übergebenen Auslösers des Events in eine Instanz der `HttpApplication`-Klasse, über die dann die verschiedenen Objekte innerhalb des aktuellen Kontextes angesprochen werden können:

```
Dim objContext As HttpApplication = DirectCast(sender, _
   HttpApplication)
```

Anschließend wird mit Hilfe der Methode `Response.Write` des aktuellen Kontextes der Copyright-Vermerk ausgegeben.

Um das Modul zu aktivieren, ist ein Eintrag in die *Web.config* der aktuellen Applikation oder in die *machine.config* des Systems nötig:

```
<?xml version="1.0" encoding="utf-8" ?>
<configuration>
  <system.web>
      <httpModules>
         <add
            name="Copyright"
            type="codebook.aspnet.vb.HMGA.Copyright,
               codebook.aspnet.vb.HMGA.SimpleHttpModule"
         />
      </httpModules>
      ...
   </system.web>
</configuration>
```

Das Hinzufügen des Moduls geschieht innerhalb des `<httpModules>`-Bereichs durch Hinzufügen von Name und Typ des Moduls mit Hilfe eines `<Add>`-Knotens. Der Name ist dabei frei wählbar, er sollte lediglich eindeutig im aktuellen Kontext sein. Das Attribut `type` nimmt den kompletten Klassennamen des Moduls inklusive Namensraum und die Assembly, in der das Modul enthalten ist, auf.

Nachdem diese Eintragungen in der *Web.config*-Datei vorgenommen worden sind, ist das Modul einsatzbereit. Zum Test wird im Folgenden eine WebForm aufgerufen, der die Copyright-Angaben am Ende des generierten Outputs hinzugefügt werden sollen:

```
<%@ Page Language="vb"
   AutoEventWireup="false"
   Codebehind="Default.aspx.vb"
   Inherits="codebook.aspnet.vb.HMGA.WebForm1"%>
<!DOCTYPE HTML PUBLIC "-//W3C//DTD HTML 4.0 Transitional//EN">
<html>
  <head>
    <title>WebForm1</title>
  </head>
  <body>
    <form id="Form1" method="post" runat="server">
      <h3>Beispielseite</h3>
      <p><b>Dies ist eine Beispielseite mit ein wenig
```

Listing 329: WebForm zum Testen des HttpModuls (Default.aspx)

```
        Inhalt.</b>
      </p>
      <p>
        Hier kommt noch ein wenig Text... :-)
      </p>
    </form>
  </body>
</html>
```

Listing 329: WebForm zum Testen des HttpModuls (Default.aspx) (Forts.)

Wenn Sie die WebForm aufrufen, sollten Sie folgende Ausgabe erhalten:

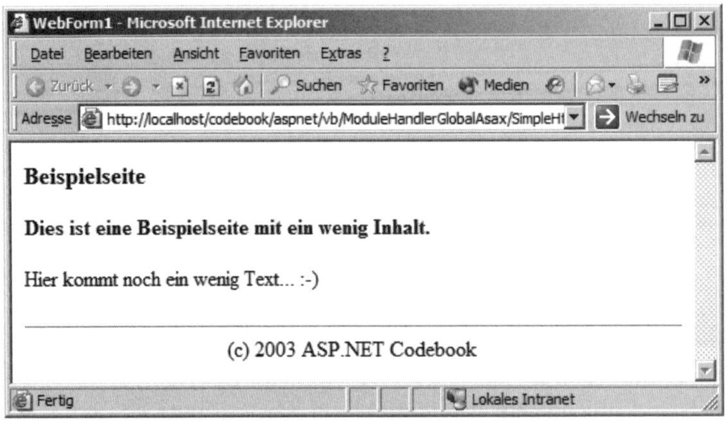

Abbildung 69: Mit Hilfe eines HttpHandlers eingefügter Text

168 URL-Rewriting

Ein weiterer sinnvoller Einsatzbereich von HttpModulen ist das Umschreiben von statisch wirkenden URLs in dynamische URLs mit einem `QueryString`. Das Prinzip dabei ist, dass die `QueryString`-Bestandteile des Aufrufs vor den eigentlich anzusprechenden Dateinamen gesetzt werden – aus `Default.aspx?name=wert` wird dann `name/wert/Default.aspx`. Der Vorteil derartiger URLs liegt darin, dass sie von Suchmaschinen deutlich besser indiziert werden, denn mit Ausnahme einiger weniger Suchmaschinen (etwa Google) versagen die meisten beim Indizieren von dynamisch erstellten Ressourcen.

Sehen wir uns ein http-Modul an, das einen statischen URL in den Aufruf der korrekten WebForm mappt, dieser die vorhandenen Parameter per `QueryString` übergibt und den Output der Form so behandelt, dass dort keine dynamischen `QueryStrings` mehr vorkommen:

```
Namespace codebook.aspnet.vb.HMGA

   Public Class UrlRewriter
```

Listing 330: HttpModul zum Umwandeln statisch wirkender URLs in dynamische URLs (UrlRewriter.vb)

```
      Implements IHttpModule

      Public Sub Dispose() Implements IHttpModule.Dispose
      End Sub

      Public Sub Init( _
         ByVal context As HttpApplication) _
         Implements IHttpModule.Init

         AddHandler context.BeginRequest, AddressOf Me.RewriteUrl
      End Sub

      Protected Sub RewriteUrl( _
         ByVal sender As Object, _
         ByVal e As EventArgs)

         Dim objApp As HttpApplication = _
            DirectCast(sender, HttpApplication)

         Dim objRequest As HttpRequest = objApp.Request
         Dim objUrl As Uri = objRequest.Url
         Dim strCurrentPath As String = objUrl.PathAndQuery
         strCurrentPath = _
            strCurrentPath.Substring( _
            objRequest.ApplicationPath.Length + 1)

         Dim strFile As String
         If strCurrentPath.IndexOf(".aspx") > 0 Then

            strFile = strCurrentPath.Substring( _
               strCurrentPath.LastIndexOf("/") + 1)

            If strCurrentPath.LastIndexOf("/") > 0 Then
               strCurrentPath = strCurrentPath.Substring( _
                  0, strCurrentPath.LastIndexOf("/"))
            Else
               strCurrentPath = String.Empty
            End If
         Else
            strFile = "Default.aspx"
         End If

         Dim objParams As New ArrayList( _
            strCurrentPath.Split("/"))
         Dim strElement As String
         Dim intCurrent As Int32 = 0

         For intCurrent = 0 To objParams.Count - 1
            Dim strName As String = objParams.Item(intCurrent)
            Dim strValue As String = String.Empty
```

Listing 330: HttpModul zum Umwandeln statisch wirkender URLs in dynamische URLs (UrlRewriter.vb) (Forts.)

```
            If intCurrent + 1 < objParams.Count Then
               strValue = objParams.Item(intCurrent + 1)
            End If
            If strName.Length > 0 Then
               strFile &= IIf(intCurrent = 0, "?", "&") & _
                  strName & "=" & strValue
            End If
            intCurrent += 1
         Next

         objApp.Response.Filter = New UrlRewriterStream( _
            objApp.Response.Filter, objApp.Request.ApplicationPath)
         objApp.Context.RewritePath( _
            objApp.Request.ApplicationPath & "/" & strFile)
      End Sub

   End Class

End Namespace
```

Listing 330: HttpModul zum Umwandeln statisch wirkender URLs in dynamische URLs (UrlRewriter.vb) (Forts.)

Innerhalb der vom Interface `IHttpModule` vorgegebenen Methode `Init` erfolgt die Bindung an das Event `BeginRequest` der aktuellen Applikation. Innerhalb des Handlers für das Event beginnt die Auswertung des URLs der aktuellen Anforderung:

```
Dim strCurrentPath As String = objUrl.PathAndQuery
strCurrentPath = _
   strCurrentPath.Substring( _
   objRequest.ApplicationPath.Length + 1)
```

Zunächst wird hier der Bestandteil des aktuellen URLs ermittelt, der auf Verzeichnisse oder Dateien unterhalb des Wurzelverzeichnisses der aktuellen Applikation zeigt. Angenommen, die Applikation würde sich in */codebook/aspnet/vb* befinden und der aufgerufene URL wäre */codebook/aspnet/vb/a/b/Default.aspx*, so wäre der hier ermittelte Bestandteil des Aufruf-Pfades */a/b/Default.aspx*.

Nun erfolgt die Bestimmung der abgerufenen Datei:

```
Dim strFile As String
If strCurrentPath.IndexOf(".aspx") > 0 Then

   strFile = strCurrentPath.Substring( _
      strCurrentPath.LastIndexOf("/") + 1)

   If strCurrentPath.LastIndexOf("/") > 0 Then
      strCurrentPath = strCurrentPath.Substring( _
         0, strCurrentPath.LastIndexOf("/"))
```

```
    Else
       strCurrentPath = String.Empty
    End If
Else
    strFile = "Default.aspx"
End If
```

Vor der Bestimmung der Datei erfolgt eine Prüfung, ob überhaupt eine **.aspx*-Datei im Aufruf angegeben worden ist. Sollte dies der Fall sein, wird die Datei ermittelt und der Variablen `strFile` zugewiesen. Anschließend wird die Datei-Angabe aus dem Aufruf-Pfad entfernt. Sollte keine Datei angegeben worden sein, wird der Variablen `strFile` der Dateiname *Default.aspx* zugewiesen.

```
Dim objParams As New ArrayList( _
   strCurrentPath.Split("/"))
Dim strElement As String
Dim intCurrent As Int32 = 0

For intCurrent = 0 To objParams.Count - 1
   Dim strName As String = objParams.Item(intCurrent)
   Dim strValue As String = String.Empty
   If intCurrent + 1 < objParams.Count Then
      strValue = objParams.Item(intCurrent + 1)
   End If
   If strName.Length > 0 Then
      strFile &= IIf(strFile.IndexOf("?") <= 0, "?", "&") & _
         strName & "=" & strValue
   End If
   intCurrent += 1
Next
```

Nachdem nunmehr Pfad und Dateiname ermittelt worden sind, können die verbliebenen Elemente des Aufrufpfades als Name-Wert-Parameter interpretiert werden. Dies geschieht, indem sie mit Hilfe der `Split`-Methode des `String`-Objekts anhand des Schrägstriches getrennt und einer `ArrayList` zugewiesen werden.

Nun werden die einzelnen Elemente der `ArrayList` durchlaufen – jedes erste Element wird als Parameter-Name aufgefasst, jedes zweite Element entspricht dem Wert des Parameters. Name und Wert des Parameters werden innerhalb eines `QueryStrings` erfasst und an den ermittelten Dateinamen angehängt.

```
objApp.Context.RewritePath( _
   objApp.Request.ApplicationPath & "/" & strFile)
```

Zuletzt erfolgt der Aufruf der ermittelten Datei mit Ihren Parametern. Dabei wird davon ausgegangen, dass die aufzurufende Datei direkt unterhalb des Wurzelverzeichnisses der Applikation liegt. Der Aufruf erfolgt per `Context.RewritePath`, so dass die übergebenen Parameter die aufgerufene Datei tatsächlich in Form von QueryString-Parametern erreichen und per Request.QueryString ausgewertet werden können.

Generierten HTML-Code parsen

Bisher haben wir uns nur mit der Verarbeitung eingehender Anfragen beschäftigt. Innerhalb der Methode RewriteUrl wird allerdings auch dafür gesorgt, dass der Text, der zum Browser zurückgesandt wird, so umgeschrieben wird, dass aus dynamischen Links statisch wirkende URLs werden. Dies geschieht durch Zuweisung eines Stream-Objekts zur Response.Filter-Eigenschaft des Kontextes der Applikation:

```
objApp.Response.Filter = New UrlRewriterStream( _
   objApp.Response.Filter, objApp.Request.ApplicationPath)
```

Das UrlRewriterStream-Objekt soll nun im Folgenden vorgestellt werden, übernimmt es doch das Parsen des generierten HTML-Quellcodes und das Umschreiben von dynamischen Links in statisch wirkende Angaben:

```
Imports System.IO
Imports System.Text
Imports System.Text.RegularExpressions

Namespace codebook.aspnet.vb.HMGA

   Public Class UrlRewriterStream
      Inherits Stream

      Private objStream As Stream
      Private strBasePath As String = String.Empty

      Public Sub New( _
         ByVal objStream As Stream, _
         ByVal strBasePath As String)

         Me.objStream = objStream
         Me.strBasePath = strBasePath
      End Sub

      Public Overrides ReadOnly Property CanRead() As Boolean
         Get
            Return True
         End Get
      End Property

      Public Overrides ReadOnly Property CanSeek() As Boolean
         Get
            Return True
```

Listing 331: Stream-Objekt zum Parsen und Umschreiben des generierten HTML-Outputs (UrlRewriterStream.vb)

```
        End Get
    End Property

    Public Overrides ReadOnly Property CanWrite() As Boolean
        Get
            Return True
        End Get
    End Property

    Public Overrides Sub Flush()
        Me.objStream.Flush()
    End Sub

    Public Overrides ReadOnly Property Length() As Long
        Get
            Return Me.objStream.Length
        End Get
    End Property

    Public Overrides Property Position() As Long
        Get
            Return Me.objStream.Position
        End Get
        Set(ByVal Value As Long)
            Me.objStream.Position = Value
        End Set
    End Property

    Public Overrides Function Read( _
        ByVal buffer() As Byte, _
        ByVal offset As Integer, _
        ByVal count As Integer) As Integer

        Me.objStream.Read(buffer, offset, count)
    End Function

    Public Overrides Function Seek( _
        ByVal offset As Long, _
        ByVal origin As System.IO.SeekOrigin) As Long

        Me.objStream.Seek(offset, origin)
    End Function

    Public Overrides Sub SetLength(ByVal value As Long)
        Me.objStream.SetLength(value)
    End Sub

    Public Overrides Sub Write( _
        ByVal buffer() As Byte, _
        ByVal offset As Integer, _
```

Listing 331: Stream-Objekt zum Parsen und Umschreiben des generierten HTML-Outputs (UrlRewriterStream.vb) (Forts.)

```
        ByVal count As Integer)

        Dim objData(count) As Byte
        System.Buffer.BlockCopy(buffer, offset, objData, 0, count)

        Dim strContent As String = Encoding.GetEncoding( _
           "iso-8859-1").GetString(objData)
        Dim strPattern As String = _
           "(<a[^>]+href=[""]*(?!/|http://|https://))" & _
           "([^"" >]+)([""]*[^>]*>)"

        Dim objMatches As MatchCollection = _
           Regex.Matches(strContent, strPattern, _
           RegexOptions.IgnoreCase + RegexOptions.Multiline)
        Dim objMatch As Match

        For Each objMatch In objMatches
           Dim strUrl As String = objMatch.Groups(2).ToString
           Dim strNewUrl As String = RewriteUrl(strUrl)

           If Not strNewUrl.Equals(strUrl) Then
              Dim strReplacement As String = _
                 objMatch.Groups(1).ToString & _
                 strNewUrl & _
                 objMatch.Groups(3).ToString

              Dim strOriginal As String = _
                 objMatch.Groups(0).ToString

              strContent = strContent.Replace( _
                 strOriginal, strReplacement)
           End If
        Next

        Dim objBytes() As Byte = _
           Encoding.GetEncoding("iso-8859-1").GetBytes(strContent)
        Me.objStream.Write(objBytes, offset, objBytes.Length)
     End Sub

     Private Function RewriteUrl(ByVal strUrl As String) As String
        Dim strResult As String = strUrl
        Dim strPath As String = Me.strBasePath & "/"

        If strResult.IndexOf(".aspx") > _
           strResult.LastIndexOf("/") And _
           strResult.IndexOf("?") > _
           strResult.IndexOf(".aspx") Then

           Dim strFile As String = strResult
```

Listing 331: Stream-Objekt zum Parsen und Umschreiben des generierten HTML-Outputs (UrlRewriterStream.vb) (Forts.)

```
            Dim strQuery As String = strResult.Substring( _
              strResult.IndexOf("?") + 1)
            Dim strQueryArray() As String = strQuery.Split("&")
            Dim strNameValue As String

            For Each strNameValue In strQueryArray
              strPath &= strNameValue.Replace("=", "/") & "/"
            Next

            strResult = strFile.Substring(0, strFile.IndexOf("?"))
          End If

          Return strPath & strResult
        End Function

      End Class

    End Namespace
```

Listing 331: Stream-Objekt zum Parsen und Umschreiben des generierten HTML-Outputs (UrlRewriterStream.vb) (Forts.)

Das hier vorgestellte `UrlStreamWriter`-Objekt erbt direkt von der abstrakten Basisklasse `Stream`, was für uns bedeutet, dass wir alle Methoden und Eigenschaften selbst implementieren müssen. Um den Arbeitsaufwand gering zu halten und nicht das Rad neu erfinden zu müssen, erfolgt im Konstruktor des Objekts die Übergabe einer bereits initialisierten `Stream`-Instanz zusammen mit dem virtuellen Pfad der aktuellen Web-Applikation:

```
Public Sub New( _
  ByVal objStream As Stream, _
  ByVal strBasePath As String)

  Me.objStream = objStream
  Me.strBasePath = strBasePath
End Sub
```

Sowohl das übergebene `Stream`-Objekt als auch der als Zeichenkette übergebene Basis-Pfad werden lokalen Variablen zugewiesen.

Die Implementierung der Eigenschaften `CanRead`, `CanSeek` und `CanWrite` erfolgt durch einfache Rückgabe des Wertes `True` – es kann also gelesen, gesucht und geschrieben werden.

Die Eigenschaften und Methoden `Length`, `Seek`, `Read`, `Position` und `SetLength` erfolgt ebenfalls auf einfache Art und Weise: Es werden einfach die entsprechenden Methoden und Eigenschaften des übergebenen `Stream`-Objekts eingebunden.

Die eigentliche Implementierung des Rewritings von URLs erfolgt innerhalb der Methode `Write`, also direkt bevor der Inhalt des Streams geschrieben wird. Hier erfolgt zunächst das Kopieren der auszugebenden Daten in ein lokales Byte-Array mit Hilfe der Methode `BlockCopy` des `Buffer`-Objekts:

```
Dim objData(count) As Byte
System.Buffer.BlockCopy(buffer, offset, objData, 0, count)
```

Nachdem so der aktuell auszugebende Inhalt des `Streams` ermittelt worden ist, kann er aus einem Byte-Array in einen String umgewandelt werden. Dies geschieht mit Hilfe der Methode `GetString` einer `Encoding`-Instanz. Die `Encoding`-Instanz ist auf den in Europa gebräuchlichen Zeichensatz *ISO-8859-1* eingestellt, der auch Umlaute beherrscht:

```
Dim strContent As String = Encoding.GetEncoding( _
   "iso-8859-1").GetString(objData)
```

Nun wird ein regulärer Ausdruck definiert, der aus der Zeichenkette alle Hyperlinks ermittelt, die nicht mit *http://*, *https://* oder / beginnen:

```
Dim strPattern As String = _
   "(<a[^>]+href=[""]*(?!/|http://|https://))" & _
   "([^"" >]+)([""]*[^>]*>)"
```

Mehr zur Verwendung von regulären Ausdrücken finden Sie übrigens in der Kategorie *Validierung*. Kurz gesagt: Der hier verwendete Ausdruck ermittelt alle *<a>*-Tags, deren *href*-Attribut den oben geschilderten Anforderungen genügt, und gruppiert deren Bestandteile so, dass alle Attribute vor dem URL, der URL selbst und alle Attribute danach jeweils in einer Gruppe zusammengefasst werden.

Aus dem HyperLink `<a target="_blank" href="Default.aspx?a=b" class="gray">` werden somit die drei Gruppen `<a target="_blank" href="`, `Default.aspx?a=b` und `" class="gray">`, die getrennt voneinander betrachtet und verarbeitet werden können.

Dieser Ausdruck wird mit Hilfe der statischen Methode `Matches` der `RegEx`-Klasse angewendet. Diese Methode gibt eine `MatchCollection` aus einzelnen Treffern zurück, die in einer einfachen `For Each`-Schleife durchlaufen werden kann:

```
Dim objMatches As MatchCollection = _
   Regex.Matches(strContent, strPattern, _
   RegexOptions.IgnoreCase + RegexOptions.Multiline)
Dim objMatch As Match

For Each objMatch In objMatches
```

Anhand des aktuellen `Match`-Objektes können nun die bereits weiter oben beschriebenen Gruppen ermittelt werden. Dabei interessiert uns zunächst nur die zweite Gruppe, die den eigentlichen URL inklusive Parameter beinhaltet. Dieser URL wird der Methode `RewriteUrl` übergeben, die die einzelnen `QueryString`-Parameter in scheinbare Verzeichnis-Angaben umwandelt:

```
Dim strUrl As String = objMatch.Groups(2).ToString
Dim strNewUrl As String = RewriteUrl(strUrl)
```

Sollte sich der von `RewriteUrl` zurückgebene URL vom ursprünglich übergebenen URL unterscheiden, wird der komplette HyperLink im HTML-Output ersetzt. Zu diesem Zweck wird ein neuer HyperLink anhand der vorher ermittelten Gruppen gebildet. Somit ist sichergestellt, dass sonstige Attribute innerhalb des Hyperlinks unverändert bleiben:

```
If Not strNewUrl.Equals(strUrl) Then
   Dim strReplacement As String = _
      objMatch.Groups(1).ToString & _
      strNewUrl & _
      objMatch.Groups(3).ToString

   Dim strOriginal As String = _
      objMatch.Groups(0).ToString

   strContent = strContent.Replace( _
      strOriginal, strReplacement)
End If
```

Nachdem auf diese Art und Weise alle ermittelten Links bearbeitet worden sind, erfolgt die eigentliche Ausgabe des nunmehr bearbeiteten HTML-Quellcodes. Dieser wird zu diesem Zweck wieder in ein `Byte`-Array umgewandelt und mit Hilfe des im Konstruktor der Klasse übergebenen *Streams* ausgegeben:

```
Dim objBytes() As Byte = _
   Encoding.GetEncoding("iso-8859-1").GetBytes(strContent)
Me.objStream.Write(objBytes, offset, objBytes.Length)
```

Damit ist die eigentliche Verarbeitung des HTML-Outputs abgeschlossen. Sehen wir uns nun noch an, wie das Umwandeln der dynamischen URLs in scheinbar statische URLs stattfindet:

Diese Umwandlung geschieht innerhalb der privaten Methode `RewriteUrl`, der der originale URL als Parameter übergeben wird. Hier erfolgt zunächst eine Prüfung darauf, ob es sich bei der angegebenen Datei um eine **.aspx*-Datei handelt und ob sie `QueryString`-Parameter beinhaltet:

```
If strResult.IndexOf(".aspx") > _
   strResult.LastIndexOf("/") And _
   strResult.IndexOf("?") > _
   strResult.IndexOf(".aspx") Then
```

Sollte dies der Fall sein, so werden die `QueryString`-Argumente ermittelt und anhand des Ampersands (`&`) getrennt:

```
Dim strQuery As String = strResult.Substring( _
   strResult.IndexOf("?") + 1)
Dim strQueryArray() As String = strQuery.Split("&")
```

Nun können die einzelnen Name-Wert-Paare durchlaufen und dem Dateinamen vorangestellt werden:

```
For Each strNameValue In strQueryArray
   strPath &= strNameValue.Replace("=", "/") & "/"
Next
```

Zuletzt wird der `QueryString` vom ermittelten Dateinamen entfernt und dieser Dateiname an den virtuellen Pfad zur Applikation mit den Name-Wert-Paaren angehängt:

```
   strResult = strFile.Substring(0, strFile.IndexOf("?"))
End If

Return strPath & strResult
```

Der so gewonnene URL ist gleichzeitig die Rückgabe der Methode.

Das HttpModul in Aktion

Bevor das HttpModul wirksam werden kann, muss es noch in der *Web.config*- oder *machine.config*-Datei registriert werden:

```
<?xml version="1.0" encoding="utf-8" ?>
<configuration>
  <system.web>
      <httpModules>
         <add name="UrlRewriter"
            type="codebook.aspnet.vb.HMGA.UrlRewriter,
            codebook.aspnet.vb.HMGA.UrlRewriter" />
      </httpModules>
   </system.web>
</configuration>
```

Nunmehr können wir eine Testseite erstellen, die vom Http-Modul umgeschrieben werden wird, da in ihr einige Hyperlinks deklariert worden sind:

```
<%@ Page Language="vb" %>
<script runat="server">
   Sub Page_Load(sender As Object, e As EventArgs)
```

Listing 332: WebForm zum Testen des URL-Rewritings (Default.aspx)

```
      Dim strItem As String
      For Each strItem In Request.QueryString
         Me.objQueryString.Text &= strItem & _
            " = " & Me.Request.QueryString.Item( _
            strItem) & "<br>"
      Next
   End Sub
</script>
<!DOCTYPE HTML PUBLIC "-//W3C//DTD HTML 4.0 Transitional//EN">
<HTML>
   <HEAD>
      <title>Default</title>
   </HEAD>
   <body>
      <form id="Form1" method="post" runat="server">
         <asp:Label Runat="server" ID="objQueryString" />
         <a href="Default.aspx?a=b">Link mit QueryString</a><br>
         <a href="Default.aspx?a=b&c=d"
            >Link mit QueryString (II)</a><br>
         <a href="Default.aspx">Link ohne QueryString</a><br>
         <a href="/Default.aspx">Absoluter Link</a>
      </form>
   </body>
</HTML>
```

Listing 332: WebForm zum Testen des URL-Rewritings (Default.aspx) (Forts.)

Wenn Sie die WebForm aufrufen, sollte folgender Quellcode für die Links generiert werden:

```
<a href="/codebook/aspnet/vb/ModuleHandlerGlobalAsax/
   UrlRewrite/a/b/Default.aspx">Link mit QueryString</a><br>
<a href="/codebook/aspnet/vb/ModuleHandlerGlobalAsax/
   UrlRewrite/a/b/c/d/Default.aspx">
   Link mit QueryString (II)</a><br>
<a href="/codebook/aspnet/vb/ModuleHandlerGlobalAsax/
   UrlRewrite/Default.aspx">Link ohne QueryString</a><br>
<a href="/Default.aspx">Absoluter Link</a>
```

Das Modul hat dafür gesorgt, dass die ursprünglich relativen Linkangaben nun absolut sind. Die `QueryString`-Angaben bei den ersten beiden Links sind ebenfalls innerhalb des Pfades vermerkt worden – einer Indizierung der Webseite durch eine Suchmaschine steht jetzt nichts mehr im Wege.

Klicken Sie nun einen der beiden oberen Links der Seite an, sollten Sie folgende Ausgabe erhalten (siehe Abbildung 70).

Sie sehen, dass die statisch wirkende Pfadangabe wieder in `QueryString`-Parameter umgewandelt worden ist.

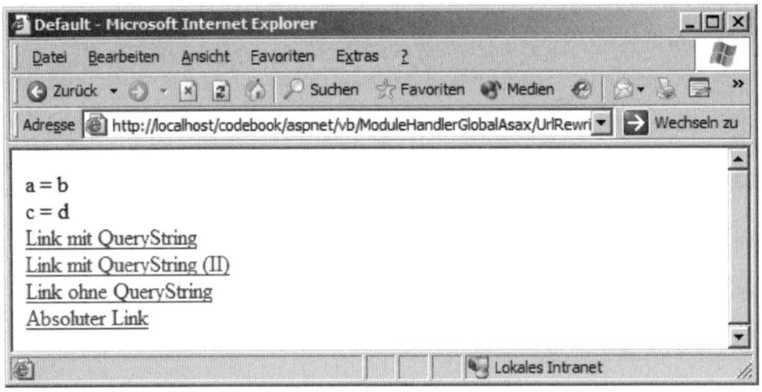

Abbildung 70: Ausgabe des durch das HttpModul generierten QueryStrings

ToDos und Erweiterungsmöglichkeiten

Den möglichen Einsatzbereichen eines derartigen HttpModuls sind eigentlich kaum Grenzen gesetzt – Sie können es im Grunde mit jeder beliebigen ASP.NET Web-Applikation einsetzen. Eventuell sollten Sie darüber nachdenken, vor dem Umwandeln einer Pfadangabe unterhalb des Wurzelverzeichnisses der Applikation eine Prüfung vorzunehmen, ob nicht tatsächlich ein derartiger Pfad existiert – denn das ist eine der Limitierungen der hier vorgestellten Lösung: Alles unterhalb des Wurzelverzeichnisses der aktuellen Applikation wird als `QueryString`-Parameter interpretiert.

Eventuell wollen Sie auch selbst festlegen können, welche Links tatsächlich umgewandelt werden. Sie sollten dies über ein zusätzliches Attribut des <a>-Tags erreichen können, auf das Sie mit Hilfe eines regulären Ausdrucks innerhalb der `Write`-Methode des `Stream`-Objekts prüfen würden – existiert das Attribut, dann wird der Link umgewandelt, anderenfalls nicht.

Ebenso würde es sich anbieten, das Modul nicht nur auf `ASPX`-Seiten zu beschränken – möglicherweise haben Sie auch andere Dateien auf das ASP.NET-Framework gemappt. in dem Fall böte es sich ebenfalls an, den regulären Ausdruck zum Ermitteln des URLs eines Links anzupassen oder dynamisch zu gestalten.

Wie auch immer Sie sich entscheiden: Alle vorgeschlagenen Anpassungen sind mit recht geringem Aufwand umsetzbar. Insofern können Sie Ihre Fantasie durchaus ein wenig spielen lassen – Ihrer Position in den Suchmaschinen-Ranglisten wird es sicherlich nicht abträglich sein.

169 Statistik per HttpModul

Eine ebenfalls übliche Aufgabe von HttpModulen besteht darin, eine Zugriffsstatistik für einzelne Seiten einer Applikation zu führen. Sehen wir uns an, wie dies beispielsweise mit Hilfe der im Rezept 163 definierten Datenbank-Tabelle `tblStatistics` erledigt werden kann:

```
Imports System.Configuration

Namespace codebook.aspnet.vb.HMGA
```

Listing 333: Führen einer Statistik per HttpModul (StatsModule.vb)

```
Public Class StatsModule
   Implements IHttpModule

   Public Sub Dispose() Implements IHttpModule.Dispose
   End Sub

   Public Sub Init( _
      ByVal context As HttpApplication) _
      Implements IHttpModule.Init

      AddHandler context.PreRequestHandlerExecute, _
         AddressOf Me.DoStats
   End Sub

   Protected Sub DoStats( _
      ByVal sender As Object, ByVal e As EventArgs)

      Dim objApp As HttpApplication = DirectCast( _
         sender, HttpApplication)

      Dim strUrl As String = _
         objApp.Request.Url.AbsolutePath
      Dim strReferrer As String = String.Empty
      If Not IsNothing(objApp.Request.UrlReferrer) Then
         strReferrer = objApp.Request.UrlReferrer.ToString
      End If
      Dim strParams As String = _
         objApp.Request.Url.Query & ""
      Dim strLanguages As String = _
         objApp.Request.ServerVariables( _
         "HTTP_ACCEPT_LANGUAGE")
      Dim strBrowser As String = _
         objApp.Request.UserAgent & ""
      Dim strIP As String = _
         objApp.Request.UserHostAddress
      Dim strSessionId As String = _
         objApp.Session.SessionID
      Dim strTime As String = _
         DateTime.Now.ToString("yyyyMMddHHmmss")

      Dim objConn As IDbConnection = _
         Utilities.GetConnection

      If Not IsNothing(objConn) Then

         If objConn.State <> ConnectionState.Open Then
            objConn.Open()
         End If

         Dim objCommand As IDbCommand = _
```

Listing 333: Führen einer Statistik per HttpModul (StatsModule.vb) (Forts.)

```
            objConn.CreateCommand
         objCommand.CommandText = _
            "inSERT inTO tblStatistics (" & _
               "[TimeStamp], RequestedPage, [Parameters], " & _
               "Browser, Languages, Referrer, IP, " & _
               "SessionID) " & _
            "VALUES (" & _
               "@Time, @Page, @Params, @Browser, @Lang, " & _
               "@Referrer, @IP, @Session)"

         Utilities.SetParameter( _
            "@Time", DbType.String, strTime, objCommand)
         Utilities.SetParameter( _
            "@Page", DbType.String, strUrl, objCommand)
         Utilities.SetParameter( _
            "@Params", DbType.String, strParams, objCommand)
         Utilities.SetParameter( _
            "@Browser", DbType.String, strBrowser, objCommand)
         Utilities.SetParameter( _
            "@Lang", DbType.String, strLanguages, objCommand)
         Utilities.SetParameter( _
            "@Referrer", DbType.String, strReferrer, objCommand)
         Utilities.SetParameter( _
            "@IP", DbType.String, strIP, objCommand)
         Utilities.SetParameter( _
            "@Session", DbType.String, strSessionId, objCommand)

         objCommand.ExecuteNonQuery()
         objCommand.Dispose()

         If objConn.State <> ConnectionState.Closed Then
            objConn.Close()
         End If
         objConn.Dispose()
      End If
   End Sub

End Class

End Namespace
```

Listing 333. Führen einer Statistik per HttpModul (StatsModule.vb) (Forts.)

Bei der Initialisierung des HttpModuls erfolgt die Bindung an das direkt vor dem Einbinden des behandelnden `HttpHandlers` auftretende Ereignis `PreRequestHandlerExecute`.

```
AddHandler context.PreRequestHandlerExecute, _
   AddressOf Me.DoStats
```

Innerhalb der Methode `DoStats`, die das Ereignis behandelt, werden nun die Informationen zu abgerufener Seite, Referrer, Parametern, akzeptierten Sprachen, Browser, IP-Adresse und Session-ID in lokalen Variablen erfasst. Ebenfalls wird der aktuelle Zeitstempel gebildet.

Mit Hilfe der statischen Methode `GetConnection` der `Utilities`-Hilfsklasse kann nun eine Datenbank-Verbindung erzeugt und geöffnet werden:

```
Dim objConn As IDbConnection = _
   Utilities.GetConnection

If Not IsNothing(objConn) Then

   If objConn.State <> ConnectionState.Open Then
      objConn.Open()
   End If
```

Das Schreiben der gesammelten Informationen erfolgt mit Hilfe eines `IDbCommands` des verwendeten .NET DataProviders:

```
Dim objCommand As IDbCommand = _
   objConn.CreateCommand
objCommand.CommandText = _
   "inSERT inTO tblStatistics (" & _
      "[TimeStamp], RequestedPage, [Parameters], " & _
      "Browser, Languages, Referrer, IP, " & _
      "SessionID) " & _
   "VALUES (" & _
      "@Time, @Page, @Params, @Browser, @Lang, " & _
      "@Referrer, @IP, @Session)"
```

Die definierten Parameter können nun mit Hilfe der Methode `SetParameter` der `Utilities`-Hilfsklasse zugewiesen werden. Anschließend können die Query ausgeführt und die verwendeten Ressourcen freigegeben werden:

```
objCommand.ExecuteNonQuery()
objCommand.Dispose()

If objConn.State <> ConnectionState.Closed Then
   objConn.Close()
End If
objConn.Dispose()
```

Damit ist die Abarbeitung des HttpModuls beendet. Um es einzusetzen, müssen Sie es innerhalb der *Web.config*-Datei der entsprechenden Applikation mit Klassennamen und Assembly registrieren:

Basics
Daten-bank
I/O
Validie-rung
Controls
Http-Handler
Netz-werk
Grafik
Tracing
Security

```
<?xml version="1.0" encoding="utf-8" ?>
<configuration>
   <system.web>
      <httpModules>
         <add name="Stats"
            type="codebook.aspnet.vb.HMGA.StatsModule,
            codebook.aspnet.vb.HMGA.StatsModule" />
      </httpModules>
   </system.web>
</configuration>
```

Die Hilfsklasse Utilities

Wie bereits erwähnt, setzt das HttpModul eine Hilfsklasse für das Erzeugen der `Connection` und das Zuweisen von Parametern zur Query ein:

```
Namespace codebook.aspnet.vb.HMGA

   Public Class Utilities

      Public Shared Function GetConnection() As IDbConnection

         Dim strProvider As String = _
            GetConfigValue("Provider")
         Dim strConnectionString As String = _
            GetConfigValue("Connection")
         Dim strDbFile As String = _
            GetConfigValue("DbFile")

         If Not strProvider.Length > 0 Or _
            Not strConnectionString.Length > 0 Then

            Return Nothing
         End If

         If strDbFile.Length > 0 Then
            If strDbFile.IndexOf(":\") <> 1 Then
               strDbFile = _
                  HttpContext.Current.Server.MapPath( _
                  strDbFile)
            End If
            strConnectionString &= strDbFile
         End If

         Dim objFactory As New cbDatabaseClient

         Return objFactory.GetConnection( _
            objFactory.GetProviderType(strProvider), _
            strConnectionString)
```

Listing 334: Hilfsklasse für Datenbank-Operationen (Utilities.vb)

```
        End Function

        Public Shared Sub SetParameter( _
           ByVal strParamName As String, _
           ByVal objDbType As DbType, _
           ByVal objValue As Object, _
           ByRef objCommand As IDbCommand)

           Dim objParam As IDataParameter = _
              objCommand.CreateParameter
           objParam.ParameterName = strParamName
           objParam.DbType = objDbType
           objParam.Value = objValue

           objCommand.Parameters.Add(objParam)
        End Sub

        Public Shared Function GetConfigValue( _
           ByVal strKey As String) As String

           If Not IsNothing( _
              ConfigurationSettings.AppSettings.Item(strKey)) Then
              Return _
                 ConfigurationSettings.AppSettings.Item(strKey)
           End If
           Return String.Empty
        End Function

     End Class

  End Namespace
```

Listing 334: Hilfsklasse für Datenbank-Operationen (Utilities.vb) (Forts.)

Innerhalb der Klasse sind drei statische Methoden definiert, die somit ohne Erzeugen einer neuen Klasseninstanz aufgerufen werden können.

Die Methode `GetConfigValue` ermittelt anhand des übergebenen Schlüssels einen Einstellungswert aus der Datei *Web.config*. Existiert dieser Schlüssel, wird der zugeordnete Wert zurückgegeben, anderenfalls ein Leerstring.

Mit Hilfe von `SetParameter` kann dem übergebenen `IDbCommand`-Objekt ein `IDataParameter` mit dem angegebenen Namen, Datentyp und Wert zugeordnet werden.

Das Erzeugen einer neuen Datenbank-Verbindung geschieht in `GetConnection`. Hier werden zunächst die in der *Web.config* hinterlegten Informationen zu Provider, `ConnectionString` und – falls vorhanden – Datenbank-Datei ausgewertet. Wenn zumindest Provider und `ConnectionString` angegeben worden sind, kann mit Hilfe der Klasse `cbDatabaseClient` eine neue Datenbank-Verbindung erzeugt und zurückgegeben werden.

Damit die Methode ordnungsgemäß funktioniert, müssen die benötigten Einstellungen in der *Web.config*-Datei in einem `<appSettings>` hinterlegt werden:

```
<?xml version="1.0" encoding="utf-8" ?>
<configuration>
   <appSettings>
      <add key="Provider" value="OleDb" />
      <add key="Connection"
         value="PROVIDER=Microsoft.Jet.OleDb.4.0;DATA SOURCE=" />
      <add key="DbFile" value="/codebook/aspnet/vb/
         ModuleHandlerGlobalAsax/database/db.mdb" />
   </appSettings>
   <system.web>
      ...
   </system.web>
</configuration>
```

WebForm zum Testen der Statistik-Funktionalität

Um die Funktionalität des Statistik-Moduls zu demonstrieren, soll folgende WebForm zum Einsatz kommen:

```
<%@ Page Language="vb" %>
<script runat="server">
   Sub Page_Load(sender As Object, e As EventArgs)
      Dim strCount As String = _
         Request.QueryString("Count") & ""
      Dim intCount As Int32 = 0
      If strCount.Length > 0 Then
         intCount = Int32.Parse(strCount)
      End If
      intCount += 1
      Me.objLink.Href &= "?Count=" & intCount
   End Sub
</script>
<!DOCTYPE HTML PUBLIC "-//W3C//DTD HTML 4.0 Transitional//EN">
<html>
  <head>
    <title>Default</title>
  </head>
  <body>
    <form id="Form1" method="post" runat="server">
      <h3>Testseite</h3>
      <p>Bitte klicken Sie auf den unten stehenden Link,
         um die Statistik-Funktion zu testen.
      </p>
      <a href="Default.aspx" runat="server"
         id="objLink">Bitte hier klicken</a>
    </form>
  </body>
</html>
```

Listing 335: WebForm mit dynamisch angepasstem Link (Default.aspx)

Bei jedem Aufruf der WebForm wird dem enthaltenen HyperLink der `QueryString`-Parameter `Count` zugewiesen. Nach jedem Klick auf den Link wird der Wert von `Count` um 1 erhöht, damit in der Datenbank die vorherige von der aktuellen Seite unterschieden werden kann. Wenn Sie die WebForm mehrmals aufrufen, sollten Sie in Ihrer Datenbank-Tabelle Einträge ähnlich diesen vorfinden:

Abbildung 71: Statistik-Einträge in einer Access-Datenbank

170 Global.asax

Die *global.asax* ist quasi die »kleine Schwester« eines HttpModules. Ebenso wie ein HttpModul reagiert sie auf bestimmte Events, die von der aktuellen Applikation bei Verarbeitung eines Requests geworfen werden.

Im Gegensatz zu HttpModulen, die applikationsübergreifend eingesetzt werden können, ist die *global.asax* auf eine bestimmte Applikation beschränkt. Sie eignet sich deshalb insbesondere für die Verarbeitung von Fehlern oder die Reaktion auf den Start von Applikationen oder Sessions. Insbesondere sollte sie dort eingesetzt werden, wo eine Reaktion per HttpModul – das ja in verschiedenen Applikationen verwendet werden kann – keinen Sinn macht. Dies könnte etwa bei einer Weiterleitung auf eine applikationsspezifische Fehlerseite oder dem Erzeugen von Objekten, die nur im Scope der aktuellen Anwendung verwendet werden, der Fall sein.

Der Einsatz dieser Datei ist optional – existiert sie nicht, dann geht das .NET Framework davon aus, dass keine Reaktion auf die von HttpModulen oder der Applikation geworfenen Events gewünscht ist. Ein Zugriff per Browser auf die *global.asax* ist von außen nicht möglich, da die Datei-Endung standardmäßig geblockt wird.

171 Auf Events aus Modulen reagieren

Manchmal ist es nötig, innerhalb eines globalen HttpModuls Events zu definieren, auf die dann in der applikationsspezifischen *global.asax*-Datei reagiert werden soll.

Um dies zu demonstrieren, soll im Folgenden zunächst ein HttpModul definiert werden, das ein Event auslöst:

```
Namespace codebook.aspnet.vb.HMGA

   Public Class MyModule
      Implements IHttpModule

      Public Event MyEvent( _
         ByVal sender As Object, ByVal e As EventArgs)

      Public Sub Dispose() Implements IHttpModule.Dispose
      End Sub

      Public Sub Init( _
         ByVal context As HttpApplication) _
         Implements IHttpModule.Init

         AddHandler context.PreRequestHandlerExecute, _
            AddressOf Me.DoProcess
      End Sub

      Protected Sub DoProcess( _
         ByVal sender As Object, ByVal e As EventArgs)
         RaiseEvent MyEvent(Me, EventArgs.Empty)
      End Sub

   End Class

End Namespace
```

Listing 336: HttpModul mit zusätzlichem Event (MyModule.vb)

Innerhalb des HttpModuls wird zunächst ein öffentliches Event deklariert. Dieses soll im Verlauf der Applikationsabarbeitung von der *global.asax* behandelt werden. Innerhalb der Methode `DoProcess`, die direkt vor dem Ausführen des verantwortlichen `HttpHandlers` eingebunden wird, erfolgt das Werfen des Events.

Um das Event innerhalb der *global.asax* behandeln zu können, ist es zunächst nötig, das HttpModul in der *Web.config*-Datei der entsprechenden Web-Applikation zu registrieren:

```
<?xml version="1.0" encoding="utf-8" ?>
<configuration>
   <system.web>
      <httpModules>
```

```
         <add name="MyModule"
            type="codebook.aspnet.vb.HMGA.MyModule,
               codebook.aspnet.vb.HMGA.GAModule" />
      </httpModules>
   </system.web>
</configuration>
```

Diese Registrierung erfolgt wie üblich unter Vergabe eines eindeutigen Namens und unter Angabe von Klassennamen sowie Assembly-Namen des Moduls.

Nunmehr kann in der *global.asax* auf das Event reagiert werden:

```
Imports System.Web
Imports System.Web.SessionState

Namespace codebook.aspnet.vb.HMGA

   Public Class Global
      Inherits System.Web.HttpApplication

      Sub MyModule_MyEvent( _
         ByVal sender As Object, ByVal e As EventArgs)

         Me.Context.Response.Write("Event aus HttpModul!")
      End Sub

   End Class

End Namespace
```

Listing 337: Behandlung eines neuen Events in der global.asax (Global.asax.vb)

Innerhalb der *global.asax* wurde ein Event-Handler für das Ereignis definiert. Der Name des Event-Handlers setzt sich per Konvention aus `<Modulname-in-der-Web.config>_<Event>` zusammen. Eine Registrierung des Handlers per `AddHandler` muss hier nicht erfolgen.

Eine kleine WebForm zum Testen der Verarbeitung des Events rundet das Beispiel ab:

```
<%@ Page Language="vb" %>
<!DOCTYPE HTML PUBLIC "-//W3C//DTD HTML 4.0 Transitional//EN">
<html>
  <head>
    <title>Default</title>
  </head>
  <body>
    <form id="Form1" method="post" runat="server">
      <h3>Webseite</h3>
      <p>Hier kann nun die weitere Verarbeitung
```

Listing 338: WebForm zum Testen der Eventverarbeitung (Default.aspx)

```
      des Requests stattfinden.</p>
    </form>
  </body>
</html>
```

Listing 338: WebForm zum Testen der Eventverarbeitung (Default.aspx) (Forts.)

Wenn Sie die WebForm in Browser aufrufen, sollten Sie folgende Ausgabe erhalten:

Abbildung 72: Das Event wurde von der global.asax behandelt

172 Objekte global zur Verfügung stellen (I)

Aufgrund ihrer Beschränkung auf nur eine Web-Applikation bietet sich die *global.asax* an, um für diese Anwendung globale Objekte zu erzeugen und allen enthaltenen WebForms zur Verfügung zu stellen. Dies kann auf verschiedenen Leveln geschehen:

- `Application`: Allen WebForms steht die gleiche Instanz eines globalen Objekts zur Verfügung, dies ist nicht auf eine Session oder einen `Request` beschränkt.
- `Session`: Allen Anforderungen, die im Rahmen einer Benutzersitzung ausgeführt werden, steht die gleiche Instanz des globalen Objekts zur Verfügung.
- `Pipeline`: Allen WebForms, die im Rahmen der Ausführung des aktuellen Requests eingebunden werden, steht die gleiche Instanz des globalen Objekts zur Verfügung.

Angenommen, Sie wollten ein Objekt innerhalb der *global.asax* erzeugen und es applikationsweit zur Verfügung stellen, dann können Sie dies auf zwei Arten erledigen – im Frontend oder im Code-Bereich. Sehen wir uns zunächst an, wie eine derartige Erstellung im Frontend der *global.asax* geschehen kann:

```
<object id="objSimple"
   runat="server"
   scope="application"
   class="codebook.aspnet.vb.HMGA.SimpleClass" />
```

Hier wurde das Objekt `objSimple` mit dem Typ `SimpleClass` im Applikations-Scope hinzugefügt. Das Objekt wird allerdings nicht automatisch beim Start der Applikation erstellt, sondern erst beim ersten Zugriff.

Das Ansprechen dieses Objekts geschieht nun verblüffend einfach:

```
<%@ Page Language="vb"%>
<script runat="server">
   Protected Function GetDate() As String
      Return objSimple.StartTime.ToString( _
         "dd.MM.yyyy")
   End Function

   Protected Function GetTime() As String
      Return objSimple.StartTime.ToString( _
         "HH:mm:ss")
   End Function

   Protected Function GetLocalDate() As String
      Return DateTime.Now.ToString("dd.MM.yyyy")
   End Function

   Protected Function GetLocalTime() As String
      Return DateTime.Now.ToString("HH:mm:ss")
   End Function

   Public Sub Page_Load(sender As Object, e As EventArgs)
      Me.DataBind()
   End Sub
</script>
<!DOCTYPE HTML PUBLIC "-//W3C//DTD HTML 4.0 Transitional//EN">
<html>
  <head>
    <title>Default</title>
  </head>
  <body>
    <form id="Form1" method="post" runat="server">
      <h3>Applikationsstart</h3>
      <p>Der Start dieser Applikation fand am
         <%# GetDate %> um <%# GetTime %> statt.</p>
      <p>Sie haben diese Seite am <%# GetLocalDate %>
         um <%# GetLocalTime %> aufgerufen.</p>
    </form>
  </body>
</html>
```

Listing 339: Ansprechen eines über die global.asax verfügbar gemachten Objekts (Default.aspx)

Innerhalb der WebForm erfolgt das Ansprechen des in der *global.asax* eingebundenen Objekts mit Hilfe des im Attribut `id` definierten Namens:

```
Protected Function GetDate() As String
   Return objSimple.StartTime.ToString( _
      "dd.MM.yyyy")
End Function
```

Eine zweite Möglichkeit, auf ein im Frontend-Bereich der *global.asax* hinterlegtes Objekt zuzugreifen, ist die `StaticObjects`-Collection von `Session` oder `Application`. Diese Möglichkeit findet bei einem Zugriff auf das Objekt innerhalb des CodeBehind-Teils einer WebForm statt und wird etwas weiter unten dargestellt.

Das hier hinterlegte Objekt ist – wie es der Name bereits ausdrückt – eine einfache Klasse mit nur einer Eigenschaft:

```
Namespace codebook.aspnet.vb.HMGA

   Public Class SimpleClass

      Private objDateTime As DateTime = DateTime.Now

      Public Function StartTime() As DateTime
         Return Me.objDateTime
      End Function

   End Class

End Namespace
```

Listing 340: Testklasse, die im Frontend der global.asax hinterlegt worden ist (SimpleClass.vb)

Die Klasse dient dazu, um den Zeitpunkt des Erstellens der Instanz festhalten zu können. Wenn Sie die WebForm im Browser aufrufen, sollten Sie eine Ausgabe ähnlich dieser erhalten:

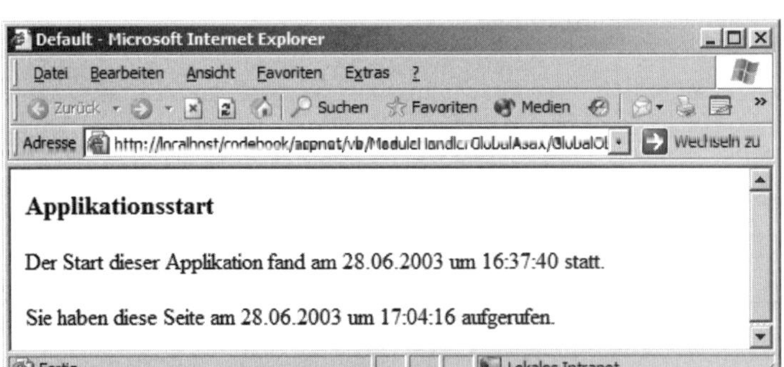

Abbildung 73: WebForm mit eingebundener Testklasse

Zugriff aus CodeBehind auf global hinterlegte Objekte

Wenn Sie Objekte über den Frontend-Bereich der *global.asax* einbinden, können Sie innerhalb des CodeBehind-Bereichs nicht so bequem darauf zugreifen, wie Sie dies vom Frontend-Bereich Ihrer WebForm gewohnt sind.

Angenommen, Sie wollten auf das global hinterlegte Objekt `objSimple` zugreifen, dann würden Sie dies im CodeBehind nur so lösen können, dass Sie auf die `StaticObjects`-Collection von `Application`- oder `Session`-Objekt zugreifen und es anhand der in der *global.asax* angegebenen *ID* abrufen. Sie müssen es dann noch explizit in den korrekten Datentyp casten und können anschließend damit arbeiten.

Sehen wir uns an einem Beispiel an, wie dies umgesetzt werden kann:

```
<%@ Page Language="vb"
   AutoEventWireup="false"
   Codebehind="CodeBehind.aspx.vb"
   Inherits="codebook.aspnet.vb.HMGA.CodeBehind"%>
<!DOCTYPE HTML PUBLIC "-//W3C//DTD HTML 4.0 Transitional//EN">
<html>
  <head>
    <title>CodeBehind</title>
  </head>
  <body
    <form id="Form1" method="post" runat="server">
      <h3>Applikationsstart</h3>
      <p>Der Start dieser Applikation fand am
         <%# GetDate %> um <%# GetTime %> statt.</p>
      <p>Sie haben diese Seite am <%# GetLocalDate %>
         um <%# GetLocalTime %> aufgerufen.</p>
    </form>
  </body>
</html>
```

Listing 341: Frontend einer WebForm, die im CodeBehind auf global hinterlegte Objekte zugreift (CodeBehind.aspx)

Im CodeBehind-Bereich erfolgt der Zugriff auf das globale Objekt, das Casten in den korrekten Datentyp und das Zuweisen zu einer lokalen Membervariablen:

```
Namespace codebook.aspnet.vb.HMGA

   Public Class CodeBehind
      Inherits System.Web.UI.Page

      Private objSimple As SimpleClass

      Protected Function GetDate() As String
         Return objSimple.StartTime.ToString( _
```

Listing 342: Zugriff auf globales Objekt im CodeBehind einer WebForm (CodeBehind.aspx.vb)

```
            "dd.MM.yyyy")
      End Function

      Protected Function GetTime() As String
         Return objSimple.StartTime.ToString( _
            "HH:mm:ss")
      End Function

      Protected Function GetLocalDate() As String
         Return DateTime.Now.ToString("dd.MM.yyyy")
      End Function

      Protected Function GetLocalTime() As String
         Return DateTime.Now.ToString("HH:mm:ss")
      End Function

      Private Sub Page_Load( _
         ByVal sender As System.Object, _
         ByVal e As System.EventArgs) _
         Handles MyBase.Load

         Me.objSimple = _
            DirectCast( _
               Application.StaticObjects.Item("objSimple"), _
               SimpleClass)
         Me.DataBind()
      End Sub

   End Class

End Namespace
```

Listing 342: Zugriff auf globales Objekt im CodeBehind einer WebForm (CodeBehind.aspx.vb) (Forts.)

Der Zugriff auf das in der *global.asax* hinterlegte Objekt erfolgt innerhalb der Methode `Page_Load`:

```
Me.objSimple = _
   DirectCast( _
      Application.StaticObjects.Item("objSimple"), _
      SimpleClass)
```

Im weiteren Verlauf der Abarbeitung des Requests innerhalb der WebForm kann nun mit den dort hinterlegten Informationen gearbeitet werden. Wenn Sie jetzt die WebForm aufrufen, sollten Sie eine Ausgabe ähnlich dieser erhalten.

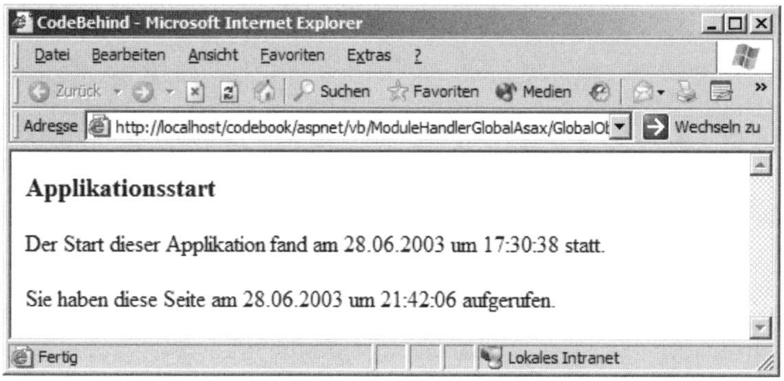

Abbildung 74: Auch im CodeBehind kann auf global hinterlegte Objekte zugegriffen werden

173 Objekte global zur Verfügung stellen (II)

Sie können Objekte nicht nur über den Frontend-, sondern auch im CodeBehind-Bereich zur Verfügung stellen. Das übliche Vorgehen dabei ist, dass Sie vor Aufruf des `Request`-Handlers die Daten im `Context`-, `Session`- oder `Application`-Objekt ablegen und Ihre WebForm darauf zugreift.

Sehen wir uns an, wie dies innerhalb der *global.asax* umgesetzt werden kann:

```
Imports System.Web
Imports System.Web.SessionState

Namespace codebook.aspnet.vb.HMGA

   Public Class Global
      Inherits System.Web.HttpApplication

      Sub Application_Start( _
         ByVal sender As Object, ByVal e As EventArgs)

         Me.Application.Add("Created", New CBClass)
      End Sub

      Sub Session_Start( _
         ByVal sender As Object, ByVal e As EventArgs)

         Me.Session.Add("Created", New CBClass)
      End Sub

      Sub Application_BeginRequest( _
         ByVal sender As Object, ByVal e As EventArgs)

         Me.Context.Items.Add("Created", New CBClass)
      End Sub
```

Listing 343: Hinzufügen von globalen Objekten innerhalb des CodeBehinds (global.asax.vb)

```
    End Class

End Namespace
```

Listing 343: Hinzufügen von globalen Objekten innerhalb des CodeBehinds (global.asax.vb) (Forts.)

Innerhalb der Methoden `Application_Start`, `Session_Start` und `Application_BeginRequest` wird den `Application`-, `Session`- und `Context`-Objekten jeweils eine neue Instanz der `CBClass`-Klasse zugewiesen. Diese Klasse verfügt über die Eigenschaft `Created`, über die der Zeitpunkt des Erstellens abgerufen werden kann:

```
Namespace codebook.aspnet.vb.HMGA

   Public Class CBClass

      Private objDate As DateTime = DateTime.Now

      Public ReadOnly Property Created() As DateTime
         Get
            Return Me.objDate
         End Get
      End Property

   End Class

End Namespace
```

Listing 344: Testklasse für den Abruf des Zeitpunkts der Erstellung (CBClass.vb)

Innerhalb von WebForms kann nun auf die in `Application`, `Session` oder `Context` hinterlegten `CBClass`-Objekte zugegriffen werden:

```
<%@ Page Language="vb" %>
<script runat="server">
   Private Function GetData( _
      ByVal objData As Object, _
      ByVal strFormat As String) As String

      Dim objLocal As codebook.aspnet.vb.HMGA.CBClass = _
         DirectCast(objData, _
            codebook.aspnet.vb.HMGA.CBClass)
      Return objLocal.Created.ToString(strFormat)
   End Function

   Protected Function AppDate() As String
      Return GetData(Application.Item("Created"), "dd.MM.yyyy")
   End Function
```

Listing 345: Abruf der in Application, Session und Context enthaltenen Informationen (Default.aspx)

```
    Protected Function AppTime() As String
       Return GetData(Application.Item("Created"), "HH:mm:ss")
    End Function

    Protected Function SessDate() As String
       Return GetData(Session.Item("Created"), "dd.MM.yyyy")
    End Function

    Protected Function SessTime() As String
       Return GetData(Session.Item("Created"), "HH:mm:ss")
    End Function

    Protected Function ReqDate() As String
       Return GetData(Context.Items.Item("Created"), _
          "dd.MM.yyyy")
    End Function

    Protected Function ReqTime() As String
       Return GetData(Context.Items.Item("Created"), _
       "HH:mm:ss")
    End Function

    Public Sub Page_Load(sender As Object, e As EventArgs)
       Me.DataBind()
    End Sub
</script>
<!DOCTYPE HTML PUBLIC "-//W3C//DTD HTML 4.0 Transitional//EN">
<html>
  <head>
    <title>Default</title>
  </head>
  <body>
    <form id="Form1" method="post" runat="server">
      <h3>Statistik</h3>
      <p>Diese Applikation wurde am <%# AppDate %>
         um <%# AppTime %> gestartet.</p>
      <p>Die aktuelle Session wurde am <%# SessDate %>
         um <%# SessTime %> gestartet.</p>
      <p>Der Request findet am <%# ReqDate %>
         um <%# ReqTime %> statt.</p>
    </form>
  </body>
</html>
```

Listing 345: Abruf der in Application, Session und Context enthaltenen Informationen (Default.aspx) (Forts.)

Die Methode `GetData` übernimmt das Casten der als `Object` übergebenen Instanz der `CBClass`-Klasse in den korrekten Datentyp. Die zu verwendende Instanz wird innerhalb der Methoden `AppDate`, `AppTime`, `SessDate`, `SessTime`, `ReqDate` und `ReqTime` aus den `Application`-, `Session`- oder `Context`-Objekten abgerufen und der Methode `GetData` übergeben.

Wenn Sie die WebForm aufrufen, können Sie eine Ausgabe ähnlich dieser erhalten:

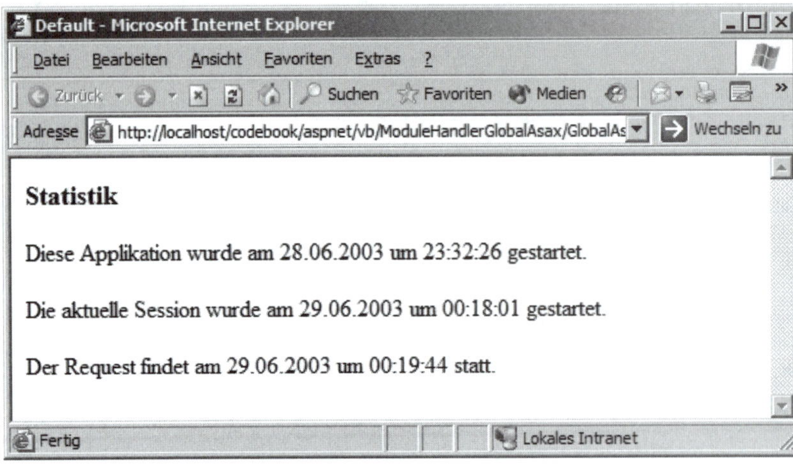

Abbildung 75: Informationen zu Application-, Session- und Request-Start

Mit Hilfe einer der beiden vorgestellten Methoden – Frontend- oder Code-Bereich – können Sie somit recht einfach globale Objekte Ihrer Applikation hinzufügen. Im Code-Bereich haben Sie darüber hinaus die Möglichkeit, diese Objekte zu instanzieren und ihnen dann Informationen hinzuzufügen. Dies kann sich insgesamt recht vorteilhaft für die Performance und den Ressourcen-Verbrauch Ihrer Applikation auswirken.

Ein Wort noch zum Ansatz, Datenbank-Connections innerhalb der *global.asax* zu erstellen: Von diesem Vorhaben sollten Sie dringend Abstand nehmen, denn derartig »teure« Objekte sollten immer nur bei Bedarf erstellt und auch wieder explizit terminiert werden. Dies ist in der *global.asax* nicht immer problemlos möglich, insbesondere, wenn Sie dabei auf die `Session.OnEnd`- oder `Application.OnEnd`-Ereignisse setzen wollen.

174 Fehlerbehandlung

Die *global.asax* bietet sich insbesondere für eine applikationsweite Fehlerbehandlung an, da sie auf nicht abgefangene Exceptions reagieren kann. Dabei wird auf das Ereignis `Error` des `HttpApplication`-Objekts reagiert.

Im Folgenden soll demonstriert werden, wie Sie eine derartige Fehlerbehandlung in Form einer Weiterleitung auf eine definierte Fehlerseite umsetzen. in der *global.asax* erfolgt dabei die Reaktion auf das `HttpApplication.Error`-Event:

```
Imports System.Web
Imports System.Web.SessionState

Namespace codebook.aspnet.vb.HMGA
```

Listing 346: Fehlerbehandlung in der global.asax (global.asax.vb)

```
   Public Class Global
      Inherits System.Web.HttpApplication

      Sub Application_Error( _
         ByVal sender As Object, ByVal e As EventArgs)

         Response.Clear()
         Server.Transfer("Error.aspx", True)
      End Sub

   End Class

End Namespace
```

Listing 346: Fehlerbehandlung in der global.asax (global.asax.vb) (Forts.)

Die Fehlerbehandlung innerhalb der *global.asax* findet recht einfach statt: Tritt ein nicht behandelter Fehler auf, dann erfolgt eine serverseitige Weiterleitung auf die WebForm *Error.aspx*.

Sehen wir uns nun dieses Verhalten in Aktion an. Zu diesem Zweck setzen wir eine WebForm ein, mit deren Hilfe der Benutzer zwei Zahlen dividieren kann. Dass dabei Fehler auftreten können, erklärt sich von selbst:

```
<%@ Page Language="vb" %>
<script runat="server">
   Sub Page_Load(sender As Object, e As EventArgs)
      AddHandler objSubmit.Click, AddressOf DoCalc
   End Sub

   Sub DoCalc(sender As Object, e As EventArgs)
      Dim dblDivident As Double = _
         Double.Parse(objDivident.Text)
      Dim dblDivisor As Double = _
         Double.Parse(objDivisor.Text)
      Dim dblResult As Double = _
         dblDivident / dblDivisor
      Me.objResult.Text = dblResult
   End Sub
</script>
<!DOCTYPE HTML PUBLIC "-//W3C//DTD HTML 4.0 Transitional//EN">
<html>
  <head>
    <title>Default</title>
  </head>
  <body>
    <form id="Form1" method="post" runat="server">
      <h3>Mini-Rechner</h3>
```

Listing 347: WebForm zur Division zweier Zahlen (Default.aspx)

```
      <p>Bitte geben Sie hier zwei Zahlen ein,
      die Sie durch einander teilen möchten.</p>
      <p>
         <asp:TextBox Runat="server" ID="objDivident" /> /
         <asp:TextBox Runat="server" ID="objDivisor" /> =
         <asp:Label Runat="server" ID="objResult" />
      </p>
      <p>
         <asp:Button Runat="server" ID="objSubmit"
            Text="Berechnen" />
      </p>
    </form>
  </body>
</html>
```

Listing 347: WebForm zur Division zweier Zahlen (Default.aspx) (Forts.)

Auf die Funktionsweise der WebForm soll an dieser Stelle nicht weiter eingegangen werden – nur so viel sei gesagt: Der Benutzer sieht zwei Eingabefelder und einen Button. in die Eingabefelder gibt er Divident und Divisor ein, mit Hilfe des Buttons wird das Ergebnis berechnet. Wenn er nun in eines der Felder keine Zahl eingibt, wird eine *Exception* geworfen, die nicht behandelt wird. Stattdessen findet die Reaktion auf die Exception innerhalb der *global.asax* statt, die auf die Fehlerseite *Error.aspx* weiterleitet.

Innerhalb der Fehlerseite wird der letzte Fehler ausgegeben und eine E-Mail an den Administrator generiert:

```
<%@ Page Language="vb"%>
<%@ Import Namespace="System.Web.Mail" %>
<script runat="server">
   Sub Page_Load(sender As Object, e As EventArgs)
      objError.Text = _
         Server.GetLastError().InnerException.Message

      Dim objMail As New MailMessage()
      objMail.From = "account@domain.tld"
      objMail.To = "admin@domain.tld"
      objMail.Subject = "Ein Fehler ist aufgetreten"
      objMail.Body = "Folgender Fehler ist soeben aufgetreten:" & _
         vbCrLf & vbCrLf & _
         Server.GetLastError().InnerException.Message & _
         vbCrLf & vbCrLf & _
         "[" & _
            Request.ServerVariables.Item("SCRIPT_NAME") & _
         "]"
      SmtpMail.Send(objMail)
   End Sub
</script>
<!DOCTYPE HTML PUBLIC "-//W3C//DTD HTML 4.0 Transitional//EN">
```

Listing 348: Ausgabe des Fehlers und Generierung einer E-Mail (Error.aspx)

```
<html>
  <head>
    <title>Error</title>
  </head>
  <body>
    <form id="Form1" method="post" runat="server">
      <h3>Fehler!</h3>
      <p>
         Folgender Fehler ist eben aufgetreten:
      </p>
      <p>
         <i><asp:Label Runat="server" ID="objError" /></i>
      </p>
    </form>
  </body>
</html>
```

Listing 348: Ausgabe des Fehlers und Generierung einer E-Mail (Error.aspx) (Forts.)

Mit Hilfe der Methode `GetLastError` des `ServerUtility`-Objekts können Sie auf die letzte Exception zugreifen. Die zugrunde liegende Ausnahme erhalten Sie über deren `InnerException`-Methode, die in der WebForm ausgegeben und per E-Mail an den Administrator des Servers gesendet wird.

Wenn Sie die WebForm *Default.aspx* aufrufen und dort fehlerhafte Angaben machen, sollten Sie eine Ausgabe ähnlich dieser erhalten:

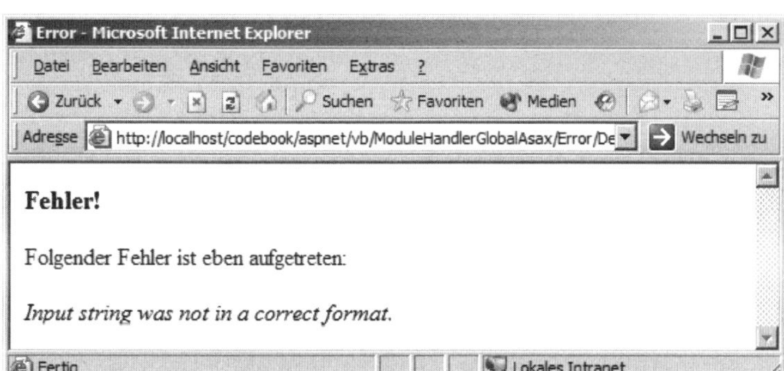

Abbildung 76: Mit Hilfe der global.asax behandelter Fehler

Bitte erliegen Sie nicht der Versuchung, auf eine globale Fehlerbehandlung zu setzen, statt potentielle Fehler im Vorfeld abzufangen. Sie sollten eine Fehlerseite nur als Möglichkeit einsetzen, dem Benutzer eine standardisierte Fehlerseite anzuzeigen. Investieren Sie trotzdem viel Zeit in das Abfangen potentieller Fehler im Vorfeld und sichern Sie die potenziellen Schwachstellen Ihrer Applikation per `Try-Catch`-Statement.

Netzwerk und System-Umgebung

Das .NET Framework bietet Programmierern vielfältige Möglichkeiten, mit dem Netzwerk und dem Internet zu arbeiten und somit Daten auszutauschen oder Informationen abzufragen. War vieles beim Einsatz von klassischem ASP nur per Komponente von Drittanbietern lösbar, haben Sie nun die Möglichkeit, viele der Probleme in Eigenregie zu lösen – die Netzwerk-Klassen des Frameworks leisten Ihnen dabei unschätzbare Dienste.

Die System-Umgebung kann per ASP.NET ebenfalls sehr einfach abgefragt und teilweise im Rahmen des ASP.NET-Benutzer-Kontextes manipuliert werden. Zu diesem Thema finden Sie in diesem Kapitel ebenfalls einige Beispiele.

175 Zugriff auf ein Netzwerk-Share

Manchmal sind Dateien auf anderen Rechnern abgelegt und der Webserver oder das .NET Framework müssen darauf zugreifen. Damit dies funktioniert, müssen Sie die Benutzer, die auf das Share zugreifen sollen, auf dem anderen System anlegen.

Wenn Sie also beispielsweise unter dem ASP.NET-Benutzer auf ein anderes System zugreifen wollen, muss auf dieser Maschine ebenfalls ein ASP.NET-Benutzer eingerichtet sein. Dieser Benutzer sollte ohne Passwort angelegt sein, damit das System jedes Passwort, das vom Webserver gesandt wird, akzeptiert.

Nun sollte der Zugriff auf die andere Maschine funktionieren.

Eine weitere Möglichkeit wäre, ASP.NET unter einem anderen Benutzerkontext auszuführen. in Frage kommt dafür der Benutzerkontext »system«, der allerdings über weit reichende Rechte verfügt, so dass Sie sich mit diesem Ansatz potentiell Sicherheitslücken ins Haus holen.

Um dennoch mit diesem Benutzerkontext arbeiten zu können, müssen Sie die Datei machine.config editieren, die sich im Verzeichnis *%WINDIR%\Microsoft.NET\Framework\<Version>\CONFIG* befindet. Bei Verwendung des .NET Frameworks 1.1 lautet der Name des Versions-Verzeichnis »v1.1.4322«, bei .NET 1.0 heißt es »v1.0.3705«).

Innerhalb dieser Datei editieren Sie den Abschnitt `processModel` und ändern dort den Eintrag `username` von »machine« auf »system«. Das Passwort bleibt unverändert. Nach einem Neustart des IIS sollte der Zugriff auf externe Verzeichnisse nun ebenfalls funktionieren.

176 EventLogs anzeigen

Das Anzeigen der `EventLogs` des Systems kann mit Hilfe des .NET Framework und des `System.Diagnostics`-Namensraums sehr einfach geschehen:

```
<%@ Page Language="vb" %>
<%@ Import Namespace="System.Diagnostics" %>
<%@ Import Namespace="System.Drawing" %>
```

Listing 349: Anzeige der EventLogs des Systems (ShowLogs.aspx)

```
<script runat="server">
   Sub Page_Load(ByVal sender As Object, _
      ByVal e As EventArgs)

      If Not IsPostBack Then
         Dim aryLogs() As EventLog = EventLog.GetEventLogs()
         Dim objLog As EventLog

         Dim objItem As New ListItem
         objItem.Text = "--- Bitte auswählen ---"
         objItem.Value = ""
         ddlLogs.Items.Add(objItem)

         For Each objLog In aryLogs
            objItem = New ListItem
            objItem.Value = objLog.Log
            objItem.Text = objLog.LogDisplayName
            ddlLogs.Items.Add(objItem)
         Next

         ddlLogs.SelectedIndex = 0
         dgData.Visible = False
      End If

      DataBind()
      lblError.Visible = False
   End Sub

   Sub ddlLogs_Changed(ByVal sender As Object, _
      ByVal e As EventArgs)

      If ddlLogs.SelectedIndex = 0 Then
         dgData.Visible = False
         Return
      End If

      Try
         Dim objLog As New EventLog( _
            ddlLogs.SelectedItem.Value)
         Dim objEntry As EventLogEntry
         Dim intCount As Int32
         Dim aryEntries As New ArrayList

         For intCount = objLog.Entries.Count - 1 To 0 Step -1
            aryEntries.Add(objLog.Entries.Item(intCount))
         Next

         dgData.DataSource = aryEntries
         dgData.DataBind()
         dgData.Visible = True
      Catch ex As Exception
```

Listing 349: Anzeige der EventLogs des Systems (ShowLogs.aspx) (Forts.)

```
        dgData.Visible = False
        lblError.Text = ex.Message
        lblError.Visible = True
      End Try
   End Sub

   Sub dgData_ItemCreated(ByVal sender As Object, _
      ByVal e As DataGridItemEventArgs)

      Dim objCurrent As EventLogEntry = _
        CType(e.Item.DataItem, EventLogEntry)

      If Not IsNothing(objCurrent) Then
        Dim objRow As TableRow = _
           CType(e.Item, TableRow)
        Select Case objCurrent.EntryType
           Case EventLogEntryType.Error:
              objRow.BackColor = Color.Red
           Case EventLogEntryType.Warning:
              objRow.BackColor = Color.Yellow
        End Select
      End If
   End Sub
</script>
<!DOCTYPE HTML PUBLIC "-//W3C//DTD HTML 4.0 Transitional//EN">
<html>
  <head>
    <title>EventLogs</title>
    <style>
      h3, p, td {
        font-family: Verdana, Arial, Helvetica;
        font-size: 12px;
      }

      h3 {
        font-size: 18px;
      }
    </style>
  </head>
  <body>
    <form id="Form1" method="post" runat="server">
      <h3>EventLogs einsehen</h3>
      <p>
        Hier können Sie die verschiedenen EventLogs einsehen.
        Wählen Sie zu diesem Zweck bitte eines der verfügbaren
        EventLogs aus.
      </p>
      <asp:DropDownList Runat="server" ID="ddlLogs"
        OnChange="document.forms[0].submit();"
        OnSelectedIndexChanged="ddlLogs_Changed" />
      <p>
```

Listing 349: Anzeige der EventLogs des Systems (ShowLogs.aspx) (Forts.)

```
        <asp:DataGrid Runat="server" ID="dgData"
           Visible="False" OnItemCreated="dgData_ItemCreated"
           EnableViewState="False"/>
      </p>
      <asp:Label Runat="server" ID="lblError" Visible="False" />
    </form>
  </body>
</html>
```

Listing 349: Anzeige der EventLogs des Systems (ShowLogs.aspx) (Forts.)

Die WebForm beinhaltet eine `DropDownList`, ein `DataGrid` und ein Label. Innerhalb der `DropDownList` werden die verfügbaren EventLogs zur Auswahl angeboten. Das Laden dieser Information geschieht innerhalb der Methode `Page_Load`, in der mit Hilfe der statischen Methode `GetEventLogs` der `EventLog`-Klasse ein Array aus `EventLog`-Instanzen erzeugt wird:

```
Dim aryLogs() As EventLog = EventLog.GetEventLogs()
```

Diese Einträge werden durchlaufen und in Form neuer `ListItem`-Instanzen der `DropDownList` `ddlLogs` hinzugefügt. Angezeigt wird dabei der Beschreibungsname des EventLogs, als Wert für die Auswahl dient der systeminterne Name:

```
For Each objLog In aryLogs
   objItem = New ListItem
   objItem.Value = objLog.Log
   objItem.Text = objLog.LogDisplayName
   ddlLogs.Items.Add(objItem)
Next
```

Wenn der Benutzer ein `EventLog` ausgewählt hat, wird die Methode `ddlLogs_Changed` aufgerufen. Dort wird zunächst versucht, eine Instanz des ausgewählten Logs zu erstellen. Da es dabei zu einem Fehler aufgrund mangelhafter Berechtigungen kommen kann, sind die Anweisungen innerhalb eines `Try-Catch`-Blocks ausgeführt, wodurch eventuell auftretende Fehler mit Hilfe des Labels `lblError` ausgegeben werden können.

Sollte das `EventLog` erfolgreich angesprochen werden können, werden die Einträge des EventLogs in umgekehrter Reihenfolge durchlaufen und der `ArrayList` `aryEntries` zugewiesen, die als `DataSource` für das `DataGrid` `dgData` dient:

```
For intCount = objLog.Entries.Count - 1 To 0 Step -1
   aryEntries.Add(objLog.Entries.Item(intCount))
Next

dgData.DataSource = aryEntries
dgData.DataBind()
dgData.Visible = True
```

Nun kann sich das `DataGrid` anhand der zugewiesenen Daten aufbauen. Bei der Erstellung jeder Zeile des DataGrids wird das Ereignis `ItemCreated` ausgelöst, das mit Hilfe der Methode `dgData_ItemCreated` behandelt wird.

Innerhalb dieser Methode wird zunächst versucht, den zugrunde liegenden Eintrag im `EventLog` zu ermitteln, der durch eine Instanz der `EventLogEntry`-Klasse repräsentiert wird:

```
Dim objCurrent As EventLogEntry = _
   CType(e.Item.DataItem, EventLogEntry)
```

Wenn dieser ungleich `Nothing` ist – also eine `EventLogEntry`-Instanz ist – kann überprüft werden, welchen Schweregrad der Eintrag aufweist. An dieser Stelle werden übrigens nur die Schweregrade `Warning` und `Error` berücksichtigt. in Abhängigkeit des Schweregrades kann eine Einfärbung der entsprechenden Tabellenzeile erfolgen – Gelb bei einer Warnung, Rot bei einem Fehler:

```
Dim objRow As TableRow = _
   CType(e.Item, TableRow)
Select Case objCurrent.EntryType
   Case EventLogEntryType.Error:
      objRow.BackColor = Color.Red
   Case EventLogEntryType.Warning:
      objRow.BackColor = Color.Yellow
End Select
```

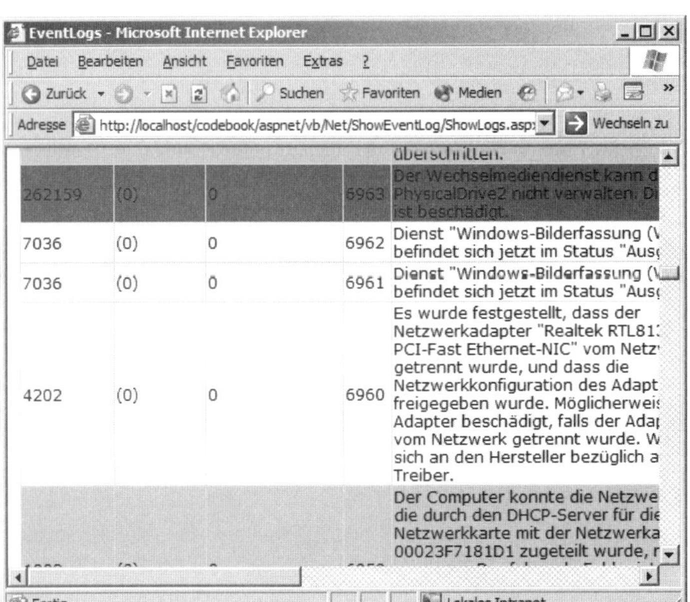

Abbildung 77: Einträge im EventLog

Basics
Daten-bank
I/O
Validie-rung
Controls
Http-Handler
Netz-werk
Grafik
Tracing
Security

Damit ist die Verarbeitung der `EventLog`-Einträge abgeschlossen und das `DataGrid` wird angezeigt. Wenn Sie die WebForm im Browser aufrufen, sollten Sie eine Ausgabe ähnlich dieser erhalten können (siehe Abbildung 77).

Bleibt zu wünschen, dass Ihr `EventLog` nicht derartig bunt aussieht ...

177 In ein EventLog schreiben

Sie können bei Verwendung von ASP.NET ebenfalls Einträge im `EventLog` hinterlassen. Sehen wir uns an, wie dies vonstatten gehen kann:

```
<%@ Page Language="vb" %>
<%@ Import Namespace="System.Diagnostics" %>
<script runat="server">
   Sub Page_Load(ByVal sender As Object, _
      ByVal e As EventArgs)

      If Not IsPostBack Then
         Dim aryLogs() As EventLog = EventLog.GetEventLogs()
         Dim objLog As EventLog

         For Each objLog In aryLogs
            Dim objItem As New ListItem
            objItem.Value = objLog.Log
            objItem.Text = objLog.LogDisplayName
            ddlLogs.Items.Add(objItem)
         Next

         ddlLogs.SelectedIndex = 0
      End If
   End Sub

   Sub btnSubmit_Click(ByVal sender As Object, _
      ByVal e As EventArgs)

      Dim strLog As String = _
         ddlLogs.SelectedItem.Value
      Dim strSeverity As String = _
         ddlType.SelectedItem.Value
      Dim strMessage As String = _
         txtMessage.Text
      Dim strAppName As String = _
         "Web-Applikation at " & Request.ApplicationPath

      Dim objType As EventLogEntryType
      Select Case strSeverity
         Case "Warning":
            objType = EventLogEntryType.Warning
         Case "Error":
            objType = EventLogEntryType.Error
```

Listing 350: Hinzufügen von Einträgen zum EventLog (Write.aspx)

```
        Case Else
            objType = EventLogEntryType.Information
      End Select

      If Not EventLog.SourceExists(strAppName) Then
         EventLog.CreateEventSource(strAppName, strLog)
      End If

      Dim objLog As New EventLog(strLog)
      objLog.Source = strAppName
      objLog.WriteEntry(strMessage, objType)

      txtMessage.Text = String.Empty
      ddlLogs.SelectedIndex = 0
      ddlType.SelectedIndex = 0
   End Sub
</script>
<!DOCTYPE HTML PUBLIC "-//W3C//DTD HTML 4.0 Transitional//EN">
<html>
  <head>
    <title>WriteToLog</title>
  </head>
  <body>
    <form id="Form1" method="post" runat="server">
      <h3>Eintrag zum EventLog hinzufügen</h3>
      <p>
         Hier können Sie einen Eintrag zum EventLog
         hinzufügen. Wählen Sie bitte das Log aus,
         in das Sie schreiben wollen. Geben Sie dann
         die Nachricht an, die Sie hinterlassen wollen.
         Wählen Sie zuletzt den Schweregrad des Eintrags
         aus. Mit Hilfe der Schaltfläche "Speichern" können
         Sie den Eintrag dann anlegen.
      </p>
      <asp:DropDownList Runat="server" ID="ddlLogs" />
      <p>
         <asp:TextBox Runat="server" ID="txtMessage"
            TextMode="MultiLine" Rows="5" Columns="50" />
      </p>
      <asp:DropDownList Runat="server" ID="ddlType">
         <asp:ListItem Selected="True" Value="Info"
            >Info</asp:ListItem>
         <asp:ListItem Value="Warning"
            >Warnung</asp:ListItem>
         <asp:ListItem Value="Error"
            >Fehler</asp:ListItem>
      </asp:DropDownList>
      <p>
         <asp:Button Runat="server" ID="btnSubmit"
            Text="Speichern" OnClick="btnSubmit_Click"/>
      </p>
```

Listing 350: Hinzufügen von Einträgen zum EventLog (Write.aspx) (Forts.)

Basics
Datenbank
I/O
Validierung
Controls
Http-Handler
Netzwerk
Grafik
Tracing
Security

```
    </form>
  </body>
</html>
```

Listing 350: Hinzufügen von Einträgen zum EventLog (Write.aspx) (Forts.)

Beim Start der WebForm werden alle vorhandenen EventLogs innerhalb der Methode `Page_Load` ausgelesen. Dabei wird mit Hilfe der statischen Methode `GetEventLogs` der `EventLog`-Klasse ein Array aller verfügbaren EventLogs gebildet und jeder der Einträge in Form eines `ListItems` der `DropDownList ddlLogs` hinzugefügt. Die Eigenschaft `DisplayName` eines EventLogs definiert dabei den Anzeigenamen, die Eigenschaft `Name` den Wert der Auswahl:

```
For Each objLog In aryLogs
   Dim objItem As New ListItem
   objItem.Value = objLog.Log
   objItem.Text = objLog.LogDisplayName
   ddlLogs.Items.Add(objItem)
Next
```

Beim Eingeben der Nachricht kann der Benutzer auswählen, welchen Schweregrad der von ihm hinzugefügte Eintrag hat. Diese Information wird ebenso wie der Nachrichtentext und das betreffende `EventLog` nach einem Klick auf die Schaltfläche Speichern innerhalb der Methode `btnSubmit_Click` ausgewertet.

Hier wird nun mit Hilfe des ausgewählten Wertes der Dropdown-Liste `ddlType` der Typ des neu zu erstellenden Eintrags festgelegt:

```
Dim objType As EventLogEntryType
Select Case strSeverity
   Case "Warning":
      objType = EventLogEntryType.Warning
   Case "Error":
      objType = EventLogEntryType.Error
   Case Else
      objType = EventLogEntryType.Information
End Select
```

Als Quelle des Eintrags wird der Wert `Web-Application at <virtueller-Pfad-zur-Applikation>` definiert. Der virtuelle Pfad zur Applikation kann mit Hilfe der Eigenschaft `ApplicationPath` des aktuellen Requests ermittelt werden:

```
Dim strAppName As String = _
   "Web-Applikation at " & Request.ApplicationPath
```

Sollte dieser Wert nicht als erlaubte Quelle eines Eintrags definiert sein, kann dies mit Hilfe der statischen Methode `CreateEventSource` der `EventLog`-Klasse nachgeholt werden:

```
If Not EventLog.SourceExists(strAppName) Then
   EventLog.CreateEventSource(strAppName, strLog)
End If
```

Nun kann eine Instanz des EventLogs erstellt werden, in das geschrieben werden soll. Anschließend wird mit Hilfe der Eigenschaft `AppName` der Klasseninstanz festgelegt, von welcher Applikation der Eintrag hinzugefügt worden ist – eben unserer Web-Applikation, die wir zuvor als `EventSource` registriert haben. Die Methode `Write` fügt den Eintrag dann tatsächlich dem `EventLog` hinzu:

```
Dim objLog As New EventLog(strLog)
objLog.Source = strAppName
objLog.WriteEntry(strMessage, objType)
```

Wenn Sie nun die WebForm aufrufen, sollten Sie folgende Ausgabe erhalten:

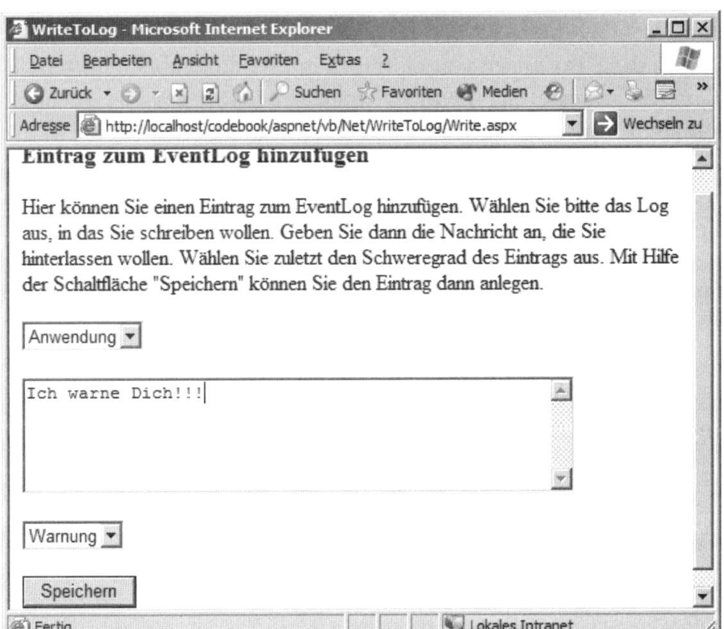

Abbildung 78: Hinzufügen einer Warnung zum EventLog

Nach dem Speichern können Sie das `EventLog` abrufen und sollten bei Verwendung der im vorherigen Beispiel demonstrierten Lösung eine Ausgabe ähnlich dieser erhalten:

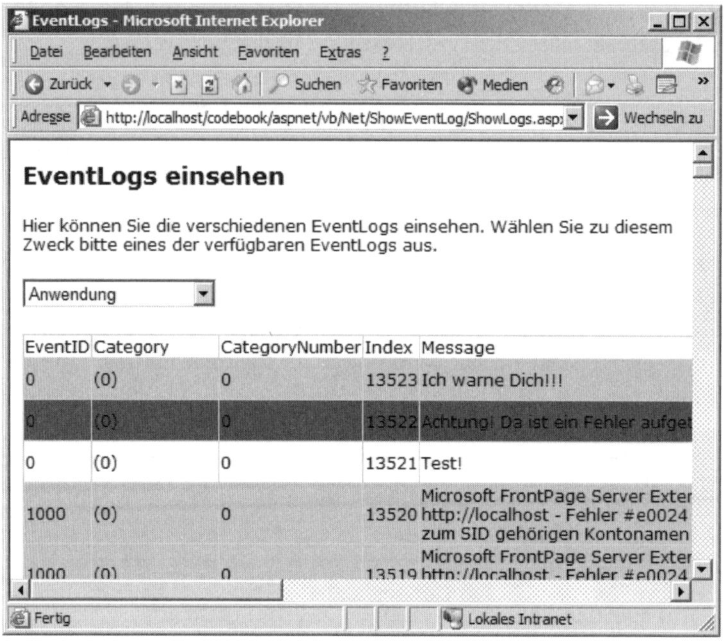

Abbildung 79: Der Eintrag wurde dem EventLog hinzugefügt

Beachten Sie bitte, dass auch das Hinzufügen von Einträgen in EventLogs abhängig von den Rechten des aktuellen Benutzerkontextes ist – wenn Sie versuchen, ins System-Log einen Eintrag hinzuzufügen, könnten Sie unter Umständen eine Fehlermeldung erhalten, die in diesem Beispiel nicht abgefangen worden ist.

178 Computername ermitteln

Das Ermitteln des Computernamens, auf dem die aktuelle Web-Applikation ausgeführt wird, kann mit Hilfe der Methode `Environment.MachineName` erfolgen.

Die Anweisung

```
Response.Write(Environment.MachineName)
```

erzeugt auf dem für dieses Buch verwendeten Rechner beispielsweise die Ausgabe

```
laptop-win2k
```

Und das, obwohl auf dem System Windows XP Professional läuft ...

Basics
Daten-bank
I/O
Validie-rung
Controls
Http-Handler
Netz-werk
Grafik
Tracing
Security

179 Umgebungsvariablen abfragen

Mit Hilfe der Methode `GetEnvironmentVariables` der `Environment`-Klasse können Sie auf alle Umgebungsvariablen des aktuellen Benutzerkontextes zugreifen:

```
<%@ Page Language="vb" %>
<%@ Import Namespace="System.Text" %>
<script runat="server">
   Function GetEnv() As String
      Dim objResult As New StringBuilder()
      Dim objEntry As DictionaryEntry

      For Each objEntry In _
         Environment.GetEnvironmentVariables

         objResult.Append("<p><b>" & objEntry.Key & "</b>" & _
            "<br>" & objEntry.Value & "</p>")
      Next

      Return objResult.ToString
   End Function

   Sub Page_Load(ByVal sender As Object, _
      ByVal e As EventArgs)

      DataBind()
   End Sub
</script>
<!DOCTYPE HTML PUBLIC "-//W3C//DTD HTML 4.0 Transitional//EN">
<html>
  <head>
    <title>EnvironmentVariables</title>
  </head>
  <body>
    <form id="Form1" method="post" runat="server">
      <h3>Umgebungsvariablen</h3>
      <p>
         Hier sehen Sie eine Übersicht aller Umgebungsvariablen
         Ihres Systems.
      </p>
      <%# GetEnv %>
    </form>
  </body>
</html>
```

Listing 351: Ausgabe aller Umgebungsvariablen des aktuellen Benutzerkontextes (GetEnv.aspx)

Die Methode `GetEnv` liefert die Umgebungsvariablen zurück. Dabei ruft sie die im `IDictionary` `GetEnvironmentVariables` bereitgestellten Informationen ab und generiert die Ausgabe:

```
For Each objEntry In _
   Environment.GetEnvironmentVariables

   objResult.Append("<p><b>" & objEntry.Key & "</b>" & _
      "<br>" & objEntry.Value & "</p>")
Next
```

Im Browser aufgerufen, sollten Sie eine Ausgabe ähnlich dieser erhalten:

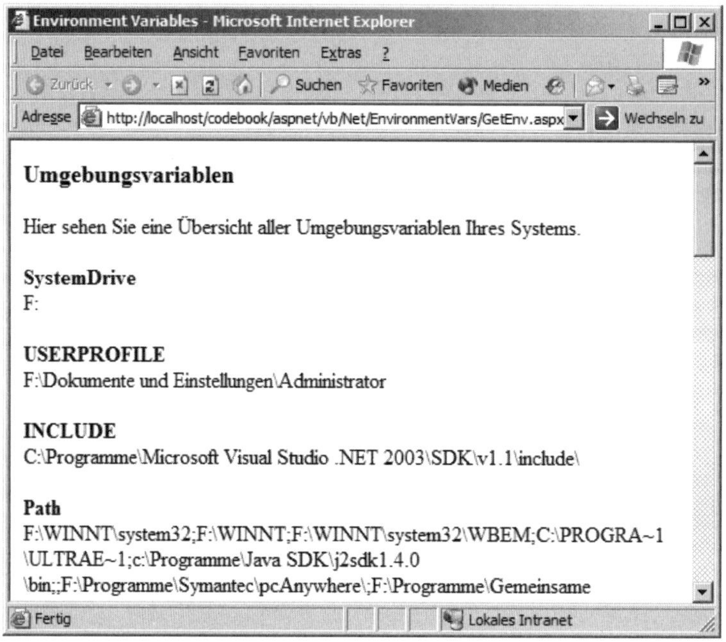

Abbildung 80: Umgebungsvariablen in der Übersicht

Übrigens: Mit Hilfe der Methode `GetEnvironmentVariable` der `Environment`-Klasse können Sie auf eine einzelne Umgebungsvariable zugreifen.

Wenn Sie also folgenden Code schreiben:

```
Response.Write(Environment.GetEnvironmentVariable("SystemDrive"))
```

sollten Sie das Installationslaufwerk Ihres Windows-Systems ausgegeben bekommen:

```
F:
```

180 Spezielle Systemverzeichnisse ermitteln

Mit Hilfe der `SpecialFolders`-Auflistung der `Environment`-Klasse ist die Ermittlung der systemspezifischen speziellen Ordner möglich:

```
<%@ Page Language="vb" %>
<%@ Import Namespace="System.Reflection" %>
<script runat="server">
   Structure SpecialFolder
      Private strFolder As String
      Private strPath As String

      Public Property Folder As String
         Get
            Return strFolder
         End Get
         Set (ByVal Value As String)
            strFolder = Value
         End Set
      End Property

      Public Property Path As String
         Get
            Return strPath
         End Get
         Set (ByVal Value As String)
            strPath = Value
         End Set
      End Property
   End Structure

   Sub Page_Load(ByVal sender As Object, _
      ByVal e As EventArgs)

      Dim colFolders As New ArrayList
      Dim objType As Type = GetType( _
         Environment.SpecialFolder)
      Dim aryNames() As String = [Enum].GetNames(objType)

      Dim strName As String
      For Each strName In aryNames
         Dim objFolder As Object = _
            [Enum].Parse(objType, strName)
         Dim strPath As String = _
            Environment.GetFolderPath(objFolder)

         Dim objSpecialFolder As New SpecialFolder()
         objSpecialFolder.Folder = strName
         objSpecialFolder.Path = strPath
```

Listing 352: Anzeige der speziellen Systemverzeichnisse (SpecialFolders.aspx)

```
        colFolders.Add(objSpecialFolder)
      Next

      dgFolders.DataSource = colFolders
      dgFolders.DataBind()
   End Sub'
</script>
<!DOCTYPE HTML PUBLIC "-//W3C//DTD HTML 4.0 Transitional//EN">
<html>
  <head>
    <title>GetSpecialFolders</title>
  </head>
  <body>
    <form id="Form1" method="post" runat="server">
      <h3>Spezielle Verzeichnisse</h3>
      <p>
         Folgende spezielle Verzeichnisse existieren auf
         Ihrem Rechner:
      </p>
      <asp:DataGrid Runat="server" ID="dgFolders" />
    </form>
  </body>
</html>
```

Listing 352: Anzeige der speziellen Systemverzeichnisse (SpecialFolders.aspx) (Forts.)

Beim Aufruf der Seite werden alle Ordnernamen der `SpecialFolders`-Auflistung in ein Array überführt:

```
Dim objType As Type = GetType( _
   Environment.SpecialFolder)
Dim aryNames() As String = [Enum].GetNames(objType)
```

Diese Namen können nun verwendet werden, um die Position des durch den Namen bezeichneten Eintrags in der Auflistung zu bestimmen. Das Auslesen der Informationen erfolgt durch Übergabe des Ordner-Namens an die Methode `GetFolderPath` der `Environment`-Klasse. Die so gewonnenen Informationen werden anschließend in einer Instanz der am Anfang der WebForm definierten `SpecialFolder` Struktur gespeichert und der `ArrayList colFolders` zugewiesen:

```
For Each strName In aryNames
   Dim objFolder As Object = _
      [Enum].Parse(objType, strName)
   Dim strPath As String = _
      Environment.GetFolderPath(objFolder)

   Dim objSpecialFolder As New SpecialFolder()
   objSpecialFolder.Folder = strName
   objSpecialFolder.Path = strPath
```

```
    colFolders.Add(objSpecialFolder)
 Next
```

Die so befüllte `ArrayList` kann dem für die Darstellung verwendeten `DataGrid` als `DataSource` zugewiesen werden. Ein abschließendes `DataBind` sorgt für die Bindung und Ausgabe der Daten.

Im Browser aufgerufen, sollten Sie folgende Anzeige erhalten:

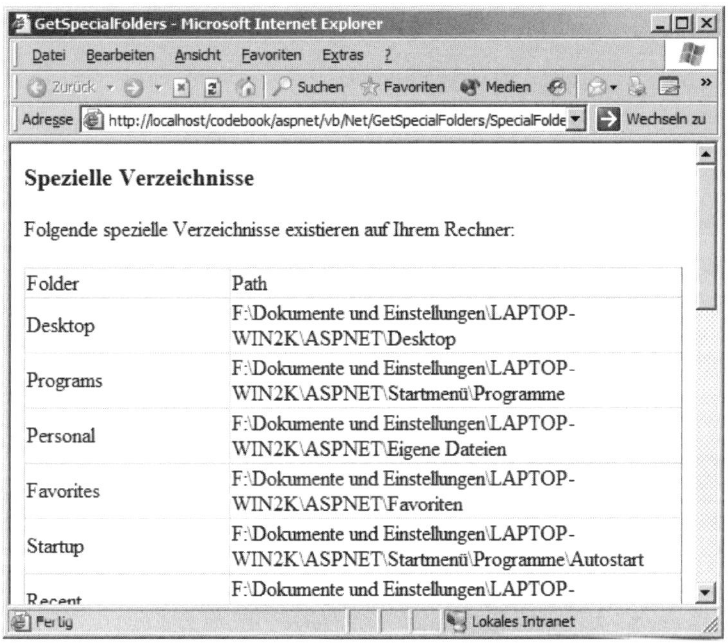

Abbildung 81: Anzeige der speziellen Windows-Verzeichnisse

181 .NET- und System-Versionen ermitteln

Mit Hilfe der `Environment`-Klasse haben Sie Zugriff auf die System- und .NET-Versions-Informationen. Über die `ServerVariables`-Auflistung des `Request`-Objekts können Sie darüber hinaus den Namen Ihrer IIS-Version ermitteln:

```
<%@ Page Language="vb" %>
<script runat="server">
   Function OSVersion() As String
      Return Environment.OSVersion.Version.ToString
   End Function
```

Listing 353: Ausgabe der System- und Framework-Versionen (Runtime.aspx)

```
    Function Platform() As String
        Return Environment.OSVersion.Platform.ToString
    End Function

    Function IISSignature() As String
        Return Request.ServerVariables.Item( _
            "SERVER_SOFTWARE")
    End Function

    Function CLRVersion() As String
        Return Environment.Version.Major & "." & _
            Environment.Version.Minor
    End Function

    Function CLRRevision() As String
        Return Environment.Version.Revision
    End Function

    Function CLRBuild() As String
        Return Environment.Version.Build
    End Function

    Sub Page_Load(ByVal sender As Object, _
        ByVal e As EventArgs)

        DataBind()
    End Sub
</script>
<!DOCTYPE HTML PUBLIC "-//W3C//DTD HTML 4.0 Transitional//EN">
<html>
  <head>
    <title>Runtime Version</title>
  </head>
  <body>
    <form id="Form1" method="post" runat="server">
      <h3>System-Information</h3>
      <p>
        Hier können Sie sehen, auf welchem Betriebssystem
        mit welchem IIS Sie welche .NET Framework-Version
        momentan nutzen.
      </p>
      <p>
        <b>Plattform:</b> <%# Platform %><br>
        <b>Betriebssystem-Version:</b> <%# OSVersion %><br>
         <br>
        <b>Webserver:</b> <%# IISSignature %><br>
         <br>
        <b>.NET-Version:</b> <%# CLRVersion %><br>
        <b>.NET-Revision:</b> <%# CLRRevision %><br>
        <b>.NET-Build:</b> <%# CLRBuild %><br>
      </p>
```

Listing 353: Ausgabe der System- und Framework-Versionen (Runtime.aspx) (Forts.)

```
      <p>
        Herzlichen Glückwunsch zu diesem leistungsfähigen
        System! :-)
      </p>
    </form>
  </body>
</html>
```

Listing 353: Ausgabe der System- und Framework-Versionen (Runtime.aspx) (Forts.)

Der Zugriff auf die System-Informationen erfolgt mit Hilfe der `OSVersion`-Klasse, die über die gleichnamige Eigenschaft des `Environment`-Objekts abgefragt werden kann. Dabei sind für uns die beiden Eigenschaften `Platform` und `Version` von Interesse.

Mit Hilfe der Eigenschaften `Major`, `Minor`, `Revision` und `Build` der per `Environment.Version` abfragbaren Klasse `Version` können Sie die Version des auf Ihrem System installierten .NET Framework ermitteln.

Da kein direkter Zugriff auf eine Methode zur Ermittlung der aktuellen IIS-Version besteht, behelfen wir uns mit der Ausgabe des Schlüssels »SERVER_SOFTWARE« der `Request.ServerVariables`-Auflistung. Diese gibt eine Zeichenkette zurück, die den Namen und die Version des aktuell eingesetzten Webservers beinhaltet.

Im Browser ausgeführt, könnten Sie bei einem Windows-XP-System folgende Ausgabe erhalten:

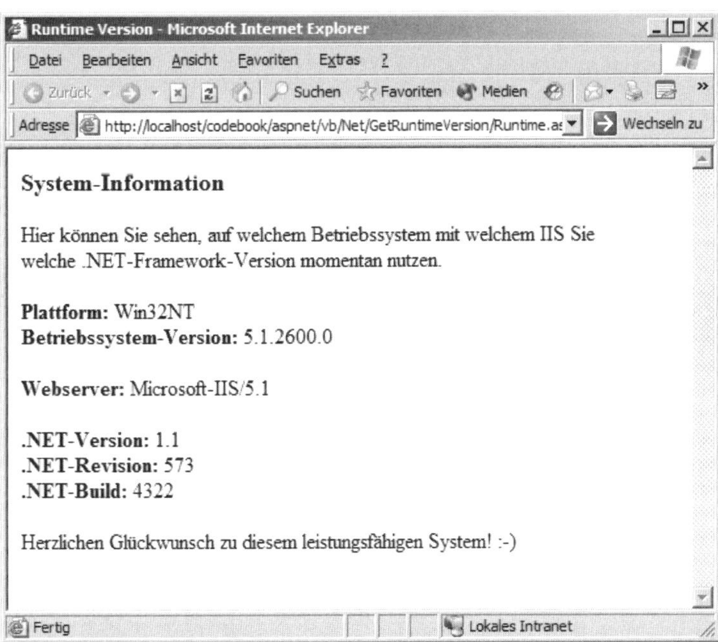

Abbildung 82: Ausgabe der System- und Framework-Versionen

Wenn Sie auf die Ausgabe des System-Namens im Klartext gehofft haben, müssen Sie an dieser Stelle leider eine Enttäuschung hinnehmen: Die erhalten Sie schlicht nicht. Sie können nur implizit an diese Information gelangen:

- Betriebssystem Version 5.0 entspricht einem Windows-2000-System
- Betriebssystem Version 5.1 entspricht einem Windows-XP-System
- Betriebssystem Version 5.2 entspricht einem Windows-2003-System

Eine Kuriosität am Rande: Interessanterweise meldet sich Windows 2003 übrigens beim Einsatz etwa von Java als »Windows XP 5.2« ...

182 Benutzer-Infos ausgeben

Mit Hilfe der vom Browser übergebenen Daten erlangen Sie eine Menge Informationen über den aktuellen Benutzer Ihres Internet-Angebots:

```
<%@ Page Language="vb" %>
<%@ Import Namespace="System.NET" %>
<script runat="server">
   Function IPAddress() As String
      Return Request.UserHostAddress
   End Function

   Function HostName() As String
      Return Dns.Resolve(Request.UserHostAddress).HostName
   End Function

   Function UserAgent() As String
      Return Request.UserAgent
   End Function

   Function Languages() As String
      Return "- " & String.Join("<br>- ", _
         Request.UserLanguages)
   End Function

   Function SessionID() As String
      Return Session.SessionID
   End Function

   Sub Page_Load(ByVal sender As Object, _
      ByVal e As EventArgs)

      DataBind()
   End Sub
</script>
<!DOCTYPE HTML PUBLIC "-//W3C//DTD HTML 4.0 Transitional//EN">
<html>
```

Listing 354: Ausgabe der über einen Benutzer gesammelten Informationen (UserInfo.aspx)

```
  <head>
    <title>User-Info</title>
  </head>
  <body>
    <form id="Form1" method="post" runat="server">
      <h3>User-Info</h3>
      <p>
        Diese Informationen konnten über den aktuellen
        Benutzer gesammelt werden:
      </p>
      <p>
        <b>IP-Addresse</b><br>
        <%# IPAddress %><br>
         <br>
        <b>Host-Name:</b><br>
        <%# HostName %><br>
         <br>
        <b>Browser-Kennung</b>
        <br><%# UserAgent %><br>
         <br>
        <b>Akzeptierte Sprachen</b><br>
        <%# Languages %><br>
         <br>
        <b>Session-ID</b><br>
        <%# SessionID %>
      </p>
    </form>
  </body>
</html>
```

Listing 354: Ausgabe der über einen Benutzer gesammelten Informationen (UserInfo.aspx) (Forts.)

Die IP-Adresse des aktuellen Benutzers ermitteln Sie mit Hilfe der Eigenschaft `Request.UserHostAddress`. Beachten Sie, dass dies nicht zwingend die tatsächliche IP-Adresse des Benutzers sein muss, sondern lediglich der IP-Adresse entspricht, von der der aktuelle `Request` ausgeführt worden ist – sollte es sich dabei um einen Router oder eine Firewall handeln, müssen Sie mit dieser Information vorlieb nehmen.

Anhand dieser IP-Adresse kann mit Hilfe der statischen Methode `Resolve` der `Dns`-Klasse der Hostname ermittelt werden. Die gleichnamige Eigenschaft liefert uns genau diese Information zurück.

Die Browser-Kennung kann aus der Eigenschaft `UserAgent` der `Request`-Klasse ausgelesen werden. Beachten Sie bitte, dass theoretisch jede Browser-Kennung manipuliert werden kann. Aus diesem Grund sollten Sie sich auf eine derartige Information nur bedingt verlassen.

Die Eigenschaft `UserLanguages` des aktuellen Requests stellt uns die vom Browser übergebenen Sprachpräferenzen des aktuellen Benutzers in Form eines Arrays zur Verfügung. Dieses wird mit Hilfe der statischen Methode `Join` der `String`-Klasse wieder zu einer Zeichenkette zusammengefügt, damit wir diese Daten problemlos ausgeben können.

Zuletzt erfolgt noch die Angabe der Session-ID des aktuellen Requests.

Im Browser aufgerufen, sollten Sie ein Ausgabe ähnlich dieser erhalten können:

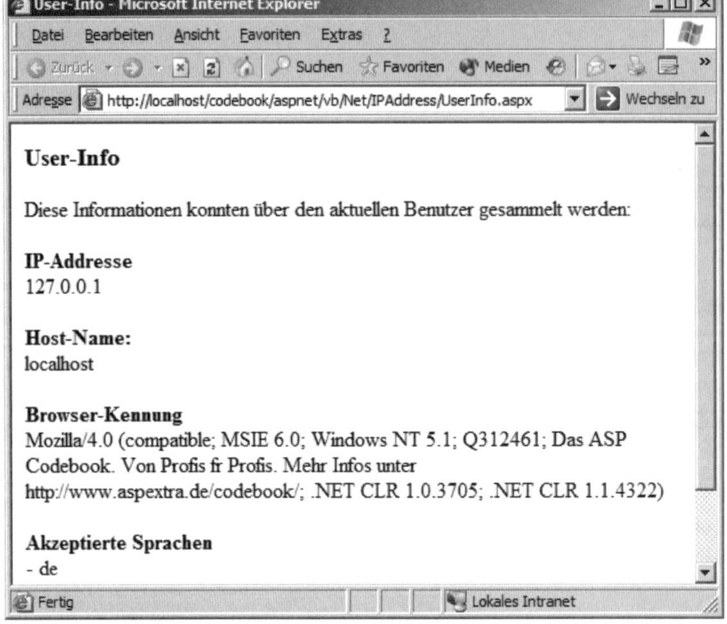

Abbildung 83: Ausgabe der ermittelten Informationen über den aktuellen Client

183 Prozess starten: Ping

Selbst ein einfaches *Ping* war früher ein Problem – um dies aus dem Web-Kontext ausführen zu können, mussten Sie entweder eine Komponente von Drittanbietern installieren oder den Windows Scripting Host mainpulieren und die Ausgabe des Tools in eine Datei umleiten.

Das ist heute nicht mehr nötig, wie folgendes Beispiel beweist:

```
<%@ Page Language="vb"
   AutoEventWireup="false"
   Codebehind="Default.aspx.vb"
   Inherits="codebook.aspnet.vb.NET.DefaultPage"%>
<!DOCTYPE HTML PUBLIC "-//W3C//DTD HTML 4.0 Transitional//EN">
<html>
  <head>
    <title>WebForm1</title>
  </head>
  <body>
    <form id="Form1" method="post" runat="server">
      <h3>Ping</h3>
```

Listing 355: Frontend für ein serverseitiges Ping (Default.aspx)

```
      <p>Hostname oder IP-Adresse:<br>
         <asp:TextBox Runat="server" ID="objHost" />
         <asp:Button Runat="server" ID="objSubmit"
            Text="Ausfuehren" />
      </p>
      <pre><asp:Label Runat="server" ID="objResult"
         Visible="False" />
      </pre>
    </form>
  </body>
</html>
```

Listing 355: Frontend für ein serverseitiges Ping (Default.aspx) (Forts.)

Im Frontend-Bereich wird dem Benutzer eine Möglichkeit für die Eingabe eines Hostnamens oder einer IP-Adresse bereitgestellt. Sollte die Webform per Klick auf die Schaltfläche Ausführen abgesandt werden, wird im Codebereich der angegebene Server angepingt und das Ergebnis ausgegeben:

```
Imports System.Diagnostics.Process

Namespace codebook.aspnet.vb.NET

   Public Class DefaultPage
      Inherits System.Web.UI.Page

      Protected WithEvents objHost As TextBox
      Protected WithEvents objSubmit As Button
      Protected WithEvents objResult As Label

      Private Sub objSubmit_Click( _
         ByVal sender As Object, _
         ByVal e As EventArgs) _
         Handles objSubmit.Click, objHost.TextChanged

         Dim strHost As String = _
            Me.objHost.Text

         Dim objProcess As New System.Diagnostics.Process
         objProcess.StartInfo.FileName = "ping"
         objProcess.StartInfo.UseShellExecute = False
         objProcess.StartInfo.Arguments = strHost
         objProcess.StartInfo.RedirectStandardOutput = True
         objProcess.Start()
         objProcess.WaitForExit()

         Dim strContent As String = _
            objProcess.StandardOutput.ReadToEnd
```

Listing 356: Ausführen eines Ping (Default.aspx.vb)

```
            Me.objResult.Visible = True
            Me.objResult.Text = _
               strContent.Replace(vbCrLf, "<br>")
        End Sub
    End Class

End Namespace
```

Listing 356: Ausführen eines Ping (Default.aspx.vb) (Forts.)

Um einen Ping auszuführen, begeben wir uns nicht etwa auf die Ebene der protokollnahen Programmierung herab, sondern nutzen einfach das Dienstprogramm *ping.exe*, das bei jeder ASP.NET-fähigen Windows-Version mitgeführt wird und in der Regel über den Standard-Pfad erreichbar ist. Wir binden es einfach in Form eines neuen Prozesses ein, der keinerlei Shell oder Oberfläche generiert:

```
Dim objProcess As New System.Diagnostics.Process
objProcess.StartInfo.FileName = "ping"
objProcess.StartInfo.UseShellExecute = False
```

Den Hostnamen oder die IP des anzupingenden Systems übergeben wir an die Eigenschaft `Arguments` des neuen Prozesses, ebenso die Anweisung, die Ausgabe in einen Stream umzuleiten, damit wir später darauf zurückgreifen können:

```
objProcess.StartInfo.Arguments = strHost
objProcess.StartInfo.RedirectStandardOutput = True
```

Nun kann der Prozess gestartet und auf seine Beendigung gewartet werden:

```
objProcess.Start()
objProcess.WaitForExit()
```

Auf die Ausgaben des Prozesses kann nunmehr mit Hilfe des per Standard-Output erreichbaren Streams zugegriffen werden – in unserem Fall reicht es aus, diese Ausgaben bis zum Ende einzulesen und dem Label `objResult` zuzuweisen:

```
Dim strContent As String = _
   objProcess.StandardOutput.ReadToEnd

Me.objResult.Visible = True
Me.objResult.Text = _
   strContent.Replace(vbCrLf, "<br>")
```

Damit ist die Ausführung des Ping auch schon beendet. Im Browser sollten Sie folgende Ausgabe erhalten:

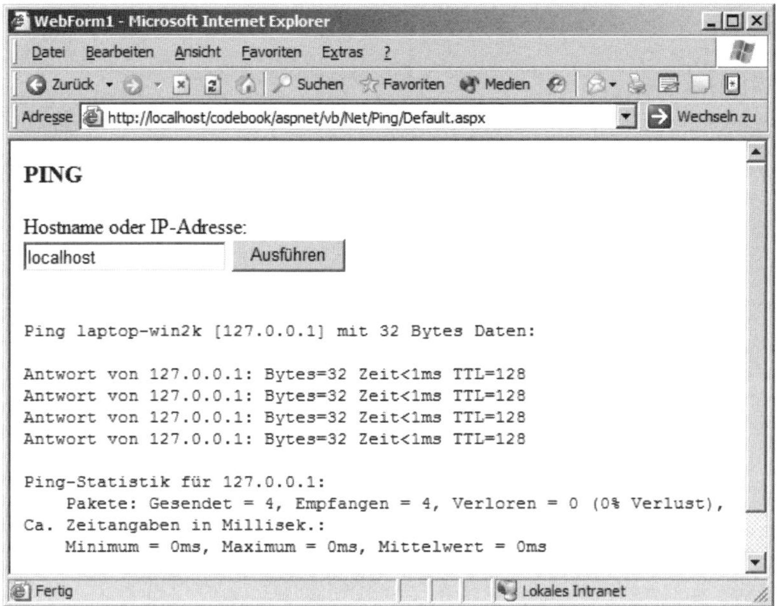

Abbildung 84: Ping über eine WebForm

184 TRACERT

Ebenso einfach wie das Ausführen eines Pings gestaltet sich ein `Tracert` – eine Routenverfolgung zu einem bestimmten Host, mit deren Hilfe Sie eventuellen Netzwerkproblemen auf den Grund gehen können:

```
<%@ Page Language="vb"
   AutoEventWireup="false"
   Codebehind="Default.aspx.vb"
   Inherits="codebook.aspnet.vb.NET.Tracert" %>
<!DOCTYPE HTML PUBLIC "-//W3C//DTD HTML 4.0 Transitional//EN">
<HTML>
   <HEAD>
      <title>Tracert</title>
   </HEAD>
   <body>
      <form id="Form1" method="post" runat="server">
         <h3>Tracert</h3>
         <p>Bitte geben Sie hier den Host oder den
            Domainnamen an, zu dem eine Ablaufverfolgung
            durchgeführt werden soll.
```

Listing 357: Frontend für ein Tracert (Default.aspx)

```
        </p>
        <p>
           Host / Domain:<br>
           <asp:TextBox Runat="server" ID="objHost" />
           <asp:Button Runat="server" ID="objSubmit"
              Text="Ausführen" />
        </p>
        <pre>
           <asp:Label Runat="server" ID="objResult"
              Visible="False" />
        </pre>
     </form>
  </body>
</HTML>
```

Listing 357: Frontend für ein Tracert (Default.aspx) (Forts.)

Im Frontend-Bereich wird ein Eingabefeld für die Erfassung von Hostnamen oder IP-Adresse definiert. Durch Klick auf die Schaltfläche AUSFÜHREN wird der eigentliche Tracert-Vorgang aktiviert:

```
Imports System.Diagnostics

Namespace codebook.aspnet.vb.NET

   Public Class Tracert
      Inherits System.Web.UI.Page

      Protected WithEvents objHost As TextBox
      Protected WithEvents objSubmit As Button
      Protected WithEvents objResult As Label

      Private blnDidTrace As Boolean = False

      Private Sub Page_Load( _
         ByVal sender As Object, _
         ByVal e As EventArgs) _
         Handles MyBase.Load

         Me.blnDidTrace = False
      End Sub

      Private Sub objSubmit_Click( _
         ByVal sender As Object, _
         ByVal e As EventArgs) _
         Handles objSubmit.Click, objHost.TextChanged

         If Me.objHost.Text.Length > 0 And _
            Not Me.blnDidTrace Then
```

Listing 358: Tracert in ASP.NET (Default.aspx.vb)

```
            Dim objProcess As Process = _
              Process.Start("tracert")
            objProcess.StartInfo.Arguments = _
              Me.objHost.Text
            objProcess.StartInfo.RedirectStandardOutput = True
            objProcess.StartInfo.UseShellExecute = False
            objProcess.Start()
            objProcess.WaitForExit()

            Dim strContent As String = _
              objProcess.StandardOutput.ReadToEnd
            Me.objResult.Visible = True
            Me.objResult.Text = _
              strContent.Replace(vbCrLf, "<br>")

            Me.blnDidTrace = True
        End If

    End Sub
  End Class

End Namespace
```

Listing 358: Tracert in ASP.NET (Default.aspx.vb) (Forts.)

Wie schon bei der Ausführung eines Pings verzichten wir an dieser Stelle auf die protokollnahe Programmierung eines eigenen Tracert-Tools, stattdessen nutzen wir das vom System bereitgestellte Tracert-Dienstprogramm. Dieses starten wir wieder in Form eines eigenen Prozesses, dem wir als Argument den Hostnamen oder die IP-Adresse des Zielsystems übergeben:

```
Dim objProcess As Process = _
  Process.Start("tracert")
objProcess.StartInfo.Arguments = _
  Me.objHost.Text
```

Nachdem wir den Prozess angewiesen haben, nicht in einem eigenen Fenster zu laufen und die Standard-Ausgabe in einem `Stream` zu speichern, wird er gestartet und auf seine Beendigung gewartet. Dies kann gerade bei einem Tracert über mehrere Netzwerk-Punkte eine Weile dauern, so dass Sie Ihre Benutzer eventuell auf eine kurze Wartezeit vorbereiten sollten:

```
objProcess.StartInfo.RedirectStandardOutput = True
objProcess.StartInfo.UseShellExecute = False
objProcess.Start()
objProcess.WaitForExit()
```

Nunmehr kann das Ergebnis des Tracert-Vorgangs eingelesen und ausgegeben werden:

```
Dim strContent As String = _
   objProcess.StandardOutput.ReadToEnd
Me.objResult.Visible = True
Me.objResult.Text = _
   strContent.Replace(vbCrLf, "<br>")
```

Wenn Sie diesen Vorgang im Browser ausführen, sollten Sie eine Ausgabe ähnlich dieser erhalten:

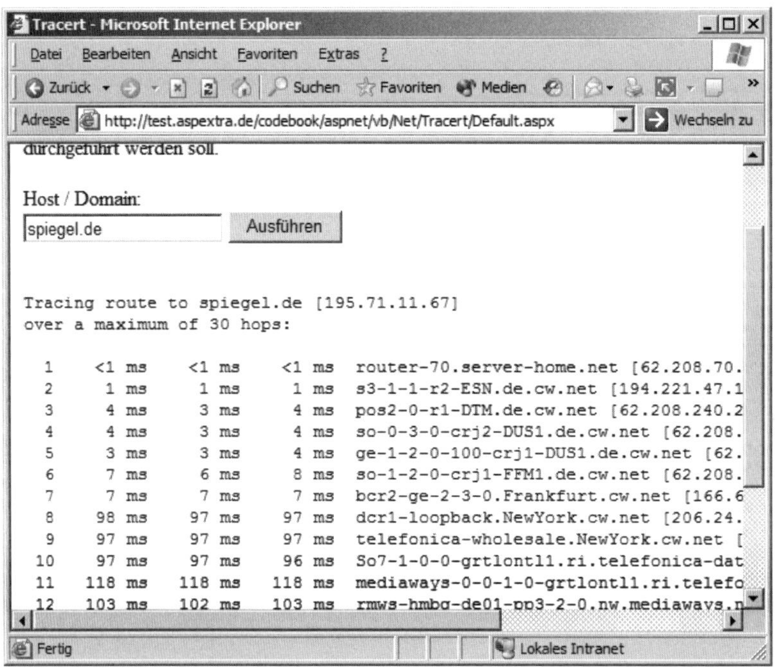

Abbildung 85: Tracert per ASP.NET

185 NSLOOKUP

Auch eine Namensauflösung per *nslookup* gestaltet sich mit Hilfe von ASP.NET nicht wirklich komplex. Im Folgenden soll dies demonstriert werden. Zu diesem Zweck wird zunächst ein Formular zur Eingabe des Domainnamens bereitgestellt:

```
<%@ Page Language="vb"
   AutoEventWireup="false"
   Codebehind="Default.aspx.vb"
```

Listing 359: Frontend für die Eingabe der abzufragenden Domain (Default.aspx)

```
   Inherits="codebook.aspnet.vb.NET.NSLookup" %>
<!DOCTYPE HTML PUBLIC "-//W3C//DTD HTML 4.0 Transitional//EN">
<HTML>
   <HEAD>
      <title>NSLookup</title>
   </HEAD>
   <body>
      <form id="Form1" method="post" runat="server">
         <h3>NSLookup</h3>
         <p>Hier können Sie eine Abfrage der DNS-Einträge
            einer Domain durchführen.</p>
         <p>
            Domain:<br>
            <asp:TextBox Runat="server" ID="objDomain" />
            <asp:Button Runat="server" ID="objSubmit"
               Text="Ausführen" />
         </p>
         <font face="Courier" size="2">
            <asp:Literal Runat="server" ID="objResult"
               Visible="False" />
         </font>
      </form>
   </body>
</HTML>
```

Listing 359: Frontend für die Eingabe der abzufragenden Domain (Default.aspx) (Forts.)

Im CodeBehind erfolgt das Stellen der Anfrage per NSLOOKUP:

```
Imports System.Diagnostics
Imports System.Text.RegularExpressions

Namespace codebook.aspnet.vb.NET

   Public Class NSLookup
      Inherits System.Web.UI.Page

      Protected WithEvents objDomain As TextBox
      Protected WithEvents objSubmit As Button
      Protected WithEvents objResult As Literal
      Private blnDidLookup As Boolean = False

      Private Sub Page_Load( _
         ByVal sender As Object, _
         ByVal e As EventArgs) _
         Handles MyBase.Load

         blnDidLookup = False
      End Sub
```

Listing 360: NSLOOKUP per ASP.NET (Default.aspx.vb)

```
        Private Sub objSubmit_Click( _
          ByVal sender As Object, _
          ByVal e As EventArgs) _
          Handles objSubmit.Click

          If Me.objDomain.Text.Length > 0 _
            And Not blnDidLookup Then

            Dim objProcess As Process = _
              Process.Start("nslookup")
            objProcess.StartInfo.Arguments = _
              "-type=ANY " & _
              Me.objDomain.Text
            objProcess.StartInfo.RedirectStandardOutput = True
            objProcess.StartInfo.UseShellExecute = False
            objProcess.Start()
            objProcess.WaitForExit()

            Dim strContent As String = _
              objProcess.StandardOutput.ReadToEnd

            strContent = Regex.Replace( _
              strContent, "[ ]+", " ")
            Me.objResult.Visible = True
            Me.objResult.Text = _
              strContent.Replace(vbCrLf, "<br>")

            blnDidLookup = True
          End If

        End Sub
      End Class

    End Namespace
```

Listing 360: NSLOOKUP per ASP.NET (Default.aspx.vb) (Forts.)

Sobald ein Hostname in das Formular eingegeben worden ist, wird ein neuer Prozess mit Hilfe des Kommandozeilentools *nslookup.exe* gestartet. Diesem Prozess wird als Parameter der Abfragetyp »ANY« und der Name der abzufragenden Domain übergeben. Würde ersterer Parameter nicht angegeben werden, erfolgte nur die Ausgabe des zum angegebenen Namen gehörenden Nameservers und des Servers, auf den der Domainname zeigt. Mit Hilfe von `ANY` wird sichergestellt, dass auch Subdomains oder Mail-Exchanger-Angaben ausgelesen werden können.

Nachdem der Prozess wieder ohne sichtbare Shell aufgerufen und seine Beendigung abgewartet worden ist, werden mit Hilfe eines regulären Ausdrucks alle überflüssigen Leerzeichen aus der Ausgabe des Prozesses entfernt:

Basics
Daten-bank
I/O
Validie-rung
Controls
Http-Handler
Netz-werk
Grafik
Tracing
Security

```
Dim strContent As String = _
   objProcess.StandardOutput.ReadToEnd

strContent = Regex.Replace( _
   strContent, "[ ]+", " ")
```

Nunmehr kann die lesbarer dargestellte Rückgabe im Label `objResult` ausgegeben werden. Wenn Sie das Script im Browser aufrufen, sollten Sie eine Ausgabe ähnlich dieser erhalten:

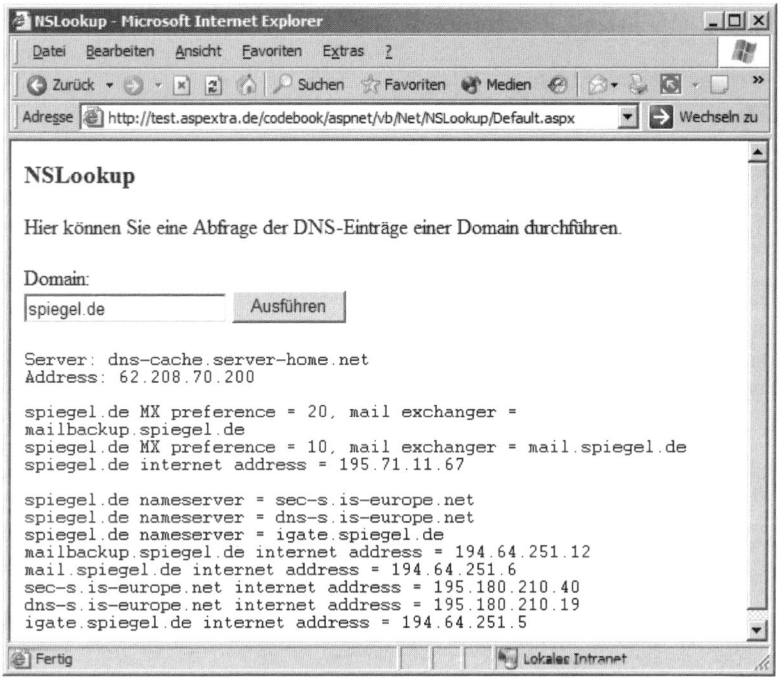

Abbildung 86: NSLookup per ASP.NET

186 Whois: WhoisClient

Wenn Sie Informationen zu Domains abfragen müssen oder wollen, sind Sie meistens auf die Webfrontends der verschiedenen Registrare angewiesen. Diese bieten zwar auch einen speziellen Server zum Abfragen der gewünschten Informationen, dieser *Whois*-Server kann aber von Windows-Clients nicht genutzt werden, da Windows selbst keine Unterstützung für das Abfragen von Whois-Informationen mitbringt.

Aus diesem Grund ist die Nutzung dieses kleinen Services auch im .NET Framework nicht ohne weiteres möglich. Wenn Sie aber berücksichtigen, dass für »Whois« ein sehr einfaches Protokoll verwendet wird, ist es mit sehr wenig Aufwand verbunden, dieses Manko zu beseitigen:

```
Imports System.NET
Imports System.NET.Sockets
Imports System.IO
Imports System.Text

Namespace codebook.aspnet.vb.NET.Whois

   Public Class WhoisClient

      Public Shared Function Retrieve( _
         ByVal strWhoisServer As String, _
         ByVal strDomain As String) As String

         Return Retrieve(strWhoisServer, 43, strDomain)
      End Function

      Public Shared Function Retrieve( _
         ByVal strWhoisServer As String, _
         ByVal intWhoisPort As Int32, _
         ByVal strDomain As String) As String

         Dim strResult As String = String.Empty
         Dim objClient As New TcpClient( _
            strWhoisServer, intWhoisPort)
         Dim aryCharData() As Char = ( _
            strDomain & vbCrLf).ToCharArray
         Dim objData() As Byte = _
            Encoding.ASCII.GetBytes(aryCharData)
         Dim objStream As NetworkStream = objClient.GetStream
         objStream.Write(objData, 0, objData.Length)

         Dim objReader As New StreamReader(objClient.GetStream)
         While objReader.Peek <> -1
            strResult &= objReader.ReadLine & vbCrLf
         End While

         objReader.Close()
         objClient.Close()

         Return strResult
      End Function

   End Class

End Namespace
```

Listing 361: WhoisClient für den Einsatz im .NET Framework (WhoisClient.vb)

Die Funktionsweise des WhoisClients ist sehr simpel: Die überladene statische Methode `Retrieve` nimmt den Namen des Whois-Servers, die abzufragende Domain und optional den Port des Servers entgegen.

Mit Hilfe dieser Informationen wird eine neue Instanz eines `TcpClients` erstellt. Die Domain wird um einen Zeilenumbruch am Ende ergänzt, in ein `Byte`-Array und mit Hilfe des durch den `TcpClient` bereitgestellten `Streams` zum Whois-Server gesendet:

```
Dim aryCharData() As Char = ( _
   strDomain & vbCrLf).ToCharArray
Dim objData() As Byte = _
   Encoding.ASCII.GetBytes(aryCharData)
Dim objStream As NetworkStream = objClient.GetStream
objStream.Write(objData, 0, objData.Length)
```

Nun gibt der Whois-Server alle ihm bekannten Informationen zur Domain zurück, die mit Hilfe eines `StreamReaders` eingelesen werden können. Das Einlesen ist beendet, sobald kein Zeichen mehr erhalten wird:

```
Dim objReader As New StreamReader(objClient.GetStream)
While objReader.Peek <> -1
   strResult &= objReader.ReadLine & vbCrLf
End While
```

Nachdem `StreamReader` und `TcpClient` geschlossen worden sind, werden die empfangenen Daten zurückgegeben und die Verarbeitung ist beendet.

187 Whois: Abfragen von Domain-Informationen

Wenn Sie nun Ihren Benutzern anbieten wollen, Informationen zu bestimmten Domains per Webfrontend abzufragen, können Sie dies mit Hilfe des *WhoisClients* und einer WebForm ohne großen Aufwand ermöglichen:

```
<%@ Page Language="vb" %>
<%@ Import Namespace="codebook.aspnet.vb.NET.Whois" %>
<%@ Import Namespace="System.Text.RegularExpressions" %>
<script runat="server">
   Sub btnStart_Click(sender As Object, e As EventArgs)
      Dim strDomain As String = txtDomain.Text
      Dim strPattern As String = _
         "\.(?:com|net|org|de|tv|biz|info)$"
      strDomain = Regex.Replace(strDomain, strPattern, "")

      Dim strTld As String = ddlDomain.SelectedItem.Value
      Dim strWhoisServer As String = String.Empty

      Select Case strTld
         Case "de":
            strWhoisServer = "whois.denic.de"
         Case "com", "net", "org":
```

Listing 362: Whois-Informationen per Webfrontend abfragen (Whois.aspx)

```
            strWhoisServer = "whois.internic.NET"
         Case "tv":
            strWhoisServer = "whois.www.tv"
         Case "biz"
            strWhoisServer = "whois.biz"
         Case "info"
            strWhoisServer = "whois.www.info"
      End Select

      If strWhoisServer.Length > 0 Then
         strDomain &= ddlDomain.SelectedItem.Text
         objResult.InnerText = WhoisClient.Retrieve( _
            strWhoisServer, strDomain)
      End If
   End Sub
</script>
<!DOCTYPE HTML PUBLIC "-//W3C//DTD HTML 4.0 Transitional//EN">
<html>
  <head>
    <title>Whois-Abfrage</title>
  </head>
  <body>
    <form id="Form1" method="post" runat="server">
      <h3>Whois-Abfrage</h3>
      <p>
         <strong>
            Bitte geben Sie hier den Domainnamen an, zu dem
            Sie weitere Informationen abfragen wollen.
         </strong>
      </p>
      <asp:TextBox Runat="server" ID="txtDomain" />
      <asp:DropDownList Runat="server" ID="ddlDomain">
         <asp:ListItem Value="de"
            Selected="True">.de</asp:ListItem>
         <asp:ListItem Value="com">.com</asp:ListItem>
         <asp:ListItem Value="net">.NET</asp:ListItem>
         <asp:ListItem Value="org">.org</asp:ListItem>
         <asp:ListItem Value="tv">.tv</asp:ListItem>
         <asp:ListItem Value="biz">.biz</asp:ListItem>
         <asp:ListItem Value="info">.info</asp:ListItem>
      </asp:DropDownList>
      <asp:Button Runat="server" ID="btnStart" Text="Abfragen"
         OnClick="btnStart_Click"/>
      <pre runat="server" id="objResult" />
    </form>
  </body>
</html>
```

Listing 362: Whois-Informationen per Webfrontend abfragen (Whois.aspx) (Forts.)

Innerhalb der WebForm werden eine `TextBox` zur Eingabe des Domainnamens (ohne TopLevel-Domain), eine `DropDownList` zur Auswahl der TopLevel-Domain, eine Schaltfläche zum Absenden des Requests und ein `PRE`-Bereich zur Ausgabe der Rückgabe des Whois-Servers definiert.

Wenn der Benutzer einen Domainnamen eingibt, eine TopLevel-Domain auswählt und auf die Schaltfläche ABFRAGEN klickt, wird die Methode `btnStart_Click` eingebunden, die die Abfrage ausführt.

Sollte der Benutzer eine Endung an die Domain angefügt haben, wird diese mit Hilfe eines regulären Ausdrucks entfernt:

```
Dim strDomain As String = txtDomain.Text
Dim strPattern As String = _
   "\.(?:com|net|org|de|tv|biz|info)$"
strDomain = Regex.Replace(strDomain, strPattern, "")
```

Anhand der ausgewählten TopLevel-Domain wird nun der zu verwendende Whois-Server ermittelt:

```
Dim strTld As String = ddlDomain.SelectedItem.Value
Dim strWhoisServer As String = String.Empty

Select Case strTld
   Case "de":
      strWhoisServer = "whois.denic.de"
   Case "com", "net", "org":
      strWhoisServer = "whois.internic.NET"
   Case "tv":
      strWhoisServer = "whois.www.tv"
   Case "biz"
      strWhoisServer = "whois.biz"
   Case "info"
      strWhoisServer = "whois.www.info"
End Select
```

Nun kann die Information mit Hilfe der statischen Methode `Retrieve` des WhoisClients ermittelt und ausgegeben werden:

```
strDomain &= ddlDomain.SelectedItem.Text
objResult.InnerText = WhoisClient.Retrieve( _
   strWhoisServer, strDomain)
```

Damit ist die Verarbeitung der Anfrage erledigt.

Wenn Sie die WebForm aufrufen und nach einer Domain suchen, sollten Sie eine Ausgabe ähnlich dieser erhalten:

Basics
Daten-bank
I/O
Validie-rung
Controls
Http-Handler
Netz-werk
Grafik
Tracing
Security

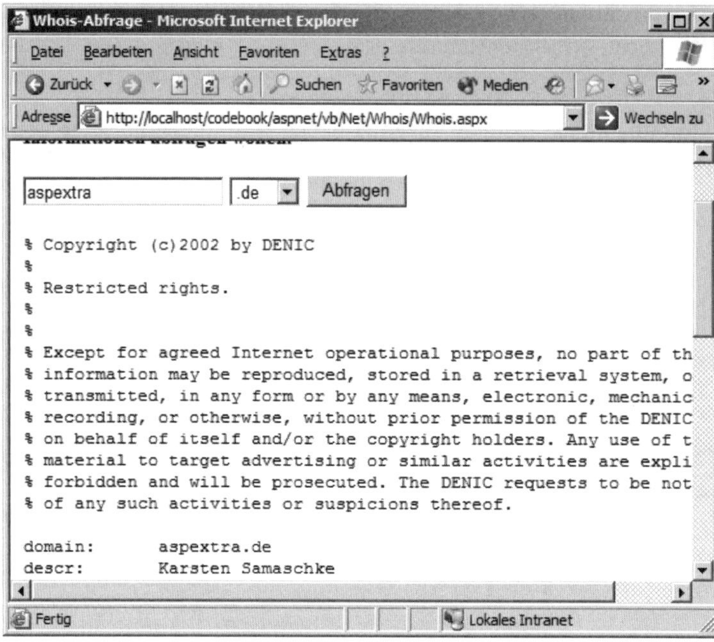

Abbildung 87: Whois-Informationen für die Domain aspextra.de

188 Versenden einer E-Mail

Das Versenden einer Mail per ASP.NET gestaltet sich recht einfach. Im Folgenden soll dies anhand eines Formulars demonstriert werden, in das der Benutzer eine Adresse und eine Nachricht eingeben kann:

```
<%@ Page Language="vb"
   AutoEventWireup="false"
   Codebehind="Mail.aspx.vb"
   Inherits="codebook.aspnet.vb.NET.SimpleMail"%>
<!DOCTYPE HTML PUBLIC "-//W3C//DTD HTML 4.0 Transitional//EN">
<HTML>
  <HEAD>
    <title>Mail</title>
</HEAD>
  <body>
    <form id="Form1" method="post" runat="server">
      <h3>Mailversand</h3>
      <p><b>Bitte geben Sie den Empfänger der E-Mail
         und eine Nachricht an ihn an. Klicken Sie anschließend
         auf "Absenden" um die Mail zu versenden.</b>
      </p>
      <p>Empfänger<br>
         <asp:TextBox Runat="server" ID="objTo" Columns="40" />
```

Listing 363: Formular für das Versenden einer Mailnachricht (Mail.aspx)

```
      </p>
      <p>Nachricht<br>
        <asp:TextBox Runat="server" ID="objMessage" Rows="10"
          Columns="50" TextMode="MultiLine" />
      </p>
      <p>
        <asp:Button Runat="server" ID="objSubmit"
          Text="Absenden" />
      </p>
    </form>
  </body>
</HTML>
```

Listing 363: Formular für das Versenden einer Mailnachricht (Mail.aspx) (Forts.)

Im Code-Bereich erfolgt das Generieren und Versenden der Mail nach Klick auf die Schaltfläche ABSENDEN:

```
Imports System.Web.Mail
Imports System.Text.RegularExpressions

Namespace codebook.aspnet.vb.NET

   Public Class SimpleMail
      Inherits System.Web.UI.Page

      Protected WithEvents objTo As TextBox
      Protected WithEvents objMessage As TextBox
      Protected WithEvents objSubmit As Button

      Private Sub objSubmit_Click( _
         ByVal sender As Object, _
         ByVal e As System.EventArgs) _
         Handles objSubmit.Click

         Dim strPattern As String = "^[\w]+@[\w]+$"
         If Regex.IsMatch(Me.objTo.Text, strPattern) Then
            Dim objMail As New MailMessage
            objMail.From = "Test@localhost"
            objMail.To = Me.objTo.Text
            objMail.Subject = "Nachricht an " & objMail.To
            objMail.Body = "Folgende Nachricht ist Ihnen " & _
               "geschickt worden: " & _
               vbCrLf & "-----------------------------------" & _
               "---------" & _
               vbCrLf & vbCrLf & _
               Me.objMessage.Text & _
               vbCrLf & vbCrLf & _
               "-------------------------------------------"
```

Listing 364: Versand einer E-Mail (Mail.aspx.vb)

Basics
Daten-bank
I/O
Validie-rung
Controls
Http-Handler
Netz-werk
Grafik
Tracing
Security

```
            SmtpMail.SmtpServer = "localhost"
            SmtpMail.Send(objMail)

            Me.objTo.Text = ""
            Me.objMessage.Text = ""
         End If
      End Sub
   End Class

End Namespace
```

Listing 364: Versand einer E-Mail (Mail.aspx.vb) (Forts.)

Nach der Prüfung per regulärem Ausdruck auf eine syntaktisch korrekt eingegebene E-Mail-Adresse erfolgt die eigentliche Generierung der zu sendenden E-Mail. Zu diesem Zweck wird eine Instanz der `MailMessage`-Klasse erstellt, der die Informationen zu Absender, Empfänger, Betreff und Nachrichtentext zugewiesen werden:

```
Dim objMail As New MailMessage
objMail.From = "Test@localhost"
objMail.To = Me.objTo.Text
objMail.Subject = "Nachricht an " & objMail.To
objMail.Body = "Folgende Nachricht ist Ihnen " & _
   "geschickt worden: " & _
   vbCrLf & "-------------------------------------" & _
   "---------" & _
   vbCrLf & vbCrLf & _
   Me.objMessage.Text & _
   vbCrLf & vbCrLf & _
   "----------------------------------------------"
```

Nachdem die E-Mail nunmehr fertig gestellt worden ist, kann sie mit Hilfe der statischen Methode `Send` der `SmtpMail`-Klasse, der zuvor der lokale Mailserver explizit als Server zugewiesen worden ist, versandt werden:

```
SmtpMail.SmtpServer = "localhost"
SmtpMail.Send(objMail)
```

Damit ist der Versand der E-Mail-Nachricht beendet. Wenn Sie die Mail an sich selbst gesendet haben und Ihr Mailserver den Absender akzeptiert hat, sollten Sie in Ihrem Posteingang bald eine neue Nachricht einsehen können (siehe Abbildung 88).

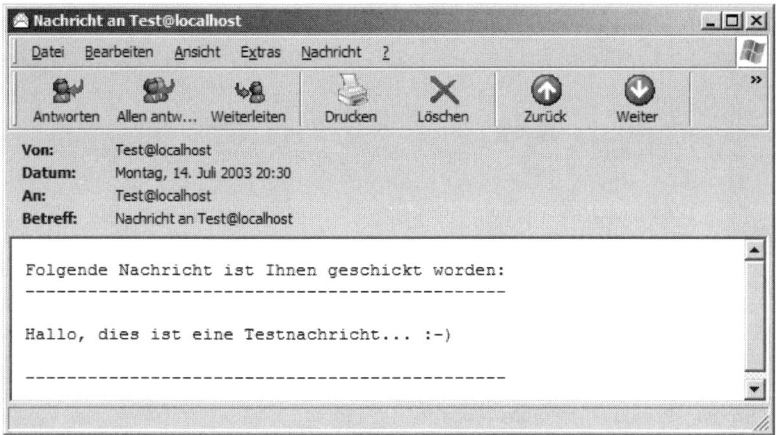

Abbildung 88: Per ASP.NET versandte E-Mail

189 Name und E-Mail-Adresse für bessere Anzeige

Das Versenden einer E-Mail ist recht einfach. Etwas schwieriger wird es nur, wenn Sie eine E-Mail-Adresse und einen Namen – der besseren Lesbarkeit wegen – versenden wollen. Sehen wir uns an, wie dies mit einer kleinen Erweiterung des vorherigen Beispiels bewerkstelligt werden kann:

```
<%@ Page Language="vb"
   AutoEventWireup="false"
   Codebehind="NamedMail.aspx.vb"
   Inherits="codebook.aspnet.vb.NET.NamedEmail"%>
<!DOCTYPE HTML PUBLIC "-//W3C//DTD HTML 4.0 Transitional//EN">
<HTML>
  <HEAD>
    <title>NamedEmail</title>
</HEAD>
  <body>
    <form id="Form1" method="post" runat="server">
      <h3>E-Mail mit Empfängername</h3>
      <p>Bitte geben Sie hier eine E-Mail-Adresse, einen
         Empfänger-Namen und den Inhalt der Nachricht an,
         die Sie versenden wollen. Klicken Sie anschließend
         auf "Absenden".
      </p>
      <p>Empfänger-Name<br>
         <asp:TextBox Runat="server" ID="objName"
            Columns="40" />
      </p>
      <p>Empfänger-E-Mail<br>
         <asp:TextBox Runat="server" ID="objEmail"
```

Listing 365: Eingabeformular für eine E-Mail unter Angabe des Empfänger-Namens (NamedEmail.aspx)

```
            Columns="40" />
      </p>
      <p>Nachricht<br>
         <asp:TextBox Runat="server" ID="objMessage" Rows="10"
            Columns="50" TextMode="MultiLine" />
      </p>
      <p>
         <asp:Button Runat="server" ID="objSubmit"
            Text="Absenden" />
      </p>
    </form>
  </body>
</HTML>
```

Listing 365: Eingabeformular für eine E-Mail unter Angabe des Empfänger-Namens (NamedEmail.aspx) (Forts.)

Im Unterschied zum letzten Beispiel ist das Formular nun um ein zusätzliches Feld erweitert worden – in `objName` kann der Benutzer den Namen des Empfängers eingeben.

Im CodeBehind-Bereich kann die E-Mail wieder generiert und versendet werden:

```
Imports System.Text.RegularExpressions
Imports System.Web.Mail

Namespace codebook.aspnet.vb.NET

   Public Class NamedEmail
      Inherits System.Web.UI.Page

      Protected WithEvents objName As TextBox
      Protected WithEvents objEmail As TextBox
      Protected WithEvents objMessage As TextBox
      Protected WithEvents objSubmit As Button

      Private Sub objSubmit_Click( _
         ByVal sender As Object, _
         ByVal e As EventArgs) _
         Handles objSubmit.Click

         Dim strPattern As String = "^[\w]+@[\w]+$"
         If Regex.IsMatch(Me.objEmail.Text, strPattern) And _
            Me.objName.Text.Length > 0 Then
            Dim objMail As New MailMessage
            objMail.From = "Test@localhost"
            objMail.To = Me.objName.Text & _
               " <" & Me.objEmail.Text & ">"
            objMail.Subject = "Nachricht an " & objName.Text
            objMail.Body = "Folgende Nachricht ist Ihnen " & _
               "geschickt worden: " & _
```

Listing 366: Versand einer E-Mail unter Angabe eines Empfänger-Namens (NamedEmail.aspx.vb)

```
            vbCrLf & "-----------------------------------" & _
            "---------" & _
            vbCrLf & vbCrLf & _
            Me.objMessage.Text & _
            vbCrLf & vbCrLf & _
            "--------------------------------------------"

         SmtpMail.SmtpServer = "localhost"
         SmtpMail.Send(objMail)

         Me.objEmail.Text = ""
         Me.objMessage.Text = ""
         Me.objName.Text = ""
      End If

   End Sub
End Class

End Namespace
```

Listing 366: Versand einer E-Mail unter Angabe eines Empfänger-Namens (NamedEmail.aspx.vb) (Forts.)

Das Generieren der E-Mail erfolgt genauso, wie es beim letzten Beispiel der Fall war: Es wird eine `MailMessage`-Instanz erzeugt, der die Informationen zu Absender, Empfänger, Betreff und Body zugewiesen werden. Beachten Sie das Format der Empfänger-Angabe:

```
objMail.To = Me.objName.Text & _
   " <" & Me.objEmail.Text & ">"
```

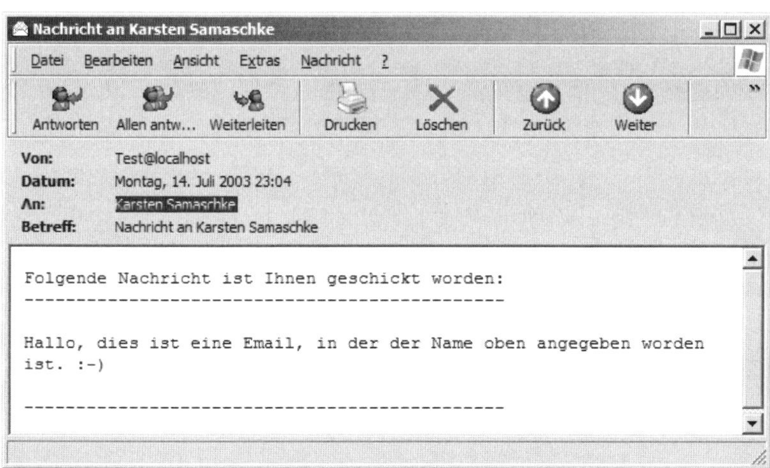

Abbildung 89: Anzeige des Empfänger-Namens statt der E-Mail-Adresse

Hier wird zunächst der Name des Empfängers und anschließend seine E-Mail-Adresse in spitzen Klammern angegeben. Dieses Format wird von den meisten E-Mail-Programmen verstanden – sie werden den Empfängernamen statt der Empfänger-E-Mail anzeigen.

Nach dem Versand der Nachricht sollten Sie in Ihrem Posteingang eine E-Mail vorfinden können, bei der keine Empfänger-E-Mail-Adresse, sondern ein Empfänger-Name angezeigt wird (siehe Abbildung 89).

190 Versenden einer HTML-E-Mail

Auch der Versand einer HTML-E-Mail ist mit Hilfe der `MailMessage`-Klasse recht einfach möglich. Sehen wir uns im Folgenden an, wie mit Hilfe des ebenfalls in diesem Buch vorgestellten `DhtmlEditor`-Controls eine E-Mail mit HTML-Textkörper generiert und versandt werden könnte:

```
<%@ Page Language="vb"
   AutoEventWireup="false"
   Codebehind="HtmlEmail.aspx.vb"
   Inherits="codebook.aspnet.vb.NET.HtmlEmail"
   ValidateRequest="False"%>
<%@ Register TagPrefix="cb"
   Assembly="codebook.aspnet.vb.Controls.DhtmlEditor"
   Namespace="codebook.aspnet.vb.Controls" %>
<!DOCTYPE HTML PUBLIC "-//W3C//DTD HTML 4.0 Transitional//EN">
<HTML>
  <HEAD>
      <title>HtmlEmail</title>
</HEAD>
   <body>
      <form id="Form1" method="post" runat="server">
         <h3>HTML-E-Mail</h3>
         <p>Bitte geben Sie hier den Empf&auml;nger, seinen Namen,
            einen Betreff und eine Nachricht f&uuml;r ihn ein.
            Klicken Sie anschließend auf &quot;Absenden&quot;.</p>
         <p>Betreff<br>
            <asp:TextBox Runat="server" ID="objSubject"
               Columns="40" />
         </p>
         <p>Empf&auml;nger<br>
            <asp:TextBox Runat="server" ID="objRecipient"
               Columns="40"/>
         </p>
         <p>Empf&auml;nger-E-Mail<br>
            <asp:TextBox Runat="server" ID="objRecipientEmail"
               Columns="40"/>
         </p>
         <p>Nachricht<br>
            <cb:DhtmlEditor runat="server" id="objEditor"
               FontNames="Arial,Verdana,Times"
```

Listing 367: Frontend für die Eingabe einer HTML-E-Mail (HtmlEmail.aspx)

```
                ForeColorNames="Schwarz,Rot,Blau"
                ForeColorValues="000000,cc0000,0000cc"
                CellSpacing="0" CellPadding="0" Border="0"
                Width="400"/>
         </p>
         <p>
            <asp:Button Runat="server" ID="objSubmit"
                Text="Absenden" />
         </p>
      </form>
   </body>
</HTML>
```

Listing 367: Frontend für die Eingabe einer HTML-E-Mail (HtmlEmail.aspx) (Forts.)

Im Frontend-Bereich erfolgt die Bereitstellung der verschiedenen Eingabefelder für die Generierung der E-Mail. Um das `DhtmlEditor`-Control einzubinden, ist zunächst die Registrierung von Tag-Präfix, Assembly und Namensraum nötig:

```
<%@ Register TagPrefix="cb"
   Assembly="codebook.aspnet.vb.Controls.DhtmlEditor"
   Namespace="codebook.aspnet.vb.Controls" %>
```

Beachten Sie bitte auch, dass das Attribut `ValidateRequest` der `Page`-Direktive den Wert `False` haben muss, wenn Sie das .NET Framework ab Version 1.1 einsetzen. Bei Verwendung der Framework-Version 1.0 darf das Attribut nicht angegebenen werden.

Wenn der Benutzer auf die Schaltfläche Absenden geklickt hat, erfolgt die Generierung der E-Mail im Code-Bereich der Seite:

```
Imports System.Web.Mail
Imports System.Text.RegularExpressions
Imports codebook.aspnet.vb.Controls
Imports System.Web.UI
Imports System.Web.UI.WebControls

Namespace codebook.aspnet.vb.NET

   Public Class HtmlEmail
      Inherits System.Web.UI.Page

      Protected WithEvents objEditor As DhtmlEditor
      Protected WithEvents objSubject As TextBox
      Protected WithEvents objRecipient As TextBox
      Protected WithEvents objRecipientEmail As TextBox
      Protected WithEvents objSubmit As Button
```

Listing 368: Generierung und Versand einer HTML-E-Mail (HtmlEmail.aspx.vb)

```
      Private Sub Page_Load( _
         ByVal sender As Object, _
         ByVal e As EventArgs) _
         Handles MyBase.Load

         Me.objEditor.ToolBox.CellPadding = 3
      End Sub

      Private Sub objSubmit_Click( _
         ByVal sender As Object, _
         ByVal e As EventArgs) _
         Handles objSubmit.Click

         Dim strPattern As String = "[\w]+@[\w]+"
         If Regex.IsMatch(Me.objRecipientEmail.Text, _
            strPattern) And _
            Me.objEditor.Text.Length > 0 And _
            Me.objRecipient.Text.Length > 0 And _
            Me.objSubject.Text.Length > 0 Then

            Dim objMail As New MailMessage
            objMail.BodyFormat = MailFormat.Html
            objMail.From = "Test@localhost"
            objMail.To = Me.objRecipient.Text & _
               " <" & Me.objRecipientEmail.Text & ">"
            objMail.Subject = Me.objSubject.Text
            objMail.Body = Me.objEditor.Text

            SmtpMail.SmtpServer = "localhost"
            SmtpMail.Send(objMail)

            Me.objRecipientEmail.Text = ""
            Me.objEditor.Text = ""
            Me.objRecipient.Text = ""
            Me.objSubject.Text = ""
         Else
            Me.objRecipientEmail.Text = ""
         End If
      End Sub
   End Class

End Namespace
```

Listing 368: Generierung und Versand einer HTML-E-Mail (HtmlEmail.aspx.vb) (Forts.)

Nach dem Absenden des Formulars erfolgt die Überprüfung, ob eine E-Mail-Adresse eingegeben worden ist und die anderen Felder ausgefüllt worden sind. Sollte dies der Fall sein, wird die E-Mail generiert. Mit Hilfe der Eigenschaft `BodyFormat` kann festgelegt werden, dass eine HTML-E-Mail versandt wird:

```
objMail.BodyFormat = MailFormat.Html
```

Anschließend werden Absender, Empfänger, Betreff und Inhalt anhand der übergebenen Informationen gesetzt. Zuletzt erfolgt der Versand der E-Mail mit Hilfe der Methode `Send` der `SmtpMail`-Klasse.

Der Benutzer kann nun das Formular verwenden, um eine E-Mail zu erstellen:

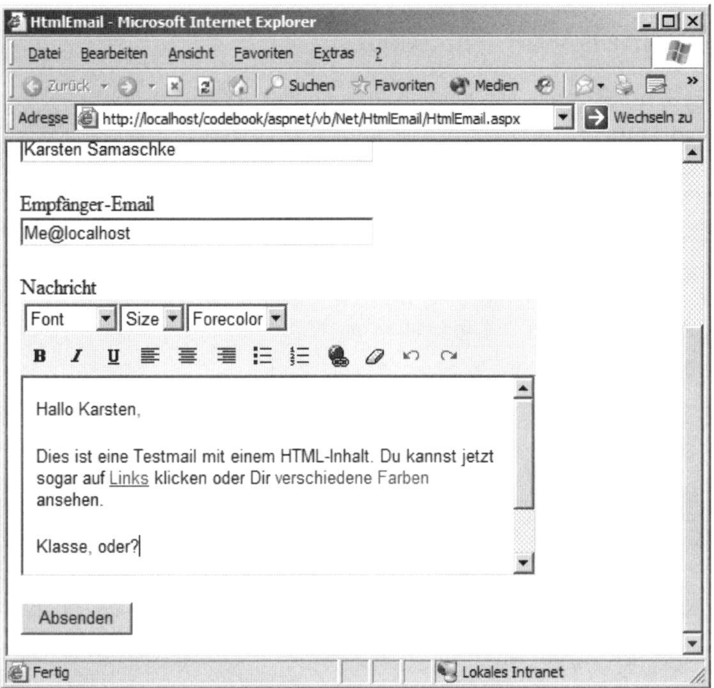

Abbildung 90: HTML-Text wird für eine E-Mail eingegeben

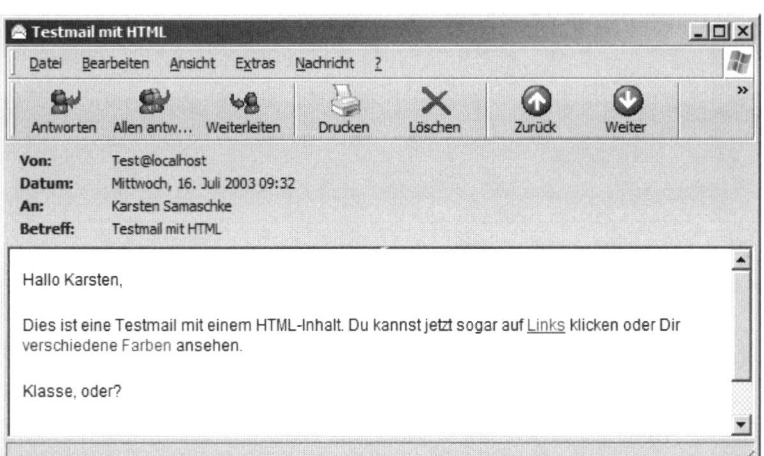

Abbildung 91: Versandte E-Mail im Mailclient

Der Empfänger erhält nach dem Versand eine E-Mail, die exakt die gleiche Formatierung wie im Formular besitzt (siehe Abbildung 91).

Sie sollten unbedingt berücksichtigen, dass nicht alle Mailclients HTML-E-Mails korrekt darstellen. Aus diesem Grund sollten Sie – etwa bei einem Newsletter-Service – erfragen, ob ein Benutzer HTML- oder Text-E-Mails bevorzugt.

191 Versenden einer Mail mit Attachment

Mit Hilfe der `MailMessage`-Klasse können Sie ebenfalls Attachments versenden. Sehen wir uns an, wie dies vor sich gehen kann:

```
<%@ Page Language="vb"
   AutoEventWireup="false"
   Codebehind="Attachment.aspx.vb"
   Inherits="codebook.aspnet.vb.NET.Attachment"%>
<!DOCTYPE HTML PUBLIC "-//W3C//DTD HTML 4.0 Transitional//EN">
<HTML>
  <HEAD>
    <title>Attachment</title>
  </HEAD>
  <body>
    <form id="Form1" method="post" runat="server">
      <h3>Mail mit Attachment</h3>
      <p>Bitte geben Sie hier den Namen und die E-Mail-Adresse
         des Empf&auml;ngers an. Klicken Sie anschlie&szlig;end auf
         &quot;Absenden&quot;, um die Mail zu versenden.</p>
      <p>Empf&auml;nger<br>
         <asp:TextBox Runat="server" ID="objRecipient"
            Columns="40" />
      </p>
      <p>Empf&auml;nger-Adresse<br>
         <asp:TextBox Runat="server" ID="objRecipientEmail"
            Columns="40" />
      </p>
      <p><asp:Button Runat="server" ID="objSubmit"
         Text="Absenden" /></p>
    </form>
  </body>
</HTML>
```

Listing 369: Formular zur Angabe des Empfängers der E-Mail mit Attachment (Attachment.aspx)

Nach Eingabe des Namens und der E-Mail-Adresse des Empfängers wird die E-Mail im Code-Bereich generiert und versandt:

```
Imports System.Text.RegularExpressions
Imports System.Web
Imports System.Web.UI
```

Listing 370: Versand der E-Mail mit Anhang (Attachment.aspx.vb)

```
Imports System.Web.UI.WebControls
Imports System.Web.Mail

Namespace codebook.aspnet.vb.NET

   Public Class Attachment
      Inherits System.Web.UI.Page

      Protected WithEvents objRecipient As TextBox
      Protected WithEvents objRecipientEmail As TextBox
      Protected WithEvents objSubmit As Button

      Private Sub objSubmit_Click( _
         ByVal sender As Object, _
         ByVal e As EventArgs) _
         Handles objSubmit.Click

         Dim strPattern As String = "[\w]+@[\w]+"
         If Regex.IsMatch(objRecipientEmail.Text, _
            strPattern) And objRecipient.Text.Length > 0 Then

            Dim objMail As New MailMessage
            objMail.From = "Test@localhost"
            objMail.To = objRecipient.Text & _
               " <" & objRecipientEmail.Text & ">"
            objMail.Subject = "E-Mail mit Anhang"
            objMail.Body = "Diese E-Mail enthält einen Anhang"
            objMail.Attachments.Add(New MailAttachment( _
               Server.MapPath("test.pdf")))

            SmtpMail.SmtpServer = "localhost"
            SmtpMail.Send(objMail)

            Me.objRecipient.Text = String.Empty
            Me.objRecipientEmail.Text = String.Empty
         End If
      End Sub
   End Class

End Namespace
```

Listing 370: Versand der E-Mail mit Anhang (Attachment.aspx.vb) (Forts.)

Das Erstellen der E-Mail erfolgt wie üblich nach Prüfung der eingegebenen Werte. Zunächst werden Absender, Empfänger, Betreff und Nachrichten-Text angegeben. Das anzuhängende Dokument wird in Form einer neuen Instanz der `MailAttachment`-Klasse der `Attachments`-Auflistung der E-Mail zugewiesen. Dabei wird der `MailAttachment`-Klasse im Konstruktor der Dateiname des Anhangs übergeben:

```
objMail.Attachments.Add(New MailAttachment( _
   Server.MapPath("test.pdf")))
```

Nach dem Versand sollte der Empfänger eine E-Mail mit Attachment erhalten:

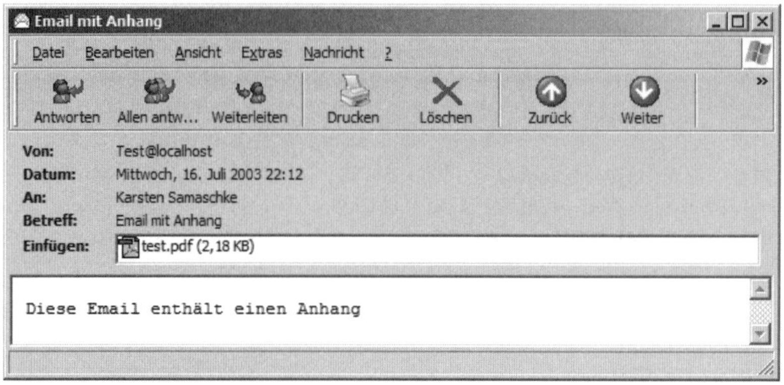

Abbildung 92: E-Mail mit Anhang

192 SmtpClient für Server mit Authentifizierung

Viele SMTP-Server erwarten heutzutage eine Authentifizierung per Angabe von Benutzernamen und Kennwort des Absenders. Diese Art der Authentifizierung ist mit der `SmtpMail`-Klasse nicht vorgesehen und somit schlichtweg nicht möglich. Damit werden System-Administratoren und Betreiber von Webseiten einer effektiven Möglichkeit der Verhinderung von SPAM beraubt.

Des Weiteren wendet die `SmtpMail`-Klasse eine in den offiziellen RFCs zum Thema `SMTP` und `MIME` nicht vorgesehene Art der Codierung des Inhalts binärer Dateien mit geringer Größe an: Statt sie binär per *Base64*-Codierung zu übertragen, werden diese Dateien als Texte mit *Quoted-Printable*-Codierung versendet. Dies verringert zwar die Größe der generierten E-Mails minimal, sorgt aber dafür, dass die Anhänge durch einige Mailclients – insbesondere auf Nicht-Windows-Systemen – nicht mehr decodiert werden können.

Aus diesen Gründen soll an dieser Stelle ein Ersatz für die `SmtpMail`-Klasse vorgestellt werden, der nicht nur ebenso performant (bei umfangreicheren E-Mail-Größen sogar performanter) funktioniert, sondern auch die beschriebenen Probleme weitestgehend ausräumt.

SmtpMailMessage

Die Klasse `SmtpMailMessage` repräsentiert eine vom `SmtpClient` zu versendende E-Mail:

```
Imports System.Web.Mail
Imports System.Text

Namespace codebook.aspnet.vb.NET.Smtp

   Public Class SmtpMailMessage
```

Listing 371: Repräsentiert eine E-Mail: SmtpMailMessage (SmtpMailMessage.vb)

```
    Private strFrom As String = String.Empty
    Private strReplyTo As String = String.Empty
    Private strSubject As String = String.Empty
    Private strMessage As String = String.Empty
    Private objHeaders As New Hashtable
    Private objTo As New ArrayList
    Private objCc As New ArrayList
    Private objBcc As New ArrayList
    Private objAttachments As New ArrayList
    Private objEncoding As Encoding = _
      Encoding.ASCII
    Private objPriority As MailPriority = _
      MailPriority.Normal
    Private objFormat As MailFormat = _
      MailFormat.Text

    Public Sub New()
    End Sub

    Public Sub New(ByVal objMessage As MailMessage)
      Me.From = GetString(objMessage.From)
      Me.To = New ArrayList( _
         GetString(objMessage.To).Split(";"))
      Me.Cc = New ArrayList( _
         GetString(objMessage.Cc).Split(";"))
      Me.Bcc = New ArrayList( _
         GetString(objMessage.Bcc).Split(";"))
      Me.Subject = GetString(objMessage.Subject)
      Me.Body = GetString(objMessage.Body)
      Me.BodyEncoding = objMessage.BodyEncoding
      Me.BodyFormat = objMessage.BodyFormat
      Me.Priority = objMessage.Priority
      Me.objHeaders = objMessage.Headers
      Me.Attachments = objMessage.Attachments
    End Sub

    Public Property From() As String
      Get
         Return Me.strFrom
      End Get
      Set(ByVal Value As String)
         Me.strFrom = Value
      End Set
    End Property

    Public Property [To]() As ArrayList
      Get
         Return Me.objTo
      End Get
      Set(ByVal Value As ArrayList)
         Me.objTo = Value
```

Listing 371: Repräsentiert eine E-Mail: SmtpMailMessage (SmtpMailMessage.vb) (Forts.)

```
    End Set
  End Property

  Public Property Cc() As ArrayList
    Get
      Return Me.objCc
    End Get
    Set(ByVal Value As ArrayList)
      Me.objCc = Value
    End Set
  End Property

  Public Property Bcc() As ArrayList
    Get
      Return Me.objBcc
    End Get
    Set(ByVal Value As ArrayList)
      Me.objBcc = Value
    End Set
  End Property

  Public Property ReplyTo() As String
    Get
      Return Me.strReplyTo
    End Get
    Set(ByVal Value As String)
      Me.strReplyTo = Value
    End Set
  End Property

  Public Property Subject() As String
    Get
      Return Me.strSubject
    End Get
    Set(ByVal Value As String)
      Me.strSubject = Value
    End Set
  End Property

  Public Property Body() As String
    Get
      Return Me.strMessage
    End Get
    Set(ByVal Value As String)
      Me.strMessage = Value
    End Set
  End Property

  Public Property BodyEncoding() As Encoding
    Get
      Return Me.objEncoding
```

Listing 371: Repräsentiert eine E-Mail: SmtpMailMessage (SmtpMailMessage.vb) (Forts.)

```
    End Get
    Set(ByVal Value As Encoding)
      Me.objEncoding = Value
    End Set
  End Property

  Public Property Priority() As MailPriority
    Get
      Return Me.objPriority
    End Get
    Set(ByVal Value As MailPriority)
      Me.objPriority = Value
    End Set
  End Property

  Public Property BodyFormat() As MailFormat
    Get
      Return Me.objFormat
    End Get
    Set(ByVal Value As MailFormat)
      Me.objFormat = Value
    End Set
  End Property

  Public Property Attachments() As ArrayList
    Get
      Return Me.objAttachments
    End Get
    Set(ByVal Value As ArrayList)
      Me.objAttachments = Value
    End Set
  End Property

  Public Property Headers() As Hashtable
    Get
      Return Me.objHeaders
    End Get
    Set(ByVal Value As Hashtable)
      Me.objHeaders = Value
    End Set
  End Property

  Private Function GetString( _
    ByVal strObject As Object) As String

    If Not IsNothing(strObject) Then
      Return strObject.ToString
    End If
    Return String.Empty
  End Function
```

Listing 371: Repräsentiert eine E-Mail: SmtpMailMessage (SmtpMailMessage.vb) (Forts.)

```
    End Class

End Namespace
```

Listing 371: Repräsentiert eine E-Mail: SmtpMailMessage (SmtpMailMessage.vb) (Forts.)

Neben den einzelnen Eigenschaften der Klasse – die weitestgehend an die der `MailMessage`-Klasse angelehnt sind – bietet die `SmtpMailMessage`-Klasse einen überladenen Konstruktor, der als Argument eine Instanz der `MailMessage`-Klasse des .NET Framework entgegennimmt.

Im Unterschied zur `MailMessage`-Klasse sind die Eigenschaften `To`, `From`, `Cc` und `Bcc` als `ArrayLists` ausgeführt, da dies die weitere Verarbeitung stark erleichtert.

Die beiden Eigenschaften `UrlContentBase` und `UrlContentLocation` der originalen `MailMessage`-Klasse werden nicht unterstützt.

SmtpMailMessageConverter zur Generierung der E-Mail

Mit Hilfe der `SmtpMailMessageConverter`-Klasse erzeugt der `SmtpClient` die eigentliche E-Mail, die an den Server übertragen wird:

```
Imports System.IO
Imports System.Text
Imports System.Text.RegularExpressions
Imports System.Web.Mail

Namespace codebook.aspnet.vb.NET.Smtp

    Public Class SmtpMailMessageConverter

        Private objMail As SmtpMailMessage
        Private Const strMailer As String = _
            "codebook.aspnet.vb.New.Smtp.SmtpMailer 1.0"

        Public Shared Function Transform( _
            ByVal objMail As SmtpMailMessage) As String

            Dim objConverter As New SmtpMailMessageConverter
            Return objConverter.ConvertToString(objMail)
        End Function
```

Die `SmtpMailMessageConverter`-Klasse verfügt über die statische Methode `Transform`, der die umzuwandelnde `SmtpMailMessage` als Parameter übergeben wird und deren Rückgabe die generierte E-Mail ist. Intern wird dabei eine neue Instanz der `SmtpMailMessageConverter`-Klasse erzeugt, mit deren Methode `ConvertToString` die Umwandlung der E-Mail durchgeführt wird.

```
        Public Function ConvertToString( _
            ByVal objMail As SmtpMailMessage) As String
```

```
        Me.objMail = objMail

        Dim objResult As New StringBuilder
        Dim blnIsMultipart As Boolean = _
           objMail.Attachments.Count > 0
        Dim strMimeSeparator As String = _
           Guid.NewGuid.ToString.Replace("-", "")

        objResult.Append("Message-ID: " & _
           Guid.NewGuid.ToString.Replace("-", "") & _
           ".NET.SmtpMail" & vbCrLf)

        ' ------------------------------
        ' Datum
        ' ------------------------------
        objResult.Append("Date: " & _
            DateTime.Now.ToString("r") & vbCrLf)

        ' ------------------------------
        ' Betreff
        ' ------------------------------
        objResult.Append("From: " & _
           objMail.From & vbCrLf)

        ' ------------------------------
        ' To
        ' ------------------------------
        objResult.Append("To: ")
        objResult.Append(Me.GetDelimited( _
           objMail.To, ";") & vbCrLf)

        ' ------------------------------
        ' Cc
        ' ------------------------------
        objResult.Append("Cc: ")
        objResult.Append( _
           Me.GetDelimited(objMail.Cc, ";") & vbCrLf)

        ' ------------------------------
        ' Betreff
        ' ------------------------------
        objResult.Append("Subject: " & _
           objMail.Subject.Replace(vbCrLf, "") & _
           vbCrLf)

        ' -------------------------------
        ' Wenn Attachments, dann Bestandteil-
        ' Trenner definieren, anderenfalls
        ' Content-Type und Content-Transfer-
        ' Encoding setzen
        ' -------------------------------
        Dim strMessageContentType As String = _
           "Content-Type: " & _
```

```
      GetContentType() & vbCrLf & _
    "Content-Transfer-Encoding: " & _
      IIf(objMail.BodyEncoding.Equals( _
         Encoding.ASCII), _
         "7Bit", "8Bit") & _
    vbCrLf
If Not blnIsMultipart Then
    objResult.Append(strMessageContentType)
Else
    objResult.Append("MIME-Version: 1.0" & vbCrLf)
    objResult.Append("Content-Type: multipart/mixed;" & _
      "boundary=""" & strMimeSeparator & """" & _
      vbCrLf)
End If

' ----------------------------------
' Priorität setzen
' ----------------------------------
objResult.Append("Importance: " & GetImportance() & _
    vbCrLf)
objResult.Append("X-Priority: " & _
    GetPriority() & _
    vbCrLf)

' ----------------------------------
' Mailer setzen
' ----------------------------------
objResult.Append("X-Mailer: " & _
    Me.strMailer & vbCrLf)

' ----------------------------------
' Body schreiben
' ----------------------------------
If Not blnIsMultipart Then
    objResult.Append(vbCrLf & objMail.Body)
Else
    ' ------------------------------
    ' Als Erstes den Hinweis auf MIME
    ' schreiben
    ' ------------------------------
    objResult.Append(vbCrLf &
      "This is a multipart " & _
      "message in MIME format." & vbCrLf)

    ' ------------------------------
    ' Jetzt den Body schreiben
    ' ------------------------------
    objResult.Append("--" & strMimeSeparator & vbCrLf)
    objResult.Append(strMessageContentType & vbCrLf)
    objResult.Append(objMail.Body)

    Dim objFile As Object
    Dim intCurrentFileCount As Int32 = 0
```

```
            For Each objFile In objMail.Attachments

               Dim strFile As String
               If TypeOf (objFile) Is MailAttachment Then
                  Dim objAttachment As MailAttachment = _
                     DirectCast(objFile, MailAttachment)
                  strFile = objAttachment.Filename
               Else
                  strFile = objFile.ToString
               End If

               Dim strContent As String = _
                  Me.GetFileWithSeparator( _
                     strFile, strMimeSeparator)
               If strContent.Length > 0 Then
                  objResult.Append(strContent)
               End If
            Next
            objResult.Append(vbCrLf & vbCrLf & "--" & _
               strMimeSeparator & "--")
         End If

         objResult.Append(vbCrLf & ".")
         Return objResult.ToString.Trim
      End Function
```


Die Methode `ConvertToString` führt die eigentliche Umwandlung der E-Mail in eine per SMTP versendbare Nachricht durch. Zunächst wird anhand der Anzahl der Attachments der E-Mail festgelegt, ob es sich um eine so genannte *Multipart*-E-Mail handelt, die aus mehreren Blöcken besteht, die Text und Anhänge repräsentieren. Die lokale Variable `strBoundary` enthält den Trenner zwischen den einzelnen Blöcken einer *Multipart*-E-Mail.

Da eine per *SMTP* versendbare Nachricht aus zwei wesentlichen Teilen – nämlich Header und Body – besteht, wird zunächst der Header generiert.

Das erste Element des `Headers` ist die eindeutige Message-ID der Nachricht, die mit Hilfe einer Guid generiert wird. Anschließend werden Datum, Absender, Empfänger, Kopie-Empfänger und Betreff der Nachricht hinzugefügt. Da Empfänger und Kopie-Empfänger in Form von `ArrayList`-Objekten vorliegen, werden diese mit Hilfe der Methode `GetDelimited` in durch Semikolon separierte Zeichenketten umgewandelt.

Nach der Ermittlung des ContentTypes der E-Mail mit Hilfe der Methode `GetContentType` und des Transfer-Encodings (7 Bit für nur ASCII-Nachrichten, 8 Bit für alle anderen Encodings) sowie der anschließenden Zuweisung an die lokale Variable `strContentType` wird diese Information im Falle einer Nicht-Multipart-E-Mail sofort dem Header hinzugefügt. Wenn es sich um eine Multipart-E-Mail handeln sollte, wird der so genannte *MIME-Header* hinzugefügt, der sowohl die verwendete MIME-Version als auch `ContentType` (da die E-Mail Anhänge enthält, lautet er »multipart/mixed«) und Trenner zwischen den einzelnen Blöcken deklariert.

Nachdem Priorität und Mailer-Software dem Header der Nachricht hinzugefügt worden sind, kann der eigentliche Nachrichtentext geschrieben werden.

Im Falle einer Nicht-Multipart-E-Mail wird dieser Nachrichtentext nach einer Leerzeile einfach angehängt. Sollte es sich jedoch um eine Multipart-E-Mail handeln, sollte zunächst ein Hinweistext für alle Besitzer nicht MIME-fähiger E-Mail-Clients eingefügt werden – in diesem Fall lautet dieser Text »This is a multipart message in MIME format«.

Der eigentliche Inhalt der Multipart-Nachricht wird nunmehr nach dem ersten Trenner – der im Body immer mit zwei führenden Bindestrichen eingeleitet wird – eingefügt. Nach jedem Trenner muss dabei immer die Inhaltsangabe des aktuellen Bereichs erfolgen. Dies beinhaltet `ContentType`, `Content-Transfer-Encoding`, eventuell Dateiname oder Inhalts-`Encoding`. Nach einer weiteren Leerzeile wird der eigentliche Inhalt eingefügt, der nach einem weiteren Zeilenumbruch wieder vom Trenner begrenzt wird.

Die angehängten Dateien werden nun in gleicher Art und Weise eingefügt, allerdings werden ihre Inhalte mit Hilfe der Methode `GetFileWithSeparator` ermittelt und Base64-codiert dargestellt.

Das Ende einer Multipart-Nachricht stellt immer der Trenner dar, an den am Ende noch zwei weitere Bindestriche angehängt werden. Somit kann der Mailclient erkennen, wo die Nachricht für ihn aufhört, und die einzelnen Inhalte korrekt darstellen.

Ganz am Ende der Nachricht wird ein einzelner Punkt in einer Zeile eingefügt. Dieser ist kein Bestandteil der eigentlichen Nachricht mehr, sondern wird vom SMTP-Server zur Erkennung des Endes der zu transportierenden Nachricht verwendet. in der ausgelieferten E-Mail an den E-Mail-Client kommt dieser Punkt nicht mehr vor.

Die so generierte Nachricht wird als Ergebnis der Transformation zurückgegeben.

```
Private Function GetContentType() As String
   Dim strResult As String = "text/plain"
   If objMail.BodyFormat = MailFormat.Html Then
      strResult = "text/html"
   End If
   strResult &= ";" & _
      "charset=""" & _
      objMail.BodyEncoding.HeaderName & """"

   Return strResult
End Function
```

Die Methode `GetContentType` ermittelt den Inhaltstyp der Nachricht oder des Inhaltsblocks bei einer Multipart-E-Mail. Anhand der Eigenschaft `BodyFormat` der E-Mail wird zunächst der Inhaltstyp bestimmt – »text/plain« für reine Textnachrichten oder »text/html« für HTML-Inhalte. Mit Hilfe des Namens des verwendeten Encodings kann dafür gesorgt werden, dass der E-Mail-Client den korrekten Zeichensatz bei der Anzeige benutzt, so dass Umlaute korrekt dargestellt werden.

```
Private Function GetImportance() As String
   Dim strResult As String = _
      objMail.Priority.ToString
   If objMail.Priority = MailPriority.High Then
      strResult = "Urgent"
   End If
   Return strResult
End Function

Private Function GetPriority() As String
   Dim strResult As String = "3"
   If objMail.Priority = MailPriority.High Then
      strResult = "2"
   End If
   If objMail.Priority = MailPriority.Low Then
      strResult = "4"
   End If
   Return strResult
End Function
```


Mit Hilfe von `GetImportance` und `GetPriority` kann die Wichtigkeit der E-Mail bei Anzeige im Browser gesteuert werden. Dabei werden nicht alle möglichen Dringlichkeitsstufen, sondern nur die mittleren Stufen erzeugt – die Abstufungen lauten Dringlich, Normal und Unwichtig.

```
Private Function GetDelimited( _
   ByVal objList As ArrayList, _
   ByVal strDelimiter As String) As String

   Dim objResult As New StringBuilder
   Dim strValue As String

   For Each strValue In objList
      If strValue.Length > 0 Then
         objResult.Append(strValue & strDelimiter)
      End If
   Next

   Return objResult.ToString
End Function
```

Die Methode `GetDelimited` wandelt die Inhalte einer `ArrayList` aus Strings in einen einzelnen String um, dessen einzelne Bestandteile durch den angegebenen Begrenzer voneinander getrennt sind. Dieser Begrenzer wird in der Regel ein Semikolon sein.

```
Public Function GetFileContent( _
   ByVal strFile As String) As String
```

```
        Dim intMaxLineLength As Int32 = 75
        Dim objInfo As New FileInfo(strFile)
        Dim strResult As String = String.Empty

        Dim objStream As New System.IO.BinaryReader( _
           File.OpenRead(strFile))

        Dim objContent(objInfo.Length) As Byte
        objStream.Read(objContent, 0, objInfo.Length)

        Dim strFileContent As String = _
           Convert.ToBase64String(objContent)

        Dim strNewFileContent As String = String.Empty
        Dim intMaxLength As Int32 = (strFileContent.Length \ _
           intMaxLineLength) * intMaxLineLength
        Dim intMaxLengthVbCrLf As Int32 = _
           intMaxLength + (intMaxLength \ intMaxLineLength) * 2

        Dim objNewFileContent As New StringBuilder( _
           intMaxLengthVbCrLf)

        Dim intCurrent As Int64 = 0
        While intCurrent < intMaxLength
           objNewFileContent.Append( _
              strFileContent.Substring( _
                 intCurrent, intMaxLineLength) & vbCrLf)
           intCurrent += intMaxLineLength
        End While

        strNewFileContent = objNewFileContent.ToString
        If intMaxLength < strFileContent.Length Then
           Dim strRemainingData As String
           strRemainingData = _
              strFileContent.Substring(intMaxLength)
           strNewFileContent &= strRemainingData
        End If

        strFileContent = strNewFileContent
        Return strFileContent
     End Function
```

Die Methode `GetFileContent` lädt die als Parameter angegebene Datei, codiert sie mit Hilfe des Base64-Verfahrens und passt die Anzahl der Zeichen pro Zeile auf maximal 77 Zeichen inklusive Zeilenumbruch an. Dieses Umbrechen der Zeile nach 75 Zeichen plus CarriageReturn und LineFeed sorgt dafür, dass auch ältere Mailserver und -clients die Mail ordnungsgemäß verarbeiten und transportieren können.

Aufgrund des verwendeten Algorithmus nimmt diese Umwandlung selbst bei großen Dateien kaum Zeit in Anspruch – eine neun MegaByte große *.exe*-Datei konnte auf dem Testsystem (Pentium III, 512 MB RAM und eine fast volle Festplatte) innerhalb von weniger als zwei Sekunden umgewandelt und verarbeitet werden. Die so erzeugte Repräsentation der Datei wird zuletzt an die aufrufende Methode zurückgegeben.

```
    Private Function GetFileWithSeparator( _
      ByVal strFile As String, _
      ByVal strMimeSeparator As String) As String

      Dim objResult As New StringBuilder

      If File.Exists(strFile) Then

        objResult.Append(vbCrLf & "--" & _
          strMimeSeparator & vbCrLf)

        ' -----------------------------------------
        ' ContentType und Dateiname hinzufügen
        ' -----------------------------------------
        objResult.Append( _
          "Content-Type: application/octet-stream;" & _
            "name=""" & _
            Path.GetFileName(strFile) & """;" & _
          vbCrLf)

        ' -----------------------------------------
        ' Content-Transfer-Encoding setzen
        ' -----------------------------------------
        objResult.Append( _
          "Content-Transfer-Encoding: base64" & _
          vbCrLf)

        ' -----------------------------------------
        ' Content-Disposition setzen
        ' -----------------------------------------
        objResult.Append( _
          "Content-Disposition: attachment;" & _
          "filename=""" & _
            Path.GetFileName(strFile) & _
          """" & vbCrLf & vbCrLf)

        ' -----------------------------------------
        ' Datei-Inhalt anfügen
        ' -----------------------------------------
        objResult.Append(Me.GetFileContent(strFile))
      End If

      Return objResult.ToString
    End Function

  End Class

End Namespace
```

Die Methode GetFileWithSeparator erzeugt einen MIME-Block, der den Inhalt einer Datei repräsentiert. Ein derartiger Block besteht immer aus dem MIME-Block-Trenner, der von zwei Bindestrichen eingeleitet wird, der Inhaltsangabe (in diesem Fall immer »application/octet-stream«), der Angabe des Transfer-Encodings (»base64«) und der Angabe von Content-Disposition und Dateiname. Dieser Deklaration folgt eine Leerzeile und dann die mit Hilfe der Methode GetFileContent erzeugte Repräsentation des Dateiinhalts. Sollte die angegebene Datei tatsächlich im Dateisystem vorhanden sein, wird der Block erzeugt und zurückgegeben.

Nachdem nunmehr die Nachricht in Textform erzeugt worden ist, werfen wir einen Blick auf die Klasse SmtpClient, die den eigentlichen Versand der E-Mail vornimmt.

SmtpClient

Die Klasse SmtpClient nimmt den eigentlichen Versand der E-Mail über eine Socket-Verbindung vor:

```
Imports System.Text
Imports System.Text.RegularExpressions
Imports System.IO
Imports System.NET
Imports System.NET.Sockets
Imports System.Diagnostics
Imports System.Threading

Namespace codebook.aspnet.vb.NET.Smtp

   Public Class SmtpClient

      Private Const intBufferSize As Int32 = 512
      Private strServer As String = "localhost"
      Private intPort As Int32 = 25
      Private strUsername As String = String.Empty
      Private strPassword As String = String.Empty
      Private objMail As SmtpMailMessage
      Private objSocket As Socket

      Sub New()
      End Sub

      Sub New(ByVal objMail As SmtpMailMessage)
         Me.New()
         Me.Message = objMail
      End Sub

      Sub New( _
         ByVal objMail As SmtpMailMessage, _
         ByVal strServer As String)

         Me.New(objMail)
         Me.Server = strServer
```

```
    End Sub

    Sub New( _
       ByVal objMail As SmtpMailMessage, _
       ByVal strServer As String, _
       ByVal intPort As Int32)

       Me.New(objMail, strServer)
       Me.Port = intPort
    End Sub

    Sub New( _
       ByVal objMail As SmtpMailMessage, _
       ByVal strServer As String, _
       ByVal strUsername As String, _
       ByVal strPassword As String)
       Me.New(objMail, strServer)
       Me.Username = strUsername
       Me.Password = strPassword
    End Sub

    Sub New( _
       ByVal objMail As SmtpMailMessage, _
       ByVal strServer As String, _
       ByVal intPort As Int32, _
       ByVal strUsername As String, _
       ByVal strPassword As String)

       Me.New(objMail, strServer, strUsername, strPassword)
       Me.Port = intPort
    End Sub

    Public Property Server() As String
       Get
          Return Me.strServer
       End Get
       Set(ByVal Value As String)
          Me.strServer = Value
       End Set
    End Property

    Public Property Username() As String
       Get
          Return Me.strUsername
       End Get
       Set(ByVal Value As String)
          Me.strUsername = Value
       End Set
    End Property

    Public Property Password() As String
       Get
          Return Me.strPassword
```

```
        End Get
        Set(ByVal Value As String)
            Me.strPassword = Value
        End Set
    End Property

    Public Property Port() As Int32
        Get
            Return Me.intPort
        End Get
        Set(ByVal Value As Int32)
            Me.intPort = Value
        End Set
    End Property

    Public Property Message() As SmtpMailMessage
        Get
            Return Me.objMail
        End Get
        Set(ByVal Value As SmtpMailMessage)
            Me.objMail = Value
        End Set
    End Property
```

Die Klasse `SmtpClient` verfügt über einen mehrfach überladenen Konstruktor. Diesem Konstruktor können Servername, Port, Benutzername, Passwort und die zu versendende E-Mail übergeben werden. Wenn einige der Werte nicht angegeben worden sind, erfolgt eine Belegung der internen Variablen mit Standardwerten.

```
    Public Shared Function Send( _
        ByVal objMessage As SmtpMailMessage, _
        ByVal strServer As String) As Boolean

        Return Send(objMessage, strServer, 25)
    End Function

    Public Shared Function Send( _
        ByVal objMessage As SmtpMailMessage) As Boolean

        Return Send(objMessage, "localhost")
    End Function

    Public Shared Function Send( _
        ByVal objMessage As SmtpMailMessage, _
        ByVal strServer As String, _
        ByVal intPort As Int32) As Boolean

        Return Send( _
            objMessage, _
            strServer, intPort, _
            String.Empty, String.Empty)
```

```
    End Function

    Public Shared Function Send( _
       ByVal objMessage As SmtpMailMessage, _
       ByVal strServer As String, _
       ByVal strUsername As String, _
       ByVal strPassword As String) As Boolean

       Return Send( _
          objMessage, _
          strServer, 25, _
          strUsername, strPassword)
    End Function

    Public Shared Function Send( _
       ByVal objMessage As SmtpMailMessage, _
       ByVal strServer As String, _
       ByVal intPort As Int32, _
       ByVal strUsername As String, _
       ByVal strPassword As String) As Boolean

       Dim objSender As New SmtpClient( _
          objMessage, strServer, intPort, _
          strUsername, strPassword)
       Return objSender.Send
    End Function
```

Auch die statische Methode `Send` ist mehrfach überladen. Ihr können die E-Mail, der Servername, der Port, der Benutzername und das Kennwort übergeben werden. Sollte außer der E-Mail einer der Werte nicht angegeben worden sein, erfolgt das Einsetzen von Standardwerten. Anschließend wird eine neue Instanz der `SmtpClient`-Klasse erstellt, deren Konstruktor die vorhandenen Informationen übergeben und die nicht-statische Methode `Send` der `SmtpClient`-Klasse aufgerufen, die den eigentlichen Versand der E-Mail vornimmt.

```
    Public Function Send() As Boolean

       Dim strUserBase64 As String = String.Empty
       Dim strPassBase64 As String = String.Empty
       Dim blnResult As Boolean = Me.Connect

       Dim strData As String = _
          SmtpMailMessageConverter.Transform(Me.Message)
       Dim blnMustAuthenticate As Boolean = _
          (Me.Username.Length > 0)

       If Me.Username.Length > 0 Then
          strUserBase64 = _
             Convert.ToBase64String( _
                Encoding.Default.GetBytes(Me.Username))
       End If
```

```
If Me.Password.Length > 0 Then
   strPassBase64 = _
     Convert.ToBase64String( _
        Encoding.Default.GetBytes(Me.Password))
End If

Dim strResult As String
If blnResult Then
   If blnMustAuthenticate Then
     Me.SendCommand("EHLO")
   Else
     Me.SendCommand("HELO")
   End If
End If

If blnMustAuthenticate Then
   Me.SendCommand("AUTH LOGin")
   Me.SendCommand(strUserBase64)
   Me.SendCommand(strPassBase64)
End If

' ----------------------------------------
' Absender angeben
' ----------------------------------------
Me.SendCommand("MAIL FROM: " & _
   GetAddress(Me.Message.From))

' ----------------------------------------
' Alle Empfänger durchlaufen und angeben
' ----------------------------------------
Dim strAddress As String
For Each strAddress In Me.Message.To
   If strAddress.Length > 0 Then
     Me.SendCommand("RCPT TO: " & _
        Me.GetAddress(strAddress))
   End If
Next
For Each strAddress In Me.Message.Cc
   If strAddress.Length > 0 Then
     Me.SendCommand("RCPT TO: " & _
        Me.GetAddress(strAddress))
   End If
Next
For Each strAddress In Me.Message.Bcc
   If strAddress.Length > 0 Then
     Me.SendCommand("RCPT TO: " & _
        Me.GetAddress(strAddress))
   End If
Next

Me.SendCommand("DATA")
Me.SendCommand(strData)
```

```
         Me.SendCommand("QUIT")
         Me.Close()

         Return blnResult
      End Function
```

Innerhalb der Methode Send erfolgt die komplette Übermittlung der E-Mail an den Server. Zunächst wird mit Hilfe der Methode Connect die Verbindung zum Server aufgebaut. Anschließend konvertiert die statische Methode Transform der SmtpMailMessageConverter-Klasse die E-Mail in eine Zeichenkette, die an den Server übertragen werden kann. Sollten Benutzername und Passwort angegeben worden sein, werden diese Informationen Base64-codiert, damit der Server sie verarbeiten kann.

Als erstes Kommando wird entweder EHLO oder HELO gesendet – abhängig davon, ob eine Authentifizierung benötigt wird oder nicht. Ersteres Kommando schaltet den Server in einen Modus, bei dem er die Authentifizierung akzeptiert. Wenn die Authentifizierung vorgenommen werden soll, erfolgt die Übermittlung von Benutzername und Kennwort, nachdem das Kommando AUTH LOGIN gesendet worden ist.

Nunmehr kann der Absender der E-Mail mit Hilfe des Kommandos MAIL FROM übergeben werden. Anschließend werden alle Empfänger – auch Kopie- und Blindkopie-Empfänger – mit Hilfe des RCPT TO-Kommandos angegeben – der Server kümmert sich automatisch um die Weiterleitung an deren Mailserver.

Nun kann der Inhalt der E-Mail übermittelt werden. Dies wird vom Kommando DATA eingeleitet und mit einem Punkt auf einer Zeile allein abgeschlossen, der schon bei der Umwandlung der E-Mail am Ende der Nachricht hinzugefügt worden ist. Zuletzt wird die Übermittlung der Nachricht mit Hilfe des Kommandos QUIT abgeschlossen und die Verbindung zum Server getrennt.

```
      Private Function Connect() As Boolean
         Dim blnResult As Boolean = False

         Try
            Dim objEntry As IPHostEntry = Dns.Resolve(Me.Server)
            Dim objAdress As IPAddress = objEntry.AddressList(0)
            Dim objEndPoint As New IPEndPoint(objAdress, Me.Port)

            objSocket = New Socket( _
               AddressFamily.InterNetwork, _
               SocketType.Stream, _
               ProtocolType.Tcp)
            objSocket.Connect(objEndPoint)
            objSocket.Blocking = False

            If Not objSocket.Connected Then
               Throw New Exception("Could not connect socket!")
            End If
```

```
            Dim strResult As String = Me.Receive
            blnResult = objSocket.Connected
        Catch ex As Exception
            Me.Close()
            Throw New Exception(ex.Message)
        End Try

        Return blnResult
    End Function
```

Mit Hilfe der Methode `Connect` wird die Verbindung zum Mailserver hergestellt. Anhand der Informationen zu Servername und Port wird zunächst das Ziel der Verbindung bestimmt. Mit Hilfe eines Netzwerk-Sockets wird nun die eigentliche Verbindung hergestellt. Eine dabei möglicherweise auftretende `Exception` wird abgefangen und in dem Fall die Verbindung zum Server sofort wieder geschlossen.

```
    Private Function SendCommand( _
        ByVal strCommand As String) As String

        Me.SendCommand(strCommand, True)
    End Function

    Private Function SendCommand( _
        ByVal strCommand As String, _
        ByVal blnReceive As Boolean) As String

        Debug.WriteLine("SEND: " & strCommand)
        Dim objData() As Byte = _
            Me.Message.BodyEncoding.GetBytes( _
            strCommand & vbCrLf)

        objSocket.Send(objData, objData.Length, SocketFlags.None)
        Debug.WriteLine("Command sended...")

        If blnReceive Then
            Me.IsDataAvailable(1)
            Return Me.Receive
        Else
            Return String.Empty
        End If
    End Function
```

Die Übermittlung eines Kommandos an den Mailserver erfolgt mit Hilfe der überladenen Methode `SendCommand`. Das zu sendende Kommando wird dabei in ein `Byte`-Array umgewandelt, welches dann über die `Socket`-Verbindung übertragen wird.

Sollte ein anschließender Empfang gewünscht sein, wird die Rückgabe der Methode `Receive` zurückgegeben, anderenfalls eine leere Zeichenkette.

```
    Private Function Receive() As String
        Dim strResult As String = String.Empty
        Dim objEncoding As Encoding = Encoding.ASCII
        Dim intDataSize As Int32
        Dim objData(Me.intBufferSize) As Byte

        Dim blnIsReceiving As Boolean = Me.IsDataAvailable(1)
        While blnIsReceiving
            Try
                intDataSize = objSocket.Receive(objData)
                strResult &= objEncoding.GetString(objData)
                blnIsReceiving = (intDataSize = Me.intBufferSize)
                If blnIsReceiving Then
                    blnIsReceiving = IsDataAvailable(3)
                End If
                Debug.WriteLine("Awaiting more Data: " & _
                    blnIsReceiving)
            Catch ex As Exception
                Throw New Exception(ex.Message)
            End Try
        End While

        Debug.WriteLine("Data: " & strResult)
        Return strResult
    End Function
```

Die Methode `Receive` empfängt die Rückgaben des E-Mail-Servers. Da aufgrund des TCP-Protokolls nicht vorausgesagt werden kann, ob und wann die einzelnen Bytes der Rückgabe eintreffen, wird zunächst mit Hilfe der Methode `IsDataAvailable` gewartet, bis die ersten Daten eintreffen. Solange Daten eintreffen und die Anzahl der eintreffenden Daten der Puffergröße entsprechen, werden diese Daten der Rückgabe der Methode hinzugefügt.

```
    Private Function IsDataAvailable( _
        ByVal intTimeOut As Int32) As Boolean

        Dim blnResult As Boolean = False
        Dim intEndTicks As Int64 = _
            DateTime.Now.AddSeconds(intTimeOut).Ticks
        Dim blnMustWait As Boolean = True

        Do
            blnMustWait = Not ( _
                objSocket.Poll(100, SelectMode.SelectRead) And _
                objSocket.Available > 0)
            Debug.WriteLine("Wait: " & blnMustWait)
            If blnMustWait Then
                If DateTime.Now.Ticks > intEndTicks Then
                    Exit Do
                End If
                Thread.Sleep(10)
            Else
```

```
            blnResult = True
            Exit Do
          End If
       Loop While True

       Return blnResult
    End Function
```

Die Methode `IsDataAvailable` überprüft, ob Daten eingetroffen sind. Dies kann anhand der Methode `Poll` und der Eigenschaft `DataAvailable` des Sockets bestimmt werden – `Poll` würde `True` und `DataAvailable` die Anzahl der empfangenen Bytes zurückgeben. Sollten keine Daten empfangen und das beim Aufruf der Methode übergebene Timeout in Sekunden noch nicht erreicht worden sein, pausiert der aktuelle Thread für zehn Millisekunden und anschließend erfolgt eine erneute Überprüfung, ob bereits Datenpakete eingetroffen sind.

Wenn Datenpakete innerhalb der maximalen Wartezeit eingetroffen sind, ist die Rückgabe der Methode `True`, anderenfalls `False`.

```
    Private Sub Close()
       If Not IsNothing(Me.objSocket) Then
          If Me.objSocket.Connected Then
             Me.objSocket.Close()
          End If
       End If
    End Sub

    Private Function GetAddress( _
       ByVal strData As String) As String

       Dim strPattern As String = "<([^@>]+@[^>]+)>"
       Dim strResult As String = strData
       If Regex.IsMatch(strResult, strPattern) Then
          strResult = Regex.Matches( _
             strResult, _
             strPattern).Item(0).Groups(1).ToString
       End If
       Return strResult
    End Function

 End Class

End Namespace
```

Die Methode `Close` ist für das ordnungsgemäße Schließen des Sockets zuständig. `GetAddress` wird verwendet, um bei der Übergabe von Sender und Empfänger an den Server die E-Mail-Adresse zu ermitteln, falls ein Name mit übergeben worden ist, da der Server mit dem Namen des Empfängers nichts anfangen kann.

Der `SmtpClient` ist damit komplett und kann im folgenden Beispiel eingesetzt werden.

193 Mailversand per SmtpClient

Der E-Mail-Versand per `SmtpClient` gestaltet sich ebenso einfach wie der Versand mit Hilfe der vom System bereitgestellten `SmtpMail`-Klasse. Sehen wir uns an, wie dies umgesetzt werden kann:

```
Imports System.Web.Mail
Imports System.Text

Namespace codebook.aspnet.vb.NET.Smtp

   Public Class SmtpMailTest
      Inherits System.Web.UI.Page

      Private Sub Page_Load( _
         ByVal sender As Object, _
         ByVal e As System.EventArgs) _
         Handles MyBase.Load

         Dim objMail As New MailMessage
         objMail.From = "Karsten Samaschke <Test@localhost>"
         objMail.To = "Karsten Samaschke <Test@localhost>"
         objMail.BodyEncoding = Encoding.GetEncoding("iso-8859-1")
         objMail.Subject = "Test"
         objMail.Body = "Hallo..." & vbCrLf & vbCrLf & _
            "Dies ist eine Testmail mit Anhang, die " & _
            "per SmtpClient versendet wird." & _
            vbCrLf & vbCrLf & vbCrLf & "Karsten"
         objMail.BodyFormat = MailFormat.Text
         objMail.Attachments.Add( _
            New MailAttachment(Server.MapPath("Test.pdf")))

         Dim objSmtpMail As New SmtpMailMessage(objMail)
         SmtpClient.Send( _
            objSmtpMail, "localhost", 25, "Test@localhost", "Test")
      End Sub

   End Class

End Namespace
```

Listing 372: Versand einer E-Mail per SmtpClient (SmtpMail.aspx.vb)

Da die für den Versand per `SmtpClient`-Klasse benötigte `SmtpMailMessage`-Instanz einen überladenen Konstruktor besitzt, der als Argument auch eine Instanz der `MailMessage`-Klasse aus dem `System.Web.Mail`-Namensraum akzeptiert, erzeugen wir die zu versendende E-Mail mit Hilfe der `MailMessage`-Klasse, zumal deren Gebrauch weiter vorne in diesem Kapitel bereits ausführlich besprochen worden ist.

Der E-Mail werden Absender, Empfänger, Zeichensatz, Betreff, Inhalt und ein Attachment zugewiesen. Anschließend wird anhand dieser Instanz der `MailMessage`-Klasse eine neue Instanz der `SmtpMailMessage`-Klasse erzeugt, die für den Versand per `SmtpClient` benötigt wird:

```
Dim objSmtpMail As New SmtpMailMessage(objMail)
```

Mit Hilfe der statischen Methode `Send` des `SmtpClients` kann die E-Mail versendet werden. Zu diesem Zweck werden als Argumente die zu versendende E-Mail, der Domainname oder die IP-Adresse des zum Versand verwendeten E-Mail-Servers, dessen Port sowie Benutzername und Kennwort des für den Versand genutzten Kontos auf dem Server übergeben:

```
SmtpClient.Send( _
   objSmtpMail, "localhost", 25, "Test@localhost", "Test")
```

Sie können auf alle Argumente außer der zu versendenden E-Mail auch verzichten – ist kein Server angegeben, so erfolgt der Versand mit Hilfe des lokalen E-Mail-Servers, ist kein Port angegeben, so wird der Standard-Port 25 genutzt, und wenn Sie auf Benutzername und Kennwort verzichten, so erfolgt keine Authentifizierung am E-Mail-Server.

Somit können Sie auch die vorherigen Beispiele aus diesem Kapitel schnell auf den Versand per `SmtpClient`- statt `SmtpMail`-Klasse umstellen – prinzipiell reicht es aus, die `SmtpClient`-Klasse einzubinden und dieser die zu versendende E-Mail zu übergeben.

194 POP3-Klasse zum Abrufen von Mails

in der aktuellen Version des .NET Frameworks gibt es leider keine Möglichkeit, E-Mails per POP3 direkt von einem Mailserver abzurufen. Bisher waren für diese Aufgabe immer (kostenpflichtige) Software-Komponenten nötig, aber mit ein wenig Kenntnis der zugrunde liegenden Protokolle und der Socket-Programmierung mit dem .NET Framework können diese Anforderung auch selbst gelöst werden.

Sehen wir uns im Folgenden an, wie eine derartige Lösung aussehen könnte.

Pop3MailAttachment

Diese Klasse repräsentiert ein Attachment der E-Mail:

```
Imports System.Text

Namespace codebook.aspnet.vb.NET.Pop3

   Public Class Pop3MailAttachment

      Private strFilename As String = String.Empty
      Private strContentType As String = "application/octet-stream"
      Private objData() As Byte
      Private objEncoding As Encoding = Encoding.Default

      Public Property Filename() As String
```

Listing 373: Repräsentiert einen Dateianhang einer E-Mail (Pop3MailAttachment.vb)

```
        Get
            Return Me.strFilename
        End Get
        Set(ByVal Value As String)
            Me.strFilename = Value
        End Set
    End Property

    Public Property ContentType() As String
        Get
            Return Me.strContentType
        End Get
        Set(ByVal Value As String)
            Me.strContentType = Value
        End Set
    End Property

    Public Property Data() As Byte()
        Get
            Return Me.objData
        End Get
        Set(ByVal Value As Byte())
            Me.objData = Value
        End Set
    End Property

    Public Property Encoding() As Encoding
        Get
            Return Me.objEncoding
        End Get
        Set(ByVal Value As Encoding)
            Me.objEncoding = Value
        End Set
    End Property
  End Class

End Namespace
```

Listing 373: Repräsentiert einen Dateianhang einer E-Mail (Pop3MailAttachment.vb) (Forts.)

Die `Pop3MailAttachment`-Klasse selbst verfügt über keine Methoden zur Verarbeitung von Inhalten. Sie bietet die Möglichkeit, über die Eigenschaften `Filename`, `ContentType`, `Data` und `Encoding` auf den Inhalt des Attachments zuzugreifen und es bei Bedarf zu speichern. Der eigentliche Inhalt liegt als `Byte`-Array vor und kann mit Hilfe der in `BodyEncoding` enthaltenen Zeichensatz-Angabe decodiert werden.

Pop3Mail

Die Klasse `Pop3Mail` repräsentiert eine E-Mail, die vom `Pop3Client` heruntergeladen worden ist. Sie verfügt über Eigenschaften, mit deren Hilfe auf den Inhalt der E-Mail zugegriffen werden kann, und besitzt Methoden, die den Inhalt aus der Form, wie er vom Server heruntergeladen worden ist, in das Format einer E-Mail zurücktransformiert:

```
Imports System.Web.Mail
Imports System.Text
Imports System.Text.RegularExpressions
Imports System.Collections.Specialized
Imports System.Diagnostics

Namespace codebook.aspnet.vb.NET.Pop3

   Public Class Pop3Mail

      Private strFrom As String = String.Empty
      Private strTo As String = String.Empty
      Private strCc As String = String.Empty
      Private strSubject As String = String.Empty
      Private strBodyContent As String = _
         String.Empty
      Private strMimeSeparator As String = _
         String.Empty

      Private objDate As DateTime = DateTime.Now
      Private objBodyFormat As MailFormat = _
         MailFormat.Text#
      Private objBodyEncoding As Encoding = _
         Encoding.Default
      Private strTransferEncoding As String = _
         String.Empty
      Private objAttachments As New ArrayList
      Private objHeaders As New NameValueCollection
      Private intServerPosition As Int32 = 0
      Private intSize As Long = 0
      Private strServerId As String = String.Empty

      Public Property ServerPosition() As Int32
         Get
            Return Me.intServerPosition
         End Get
         Set(ByVal Value As Int32)
            Me.intServerPosition = Value
         End Set
      End Property

      Public Property Size() As Long
         Get
            Return Me.intSize
         End Get
         Set(ByVal Value As Long)
            Me.intSize = Value
         End Set
      End Property

      Public Property ServerId() As String
         Get
            Return Me.strServerId
```

```
        End Get
        Set(ByVal Value As String)
            Me.strServerId = Value
        End Set
    End Property

    Public ReadOnly Property From() As String
        Get
            Return Me.strFrom
        End Get
    End Property

    Public ReadOnly Property [To]() As String
        Get
            Return Me.strTo
        End Get
    End Property

    Public ReadOnly Property Cc() As String
        Get
            Return Me.strCc
        End Get
    End Property

    Public ReadOnly Property [Date]() As DateTime
        Get
            Return Me.objDate
        End Get
    End Property

    Public ReadOnly Property Subject() As String
        Get
            Return Me.strSubject
        End Get
    End Property

    Public ReadOnly Property Body() As String
        Get
            Return Me.strBodyContent
        End Get
    End Property

    Public ReadOnly Property HasAttachments() As Boolean
        Get
            Return Me.objAttachments.Count > 0
        End Get
    End Property

    Public ReadOnly Property Attachments() As ArrayList
        Get
            Return Me.objAttachments
        End Get
    End Property
```

```
Public ReadOnly Property AttachmentCount() As Int32
   Get
      Return Me.Attachments.Count
   End Get
End Property

Public ReadOnly Property BodyFormat() As MailFormat
   Get
      Return Me.objBodyFormat
   End Get
End Property

Public ReadOnly Property BodyEncoding() As Encoding
   Get
      Return Me.objBodyEncoding
   End Get
End Property

Public Function GetHeader(ByVal strKey As String) As String
   Return Me.objHeaders.Item(strKey.ToLower) & ""
End Function
```

Die beiden Eigenschaften `ServerId` und `ServerPosition` bezeichnen die interne Id der E-Mail auf dem Mailserver und deren Position innerhalb der E-Mail-Liste auf dem Server. Mit Hilfe von `Size` erhalten Sie Auskunft darüber, wie groß die komplette E-Mail ist. Alle drei Eigenschaften enthalten Werte, die vom Mailserver generiert worden sind.

Mit Hilfe der Eigenschaften `From`, `To`, `Cc`, `Date`, `Subject` und `Body` können Sie auf die Angaben zu Absender, Empfängern, Datum, Betreff und Inhalt zugreifen. `BodyFormat` und `BodyEncoding` geben Auskunft darüber, ob es sich um eine Plain-Text- oder HTML-E-Mail handelt und welcher Zeichensatz innerhalb der E-Mail verwendet wird.

Anhänge können Sie mit Hilfe der Eigenschaft `Attachments` abrufen. Die von dieser Eigenschaft zurückgegebene `ArrayList` beinhaltet die einzelnen Datei-Anhänge in Form einer `Pop3MailAttachment`-Instanz.

Auf die einzelnen Kopfzeilen der E-Mail können Sie mit Hilfe der Methode `GetHeader` zugreifen, der Sie den Namen der Kopfzeile als Parameter übergeben.

```
Public Sub ParseMail(ByVal strData As String)
   Dim blnIsMimeMail As Boolean = False

   Dim strHead As String = strData
   Dim strBody As String = String.Empty
   If strData.IndexOf(vbCrLf & vbCrLf) > 0 Then
      strHead = strData.Substring( _
        0, strData.IndexOf(vbCrLf & vbCrLf))
      strBody = strData.Substring( _
        strData.IndexOf(vbCrLf & vbCrLf) + 4)
```

```
        If strBody.IndexOf(vbCrLf & "." & vbCrLf) > 0 Then
          strBody = strBody.Substring(0, _
            strBody.IndexOf(vbCrLf & "." & vbCrLf))
        End If
      End If

      ' ---------------------------------------
      ' Header in NameValueCollection zerlegen
      ' und der Headers-Collection zuweisen
      ' ---------------------------------------
      Me.objHeaders = Me.ParseHeaders(strHead)

      ' ---------------------------------------
      ' Jetzt die einzelnen Bestandteile des
      ' Headers auswerten
      ' ---------------------------------------
      Me.strTo = DecodeHeader(Me.GetHeader("to"))
      Me.strFrom = DecodeHeader(Me.GetHeader("from"))
      Me.strCc = DecodeHeader(Me.GetHeader("cc"))
      Me.objDate = Me.GetDate(Me.GetHeader("date"))
      Me.strSubject = DecodeHeader(Me.GetHeader("subject"))

      ' ----------------------------------------
      ' ContentType bestimmen
      ' ----------------------------------------
      Dim strBoundary As String = _
        Me.GetHeader("Boundary")
      blnIsMimeMail = (strBoundary.Length > 0)

      ' ----------------------------------------
      ' Wenn keine Multipart-E-Mail, dann Format
      ' und Encoding bestimmen
      ' ----------------------------------------
      If Not blnIsMimeMail Then
        Me.objBodyFormat = MailFormat.Text
        If Me.GetHeader("content-type").Equals( _
          "text/html") Then
          Me.objBodyFormat = MailFormat.Html
        End If

        Dim strCharset As String = Me.GetHeader("charset")
        If strCharset.Length > 0 Then
          Me.objBodyEncoding = _
            Encoding.GetEncoding(strCharset)
        End If

        Dim objData() As Byte = Encoding.Default.GetBytes( _
          strBody)
        strBody = Me.objBodyEncoding.GetString(objData)

        Dim strTransferEnc As String = _
          Me.GetHeader("content-transfer-encoding")
        If strTransferEnc.ToLower.Equals( _
```

```
        "quoted-printable") Then
        strBody = DecodeQuotedPrintable(strBody)
      End If

      Me.strBodyContent = strBody
    Else
      ' --------------------------------------
      ' Boundary bestimmen und alle Elemente
      ' durchlaufen
      ' --> Element 0 ist nur der Hinweis-Text,
      ' dass es sich um eine MIME-Mail handelt
      ' --------------------------------------
      strBoundary = "\r\n--" & strBoundary & "[--]{0,2}"
      Dim aryElements() As String = _
        Regex.Split(strBody, strBoundary)
      Dim strElement As String
      For Each strElement In aryElements
        If strElement.Length > 0 Then
          ParseElement(strElement)
        End If
      Next
      Dim objAttachment As Pop3MailAttachment
      If Me.Attachments.Count > 0 Then
        Dim intCurrent As Int32
        For intCurrent = 1 To Me.Attachments.Count - 1
          objAttachment = Me.Attachments.Item(intCurrent)
          If _
            objAttachment.ContentType.ToLower.StartsWith( _
            "text/") Then
            Me.strBodyContent = _
              objAttachment.Encoding.GetString( _
              objAttachment.Data)
            Me.objBodyEncoding = objAttachment.Encoding
            Exit For
          End If
        Next
      End If
      If Me.Body.Length = 0 Then
        objAttachment = Me.Attachments.Item(0)
        Me.strBodyContent = _
          objAttachment.Encoding.GetString( _
          objAttachment.Data)
        Me.objBodyEncoding = objAttachment.Encoding
      End If
    End If
  End Sub
```

Die Methode `ParseMail` ist für die Umwandlung der vom Server gelieferten Informationen und die Zuweisung der Daten zu den Eigenschaften der Klasse zuständig.

Zunächst werden Kopfbereich und Nachrichten-Body voneinander getrennt. Dies ist an der zwischen Kopf und Body vorhandenen Leerzeile recht einfach zu bewerkstelligen. Mit Hilfe der Methode ParseHeaders können nun die einzelnen Felder des Kopfbereichs ausgelesen und in der NameValueCollection objHeaders zur Verfügung gestellt werden.

Nachdem diese Informationen nunmehr in einer einfach abzurufenden und durchlaufbaren Struktur vorliegen, werden Absender, Empfänger, Kopie-Empfänger, Datum und Betreff ermittelt und abrufbar gemacht.

Sollte es sich um eine Multipart-E-Mail – etwa mit Anhängen – handeln, muss sich im Kopfbereich eine Information zum Trenner zwischen den einzelnen Bestandteilen der E-Mail befinden. Diese kann über den Schlüssel »boundary« ausgelesen werden.

Anhand dieser Information kann nun die unterschiedliche Verarbeitung der beiden E-Mail-Typen stattfinden. Bei Nicht-Multipart-E-Mails ist jetzt der Typ der E-Mail – *Plain-Text* oder HTML – bestimmbar. Mit Hilfe des verwendeten Zeichensatzes wird der Body-Bereich decodiert, damit sämtliche Umlaute korrekt wiedergegeben werden können. Wenn der Body-Bereich mit Hilfe des Quoted-Printable-Transfer-Encodings zusätzlich für den Transport der E-Mail codiert worden ist, wird diese Codierung zuletzt entfernt, damit der Inhalt problemlos dargestellt werden kann.

Etwas aufwändiger gestaltet sich das Vorgehen, wenn es sich bei der aktuellen E-Mail um eine Multipart-E-Mail handelt. Hier wird der Body anhand des im Kopf der E-Mail angegebenen Trenners zunächst in seine einzelnen Bestandteile zerlegt. Jeder dieser Bestandteile kann nunmehr einzeln durchlaufen und mit Hilfe der weiter unten besprochenen Methode ParseElement in eine Instanz der Pop3MailAttachment-Klasse überführt werden.

Sollte dies erledigt worden sein, wird der per Body abrufbare Inhalt der E-Mail bestimmt. Zu diesem Zweck werden die einzelnen Attachments nach dem ersten Anhang so lange durchlaufen, bis das erste Element mit einem textuellen Inhalt gefunden werden kann. Dessen Zeichensatz gilt nun ebenfalls als Standardzeichensatz der E-Mail. Sollte sich kein derartiger Anhang finden lassen, gilt der Hinweistext, dass es sich um eine MIME-E-Mail handelt, als Standardtext der E-Mail.

```
Private Sub ParseElement( _
   ByVal strData As String)

   Dim objAttachment As New Pop3MailAttachment

   Dim strHeader As String = String.Empty
   Dim strContent As String = strData
   Dim strPattern As String = vbCrLf & vbCrLf

   If Regex.IsMatch(strData, strPattern) Then
      strContent = String.Empty
      Dim aryHeaderAndBody() As String = _
         Regex.Split(strData, strPattern)
      strHeader = aryHeaderAndBody(0)
      Dim intCount As Int32
      For intCount = 1 To aryHeaderAndBody.Length - 1
         Dim strContentData As String = _
```

```
         aryHeaderAndBody(intCount)
      strContent &= strContentData
      If intCount < aryHeaderAndBody.Length - 1 Then
         strContent &= strPattern
      End If
   Next
End If

' -------------------------------------
' Headers parsen
' -------------------------------------
Dim objHeaders As NameValueCollection = _
   Me.ParseHeaders(strHeader)

' -------------------------------------
' Content-Type bestimmen
' -------------------------------------
Dim strContentType As String = _
   objHeaders.Item("content-type") & ""
If strContentType.Length > 0 Then
   objAttachment.ContentType = _
      objHeaders.Item("content-type")
Else
   objAttachment.ContentType = "text/plain"
End If

' -------------------------------------
' Content-Transfer-Encoding bestimmen
' -------------------------------------
Dim strTransferEncoding As String = _
   objHeaders.Item("content-transfer-encoding") & ""

' -------------------------------------
' Charset bestimmen
' -------------------------------------
Dim strCharset As String = _
   objHeaders.Item("charset") & ""
If strCharset.Length = 0 Then
   If Me.GetHeader("charset").Length > 0 Then
      strCharset = Me.GetHeader("charset")
   End If
End If

' -------------------------------------
' Eventuellen Dateinamen bestimmen
' -------------------------------------
Dim strFilename As String = objHeaders.Item( _
   "filename") & ""
If strFilename.Length = 0 Then
   strFilename = objHeaders.Item("name") & ""
End If

' -------------------------------------
```

```
        ' Überprüfen, ob es ein encodetes
        ' Attachment ist
        ' --------------------------------------
        strContent = strContent.Trim
        If strTransferEncoding.ToLower.Equals("base64") Then
           strContent = strContent.Replace(vbCrLf, "")
           objAttachment.Data = _
              Convert.FromBase64String(strContent.Trim)
           objAttachment.Encoding = Encoding.Default
        Else
           If strCharset.Length > 0 Then
              Try
                 Dim objEncoding As Encoding = _
                    Encoding.GetEncoding(strCharset)
                 objAttachment.Encoding = objEncoding
              Catch ex As Exception
                 objAttachment.Encoding = Encoding.Default
              End Try
           End If
           If strTransferEncoding.ToLower.Equals( _
              "quoted-printable") Then
              strContent = DecodeQuotedPrintable(strContent)
           End If
           objAttachment.Data = _
              objAttachment.Encoding.GetBytes(strContent)
        End If

        objAttachment.Filename = strFilename
        If objAttachment.Data.Length > 0 Then
           Me.objAttachments.Add(objAttachment)
        End If
     End Sub
```


Das Parsen eines Bestandteils einer Multipart-E-Mail gestaltet sich nahezu ebenso aufwändig wie das Ermitteln des Inhalts der E-Mail, da jeder Teil einer Multipart-E-Mail über einen eigenen Header verfügen kann, der Aufschluss über Inhaltstyp, Zeichensatz, Art des Anhangs und eventuell verwendetes `Transfer-Encoding` gibt. Diese Informationen befinden sich in einem Bereich direkt nach dem Trenner und werden von einer Leerzeile abgeschlossen.

Wenn der Kopfbereich vom Inhaltsbereich separiert werden konnte, erfolgt das Ermitteln der einzelnen Kopfbereich-Einträge mit Hilfe der Methode `ParseHeaders`. Diese gibt eine `NameValueCollection` zurück, die die einzelnen Einträge enthält.

Nunmehr kann als Erstes der Inhaltstyp des Anhangs bestimmt und der Eigenschaft `Content-Type` der `Pop3MailAttachment`-Klasse zugewiesen werden. Anschließend werden Transfer-Verschlüsselung und Zeichensatz sowie ein eventuell vorhandener Dateiname bestimmt.

Wenn das `Transfer-Encoding` Base64 ist, werden alle Zeichenumbrüche innerhalb des Datenbereichs entfernt und die einzelnen Bytes des Anhangs mit Hilfe der Methode `FromBase64String` der `Convert`-Klasse wiederhergestellt.

Bei einem nichtverschlüsselten Inhalt wird zunächst versucht, diesen mit Hilfe der im Header eventuell mitgeführten Zeichensatz-Information korrekt darzustellen. Wenn der Inhalt mit dem Transfer-Encoding »quoted-printable« versehen ist, das bestimmte Zeichen im Inhalt als hexadezimale Repräsentation darstellt, erfolgt die Umwandlung in ein nicht-codiertes Textformat mit Hilfe der Methode DecodeQuotedPrintable. Anschließend kann der Inhalt in ein Byte-Array überführt und dem Attachment zugewiesen werden.

Sollte der Anhang tatsächlich Daten enthalten, wird er zuletzt der ArrayList objAttachments zugewiesen und kann im Anschluss über die Attachments-Eigenschaft der Pop3Mail-Klasse abgerufen werden.

```
Private Function ParseHeaders( _
   ByVal strData As String) As NameValueCollection

   Dim objResult As New NameValueCollection
   strData = strData.Replace(vbCrLf & vbTab, "")
   Dim aryHeaders() As String = strData.Split(vbCrLf)
   Dim strPattern As String = _
      "^([^:=]+)(?::|=)[ ""]?([^;]+)[""]?"
   Dim strCurrent As String

   For Each strCurrent In aryHeaders
      strCurrent = strCurrent.Replace(vbTab, "")
      strCurrent = strCurrent.Trim()

      Dim aryLine() As String
      If Not strCurrent.ToLower.StartsWith("to") And _
         Not strCurrent.ToLower.StartsWith("cc") And _
         Not strCurrent.ToLower.StartsWith("subject") Then
         aryLine = strCurrent.Split(";")
      Else
         aryLine(0) = strCurrent
      End If
      Dim strLineElement As String

      For Each strLineElement In aryLine
         Dim strName As String = String.Empty
         Dim strValue As String = String.Empty
         strLineElement = strLineElement.Replace("""", "")
         If Regex.IsMatch(strLineElement, strPattern) Then
            strName = Regex.Match( _
              strLineElement, strPattern).Groups(1).ToString
            strValue = Regex.Match( _
              strLineElement, strPattern).Groups(2).ToString
            strValue = strValue.Replace("""", "")

            If strName.Length > 0 Then
              objResult.Add(strName.ToLower, strValue)
            End If
         End If
      Next
```

Basics
Datenbank
I/O
Validierung
Controls
Http-Handler
Netzwerk
Grafik
Tracing
Security

```
      Next

      Return objResult
   End Function
```

Die Methode `ParseHeaders` ist für die Verarbeitung der E-Mail extrem wichtig, bietet sie doch die Möglichkeit, die einzelnen Name/Wert-Paare der als Header übergebenen Zeichenkette zu durchlaufen. Zu diesem Zweck wird die übergebene Zeichenkette zunächst von Tabs, die direkt nach einem Zeilenumbruch folgen, befreit – eine beliebte Unsitte der Microsoft-Mailprogramme, die die Lesbarkeit des `Headers` für Menschen zwar erhöht, aber für die Verarbeitung völlig irrelevant und an manchen Stellen sogar hinderlich ist. Nun können die einzelnen Zeilen des Kopfbereiches anhand des Zeilenumbruchs bestimmt und in ein Array überführt werden.

Wer annimmt, dass sich jetzt auf jeder Zeile nur ein Name-Wert-Paar befindet und es deshalb recht einfach sein sollte, nach einem Doppelpunkt oder einem Gleichheitszeichen zu suchen, sieht sich schnell eines Besseren belehrt, denn innerhalb einer Zeile können mehrere durch Semikola getrennte Parameter vorkommen. Dies gilt allerdings nicht bei Absender- oder Empfängerangaben sowie dem Betreff der E-Mail. Für alle anderen Zeilen erfolgt nun erneut eine Zerlegung.

Nachdem die Name/Wert-Parameter für jede Zeile somit ermittelt werden konnten, werden sie in einer `NameValueCollection` erfasst, die zuletzt als Ergebnis zurückgegeben wird. Innerhalb der aufrufenden Methode können die Einträge dieser Collection nunmehr ausgewertet und verarbeitet werden.

```
   Public Function DecodeQuotedPrintable( _
      ByVal strData As String) As String

      Dim strResult As String = strData
      Dim strPattern As String = "=" & vbCrLf

      If Regex.IsMatch(strResult, strPattern) Then
         strResult = Regex.Replace(strResult, strPattern, "")
      End If

      strPattern = "=([0-9A-F]{2})"
      If Regex.IsMatch(strResult, strPattern) Then
         Dim objMatches As MatchCollection = Regex.Matches( _
            strResult, strPattern)
         Dim objMatch As Match

         For Each objMatch In objMatches
            Dim strValue As String = "&H" & _
               objMatch.Groups(1).ToString
            Dim intDecimal As Int32 = Val(strValue)
            Dim strOriginal As String = _
               objMatch.Groups(0).ToString
            Dim strReplacement As String = _
```

```
                Convert.ToChar(intDecimal)

            strResult = Regex.Replace( _
                strResult, strOriginal, strReplacement)
        Next
    End If

    Return strResult
End Function
```

Die Methode `DecodeQuotedPrintable` decodiert Texte, die mit dem `Transfer-Encoding` »Quoted-Printable« versehen worden sind. Dieses `Encoding` ersetzt bestimmte Sonderzeichen durch die hexadezimale Repräsentation ihres ASCII-Codes und versieht jeden beim Erstellen der E-Mail eingefügten Zeilenumbruch mit einem führenden Gleichheitsszeichen. Dadurch soll die Kompatibilität mit sehr alten Mailservern sichergestellt werden.

Die Methode entfernt zunächst alle für den Transfer der Nachricht eingefügten Zeilenumbrüche. Anschließend werden alle Vorkommen von hexadezimalen Repräsentationen eines ASCII-Codes durch das Zeichen ersetzt, das dieser ASCII-Code darstellt.

```
Public Function DecodeHeader( _
    ByVal strData As String) As String

    Dim strResult As String = strData
    Dim strPattern As String = "=\?([^?]+)\?"
    Dim objEncoding As Encoding = Encoding.Default

    ' -----------------------------------------
    ' Überprüfen, ob der Header codiert ist
    ' -----------------------------------------
    If Regex.IsMatch(strResult, strPattern) Then
        Dim objMatch As Match = _
            Regex.Match(strResult, strPattern)
        Dim strUsedEncoding As String = _
            objMatch.Groups(1).ToString
        Dim strMatch As String = _
            objMatch.Groups(0).ToString
        Try
            objEncoding = Encoding.GetEncoding( _
                strUsedEncoding)
        Catch ex As Exception
            objEncoding = Encoding.Default
        End Try
        strResult = Regex.Replace(strData, strMatch, "")

        strPattern = "\?([BQ]{1})\?([^\?]*)\?="
        If Regex.IsMatch(strResult, strPattern) Then
            objMatch = Regex.Match(strResult, strPattern)
            Dim strQuoteType As String = _
                objMatch.Groups(1).ToString
```

```
            Dim strBinaryData As String = _
               objMatch.Groups(2).ToString

            Dim strResultText As String = String.Empty
            If strQuoteType.Equals("B") Then
               strResultText = objEncoding.GetString( _
                 Convert.FromBase64String(strBinaryData))
            Else
               strResultText = _
                 DecodeQuotedPrintable(strBinaryData)
               strResultText = _
                 strResultText.Replace("_", " ")
            End If
            strResult = strResultText
         End If
      End If

      Return strResult
   End Function
```

Basics
Daten-bank
I/O
Validie-rung
Controls
Http-Handler
Netz-werk
Grafik
Tracing
Security

Da bei E-Mails, die mit einem Quoted-Printable-Transfer-Encoding versehen sind, auch einzelne Header-Felder, insbesondere der Betreff, codiert sein können, nimmt die Methode `DecodeHeader` den Inhalt dieses `Headers` entgegen. Die Codierung verläuft in diesem Fall ein wenig anders als beim Inhalt der E-Mail: Am Anfang und am Ende des Header-Felds befindet sich je ein Fragezeichen, das bei einem normalen Header-Feld nicht vorkommen darf. Anhand dieser Signatur kann geprüft werden, ob das aktuelle Feld codiert ist. Sollte dies der Fall sein, folgt direkt nach dem Fragezeichen die Angabe des verwendeten Zeichensatz-Encodings. Dieses wird in diesem extrahiert und zum Decodieren des restlichen Header-Felds genutzt.

Der Rest des Header-Felds beinhaltet eine weitere Information, nämlich ob der Header mit Quoted-Printable oder Base64 codiert worden ist. Nachdem diese Information mit Hilfe eines regulären Ausdrucks bestimmt worden ist, kann das Decodieren des eigentlichen Inhalts erfolgen.

Dieser decodierte Inhalt ist auch die Rückgabe der Methode.

```
   Private Function GetDate(ByVal strDate As String) As DateTime
      Dim strDateTime As String = strDate
      Dim strPattern As String = "([+-]\d{4})$"
      If Regex.IsMatch(strDateTime, strPattern) Then

         ' ----------------------------------
         ' Offset zur Standard-Zeitzone bestimmen
         ' ----------------------------------
         Dim strOffset As String = String.Empty
         strOffset = Regex.Match( _
           strDateTime, strPattern).Groups(1).ToString
         Dim intOffsetHours As Int32 = Int32.Parse( _
```

```
                strOffset.Substring(0, 3))
            Dim intOffsetMinutes As Int32 = Int32.Parse( _
                strOffset.Substring(3, 2))
            Dim strTime As String = strDateTime.Substring( _
                0, strDateTime.LastIndexOf(" "))

            Dim objTimeSpanUTC As TimeSpan = _
                New TimeSpan(intOffsetHours, intOffsetMinutes, 0)

            ' -----------------------------------
            ' Lokalen Offset zur Standardzeit bestimmen
            ' -----------------------------------
            Dim objTimeZone As TimeZone = TimeZone.CurrentTimeZone
            Dim objLocalTimeSpan As TimeSpan = _
                objTimeZone.GetUtcOffset(DateTime.Now)

            ' -----------------------------------
            ' Mail-Zeit in lokale Zeit umwandeln
            ' -----------------------------------
            Dim objMailDate As DateTime = DateTime.Parse(strTime)
            objMailDate = objMailDate.Subtract(objTimeSpanUTC)
            objMailDate = objMailDate.Add(objLocalTimeSpan)

            ' -----------------------------------
            ' Zurückgeben
            ' -----------------------------------
            Return objMailDate
        Else
            Return DateTime.Parse(strDate)
        End If
    End Function

  End Class

End Namespace
```

Ein letzter Klimmzug ist zur Ermittlung des Zeitstempels einer empfangenen E-Mail nötig, da dieser Zeitstempel entweder die Zeitzone des Absenders als Zeichenkombination (diese Variante versteht das .NET Framework) oder auch als dezimale Angabe des Unterschieds zur Standard-Zeit (*GMT*), die das Framework nicht direkt verarbeitet, enthalten kann. Sollte also die lokale Zeitzone des Absenders als Offset zur Standard-Zeitzone angegeben worden sein, wird dieser Offset zunächst entfernt und in Stunden und Minuten umgerechnet.

Anhand des Restdatums wird nun ein Standard-Datum bestimmt und von dieser Standardzeit die zuvor ermittelte Differenz abgezogen, damit das so gewonnene Datum der Standard-GMT-Zeit entspricht. Zuletzt wird die Zeitdifferenz zwischen der aktuellen Zeitzone und der Standard-GMT-Zeit zum so ermittelten Standard-Datum addiert, womit die Absender-Zeitzone nunmehr in die lokale Zeitzone umgewandelt worden ist.

Jetzt können wir uns der eigentlichen Abrufklasse für E-Mails widmen: der Klasse `Pop3Client`.

Pop3Client

Die Klasse `Pop3Client` dient zum Abrufen der Übersicht aller vorhandenen E-Mails, einer einzelnen E-Mail und dem Löschen einer E-Mail vom Server.

```
Imports System.NET.Sockets
Imports System.IO
Imports System.Text
Imports System.Text.RegularExpressions
Imports System.Threading
Imports System.Diagnostics

Namespace codebook.aspnet.vb.NET.Pop3

   Public Class Pop3Client

      Private strServer As String = "localhost"
      Private strUser As String = String.Empty
      Private strPass As String = String.Empty
      Private intPort As Int32 = 110
      Private objMessages As New ArrayList
      Private objClient As TcpClient
      Private objEncoding As Encoding = Encoding.Default
      Private intBufferSize As Int32 = 1024
      Private blnLoggedIn As Boolean = False
      Private intTimeout As Int32 = 500

      Sub New()
      End Sub

      Sub New( _
         ByVal strServer As String, _
         ByVal intPort As Int32)

         Me.New(strServer)
         Me.Port = intPort
      End Sub

      Sub New( _
         ByVal strServer As String, _
         ByVal intPort As Int32, _
         ByVal strUser As String, _
         ByVal strPass As String)

         Me.New(strServer, strUser, strPass)
         Me.Port = intPort
      End Sub

      Sub New(ByVal strServer As String)
         Me.New()
         Me.Server = strServer
      End Sub
```

```
Sub New( _
   ByVal strServer As String, _
   ByVal strUser As String, _
   ByVal strPass As String)

   Me.New(strServer)
   Me.Username = strUser
   Me.Password = strPass
End Sub

Public Property Server() As String
   Get
      Return Me.strServer
   End Get
   Set(ByVal Value As String)
      If Not IsNothing(Value) And Value.Length > 0 Then
         Me.strServer = Value
      End If
   End Set
End Property

Public Property Port() As Int32
   Get
      Return Me.intPort
   End Get
   Set(ByVal Value As Int32)
      If Value > 0 Then
         Me.intPort = Value
      End If
   End Set
End Property

Public Property Username() As String
   Get
      Return Me.strUser
   End Get
   Set(ByVal Value As String)
      If Not IsNothing(Value) And Value.Length > 0 Then
         Me.strUser = Value
      End If
   End Set
End Property

Public Property Password() As String
   Get
      Return Me.strPass
   End Get
   Set(ByVal Value As String)
      If Not IsNothing(Value) And Value.Length > 0 Then
         Me.strPass = Value
      End If
   End Set
End Property
```

Die Klasse Pop3Client verfügt über einen mehrfach überladenen Konstruktor, mit dessen Hilfe Sie Servername, Port, Benutzername und Kennwort des Benutzers übergeben können. Diese Informationen können ebenfalls mit Hilfe der Eigenschaften Server, Port, Username und Password gesetzt oder abgerufen werden.

```
Public Function Delete( _
   ByVal intNumber As Int32, _
   ByVal blnRetrieveList As Boolean) As ArrayList

   Dim objResult As New ArrayList

   Me.Connect()
   If Me.blnLoggedIn Then
      Me.Send("DELE " & intNumber, False)
   End If

   If blnRetrieveList Then
      Return Me.List(False)
   Else
      Return New ArrayList
   End If
End Function

Public Function Delete(ByVal intNumber As Int32) As ArrayList
   Return Delete(intNumber, True)
End Function

Public Function Delete( _
   ByVal strServerId As String) As ArrayList

   Dim objResult As New ArrayList

   Me.Connect()
   If Me.blnLoggedIn Then
      Dim objList As ArrayList = Me.List(False)
      Dim objMail As Pop3Mail

      For Each objMail In objList
         If objMail.ServerId = strServerId Then
            objResult = Me.Delete(objMail.ServerPosition)
            Exit For
         End If
      Next
   End If

   Return objResult
End Function
```

Mit Hilfe der überladenen Methode Delete kann eine E-Mail vom Server gelöscht werden. Als Parameter dient entweder die ID der E-Mail auf dem Server oder die Position in dessen Liste der vorhandenen E-Mails. in ersterem Fall muss die Position auf dem Server erst noch bestimmt werden, so dass ein deutlicher Performance-Verlust auftritt. Das Löschen erfolgt mit Hilfe des Befehls DELE, der als Argument die Position der zu löschenden E-Mail auf dem Server erwartet.

```
Public Function Retrieve( _
   ByVal intNumber As Int32) As Pop3Mail

   Dim objResult As Pop3Mail
   Me.Connect()
   If Me.blnLoggedIn Then
      Dim strData As String = _
         Me.Send("RETR " & intNumber, True)
      objResult = New Pop3Mail
      objResult.ServerPosition = intNumber
      Dim strResult As String = Me.Send( _
         "UIDL " & intNumber)
      Dim strPattern As String = " ([^\r\n ]+)\r\n"
      Dim strId As String = Regex.Match( _
         strResult, strPattern).Groups(1).ToString
      objResult.ServerId = strId

      strResult = Me.Send("LIST " & intNumber)
      strPattern = "(\d+)\r\n"
      Dim objMatch As Match = _
         Regex.Match(strResult, strPattern)
      objResult.Size = _
         Int64.Parse(objMatch.Groups(1).ToString)
      objResult.ParseMail(strData)
   End If

   Return objResult
End Function

Public Function Retrieve( _
   ByVal strServerId As String) As Pop3Mail
   Dim objResult As Pop3Mail

   Me.Connect()
   If Me.blnLoggedIn Then
      Dim objList As ArrayList = Me.List(False)
      Dim objMail As Pop3Mail

      For Each objMail In objList
         If objMail.ServerId = strServerId Then
            objResult = Me.Retrieve(objMail.ServerPosition)
            Exit For
         End If
      Next
   End If

   Return objResult
End Function
```

Das Abrufen einer einzelnen E-Mail erfolgt mit Hilfe der überladenen Methode `Retrieve`. Diese nimmt als Parameter entweder die `ID` der E-Mail auf dem Server oder deren Position entgegen. Sollte die Mail-`ID` angegeben worden sein, muss die E-Mail zunächst anhand der Liste aller auf dem Server vorhandenen E-Mails abgerufen und anhand der `ID` ihre bestimmt werden. Anschließend kann die Methode `Retrieve` mit der Position als Parameter aufgerufen werden.

Innerhalb der Methode wird zunächst der Mail-Inhalt mit Hilfe des Befehls `RETR`, der als Parameter die Position der E-Mail erwartet, abgerufen. Anschließend wird durch `UIDL` zusammen mit der Nummer die Server-ID der Mail ermittelt. `LIST` gibt – wenn mit der Position der E-Mail aufgerufen – unter anderem die Größe der E-Mail in Bytes zurück. Diese Informationen werden einer neuen Instanz der `Pop3Mail`-Klasse hinzugefügt, die anschließend die E-Mail durch Aufruf der Methode `ParseMail` verarbeitet.

Die so erzeugte `Pop3Mail`-Instanz ist dann das Ergebnis der Methodenausführung.

```
Public Function List( _
   ByVal blnRetrieve As Boolean) As ArrayList
   Dim objResult As New ArrayList

   Me.Connect()
   If Me.blnLoggedIn Then
      Dim strData As String = Me.Send("STAT")
      Dim intMessageCount As Int32 = 0
      If strData.StartsWith("+OK") Then
         strData = strData.Substring(4)
      End If
      If strData.IndexOf(" ") > 0 Then
         strData = strData.Substring(0, _
            strData.IndexOf(" "))
      End If
      intMessageCount = Int32.Parse(strData)
      If intMessageCount > 0 Then
         strData = Me.Send("LIST", True)
         strData = strData.Substring( _
            strData.IndexOf("1"))

         ' -------------------------------------
         ' Jetzt gehen wir alle Nachrichten
         ' auf dem Server durch und holen die
         ' serverseitige Kennung ab
         ' -------------------------------------
         Dim aryData() As String = strData.Split(vbCrLf)
         strData = Me.Send("UIDL", True)
         strData = strData.Substring( _
            strData.IndexOf("1"))
         Dim aryIds() As String = strData.Split(vbCrLf)

         Dim intCount As Int32
         For intCount = intMessageCount - 1 To 0 Step -1
            Dim objMessage As New Pop3Mail
```

```
                Dim strId As String = aryIds(intCount)
                Dim strLength As String = aryData(intCount)

                strId = strId.Substring( _
                  strId.IndexOf(" ") + 1)
                strLength = strLength.Substring( _
                  strLength.IndexOf(" ") + 1)
                objMessage.ServerPosition = intCount + 1
                objMessage.ServerId = strId
                Try
                  objMessage.Size = Long.Parse(strLength)
                Catch ex As Exception
                  Throw New Exception(strLength)
                End Try
                If blnRetrieve Then
                  objMessage = _
                    Me.Retrieve(objMessage.ServerPosition)
                End If
                objResult.Add(objMessage)
              Next
            End If
          End If

          Return objResult
        End Function
```

Die Methode `List` ermittelt alle vorhandenen E-Mails auf dem Mailserver. Zu diesem Zweck wird mit Hilfe des Kommandos `STAT` zunächst überprüft, ob überhaupt Mails vorhanden sind. Sollte dies der Fall sein, gibt der Server in der Antwort die Anzahl der E-Mails zurück. Die Kommandos `LIST` und `UIDL` geben Größe und serverseitige `ID` der vorhandenen Nachrichten zurück, die in Form eines Arrays gespeichert werden. Dieses Array wird anschließend in umgekehrter Reihenfolge durchlaufen, um die aktuellsten E-Mails als erste Elemente zurückgeben zu können.

Jedes einzelne Element wird in eine Instanz der `Pop3Mail`-Klasse überführt. Sollte im Methodenaufruf angegeben worden sein, dass auch die Inhalte der E-Mails abgerufen werden sollen, erfolgt dies mit Hilfe der Methode `Retrieve`, der aus Performancegründen die Position der E-Mail auf dem Server übergeben wird. Nun kann das Element der `ArrayList objResult` hinzugefügt werden.

Zuletzt wird die so generierte `ArrayList` aus `Pop3Mail`-Instanzen an die aufrufende Methode zurückgegeben.

```
        Private Function Connect() As Boolean
          If blnLoggedIn Then
            Return True
          End If
          Dim blnResult As Boolean = False
          objClient = New TcpClient
```

```
        Try
            objClient.Connect(Me.Server, Me.Port)
            Dim strData As String = Me.Read
            blnResult = strData.StartsWith("+OK")
            If blnResult Then
                strData = Me.Send("USER " & Me.Username)
                blnResult = strData.StartsWith("+OK")
            End If
            If blnResult Then
                strData = Me.Send("PASS " & Me.Password)
                blnResult = strData.StartsWith("+OK")
            End If
            If Not blnResult Then
                Throw New Exception( _
                    "Unable to login into server!")
            Else
                blnLoggedIn = blnResult
            End If
        Catch ex As Exception
            Me.Send("QUIT")
            Me.Close()
            Throw New Exception(ex.Message)
        End Try
    End Function
```


Die Methode `Connect` erledigt das Öffnen der Verbindung zum Server und das Anmelden des Benutzers mit Hilfe der in `Username` und `Password` enthaltenen Informationen. Sollte der Server bei einem der Anmeldeschritte mit einer Fehlermeldung antworten – erkennbar an der Zeichenkette -ERR am Anfang der Rückgabe –, wird die Verbindung zum Server geschlossen und anschließend eine `Exception` ausgelöst.

```
    Public Sub Close()
        If Not IsNothing(Me.objClient) Then
            Try
                Me.Send("QUIT")
                Me.objClient.Close()
            Catch ex As Exception
            End Try
            blnLoggedIn = False
        End If
    End Sub
```

Die Methode `Close` dient dem kontrollierten Schließen der Verbindung zum POP3-Server. Sollte eine `Socket`-Verbindung bestehen, wird versucht, das Kommando `QUIT` zu senden und die `Socket`-Verbindung zu schließen.

```
Private Function Send( _
   ByVal strCommand As String, _
   ByVal blnMultiLine As Boolean) As String

   If Not strCommand.EndsWith(vbCrLf) Then
      strCommand &= vbCrLf
   End If

   Dim objData() As Byte = _
      Encoding.ASCII.GetBytes(strCommand)
   objClient.GetStream.Write(objData, 0, objData.Length)

   Return Me.Read(blnMultiLine)
End Function

Private Function Send(ByVal strCommand As String) As String
   Return Me.Send(strCommand, False)
End Function
```

Die Methode `Send` wird zur Übermittlung von Kommandos an den Mailserver genutzt. Zu diesem Zweck wird das Kommando in ein `Byte`-Array umgewandelt und gesendet. Anschließend wird die Antwort des Servers per `Read` eingelesen, wobei der optionale Parameter `blnMultiLine` der aufgerufenen Methode angibt, ob eine mehrzeilige Rückgabe erwartet wird.

```
Private Function Read( _
   ByVal blnMultiLine As Boolean) As String

   Dim objStream As NetworkStream = _
      objClient.GetStream
   Dim strResult As String = String.Empty
   Dim blnIsContinuing As Boolean = True

   Dim objTimespan As TimeSpan = _
      TimeSpan.FromMilliseconds(Me.intTimeout)

   IsDataAvailable()
   Dim objStreamReader As New StreamReader(objStream, _
      Encoding.Default)

   While blnIsContinuing
      Dim strData As String = objStreamReader.ReadLine()
      If Not IsNothing(strData) Then
         strResult &= strData & vbCrLf
      End If
      If blnMultiLine Then
         blnIsContinuing = Not Regex.IsMatch(strData, "^\.$")
      Else
         blnIsContinuing = False
      End If
   End While
```

```
            Debug.WriteLine("READ: " & strResult)
            Return strResult
        End Function

        Private Function Read() As String
            Return Read(False)
        End Function

        Private Function IsDataAvailable() As Boolean
            Dim blnResult As Boolean = False
            Dim intEndTicks As Int64 = _
                DateTime.Now.AddSeconds(intTimeout).Ticks
            Dim blnMustWait As Boolean = True

            Do
                blnMustWait = Not objClient.GetStream.DataAvailable
                If blnMustWait Then
                    If DateTime.Now.Ticks > intEndTicks Then
                        Exit Do
                    End If
                    Thread.Sleep(10)
                Else
                    blnResult = True
                    Exit Do
                End If
            Loop While True

            Return blnResult
        End Function

        Protected Overrides Sub Finalize()
            Me.Close()
        End Sub
    End Class

End Namespace
```

Die überladene Methode `Read` ist für das Lesen der Rückgaben des Mailservers verantwortlich. Sie kann über den Parameter `blnMultiLine` verfügen, der dafür sorgt, dass das Lesen aus dem Ausgabestrom des Servers erst beendet wird, wenn ein Punkt als einziges Zeichen in einer Zeile vorkommt. Ist der Parameter nicht angegeben, wird davon ausgegangen, dass kein mehrzeiliges Lesen gewünscht ist, und das Ergebnis der ersten eingelesenen Zeile wird zurückgegeben. Vor dem eigentlichen Lese-Prozess wird mit Hilfe der Methode `IsDataAvailable` so lange gewartet, bis entweder das Timeout für das Warten auf Daten eintritt oder tatsächlich Daten empfangen worden sind. Dabei wird alle zehn Millisekunden erneut geprüft, ob der Stream neue Daten besitzt, die ausgelesen werden könnten.

Damit ist der `Pop3Client` komplett und kann, wie etwa im folgenden Beispiel demonstriert, eingesetzt werden.

Basics
Daten-bank
I/O
Validie-rung
Controls
Http-Handler
Netz-werk
Grafik
Tracing
Security

195 Einsatz der POP3-Klasse

Der Einsatz des `Pop3Clients` gestaltet sich aufgrund des großen Kapselung-Grades der Klasse sehr komfortabel. Im Folgenden soll demonstriert werden, wie Sie eine einfache webbasierte E-Mail-Verwaltung (hier allerdings ohne Antwort-Funktionalität) realisieren könnten.

Die hier vorgestellte Lösung basiert auf dem Einsatz von drei WebForms: Übersicht, Detailanzeige und Attachment-Download.

Overview.aspx: Die Übersichtsseite

Die Übersichtsseite wird verwendet, um alle auf dem Mailserver vorhandenen E-Mails anzuzeigen und eine Auswahl einer Nachricht für die Detailansicht zu ermöglichen:

```
<%@ Page Language="vb"
   AutoEventWireup="false"
   Codebehind="Overview.aspx.vb"
   Inherits="codebook.aspnet.vb.NET.Overview"%>
<!DOCTYPE HTML PUBLIC "-//W3C//DTD HTML 4.0 Transitional//EN">
<HTML>
   <HEAD>
      <title>WebForm1</title>
      <style>
         TD, A, .Head {
            font-family: Arial, Helvetica, sans-serif;
            font-size: 10px;
         }
         .Head {font-weight: 800;background-color:#cecece;}
      </style>
   </HEAD>
   <body>
      <form id="Form1" method="post" runat="server">
         <asp:DataList Runat="server" ID="objList" CellPadding="3"
            CellSpacing="0">
            <HeaderTemplate>
               <tr>
                  <td class="Head">Absender</td>
                  <td class="Head">Empf&auml;nger</td>
                  <td class="Head">Betreff</td>
                  <td class="Head">Anh.</td>
                  <td class="Head">Gr&ouml;&szlig;e</td>
                  <td class="Head">Datum</td>
               </tr>
            </HeaderTemplate>
            <ItemTemplate>
               <tr>
                  <td>
                     <%# GetNames(DataBinder.Eval( _
                        Container.DataItem, "From")) %>
                  </td>
                  <td>
```

Listing 374: Frontend der E-Mail-Übersicht (Overview.aspx)

```
                    <%# GetNames( _
                        DataBinder.Eval( _
                        Container.DataItem, "To")) %>
                  </td>
                  <td>
                    <a href='Detail.aspx?Id=<%# _
                        Server.UrlEncode( _
                        DataBinder.Eval( _
                        Container.DataItem, "ServerId")) %>'>
                    <%# Server.HtmlEncode( _
                        DataBinder.Eval( _
                        Container.DataItem, "Subject")) %></a>
                  </td>
                  <td>
                    <%# Server.HtmlEncode( _
                        DataBinder.Eval(Container.DataItem, _
                        "AttachmentCount")) %>
                  </td>
                  <td>
                    <%# Server.HtmlEncode( _
                        DataBinder.Eval( _
                        Container.DataItem, "Size")) %>
                  </td>
                  <td>
                    <%# DataBinder.Eval( _
                        Container.DataItem, "Date") %>
                  </td>
                </tr>
              </ItemTemplate>
           </asp:DataList>
        </form>
    </body>
</HTML>
```

Listing 374: Frontend der E-Mail-Übersicht (Overview.aspx) (Forts.)

Im Frontend werden die vorhandenen Nachrichten mit Hilfe einer `DataList` dargestellt. Dabei werden Absender, Empfänger, Betreff, Anzahl der Dateianhänge, Gesamtgröße der E-Mail und Absendedatum angezeigt.

Die Daten werden im Code-Bereich geladen:

```
Imports System.Text.RegularExpressions
Imports codebook.aspnet.vb.NET.Pop3
Imports System.Web
Imports System.Web.UI
Imports System.Web.UI.WebControls

Namespace codebook.aspnet.vb.NET
```

Listing 375: Laden der E-Mails, Auslesen der Namen (Overview.aspx.vb)

```
Public Class Overview
   Inherits System.Web.UI.Page

   Protected WithEvents objList As DataList

   Protected Function GetNames( _
      ByVal objData As Object) As String

      If Not IsNothing(objData) And _
         Not objData Is DBNull.Value Then

         Dim strData As String = objData.ToString
         Dim aryData() As String = strData.Split(";")
         Dim strEntry As String = aryData(0)
         Dim strPattern As String = " <[\w]+@[\w]+>"
         If Regex.IsMatch(strEntry, strPattern) Then
            strEntry = Regex.Replace(strEntry, strPattern, "")
            strEntry = strEntry.Trim
         Else
            strEntry = Regex.Replace(strEntry, "(?:<|>)", "")
         End If
         If aryData.Length > 1 Then
            If aryData(1).Length > 0 Then
               strEntry &= ", ..."
            End If
         End If

         Return strEntry
      Else
         Return String.Empty
      End If

   End Function

   Private Sub Page_Load( _
      ByVal sender As Object, _
      ByVal e As EventArgs) _
      Handles MyBase.Load

      Dim objClient As New Pop3Client( _
         "localhost", "Test@localhost", "Test")
      Dim objList As ArrayList = objClient.List(True)
      objClient.Close()

      Me.objList.DataSource = objList
      Me.DataBind()
   End Sub

End Class

End Namespace
```

Listing 375: Laden der E-Mails, Auslesen der Namen (Overview.aspx.vb) (Forts.)

Innerhalb der Methode Page_Load wird der Pop3Client instanziert. Dabei werden die benötigten Informationen zu Server, Benutzername und Passwort übergeben. Auf die Übergabe des Ports kann verzichtet werden, wenn der Server auf dem Standard-POP3-Port 110 läuft:

```
Dim objClient As New Pop3Client( _
   "localhost", "Test@localhost", "Test")
```

Nun kann die Nachrichtenliste abgerufen werden. Dies geschieht durch Aufruf der Methode List des Pop3Clients, der als Parameter der Wert True übergeben wird, der dafür sorgt, dass auch die Inhalte der einzelnen E-Mails ausgelesen werden. Dies ist nötig, da bei Nichtabruf der E-Mails ansonsten nur Server-ID, -Position und die Größe der Nachricht ermittelt werden können – eine unangenehme Einschränkung des POP3-Protokolls:

```
Dim objList As ArrayList = objClient.List(True)
```

Nun kann der Pop3Client geschlossen und die ArrayList aus Pop3Mail-Objekten der DataList objList als DataSource zugewiesen werden. Ein anschließendes DataBind sorgt für das Auslesen und Anzeigen der Informationen.

Die Methode GetNames ermittelt aus den in Absender und Empfänger enthaltenen Informationen den jeweils ersten Namen. Sollte dieser eine E-Mail-Adresse in eckigen Klammern enthalten (was der Fall ist, wenn noch ein Klarname angegeben worden ist), wird diese E-Mail-Adresse entfernt.

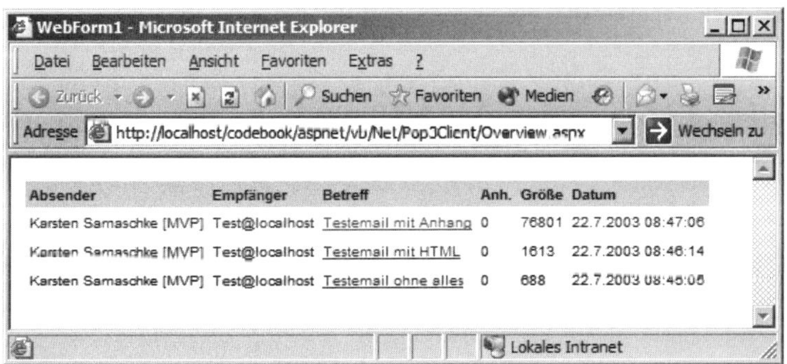

Abbildung 93: Auf dem Server vorhandene E-Mails

Wenn Sie die WebForm aufrufen, sollten Sie ein wenig Geduld mitbringen, da sämtliche auf dem Server vorhandenen E-Mails erst abgerufen und dann übers Netzwerk transportiert werden müssen. Sie könnten anschließend eine Ausgabe ähnlich dieser erhalten (siehe Abbildung 93).

Detail.aspx: die E-Mail im Detail

Wenn Sie auf den Betreff einer Sie interessierenden Nachricht klicken, kommen Sie zur Detailansicht. Diese lädt die durch die serverseitige *ID* identifizierte E-Mail und stellt sie dar:

```
<%@ Page Language="vb"
   AutoEventWireup="false"
   Codebehind="Detail.aspx.vb"
   Inherits="codebook.aspnet.vb.NET.Detail"%>
<!DOCTYPE HTML PUBLIC "-//W3C//DTD HTML 4.0 Transitional//EN">
<HTML>
   <HEAD>
      <title>Detailansicht:
         <%# Subject() %>
      </title>
      <style>
         TD, A, .Head { font-family: Arial, Helvetica, sans-serif;
            font-size: 10px; }
      </style>
      <script language="javascript">
      function ShowAttachment(objNumber) {
         var strUrl = 'Attachment.aspx?Id=<%# MailId() %>';
         strUrl += "&Number=" + objNumber;
         var objWin = window.open(strUrl);
      }
      </script>
   </HEAD>
   <body>
      <form id="Form1" method="post" runat="server">
         <table cellpadding="3" cellspacing="0" border="0">
            <tr>
               <td bgcolor="#ececec"><b>From</b></td>
               <td bgcolor="#ececec"><%# From() %></td>
            </tr>
            <tr>
               <td><b>To</b></td>
               <td><%# [To]() %></td>
            </tr>
            <tr>
               <td bgcolor="#ececec"><b>Cc</b></td>
               <td bgcolor="#ececec"><%# Cc() %></td>
            </tr>
            <tr>
               <td><b>Subject</b></td>
               <td><%# Subject() %></td>
            </tr>
            <tr>
               <td bgcolor="#ececec"><b>Nachricht</b></td>
               <td bgcolor="#ececec"><%# Body() %></td>
            </tr>
            <tr runat="server" id="objAttachments" visible="false">
```

Listing 376: Detailansicht einer E-Mail (Detail.aspx)

```
            <td><b>Attachments</b></td>
            <td>
               <select runat="server"
                 id="objAttachment"
                 onChange="ShowAttachment(this.selectedIndex);
                    return true;">
               </select>
            </td>
         </tr>
      </table>
    </form>
  </body>
</HTML>
```

Listing 376: Detailansicht einer E-Mail (Detail.aspx) (Forts.)

Im Frontend-Bereich werden die benötigten Felder für die Detail-Ansicht bereitgestellt. Dabei werden die Informationen zu Absender, Empfänger, Kopie-Empfänger, Betreff und – falls vorhanden – Datei-Anhängen dargestellt.

Im Code-Bereich erfolgt der Abruf der E-Mail:

```
Imports codebook.aspnet.vb.NET.Pop3
Imports System.Web
Imports System.Web.UI
Imports System.Web.UI.WebControls
Imports System.Web.UI.HtmlControls

Namespace codebook.aspnet.vb.NET

   Public Class Detail
      Inherits System.Web.UI.Page

      Private objMail As Pop3Mail

      Protected Function MailId() As String
         Return Request.Item("Id") & ""
      End Function

      Protected Function Subject() As String
         Return Me.objMail.Subject
      End Function

      Protected Function Body() As String
         Return Me.objMail.Body.Replace(vbCrLf, "<br>")
      End Function

      Protected Function [To]() As String
         Return Server.HtmlEncode(objMail.To)
      End Function
```

Listing 377: Abruf und Anzeige einer E-Mail per Pop3Client (Detail.aspx.vb)

Basics
Daten-bank
I/O
Validie-rung
Controls
Http-Handler
Netz-werk
Grafik
Tracing
Security

```
Protected Function From() As String
   Return Server.HtmlEncode(objMail.From)
End Function

Protected Function Cc() As String
   Return Server.HtmlEncode(objMail.Cc)
End Function

Protected WithEvents objAttachments As HtmlTableRow
Protected WithEvents objAttachment As HtmlSelect

Private Sub Page_Load( _
   ByVal sender As Object, _
   ByVal e As EventArgs) _
   Handles MyBase.Load

   Dim strId As String = Request.Item("Id") & ""

   If strId.Length = 0 Then
      Response.Redirect("Overview.aspx")
   End If

   Dim objClient As New Pop3Client( _
      "localhost", "Test@localhost", "Test")
   Me.objMail = objClient.Retrieve(strId)
   objClient.Close()

   If Me.objMail.Attachments.Count > 0 Then
      Dim objAttachment As Pop3MailAttachment
      Dim objList As New ArrayList
      Dim intCount As Int32 = 0

      objList.Add("--- Bitte auswählen ---")
      For Each objAttachment In Me.objMail.Attachments
         Dim strDisplay As String = _
            objAttachment.Filename
         If strDisplay.Length = 0 Then
            strDisplay = "Textanhang..."
         End If
         If intCount > 0 Then
            objList.Add(intCount & " - " & _
               strDisplay)
         End If
         intCount += 1
      Next

      Me.objAttachment.DataSource = objList
      Me.objAttachments.Visible = True
   End If
```

Listing 377: Abruf und Anzeige einer E-Mail per Pop3Client (Detail.aspx.vb) (Forts.)

```
        Me.DataBind()
    End Sub

  End Class

End Namespace
```

Listing 377: Abruf und Anzeige einer E-Mail per Pop3Client (Detail.aspx.vb) (Forts.)

Beim Laden der Seite erfolgt zunächst eine Überprüfung, ob eine serverseitige `ID` angegeben worden ist. Sollte dies der Fall sein, wird der `Pop3Client` eingebunden, wobei ihm im Konstruktor die benötigten Informationen zu Server, Benutzernamen und Password übergeben werden.

Die gewünschte E-Mail wird mit Hilfe der Methode `Retrieve` des `Pop3Clients` geladen, der die serverseitige ID der E-Mail als Parameter übergeben wird:

```
Me.objMail = objClient.Retrieve(strId)
```

Nun können die Attachments der E-Mail in einem Pulldown-Menü zur Auswahl bereitgestellt werden. Zu diesem Zweck wird die `Attachments-ArrayList` der aktuellen Nachricht durchlaufen und entweder der Dateiname des Anhangs oder der Text »Textanhang ...« ausgegeben:

```
For Each objAttachment In Me.objMail.Attachments
  Dim strDisplay As String = _
    objAttachment.Filename
  If strDisplay.Length = 0 Then
    strDisplay = "Textanhang ..."
  End If
  If intCount > 0 Then
    objList.Add(intCount & " - " & _
      strDisplay)
  End If
  intCount += 1
Next
```

Nach einem `DataBind()` können die Informationen nun visualisiert werden. Wenn Sie die Seite im Browser betrachten, sollten Sie eine Ausgabe ähnlich dieser erhalten:

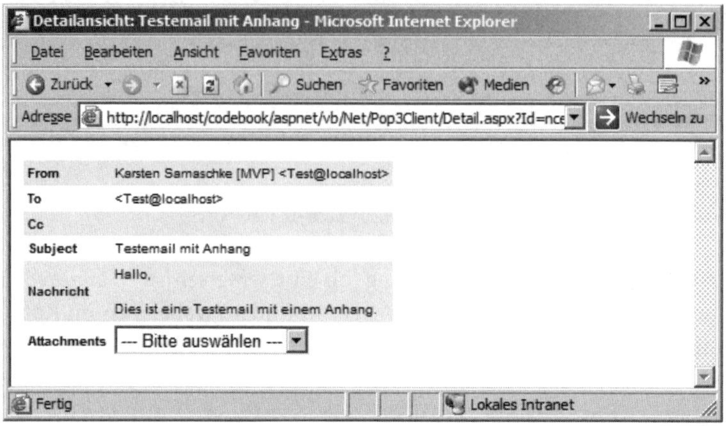

Abbildung 94: Detailansicht einer E-Mail

Attachment.aspx: Anzeige eines Dateianhangs

Mit Hilfe der WebForm *Attachment.aspx* können Sie sich einen Anhang einer E-Mail anzeigen lassen:

```
<%@ Page Language="vb"%>
<%@ Import Namespace="codebook.aspnet.vb.NET.Pop3" %>
<script runat="server">
   Sub Page_Load(sender As Object, e As EventArgs)
      Dim strId As String = Request.Item("Id") & ""
      If strId.Length = 0 Then
         Response.Write("<" & "script language=""javascript"">" & _
            "self.close();<" & "/script>")
         Response.End()
      End If

      Dim intAttachment As Int32 = 0
      If IsNumeric(Request.Item("Number")) Then
         intAttachment = Int32.Parse(Request.Item("Number"))
      End If

      Dim objClient As New Pop3Client( _
         "localhost", "Test@localhost", "Test")
      Dim objMail As Pop3Mail = objClient.Retrieve(strId)
      objClient.Close()

      Dim objAttachment As Pop3MailAttachment = _
         objMail.Attachments.Item(intAttachment)
      Dim strFilename As String = objAttachment.Filename

      Response.ContentType = objAttachment.ContentType
      Response.AppendHeader("Content-Disposition", _
         "attachment;filename=" & strFilename)
```

Listing 378: Auslieferung eines Datei-Anhangs (Attachment.aspx)

```
        Response.BinaryWrite(objAttachment.Data)
        Response.End()
    End Sub
</script>
```

Listing 378: Auslieferung eines Datei-Anhangs (Attachment.aspx) (Forts.)

Beim Aufruf des Scripts erfolgt zunächst die Prüfung, ob eine serverseitige ID für die E-Mail übergeben worden ist. Sollte dies nicht der Fall sein, wird das aktuelle Browser-Fenster per JavaScript geschlossen.

Wenn die Prüfung erfolgreich war, wird eine neue Instanz der `Pop3Client`-Klasse erstellt, der im Konstruktor die Parameter für den Zugriff auf den Server übergeben werden. Anschließend kann die bezeichnete E-Mail heruntergeladen und die Verbindung zum Server geschlossen werden.

Nun erfolgt das Auslesen des Attachments anhand der beim Aufruf der WebForm übergebenen Nummer des Attachments:

```
Dim objAttachment As Pop3MailAttachment = _
    objMail.Attachments.Item(intAttachment)
```

Sollte der Dateianhang über einen Dateinamen verfügen, wird dieser nun ausgelesen und dem Ausgabestrom zusammen mit dem `ContentType` des Attachments sowie der Information, dass der Browser die Datei nicht anzeigen, sondern herunterladen soll, hinzugefügt:

```
Response.ContentType = objAttachment.ContentType
Response.AppendHeader("Content-Disposition", _
    "attachment;filename=" & strFilename)
```

Zuletzt wird der Inhalt des Anhangs binär in den Ausgabestrom geschrieben und die Verarbeitung beendet:

```
Response.BinaryWrite(objAttachment.Data)
Response.End()
```

Nach einem Aufruf der WebForm sollten Sie nunmehr den Inhalt des bezeichneten Dateianhangs zum Download angeboten bekommen.

Sinnvolle Erweiterung des Beispiels

Dieses Beispiel sollte in der hier gezeigten Form nicht zwingend produktiv eingesetzt werden, denn schließlich wird bei jedem Aufruf einer der drei WebForms mindestens eine E-Mail vom Server übertragen. Dies ist im Sinne von Performance nicht optimal, gerade, wenn sich der Mailserver nicht auf dem gleichen System wie der Webserver befindet. Weiterhin sind E-Mails, die auf dem Mail-Server gelöscht wurden, auch im Webfrontend nicht mehr verfügbar.

Sie sollten aus diesem Grund erwägen, sämtliche heruntergeladenen E-Mails im Dateisystem des Webservers abzulegen. Weiterhin sollten Sie den Einsatz einer Datenbank erwägen, in der Sie sinnvolle Informationen zu den heruntergeladenen E-Mails speichern. Dabei könnte es sich beispielsweise um Absender, Empfänger, Betreff, serverseitige ID und den Namen der Datei handeln, unter der Sie die E-Mail gespeichert haben.

Mit Hilfe dieser Informationen könnten Sie nun beim nächsten Aufruf Ihres Webfrontends die List-Methode des `Pop3Clients` so benutzen, dass Sie ihr nun den booleschen Wert `False` als Parameter übergeben und die zurückgegebene `ArrayList` auf neue serverseitige IDs überprüfen, die noch nicht in Ihrer Datenbank erfasst sind. Die betreffenden E-Mails könnten nun heruntergeladen und ebenfalls lokal gespeichert werden. Bei einer Detail- oder Anhangs-Ansicht müssten Sie nunmehr lediglich die lokale Datei öffnen und könnten dieser alle benötigten Informationen entnehmen.

Das Resultat dieses recht aufwändigen Vorhabens wäre eine sehr schnelle und performante Web-Mail-Applikation, die einen Vergleich mit kommerziellen Anwendungen lediglich in Hinblick auf (noch) nicht enthaltene Spam-Filter scheuen müsste.

196 FtpClient: FTP-Klasse für ASP.NET

Das .NET Framework bringt leider keine eigene Lösung für den Zugriff auf andere Systeme per FTP mit. Dies ist insofern unangenehm, als dass FTP eine sinnvolle Möglichkeit der Übertragung von binären Daten darstellt und in diesem Bereich um ein Vielfaches performanter und ressourcenschonender als HTTP ist.

Aus diesem Grund soll im Folgenden eine Lösung zum Zugriff auf andere Systeme per *FTP* vorgestellt werden. Diese Lösung besteht aus zwei Elementen: der Klasse `ReturnData`, die die Rückgaben eines Kommandos an den Server enthält, und dem eigentlichen `FtpClient`.

ReturnData: Rückgaben des FTP-Servers verarbeiten

Die Klasse `ReturnData` wird eingesetzt, um Rückgaben des FTP-Servers verarbeiten zu können:

```
Imports System.Text.RegularExpressions

Namespace codebook.aspnet.vb NFT.Ftp

   Public Class ReturnData

      Private objData As New ArrayList

      Public Property Rows() As ArrayList
         Get
            Return Me.objData
         End Get
         Set(ByVal Value As ArrayList)
            Me.objData = Value
```

Listing 379: Klassen für den Zugriff auf die Rückgaben des FTP-Servers (ReturnData.vb)

```
      End Set
   End Property

   Public ReadOnly Property Status() As Int32
      Get
         If Me.Rows.Count > 0 Then
            Return Me.Rows.Item( _
               Me.Rows.Count - 1).Status
         End If
      End Get
   End Property

   Public ReadOnly Property Response() As String
      Get
         If Me.Rows.Count > 0 Then
            Return Me.Rows.Item( _
               Me.Rows.Count - 1).Response
         End If
         Return String.Empty
      End Get
   End Property

   Public Function HasStatus( _
      ByVal intStatus As Int32) As Boolean

      Dim blnResult As Boolean = False
      Dim objRow As ReturnRow

      For Each objRow In Me.Rows
         If objRow.Status = intStatus Then
            blnResult = True
            Exit For
         End If
      Next

      Return blnResult
   End Function

   Public Sub New()
   End Sub

   Public Sub New(ByVal strData As String)
      Me.New()
      Me.Parse(strData)
   End Sub

   Public Sub Parse(ByVal strData As String)
      strData = strData.Replace(vbCr, "")

      Dim aryData() As String = Regex.Split(strData, vbLf)
      Dim strRow As String
```

Listing 379: Klassen für den Zugriff auf die Rückgaben des FTP-Servers (ReturnData.vb) (Forts.)

```
        Dim strPattern As String = "([\d]{3}) ([\w\W]*)"

        For Each strRow In aryData
            Dim objRow As New ReturnRow
            If Regex.IsMatch(strRow, strPattern) Then
                Dim objMatch As Match = Regex.Match( _
                    strRow, strPattern)
                objRow.Status = objMatch.Groups(1).ToString
                objRow.Response = objMatch.Groups(2).ToString
            Else
                objRow.Response = strRow
            End If

            If objRow.Status > 0 Or _
                objRow.Response.Length > 0 Then

                Me.Rows.Add(objRow)
            End If
        Next
    End Sub

End Class

Friend Class ReturnRow
    Private strResponse As String
    Private intStatus As Int32 = 0

    Public Property Response() As String
        Get
            Return Me.strResponse
        End Get
        Set(ByVal Value As String)
            Me.strResponse = Value
        End Set
    End Property

    Public Property Status() As Int32
        Get
            Return Me.intStatus
        End Get
        Set(ByVal Value As Int32)
            Me.intStatus = Value
        End Set
    End Property
End Class

End Namespace
```

Listing 379: Klassen für den Zugriff auf die Rückgaben des FTP-Servers (ReturnData.vb) (Forts.)

Mit Hilfe der Eigenschaft `Status` der Klasse `ReturnData` können Sie den letzten vom Server zurückgegebenen Status-Code auslesen. Die Eigenschaft `Response` gibt die letzte Zeile der

Rückgabe des Servers aus. Die Methode HasStatus gibt einen booleschen Wert zurück, der Auskunft darüber gibt, ob ein bestimmter Statuscode innerhalb der enthaltenen Rückgabe der Klasse aufgetaucht ist.

Der überladene Konstruktor der Klasse ReturnData kann eine komplette Rückgabe des Servers entgegennehmen. Diese übergibt er an die Methode Parse, die die Rückgabe in einzelne Zeilen zerlegt und deren Informationen anschließend Instanzen der Klasse ReturnRow zuweist, die jeweils eine Zeile mit Statuscode und Antworttext repräsentiert. Sollte die aktuell behandelte Zeile Daten enthalten, wird sie zuletzt der ArrayList objRows der ReturnData-Klasse zugewiesen.

FtpClient: Der eigentliche Client

Die Klasse FtpClient ist recht umfangreich ausgefallen, da aufgrund der teilweise umfangreichen Vorgänge bei der Arbeit mit einem FTP-Server eine starke Kapselung der Funktionalitäten angebracht erscheint:

```
Imports System.NET
Imports System.IO
Imports System.NET.Sockets
Imports System.Diagnostics
Imports System.Threading
Imports System.Text.RegularExpressions

Namespace codebook.aspnet.vb.NET.Ftp

   Public Class FtpClient

      Private Const intBufferSize As Int32 = 512
      Private strServer As String = "localhost"
      Private strUsername As String = "anonymous"
      Private strPassword As String = _
         "anonymous@anonymous.com"
      Private strRemotePath As String = "."
      Private intPort As Int32 = 21
      Private intTimeOut As Int32 = 1
      Private blnLoggedIn As Boolean = False
      Private blnBinaryMode As Boolean = False
      Private objEncoding As System.Text.Encoding = _
         System.Text.Encoding.ASCII
      Private objSocket As Socket

      Sub New()
      End Sub

      Sub New( _
         ByVal strServer As String, _
         ByVal strUsername As String, _
         ByVal strPassword As String)

         Me.New()
```

```
        Me.strUsername = strUsername
        Me.strPassword = strPassword
        Me.strServer = strServer
    End Sub

    Sub New( _
        ByVal strServer As String, _
        ByVal strUsername As String, _
        ByVal strPassword As String, _
        ByVal intPort As Int32)

        Me.New(strServer, strUsername, strPassword)
        Me.intPort = intPort
    End Sub

    Public Property Server() As String
        Get
            Return Me.strServer
        End Get
        Set(ByVal Value As String)
            Me.strServer = Value
        End Set
    End Property

    Public Property Username() As String
        Get
            Return Me.strUsername
        End Get
        Set(ByVal Value As String)
            Me.strUsername = Value
        End Set
    End Property

    Public Property Password() As String
        Get
            Return Me.strPassword
        End Get
        Set(ByVal Value As String)
            Me.strPassword = Value
        End Set
    End Property

    Public Property Port() As Int32
        Get
            Return Me.intPort
        End Get
        Set(ByVal Value As Int32)
            Me.intPort = Value
        End Set
    End Property

    Public Property RemotePath() As String
        Get
```

```
            Return Me.strRemotePath
        End Get
        Set(ByVal Value As String)
            Me.strRemotePath = Value
        End Set
    End Property

    Public Property Timeout() As Int32
        Get
            Return Me.intTimeOut
        End Get
        Set(ByVal Value As Int32)
            Me.intTimeOut = Value
        End Set
    End Property
```

Der `FtpClient` verfügt über einen mehrfach überladenen Konstruktor, dem Server-Adresse, Benutzername und Kennwort des anzumeldenden Users sowie der Port, auf dem der Server Anfragen entgegennimmt, übergeben werden können. Mit Hilfe der Eigenschaften `Server`, `Username`, `Password` und `Port` können diese Informationen auch nach Instanzierung der Klasse gesetzt werden. Die Eigenschaft `RemotePath` erlaubt es, ein Verzeichnis auf dem Server festzulegen, in das direkt nach dem Login gewechselt werden soll. Sie kann auch genutzt werden, um die aktuelle Position auf dem Server festzustellen. Mit Hilfe der Eigenschaft `Timeout` können Sie die Zeitspanne in Sekunden einstellen, die der Server beim Empfang von Daten vom Server maximal auf eine Rückgabe warten soll.

```
    Public Function Login() As Boolean

        If Not Me.blnLoggedIn Then
            Dim objStatus As ReturnData = Me.Open

            ' ------------------------------------
            ' Username übermitteln
            ' ------------------------------------
            objStatus = Me.Send("USER " & Me.Username)
            If Not (objStatus.HasStatus(230) Or _
                objStatus.HasStatus(331)) Then

                Me.Close()
                Throw New Exception(objStatus.Response)
            End If

            ' ------------------------------------
            ' Password übermitteln
            ' ------------------------------------
            If objStatus.HasStatus(331) Then
                objStatus = Me.Send("PASS " & Me.Password)
                If Not (objStatus.HasStatus(230) Or _
                    objStatus.HasStatus(202)) Then
```

```
            Me.Close()
            Throw New Exception(objStatus.Response)
          End If
        End If

        ' -------------------------------------
        ' Anmeldung war erfolgreich
        ' -------------------------------------
        Me.blnLoggedIn = True

        ' -------------------------------------
        ' Ins angegebene Verzeichnis wechseln
        ' -------------------------------------
        Me.ChangeDir(Me.strRemotePath)
      End If

      Return Me.blnLoggedIn
    End Function
```

Die Methode `Login` meldet den `FtpClient` am Server mit Hilfe der übergebenen Informationen zu Benutzername und Passwort an. Sollte dabei ein Fehler auftreten, wird die Verbindung zum Server sofort getrennt und eine `Exception` geworfen.

```
    Public Sub ChangeDir( _
      ByVal strDirectory As String)

      Dim objResult As New ReturnData
      strDirectory &= ""
      If strDirectory.Equals(".") Or _
        strDirectory.Length = 0 Then
        Return
      End If

      Me.Login()
      objResult = Me.Send("CWD " & strDirectory)
      objResult = Me.Send("PWD")

      Me.strRemotePath = _
        objResult.Response.Split("""")(1)
    End Sub
```

Die Methode `ChangeDir` wechselt in ein Verzeichnis. Das Kommando `CWD` weist den Server an, in das als Argument genannte Verzeichnis zu wechseln. Mit Hilfe von `PWD` kann der Name des aktuellen Verzeichnisses ermittelt werden – sollte der Wechsel erfolgreich gewesen sein, so ist dies der Name des angegebenen Verzeichnisses, anderenfalls der Name des übergeordneten Verzeichnisses.

```
Public Function List( _
   ByVal strFilemask As String) As ArrayList

   Me.Login()
   Dim objDataSocket As Socket = _
      Me.OpenDataSocket()
   Dim objResult As New ArrayList

   Me.Send("NLST " & strFilemask)
   Dim strData As String = _
      Me.ReceiveRawData(objDataSocket) & ""
   Dim aryData As String() = _
      Regex.Split(strData.Replace(vbCr, ""), vbLf)
   Dim strEntry As String

   For Each strEntry In aryData
      objResult.Add(strEntry)
   Next
   Me.Close(objDataSocket)

   Return objResult
End Function

Public Function List() As ArrayList
   Return List("*.*")
End Function
```

Mit Hilfe der überladenen Methode `List` kann der Inhalt eines Verzeichnisses ausgelesen werden. Sollte kein Parameter angegeben worden sein, so werden alle Dateien des aktuellen Verzeichnisses zurückgegeben. Sollte eine Zeichenkette als Parameter übergeben worden sein, so werden alle Dateien, deren Namen oder Endungen auf das übergebene Muster passen, in Form einer `ArrayList` zurückgegeben.

```
Public Function FileSize( _
   ByVal strFilename As String) As Int64

   Me.Login()
   Dim objResult As ReturnData = _
      Me.Send("SIZE " & strFilename)

   If objResult.HasStatus(213) Then
      Return Int64.Parse(objResult.Response)
   Else
      Return 0
   End If
End Function
```

Die Methode `FileSize` erlaubt es, die Dateigröße der angegebenen Datei in Bytes zu ermitteln.

```
Public Sub Download( _
   ByVal strFilename As String, _
   ByVal strLocalFile As String)

   Me.Login()
   ' ----------------------------------------
   ' Binären Modus einschalten
   ' ----------------------------------------
   Me.SetBinaryMode()
   Dim objOutput As FileStream

   ' ----------------------------------------
   ' Lokale Datei anlegen
   ' ----------------------------------------
   Try
      objOutput = File.Create(strLocalFile)
   Catch ex As Exception
      Throw New Exception(ex.Message)
   End Try

   ' ----------------------------------------
   ' Data-Socket öffnen
   ' ----------------------------------------
   Dim objDataSocket As Socket = Me.OpenDataSocket

   ' ----------------------------------------
   ' Kommando zum Herunterladen geben
   ' ----------------------------------------
   Dim strResult As String = _
      Me.Send("RETR " & strFilename).Response
   Dim objTimeout As DateTime = _
      DateTime.Now.AddSeconds(Me.intTimeOut)
   Dim blnIsReceiving As Boolean = _
      IsDataAvailable(objDataSocket)

   Try
      While blnIsReceiving

         Dim intBytes As Int32
         Dim objBuffer(Me.intBufferSize) As Byte

         ' ----------------------------------
         ' Daten lesen und gleich speichern
         ' ----------------------------------
         intBytes = objDataSocket.Receive( _
            objBuffer, _
            Me.intBufferSize, _
            SocketFlags.None)
         objOutput.Write(objBuffer, 0, intBytes)

         ' ----------------------------------
         ' Falls Daten gekommen sind: Weitermachen
         ' ----------------------------------
```

```
            blnIsReceiving = (intBytes > 0)
            If blnIsReceiving Then
               Thread.Sleep(10)
            End If
         End While

      Catch ex As Exception
         Throw New Exception(ex.Message)
      Finally
         objOutput.Close()
         Me.Close(objDataSocket)
      End Try

      ' ------------------------------------
      ' Wieder auf ASCII-Modus umschalten
      ' ------------------------------------
      Me.SetAsciiMode()
   End Sub
```


Mit Hilfe der Methode `Download` können Sie eine Datei vom FTP-Server auf das lokale System herunterladen. Als Parameter werden der Dateiname der Datei auf dem Server und der voll qualifizierte Dateiname der neu zu erstellenden lokalen Datei erwartet.

Nachdem der Server angewiesen worden ist, in den Binärmodus zu wechseln, wird die lokale Datei erzeugt und ein Datensocket zum Server geöffnet. Aus diesem werden so lange Daten ausgelesen, wie der Server Bytes zurückgibt. Diese Daten werden direkt in die neue Datei weitergeschrieben. Anschließend wird diese Datei, ebenso wie der Datensocket, geschlossen und der Server wieder in den ASCII-Modus umgeschaltet.

```
   Public Sub Upload(ByVal strFilename As String)
      Me.Login()

      If File.Exists(strFilename) Then
         Dim objFile As New FileStream( _
            strFilename, FileMode.Open)

         ' ---------------------------------
         ' Binären Modus einstellen
         ' ---------------------------------
         Me.SetBinaryMode()

         ' ---------------------------------
         ' Datensocket öffnen
         ' ---------------------------------
         Dim objDataSocket As Socket = _
            Me.OpenDataSocket

         ' ---------------------------------
         ' Bescheid geben, dass jetzt eine
         ' Datei übertragen wird
```

```
            ' ------------------------------------
            Me.Send("STOR " & _
               Path.GetFileName(strFilename))

            ' ------------------------------------
            ' File einlesen und gleichzeitig
            ' senden
            ' ------------------------------------
            Dim blnIsSending As Boolean = True
            While blnIsSending
               Dim objBuffer(Me.intBufferSize) As Byte
               Dim intBytes As Int32

               intBytes = objFile.Read( _
                  objBuffer, 0, Me.intBufferSize)
               If intBytes > 0 Then
                  objDataSocket.Send( _
                     objBuffer, intBytes, SocketFlags.None)
               Else
                  blnIsSending = False
               End If
            End While

            objFile.Close()
            Me.Close(objDataSocket)

            Me.SetAsciiMode()
         End If

      End Sub
```

Die Methode `Upload` überträgt die angegebene Datei auf den FTP-Server. Dabei wird dieser in den binären Modus geschalten. Nun kann ein Datensocket für die Übertragung der Datei geöffnet werden. Nach dem Senden des `STOR`-Kommandos zum `FTP`-Server kann die Datei zum Server gesendet werden. Zuletzt werden Datei und Datensocket wieder geschlossen und der Server in den `ASCII`-Modus zurückgeschaltet.

```
      Public Sub DeleteFile(ByVal strFilename As String)
         Me.Login()
         If strFilename.Length > 0 Then
            Me.Send("DELE " & strFilename)
         End If
      End Sub

      Public Sub DeleteFolder(ByVal strFolder As String)
         Me.Login()

         If strFolder.Length > 0 Then
            ' ------------------------------------
            ' In das angegebene Verzeichnis wechseln
```

```
          ' ----------------------------------
          Me.ChangeDir(strFolder)

          ' ----------------------------------
          ' Alle enthaltenen Dateien löschen
          ' ----------------------------------
          Dim objFiles As ArrayList = Me.List()
          Dim strFile As String
          For Each strFile In objFiles
            Me.DeleteFile(strFile)
          Next
          Me.ChangeDir("..")

          ' ----------------------------------
          ' Verzeichnis löschen
          ' ----------------------------------
          Me.Send("RMD " & strFolder)
        End If
      End Sub

      Public Sub CreateFolder(ByVal strFolder As String)
        Me.Login()

        If strFolder.Length > 0 Then
          Me.Send("MKD " & strFolder)
        End If
      End Sub
```


Dateien und ganze Verzeichnisse können mit den Methoden `DeleteFile` und `DeleteFolder` gelöscht werden. Erstere Methode sendet lediglich das `DELE`-Kommando zum Server, während letztere Methode in das angegebene Verzeichnis wechselt, alle Dateien darin ausliest, diese mit Hilfe der Methode `DeleteFile` löscht und anschließend ins übergeordnete Verzeichnis zurückkehrt.

Die Methode `CreateFolder` erstellt einen neuen Ordner auf dem Server. Dabei erfolgt keine Überprüfung, ob dieser Ordner bereits existiert.

```
      Private Sub SetBinaryMode()
        Me.Login()
        Me.Send("TYPE I")
      End Sub

      Private Sub SetAsciiMode()
        Me.Login()
        Me.Send("TYPE A")
      End Sub
```

Die beiden privaten Methoden `SetBinaryMode` und `SetAsciiMode` sind für den Wechsel in die beiden Übertragungsmodi des FTP-Servers zuständig. Während im ASCII-Modus vorrangig Verzeichnis-Informationen oder andere kleinere Daten ausgetauscht werden, dient der binäre Modus der Übertragung von Dateien.

```
Private Function Send( _
   ByVal strCommand As String) As ReturnData

   strCommand &= vbCrLf
   Dim objData() As Byte = objEncoding.GetBytes( _
      strCommand)

   Dim intBytes As Int32 = _
      Me.objSocket.Send(objData, _
      objData.Length, SocketFlags.None)

   Return Me.Receive
End Function

Private Function ReceiveRawData( _
   ByVal objSocket As Socket) As String

   Dim blnIsReceiving As Boolean = True
   Dim strResult As String = String.Empty
   Dim objBuffer(Me.intBufferSize) As Byte
   Dim intBytesReceived As Int32

   IsDataAvailable(objSocket)
   While blnIsReceiving
      intBytesReceived = _
      objSocket.Receive(objBuffer)

      strResult &= Me.objEncoding.GetString( _
         objBuffer, 0, intBytesReceived)

      blnIsReceiving = ( _
         intBytesReceived = objBuffer.Length _
         And strResult.Length > 0)

      If blnIsReceiving Then
         blnIsReceiving = _
            IsDataAvailable(objSocket)
      End If
   End While

   strResult = strResult.Replace(vbCr, "")
   Return strResult
End Function

Private Function IsDataAvailable( _
   ByVal objSocket As Socket) As Boolean
```

```
        Dim blnResult As Boolean = False
        Dim intEndTicks As Int64 = _
            DateTime.Now.AddSeconds(Me.intTimeOut).Ticks
        Dim blnMustWait As Boolean = True

        Do
            blnMustWait = Not ( _
                objSocket.Poll(100, SelectMode.SelectRead) And _
                objSocket.Available > 0)
            If blnMustWait Then
                If DateTime.Now.Ticks > intEndTicks Then
                    Exit Do
                End If
                Thread.Sleep(10)
            Else
                blnResult = True
                Exit Do
            End If
        Loop While True

        Return blnResult
    End Function

    Private Function Receive() As ReturnData
        Return New ReturnData( _
            Me.ReceiveRawData(Me.objSocket))
    End Function
```


Die Methoden `Send` und `ReceiveRawData` wickeln die eigentliche Kommunikation mit dem FTP-Server ab. Mit Hilfe von `Send` können Befehle an den Server gesendet werden, die zu diesem Zweck um einen abschließenden Zeilenumbruch erweitert und anschließend als `Byte`-Array übertragen werden.

`ReceiveRawData` ruft so lange Daten vom Server ab, wie diese den internen Empfangspuffer füllen und innerhalb der mit Hilfe der Eigenschaft `Timeout` definierten Zeitspanne eintreffen. Diese Daten werden aus einem `Byte`-Array in eine Zeichenkette konvertiert und zurückgegeben.

Die Ermittlung, ob Daten innerhalb der durch das Timeout definierten Zeitspanne eintreffen, wird von der Methode `IsDataAvailable` vorgenommen. Diese prüft in regelmäßigen Abständen, ob tatsächlich Daten vorliegen. Sollte dies innerhalb des Timeouts der Fall sein, ist die Rückgabe `True`, anderenfalls wird `False` zurückgegeben.

Die Methode `Receive` ruft lediglich die Methode `ReceiveRawData` auf und verpackt deren Rückgabe in einer neuen Instanz der Klasse `ReturnData`, damit sie leichter ausgewertet werden kann.

```
    Private Function Open() As ReturnData
        Dim objAddress As IPAddress
        Dim objStatus As ReturnData
```

```
    Try
        objAddress = _
            Dns.Resolve(Me.strServer).AddressList(0)
        Me.objSocket = _
            OpenSocket(objAddress, Me.Port)

        objStatus = Me.Receive
        If Not objStatus.HasStatus(220) Then
            Me.Close()
            Throw New Exception(objStatus.Response)
        End If
    Catch ex As Exception
        Me.Close()
        Throw New Exception(ex.Message)
    End Try

    Return objStatus
End Function

Private Function OpenDataSocket() As Socket

    ' -----------------------------------
    ' Server in passiven Modus schicken
    ' -----------------------------------
    Dim objResponse As ReturnData = _
        Me.Send("PASV")

    ' -----------------------------------
    ' Rückgabe auswerten
    ' -----------------------------------
    If Not objResponse.HasStatus(227) Then
        Me.Close()
        Throw New Exception(objResponse.Response)
    End If

    ' -----------------------------------
    ' In der Rückgabe ist der Port für die
    ' Datenübertragung enthalten
    ' -----------------------------------
    Dim strPattern As String = _
        "\(([^\)]+)\)"
    Dim strNewConnectData As String = String.Empty
    Dim objIP As IPAddress
    Dim intPort As Int64 = 0

    If Regex.IsMatch( _
        objResponse.Response, strPattern) Then

        Dim objMatch As Match = _
            Regex.Match(objResponse.Response, strPattern)
        strNewConnectData = objMatch.Groups(1).ToString
```

```
        Dim strAddress() As String = _
          Regex.Split(strNewConnectData, ",")
        If strAddress.Length = 6 Then
          objIP = IPAddress.Parse( _
            strAddress(0) & "." & strAddress(1) & "." & _
            strAddress(2) & "." & strAddress(3))
          intPort = _
            (Int64.Parse(strAddress(4)) << 8) + _
            Int64.Parse(strAddress(5))
        End If
      End If

      If Not IsNothing(objIP) And intPort > 0 Then
        Dim objSocket As Socket

        Try
          objSocket = OpenSocket(objIP, intPort)
          Return objSocket
        Catch ex As Exception
          Me.Close(objSocket)
          Throw New Exception(ex.Message)
        End Try
      Else
        Return Nothing
      End If
    End Function

    Private Function OpenSocket( _
      ByVal objAddress As IPAddress, _
      ByVal intPort As Int32) As Socket

      Dim objResultSocket As Socket
      Try
        Dim objEndPoint As New IPEndPoint( _
          objAddress, intPort)

        objResultSocket = New Socket( _
          AddressFamily.InterNetwork, _
          SocketType.Stream, _
          ProtocolType.Tcp)

        objResultSocket.Connect(objEndPoint)
        Return objResultSocket
      Catch e As Exception
        If Not IsNothing(objResultSocket) And _
          objResultSocket.Connected Then

          Me.Close(objResultSocket)
        End If
        Throw New Exception(e.Message)
      End Try
    End Function
```

Mit Hilfe der beiden Methoden `Open` und `OpenDataSocket` können neue Sockets erzeugt werden. Die Methode `Open` wird verwendet, um den Standard-Kommunikations-Socket mit dem FTP-Server zu erzeugen. Zu diesem Zweck wird der Name des Servers mit Hilfe der statischen Methode `Resolve` der Dns-Klasse in eine IP-Adresse aufgelöst. Diese Adresse kann zusammen mit dem Standard-Port des Servers der privaten Methode `OpenSocket` übergeben werden, die das eigentliche Öffnen des Sockets vornimmt. Die Rückgabe des Servers bei einem erfolgreichen Verbindungsversuch kann anschließend ausgelesen und daraufhin überprüft werden, ob der Server den Statuscode 227, der eine erfolgreiche Kontaktaufnahme signalisiert, zurückgesendet hat. Sollte dies nicht der Fall sein, wird eine `Exception` geworfen, die innerhalb der einbindenden Klasse abgefangen und verarbeitet werden kann.

Die Funktionsweise der Methode `OpenDataSocket` ist dagegen deutlich komplexer: Sie wird verwendet, um zu dem Server eine zusätzliche Socket-Verbindung auf einem erst zur Laufzeit ausgehandelten Port herzustellen. Diese Verbindung ist für das Übertragen binärer Daten vorgesehen.

Um sie zu erstellen, muss zunächst das Kommando `PASV` gesendet werden. Der Server reagiert darauf mit einer Rückgabe, die IP-Adresse und zu verwendenden Port enthält. Die IP-Adresse verfügt dabei statt über Punkte zwischen den Zahlen über Kommata, der Port ist in Form zweier `Integer`-Zahlen angegeben, von denen die erste Zahl noch um acht Bits nach links geshiftet werden muss, bevor sie mit der zweiten Zahl addiert werden kann und somit den korrekten Port ergibt.

Dies klingt zwar recht komplex, ist aber nicht sehr aufwändig zu implementieren: Zunächst wird die Rückgabe des `PASV`-Kommandos mit Hilfe eines regulären Ausdrucks so zerlegt, dass die Verbindungsinformationen, die immer in runden Klammern stehen, extrahiert werden können. Anschließend kann die so gewonnene Zeichenkette anhand des Kommas zerlegt werden – die ersten vier Zahlen bilden die IP-Adresse, die erstere der beiden Zahlen wird mit Hilfe des seit .NET 1.1 auch in Visual Basic .NET verfügbaren *Bit-Shifting-Operators* (<<) so bearbeitet, dass die Stellen ihrer bitweisen Repräsentation um acht Stellen nach links verschoben werden. Nun kann sie mit der letzten Zahl addiert werden und stellt den zu verwendenden Port da.

Hinweis

Wenn Sie dieses Beispiel mit dem .NET Framework 1.0 ausführen wollen, müssen Sie im Quellcode der Methode `OpenDataSocket` folgende Änderung vornehmen:

Ersetzen Sie das Fragment

```
(Int64.Parse(strAddress(4)) << 8)
```

durch folgenden Ausdruck:

```
(Int64.Parse(strAddress(4)) * (2^8))
```

Dieser Ausdruck ist äquivalent zu obiger Anweisung.

Die so gewonnenen Informationen zu IP-Adresse und Port der neuen Datenverbindung können nun an die Methode `OpenSocket` übergeben werden, die versucht, anhand der übergebenen Daten eine Verbindung zum Server herzustellen.

```
      Public Sub Close()
         Me.Close(Me.objSocket)
         Me.blnLoggedIn = False
      End Sub

      Public Sub Close(ByVal objSocket As Socket)
         If Not IsNothing(objSocket) Then
            If objSocket.Connected Then
               objSocket.Close()
            End If
         End If
      End Sub

      Protected Overrides Sub Finalize()
         Me.Close()
      End Sub
   End Class

End Namespace
```

Die überladene Methode `Close` schließt einen Socket. Wenn kein Socket angegeben worden ist, wird der Standard-Kommunikations-Socket zum Server geschlossen. Sollte dies nicht von Ihrer Applikation ausgelöst worden sein, wird beim Terminieren der Klasse erneut versucht, eine eventuell noch offene Verbindung zum Server zu schließen.

Nach einer Kompilation der Klassen ist der `FtpClient` einsatzfähig. Sehen wir uns im Folgenden einige typische Einsatzbeispiele der Klasse an.

197 Dateiupload per FtpClient

Das Hochladen einer Datei per `FtpClient` gestaltet sich – nachdem Sie dem *ASP.NET*- bzw. *W3WP*-Benutzer unter Windows 2003 die benötigten Rechte (Lesen, Ändern) auf dem Verzeichnis, in dem die hochzuladende Datei liegt, gegeben haben – sehr einfach:

```
<%@ Page Language="vb" %>
<%@ Import Namespace="codebook.aspnet.vb.NET.Ftp" %>
<script runat="server">
   Sub Page_Load(sender As Object, e As EventArgs)
      objStart.Visible = True
      objResult.Text = String.Empty
   End Sub

   Sub btnStart_Click(sender As Object, e As EventArgs)
```

Listing 380: Upload einer Datei auf einen FTP-Server (Upload.aspx)

Basics
Daten-bank
I/O
Validie-rung
Controls
Http-Handler
Netz-werk
Grafik
Tracing
Security

```
      Dim objClient As New FtpClient( _
         "localhost", "Test", "Test123")
      Try
         objClient.ChangeDir("Upload")
         objClient.Upload( _
            Server.MapPath("Test.pdf"))
         objResult.Text = "Datei wurde erfolgreich hochgeladen!"
         objStart.Visible = False
      Catch ex As Exception
         objResult.Text = ex.Message
      Finally
         objClient.Close()
      End Try
   End Sub
</script>
<!DOCTYPE HTML PUBLIC "-//W3C//DTD HTML 4.0 Transitional//EN">
<html>
  <head>
    <title>Upload</title>
  </head>
  <body>
    <form id="Form1" method="post" runat="server">
      <h3>FTP-Upload</h3>
      <p>
         <strong>
            Mit Hilfe dieser WebForm wird eine Datei auf
            einen FTP-Server hochgeladen.
         </strong>
      </p>
      <p runat="server" id="objStart">
         <asp:Button Runat="server" ID="btnStart"
            Text="Datei hochladen" OnClick="btnStart_Click"/>
      </p>
      <asp:Label Runat="server" ID="objResult" />
    </form>
  </body>
</html>
```

Listing 380: Upload einer Datei auf einen FTP-Server (Upload.aspx) (Forts.)

Nach einem Klick auf die Schaltfläche Datei hochladen wird die Methode `btnStart_Click` aufgerufen, die den Upload durchführt. in ihr wird zunächst eine neue Instanz der `FtpClient`-Klasse erzeugt, der im Konstruktor die benötigten Parameter für Server-Adresse, Benutzername und Kennwort übergeben werden:

```
Dim objClient As New FtpClient( _
   "localhost", "Test", "Test123")
```

Basics
Daten-bank
I/O
Validie-rung
Controls
Http-Handler
Netz-werk
Grafik
Tracing
Security

Da bei allen folgenden Operationen Exceptions geworfen werden können, die auf Fehler aufmerksam machen sollen, erfolgt die eigentliche Durchführung des Uploads innerhalb eines Try-Catch-Finally-Blocks.

Die Verbindung zum Server wird implizit geöffnet, wenn in das Verzeichnis »Upload« gewechselt wird, das auf dem Server natürlich existieren muss:

```
objClient.ChangeDir("Upload")
```

Nun kann die im lokalen Verzeichnis liegende Datei *Test.pdf* auf den Server übertragen werden:

```
objClient.Upload( _
   Server.MapPath("Test.pdf"))
```

Sollte bis hierher kein Fehler aufgetreten sein, wird ein entsprechender Hinweistext ausgegeben. Wenn von der FtpClient-Instanz eine Exception geworfen wurde, kann diese innerhalb des Catch-Blocks behandelt werden.

in jedem Fall wird zuletzt die Verbindung zum Server mit Hilfe der Methode Close der FtpClient-Klasse getrennt:

```
objClient.Close()
```

Sie sollten dies immer manuell durchführen, damit die Verbindung nicht erst beim Aufräumen des Speichers durch den *Garbage-Collector* getrennt wird – aufgrund der Architektur des .NET Framework können Sie nicht wissen, wann dies geschehen wird, und würden somit den FTP-Server über Gebühr belasten.

Wenn Sie nun auf den Server wechseln und dort in das Verzeichnis »Upload« schauen, sollten Sie dort die eben hochgeladene Datei vorfinden.

198 Dateidownload per FtpClient

Das Herunterladen einer Datei per FtpClient gestaltet sich als ebenso einfach wie der Datei-Upload:

```
<%@ Page Language="vb" %>
<%@ Import Namespace="codebook.aspnet.vb.NET.Ftp" %>
<script runat="server">
   Sub Page_Load(sender As Object, e As EventArgs)
      objStart.Visible = True
      lblResult.Text = String.Empty
   End Sub
```

Listing 381: Herunterladen einer Datei per FtpClient (Download.aspx)

```
   Sub btnStart_Click(sender As Object, e As EventArgs)
      Dim objClient As New FtpClient( _
         "localhost", "Test", "Test123")
      Try
         objClient.Download( _
            "Upload/Test.pdf", _
            Server.MapPath("Test_Download.pdf"))
         lblResult.Text = "Datei wurde heruntergeladen " & _
            "und ist unter dem Namen ""Test_Download.pdf"" " & _
            "gespeichert worden."
      Catch ex As Exception
         lblResult.Text = ex.Message
      Finally
         objClient.Close()
      End Try
   End Sub
</script>
<!DOCTYPE HTML PUBLIC "-//W3C//DTD HTML 4.0 Transitional//EN">
<html>
  <head>
    <title>Download</title>
  </head>
  <body>
    <form id="Form1" method="post" runat="server">
      <h3>Datei-Download per FtpClient</h3>
      <p>
         <strong>
            Hier können Sie eine Datei vom FTP-Server
            herunterladen. Klicken Sie auf "Start", um den
            Vorgang durchzuführen.
         </strong>
      </p>
      <asp:Label Runat="server" ID="lblResult" />
      <p runat="server" id="objStart">
         <asp:Button Runat="server" ID="btnStart"
            Text="Start" OnClick="btnStart_Click"/>
      </p>
    </form>
  </body>
</html>
```

Listing 381: Herunterladen einer Datei per FtpClient (Download.aspx) (Forts.)

Um den Download auszuführen, muss der Benutzer auf die Schaltfläche START klicken, wodurch deren EventHandler `btnStart_Click` aufgerufen wird.

Hier wird zunächst eine neue Instanz der `FtpClient`-Klasse mit den bekannten Parametern zu Server-Adresse, Benutzername und Kennwort erstellt:

```
Dim objClient As New FtpClient( _
   "localhost", "Test", "Test123")
```

Nun kann durch den `FtpClient` die gewünschte Datei heruntergeladen werden. Dies erledigt die Methode `Download`, der als Parameter der Name der Datei auf dem Server und der Name, unter dem die heruntergeladene Datei gespeichert werden soll, übergeben werden. Beachten Sie bitte, dass der *ASP.NET*- bzw. *W3WP*-Account das Recht zum Vollzugriff auf dem Verzeichnis benötigt, in das die Datei gespeichert werden soll:

```
objClient.Download( _
   "Upload/Test.pdf", _
   Server.MapPath("Test_Download.pdf"))
```

Sollte bei diesem Vorgang ein Fehler auftreten, wird von der `FtpClient`-Klasse eine `Exception` generiert, die Sie innerhalb der WebForm abfangen können.

Zuletzt wird die Verbindung mit Hilfe der Methode `Close` des `FtpClients` geschlossen.

Wenn Sie die WebForm aufrufen, sollten Sie im Erfolgsfall folgende Ausgabe erhalten:

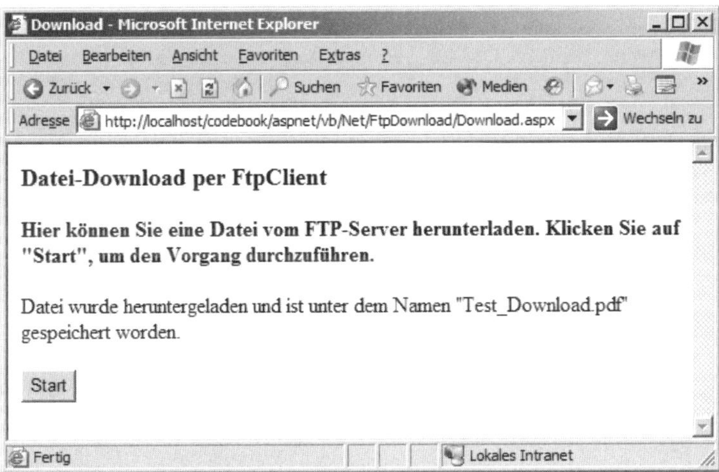

Abbildung 95: Die Datei ist erfolgreich heruntergeladen worden

199 Datei löschen per FtpClient

Mit Hilfe des `FtpClients` können Sie ohne großen Aufwand Dateien oder ganze Verzeichnisse löschen. Hier soll demonstriert werden, wie Sie die Datei *Test.pdf* aus dem Verzeichnis *Upload* auf dem Server löschen:

```
<%@ Page Language="vb" %>
<%@ Import Namespace="codebook.aspnet.vb.NET.Ftp" %>
<script runat="server">
   Sub btnStart_Click(sender As Object, e As EventArgs)
```

Listing 382: Löschen einer Datei auf dem FTP-Server (Delete.aspx)

```
      Dim objClient As New FtpClient( _
         "localhost", "Test", "Test123")
      Try
         Dim objList As ArrayList = _
            objClient.List("/Upload/*.*")
         Dim strFile As String
         Dim blnDeleted As Boolean = False

         For Each strFile In objList
            If strFile = "Test.pdf" Then
               objClient.DeleteFile("/Upload/Test.pdf")
               blnDeleted = True
               Exit For
            End If
         Next
         If blnDeleted Then
            lblResult.Text = "Die Datei wurde " & _
               "erfolgreich gelöscht."
            btnStart.Enabled = False
         Else
            lblResult.Text = "Die Datei konnte nicht " & _
               "gelöscht werden, da sie auf dem Server " & _
               "nicht (mehr) vorhanden war."
         End If
      Catch ex As Exception
         lblResult.Text = ex.Message
         btnStart.Enabled = True
      Finally
         objClient.Close()
      End Try
   End Sub
</script>
<!DOCTYPE HTML PUBLIC "-//W3C//DTD HTML 4.0 Transitional//EN">
<html>
  <head>
    <title>Delete</title>
  </head>
  <body>
    <form id="Form1" method="post" runat="server">
      <h3>Datei löschen</h3>
      <p>
         <strong>
            Hier können Sie eine Datei auf dem FTP-Server
            löschen. Klicken Sie bitte auf "Löschen", um
            den Vorgang zu starten.
         </strong>
      </p>
      <asp:Label Runat="server" ID="lblResult" />
      <p>
         <asp:Button Runat="server" ID="btnStart"
            Text="Löschen" OnClick="btnStart_Click" />
```

Listing 382: Löschen einer Datei auf dem FTP-Server (Delete.aspx) (Forts.)

```
      </p>
    </form>
  </body>
</html>
```

Listing 382: Löschen einer Datei auf dem FTP-Server (Delete.aspx) (Forts.)

Wenn der Benutzer auf die Schaltfläche LÖSCHEN klickt, wird der Ereignis-Handler `btnStart_Click` eingebunden. Innerhalb dieser Methode erfolgt zunächst das Erzeugen einer neuen Instanz der `FtpClient`-Klasse.

Um den Server nicht mit dem Versuch zu belasten, nicht existierende Dateien zu löschen, wird zunächst der Inhalt des Verzeichnisses *Upload* mit Hilfe der Methode List des `FtpClients` in eine `ArrayList` eingelesen:

```
Dim objList As ArrayList = _
   objClient.List("/Upload/*.*")
```

Anschließend wird die Auflistung, die alle Dateien und Unterverzeichnisse beinhaltet, so lange durchlaufen, bis die Datei *Test.pdf* gefunden werden konnte. Diese wird mit Hilfe der Methode `DeleteFile` gelöscht:

```
For Each strFile In objList
   If strFile = "Test.pdf" Then
      objClient.DeleteFile("/Upload/Test.pdf")
      blnDeleted = True
      Exit For
   End If
Next
```

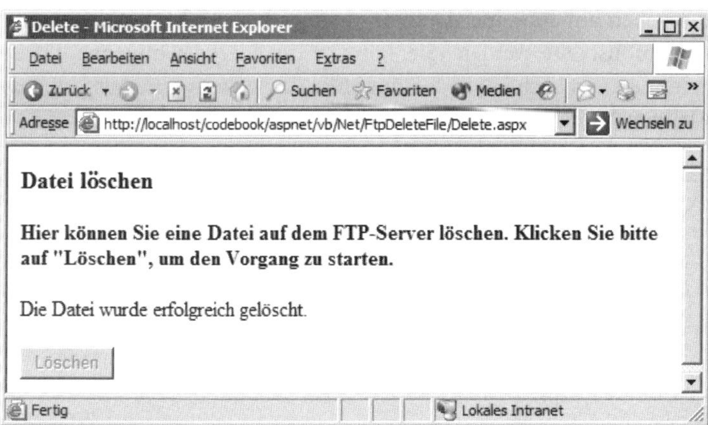

Abbildung 96: Die Datei konnte vom Server gelöscht werden

Basics
Datenbank
I/O
Validierung
Controls
Http-Handler
Netzwerk
Grafik
Tracing
Security

Nach dem Erzeugen des Ergebnis-Textes wird die Verbindung zum Server auch bei Auftreten einer `Exception` explizit geschlossen.

Wenn Sie die WebForm aufrufen und auf die Schaltfläche LÖSCHEN klicken, sollten Sie diese Ausgabe erhalten, wenn die Datei *Test.pdf* im Unterverzeichnis *Upload* des Servers existiert (siehe Abbildung 96).

Wenn die Datei nicht mehr auf dem Server existiert, werden Sie folgende Ausgabe erhalten (siehe Abbildung 97).

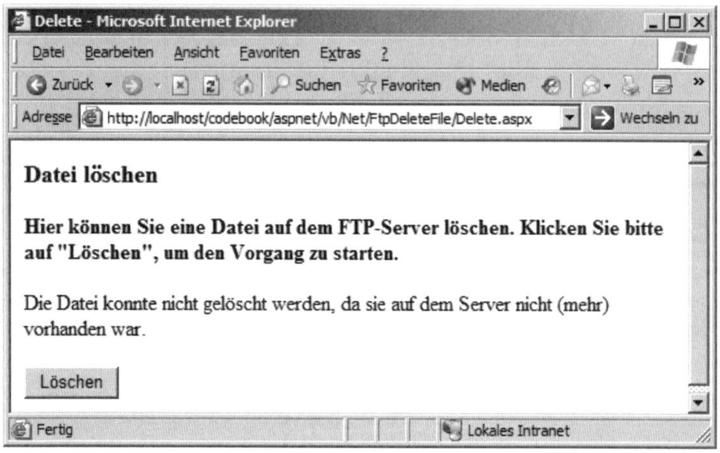

Abbildung 97: Die Datei existierte offensichtlich nicht mehr auf dem Server

200 Daten per HTTP-GET übertragen

Um Daten von einem Web-Server zu einem anderen Web-Server per `HTTP-GET` zu übertragen, können Sie die Klasse `WebClient` aus dem `System.Net`-Namensraum bedienen.

Im Folgenden soll das Vorgehen anhand einer Domain-Abfrage beim Whois-Webfrontend des Anbieters InterNIC demonstriert werden. Sie können die hier gewonnenen Daten bequem mit den Informationen vergleichen, die Sie mit Hilfe des weiter vorne vorgestellten Whois-Clients ermittelt haben:

```
<%@ Page Language="vb"
   AutoEventWireup="false"
   Codebehind="Whois_Get.aspx.vb"
   Inherits="codebook.aspnet.vb.NET.WhoisGet.Check"%>
<!DOCTYPE HTML PUBLIC "-//W3C//DTD HTML 4.0 Transitional//EN">
<html>
  <head>
    <title>Whois-Abfrage per HTTP-GET</title>
  </head>
  <body>
```

Listing 383: WebFrontend für die Abfrage von Domain-Informationen (Whois_Get.aspx)

```
    <form id="Form1" method="post" runat="server">
      <h3>Whois</h3>
      <p>
        <strong>
          Bitte geben Sie hier den Namen der Domain an, deren
          Domain-Informationen Sie auslesen wollen. Klicken
          Sie anschließend auf "Absenden"
        </strong>
      </p>
      <p>
        <asp:TextBox Runat="server" ID="txtDomain" />
        <asp:Button Runat="server" ID="btnSubmit"
        Text="Absenden" />
      </p>
      <pre runat="server" id="objResult" Visible="false" />
    </form>

  </body>
</html>
```

Listing 383: WebFrontend für die Abfrage von Domain-Informationen (Whois_Get.aspx) (Forts.)

Im Frontend wird eine Textbox für die Eingabe des Domainnamens bereitgestellt. Durch Klick auf die Schaltfläche ABSENDEN wird der EventHandler für den Button `btnSubmit` im Code-Bereich der WebForm eingebunden:

```
Imports System.NET
Imports System.IO
Imports System.Collections.Specialized
Imports System.Text
Imports System.Text.RegularExpressions

Namespace codebook.aspnet.vb.NET.WhoisGet

   Public Class Check
      Inherits System.Web.UI.Page

      Protected WithEvents txtDomain As _
         System.Web.UI.WebControls.TextBox
      Protected WithEvents btnSubmit As _
         System.Web.UI.WebControls.Button
      Protected WithEvents objResult As _
         System.Web.UI.HtmlControls.HtmlGenericControl

      Private Sub btnSubmit_Click( _
         ByVal sender As Object, _
         ByVal e As System.EventArgs) Handles btnSubmit.Click

         Dim objData As New NameValueCollection
         objData.Add("whois_nic", Me.txtDomain.Text)
```

Listing 384: Abfrage der Whois-Informationen zu einer Domain via HTTP-GET (Whois_Get.aspx.vb)

```
        objData.Add("type", "domain")

        Dim objClient As New WebClient
        Dim strUrl As String = _
           "http://reports.internic.NET/cgi-bin/whois"
        objClient.QueryString = objData

        Dim objStreamReader As New StreamReader( _
           objClient.OpenRead(strUrl), _
           System.Text.Encoding.UTF8)
        Dim strContent As String = objStreamReader.ReadToEnd
        objStreamReader.Close()

        Dim strPattern As String = "<pre>([\w\W]*?)</pre>"
        If Regex.IsMatch(strContent, strPattern) Then
           strContent = Regex.Match( _
              strContent, strPattern).Groups(1).ToString
        End If

        Me.objResult.InnerText = strContent.Trim
        Me.objResult.Visible = True
     End Sub
  End Class

End Namespace
```

Listing 384: Abfrage der Whois-Informationen zu einer Domain via HTTP-GET (Whois_Get.aspx.vb) (Forts.)

Innerhalb der Methode `btnSubmit_Click` wird der angegebene Domainname zusammen mit dem Abfragetyp in einer `NameValueCollection` abgelegt. Dabei werden die gleichen Benennungen wie beim originalen Web-Formular des Anbieters verwendet.

Diese `NameValueCollection` wird nun der `QueryString`-Eigenschaft einer neuen `WebClient`-Instanz zugewiesen:

```
Dim objClient As New WebClient
Dim strUrl As String = _
   "http://reports.internic.NET/cgi-bin/whois"
objClient.QueryString = objData
```

Das Übertragen der Informationen zum anderen Webserver wird durch den Aufruf der Methode `OpenRead` des Webclients ausgelöst, der als Parameter der URL der abzurufenden Webseite übergeben wird und die eine neue `Stream`-Instanz zurückgibt. Diese Instanz wird als Parameter bei der Erstellung einer neuen `StreamReader`-Instanz verwendet. Mit Hilfe der Methode `ReadToEnd` des `StreamReaders` wird der Text-Inhalt der fremden Webseite abgerufen. Anschließend kann der `StreamReader` wieder geschlossen werden:

```
Dim objStreamReader As New StreamReader( _
   objClient.OpenRead(strUrl), _
```

```
   System.Text.Encoding.UTF8)
Dim strContent As String = objStreamReader.ReadToEnd
objStreamReader.Close()
```

Die uns interessierenden Informationen aus der fremden Webseite befinden sich innerhalb zweier `PRE`-Tags und werden mit Hilfe eines regulären Ausdrucks extrahiert:

```
Dim strPattern As String = "<pre>([\w\W]*?)</pre>"
If Regex.IsMatch(strContent, strPattern) Then
   strContent = Regex.Match( _
      strContent, strPattern).Groups(1).ToString
End If
```

Nach der Ausgabe der gewonnenen Informationen ist die Verarbeitung der Anfrage beendet.

Wenn Sie die WebForm im Browser abrufen und eine Domain zur Prüfung angeben, könnten Sie eine Ausgabe ähnlich dieser erhalten:

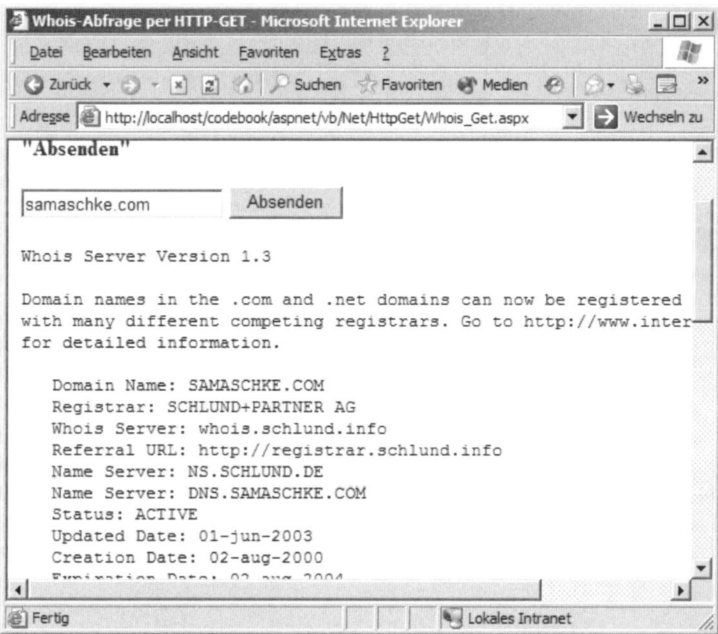

Abbildung 98: Abruf von Whois-Informationen per HTTP-GET

201 Übertragen von Daten per POST

Ebenso, wie Sie Daten per HTTP-GET übertragen können, ist es möglich, Formulardaten per POST zu versenden. Durch die Verwendung der POST-Methode können Sie deutlich größere und komplexere Daten zwischen Servern austauschen.

Sehen wir uns an, wie dies umgesetzt werden könnte. Wir werden zu diesem Zweck Daten an das weiter vorne beschriebene Ping-Web-Frontend senden und dessen Ausgabe innerhalb dieser WebForm anzeigen. Im Frontend-Bereich wird dazu – wie im Ping-Eingabeformular – eine `TextBox` für die Angabe eines Hosts zur Verfügung gestellt:

```
<%@ Page Language="vb"
   AutoEventWireup="false"
   Codebehind="RemotePing.aspx.vb"
   Inherits="RemotePing"%>
<!DOCTYPE HTML PUBLIC "-//W3C//DTD HTML 4.0 Transitional//EN">
<HTML>
  <HEAD>
    <title>RemotePing</title>
  </HEAD>
  <body>
    <form id="Form1" method="post" runat="server">
      <h3>Remote Ping</h3>
      <p>
         Hier können Sie die IP-Adresse eines anzupingenden
         Hosts angeben. Diese Information wird dann per POST
         an eine entfernte WebForm übertragen und deren
         Rückgabe ausgegeben. Geben Sie bitte die gewünschte
         IP-Adresse an und klicken Sie anschließend auf die
         Schaltfläche "Start".
      </p>
      <asp:TextBox Runat="server" ID="txtHost" />
      <asp:Button Runat="server" ID="btnStart"
         Text="Start" />
      <pre runat="server" id="objResult" />
    </form>
  </body>
</HTML>
```

Listing 385: Formular für die Informationen, die gepostet werden sollen (RemotePing.aspx)

Nach einem Klick auf die Schaltfläche START wird im CodeBehind-Bereich der WebForm die Methode `btnStart_Click` aufgerufen:

```
Imports System.NET
Imports System.Collections.Specialized
Imports System.Text
Imports System.Text.RegularExpressions

Public Class RemotePing
   Inherits System.Web.UI.Page

   Protected WithEvents txtHost As _
      System.Web.UI.WebControls.TextBox
```

Listing 386: Übermittlung der angegebenen Informationen an die externe WebForm (RemotePing.aspx.vb)

```
    Protected WithEvents btnStart As _
       System.Web.UI.WebControls.Button
    Protected WithEvents objResult As _
       System.Web.UI.HtmlControls.HtmlGenericControl

    Private Sub btnStart_Click( _
       ByVal sender As Object, _
       ByVal e As System.EventArgs) _
       Handles btnStart.Click

       Dim strTarget As String = "http://localhost/codebook/" & _
          "aspnet/vb/Net/Ping/Default.aspx"
       Dim colData As New NameValueCollection
       colData.Add("objHost", Me.txtHost.Text)
       colData.Add("objSubmit", "Ausfuehren")

       ' ------------------------------------------
       ' Ersten Request auf die anzufordernde
       ' Ressource ausführen und den ViewState
       ' auslesen
       ' ------------------------------------------
       Dim objClient As New WebClient
       Dim strContent As String = String.Empty
       Dim aryContent() As Byte = _
          objClient.DownloadData(strTarget)
       strContent = Encoding.Default.GetString( _
          aryContent)

       Dim strPattern As String = _
          "(<input[^>]*name=""__VIEWSTATE""[^>]*>)"
       If Regex.IsMatch(strContent, strPattern) Then
          Dim strViewState As String = _
             Regex.Match(strContent, _
                strPattern).Groups(1).ToString
          strPattern = "value=""([^""]*)"""
          If Regex.IsMatch(strViewState, strPattern) Then
             colData.Add("__VIEWSTATE", _
                Regex.Match(strViewState, _
                   strPattern).Groups(1).ToString)
          End If
       End If

       objClient = New WebClient
       Dim aryResult() As Byte = _
          objClient.UploadValues( _
             strTarget, colData)
       Dim strResult As String = _
          Encoding.UTF8.GetString(aryResult)
       strPattern = "<span id=""objResult"">([\w\W]+?)</span>"
       strResult = Regex.Match(strResult, _
          strPattern).Groups(1).ToString
```

Listing 386: Übermittlung der angegebenen Informationen an die externe WebForm (RemotePing.aspx.vb) (Forts.)

```
      Me.objResult.InnerText = _
         strResult.Replace("<br>", "")
   End Sub
End Class
```

Listing 386: Übermittlung der angegebenen Informationen an die externe WebForm (RemotePing.aspx.vb) (Forts.)

Der nun ablaufende Prozess unterscheidet sich doch deutlich vom Übermitteln der Informationen per GET: Zunächst wird eine `NameValueCollection` erstellt, die die zu übergebenden Informationen enthält:

```
Dim colData As New NameValueCollection
colData.Add("objHost", Me.txtHost.Text)
colData.Add("objSubmit", "Ausfuehren")
```

Die Schlüssel der `NameValueCollection` entsprechen dabei den Namen der Formularfelder im generierten HTML-Quelltext der Seite, an die die Daten übermittelt werden sollen. Wir spielen der externen Webseite also vor, dass wir ein Benutzer wären, der die Eingabefelder auf der Webseite ausgefüllt hat.

Exkurs

Beim Abrufen von ASP.NET-WebForms ist eine wirkliche Verrenkung nötig: Der externen WebForm muss ein `ViewState` übergeben werden, denn das Weglassen dieser Information sorgt dafür, dass die hinter der WebForm steckende Logik des .NET Frameworks annimmt, dass das Formular noch nicht initial aufgerufen worden ist.

An der Stelle nützt es auch nichts, die Daten explizit per `POST` zu übergeben – die Methode `IsPostBack` der externen WebForm würde bei Weglassen des `ViewStates` immer `False` zurückgeben. Ebenso ist es nicht möglich, einen leeren `ViewState` zu übergeben – ein Fehler in der Anwendung wäre die Folge.

Also muss an dieser Stelle in jedem Fall ein gültiger `ViewState` angegeben werden. Dies betrifft allerdings ausschließlich WebForms, die vom .NET Framework generiert worden sind und den `ViewState` nutzen.

Um einen gültigen `ViewState` übermitteln zu können, erfolgt an dieser Stelle zunächst der Abruf der WebForm im initialen Zustand, also ohne Daten zu übergeben. Dies geschieht mit Hilfe einer `WebClient`-Instanz, die per `GET` auf die WebForm zugreift:

```
Dim objClient As New WebClient
Dim strContent As String = String.Empty
Dim aryContent() As Byte = _
   objClient.DownloadData(strTarget)
strContent = Encoding.Default.GetString( _
   aryContent)
```

Der so abgerufene HTML-Code kann nun nach dem Vorkommen des versteckten Formular-Elements `__VIEWSTATE` durchsucht werden. Sollte dieses Element im Quellcode vorhanden sein, erfolgt das Auslesen des Inhalts dieses Feldes per regulärem Ausdruck. Diese Information wird der `NameValueCollection` `colData` unter dem Schlüssel `__VIEWSTATE` hinzugefügt:

```
Dim strPattern As String = _
   "(<input[^>]*name=""__VIEWSTATE""[^>]*>)"
If Regex.IsMatch(strContent, strPattern) Then
   Dim strViewState As String = _
      Regex.Match(strContent, _
         strPattern).Groups(1).ToString
   strPattern = "value=""([^""]*)"""
   If Regex.IsMatch(strViewState, strPattern) Then
      colData.Add("__VIEWSTATE", _
         Regex.Match(strViewState, _
            strPattern).Groups(1).ToString)
   End If
End If
```

Nachdem nunmehr alle benötigten Informationen gesammelt wurden, kann der eigentliche POST-Request durchgeführt werden. Zu diesem Zweck wird erneut eine `WebClient`-Instanz erstellt, mit deren Methode `UploadData` die Inhalte der `NameValueCollection` `colData` zur externen WebForm übertragen werden können:

```
objClient = New WebClient
Dim aryResult() As Byte = _
   objClient.UploadValues( _
      strTarget, colData)
```

Im `Byte`-Array `aryResult` befindet sich nun die Rückgabe des Servers. Diese Rückgabe wird mit Hilfe der Methode `GetString` der `Encoding.UTF8`-Klasse in eine Zeichenkette umgewandelt, wobei die Umlaute korrekt dargestellt werden:

```
Dim strResult As String = _
   Encoding.UTF8.GetString(aryResult)
```

Aus dem so gewonnenen HTML-Quellcode der Rückgabe kann jetzt der uns interessierende Bereich extrahiert werden. Auch dies geschieht wieder mit Hilfe eines regulären Ausdrucks, der innerhalb der HTML-Rückgabe den Text innerhalb des `SPAN`-Bereichs mit dem ID-Attribut `objResult` ermittelt:

```
strPattern = "<span id=""objResult"">([\w\W]+?)</span>"
strResult = Regex.Match(strResult, _
   strPattern).Groups(1).ToString
Me.objResult.InnerText = _
   strResult.Replace("<br>", "")
```

Dieser so ermittelte Text wird nun dem serverseitigen `PRE`-Element `objResult` der lokalen WebForm hinzugefügt. Damit ist die Verarbeitung beendet.

Wenn Sie die WebForm im Browser aufrufen, sollten Sie eine Ausgabe ähnlich dieser erhalten können:

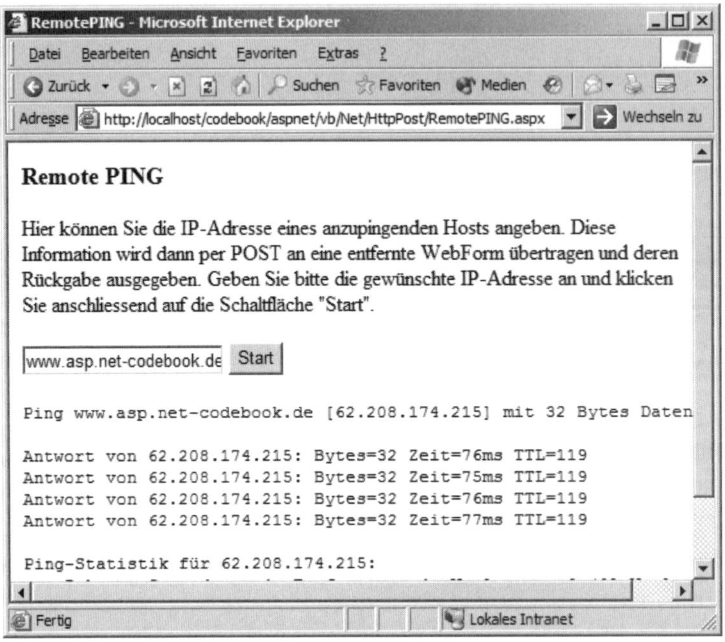

Abbildung 99: Ausgabe der nach einem POST abgerufenen Informationen

Beachten Sie bitte, dass die Ausführung des Remote-Pings um einiges länger dauert als das eigentliche Ping-Beispiel, da zwei Requests und das Anpingen des Servers durchgeführt werden müssen.

202 Binäre Daten herunterladen und nicht speichern

Mit Hilfe der Methode `DownloadData` der `WebClient`-Klasse können binäre Daten in Form eines `Byte`-Arrays heruntergeladen werden. Im folgenden Beispiel soll dies anhand des dynamischen Herunterladens von Bildern demonstriert werden.

Zu diesem Zweck besteht das Beispiel aus zwei WebForms: *Default.aspx* und *StreamImage.aspx*. Erstere stellt einige Bilder zur Auswahl bereit:

```
<%@ Page Language="vb" %>
<script runat="server">
   Sub Page_Load(sender As Object, e As EventArgs)
      objImage.Visible = False
```

Listing 387: Auswahl von dynamisch herunterzuladenden Bildern (Default.aspx)

```
    End Sub

    Sub ddlImage_Changed(sender As Object, e As EventArgs)
       If ddlImage.SelectedItem.Value = "0" Then
          objImage.Visible = False
          Return
       End If

       Dim strUrl As String = _
          Request.ApplicationPath & "/StreamImage.aspx?Url="
       Dim strParam As String = String.Empty

       Select Case ddlImage.SelectedItem.Value
          Case "1":
             strParam = _
                "http://images-eu.amazon.com/images/P/" & _
                "382731948X.03.LZZZZZZZ.jpg"
          Case "2":
             strParam = _
                "http://images-eu.amazon.com/images/P/" & _
                "3827320496.03.LZZZZZZZ.jpg"
          Case "3":
             strParam = _
                "http://www.aspextra.de/images/logo2.gif"
       End Select

       strUrl &= Server.UrlEncode(strParam)
       objImage.Src = strUrl
       objImage.Visible = True
       objImage.Border = 1
    End Sub
</script>
<!DOCTYPE HTML PUBLIC "-//W3C//DTD HTML 4.0 Transitional//EN">
<HTML>
   <HEAD>
      <title>BinaryStream</title>
   </HEAD>
   <body>
      <form id="Form1" method="post" runat="server">
         <h3>Binary Stream</h3>
         <p>
            Bitte wählen Sie eines der Bilder zur Anzeige
            aus. Anschließend wird dieses Bild dynamisch
            zur Laufzeit heruntergeladen.
         </p>
         <p>
            <asp:DropDownList Runat="server" ID="ddlImage"
               OnChange="document.forms[0].submit();"
               OnSelectedIndexChanged="ddlImage_Changed">
               <asp:ListItem Value="0" Selected="True">
                  --- Bitte auswählen ---
```

Listing 387: Auswahl von dynamisch herunterzuladenden Bildern (Default.aspx) (Forts.)

```
            </asp:ListItem>
            <asp:ListItem Value="1">ASP Codebook</asp:ListItem>
            <asp:ListItem Value="2"
               >ASP.NET Codebook</asp:ListItem>
            <asp:ListItem Value="3"
               >ASP.extra Logo</asp:ListItem>
         </asp:DropDownList>
      </p>
      <img runat="server" id="objImage">
   </form>
  </body>
</HTML>
```

Listing 387: Auswahl von dynamisch herunterzuladenden Bildern (Default.aspx) (Forts.)

Wenn sich die Auswahl der `DropDownList ddlImage` ändert, wird die Methode `ddlImage_Changed` eingebunden. Diese Methode ermittelt anhand des ausgewählten Elements der `DropDownList` das anzuzeigende Bild:

```
Select Case ddlImage.SelectedItem.Value
   Case "1":
      strParam = _
         "http://images-eu.amazon.com/images/P/" & _
         "382731948X.03.LZZZZZZZ.jpg"
      Case "2":
         strParam = _
            "http://images-eu.amazon.com/images/P/" & _
            "3827320496.03.LZZZZZZZ.jpg"
      Case "3":
         strParam = _
            "http://www.aspextra.de/images/logo2.gif"
End Select
```

Die so ermittelte Adresse des Bildes wird der WebForm *StreamImage.aspx* als `QueryString`-Parameter `Url` übergeben:

```
strUrl &= Server.UrlEncode(strParam)
objImage.Src = strUrl
```

Der Browser ruft nun die für die Anzeige angegebene WebForm *StreamImage.aspx* auf, in der jetzt die Verarbeitung der Anforderung erfolgt:

```
<%@ Page Language="vb" %>
<%@ Import Namespace="System.NET" %>
<script runat="server">
```

Listing 388: Herunterladen und Ausgeben eines binären Objekts (StreamImage.aspx)

```
    Sub Page_Load(sender As Object, e As EventArgs)
       Dim objClient As New WebClient()
       Dim strUrl As String = Request.Item("Url")
       Dim objData() As Byte = _
          objClient.DownloadData(strUrl)

       Response.BinaryWrite(objData)
       Response.End
    End Sub
 </script>
```

Listing 388: Herunterladen und Ausgeben eines binären Objekts (StreamImage.aspx) (Forts.)

Beim Aufruf der WebForm wird eine neue Instanz der `WebClient`-Klasse erzeugt. Der `QueryString`-Parameter `Url` kennzeichnet dabei die anzuzeigende Binärdatei. Diese kann mit Hilfe der Methode `DownloadData` in Form eines `Byte`-Arrays heruntergeladen werden:

```
Dim objData() As Byte = _
   objClient.DownloadData(strUrl)
```

Diese Information wird nun der Methode `BinaryWrite` des `Response`-Objekts übergeben, die die Daten direkt zum Browser sendet. Ein abschließendes `Response.End` sorgt dafür, dass keine zusätzlichen Informationen oder Leerzeilen ausgegeben werden können:

```
Response.BinaryWrite(objData)
Response.End
```

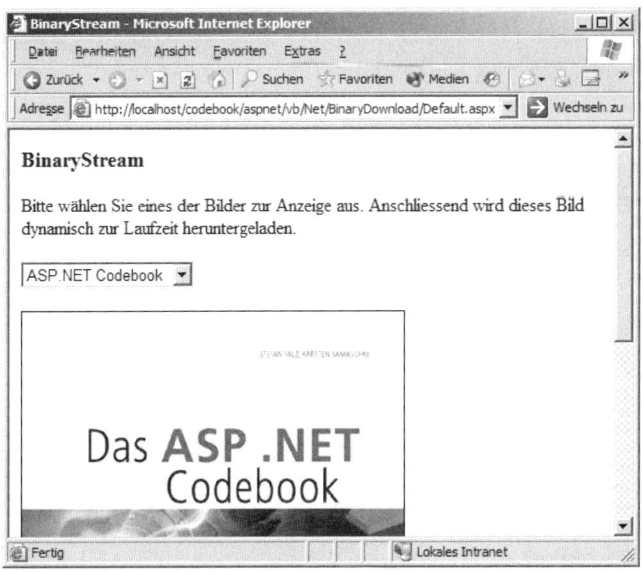

Abbildung 100: Dynamisch heruntergeladenes und angezeigtes Bild

Im Browser aufgerufen, sollten Sie nach Auswahl eines Bildes eine Ausgabe ähnlich dieser erhalten (siehe Abbildung 100).

203 Binäre Daten herunterladen und speichern

Sie können die Dateien, die Sie per `WebClient` herunterladen, selbstverständlich auch lokal speichern. Dieses Beispiel basiert – ebenso wie das letzte Beispiel – auf dem Einsatz von zwei Dateien: Die WebForm *Default.aspx* lässt den Benutzer ein anzuzeigendes Bild auswählen und die WebForm *DownloadImage.aspx* lädt das angeforderte Bild bei Bedarf herunter.

Da die WebForm *Default.aspx* denselben Aufbau wie im letzten Beispiel hat, soll an dieser Stelle auch nicht weiter auf ihre Wirkungsweise eingegangen werden. Der einzige Unterschied ist, dass nun die WebForm *DownloadImage.aspx* für das Herunterladen und Ausliefern des ausgewählten Bildes verantwortlich zeichnet:

```
<%@ Page Language="vb" %>
<%@ Import Namespace="System.NET" %>
<%@ Import Namespace="System.IO" %>
<script runat="server">
   Sub Page_Load(sender As Object, e As EventArgs)
      Dim objClient As New WebClient()
      Dim strUrl As String = Request.Item("Url")
      Dim intHash As Int32 = strUrl.GetHashCode

      If intHash < 0 Then
         intHash *= -1
      End If

      Dim strFile As String = Server.MapPath( _
         "SavedFiles/" & intHash.ToString)
      Dim strExtension As String = _
         strUrl.SubString( _
            strUrl.LastIndexOf("."))
      strFile &= strExtension

      If Not File.Exists(strFile) Then
         objClient.DownloadFile(strUrl, strFile)
      End If
      Response.WriteFile(strFile)
      Response.End
   End Sub
</script>
```

Listing 389: Herunterladen und lokales Speichern einer binären Datei (DownloadImage.aspx)

Während im letzten Beispiel die angeforderte Datei einfach nur heruntergeladen und ausgegeben worden ist, wird hier ein wenig mehr Aufwand getrieben. So wird nun anhand des angeforderten URL ein Hashwert gebildet, der die Adresse eindeutig identifiziert. Dies geschieht anhand der von der Basisklasse `Object` geerbten Methode `GetHashCode`, die einen

`Integer`-Wert als Ergebnis liefert. Sollte dieser Wert negativ sein, wird er aus optischen Gründen mit -1 multipliziert:

```
Dim strUrl As String = Request.Item("Url")
Dim intHash As Int32 = strUrl.GetHashCode

If intHash < 0 Then
   intHash *= -1
End If
```

Als Speicherort für die herunterzuladenden Dateien wird der unterhalb des aktuellen Verzeichnisses befindliche Ordner *SavedFiles* definiert. Nachdem die Datei-Endung der herunterzuladenden Datei bestimmt worden ist, kann diese an den generierten Hashwert angehängt werden, der nun als Dateiname fungiert:

```
Dim strFile As String = Server.MapPath( _
   "SavedFiles/" & intHash.ToString)
Dim strExtension As String = _
   strUrl.SubString( _
      strUrl.LastIndexOf("."))
strFile &= strExtension
```

Nun kann mit Hilfe der statischen Methode `Exists` des `File`-Objekts überprüft werden, ob die angegebene Datei im Ordner *SavedFiles* existiert. Sollte dies nicht der Fall sein, wird sie durch die Methode `DownloadFile` der erzeugten `WebClient`-Instanz heruntergeladen. Als Parameter werden der Methode dabei der URL der anzufordernden Datei und deren lokaler Speichername übergeben:

```
If Not File.Exists(strFile) Then
   objClient.DownloadFile(strUrl, strFile)
End If
```

Die Methode `WriteFile` des `Response`-Objekts gibt nun die angegebene Datei aus. Mit Hilfe von `Response.End` kann sichergestellt werden, dass keine weiteren Zeichen der Ausgabe hinzugefügt werden:

```
Response.WriteFile(strFile)
Response.End
```

Wenn Sie die WebForm im Browser aufrufen, sollten Sie bei der ersten Auswahl eines Bildes keinen Geschwindigkeitsunterschied zum letzten Beispiel feststellen können. Beim zweiten Abruf jedoch sollte das Bild um Klassen schneller ausgegeben werden. Im Browser sollten Sie die erwartete Anzeige erhalten:

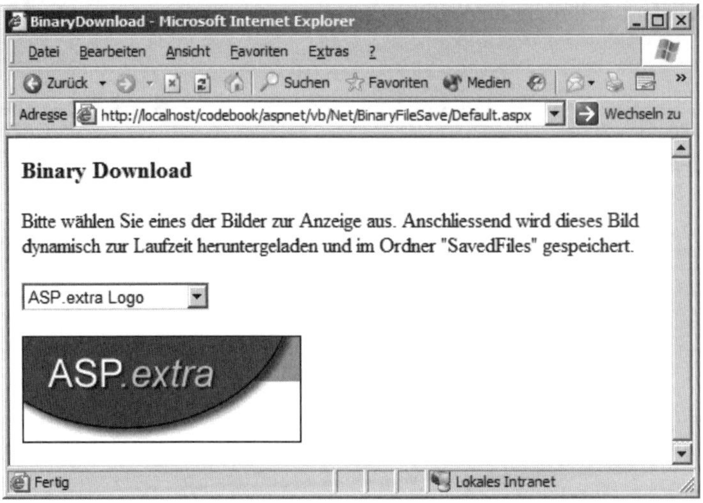

Abbildung 101: Heruntergeladenes und lokal gespeichertes Bild

204 Binäre Dateien im Browser ausgeben

Mit Hilfe von `Response.WriteFile` können Sie beliebige binäre oder textuelle Dateien im Browser ausgeben lassen, ohne dem Benutzer die Position der Datei zu verraten. Nicht bekannte oder ausführbare Dateien werden dabei zum Download angeboten.

Sehen wir uns an, wie Sie eine derartige Anzeige-Lösung implementieren können:

```
<%@ Page Language="vb" %>
<%@ Import Namespace="System.IO" %>
<script runat="server">
   Sub Page_Load(ByVal Sender As Object, ByVal e As EventArgs)
      If Not IsPostBack Then
         Dim aryFileList() As String = _
            Directory.GetFiles(Server.MapPath("Data"))
         Dim objItem As New ListItem
         objItem.Text = "--- Bitte auswählen ---"
         objItem.Value = ""
         ddlFiles.Items.Add(objItem)
         ddlFiles.SelectedIndex = 0

         Dim strFile As String
         For Each strFile In aryFileList
            objItem = New ListItem
            strFile = strFile.SubString( _
               strFile.LastIndexOf("\") + 1)

            objItem.Text = strFile
            objItem.Value = strFile
            ddlFiles.Items.Add(objItem)
```

Listing 390: Auswahl einer im Browserfenster anzuzeigenden Datei (Default.aspx)

```
            Next
         End If
      End Sub

      Sub ddlFiles_Changed(ByVal sender As Object, _
         ByVal e As EventArgs)

         If ddlFiles.SelectedIndex = 0 Then
            Return
         End If
         Dim strUrl As String = _
            Request.ApplicationPath & "/Show.aspx?File=" & _
            ddlFiles.SelectedIndex - 1
         Response.Redirect(strUrl)
      End Sub
</script>
<!DOCTYPE HTML PUBLIC "-//W3C//DTD HTML 4.0 Transitional//EN">
<html>
   <head>
      <title>Datei-Auswahl</title>
   </head>
   <body>
      <form id="Form1" method="post" runat="server">
         <h3>Datei-Auswahl</h3>
         <p>
            Bitte wählen Sie hier die Datei aus, die Sie anzeigen
            lassen wollen. Diese wird anschließend in Ihrem
            Browserfenster angezeigt.
         </p>
         <asp:DropDownList Runat="server" ID="ddlFiles"
            OnChange="document.forms[0].submit();"
            OnSelectedIndexChanged="ddlFiles_Changed"/>
      </form>
   </body>
</html>
```

Listing 390: Auswahl einer im Browserfenster anzuzeigenden Datei (Default.aspx) (Forts.)

Beim erstmaligen Laden der WebForm werden alle Dateien des Unterverzeichnisses *Data* ausgelesen und der `DropDownList ddlFiles` zugewiesen, damit sich der Benutzer eine der Dateien zur Ansicht auswählen kann. Dabei werden die Pfadangaben von den Dateinamen entfernt und als Wert der Auswahl der Hashcode der Datei übergeben:

```
For Each strFile In aryFileList
   objItem = New ListItem
   strFile = strFile.SubString( _
      strFile.LastIndexOf("\") + 1)

   objItem.Text = strFile
   objItem.Value = strFile.GetHashCode.ToString
   ddlFiles.Items.Add(objItem)
Next
```

Unter Angabe des Hashcodes der ausgewählten Datei kann nun die Weiterleitung auf die WebForm *Show.aspx* erfolgen, die für die Ausgabe der betreffenden Datei zuständig ist:

```
Dim strUrl As String = _
   Request.ApplicationPath & "/Show.aspx?File=" & _
      ddlFiles.SelectedItem.Value
Response.Redirect(strUrl)
```

Mit Hilfe der WebForm *Show.aspx* erfolgt die Ausgabe der vom Benutzer ausgewählten Datei:

```
<%@ Page Language="vb" %>
<%@ Import Namespace="System.IO" %>
<script runat="server">
   Sub Page_Load(ByVal sender As Object, _
      ByVal e As EventArgs)

      Dim aryFiles() As String = _
         Directory.GetFiles(Server.MapPath("Data"))
      Dim strHash As String = Request.Item("File")
      Dim strFile As String
      Dim blnFound As Boolean = False

      For Each strFile In aryFiles
         Dim strFilename As String = _
            strFile.SubString( _
               strFile.LastIndexOf("\") + 1)
         Dim strFileHash As String = _
            strFilename.GetHashCode.ToString

         If strFileHash = strHash Then
            Response.Clear()
            Response.ContentType = _
               "application/octet-stream"
            Response.AppendHeader("Content-Disposition", _
               "inline;filename=" & strFilename)
            Response.WriteFile(strFile)
            blnFound = True
            Exit For
         End If
      Next
      If Not blnFound Then
         Response.Write( _
            "<h3>Datei wurde nicht gefunden!</h3>")
      End If
      Response.End
   End Sub
</script>
```

Listing 391: Ausgabe einer beliebigen Datei im aktuellen Browser-Fenster (Show.aspx)

Innerhalb der WebForm erfolgt zunächst die Ermittlung aller im Verzeichnis »Data« liegenden Dateien mit Hilfe der statischen Methode `GetFiles` der `Directory`-Klasse. Der übergebene Hash-Code des Dateinamens der anzuzeigenden Datei wird der lokalen Variablen `strHash` zugewiesen:

```
Dim aryFiles() As String = _
   Directory.GetFiles(Server.MapPath("Data"))
Dim strHash As String = Request.Item("File")
```

Nun können alle im Array `aryFiles` enthaltenen Filenamen durchlaufen werden. Während dieses Durchlaufens der Dateinamen wird zunächst der eigentliche Dateiname ohne Pfad-Angabe ermittelt und anhand dieses Dateinamens der Hashcode gebildet:

```
Dim strFilename As String = _
   strFile.SubString( _
      strFile.LastIndexOf("\") + 1)
Dim strFileHash As String = _
   strFilename.GetHashCode.ToString
```

Der so ermittelte Hash-Wert der aktuellen Datei kann nun mit dem Hash-Wert der angeforderten Datei verglichen werden. Sollten diese Werte übereinstimmen, kann die Datei ausgegeben werden.

Für die Ausgabe werden zunächst alle bereits getätigten, aber noch nicht zum Client gesandten Ausgaben gelöscht. Damit der Browser den Inhalt selbständig untersucht, wird als `ContentType` der aktuellen Antwort »application/octet-stream« angegeben:

```
Response.Clear()
Response.ContentType = _
   "application/octet-stream"
```

Nun erfolgt das Setzen des Headers `Content-Disposition`. Mit Hilfe dieses Headers kann dem Browser mitgeteilt werden, wie er den Inhalt der aktuellen Server-Antwort behandeln soll. Wir geben an, dass der Inhalt »inline«, also innerhalb des aktuellen Browser-Fensters angezeigt werden soll, und geben gleichzeitig den Dateinamen der zugrunde liegenden Datei an, damit der Browser das geeignete Anzeige-Plugin selbständig auswählen kann:

```
Response.AppendHeader("Content-Disposition", _
   "inline;filename=" & strFilename)
```

Mit Hilfe der Methode `WriteFile` des `Response`-Objekts kann der Inhalt nun zum Client gesandt werden.

Sollte die durch den Hash-Wert bezeichnete Datei nicht gefunden werden, wird eine Informations-Meldung ausgegeben.

in jedem Fall wird anschließend die Verarbeitung der aktuellen Anfrage beendet.

Wenn Sie die WebForm *Default.aspx* im Browser aufrufen und eine Datei zur Anzeige auswählen, sollten Sie eine Anzeige analog zu dieser erhalten:

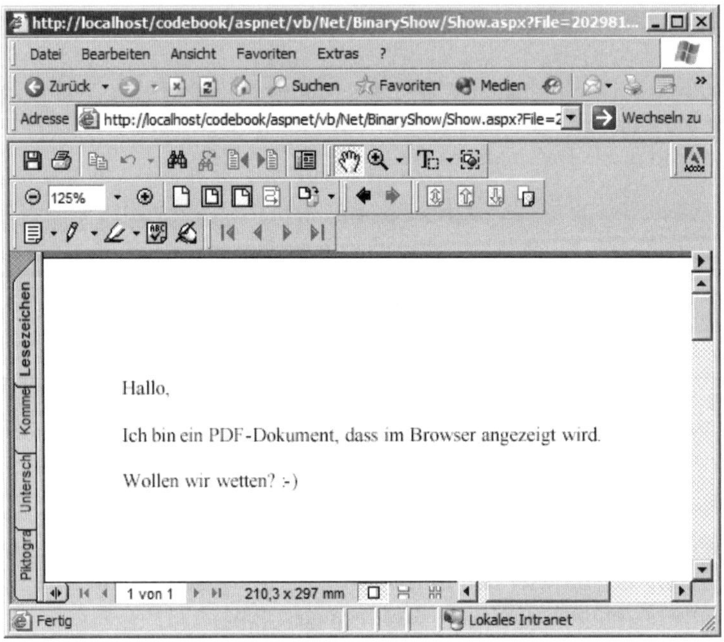

Abbildung 102: Anzeige einer Datei im Browser-Fenster

205 Binäre Dateien zum Download anbieten

Selbstverständlich können Sie den Browser auch zwingen, binäre Dateien nicht inline anzuzeigen, sondern dem Benutzer zum Download anzubieten. Um dies zu demonstrieren, soll die Datei-Auswahl vom letzten Beispiel wieder drei Dateien zur Auswahl stellen – diesmal sollen diese aber nicht im Browser angezeigt, sondern dem Benutzer zum Download angeboten werden.

Da der Quellcode der Datei *Default.aspx* fast unverändert geblieben ist, kann an dieser Stelle auf ein Darstellen des Codes verzichtet werden. Die Funktionsweise können Sie dem vorherigen Beispiel entnehmen.

Auch an der Ausgabe-Datei gibt es nur eine Änderung: Die Anweisung

```
Response.AppendHeader("Content-Disposition", _
   "inline;filename=" & strFilename)
```

wurde durch

```
Response.AppendHeader("Content-Disposition", _
   "attachment;filename=" & strFilename)
```

ersetzt. Der Dateiname der WebForm zur Ausgabe des Inhalts lautet nunmehr *Download.aspx* und nicht mehr *Show.aspx*.

Wenn Sie die WebForm *Default.aspx* im Browser aufrufen und eine der angebotenen Dateien auswählen, sollte sich Ihr Browser tatsächlich anders als im letzten Beispiel verhalten:

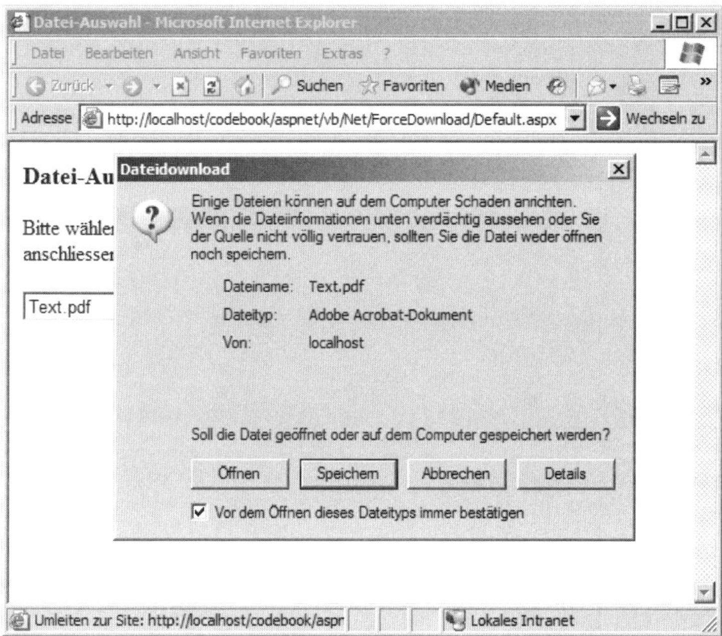

Abbildung 103: Die ausgewählte Datei wird zum Download angeboten

206 Eine Excel-Datei ohne Excel erzeugen

Mit Hilfe der oben vorgestellten Techniken und dem richtigen `ContentType` ist es ebenfalls möglich, eine Datei, die in MS Excel geöffnet wird, ohne Excel zu erzeugen. Sehen wir uns dazu folgendes Beispiel an:

```
<%@ Page Language="vb" %>
<script runat="server">
   Public Function GenerateData() As String
      Dim strResult As String = _
```

Listing 392: Erzeugen einer in Excel anzuzeigenden Datei (Excel.aspx)

```
        "<table cellpadding=""3"" cellspacing=""0"" " & _
          "border=""0"">" & _
          "<tr>" & _
            "<td><b>Monat</b></td>" & _
            "<td><b>Umsatz</b></td>" & _
          "</tr>"
      Dim intCount As Int32

      For intCount = -12 To -1
        Dim objDate As DateTime = _
          DateTime.Now.AddMonths(intCount)
        Dim strDate As String = _
          objDate.ToString("MM / yyyy")
        Dim intSales As Decimal = _
          Rnd(1) * 10000000
        strResult &= _
          "<tr>" & _
            "<td>" & strDate & "</td>" & _
            "<td>" & intSales & "</td>" & _
          "</tr>"
      Next

      strResult &= "</table>"

      Return strResult
   End Function

   Sub Page_Load(ByVal sender As Object, _
      ByVal e As EventArgs)

      Response.ContentType = "application/vnd.ms-excel"
      Response.CharSet = ""
      EnableViewState = False
      DataBind()
   End Sub
</script>
<!DOCTYPE HTML PUBLIC "-//W3C//DTD HTML 4.0 Transitional//EN">
<html>
  <head>
    <title>ExcelSheet</title>
  </head>
  <body>
    <form id="Form1" method="post" runat="server">
      <h3>Dynamisches Excel-Sheet</h3>
      <p>
        Diese Datei sollte in Microsoft Excel angezeigt werden.
      </p>
      <%# GenerateData() %>
    </form>
  </body>
</html>
```

Listing 392: Erzeugen einer in Excel anzuzeigenden Datei (Excel.aspx) (Forts.)

Die Funktionsweise dieser WebForm ist wirklich simpel: Bei Start der Seite wird der `Content-Type` »application/vnd.ms-excel« gesetzt, der dafür sorgt, dass Excel versucht, die WebForm anzuzeigen. Mit Hilfe der Methode `GenerateData` wird eine kleine Tabelle erzeugt, die von Excel tatsächlich auch interpretiert und vom Benutzer bearbeitet werden könnte. Wenn Sie die WebForm aufrufen, sollten Sie folgende Ausgabe in Ihrem Browser erhalten:

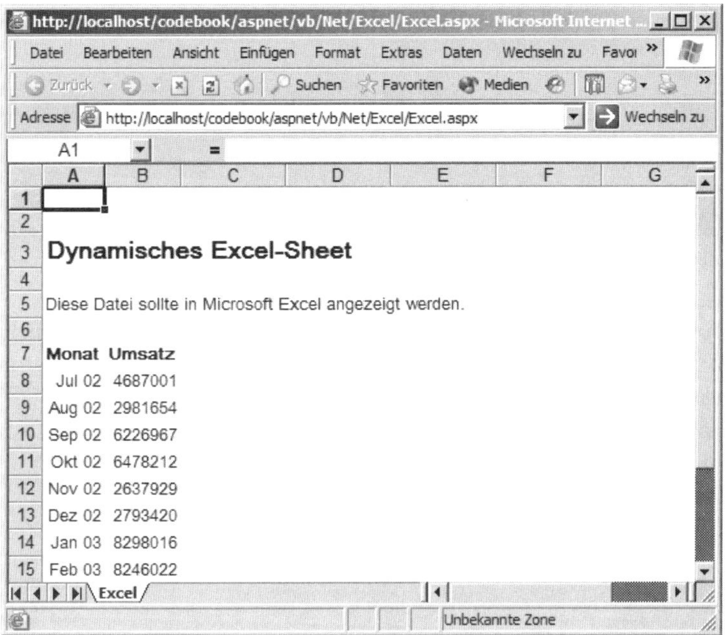

Abbildung 104: WebForm, die als Excel-Sheet interpretiert wird

207 Ein Word-Dokument ohne Word erzeugen

Ebenso einfach wie das Erzeugen eines Excel-Dokuments funktioniert das Erstellen eines Dokuments, das von Word interpretiert wird:

```
<%@ Page Language="vb" %>
<script runat="server">
   Sub Page_Load(ByVal sender As Object, _
      ByVal e As EventArgs)

      Response.ContentType = "application/word"
      Response.AddHeader("Content-Disposition", _
         "inline;filename=Test.doc")
   End Sub
</script>
<!DOCTYPE HTML PUBLIC "-//W3C//DTD HTML 4.0 Transitional//EN">
<html>
```

Listing 393: Diese WebForm wird von Word angezeigt (Word.aspx)

```
  <head>
    <title>Word-Dokument</title>
  </head>
  <body>
    <form id="Form1" method="post" runat="server">
      <h3>Ich bin ein MS-Word-Dokument</h3>
      <p>
        Wollen wir wetten, dass ich in einem Word-Fenster
        angezeigt werde? Sogar mit Formatierungen - also
        <u>unterstrichen</u>, <b>fett</b> oder <i>kursiv</i>.
      </p>
      <p>Wette gewonnen... :-)</p>
    </form>
  </body>
</html>
```

Listing 393: Diese WebForm wird von Word angezeigt (Word.aspx) (Forts.)

Beim Aufruf der WebForm wird zunächst der `ContentType` gesetzt. Dieser lautet nun nicht mehr »text/html«, wie sonst bei WebForms üblich, sondern »application/word«. Damit Word die Datei nun nicht zum Download anbietet, wird mit Hilfe des Header »Content-Disposition« festgelegt, dass die Datei im Browserfenster angezeigt wird und – damit Word tatsächlich auch die Ausgabe interpretiert – auf den Namen »Test.doc« hört.

Im Browser betrachtet, sollten Sie eine Ausgabe ähnlich dieser erhalten:

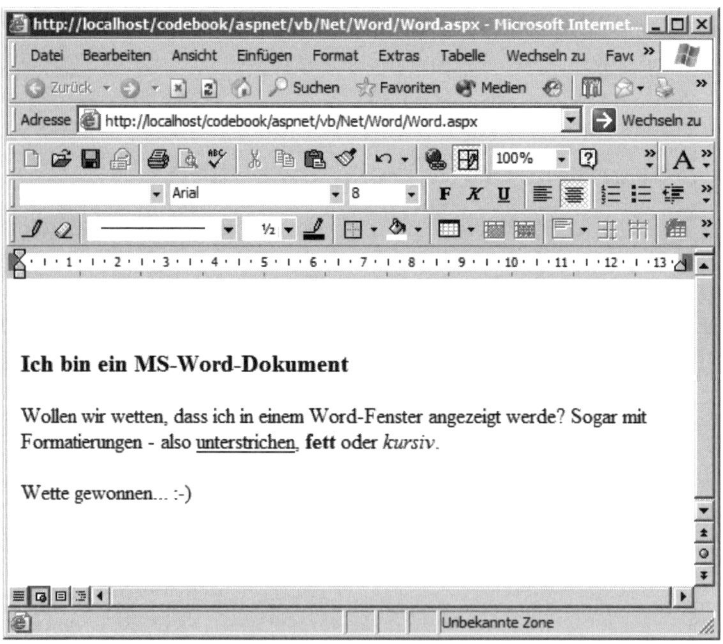

Abbildung 105: Dynamisch erzeugtes Word-Dokument

208 Links überprüfen

Mit Hilfe des `WebClients` können Sie zwar die Inhalte anderer Ressourcen abrufen, Sie sind aber nicht in der Lage, auf elegante Art und Weise zu überprüfen, ob ein URL überhaupt erreichbar ist.

Dennoch können Sie mit Hilfe der Namensraum `System.Web` bereitgestellten Klassen durchaus einen Link-Checker implementieren, der unabhängig von Drittanbieter-Tools arbeitet, die Ihnen in anderen Büchern gerne ans Herz gelegt werden.

Sehen wir uns folgendes Beispiel an:

```
<%@ Page Language="vb" %>
<%@ Import Namespace="System.NET" %>
<%@ Import Namespace="System.Text.RegularExpressions" %>
<script runat="server">
   Sub btnStart_Click(ByVal sender As Object, _
      ByVal e As EventArgs)

      Dim strPattern As String = "^(?:http|https)"
      Dim strUrl As String = txtUrl.Text
      Dim blnSuccess As Boolean = False

      If strUrl.Length = 0 Then
         lblResult.Visible = False
         Return
      End If

      If Not Regex.IsMatch(strUrl, strPattern) Then
         strUrl = "http://" & strUrl
      End If

      Dim objRequest As HttpWebRequest = _
         WebRequest.Create(strUrl)
      objRequest.Method = "HEAD"

      Dim objResponse As HttpWebResponse
      Try
          objResponse = _
             objRequest.GetResponse
      Catch ex As WebException
         objResponse = ex.Response
      End Try

      Dim objStatus As HttpStatusCode
      If Not IsNothing(objResponse) Then
          objStatus = objResponse.StatusCode

         blnSuccess = (objStatus <= HttpStatusCode.Found)
         objResponse.Close()
```

Listing 394: WebForm zum Überprüfen der Erreichbarkeit von Links (Check.aspx)

```
        End If

        If blnSuccess Then
           lblResult.Text = "Der URL " & strUrl & _
              " ist erreichbar."
        Else
           lblResult.Text = "Der URL " & strUrl & _
              " konnte nicht erreicht werden."
           If Int32.Parse(objStatus) > 0 Then
              lblResult.Text &= _
                 "Der Statuscode lautete: " & _
                 Int32.Parse(objStatus)
           End If
        End If

        lblResult.Visible = True
     End Sub
</script>
<!DOCTYPE HTML PUBLIC "-//W3C//DTD HTML 4.0 Transitional//EN">
<html>
   <head>
      <title>LinkChecker</title>
   </head>
   <body>
      <form id="Form1" method="post" runat="server">
         <h3>Link-Checker</h3>
         <p>
            Bitte geben Sie hier einen URL an, der auf
            Erreichbarkeit geprüft werden soll. Klicken
            Sie anschließend auf "Prüfen".
         </p>
         <asp:TextBox Runat="server" ID="txtUrl"
            Columns="30" />
         <asp:Button Runat="server" ID="btnStart"
            Text="Prüfen" OnClick="btnStart_Click" />
         <p>
            <asp:Label Runat="server" ID="lblResult"
               Visible="False" />
         </p>
      </form>
   </body>
</html>
```

Listing 394: WebForm zum Überprüfen der Erreichbarkeit von Links (Check.aspx) (Forts.)

Die WebForm stellt eine `TextBox` zur Eingabe eines zu prüfenden URLs bereit. Wenn der Benutzer eine Adresse eingegeben und die Schaltfläche Prüfen angeklickt hat, wird die Methode `btnStart_Click` eingebunden, die die Überprüfung der externen Ressource vornimmt.

Innerhalb dieser Methode wird zunächst überprüft, ob der angegebene URL über ein Protokoll verfügt. Falls nicht, wird standardmäßig das HTTP-Protokoll verwendet:

```
If Not Regex.IsMatch(strUrl, strPattern) Then
   strUrl = "http://" & strUrl
End If
```

Nun kann eine neue Instanz der `HttpWebRequest`-Klasse erzeugt werden, was mit Hilfe der statischen Methode `Create` der `WebRequest`-Klasse geschieht:

```
Dim objRequest As HttpWebRequest = _
   WebRequest.Create(strUrl)
```

Um den abzufragenden Server nicht unnötig zu belasten, verwenden wir als Zugriffsmethode HEAD, was dafür sorgt, dass der externe Server nicht den Quellcode der Seite, sondern lediglich deren Header-Informationen ausliefert:

```
objRequest.Method = "HEAD"
```

Nun können Sie versuchen, die Antwort des externen Webservers abzurufen. Dies geschieht, indem mit Hilfe der Methode `GetResponse` der `HttpWebRequest`-Klasse auf ein `HttpWebResponse`-Objekt zugegriffen wird. Wenn der Server einen Statuscode zurückgibt, der einen Fehler impliziert, würde an dieser Stelle eine `WebException` geworfen, die dennoch das uns interessierende `HttpWebResponse`-Objekt enthält:

```
Dim objResponse As HttpWebResponse
Try
   objResponse = _
      objRequest.GetResponse
Catch ex As WebException
   objResponse = ex.Response
End Try
```

Mit Hilfe der Eigenschaft `StatusCode` kann nun auf den Status des Server zugegriffen werden. Ein Statuscode größer als 302 (*HttpStatusCode.Found*) bedeutet, dass ein interner Fehler auf dem externen Server aufgetreten ist oder der angeforderte URL geschützt ist. Diese Unterscheidung wird an dieser Stelle nicht getroffen, so dass sich die Auswertung recht einfach gestaltet:

```
Dim objStatus As HttpStatusCode
If Not IsNothing(objResponse) Then
   objStatus = objResponse.StatusCode

   blnSuccess = (objStatus <= HttpStatusCode.Found)
   objResponse.Close()
End If
```

Wenn der Server, auf den der eingegebene URL zeigt, nicht existieren sollte, wäre das Response-Objekt übrigens Nothing – auch in dem Fall hätte die Variable blnSuccess, die uns über den Erfolg der Überprüfung Aufschluss gibt, den Wert X.

Anhand dieses Wertes kann nun eine Ausgabe generiert werden:

```
If blnSuccess Then
   lblResult.Text = "Der URL " & strUrl & _
      " ist erreichbar."
Else
   lblResult.Text = "Der URL " & strUrl & _
      " konnte nicht erreicht werden."
   If Int32.Parse(objStatus) > 0 Then
      lblResult.Text &= _
         "Der Statuscode lautete: " & _
            Int32.Parse(objStatus)
   End If
End If
```

Im Browser aufgerufen, sollten Sie eine Ausgabe ähnlich dieser erhalten:

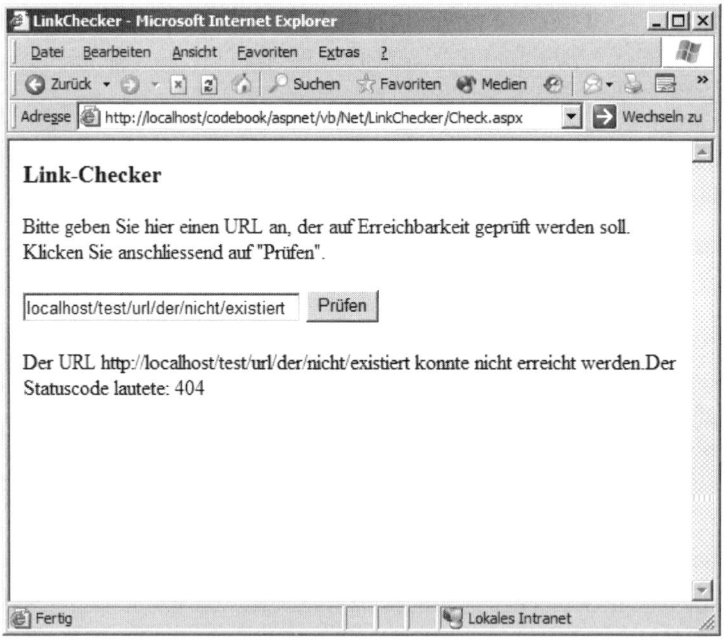

Abbildung 106: Link-Checker in Aktion

Grafik, Charting und PDF

Grafiken und Charts sind ebenso wie PDF-Dokumente beliebte Möglichkeiten, die eigene Homepage interessanter zu gestalten. War es beim klassischen ASP ohne Hilfsmittel quasi unmöglich, auch nur die Größe einer Datei zu bestimmen, hat sich dies nun mit dem .NET Framework grundlegend geändert: Sie haben jede Menge Möglichkeiten, Grafiken zu erstellen, zu manipulieren oder zu bearbeiten. Dieses Kapitel zeigt Ihnen einige der Tricks bei der Arbeit mit Grafiken, PDF-Dokumenten und dem Generieren von Charts aus Daten.

209 Abmessungen einer Grafik bestimmen

Mit Hilfe der `Bitmap`-Klasse aus dem `System.Drawing`-Namensraum können Sie die Ausmaße einer Grafik bestimmen. Die benötigten Funktionalitäten sind in diesem Beispiel in der Klasse `ImageSize` gekapselt, die folgenden Aufbau hat:

```
Imports System.IO
Imports System.Drawing

Namespace codebook.aspnet.vb.NET.Graphics.Size

   Public Class ImageSize

      Private bmpImage As Bitmap
      Private strImage As String

      Public Sub New()
      End Sub

      Public Sub New(ByVal strFile As String)
         Me.Load(strFile)
      End Sub

      Public WriteOnly Property FileName() As String
         Set(ByVal Value As String)
            Me.Load(Value)
         End Set
      End Property

      Private Sub Load(ByVal strFile As String)
         If File.Exists(strFile) Then
            Me.bmpImage = New Bitmap(strFile)
            Me.strImage = strFile
         End If
      End Sub
```

Listing 395: Klasse zur Ermittlung der Maße einer Grafik (ImageSize.vb)

```
        Public ReadOnly Property Width() As Int32
            Get
                Return Me.bmpImage.Width
            End Get
        End Property

        Public ReadOnly Property Height() As Int32
            Get
                Return Me.bmpImage.Height
            End Get
        End Property

        Public ReadOnly Property Size() As Double
            Get
                Return New FileInfo(strImage).Length() / 1024
            End Get
        End Property

    End Class

End Namespace
```

Listing 395: Klasse zur Ermittlung der Maße einer Grafik (ImageSize.vb) (Forts.)

Die Klasse verfügt über einen überladenen Konstruktor, der entweder keine Parameter oder den Dateinamen des zu analysierenden Bildes entgegennimmt. Dieser Dateiname kann auch über die lesegeschützte Eigenschaft `Filename` zugewiesen werden. Sowohl Konstruktor als auch Eigenschaft übergeben den Dateinamen als Parameter an die private Methode `Load`, die ein neues `Bitmap`-Objekt erzeugt und diesem den übergebenen Dateinamen zuweist:

```
If File.Exists(strFile) Then
    Me.bmpImage = New Bitmap(strFile)
    Me.strImage = strFile
End If
```

Mit Hilfe der Eigenschaften `Width` und `Height` können Sie jetzt auf die gleichnamigen Eigenschaften des `Bitmap`-Objekts zugreifen. Die Dateigröße wird anhand eines `FileInfo`-Objekts bestimmt und gleich von Byte in KByte umgerechnet:

```
Return New FileInfo(strImage).Length() / 1024
```

Innerhalb einer WebForm kann die Einbindung der Klasse nun beispielsweise so vor sich gehen:

```
<%@ Page Language="vb" %>
<%@ Import Namespace="System.IO" %>
<%@ Import Namespace="codebook.aspnet.vb.NET.Graphics.Size" %>
<script runat="server">
   Private objSize As ImageSize

   Function GetWidth() As Int32
      If Not IsNothing(objSize) Then
         Return objSize.Width
      End If
      Return 0
   End Function

   Function GetHeight() As Int32
      If Not IsNothing(objSize) Then
         Return objSize.Height
      End If
      Return 0
   End Function

   Function GetSize() As String
      If Not IsNothing(objSize) Then
         Return objSize.Size.ToString("0.00")
      End If
      Return 0
   End Function

   Sub Page_Load(ByVal sender As Object, ByVal e As EventArgs)
      If Not IsPostBack Then
         Dim aryFiles() As String = _
            Directory.GetFiles(Server.MapPath( _
               Request.ApplicationPath & "/Images"))
         Dim strFile As String

         For Each strFile In aryFiles
            Dim strFilename As String = _
               Path.GetFileName(strFile)
            ddlImages.Items.Add( _
               New ListItem(strFilename, strFilename))
         Next
         DataBind()
      End If

      objData.Visible = False
      objImage.Visible = False
   End Sub

   Sub ddlImages_Changed( _
      ByVal sender As Object, ByVal e As EventArgs)
```

Listing 396: WebForm zur Auswahl eines Bildes und zur Anzeige von dessen Detail-Informationen (Display.aspx)

```
        If ddlImages.SelectedIndex = 0 Then
           Return
        End If

        Dim strFile As String = _
           Request.ApplicationPath & "/Images/" & _
           ddlImages.SelectedValue
        objData.Visible = True
        objImage.Visible = True
        imgSelected.Src = strFile & "?" & Guid.NewGuid.ToString
        objSize = New ImageSize(Server.MapPath(strFile))
        DataBind()
     End Sub
</script>
<!DOCTYPE HTML PUBLIC "-//W3C//DTD HTML 4.0 Transitional//EN">
<HTML>
  <HEAD>
    <title>ImageSize</title>
  </HEAD>
  <body>
    <form id="Form1" method="post" runat="server">
      <h3>Bildgröße</h3>
      <p>
         Bitte wählen Sie hier ein Bild aus, dessen
         Breite, Höhe und Dateigröße Sie ermittelt
         haben möchten.
      </p>
      <p>
         <asp:DropDownList Runat="server" ID="ddlImages"
            OnChange="document.forms[0].submit();"
            OnSelectedIndexChanged="ddlImages_Changed">
            <asp:ListItem Selected="True" Value="">
               --- Bitte auswählen ---
            </asp:ListItem>
         </asp:DropDownList>
      </p>
      <p runat="server" id="objImage" Visible="False">
         <img runat="server" id="imgSelected" border="1">
      </p>
      <p runat="server" id="objData" Visible="False">
         Breite: <%# GetWidth() %><br>
         Höhe: <%# GetHeight() %><br>
         Grösse: <%# GetSize() %> KB
      </p>
    </form>
  </body>
</HTML>
```

Listing 396: WebForm zur Auswahl eines Bildes und zur Anzeige von dessen Detail-Informationen (Display.aspx) (Forts.)

Beim Aufruf der WebForm werden alle im Unterverzeichnis */Image* vorhandenen Dateien eingelesen und ohne Pfadangabe der `DropDownList` `ddlImages` zur Auswahl hinzugefügt. Den Dateinamen ohne Pfad ermitteln wir dabei mit Hilfe der Methode `GetFileName` des `Path`-Objekts.

Nach der Auswahl eines Bildes wird ein PostBack ausgeführt. Nun können das ausgewählte Bild angezeigt und seine Detailinformationen geladen werden:

```
Dim strFile As String = _
   Request.ApplicationPath & "/Images/" & _
   ddlImages.SelectedValue
...
imgSelected.Src = strFile & "?" & Guid.NewGuid.ToString
objSize = New ImageSize(Server.MapPath(strFile))
```

Ein abschließendes `DataBind` sorgt dafür, dass die Datenbindung der für die Ausgabe der Bild-Informationen verwendeten Methoden aufgerufen und deren Rückgaben ausgegeben werden:

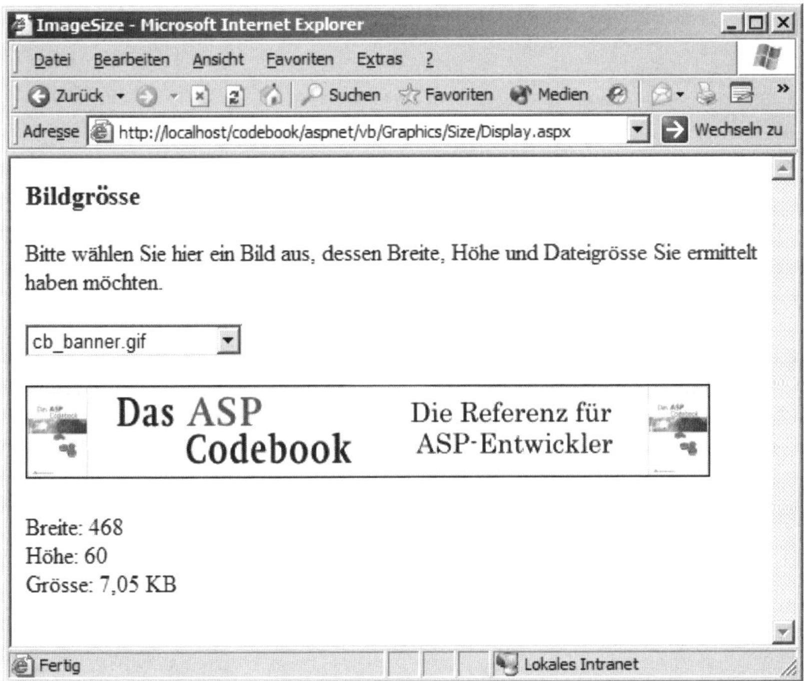

Abbildung 107: Ausgabe der Informationen zu einem Bild

210 Grafiken konvertieren

Mit Hilfe der `Save`-Methode des `Bitmap`-Objekts lassen sich die intern als generische Grafiken vorliegenden Bilder in einem anderen Format abspeichern.

So könnten Sie beispielsweise ein beliebiges JPG-Bild innerhalb einer WebForm in ein GIF-Bild konvertieren lassen:

```
<%@ Page Language="vb" %>
<%@ Import Namespace="System.IO" %>
<script runat="server">
   Function GetSource() As String
      If ddlGifs.SelectedValue <> String.Empty Then
         Return Request.ApplicationPath & "/Images/" & _
            ddlGifs.SelectedValue & _
            "?" & Guid.NewGuid.ToString
      End If
   End Function

   Function GetConverted() As String
      If ddlGifs.SelectedValue <> String.Empty Then
         Return Request.ApplicationPath & _
            "/Convert.aspx?File=" & _
               ddlGifs.SelectedValue & _
            "&" & Guid.NewGuid.ToString
      End If
   End Function

   Sub Page_Load(ByVal sender As Object, ByVal e As EventArgs)
      If Not IsPostBack Then
         Dim aryFiles() As String = _
            Directory.GetFiles( _
               Request.PhysicalApplicationPath & _
               "Images", "*.jpg")
         Dim strFile As String

         For Each strFile In aryFiles
            strFile = Path.GetFileName(strFile)
            ddlGifs.Items.Add( _
               New ListItem(strFile, strFile))
         Next

         DataBind()
      End If
   End Sub

   Sub Display(ByVal sender As Object, ByVal e As EventArgs)
      objDisplay.Visible = (ddlGifs.SelectedIndex > 0)
      DataBind()
   End Sub
```

Listing 397: Auswahl eines Bildes für die Konvertierung (List.aspx)

```
</script>
<!DOCTYPE HTML PUBLIC "-//W3C//DTD HTML 4.0 Transitional//EN">
<HTML>
  <HEAD>
    <title>Bilder konvertieren</title>
  </HEAD>
  <body>
    <form id="Form1" method="post" runat="server">
      <h3>Bilder-Konvertierer</h3>
      <p>
         Bitte wählen Sie hier ein Bild aus, das Sie
         in das GIF-Format konvertieren und anzeigen
         lassen wollen.
      </p>
      <asp:DropDownList ID="ddlGifs" Runat="server"
         AutoPostBack="True"
         OnSelectedIndexChanged="Display">
         <asp:ListItem Selected="True" Value="">
            --- Bitte auswählen ---
         </asp:ListItem>
      </asp:DropDownList>
      <p runat="server" id="objDisplay" Visible="False">
         <nobr>
            <img src='<%# GetSource %>' border="1" >
            <img src='<%# GetConverted() %>' border="1" >
         </nobr>
      </p>
    </form>
  </body>
</HTML>
```

Listing 397: Auswahl eines Bildes für die Konvertierung (List.aspx) (Forts.)

Die WebForm *List.aspx* lädt alle JPG-Bilder eines Verzeichnisses und stellt sie mit Hilfe einer `DropDownList` zur Auswahl. Wenn der Benutzer eines der Bilder gewählt hat, wird dieses mit Hilfe der WebForm *Convert.aspx* als GIF-Bild ausgegeben:

```
<%@ Page Language="vb" %>
<%@ Import Namespace="System.IO" %>
<%@ Import Namespace="System.Drawing" %>
<%@ Import Namespace="System.Drawing.Imaging" %>
<script runat="server">
   Sub Page_Load(ByVal sender As Object, ByVal e As EventArgs)
      Dim strFile As String = _
         Request.PhysicalApplicationPath & "Images/" & _
         Request.Item("File")
      If File.Exists(strFile) Then
         Dim bmpImage As New Bitmap(strFile)
         bmpImage.Save(Response.OutputStream, _
```

Listing 398: Konvertieren eines Bildes (Convert.aspx)

```
            ImageFormat.Gif)
        Response.End()
      End If
   End Sub
</script>
```

Listing 398: Konvertieren eines Bildes (Convert.aspx) (Forts.)

Die WebForm *Convert.asxp* lädt das angegebene Bild in eine neue `Bitmap`-Instanz. Die eigentliche Konvertierung erfolgt mit Hilfe der Methode `Save`, die das Bild in den als ersten Parameter übergebenen `Stream` im angegebenen Format speichert:

```
bmpImage.Save(Response.OutputStream, _
   ImageFormat.Gif)
```

Das war es! Mehr ist für eine Konvertierung prinzipiell nicht nötig.

Im Browser betrachtet erkennt man bei näherem Hinsehen in natura durchaus Qualitätsunterschiede, die daraus resultieren, dass das GIF-Bild mit nur 256 Farben auskommen muss:

Abbildung 108: Links das Original, rechts das konvertierte Bild

211 Thumbnail generieren

Das Generieren von Vorschaubildern ist mit Hilfe der `Bitmap`-Klasse so einfach wie nie zuvor. Sehen wir uns eine Lösung an, die ein Thumbnail für ein Bild generiert und direkt an den Browser sendet:

```
Imports System.IO
Imports System.Drawing

Namespace codebook.aspnet.vb.Graphics.TN

   Public Class Thumbnail

      Public Shared Function Generate( _
        ByVal strFilename As String, _
        ByVal intWidth As Int32) As Byte()
        If File.Exists(strFilename) Then
          Dim bmpImage As New Bitmap(strFilename)

          Dim intThumbWidth As Int32 = _
            bmpImage.Width
          Dim intThumbHeight As Int32 = _
            bmpImage.Height
          Dim dblScale As Double = 1
          If intThumbWidth > intWidth Then
            dblScale = intWidth / intThumbWidth
          End If
          intThumbHeight *= dblScale

          Dim imgImage As Image = _
            bmpImage.GetThumbnailImage( _
                intWidth, _
                intThumbHeight, _
                Nothing, IntPtr.Zero)

          Dim objResult As New MemoryStream
          imgImage.Save(objResult, Imaging.ImageFormat.Gif)
          objResult.Seek(0, SeekOrigin.Begin)

          Dim objReader As New BinaryReader(objResult)
          Dim aryResult() As Byte = _
            objReader.ReadBytes(objResult.Length)

          Return aryResult
        End If

        Return Nothing
      End Function

   End Class

End Namespace
```

Listing 399: Klasse zum Generieren von Vorschaubildern (Thumbnail.vb)

Mit Hilfe der Klasse `Thumbnail` werden die Vorschaubilder erzeugt. Sie verfügt über die statische Methode `Create`, der als Parameter der Dateiname des Bildes und die Größe der Datei übergeben werden. Wenn die durch den Dateinamen bezeichnete Datei existiert, kann sie in ein `Bitmap`-Objekts eingelesen werden:

```
Dim bmpImage As New Bitmap(strFilename)
```

Nun kann mit Hilfe der Variable `dblScale` die Skalierung der Höhe berechnet werden – diese Skalierung entspricht dem Verhältnis von gewünschter Breite zu tatsächlicher Breite:

```
Dim dblScale As Double = 1
If intThumbWidth > intWidth Then
   dblScale = intWidth / intThumbWidth
End If
intThumbHeight *= dblScale
```

Nachdem nunmehr die nötigen Vorarbeiten abgeschlossen sind, kann die eigentliche Vorschaubild-Erzeugung stattfinden, die von der Methode `GetThumbnailImage` der geladenen `Bitmap` durchgeführt wird und eine neue Instanz der Basisklasse `Image` zurückgibt:

```
Dim imgImage As Image = _
   bmpImage.GetThumbnailImage( _
      intWidth, _
      intThumbHeight, _
      Nothing, IntPtr.Zero)
```

Die so erzeugte `Image`-Instanz kann nun in einen `MemoryStream` gespeichert und mit Hilfe eines `BinaryReaders` ausgelesen und in ein `Byte`-Array umgewandelt werden:

```
Dim objResult As New MemoryStream
imgImage.Save(objResult, Imaging.ImageFormat.Gif)
objResult.Seek(0, SeekOrigin.Begin)

Dim objReader As New BinaryReader(objResult)
Dim aryResult() As Byte = _
   objReader.ReadBytes(objResult.Length)
```

Dieses `Byte`-Array wird von der Methode zurückgegeben und kann nun in der aufrufenden Methode verarbeitet werden.

Um die Wirkungsweise der `Thumbnail`-Klasse zu verdeutlichen, besteht die Lösung aus zwei weiteren WebForms – *Overview.aspx* und *Display.aspx*. Die WebForm *Overview.aspx* dient dazu, eine Übersicht aller Dateien des Unterverzeichnisses *Image* zu generieren und dem Benutzer zusammen mit einigen möglichen Größen-Angaben zur Auswahl zu stellen:

```
<%@ Page Language="vb" %>
<%@ Import Namespace="System.IO" %>
<script runat="server">
   Sub Page_Load(ByVal sender As Object, ByVal e As EventArgs)
```

Listing 400: Auswahl von Bild und Bildgröße für die Thumbnail-Generierung (Overview.aspx)

```
      If Not IsPostBack Then
         Dim aryFiles() As String = _
            Directory.GetFiles( _
               Server.MapPath( _
                  Request.ApplicationPath & "/Images"))
         Dim strFile As String

         For Each strFile In aryFiles
            Dim strFilename As String = _
               Path.GetFileName(strFile)
            ddlImages.Items.Add( _
               New ListItem(strFilename, strFilename))
         Next

         DataBind()
      End If
   End Sub

   Sub DisplayImage(ByVal Sender As Object, ByVal e As EventArgs)

      If ddlImages.SelectedIndex = 0 Then
         objResult.Visible = False
         Return
      End If

      Dim strImage As String = _
         ddlImages.SelectedValue
      Dim strUrl As String = _
         Request.ApplicationPath & "/Display.aspx?File=" & _
         Server.UrlEncode(ddlImages.SelectedValue) & _
         "&Size=" & rblSize.SelectedValue & _
         "&" & Guid.NewGuid.ToString
      objImage.Src = strUrl
      objResult.Visible = True
   End Sub
</script>
<!DOCTYPE HTML PUBLIC "-//W3C//DTD HTML 4.0 Transitional//EN">
<HTML>
  <HEAD>
    <title>Thumbnail</title>
  </HEAD>
  <body>
    <form id="Form1" method="post" runat="server">
      <h3>Vorschaubild generieren</h3>
      <p>
         Bitte wählen Sie hier ein Bild aus, von dem
         Sie ein Vorschaubild erstellen wollen.
      </p>
      <asp:DropDownList Runat="server" ID="ddlImages"
         OnSelectedIndexChanged="DisplayImage"
         AutoPostBack="True">
         <asp:ListItem Selected="True" Value="">
```

Listing 400: Auswahl von Bild und Bildgröße für die Thumbnail-Generierung (Overview.aspx) (Forts.)

```
            --- Bitte auswählen ---
         </asp:ListItem>
      </asp:DropDownList>
      <p>
         Vorschaubild-Größe:<br>
         <asp:RadioButtonList Runat="server" ID="rblSize"
            RepeatDirection="Horizontal" AutoPostBack="True"
            OnSelectedIndexChanged="DisplayImage">
            <asp:ListItem Selected="True"
               Value="50">50 Pixel</asp:ListItem>
            <asp:ListItem Value="100">100 Pixel</asp:ListItem>
            <asp:ListItem Value="150">150 Pixel</asp:ListItem>
            <asp:ListItem Value="200">200 Pixel</asp:ListItem>
         </asp:RadioButtonList>
      </p>
      <p runat="server" id="objResult" visible="False">
         <img runat="server" id="objImage" border="1" >
      </p>
    </form>
  </body>
</HTML>
```

Listing 400: Auswahl von Bild und Bildgröße für die Thumbnail-Generierung (Overview.aspx) (Forts.)

Beim Laden der Seite werden alle im Unterverzeichnis *Image* liegenden Bilder mit Hilfe der Methode `GetFiles` des `Directory`-Objekts ausgelesen. Ihre Dateinamen können nun mit Hilfe der Methode `GetFileName` des `Path`-Objekts extrahiert und der `DropDownList` `ddlImages` zugewiesen werden.

Wählt der Benutzer nun aus dieser `DropDownList` ein Bild aus, findet automatisch ein PostBack statt. Dabei wird die Methode `DisplayImage` eingebunden, die dem als serverseitig gekennzeichneten `Image`-Tag `objImage` als Adresse die WebForm *Display.aspx* zuweist, wobei die Informationen zu ausgewähltem Bild und ausgewählter Bildgröße im `QueryString` übertragen werden:

```
Dim strUrl As String = _
   Request.ApplicationPath & "/Display.aspx?File=" & _
   Server.UrlEncode(ddlImages.SelectedValue) & _
   "&Size=" & rblSize.SelectedValue & _
   "&" & Guid.NewGuid.ToString
objImage.Src = strUrl
```

Diese Daten können nun innerhalb der WebForm *Display.aspx* ausgewertet und an die statische Methode `Create` der `Thumbnail`-Klasse übergeben werden:

```
<%@ Page Language="vb" %>
<%@ Import Namespace="codebook.aspnet.vb.Graphics.TN" %>
<%@ Import Namespace="System.IO" %>
```

Listing 401: Abrufen und Ausgeben eines Thumbnails (Display.aspx)

```
<script runat="server">
   Sub Page_Load(ByVal sender As Object, ByVal e As EventArgs)
      Dim strUrl As String = Request.Item("File")
      Dim intSize As Int32 = Request.Item("Size")
      Dim strFile As String = _
         Server.MapPath(Request.ApplicationPath & _
            "/Images/" & _
         strUrl)
      If File.Exists(strFile) Then
         Response.BinaryWrite(Thumbnail.Generate( _
            strFile, intSize))
         Response.End()
      End If
   End Sub
</script>
```

Listing 401: Abrufen und Ausgeben eines Thumbnails (Display.aspx) (Forts.)

Die Rückgabe der Methode `Thumbnail.Generate` wird mit Hilfe von `Response.BinaryWrite` ausgegeben. Anschließend erfolgt das Beenden des Requests per `Response.End`, so dass keine weiteren Zeichen ausgegeben werden können.

Im Browser betrachtet, sollten Sie folgende Ausgabe erhalten:

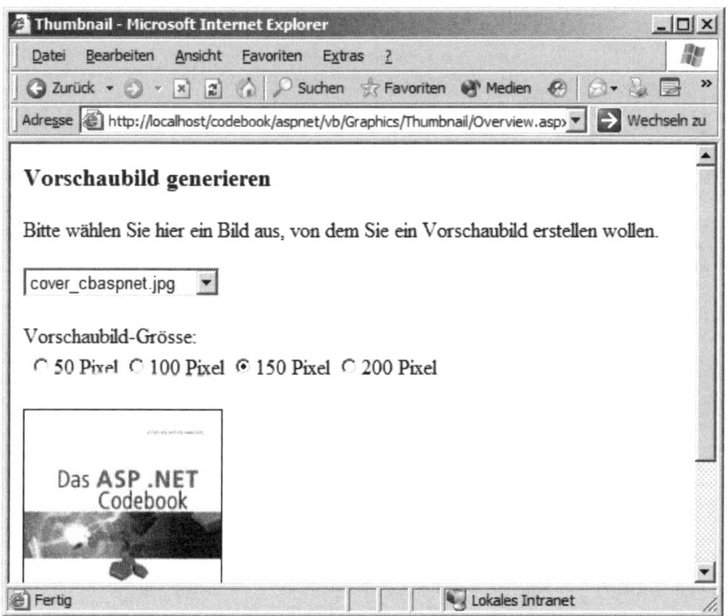

Abbildung 109: Ein Vorschaubild mit 150 Pixeln Breite ist generiert worden

212 Thumbnails aller Grafiken eines Verzeichnisses generieren

Mit Hilfe der eben vorgestellten `Thumbnail`-Klasse ist es nun ein Leichtes, Vorschaubilder für alle Images eines Verzeichnisses zu erstellen. Sehen wir uns die WebForm *List.aspx* an, die dies implementiert:

```
<%@ Page Language="vb" %>
<%@ Import Namespace="System.IO" %>
<script runat="server">
   Sub Page_Load(ByVal sender As Object, ByVal e As EventArgs)
      If Not IsPostBack Then
         dlImages.Visible = False
      End If
   End Sub

   Private Sub DisplayImages( _
      ByVal sender As Object, ByVal e As EventArgs)

      Dim aryFiles() As String = Directory.GetFiles( _
         Request.PhysicalApplicationPath & "Images")
      Dim intCount As Int32
      For intCount = 0 To aryFiles.Length - 1
         aryFiles(intCount) = _
            Request.ApplicationPath() & _
               "/Display.aspx?File=" & _
            Path.GetFileName(aryFiles(intCount)) & _
               "&Size=" & _
            rblImages.SelectedValue & "&" & _
               Guid.NewGuid.ToString
      Next

      dlImages.DataSource = aryFiles
      dlImages.DataBind()
      dlImages.Visible = True
   End Sub
</script>
<!DOCTYPE HTML PUBLIC "-//W3C//DTD HTML 4.0 Transitional//EN">
<HTML>
  <HEAD>
    <title>List</title>
  </HEAD>
  <body>
    <form id="Form1" method="post" runat="server">
      <h3>Vorschaubilder auf Verzeichnis-Ebene</h3>
      <p>
         Hier sehen Sie alle Bilder des Verzeichnisses
         <i>Image</i> als Vorschaubilder erstellt. Sie können
         natürlich auswählen, welche Bildgröße Sie
         wünschen.
```

Listing 402: Darstellung aller Bilder eines Verzeichnisses als Thumbnails (List.aspx)

```
        </p>
        <asp:RadioButtonList Runat="server" ID="rblImages"
          RepeatDirection="Horizontal" AutoPostBack="True"
          OnSelectedIndexChanged="DisplayImages">
          <asp:ListItem Value="50">50 Pixel</asp:ListItem>
          <asp:ListItem Value="100">100 Pixel</asp:ListItem>
          <asp:ListItem Value="150">150 Pixel</asp:ListItem>
          <asp:ListItem Value="200">200 Pixel</asp:ListItem>
        </asp:RadioButtonList>
        <asp:DataList Runat="server" ID="dlImages"
          RepeatColumns="2" RepeatDirection="Horizontal"
          RepeatLayout="Flow" CellPadding="3">
          <ItemTemplate>
            <img align="top"
              src='<%# Container.DataItem %>'
              border="1" />
          </ItemTemplate>
        </asp:DataList>
      </form>
    </body>
  </HTML>
```

Listing 402: Darstellung aller Bilder eines Verzeichnisses als Thumbnails (List.aspx) (Forts.)

Die WebForm bietet dem Benutzer eine Auswahl an, welche Breite der Vorschaubilder er wünscht. Ändert er die Breite, so wird die Methode `DisplayImages` eingebunden, die alle Dateien des Verzeichnisses *Image* in ein Array lädt. Anhand dieser Informationen wird nun für jedes Bild der Aufruf der WebForm *Display.aspx* mit dem Dateinamen des Bildes und der gewünschten Breite generiert:

```
For intCount = 0 To aryFiles.Length - 1
   aryFiles(intCount) = _
      Request.ApplicationPath() & _
         "/Display.aspx?File=" & _
      Path.GetFileName(aryFiles(intCount)) & _
         "&Size=" & _
      rblImages.SelectedValue & "&" & _
      Guid.NewGuid.ToString
Next
```

Da die im Array befindlichen Informationen mit der neu generierten Bild-Adresse überschrieben werden, kann das Array nach dem Durchlaufen aller Elemente der für die Anzeige der Bilder verwendeten `DataList dlImages` als `DataSource` zugewiesen werden. Ein abschließendes `DataBind` sorgt für die Datenbindung und die `DataList` wird sichtbar gemacht. Nun erledigt der Browser den Rest: Er ruft jedes Bild ab und übergibt die als `src` des Bildes hinterlegten Informationen zu Adresse und Breite des zu generierenden Vorschaubildes an die WebForm *Display.aspx*, die sich um die Generierung eines einzelnen Bildes kümmert:

```
<%@ Page Language="vb" %>
<%@ Import Namespace="codebook.aspnet.vb.Graphics.TN" %>
<%@ Import Namespace="System.IO" %>
<script runat="server">
   Sub Page_Load(ByVal sender As Object, ByVal e As EventArgs)

      Dim strUrl As String = Request.Item("File")
      Dim intSize As Int32 = Request.Item("Size")

      Dim strFile As String = _
         Server.MapPath(Request.ApplicationPath & _
            "/Images/" & _
         strUrl)
      Dim strFileCacheName As String = _
         strFile.GetHashCode & "_" & intSize

      If File.Exists(strFile) Then
         If IsNothing(Context.Cache(strFileCacheName)) Then
            Context.Cache.Insert( _
               strFileCacheName, _
               Thumbnail.Generate( _
                  strFile, intSize), _
               Nothing, DateTime.Now.AddMinutes(20), _
               TimeSpan.Zero)
         End If
         Response.BinaryWrite( _'
            Context.Cache(strFileCacheName))
         Response.End()
      End If
   End Sub
</script>
```

Listing 403: Generieren und Cachen eines Thumbnails (Display.aspx)

Die Funktionalität der WebForm *Display.aspx* entspricht weitestgehend der in Rezept 211 *»Thumbnail generieren«* vorgestellten Lösung, allerdings gibt es einen sehr wesentlichen Unterschied: Das generierte Vorschaubild wird für zwanzig Minuten im Cache gehalten. Ermöglicht wird dies, indem zunächst eine eindeutige Kennung für das zu behandelnde Bild erzeugt wird, die aus komplettem Pfad und der Breite des Bildes besteht:

```
Dim strFileCacheName As String = _
   strFile.GetHashCode & "_" & intSize
```

Nun kann überprüft werden, ob bereits ein Objekt unter diesem Schlüssel im `Cache` existiert. Sollte dies nicht der Fall sein, werden die Informationen zu Adresse und Breite an die statische Methode `Create` der `Thumbnail`-Klasse übergeben, die ein das generierte Vorschaubild repräsentierendes `Byte`-Array zurückgibt. Dieses `Byte`-Array wird nun unter dem vorher definierten Schlüssel dem `Cache`-Objekt hinzugefügt und mit einem festen Ablauf von zwanzig Minuten nach Erstellung versehen:

```
Context.Cache.Insert( _
   strFileCacheName, _
   Thumbnail.Generate( _
      strFile, intSize), _
   Nothing, DateTime.Now.AddMinutes(20), _
   TimeSpan.Zero)
```

Basics
Daten-bank
I/O
Validie-rung
Controls
Http-Handler
Netz-werk
Grafik
Tracing
Security

Da sich jetzt in jedem Fall das Vorschaubild in der gewünschten Größe im Cache befindet, können diese Informationen per `Response.BinaryWrite` direkt ausgegeben werden. Ein abschließendes `Response.End` beendet die Verarbeitung.

Der Vorteil einer Speicherung im *Cache* liegt darin, dass die erzeugten Bilder automatisch verfallen, was dafür sorgt, dass eventuelle Änderungen an Bildern spätestens nach Ablauf der Caching-Zeit auch dem Client bekannt gemacht werden – aufwändige Prüfungen können so entfallen. Der zweite Vorteil liegt im Verzicht auf Festplattenzugriffe begründet – wenn nicht auf die Platte geschrieben werden muss, sind weit reichende Rechte für den *ASPNET*-User überflüssig. Der dritte Vorteil resultiert ebenfalls aus dem Verzicht auf Plattenzugriffe: Die Performance steigt dramatisch an – schließlich sind Zugriffe auf den Speicher immer um Klassen schneller als Festplattenzugriffe.

Der einzige Nachteil liegt im Arbeitsspeicher-Verbrauch begründet, schließlich müssen die Informationen irgendwo gehalten werden. Dies sollte Sie aber nicht beunruhigen: Das .NET Framework entfernt bei knappem Arbeitsspeicher die im Cache enthaltenen Objekte automatisch – und beim nächsten Zugriff werden sie eben wieder erzeugt.

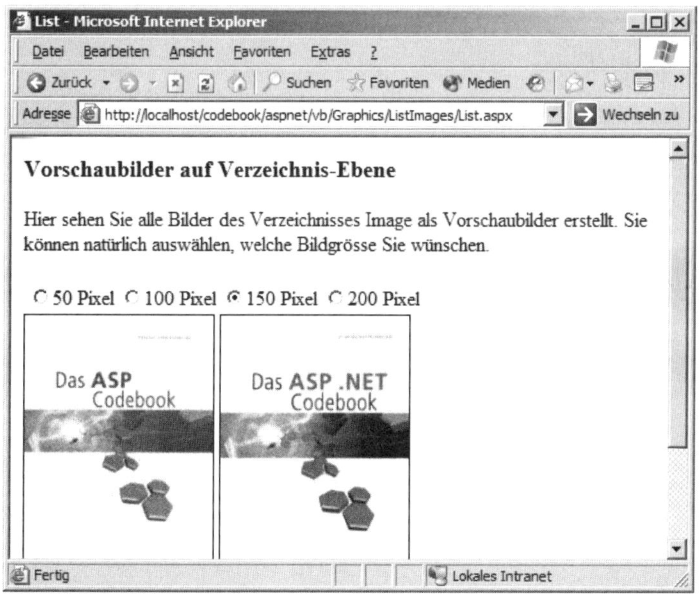

Abbildung 110: Vorschaubilder im Überblick

Wenn Sie die WebForm *List.aspx* im Browser abrufen, sollten Sie folgende Ausgabe erhalten (siehe Abbildung 110).

Wenn Sie die Größen der zu generierenden Vorschaubilder ändern, werden Sie feststellen, dass die erstmalige Generierung der Bilder tatsächlich eine Weile dauert. Ganz anders, wenn Sie auf eine bereits angeklickte Größe erneut zugreifen: Die Ausgabe kommt nahezu augenblicklich!

213 Grafik drehen

Die `Bitmap`-Klasse ist äußerst vielseitig: Nicht nur, dass man mit ihrer Hilfe Bildeigenschaften auslesen oder Vorschaubilder erstellen kann, sie bietet darüber hinaus auch Möglichkeiten, ein Bild zu drehen.

Sehen wir uns an, wie dies implementiert werden kann:

```
<%@ Page Language="vb" %>
<%@ Import Namespace="System.IO" %>
<script runat="server">
   Function GetImage() As String
      Return Request.ApplicationPath & _
         "/Display.aspx?File=" & _
         ddlImages.SelectedValue & "&Value=" & _
         rblDir.SelectedValue & "&" & Guid.NewGuid.ToString
   End Function

   Sub Page_Load(ByVal sender As Object, ByVal e As EventArgs)
      If Not IsPostBack Then
         Dim aryImages() As String = _
            Directory.GetFiles( _
               Request.PhysicalApplicationPath & "Images")
         Dim strImage As String

         For Each strImage In aryImages
            strImage = Path.GetFileName(strImage)
            ddlImages.Items.Add( _
               New ListItem(strImage, strImage))
         Next

         DataBind()
      End If
   End Sub

   Sub Display(ByVal sender As Object, ByVal e As EventArgs)
      objResult.Visible = (ddlImages.SelectedIndex > 0)
      DataBind()
   End Sub
</script>
<!DOCTYPE HTML PUBLIC "-//W3C//DTD HTML 4.0 Transitional//EN">
```

Listing 404: Auswahl von Bild und Drehungsgrad (Select.aspx)

```
<html>
  <head>
    <title>Bild drehen</title>
  </head>
  <body>
    <form id="Form1" method="post" runat="server">
      <h3>Bild drehen</h3>
      <p>
         Bitte wählen Sie hier das Bild aus,
         das Sie drehen lassen wollen. Sie
         können außerdem auswählen, in welche
         Richtung das Drehen erfolgen soll.
      </p>
      <p>
         <asp:DropDownList Runat="server" ID="ddlImages"
            AutoPostBack="True"
            OnSelectedIndexChanged="Display">
            <asp:ListItem Selected="True" Value="">
               --- Bitte auswählen ---
            </asp:ListItem>
         </asp:DropDownList>
      </p>
      <p>
         <asp:RadioButtonList Runat="server" ID="rblDir"
            AutoPostBack="True" RepeatDirection="Horizontal"
            OnSelectedIndexChanged="Display">
            <asp:ListItem Selected="True" Value="0">
               Normal
            </asp:ListItem>
            <asp:ListItem Value="3"
               >Nach Rechts</asp:ListItem>
            <asp:ListItem Value="1"
               >Nach Links</asp:ListItem>
            <asp:ListItem Value="2"
               >Auf den Kopf</asp:ListItem>
         </asp:RadioButtonList>
      </p>
      <p runat="server" id="objResult"
         visible="False">
         <img src="<%# GetImage() %>" border="1" />
      </p>
    </form>
  </body>
</html>
```

Listing 404: Auswahl von Bild und Drehungsgrad (Select.aspx) (Forts.)

Der Benutzer kann auf der WebForm ein Bild und einen Drehungsgrad auswählen. Leider bietet das .NET Framework nur Drehungen in 90-Grad-Schritten an, so dass insgesamt vier Drehgrade zur Auswahl stehen. Ist eine Auswahl getroffen worden, wird der Name des Bildes zusammen mit dem in `Value` definierten Wert für den Drehungsgrad an die WebForm *Display.aspx* übergeben:

```
<%@ Page Language="vb" %>
<%@ Import Namespace="System.IO" %>
<%@ Import Namespace="System.Drawing" %>
<%@ Import Namespace="System.Drawing.Imaging" %>
<script runat="server">
  Sub Page_Load(ByVal sender As Object, ByVal e As EventArgs)
    Dim strFile As String = _
      Request.PhysicalApplicationPath & _
      "Images/" & Request.Item("File")
    Dim intDirection As Int32 = Request.Item("Value")
    If File.Exists(strFile) Then
      Dim bmpImage As New Bitmap(strFile)
      bmpImage.RotateFlip(intDirection)
      bmpImage.Save(Response.OutputStream, _
        ImageFormat.Jpeg)
      Response.End()
    End If

  End Sub
</script>
```

Listing 405: Rotieren einer Grafik (Display.aspx)

Das Rotieren findet nach dem Laden der Grafik mit Hilfe der Methode `RotateFlip` statt. Diese nimmt Werte des Typs `RotateFlipType` entgegen, die auch durch Zahlen – so wie in diesem Beispiel – repräsentiert werden können:

```
bmpImage.RotateFlip(intDirection)
```

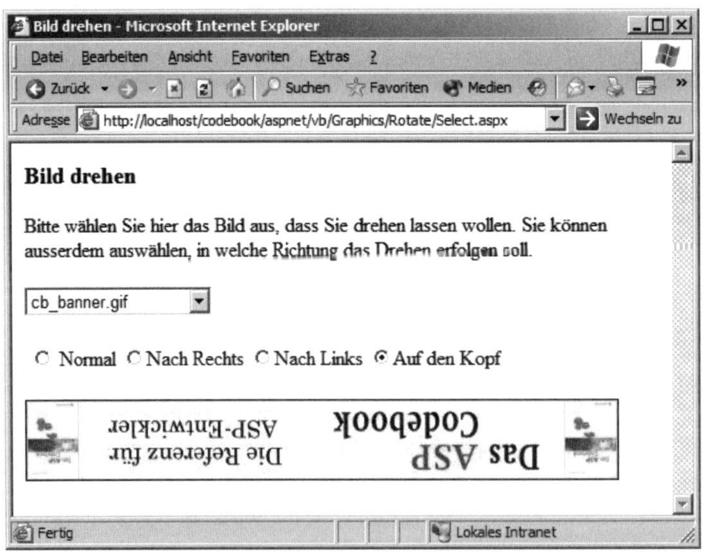

Abbildung 111: Das Banner wurde auf den Kopf gestellt ...

Nun kann das Bild im JPG-Format in den `OutputStream` des `Response`-Objekts geschrieben werden, von wo es direkt zum Browser gesandt wird. Ein abschließendes `Response.End` sorgt für die sofortige Beendigung der Abarbeitung, so dass keine weiteren Ausgaben zum Client gesandt werden.

Mit Hilfe des Browsers können Sie nun die Bilder drehen und wenden (siehe Abbildung 111).

214 Text als Bild ausgeben

Etwas aufwändiger wird es, wenn Sie einen Text als Bild ausgeben wollen – insbesondere dann, wenn Sie sich nicht darauf beschränken wollen, das Bild in einer fixen Breite auszugeben, sondern es genau auf den Text zuschneiden wollen, wie es beispielsweise bei dynamisch generierten Überschriften der Fall ist:

```
<%@ Page Language="vb" %>
<script runat="server">
   Function GetImage()
      Return _
         Request.ApplicationPath & "/Display.aspx?" & _
         "Text=" & Server.UrlEncode( _
            Me.txtInput.Text) & "&" & _
         "Font=" & Server.UrlEncode( _
            ddlFont.SelectedValue) & "&" & _
         "Size=" & ddlSize.SelectedValue
   End Function

   Sub Page_Load(ByVal sender As Object, ByVal e As EventArgs)
      objResult.Visible = False
   End Sub

   Sub Display(ByVal sender As Object, ByVal e As EventArgs)
      objResult.Visible = True
      DataBind()
   End Sub
</script>
<!DOCTYPE HTML PUBLIC "-//W3C//DTD HTML 4.0 Transitional//EN">
<html>
  <head>
    <title>Text zu Grafik</title>
  </head>
  <body>
    <form id="Form1" method="post" runat="server">
      <h3>Text auf Grafik</h3>
      <p>
         Hier können Sie einen Text eingeben, der zur
         Laufzeit in eine Grafik eingefügt wird. Klicken
         Sie nach der Eingabe auf die Schaltfläche "Absenden".
```

Listing 406: Hier kann Text eingegeben werden, der anschließend als Bild dargestellt werden wird (Enter.aspx)

```
      </p>
      <p>
         Schriftart:<br>
         <asp:DropDownList Runat="server" ID="ddlFont">
            <asp:ListItem Selected="True" Value="Arial">
               Arial
            </asp:ListItem>
            <asp:ListItem Value="Verdana">
               Verdana
            </asp:ListItem>
            <asp:ListItem Value="Comic Sans MS">
               Comic Sans MS
            </asp:ListItem>
         </asp:DropDownList>
      </p>
      <p>
         Schriftgröße:<br>
         <asp:DropDownList Runat="server" ID="ddlSize">
            <asp:ListItem Selected="True" Value="12">
               12
            </asp:ListItem>
            <asp:ListItem Value="14">
               14
            </asp:ListItem>
            <asp:ListItem Value="24">
               24
            </asp:ListItem>
            <asp:ListItem Value="36">
               36
            </asp:ListItem>
         </asp:DropDownList>
      </p>
      <p>
         Text:<br>
         <asp:TextBox Runat="server" ID="txtInput" />
      </p>
      <asp:Button Runat="server" ID="btnSubmit"
         Text="Absenden" OnClick="Display"/>
      <p runat="server" id="objResult" Visible="False">
         <img src="<%# GetImage() %>" border="1">
      </p>
    </form>
  </body>
</html>
```

Listing 406: Hier kann Text eingegeben werden, der anschließend als Bild dargestellt werden wird (Enter.aspx) (Forts.)

Wenn der Benutzer innerhalb der WebForm *Enter.aspx* Text eingibt und die Schaltfläche ABSENDEN betätigt, werden die Informationen zu Schriftart und -grad sowie darzustellendem Text an die WebForm *Display.aspx* übertragen. Hier findet nun die Generierung des neuen, aus Text bestehenden Bildes statt:

```
<%@ Page Language="vb" %>
<%@ Import Namespace="System.Drawing" %>
<%@ Import Namespace="System.Drawing.Imaging" %>
<script runat="server">
   Sub Page_Load(ByVal sender As Object, ByVal e As EventArgs)
      Dim strFont As String = Request.Item("Font")
      Dim intSize As Int32 = Request.Item("Size")
      Dim strText As String = Request.Item("Text")

      Dim bmpSource As New Bitmap( _
         Request.PhysicalApplicationPath & _
            "Images/Background.jpg")
      Dim objGraphics As Graphics = _
         Graphics.FromImage(bmpSource)
      Dim objFont As New Font(strFont, intSize, _
         FontStyle.Regular)

      Dim objFormat As StringFormat = _
         StringFormat.GenericTypographic
      Dim objSize As Size = _
         objGraphics.MeasureString(strText, _
            objFont, 1024, _
            objFormat).ToSize

      objGraphics.DrawString( _
         strText, objFont, _
         New SolidBrush(Color.Black), 0, 0, _
         StringFormat.GenericTypographic)
      objGraphics.Flush()

      Dim objRectangle As New Rectangle(0, 0, _
         objSize.Width, objSize.Height)
      Dim bmpResult As New Bitmap( _
         objSize.Width, objSize.Height, objGraphics)

      objGraphics = Graphics.FromImage(bmpResult)
      objGraphics.DrawImageUnscaled(bmpSource, _
         objRectangle)
      objGraphics.Flush()

      bmpResult.Save(Response.OutputStream, _
         ImageFormat.Jpeg)
      Response.End()
   End Sub
</script>
```

Listing 407: Erstellen einer neuen Bitmap, die genau auf den enthaltenen Text zugeschnitten ist (Display.aspx)

Beim Laden der Seite werden zunächst die per `QueryString` übergebenen Informationen zu Schriftart, Schriftgröße und darzustellendem Text erfasst. Anschließend können Sie ein neues `Bitmap`-Objekt erstellen, das in diesem Fall aus einer schon existierenden Grafik besteht:

```
Dim bmpSource As New Bitmap( _
   Request.PhysicalApplicationPath & _
      "Images/Background.jpg")
```

Wenn Sie einen einfarbigen Hintergrund benötigen, dann erstellen Sie an dieser Stelle einfach ein `Bitmap`-Objekt, dessen Konstruktor Sie Breite und Höhe der »Arbeitsfläche« mitgeben.

Nun kann ein `Graphics`-Objekt anhand der Bitmap erstellt werden. Mit Hilfe dieses `Graphics`-Objekts können der Text geschrieben und seine Breite bestimmt werden. Zuvor muss allerdings der zu verwendende `Font` definiert werden:

```
Dim objGraphics As Graphics = _
   Graphics.FromImage(bmpSource)
Dim objFont As New Font(strFont, intSize, _
   FontStyle.Regular)
```

Mit Hilfe der `MeasureString`-Methode des `Graphics`-Objekts können nun die Ausmaße des Textes bestimmt werden, die dieser haben wird, wenn er in die Grafik geschrieben wird:

```
Dim objSize As Size = _
   objGraphics.MeasureString(strText, _
      objFont, 1024, _
      objFormat).ToSize
```

Die Rückgabe der `MeasureString`-Methode ist in eine Instanz der `Size`-Klasse aus dem `System.Drawing`-Namensraum konvertiert worden. Sie beinhaltet Höhe und Breite des Textes, wenn er mit der definierten Schriftart dargestellt wird.

Die eigentliche Ausgabe des Textes erfolgt mit Hilfe der `DrawString`-Methode des `Graphics`-Objektes. Ihr werden als Parameter auszugebender Text, Font-Info, zu verwendender Stift und die Koordinaten der linken oberen Ecke der auszugebenden Zeichenkette übergeben:

```
objGraphics.DrawString( _
   strText, objFont, _
   New SolidBrush(Color.Black), 0, 0, _
   StringFormat.GenericTypographic)
objGraphics.Flush()
```

Nun kann anhand der vorher ermittelten Informationen zu Breite und Höhe der ausgegebenen Zeichenkette eine neue Bitmap erstellt werden. An dieser Stelle wird auch gleich ein `Rectangle`-Objekt erstellt, das Form und Position der zu kopierenden Stelle beschreibt:

```
Dim objRectangle As New Rectangle(0, 0, _
   objSize.Width, objSize.Height)
Dim bmpResult As New Bitmap( _
   objSize.Width, objSize.Height, objGraphics)
```

Mit Hilfe einer neuen Graphics-Instanz, die anhand der neuen Bitmap erstellt worden ist, kann nun der durch das Rechteck bezeichnete Teil der originalen Bitmap in die neue Bitmap kopiert werden:

```
objGraphics = Graphics.FromImage(bmpResult)
objGraphics.DrawImageUnscaled(bmpSource, _
   objRectangle)
objGraphics.Flush()
```

Die so erstellte Bitmap kann nun in den OutputStream des Response-Objekts gespeichert werden. Anschließend wird die Verarbeitung per Response.End abgeschlossen.

Im Browser aufgerufen, könnten Sie eine Ausgabe ähnlich dieser erhalten:

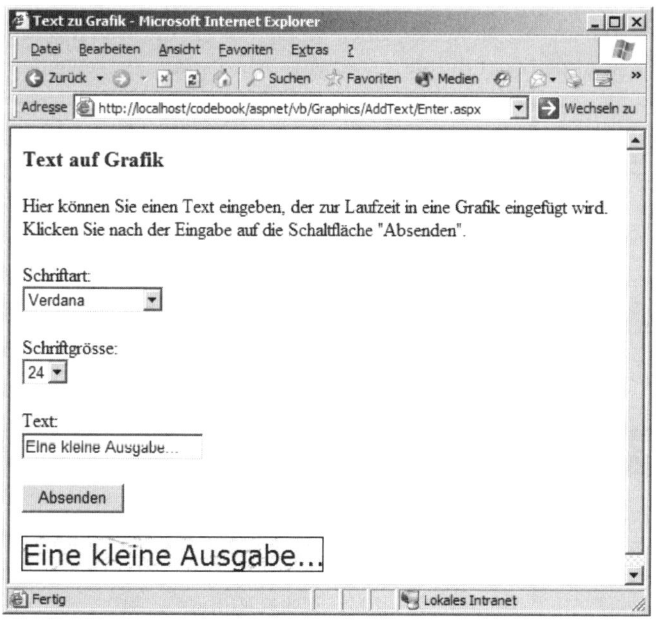

Abbildung 112: Der Text wird innerhalb eines Bildes ausgegeben

215 ChartFX: Daten aus einer DataTable visualisieren

ChartFX ist eine der besten Charting-Lösungen, die für Geld erhältlich sind. in Form der WebMatrix-Edition – die nicht nur auf WebMatrix beschränkt ist – kann ChartFX zum dynamischen Erstellen von Charts und Visualisierungen im Web-Umfeld auch ohne großen

Geldbeutel verwendet werden. Eine Testversion von ChartFX liegt diesem Buch bei, so dass Sie in Ruhe die verschiedenen Features der Lösung – beispielsweise die unterschiedlichen Diagrammtypen und den VS.NET-Wizard – ausprobieren können. Die ChartFX für .NET Editionen sind unter *http://www.softwarefx.de* erhältlich.

Exkurs

Wo sind die Assemblies?

Bitte beachten Sie, dass sich die für die Beispiele verwendeten ChartFX-Assemblies nicht in den *bin*-Verzeichnissen der Beispiele befinden, da dies aus lizenzrechtlichen Gründen nicht möglich ist. Auf der Buch-CD befindet sich aber eine Demo-Version der Software.

Um die Beispiele ausführen zu können, müssen Sie die Demo-Version von ChartFX installieren. Kopieren Sie anschließend die vier Assemblies *ChartFX.Internet.dll*, *ChartFX.Base.dll*, *ChartFX.Data.dll* und *ChartFX.Borders.dll* zusammen mit den gleichnamigen XML-Dateien aus dem ChartFX-Installationsverzeichnis in das *bin*-Verzeichnis Ihrer Web-Applikationen.

Eine der besonderen Stärken von ChartFX ist, dass die Lösung über unterschiedliche Provider verschiedenste Datenquellen ansprechen kann – in diesem Fall verwenden wir eine `DataTable`, die beispielsweise auch in einem `DataSet` vorkommen kann, dass Sie mit Daten gefüllt haben, dia aus einer Datenbank kommen oder die Sie aus einem XML-Dokument gewonnen haben:

```
<%@ Page Language="vb" %>
<%@ Register TagPrefix="cfx"
   Namespace="SoftwareFX.ChartFX.Internet.Server"
   Assembly="ChartFX.Internet" %>
<%@ Import Namespace="System.Data" %>
<%@ Import Namespace="System.Drawing" %>
<script runat="server">
   Sub Page_Load(ByVal sender As Object, ByVal e As EventArgs)
      Dim objTable As New DataTable
      objTable.Columns.Add("Verkäufe", GetType(Long))
      objTable.Columns.Add("Buch", GetType(String))

      Dim objRow As DataRow = objTable.NewRow
      objRow(0) = Rnd(1) * 50000
      objRow(1) = "ASP.NET Codebook"
      objTable.Rows.Add(objRow)

      objRow = objTable.NewRow
      objRow(0) = Rnd(1) * 20000
      objRow(1) = "ASP Codebook"
      objTable.Rows.Add(objRow)
```

Listing 408: Darstellung einer DataTable in einem Chart-Objekt (SimpleChart.aspx)

```
      objRow = objTable.NewRow
      objRow(0) = Rnd(1) * 5000
      objRow(1) = "Harry Potter"
      objTable.Rows.Add(objRow)

      objRow = objTable.NewRow
      objRow(0) = Rnd(1) * 50000
      objRow(1) = "Andere"
      objTable.Rows.Add(objRow)

      chtSimple.Font = New Font("Verdana", 8)
      chtSimple.Titles(0).Font = New Font("Verdana", 18)
      chtSimple.DataSource = objTable
      chtSimple.DataBind()
   End Sub
</script>
<!DOCTYPE HTML PUBLIC "-//W3C//DTD HTML 4.0 Transitional//EN">
<HTML>
   <HEAD>
      <title>SimpleChart</title>
   </HEAD>
   <body>
      <form id="Form1" method="post" runat="server">
         <h3>Weltweite Marktanteile Bücherverkäufe</h3>
         <p>
            Hier sehen Sie die weltweiten Marktanteile
            ausgewählter Bücher im Dezember 2004.
         </p>
         <cfx:Chart id="chtSimple" runat="server"
            PointLabels="True" Chart3D="True"
            Gallery="Pie" BackColor="ControlLight"
            BorderColor="#A8A8A8" NValues="3" NSeries="1"
            ImgSizeable="True" ImgWidth="450"
            ImgHeight="300" LegendBox="True" >
            <LegendBoxObj Docked="Bottom" />
            <Titles>
               <cfx:TitleDockable
                  Text="Marktanteile 12/2004"/>
            </Titles>
         </cfx:Chart>
      </form>
   </body>
</HTML>
```

Listing 408: Darstellung einer DataTable in einem Chart-Objekt (SimpleChart.aspx) (Forts.)

Das `Chart`-Objekt stellt die Daten als Kuchen dar. Weiterhin wird eine Legende am unteren Ende des zu generierenden Bildes angezeigt. Der Titel lautet »Marktanteile 12/2004«.

Beim Laden der WebForm wird eine neue `DataTable` erstellt, wie sie beispielsweise auch Bestandteil eines `DataSets` sein könnte. Diese `DataTable` enthält zwei Spalten – »Verkäufe« vom Datentyp `Long` und »Buch« vom Datentyp `String`. Nun werden den Spalten Werte zugeordnet – die Zahlen sind rein zufällig generiert, auch wenn wir ein wenig bei den zur Verfügung stehenden Wertebereichen tricksen. Zuletzt werden die Schriftarten für das `Chart`-Objekt und den Titel gesetzt, anschließend kann die `DataTable` der `DataSource`-Property des `Chart`-Objekts zugeordnet werden.

Im Browser sollten Sie eine Ausgabe ähnlich dieser erhalten:

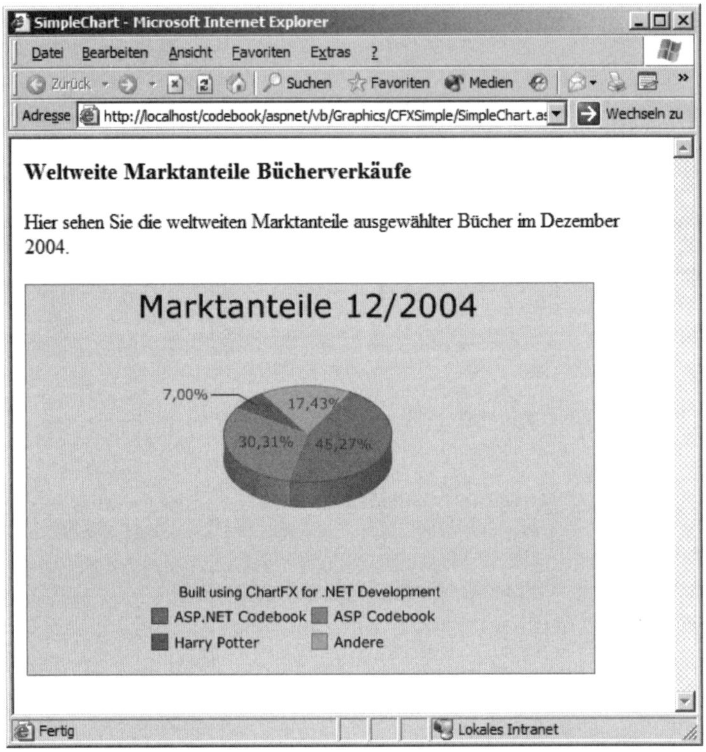

Abbildung 113: Die beiden Codebooks hängen alle anderen Bücher weltweit ab ...

216 ChartFX: Daten aus einer CSV-Datei verarbeiten

Wie bereits erwähnt, kann die ChartFX-Lösung mit unterschiedlichsten Datenquellen umgehen. `DataSets` und `DataTables` werden nativ unterstützt, für andere Datentypen werden Provider benötigt, die der Software aber beiliegen.

Im Folgenden soll eine CSV-Datei geladen und angezeigt werden:

```
<%@ Page Language="vb" %>
<%@ Import Namespace="SoftwareFX.ChartFX.Internet.Server" %>
<%@ Import Namespace="SoftwareFX.ChartFX.Data" %>
<%@ Import Namespace="System.Globalization" %>
<%@ Register TagPrefix="cfx"
```

Listing 409: Darstellung von Daten einer csv-Datei (Sales.aspx)

```
   Namespace="SoftwareFX.ChartFX.Internet.Server"
   Assembly="ChartFX.Internet" %>
<script runat="server">
   Sub Page_Load(ByVal sender As Object, ByVal e As EventArgs)
      chtSales.Series(0).Legend = "Geplant"
      chtSales.Series(1).Legend = "Tatsächlich"
      chtSales.Culture = New CultureInfo("en-us")

      chtSales.AxisX.Min = New Date(2004, 1, 1).ToOADate
      chtSales.AxisX.Max = New Date(2004, 12, 31).ToOADate
      chtSales.AxisX.LabelsFormat.Format = _
         SoftwareFX.ChartFX.AxisFormat.Date.ToString("d")
      chtSales.AxisX.Visible = True

      chtSales.View3D = True
      chtSales.AxesStyle = _
         SoftwareFX.ChartFX.AxesStyle.Frame3D
      chtSales.DataSource = New TextProvider( _
         Server.MapPath("Data.csv"))
   End Sub
</script>
<!DOCTYPE HTML PUBLIC "-//W3C//DTD HTML 4.0 Transitional//EN">
<HTML>
   <HEAD>
      <title>Sales per Month</title>
   </HEAD>
   <body>
      <form id="Form1" method="post" runat="server">
         <h3>Verkäufe (geplant/tatsächlich) je Monat</h3>
         <p>
            Hier sehen Sie die Verkäufe je Monat, verglichen
            mit den Vorgaben. Die Daten liegen als csv-Datei
            vor und könnten von Ihnen beliebig geändert werden.
         </p>
         <p>
            <cfx:Chart id="chtSales" runat="server"
               NSeries="2" InsideColor="Transparent"
               BorderColor="#666666" Scheme="Gradient"
               BorderEffect="Raised" NValues="3"
               Palette="Default.EarthTones" SerLegBox="True"
               BackColor="#EBEBCA" Width="400" Height="500">
               <SerLegBoxObj Docked="Top"
                  ToolBorder="External" />
               <Extensions>
                  <SoftwareFX.ChartFX.Borders.ImageBorder
                    AssemblyName="ChartFX.Borders" />
               </Extensions>
            </cfx:Chart>
         </p>
      </form>
   </body>
</HTML>
```

Listing 409: Darstellung von Daten einer csv-Datei (Sales.aspx) (Forts.)

Dieses Chart wird als Balkengrafik dargestellt. Die Legende zu den darzustellenden Daten wird als Extra-Fenster im Kopf angezeigt. Beim Laden X der wird die Legende beschriftet:

```
chtSales.Series(0).Legend = "Geplant"
chtSales.Series(1).Legend = "Tatsächlich"
```

Jetzt wird die X-Achse beschriftet und festgelegt, dass die einzelnen Beschriftungselemente als Datumswerte angezeigt werden. Mit Hilfe der `Min`- und `Max`-Eigenschaften der Achse werden dabei Start- und Endwert der Achsenbeschriftung festgelegt:

```
chtSales.AxisX.Min = New Date(2004, 1, 1).ToOADate
chtSales.AxisX.Max = New Date(2004, 12, 31).ToOADate
chtSales.AxisX.LabelsFormat.Format = _
   SoftwareFX.ChartFX.AxisFormat.Date.ToString("d")
chtSales.AxisX.Visible = True
```

Nun können die Daten mit Hilfe einer `TextProvider`-Instanz geladen und zugewiesen werden:

```
chtSales.DataSource = New TextProvider( _
   Server.MapPath("Data.csv"))
```

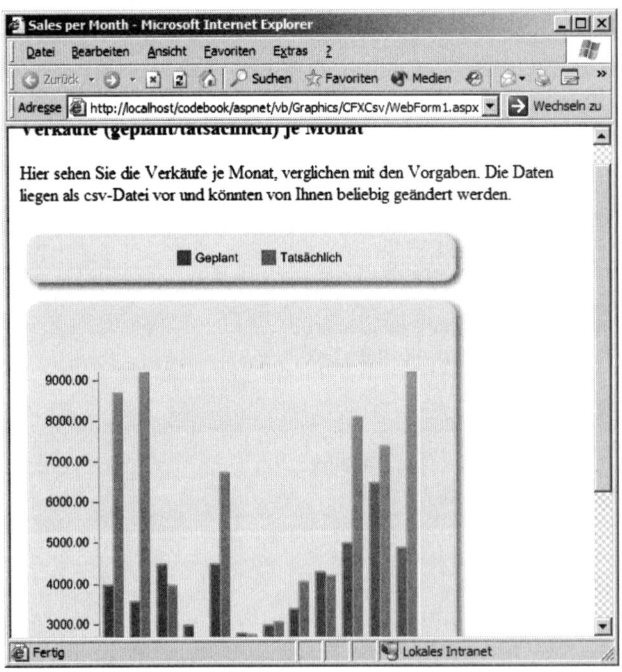

Abbildung 114: Balkendiagramm, das aus den Werten einer csv-Datei erzeugt worden ist

Wenn Sie die WebForm im Browser aufrufen, sollten Sie nun folgende Ausgabe erhalten (siehe Abbildung 114).

217 ChartFX: Daten aus Collections anzeigen

Auch mit Daten aus Collections – etwa ArrayLists oder einem Array – kann ChartFX umgehen:

```
<%@ Page Language="vb" %>
<%@ Import Namespace="SoftwareFX.ChartFX" %>
<%@ Import Namespace="SoftwareFX.ChartFX.Internet.Server" %>
<%@ Import Namespace="SoftwareFX.ChartFX.Data" %>
<%@ Import Namespace="System.Drawing" %>
<%@ Register TagPrefix="cfx"
   Namespace="SoftwareFX.ChartFX.Internet.Server"
   Assembly="ChartFX.Internet" %>
<script runat="server">
   Sub Page_Load(ByVal sender As Object, ByVal e As EventArgs)
      Dim colSalesMen As New ArrayList
      Dim intSalesMen As Int32
      Dim intMonth As Int32

      For intSalesMen = 0 To 1
         Dim colSales As New ArrayList
         Randomize(100000)
         For intMonth = 0 To 11
            colSales.Add(Rnd(1) * (2000 * Rnd(1)))
         Next
         colSalesMen.Add(colSales)
      Next

      chtSales.Series(0).Legend = "Karsten"
      chtSales.Series(1).Legend = "Stefan"
      chtSales.Series(0).Color = Color.Red
      chtSales.Series(1).Color = Color.Blue

      Dim objProvider As New ListProvider(colSalesMen)
      chtSales.DataSource = objProvider
   End Sub
</script>
<!DOCTYPE HTML PUBLIC "-//W3C//DTD HTML 4.0 Transitional//EN">
<HTML>
   <HEAD>
      <title>Daten aus Collections</title>
   </HEAD>
   <body>
      <form id="Form1" method="post" runat="server">
         <h3>Absatz je Verkäufer</h3>
         <p>
            Hier sehen Sie die Absatzzahlen unserer
```

Listing 410: Darstellung von Daten aus einer verschachtelten Collection (Salesmen.aspx)

```
            beiden Starverkäufer in den letzten
            zwölf Monaten.
         </p>
         <cfx:Chart id="chtSales" runat="server"
            BorderColor="#666666" Gallery="Curve"
            LineWidth="4" MarkerShape="None"
            NValues="15" Palette="Default.EarthTones"
            SerLegBox="True" BackColor="#EBEBCA"
            ImgWidth="500">
            <AxisY LogBase="10" Title-Text="Umsatz">
               <LabelsFormat Format="Number"
                  Decimals="0"></LabelsFormat>
            </AxisY>
            <Titles>
               <cfx:TitleDockable Text="Umsatz je Verkäufer"
                  DockArea="Top" TextColor="Red"
                  Font="Arial, 14pt, style=Bold" />
            </Titles>
            <SerLegBoxObj Docked="Top"
               Alignment="Spread"></SerLegBoxObj>
            <AxisX Gridlines="True"
               Title-Text="Monat"></AxisX>
            <Extensions>
               <SoftwareFX.ChartFX.Borders.ImageBorder
                  Type="Open" AssemblyName="ChartFX.Borders"
                  ></SoftwareFX.ChartFX.Borders.ImageBorder>
            </Extensions>
         </cfx:Chart>
      </form>
   </body>
</HTML>
```

Listing 410: Darstellung von Daten aus einer verschachtelten Collection (Salesmen.aspx) (Forts.)

Das `Chart`-Control stellt die Daten diesmal in Kurven-Form dar. Diese Daten werden beim Laden dynamisch generiert – einer `ArrayList` mit zwei Elementen wird jeweils eine `ArrayList` mit zwölf weiteren Elementen (den hypothetischen Verkaufszahlen) zugewiesen:

```
For intSalesMen = 0 To 1
   Dim colSales As New ArrayList
   Randomize(100000)
   For intMonth = 0 To 11
      colSales.Add(Rnd(1) * (2000 * Rnd(1)))
   Next
   colSalesMen.Add(colSales)
Next
```

Die Farben der einzelnen Kurven werden anschließend in Rot und Blau zur besseren Unterscheidung geändert. Nach dem Einlesen der Informationen mit Hilfe des `ListProvider`-Objekts kann die Zuweisung zum `Chart`-Control erfolgen:

```
Dim objProvider As New ListProvider(colSalesMen)
chtSales.DataSource = objProvider
```

Nun können die Informationen visualisiert und ausgegeben werden:

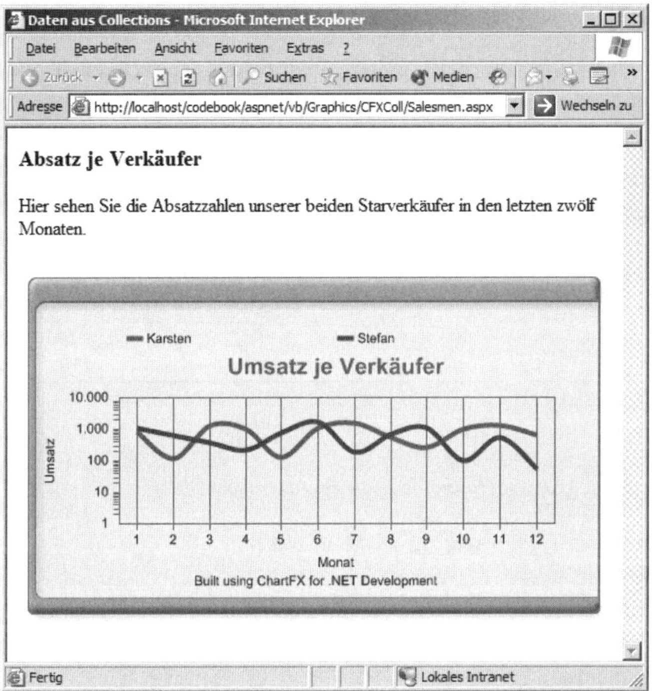

Abbildung 115: Darstellung von Daten aus verschachtelten ArrayList-Objekten

Exkurs

ChartFX

Die hier vorgestellten Beispiele geben nur einen kleinen Einblick in die Leistungsfähigkeit der Lösung von ChartFX: So können Sie unter verschiedensten Diagramm-Typen und unterschiedlichsten Datenprovidern wählen, Daten direkt aus Datenbanken auslesen oder die generierten Charts für eine dauerhafte Verwendung abspeichern. Ein weiterer großer Vorteil der ChartFX-Lösung ist die komplette Browserkompatibilität – die Charts werden als Bilder ausgeliefert, können aber auch mit Hilfe eines *ActiveX*-Controls visualisiert werden. Durch die enormen Einstellungsmöglichkeiten der Lösung können Sie professionelle Charts in kürzester Zeit erstellen. Und das Beste: Die Charting-Lösung basiert komplett auf .NET-Technologie, ist also sehr performant und im Web-Umfeld mit gutem Gewissen einsetzbar. Ein intuitiv bedienbarer Wizard für das Visual Studio .NET ist das Sahnehäubchen obenauf und erleichtert das Erstellen und Vorkonfigurieren von Charts im Frontend enorm.

Eine Trial-Version können Sie sich – ebenso wie ChartFX Lite für .NET und das Komplettpaket, das auch für die Entwicklung mit Windows.Forms geeignet ist – unter der Adresse *http://www.softwarefx.de* herunterladen. Sie finden die Trial-Version aber auch auf der beiliegenden Buch-CD.

218 PDF: PDFs on-the-fly erstellen

PDF-Dateien sind ein heißes Thema im Internet – bieten sie doch die Möglichkeit, Dokumente auf nahezu jedem Client-System in höchster Qualität zu betrachten.

Neben vielen kommerziellen Utilities existieren mehrere freie Tools, die sich in Sachen Leistungsfähigkeit sicherlich nicht hinter den kostenpflichtigen Varianten verstecken müssen. Eine dieser Lösungen ist das kostenlose *iTextSharp*, das unter *http://itextsharp.sourceforge.NET/index.html* heruntergeladen werden kann. Ein einfaches Kopieren der Assembly in das *bin*-Verzeichnis der entsprechenden Applikation reicht dann aus, um sofort loslegen zu können:

```
<%@ Page Language="vb" %>
<%@ Import Namespace="System.IO" %>
<%@ Import Namespace="iTextSharp.text" %>
<%@ Import Namespace="iTextSharp.text.pdf" %>
<script runat=server>
  Sub Page_Load(ByVal sender As Object, ByVal e As EventArgs)
    Dim strFilename As String = _
      Server.MapPath(Guid.NewGuid.ToString & ".pdf")

    Dim objDocument As New Document
    Dim objStream As New FileStream(strFilename, _
      FileMode.Create)
    Dim objWriter As PdfWriter = _
      PdfWriter.getInstance(objDocument, objStream)

    Dim strWinDir As String = _
      Environment.GetFolderPath( _
      Environment.SpecialFolder.System)
    strWinDir = Path.GetFullPath( _
      strWinDir & "\..\Fonts\")

    Dim strFontVerdana As String = _
      strWinDir & "\Verdana.ttf"
    Dim strFontVerdanaItalic As String = _
      strWinDir & "\Verdanaz.ttf"
    Dim strFontVerdanaBold As String = _
      strWinDir & "\Verdanab.ttf"

    objDocument.Open()
    Dim objParagraph As New Paragraph( _
      "Überschrift", _
```

Listing 411: Erstellen von PDFs (CreatePDF.aspx)

```
            FontFactory.getFont(strFontVerdanaBold, _
            "iso-8859-1", 24))
         objDocument.Add(objParagraph)
         objDocument.Add(New Paragraph(vbCrLf))

         objParagraph = New Paragraph( _
            "Dies ist ein Absatz. Dieser Absatz " & _
            "sollte fett gedruckt geschrieben werden, " & _
            "damit man sehen kann, dass es " & _
            "gleichzeitig eine Einleitung ist.", _
            FontFactory.getFont(strFontVerdanaBold, _
            "iso-8859-1", 12))
         objDocument.Add(objParagraph)
         objDocument.Add(New Paragraph(vbCrLf))

         objParagraph = New Paragraph( _
            "Dies ist jetzt normaler Text. " & _
            "Der kann dann auch durchaus " & _
            "über einige Zeilen gehen. Das " & _
            "funktioniert aber nur, wenn " & _
            "einem genug Text dafür einfällt ... :-)", _
            FontFactory.getFont(strFontVerdana, _
            "iso-8859-1", 12))
         objDocument.Add(objParagraph)
         objDocument.Add(New Paragraph(vbCrLf))

         Dim objImage As iTextSharp.text.Image = _
            iTextSharp.text.Image.getInstance( _
            Server.MapPath("Image/cover.jpg"))
         objImage.Alignment = _
            iTextSharp.text.Image.MIDDLE
         objDocument.Add(objImage)

         objDocument.Close()

         Response.ContentType = "application/pdf"
         Response.AppendHeader("Content-Disposition", _
            "inline;filename=result.pdf")
         Response.WriteFile(strFilename)
         Response.Flush()

         File.Delete(strFilename)
         Response.End()
      End Sub
   </script>
```

Listing 411: Erstellen von PDFs (CreatePDF.aspx) (Forts.)

Um ein PDF-Dokument zu erstellen, muss zunächst ein temporärer Dateiname generiert werden, da die Lösung in der vorliegenden Form nicht in jedem Fall korrekt mit anderen Stream-Formen umgehen kann. Mit Hilfe dieses temporären Dateinamens erstellen wir nun einen `FileStream` – beachten Sie also, dass der *ASPNET*-Benutzer im Verzeichnis der Applikation Schreibrechte besitzen muss.

Die FileStream-Instanz und eine neue Document-Instanz werden der statischen Methode getInstance der PdfWriter-Klasse aus dem iTextSharp.text.pdf-Namensraum zugewiesen:

```
Dim objDocument As New Document
Dim objStream As New FileStream(strFilename, _
   FileMode.Create)
Dim objWriter As PdfWriter = _
   PdfWriter.getInstance(objDocument, objStream)
```

Nach Erstellung eines PdfWriter-Objekts kann nun mit der Arbeit am PDF-Dokument begonnen werden. Zuvor müssen wir aber die Dateinamen aller Schriftschnitte bestimmen, mit denen im Dokument geschrieben werden soll. Dies ist nötig, da iTextSharp zwar einige generische Schriftarten im PDF-Dokument definiert, aber keine der auf dem Server tatsächlich vorhandenen Schriftarten kennt. Also ermitteln wir zunächst das *Fonts*-Verzeichnis, in dem die Schriftarten abgelegt sind:

```
Dim strWinDir As String = _
   Environment.GetFolderPath( _
   Environment.SpecialFolder.System)
strWinDir = Path.GetFullPath( _
   strWinDir & "\..\Fonts\")
```

Ein kurzer Blick in den Schriftarten-Order liefert uns die Dateinamen der Schriftschnitte, die wir einsetzen möchten. Diese halten wir in lokalen Member-Variablen, da wir sie oftmals benötigen:

```
Dim strFontVerdana As String = _
   strWinDir & "\Verdana.ttf"
Dim strFontVerdanaItalic As String = _
   strWinDir & "\Verdanaz.ttf"
Dim strFontVerdanaBold As String = _
   strWinDir & "\Verdanab.ttf"
```

Der Nachteil dieses generischen Ansatzes besteht sicherlich darin, dass wir die Namen aller Schriftarten ermitteln müssen, die wir einsetzen wollen. Das Charmante dagegen ist, dass wir tatsächlich jede beliebige Schriftart für ein PDF-Dokument nutzen können – schließlich reicht ein einfaches Kopieren ins Verzeichnis der Applikation aus. Dies ist gerade bei Systemen, auf die man keinen exklusiven Zugriff hat, ein nicht zu unterschätzender Vorteil, da Sie so nicht ständig die Administration Ihres Hosting-Pakets bemühen müssen.

Nachdem nunmehr alle Vorbereitungen abgeschlossen sind, kann das Dokument geöffnet werden, anschließend erfolgt das Erfassen einer Überschrift:

```
objDocument.Open()
Dim objParagraph As New Paragraph( _
   "Überschrift", _
```

```
    FontFactory.getFont(strFontVerdanaBold, _
       "iso-8859-1", 24))
objDocument.Add(objParagraph)
objDocument.Add(New Paragraph(vbCrLf))
```

Die hinzuzufügende Überschrift wird – ebenso wie jeder andere Textblock bei iTextSharp auch – von einem `Paragraph`-Objekt repräsentiert. Dem Konstruktor des `Paragraph`-Objekts können (unter anderem) Text, Schriftart und Schriftgröße übergeben werden.

Beachten Sie, dass Sie die Schriftart mit Hilfe einer so genannten `FontFactory`-Klasse ermitteln – deren statische Methode `getFont` nimmt den Dateinamen, das zu verwendende `Encoding` (in diesem Fall ist es das mitteleuropäische `Encoding`) und die Schriftgröße als Parameter entgegen. Auch die Angabe einer Farbe wäre an dieser Stelle möglich.

Nach dem Hinzufügen weiterer Textblöcke wird zuletzt ein Bild eingefügt. Zu diesem Zweck wird eine neue Instanz der Klasse `Image` aus dem `iTextSharp.text`-Namensraum erstellt. Die Erstellung findet analog zum Erstellen einer neuen `Font`-Instanz statt: Einer statischen Methode werden die benötigten Parameter übergeben und diese gibt im Gegenzug ein initialisiertes Objekt zurück:

```
Dim objImage As iTextSharp.text.Image = _
   iTextSharp.text.Image.getInstance( _
   Server.MapPath("Image/cover.jpg"))
```

Nachdem die Ausrichtung des Bildes mit *Zentriert* angegeben worden ist, kann das Bild mit Hilfe der `Add`-Methode zum Dokument hinzugefügt werden:

```
objImage.Alignment = _
   iTextSharp.text.Image.MIDDLE
objDocument.Add(objImage)
```

Da die Erstellung des Dokuments nunmehr abgeschlossen ist, wird es mit Hilfe der `Close`-Methode geschlossen. Nun kann das erstellte Dokument mit Hilfe der `WriteFile`-Methode des `Response`-Objekts geschrieben werden. Zuvor wurden noch die benötigten Header-Informationen für eine Anzeige im Browser gesetzt:

```
Response.ContentType = "application/pdf"
Response.AppendHeader("Content-Disposition", _
   "inline;filename=result.pdf")
Response.WriteFile(strFilename)
Response.Flush()
```

Zuletzt wird das temporäre Bild gelöscht. Nach einem abschließenden `Response.End` ist die Verarbeitung der Anfrage abgeschlossen.

Basics
Daten-bank
I/O
Validie-rung
Controls
Http-Handler
Netz-werk
Grafik
Tracing
Security

Im Browser sollten Sie nun ein komplettes PDF-Dokument erhalten können:

Abbildung 116: Dynamisch generiertes PDF-Dokument

Tracing, Debugging, State, Caching, Context, Performance

ASP.NET bringt von Haus aus eine gute Unterstützung für Tracing und Debugging mit. Doch nicht immer funktioniert es, diese sinnvollen Hilfsmittel einzusetzen und zu nutzen, da dabei im Hintergrund durchaus komplexe Vorgänge ablaufen und einige Grundvoraussetzungen erfüllt sein müssen.

Ebenfalls sehr wichtig und interessant sind die Möglichkeiten, die Ihnen das Framework in Bezug auf State-Management und Caching bietet. Richtig eingesetzt, können Sie so die Performance Ihrer Applikationen um ein Mehrfaches steigern.

Über das `Context`-Objekt sind Sie in der Lage, Daten zwischen verschiedenen Controls und Bereichen Ihrer Applikation auszutauschen. Im Gegensatz zum `Session`-Objekt ist die Lebensdauer von im `Context`-Objekt abgelegten Daten auf den Verarbeitungszeitraum der aktuellen Anforderung beschränkt.

219 Tracing

Tracing erlaubt es Ihnen, den Status der verschiedenen Controls und Variablen Ihrer ASP.NET Web-Applikation bei einem Seitenabruf einzusehen. Darüber hinaus können Sie mit Hilfe der `TraceContext.Write`- und `TraceContext.Warn`-Methoden eigene Informationen ausgeben und somit den Ablauf Ihrer Applikation kommentieren.

Tracing werden Sie möglicherweise schon aus dem einen oder anderen Buch kennen, in dem Ihnen gezeigt worden ist, wie Sie es in einer Webseite einsetzen können – nur wirkt es für Ihren Besucher sicherlich nicht wirklich anziehend, wenn er am Ende der Seite Informationen über deren Interna findet. Es gibt zwar sicherlich auch Besucher, die sich für derartige Informationen brennend interessieren – in der Regel werden dies aber nicht die Besucher sein, die Sie auf Ihrer Homepage sehen wollen.

Um die Trace-Informationen einsehen zu können, mussen Sie das Tracing für eine Seite oder die komplette Applikation manuell aktivieren – aus Sicherheits- und Performancegründen sollte dies allerdings nach Möglichkeit niemals auf einem Produktiv-System geschehen.

Wenn Sie das Tracing aktivieren, wird ASP.NET automatisch an jeden Seitenabruf eine Tabelle mit Informationen über die verschiedenen Controls und deren Status anfügen oder ein internes *Trace-Log* führen, das Sie über einen speziellen URL mit dem Browser einsehen können.

Aktivieren des Tracings für eine Webseite

Tracing für eine spezielle Seite kann mit Hilfe des Trace-Attributs aktiviert werden, das der `Page`-Direktive der Seite hinzugefügt werden muss:

```
<%@ Page Trace="true" %>
```

Sie können mit Hilfe des optionalen Attributs `TraceMode` festlegen, welcher Modus bei der Ausgabe verwendet wird. Mögliche Werte des Attributs sind `SortByTime` und `SortByCategory`, die die Ausgaben nach Zeit oder Kategorie sortieren. Dies wird allerdings erst sichtbar, wenn Sie per `TraceContext.Write` oder `TraceContext.Warn` eigene Statements ausgeben.

Zur Verdeutlichung soll folgende Seite dienen, die einige serverseitige Controls enthält und bei der das Tracing aktiviert worden ist:

```
<%@ Page Language="vb"
   Trace="true"
   AutoEventWireup="false"
   Codebehind="Trace.aspx.vb"
   Inherits="codebook.aspnet.vb.Controls.Trace.TraceExample"%>
<!DOCTYPE HTML PUBLIC "-//W3C//DTD HTML 4.0 Transitional//EN">
<html>
  <head>
    <title>Tracing</title>
  </head>
  <body>
    <form id="Form1" method="post" runat="server">
      <asp:Panel Runat="server" ID="objPanel">
         <asp:Label Runat="server" ID="objLabel">
            <H3>Tracing ist aktiviert.</H3>
         </asp:Label>
      </asp:Panel>
      <asp:Button Runat="server" ID="objSubmit" Text="Neu laden"/>
    </form>
  </body>
</html>
```

Listing 412: Seite mit aktiviertem Tracing (Trace.aspx)

Wenn Sie die Seite im Browser abrufen, sollten Sie eine Ausgabe ähnlich dieser erhalten (siehe Abbildung 117).

Aktivieren des Tracings für eine komplette Web-Applikation

Um das Tracing für eine Web-Applikation global zu aktivieren, fügen Sie in der *Web.config*-Datei der Applikation folgenden Eintrag hinzu:

```
<configuration>
   <system.web>
      <trace enabled="true"
         [requestLimit="xxx"]
         [localOnly="true|false"]
         [pageOutput="true|false"]
         [traceMode="SortByTime|SortByCategory"]
      />
   </system.web>
</configuration>
```

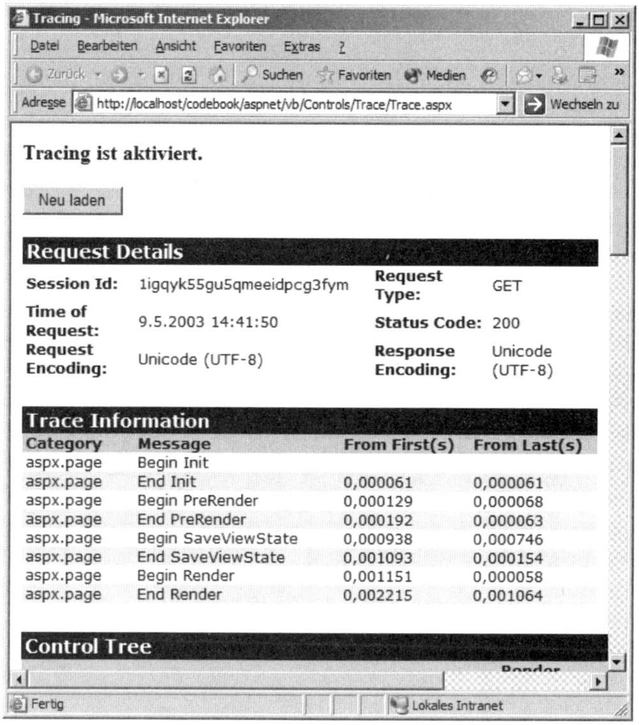

Abbildung 117: Trace-Ausgaben innerhalb einer Webseite

Das Attribut `enabled` legt applikationsweit fest, ob Tracing aktiviert ist. Wenn dies der Fall sein sollte, wird an jede Seite die Ausgabe der Trace-Informationen angehängt. Um eine Seite vom Tracing explizit auszunehmen, können Sie innerhalb der `Page`-Direktive der Seite das Attribut `Trace` auf den Wert `False` setzen. Der Standardwert des Attributs ist `False`; Tracing ist also per Default nicht aktiviert.

Mit Hilfe des Attributs `requestLimit` legen Sie fest, wie viele Requests innerhalb eines Trace-Files erfasst werden sollen. Mögliche Werte sind numerisch, sinnvolle Einstellungen sind zwischen 1 und 25. Der Standardwert ist 10.

Das Attribut `localOnly` regelt, ob die innerhalb einer Trace-Datei gesammelten Informationen nur lokal per Browser abgerufen werden können oder ob ein Zugriff auch über das Internet möglich sein soll. Der Standardwert ist `True`. Um die Trace-Informationen einsehen zu können, müssen Sie sie also lokal per Browser abrufen.

Wenn Sie den Output an die abgerufene Seite anhängen wollen, geben Sie dem Attribut `pageOutput` den Wert `True`. Der Standardwert für diese Einstellung ist `False` – die Trace-Daten werden nicht an die Seite angehängt.

Um die Reihenfolge der Darstellung der Informationen zu ändern, können Sie dem Attribut `traceMode` die Werte `SortByTime` oder `SortByCategory` zuweisen. Der Standardwert ist `SortByTime` – das Trace-Log wird also in der Reihenfolge geschrieben, in der die Elemente abgearbeitet werden.

Vergessen Sie nicht, Tracing zu deaktivieren, bevor Sie eine Applikation auf ein Produktivsystem kopieren, da es ansonsten zu Performance-Engpässen kommen kann und durch die offen gelegte Struktur der Applikation geradezu eine Einladung zum Ausnutzen von möglichen Sicherheitslücken ausgesprochen würde.

Einsehen des Trace-Logs

Wenn Sie das Tracing für eine Applikation aktivieren, werden je nach Einstellung die Tracing-Ausgaben der letzten Requests im Trace-Log gespeichert. Dieses Trace-Log kann mit Hilfe des *Trace-Viewers* eingesehen werden. Der Begriff ist eigentlich ein wenig hochgestochen und irreführend – vermutet man doch ein spezielles Anzeigeprogramm für Trace-Log-Dateien darunter.

Bevor Sie sich nun auf die verzweifelte und höchstwahrscheinlich erfolglose Suche nach dem ominösen Trace-Viewer begeben, sollten Sie zunächst kurz einmal Ihren Browser öffnen und eine Ihnen möglicherweise nicht bekannte Seite Ihrer Applikation aufrufen: *http://<server>/<applikation>/Trace.axd*. Wenn Sie die Konfigurationseinstellungen in der Web.config-Datei korrekt gesetzt haben, können Sie feststellen, dass Sie den Trace-Viewer ohne es zu wissen bereits installiert hatten: Es handelt sich einfach nur um den Browser Ihres Vertrauens.

Nach einem Aufruf der angegebenen URL mit Ihrem Browser sollten Sie eine der folgenden Abbildung vergleichbare Ausgabe erhalten:

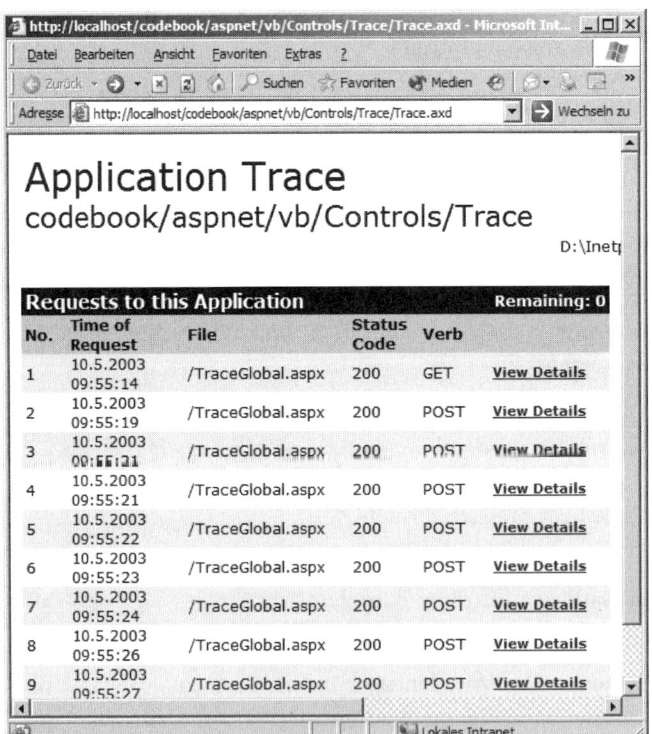

Abbildung 118: Startseite des Trace-Logs einer Applikation

Erscheint keine derartige Ausgabe, sollten Sie die Einstellung in Ihrer *Web.config*-Datei überprüfen – das Attribut `localOnly` muss zwingend den Wert `False` haben, wenn Sie das Trace-Log einer Applikation einsehen wollen, die nicht auf der lokalen Maschine läuft.

Ausgeben von eigenen Trace-Informationen

Sie sind selbstverständlich nicht darauf beschränkt, mit Ihrem Trace-Viewer ausschließlich die vom Framework oder Ihrer Applikation automatisch generierten Ausgaben betrachten zu können.

Mit Hilfe der beiden Statements `TraceContext.Write` und `TraceContext.Warn` können Sie eigene Ausgaben dem Trace-Log hinzufügen – wahlweise in schwarzer oder roter Farbe.

Die beiden Methoden haben identische Signaturen: Sie können entweder nur eine Zeichenkette übergeben – dann erscheint diese ohne eine Kategorisierung im Trace-Log. Übergeben Sie zwei Zeichenketten, dann wird die erste als Kategorie aufgefasst und die zweite als auszugebende Meldung. Als dritte Variante können Sie zusätzlich ein `Exception`-Objekt übergeben, dessen Fehlermeldung nach Kategorie und Nachricht ausgegeben wird.

Das `TraceContext`-Objekt ist über die `Page`-Klasse und über von der `Control`-Klasse abgeleitete Steuerelemente ansprechbar: Sie können Tracing-Informationen mit Hilfe von `Page.Trace` oder `Control.Trace` erfassen und ausgeben.

Werfen wir an dieser Stelle einen kurzen Blick auf ein Beispiel, das per `TraceContext.Warn` und `TraceContext.Write` Informationen ausgibt:

```
<%@ Page Language="vb"
   AutoEventWireup="false"
   Codebehind="TraceWriteWarn.aspx.vb"
   Inherits="codebook.aspnet.vb.Controls.Trace.TraceWriteWarn"%>
<!DOCTYPE HTML PUBLIC "-//W3C//DTD HTML 4.0 Transitional//EN">
<HTML>
   <HEAD>
      <title>Tracing</title>
   </HEAD>
   <body>
      <form id="Form1" method="post" runat="server">
         <asp:Panel Runat="server" ID="objPanel">
            <asp:Label id="objLabel" Runat="server">
               <H3>Tracing ist aktiviert.</H3>
            </asp:Label>
         </asp:Panel>
         <asp:Button Runat="server" ID="objSubmit"
            Text="Neu laden" />
      </form>
   </body>
</HTML>
```

Listing 413: Webseite mit serverseitigen Elementen (TraceWriteWarn.aspx)

Die verwendete Webseite hat an dieser Stelle keinen tieferen Sinn – sie soll lediglich einige serverseitige Elemente beinhalten, auf deren Ereignisse mit Hilfe der Ausgabe von `TraceContext.Write`- und `TraceContext.Warn`-Statements reagiert werden soll. Diese Reaktion erfolgt im Code-Bereich der Webseite:

```
Namespace codebook.aspnet.vb.Controls.Trace

   Public Class TraceWriteWarn
      Inherits System.Web.UI.Page

      Protected WithEvents objLabel As Label
      Protected WithEvents objPanel As Panel
      Protected WithEvents objSubmit As Button

      Private Sub Page_Load( _
         ByVal sender As Object, ByVal e As EventArgs) _
         Handles MyBase.Load
         Trace.Write("Trace-Message via TraceContext.Write")
      End Sub

      Private Sub objPanel_Load( _
         ByVal sender As Object, ByVal e As EventArgs) _
         Handles objPanel.Load
         Trace.Write("Panel-Daten", "Panel loaded")
      End Sub

      Private Sub objSubmit_Clicked( _
         ByVal sender As Object, ByVal e As EventArgs) _
         Handles objSubmit.Click
         Trace.Warn("Submit-Button clicked!")
      End Sub

   End Class

End Namespace
```

Listing 414: Ausgabe von Statements im Trace-Log (TraceWriteWarn.aspx.vb)

Innerhalb des Code-Bereichs werden drei Trace-Messages ausgegeben. Bei der Ausgabe der Meldung innerhalb des `Load`-Ereignis-Handlers des in der WebForm enthaltenen Panel-Objekts wird eine Kategorie mit angegeben. Die beiden anderen `TraceContext.Write`- und `TraceContext.Warn`-Statements verwenden keine eigene Kategorie.

Wenn Sie das Trace-Log mit Hilfe des Trace-Viewers einsehen, sollten Sie nach einem PostBack der Seite etwa folgende Ausgabe erhalten:

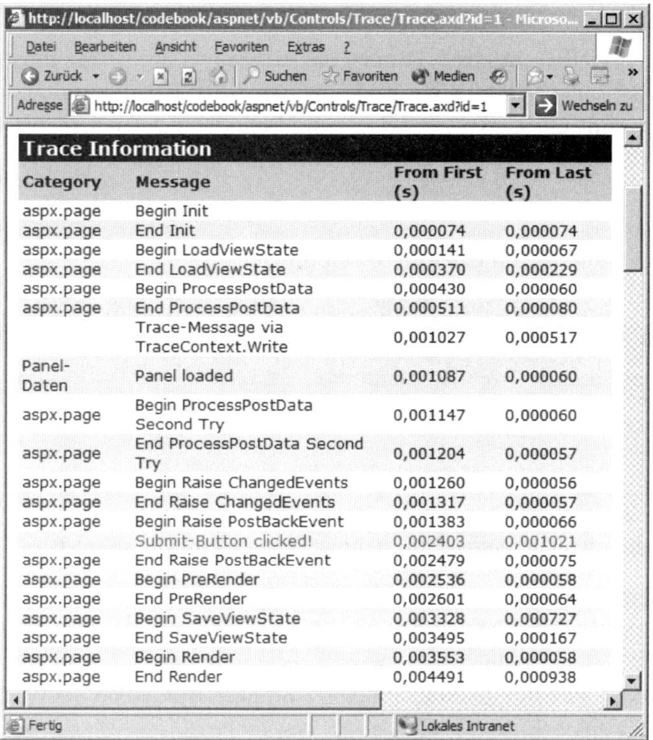

Category	Message	From First (s)	From Last (s)
aspx.page	Begin Init		
aspx.page	End Init	0,000074	0,000074
aspx.page	Begin LoadViewState	0,000141	0,000067
aspx.page	End LoadViewState	0,000370	0,000229
aspx.page	Begin ProcessPostData	0,000430	0,000060
aspx.page	End ProcessPostData	0,000511	0,000080
	Trace-Message via TraceContext.Write	0,001027	0,000517
Panel-Daten	Panel loaded	0,001087	0,000060
aspx.page	Begin ProcessPostData Second Try	0,001147	0,000060
aspx.page	End ProcessPostData Second Try	0,001204	0,000057
aspx.page	Begin Raise ChangedEvents	0,001260	0,000056
aspx.page	End Raise ChangedEvents	0,001317	0,000057
aspx.page	Begin Raise PostBackEvent	0,001383	0,000066
	Submit-Button clicked!	0,002403	0,001021
aspx.page	End Raise PostBackEvent	0,002479	0,000075
aspx.page	Begin PreRender	0,002536	0,000058
aspx.page	End PreRender	0,002601	0,000064
aspx.page	Begin SaveViewState	0,003328	0,000727
aspx.page	End SaveViewState	0,003495	0,000167
aspx.page	Begin Render	0,003553	0,000058
aspx.page	End Render	0,004491	0,000938

Abbildung 119: Trace-Log mit eigenen Ausgaben

Zusammenfassung

Mit Hilfe von Tracing können Sie den Status von Elementen einer Web-Applikation verfolgen und eigene Informationen erfassen. Tracing kann Ihnen somit unschätzbare Dienste bei der Verfolgung von Abläufen leisten. Beachten Sie aber bitte, dass Tracing auf Produktiv-Systemen eigentlich nichts verloren hat und dort sowohl in Hinblick auf Performance als auch auf Sicherheit ein echtes Problem werden kann.

220 Debugging

Das Debuggen Ihrer Anwendung sollte für Sie zu den wichtigsten Schritten bei der Entwicklung einer Web-Applikation gehören. Sie können so schon beim Entwickeln feststellen, ob und wo eventuell Fehler auftreten und wie sich Ihre Applikation tatsächlich verhält – das gründliche Testen der Applikation kann auch nach sorgfältigem Debuggen natürlich nicht unterbleiben, schließlich sitzt der größte Fehlerverursacher in der Regel vor dem Computer.

Zwar ist das Debuggen von Web-Applikationen mit der Einführung von .NET um einiges leichter geworden, dennoch kann es durchaus zu einigen unangenehmen Überraschungen dabei kommen. Aus diesem Grund finden Sie am Ende dieses Artikels eine kleine Zusammenstellung der häufigsten Problemursachen und Ansätze, um diese Probleme zu umgehen.

Debuggen mit DbgCLR.exe

Wenn Sie nicht das Visual Studio .NET einsetzen, können Sie leider nicht auf dessen integrierten Debugger zugreifen. Aber keine Angst: .NET bringt im Framework SDK alles mit, was Sie benötigen. Der Debugger heißt übrigens *DbgCLR.exe* und befindet sich im Unterverzeichnis *\GuiDebug* des Verzeichnisses, in dem Sie das Framework installiert haben.

Führen Sie bitte folgende Schritte aus, um Ihre Applikation zu debuggen:

- Kompilieren Sie Ihre Applikation mit Hilfe der `/debug`-Option.
- Erstellen Sie innerhalb des IIS eine neue Web-Applikation und kopieren Sie die Sourcen, die *.dll*- und *.pdb*-Dateien (letztere müssen in das *\bin*-Verzeichnis Ihrer Applikation kopiert werden) in das Verzeichnis der Web-Applikation.
- Öffnen Sie den Debugger.
- Öffnen Sie innerhalb des Debuggers die gewünschten Source-Dateien aus dem neu angelegten Applikations-Verzeichnis und setzen Sie die gewünschten Break-Points – klicken Sie dazu in der Höhe der Sie interessierenden Programmzeile auf die linke Seitenleiste.
- Öffnen Sie die Prozessübersicht unter DEBUG | PROCESSES, setzen Sie falls nicht geschehen das Häkchen vor SHOW SYSTEM PROCESSES und wählen Sie anschließend den ASP.NET Worker-Prozess (*aspnet_wp.exe*) aus. Sollte dieser Prozess nicht existieren, rufen Sie bitte einmal eine beliebige ASP.NET Web-Applikation auf dem Computer auf. Wenn Sie Windows 2003 Server einsetzen, wählen Sie stattdessen den IIS Worker Prozess (*w3wp.exe*) aus.

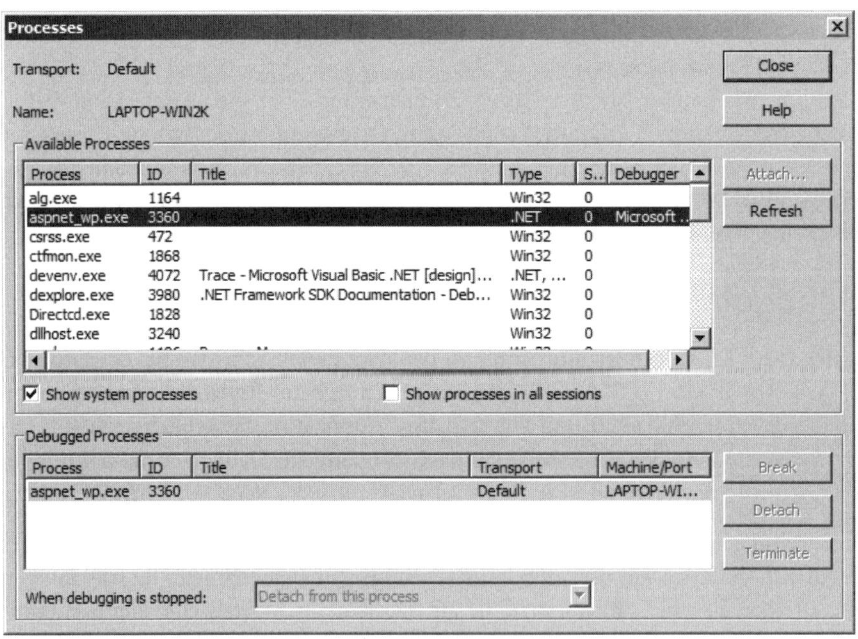

Abbildung 120: Auswählen des ASP.NET Worker-Prozesses im Debugger

- Rufen Sie die Applikation über Ihren Web-Browser auf.
- Die Applikation wird nun bis zu den von Ihnen definierten Haltepunkten laufen und dort stoppen.

Debuggen aus dem Visual Studio .NET

Das Debuggen aus dem Visual Studio .NET heraus gestaltet sich meist denkbar einfach:

- Schreiben Sie Ihren Code und setzen Sie die benötigten Break-Points durch Klick auf die linke Seitenleiste in Höhe der Sie interessierenden Programmzeile.
- Setzen Sie die zu debuggende Seite als Startseite des Projekts, indem Sie per Rechtsklick auf den Dateinamen klicken und den entsprechenden Eintrag aus dem Kontext-Menü auswählen.
- Starten Sie den Debugger durch Klick auf den kleinen Pfeil unterhalb der Menüs, durch Druck auf die Taste [F5] oder durch Auswahl des Menüpunktes DEBUG | START.

Tastatur-Kürzel beim Debuggen

Um das Debuggen möglichst einfach zu gestalten, lassen sich die beiden Debugger bequem per Tastendruck steuern. Tatsächlich ist es so, dass Sie mit Hilfe der Tastatur das Debuggen oftmals deutlich einfacher gestalten können. Folgende Tasten und Tastenkombinationen helfen Ihnen bei der Arbeit mit dem Debugger:

- [F5]: Starten des Debuggings, nach Stop an einem Haltepunkt: Fortfahren bis zum Ende der Applikation oder dem nächsten Haltepunkt
- [F10]: Ausführen der aktuellen Zeile, aber nicht Wechseln in eventuell eingebundene andere Methoden oder Klassen
- [F11]: Ausführen der aktuellen Anweisungen, wechselt in eventuell eingebundene andere Methoden oder Klassen
- [⇧] + [F11]: Aus der aktuellen Klasse oder Methode in die aufrufende Methode zurückspringen
- [Ctrl] + [Alt] + [Q]: Anzeigen des *Quick-Watch*-Fensters
- [⇧] + [F5]: Beenden des Debug-Vorgangs

Remote-Debuggen

Das Debuggen von Applikationen auf einem anderen Server ist ein alles andere als trivialer Prozess – tagtäglich berichten frustrierte Anwender in den Newsgroups von Problemen mit diesem Vorgang. Wenn Sie trotz dieser Warnung auf einem entfernten Server debuggen wollen, sollten Sie folgende Schritte ausführen:

- Installieren Sie die Visual Studio .NET *Remote Debugging Components* auf dem Server.
- Fügen Sie Ihren lokalen Benutzer-Account der Remote Debuggers-Gruppe auf dem fremden Server hinzu.

- Öffnen Sie das entsprechende Projekt im Visual Studio .NET, fügen Sie die benötigten Haltepunkte hinzu und klicken Sie auf DEBUG | PROCESSES.
- Geben Sie im Feld Name den Namen oder die IP-Adresse des Servers an, auf dem die Applikation läuft.
- Wenn der Server gefunden werden konnte, eine Verbindung per DCOM möglich ist und die Rechte in der DCOM-Konfiguration auf dem Server stimmen, sollte nun eine Prozess-Liste erscheinen.
- Wählen Sie aus der Prozess-Liste den aspnet_wp-Prozess (Windows 2000, Windows XP) bzw. den w3wp-Prozess für Windows 2003 Server aus.
- Rufen Sie die Applikation auf dem Server auf und debuggen Sie das Projekt wie gewohnt.

Noch einmal sei an dieser Stelle erwähnt, dass das Debuggen von Applikationen auf einem entfernten Server alles andere als eine triviale Angelegenheit ist. in der Regel können Sie die entsprechende Applikation auch lokal debuggen und dabei die gleichen Erkenntnisse gewinnen. Bedenken Sie bitte auch, dass Sie mit einem Breakpoint unter Umständen den kompletten Server zum Stillstand bringen können, da das Stoppen an einem Haltepunkt den ganzen Prozess anhält. Sehen Sie also lieber von dieser Möglichkeit ab und machen Sie – wenn überhaupt – nur in absoluten Notfällen davon Gebrauch.

Häufige Probleme beim Debuggen

Da das Debuggen einer Web-Applikation kein trivialer Prozess ist, kann es öfter als es einem lieb ist, zu Problemen beim Debugging kommen. Viele dieser Probleme lassen sich vermeiden, wenn Sie folgende Punkte vor dem Debug-Prozess oder nach dem Auftreten einer Fehlermeldung überprüfen:

- Die ASP.NET Web-Applikation muß im IIS als Web-Applikation registriert sein.
- *Serverseitiges Debuggen* muß erlaubt sein. Sie können dies am IIS direkt einstellen. Öffnen Sie den Internetdienste-Manager, führen Sie einen Rechtsklick auf die betreffende Web-Applikation im IIS, wählen Sie »Eigenschaften«, klicken Sie auf die Schaltfläche »Konfiguration« im Reiter »Verzeichnis«, wählen Sie im neuen Fenster den Reiter »Debuggen« aus und setzen Sie das Häkchen vor »ASP-serverbasiertes Scriptdebuggen aktivieren«. Bestätigen Sie die Änderungen und schließen Sie den Internetdienste-Manager wieder.
- Überprüfen Sie die Ausführungsberechtigungen im Internetdienste-Manager für die betreffende Web-Applikation. Diese sollte in keinem Fall None, sondern zumindest Scripts sein.
- Falls Sie Visual Studio .NET einsetzen: Überprüfen Sie bitte, ob eine *Web.config*-Datei existiert. Sollte diese nicht existieren, erzeugen Sie so benannte Datei und stellen Sie sicher, dass sie zumindest folgende Einträge enthält:

Basics
Daten-bank
I/O
Validie-rung
Controls
Http-Handler
Netz-werk
Grafik
Tracing
Security

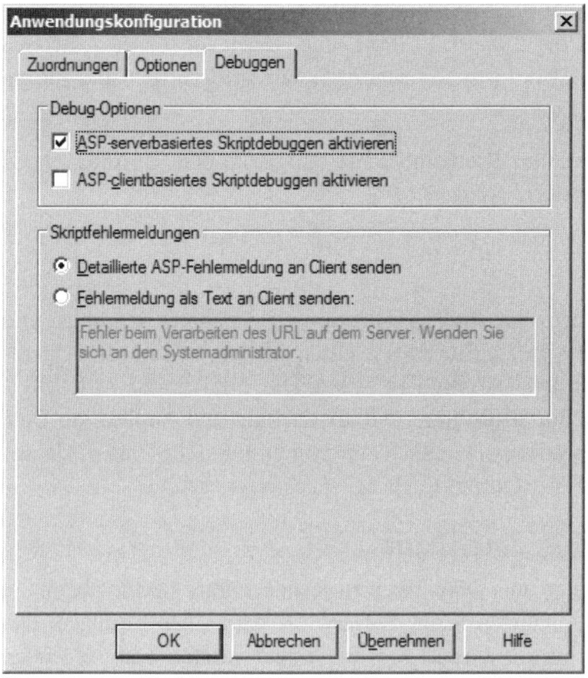

Abbildung 121: Serverseitiges Debuggen im IIS aktivieren

```
<configuration>
   <system.web>
      <compilation defaultLanguage="VB"
         debug="true">
      </compilation>
   </system.web>
</configuration>
```

- Stellen Sie sicher, dass die *Web.config*-Datei eine gültige XML-Datei ist. Öffnen Sie sie gegebenenfalls im Internet Explorer über das Datei-Menü. Berichtigen Sie eventuell angegebene Fehler.
- Stellen Sie sicher, dass Visual Studio .NET für diese Web-Applikation Debugging erlaubt. Führen Sie zu diesem Zweck einen Rechtsklick auf den Projektnamen im Solution-Explorer aus, wählen Sie Eigenschaften und öffnen Sie den Punkt Konfigurationseigenschaften. Beim Zweig Debugging setzen Sie das Häkchen vor ASP.NET Debugging aktivieren.
- Stellen Sie sicher, dass der Benutzer, in dessen Kontext Sie arbeiten, der Gruppe der Debugger Users angehört. Öffnen Sie dazu die Windows-Benutzerverwaltung, dann die Gruppe Debugger Users durch einen Doppelklick auf den Benutzernamen und fügen Sie den entsprechenden Nutzer hinzu.
- Stellen Sie sicher, dass der IIS ordnungsgemäß läuft. Öffnen Sie im Zweifelsfall eine Eingabeaufforderung, geben Sie *iisreset* ein und drücken Sie `Enter`.

- Falls Sie das *IIS Lockdown-Tool* oder das *UrlScan*-Tool einsetzen, öffnen Sie die Datei *urlscan.ini* unter *%WINDIR%\system32\inetsrv\urlscan* und fügen dort beim Bereich »AllowVerbs« den Eintrag »DEBUG« hinzu. Speichern Sie die Änderungen und führen Sie an der Eingabeaufforderung *iisreset* aus.
- Weitere Lösungsansätze und genauere Problembeschreibungen finden Sie unter *http://support.microsoft.com/default.aspx?scid=kb;de;306172*.

221 Caching

Caching erlaubt es Ihnen, die Performance Ihrer Applikation zielgerichtet zu steigern und auf häufige Datenbank- oder Dateisystemzugriffe zu verzichten oder rechenintensive Operationen nur in definierten Zeitabständen ausführen zu lassen. Das .NET Framework unterscheidet dabei zwei Wege, Caching durchzuführen: Output Caching und Application Data Caching. Im Rahmen dieses Kapitels soll ausschließlich auf programmatisches und deklaratives Caching von Seiten und Controls per Output Caching eingegangen werden.

Deklaratives Output Caching einer Page

ASP.NET erlaubt es Ihnen, ganze Seiten oder Teile davon zu cachen. Dieses Caching kann auf dem Webserver, einem zwischengeschalteten Proxy-Server oder dem Client erfolgen. Das Prinzip dieses Caching-Verfahrens beruht darauf, dass bei einem zweiten oder folgenden `Request` die Seite nicht mehr komplett neu ausgeführt, sondern aus dem Cache geladen wird, was je nach Applikation deutliche Leistungsvorteile bringen kann.

Sie können Output-Caching sowohl auf `Page`- als auch auf Control-Ebene aktivieren. Dabei kann diese Aktivierung sowohl im Frontend-Bereich der `Page` oder des Controls als auch programmatisch im Code-Bereich erfolgen. Darüber hinaus lässt ASP.NET es zu, anhand von bestimmten Parametern zu cachen und einen zeitgesteuerten Verfall des Caches zu definieren.

Das deklarative Caching können Sie innerhalb der Frontend-Seite aktivieren. Werfen Sie dazu einen Blick auf folgendes Beispiel:

```
<%@ Page Language="vb"
   AutoEventWireup="false"
   Codebehind="PageCacheDeclarative.aspx.vb"
   Inherits="codebook.aspnet.vb.Controls.Cache.Declarative"%>
<%@ OutputCache Duration="300" VaryByParam="None" %>
<!DOCTYPE HTML PUBLIC "-//W3C//DTD HTML 4.0 Transitional//EN">
<HTML>
   <HEAD>
      <title>Cache - Declarative</title>
      <script language="javascript">
      function setTime() {
         var objTime = new Date();
         objDateTimeClient.innerText =
            objTime.toLocaleDateString() + ", " +
```

Listing 415: Deklaratives Output-Caching (PageCacheDeclarative.aspx)

```
            objTime.toLocaleTimeString();
        }
        </script>
    </HEAD>
    <body onload="setTime()">
        <form id="Form1" method="post" runat="server">
            JavaScript-Zeit:
            <span id="objDateTimeClient"
                name="objDateTimeClient"></span><br>
            Server-Zeit:
            <asp:Label Runat="server"
                ID="objDateTimeServer"></asp:Label>
                <br> <br>
            <asp:Button Runat="server" ID="objSubmit"
                Text="Neu laden" />
        </form>
    </body>
</HTML>
```

Listing 415: Deklaratives Output-Caching (PageCacheDeclarative.aspx) (Forts.)

Die Seite beinhaltet zwei serverseitige Elemente – einen Button und ein Label. Darüber hinaus wird die aktuelle Zeit zur Verdeutlichung des Cachings per JavaScript beim Laden der Seite ausgegeben. Da dies clientseitig bei jedem Abruf der Seite erfolgt, greift ein serverseitiger Caching-Mechanismus an dieser Stelle nicht.

Im CodeBehind-Teil der Seite wird dem Label `objDateTimeServer` beim Abruf ein aktueller Zeitstempel zugewiesen:

```
Namespace codebook.aspnet.vb.Controls.Cache

    Public Class Declarative
        Inherits System.Web.UI.Page

        Protected WithEvents objDateTimeServer As Label

        Private Sub Page_Load(
            ByVal sender As Object, ByVal e As EventArgs) _
            Handles MyBase.Load
            Me.objDateTimeServer.Text = _
                DateTime.Now.ToString("dd.MM.yyyy, HH:mm:ss")
        End Sub

    End Class

End Namespace
```

Listing 416: CodeBehind einer gecacheten Seite (PageCacheDeclarative.aspx.vb)

Wenn Sie die Seite abrufen und mehrmals die Schaltfläche zum Aktualisieren der Seite betätigen, könnten Sie eine Ausgabe ähnlich dieser erhalten:

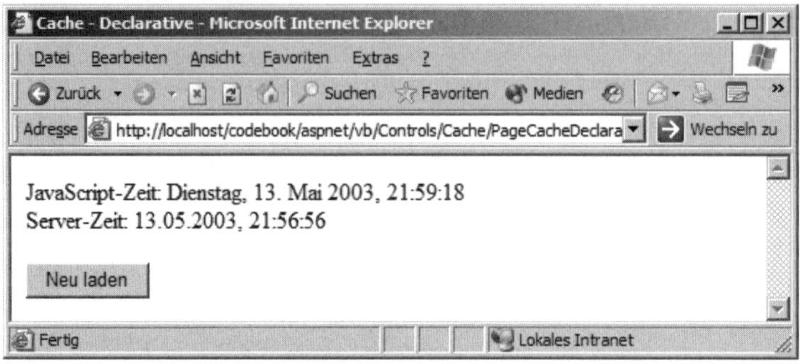

Abbildung 122: Output-Caching in Aktion

Sehen wir uns nun die verwendeten Caching-Parameter innerhalb der OutputCache-Direktive etwas näher an:

```
<%@ OutputCache Duration="300" VaryByParam="None" %>
```

- Der erste Parameter, `Duration`, gibt die Zeitdauer des Cachings in Sekunden an.
- Mit Hilfe des Parameters `VaryByParam` können Sie angeben, anhand welcher POST-Parameter das Caching erfolgen soll. Durch die Angabe `VaryByParam="Language"` würde anhand des im geposteten Parameter Language enthaltenen Wertes ein Caching erfolgen. Angenommen, der Wert des Parameters wäre de, dann würde die Seite für den in `Duration` definierten Zeitraum gecachet werden, solange der Parameter Language den Wert de enthielte. Würde dagegen der Wert en per POST zum Server übermittelt werden, erfolgte ein zusätzliches Caching für diesen Wert. Wollten Sie anhand aller Parameter cachen, geben Sie statt eines bestimmten Wertes einen Stern (`*`) an. Wenn Sie anhand mehrerer, aber nicht aller Parameter cachen wollen, geben Sie die entsprechenden Parameter durch Semikoli (`;`) getrennt an.

VaryByHeader

Neben den beiden obligatorischen Parametern `Duration` und `VaryByParam` können Sie weitere Parameter definieren, anhand derer ein Caching erfolgen soll.

Der Parameter `VaryByHeader` erlaubt es Ihnen, einen oder mehrere `Request`-Header anzugeben, anhand der ein Caching erfolgen soll. Beachten Sie bitte, dass der Parameter `VaryByParam` dennoch ein obligatorischer Bestandteil der Direktive ist. Beispiele für eine Verwendung von `VaryByHeader` könnten so aussehen:

```
<%@ OutputCache Duration="10" VaryByParam="None"
   VaryByHeader="Accept-Language" %>
```

Hier würde ein Caching anhand der eingestellten Standard-Sprache des Benutzers erfolgen.

```
<%@ OutputCache Duration="60" VaryByParam="Language"
   VaryByHeader="User-Agent" %>
```

Hier würde anhand des Parameters `Language` sowie der `UserAgent`-Kennung des Browsers ein Caching erfolgen. Der Header `User-Agent` enthält übrigens die Kennung des vom Nutzer verwendeten Browsers.

VaryByCustom

Dieser Parameter erlaubt es Ihnen, das Caching selbst zu beeinflussen. Sie können bei Verwendung dieses Parameters eine Zeichenkette definieren, die vom System nicht automatisch ausgewertet, sondern von Ihnen manuell in der global.asax behandelt werden muss. Der Einsatz des `VaryByCustom`-Attributs erfordert also einen höheren Aufwand bei der Implementierung, gibt Ihnen allerdings die Möglichkeit, das Caching selbst zu beeinflussen.

Werfen wir einen Blick darauf, wie die entsprechende Implementierung aussehen könnte:

```
<%@ OutputCache Duration="60" VaryByParam="None"
   VaryByCustom="Username" %>
```

Innerhalb der `OutputCache`-Direktive wird ein `VaryByCustom`-Parameter mit dem Wert Username eingeführt. Dieser Wert selbst hat keinerlei Wirkung, bis Sie ihn nicht innerhalb der global.asax behandeln:

```
Public Overrides Function GetVaryByCustomString( _
   ByVal objContext As System.Web.HttpContext, _
   ByVal strCustom As String) As String

   If strCustom = "Username" Then
      If Not IsNothing(objContext.Session.Item("Username")) Then
         Return CType(objContext.Session.Item("Username"), String)
      Else
         Return String.Empty
      End If
   End If
End Function
```

Wenn Sie dieses Code-Fragment in der *global.asax* einfügen, wird ein Caching anhand des in der Session enthaltenen Wertes für den Schlüssel Username durchgeführt. Angenommen, der Wert stünde tatsächlich für einen Benutzernamen eines am System angemeldeten Users, dann würde ein Caching für alle nicht angemeldeten Benutzer erfolgen – für eine Minute würden alle nicht angemeldeten Nutzer die gleiche Ausgabe auf der Seite erhalten. Wäre der Benutzername bekannt, würde anhand dieses Benutzernamens ein Caching durchgeführt werden – alle Benutzer mit dem gleichen Benutzernamen erhielten für eine Minute die gleiche Ausgabe.

Location

Das Attribut `Location` gibt an, wo das Caching erfolgen soll. Folgende Werte stehen zur Auswahl:

- `Any`: Der Cache kann sich entweder beim Browser, auf einem zwischengeschalteten Proxy-Server oder auf dem ausführenden Server befinden.
- `Client`: Der Cache befindet sich beim Browser, der den `Request` ausführt.
- `Downstream`: Der Cache kann sich auf jedem am `Request` beteiligten System befinden. Dies könnten der Browser oder ein zwischengeschalteter Proxy-Server sein.
- `None`: Es erfolgt kein Caching.
- `Server`: Der Cache befindet sich auf dem Server, auf dem der `Request` bearbeitet wird.
- `ServerAndClient`: Der Cache befindet sich entweder auf dem Browser oder dem abarbeitenden Server, nicht jedoch auf einem eventuell zwischengeschalteten Proxy-Server.

Der Standardwert bei Nichtangabe des Attributs ist `Any`.

Deklaratives, partielles Caching eines Controls

User Controls können ein eigenständiges Caching verwenden um die Last auf dem Server zu verringern. Dabei überschreiben die Einstellungen des User Controls eventuelle Einstellungen, die für die übergeordnete `Page` oder übergeordnete User Controls getroffen worden sind – so ist es beispielsweise möglich, für das Caching eines User Controls eine andere Zeitdauer zu definieren als für die übergeordnete `Page`.

Ein Beispiel: Sie definieren anhand des `Duration`-Attributs der `OutputCache`-Direktive der `Page` ein Cache-Timeout von 60 Sekunden und bei einem User Control in dessen `OutputCache`-Direktive ein Cache-Timeout von 120 Sekunden. Die Seite wird nun jede Minute neu generiert, während das User Control dennoch zwei Minuten gecachet wird und somit nur halb so oft neu generiert werden muss wie die übergeordnete Seite.

Sehen wir uns dieses Verhalten in der Praxis anhand einer `Page` mit einem eingebundenen User Control an. Werfen wir zunächst einen Blick auf das User Control:

```
<%@ Control Language="vb"
   AutoEventWireup="false"
   Codebehind="CachedUserControl.ascx.vb"
   Inherits="codebook.aspnet.vb.Controls.Cache.CachedUserControl"
%>
<%@ OutputCache Duration="120" VaryByParam="None" %>
<asp:Label Runat="server" ID="objTime" />
```

Listing 417: Frontend des User Controls (CachedUserControl.ascx)

Das Control besteht nur aus einem Label. Diesem wird im CodeBehind-Bereich ein zum ersten Abruf aktueller Zeitstempel zugewiesen. Das Caching des Controls wird auf zwei Minuten festgelegt, wobei keine Unterscheidung anhand übertragener Parameter getroffen wird. Die Zuweisung des aktuellen Zeitstempels erfolgt innerhalb der `Page_Load`-Methode:

```
Namespace codebook.aspnet.vb.Controls.Cache

   Public Class CachedUserControl
      Inherits System.Web.UI.UserControl

      Protected WithEvents objTime As Label

      Private Sub Page_Load( _
         ByVal sender As Object, ByVal e As EventArgs) _
         Handles MyBase.Load
         Me.objTime.Text = DateTime.Now.ToString( _
            "dd.MM.yyyy, HH:mm:ss")
      End Sub

   End Class

End Namespace
```

Listing 418: CodeBehind des gecacheten User Controls (CachedUserControl.ascx.vb)

Innerhalb der `Page` wird nun das User Control eingebunden und ein eigenes Label zur Anzeige von Datum und Uhrzeit definiert:

```
<%@ Page Language="vb"
   AutoEventWireup="false"
   Codebehind="CacheWithUserControl.aspx.vb"

Inherits="codebook.aspnet.vb.Controls.Cache.CacheWithUserControl"%>
<%@ Register TagPrefix="cb"
   TagName="CachedUserControl"
   Src="CachedUserControl.ascx"
%>
<%@ OutputCache Duration="60" VaryByParam="None" %>
<!DOCTYPE HTML PUBLIC "-//W3C//DTD HTML 4.0 Transitional//EN">
<HTML>
   <HEAD>
      <title>CacheWithUserControl</title>
   </HEAD>
   <BODY>
      <form id="Form1" method="post" runat="server">
         <p>Eingebundenes User Control:
         <cb:CachedUserControl id="objCachedControl"
            runat="server"></cb:CachedUserControl>
         </p>
         <p>Control in der Page:
            <asp:Label Runat="server" ID="objTime" />
         </p>
      </form>
   </BODY>
</HTML>
```

Listing 419: Einbindung des gecacheten User Controls in eine Page (CacheWithUserControl.aspx)

Nach der Registrierung des User Controls erfolgt die Definition eines `Page`-spezifischen Cachings. Dieses wird auf eine Zeitdauer von einer Minute unabhängig von eventuell übergebenen Parametern eingestellt.

Im CodeBehind-Teil der Seite erfolgt lediglich die Ausgabe des beim Abruf aktuellen Zeitstempels:

```
Namespace codebook.aspnet.vb.Controls.Cache

   Public Class CacheWithUserControl
      Inherits System.Web.UI.Page

      Protected WithEvents objTime As Label

      Private Sub Page_Load( _
         ByVal sender As Object, ByVal e As EventArgs) _
         Handles MyBase.Load
         Me.objTime.Text = DateTime.Now.ToString( _
            "dd.MM.yyyy, HH:mm:ss")
      End Sub

   End Class

End Namespace
```

Listing 420: Ausgabe von Datum und Uhrzeit im CodeBehind der Seite (CacheWithUserControl.aspx.vb)

Wenn Sie die Seite nun im Browser aufrufen und nach etwas mehr als einer Minute aktualisieren, sollten Sie folgende Ausgabe erhalten:

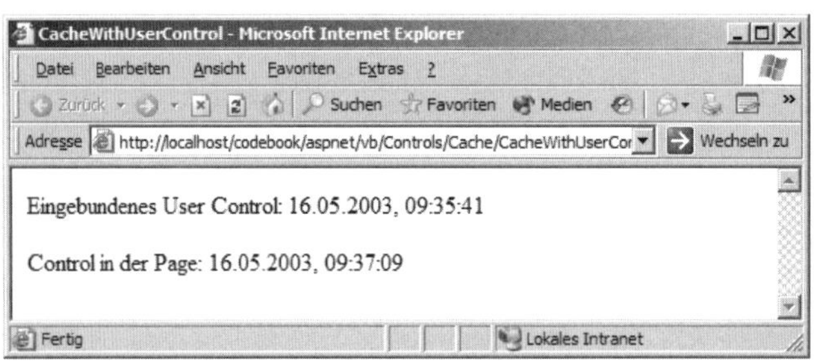

Abbildung 123: Caching in Page und eingebundenem User Control

Verwendbare Optionen beim deklarativen partiellen Caching

Folgende Optionen sind in der OutputCache-Direktive von User Controls verwendbar:

- `Duration`: gibt die Zeitdauer des Cachings an (obligatorisch)
- `VaryByParam`: gibt den oder die Parameter an, anhand der gecachet werden soll (obligatorisch, wenn `VaryByControl` nicht verwendet wird)

- `VaryByControl`: gibt die ID des oder der Controls an, anhand deren Outputs ein Caching erfolgen soll (optional)
- `VaryByCustom`: gibt eine Zeichenkette an, anhand deren Werts ein Caching erfolgen soll (optional)
- `Shared`: gibt an, ob ein Cache für verschiedene Instanzen des User Controls zuständig ist. Wird wirksam, wenn ein User Control auf verschiedenen Seiten eingebunden wird. Wenn der Wert `True` ist, wird ein Cache verwendet. Ist er `False`, werden die verschiedenen Instanzen einzeln gecachet.

Programmatisches Caching

Sie können das Cachingverhalten nicht nur deklarativ, sondern auch programmatisch beeinflussen. Zu diesem Zweck können Sie im CodeBehind-Bereich auf eine Instanz der `HttpCachePolicy`-Klasse zugreifen. Diese Instanz erreichen Sie über die Property `Cache` des `Response`-Objekts.

Sehen wir uns an dieser Stelle ein kleines Beispiel dazu an:

```
<%@ Page Language="vb"
   AutoEventWireup="false"
   Codebehind="PageCache.aspx.vb"
   Inherits="codebook.aspnet.vb.Controls.Cache.PageCache"%>
<!DOCTYPE HTML PUBLIC "-//W3C//DTD HTML 4.0 Transitional//EN">
<HTML>
   <HEAD>
      <title>Cache - Programmatically</title>
      <script language="javascript">
      function setTime() {
         var objTime = new Date();
         objDateTimeClient.innerText =
            objTime.toLocaleDateString() + ", " +
            objTime.toLocaleTimeString();
      }
      </script>
   </HEAD>
   <body onload="setTime()">
      <form id="Form1" method="post" runat="server">
         JavaScript-Zeit: <span id="objDateTimeClient"
            name="objDateTimeClient"></span>
         <br>
         Server-Zeit:
         <asp:Label Runat="server"
            ID="objDateTimeServer"></asp:Label>
         <br>
          <br>
         <asp:Button Runat="server" ID="objSubmit"
            Text="Neu laden" />
```

Listing 421: Programmatisches Caching – Frontend (PageCache.aspx)

```
      </form>
   </body>
</HTML>
```

Listing 421: Programmatisches Caching – Frontend (PageCache.aspx) (Forts.)

Im Frontend befindet sich ein clientseitiges `SPAN`-Tag, dessen Inhalt bei jedem `Request` per JavaScript gesetzt wird, weshalb es sich dem Caching entzieht. Das serverseitige Label `objDateTimeServer` bekommt seinen Wert dagegen nicht clientseitig zugewiesen und behält ihn deshalb während der Zeitspanne, in der die `Page` gecached wird.

Dieses Caching wird im CodeBehind-Bereich der `Page` aktiviert:

```
Namespace codebook.aspnet.vb.Controls.Cache

   Public Class PageCache
      Inherits System.Web.UI.Page

      Protected WithEvents objDateTimeServer As Label
      Protected WithEvents objSubmit As Button

      Private Sub Page_Load( _
         ByVal sender As Object, ByVal e As EventArgs) _
         Handles MyBase.Load

         Me.objDateTimeServer.Text = _
            DateTime.Now.ToString("dd.MM.yyyy, HH:mm:ss")
         Me.Response.Cache.SetExpires( _
            DateTime.Now.AddSeconds(120))
         Me.Response.Cache.SetCacheability( _
            HttpCacheability.ServerAndNoCache)

      End Sub

   End Class

End Namespace
```

Listing 422: Programmatisches Caching im CodeBehind (PageCache.aspx.vb)

Die Seite wird für zwei Minuten gecachet. Diese Festlegung erfolgt durch Übergabe eines Zeitstempels für den Ablauf des Cachings an die Methode `SetExpires` des `HttpCachePolicy`-Objekts. Weiterhin wird mit Hilfe der Methode `SetCacheability` festgelegt, dass ein Caching ausschließlich auf dem Server und nicht auf eventuell beteiligten anderen Proxy-Servern oder dem Browser erfolgen darf.

Wenn Sie sich die Seite im Browser betrachten, sollten Sie eine Ausgabe ähnlich dieser erhalten:

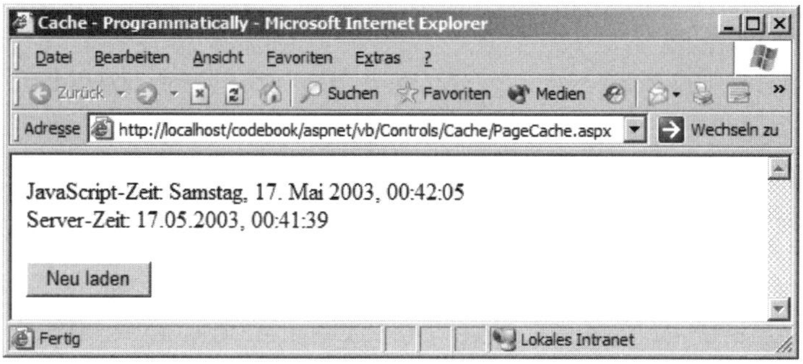

Abbildung 124: Programmatisches Caching

Die Verwendung des `HttpCachePolicy`-Objekts ermöglicht es Ihnen, eine Vielzahl von Parametern zu beeinflussen und wesentlich genaueren Einfluss auf das Caching-Verhalten der Seite zu nehmen. Werfen wir einen Blick auf einige Methoden und deren Wirkung:

- `SetAllowResponseInBrowserHistory`: Beeinflusst das erneute Aufrufen der Seite durch den Client. Wenn der Wert auf `False` – dem Standardwert – steht, ruft der Client-Browser bei jeder Betätigung der Vorwärts- oder Zurück-Schaltflächen die Seite erneut ab. Dies wird bei Setzen des Wertes auf `True` verhindert. Beachten Sie bitte, dass die Methode erst ab dem Framework 1.1 zur Verfügung steht und nur bei Zuweisung von `NoCache` oder `ServerAndNoCache` zur Methode `SetCacheability` wirksam wird.
- `SetCacheablitiy`: Legt das Caching-Verhalten anhand eines Members der `HttpCacheability`-Auflistung fest. Mögliche Werte sind:
  - `NoCache`: Es wird kein Caching-Header gesetzt.
  - `Private`: Ein eventuelles Caching erfolgt beim Client (Standard-Wert).
  - `Public`: Caching kann sowohl auf dem Client als auch auf zwischengeschalteten Proxy-Servern erfolgen.
  - `Server`: Das Caching erfolgt ausschließlich auf dem ausführenden Server.
  - `ServerAndNoCache`: Caching erfolgt ausschließlich auf dem Server. Allen anderen Instanzen (Browser, Proxy-Server) ist das Caching explizit untersagt.
  - `ServerAndPrivate`: Caching erfolgt auf dem Server und dem Client.
- `SetLastModified`: Setzt den HTTP-Header, der das Datum der letzten Modifikation des aktuellen Dokuments zurückgibt, und steuert somit ein eventuelles clientseitiges Caching. Erwartet als Parameter eine Zeitangabe in Form einer `DateTime`-Struktur.
- `SetNoServerCaching`: Verhindert explizit ein Caching auf dem Server. Nach Aufruf dieser Methode werden alle Elemente der Seite komplett abgearbeitet.
- `SetValidUntilExpires`: Wenn der Methode der Wert `True` übergeben wird, werden alle Cache-Control-Header, die vom Client gesendet worden sind, ignoriert. Selbst wenn der Client also explizit eine neue Version der Seite anfordert, erfolgt ein serverseitiges Caching anhand der Vorgaben.

- SetVaryByCustom: Erlaubt das Caching anhand einer benutzerdefinierten Zeichenkette, die in der überschriebenen Methode GetVaryByCustomString der *global.asax* ausgewertet werden kann. Ein Beispiel zum Überschreiben dieser Methode finden Sie weiter oben in diesem Kapitel.

Die Klasse HttpCachePolicy verfügt neben diesen Methoden noch über weitere Properties und Methoden, mit denen das Caching noch weiter beeinflusst werden kann.

Caching von Applikationselementen

Neben dem reinen Output-Caching können Sie auch die Daten einer Anwendung cachen. So haben Sie die Möglichkeit, zeitaufwändige oder ressourcenkritische Vorgänge deutlich seltener durchzuführen als ohne den Einsatz von Caching. Dieses *Application-Data-Caching* ist unabhängig vom Einsatz in ASP.NET und kann mit beliebigen Objekten vorgenommen werden.

Das Caching findet mit Hilfe der Klasse Cache statt. Werfen wir einen Blick auf ein derartiges Caching anhand eines kurzen Beispiels:

```
<%@ Page Language="vb"
   AutoEventWireup="false"
   Codebehind="ApplicationCache.aspx.vb"
   Inherits="codebook.aspnet.vb.Controls.Cache.ApplicationCache"%>
<!DOCTYPE HTML PUBLIC "-//W3C//DTD HTML 4.0 Transitional//EN">
<HTML>
   <HEAD>
      <title>ApplicationCache</title>
   </HEAD>
   <body>
      <form id="Form1" method="post" runat="server">
         <p>Aktuelle Zeit:
            <asp:Label Runat="server" ID="objTime" />
         </p>
         <p>Gecachete Zeit:
            <asp:PlaceHolder Runat="server" ID="objPlaceHolder" />
         </p>
      </form>
   </body>
</HTML>
```

Listing 423: Application Data Caching – Frontend mit Label und PlaceHolder (ApplicationCache.aspx)

Im Frontend fehlt diesmal jede OutputCache-Direktive. Diese können Sie selbstverständlich parallel zum Application-Data-Caching einfügen, damit der generierte Output ebenfalls für eine bestimmte Zeitdauer anhand definierter Parameter gecachet werden kann.

Zur Verdeutlichung der Wirkungsweise des Caches wird mit Hilfe des Labels objTime die beim Abruf der Seite aktuelle Uhrzeit ausgegeben. Der PlaceHolder objPlaceHolder nimmt ein Label auf, das mit Hilfe des Cache-Objekts nur alle fünf Minuten neu erzeugt werden muss.

Sehen wir uns die Umsetzung im CodeBehind-Bereich der Seite an:

```
Namespace codebook.aspnet.vb.Controls.Cache

   Public Class ApplicationCache
      Inherits System.Web.UI.Page

      Protected WithEvents objTime As Label
      Protected WithEvents objPlaceHolder As PlaceHolder

      Private Sub Page_Load( _
         ByVal sender As Object, ByVal e As EventArgs) _
         Handles MyBase.Load
         Me.objTime.Text = _
            DateTime.Now.ToString("HH:mm:ss")
         If IsNothing(Cache.Get("Time")) Then
            Dim objLabel As New Label
            objLabel.Text = _
               DateTime.Now.ToString("HH:mm:ss")
            Cache.Add("Time", objLabel, Nothing, _
               DateTime.Now.AddMinutes(5), TimeSpan.Zero, _
               Caching.CacheItemPriority.Default, _
               Nothing)
         End If
         Me.objPlaceHolder.Controls.Add(Cache.Item("Time"))
      End Sub

   End Class

End Namespace
```

Listing 424: CodeBehind-Bereich mit Caching eines Labels (ApplicationCache.aspx.vb)

Abbildung 125: Caching in Aktion

Beim Abruf der Seite erfolgt zunächst die Zuweisung des aktuellen Zeitstempels an das Label `objTime`. Anschließend wird versucht, aus dem Cache das unter dem Schlüssel `Time` abgelegte Objekt abzurufen. Sollte dieses Objekt nicht oder nicht mehr im Cache enthalten sein, wird es neu angelegt. Anschließend wird es dem Cache mit Hilfe der Methode `Add` hinzugefügt.

Zuletzt wird dieses nun wieder in jedem Fall vorhandene Objekt dem Platzhalter zugewiesen, damit es ausgegeben werden kann.

Wenn Sie die Seite im Browser abrufen, sollten Sie etwa folgendes Ergebnis erhalten (siehe Abbildung 125).

Die Zuweisung von Objekten zum Cache per `Cache.Add` erfordert die Angabe einiger Parameter. Sehen wir uns deshalb die Syntax etwas näher an:

```
Public Function Add( _
   ByVal key As String, _
   ByVal value As Object, _
   ByVal dependencies As CacheDependency, _
   ByVal absoluteExpiration As DateTime, _
   ByVal slidingExpiration As TimeSpan, _
   ByVal priority As CacheItemPriority, _
   ByVal onRemoveCallback As CacheItemRemovedCallback _
) As Object
```

Die einzelnen Parameter haben folgende Bedeutung:

- `key`: der Schlüssel, unter dem das Objekt im Cache abgelegt worden ist
- `value`: das Objekt, das dem Cache hinzugefügt werden soll
- `dependencies`: erlaubt es, Abhängigkeiten zwischen gecacheten Objekten oder externen Ressourcen zu definieren. Diese Definition erfolgt mit Hilfe einer Instanz der `CacheDependency`-Klasse. Wenn sich eines der abhängigen Objekte ändert oder es aus dem Cache entfernt wird, erfolgt das automatische Löschen der anderen abhängigen Objekte aus dem Cache.
- `absoluteExpiration`: setzt den Zeitpunkt des Ablaufs des Cachings für das aktuelle Objekt fest. Der Zeitstempel muss auf einen Zeitpunkt in der Zukunft verweisen.
- `slidingExpiration`: legt den Zeitpunkt der Entfernung des Objekts aus dem Cache nach dem letzten Zugriff auf dieses Objekt fest. Wenn `slidingExpiration` beispielsweise einen Wert von zwanzig Minuten enthielte, dann würde zwanzig Minuten nach dem letzten Zugriff auf das Objekt ein automatisches Entfernen aus dem Cache erfolgen. Erfolgt innerhalb der zwanzig Minuten ein erneuter Zugriff, verlängert sich der Zeitraum bis zum automatischen Entfernen aus dem Cache wieder im in `slidingExpiration` definierten Zeitraum. Dieser Zeitraum wird durch eine Instanz der `TimeSpan`-Struktur definiert.
- `priority`: definiert die Priorität des Eintrags gegenüber anderen Cache-Elementen anhand der Auflistung `CacheItemPriority`. Die Priorität des Cache-Eintrags wird benötigt, falls der Cache aufgrund des Zustands der System-Ressourcen verkleinert werden muss – in diesem Fall werden zunächst die Einträge mit einer niedrigeren Priorität entfernt.
- `onRemoveCallback`: legt einen Handler fest, der beim Entfernen des Elements aus dem Cache aufgerufen wird. Mit Hilfe dieses Handlers könnten Sie den Eintrag wieder zum Cache hinzufügen oder andere Aktionen durchführen.

Die Methode Add des Cache-Objekts erfordert die Angabe aller genannten Parameter. Wenn Sie nicht alle diese Parameter angeben wollen oder können, sollten Sie stattdessen die überladene Methode Insert verwenden, den Cache.Insert erlaubt im einfachsten Fall die Angabe von Schlüsselname und Objekt, das dem Cache zugewiesen werden soll, und ist somit in den meisten Fällen deutlich einfacher zu benutzen.

Das Cache-Objekt eignet sich weniger für das Caching von Controls oder Pages. Sein primärer Einsatzbereich ist das Caching von Elementen der Applikation – etwa DataSets oder Dateien, auf die häufig zugegriffen werden muss. Zusammen mit dem Output-Caching der Controls oder Seiten haben Sie ein mächtiges Werkzeug, mit dem Sie die Last und verwendeten System-Ressourcen bei der Ausführung Ihrer Anwendung sehr stark minimieren können. Vergessen Sie aber nicht, das auch das Hinzufügen von Elementen zum Cache eine große Menge an Ressourcen binden kann.

222 ViewState

Der ViewState erlaubt es, die Werte und Zustände von Elementen einer Page oder eines Controls im zum Browser übermittelten Quellcode zwischenzuspeichern und somit über die Abarbeitung eines Requests hinweg persistent zu halten.

Speichern von Werten im ViewState

Jedes Control und jede Seite verfügt über die Eigenschaft ViewState, mit deren Hilfe auf das StateBag-Objekt zugegriffen werden kann, das die Werte des ViewStates speichert und zurückgibt.

Um den ViewState für eine Seite oder ein Control explizit einzuschalten, müssen Sie in der Regel nichts tun – ViewState ist per Default aktiviert. Wenn Sie es explizit deaktivieren wollen, sollten Sie in der Page- oder Control-Direktive folgendes Attribut einfügen:

```
<%@ Page ... EnableViewState="False" %>
```

Um Werte im ViewState zu speichern, können Sie diese einfach mit Hilfe der ViewState-Property der Seite oder des Controls hinzufügen:

```
Me.ViewState.Add("<Schluessel>", "<Wert>")
```

Ebenfalls können Sie beliebige Objekte dem ViewState hinzufügen. Einzige Voraussetzung ist, dass die Objekte serialisierbar sind:

```
Me.ViewState.Add("<Schluessel>", <ObjektInstanz>)
```

Bevor Sie extensiv vom ViewState Gebrauch machen, sollten Sie unbedingt einen Blick auf den Abschnitt »Probleme beim Einsatz des ViewStates« werfen.

Lesen von Werten aus dem ViewState

Das Lesen von Werten aus dem ViewState gestaltet sich prinzipiell ebenso einfach wie das Schreiben. Beachten Sie aber bitte, dass es vorkommen kann, dass der ViewState deaktiviert ist oder der Schlüssel, auf den Sie zugreifen wollen, im ViewState nicht existiert.

So lesen Sie einen Wert aus dem ViewState:

```
Dim strValue As String = CType( _
   Me.ViewState.Item("<Schluessel>"), _
   String)
```

Wenn Sie auf einen Schlüssel zugreifen wollen, der im ViewState nicht existiert, erhalten Sie ein Ergebnis vom Typ `Nothing`. Um dies zu verhindern, sollten Sie vor jeder Zuweisung anhand des ViewStates prüfen, ob dem entsprechenden Schlüssel ein Wert zugeordnet worden ist:

```
Dim strValue As String = String.Empty
If Not IsNothing(ViewState.Item("<Schluessel>")) Then
   strValue = CType( _
      Me.ViewState.Item("<Schluessel>"), _
      String)
End If
```

Beachten Sie bitte auch, dass im ViewState die Werte als Objekte gespeichert sind – Sie müssen also ein explizites Casting des Objekts in den eigentlichen Typ durchführen.

Zwischenspeichern des ViewStates in einem externen Medium

Da der ViewState in der Regel innerhalb des gerenderten HTML-Quellcodes abgelegt wird und die Werte und Zustände der in der `Page` enthaltenen Controls beinhaltet, kann er bei umfangreichen Objekten eine Größe erreichen, die das Ausliefern der Seite und das Zurückübermitteln der Werte stark behindert und für den Client eine spürbare Verzögerung bedeutet.

Aus diesem Grund kann es ratsam sein, den ViewState für eine bestimmte Seite und einen eindeutig identifizierbaren Nutzer in einer Datenbank oder im Dateisystem abzulegen.

Voraussetzung für das Speichern und Laden des ViewStates in und aus einem externen Medium ist das Schreiben einer eigenen Klasse, die von `System.Web.UI.Page` erbt – so, wie es beim CodeBehind-Ansatz der ASP.NET Web-Controls der Fall ist. in der abgeleiteten Klasse müssen die als `Protected` deklarierten Methoden `LoadPageStateFromPersistenceMedium` und `SavePageStateToPersistenceMedium` überschrieben werden:

```
<%@ Page Language="vb"
   AutoEventWireup="false"
   Codebehind="ViewState.aspx.vb"
   Inherits="codebook.aspnet.vb.Controls.ViewState.SaveViewState"%>
```

Listing 425: Alternatives Speichern des ViewStates – Frontend (ViewState.aspx)

```
<!DOCTYPE HTML PUBLIC "-//W3C//DTD HTML 4.0 Transitional//EN">
<HTML>
   <HEAD>
      <title>ViewState</title>
   </HEAD>
   <body>
      <form id="Form1" method="post" runat="server">
         <asp:Label Runat="server" ID="objView" /><br>
         <asp:Button Runat="server" ID="objSubmit"
            Text="Reload" />
      </form>
   </body>
</HTML>
```

Listing 425: Alternatives Speichern des ViewStates – Frontend (ViewState.aspx) (Forts.)

Im Frontend ist vom Speichern des ViewStates in einem anderen Medium nichts zu erkennen – hier befinden sich lediglich zwei serverseitige Controls: ein Label zum Anzeigen eines im ViewState gespeicherten Textes und ein Button zum erneuten Laden der Seite.

Die eigentliche Arbeit wird im CodeBehind-Bereich der Seite erledigt:

```
Imports System.IO

Namespace codebook.aspnet.vb.Controls.ViewState

   Public Class SaveViewState
      Inherits System.Web.UI.Page

      Protected WithEvents objView As Label

      Private Sub Page_Load( _
         ByVal sender As Object, ByVal e As EventArgs) _
         Handles MyBase.Load

         If IsNothing(ViewState.Item("Text")) Then
            ViewState.Item("Text") = "Text im ViewState"
         End If
         Me.objView.Text = CType(ViewState.Item("Text"), String)

      End Sub

      ' ----------------------------------------
      ' Erzeugt einen Dateinamen anhand der angesprochenen
      ' URL und der Session-ID des Clients
      ' ----------------------------------------
      Private Function GetFilename() As String
         Dim strFilename As String = _
            Me.Request.Url.ToString & "_" & _
            Me.Session.SessionID
```

Listing 426: Speichern des ViewStates im File-System (ViewState.aspx.vb)

Basics
Daten-bank
I/O
Validie-rung
Controls
Http-Handler
Netz-werk
Grafik
Tracing
Security

```
        strFilename = strFilename.Replace(":", "_")
        strFilename = strFilename.Replace("/", "_")
        strFilename = strFilename.Replace(".", "_")
        strFilename = Server.MapPath(strFilename & ".txt")

        Return strFilename
    End Function

    Protected Overrides Function _
        LoadPageStateFromPersistenceMedium() As Object

        Dim objViewState As Object

        ' --------------------------------------
        ' Laden der Daten
        ' --------------------------------------
        Dim objReader As New StreamReader(GetFilename)
        Dim strContent As String = objReader.ReadToEnd
        objReader.Close()

        ' --------------------------------------
        ' Deserialisieren
        ' --------------------------------------
        Dim objFormatter As New LosFormatter

        Try
            objViewState = objFormatter.Deserialize(strContent)
        Catch ex As Exception
            Throw New HttpException("ViewState ist korrupt!")
        End Try

        Return objViewState
    End Function

    Protected Overrides Sub _
        SavePageStateToPersistenceMedium( _
        ByVal objViewState As Object)

        ' --------------------------------------
        ' Serialisieren und Speichern des ViewStates
        ' --------------------------------------
        Dim objWriter As StreamWriter = New _
            StreamWriter(GetFilename)
        Dim objFormatter As LosFormatter = New LosFormatter
        objFormatter.Serialize(objWriter, objViewState)
        objWriter.Close()
    End Sub

  End Class

End Namespace
```

Listing 426: Speichern des ViewStates im File-System (ViewState.aspx.vb) (Forts.)

Beim Abrufen der Seite wird zunächst überprüft, ob im ViewState ein Schlüssel `Text` existiert. Sollte dies nicht der Fall sein, wird er angelegt und mit einem Wert versehen. Dieser Wert wird zur Kontrolle dem im Frontend befindlichen Label `objView` zugewiesen.

Bevor die Methode `Page_Load` aufgerufen wird, erfolgt im Falle eines PostBacks das Einbinden der überschriebenen Methode `LoadPageStateFromPersistenceMedium`, die den geladenen ViewState als Rückgabe hat. Zu diesem Zweck wird mit Hilfe der Methode `GetFilename` ein möglichst eindeutiger Dateiname anhand von abgerufener URL und SessionID erzeugt. Die so bezeichnete Datei muss den serialisierten ViewState enthalten. Nachdem sie geladen und ihr Inhalt der lokalen Variablen `strContent` zugewiesen worden ist, erfolgt die Deserialisierung des ViewStates. Sollte dabei ein Fehler auftreten, weist dies darauf hin, dass der ViewState entweder nicht ordnungsgemäß gespeichert oder nachträglich manipuliert worden ist. Der nun serialisierte ViewState wird zuletzt zurückgegeben.

Am Ende der Abarbeitung der Seite erfolgt das Speichern des ViewStates im Dateisystem. Zu diesem Zweck wird wieder mit Hilfe der Methode `GetFilename` ein möglichst eindeutiger Dateiname für die Seite und den aktuellen Benutzer gebildet und einer Instanz des `StreamWriter`-Objekts zugewiesen. Mit Hilfe eines `LosFormatters` wird der ViewState in die Datei serialisiert und anschließend der `StreamWriter` geschlossen.

Wenn Sie die Datei aufrufen und sich den generierten Quellcode ansehen, sollten Sie folgende Ausgabe erhalten:

```
<!DOCTYPE HTML PUBLIC "-//W3C//DTD HTML 4.0 Transitional//EN">
<HTML>
   <HEAD>
      <title>ViewState</title>
   </HEAD>
   <body>
      <form name="Form1" method="post"
         action="ViewState.aspx" id="Form1">
         <input type="hidden" name="__VIEWSTATE" value="" />
         <span id="objView"
            >Text im ViewState</span><br>
         <input type="submit" name="objSubmit"
            value="Reload" id="objSubmit" />
      </form>
   </body>
</HTML>
```

Interessant an dieser Stelle ist, dass das versteckte Formularfeld `ViewState` keinen Inhalt hat. Dieser Inhalt befindet sich in einer Datei, die sich im Wurzelverzeichnis der aktuellen Applikation befindet – vorausgesetzt, Sie haben dem ASP.NET-Benutzer Schreibrechte in dem Verzeichnis eingeräumt:


```
dDwtOTk1MjE0NDA4O3Q8cDxsPFRleHQ7PjtsPFRleHQgaW0gVmlld1N0YXRlOz4+O2w8aTwxPjs+O2w8dDw7b
DxpPDE+Oz47bDxOPHA8cDxsPFRleHQ7PjtsPFRleHQgaW0gVmlld1N0YXRlOz4+Oz47Oz47Pj47Pj47Pg==
```

Im Rahmen von Produktiv-Applikationen sollten Sie allerdings aus Sicherheitsgründen die temporären Dateien in einem definierten Verzeichnis außerhalb des Webserver-Pfades speichern. Sie sollten sich weiterhin eine Lösung einfallen lassen, um die temporären Dateien mit dem Inhalt des ViewStates löschen zu lassen – das `Session.OnEnd`-Ereignis, dass Sie in der Datei *global.asax* Ihrer Web-Applikation behandeln können, böte sich für diesen Zweck ebenso wie ein zeitgesteuertes Script an.

Probleme beim Einsatz des ViewStates

Wenn Sie umfangreiche Webseiten haben, könnte sich der Einsatz des ViewStates als kontraproduktiv erweisen, insbesondere dann, wenn Ihre Benutzer über schmalbandige Internet-Anbindungen verfügen, da der ViewState auch bei mittelgroßen Webseiten oder bei der Ausgabe von umfangreichen Datenmengen schnell eine Größe von einigen zehn bis hundert Kilobyte erreichen kann. Dies ist umso ärgerlicher, als die Daten nicht nur zum Client, sondern auch vom Client zum Server zurücktransportiert werden müssen.

Ebenso sollten Sie bedenken, dass die Daten zwar verschlüsselt und Base64-codiert abgelegt werden, dennoch aber clientseitig manipulierbar sind. Zwar verhindert das Framework, dass die Daten ohne weiteres manipuliert werden können, dennoch bleibt an dieser Stelle ein gewisses Restrisiko, das nicht ohne weiteres vernachlässigt werden sollte.

Dennoch sollten Sie den ViewState dort einsetzen, wo es sinnvoll ist, Zustände und Werte zwischen Requests zu speichern. Eventuell sollten Sie sich den Einsatz der oben demonstrierten Technik zum Speichern des ViewStates auf dem Server überlegen – zwar erzeugen Sie so weitere Last auf dem Server, dennoch entfallen die oben beschriebenen Nachteile beim Einsatz dieser Technologie.

223 Context

Mit Hilfe der `HttpContext`-Klasse können Sie Informationen zwischen verschiedenen Controls oder Seiten eines Requests austauschen. Sie sind in der Lage, beispielsweise in der *global.asax* eine Information oder ein Objekt im Kontext zu hinterlegen und auf die dort hinterlegten Daten im weiteren Verlauf der Abarbeitung Ihrer Applikation innerhalb des laufenden Requests zuzugreifen und sie zu manipulieren. Die `HttpContext`-Klasse erlaubt es darüber hinaus, aus einer Business-Schicht, die normalerweise gekapselt vom eigentlichen Request läuft, auf die Verarbeitung des aktuellen Requests Einfluss zu nehmen, dort Ausgaben zu machen oder beispielsweise auf die sehr nützliche Methode `MapPath` des `ServerUtility`-Objekts zuzugreifen und somit Pfade relativ zum Ort der tatsächlichen Verarbeitung auf dem Server anzugeben.

Ermitteln, wie viele Benutzer online sind und wie oft eine Seite abgerufen wurde

Innerhalb jeder Seite und jedes Controls haben Sie die Möglichkeit, auf eine Instanz der `HttpContext`-Klasse zuzugreifen. Im Folgenden soll demonstriert werden, wie Sie innerhalb der *global.asax* eine Information hinterlegen, auf die Sie in einem untergeordneten User Control der ausführenden Seite zugreifen.

Dieses Vorgehen soll anhand einer beliebten Problemstellung demonstriert werden: Wie viele Benutzer sind momentan online und wie oft wurde die aktuelle Seite abgerufen?

Die Ermittlung dieser Informationen muss innerhalb der *global.asax.vb*-Datei stattfinden, denn nur dort kann ermittelt werden, wann eine Session beginnt und wann sie endet. Ebenso bietet sie sich für die Ermittlung der Anzahl der Zugriffe auf eine bestimmte Seite an, denn bei der Verarbeitung jeder *aspx*-Seite einer Applikation erfolgt zunächst das Einbinden der global.asax.

Sehen wir uns deshalb zunächst den Code innerhalb der *global.asax.vb*-Datei an:

```
Imports System.Web
Imports System.Web.SessionState
Imports System.Collections.Specialized

Namespace codebook.aspnet.vb.Controls.Context

   Public Class Global
      Inherits System.Web.HttpApplication

      Private Shared intUsersOnline As Int32 = 0
      Private Shared objAccesses As New _
         NameValueCollection

      Sub Session_Start( _
         ByVal sender As Object, ByVal e As EventArgs)

         ' --------------------------------
         ' Anzahl der aktiven Benutzer erhöhen
         ' --------------------------------
         Me.intUsersOnline += 1
         Session.Timeout = 5
      End Sub

      Sub OnPreRequestHandlerExecute( _
         ByVal sender As Object, ByVal e As EventArgs) _
         Handles MyBase.PreRequestHandlerExecute

         ' ----------------------------------------
         ' Daten zum Context hinzufügen
         ' ----------------------------------------
         Context.Items.Add("UsersOnline", Me.intUsersOnline)
         Context.Items.Add("AccessCount", _
            Me.objAccesses.Item(Me.Request.Url.AbsolutePath))

      End Sub

      Sub Application_BeginRequest( _
         ByVal sender As Object, ByVal e As EventArgs)
```

Listing 427: Global.asax.vb für das Ermitteln der Zugriffe und der derzeit aktiven Benutzer

```
        Dim strCurrentUrl As String = _
           Request.Url.AbsolutePath.ToString

        ' -------------------------------------
        ' Überprüfen, ob die Seite bereits ab-
        ' gerufen worden ist, und Erhöhen des
        ' Zählers
        ' -------------------------------------
        If IsNothing(Me.objAccesses.Item(strCurrentUrl)) Then
           Me.objAccesses.Add(strCurrentUrl, 0)
        End If
        Dim intCurrentAccessCount As Int32 = _
           Me.objAccesses.Item(strCurrentUrl)
        intCurrentAccessCount += 1
        Me.objAccesses.Item(strCurrentUrl) = _
           intCurrentAccessCount
     End Sub

     Sub Session_End( _
        ByVal sender As Object, ByVal e As EventArgs)

        ' -------------------------------------
        ' Anzahl der aktuell aktiven Benutzer
        ' verringern
        ' -------------------------------------
        If Me.intUsersOnline > 0 Then
           Me.intUsersOnline -= 1
        Else
           Me.intUsersOnline = 0
        End If
     End Sub

  End Class

End Namespace
```

Listing 427: Global.asax.vb für das Ermitteln der Zugriffe und der derzeit aktiven Benutzer (Forts.)

Die Klasse definiert zwei Objekte, die den Zugriffsmodifier `Shared` besitzen. Dies bedeutet, dass dieses Objekte zwischen verschiedenen Requests ihren Wert behalten und somit bei jedem Zugriff nicht neu initialisiert werden müssen.

Das Zählen der aktiven Sessions erfolgt innerhalb der Methoden `Session_Start` und `Session_End`. Beide werden am Anfang beziehungsweise am Ende des Lebenszyklusses einer Session eingebunden und erlauben es somit, nachzuvollziehen, wie viele aktive Sessions momentan innerhalb der Applikation existieren.

Die Verwendung dieser Methoden setzt allerdings voraus, dass das Timeout der Sessions niedrig eingestellt ist, da eine Session bei Verwendung der Standardeinstellungen erst zwanzig Minuten nach der letzten Aktion des Browsers auf dem Server abläuft und die erfassten Werte somit relativ ungenau sein können. Es empfiehlt sich, mit Hilfe von `Session.Timeout` ein Session-Timeout von fünf bis zehn Minuten einzustellen, so wie es in der Methode Session_Start auch geschehen ist.

Das Zählen der Zugriffe auf eine bestimmte Seite der Applikation erfolgt anhand der AbsolutePath-Eigenschaft des angeforderten URL. Diese Eigenschaft enthält den kompletten URL, den der Benutzer im Browser eingegeben hat, allerdings ohne die eventuell vorhandenen QueryString-Parameter, so dass eine Auswertung anhand des Dateinamens der Ressource erfolgen kann. Sollte der so ermittelte URL nicht schon einmal aufgerufen worden sein, so ist er in der NameValueCollection objAccesses nicht vorhanden und wird mit einem Wert von 0 hinzugefügt. Anschließend wird dieser Wert um eins erhöht, so dass die Anzahl der tatsächlichen Abrufe der Ressource ermittelt worden ist.

Innerhalb des Handlers für das PreRequestHandlerExecute-Ereignisses, das direkt vor dem eigentlichen Weitergeben der Kontrolle an die angeforderte Seite geworfen wird, werden die ermittelten Werte mit Hilfe des Context-Objekts erfasst und stehen während der Abarbeitung der aktuellen Anforderung auf untergeordneten Seiten zur Verfügung.

Im Zuge dieser Abarbeitung wird auf der angeforderten Seite ein User Control eingebunden, das die im Context enthaltenen Werte ausgibt. Sehen wir uns dieses User Control etwas genauer an:

```
<%@ Control Language="vb"
   AutoEventWireup="false"
   Codebehind="SimpleStatistics.ascx.vb"
   Inherits="codebook.aspnet.vb.Controls.Context.SimpleStatistics"
%><table cellpadding="3" cellspacing="0" border="0">
   <tr>
      <td>Nutzer online: </td>
      <td><%# UserOnline %></td>
   </tr>
   <tr>
      <td>Abrufe dieser Seite bisher: </td>
      <td><%# AccessCount %></td>
   </tr>
</table>
```

Listing 428: User Control zur Ausgabe der Statistik (SimpleStatistics.ascx)

Im Frontend-Bereich des Controls werden zwei im CodeBehind-Bereich definierte Methoden mit Hilfe der Datenbindungs-Syntax aufgerufen. Diese Methoden formatieren die von der global.asax ermittelten Werte und geben sie anschließend zurück.

Das Abrufen dieser Werte aus dem Context-Objekt erfolgt in der Methode Page_Load des User Controls:

```
Namespace codebook.aspnet.vb.Controls.Context

   Public Class SimpleStatistics
```

Listing 429: Abrufen der Werte aus dem Context (SimpleStatistics.ascx.vb)

```
      Inherits System.Web.UI.UserControl

      Private intUsersOnline As Int32 = 1
      Private intAccessCount As Int32 = 1

      Protected Function UserOnline() As String
         Return Me.intUsersOnline.ToString("00")
      End Function

      Protected Function AccessCount() As String
         Return Me.intAccessCount.ToString("00")
      End Function

      Private Sub Page_Load( _
         ByVal sender As Object, ByVal e As EventArgs) _
         Handles MyBase.Load

         If Not IsNothing(Context.Items("UsersOnline")) Then
            Me.intUsersOnline = CType( _
               Context.Items("UsersOnline"), Int32)
         End If
         If Not IsNothing(Context.Items("AccessCount")) Then
            Me.intAccessCount = CType( _
               Context.Items("AccessCount"), Int32)
         End If
         Me.DataBind()
      End Sub

   End Class

End Namespace
```

Listing 429: Abrufen der Werte aus dem Context (SimpleStatistics.ascx.vb) (Forts.)

Aus Sicherheitsgründen wird bei beiden Werten zunächst geprüft, ob sie überhaupt im `Context` vorhanden sind. Dies ist sinnvoll, da es aufgrund einer fehlerhaften Konfiguration der Anwendung im IIS durchaus vorkommen kann, dass nicht die erwartete *global.asax*-Datei, sondern eine *global.asax*-Datei einer übergeordneten Applikation ausgeführt wird. Sollten die Werte vorhanden sein, erfolgt ein Casting in den Datentyp `Integer` und die Zuweisung zu den lokalen Variablen. Anschließend können die Werte mit Hilfe der beiden Funktionen `UserOnline` und `AccessCount` formatiert ausgegeben werden.

Das Einbinden des Controls in eine Seite gestaltet sich nun nicht mehr allzu schwierig:

```
<%@ Page Language="vb"
   AutoEventWireup="false"
   Codebehind="UsingContext.aspx.vb"
   Inherits="codebook.aspnet.vb.Controls.Context.UsingContext"%>
<%@ Register TagPrefix="cb"
```

Listing 430: Einbindung des Controls zur Anzeige der Statistik (SimpleStatistics.aspx)

```
    TagName="UsageControl"
    Src="SimpleStatistics.ascx"
%>
<!DOCTYPE HTML PUBLIC "-//W3C//DTD HTML 4.0 Transitional//EN">
<HTML>
  <HEAD>
    <title>UsingContext</title>
  </HEAD>
  <body>
    <form id="Form1" method="post" runat="server">
      <h3>Beispielseite</h3>
      <h4>Diese Beispielseite hat keine wirkliche Funktionalität.
         Sie dient lediglich dazu, die Verwendung des
         HttpContext-Objekts zu demonstrieren.</h4>
      <p>Zu diesem Zweck erscheint gleich unterhalb dieses Texts
         eine Information darüber, wie viele Benutzer online sind
         und wie oft diese Seite aufgerufen worden ist.</p>
      <cb:UsageControl runat="Server" ID="objUsage"/>
    </form>
  </body>
</HTML>
```

Listing 430: Einbindung des Controls zur Anzeige der Statistik (SimpleStatistics.aspx) (Forts.)

Auf den Code-Bereich muss an dieser Stelle nicht weiter eingegangen werden. Wenn Sie die Seite im Browser aufrufen, sollten Sie eine Ausgabe ähnlich der folgenden erhalten:

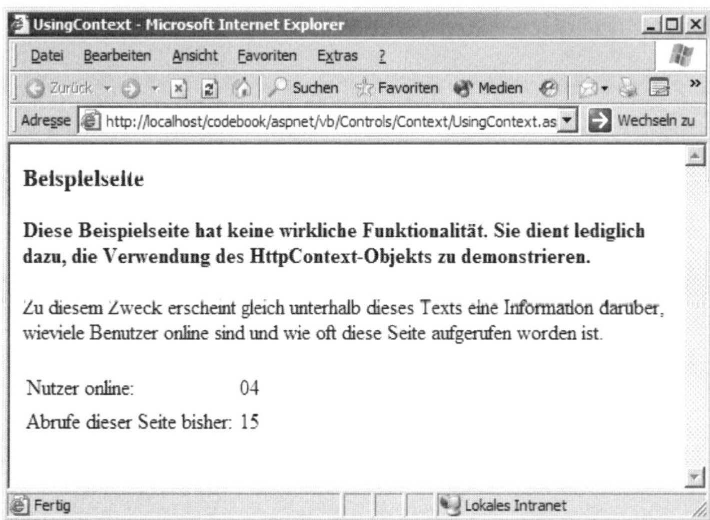

Abbildung 126: Ausgabe nach mehrfachem Aufruf der Seite

Kontext einer Applikation in eigenen Klassen

Manchmal benötigen Sie auch innerhalb eigener Klassen einen Zugriff auf die Daten und den Ausgabestrom eine Webseite. Dies ist mit Hilfe des Kontextes der Web-Applikation sehr einfach zu bewerkstelligen, wie folgendes Beispiel – eine Erweiterung der weiter oben demonstrierten Statistik – beweist.

Sehen wir uns zunächst die verwendete Klasse ein wenig näher an:

```
Imports System.Web

Namespace codebook.aspnet.vb.Controls.Context

  Public Class StatisticLoader

    Private Shared Function GetContext() As HttpContext
      Dim objResult As HttpContext = _
        HttpContext.Current
      If Not IsNothing(objResult) Then
        Return objResult
      End If
      Return Nothing
    End Function

    Public Shared Function UserOnline() As Int32
      Dim intResult As Int32 = 1
      If Not IsNothing(GetContext) Then
        If Not IsNothing(GetContext.Items("UsersOnline")) Then
          intResult = CType(GetContext.Items("UsersOnline"), _
            Int32)
        End If
      End If
      Return intResult
    End Function

    Public Shared Function AccessCount() As Int32
      Dim intResult As Int32 = 1
      If Not IsNothing(GetContext) Then
        If Not IsNothing(GetContext.Items("AccessCount")) Then
          intResult = CType(GetContext.Items("AccessCount"), _
            Int32)
        End If
      End If
      Return intResult
    End Function

  End Class

End Namespace
```

Listing 431: Klasse im Kontext der aktuellen Web-Applikation (StatisticLoader.vb)

Basics
Datenbank
I/O
Validierung
Controls
Http-Handler
Netzwerk
Grafik
Tracing
Security

Die Klasse verfügt über zwei öffentliche und eine private Methode, die als `Shared` gekennzeichnet sind. Die beiden öffentlichen Methoden `UserOnline` und `AccessCount` geben die Anzahl der derzeit aktiven Benutzer und der Zugriffe auf die aktuelle Seite seit Start der Applikation zurück. Zu diesem Zweck greifen sie auf die interne Methode `GetContext` zurück, die – soweit verfügbar – eine Instanz der `HttpContext`-Klasse zurückgibt. Mit Hilfe dieses `Context`-Objekts können nun die in der *global.asax* hinterlegten Informationen zu den Zugriffszahlen abgerufen und bei Vorhandensein zurückgegeben werden.

Die Darstellung dieser Informationen erfolgt wie beim letzten Beispiel in einem User Control:

```
<%@ Control Language="vb"
   AutoEventWireup="false"
   Codebehind="AdvancedStatistics.ascx.vb"
  Inherits="codebook.aspnet.vb.Controls.Context.AdvancedStatistics"
%><table cellpadding="3" cellspacing="0" border="0">
   <tr>
      <td>Nutzer online: </td>
      <td><%# UserOnline %></td>
   </tr>
   <tr>
      <td>Abrufe dieser Seite bisher: </td>
      <td><%# AccessCount %></td>
   </tr>
</table>
```

Listing 432: Frontend des User Controls zur Darstellung der Statistik-Informationen (AdvancedStatistics.ascx)

Im CodeBehind-Bereich des Controls werden die Informationen nun ausgelesen und dem Frontend-Bereich per Datenbindung zur Verfügung gestellt:

```
Namespace codebook.aspnet.vb.Controls.Context

   Public Class AdvancedStatistics
      Inherits System.Web.UI.UserControl

      Protected Function UserOnline() As String
         Return StatisticLoader.UserOnline.ToString("00")
      End Function

      Protected Function AccessCount() As String
         Return StatisticLoader.AccessCount.ToString("00")
      End Function

      Private Sub Page_Load( _
         ByVal sender As Object, ByVal e As EventArgs) _
         Handles MyBase.Load
```

Listing 433: Abruf der Informationen aus der Statistik-Klasse (AdvancedStatistics.ascx.vb)

```
            Me.DataBind()
        End Sub

    End Class

End Namespace
```

Listing 433: Abruf der Informationen aus der Statistik-Klasse (AdvancedStatistics.ascx.vb) (Forts.)

Innerhalb der `Page` erfolgt die Einbindung des Controls wieder wie im letzten Beispiel:

```
<%@ Page Language="vb"
    AutoEventWireup="false"
    Codebehind="UsingContextAdv.aspx.vb"
    Inherits="codebook.aspnet.vb.Controls.Context.UsingContextAdv"%>
<%@ Register TagPrefix="cb"
    TagName="UsageControl"
    Src="AdvancedStatistics.ascx"
%>
<!DOCTYPE HTML PUBLIC "-//W3C//DTD HTML 4.0 Transitional//EN">
<html>
  <head>
    <title>UsingContextAdv</title>
  </head>
  <body>
    <form id="Form2" method="post" runat="server">
      <h3>Beispielseite</h3>
      <h4>Diese Beispielseite hat keine wirkliche Funktionalität.
         Sie dient lediglich dazu, die Verwendung des
         HttpContext-Objekts in einer Klasse zu demonstrieren.</h4>
      <p>Zu diesem Zweck erscheint gleich unterhalb dieses Texts
         eine Information darüber, wie viele Benutzer online sind
         und wie oft diese Seite aufgerufen worden ist.</p>
      <cb:UsageControl runat="Server" ID="objUsage"/>
    </form>
  </body>
</html>
```

Listing 434: Einbindung des Statistik-Controls (UsingContextAdv.aspx)

Da im CodeBehind-Bereich keine weitere Verarbeitung stattfindet, kann auf das Auflisten des Codes hier verzichtet werden.

Wenn Sie die Datei mehrmals im Browser abrufen, sollten Sie eine Ausgabe ähnlich der folgenden erhalten:

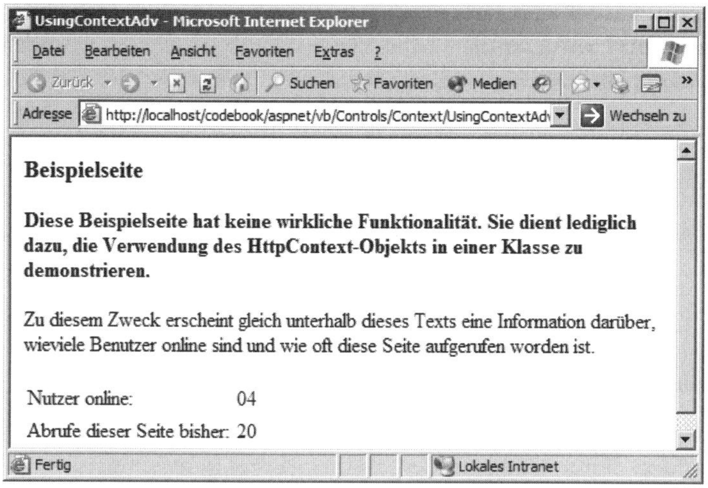

Abbildung 127: Statistik-Funktion mittels HttpContext

224 Performance und Skalierbarkeit

Nichts ist ärgerlicher als eine mit großem Aufwand entwickelte Applikation, die im tatsächlichen Betrieb nicht performant genug läuft. ASP.NET bietet einige Ansätze, um die Performance Ihrer Applikation zu steigern und zu überwachen. Der folgende Abschnitt soll sich zunächst um grundsätzliche Vorüberlegungen und Design-Strategien für Ihre Applikation drehen, damit sichergestellt werden kann, dass mit einem Minimum an Aufwand ein Maximum an Leistung erziehlt werden kann.

Performance-Optimierung von Applikationen

Um die Performance Ihrer Web-Applikationen zu erhöhen, können Sie zu einigen – teilweise sicherlich auch unpopulären – Maßnahmen greifen:

Sessions

Verzichten Sie auf Sessions, wo sie nicht zwingend benötigt werden. Oftmals können einfache Name-Wert-Paare auch bequem in temporären Cookies gespeichert werden.

Nutzen Sie – wenn Ihre Anwendung nicht im Cluster läuft – den *In-Process*-Session-Modus und verzichten Sie auf das Speichern der Session auf einem eigenständigen Server oder in einer Datenbank.

Verzichten Sie wo möglich auf die cookielose Session-Variante. Diese bietet zwar Vorteile im Hinblick darauf, dass viele Benutzer temporäre Cookies aus Angst vor Datenspionage deaktiviert haben, verbraucht aber aufgrund des dann stattfindenden URL-Rewritings deutlich mehr Performance.

Verzichten Sie beim Einsatz von Sessions auf das Speichern von komplexen Objekten in der Session. Diese Objekte müssen serialisiert werden, bevor sie im Session-Kontext gespeichert werden können – dies ist ein Zeitaufwand, der vermieden werden sollte.

Definieren Sie ein so kurzes *Session-Timeout* wie möglich und für Ihre Applikation sinnvoll. Je kürzer das Timeout ist, umso größer ist die Chance für den Garbage Collector, schnell unbenötigte Ressourcen, die im Rahmen des `Session`-Kontextes hinterlegt worden sind, zu beseitigen.

JavaScript, PostBacks, Controls und ViewState

Verwenden Sie so viel JavaScript wie möglich, wenn sich dadurch Round-Trips zum Server vermeiden lassen. Selbstverständlich sollten Sie Fall-Back-Möglichkeiten berücksichtigen, falls ein Benutzer JavaScript deaktiviert hat.

Setzen Sie die `Page.IsPostBack`-Eigenschaft ein. Prüfen Sie mit ihrer Hilfe, ob ein Round-Trip zum Server stattgefunden hat, und vermeiden Sie so doppelte Initialisierungen von Controls, mehrfache Abrufe von Daten oder unnötige Datenbindungen.

Setzen Sie nur dort HTML- und Server Controls ein, wo es zwingend nötig ist, da die Standard-HTML-Elemente auf dem Server nicht gerendert und verarbeitet werden müssen.

Überlegen Sie gründlich, welche datengebundenen Controls Sie wo einsetzen. Zwar ist beispielsweise das `DataGrid` das am bequemsten einzusetzende Control, wenn es um die Visualisierung von Datensätzen geht, allerdings bedeutet sein Einsatz auch einen äußerst hohen serverseitigen Aufwand für das Bereitstellen der vielen angenehmen Features. Investieren Sie lieber etwas mehr Aufwand in das Anpassen von einfacheren datengebundenen Controls an Ihre Bedürfnisse (etwa `Repeater`) und ernten Sie später die Früchte in Form einer deutlich höheren Performance.

Verwenden Sie den `ViewState` von Controls und `Pages` nur dort, wo es tatsächlich nötig ist. Sollten Sie ihn einsetzen, empfiehlt sich das Speichern des ViewStates auf dem Server (ein Beispiel dazu finden Sie weiter oben in diesem Kapitel), da somit weniger Daten von und zum Client übertragen werden müssen.

Exception-Handling

Verzichten Sie auf den Einsatz von Exceptions zum Behandeln von Fehlern, die sich auch mit einer vorherigen Plausibilitätsprüfung abfangen lassen. Prüfen Sie beispielsweise vor Divisionen, ob sie durch eine Zahl ungleich `NULL` teilen. Jede Exception, die auftritt, verlangsamt den Programmablauf enorm.

Sorgen Sie im Gegenzug aber dennoch dafür, dass kritische Elemente Ihrer Applikation (Datei- oder Datenbank-Zugriffe) in `Try-Catch`-Blöcken stehen und die erwarteten Exceptions abfangen können. Fangen Sie trotzdem nur definierte Exceptions – beispielsweise eine `SqlException` beim Öffnen einer Datenbankverbindung – und keine allgemeinen Ausnahmen ab, da diese Ausnahmen auch beim Herunterfahren eines Systems oder dem Auftreten von Speichermangel generiert und vom Framework selbst behandelt werden müssen. Wenn Sie diese Exceptions alle auffangen würden – beispielsweise, indem Sie alle Statements einer Methode innerhalb eines `Try-Catch`-Block schrieben –, dann würde sich Ihre Applikation schnell in einem undefinierten Zustand befinden können und Datenverluste oder verärgerte Benutzer wären die unschöne Folge.

Verabschieden Sie sich bitte unbedingt vom Gedanken, dass Exceptions lediglich Ausnahmefälle darstellen und aus diesem Grund die Arbeit mit Exceptions lediglich eine bequemere

Form des Überprüfens sei: Exceptions weisen auf Ausnahmebedingungen hin und dienen der Behandlung von Vorgängen und Fehlern, die einen geordneten Ablauf der Applikation verhindern. Investieren Sie lieber mehr Zeit in das Prüfen von Daten und Objekten als in das Abfangen von Fehlern, die bei deren ungeprüfter Verwendung entstehen und aus reiner Bequemlichkeit ignoriert worden sind.

Server.Transfer, Server.Execute und Response.Redirect

Verwenden Sie `Server.Transfer` oder `Server.Execute` statt `Response.Redirect`. Die beiden erstgenannten Weiterleitungsmethoden arbeiten rein serverseitig – es findet nach wie vor nur ein einzelner `Request` statt. `Response.Redirect` dagegen sorgt für eine Weiterleitung des Clients auf eine neue Ressource und somit auch für höhere Serverlast, da mindestens zwei Requests bearbeitet werden müssen.

COM-Komponenten

Versuchen Sie, auf externe COM-Komponenten weitestgehend zu verzichten. Der Einsatz dieser externen Komponenten ist zwar in Migrationsszenarien oftmals unverzichtbar, dennoch sollte bedacht werden, dass bei jedem Aufruf einer Methode einer COM-Komponente ein großer Overhead entsteht – Variablen müssen konvertiert, externe Ressourcen identifiziert und die Komponente im Kontext der aktuellen Applikation eingebunden werden. Gänzlich verzichten sollten Sie auf so genannte STA-COM-Komponenten, da diese Komponenten *Single-Threaded* laufen und somit sowohl ein Performance- als auch ein potentielles Sicherheitsrisiko darstellen.

Schichten und Architektur

Entwickeln Sie im Vorfeld der eigentlichen Umsetzung ein detailliertes Schichtenmodell. Je genauer Sie die verschiedenen Schichten Ihrer Applikation trennen, desto größer sind die Möglichkeiten einer erfolgreichen Performance-Optimierung und desto besser ist die Wartbarkeit. Machen Sie sich mit einem Drei-Schichten-Ansatz vertraut:

- Datenschicht: Dies ist Ihre Datenbank. Diese Datenbank verfügt im Hinblick auf gute Performance über sinnvoll gesetzte Indizes und stellt Ihrer Businessschicht – soweit möglich und im Sinne einer eventuellen Portierbarkeit der Applikation sinnvoll – optimierte Stored-Procedures und User-defined-Functions zur Verfügung.
- Businessschicht: Diese Schicht ist für den Zugriff auf die Datenschicht nötig. Sie liefert anhand von Methoden und Interfaces die benötigten Daten in Form von Objekten und sorgt für die Aktualisierung von geänderten Daten. Sie beinhaltet außerdem die benötigte Logik für die Ausführung der Applikation.
- Layoutschicht: Hier werden die von der Businessschicht gelieferten Daten visualisiert. Die Layoutschicht selbst hat keinen direkten Zugriff auf die Datenbank – SQL-Statements haben hier nichts verloren! Das Ergebnis der Visualisierung wird gerendert und an den Browser zur Anzeige geschickt.

Verzichten Sie auf den Einsatz von WebServices, wo es möglich ist. WebServices können zwar Bestandteil einer Businessschicht sein, sollten aber nur dort eingesetzt werden, wo es nicht anders möglich ist, da jeder Zugriff auf eine Methode eines WebServices über HTTP geführt und im Rahmen eines SOAP-Requests stattfindet. Beides sorgt für einen oftmals unnötigen

Overhead auf den beteiligten Servern, zumal auch noch die Latenzzeiten beim Aufbau einer HTTP-Verbindung, beim Senden und Empfangen der Daten und beim Umwandeln der Antwort des WebServices aus einem SOAP-XML-Dokument für zusätzlichen Zeitaufwand sorgen.

Verzichten Sie auch darauf, in Ihrer Businessschicht die verwendeten *DataProvider* für den Zugriff auf eine Datenbank fest zu hinterlegen und nur noch mit den von diesen Datenprovidern angebotenen Objekten zu arbeiten. Im Kapitel über Datenbank-Zugriffe finden Sie eine Implementierung einer Factory für die Verwendung verschiedener Datenprovider, die Sie in Ihren Applikationen einsetzen sollten.

Datenbank-Design und -Zugriff

Versuchen Sie, im Rahmen des Einsatzszenarios Ihrer Applikation und der möglichen Zielplattformen so viel Daten-Verarbeitungslogik in die Datenbank wie möglich auszulagern. Verwenden Sie sinnvolle Indizes und Primärschlüssel, setzen Sie Stored-Procedures und User-Defined-Functions ein, da diese innerhalb der Datenbank kompiliert und somit optimiert werden können.

Verzichten Sie ebenfalls auf den Einsatz von `DataAdaptern` und `DataSets`. Oftmals erledigen simple `DataReader` mit einem vorwärtsgerichteten Ansatz die gleichen Aufgaben schneller und somit performanter. `DataAdapter` und `DataSets` bedeuten für eine Web-Applikation, auf die mehrere Benutzer gleichzeitig zugreifen, oftmals einen unnötig hohen Ressourcenaufwand.

Versuchen Sie, ein eventuelles `Paging` von Datensätzen nicht über `DataSets` und `DataGrids` abzuwickeln. Hinterlegen Sie zu diesem Zweck lieber innerhalb Ihrer Businesslogik angepasste SQL-Statements oder schreiben Sie User-Defined-Functions beziehungsweise Stored Procedures für Ihr Datenbank-System, die Ihnen die benötigten Funktionalitäten implementieren.

Optimieren Sie Ihre SQL-Statements. Verzichten Sie auf den Einsatz von SELECT * FROM <Tabelle>-Klauseln, sondern geben Sie in den Statements immer nur die Felder an, auf die Sie tatsächlich zugreifen wollen.

Hinterlegen Sie die `Connection`-String-Parameter für die verwendete Datenbank-Verbindung in einer zentralen Konfigurationsdatei, etwa der *Web.config*. Verzichten Sie darauf, diese Statements direkt innerhalb Ihrer Businesslogik abzulegen.

Verwenden Sie ein Factory-Modell für den Zugriff auf verschiedenste Datenbank-Systeme und arbeiten Sie mit den Interfaces, die die verwendeten DataProvider unterstützen müssen. Mit Hilfe einer Factory können Sie den für das verwendete Datenbank-System optimalen Datenprovider ansprechen und bei Verwendung der `IDb`- und `IData`-Interfaces statt der providerspezifischen Methoden bleiben Sie flexibel in der Auswahl des Datenbank-Providers und müssen beim Wechsel des Providers nicht zwingend weite Teile Ihrer Applikation überarbeiten. Mehr zu diesem Thema finden Sie in diesem Buch im Kapitel über Datenbank-Zugriff.

Caching

Grundsätzlich sollte für jede Applikation gelten: Aktivieren Sie Caching, wo auch immer es geht. Sicherlich gibt es verschiedene Einsatzszenarien, in denen ein Caching nicht zielführend oder kontraproduktiv sein könnte, in der Regel finden sich aber genügend Punkte, an denen Daten eigentlich nur statisch ausgegeben werden.

Basics
Daten-bank
I/O
Validie-rung
Controls
Http-Handler
Netz-werk
Grafik
Tracing
Security

Empfehlenswert ist nicht unbedingt ein Caching auf `Page`-Ebene – oftmals reicht es aus, datengebundene Controls in User- oder Custom Controls auszulagern und für diese Controls ein Caching zu aktivieren. Im Vorfeld dieses OutputCachings sollte idealerweise ein Application-Data-Caching stattfinden – gerade bei großen und umfangreichen Rückgaben von Datenbank-Abfragen lässt sich die Performance oftmals frappierend steigern.

Einen Einblick in die Verwendung von Output- und Application-Data-Caching gewährt der Abschnitt Caching in diesem Kapitel.

Debugging und Tracing

Während der Entwicklungsarbeit sind Debugging und Tracing unverzichtbare Bestandteile der Tätigkeit. Beim Produktivsetzen einer Applikation sollten beide Elemente deaktiviert werden – zu groß wären die Performance-Einbußen, wenn für jeden Zugriff auf ein Element zunächst ein Debug- oder Trace-Log geschrieben werden würde.

Im Visual Studio .NET sollten Sie aus diesem Grund daruf achten, dass Sie die betreffenden Assemblies im Release-Modus kompilieren. Wenn Sie von der Kommandozeile aus arbeiten, sollten Sie auf den Parameter */debug* bei der Kompilierung verzichten.

Sie sollten den Debug-Modus ebenfalls in den web.config- und machine.config-Dateien auf dem Zielsystem deaktivieren. Setzen Sie zu diesem Zweck das *debug*-Attribut im *compilation*-Knoten auf `False`. Sollten Sie eine Applikation debuggen müssen, sollte dies ohnehin auf einem anderen als dem Produktiv-System geschehen.

Hardware und Betriebssystem

Je nach Last und Einsatzbereich Ihrer Applikation sollten Sie die Produktiv-Server so großzügig wie möglich mit Hardware-Ressourcen ausstatten. Das Minimum sollten Pentium III-Prozessoren mit etwa 550 MHz, 256 MB Arbeitsspeicher und eine 10 GByte IDE-Festplatte darstellen. Schon beim Betrieb von zwei oder mehreren Applikationen und entsprechenden Zugriffszahlen sollten Sie sich überlegen, ein derartig ausgerüstetes System zumindest beim Arbeitsspeicher auf mindestens 512 MB RAM aufzurüsten.

Eine empfehlenswerte Konfiguration verfügt über Minimum 512 MB Arbeitsspeicher, einen Pentium III oder IV-Server-Prozessor (wobei an dieser Stelle keine Festlegung auf Intel-basierende Prozessoren getroffen werden soll – es können selbstverständlich auch AMD Athlon-Prozessoren zum Einsatz kommen) und 20 GByte an Festplatten-Platz.

Generell gilt beim Einsatz von Hardware: Viel hilft viel. Zwar kann auch noch so ausgeklügelte Hardware nicht die grundlegenden Design-Fehler einer Applikation beheben, aber sie gibt Ihnen die Kapazitäten, die Sie benötigen, um auf steigende Lastzahlen und Anforderungen souverän reagieren zu können. Wenn Sie wissen, dass Ihre Applikation hoher Last ausgesetzt sein wird, sollten Sie auf Systeme mit Dual- oder Quad-Server-Prozessoren, mehreren SCSI-Festplatten (eventuell im RAID) und ab einem GByte Arbeitsspeicher aufwärts setzen.

Überlegen Sie sich auch den Einsatz von Clustern und Proxy-Servern. Je nach Applikation kann es sinnvoll sein, im Sinne von Lastverteilung und Ausfallsicherheit auf verteilte Systeme zu setzen. Sie können mit Hilfe von externen Load-Balancern auch bei Nichteinsatz eines direkt clusterfähigen Betriebssystems eine sinnvolle Lastverteilung Ihrer Applikation und einen gewissen Ausfallschutz erreichen. Proxy-Server übernehmen das Zwischenspeichern des generierten Outputs, so dass die Belastung des Systems, auf dem Ihre Applikation läuft, verringert werden kann. Wenn Sie Windows 2000 Advanced Server einsetzen, können Sie prinzipiell auf externe Load-Balancing- und Cluster-Software verzichten.

Das eigentliche Betriebssystem, auf dem Ihre Applikation läuft, sollte so weit als möglich abgespeckt sein – deaktivieren Sie alle nicht benötigten Dienste und Protokolle und optimieren Sie die Webserver- und System-Einstellungen auf die Ausführung Ihrer Applikationen. Überlegen Sie sich auch, ob Sie Datenbank, Mail- und FTP-Server nicht auf dedizierte Systeme auslagern. Beachten Sie auch, dass das umgebende Netzwerk störungsfrei und schnell arbeiten sollte.

Für den Einsatz von Applikationen, die nicht im Cluster laufen oder auf Load-Balancing verzichten, reicht in der Regel Windows 2000 Server oder Windows 2003 WebServer beziehungsweise Standard Server Edition völlig aus. Setzen Sie mehr als zwei Prozessoren ein, empfiehlt sich der Verzicht auf die WebServer-Edition von Windows 2003. Ab vier Prozessoren aufwärts sollten Sie auf die Advanced Server Editionen von Windows 2000 oder Windows 2003 zurückgreifen.

Applikationseinstellungen

Optimieren Sie die *Web.config*- und *machine.config*-Dateien des Systems, auf dem Ihre Applikation laufen wird. Entfernen Sie alle nicht zwingend benötigten HttpModule und -Handler. Deaktivieren Sie die Authentifizierung in *Web*- und *machine.config*, wenn Ihre Applikation darauf nicht zugreift oder Sie alternative Authentifizierungsmechanismen verwenden.

Optimieren Sie in der *machine.config*-Datei des betreffenden Systems die Einstellungen für die Worker- und IO-Threads per Prozessor. Diese Einstellungen legen fest, wie viele Threads maximal pro Prozessor zur Abarbeitung von HTTP-Requests (*Worker-Threads*) oder Zugriffen auf externe Ressourcen, etwa Datenbanken, WebServices oder Dateien im Filesystem (*IO-Threads*) stattfinden können. Experimentieren Sie mit diesen Werten während der Applikations-Entwicklung ein wenig herum und übernehmen Sie die gefundenen Einstellungen auf das Live-System. Bei Systemen mit mehr als vier Prozessoren sollten die Standard-Vorgaben ohnehin angepasst werden, da sie für Systeme mit weniger Prozessoren optimiert sind.

Zusammenfassung

Die vorgestellten Maßnahmen zur Steigerung der Performance und der Skalierbarkeit einer Applikation können sicherlich nicht alle auf einmal umgesetzt werden – und bei manch kleiner Applikation scheint sich eine Umsetzung auch auf den ersten Blick nicht zu lohnen. Dennoch sollten Sie die oben angeführten Ratschläge berücksichtigen und so weit als möglich umsetzen – hängt doch die Gesamtperformance eines Systems nicht von einer Applikation, sondern von allen auf dem Server laufenden Applikationen ab. Insofern kann es durchaus auch Sinn machen, »kleine« oder »unwichtige« Anwendungen gerade im Hinblick auf Caching zu optimieren – der so investierte Zeit- und Geldaufwand zahlt sich längerfristig in geringeren Anschaffungs- und Wartungskosten aus.

Sicherheit und Authentifizierung

Sicherheit ist ein allumfassendes Thema, auch und insbesondere bei Web-Applikationen. Sie umfasst nicht nur einen Verzeichnisschutz oder die Authentifizierung, sondern auch so grundsätzliche Dinge wie das Einspielen aktueller Patches und Servicepacks, das Deaktivieren von nicht zwingend benötigten Diensten, den Einsatz von Firewalls, den bedachten Umgang mit Daten und die Berücksichtigung von Sicherheitsaspekten beim Applikationsdesign.

Auf die letztgenannten Dinge soll an dieser Stelle nicht weiter eingegangen werden, gehören sie doch zum Grundwissen eines guten Administrators und eines guten Software-Entwicklers. Ihre Anwendung und Berücksichtigung sollte eine Selbstverständlichkeit sein.

in diesem Kapitel geht es primär um die Kniffe, mit denen Sie steuern können, wer wie woher auf Ihre Applikation zugreift. Themen sind IIS-basierte Authentifizierung, Forms-Authentication und einige kleine Tricks, die Ihnen bei der Lösung von häufig auftretenden Problemen helfen.

225 IIS: Verzeichniszugriff steuern

Mit Hilfe des IIS und der *NTFS*-Rechte (also der Verzeichnissystem-Berechtigungen) können Sie festlegen, welcher Benutzer welche Verzeichnisse einsehen kann. Angenommen, Sie wollen lediglich Benutzern der Gruppe Testnutzer Zugriff auf ein bestimmtes Verzeichnis und dessen Inhalt geben.

Um dies einzurichten, führen Sie folgende Schritte aus:

- Legen Sie die Gruppe und deren Mitglieder im System an. Öffnen Sie zu diesem Zweck das MMC-SnapIn Computerverwaltung, das sich über SYSTEMSTEUERUNG | VERWALTUNG aufrufen lässt, und legen Sie dort zunächst die neue Gruppe an. Anschließend können Sie die Benutzer erstellen und fügen diese über den Reiter Mitgliedschaft der neu angelegten Gruppe hinzu.
- Öffnen Sie den Windows Explorer und browsen Sie bis zu dem Verzeichnis, das Sie schützen möchten. Führen Sie auf dem Verzeichnisnamen einen Rechtsklick aus und wechseln Sie in den Reiter Sicherheit.
- Fügen Sie hier die Gruppe Testnutzer mit dem Recht Lesen hinzu. Entfernen Sie den Benutzer *IUSR_<servername>*. Entfernen Sie bitte auch alle anderen nicht benötigten Gruppen und Nutzer, insbesondere Jeder und Benutzer. Idealerweise sollten nur noch die Gruppen, die per Web Zugriff bekommen sollen, der Administrator des Systems und der ASP.NET-Benutzer Zugriff auf das Verzeichnis haben.

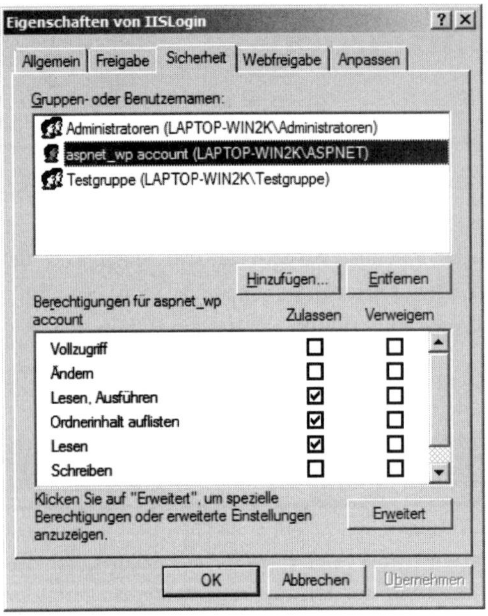

Abbildung 128: Nur noch Administratoren und die Gruppenmitglieder haben Zugriff

- Öffnen Sie nun den Internetdienste-Manager und hier die Eigenschaften des betreffenden Systems. Wählen Sie den Reiter Verzeichnissicherheit und klicken Sie im Bereich Steuerung des anonymen Zugriffs und der Authentifizierung auf die Schaltfläche BEARBEITEN.
- Entfernen Sie bei den erlaubten Zugriffsmethoden das Häkchen vor Anonymer Zugriff und erlauben Sie eine oder alle Formen des authentifizierten Zugriffs. Als Faustregel sollte dabei gelten, dass Sie in einem Intranet nur die Windows Authentifizierung erlauben. Sobald Sie aber mit anderen Browsern als dem Internet Explorer rechnen müssen, sollten Sie die Standardauthentifizierung (*Basic-Authentifizierung*) zulassen, da nur diese Authentifizierungsart auch von Netscape- oder Opera-Browsern beherrscht wird. Der große Nachteil der Basic-Authentifizierung besteht darin, dass bei diesem Vorgang die Benutzernamen unverschlüsselt übers Netz wandern und somit besonders leicht ausgespäht werden könnten (siehe Abbildung 129).
- Übernehmen Sie die Änderungen und rufen Sie nun die so geschützte Webseite ab. Ihr Browser sollte Ihnen jetzt eine Eingabebox für die Angabe von Benutzername und Passwort anbieten (siehe Abbildung 130).

Sollte der Benutzer von Windows ordnungsgemäß authentifiziert werden können, haben Sie die Möglichkeit, die von ihm angegebenen Informationen zu Benutzername und Passwort abzurufen:

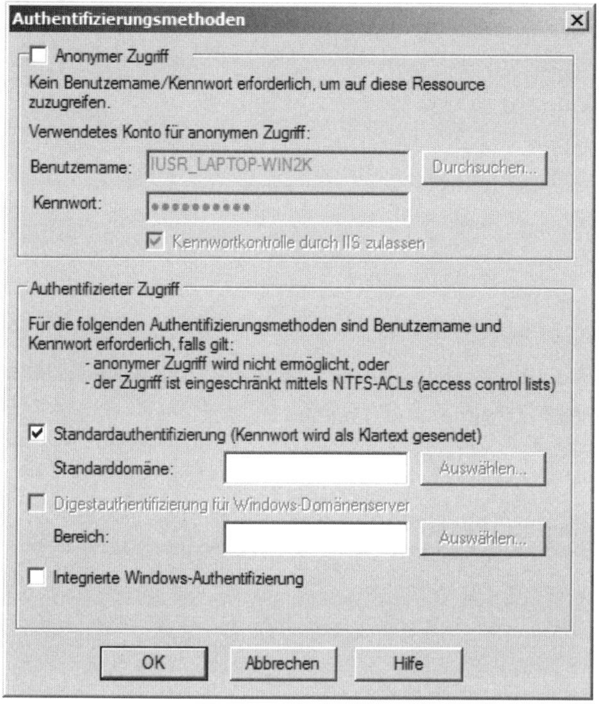

Abbildung 129: Benutzer müssen sich nun per Benutzername und Kennwort authentifizieren

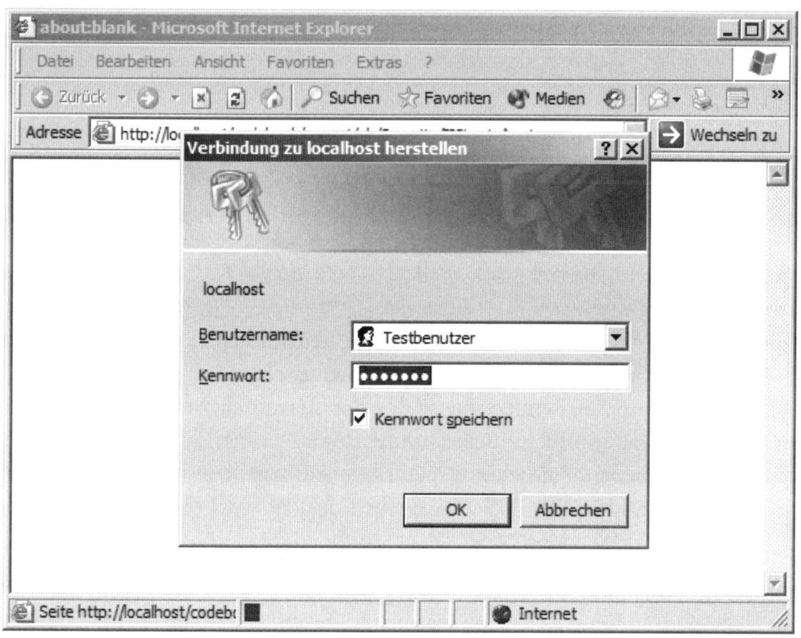

Abbildung 130: Der Benutzer muss sich nun anmelden

```
<%@ Page Language="vb" %>
<script runat="server">
   Function GetUser() As String
      Return Request.ServerVariables("LOGON_USER")
   End Function

   Function GetUserWithDomain() As String
      Return Request.ServerVariables("AUTH_USER")
   End Function

   Function GetPassword() As String
      Return Request.ServerVariables("AUTH_PASSWORD")
   End Function

   Sub Page_Load(ByVal sender As Object, ByVal e As EventArgs)
      DataBind()
   End Sub
</script>
<!DOCTYPE HTML PUBLIC "-//W3C//DTD HTML 4.0 Transitional//EN">
<html>
  <head>
    <title>IIS Login</title>
  </head>
  <body>
    <form id="Form1" method="post" runat="server">
      <h3>Willkommen <%# GetUser %>!</h3>
      <p>
         Sie sind angemeldet als
            <b><%# GetUserWithDomain %></b>
         und haben das Password
            <b><%# GetPassword %></b>
         verwendet.
      </p>
    </form>
  </body>
</html>
```

Listing 435: Anzeige der Login-Informationen eines Benutzers (Login.aspx)

Bei Aufruf des Scripts und erfolgreich ausgeführter Authentifizierung werden hier die Informationen zum Benutzer ausgegeben. Mit Hilfe des Schlüssels `LOGON_USER` der `Request.ServerVariables`-Auflistung kann der Benutzername des Users ermittelt werden. Der Schlüssel `AUTH_USER` liefert dagegen die komplette Bezeichnung des zur Anmeldung des Benutzers verwendeten Kontos. Wenn Sie die Anmeldung per Basic-Authentifizierung durchgeführt haben, erhalten Sie über den Schlüssel `AUTH_PASSWORD` auch das Passwort des Benutzers. Dies funktioniert allerdings nicht bei Windows- oder *Digest-Authentifizierung*.

Im Browser sollten Sie nun folgende Ausgabe erhalten:

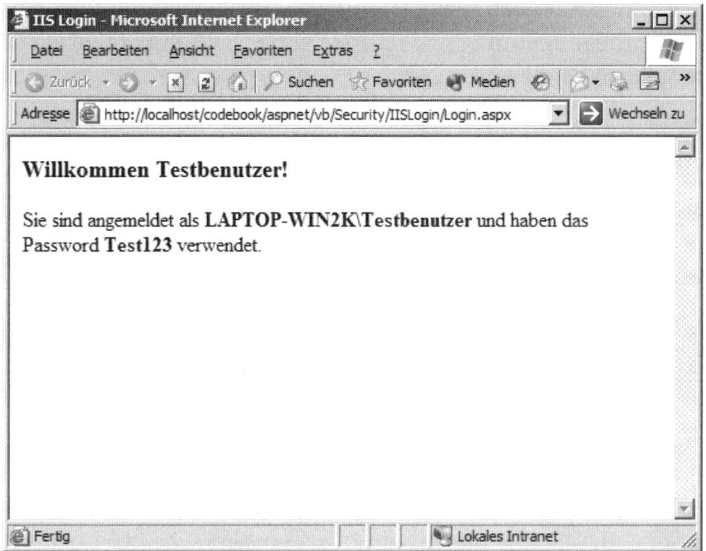

Abbildung 131: Ausgabe der durch den Browser übergebenen Benutzerinformationen

226 IIS: Unerwünschten Abruf von Dateien verhindern

Sie können mit Hilfe der NTFS-Berechtigungen auch sicherstellen, dass nur die ASP.NET-Web-Applikation auf ein bestimmtest Verzeichnis oder eine bestimmte Datei zugreifen darf:

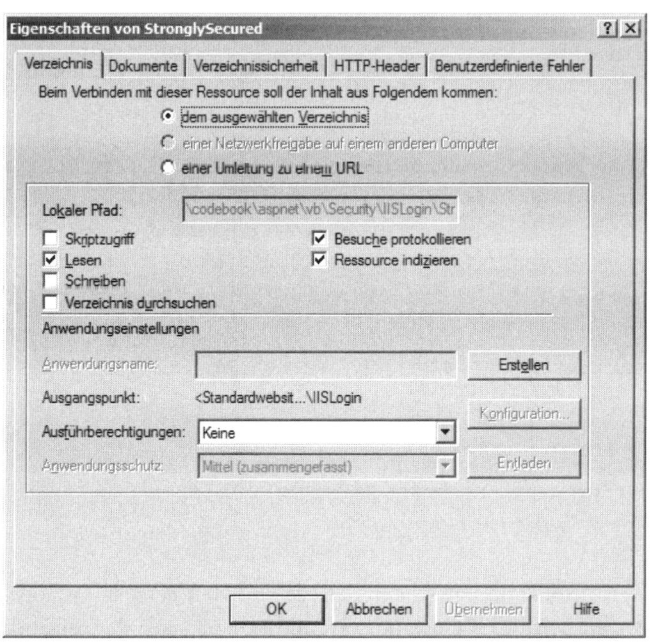

Abbildung 132: Jetzt darf niemand mehr auf das Verzeichnis zugreifen

- Geben Sie zunächst im Explorer nur noch dem ASP.NET-Benutzer (unter Windows 2003 der IIS_WPG-Gruppe) Zugriffsrechte auf das betreffende Verzeichnis. Entfernen Sie alle anderen Zugriffsrechte auf dem Verzeichnis.
- Setzen Sie die Ausführungsrechte des betreffenden Verzeichnisses im Internetdienste-Manager auf Keine (siehe Abbildung 132).

Selbst wenn es nun jemand schaffen sollte, eine WebForm im Verzeichnis zu platzieren, würde diese in keinem Fall ausgeführt werden. Selbst das Windows-System hat keinen Zugriff mehr auf die Datei (siehe Abbildung 133).

Abbildung 133: Zugriff verweigert – selbst für den Administrator

Auch ein Direktzugriff per Browser wird nicht funktionieren, da eine Anmeldung als ASP.NET-Benutzer nicht möglich ist (siehe Abbildung 134).

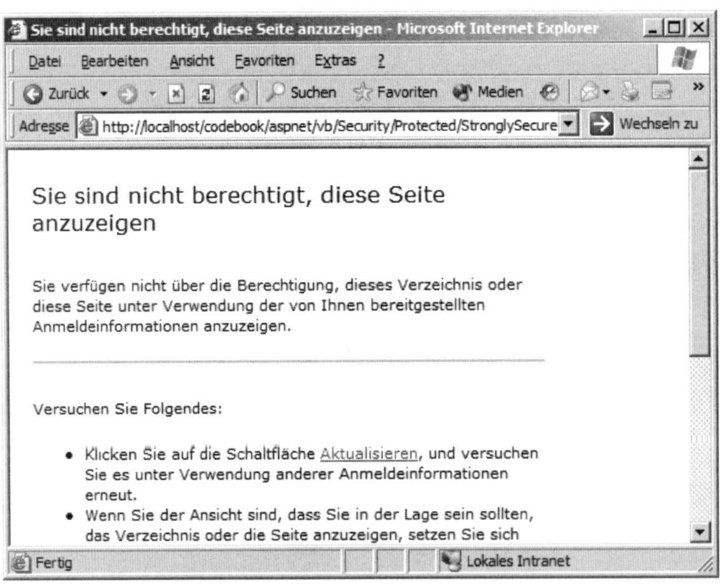

Abbildung 134: Ein direkter Zugriff auf die Datei ist nicht möglich

Wenn Sie nun aber mit einer Web-Applikation auf die in dem geschützten Verzeichnis abgelegte Datei *Test.txt* zugreifen wollen, wird dies einwandfrei funktionieren, wie das folgende Script beweist:

```
<%@ Page Language="vb" %>
<%@ Import Namespace="System.IO" %>
<%@ Import Namespace="System.Text" %>
<script runat="server">
   Sub Page_Load(ByVal sender As Object, ByVal e As EventArgs)

      Dim objStreamReader As New StreamReader( _
         New FileStream( _
            Server.MapPath("StronglySecured/Test.txt"), _
            FileMode.Open), Encoding.GetEncoding("iso-8859-1"))
      objContent.InnerText = objStreamReader.ReadToEnd
      objStreamReader.Close()
   End Sub
</script>
<!DOCTYPE HTML PUBLIC "-//W3C//DTD HTML 4.0 Transitional//EN">
<html>
  <head>
    <title>Protected</title>
  </head>
  <body>
    <form id="Form1" method="post" runat="server">
      <h3>Protected</h3>
      <p>
         Hier sehen Sie den Inhalt einer Datei, auf
         die nicht direkt zugegriffen werden kann, da sie
         stark geschützt ist.
      </p>
      <pre runat="server" id="objContent" />
    </form>
  </body>
</html>
```

Listing 436: Zugriff auf eine in einem geschützten Verzeichnis liegende Datei (Secure.aspx)

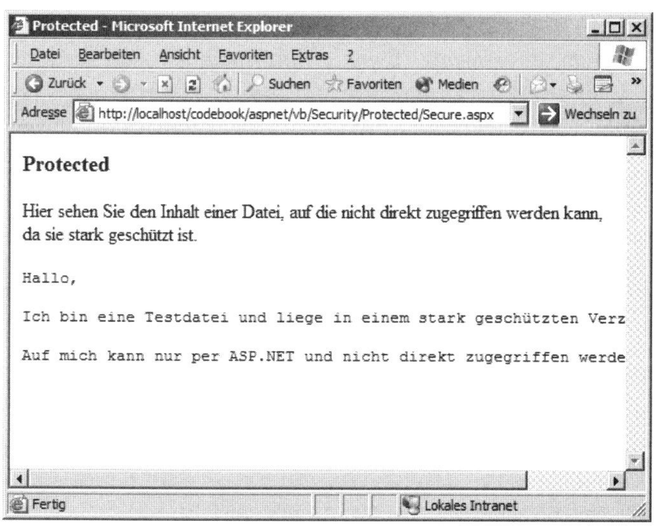

Abbildung 135: Per WebForm kann der Dateiinhalt geladen und angezeigt werden

Beim Laden der WebForm wird die im geschützten Verzeichnis StronglyProtected liegende Datei mit Hilfe eines `StreamReaders` geladen und deren Inhalt ausgegeben. Im Browser sollten Sie nun einen kleinen Text einsehen können (siehe Abbildung 135).

Dieses Verfahren des Verzeichnisschutzes eignet sich insbesondere für Verzeichnisse, in denen hochgeladene Dateien abgelegt werden, da so niemand in der Lage ist, eine ausführbare Datei oder eine WebForm abzulegen und anschließend auszuführen. Ebenso ist es sehr gut geeignet, um beispielsweise mit Hilfe der in den Rezepten 204 und 205 gezeigten Beispiele bestimmte Dateien vor einem direkten Download zu schützen.

227 IIS: Impersonation und Ermittlung aller Rollen eines Benutzers

Wenn Sie per IIS eine Anmeldung am Webserver erzwingen, werden diese Informationen in der Regel nicht zur *Impersonation* eingesetzt. Um dies zu ändern und die Seiten einer Anwendung im Kontext des angemeldeten Benutzers ausführen zu lassen, müssen Sie die *Web.config*-Datei der entsprechenden Applikation editieren:

```
<?xml version="1.0" encoding="utf-8" ?>
<configuration>

  <system.web>
    <authentication mode="Windows" />
    <identity impersonate="true" />
  </system.web>

</configuration>
```

Wichtig ist, dass der Knoten `identity` das Attribut `impersonate` mit dem Wert `True` besitzt. Dies sorgt dafür, dass der Zugriff auf die WebForms automatisch im aktuellen Benutzerkontext erfolgt.

Sehen wir uns folgende WebForm an, die einige verfügbare Informationen zum aktuellen Benutzer ausgibt:

```
<%@ Page Language="vb" %>
<%@ Import Namespace="System.Security.Principal" %>
<%@ Import Namespace="System.Reflection" %>
<script runat="server">
   Private objPrincipal As WindowsPrincipal

   Function GetLoginName() As String
      Return objPrincipal.Identity.Name
   End Function

   Function GetRoles() As String
```

Listing 437: Ausgabe der Gruppenmitgliedschaften eines Benutzers (Impersonate.aspx)

```
      Dim strResult As String = String.Empty

      Dim objIdentity As WindowsIdentity = _
         objPrincipal.Identity

      Dim objType As Type
      objType = GetType(WindowsIdentity)

      Dim aryRoles() As Object = _
         objType.InvokeMember( _
            "_GetRoles", _
            BindingFlags.Static Or _
            BindingFlags.InvokeMethod Or _
            BindingFlags.NonPublic, _
            Nothing, _
            objIdentity, _
            New Object() {objIdentity.Token}, _
            Nothing)

      Dim strRole As String
      For Each strRole In aryRoles
         If Not IsNothing(strRole) Then
            If strRole.Length > 0 Then
               strResult &= "<li>" & strRole
            End If
         End If
      Next

      Return strResult
   End Function

   Sub Page_Load(ByVal sender As Object, ByVal e As EventArgs)
      objPrincipal = DirectCast( _
         Context.User, WindowsPrincipal)

      DataBind()
   End Sub
</script>
<!DOCTYPE HTML PUBLIC "-//W3C//DTD HTML 4.0 Transitional//EN">
<html>
  <head>
    <title>Impersonate</title>
  </head>
  <body>
    <form id="Form1" method="post" runat="server">
      <h3>Impersonation</h3>
      <p>
         Sie sind nun am System angemeldet. Diese Webseite
         wird im Kontext des aktuellen Benutzers ausgeführt.
      </p>
      <p>Ihr Benutzername lautet: <%# GetLoginName %></p>
```

Listing 437: Ausgabe der Gruppenmitgliedschaften eines Benutzers (Impersonate.aspx) (Forts.)

```
        <p>Sie haben derzeit folgende Gruppen-Mitgliedschaften:
          <ul>
            <%# GetRoles %>
          </ul>
        </p>
      </form>
    </body>
  </html>
```

Listing 437: Ausgabe der Gruppenmitgliedschaften eines Benutzers (Impersonate.aspx) (Forts.)

Beim Aufruf der WebForm wird innerhalb der Methode `Page_Load` der per `Context.User` übergebene Benutzerkontext explizit in eine Instanz der `WindowsPrincipal`-Klasse konvertiert:

```
objPrincipal = DirectCast( _
   Context.User, WindowsPrincipal)
```

Mit Hilfe dieser Klasse kann nun innerhalb der Methode `GetLoginName` der Anmeldename des Benutzers ermittelt werden. Dies geschieht über die Eigenschaft `Name` des untergeordneten `Identity`-Objekts:

```
Return objPrincipal.Identity.Name
```

Die Methode `GetRoles` ermittelt alle Gruppenmitgliedschaften des aktuellen Benutzerkontextes. Zu diesem Zweck muss auf Reflection zurückgegriffen werden, da diese Information nicht direkt abrufbar ist, sondern von der privaten statischen Methode `_GetRoles` der `WindowsIdentity`-Klasse zurückgegeben wird. Deshalb wird zunächst das den aktuellen Benutzer repräsentierende `WindowsIdentity`-Objekt abgerufen, da innerhalb dieses Objekts die Information zum User-Token, das einen Benutzer eindeutig beim System identifiziert, gehalten werden:

```
Dim objIdentity As WindowsIdentity = _
   objPrincipal.Identity
```

Die für die Reflection über die Klasse benötigten Typ-Informationen werden der `System.Type`-Instanz `objType` zugewiesen:

```
Dim objType As Type
objType = GetType(WindowsIdentity)
```

Nunmehr können die Rolleninformationen bestimmt werden. Zu diesem Zweck wird die private Methode `_GetRoles` der `WindowsIdentity`-Klasse per Reflection erstellt und deren Rückgabe dem Array `aryRoles` zugewiesen:

```
Dim aryRoles() As Object = _
   objType.InvokeMember( _
      "_GetRoles", _
      BindingFlags.Static Or _
      BindingFlags.InvokeMethod Or _
      BindingFlags.NonPublic, _
      Nothing, _
      objIdentity, _
      New Object() {objIdentity.Token}, _
      Nothing)
```

Dieses Array kann nun durchlaufen und dadurch die Rückgabe der Methode erzeugt werden:

```
For Each strRole In aryRoles
   If Not IsNothing(strRole) Then
      If strRole.Length > 0 Then
         strResult &= "<li>" & strRole
      End If
   End If
Next
```

Wenn Sie die WebForm aufrufen, könnten Sie eine Ausgabe ähnlich dieser erhalten:

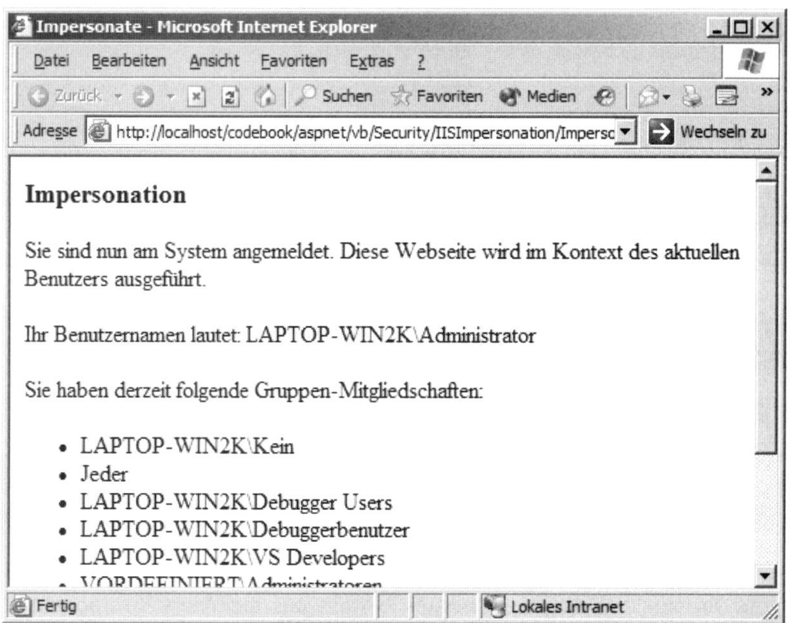

Abbildung 136: Ausgabe der Gruppenmitgliedschaften eines Benutzers

228 IIS: Zugriff für bestimmte IP-Adressen erlauben oder sperren

Im IIS können Sie den Zugriff für bestimmte IP-Adressen und -Adressbereiche zulassen oder sperren. Um nur bestimmten IP-Adressen den Zugriff auf ein Verzeichnis zu erlauben, müssen Sie folgende Schritte vornehmen:

- Öffnen Sie den Internetdienste-Manager.
- Wählen Sie die Eigenschaften des betreffenden Verzeichnisses aus.
- Wechseln Sie in den Reiter Verzeichnissicherheit und klicken Sie dort auf die Schaltfläche im Bereich Beschränkungen für IP-Adressen und Domänennamen.
- Legen Sie fest, ob Sie den Zugriff auf das Verzeichnis per Default für alle IP-Adressen und Domänennamen zulassen oder sperren wollen.
- Legen Sie anschließend die Ausnahmen von dieser Regel fest:

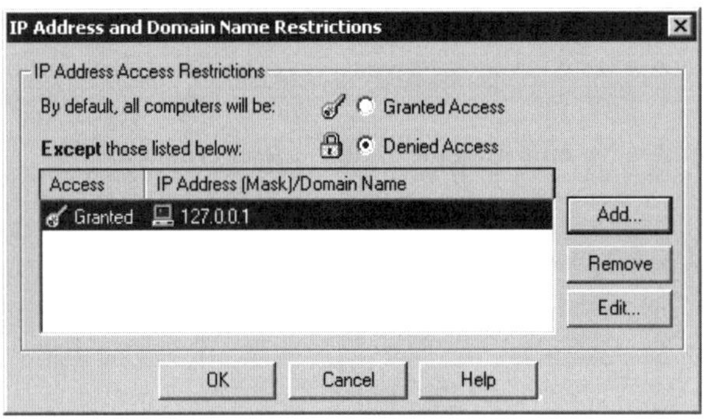

Abbildung 137: Auf dieses Verzeichnis haben nur Nutzer des lokalen Rechners Zugriff

- Übernehmen Sie alle Änderungen und schließen Sie den Internetdienste-Manager wieder.

229 Forms-Authentication

Forms-Authentication ist eine Neuerung, die vom .NET Framework eingeführt worden ist, um eine Zugriffssteuerung unabhängig von Windows und den dort hinterlegten Informationen zu ermöglichen. Diese Authentifizierungsart ist aufgrund des – derzeit – zwingenden Einsatzes von Cookies unsicherer als eine Windows-Authentifizierung, dafür aber um Klassen flexibler.

Die hier vorgestellte Variante der Authentifizierung besteht aus mehreren Komponenten. Sehen wir uns zunächst an, welche Einträge Sie in der Konfigurationsdatei *Web.config* hinterlegen müssen, um eine Forms-Authentication zu ermöglichen:

```
<?xml version="1.0" encoding="utf-8" ?>
<configuration>

   <system.web>

      <authentication mode="Forms">
         <forms>
            <credentials passwordFormat = "Clear">
               <user name="TestUser" password="TestUser"/>
               <user name="TestAdmin" password="TestAdmin"/>
            </credentials>
         </forms>
      </authentication>

      <authorization>
         <allow users="?"/>
      </authorization>
   </system.web>

   <location path="Secured.aspx">
      <system.web>
         <authorization>
            <allow users="TestUser,TestAdmin"/>
            <deny users="*"/>
         </authorization>
      </system.web>
   </location>

</configuration>
```


Innerhalb der Datei *Web.config* sind folgende Parameter hinterlegt worden:

- Die definierten Benutzer und ihre Passwörter liegen unterhalb des Knotens `authentication`, der für das Attribut `mode` den Wert `Forms` enthalten muss. Die Passwörter sind im Klartext abgelegt, weitere Möglichkeiten wären `SHA1` und `MD5`. Rollen können an dieser Stelle leider nicht definiert werden.
- Innerhalb der Sektion `authorization` ist festgelegt worden, dass grundsätzlich alle Benutzer Zugriff auf die Applikation haben.
- Der Zugriff für die WebForm *Secured.aspx* ist limitiert: Ausschließlich die Benutzer `TestUser` und `TestAdmin` haben Zugriff, allen anderen Benutzern ist es nicht möglich, die WebForm aufzurufen. Die `location`-Sektion muss sich übrigens zwingend außerhalb des globalen `System.Web`-Bereichs befinden.

Die Web-Applikation muss über eine dedizierte Login-Seite verfügen. Wenn kein Wert für eine Login-Seite angegeben worden ist, wird bei einer zu erfolgenden Authentifizierung angenommen, dass die Login-Seite den Namen *Login.aspx* hat. Sollten Sie eine andere WebForm für das Login verwenden wollen, können Sie dies innerhalb des `forms`-Knotens mit Hilfe des Attributes `login` angeben.

Die Login-Seite hat folgenden Aufbau:

```
<%@ Page Language="vb" %>
<%@ Import Namespace="System.Web.Security" %>
<script runat="server">
   Sub CheckLogin(ByVal sender As Object, ByVal e As EventArgs)
      If FormsAuthentication.Authenticate( _
         txtUsername.Text, txtPassword.Text) Then

         FormsAuthentication.RedirectFromLoginPage( _
            txtUsername.Text, chkPersistent.Checked)
      Else
         objError.Visible = True
      End If
   End Sub
</script>
<!DOCTYPE HTML PUBLIC "-//W3C//DTD HTML 4.0 Transitional//EN">
<html>
  <head>
    <title>Login</title>
  </head>
  <body>
    <form id="Form1" method="post" runat="server">
      <table cellpadding="3" cellspacing="0" width="100%"
         height="100%">
         <tr>
            <td height="100%" width="100%" align="center"
               valign="middle">
               <table cellspacing="0" cellpadding="3"
                  border="0">
                  <tr>
                     <td><h3>Anmeldung</h3></td>
                  </tr>
                  <tr runat="server" id="objError"
                     visible="False">
                     <td> <br>Bitte überprüfen Sie
                        die von Ihnen eingegebenen Daten!
                        <br> 
                     </td>
                  </tr>
                  <tr>
                     <td><asp:TextBox Runat="server"
                        ID="txtUsername"
                        Columns="25" /> Benutzername</td>
                  </tr>
                  <tr>
                     <td><asp:TextBox Runat="server"
                        ID="txtPassword" TextMode="Password"
                        Columns="27" /> Passwort</td>
                  </tr>
                  <tr>
```

Listing 438: Hier kann sich der Benutzer anmelden (Login.aspx)

```
                <td><asp:CheckBox Runat="server"
                    ID="chkPersistent" /> dauerhaft
                    Speichern</td>
              </tr>
              <tr>
                <td><asp:Button Runat="server"
                    ID="btnLogin" Text="Anmelden"
                    OnClick="CheckLogin" /></td>
              </tr>
            </table>
          </td>
        </tr>
      </table>
    </form>
  </body>
</html>
```

Listing 438: Hier kann sich der Benutzer anmelden (Login.aspx) (Forts.)

Die WebForm besteht aus zwei Textboxen, die Benutzername und Passwort entgegennehmen. Mit Hilfe der CheckBox `chkPersistent` kann festgelegt werden, ob das Authentication-Cookie temporär oder dauerhaft gespeichert werden soll. Bei Klick auf die Schaltfläche Anmelden wird die Methode `CheckLogin` eingebunden, in der die Überprüfung der angegebenen Daten stattfindet.

Bei dieser Überprüfung wird die statische Methode `Authenticate` der `FormsAuthentication`-Klasse verwendet, die als Parameter den eingegebenen Benutzernamen und das Passwort des Users erwartet.

Sollte diese Prüfung erfolgreich gewesen sein (wobei bei der Angabe von Benutzername und Passwort strikt auf Groß- und Kleinschreibung geachtet werden sollte), erfolgen das Setzen des Authentifizierungs-Cookies und das anschließende Weiterleiten auf die ursprünglich angeforderte WebForm:

```
If FormsAuthentication.Authenticate( _
   txtUsername.Text, txtPassword.Text) Then

   FormsAuthentication.RedirectFromLoginPage( _
      txtUsername.Text, chkPersistent.Checked)
   Else
      objError.Visible = True
   End If
End If
```

Wenn die Anmeldung nicht verifiziert werden konnte, erfolgt die Ausgabe einer Fehlermeldung.

Neben der Login-Seite muss es selbstverständlich auch noch eine Seite geben, auf die der Benutzer zugreifen kann:

```
<%@ Page Language="vb" %>
<script runat="server">
   Function LoginName() As String
      If Not IsNothing(Context.User) Then
         If Context.User.Identity.IsAuthenticated Then
            Return Context.User.Identity.Name
         End If
      End If
   End Function

   Sub btnLogout_Click( _
      ByVal sender As Object, ByVal e As EventArgs)

      FormsAuthentication.SignOut()
      RegisterStartupScript("Refresh", _
         "<" & "script language=""JavaScript"">" & _
            "document.forms[0].submit();" & _
         "<" & "/script>")
   End Sub

   Sub Page_Load(ByVal sender As Object, ByVal e As EventArgs)
      DataBind()
   End Sub
</script>
<!DOCTYPE HTML PUBLIC "-//W3C//DTD HTML 4.0 Transitional//EN">
<html>
  <head>
    <title>Authenticated</title>
  </head>
  <body>

    <form id="Form1" method="post" runat="server">
      <h3>Herzlichen Glückwunsch!</h3>
      <p>
         Sie haben sich erfolgreich angemeldet. Ihr
         Benutzername lautet <%# LoginName %>.
      </p>
      <asp:Button Runat="server" ID="btnLogout"
         Text="Abmelden" OnClick="btnLogout_Click"/>
    </form>

  </body>
</html>
```

Listing 439: Ausgabe des Usernamens eines angemeldeten Benutzers (Secured.aspx)

Diese WebForm wird der Benutzer nur erreichen, wenn er sich erfolgreich angemeldet hat. Mit Hilfe der Methode `LoginName` wird der Anmeldename des Benutzers ausgegeben. Durch einen Klick auf die Schaltfläche Abmelden kann er sich wieder abmelden. Diese Abmeldung geschieht, indem die statische Methode `SignOut` der `FormsAuthentication`-Klasse aufgerufen wird. Anschließend erfolgt per JavaScript ein `Redirect` auf die aktuelle Seite, wodurch der Nutzer aufgrund der nun fehlenden Authentifizierung wieder zur Anmeldung gelangt.

Wenn Sie die WebForm im Browser aufrufen, sollten Sie zunächst zur Anmeldung weitergeleitet werden:

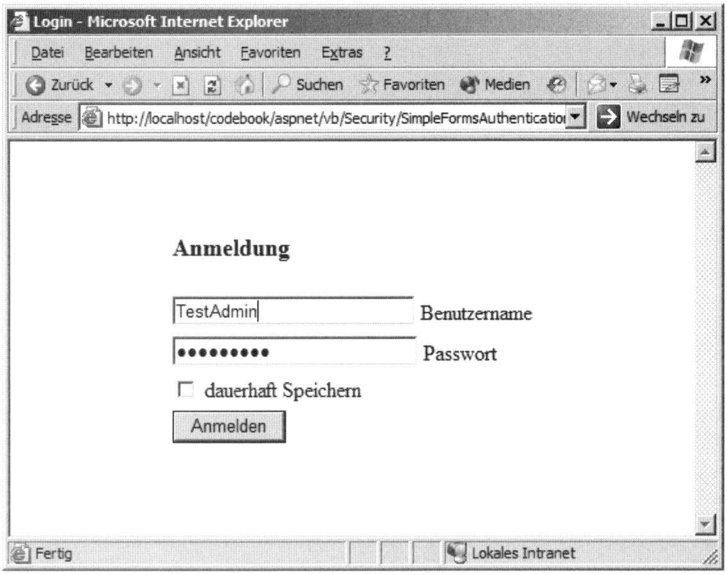

Abbildung 138: Der Benutzer muss sich anmelden, weil er auf eine geschützte Seite zugreifen wollte

War die Anmeldung erfolgreich, kann er diesmal die geschützte Seite erreichen. Dort wird nun sein Anmeldename ausgegeben:

Abbildung 139: Der Nutzer hat sich erfolgreich angemeldet

230 Forms-Authentication gegen Windows

Auch wenn dies nicht so gerne gesehen wird: Es ist natürlich ebenfalls möglich, sich per Forms-Authentication gegen die Windows-Benutzerdatenbank zu authentifizieren.

Sehen wir uns an, wie dies umgesetzt werden könnte. Wie bei jeder Variante der formularbasierten Authentifizierung müssen Sie auch in diesem Fall in der *Web.config*-Datei Ihrer Applikation einige Informationen hinterlassen:

```
<?xml version="1.0" encoding="utf-8" ?>
<configuration>

  <system.web>
    <authentication mode="Forms" />

    <authorization>
      <allow users="*"/>
    </authorization>
  </system.web>

   <location path="Secured.aspx">
      <system.web>
         <authorization>
            <allow users="Administrator"/>
            <deny users="*"/>
         </authorization>
      </system.web>
   </location>

</configuration>
```

Innerhalb der *Web.config*-Datei haben wir mit Hilfe der *authentication*-Sektion definiert, dass formularbasierte Authentifizierung angewendet werden soll. Mit Hilfe der `authorization`-Sektion des globalen `System.Web`-Bereichs haben wir festgelegt, dass alle Benutzer Zugriff auf die WebForms haben sollen. Die Ausnahmen sind mit Hilfe einer `location`-Sektion definiert – für die Datei *Secured.aspx* ist der Zugriff nur für den Administrator des Systems erlaubt, jeder andere Benutzer darf nicht auf diese Datei zugreifen.

Sollte ein nicht angemeldeter Nutzer oder ein Benutzer, der nicht Administrator ist, auf die WebForm *Secured.aspx* zugreifen wollen, wird er auf die Login-Seite weitergeleitet:

```
<%@ Page Language="vb" %>
<%@ Import Namespace="System.Runtime.InteropServices" %>
<%@ Import Namespace="System.Web.Security" %>
<script runat="server">
   <DllImport("advapi32.dll")> _
   Public Shared Function LogonUser( _
      ByVal strUsername As String, _
```

Listing 440: WebForm für die Anmeldung eines Benutzers (Login.aspx)

```
      ByVal strDomain As String, _
      ByVal strPassword As String, _
      ByVal intLogonType As Int32, _
      ByVal intLogonProvider As Int32, _
      ByRef intToken As Int32) As Boolean
   End Function

   <DllImport("Kernel32.dll")> _
   Public Shared Function CloseHandle( _
      ByVal intHandle As Integer) As Boolean
   End Function

   Sub CheckLogin( _
      ByVal sender As Object, _
      ByVal e As EventArgs)

      Dim intToken As Int32
      Dim blnResult As Boolean = _
         LogonUser( _
            txtUsername.Text, _
            ".", _
            txtPassword.Text, _
            2, _
            0, _
            intToken)
      If blnResult Then
         CloseHandle(intToken)
         FormsAuthentication.RedirectFromLoginPage( _
            txtUsername.Text, chkPersistent.Checked)
      Else
         objError.Visible = True
      End If
   End Sub
</script>
<!DOCTYPE HTML PUBLIC " //W3C//DTD HTML 4.0 Transitional//EN">
<HTML>
  <HEAD>
    <title>Login</title>
   </HEAD>
  <body>
    <form id="Form1" method="post" runat="server">
      <table cellpadding="3" cellspacing="0" width="100%"
         height="100%">
         <tr>
            <td height="100%" width="100%" align="center"
               valign="middle">
               <table cellspacing="0" cellpadding="3"
                  border="0">
                  <tr>
                     <td><h3>Anmeldung</h3></td>
                  </tr>
                  <tr runat="server" id="objError"
```

Listing 440: WebForm für die Anmeldung eines Benutzers (Login.aspx) (Forts.)

```
                        visible="False">
                        <td> <br>Bitte überprüfen Sie
                           die von Ihnen eingegebenen Daten!
                           <br> 
                        </td>
                     </tr>
                     <tr>
                        <td><asp:TextBox Runat="server"
                           ID="txtUsername"
                           Columns="25" /> Benutzername</td>
                     </tr>
                     <tr>
                        <td><asp:TextBox Runat="server"
                           ID="txtPassword" TextMode="Password"
                           Columns="27" /> Passwort</td>
                     </tr>
                     <tr>
                        <td><asp:CheckBox Runat="server"
                           ID="chkPersistent" /> dauerhaft
                           Speichern</td>
                     </tr>
                     <tr>
                        <td><asp:Button Runat="server"
                           ID="btnLogin" Text="Anmelden"
                           OnClick="CheckLogin"/></td>
                     </tr>
                  </table>
               </td>
            </tr>
         </table>
      </form>
   </body>
</HTML>
```

Listing 440: WebForm für die Anmeldung eines Benutzers (Login.aspx) (Forts.)

Die WebForm *Login.aspx* stellt zwei Textboxen für die Angabe von Benutzername und Passwort sowie eine `CheckBox` für das persistente Speichern der Anmelde-Informationen in einem dauerhaften Cookie bereit. Bei Klick auf die Schaltfläche ANMELDEN wird die Methode `CheckLogin` eingebunden, die mit Hilfe der per COM Interop eingebundenen statischen Methode `LogonUser` aus der Windows-System-DLL *advapi32.dll* überprüft, ob die angegebenen Credentials korrekt waren:

```
Dim blnResult As Boolean = _
   LogonUser( _
      txtUsername.Text, _
      ".", _
      txtPassword.Text, _
      2, _
      0, _
   intToken)
```

Die Methode `LogonUser` wird dabei mit Hilfe des Attributs `DllImport` deklariert:

```
<DllImport("advapi32.dll")> _
Public Shared Function LogonUser( _
   ByVal strUsername As String, _
   ByVal strDomain As String, _
   ByVal strPassword As String, _
   ByVal intLogonType As Int32, _
   ByVal intLogonProvider As Int32, _
   ByRef intToken As Int32) As Boolean
End Function
```

Da die hier deklarierte Methode nur als Platzhalter für die gleichnamige Methode aus der Windows-DLL dient, ist ihr Rumpf leer. Beachten Sie, dass der letzte Parameter (`intToken`) per Referenz übergeben wird – er hält nach einem erfolgreichen Login das so genannte Benutzer-Token, über das der Benutzer am System eindeutig identifiziert werden kann.

Sollte die Anmeldung erfolgreich verlaufen sein, kann der Benutzer auf die ursprünglich angeforderte Seite weitergeleitet werden. Zuvor ist es aber nötig, sein gerade erzeugtes Benutzer-Token wieder zu löschen, damit nicht unnötig Ressourcen auf dem System gebunden werden:

```
CloseHandle(intToken)
FormsAuthentication.RedirectFromLoginPage( _
   txtUsername.Text, chkPersistent.Checked)
```

Die Methode `CloseHandle` ist ebenfalls per COM Interop deklariert worden. Sie befindet sich innerhalb der DLL *Kernel32.dll*:

```
<DllImport("Kernel32.dll")> _
Public Shared Function CloseHandle( _
   ByVal intHandle As Integer) As Boolean
End Function
```

Nachdem der Benutzer nunmehr erfolgreich authentifiziert worden ist, erfolgt wie im letzten Beispiel die Anzeige seiner Login-Informationen. Da die verwendete WebForm *Secured.aspx* den gleichen Aufbau wie im letzten Beispiel hat, soll hier auf das Listing verzichtet werden.

Im Browser sollten Sie im Erfolgsfall folgende Ausgabe erhalten (siehe Abbildung 140).

231 Forms-Authentication gegen Windows und Rollen

Wenn Sie die Forms-Authentifizierung gegen Windows ausführen, können Sie ohne großen Aufwand die Rollen des Benutzers im Windows-System innerhalb Ihrer eigenen WebForm verwenden. Sehen wir uns an, wie man dies auf Basis des letzten Beispiels bewerkstelligen könnte.

Abbildung 140: Der Benutzer hat sich erfolgreich als Administrator angemeldet

Bevor Sie Forms-Authentication nutzen können, müssen Sie diese natürlich aktiviert haben. Zu diesem Zweck müssen Sie die entsprechenden Informationen in der *Web.config* der Applikation hinterlegen:

```
<?xml version="1.0" encoding="utf-8" ?>
<configuration>

  <system.web>
    <authentication mode="Forms" />

    <authorization>
      <allow users="*"/>
    </authorization>
  </system.web>

   <location path="Secured.aspx">
      <system.web>
         <authorization>
            <allow groups="Administratoren"/>
            <deny users="*"/>
         </authorization>
      </system.web>
   </location>

</configuration>
```

Im Gegensatz zum letzten Beispiel dürfen nun ausschließlich Mitglieder der Administratoren-Gruppe des lokalen Systems auf die WebForm *Secured.aspx* zugreifen.

Da der komplette Anmeldevorgang nunmehr deutlich komplexer als zuvor ist und – unter anderem auch das Auslesen und Speichern der Gruppenmitgliedschaften des aktuellen Nutzers erfordert, ist die komplette Funktionalität in die Klasse `UserManager` ausgelagert worden:

```
Imports System.Web.Security
Imports System.Security.Principal
Imports System.Runtime.InteropServices
Imports System.Reflection

Namespace codebook.aspnet.vb.Security.AuthWR

   Public Class UserManager

      <DllImport("advapi32.dll")> _
      Private Shared Function LogonUser( _
         ByVal strUsername As String, _
         ByVal strDomain As String, _
         ByVal strPassword As String, _
         ByVal intLogonType As Int32, _
         ByVal intLogonProvider As Int32, _
         ByRef intToken As Int32) As Boolean
      End Function

      <DllImport("Kernel32.dll")> _
      Private Shared Function CloseHandle( _
         ByVal intHandle As Integer) As Boolean
      End Function

      Public Shared Function Login( _
         ByVal strUsername As String, _
         ByVal strPassword As String) As Boolean

         Dim intToken As Int32
         Dim blnResult As Boolean = _
            LogonUser( _
               strUsername, ".", strPassword, _
               2, 0, intToken)
         If blnResult Then
            CreateRoleCookie(intToken, strUsername)
            CloseHandle(intToken)
         End If

         Return blnResult
      End Function

      Private Shared Sub CreateRoleCookie( _
         ByVal intUserToken As Int32, _
         ByVal strUsername As String)

         Dim objContext As HttpContext = _
            HttpContext.Current

         Dim colRoles As New ArrayList
         Dim objIdentity As New WindowsIdentity( _
            New IntPtr(intUserToken))
```

Listing 441: Kapselung der kompletten Login-Funktionalität in einer Klasse (UserManager.vb)

```
        Dim objType As Type
        objType = GetType(WindowsIdentity)

        Dim aryRoles() As Object = _
           objType.InvokeMember( _
              "_GetRoles", _
              BindingFlags.Static Or _
              BindingFlags.InvokeMethod Or _
              BindingFlags.NonPublic, _
              Nothing, _
              objIdentity, _
              New Object() {objIdentity.Token}, _
              Nothing)

        Dim strRole As String
        For Each strRole In aryRoles
           Dim strShortname As String = _
              strRole
           If Not IsNothing(strShortname) Then
              If strShortname.LastIndexOf("\") > -1 Then
                 strShortname = strShortname.Substring( _
                    strShortname.LastIndexOf("\") + 1)
              End If
              If strShortname.Length > 0 Then
                 colRoles.Add(strShortname)
              End If
           End If
        Next

        Dim strRoles() As String = _
           colRoles.ToArray(GetType(String))

        Dim objTicket As New FormsAuthenticationTicket( _
           1, _
           strUsername, _
           DateTime.Now, _
           DateTime.Now.AddMinutes(20), _
           False, _
           String.Join("*", strRoles))

        Dim objCookie As New HttpCookie("CurrentRoles")
        objCookie.Value = FormsAuthentication.Encrypt( _
           objTicket)
        HttpContext.Current.Response.Cookies.Add( _
           objCookie)
     End Sub

     Public Shared Sub InitUser()
        Dim objContext As HttpContext = _
           HttpContext.Current

        If IsNothing(objContext.User) Then
```

Listing 441: Kapselung der kompletten Login-Funktionalität in einer Klasse (UserManager.vb) (Forts.)

```
            Return
         End If

         Dim objIdentity As IIdentity = _
            objContext.User.Identity
         Dim blnTicketIsValid As Boolean = False
         Dim objTicket As FormsAuthenticationTicket

         blnTicketIsValid = _
            Not IsNothing( _
               objContext.Request.Cookies("CurrentRoles"))
         If blnTicketIsValid Then
            objTicket = _
              FormsAuthentication.Decrypt( _
              objContext.Request.Cookies( _
                 "CurrentRoles").Value)
            blnTicketIsValid = ( _
               Not (objTicket.Expired) And _
               objTicket.Name.Equals(objIdentity.Name))
            Dim strRoles() As String = _
               objTicket.UserData.Split("*")
            objContext.User = _
               New GenericPrincipal( _
                   objContext.User.Identity, strRoles)
         End If
      End Sub

   End Class

End Namespace
```

Listing 441: Kapselung der kompletten Login-Funktionalität in einer Klasse (UserManager.vb) (Forts.)

Im Kopf der Klasse sind – wie schon im letzten Beispiel – die beiden per COM Interop eingebundenen Methoden `LogonUser` zum Anmelden des Benutzers und `CloseHandle` zum Freigeben des User-Tokens eingebunden.

Mit Hilfe der statischen Methode `Login` kann der Benutzer gegen Windows authentifiziert werden. Zu diesem Zweck werden Benutzername und Passwort des Users übergeben. Sollte die Anmeldung am System erfolgreich verlaufen sein, kann mit Hilfe der Methode `CreateRoleCookie` ein Cookie erzeugt werden, das die Gruppenmitgliedschaften des Benutzers in verschlüsselter Form enthält. Anschließend wird das User-Token wieder freigegeben.

Die Methode `CreateRoleCookie` ist für das Auslesen der Gruppenmitgliedschaften und das Verfügbarmachen dieser Informationen über den aktuellen HTTP-Request hinweg zuständig. Sie erzeugt zunächst eine neue Instanz der `WindowsIdentity`-Klasse, die unter anderem auch Zugriff auf die Gruppenmitgliedschaften gewährt:

```
Dim objIdentity As New WindowsIdentity( _
   New IntPtr(intUserToken))
```

Per Reflection werden nun die Gruppenmitgliedschaften aus der privaten Methode _GetRoles der WindowsIdentity-Klasse ausgelesen und einem Array zugewiesen:

```
Dim aryRoles() As Object = _
   objType.InvokeMember( _
      "_GetRoles", _
      BindingFlags.Static Or _
      BindingFlags.InvokeMethod Or _
      BindingFlags.NonPublic, _
      Nothing, _
      objIdentity, _
      New Object() {objIdentity.Token}, _
      Nothing)
```

Dieses Array kann nun durchlaufen werden. Da die meisten Gruppennamen aus zwei Teilen bestehen – nämlich entweder Angabe des Rechner-Namens oder dem Attribut »Vordefiniert«, welche vom eigentlichen Gruppennamen per Backslash (»\«) getrennt sind –, müssen die überflüssigen Informationen, die im Sinne von Portabilität und Wiederverwendbarkeit störend sind, entfernt werden. Dies geschieht, indem alle Elemente des Arrays durchlaufen, gekürzt und anschließend der ArrayList colRoles zugewiesen werden:

```
For Each strRole In aryRoles
   Dim strShortname As String = _
      strRole
   If Not IsNothing(strShortname) Then
      If strShortname.LastIndexOf("\") > -1 Then
         strShortname = strShortname.Substring( _
            strShortname.LastIndexOf("\") + 1)
      End If
      If strShortname.Length > 0 Then
         colRoles.Add(strShortname)
      End If
   End If
Next
```

Nun können wir ein neues FormsAuthenticationTicket erzeugen. Dies bietet sich an, weil wir dieses Ticket mit Ablauf-Informationen und einer eindeutigen Zuordnung zu einem Benutzer versehen können. Außerdem ist es mit Hilfe der statischen Methode Encrypt der FormsAuthentication-Klasse leicht zu verschlüsseln und kann somit ohne ungebührliche Bauchschmerzen als Cookie an den Client übergeben werden:

```
Dim objTicket As New FormsAuthenticationTicket( _
   1, _
   strUsername, _
   DateTime.Now, _
   DateTime.Now.AddMinutes(20), _
   False, _
   String.Join("*", strRoles))
```

Dieses Ticket wird nun in verschlüsselter Form einem temporären Cookie zugewiesen. Dieses Cookie wird spätestens dann gelöscht, wenn der Benutzer sein Browserfenster schließt:

```
Dim objCookie As New HttpCookie("CurrentRoles")
objCookie.Value = FormsAuthentication.Encrypt( _
   objTicket)
HttpContext.Current.Response.Cookies.Add( _
   objCookie)
```

Hinweis

Sie fragen sich mit Recht, wieso wir solchen Aufwand treiben, um die Gruppen-Informationen auszulesen und in einem Cookie zu speichern. Die Antwort ist, dass diese Informationen bei Verzicht auf das Hinterlegen der Benutzerdaten in der *Web.config*-Datei sonst nicht über den aktuellen `Request` hinaus erhalten bleiben. Wir sind also gezwungen, die Daten abzulegen und bei jedem `Request` wieder neu zu laden – und wenn Sie dies nicht in einer Datenbank oder im Dateisystem machen wollen (weil es negative Auswirkungen auf die Performance Ihrer Applikationen hat), dann sind Sie auf Cookies oder Sessions angewiesen. Leider scheiden auch Sessions aus, da beim Eintreten des `AuthenticateRequest`-Ereignisses einer Web-Applikation noch keine Session verfügbar ist.

Die so abgelegten Informationen müssen nun bei einem erneuten `Request` wieder ausgelesen und der aktuelle Benutzer somit seine Rollen-Informationen wieder zurückerhalten. Dies geschieht mit Hilfe der statischen Methode `InitUser`. Innerhalb der Methode erfolgt zunächst die Überprüfung darauf, ob ein Benutzerkontext existiert. Sollte dies nicht der Fall sein, dann ist davon auszugehen, dass der aktuelle Benutzer nicht authentifiziert ist, und es muss keine weitere Überprüfung stattfinden:

```
Dim objContext As HttpContext = _
   HttpContext.Current

If IsNothing(objContext.User) Then
   Return
End If
```

Nun kann versucht werden, die Gruppen-Informationen aus dem Ticket wieder auszulesen. Zu diesem Zweck erfolgt eine Prüfung, ob das Cookie *CurrentRoles* existiert. Die enthaltenen Informationen werden in eine neue `FormsAuthenticationTicket`-Instanz überführt und nach einer weiteren Prüfung, ob das Ticket gültig und der darin hinterlegte Name dem Namen des aktuellen Benutzers entspricht, können die Gruppeninformationen in einer neuen `GenericPrincipal`-Instanz abgelegt werden, die den aktuellen Benutzer repräsentiert:

```
Dim strRoles() As String = _
   objTicket.UserData.Split("*")
```

```
objContext.User = _
   New GenericPrincipal( _
      objContext.User.Identity, strRoles)
```

Dieses Benutzer-Objekt wird nun im weiteren Verlauf der Authentifizierung verwendet.

Das Login eines Benutzers erfolgt wieder mit Hilfe der WebForm *Login.aspx*, die nunmehr einen sehr einfachen Aufbau besitzt:

```
<%@ Page Language="vb" %>
<%@ Import Namespace="codebook.aspnet.vb.Security.AuthWR" %>
<%@ Import Namespace="System.Web.Security" %>
<script runat="server">
   Sub CheckLogin( _
      ByVal sender As Object, _
      ByVal e As EventArgs)

      Dim blnResult As Boolean = _
         UserManager.Login(txtUsername.Text, txtPassword.Text)
      If blnResult Then
         FormsAuthentication.RedirectFromLoginPage( _
            txtUsername.Text, chkPersistent.Checked)
      Else
         objError.Visible = True
      End If
   End Sub
</script>
<!DOCTYPE HTML PUBLIC "-//W3C//DTD HTML 4.0 Transitional//EN">
<HTML>
  <HEAD>
    <title>Login</title>
  </HEAD>
  <body>
    <form id="Form1" method="post" runat="server">
      <table cellpadding="3" cellspacing="0" width="100%"
         height="100%">
         <tr>
            <td height="100%" width="100%" align="center"
               valign="middle">
               <table cellspacing="0" cellpadding="3"
                  border="0">
                  <tr>
                     <td><h3>Anmeldung</h3></td>
                  </tr>
                  <tr runat="server" id="objError"
                     visible="False">
                     <td> <br>Bitte überprüfen Sie
                        die von Ihnen eingegebenen Daten!
                        <br> 
                     </td>
```

Listing 442: WebForm für das Login eines Benutzers (Login.aspx)

```
                </tr>
                <tr>
                  <td><asp:TextBox Runat="server"
                      ID="txtUsername"
                      Columns="25" /> Benutzername</td>
                </tr>
                <tr>
                  <td><asp:TextBox Runat="server"
                      ID="txtPassword" TextMode="Password"
                      Columns="27" /> Passwort</td>
                </tr>
                <tr>
                  <td><asp:CheckBox Runat="server"
                      ID="chkPersistent" /> dauerhaft
                      Speichern</td>
                </tr>
                <tr>
                  <td><asp:Button Runat="server"
                      ID="btnLogin" Text="Anmelden"
                      OnClick="CheckLogin"/></td>
                </tr>
              </table>
            </td>
          </tr>
        </table>
      </form>
    </body>
  </HTML>
```

Listing 442: WebForm für das Login eines Benutzers (Login.aspx) (Forts.)

Wenn der Benutzer seinen Usernamen und sein Kennwort eingegeben hat, wird die Methode `CheckLogin` eingebunden. Innerhalb dieser Methode werden die eingegebenen Informationen an die statische Methode `Login` der `UserManager`-Klasse übergeben, die die Anmeldung ausführt und einen booleschen Wert zurückgibt, der Auskunft darüber gibt, ob die Anmeldung erfolgreich war. Sollte dies der Fall sein, erfolgt ein `Redirect` auf die ursprünglich aufgerufene WebForm, anderenfalls wird eine Fehlermeldung angezeigt:

```
Dim blnResult As Boolean = _
   UserManager.Login(txtUsername.Text, txtPassword.Text)
If blnResult Then
   FormsAuthentication.RedirectFromLoginPage( _
      txtUsername.Text, chkPersistent.Checked)
Else
   objError.Visible = True
End If
```

Bei einem erneuten `Request` müssen nun die per Cookie gespeicherten Informationen zu den Gruppenmitgliedschaften erneut eingelesen werden. Dies geschieht innerhalb der Methode `Application_AuthenticateRequest` der *global.asax*:

```
<%@ Application language="vb" %>
<%@ Import Namespace="codebook.aspnet.vb.Security.AuthWR" %>
<script runat="server">
   Sub Application_AuthenticateRequest( _
      ByVal sender As Object, ByVal e As EventArgs)

      UserManager.InitUser()
   End Sub
</script>
```

Listing 443: Der UserManager erledigt das Laden der im Cookie abgelegten Daten (Global.asax)

Damit ist die Verarbeitung des Vorgangs abgeschlossen. Sie können nun die WebForm *Secured.aspx* aufrufen. Nach einer Anmeldung sollten Sie folgende Ausgabe sehen können:

Abbildung 141: Der Administrator kann auf Seiten zugreifen, die der Administratoren-Gruppe vorbehalten sind

232 Forms-Authentication gegen Datenbank

Die bei weitem interessanteste Möglichkeit einer Authentifizierung ist sicherlich, die Benutzerinformationen in einer Datenbank zu halten. Sehen wir uns an, wie eine derartige Möglichkeit der Authentifizierung umgesetzt werden könnte.

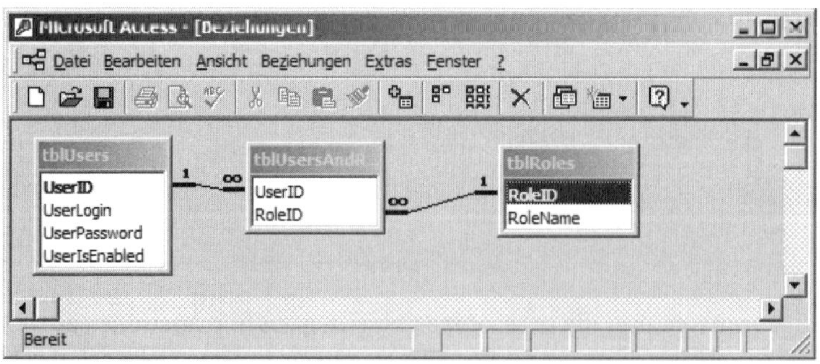

Abbildung 142: Aufbau der Benutzer-Datenbank

Die Benutzerdaten und Gruppen-Informationen werden in diesem Fall in einer Access-Datenbank gespeichert. Diese besteht aus drei Tabellen: der Tabelle `tblUsers`, in der die Benutzer-Informationen hinterlegt sind, der Tabelle `tblRoles`, die die Rollen enthält, und der Tabelle `tblUsersAndRoles`, die die Verknüpfungen zwischen Benutzern und Rollen darstellt (siehe Abbildung 142).

Um Forms-Authentifizierung mit Hilfe einer Datenbank nutzen zu können, sollten Sie innerhalb der *Web.config*-Datei folgende Einstellungen hinterlegen:

```
<?xml version="1.0" encoding="utf-8" ?>
<configuration>

    <appSettings>
      <add key="AuthDbProvider" value="OleDb" />
      <add key="AuthDbConnection"
         value="PROVIDER=Microsoft.Jet.OleDb.4.0;
            DATA SOURCE=" />
      <add key="AuthDbFile"
         value="./../Database/Authentication.mdb" />
    </appSettings>

  <system.web>
    <authentication mode="Forms" />

    <authorization>
        <allow users="*" />
    </authorization>

  </system.web>

   <location path="Authenticated.aspx">
      <system.web>
         <authorization>
            <allow roles="Administrator,User" />
            <deny users="*" />
         </authorization>
      </system.web>
   </location>

   <location path="Admin.aspx">
      <system.web>
         <authorization>
            <allow roles="Administrator" />
            <deny users="*" />
         </authorization>
      </system.web>
   </location>

</configuration>
```

Innerhalb einer `appSettings`-Sektion sind die Zugriffsparameter für die Datenbank hinterlegt worden. Die eigentliche Forms-Authentifizierung wird mit Hilfe der Bereich `authentication` und `authorization` innerhalb der oberen `System.Web`-Sektion konfiguriert. Auf die WebForm *Authenticated.aspx* dürfen Benutzer mit den Rollen Administrator oder User zugreifen, auf die WebForm *Admin.aspx* darf nur von Benutzern mit der Rolle Administrator zugegriffen werden.

Die komplette Verarbeitung der Informationen findet innerhalb der Klasse `UserManager` statt:

```
Imports System.Configuration
Imports codebook.aspnet.vb
Imports System.Web.Security
Imports System.Security.Principal

Namespace codebook.aspnet.vb.Security.FARoles

   Public Class UserManager

      Private Shared Function GetConnection() As IDbConnection
         Dim strProvider As String = _
            ConfigurationSettings.AppSettings.Item( _
               "AuthDbProvider")
         Dim strConnection As String = _
            ConfigurationSettings.AppSettings.Item( _
               "AuthDbConnection")
         Dim strDbFile As String = _
            ConfigurationSettings.AppSettings.Item( _
               "AuthDbFile")
         If Not IsNothing(strDbFile) Then
            strDbFile = _
               HttpContext.Current.Server.MapPath( _
                  strDbFile)
            strConnection &= strDbFile
         End If

         Dim objClient As New cbDatabaseClient
         objClient.ProviderType = _
            objClient.GetProviderType(strProvider)
         objClient.ConnectionString = strConnection

         Dim objConn As IDbConnection = _
            objClient.GetConnection

         objConn.Open()
         Return objConn
      End Function

      Private Shared Sub SetParameter( _
         ByRef objCommand As IDbCommand, _
         ByVal strParamName As String, _
         ByVal objValue As Object)
```

```
      Dim objParam As IDataParameter = _
         objCommand.CreateParameter
      objParam.ParameterName = strParamName
      objParam.Value = objValue

      objCommand.Parameters.Add(objParam)
   End Sub
```

Die private Hilfsmethode `GetConnection` erstellt anhand der in der *Web.config*-Datei hinterlegten Daten eine neue Datenbank-`Connection` und öffnet diese. Intern wird dabei auf die in diesem Buch vorgestellte Klasse `cbDatabaseClient` zurückgegriffen. Sie sind so in der Lage, dieses Beispiel mit verschiedenen Datenbank-Systemen, insbesondere MS Access und MS SQL Server, laufen zu lassen.

Die Methode `SetParameter` dient der Verringerung des Schreibaufwandes – sie erstellt anhand der übergebenen Informationen einen Parameter für ein SQL-Statement.

```
   Public Shared Function Login( _
      ByVal strUsername As String, _
      ByVal strPassword As String) As Boolean

      Dim intResult As Int32
      Dim objConn As IDbConnection = _
         GetConnection()
      Dim objCommand As IDbCommand = _
         objConn.CreateCommand()

      Try
         If Not IsNothing(objConn) Then
            objCommand.CommandText = _
               "SELECT UserID FROM " & _
                  "tblUsers WHERE " & _
                  "UserLogin = @Login " & _
                  "And UserPassword = @Pwd " & _
                  "And UserIsEnabled=1"

            SetParameter( _
               objCommand, "@Login", strUsername)
            SetParameter( _
               objCommand, "@Pwd", strPassword)

            intResult = objCommand.ExecuteScalar
         End If
      Catch ex As Exception

      Finally
         Close(objConn)
      End Try
```

```
    If intResult > 0 Then
       CreateRoleCookie(strUsername, intResult)
    End If
    Return (intResult > 0)
 End Function

 Private Shared Sub CreateRoleCookie( _
    ByVal strUsername As String, _
    ByVal intUserId As Int32)

    Dim objContext As HttpContext = _
       HttpContext.Current

    If intUserId = 0 Then
       Return
    End If

    Dim objConn As IDbConnection = _
       GetConnection()
    Dim colRoles As New ArrayList

    Try
       Dim objCommand As IDbCommand = _
          objConn.CreateCommand

       objCommand.CommandText = _
          "SELECT r.RoleName FROM tblUsersAndRoles ur " & _
             "LEFT JOin tblRoles r ON ur.RoleID = " & _
                "r.RoleID " & _
             "WHERE ur.UserID = @UserID"
       SetParameter(objCommand, "@UserID", intUserId)

       Dim objReader As IDataReader = objCommand.ExecuteReader
       While objReader.Read
          colRoles.Add(objReader.GetString(0))
       End While
       objReader.Close()
       objReader.Dispose()

    Catch ex As Exception
    Finally
       Close(objConn)
    End Try

    Dim strRoles() As String = _
       colRoles.ToArray(GetType(String))

    Dim objTicket As New FormsAuthenticationTicket( _
       1, _
       strUserName, _
       DateTime.Now, _
       DateTime.Now.AddMinutes(20), _
       False, _
```

```
            String.Join("*", strRoles))

        Dim objCookie As New HttpCookie("CurrentRoles")
        objCookie.Value = FormsAuthentication.Encrypt( _
            objTicket)
        HttpContext.Current.Response.Cookies.Add( _
            objCookie)
        HttpContext.Current.User = _
            New GenericPrincipal( _
                New GenericIdentity(strUsername), strRoles)
    End Sub
```

Die statische Methode `Login` nimmt als Parameter die vom Benutzer angegebenen Informationen zu Username und Passwort entgegen. Sie öffnet eine Datenbank-Connection und ermittelt die UserID des durch die Daten bezeichneten Benutzers. Sollte diese größer als `NULL` sein, konnte der angegebene Benutzer tatsächlich gefunden werden.

in diesem Fall werden nun die Gruppenzugehörigkeiten mit Hilfe der Methode `CreateRoleCookie` geladen. Zu diesem Zweck werden die Informationen aus der Datenbank in eine `ArrayList` überführt, deren Inhalt – so wie im vorherigen Beispiel auch – einem `FormsAuthenticationTicket` zugewiesen wird. Dieses Ticket wiederum wird im Cookie *CurrentRoles* verschlüsselt gespeichert.

Nun kann von der Methode `Login` das Ergebnis des Prozesses zurückgegeben werden: `True`, wenn der Benutzer gefunden werden konnte, im anderen Falls `False`.

```
    Public Shared Sub InitUser()
        Dim objContext As HttpContext = _
            HttpContext.Current

        If IsNothing(objContext.User) Then
            Return
        End If

        Dim objIdentity As IIdentity = _
            objContext.User.Identity
        Dim blnTicketIsValid As Boolean = False
        Dim objTicket As FormsAuthenticationTicket

        blnTicketIsValid = _
            Not IsNothing( _
                objContext.Request.Cookies("CurrentRoles"))
        If blnTicketIsValid Then
            objTicket = _
              FormsAuthentication.Decrypt( _
              objContext.Request.Cookies( _
                "CurrentRoles").Value)
            blnTicketIsValid = ( _
                Not (objTicket.Expired) And _
                objTicket.Name.Equals(objIdentity.Name))
```

```
            If blnTicketIsValid Then
               Dim strRoles() As String = _
                  objTicket.UserData.Split("*")
               objContext.User = _
                  New GenericPrincipal( _
                     objContext.User.Identity, strRoles)
            End If
         End If
      End Sub
```

Die Methode `InitUser` wird beim Ereignis `AuthenticateRequest` innerhalb der *global.asax* eingebunden. Sie prüft zunächst, ob der aktuell zugreifende Benutzer überhaupt authentifiziert worden ist – falls dem nicht so ist, erfolgt keine weitere Verarbeitung innerhalb der Methode.

Wenn es sich um einen authentifizierten Nutzer handelt, werden die im Cookie *CurrentRole* hintergelegten Informationen zu den Gruppenzugehörigkeiten des Benutzers extrahiert und der Applikation in Form eines neuen `GenericPrincipal`-Objekts zur Verfügung gestellt.

```
      Private Shared Sub Close( _
         ByRef objConn As IDbConnection)

         If Not IsNothing(objConn) Then
            If objConn.State <> _
               ConnectionState.Closed Then

               objConn.Close()
            End If
         End If
      End Sub

   End Class

End Namespace
```

Wenn ein Benutzer auf geschützte WebForms zugreift, erfolgt zunächst eine Überprüfung seiner Gruppenzugehörigkeiten. Ist er nicht angemeldet oder verfügt er nicht über ausreichende Berechtigungen, wird er auf die Login-Seite weitergeleitet:

```
<%@ Page Language="vb" %>
<%@ Import Namespace="codebook.aspnet.vb.Security.FARoles" %>
<script runat="server">
   Sub Page_Load( _
      ByVal sender As System.Object, _
      ByVal e As System.EventArgs)

      RegisterHiddenField("__EVENTTARGET", _
         "btnSubmit")
```

Listing 444: WebForm für das Login eines Benutzers (Login.aspx)

```
      If Not IsNothing(Context.User) Then
         If Context.User.Identity.IsAuthenticated Then
            Server.Transfer("Sorry.aspx", True)
         End If
      End If
   End Sub

   Private Sub btnSubmit_Click( _
      ByVal sender As Object, _
      ByVal e As System.EventArgs)

      If UserManager.Login( _
         txtUsername.Value, _
         txtPassword.Value) Then

         FormsAuthentication.RedirectFromLoginPage( _
            txtUsername.Value, _
            chkPersistent.Checked)
      Else
         objError.Visible = True
      End If
   End Sub
</script>
<!DOCTYPE HTML PUBLIC "-//W3C//DTD HTML 4.0 Transitional//EN">
<HTML>
  <HEAD>
    <title>Login</title>
  </HEAD>
  <body>
    <form id="Form1" method="post" runat="server">
      <table cellpadding="0" cellspacing="0" border="0"
         width="100%" height="100%">
         <tr>
            <td align="center" valign="middle" height="100%">
               <table cellpadding="3" cellspacing="0" border="0">
                  <tr>
                     <td>
                        <h3>Anmeldung</h3>
                     </td>
                  </tr>
                  <tr runat="server" id="objError" visible="False">
                     <td> <br>
                        Bitte überprüfen Sie die von Ihnen
                        eingegebenen Daten!
                        <br> 
                     </td>
                  </tr>
                  <tr>
                     <td>
                        <input type="text" runat="server"
```

Listing 444: WebForm für das Login eines Benutzers (Login.aspx) (Forts.)

```
                        id="txtUsername" size="23" >
                     Benutzername
                  </td>
               </tr>
               <tr>
                  <td>
                     <input type="password" runat="server"
                        id="txtPassword" size="25" >
                     Passwort
                  </td>
               </tr>
               <tr>
                  <td> <br>
                     <asp:Button Runat="server"
                        ID="btnSubmit" Text="Anmelden!"
                        OnClick="btnSubmit_Click"/>
                  </td>
               </tr>
               <tr>
                  <td>
                     <asp:CheckBox Runat="server"
                        ID="chkPersistent" />
                     Automatisch anmelden
                  </td>
               </tr>
            </table>
         </td>
      </tr>
    </table>
  </form>
 </body>
</HTML>
```

Listing 444: WebForm für das Login eines Benutzers (Login.aspx) (Forts.)

Wenn ein nicht angemeldeter Benutzer auf diese Seite kommt, kann er sich mit Hilfe von Benutzername und Kennwort authentifizieren. Diese Informationen werden der Klasse `UserManager` übergeben, die die weitere Verarbeitung übernimmt. Sollte das Login erfolgreich vorgenommen worden sein, erfolgt ein `Redirect` zur zuvor aufgerufenen WebForm:

```
If UserManager.Login( _
   txtUsername.Value, _
   txtPassword.Value) Then

   FormsAuthentication.RedirectFromLoginPage( _
      txtUsername.Value, _
      chkPersistent.Checked)
Else
   objError.Visible = True
End If
```

Sollte allerdings ein bereits authentifizierter Benutzer auf diese WebForm gelangen, ist dies Indiz dafür, dass er nicht über die nötigen Gruppenmitgliedschaften für den Zugriff verfügt. Aus diesem Grund erfolgt innerhalb der Methode `Page_Load` eine dementsprechende Überprüfung und – falls der aktuelle Benutzer bereits angemeldet ist – die Einbindung einer WebForm, die dem Benutzer eine Erklärung liefert:

```
If Not IsNothing(Context.User) Then
   If Context.User.Identity.IsAuthenticated Then
      Server.Transfer("Sorry.aspx", True)
   End If
End If
```

Die anderen WebForms *Admin.aspx*, *Authenticated.aspx* und *Sorry.aspx* verfügen über keine weiterführende Funktionalität. Aus diesem Grund soll an dieser Stelle auf deren Darstellung verzichtet werden.

Wenn Sie die WebForm *Admin.aspx* aufrufen und sich auf der Login-Seite als Administrator anmelden, wird Ihnen der Inhalt der Seite angezeigt:

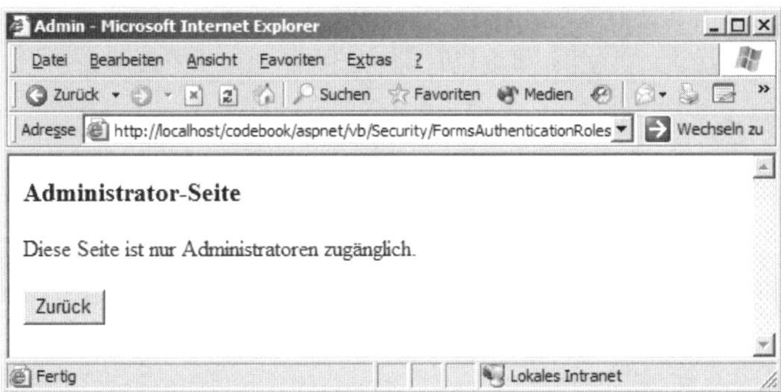

Abbildung 143: Als Administrator haben Sie Zugang zur Administrations-Seite

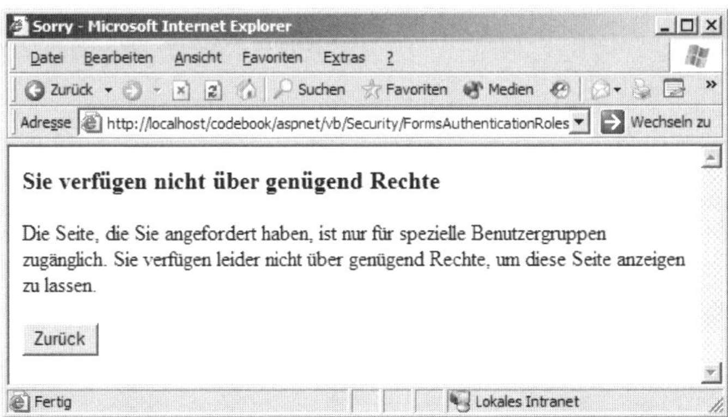

Abbildung 144: Als Standardbenutzer können Sie auf die Seite nicht zugreifen

Melden Sie sich stattdessen als Benutzer am System an und versuchen, die WebForm aufzurufen, dann sollten Sie folgende Ausgabe erhalten (siehe Abbildung 144).

233 Forms-Authentication mit gehashten Passwörtern gegen eine Datenbank

Das letzte Beispiel beinhaltet eine gewaltige Sicherheitslücke: Die Passwörter sind im Klartext in der Datenbank hinterlegt – sollte jemand in der Lage sein, auf die Datenbank zuzugreifen, dann kann er alle Passwörter im Klartext einsehen.

in diesem Beispiel ist dieses Manko behoben. Die einzige Änderung, die wir durchführen müssen, betrifft die Klasse `UserManager`, und dort auch nur die Methode `Login`, denn hier erfolgt das Erzeugen des SQL-Statements, mit dem die eingegebenen Informationen mit den in der Datenbank hinterlegten Daten abgeglichen werden:

```
Friend Shared Function ComputeHash( _
   ByVal strUsername As String, _
   ByVal strPassword As String) As String

   Dim strResult As String = String.Empty
   Dim objFA As New FormsAuthentication
   Return objFA.HashPasswordForStoringInConfigFile( _
      strUsername & "---xxx---" & _
      strPassword, "sha1")
End Function

Public Shared Function Login( _
   ByVal strUsername As String, _
   ByVal strPassword As String) As Boolean

   Dim intResult As Int32
   Dim objConn As IDbConnection = _
      GetConnection()
   Dim objCommand As IDbCommand = _
      objConn.CreateCommand()

   Try
      If Not IsNothing(objConn) Then
         objCommand.CommandText = _
            "SELECT UserID FROM " & _
               "tblUsers WHERE " & _
               "UserLogin = @Login " & _
               "And UserPassword = @Pwd " & _
               "And UserIsEnabled=1"

         SetParameter( _
            objCommand, "@Login", strUsername)
         SetParameter( _
            objCommand, "@Pwd", _
               ComputeHash(strUsername, strPassword))
```

```
            intResult = objCommand.ExecuteScalar
         End If
      Catch ex As Exception

      Finally
         Close(objConn)
      End Try

      If intResult > 0 Then
         CreateRoleCookie(strUsername, intResult)
      End If
      Return (intResult > 0)
   End Function
```

Die Wirkungsweise des `UserManagers` hat sich intern nur minimal geändert: Statt das Passwort im Klartext an die Datenbank zu übergeben, wird es zunächst mit Hilfe der Methode `ComputeHash` verschlüsselt. Diese Verschlüsselung ist irreversibel. Falls jemand auf Ihre Datenbank zugreifen kann und in der Lage ist, die Passwort-Informationen auszulesen, wird er es dennoch schwer haben, anhand einer *Brute-Force-Attacke* die Passwörter zu generieren. Verantwortlich dafür ist die Art, wie die Rückgabe generiert wird:

```
Return objFA.HashPasswordForStoringInConfigFile( _
   strUsername & "---xxx---" & _
   strPassword, "sha1")
```

Der statischen Methode `HashPasswordForStoringInConfigFile` (dies ist der längste Methodenname, der mir im Framework bisher untergekommen ist) wird nicht nur das zu verschlüsselnde Passwort, sondern auch der Nutzername und eine zusätzliche Zeichenkette übergeben. Dieser Vorgang nennt sich salten (salzen) und sorgt dafür, dass eine Brute-Force-Attacke zur Ermittlung der Passwörter anhand einer Liste von häufig gebrauchten Passwörtern so lange sinnlos bleibt, wie der Angreifer nicht den Algorithmus zum Erstellen des Hashs kennt.

Der zweite Parameter der Methode nimmt übrigens das Verschlüsselungsverfahren entgegen – mögliche Parameter sind hier md5 oder sha1. Wir haben uns für sha1 entschieden, da dieses Verfahren eine längere Schlüssellänge bietet und deshalb sicherer ist.

Zum Generieren der Passwort-Hashes, die Sie in der Datenbank speichern, können Sie entweder die Methode `ComputeHash` direkt verwenden, oder Sie nutzen den mit dem .NET Framework 1.1 ausführbaren Passwort-Generator. Den Quellcode dieser Windows-Applikation und die ausführbare Datei finden Sie im Unterverzeichnis »PasswordGenerator« des Hauptverzeichnisses dieses Kapitels.

Wenn Sie einen Blick auf die für dieses Beispiel verwendete Access-Datenbank werfen, sollten Sie folgende Informationen in der Tabelle `tblUsers` sehen können:

Abbildung 145: Die Passwörter werden nun verschlüsselt in der Datenbank gespeichert

Das Login und die anderen Schutzmechanismen der *Forms-Authentifizierung* funktionieren natürlich weiterhin.

234 SSL-Verbindung erzwingen

Sie habend zwar grundsätzlich mehrere Möglichkeiten, um sicherzustellen, dass der aktuelle `Request` mit Hilfe einer SSL-Verbindung durchgeführt wird, aber praktisch nutzbar sind nur die folgenden beiden Varianten:

- Im Internetdienste-Manager können Sie auf Verzeichnisebene fordern, dass die Kommunikation nur per SSL erfolgen darf. Dies setzt voraus, dass Sie bereits ein SSL-Zertifikat installiert haben – sonst ist der Menüpunkt überhaupt nicht erreichbar. Sie können die nötigen Einstellungen im Reiter Verzeichnissicherheit treffen, den Sie über die Eigenschaften des Verzeichnisses erreichen.
- Mit Hilfe der Eigenschaft `Scheme` der `Uri`-Klasse, die Sie über `Request.Url` erreichen, können Sie ermitteln, ob der aktuelle `Request` über eine SSL-Verbindung ausgeführt worden ist. Sollte dies nicht der Fall sein, können Sie eine Fehlermeldung anzeigen oder eine Weiterleitung auf die gleiche WebForm, aber unter Verwendung des HTTPS-Schemas, durchführen:

```
If Request.Url.Scheme <> "https" Then
   Response.Redirect("https://" & Request.Url.Host & _
      Request.Url.PathAndQuery)
End If
```

235 Referrer auswerten

Mit Hilfe des vom Browser in der Regel mitgesendeten Referrers können Sie die vorherige Seite ermitteln, von der aus der Benutzer auf die aktuelle WebForm gelangt ist. Dies setzt voraus, dass die vorherige Seite über einen Link, eine Weiterleitung per Refresh oder ein Formular verfügte, mit dessen Hilfe der Benutzer auf Ihre Seite gelangt ist – Sie haben also keine Möglichkeit, festzustellen, welche Seite der Benutzer zuvor besucht hat, wenn er die Adresse Ihres Angebotes selbst in seinen Browser eingegeben hat.

Sie könnten mit Hilfe des Referrers sicherstellen, dass Inhalte Ihres Internet-Angebotes nur von Ihren eigenen Seiten abgerufen werden können. Diese Prüfung sollte am besten in Form eines `HttpModules` erfolgen, da dies wiederverwendbarer und performanter als eine Prüfung innerhalb einer WebForm oder der *global.asax* ist:

```
Imports System.Text.RegularExpressions

Namespace codebook.aspnet.vb.Security.CheckReferrer

   Public Class Check
      Implements IHttpModule

      Public Sub Dispose() _
         Implements System.Web.IHttpModule.Dispose
      End Sub

      Public Sub Init( _
         ByVal context As System.Web.HttpApplication) _
         Implements System.Web.IHttpModule.Init

         AddHandler context.BeginRequest, _
            AddressOf Me.BeginRequest
      End Sub

      Public Sub BeginRequest(ByVal sender As Object, _
         ByVal e As EventArgs)

         Dim objApplication As HttpApplication = _
            DirectCast(sender, HttpApplication)
         Dim objContext As HttpContext = _
            objApplication.Context
         Dim objRequest As HttpRequest = _
            objApplication.Request

         Dim strFile As String = _
            objRequest.Url.AbsolutePath
         Dim strHostname As String = _
            objRequest.Url.Host

         ' ---------------------------------------------
         ' Bei Startseiten wird keine Prüfung
         ' vorgenommen.
         ' ---------------------------------------------
         Dim strPattern As String = _
            "/(?:default|index)\.(?:aspx|htm|html)$"
         If Regex.IsMatch(strFile, strPattern, _
            RegexOptions.IgnoreCase) Then
            Return
         End If
```

Listing 445: HttpModul zum Verhindern von Deep-Links und unerlaubtem Inhaltsabruf (ReferrerCheck.vb)

```
            Dim strReferrerHost As String = String.Empty
            If Not IsNothing(objRequest.UrlReferrer) Then
               strReferrerHost = objRequest.UrlReferrer.Host
            End If

            If strReferrerHost.ToLower <> _
               strHostname.ToLower Then

               strPattern = _
                  "\.(?:jpg|gif|png|bmp|tif)$"
               If Regex.IsMatch(strFile, strPattern, _
                  RegexOptions.IgnoreCase) Then
                  objContext.RewritePath( _
                     objRequest.ApplicationPath & _
                     "/Forbidden.gif")
               Else
                  objContext.RewritePath( _
                     objRequest.ApplicationPath & _
                     "/Forbidden.aspx")
               End If
            End If
         End Sub
      End Class

   End Namespace
```

Listing 445: HttpModul zum Verhindern von Deep-Links und unerlaubtem Inhaltsabruf (ReferrerCheck.vb) (Forts.)

Das `HttpModul` registriert einen `EventHandler` auf das Ereignis `BeginRequest`. Wenn dieses Ereignis eintritt, kann zunächst überprüft werden, ob es sich beim aufgerufenen Objekt um eine der typischen Startseiten einer Web-Applikation handelt:

```
Dim strPattern As String = _
   "/(?:default|index)\.(?:aspx|htm|html)$"
If Regex.IsMatch(strFile, strPattern, _
   RegexOptions.IgnoreCase) Then
   Return
End If
```

Bei diesen Objekten findet keine Prüfung auf den HTTP-Referrer statt und die Ereignisbehandlung wird beendet.

Sollte die Prüfung weitergehen, wird nun versucht, den Domain- oder Hostnamen des Referrers des aktuell angeforderten Objekts zu ermitteln. Dies geschieht mit Hilfe der Eigenschaft `Host` der `UrlReferrer`-Klasse des aktuellen Requests:

```
Dim strReferrerHost As String = String.Empty
If Not IsNothing(objRequest.UrlReferrer) Then
   strReferrerHost = objRequest.UrlReferrer.Host
End If
```

Nun kann der angeforderte Hostname mit dem Hostnamen des Referrers verglichen werden – sollten sie nicht identisch sein (entweder weil der Hostname des Referrers leer ist oder weil es sich tatsächlich um eine andere Domain handelt), werden entsprechende Gegenmaßnahmen ergriffen:

```
If strReferrerHost.ToLower <> _
   strHostname.ToLower Then

strPattern = _
   "\.(?:jpg|gif|png|bmp|tif)$"
If Regex.IsMatch(strFile, strPattern, _
   RegexOptions.IgnoreCase) Then

   objContext.RewritePath( _
      objRequest.ApplicationPath & _
         "/Forbidden.gif")
Else
   objContext.RewritePath( _
      objRequest.ApplicationPath & _
         "/Forbidden.aspx")
End If
```

Die Reaktion des Systems auf nicht identische Hostnamen besteht darin, je nach Typ der angerforderten Ressource auf ein Bild (für Grafik-Dateien) oder eine WebForm umzuleiten, die jeweils deutlich machen, dass der Zugriff unerwünscht ist.

Bevor Sie das Modul einsetzen können, müssen Sie es innerhalb der *Web.config*-Datei der zu schützenden Applikation eintragen:

```
<?xml version="1.0" encoding="utf-8" ?>
<configuration>
  <system.web>
    <httpModules>
      <add type="codebook.aspnet.vb.Security.CheckReferrer.Check,
         codebook.aspnet.vb.Security.CheckReferrer"
         name="HttpReferrer" />
    </httpModules>
  </system.web>
</configuration>
```

Im IIS sollten Sie nun für die betreffende Applikation alle benötigten Dateitypen auf die ASP.NET-Engine mappen – empfehlenswert sind neben den WebForms, die ja ohnehin vom

.NET Framework verarbeitet werden, alle Downloads (also Dateien mit den Endungen *.zip*, *.exe* oder *.pdf*), sowie – falls Sie Ihre Grafiken ebenfalls schützen wollen – alle Bilddatei-Endungen.

Sie können dieses Mapping vornehmen, indem Sie den Internetdienste-Manager öffnen, das Verzeichnis der Applikation auswählen, in den Eigenschaften auf die Schaltfläche Konfiguration des Reiters Verzeichnis klicken und dann in dem neuen Fenster im Reiter Zuordnungen auf die Schaltfläche Hinzufügen. Tragen Sie hier nun die Sie interessierende Datei-Endung ein und wählen Sie die *aspnet_isapi.dll* aus dem Framework-Verzeichnis aus:

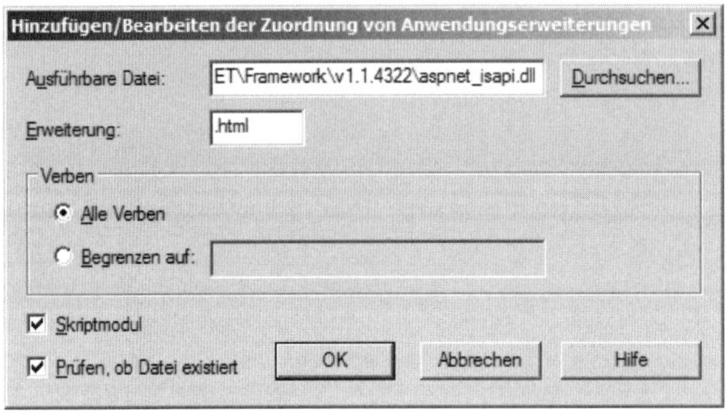

Abbildung 146: Eine Datei-Endung wird auf die ASP.NET-Engine gemappt

Beachten Sie, dass Sie bei Einsatz von Windows XP vor dem Übernehmen der Einstellungen noch einmal in das Feld Ausführbare Datei klicken müssen – dies ist ein Bug, der nach wie vor nicht beseitigt ist.

Wenn Sie nun beispielsweise die Datei *Content.aspx* direkt aufrufen, bekommen Sie einen unübersehbaren Hinweis darauf angezeigt, dass ein direkter Abruf nicht erwünscht ist:

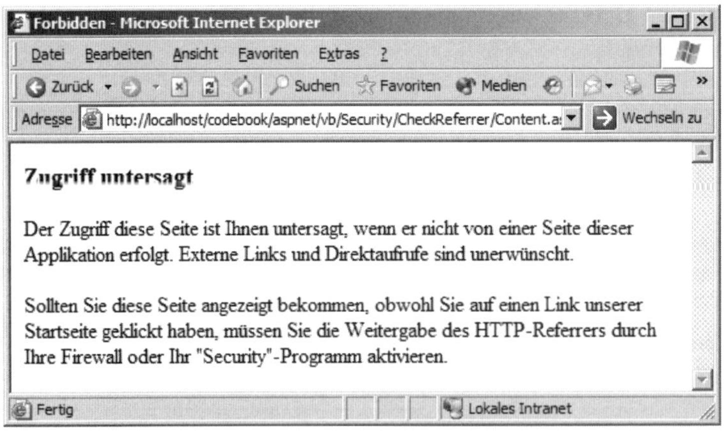

Abbildung 147: Die WebForm Content.aspx darf nicht direkt abgerufen werden ...

Selbiges geschieht, wenn Sie den Versuch starten, auf ein Bild direkt durch Eingabe in die Adressleiste des Browsers zuzugreifen:

Abbildung 148: ... ebenso wenig das aufgerufene Bild

Werden Bild oder WebForm nun aber in Form einer Verlinkung oder eines Redirects von einer auf dem gleichen Server liegenden WebForm aufgerufen, erfolgt die Anzeige der angeforderten Ressource:

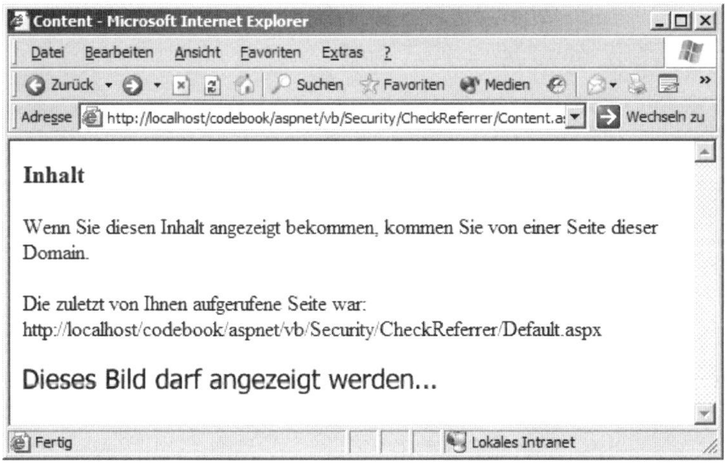

Abbildung 149: Wenn der Request vom gleichen Server kommt, erfolgt die Anzeige

236 Dateien verschlüsseln

Gerade bei von Usern hochgeladenen oder downloadbaren Dateien empfiehlt es sich, diese Dateien verschlüsselt abzulegen. Dadurch erreichen Sie zwei Dinge: Erstens kann eine derart verschlüsselte Datei auf Ihrem Server keinen Schaden mehr anrichten und zweitens ist ein Direktzugriff auf eine derartige Datei sinnlos – schließlich ist sie verschlüsselt und kann ohne Kenntnis des Verschlüsselungs-Algorithmus nicht mehr entschlüsselt werden.

Sehen wir uns an, wie eine Lösung für eine derartige Anforderung aussehen könnte. Das hier vorgestellte Beispiel besteht aus drei WebForms: einer WebForm, mit deren Hilfe Sie eine Datei auf den Server hochladen und verschlüsseln können, einer WebForm, mit deren Hilfe

Sie sich einen Überblick über die verschlüsselten Dateien verschaffen können, und einer WebForm, die die Datei unverschlüsselt wieder an den Client ausliefert.

Herzstück des Beispiels ist die Klasse `CryptoManager`, die die Funktionalitäten für das Ver- und Entschlüsseln einer Datei bereitstellt:

```
Imports System.IO
Imports System.Configuration
Imports System.Security.Cryptography
Imports System.Text

Namespace codebook.aspnet.vb.Security.SU

   Public Class CryptoManager

      Private Shared Function GetSecurityKey() As String
         Return ConfigurationSettings.AppSettings.Item( _
            "EncryptionKey")
      End Function

      Private Shared Function GetCryptoKey() As Byte()
         Dim strKey As String = _
            GetSecurityKey()
         Dim strMaxKey As String = _
            "abcdefghijklmn0123456789"
         If strKey.Length > 24 Then
            strKey = strKey.Substring(0, 24)
         Else
            Dim intChars As Int32 = _
               24 - strKey.Length
            strKey &= strMaxKey.Substring(0, intChars - 1)
         End If

         Return Encoding.UTF8.GetBytes( _
            strKey)
      End Function

      Private Shared Function GetCryptoVector() As Byte()
         Dim aryBytes() As Byte = _
            GetCryptoKey()
         Dim aryResult(7) As Byte

         Dim intCount As Int32
         For intCount = 0 To 7
            aryResult(intCount) = aryBytes(intCount) << 2
         Next

         Return aryResult
      End Function
```

Listing 446: Klasse zum Ver- und Entschlüsseln von Dateien (CryptoManager.vb)

```
Public Shared Sub Encrypt( _
   ByVal strInputFile As String)

   Dim aryData() As Byte = _
      EnDeCrypt(strInputFile, True)
   Dim objOutputStream As New FileStream( _
      strInputFile, FileMode.Create, FileAccess.Write)
   objOutputStream.Write( _
      aryData, 0, aryData.Length)
   objOutputStream.Close()
End Sub

Public Shared Function Decrypt( _
   ByVal strInputFile As String) As Byte()

   Return EnDeCrypt(strInputFile, False)
End Function

Private Shared Function EnDeCrypt( _
   ByVal strInputFileName As String, _
   ByVal blnEncrypt As Boolean) As Byte()

   Dim objProvider As New _
      TripleDESCryptoServiceProvider
   objProvider.Mode = CipherMode.CFB
   objProvider.Key = GetCryptoKey()
   objProvider.IV = GetCryptoVector()

   Dim objStreamReader As New StreamReader( _
      New FileStream(strInputFileName, _
         FileMode.Open), Encoding.Unicode)
   Dim strRawData As String = _
      objStreamReader.ReadToEnd()
   Dim aryRawData() As Byte = _
      Encoding.Unicode.GetBytes( _
         strRawData.ToCharArray)
   objStreamReader.Close()

   Dim objOutputStream As New MemoryStream
   Dim objCryptStream As New CryptoStream( _
      objOutputStream, _
      IIf(blnEncrypt, _
         objProvider.CreateEncryptor, _
         objProvider.CreateDecryptor), _
      CryptoStreamMode.Write)

   objCryptStream.Write(aryRawData, 0, _
      aryRawData.Length)
   objCryptStream.FlushFinalBlock()
   objOutputStream.Seek(0, SeekOrigin.Begin)
```

Listing 446: Klasse zum Ver- und Entschlüsseln von Dateien (CryptoManager.vb) (Forts.)

```
        Dim aryResult(objOutputStream.Length) As Byte
        objOutputStream.Read(aryResult, 0, _
           objOutputStream.Length)
        objOutputStream.Close()
        objCryptStream.Close()

        Return aryResult
     End Function

  End Class

End Namespace
```

Listing 446: Klasse zum Ver- und Entschlüsseln von Dateien (CryptoManager.vb) (Forts.)

Die Klasse `CryptoManager` verfügt über zwei statische Methoden, die von aussen zugänglich sind: `Encrypt` und `Decrypt`. Beide nehmen als Parameter den kompletten Pfad und Dateinamen der Datei entgegen, die ver- oder entschlüsselt werden soll.

Beim Verschlüsseln einer Datei wird die Methode `Encrypt` verwendet, die intern zunächst die Methode `EnDecrypt` aufruft, die den angeforderten Vorgang ausführt. Die Rückgabe dieser internen Methode – ein `Byte`-Array, dass den ver- oder entschlüsselten Datei-Inhalt repräsentiert – wird mit Hilfe eines `FileStreams` gespeichert, der die originale Datei überschreibt:

```
Dim aryData() As Byte = _
   EnDecrypt(strInputFile, True)
Dim objOutputStream As New FileStream( _
   strInputFile, FileMode.Create, FileAccess.Write)
objOutputStream.Write( _
   aryData, 0, aryData.Length)
objOutputStream.Close()
```

Die Methode `Decrypt` übergibt dagegen nur die Rückgabe der internen Methode `EnDeCrypt` an die aufrufende Funktion, die dieses `Byte`-Array dann ausgeben oder anderweitig verwenden kann.

Beim Aufruf der Methode `EnDeCrypt` wird zunächst eine neue Instanz des Crypto-Providers erstellt, der den ausgewählten Verschlüsselungsmechanismus repräsentiert. in diesem Fall ist dies eine Instanz der `TripleDESCryptoServiceProvider`-Klasse, da wir eine Triple-DES-Verschlüsselung mit 192 Bit Schlüssellänge verwenden, was eine deutlich erhöhte Sicherheit gegenüber anderen Verschlüsselungs-Verfahren mit 56 oder 128 Bit Schlüssellänge garantiert:

```
Dim objProvider As New _
   TripleDESCryptoServiceProvider
```

Als Verschlüsselungsmodus wird *CFB* (cipher feedback) festgelegt. Dieser Modus verschlüsselt dabei nach einem recht komplexen Verfahren, bei dem sowohl bereits verschlüsselter Text als auch *Key* und *initialer Vektor* berücksichtigt werden.

Dem Provider werden zwei Byte-Arrays zugewiesen – die Methode `Key` nimmt ein `Byte`-Array mit 192 Bit (24 Byte) Länge entgegen, der Methode `IV` weisen wir einen so genannten *initialen Vektor* von 56 Bit (acht Byte) Länge zu. Die Byte-Arrays werden anhand eines Schlüssels generiert, der in der Konfigurationsdatei *Web.config* hinterlegt ist und der von den beiden privaten Methoden `GetCryptoKey` und `GetCryptoVector` in Schlüssel und Vektor mit 192 und 56 Bit Schlüssellänge umgewandelt werden.

Mit Hilfe dieser zugewiesenen Informationen kann dann die eigentliche Ver- und Entschlüsselung stattfinden. Zu diesem Zweck wird die angegebene Datei mit Hilfe eines `StreamReaders` als Unicode eingelesen und in ein `Byte`-Array umgewandelt:

```
Dim objStreamReader As New StreamReader( _
   New FileStream(strInputFileName, _
      FileMode.Open), Encoding.Unicode)
Dim strRawData As String = _
   objStreamReader.ReadToEnd()
Dim aryRawData() As Byte = _
   Encoding.Unicode.GetBytes( _
      strRawData.ToCharArray)
objStreamReader.Close()
```

Für das Halten der ver- oder entschlüsselten Daten wird ein `MemoryStream` verwendet. Dieser wird als Parameter an eine neue `CryptoStream`-Instanz übergeben. in Abhängigkeit vom derzeitigen Modus der Methode (Ver- oder Entschlüsseln) wird dem `CryptoStream`-Konstruktor eine `ICryptoTransform`-Implementierung vom zugrunde liegenden Crypto-Provider übergeben, mit dessen Hilfe der Stream die Daten codieren oder decodieren kann:

```
Dim objCryptStream As New CryptoStream( _
   objOutputStream, _
   IIf(blnEncrypt, _
      objProvider.CreateEncryptor, _
      objProvider.CreateDecryptor), _
   CryptoStreamMode.Write)
```

Der `CryptoStream` wandelt nun den vom `Byte`-Array `aryRawData` repräsentierten Datei-Inhalt um und schreibt ihn in den `MemoryStream`. Dessen Leseposition wird dann auf den Ausgangspunkt zurückgesetzt, damit der ver- oder entschlüsselte Inhalt ausgelesen werden kann:

```
objCryptStream.Write(aryRawData, 0, _
   aryRawData.Length)
objCryptStream.FlushFinalBlock()
objOutputStream.Seek(0, SeekOrigin.Begin)
```

Der Inhalt des MemoryStreams wird nun wieder in ein Byte-Array umgewandelt, das nach Schließen der beiden Streams an die aufrufende Methode zurückgegeben wird:

```
Dim aryResult(objOutputStream.Length) As Byte
objOutputStream.Read(aryResult, 0, _
   objOutputStream.Length)
```

Der Einsatz der Klasse CryptoManager erfordert, dass in der *Web.config*-Datei der Applikation, in der sie verwendet werden soll, der für Ver- und Entschlüsselung zu verwendende Schlüssel abgelegt ist:

```
<?xml version="1.0" encoding="utf-8" ?>
<configuration>
   <appSettings>
      <add key="EncryptionKey"
         value="Dies ist der verwendete Schlüssel..." />
   </appSettings>
   <system.web>
      ...
   </system.web>
</configuration>
```

Wenn diese Voraussetzung erfüllt ist, können Dateien mit Hilfe des CryptoManagers ver- und entschlüsselt werden.

Sehen wir uns zu diesem Zweck eine kleine Beispiel-Applikation an, die den CryptoManager nutzt:

```
<%@ Page Language="vb" %>
<%@ Import Namespace="System.IO" %>
<script runat="server">
   Sub Page_Load(ByVal sender As Object, ByVal e As EventArgs)
      If Not IsPostBack Then
         Dim aryFiles() As String = _
            Directory.GetFiles( _
               Server.MapPath( _
                  Request.ApplicationPath & "/Upload"))
         Dim strFile As String
         For Each strFile In aryFiles
            Dim strFilename As String = _
               strFile.Substring( _
                  strFile.LastIndexOf("\") + 1)
            Dim objItem As New ListItem( _
               strFilename, strFilename)
            ddlFiles.Items.Add(objItem)
         Next
      End If
```

Listing 447: Auswahl von verschlüsselten Dateien zur Anzeige (List.aspx)

```
    End Sub

    Private Sub ddlFiles_IndexChanged( _
       ByVal sender As Object, _
       ByVal e As EventArgs)

       If ddlFiles.SelectedIndex > 0 Then
          Response.Redirect( _
             Request.ApplicationPath & _
               "/Download.aspx?File=" & _
             ddlFiles.SelectedItem.Value)
       End If
    End Sub

    Private Sub btnUpload_Click( _
       ByVal sender As Object, _
       ByVal e As System.EventArgs)

       Response.Redirect( _
          Request.ApplicationPath & _
             "/Upload.aspx")
    End Sub
</script>
<!DOCTYPE HTML PUBLIC "-//W3C//DTD HTML 4.0 Transitional//EN">
<html>
  <head>
    <title>List</title>
  </head>
  <body>
    <form id="Form1" method="post" runat="server">
      <h3>Datei-Übersicht</h3>
      <p>
         Hier erhalten Sie eine Übersicht aller im
         Upload-Verzeichnis hinterlegten Dateien.
         Bitte wählen Sie eine der Dateien zur Ansicht
         aus!
      </p>
      <asp:DropDownList Runat="server" ID="ddlFiles"
         OnChange="document.forms[0].submit();"
         OnSelectedIndexChanged="ddlFiles_IndexChanged">
         <asp:ListItem Value="" Selected="True"
            >--- Bitte auswählen ---</asp:ListItem>
      </asp:DropDownList>
      <p>
         <asp:Button Runat="server" ID="btnUpload"
            Text="Neue Datei hochladen"
            OnClick="btnUpload_Click"/>
      </p>
    </form>
  </body>
</html>
```

Listing 447: Auswahl von verschlüsselten Dateien zur Anzeige (List.aspx) (Forts.)

Basics
Datenbank
I/O
Validierung
Controls
Http-Handler
Netzwerk
Grafik
Tracing
Security

Die WebForm *List.aspx* stellt eine `DropDownList` zur Verfügung, mit deren Hilfe eine der im Verzeichnis /Upload abgelegten Dateien zur Ansicht ausgewählt werden kann. Beim ersten Aufruf der Seite werden die Daten geladen und der `DropDownList` ohne Pfad-Angabe zugewiesen. Zu diesem Zweck wird mit Hilfe der statischen Methode `GetFiles` des `Directory`-Objekts aus dem `System.IO`-Namensraum ein Array aller Dateinamen erstellt:

```
Dim aryFiles() As String = _
   Directory.GetFiles( _
      Server.MapPath( _
         Request.ApplicationPath & "/Upload"))
```

Dieses Array kann durchlaufen werden und die darin enhaltenen Dateinamen werden der `DropDownList` `ddlFiles` ohne Pfad-Angabe zugewiesen:

```
For Each strFile In aryFiles
   Dim strFilename As String = _
      strFile.Substring( _
         strFile.LastIndexOf("\") + 1)
   Dim objItem As New ListItem( _
      strFilename, strFilename)
         ddlFiles.Items.Add(objItem)
Next
```

Sollte der Benutzer nun eine der Dateien auswählen, erfolgt ein PostBack auf die gleiche Seite und der Browser des Benutzers wird auf die WebForm *Download.aspx* weitergeleitet. Der Name der ausgewählten Datei wird im `QueryString`-Parameter File übergeben.

Innerhalb der WebForm *Download.aspx* kann nun die Datei geladen, entschlüsselt und ausgegeben werden:

```
<%@ Page Language="vb" %>
<%@ Import Namespace="codebook.aspnet.vb.Security.SU" %>
<script runat="server">
   Sub Page_Load(ByVal sender As Object, ByVal e As EventArgs)
      Dim strFile As String = _
         Request.Item("File")

      Response.Clear()
      Response.ContentType = "application/octet-stream"
      Response.AppendHeader("Content-Disposition", _
         "inline;filename=" & strFile)

      strFile = Server.MapPath( _
         Request.ApplicationPath & "/Upload/" & _
         strFile)
      Response.BinaryWrite( _
```

Listing 448: Entschlüsselung und Ausgabe einer Datei (Download.aspx)

```
        CryptoManager.Decrypt(strFile))
      Response.End()
   End Sub
</script>
```

Listing 448: Entschlüsselung und Ausgabe einer Datei (Download.aspx) (Forts.)

Beim Aufruf der WebForm werden zunächst – wie in Rezept 204 beschrieben – `ContentType` und `ContentDispositon` gesetzt, um dem Browser zu verstehen zu geben, dass er die folgenden Inhalte im aktuellen Fenster darstellen soll:

```
Response.Clear()
Response.ContentType = "application/octet-stream"
Response.AppendHeader("Content-Disposition", _
   "inline;filename=" & strFile)
```

Nun kann der komplette Pfadname der Datei erzeugt werden, der als Parameter der Methode `Decrypt` der `CryptoManager`-Klasse dient. Die Rückgabe dieser Methode – ein `Byte`-Array – wird mit Hilfe von `Response.BinaryWrite` direkt an den Browser geschrieben. Ein abschließendes `Response.End` sorgt dafür, dass nun keine weiteren Daten gesendet und die Verarbeitung damit beendet ist:

```
strFile = Server.MapPath( _
   Request.ApplicationPath & "/Upload/" & _
      strFile)
Response.BinaryWrite( _
   CryptoManager.Decrypt(strFile))
Response.End()
```

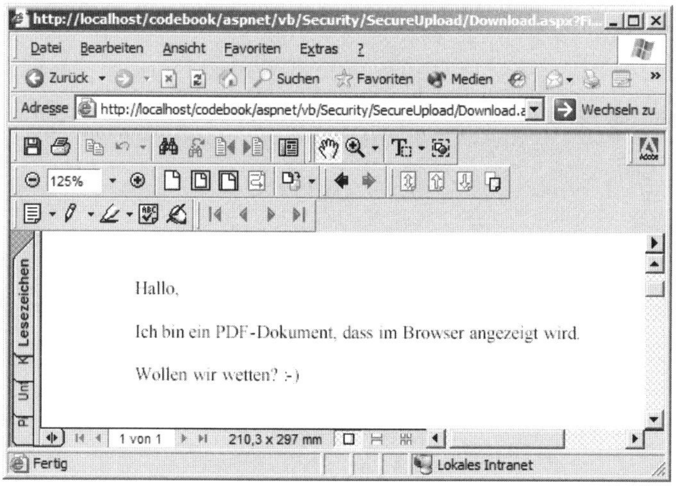

Abbildung 150: Eine verschlüsselte Datei wird im Browser angezeigt

Im Browser betrachtet, sollten Sie die zuvor verschlüsselt abgelegte Datei wie gewohnt angezeigt bekommen (siehe Abbildung 150).

Wenn Sie stattdessen versuchen, sich den Inhalt der PDF-Datei direkt oder im Browser anzeigen zu lassen, sollten Sie alsbald feststellen, dass dies nicht funktioniert:

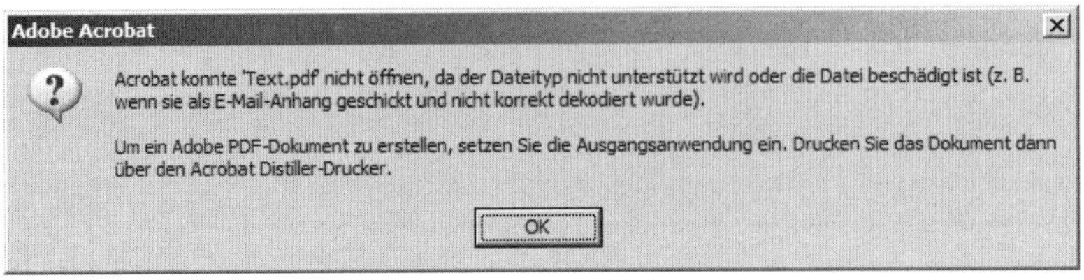

Abbildung 151: Es ist nicht möglich, die verschlüsselte Datei anzeigen zu lassen

Die Verschlüsselung der Datei erfolgt direkt nach dem Upload. Dieser wird von der Web-Form *Upload.aspx* durchgeführt:

```
<%@ Page Language="vb" %>
<%@ Import Namespace="codebook.aspnet.vb.Security.SU" %>
<script runat="server">
  Private Sub btnSubmit_Click( _
    ByVal sender As Object, _
    ByVal e As System.EventArgs) _

    Dim strFilename As String = _
      Me.objFile.PostedFile.FileName
    strFilename = strFilename.Substring( _
      strFilename.LastIndexOf("\") + 1)
    strFilename = Server.MapPath( _
      Request.ApplicationPath & "/Upload/" & _
      strFilename)
    Me.objFile.PostedFile.SaveAs( _
      strFilename)

    CryptoManager.Encrypt(strFilename)
    Response.Redirect( _
      Request.ApplicationPath & "/List.aspx")
  End Sub
</script>
<!DOCTYPE HTML PUBLIC "-//W3C//DTD HTML 4.0 Transitional//EN">
<HTML>
  <HEAD>
    <title>Upload</title>
  </HEAD>
  <body>
    <form id="Form1" method="post" runat="server"
      enctype="multipart/form-data">
```

Listing 449: Upload und anschließende Verschlüsselung einer Datei (Upload.aspx)

```
      <h3>Datei-Upload</h3>
      <p>
        Bitte laden Sie hier eine Datei hoch!
      </p>
      <input type="file" runat="server" id="objFile" >
      <asp:Button Runat="server" ID="btnSubmit"
        Text="Speichern"
        OnClick="btnSubmit_Click"/>
    </form>
  </body>
</HTML>
```

Listing 449: Upload und anschließende Verschlüsselung einer Datei (Upload.aspx) (Forts.)

Hier kann der Benutzer eine Datei von seinem lokalen Rechner auswählen und zum Server hochladen. Diese Datei wird dann von der Methode `btnSubmit_Click` entgegengenommen und im Verzeichnis */Upload* gespeichert, wobei eine eventuell vorhandene gleichnamige Datei überschrieben wird:

```
Dim strFilename As String = _
   Me.objFile.PostedFile.FileName
strFilename = strFilename.Substring( _
   strFilename.LastIndexOf("\") + 1)
strFilename = Server.MapPath( _
   Request.ApplicationPath & "/Upload/" & _
   strFilename)
Me.objFile.PostedFile.SaveAs( _
   strFilename)
```

Anschließend reicht der Aufruf der Methode `Encrypt` der `CryptoManager`-Klasse aus, um die Datei zu verschlüsseln:

```
CryptoManager.Encrypt(strFilename)
```

Mit einem `Redirect` auf die Übersichtsseite ist die Verarbeitung des Uploads abgeschlossen.

237 IIS absichern

Sicherheit fängt nicht beim Verschlüsseln von Daten oder dem Authentifizieren von Benutzern an. Sicherheit beginnt schon beim System. Aus diesem Grund, und weil es auch nach *Nimda*, *CodeRed* und Konsorten immer noch viele fahrlässige Administratoren und Nutzer gibt, die ungepatchte Systeme einsetzen, erhalten Sie hier eine Liste von empfehlenswerten Tools und Webseiten, die Ihnen dienen können, um Ihr Windows-System für den Web-Betrieb sicher zu machen und sicher zu halten:

- WindowsUpdate: Besuchen Sie regelmäßig die WindowsUpdate-Webseite und lassen Sie das ActiveX-Control ausführen, das Ihr System untersucht. Spielen Sie die dort angebotenen Hotfixes möglichst zeitnah ein, um Ihr System auf dem aktuellen Sicherheitsstand zu halten. WindowsUpdate erreichen Sie unter der Adresse *http://windowsupdate.microsoft.com.* Die WindowsUpdate-Corporate-Seite finden Sie unter der Adresse *http://v4.windowsupdate.microsoft.com/de/default.asp?corporate=True*

- Service-Packs: Zum Zeitpunkt der Drucklegung waren folgende Service-Packs aktuell und sollten dringend eingespielt werden:
  - ServicePack 4 für Windows 2000
  - ServicePack 1a für Windows XP
- Spielen Sie dringend alle Sicherheits-Updates Ihrer Datenbank-Server-Software ein. Aktuell ist beim MS SQL Server 2000 das ServicePack 3a.
- Abonnieren Sie die *Security-Notifications* von Microsoft. So werden Sie per E-Mail über aktuelle Hotfixes und Patches informiert und können sie zeitnah einspielen. Die Notifications können Sie unter folgender Adresse bestellen: *http://www.microsoft.com/technet/security/bulletin/notify.asp*
- Installieren Sie das IIS Lockdown-Tool, um viele Sicherheitslücken von Windows 2000 und Windows XP nach einer Standard-Installation zu beseitigen: *http://www.microsoft.com/technet/security/tools/tools/locktool.asp*
- Installieren Sie das URLScan-Tool, das potentiell gefährliche HTTP-Requests abblockt: *http://www.microsoft.com/technet/security/tools/tools/urlscan.asp*
- Besuchen Sie die Übersicht der verfügbaren Patches und Hotfixes: *http://www.microsoft.com/technet/security/current.asp*
- Besuchen Sie die Übersicht der Schritt-für-Schritt-Anleitungen für das Absichern Ihres Webservers: *http://www.microsoft.com/technet/security/tools/tools/stkintro.asp*
- Entziehen Sie dem IUSR_<servername> alle Rechte außerhalb der Web-Verzeichnisse. Machen Sie das Gleiche mit den Rechten für den ASPNET-Benutzer.
- Speichern Sie hochgeladene Dateien nie in Verzeichnissen, auf die man per Browser zugreifen kann, oder verschlüsseln Sie sie mit Hilfe des in Beispiel *13.12 Dateien verschlüsseln* vorgestellten CryptoManagers.
- Setzen Sie eine Firewall ein oder aktivieren Sie das Port-Filtering bei den erweiterten Verbindungseinstellungen für Netzwerk-Verbindungen unter Windows 2000, XP und 2003.
- Setzen Sie Server-Applikationen, wie etwa SQL Server, auf einem anderen als den Standard-Port um.
- Vergeben Sie komplexe Passwörter, auch und insbesondere für Datenbank-Nutzer. Vergessen Sie nicht, dem *sa*-Benutzer des SQL Servers ein Passwort zuzuweisen.
- Deaktivieren Sie anonymen Zugriff beim Microsoft FTP-Service und beim Microsoft SMTP-Service. Sollten Sie Dienste anbieten wollen, bei denen ein anonymer Zugriff erwünscht ist, sollten Sie auf Produkte von Drittanbietern ausweichen, die entsprechende Funktionalitäten bieten.

- Generell gilt: Spielen Sie HotFixes und Patches nach einem Test möglichst zeitnah ein – Hacker und zwielichtige Gestalten verfügen über bemerkenswerte Ressourcen und können auf bekannte Sicherheitslücken zeitnah reagieren. Sie sollten dies auch tun.
- Zuletzt: Unterstellen Sie jedem Benutzer böse Absichten – gehen Sie davon aus, dass er beispielsweise `QueryString`- und Form-Parameter manipulieren könnte, um sich auf Ihrem System umzuschauen. Sichern Sie also die Formulare entsprechend ab. Beispiele zu diesem Thema finden Sie in der Kategorie *Validierung*.

Stichwortverzeichnis